LA
CHANSON DE ROLAND

CHANSON DE ROLAND

LA CHANSON DE ROLAND

TEXTE CRITIQUE
TRADUCTION ET COMMENTAIRE
GRAMMAIRE ET GLOSSAIRE

PAR

LÉON GAUTIER

PROFESSEUR A L'ÉCOLE DES CHARTES

OUVRAGE COURONNÉ
PAR L'ACADÉMIE FRANÇAISE ET PAR L'ACADÉMIE DES INSCRIPTIONS
ET BELLES-LETTRES

ONZIÈME ÉDITION
Revue avec soin.

ÉDITION CLASSIQUE
A L'USAGE DES ÉLÈVES DE SECONDE

TOURS
ALFRED MAME ET FILS, ÉDITEURS

M DCCC LXXXI

PRÉFACE

DE LA HUITIÈME ÉDITION [1]

———

La Chanson de Roland *vient d'être officiellement désignée comme l'un des textes classiques à l'usage des élèves de seconde.*

Je ne saurais dire de quelle joie j'ai été pénétré, lorsque j'ai reçu cette nouvelle si longtemps espérée. Il y a plus de vingt ans que je m'étais proposé d'atteindre ce but; il y a plus de vingt ans que je m'entêtais en ce dessein.

Si je me suis ainsi obstiné à populariser mon cher vieux poème, si chacune de mes huit éditions représente une somme considérable de travail et offre au lecteur des améliorations importantes; si je me suis promis à moi-même de ne me point reposer avant d'avoir publié un texte à peu près parfait, c'est que j'ai toujours eu, à cet égard, d'autres préoccupations que des préoccupations littéraires; c'est que je me suis surtout proposé de rappeler à la France son glorieux passé et ses traditions nationales. Dirai-je ici toute ma pensée? Je n'ai jamais vu sans quelque jalousie les autres peuples respecter leurs origines et se passionner pour leur lointaine et mystérieuse beauté. Ému devant un tel spectacle,

---

[1] *Cette édition diffère de toutes les précédentes. Voy. plus loin (pp. 393 et suiv.) l'exposition du système que nous avons adopté pour l'établissement du texte.*

je me suis dit un jour que je travaillerais, dans mon humble sphère, à faire de mon pays une nation vraiment traditionnelle, que ne s'imaginât point dater de quatre-vingts ans, et se souvînt de ses quatorze siècles d'existence et de gloire.

J'avais, il y a quelques années, dédié cette édition classique de Roland « à tous ceux qui ignorent notre vieille poésie nationale, à tous ceux qui ont souci de la connaître ». Je la dédierais plus volontiers aujourd'hui à ces jeunes professeurs qui vont être appelés à expliquer ces vieux vers, si nouveaux pour eux.

Accoutumés à toutes les délicatesses de l'art antique, ils ne s'habitueront point sans quelque peine à cette rude et sauvage poésie où le sentiment de la nuance est à peu près inconnu, et où ils auront le chagrin de ne point trouver les élégances dont ils sont légitimement épris.

Je les supplie de ne pas se décourager à une première et imparfaite lecture; je les supplie de se rappeler qu'ils ont affaire à une poésie sincèrement primitive et qui n'a eu à son service ni la langue d'Homère, ni le génie de Virgile.

Mais je les conjure en même temps de vouloir bien se dire que cette poésie est celle de notre race et de nos pères; qu'elle est saine et vigoureuse, mâle et fière; qu'elle nous offre des types humains qui dépassent de cent coudées tous ceux de l'antiquité païenne. Les rhéteurs, peut-être, ne consentiront jamais à la donner pour un modèle achevé de ce qu'ils appellent le style; mais elle agrandit les âmes; mais elle leur donne je ne sais quel sursum; mais elle est faite enfin pour les dégoûter à jamais des vilenies du réalisme contemporain.

Surtout, elle fait aimer la France.

Voilà pourquoi je ne regretterai jamais d'avoir remis en honneur ce chef-d'œuvre si longtemps dédaigné, et de lui avoir consacré tant d'années d'une vie que deux amours ont surtout remplie et consolée : celui de la Patrie et celui de la Vérité.

LÉON GAUTIER.

QUELQUES CONSEILS PRATIQUES

POUR L'ENSEIGNEMENT DU *ROLAND*

I

Le Conseil supérieur de l'Instruction publique a eu l'heureuse hardiesse de placer enfin la *Chanson de Roland* au nombre des classiques de l'enseignement secondaire. Nous nous glorifierons toujours de n'avoir pas été étranger à cette réhabilitation de notre épopée nationale, et nous nous estimons suffisamment récompensé par là de plus de vingt années de travail. Mais, si joyeux que nous soyons de cette excellente innovation, il nous convient cependant de dire les choses telles qu'elles sont, et force nous est d'avouer qu'à l'heure actuelle les professeurs ne sont pas préparés à l'enseignement philologique de la *Chanson de Roland*, ni, d'une façon plus générale, à la connaissance du vieux français. On ne saurait leur en faire un reproche.

D'un autre côté, le *Roland*, dont la forme primitive est loin d'offrir la pureté classique, est un de ces textes qu'il faut faire admirer à l'esprit et au cœur des jeunes gens, mais qu'on ne doit pas imposer à leur mémoire.

La meilleure façon d'enseigner notre vieux poème, ce serait, suivant nous, de le lire à haute voix devant les élèves; ce serait de le lire en une traduction claire, colorée et chaude, au lieu d'aborder le texte original, dont l'accès est encore trop malaisé aux débutants.

Donc, le professeur divisera le *Roland* en un certain nombre d'épisodes qu'il lira l'un après l'autre et commentera oralement, en imposant seulement à ses élèves la tâche facile de rédiger une analyse sommaire de chacune de ses leçons. C'est le système qui est suivi dans l'enseignement de l'histoire, et il a toujours donné les meilleurs résultats.

II

Le plus difficile pour le professeur comme pour l'élève, c'est le Commentaire. Et c'est ici que, pour nous rendre vraiment utile, nous devons entrer dans le détail.

Ce commentaire oral du *Roland* devrait, à notre sens, offrir un triple caractère et être à la fois **LITTÉRAIRE**, **HISTORIQUE**, **ARCHÉOLOGIQUE**.

1° **LITTÉRAIRE**. Le professeur de seconde (c'est à cette classe que le *Roland* vient d'être officiellement destiné) connaît à fond son antiquité grecque et latine, et ne manquera pas de comparer le texte du poème français avec celui d'Homère et de Virgile. Il montrera aisément que la supériorité de la forme appartient aux modèles antiques, mais se fera sans doute un devoir d'ajouter que les plus grands génies du vieux monde n'ont pas surpassé notre vieux poète en tout ce qui touche à l'élévation de la pensée et à la beauté des âmes.

2° **HISTORIQUE**. Le professeur n'oubliera point que, si le *Roland* a été introduit dans les études classiques, c'est principalement pour donner aux jeunes gens la notion de la vieille France et pour leur en inspirer l'amour. Comme le disait récemment un critique allemand, « l'avenir même de la France ne peut être sûr et heureux que si l'on relève et fortifie la conscience nationale, en faisant le plus possible de l'ancienne langue et de l'ancienne littérature le lien commun de tous les esprits cultivés. » Et ce même érudit ajoutait, pour nous encourager dans ces études : « Que les Français considèrent combien, en Allemagne, l'étude de l'ancienne langue et de l'ancienne littérature germaniques a contribué à entretenir et à fortifier la conscience nationale. » En se plaçant à ce point de vue, il y a à tirer de la *Chanson de Roland* cent conclusions nouvelles sur la société française des xie et xiie siècles, sur la royauté féodale, sur la chevalerie, sur les idées religieuses et morales de nos pères. Même on pourra remonter jusqu'au Charlemagne de l'histoire, que l'on démêlera soigneusement de celui de la légende, et que l'on n'aura pas de peine à faire mieux connaître et plus admirer.

3° **ARCHÉOLOGIQUE**. Ce mot est peut-être prétentieux, et nous voulons seulement exprimer le vœu que le professeur, fort élémentairement, puisse expliquer les costumes, les armes, les monuments figurés de l'époque chevaleresque, et en faire passer des représentations exactes sous les yeux de son jeune auditoire. Notre édition lui fournit tous ces éléments.

Reste l'élément philologique et grammatical. J'ose à peine conseiller aux professeurs d'aborder un enseignement aussi spécial et auquel leur éducation ne les a pas encore préparés. Que si cependant ils se décidaient courageusement à essayer cette tâche un peu rude, je leur demanderais volontiers de se borner à faire faire à leurs élèves une traduction interlinéaire de quelques fragments de notre vieux poème. Nous avons eu soin de leur donner, en notre livre, un modèle de cet excellent exercice, et avons traduit de la sorte les cent premiers vers de l'antique chanson. Aller plus loin serait peut-être téméraire, et c'est dans les Écoles spéciales que les jeunes gens en apprendront plus long... s'ils le désirent.

III

Telles seraient les leçons « pratiques » sur la *Chanson de Roland*; mais il semble qu'elles ne suffiraient pas et devraient être précédées ou suivies de quelques leçons « théoriques » sur la poésie épique du moyen âge français, sur la langue et la versification des xie et xiie siècles, et sur toute l'histoire externe du *Roland*. Rien n'est plus indispensable qu'un tel prologue. Pour en venir à bout sans trop de fatigue et de labeur, le professeur n'aurait à consulter que deux ou trois livres : l'*Histoire poétique de Charlemagne* de M. Gaston Paris et nos *Épopées françaises*. Nous demandons la permission de leur tracer ici le plan sommaire des vingt leçons (d'une heure chacune) qu'ils pourront sans doute consacrer à notre vieille épopée. Ils voudront bien se persuader que nous n'avons aucunement l'intention de les régenter, mais que nous voudrions seulement les faire profiter de notre expérience.

1re PARTIE. — Leçons théoriques.

1re Leçon. — Petite histoire de la langue française. Ses origines et ses premiers développements. (Voy., plus loin, pp. 405 et suiv.)

2e Leçon. — Grammaire très élémentaire de l'ancienne langue française. (Voy., plus loin, pp. 428 et suiv.)

3e Leçon. — De l'ancienne versification française. (Voy., plus loin, pp. 187 et suiv. *Épopées françaises*, 2e édition, tome I, pp. 438 et suiv.) — Les plus anciens monuments de la poésie française. Lire à haute voix la traduction de la « Cantilène de sainte Eulalie », de la *Passion*, du *Saint Léger* et du *Saint Alexis*. (Voy., plus loin, pp. 407 et suiv.)

4e et 5e Leçon. — Ce que c'est qu'une Chanson de geste. (*Épopées françaises*, 2e éd., t. I, pp. 178-191.) — Lire à haute voix quelques-uns des Morceaux choisis qui font partie de notre Chrestomathie épique. (*Ibid.*, pp. 479 et suiv.)

6e Leçon. — La *Chanson de Roland*. L'histoire et la légende (Voy., plus loin, pp. xi et suiv.)

7e Leçon. — La *Chanson de Roland* (suite). Histoire du vieux poëme. Les manuscrits, la langue, la versification ; la grandeur et la décadence. (Voy., plus loin, pp. xix et suiv.)
8e Leçon. — La *Chanson de Roland* (suite et fin). Le style. (*Ibid.*, pp. xxx et suiv.)

2e PARTIE. — LEÇONS PRATIQUES (lecture et commentaire oral).

9e Leçon. — « Le Conseil de Marsile » (vers 1-95). — Les ambassadeurs dans l'antiquité classique et au moyen âge.
10e Leçon. — « Le Conseil de Charlemagne » (vers 96-365). — Comparer les caractères de l'*Iliade* avec ceux de *Roland*, Charlemagne avec Agamemnon, Roland avec Achille, Naimes avec Nestor, etc.
11e Leçon. — « Le Crime de Ganelon » (vers 366-702). — Le traître chez tous les peuples.
12e Leçon. — « Les préludes de la grande bataille » (vers 1017-1187). — Une bataille dans Homère et dans Virgile ; parallèle.
13e Leçon. — « Le cor » (vers 1091-1850).
14e Leçon. — « La mort d'Olivier » (vers 1932-2065).
15e Leçon. — « La dernière bénédiction de l'Archevêque » (vers 2164-2258). — Turpin comparé à Calchas, etc.
16e Leçon. — « La mort de Roland » (vers 2259-2396).
17e Leçon. — « La grande douleur de Charlemagne » (vers 2845-2765).
18e Leçon. — « Le châtiment de Ganelon » (vers 3734-3974).
19e Leçon. — « La mort de la belle Aude » (vers 3705-3733).
20e Leçon. — Exercices philologiques très élémentaires. — Traduction interlinéaire. (Voy., plus loin, pp. 587-594.)

Il ne nous reste plus qu'à nous mettre à la disposition de tous ceux qui voudront nous demander quelque direction ou quelques conseils. Rien ne nous coûtera quand nous pourrons être utile à des professeurs intelligents et dévoués, à des Français qui aimeront bientôt la *Chanson de Roland* autant que nous l'aimons nous-même.

INTRODUCTION

I. — AVANT-PROPOS ET DÉDICACE

A tous ceux qui ignorent notre vieille poésie nationale, à tous ceux qui ont souci de la connaître, nous dédions ces quelques pages.

La France, qui est la plus épique de toutes les nations modernes, a jadis possédé deux cents Poèmes populaires consacrés à des héros chrétiens, à des héros français.

Ces poèmes étaient chantés [1], et se rattachaient par leur sujet à certaines familles héroïques, à certaines *gestes*. De là leur nom de « Chansons de geste ».

Imaginez de longs récits poétiques où plusieurs milliers de vers sont inégalement distribués en un certain nombre de tirades ou *laisses*. Et figurez-vous, dans chacun de ces cou-

---

[1] Ils étaient chantés par des chanteurs populaires nommés « jongleurs » dont nous parlerons plus loin et que l'on peut comparer aux aèdes des Grecs, aux bardes des Gaulois, aux scaldes des Scandinaves. Voy., pp. 414 et 437, des repré-

sentations de jongleurs empruntées aux manuscrits des XIe et XVe siècles. Nous en donnons ici un type d'après le ms. lat. 1749 de la Bibliothèque nationale (XIIIe siècle).

plets, tous les vers terminés à l'origine par les mêmes assonances, et, plus tard, par les mêmes rimes [1]. Telles sont les Chansons de geste; tels sont ces chants épiques de la France que toute l'Europe a connus, imités et traduits, et qui ont fait le tour du monde avec nos traditions et notre gloire.

Or, la plus antique, la plus célèbre, la plus belle de toutes les Chansons de geste, c'est la *Chanson de Roland*.

Nous allons parler de la *Chanson de Roland*.

Notre vœu le plus cher, c'est qu'après nous avoir entendus, les femmes mêmes et les enfants connaissent, admirent et respectent le plus beau monument, le type le plus achevé de l'Épopée française.

C'est notre vœu, parce qu'on ne saurait aimer le *Roland* sans aimer plus vivement la France.

II. — L'HISTOIRE

Le 15 août 778 [2], au fond d'une petite vallée des Pyrénées qui est encore aujourd'hui connue sous le nom de Roncevaux, il se passa un drame terrible, dont le retentissement devait être incomparable, et qui allait, durant plusieurs siècles, inspirer les poètes de toutes les nations chrétiennes.

Le roi des Francs, Charles, revenait de cette expédition d'Espagne où il n'avait été qu'à moitié vainqueur. Attiré là-bas par les divisions des princes musulmans, il s'était généreusement proposé de délivrer l'Église du joug des Sarrasins; mais il n'avait point poussé au delà de l'Èbre. Il avait réussi devant Pampelune, mais échoué devant Saragosse. Et il s'en revenait assez tristement, ayant mille projets en tête.

---

[1] Comme nous le verrons plus loin, l'*assonance* porte uniquement sur la dernière voyelle accentuée (just*ise*, *ire*, *vie*, re*ïne*, cr*ient*, v*ile*, cait*ive*, etc.). La rime, au contraire, porte à la fois sur cette dernière voyelle sonore et sur ce qui vient après elle, et v*ie* ne RIME qu'avec fin*ie*, enem*ie*, m*ie*, estult*ie*, flur*ie*, etc.

[2] Cette date a été tout récemment établie. M. Dümmler a découvert (dans le manuscrit latin de la Bibliothèque nationale 4841), l'épitaphe d'un des guerriers francs morts à Roncevaux, du sénéchal Eggihard :

Qui obiit die XVIII *kalendas septembrias.*

V. l'article de Gaston Paris, dans la *Romania*, II, 146-148.

INTRODUCTION xiij

Dans son arrière-garde se trouvaient Roland, le préfet de la Marche de Bretagne; Anselme, le comte du palais; Eggihard, le « prévôt de la table royale »; toute l'élite de sa cour, tous les chefs de son armée.

La Grande Armée avait passé sans encombre.

Mais tout à coup, au moment où l'Arrière-garde arrivait en ce passage étroit de la montagne qu'indique la petite chapelle d'Ibagneta[1], un bruit formidable se fit entendre dans les bois épais dont cette partie des Pyrénées est encore couverte. Des milliers d'hommes en sortirent et se jetèrent sur les soldats de Charles. Ces agresseurs inattendus, c'étaient les Gascons, que tentait l'espoir d'un gros butin et qui, d'ailleurs, — comme tous les montagnards, — n'aimaient pas que l'on violât ainsi leurs montagnes. Ils précipitèrent les Francs dans le petit vallon qui est là tout près, afin de se donner la joie de les égorger tout à leur aise. Et, de fait, ils les égorgèrent jusqu'au dernier.

C'est ainsi que mourut Roland.

L'histoire ajoute que les Gascons se dispersèrent, que leur crime demeura impuni, et que Charles en ressentit une longue et cruelle douleur.

Tel est le fait que raconte Eginhard au chapitre neuvième de sa *Vie de Charlemagne*. On en trouve également le récit dans les célèbres *Annales* qui ont été si longtemps attribuées à ce même Eginhard, comme aussi dans les vers du Poète saxon et dans la chronique de l'Astronome Limousin[2].

---

[1] V. la vue de cette chapelle, dans notre septième édition, p. 401.

[2] Voici les textes très importants sur lesquels s'appuie toute notre Légende et d'où notre Chanson est sortie :

I. « *Hispaniam quam maximo poterat belli apparatu adgreditur Karolus, saltuque Pyrinei superato, omnibus quæ adierat oppidis atque castellis in deditionem susceptis, salvo et incolumi exercitu revertitur, præter quod in ipso Pyrinei jugo, Wasconicam perfidiam parumper in redeundo contigit experiri. Nam cum, agmine longo, ut loci et angustiarum situs permittebat, porrectus iret exercitus, Wascones, in summi montis vertice positis insidiis, (est enim locus ex opacitate silvarum, quarum ibi maxima est copia, insidiis ponendis opportunus), extremam impedimentorum partem et eos, qui, novissimi agminis incedentes, subsidio præcedentes tuebantur, desuper incursantes, in subjectam vallem dejiciunt, consertoque cum eis prælio, usque ad unum omnes interficiunt ac, direptis impedimentis, noctis beneficio quæ jam instabat protecti, summa cum celeritate in diversa disperguntur. Adjuvabat in hoc facto Wascones et levitas armorum, et loci in quo res gerebatur situs; econtra Francos et armorum gravitas et loci ini-*

INTRODUCTION

Malgré les réticences de tous ces narrateurs, il est aisé de voir que ce désastre fut considérable. L'intensité de la légende prouve assez clairement que les historiens ont atténué l'importance de la défaite : un simple accident d'arrière-garde n'aurait jamais produit un tel dégagement de poésie.

Quoi qu'il en soit, voilà le fait QUI A DONNÉ LIEU A TOUTE NOTRE LÉGENDE ; voilà le fait QUI EN A ÉTÉ LE GERME.

Car toute légende a rigoureusement besoin d'un germe historique ;

Et la légende de Roland est sortie, tout entière, de ces huit

---

quitas per omnia Wasconibus reddidit impares. In quo prœlio Eggihardus, regiœ mensœ prœpositus, Anselmus, comes palatii, et HRUODLANDUS, BRITANNICI LIMITIS PRÆFECTUS, *cum aliis compluribus interficiuntur. Neque hoc factum ad præsens vindicari poterat, quia hostis, re perpetrata, ita dispersus est, ut ne fama quidem remaneret ubinam gentium quæri potuisset.* » (Eginhard, *Vita Karoli*, IX. Un certain nombre de manuscrits de la *Vita Karoli* ne renferment pas l'épisode de Roncevaux ; mais on estime que les quarante-sept manuscrits où ce fait est rapporté dérivent du véritable texte d'Éginhard.)

II. « Tunc Karolus, ex persuasione Sarraceni, spem capiendarum quarumdam in Hispania civitatum haud frustra concipiens, congregato exercitu, profectus est, superatoque in regione Wasconum Pyrinei jugo, primo Pompelonem, Navarrorum oppidum, aggressus, in deditionem accepit. Inde ; Hiberum amnem vado trajiciens ; Cæsaraugustam, præcipuam illarum partium civitatem, accessit, acceptisque quos Ibinalarbi et Abuthaur quosque alii quidam Sarraceni obtulerant obsidibus, Pompelonem revertitur. Cujus muros, ne rebellare posset, ad solum usque destruxit ac ; regredi statuens, Pyrinei saltum ingressus est. In cujus summitate, Wascones, insidiis collocatis, extremum agmen adorti, totum exercitum magno tumultu perturbant. Et licet Franci Wasconibus, tam armis quam animis, præstare viderentur, tamen et iniquitate locorum et genere imparis pugnæ inferiores effecti sunt. In hoc certamine plerique aulicorum quos Rex copiis præfecerat, interfecti sunt ; direpta impedimenta, et hostis, propter notitiam locorum, statim in diversa dilapsus est. Cujus vulneris acceptio magnam partem rerum feliciter in Hispania gestarum in corde regis obnubilavit.* » (*Annales* longtemps attribuées à Éginhard et qui sont l'œuvre d'Angilbert, ann. 778. Reproduites par le Poète Saxon, *Historiens de France*, V, 143.)

III. « *Karolus... statuit, Pyrinæi montis superata difficultate, ad Hispaniam pergere laborantique Ecclesiæ sub Sarracenorum acerbissimo jugo, Christo fautore, suffragari. Qui mons, cum altitudine cœlum contingat, asperitate cautium horreat, opacitate silvarum tenebrescat, angustia viæ vel potius semitæ commeatum non modo tanto exercitui, sed paucis admodum pene intercludat, Christo tamen favente, prospero emensus est itinere... Sed hanc felicitatem transitus, si dici fas est, fœdavit infidus incertusque fortunæ ac vertibilis successus. Dum enim quæ agi potuerant in Hispania peracta essent et prospero itinere reditum esset, infortunio obviante, extremi quidam in eodem monte regii cæsi sunt agminis. Quorum, quia vulgata sunt, nomina dicere supersedi.* » (L'Astronome Limousin, *Vita Hludovici*, dans Pertz, *Scriptores*, II, 608.)

mots d'Eginhard : *In quo prælio Hruodlandus, Britannici limitis præfectus, interficitur.* O petits commencements d'une grande chose !

III. — LA LÉGENDE

Dès le lendemain de la catastrophe de Roncevaux, la Légende, — cette infatigable travailleuse et qui ne reste jamais les bras croisés, — se mit à travailler sur ce fait profondément épique. Et nous allons assister, d'un œil curieux, à ce long et multiple labeur.

Elle commença, tout d'abord, par exagérer les proportions de la défaite. Le souvenir de la grande invasion des Sarrasins en 793 et des deux révoltes des Gascons en 812 et 824 se mêlèrent vaguement, dans la mémoire du peuple, aux souvenirs de Roncevaux et accrurent l'importance du combat, déjà célèbre, où Roland avait succombé.

En second lieu, la Légende établit des rapports de parenté entre Charlemagne et ce Roland, dont elle fit décidément le centre de tout ce récit et le héros de tout ce drame.

Par un nouvel effort d'imagination, elle supposa alors que les Français avaient été trahis par un des leurs, et inventa un traître auquel fut un jour attaché le nom de Ganelon.

Ensuite elle perdit de vue les véritables vainqueurs, qui étaient les Gascons, pour mettre uniquement cette victoire sur le compte des Sarrasins, qui étaient peu à peu devenus les plus grands ennemis du nom chrétien.

Et enfin, ne pouvant s'imaginer qu'un tel crime fût demeuré impuni, la Légende raconta tour à tour les représailles de Charles contre les Sarrasins et contre Ganelon. Car, dans toute épopée comme dans tout drame, il faut, de toute nécessité, que l'Innocence soit récompensée et le Vice puni.

Tels sont les cinq premiers travaux de la Légende.

Mais il en est encore deux autres, que nous ne saurions passer sous silence.

Dès la fin du IXe siècle, les mœurs et les idées féodales s'introduisirent fort naturellement dans notre récit légendaire, dont elles changèrent peu à peu la physionomie primitive.

Puis, vers la fin du xe siècle, plusieurs personnages nouveaux firent leur apparition dans la tradition rolandienne. C'est alors, — pour plaire au comte d'Anjou Geoffroi et au duc de Normandie Richard [1], — c'est alors sans doute que les personnages de Geoffroi et de Richard furent imaginés par quelque poète adulateur.

Il est POSSIBLE qu'une *Chanson de Roland* antérieure à la nôtre (elle serait de la fin du xe ou du commencement du xie siècle) ait eu pour auteur un Angevin, et c'est ce qui expliquerait le rôle considérable de Thierry l'Angevin à la fin de ce récit épique. Cette chanson est peut être celle dont s'est servi le faux Turpin, et l'on peut en effet constater dans sa Chronique un état de la légende plus ancien que dans notre poème. Mais, dans l'état actuel de la science, ce ne sont là que des hypothèses.

Ce qu'il y a de certain, c'est qu'en ce qui concerne notre *Roland*, la Légende a modifié l'histoire à sept reprises et de sept façons différentes. Ce grand mouvement a commencé vers la fin du viiie siècle, et il était achevé au commencement du xie.

C'est ce que nous appellerions volontiers les « sept Travaux de la Légende ». Et nous venons de les faire successivement passer sous les yeux de nos lecteurs.

IV. — LES PREMIERS CHANTS

Que, dès le règne de Charlemagne, il ait existé des chants populaires spécialement consacrés à Roncevaux et à Roland, la chose ne paraît pas douteuse. Qu'aucun de ces chants ne soit parvenu jusqu'à nous, le fait n'est que trop certain.

Mais quelle pouvait bien être la nature de ces chants primitifs?

Ici, les érudits se divisent en deux groupes. Les uns affirment que ces premiers chants ont été épiques; les autres n'y voient que des cantilènes ou, pour parler plus clairement, de vraies chansons populaires, semblables aux rondes de nos enfants ou à ces complaintes naïves que certains chan-

---

[1] Geoffroi Grise-Gonnelle mourut en 987, et Richard Sans-Peur en 996.

teurs font entendre dans les rues de nos villages ou de nos villes.

Rien ne se ressemble moins que ces deux familles de poèmes, et leurs caractères n'ont rien de commun.

L'épopée, qui présente toujours un certain développement, est toujours chantée par les gens du métier. Tels furent les aèdes chez les Grecs; tels furent ces chanteurs de nos vieux poèmes français qu'on appelle les jongleurs.

Les cantilènes, au contraire, qui sont courtes et faciles à retenir, sont chantées par tout un peuple.

Or, nous possédons deux textes historiques qui nous font voir, en effet, tout un peuple occupé en France à chanter certains poèmes rapides et brefs.

En 620, saint Faron, qui devait être un jour évêque de Meaux, sauva la vie à certains ambassadeurs saxons que Clotaire voulait faire périr. Cette belle action se mêla fort naturellement, dans les souvenirs du peuple, à la grande victoire que ce même Clotaire remporta, deux ans plus tard, sur toute la nation saxonne. De là une chanson populaire dont Helgaire, le biographe de saint Faron, nous a transmis quelques fragments au IXe siècle, et dont il nous dit « qu'elle était sur toutes les « lèvres, et que les femmes la chantaient en chœur en battant « des mains [1] ». Certes, de tels mots ne sauraient s'appliquer à un chant épique.

Conteste-t-on la valeur de ce premier texte ? en voici un second qu'aucun juge ne saurait récuser. Il s'agit de cet autre

---

[1] Voici ces huit vers, avec tout le passage d'Helgaire : « Ex qua victoria carmen publicum juxta rusticitatem per omnium pene volitabat ora ita canentium, feminæque choros inde plaudendo componebant :

>De Chlotario est canere rege Francorum,
>Qui ivit pugnare in gentem Saxonum.
>Quam graviter provenisset missis Saxonum,
>Si non fuisset inclytus Faro de gente Burgundionum !

Et, in fine hujus carminis :

>Quando veniunt missi Saxonum in terram Francorum
>Faro ubi erat princeps,
>Instinctu Dei transeunt per urbem Meldorum
>Ne interficiantur a rege Francorum.

Hoc enim rustico carmine placuit ostendere quantum ab omnibus celeberrimus habebatur. » (*Vita sancti Faronis, Meldensis episcopi; Acta sanctorum ordinis sancti Benedicti*, sæcul. II, p. 647. — *Historiens de France*, III, p. 505.)

Roland, de cet illustre capitaine de Charlemagne, de ce Guillaume qui a donné naissance à l'une de nos trois grandes gestes, de ce duc d'Aquitaine qui en 793 sauva la France des Sarrasins, de ce vaincu de Villedaigne dont la popularité se peut comparer à celle du vaincu de Roncevaux [1].

Un biographe de Guillaume (il vivait au commencement du xiie siècle) nous apprend que son héros était l'objet de mille chants populaires : « Quels sont les chœurs de jeunes gens, quelles sont les assemblées des peuples, quelles sont surtout les réunions des chevaliers et des nobles, quelles sont les veilles religieuses qui ne fassent doucement retentir, qui ne chantent son histoire en cadence, *modulatis vocibus* [2] ? »

De ce texte si important on peut tirer deux conclusions.

La première, c'est qu'il ne s'agit point ici de chants épiques. Une épopée, en effet, n'a jamais été chantée en chœur par toute une nation. Elle est bien trop longue et bien trop compliquée. Et tous les termes du biographe de Guillaume ne conviennent réellement qu'à des chants courts, vifs, populaires, mélodiques, moitié narratifs et moitié lyriques, tels que nous en posséderons plus tard un si grand nombre.

Notre seconde conclusion paraîtra sans doute aussi rigoureuse.

Si Guillaume a donné lieu à des chants populaires, il n'a pu en être autrement de notre Roland, dont la gloire était, à tout le moins, aussi considérable.

---

[1] Guillaume avait été nommé par Charles en 790 duc de Septimanie, de Toulouse ou d'Aquitaine. En 793, Hescham, successeur d'Abd-Al-Raman II, proclama l'*Aigihad* ou guerre sainte, et cent mille Sarrasins envahirent la France. Guillaume alla au-devant d'eux, les rencontra près de la rivière de l'Orbieu, à Villedaigne, leur livra bataille, fut vaincu malgré des prodiges de valeur, mais força par cette résistance les Sarrasins à repasser en Espagne. Ce même Guillaume se retira en 806 au monastère de Gellone, qu'il avait fondé, et y mourut en odeur de sainteté le 28 mai 812. — V. l'excellente Dissertation de M. Révillout sur la *Vita sancti Willelmi*.

[2] Le texte latin mérite d'être cité : « Quæ enim regna, quæ provinciæ, quæ gentes, quæ urbes Willelmi ducis potentiam non loquuntur, virtutem animi, corporis vires, gloriosos belli studio et frequentia triumphos? Qui chori juvenum, qui conventus populorum, præcipue militum ac nobilium virorum, quæ vigiliæ sanctorum dulce non resonant et modulatis vocibus decantant qualis et quantus fuerit; quam gloriose sub Carolo glorioso militavit; quam fortiter quamque victoriose barbaros domuit...; quanta ab eis pertulit, quanta intulit ac demum de cunctis regni Francorum finibus crebro victos et refugas perturbavit et expulit. » (Acta Sanctorum Maii, VI, 811.)

Donc, nous pouvons textuellement appliquer à Roland tout ce que le biographe de Guillaume nous apprend ici de son héros : Roland, lui aussi, a été chanté par tout un peuple.

Et nous ajouterons que ces premiers chants, ici encore, étaient nécessairement lyriques.

L'Épopée n'est venue que plus tard.

Nous avions autrefois pensé que les auteurs de nos plus anciens poèmes n'avaient guère eu qu'à souder ensemble ces cantilènes populaires pour en faire une seule et même chanson de geste. « Les premières chansons de geste, avions-nous dit, n'ont été que des bouquets ou des chapelets de cantilènes. »

Cette opinion était excessive. Nous sommes aujourd'hui convaincu que nos premiers épiques n'ont pas soudé réellement, matériellement, des cantilènes préexistantes. Ils se sont seulement inspirés de ces chants populaires; ils en ont seulement emprunté les éléments traditionnels et légendaires ; ils n'en ont pris que les idées, l'esprit et la vie. Et ils ont trouvé tout le reste.

V. — LE POÈME

La *Chanson de Roland*, telle que nous la possédons aujourd'hui, n'est pas, sans doute, la première épopée qui ait été consacrée à la gloire de notre héros.

Il est probable, comme nous le disions tout à l'heure, qu'un *Roland* a été composé vers la fin du xe ou le commencement du xie siècle. C'est ainsi du moins que nous expliquons l'intercalation singulière dans notre légende de ces deux personnages, Geoffroi d'Anjou et Richard de Normandie.

Dans le poème que nous publions, il s'agit quelque part [1] d'une prise de Jérusalem et d'un meurtre du Patriarche par les Sarrasins vainqueurs. Ces vers contiennent une allusion à des événements très réels de 969 et de 1012 et se trouvaient, sous une autre forme, dans cette première rédaction du *Roland* que l'on pourrait hypothétiquement placer entre les années 990 et 1020.

---

[1] V. la note du vers 1523.

Quant à la Chanson qui est parvenue jusqu'à nous, il est difficile d'en préciser exactement la date. Mais il semble permis d'affirmer qu'elle est postérieure à la conquête de l'Angleterre par les Normands (1066) et antérieure à la première croisade (1096).

En d'autres termes, la *Chanson de Roland* appartient au dernier tiers du xie siècle.

Mais les preuves ne sont pas aussi décisives que nous le voudrions.

Il est à peine utile de dire que le manuscrit ne peut ici nous être d'aucune utilité. Il appartient à la seconde moitié du xiie siècle, et est notablement postérieur à la composition du poème. Cherchons de la lumière ailleurs.

De l'étude du manuscrit passons rapidement à celle des assonances.

M. Gaston Paris, dans une longue dissertation qu'il a consacrée aux assonances de la *Vie de saint Alexis* comparées à celles du *Roland*, conclut à l'antériorité du premier de ces poèmes. Il montre, en effet, que dans le *Saint Alexis* les notations *en* et *an* sont encore distinctes et ne peuvent « assonner ». Mais, dans le *Roland*, c'est tout le contraire, et ces assonances entrent souvent dans le même couplet. Il en est de même de l'homophonie entre *ai* et *e* devant deux consonnes : elle existe dans le *Roland* et n'est pas encore admise dans l'*Alexis*. « Telles sont, dit M. G. Paris[1], les raisons qui ne permettent pas de douter qu'entre l'*Alexis* et le *Roland* il ne se soit écoulé un intervalle de temps assez long. »

Or, la date que M. G. Paris attribue à l'*Alexis* est « le milieu du xie siècle ».

Le *Roland* pourrait donc, comme il le dit lui-même ailleurs, être attribué à la fin de ce même siècle.

Mais il en faut venir maintenant à un examen plus intime, à celui du poème lui-même.

---

[1] *Vie de saint Alexis*, p. 39.

INTRODUCTION

A coup sûr, le *Roland* est l'œuvre d'un Normand. Et ce fait nous paraît clairement prouvé par la place considérable qu'occupent dans notre poème la fête, l'invocation et le souvenir de « saint Michel du Péril ».

Il s'agit ici, comme je l'ai démontré ailleurs, du fameux Mont Saint-Michel, près d'Avranches, et de la fête de l'Apparition de saint Michel qui se célébrait le 16 octobre.

Cette fête a été, je le veux bien, solennisée jadis dans toute la seconde Lyonnaise et jusqu'en Angleterre. Mais il y a loin, il y a bien loin de cette simple célébration d'une fête liturgique à l'importance exceptionnelle que l'auteur du *Roland* a partout donnée à saint Michel du Péril.

C'est le 16 octobre que, d'après notre Chanson, l'empereur Charles tient ses cours plénières. C'est « depuis Saint-Michel du Péril jusqu'aux Saints » que notre poète trace les limites de la France, de l'Ouest à l'Est. Et enfin, près de Roland mourant, c'est saint Michel du Péril qui descend, comme un consolateur suprême. Ce dernier trait est décisif. Il n'y a qu'un Normand, — peut-être même n'y a-t-il qu'un Avranchinais, — capable de donner tant d'importance à un pèlerinage, à une fête, j'allais dire à un saint de son pays.

Toutefois, ce Normand me semble avoir séjourné en Angleterre.

———

A deux reprises il parle de l'Angleterre avec une sorte de mépris qui trahit le conquérant. Il en attribue la conquête à Charlemagne : *Vers Engletere passat il la mer salse*[1]. Et son héros lui-même, le comte Roland, quelques minutes avant sa mort, se vante de cette conquête de l'Angleterre dont il n'est question dans aucun autre chant de notre épopée nationale : *Jo l'en cunquis Escoce, Guales, Irlande, — E Engletere, que Carles teneit sa cambre*[2].

Ce n'est pas tout. Le seul manuscrit du *Roland* qui soit parvenu jusqu'à nous est un manuscrit anglais, et ce n'est pas sans raison que Génin cite encore ces deux manuscrits de *Ron-*

---

[1] *Chanson de Roland*, vers 327.
[2] *Ibid.*, vers 2331, 2332. Le texte porte : *il teneit.*

cevaux qui étaient jadis conservés dans l'armoire aux livres de la cathédrale de Peterborough.

Enfin, voici un dernier fait, qui semblerait indiquer que notre *Roland* a été écrit en Angleterre. On y lit trois ou quatre fois le mot *algier* ou *agier* [1], qui vient du mot *ategar*, et désigne le javelot anglo-saxon. Or, ce dernier mot est d'origine germanique et, plus particulièrement, anglo-saxonne. Il ne se trouve, à notre connaissance, qu'en des textes d'origine anglaise. Nous ne pensons pas, du moins, qu'il ait été latinisé ou surtout francisé ailleurs. Ce serait donc, à notre avis, un de ces vocables que les conquérants français auraient empruntés aux vaincus.

Nous avouons, d'ailleurs, que cet argument est d'une importance secondaire.

Pour nous résumer, nous dirons que le *Roland* est CERTAINEMENT l'œuvre d'un Normand, — et PROBABLEMENT l'œuvre d'un Normand qui avait pris part à la conquête de 1066, ou qui avait vécu en Angleterre.

———

Cette opinion, qui assigne une origine normande à la *Chanson de Roland*, est loin d'être aujourd'hui partagée par tous les érudits, et il en est de considérables qui la rejettent avec quelque vivacité et énergie.

Dans son étude sur le *Voyage à Jérusalem et à Constantinople* (décembre 1877), M. Gaston Paris a donné une forme encore plus vive à l'hypothèse qu'il avait déjà émise en 1865 sur l'origine française et même parisienne du *Roland*. Nous attendons impatiemment ses preuves.

Tout récemment, le successeur de Diez à l'Université de Bonn, M. W. Fœrster a proclamé avec autant de netteté que « *Roland* appartient à l'Ile-de-France ». Quelle que soit l'autorité de M. Fœrster, nous ne saurions nous rendre à ce système.

Le grand et, suivant nous, l'irrécusable argument subsiste toujours, et c'est la place que le Mont Saint-Michel occupe dans tout notre poème.

---

[1] *Chanson de Roland*, vers 439, 442, 2075.

INTRODUCTION

Nos adversaires se contentent ici d'avouer « qu'il est fait mention dans notre vieille épopée de ce très célèbre pèlerinage ».

Non, non, ce n'est pas une simple mention.

Ce n'est pas une simple mention que la première place donnée partout, non pas seulement à ce pèlerinage lui-même, mais entendez-le bien, à la fête du 16 octobre. Ce n'est pas une simple mention que la *tenue* des cours plénières de Charlemagne en ce même jour du 16 octobre. Ce n'est pas une simple mention que saint Michel du Péril recueillant, lui et non pas un autre, le dernier souffle de Roland agonisant.

Et, laissez-nous le répéter, — la répétition est ici nécessaire, — ce n'est pas non plus une petite preuve en faveur de notre thèse que cette place étrange donnée, dans la nomenclature des conquêtes du grand Empereur, à l'Angleterre, à l'Écosse, à l'Irlande, au pays de Galles. On n'en parle nulle part ailleurs.

Avant d'établir l'origine parisienne du *Roland*, il faudra commencer par réfuter ces arguments, qui sont de poids.

Certes, il se peut qu'un autre *Roland*, qu'un *Roland* antérieur au nôtre ait été composé à Paris ou dans l'Ile-de-France. Mais le nôtre, non pas. Et, à moins de raisons décisives, nous ne consentirons jamais à le « dénormandiser ».

Notre poème paraît antérieur à la première croisade ; mais nous n'avons, pour le démontrer, que des probabilités dont nous ne saurions être entièrement satisfait. Nous voudrions cent fois mieux.

« La liste des peuples païens, que fournit quelque part le *Roland*[1], semble porter les caractères d'une rédaction antérieure aux croisades. La plupart de ces peuples sont de ceux qui, à l'orient de l'Europe, ont été, pendant les IXe, X^e et XIe siècles, en lutte constante avec les chrétiens. Ce sont, en partie, des Tartares et des Slaves. » Cette observation est de M. Gaston Paris. Ajoutons que, dans notre vieille chanson, il est toujours question de Jérusalem comme d'une ville appartenant aux Sarrasins, et où ils exercent d'odieuses persécutions

[1] *Chanson de Roland*, vers 3214 et ss.

contre les chrétiens. Notre poète, enfin, attribue à Charlemagne la conquête de Constantinople, mais non pas celle de la Terre-Sainte.

On va peut-être nous objecter ici que le *Roland* est véritablement animé par le grand souffle des croisades. A cela nous répondrons que l'esprit des croisades a été, dans la chrétienté du moyen âge, bien antérieur aux croisades elles-mêmes. Et il est trop vrai que le désir ardent de se venger des Infidèles a été, durant la seconde moitié du xie siècle, le sentiment le plus vif et le plus profond de toute la race chrétienne[1].

L'Archéologie ne nous vient guère en aide pour déterminer une date plus exacte. Il faut seulement observer que dans le costume de guerre, tel qu'il est décrit dans le *Roland,* on ne voit point encore paraître les chausses de mailles. Or, l'usage des chausses de mailles a commencé, sans doute, durant la seconde moitié ou le second tiers du xie siècle. Et l'on en peut voir déjà quelques-unes dans la tapisserie de Bayeux. Somme toute, rien de net.

En résumé, il n'est pas certain, mais il est probable que le *Roland* est antérieur à la première croisade.

C'est toute notre conclusion.

Et nous souhaitons fort vivement qu'un autre érudit puisse un jour, au milieu de tant d'ombres, arriver à une certitude lumineuse.

VI. — LE POÈTE

Comme nous l'avons montré tout à l'heure, l'auteur de la *Chanson de Roland* est un Normand, et c'est ce qui est presque

---

[1] Contre l'antiquité du *Roland*, on pourrait alléguer un nom de lieu (*Butentrot*) qui se lit au v. 3220 de notre texte. Le « val de Botèntrot » est, en effet, célèbre dans l'histoire de la première croisade, et l'on a pu dire qu'il n'était peut-être pas connu en Occident avant 1098. Mais enfin ce n'est là qu'un « peut-être », et il n'est pas impossible que des pèlerins aient pratiqué ce passage avant la grande expédition des dernières années du xie siècle. (V. un article de Paul Meyer dans la *Romania*, VII, p. 335, et notre note du v. 3220.)

mathématiquement prouvé par l'importance exceptionnelle donnée à « saint Michel du Péril ».

Même il se pourrait que ce fût un Avranchinais, à cause du voisinage de ce Mont Saint-Michel dont il fait tant d'estime.

Quoi qu'il en soit, d'ailleurs, il est très probable que ce Normand a vécu de l'autre côté du détroit, et c'est ce que laissent supposer l'origine topographique de notre manuscrit, le mot *agier* qui est d'étymologie anglo-saxonne, et certaines allusions à l'Angleterre qui ne sont pas sans être empreintes de quelque dédain.

Voilà ce que nous avions dit, et ce que nous devions redire.

Mais l'auteur de notre poème est-il réellement ce Turoldus dont il est question dans notre dernier vers : *Ci falt la geste que* TUROLDUS *declinet?* On ne saurait l'affirmer.

La *geste!* Ce mot est employé quatre fois dans notre Chanson, et le poète en parle toujours comme d'un document historique qu'il a dû consulter et dont il invoque le témoignage au même titre que celui des chartes et des brefs. Ce document, c'était peut-être quelque ancienne Chanson ; ou bien encore quelque Chronique plus ou moins traditionnelle et écrite d'après quelque poème antérieur. Donc, c'est de cette geste, et non pas de notre poème, que Turoldus serait l'auteur.

Mais, même en admettant que ce mot « geste » s'applique à notre propre chanson, il faudrait encore expliquer le mot *decliner*. Or, ce mot signifie à la fois « quitter, abandonner, finir une œuvre », et, par extension, « raconter tout au long une histoire, une geste. » La première de ces deux significations a paru la meilleure à quelques critiques. On peut donc admettre qu'un Touroude a « achevé » la *Chanson de Roland*. Mais est-ce un scribe qui a achevé de la transcrire? un jongleur qui a achevé de la chanter? un poète qui a achevé de la composer? A tout le moins, il y a doute.

M. Génin, s'appuyant uniquement sur ce fameux dernier vers, attribue notre chanson à un « Theroulde », bénédictin de l'abbaye de Fécamp, auquel le roi Guillaume donna l'abbaye de Malmesbury, qui fut transporté en 1069 à l'abbaye de Peterborough, et qui mourut en 1098. « Si ce n'est lui, c'est « son père, » dit M. Génin. Et le père de ce Theroulde fut, en effet, précepteur de Guillaume le Conquérant. Mais ce ne sont là que des probabilités, et la seule présomption en faveur de cette opinion consiste dans la présence de ces deux exemplaires du *Roland* dans l'armoire aux livres de la cathédrale de Peterborough : « Apparemment, dit M. Génin, ce « n'étaient pas les moines saxons qui les y avaient fait venir. « N'est-il pas plus probable qu'ils y avaient été placés par « l'abbé Theroulde comme son œuvre, ou plutôt comme celle « de son père, le précepteur de Guillaume le Conquérant? » Encore un coup, ce n'est là qu'une présomption, et non pas une preuve.

Bref, l'auteur du *Roland* est un Normand qui a séjourné en Angleterre.

Mais il n'est pas certain qu'il ait porté le nom de Touroude;

Et, encore moins, que ce soit le fameux abbé de Peterborough, ou son père [1].

VII. — LE MANUSCRIT

Entrons à la bibliothèque Bodléienne, à Oxford, et demandons le manuscrit Digby 23.

Le voilà devant nous. Nous ne le toucherons pas, nous ne l'ouvrirons pas sans une certaine émotion profonde et sincère.

C'est un de ces petits volumes à l'usage des jongleurs, qu'ils portaient avec eux sur tous les chemins et où, sans doute, ils rafraîchissaient leur mémoire. Nous en placerions l'exécution vers la fin du XIIe siècle.

Il est l'œuvre d'un scribe anglo-normand fort médiocre et sujet à de trop nombreuses distractions. Le pauvre hère a omis, plus d'une fois, des couplets entiers, que nous essayerons plus loin de reconstruire. Grâce à sa négligence, un certain nombre de vers sont boiteux, et il nous faudra les remettre sur leurs pieds. Enfin il a interverti l'ordre de quelques strophes, et il n'a souvent tenu aucun compte de l'exac-

---

[1] Nous ne croyons pas utile de discuter ici l'opinion relative à ce « ber seint Gilie », qu'on a voulu, sans aucune preuve, considérer comme l'auteur du *Roland*. V. notre note du vers 2086.

litude des assonances. Il pensait visiblement à autre chose. Cette besogne ne devait pas lui être bien payée.

Le manuscrit, d'ailleurs, n'a vraiment pas été favorisé. Après le scribe, des correcteurs sont venus, qui ont changé quelques termes trop archaïques, réparé quelques omissions, rectifié la mesure de quelques vers, complété ou ajouté quelques mots, effacé ou gratté çà et là quelques lettres. Ces additions (qui sont placées soit en interligne, soit en marge), ces suppressions et ces corrections sont généralement sans critique et sans valeur. Peut-être faut-il y voir l'œuvre de jongleurs qui voulaient rajeunir un texte vieilli. Quels que soient les correcteurs, ils sont dignes du scribe [1].

Par bonheur, une rédaction antique de la *Chanson de Roland* nous a été conservée dans un manuscrit de la bibliothèque Saint-Marc, à Venise [2].

Ce manuscrit a dû être exécuté entre les années 1230 et 1240.

Il offre deux graves défauts.

Tout d'abord, il a été écrit par un scribe ignorant et en un français déplorablement italianisé ;

Et, en second lieu, il ne nous offre la version primitive que jusqu'au vers 3682 de notre texte d'Oxford. A partir de là, le copiste italien n'a plus eu sous les yeux qu'un de ces remaniements dont nous aurons lieu de parler tout à l'heure, et auquel il ajouta un long récit de la prise de Narbonne par Aimeri.

Toujours est-il que nous possédons en double la version d'environ 3500 vers de notre poème. Et telle est la plus précieuse ressource qui soit à notre disposition pour établir notre texte critique.

Mais nous nous servirons aussi de ces Remaniements où il est aisé de retrouver tant de vestiges du texte primitif.

Vienne le jour où quelque érudit déterrera, au fond de quelque bibliothèque de France, d'Espagne ou d'Angleterre, le manuscrit original de notre Iliade. Bien que cette découverte puisse être une rude épreuve pour tous les faiseurs de textes critiques, nous l'appelons de tous nos vœux et la saluerions de tout notre cœur. Espérons.

---

[1] V. p. 400, un *fac-simile* du manuscrit d'Oxford.
[2] Mss. français, IV.

VIII. — LA LANGUE

Il faut ici, tout d'abord, faire une distinction fondamentale entre l'original de la *Chanson de Roland,* qui n'est certainement point parvenu jusqu'à nous, et le manuscrit d'Oxford, qui est évidemment la très mauvaise copie d'un ancien texte.

S'il est vrai que le *Roland* ait été composé par un Normand, comme nous pensons l'avoir démontré, le manuscrit original devait être écrit en dialecte normand.

S'il est vrai que le *Roland* soit, comme nous l'avons supposé, l'œuvre d'un Normand qui ait vécu en Angleterre, le manuscrit original devait, suivant nous, être écrit en un dialecte dont le vocabulaire très normand n'était pas sans offrir çà et là quelques éléments anglo-normands.

Quant au manuscrit d'Oxford, il est l'œuvre d'un scribe anglo-normand;

Et ce médiocre écrivain avait sous les yeux un modèle normand qu'il a fort mal copié.

Nos lecteurs trouveront, dans notre édition classique, une *Grammaire* et un *Glossaire* complets de la langue de notre scribe,

De sa langue telle qu'il l'a parlée et écrite, et telle aussi qu'il aurait dû la parler et l'écrire.

IX. — LA VERSIFICATION

Il faut partir de ce fait que les vers du *Roland* étaient destinés à être écoutés, et non pas à être lus.

Ils ne s'adressaient pas aux yeux, mais à l'oreille.

Des « jongleurs de gestes » parcouraient alors toute l'Europe avec de petits manuscrits dans leurs poches. Arrivaient-ils dans une ville, ils ne prenaient point le temps de se reposer. Encore tout poudreux du voyage et essoufflés, ils attiraient la foule par quelques accords de leur grossier violon, de leur *viele,* par quelques cris, voire par quelques gambades. Puis ils se mettaient à chanter quelques centaines de vers épiques. Je ne dis pas *lire* : je dis *chanter.*

INTRODUCTION xxix

Une foule avide, enthousiaste, ardente, entourait ces chanteurs populaires et se suspendait à leurs chants.

Très souvent aussi, la scène se passait dans la salle principale des châteaux. Le seigneur invitait le jongleur, et le faisait boire. A la fin du repas, le chanteur se levait et donnait une séance épique.

Mais, qu'il eût affaire à des chevaliers ou à des bourgeois, le jongleur avait toujours devant lui un auditoire QUI NE SAVAIT PAS LIRE et qui, en fait de versification, était uniquement sensible au rythme et à l'assonance.

Or l'assonance n'est pas la rime. L'assonance porte sur la dernière voyelle accentuée, tandis que la rime porte à la fois sur cette dernière voyelle sonore et sur tout ce qui vient après elle.

A s'en tenir au système de l'assonance, *Carles, guaste, pasme, vaille, pailes, barbe* et *remaigne* peuvent entrer, à la fin des vers, dans une seule et même tirade. Ces mots « assonnent » ensemble.

Dans le système de la rime, *remaigne* ne serait admissible qu'avec *muntaigne, graigne* et *altaigne*.

L'assonance est essentiellement populaire ; la rime est aristocratique.

Encore aujourd'hui, en 1880, le peuple des campagnes chante des vers assonancés. Il les comprend, il les aime. Écoutez plutôt, écoutez ce « Cantique populaire sur saint Alexis » qui circule dans nos villages :

> J'ai un voyage à *faire*
> Aux pays étrang*ers*.
> Il faut que je m'en *aille :*
> Dieu me l'a command*é*.
> Tenez, voici ma *bague,*
> Ma ceinture à deux t*ours,*
> Marque de mon am*our.*

Et ailleurs, dans ce même chant, *épousailles* assonne avec *flamme* ; *courage* avec *larmes* ; *richesses* avec *cachette* ; *embarque* avec *orage* et *dépêche* avec *connaître.*

Il en était ainsi aux XIe et XIIe siècles.

Mais le jour où le nombre des lettrés devint plus considé-

rable au sein de la société laïque, le jour où il y eut beaucoup
de chevaliers et de bourgeois qui surent vraiment lire, le jour
où ils en vinrent à vouloir posséder et collectionner des manuscrits, tout changea. Il fallut désormais s'adresser au regard
des lecteurs, et non plus à l'oreille des auditeurs. De là, la
nécessité absolue de remanier les anciens poèmes ; de là ces
rifacimenti auxquels nous allons tout à l'heure consacrer un
de nos chapitres.

A l'époque où fut composé le *Roland*, la versification peut
se résumer en quelques règles qui sont des plus sages et des
plus simples :

Le *Roland*, comme nos plus anciens poèmes, est écrit en décasyllabes. =
Ces décasyllabes ont une pause intérieure après leur quatrième syllabe sonore.
= A la fin du premier comme du second hémistiche, les voyelles muettes ne
comptent point : *Damne Deu Peré, nen laiser hunir France*. = Sont assimilés à l'*e* muet, les *e* non accentués qui sont suivis d'une *s*, d'un *t*, d'un *nt* :
Li Emperer̃es est par matin levet. — *Iço vus mandet reis Marsilies li ber*. —
Il nen est dreit que paiens te baillisent. = La seule lettre qui, en thèse
générale, s'élide, est l'*e* muet. Il convient d'ajouter que cette élision elle-
même est laissée à la liberté du poète, QUI ÉLIDE OU N'ÉLIDE PAS. = Ces
vers, ainsi rythmés, sont distribués en un certain nombre de couplets, tirades
ou *laisses*. Toute *laisse* forme une division naturelle du récit. = Le couplet
se compose, en moyenne, dans le *Roland*, de douze à quinze vers. Il sera
plus développé dans les poèmes postérieurs. = Le lien qui unit tous les vers
dans un même couplet, c'est l'assonance : plus tard, ce sera la rime. Dans le
Roland, les couplets ne sont donc pas monorimés, mais mono-assonancés.
= Suivant que leurs vers se terminent ou non par un *e* muet, les laisses
sont féminines ou masculines. Ces dernières sont les plus nombreuses.

Nous avons traité ailleurs [1] les autres questions qui se rapportent à la rythmique du *Roland*.

X. — LE STYLE

Que notre poète ait été dominé par le souci du style, par la
préoccupation littéraire, c'est ce que nous ne croirons jamais,
malgré tous les efforts de M. Génin pour nous en convaincre.
L'auteur du *Roland* écrivait en toute simplicité, comme il
pensait, et ne songeait pas à l'effet. Rien n'est plus spontané

---

[1] Voy. le Traité élémentaire de Versification ou de *Rythmique* qui accompagne notre Grammaire (p. 438 et ss.).

qu'une telle poésie. Cela coule de source, très naturellement et placidement. C'est une sorte d'improvisation dont la sincérité est vraiment incomparable. Nulle étude du « mot de la fin », ni de l'épithète, ni enfin de ce que les modernes appellent le style. Rien qui ressemble, même de très loin, aux procédés de Dante.

Notre épique, d'ailleurs, n'est pas un savant. Qu'il connaisse la Bible, j'y consens, et le miracle du soleil arrêté par Charlemagne ressemble trop à celui que Dieu fit pour Josué. Mais nous ne pouvons nous persuader qu'il ait jamais lu Virgile ou Homère. S'il est un trait qui rappelle dans son œuvre le *Dulces moriens reminiscitur Argos*, c'est une de ces rencontres qui attestent seulement la belle universalité de certains sentiments humains. L'épithète homérique est également un procédé commun à toutes les poésies qui commencent. On n'a pas remarqué (nous en donnerons ailleurs la raison) que cette épithète fleurit assez peu dans le *Roland*, et que, tout au contraire, elle abonde dans nos poèmes postérieurs, où elle tourne à la formule. En revanche, il est, dans notre Chanson, certaines répétitions qui sont déjà consacrées par l'usage et, pour ainsi dire, classiques. Un ambassadeur, par exemple, ne manquera jamais de répéter mot pour mot le discours que son roi lui a dicté. C'est encore là un trait primitif et presque enfantin.

Tout est grave, du reste, en cette poésie d'enfant sublime, et le poète ne rit pas volontiers. Si par hasard le comique se montre, c'est un comique de garnison; ce sont des plaisanteries de caserne. Tel est l'épisode de Ganelon livré aux cuisiniers de Charlemagne, qui se jettent sur lui et le rouent de coups avec leurs gros poings. Sur ce, nos pères riaient à pleines dents, et j'avoue que ce rire n'était aucunement attique.

Malgré ces éclats grossiers, il y a dans le *Roland* une véritable uniformité de ton : c'est une œuvre *une* à tous égards. Certains critiques n'en conviennent pas. « Le poème, s'écrient-ils, devrait se terminer à la mort de *Roland*. » Nous ne saurions partager cet avis, et ils se sont étrangement trompés ceux qui, par amour de l'unité, ont supprimé, dans leurs traductions, tout l'épisode de Baligant, toute la grande bataille de Saragosse, voire le procès de Ganelon. En vérité, *Roland* est une trilogie puissante. La trahison de Ganelon en est le premier acte ; la mort de Roland en est la péripétie ou le nœud ; le châtiment des traîtres en est le dénouement. Est-ce que le chef-d'œuvre de Racine serait *un* sans la scène où est racontée la mort d'Athalie ?

Mais de la forme il faut passer au fond, et du style à l'idée.

Notre auteur n'est pas un théologien, et, s'il faut dire ici toute ma pensée, je ne crois même pas qu'il ait été clerc. Il ne sait guère que le catéchisme de son temps ; il a *lu* les vitraux ou les bas-reliefs des portails, et c'est par eux sans doute qu'il connaît les « Histoires » de l'Ancien Testament. Mais ce catéchisme, qu'il possède très profondément, vaut mieux que bien des subtilités, et même que bien des raisonnements. *Roland* est le premier des poèmes populaires, parvenus jusqu'à nous, qui ont été écrits dans le monde depuis l'avènement de Jésus-Christ. On peut juger par lui combien le Christianisme a agrandi la nature humaine, et jusqu'à quel point nous lui devons la dilatation de la Vérité dans le monde. L'unité d'un Dieu personnel est, pour l'auteur de notre vieille Épopée, le plus élémentaire de tous les dogmes. Dieu est, à ses yeux, tout-puissant, très saint, très juste, très bon, et le titre que nos héros lui donnent le plus souvent est celui de *père*. L'idée de la Providence se fait jour dans tous les vers de notre poète, et il se représente Dieu comme penché sur le genre humain et écoutant volontiers les prières des hommes de bonne volonté. Sous le grand regard de ce Dieu qui veille à tout, la terre nous apparaît divisée en deux camps toujours armés, toujours aux aguets, toujours prêts à se dévorer : d'un côté, les chrétiens, qui sont les amis de Dieu ; de l'autre, les ennemis mortels de son nom, les païens. La vie ne paraît pas avoir d'autre but que cette lutte immortelle. La terre n'est qu'un champ de bataille où combattent, sans relâche et sans trêve, ceux que visitent les Anges, et ceux qui combattent à côté des Démons. Le Chef, le Sommet de la race chrétienne, c'est la France, c'est *France la douce*, avec son Empereur à la barbe fleurie. A la tête des Sarrasins marche l'émir de Babylone. Quand finira ce grand combat ? Le poète ne nous le dit point ; mais il est à croire que ce sera seulement après le Jugement suprême. L'existence humaine est une croisade. L'homme que conduisent ici-bas les Anges et les Saints s'achemine, à travers cette lutte pour la croix, jusqu'au Paradis où règne le Crucifié. On voit que notre poète a une très haute idée de l'homme. Sans doute ce n'est pas un observateur, et il ne connaît point les mille nuances très changeantes de l'âme humaine; mais il croit l'homme capable d'aimer son Dieu et son pays, et de les aimer jusqu'à la mort. On n'a encore, ce nous semble, rien trouvé de mieux. Il va plus loin. Si bardés de fer que soient ses héros, si rudes qu'il nous les montre et si farouches, il les croit capables de fléchir, capables de tomber, capables de pleurer : voilà de quoi nous le remercions. Il nous a bien connus, puisqu'il fait fondre en larmes les plus fiers, les plus forts d'entre nous, et Charlemagne lui-même. Ses héros sont naturels et sincères : leurs chutes, leurs pâmoisons, leurs sanglots m'enchantent. Ils nous ressemblent donc, ils sont donc *humains*. J'avais craint un instant qu'ils ne fussent des mannequins de fer; mais non, j'entends leur cœur, un vrai cœur et qui bat fort, et sous le heaume je vois leurs yeux trempés de larmes. Mais s'ils se pâment aussi aisément, ce n'est jamais pour de banales amourettes, ni même pour des amours efféminants : la galanterie leur est, grâce à Dieu, tout à fait étrangère. Aude, la belle Aude, apparaît une fois à peine dans tout le drame de Roncevaux, et ce n'est pas Roland qui prononce ce nom : c'est Olivier, et il parle de sa sœur avec une certaine brutalité de soldat. Roland, lui, est trop occupé; Roland est trop *envermeillé* de son sang et du sang des Sarrasins; Roland coupe trop de têtes païennes! S'il est vainqueur, il pensera à Aude, peut-être. D'ailleurs, il a d'autres amours : la France, d'abord, et Charlemagne après la France. Pantelant, expirant, râlant, c'est à la France qu'il songe; c'est vers la France qu'il porte les regards de son souvenir. Jamais, jamais on n'a tant aimé son pays. S'il est des Allemands qui lisent ces pages, je les invite à bien peser les mots que je vais dire : « IL EST ICI QUESTION DU XI⁰ SIÈCLE. » A ceux qui menacent aujourd'hui ma pauvre France, j'ai bien le droit de montrer combien déjà elle était grande il y a environ huit cents ans. Et, puisqu'ils parlent de ressusciter l'empire de Charlemagne, j'ajouterai volontiers que jamais il n'y eut une conception de Charlemagne comparable à celle de notre poète français. Ceux d'Outre-Rhin ont imaginé sur lui quelques fables creuses, oui, je ne sais quelles rêvasseries sans solidité et sans grandeur. Mais le type complet, le véritable type, le voilà. C'est ce Roi presque surnaturel, marchant sans cesse à la tête d'une armée de croisés, sa barbe blanche étalée sur son haubert étincelant, le regard jeune et fier malgré ses deux cents ans. Un Ange ne le quitte pas et se penche souvent à son oreille pour lui conseiller le bien, pour lui donner l'horreur du mal. Autour de lui se pressent vingt peuples, Bavarois, Normands, Bretons, Allemands, Lorrains, Frisons ; mais c'est sur les Français qu'il jette son regard le plus tendre. Il les aime ; il ne veut, il ne peut rien faire sans eux. Cet homme qui pourrait se croire tant de droits à commander despotiquement, voyez-le : il consulte ses barons ; il écoute et recueille leurs avis ; il est humble, il hésite, il attend. C'est encore le *Kœnig* germain, c'est déjà l'Empereur catholique.

Les héros qui entourent Charlemagne représentent tous les sentiments, toutes les forces de l'âme humaine. Roland est le courage indiscipliné, téméraire, superbe et, pour tout dire en un mot, français. Olivier, c'est le courage réfléchi et qui devient sublime à force d'être modéré. Naimes, c'est la vieillesse sage et conseillère : c'est Nestor. Ganelon, c'est le traître; mais non pas le traître-né, le traître-formule de nos derniers romans, le traître forcé et à perpétuité : non, c'est l'homme tombé, qui a été d'abord courageux et loyal, et que les passions ont un jour terrassé. Turpin, c'est le type brillant, mais déplorable, de l'évêque féodal, qui préfère l'épée à la crosse et le sang au chrême... Je veux bien admettre que tous ces personnages ne sont pas encore assez distincts l'un de l'autre, et que « la faiblesse de la caractéristique est sensible dans l'Épopée française[1] ». Et cependant quelle variété dans cette unité ! Il est vrai que la fin des héros est la même ; mais ce n'est point là de la monotonie. Tous s'acheminent vers la région des Martyrs et des Innocents. Les Anges s'abattent autour d'eux sur le champ de bataille ensanglanté, et viennent recueillir les âmes des chrétiens pour les conduire doucement dans les « saintes fleurs » du paradis...

Telle est la beauté de la *Chanson de Roland*.

[1] Ces paroles sont de M. Gaston Paris, en son *Histoire poétique de Charlemagne*.

XI. — LES REMANIEMENTS [1]

Le jour vint où le *Roland*, tel que nous allons le publier, ne répondit plus aux besoins des intelligences. Le jour vint où le public, s'adressant à certains poètes de bonne volonté, leur montra notre vieille chanson, et leur dit : « Rajeunissez-la. »

Et ce jour fut celui-là même où l'assonance ne suffit plus aux auditeurs de nos Chansons de geste. Disons mieux : ce fut le jour où le *Roland* eut des lecteurs plutôt que des auditeurs. La rime alors dut s'emparer de toute ou de presque toute la dernière syllabe : la rime qui est une assonance perfectionnée, une assonance pour les yeux.

Voilà le point de départ de tous nos rajeunisseurs ; voilà la raison d'être et l'origine de tous les remaniements du *Roland*. TOUT EST SORTI DE LÀ.

---

[1] Ces Remaniements, que l'on connaît généralement sous le nom de *Roncevaux*, composent la seconde famille des manuscrits du *Roland*. = Il sont tous dérivés d'un prototype qui n'est point parvenu jusqu'à nous et qui se composait sans doute des éléments suivants : « trois mille sept cents premiers vers, analogues à ceux d'Oxford et encore assonancés; un dénouement nouveau en vers rimés, et qui se retrouve dans tous les *rifacimenti*. » = Les remaniements du *Roland* que nous possédons sont les suivants : *a*. Manuscrit de Paris, B. N., fr. 860, ancien 7227 [5] (seconde moitié du XIIIe siècle). Il y manque environ les 80 premiers couplets. — *b*. Manuscrit de Versailles XIIIe s. ; — 8,330 vers). Il est aujourd'hui à la Bibliothèque de Châteauroux, et il en existe une copie moderne à la B. N. (fr. 15,108). Après avoir fait partie de la Bibliothèque de Louis XVI, il fut acheté par le comte Germain Garnier. C'est celui dont s'est servi M. Bourdillon pour son édition critique. M. F. Michel a publié, dans la seconde édition de son *Roland*, la version de Paris complétée par les 80 premiers couplets de celle de Versailles. — *c*. Manuscrit de Venise (Bibliothèque Saint-Marc, manuscrits français, n° VII. 138 folios, 8,880 vers; exécuté vers 1250). Le texte, qui n'est pas italianisé, se rapproche beaucoup de celui de Versailles : nous avons eu l'occasion d'y puiser quelques bonnes variantes. — *d*. Manuscrit de Lyon (n° 964 XIVe s.). Les 84 premières laisses et l'épisode de Baligant y manquent. Dans le dernier couplet, on annonce « la guerre de Grifonel l'enfant ». Ce texte n'a pas été suffisamment utilisé par M. Th. Müller, et nous nous en sommes souvent servi. — *e*. Fragments d'un manuscrit lorrain, 354 vers du XIIIe siècle, publiés par Génin, *Chanson de Roland*, p. 491 et suiv. — *f*. Manuscrit de Cambridge (Trinity College, R. 3-32, XVe siècle), sur papier, mauvaise écriture. Les 47 premières strophes font défaut. Le dernier couplet, en vers de douze syllabes, nous montre les barons de Charles retournant dans leurs fiefs. = Ces Remaniements peuvent se diviser en trois familles : *a*. Paris, Lyon, Lorrain. *b*. Versailles, Venise VII. *c*. Cambridge. M. W. Fœrster se propose de les publier très prochainement *in extenso*. = Voyez plus loin (p. 398) le « Tableau de filiation » de ces différents textes.

Dès que le plus ancien des remanieurs eut, pour la première fois, touché à une assonance du *Roland* dans le but de la transformer en rime, ce jour-là tout fut perdu. Cette seule modification en entraîna cent autres, et toute la physionomie de notre vieille épopée fut irrémédiablement changée.

Le premier travail du rajeunisseur porte sur le couplet épique. Il consiste à en changer toutes les assonances et à faire choix, pour les remplacer, d'un système de rimes.

Son second labeur a le vers pour objet. Il lui faut reprendre en sous-œuvre presque tous les vers de l'ancien couplet, et les refaire un à un pour leur donner la rime voulue. Longue, délicate et rude besogne !

Mais il n'est pas toujours aisé de remplacer un vers assonancé par UN vers, par UN SEUL vers rimé. Le remanieur, en ce cas, écrit deux vers, et même trois, au lieu d'un seul. C'est là son troisième travail et qui, comme les précédents, lui est commandé par une nécessité impérieuse [1].

Une fois en si beau chemin, le rajeunisseur ne s'arrête plus. Il se donne fort gratuitement une quatrième mission. Alors même qu'il n'y est aucunement contraint, il remplace un vers de l'original par deux ou trois vers de la copie [2]. Hélas !

Il est à peine utile d'ajouter que notre remanieur, habitué à tant de privautés avec le texte original, n'hésite plus à changer tous les hémistiches qui lui déplaisent et tous les mots qui lui semblent vieillis. Mais ce cinquième travail ne semble pas avoir été le plus malaisé.

Désormais, plus de gêne. Les rajeunisseurs suppriment tels ou tels couplets qu'ils jugent inutiles, ou en ajoutent tels ou

---

[1] Voici par exemple, dans un couplet en *on* du *Roland*, voici ce vers : *Il li tranchat ier le destre puign* (vers 2701). Le rajeunisseur sent bien que les oreilles ou, plutôt, que les yeux de ses contemporains supporteraient difficilement le son *uin* dans une tirade en *on*. Que fait-il ? Il cherche un équivalent en un seul vers, et ne le trouve pas. Alors il se résout, sans trop de peine, à écrire ces deux vers : *Li cons Rollant, qi ait maleiçon, — De son braz destre li a fait un tronçon*. (*Roncevaux*, texte de Versailles.)

[2] L'auteur du *Roland* avait dit (v. 3200) : « *Ço dist Malprimes : le colp vus en demant.* » Le remanieur, sans aucune nécessité, écrit : « *Ço dist Malprimes : « Mar doterez noiant. — Demein arez un eschac issi grant. — Aint Sarrazins n'ot onques tant vaillant ; — De la bataille le premier colp demant.* » (*Roncevaux*, texte de Versailles.) Cf. nos *Épopées françaises*, 2ᵉ édition, I pp. 441-443.

tels autres qui leur paraissent nécessaires. Ils intercalent certains épisodes de leur composition, et rédigent à nouveau certaines parties de l'ancien texte. Même ils adoptent des vers d'une autre mesure, et voici que, dans l'épisode du procès de Ganelon, le vers alexandrin pénètre enfin dans notre Chanson, qui est décidément trop remaniée et mal rajeunie[1].

Il ne reste plus qu'à modifier l'esprit général de nos vieux poèmes, et c'est à quoi nos remanieurs s'entendent merveilleusement. Dans la *Chanson de Roland*, telle qu'on la pourra lire tout à l'heure, c'était l'esprit du XIe siècle qui frémissait; dans nos *rifacimenti*, c'est celui du XIIIe. Les âmes y sont moins mâles. Tout s'alanguit, s'attiédit, s'efféminé. La guerre n'est plus le seul mobile, ni la pensée unique. Le coup de lance, bien donné ou bien reçu, n'est plus le seul idéal. Ce n'est plus l'esprit des croisades populaires et enthousiastes comme le fut celle de 1096 : c'est le temps des croisades à moitié politiques et auxquelles il faut un peu contraindre les meilleurs barons chrétiens. Rome est moins aimée, et l'oriflamme de Saint-Denis fait un peu oublier l'enseigne de saint Pierre. Charlemagne est déjà loin; Philippe le Bel approche. La Royauté, plus puissante, est cependant moins respectée.

---

[1] La meilleure façon de donner une idée de ces Remaniements, c'est d'en citer un fragment. Voici les deux premières laisses du texte de Versailles : nous prions nos lecteurs de les comparer attentivement aux deux premières laisses de notre texte.

I. Challes li rois à la barbe grifaigne — Sis anz toz plens a esté en Espaigne, — Conquist la terre jusque la mer ateigne; — En meint estor fut veüe s'enseigne; — Ne trove borc ne castel qu'il n'enplaigne, — Ne mur tant aut qu'à la terre n'enfraigne, — Fors Saragoze, au chief d'une montaigne : — Là est Marsille, qui la loi Deu n'en daigne; — Mahomet sert, mot fait folle gaaigne. — Ne poit durer que Challes ne le taigne : — Car il n'a hom qu'à lui servir se faigne, — Fors Guenelon que il tint por engeigne. — Jamais n'ert jor que li rois ne s'en pleigne.

II. En Saragoze ert Marsille li ber; — Soz une olive se sist por deporter, — Environ lui si demeine et si per. — Sor un peron que il fist tot lister — Monte li rois, si comence à parler : « Oiez, signor, que je vos vel mostrer; — Consiliez-moi coment porai esrer; — Desfendez-moi de honte et d'affoler. — Bien a set anz, ne sont mie à paser, — Li Empereres, c'on puet tant redoter, — En cest païs entra por conquister. — Ars a mes bors, mes terres fait gaster; — Cité n'avons qui vers lui peust durer. — Mais à vous toz consel vel demander : — Par quel enging porai vers lui aler? » — Mal soit de cel qui ousast mot sonner, — Ne qui levassent son seignor conseiller, — Fors Blankaudin. Cil ne se volt celer. — En tot le mont, si com orez nomer, — N'en verez hom tant sage mesajer...

La taille du grand Empereur est rapetissée : ce n'est plus un
géant de quinze pieds qui domine tous les autres héros du
poème et dont la gloire n'est pas effacée par celle même de
Roland. Les subtilités d'une théologie médiocre remplacent les
élans vigoureux d'une piété militaire. L'auteur se fait voir davantage dans ces œuvres trop personnelles. Plus de proportions ; point de style, avec plus de prétentions. Des formules,
des chevilles, et, comme nous le dirions aujourd'hui, des
« clichés » insupportables. Ces Remaniements, nous les abandonnons volontiers à ceux qui nous accusent de trop aimer
notre vieille poésie religieuse et nationale. De ces œuvres de
rhéteurs ennuyeux, la Patrie et Dieu sont absents. Nous ne
descendrons pas à les admirer [1].

XII. — LA GLOIRE

Roland est un des héros dont la gloire a été le plus œcu-
ménique, et il n'est peut-être pas de popularité égale à sa
popularité.

Roland a été célèbre en Allemagne. Vers le milieu du
XIIe siècle, un curé allemand, du nom de Conrad, — il était
de la Bavière ou de la Souabe, — se mit à traduire en latin
d'abord, puis en vers allemands, notre épopée nationale, notre
vieille chanson. La traduction est des plus exactes, avec une
tournure plus cléricale ou plus mystique que dans l'original
français. C'est le *Ruolandes-Liet*, et nous ne pouvons oublier,
en le lisant, que le jour où les Allemands voulurent un chant
populaire sur Charlemagne, ils furent obligés de l'emprunter à

---

[1] Les Remaniements ne sont pas cependant la forme la plus méprisable qu'ait
reçue la légende de Roland. Après avoir médiocrement inspiré Philippe Mousket,
en sa *Chronique rimée*, au XIIIe siècle, et Girard d'Amiens, en son *Charlemagne*, au commencement du siècle suivant, cette très glorieuse et très antique
légende fut, six fois au moins, mise en prose : dans *Galien* (XVe siècle); dans
les *Conquestes de Charlemagne*, de David Aubert (1458); dans *Morgant le
Geant*, imitation du *Morgante Maggiore*, de Pulci (1519); dans le *Charlemagne
et Anseïs* du manuscrit de l'Arsenal, anc. B. L. F 214 (XVe siècle); dans
le *Fierabras* de 1478 et dans la *Conqueste du grant roi Charlemagne des
Espaignes*, qui en est une nouvelle forme (1498, etc.); et enfin dans les *Guérin
de Montglave* incunables. Ces deux derniers romans et le *Galien* ont pénétré
dans la « Bibliothèque bleue », et c'est par eux que Roland est, encore aujour-
d'hui, connu dans nos campagnes.

la France. Et ils ne s'en tinrent pas là. Un poète connu sous le nom de Stricker — ce nom signifie sans doute « rapsode » ou « arrangeur » — écrivit vers 1230 son *Karl*, qui est au *Ruolandes-Liet* ce que nos remaniements sont à notre ancien poème. Ce n'est pas tout encore : un compilateur germain du xive siècle, l'auteur du *Karl-Meinet*, a fait entrer, dans sa vaste compilation, un autre remaniement de Roncevaux. Cependant, sur toutes les places des villes de la Basse-Saxe et ailleurs encore, se dressaient ces fameuses statues de Roland, ces *Rolandssaülen* qui ne représentent pas exactement notre héros, mais qui n'en attestent pas avec moins d'éloquence sa popularité très glorieuse.

Roland a été célèbre dans tous les pays néerlandais. L'autre jour M. Bormans publiait quatre fragments de poèmes « thiois » des xiiie et xive siècles, où il n'hésite pas à voir une œuvre originale, mais où il est aisé de reconnaître une imitation servile de notre vieille chanson. Un petit livre néerlandais du xvie siècle, la *Bataille de Roncevaux*, répond bien à ces misérables versions en prose du *Roland* qui pullulent dans nos manuscrits et dans nos incunables. Ce n'est pas un chef-d'œuvre, sans doute; mais c'est l'irrécusable preuve d'une popularité très sincère, très étendue et très profonde.

Roland a été célèbre dans tous les pays scandinaves. La *Karlamagnus Saga* est une vaste compilation islandaise du xiiie siècle, qui est empruntée littéralement à nos plus anciennes et à nos meilleures chansons de geste. Or, cette œuvre se divise en dix branches, et notre chanson forme la huitième. Jusqu'à la mort du comte Roland, le compilateur islandais ne fait que suivre très servilement le texte primitif du vieux poème français, d'après un manuscrit fort semblable à celui d'Oxford. Mais, en cet endroit de son récit, il a trouvé sans doute que son modèle devenait un peu long, et il l'a vigoureusement abrégé. Quoi qu'il en soit, la Saga conquit un rapide et incomparable succès. Un auteur danois du xve siècle la résuma à l'usage du peuple en s'aidant de quelques autres poèmes français. De là cette *Keiser Karl Magnus kronike* qui circule encore aujourd'hui dans les campagnes danoises. Rien n'égale la vogue de ce petit livre, dont une édition nouvelle vient de paraître à Copenhague, et qui, jadis imité de l'islandais, a été récemment traduit en cette langue. Si vous allez jamais à Reïkiavik, demandez au libraire la *Kronike om Keiser Karlamagnus*, et donnez-vous la joie, errant dans ce pays, d'entendre le nom de Roland sur les lèvres d'un paysan islandais.

Roland a été célèbre en Angleterre, et il existe un *Roland* en vers anglais du XIIIe siècle. On en sera d'autant moins surpris que l'Angleterre est sans doute le pays où fut écrit notre vieux poème par un Normand, qui était venu peut-être à la suite des envahisseurs de 1066. De toutes les excursions de notre légende, voilà celle qui s'explique le plus aisément. Nous l'avons vue, d'ailleurs, et nous allons la voir faire de plus lointains voyages.

Roland a été célèbre en Italie. Les traditions sur Charlemagne et sur Roland ne s'y répandirent tout d'abord qu'oralement. Mais bientôt les monuments figurés, les pierres se mirent à parler, et l'on connaît ces statues de Roland et d'Olivier qui sont grossièrement sculptées au porche de la cathédrale de Vérone. L'Italie, alors, toute l'Italie est, à l'égal de la France, parcourue par des jongleurs de gestes. Ils s'arrêtent sur les places de ces belles villes, sur ces places tout entourées de grands palais féodaux ; ils y font retentir leurs vielles et chantent les héros français : Olivier, Roland, Charlemagne. La foule s'attroupe autour d'eux, frémissante. Des héros italiens on ne sonne mot : la France et ses chevaliers suffisent alors et suffisent largement à alimenter l'enthousiasme de toute l'Europe. Toutefois, ce n'est encore là que la première période de cette curieuse histoire de notre légende en Italie : il faut en venir à des documents écrits. Et voici, au XIIIe siècle, l'époque de ces romans franco-italiens dont nous trouvons aujourd'hui les types les plus parfaits à la bibliothèque Saint-Marc de Venise. La légende de Roland, en ces poèmes étranges, est formée de trois éléments : une *Entrée en Espagne*, de Nicolas de Padoue ; notre ancien poème, avec certains mélanges du Turpin, et le *Roncevaux*, représenté par le dénouement du manuscrit IV de Venise. L'Italie, du reste, ne se borna point à faire un succès à des chansons françaises plus ou moins italianisées : leur popularité exigea davantage. Il fallut les traduire en italien, en véritable italien, et c'est ce que tentèrent, aux

XIV° et XV° siècles, les auteurs des deux *Spagna* en vers [1] et des trois *Spagna* en prose [2] qui sont parvenues jusqu'à nous. Il est aujourd'hui prouvé que les vers ont ici précédé la prose. Si médiocre, d'ailleurs, que soit la *Spagna* rimée qui est faussement attribuée à Sostegno di Zanobi, c'est un poème, et ce poème va devenir le prototype de toute l'Épopée italienne. D'autres poètes surgissent, en effet; mais, ceux-là, vigoureux et originaux. Il regardent autour d'eux et cherchent un sujet, un héros d'épopée. La *Spagna* frappe leurs oreilles et leurs yeux : « Roland ! s'écrient-ils, il n'y a que Roland ! » Et Pulci publie, en 1485, son *Morgante maggiore;* et l'Aretin son *Orlandino,* auquel il prend soin de ne pas donner de date; et l'Arioste, en 1516, son *Orlando furioso.* Toujours Roland, partout Roland. Certes, ce ne sont plus là des épopées populaires et spontanées. Les amours ardentes, les petites jalousies, le grand style ruisselant et coloré de l'Arioste ne ressemblent guère à la simplicité mâle et à la farouche chasteté du *Roland.* Mais enfin c'est là notre légende, ce sont là nos grandes figures nationales, et l'Arioste eût en vain cherché des héros italiens dont la célébrité fût comparable à la gloire d'un Charlemagne ou à celle d'un Roland.

Roland a été célèbre en Espagne. L'Espagne, elle aussi, fut longtemps traversée par des jongleurs qui avaient la bouche pleine des noms de Charles et de son neveu, et qui racontaient à la française cette légende très française. Mais, de très bonne heure, une réaction se produisit là-bas contre ces récits qui parurent, à la fin, trop glorieux pour la France, trop oublieux du nom espagnol. La passion s'en mêla; la jalousie nationale éclata. De là, ces légendes toutes neuves qui ont trouvé place, au XIII° siècle, dans la *Cronica general* d'Alfonse X et dans la *Chronica Hispaniæ* de Rodrigue de Tolède. Celui-ci raconte ingénument que Roland fut défait à Roncevaux par Bernard del Carpio, et Alfonse X ajoute que Bernard était l'allié des Infidèles. Tel est le *Roncevaux* espagnol. Il est bon de ne pas

---

[1] La *Spagna istoriata* proprement dite, et la *Rotta di Roncisvalle.*
[2] La *Spagna* de la Bibliothèque Albani découverte par M. Ranke; celle de la Bibliothèque Medicis, mise en lumière par M. Rajna; celle de la Bibliothèque de Pavie, publiée par M. Ceruti et qui est intitulée « *il Viaggio in Ispagna.* »

s'y arrêter trop longtemps, et d'en venir bien vite à la troisième période de cette histoire rapide de notre légende en Espagne. C'est l'époque des Romances. Les unes sont françaises, les autres espagnoles d'inspiration. Les unes dérivent de la *Cronica general*; les autres, de nos chansons de geste. Ce dernier courant finit par triompher. L'Espagne eut sa « Bibliothèque bleue » qui fut toute remplie de notre gloire, et son livre le plus populaire fut cette *Historia del emperador Carlomagno*, qui est naïvement empruntée à notre *Fierabras*. Mais ce long succès de nos romans va prendre fin ; car nous sommes en 1605, et voici la première édition de *Don Quichotte*.

Roland a été célèbre dans l'Église tout entière. Il y a été longtemps vénéré comme un martyr. Son nom se trouve en plusieurs Martyrologes, et les Bollandistes ont dû s'en occuper à deux reprises[1]. Ils l'ont avec raison rejeté du nombre des Saints, mais non sans éprouver un certain regret d'être contraints à cette sévérité. Après avoir justement flétri les fables du faux Turpin, ils s'écrient : « Nous serions heureux de posséder sur Roland des documents plus sûrs. *Certiora libenter acciperemus.* » C'est une bonne parole de critique chrétien, et nous la répéterons volontiers après les Bollandistes.

Roland a été surtout célèbre dans toute la France. Son nom, son souvenir faisaient en quelque manière partie de la vie publique de nos pères. Toutes les fois que la France était vaincue, on n'entendait que ce cri : « Ah ! si Roland était là ! » Lorsque Raoul de Caen, lorsque cet historien de la première croisade veut rendre hommage à Robert, comte de Flandre, et à Hugues le Grand, il s'écrie : *Rolandum dicas Oliveriumque renatos*. Et l'on connaît cette histoire mise assez méchamment sur le compte du roi Jean, qui se plaignait de ses chevaliers, et à qui l'on aurait insolemment répondu : *Non defuturos Rolandos si adsint Caroli*. Le mot n'était pas nouveau. Adam de la Halle l'avait déjà prononcé au siècle précédent, et l'auteur de la *Vie du monde* lui avait donné sa forme définitive, lorsqu'il avait dit : *Se Charles fust en France, encore i fust*

---

[1] Le 31 mai et le 16 juin.

Rolans. Paris aimait particulièrement le souvenir du neveu de Charlemagne : on lui attribuait (sans aucun fondement d'ailleurs) la fondation de l'église Saint-Marceau. Le voyageur trouvait dans nos rues, dans nos maisons, partout, le nom et l'image de notre héros. C'étaient les enseignes, c'étaient les vitraux, c'étaient les jongleurs de geste qui, au xv⁰ siècle encore, chantaient *Roncevaux* aux grandes fêtes de l'année ; c'étaient ces livres populaires, ces grossières traductions en prose, qui devaient un jour passer dans la Bibliothèque bleue. Bref, aux xiv⁰ et xv⁰ siècles, la gloire de Roland paraissait à son apogée. Mais, hélas ! l'heure de l'oubli et de l'ingratitude allait bientôt sonner.

Voici la Renaissance : notre légende va mourir.

XIII. — LES QUATRE DERNIERS SIÈCLES

Un grand peuple, certain jour, a reçu de Dieu le don, l'admirable don, d'une poésie nationale, d'une poésie sincère et forte, qui répond véritablement à toutes ses croyances religieuses comme à toutes ses idées politiques et militaires.

Ce peuple a pu condenser, en un poème supérieur à tous les autres, toute la mâle beauté de sa poésie épique. Il possède une sorte d'Iliade, dont la forme est moins parfaite que celle d'Homère, mais dont la pensée est plus haute.

Toutes les nations se sont estimées heureuses d'imiter, de copier, de traduire ce maître-poème. C'est un enthousiasme universel.

Soudain ce peuple, dont tous les autres sont jaloux, se passionne uniquement pour les œuvres d'une antiquité dont il est séparé par plus de dix siècles. Il se prend à aimer uniquement la poésie de certaines autres nations qui n'avaient pas sa foi, qui n'avaient pas ses idées, qui n'avaient pas sa vie.

Et voici qu'en quelques jours, en quelques heures, il oublie sa propre histoire et sa propre épopée. Il oublie jusqu'à ce chef-d'œuvre épique où sa vie s'était un jour si puissamment résumée. Oui, il l'oublie jusqu'au dernier mot, et, si on lui en parle, il s'écrie : « Qu'est-ce donc que ces vers, et de quoi parlent-ils ? »

Or, ce que nous venons de raconter, c'est l'histoire même de la France dans ses rapports avec la *Chanson de Roland*.

Au xviᵉ siècle, la France lettrée se passionna à ce point pour l'*Énéide* qu'elle oublia *Roland*. Rien n'eût été cependant plus facile que d'aimer à la fois ces deux chefs-d'œuvre ; rien n'eût été plus beau que de rendre à la fois justice au style du premier et à la pensée du second. Mais on se contenta d'être ingrat, et de l'être avec une étrange rapidité. Cette ingratitude, d'ailleurs, fut si bien organisée, qu'elle ne dura pas moins de trois cents ans.

Durant trois siècles, il n'y eut guère parmi nous à garder le souvenir de Roland que quelques pauvres paysans qui, le dimanche ou à la veillée, se délectaient dans la lecture de la Bibliothèque bleue. Quant aux lettrés, ils ne connaissaient même plus notre héros de réputation, et c'était une ignorance dont Boileau et Voltaire se montraient volontiers très fiers.

Encore un coup, cela dura trois siècles.

Et il faut faire un bond de trois cents ans pour tomber au milieu d'une France qui se passionne de nouveau pour sa poésie nationale.

Chateaubriand, dans son *Génie du Christianisme*, et Victor Hugo, dans sa *Notre-Dame de Paris*, enfiévrèrent leur génération pour le moyen âge. Après ces poètes, vinrent les érudits.

C'est la gloire de M. Monin d'avoir, en 1832, attiré l'attention du monde savant sur le *Roman de Roncevaux*. Le jeune élève de l'École normale ne connaissait, il est vrai, que le remaniement de Paris. Mais, pour s'égarer un peu, son enthousiasme ne fut ni moins méritoire ni moins fécond.

Cinq ans après, Francisque Michel arrivait à Oxford, s'installait à la Bodléienne, copiait le texte du vrai *Roland*, et donnait enfin une première édition de ce beau vieux poème qui était depuis trop longtemps l'objet d'un trop injuste oubli[1]. Mais l'opinion publique ne s'émut point de cette découverte,

---

[1] *La Chanson de Roland ou de Roncevaux, du* xiiᵉ *siècle, publiée pour la première fois d'après le manuscrit de la Bibliothèque Bodléienne d'Oxford*, par Fr. Michel, Paris, Silvestre, 1837, in-8º. = Une seconde édition, accompagnée du texte combiné des remaniements de Versailles et de Paris, a paru chez Didot en 1869.

et l'on peut dire que la seconde popularité de notre Chanson ne date vraiment chez nous que de l'édition et de la traduction de Génin [1]. Ce n'est pas, d'ailleurs, que ce livre soit un chef-d'œuvre; mais c'est qu'il est plein d'enthousiasme et de foi. Génin a cru à *Roland*, et s'est passionné pour la beauté de cette Iliade dédaignée. Jusque-là notre Chanson n'avait été que connue : désormais elle fut aimée.

Ce qui manquait encore aux érudits, c'était un bon texte. Un Allemand, M. Theodor Müller, le leur donna [2]. Certes ce n'était pas une édition « critique »; mais on y trouvait déjà mille corrections et restitutions des plus ingénieuses, et elle a été, pendant de longues années, la base la plus solide de toutes les études sur le *Roland*.

En France, le travail des traductions était celui qui séduisait le plus d'esprits. Je ne veux rien dire ici de celle de M. Alexandre de Saint-Albin, ni surtout de celles de Jônain et de Lehugeur. A coup sûr, la meilleure est celle du baron d'Avril [3], qui s'est attaché à reproduire le rythme de l'original, et a traduit les décasyllabes du xie siècle en vers blancs de la même mesure. La tentative fut heureuse autant que hardie, et M. d'Avril, qui, dans sa belle Introduction, avait fait preuve de l'esprit le plus élevé et le plus philosophique, eut encore le rare mérite de vouloir donner à son livre une diffusion véritablement populaire. Grâce à lui, on a pu vendre enfin un *Roland* à bon marché, et il a pu pénétrer partout.

En Allemagne, cependant, on ne rêve que d'éditions critiques, et nos voisins prennent l'heureuse habitude d'en publier une tous les ans. M. Bœhmer a publié la sienne sans introduction et sans notes. On ne saurait, à coup sûr, lui reprocher d'être timide; mais les hypothèses heureuses abondent

---

[1] *La Chanson de Roland, poème de Thérouldc, texte critique accompagné d'une traduction et de notes*, par F. Génin, Imprimerie nationale, 1850, in-8º.

[2] *La Chanson de Roland*, nach der Oxforder Handschrift von neuem herausgegeben, erläutert und mit einem vollständigen Glossar versehen, von Theodor Müller, professor an der Universität zu Gœttingen : Gœttingen, Dieterich, 1863. = Une première édition avait paru en 1851 à la même librairie.

[3] *La Chanson de Roland, traduction nouvelle, avec une Introduction et des Notes*, par le baron d'Avril. Il a paru trois éditions, la première, in-8º, chez B. Duprat, en 1865; la seconde, in-18, chez Albanel (pour la Société de Saint-Michel), en 1866; la troisième, petit in-18, (par les soins de la Société Bibliographique), en 1877.

dans son texte à côté de certaines autres conjectures qui peuvent passer pour hardies[1]. Les bonnes feuilles de l'édition Hoffmann circulent depuis longtemps entre les mains de tous les érudits d'Europe : c'était notre conviction que cet excellent livre paraîtrait avant le nôtre, et nous avons pu lui emprunter plus d'une heureuse correction. Au commencement de 1878, il nous a été enfin donné de connaître cette troisième édition de Müller que, depuis quinze ans, nous attendions avec une vive et légitime impatience. Œuvre consciencieuse, exacte, minutieuse, presque achevée, et à l'auteur de laquelle il ne manque peut-être qu'un peu plus d'initiative et d'audace[2]. M. Th. Müller n'a pas seulement la religion du manuscrit d'Oxford : il en a un peu la superstition et lui rend un culte que nous trouvons parfois un peu idolâtrique. Au milieu de toutes les indécisions qui demeurent encore dans l'esprit de tous les éditeurs, M. Stengel a eu la très heureuse idée de reproduire en *fac simile* tout le texte de la Bodléienne et d'en publier une édition strictement paléographique dont aucun romaniste ne pourra désormais se passer[3]. Déjà, en 1877, M. Kœlbing avait publié sous cette forme le texte de Venise, lequel a autant de valeur que s'il représentait à lui seul toute une famille de textes[4]. Cependant M. Petit de Julleville essayait vaillamment du seul système de traduction qui n'eût pas encore été tenté : il traduisait le *Roland* en vers ASSONANCÉS[5]. Ce n'est pas ici le lieu de critiquer ce courageux et louable effort; mais nous aurons peut-être l'occasion de montrer un jour les inconvénients d'un système où, à force de vouloir être exact, l'on arrive parfois à l'inexactitude.

Dans le tome III de nos *Épopées françaises*, nous donnons

---

[1] *Rencesval*, édition critique du texte d'Oxford de la *Chanson de Roland*, par Édouard Bœhmer, Paris, Frank, 1872, in-18.

[2] *La Chanson de Roland*, nach der Oxforder Handschrift herausgegeben, erläutert und mit einem Glossar versehen, von Theodor Müller, etc. Erster theil, zweite vœllig umgearbeitete auflage; Gœttingen, Dieterich, 1878.

[3] *Das altfranzœsische Rolandslied;* genauer abdruck der Oxforder hs. Digby 23, besorgt von Edmund Stengel, mit einem photographischen fac-simile; Heilbronn. Henninger frères, 1878. Le *fac-simile* complet a paru en même temps chez le même éditeurs : *Photographische Wiedergabe des hs. Digby*, 25, etc.

[4] Chez Henninger frères à Heilbronn, 1871.

[5] *La Chanson de Roland*, traduction nouvelle rythmée et assonancée avec une Introduction, Paris, Lemerre, 1878.

une Bibliographie complète de tous les travaux dont le *Roland* a été l'objet. Cette liste ne comprend guère moins de trois cents œuvres[1].

Après tant d'excellents travaux, une nouvelle traduction, une nouvelle édition étaient-elles nécessaires ?

A cette question très légitime nous allons répondre très simplement, en exposant ce que nous avons fait ou, du moins, ce que nous aurions voulu faire.

XIV. — QUELQUES MOTS SUR CETTE HUITIÈME ÉDITION — CONCLUSION

Notre rêve, depuis vingt ans, était de donner au public une édition sincèrement populaire de la *Chanson de Roland*. Quant à rêver une édition à l'usage des classes, notre ambition n'allait pas jusque-là. Mais la réaction en faveur du moyen âge a marché plus vite que les plus téméraires n'eussent osé le désirer, et nous étions bien inspiré d'écrire en 1875 : « Il n'est pas aujourd'hui « trop hardi d'espérer que le vieux poème national sera bientôt « entre les mains des élèves de seconde et de rhétorique. »

Aussi n'avons-nous pas hésité à refondre et, pour parler plus exactement, à recommencer nos éditions antérieures pour rendre celle-ci plus digne de son nouveau public. Il nous sera peut-être permis de dire que ce livre est un livre nouveau.

Dans cette *Introduction*, nous avons eu pour but de faire, en quelques pages, tout l'historique, et, pour ainsi dire, toute la biographie de la Chanson. Ces vingt pages, ce sont les éléments de la question ; c'est ce que tout Français est obligé de connaître ; c'est ce que des femmes et des enfants seront aisément capables de comprendre.

Ce qui nous a coûté les plus longs, les plus pénibles labeurs,

---

[1] En résumé, l'on possède aujourd'hui dix-sept éditions du *Roland* : deux de Fr. Michel ; une de Génin ; trois de Müller ; une de Bœhmer ; une d'Hoffmann ; une de Stengel et les huit que nous avons publiées, lesquelles diffèrent notablement les unes des autres.— Quant aux traductions (sans parler de la paraphrase de M. Vitet), il en existe quatre en vers : celles de Jònain, de Lehugeur, du baron d'Avril et de Petit de Julleville ; et trois en prose : celles de Génin, d'Alexandre de Saint-Albin, et la nôtre.

c'est notre *Texte critique*. Il y a dix ans que nous y travaillons sans relâche.

Nous avions à établir premièrement les leçons et, en second lieu, la langue exacte de la *Chanson de Roland*. Deux tâches qui sont absolument indépendantes l'une de l'autre.

Quant au choix des leçons, nous avons résolument adopté la méthode critique, laquelle consiste, dès que nous possédons *trois* familles de manuscrits, à faire entrer dans notre texte la leçon qui nous est fournie par deux d'entre elles contre la troisième. Or, à nos yeux et sans parler des familles nordique (*Karlamagnus Saga*), allemande (*Ruolandes Liet*) et néerlandaise, il y a trois familles ou, pour tenir un langage plus exact, trois groupes de manuscrits qui sont représentés par le texte d'Oxford, par celui de Venise (fr. IV) et par le *Roman de Roncevaux*[1].

Et c'est avec ces trois familles qu'il nous faut principalement composer notre texte critique.

Nous n'avions pas, dans nos premières éditions, adopté un système aussi rigoureux, aussi précis. Mais nous n'avons pas hésité, pour améliorer notre œuvre, à nous remettre à l'œuvre. Sur notre table de travail, nous avons placé ces trois éléments nécessaires de notre nouveau labeur : l'édition paléographique du texte de Venise IV, qui a été récemment donnée par M. Kœlbing ; l'édition paléographique du manuscrit d'Oxford, qui vient d'être publiée par M. Stengel et qu'il a pris soin d'accompagner d'un *fac-simile* complet, et enfin le texte des remaniements de Paris, Versailles, Cambridge et Lyon.

Et généralement nous avons adopté la leçon qui nous est fournie par Oxford et Venise contre *Roncevaux* ; par Oxford et *Roncevaux* contre Venise IV ; par Venise IV et *Roncevaux* contre Oxford.

Même il nous a fallu nous montrer plus hardi et faire subir parfois à notre texte quelques corrections et additions, d'après une seule famille de manuscrits, lorsque les autres familles nous faisaient défaut, et quand, d'ailleurs, la nécessité de ces rectifications paraissait nettement démontrée. Ce sont là des

---

[1] C'est sous ce dernier nom, comme on l'a dit plus haut, que l'on désigne aujourd'hui les Remaniements du *Roland*.

hypothèses, sans doute, mais qui sont véritablement scientifiques et dont nos lecteurs demeurent les juges. Nous imprimons en italiques tout ce que nous avons ajouté au manuscrit d'Oxford et tout ce que nous y avons corrigé. Nous avons même pris le soin de ne pas assigner de numéros d'ordre aux vers nouveaux que nous introduisons dans notre texte, et il est à peine utile d'ajouter que nous donnons toujours en note la leçon exacte du *Roland* de la Bodléienne.

Reste la langue, et rien n'est ici plus net que notre dessein. Nous avons, en effet, la conviction que le *Roland* a été composé en Angleterre par un Normand qui faisait sans doute partie de l'armée des conquérants de 1066 ou qui n'a pas tardé à les suivre dans l'île anglaise, et le manuscrit d'Oxford représente à nos yeux une copie maladroitement exécutée par un scribe anglo-normand d'après un manuscrit normand. Donc, notre tâche devait consister, et elle a consisté, en effet, à retrouver l'œuvre d'art normande sous la poussière anglo-normande qui en ternissait l'éclat et en déshonorait la beauté.

Nous avons commencé par établir les règles précises de la Phonétique, de la Grammaire et de la Rythmique de notre poème, en nous aidant au besoin des manuscrits du même dialecte à la même époque et en prenant soin de faire un tri parmi les résultats obtenus, afin d'en défalquer les éléments anglo-normands et de ne laisser subsister, à l'état pur, que les éléments normands. Mais, surtout, nous avons dressé la Table de toutes les assonances du *Roland* : car les assonances ont cela d'avantageux qu'elles nous présentent des formes absolument exactes et dont nous pouvons être sûrs. Toute édition critique d'un de nos vieux poèmes doit, si elle est sérieusement élaborée, avoir pour base ce travail sur les assonances. Le Vocabulaire complet est, d'ailleurs, d'une véritable nécessité pour mener à bonne fin une telle besogne. Mais, une fois armé de ces cinq bons outils de travail (Phonétique, Grammaire, Rythmique, Table des assonances et Vocabulaire), nous pouvons très hardiment nous mettre à l'œuvre et corriger toutes les erreurs de notre scribe. Nous en avons ainsi corrigé plusieurs milliers. Et comme la plupart de ces erreurs sont dues aux habitudes anglo-normandes du copiste[1], nous sommes arrivés, suivant le témoignage de M. Theodor Müller, « à restituer la *Chanson de Roland* normande, si misérablement défigurée sur la recension anglo-normande. »

Nous avons été plus loin.

Ayant toujours considéré le *Roland* comme l'Iliade de la France et, par conséquent, comme le plus classique de tous nos textes du moyen âge, nous n'avons pas craint de le ramener à l'unité orthographique. Mais qu'on ne se méprenne point sur un tel travail. Jamais, dans notre édition, jamais UN SEUL MOT n'a reçu une forme orthographique QUI NE SOIT PAS OFFERTE PAR LE MANUSCRIT D'OXFORD. Si ce manuscrit nous fournit plusieurs formes, nous choisissons la meilleure au double point de vue phonétique et grammatical, et nous maintenons cette forme toujours et partout. En réalité, nous nous sommes dit que la *Chanson de Roland* est véritablement un texte exceptionnel, et qu'elle méritait ce labeur. Avant que l'*Iliade* ait revêtu sa forme définitive, elle a dû subir, dans sa forme originale, bien des corrections analogues ou semblables. Et nous ne croyons point avoir témoigné moins de respect envers le granit du *Roland* que tant de correcteurs envers le marbre d'Homère.

Ce n'est pas tout encore. Le texte d'Oxford présente des lacunes considérables : lacunes de mots, de vers ou de couplets. Nous les avons partout comblées à l'aide des textes de Venise IV et de *Roncevaux*. Mais le plus difficile était ici de restituer un texte conforme aux lois de notre dialecte. Nous avons tenté cette restitution pour plus de cinq cents vers, que nous avons ajoutés au texte de la Bodléienne et intercalés dans notre texte en les traduisant. Il y a là tout un système, que l'on n'avait pas encore appliqué, semble-t-il, aux éditions de nos vieux textes.

Nous avons revu notre *Traduction*. Il y a, dans l'interpréta-

---

[1] Notre scribe n'a pas tous les défauts des scribes anglo-normands. Il n'emploie jamais le *th* au lieu du *d* (*fetheil*); il n'emploie pas l'*m* devant l'*f* (*emfes*); il ne se sert pas de la notation *er* pour les verbes issus des verbes latins de la 2ᵉ conjugaison (*aver*); il n'a pas les notations en *aunt*, etc. Mais son texte offre ces deux traits caractéristiques de tous les ouvrages *copiés* en Angleterre : l'altération des règles de la declinaison romane et la confusion perpétuelle entre les notations *é* et *ié*, etc. Voy., dans notre septième édition (pp. 405 et suiv.), les *Notes pour l'établissement du texte*.

INTRODUCTION

tion de toute œuvre poétique, deux qualités qui sont difficilement conciliables : le Rythme et la Couleur. Les traductions en vers conservent aisément le rythme de l'original; les traductions en prose le sacrifient, mais peuvent au moins prétendre à conserver le coloris de leur modèle. C'est ce que nous aurions voulu faire.

Au bas des pages, nous avons placé un *Commentaire* qui est réservé à toutes les observations historiques, archéologiques et littéraires. Afin de le rendre accessible à toutes les intelligences, nous en avons banni la philologie qui trouvera ailleurs la place à laquelle elle a tant de droits. Pour être ici plus facilement populaire, nous n'avons pas craint de faire appel à l'image : de petites gravures, exécutées avec la plus rigoureuse précision, reproduisent les principales pièces du costume de guerre aux xie et xiie siècles. C'est la première fois que les « images » paraissent en cet endroit : et peut-être serait-il à désirer que cet exemple fût suivi pour les classiques latins et grecs.

Cependant il était de ces Commentaires qui présentaient trop de développements pour être ainsi placés au bas des pages : nous les avons publiés à part sous le nom d'*Éclaircissements*. Ces Éclaircissements sont au nombre de quatre, et ont pour objet la Légende de Charlemagne, l'Histoire poétique de Roland, le Costume de guerre, l'établissement du texte. Nous avons, dans les deux premiers, offert à nos lecteurs le résumé de plus de trente Chansons de geste, dont un grand nombre sont encore inédites : il n'est pas un seul fait, il n'est pas un seul personnage de notre poème qui n'y soit mis suffisamment en lumière. Et c'est ici que s'arrête l'édition du *Roland* qui est destinée aux gens du monde, aux enfants et aux femmes : l'ennui en a été aussi soigneusement écarté que les épines d'un bouquet.

Néanmoins nous ne pouvions oublier que nous nous étions surtout proposé de faire une « édition classique ». C'est en vue de cette édition que nous avons écrit une *Phonétique,* une *Grammaire* et une *Rythmique* élémentaires. C'est pour cette édition aussi que nous avons de nouveau publié notre *Glossaire,* après lui avoir fait subir une très sévère revision. Une *Table générale des matières* termine ce gros livre, et y facilite les recherches.

INTRODUCTION

Telle est notre œuvre[1]. Elle ne nous satisfait qu'à moitié, et nous la souhaiterions encore plus vulgarisatrice. Nous ne serons heureux que le jour où nous verrons le *Roland* circuler entre les mains de nos ouvriers, de nos paysans et de nos soldats.

Rien n'est plus sain que cette lecture de la plus ancienne de nos Chansons de geste, et, comme nous l'avons dit ailleurs [2], rien n'est plus actuel.

Qu'est-ce après tout que le *Roland*, si ce n'est le récit d'une grande défaite de la France, que la France a glorieusement vengée?

La défaite! Nous venons d'y assister. Mais nous saurons bien la réparer un jour par quelque grande et belle victoire.

Il n'est vraiment pas possible qu'elle meure, cette France de la *Chanson de Roland*, cette France malgré tout si chrétienne.

Elle ne mourra point, et c'est avec un espoir immense que je redis, depuis dix ans bientôt, ce beau vers de la vieille chanson : *Tere de France, mult estes dulz païs.*

Et je m'empresse d'ajouter : *Damnes Deus Pere, nen laissier hunir France!*

LÉON GAUTIER.

---

[1] Nous devons ici des remerciements à tous ceux qui ont voulu nous aider en notre lourde tâche. M. Bonnardot a revu avec le plus grand soin notre texte, notre Grammaire, notre Phonétique et notre Glossaire. M. W. Fœrster a fait une longue et importante revision de cette dernière partie de notre travail, et nous lui en sommes vivement reconnaissants. M. Auguste Longnon nous a communiqué toute une série d'excellentes observations sur l'étymologie et les formes successives des noms propres d'hommes. MM. de Wailly, Boucherie, Bartsch et Bauer nous ont proposé d'autres rectifications, et nous avons tenu le plus grand compte de leurs bienveillants conseils. MM. Quicherat, Demay et Robert de Lasteyrie sont les auteurs de ces dessins qui forment la parure scientifique de nos *Éclaircissements* et de notre *Commentaire*. Enfin MM. Gaston Paris et Paul Meyer ont mis fort aimablement à notre disposition les manuscrits de Lyon, de Versailles et de Cambridge.

[2] Dans l'*Introduction* de notre première édition, à laquelle nous avons dû faire ici plus d'un emprunt, et où l'on trouvera le développement de tout ce qui précède.

LA CHANSON DE ROLAND

(TEXTE, TRADUCTION ET COMMENTAIRE)

PREMIÈRE PARTIE

LA TRAHISON DE GANELON

A SARAGOSSE. — CONSEIL TENU PAR LE ROI MARSILE

I

Carles li Reis, nostre emperere magnes,
Set anz tuz pleins ad estet en Espaigne :
Tresqu'en la mer cunquist la terê altaigne.
N'i ad castel ki devant lui remaignet;
5 Murs ne citet n'i est remés à fraindre
Fors Sarraguce, k'est en une muntaigne.
Li reis Marsilies la tient, ki Deu nen aimet;

COMMENTAIRE HISTORIQUE ET LITTÉRAIRE. Les mots, vers ou couplets qui seront imprimés en italiques ne se trouvent pas dans le manuscrit d'Oxford, mais ont été restitués par nous d'après le plus ancien manuscrit de Venise, ou d'après les Remaniements de Paris, de Versailles, etc. Voir plus loin, l'*Éclaircissement sur l'établissement du texte*.

1. *Carles.* Voir l'*Éclaircissement I*, où est exposée toute l'Histoire poétique de Charlemagne. = Au moment où s'ouvre l'action du *Roland*, le Charlemagne de la légende est maître de toute l'Espagne du nord : et c'est la seule que connaissent nos épiques. Un poème (du commencement du xive siècle, mais qui a des racines dans la tradition), la *Prise de Pampelune*, nous raconte la prise par les Français de cette ville, du Groïng (Logroño) et de la Stoille (Estella) : puis, celle de Tudele, de Cordoue, de Charion, de Saint-Fagon, de Masele, de Leon et d'Astorga. Un autre poème (du xiie siècle, mais moins traditionnel et qui n'a aucun lien avec le *Roland*), *Gui de Bourgogne*, nous fait assister à la conquête imaginaire de Carsaude, de Montorgueil, de Montesclair, de la Tour d'Augorie, de Maudrane et de Luiserne. Bref, il ne reste alors devant Charlemagne qu'un seul adversaire en Espagne, c'est Marsile, et une seule ville à emporter, c'est Saragosse. = L'histoire est plus modeste que la légende. En 778, Charles conduisit, en effet, une expédition en Espagne. Il passa les Pyrénées, s'empara de Pampelune; mais échoua, semble-t-il, devant Saragosse, et conquit seulement le pays jusqu'à l'Èbre. C'est au retour de cette expédition qu'eut lieu le grand désastre de Roncevaux. (Éginhard, *Vita Caroli*, ix; *Annales* faussement attribuées à Éginhard, année 778; l'Astronome limousin, *Vita Hludovici*, dans les *Scriptores* de Pertz, III, 608, etc.)

2. *Set anz.* Suivant l'auteur du *Gui de Bourgogne*, de ce poème du xiie siècle, c'est VINGT-SEPT ans que Charles aurait passés en Espagne; mais cette version ne fut jamais populaire, et Génin a eu raison de citer ici la farce de Pathelin, où maître Pierre dit à sa femme : « Je suis aussi savant que si « j'avais passé à l'école le temps que « Charles a passé en Espagne. » = La *Keiser Karl Magnus's kronike* (livre danois du xve siècle, d'origine islandaise, encore populaire aujourd'hui, et qui reproduit assez exactement notre

A SARAGOSSE. — CONSEIL TENU PAR LE ROI MARSILE

I

Charles le Roi, notre grand empereur,
Sept ans entiers est resté en Espagne :
Jusqu'à la mer, il a conquis la haute terre.
Pas de château qui tienne devant lui,
Pas de cité ni de mur qui reste encore debout
Hors Saragosse, qui est sur une montagne.
Le roi Marsile la tient, qui n'aime pas Dieu,

vieux poème) dit ici : « L'Empereur avait soumis l'Espagne et la Galice. »

6. *Sarraguce.* « Il restait un château que l'Empereur n'avait pu réduire : on l'appelait *Saragus*, et il était sur une montagne élevée. » (*Keiser Karl Magnus's kronike*) On voit avec quelle exactitude le petit livre danois calque parfois le *Roland*.

7. *Marsilies.* Ce personnage n'a rien d'historique ; mais son rôle est considérable dans la légende. Un *Marsile* figure dans le récit des « enfances » de Charlemagne : c'est le frère de cette Galienne qui fut la première femme du grand Empereur (*Charlemagne* de Girart d'Amiens, compilation du commencement du XIVᵉ siècle, etc.). Dans le *Karl* du Stricker (poème allemand d'environ 1230), ce même Marsile nous est présenté, tout au contraire, comme l'allié du jeune Charles. Mais ce n'est point là le véritable Marsile, et les poètes du moyen âge ont usé, ici comme ailleurs, de ce procédé qui consiste à donner le même nom à des personnages de même physionomie. Voici maintenant ce qui concerne réellement le héros païen du *Roland*... D'après l'*Entrée en Espagne* (poème du XIVᵉ siècle, mais renfermant des fragments du XIIIᵉ et qui copie ici le faux Turpin), c'est contre Marsile qu'est dirigée la grande expédition de Charles au delà des Pyrénées. Le fameux géant Ferragus, contre lequel luttent les douze Pairs et dont le seul Roland triomphe, n'est autre que le neveu de Marsile. Sous les murs de Pampelune, le roi de France trouve devant lui le même ennemi, et l'auteur de la *Prise de Pampelune* (commencement du XIVᵉ siècle) nous fait assister à la fin de ce siège célèbre : c'est alors que Marsile ordonne la mort des deux ambassadeurs de Charles, Basin et Basile, et qu'il perd dix de ses meilleures villes. C'est Marsile encore qui, dans *Gui de Bourgogne* (XIIᵉ siècle), résiste aux armées chrétiennes. Quant à la Chronique de Turpin (qui, sauf les cinq premiers chapitres, a dû être rédigée vers 1109-1119), elle fait de *Marsire* un frère de *Beligand*, et nous les montre chargés tous deux par l'Émir de Babylone de tenir tête aux Français. Le récit latin rapporte, avec de grands détails, l'ambassade et la trahison de Ganelon, le désastre de Roncevaux et la mort de Marsile, que Roland frappe d'un coup mortel quelques instants seulement avant de mourir lui-même (cap. XXI-XXIII). = Tous les documents poétiques du moyen

Mahummet sert e Apolin reclaimet :
Ne s' poet guarder que mals ne li ataignet.   Aoi

II

10 Li reis Marsilies esteit en Sarraguce :
    Alez en est en un vergier suz l'umbre ;
    Sur un perrun de marbre bloi se culchet,
    Envirun lui *ad* plus de vint milie humes.
    Il en apelet e ses dux e ses cuntes :
15 « Oez, seignurs, quels pecchiez nus encumbret :
    « Li emperere Carles de France dulce
    « En cest païs nus est venuz cunfundre.
    « Jo nen ai ost ki bataille li dunget ;
    « Nen ai tel gent ki la sue derumpet.
20 « Cunseilliez mei, cume mi saive hume :
    « Si m' guarisez e de mort e de hunte. »

âge se divisent ici en deux groupes : les uns racontent la légende de Marsile à la manière du *Roland*, les autres à la façon du faux Turpin. Nul doute, d'ailleurs, que la Chronique latine n'ait été écrite d'après nos traditions épiques, plus ou moins défigurées. = En résumé, notre vieux poème représente ici le « noyau » de la légende : autour de ce noyau se sont successivement agrégés (à peu près dans l'ordre où nous allons les énumérer) les récits du faux Turpin, ceux qui ont plus tard donné lieu à la *Prise de Pampelune*, à l'*Entrée en Espagne*, et, bien plus tard, ceux de *Gui de Bourgogne*, qui n'ont plus rien de traditionnel. = Voir une exposition plus développée de la légende de Marsile, dans notre grande édition in-8° du *Roland*, 1872, II, 8-12.

8. *Mahummet*. L'auteur du *Roland* ne connaissait pas l'islamisme et s'imaginait, avec nos autres poètes, que les Sarrasins adoraient des idoles, tout comme les Grecs et les Romains. Les trois principales idoles des infidèles auraient été, d'après nos Chansons de geste, Mahom (Mahomet), Apollin (Apollon), Tervagan (?) : et c'est ainsi que nos pères mettaient sur le compte du mahométisme toutes les erreurs des paganismes anciens.=Néanmoins quelques trouvères, plus instruits et plus modernes, n'ignorent pas qu'il y a dans l'islamisme et dans le christianisme certains traits communs, assez nombreux et assez importants. C'est ce que l'auteur de l'*Entrée en Espagne* (xiiie-xive siècle) fait dire au géant Ferragus, après que Roland a exposé au Sarrasin les dogmes de l'unité de Dieu et de la création : « Par mon chef, tu dis vrai, « et nous trouvons la même chose en « notre histoire. » (Ms. fr. de la bibl. Saint-Marc à Venise, xxi, f° 69.)

9. *Aoi*. Cette notation est demeurée inexpliquée. Il est inadmissible qu'*aoi* soit pour *avoi*, lequel viendrait d'*ad viam* et signifierait : « Allons, en route. » Il suffit, pour renverser cette opinion de M. Génin, de remarquer qu'*ad viam* aurait donné dans notre dialecte, non pas *avoi*, mais *à veie*. C'est à tort que M. Michel a d'abord assimilé ce mot à notre *evovae* litur-

Qui sert Mahomet et prie Apollon ;
Mais le malheur va l'atteindre : il ne s'en peut garder.

II

Le roi Marsile était à Saragosse.
Il est allé dans un verger, à l'ombre ;
Sur un perron de marbre bleu se couche :
Autour de lui sont plus de vingt mille hommes.
Il adresse alors la parole à ses ducs, à ses comtes :
« Oyez, seigneurs, » dit-il, « le mal qui nous accable :
« Charles, l'empereur de France la douce,
« Pour nous confondre est venu dans ce pays.
« Plus n'ai d'armée pour lui livrer bataille,
« Plus n'ai de gent pour disperser la sienne.
« Comme mes hommes sages, donnez-moi un conseil,
« Et préservez-moi de la mort, de la honte. »

gique (*seculorum amen*), et plus tard « au saxon *abeg* ou à l'anglais *away*, exclamation du jongleur pour avertir le ménétrier que le couplet finit. » M. Alex. de Saint-Albin traduit AOI par « Dieu nous aide » et y voit (!) le verbe « *adjuder* » ; mais on ne trouve, dans la Chanson, que les formes *aït* et *aiut* venant du subjonctif *adjuvet*. Une troisième opinion de M. Michel vaut mieux que les deux premières : « AOI, suivant lui, serait un neume. » Les neumes sont, comme on le sait, la notation musicale qui a précédé la notation sur portée ou notation guidonienne. Mais cette théorie n'est appuyée d'aucune preuve. Le mot AOI ne peut, suivant nous, être expliqué que comme une interjection analogue à notre *ohé! Ahoy* est encore en usage dans la marine anglaise, où l'on dit : « *Boat ahoy*, » comme nous disons : « Ho! du canot! »

14. *Dux e cuntes*. Nos poètes, qui n'avaient aucune connaissance réelle des institutions des peuples musulmans, et qui, d'ailleurs, n'avaient pas le moindre sentiment de la couleur locale, prêtent aux infidèles la même organisation politique qu'aux chrétiens. Ils leur attribuent les mêmes lois, les mêmes usages, les mêmes costumes, etc.

16. *France dulce*. Voilà bien l'épithète dite « homérique », qui est le résultat d'une constatation une fois faite, mais que l'on généralise et que l'on applique universellement. « Alors même qu'Achille serait blessé ou paralysé, Homère l'appellerait encore Achille aux pieds légers ». Il en est ainsi dans nos Chansons de geste où fleurit l'épithète épique. La fiancée de Roland y est toujours appelée « Aude au vis cler » ; la France y est toujours « France la douce » ; Charles « l'emperere magnes » ; toutes les villes sont qualifiées « fort cité » ou « cité antie » ; tous les héros ont la « chière hardie », etc. Ce n'est pas d'ailleurs le seul procédé homérique qu'on puisse constater dans nos anciens poèmes. On y trouve également les longs discours des ambassadeurs ou des combattants, les répétitions littéraires d'un certain nombre de vers, les descriptions d'armures, etc. Cependant nos trouvères ne connaissaient

N'i ad paien ki un sul mot respundet,
Fors Blancandrin de l' castel de Val-Funde.   AOI.

III

Blancandrins fut des plus saives paiens :
25 De vasselage fut ascz chevaliers,
Produme i out pur sun seignur aidier.
E dist à l' Rei : « Or ne vus esmaier.
« Mandez Carlun, à l' orgoillus, à l' fier,
« Fedeilz servises e mult granz amistiez :
30 « Vus li durrez urs e leuns e chiens ;
« Set cenz cameilz e mil osturs muiers,
« D'or e d'argent quatre cenz muls cargiez,
« Cinquante cares qu'en ferat carier :
« *Tant li dunez de fins besanz d'or mier*
« Bien en purrat luer ses soldeiers.
35 « En ceste tere ad asez ostciet,
« En France ad Ais s'en deit bien repairier.
« Vus le sivrez à feste seint Michiel :
« Si recevrez la lei de chrestiens,
« Serez sis hum par honur e par bien.
40 « S'en voelt ostages, e vus l'en enveiez.

pas Homère ; mais les allures de la poésie primitive sont partout les mêmes.

31. *Osturs muiers*. Les faucons ont plus de prix après avoir fait leur mue, qui est une véritable maladie, parfois mortelle. Cf. Frédéric II, *Liber de Venatione*, XLVI, et Ducange au mot *Muta*.

36. *En France ad Ais*. Le nom de France est donné CENT SOIXANTE-DIX FOIS, dans le *Roland*, à tout l'empire de Charlemagne, lequel, en dehors de la France proprement dite, renfermait d'après notre Chanson, la Bavière, l'Allemagne, la Normandie, la Bretagne, le Poitou, l'Auvergne, la Flandre, la Frise, la Lorraine et la Bourgogne. C'est ainsi qu'Aix-la-Chapelle est en France, et qu'on se trouve également en France au sortir des Pyrénées. Il est vrai qu'en plusieurs autres passages de notre poème, ce même mot « France » est employé dans un sens plus restreint et pour désigner le pays qui correspondait au domaine royal avant Philippe-Auguste. (Voir la nomenclature des dix corps d'armée de Charlemagne, vers 3014 et suiv.) Mais il ne faut pas perdre de vue le sens général, qui est, à beaucoup près, le plus usité. En résumé, le pays tant aimé par le neveu du grand empereur, c'est notre France du nord avec ses frontières naturelles du côté de l'est et ayant pour tributaire toute la France du midi. (*L'Idée politique dans les Chansons de geste*, par L. G., p. 84.)

37. *A feste scint Michiel*. Cf. le v. 152 : *A la grant feste seint Michiel de l' Peril*. Saint Michel occupe dans le *Roland* une place dont il convient de tenir compte. C'est le jour de la Saint-Michel

Pas un païen, pas un qui réponde un seul mot,
Hors Blancandrin, du château de Val-Fonde.

III

Blancandrin, parmi les païens, était l'un des plus sages,
Chevalier de grande vaillance,
Homme de bon conseil pour aider son seigneur :
« Ne vous effrayez point, » dit-il au Roi.
« Envoyez un message à Charles, à ce fier, à cet orgueilleux;
« Promettez-lui service fidèle et très grande amitié.
« Faites-lui présent de lions, d'ours et de chiens,
« De sept cents chameaux, de mille autours qui aient mué;
« Donnez-lui quatre cents mulets chargés d'or et d'argent,
« Tout ce que cinquante chars peuvent porter.
« *Bref, donnez-lui tant de besants d'or pur*
« Que le roi de France enfin puisse payer ses soldats.
« Mais il a trop longtemps fait la guerre en ce pays
« Et n'a plus qu'à retourner en France, à Aix.
« Vous l'y suivrez, — direz-vous, — à la fête de saint Michel;
« Et là, vous vous convertirez à la foi chrétienne,
« Vous serez son homme en tout bien, tout honneur.
« S'il exige des otages, eh bien ! envoyez-en

---

que Charles donne une grande fête, à l'occasion de la soumission de Marsile et de la fin de la guerre. (V. 37 et 53.) Au moment où Roland va mourir, un tremblement de terre agite le sol de toute la France, et l'un des quatre points extrêmes que le poète indique est Saint-Michel-du-Péril. (V. 1428.) Enfin, quand Roland meurt, c'est saint Michel du Péril qui descend près de lui. (V. 2394.) Or, Saint-Michel-du-Péril, c'est le Mont-Saint-Michel, près d'Avranches, et la « feste seint Michiel », dont il est ici question, tombe le 16 octobre. D'anciens Martyrologes attestent que l'on célébrait ce jour-là l'apparition, en 708, du glorieux archange à saint Aubert, évêque d'Avranches, et c'est cette apparition qui donna sujet à ce prélat de bâtir la fameuse abbaye du Mont-Saint-Michel. == Cette fête du 16 octobre a été célébrée dans toutes les églises de la seconde Lyonnaise et jusqu'en Angleterre. (Synode d'Oxford, en 1222, *Calendarium Exoniense*, etc.) Quant au nom même de saint Michel *du Péril*, il est des plus populaires, et, dans les textes des XIe-XIIe siècles, on voit souvent figurer le récit de certains pèlerinages *ad sancti Michaelis periculum* ou *ad montem sancti Michaelis de periculo maris*. == Quoi qu'il en soit, saint Michel du Péril et la fête du 16 octobre jouent dans le *Roland* un rôle trop important pour que notre poète n'ait pas, à tout le moins, connu très particulièrement l'abbaye normande et son pèlerinage.

« O dis o vint pur lui afiancier.
« Enveiums i les filz de noz muilliers ;
« Par num d'ocire enveierai le mien.
« Asez est mielz qu'il i perdent les chiefs
45 « Que nus perdium l'honur ne la deintiet,
« Ne nus seium cunduit à mendeier. »
Paien respundent : « Bien fait à otrier. »   Aoi

IV

Dist Blancandrins : « Par ceste meie destre
« E par la barbe ki à l' piz me ventelet,
« L'ost des Franceis verrez sempres desfaire :
50 « Franc s'en irunt en France la lur tere.
« Quant cascuns iert à sun meillur repaire,
« Carles serat ad Ais, à sa capele ;
« A seint Michiel tiendrat mult halte feste.
« Viendrat li jurz, si passerat li termes,
55 « N'orrat de nus paroles ne nuveles.
« Li Reis est fiers, e sis curages pesmes :
« De noz ostages ferat trenchier les testes ;
« Asez est mielz que *la vie* il i perdent
« Que nus perdium clere Espaigne la bele,
60 « Ne nus aium les mals ne les suffraites. »
Dient paien : « Issi poet-il bien estre. »   Aoi.

V

Li reis Marsilies out sun cunseill finet :

52. *Ad Ais à sa capele.* D'après nos vieux poèmes, le palais d'Aix-la-Chapelle se composait de douze palais splendides, groupés autour d'un château plus magnifique encore. (*Karlamagnus Saga*, histoire islandaise de Charlemagne, XIIIᵐᵉ siècle, première branche, 12-20, et *Richeri Historia*, lib. III, § 71.) Quant à la chapelle elle-même, l'architecte l'avait bâtie trop petite ; mais Dieu fit un miracle et l'élargit surnaturellement.(*Karlamagnus Saga*, I, 12, et Girart d'Amiens, *Charlemagne*, commencement du XIVᵉ siècle, B. N. 778, fº 105.) Devant le palais était ce fameux perron, cette masse d'acier sur laquelle les chevaliers essayaient leurs épées. La légende ajoute que c'était là l'antique résidence de Granus, père de Néron, et l'auteur de notre chanson racontera tout à l'heure que Dieu y fit jaillir une source d'eaux chaudes pour en faire présent à Charlemagne. Cf. Philippe Mousket, *Chronique rimée*, v. 2410 et suiv., et surtout le faux Diplôme présenté par

« Dix ou vingt, pour avoir sa confiance.
« Oui, envoyons-lui les fils de nos femmes.
« Moi, tout le premier, je lui livrerai mon fils, dût-il y mourir.
« Mieux vaut qu'ils y perdent la tête
« Que de perdre, nous, notre seigneurie et notre terre
« Et d'être réduits à mendier. »
Et les païens de répondre : « *Nous vous l'accordons volontiers.* »

IV

« Par ma main droite que voici. » dit Blancandrin,
« Et par cette barbe que le vent fait flotter sur ma poitrine,
« Vous verrez soudain les Français lever leur camp
« Et s'en aller dans leur pays, en France.
« Une fois qu'ils seront de retour en leur meilleur logis,
« Charles, à sa chapelle d'Aix,
« Donnera pour la Saint-Michel une très grande fête.
« Le jour où vous devrez venir arrivera, le terme passera,
« Et Charles ne recevra plus de nos nouvelles.
« L'Empereur est terrible, son cœur est implacable ;
« Il fera trancher la tête de nos otages.
« Mais il vaut mieux qu'ils y perdent la vie
« Que de perdre, nous, claire Espagne la belle
« Et de souffrir tant de maux et de douleurs.
« — Il en pourrait bien être ainsi, » s'écrient les païens.

V

Le Conseil de Marsile est terminé.

les chanoines d'Aix à Frédéric Barberousse. Voir l'*Histoire poétique de Charlemagne*, p. 109, et nos *Épopées françaises*, 2ᵉ édition, II, 126, 127.

58. *La vie.* Tous les mots en italiques sont, comme nous l'avons dit, ajoutés ou suppléés par nous d'après le plus ancien manuscrit de Venise ou d'après les Remaniements. Nous ne répéterons plus cette observation.

62. Les laisses v et vi peuvent passer pour l'un des types les plus parfaits des « Couplets similaires ». Nous appelons de ce nom plusieurs strophes consécutives, ou les mêmes idées sont répétées a peu près dans les mêmes termes, mais sur des assonances différentes. Il en existe au moins neuf exemples dans le *Roland*, et ces répétitions peuvent être doubles, triples, quadruples ou même quintuples. M. Fauriel ne les regarde que comme des leçons diverses d'un même passage, copiées à la suite l'une de l'autre par un scribe inintelligent. M. G. Paris les considère comme autant de versions

Si'n apelat Clarin de Balaguer,
Estramarin e Eudropin sun per,
65 E Priamun e Guarlan le barbet,
E Machiner e sun uncle Maheu,
E Joïmer e Malbien d'ultre-mer,
E Blancandrin, pur la raisun musirer.
Des plus feluns dis en ad apelez :
70 « Seignurs baruns, à Carlemagne irez ;
« Il est à l' siège à Cordres la citet.
« Branches d'olive en voz mains porterez :
« Ço senefiet pais e humilitet.
« Par voz saveirs se m' puez acorder,
75 « Jo vus durrai or e argent asez,
« Teres e fieus tant cum vus en vuldrez. »
Dient paien : « *Bien dit nostre avoez.* » Aoi.

VI

Li reis Marsilies out finet sun cunseill.
Dist à ses humes : « Seignurs, vus en ireiz ;
80 « Branches d'olive en voz mains portereiz :
« Si me direz à Carlemagne, à l' Rei,
« Pur le soen Deu qu'il ait mercit de mei.
« Einz ne verrat passer cest premier meis

remontant à des époques différentes, et cite à l'appui de son opinion le texte si précieux de l'oraison funèbre de Roland ; dans une première laisse, l'Empereur dit : *Quand je serai à Laon ;* et dans une seconde : *Quand je serai à Aix.* Donc, le premier de ces couplets aurait sa source dans une tradition du Xe siècle, et le second, plus antique, remonterait à la tradition des VIIIe-IXe siècles. Tout autre est l'opinion de M. Génin, qui voit dans ces répétitions « l'œuvre d'un artiste, d'un poète », ou, en d'autres termes, un effet littéraire, un moyen dramatique. C'est également le sentiment de M. d'Avril. Nous avons montré ailleurs comment on ne pouvait adopter d'une façon absolue aucun de ces systèmes (première édition du *Roland*, *Introduction*, p. LVI et suiv.). Parmi les groupes de Couplets similaires, il en est où, comme ici, la répétition est presque littérale, et il faut, en ce cas, donner raison à la théorie de M. G. Paris ; mais il en est d'autres où les laisses, loin de faire double emploi, SE COMPLÈTENT L'UNE PAR L'AUTRE. (Voir les couplets XL, XLI, XLII, etc.) Ce ne sont donc pas là ces variantes entre lesquelles on pouvait faire un choix *ad libitum.* Ici, c'est Génin qui est dans le vrai, et nous avons vraiment affaire à un procédé artistique.

63. *Balaguer.* Balaguer, en Catalogne (*Ballegarium, Valagaria*), à trois lieues de Lerida. C'est « le point le plus lointain qu'aient atteint les armes de Roland ». (G. Paris, *Revue critique,* 1869, n° 37, p. 173.) Roland

Le Roi mande alors Clarin de Balaguer,
Avec Estramarin et son pair Eudropin,
Priamus avec Garlan le barbu,
Machiner avec son oncle Matthieu,
Joïmer avec Maubien d'outre-mer,
Et Blancandrin, pour leur exposer son dessein.
Il fait ainsi appel à dix païens, des plus félons :
« Seigneurs barons, vous irez vers Charlemagne,
« Qui est en ce moment au siège de la cité de Cordoue.
« Vous porterez dans vos mains des branches d'olivier,
« En signe de soumission et de paix.
« Si vous avez l'art de me réconcilier avec Charles,
« Je vous donnerai or et argent,
« Terres et fiefs autant que vous en voudrez.
« — *Notre seigneur parle bien,* » s'écrient les païens.

VI

Le conseil de Marsile est terminé :
« Seigneurs, » dit-il à ses hommes, « vous allez partir
« Avec des branches d'olivier dans vos mains.
« Dites de ma part au roi Charles
« Qu'au nom de son Dieu il ait pitié de moi :
« Avant qu'un seul mois soit passé,

---

se vante, en effet, dans un autre passage de notre poème (V. 200), d'avoir conquis cette ville à Charlemagne.

71. *Cordres.* Nous avions, dans nos précédentes éditions, partagé sur *Cordres* l'opinion de M. Gaston Paris. « Il est certain, disions-nous, que la ville désignée par « Cordres » est près des Pyrénées. » Et, dans notre carte du *Roland* (première édition, t. II, frontispice), nous l'avions placée entre Valtierra et Tudela. Mais l'étude des anciennes cartes nous a fait changer d'avis. Nos pères du XIᵉ siècle ne connaissaient que le nord de l'Espagne et ne supposaient pas que cette péninsule eût de la profondeur. Dans cette légère bande de terrain, au sud des Pyrénées, ils plaçaient toutes les villes qui avaient en jadis quelque renommée :

Cordoue, Séville, etc. En somme, nos épiques avaient dans la mémoire un certain nombre de noms de lieux célèbres qu'ils décernaient un peu au hasard. L'auteur du *Roland* est à coup sûr le plus sérieux de tous, et néanmoins il n'est pas incapable d'avoir complètement ignoré la situation de Cordoue, dont il ne savait que le nom, et qu'il se figurait sans doute au nord de l'Espagne.

72. *Branches d'olive.* Ces branches d'olive sont un symbole de paix emprunté à l'antiquité. On les retrouve plus d'une fois aux mains des ambassadeurs dans nos autres Chansons de geste : *Portèrent rains d'olive : c'est senefiement — De pais, d'umilité, que il la vont querant.* (*Renaus de Montauban*, édit. Michelant, p. 37.) Etc. etc.

« Que jo l' sivrai od mil de mes fedeilz.
85 « Si recevrai la chrestiene lei,
« Serai sis hum par amur e par feid.
« S'il voelt ostages, il en avrat par veir. »
Dist Blancandrins : « Mult bon plait en avreiz. »   Aoi.

VII

Dis blanches mules fist amener Marsilies,
90 Que li tramist *icil reis de Sezilie.*
Li frein sunt d'or, les seles d'argent mises.
Cil sunt muntet ki le message firent ;
Enz en lur mains portent branches d'olive :
Humilitet e pais ço senefiet.
Vindrent à Carle ki France ad en baillie :
95 Ne s' poet guarder que alques ne l' engignent...   Aoi.

A CORDOUE. — CONSEIL TENU PAR CHARLEMAGNE

VIII

Li Emperere se fait e balz e liez :
Cordres ad prise e les murs peceiez,
Od ses cadables les turs en abatiet.
Mult grant eschec en unt si chevalier
100 D'or e d'argent e de guarnemenz chiers.
En la citét nen ad remés paien
Ne seit ocis, o devient chrestiens...
Li Emperere est en un grant vergier,
Ensembl' od lui Rollanz e Oliviers,

---

98. *Od ses cadables les turs en abatiet.* Le siège des châteaux et villes fortes se faisait avec « de grandes perières que l'on nommait chaables ». Ainsi parle un vieux traducteur de Guillaume de Tyr (VI, 15), et on lit dans Guillaume le Breton (*Historia de vita et gestis Philippi Augusti*, lib. VII) : « Tribus lapidibus magna petraria, quæ *chadabula* vocabatur, emissis. » Voir Ducange, au mot *Cabulus.*
104. *Rollanz.* Voir, à l'*Éclaircissement II*, le résumé de toute l'Histoire poétique de Roland. = *Oliviers.* Olivier

« Je le suivrai avec mille de mes fidèles,
« Pour recevoir la loi chrétienne
« Et devenir son homme par amour et par foi.
« S'il veut des otages, certes, il en aura.
« — Bien, » dit Blancandrin. « Vous aurez là un bon traité. »

VII

Marsile fit alors amener dix mules blanches
Que lui envoya jadis *le roi de Sicile.*
Les freins sont d'or, les selles d'argent;
Les dix messagers y sont montés,
Portant des branches d'olivier dans leurs mains
En signe de soumission et de paix.
Et voici qu'ils arrivent près du roi qui tient la France en son pouvoir.
Charles a beau faire : ils le tromperont.

A CORDOÜE. — CONSEIL TENU PAR CHARLEMAGNE

VIII

L'Empereur se fait tout joyeux et est de belle humeur.
Il a pris Cordoue, il en a mis les murs en pièces,
Avec ses machines il en a abattu les tours;
Ses chevaliers y ont fait un butin très abondant
D'or, d'argent, de riches armures.
Dans la ville il n'est pas resté un seul païen
Qui ne soit forcé de choisir entre la mort et le baptême.
Le roi Charles est dans un grand verger;
Avec lui sont Roland et Olivier,

---

est fils de Renier de Gennes : *Vus futes fllz à l' bon cunte Renier.* (V. 2208.) Le premier de nos poëmes où il apparaisse avec un rôle important, c'est *Girars de Viane* (fin du XIIe, commencement du XIIIe siècle). Il y figure parmi les adversaires de Charlemagne, et on l'y voit lutter avec Roland (pp. 106-155 de l'édition P. Tarbé). Après un duel sans pareil, les deux héros finissent par tomber dans les bras l'un de l'autre (*Ibid.,* pp. 155, 156), et tel est le commencement de cette amitié touchante qui fait d'Olivier et de Roland l'Oreste et le Pylade,

105 Sansun li dux e Anseïs li fiers,
   Gefreiz d'Anjou le rei gunfanuniers,
   E si i furent e Gerins e Geriers :
   Là ù cist furent, des altres i out bien :
   Asez i out des barbez e des vielz.
   Des Francs de France i ad quinze milliers.

le Pythias et le Damon de notre épopée nationale. Dans le même temps, la sœur d'Olivier est fiancée à Roland, et nous allons bientôt la rencontrer dans notre drame. = Une chanson du XII° siècle, le *Voyage à Jérusalem* (ce n'est, à vrai dire, qu'un fabliau épique), nous montre Olivier à Constantinople, où il a de la fille du roi Hugon un fils qui sera le Galien de nos romans. = Mais le poème où la gloire d'Olivier jette le plus d'éclat, son poème, c'est *Fierabras* (XIII° siècle) : il en est le héros. C'est lui qui, dans un combat interminable, lutte ici contre le géant sarrasin ; c'est lui qui convertit Fierabras. (Vers 369-1691 de l'édit. Kræber et Servois.) Cependant le vainqueur tombe lui-même entre les mains du roi païen Balant (v. 1692-1862) et il fût mort très misérablement, s'il n'avait été délivré par la fille de Balant, par Floripas. (Vers 2713-5861.) = Dans l'*Entrée en Espagne* (XIII°-XIV° siècle), Olivier est vaincu par Ferragus, fait prisonnier par les païens et délivré par Roland. (Ms. XXI de Venise, f° 27, et 80, 81.) Il combat avec son ami sous les murs de Pampelune, le suit à Nobles (Ibid., f° 177-202), tue le Sarrasin Folquenor (f° 202-211) et plaide tendrement pour son cher compagnon, pour son Roland que l'Empereur insulte. = La Chronique du faux Turpin (écrite en 1109-1119) ne donne pas tant d'importance à Olivier, et se contente de raconter qu'il fut enseveli à Belin. = Il a certainement existé, dès le XIII° siècle, un *Galien* en vers, qui n'est point parvenu jusqu'à nous, mais dont trois versions en prose nous sont restées (Bibl. nat. fr. 1470, XV° siècle ; Bibl. de l'Arsenal, 3351, XV° siècle ; *Galien* incunable). On y voit le fils de notre Olivier, Galien, cherchant son père sur toute la surface de la terre, et le trouvant enfin sur le champ de bataille de Roncevaux, où Olivier a le temps de le reconnaître. = Parmi tous ces éléments de la légende d'Olivier, il en est de fort anciens, et ce sont ceux qui se trouvent dans notre *Roland*. Les plus dignes d'attention sont ensuite ceux que nous offre *Girars de Viane*, et néanmoins ils nous semblent postérieurs d'un ou de deux siècles. Le *Voyage à Jérusalem*, l'*Entrée en Espagne* et *Galien* n'ont rien de profondément traditionnel, et quant à la lutte d'Olivier contre Fierabras dans le poème de ce nom, il n'y faut voir qu'une des formes de ce sujet banal : « Combat d'un héros français contre un géant païen, » qui a été traité tant de fois par nos épiques.

105. *Sansun li dux*. Ce personnage est compté au nombre des douze Pairs : 1° par la *Chanson de Roland* ; 2° par la *Karlamagnus Saga* (histoire islandaise de Charlemagne ; XIII° siècle) ; 3° par les Remaniements de notre *Roland* (XIII° siècle ; mss. de Paris, de Venise, de Cambridge, etc.) ; 4° par *Gui de Bourgogne* (XII° siècle) ; 5° par la Chronique de Weihenstephan (le manuscrit est du XV° siècle, et l'original du XIV°), et 6° par l'*Entrée en Espagne* (XIII°-XIV° siècle). Il est partout représenté comme duc de Bourgogne, et c'est le père de Gui de Bourgogne. L'auteur de notre *Roland* le fait mourir à Roncevaux (v. 1535) de la main du païen Valdabrun.

* *Anseïs*. Il s'agit ici d'Anseïs « le Vieux ». (v. 796). Il est mis au nombre des douze Pairs par la *Chanson de Roland*, par les Remaniements de Paris, de Venise, de Cambridge, etc., par la Chronique de Weihenstephan, par l'*Entrée en Espagne* et par *Otinel*

Le duc Samson, le fier Anséis,
Geoffroi d'Anjou, qui porte le gonfanon royal,
Gerin et son compagnon Gerier
Et, avec eux, beaucoup d'autres,
Hommes barbus et vieux,
Quinze mille chevaliers qui sont *des Français* de France.

(XIIIe siècle). Il ne faut pas le confondre avec Auscïs le Jeune ou Anseïs de Carthage, personnage purement imaginaire et qui n'a rien de traditionnel. Ce dernier est le héros d'un poème de notre décadence épique où il est représenté comme le successeur de Roland et comme le premier roi d'Espagne après les grandes représailles de Charles contre les Sarrasins.

106. *Gefreiz... le rei gunfanuniers.* Geoffroi d'Anjou est un personnage historique qui a été introduit dans la légende de Roland vers la fin du Xe siècle : c'est Geoffroi Grise-Gonelle, mort en 987. Il était contemporain de Richard le Vieux, duc de Normandie, dont il sera question plus loin. De l'introduction de ces deux héros dans l'épopée rolandienne, on peut conclure qu'une partie de notre légende s'est formée sous les derniers Carlovingiens et les premiers Capétiens, et il faut admettre qu'il a pu dès lors exister certains poèmes consacrés à Roland : notre Chanson n'est pas la première dont il ait été le héros. D'un autre côté, l'importance des Angevins dans notre légende a permis de regarder le *Roland* comme l'œuvre d'un poète de cette province, lequel aurait voulu flatter le comte Geoffroi ou ses premiers successeurs. On en arrive ainsi à supposer que le dialecte de la PREMIÈRE RÉDACTION de notre poème aurait été celui d'Anjou, lequel ne se distinguait pas nettement de celui de France. = Quoi qu'il en soit de ces hypothèses, Geoffroi l'Angevin joue un grand rôle dans tous nos vieux poèmes. Il fait partie de cette expédition de Charles en Italie, qui se termine par la défaite du Sarrasin Agolant. (*Chanson d'Aspremont*, XIIIe siècle.) Dans la guerre des Saxons, il tue le roi Caloré (*Chanson de Saisnes*, XIIe siècle, couplets 107 et suiv.), et nous est offert comme un des chefs des barons Hérupois, soulevés contre l'Empereur. (Ce sont les Normands, les Manceaux, les Bretons, les Tourangeaux et les Angevins, toute l'ancienne Neustrie.) = Geoffroi est compté au nombre des douze Pairs par *Renaus de Montauban* (XIIIe siècle), la Chronique de Weihenstephan (XIVe-XVe siècle) et *Fierabras* (XIIIe siècle). = C'est Geoffroi enfin qui, dans les Remaniements du *Roland*, a la charge, avec Girart d'Orléans et Guion de Saint-Omer (couplets 339 et suiv. du ms. de Paris, édition Fr. Michel), de se rendre en message auprès de Girart de Viane et d'amener la belle Aude à l'Empereur.= Thierry, qui doit vaincre Pinabel à la fin de notre chanson, est représenté dans le *Roland* comme le frère du duc Geoffroi (v. 3819). Dans *Gaidon* (XIIIe siècle), dans ce poème de la décadence, il nous est offert comme son fils, et c'est lui qui, sous le nom de Gaidon, devient duc d'Angers.

—* *Gunfanuniers.* Le gonfanon de Charlemagne n'est autre que la bannière de saint Pierre ou des Papes. De là son nom de Romaine : *Seint Piere fut; si aveit num Romaine;* mais notre poète nous dira plus loin que, depuis la grande bataille de Saragosse, cette enseigne s'appela Munjoie. V. la note du v. 3094.

107. *Gerins... Geriers.* Ils sont compris au nombre des douze Pairs par la *Chanson de Roland*, par les Remaniements de Paris et de Cambridge, par la *Karlamagnus Saga*, etc. = Gerin seul est conservé par l'auteur d'*Otinel* et par celui du *Voyage à Jérusalem*.

110 Sur palies blancs siédent cil chevalier,
　　As tables juent pur els esbaneier,
　　E as eschas li plus saive e li vieill ;
　　E escremissent cil bacheler legier.
　　Desuz un pin, delez un eglentier,
115 Un faldestoel i out, fait tut d'or mier :
　　Là siet li reis ki dulce France tient ;
　　Blanche ad la barbe e tut flurit le chief,
　　Gent ad le cors e le cuntenant fier.
　　S'est ki l' demandet, ne l' estoet enseignier.
120 E li message descendirent à pied,
　　Si l' saluèrent par amur e par bien.　　　　　Aoi.

IX

　　Blancandrins ad tut premereins parlet,
　　E dist à l' Rei : « Salvez seiez de Deu,
　　« Le Glorius, que devez aürer !
125 « Iço vus mandet reis Marsilies li bers :
　　« Enquis ad mult la lei de salvetet ;
　　« De sun aveir vus voelt asez duner,
　　« Urs e leuns e veltres caeignez,
　　« Set cenz cameilz e mil osturs muez,

---

111. *As tables juent.* Le jeu des tables (c'est le trictrac), et, plus encore, celui des échecs tiennent une très grande place dans nos romans; c'est, par excellence, le jeu des barons. Une partie d'échecs est la péripétie principale d'une de nos plus anciennes chansons, d'*Ogier le Danois*. Le fils d'Ogier, Baudouinet, joue aux échecs avec Charlot, le fils de Chàrlemagne : il gagne la partie. Charlot, furieux d'avoir été échec et mat en quelques coups, se précipite sur son adversaire et, d'un coup d'échiquier, le tue sur place. De là toute la guerre de Charlemagne contre Ogier. Dans *Renaus de Montauban*, même épisode. La lutte entre les fils d'Aimon et le grand empereur a pour cause ou pour prétexte une partie d'échecs, à la suite de laquelle le neveu de l'Empereur, Bertolais, est tué par Renaud. (Édit. Michelant, p. 51.) — Voy., dans le *Saint Martin* de M. Lecoy de la Marche (Mame, 1881, p. 38), la représentation d'un p'on pour jeu de tables.

118. *Gent ad le cors.* S'il faut en croire la Chronique de Turpin, le grand empereur avait huit pieds de haut. Sur ses deux mains il élevait un cavalier armé et brisait aisément trois ou quatre fers à cheval. Tous nos poètes ont célébré la barbe blanche de Charles, ses yeux extraordinairement ardents et sa terrible *regardeüre*. Et tout le moyen âge a eu peur de ce regard, semblable à cet évêque dont parle le moine de Saint-Gall, sur lequel l'Empereur jeta seulement un coup d'œil et qui fut soudain foudroyé. Cf. nos *Épopées françaises*, 2ᵉ édition, II, 121.

124. *Le Glorius.* On pourrait aisé-

Ils sont assis sur des tapis blancs,
Et, pour se divertir, jouent aux tables ;
Les plus sages, les plus vieux jouent aux échecs,
Et les bacheliers légers à l'escrime...
Sous un pin, près d'un églantier,
Est un fauteuil d'or massif :
C'est là qu'est assis le roi qui tient douce France.
Sa barbe est blanche et son chef tout fleuri ;
Son corps est beau, et fière est sa contenance.
A celui qui le veut voir il n'est pas besoin de le montrer.
Les messagers païens descendent de leurs mules
Et saluent Charles en tout bien, tout amour.

IX

Blancandrin, le premier, prend la parole,
Et dit au Roi : « Salut au nom de Dieu,
« Du Glorieux que vous devez adorer !
« Voici ce que vous mande le roi Marsile, le vaillant :
« Après s'être bien enquis de votre loi, qui est la loi du salut,
« Il veut largement partager ses trésors avec vous.
« Vous aurez des lions, des ours, des lévriers enchaînés,
« Sept cent chameaux, mille autours après la mue,

ment composer une théodicée d'après les seuls textes de nos Chansons de geste. La spiritualité de Dieu est, de tous ses attributs, celui que nos poètes ont mis le plus volontiers en lumière, et l'épithète qu'ils accolent le plus souvent au mot « Dieu » est celle-ci : « Dieu qui est un pur esprit, *Dex l'espirital.* » C'était là une protestation contre la pluralité des anciens dieux et contre leur matérialité grossière. = Dans la *Chanson de Roland* et dans la plupart de nos autres poèmes, Dieu est encore qualifié de *glorieux*, et par ce mot il faut à la fois entendre la suprême béatitude, la suprême puissance, la suprême invisibilité. = On peut rapprocher de cette expression les suivantes, qui sont à peu près synonymes : « Le Dieu de majesté, le Roi du monde, le Dieu du paradis, le Roi très grand qui est au-dessus de nous. » = Les autres attributs de Dieu ne sont pas, d'ailleurs, exprimés avec moins de clarté. Le Dieu de nos épopées est tout-puissant. Il est éternel, et à tout instant nos poètes s'écrient : *Cil Damedex qui fut, est et qui iert.* Mais le titre que les trouvères se plaisent surtout à lui décerner, c'est celui de « créateur » : *Par Deu le creator.* — *Par Deu qui tout forma.* — *Qui fist pluie et gelée.* — *Qui fist la rose en mai.* — *Qui nos fist à s'image,* etc. etc. Rien n'était en réalité plus utile que de telles épithètes si souvent répétées, puisque le dogme de la création avait été méconnu de toute l'antiquité païenne. Et tel est le point de vue pratique et élevé auquel on doit surtout considérer nos anciens poèmes.

130 « D'or e d'argent quatre cenz muls trussez,
　　« Cinquante cares que carier ferez;
　　« Tant i avrat de besanz esmerez
　　« Dunt bien purrez voz soldeiers luer.
　　« En cest païs avez estet asez,
135 « En France ad Ais bien repairier devez;
　　« Là vus sivrat, ço dit mis avoez.
　　« *Si recevrat la lei que vus tenez;*
　　« *Juintes ses mains, iert vostre cumandez:*
　　« *De vus tiendrat Espaigne le regnet.* »
　　Li Emperere en tent ses mains vers Dieu;
　　Baisset sun chief, si cumencet à penser.　　　Aoi.

X

　　Li Emperere en tint sun chief enclin;
140 De sa parole ne fut mie hastifs,
　　Sa custume est qu'il parolet à leisir.
　　Quant se redrecet, mult par out fier le vis.
　　Dist as messages : « Vus avez mult bien dit.
　　« Li reis Marsilies est mult mis enemis.
145 « De cez paroles que vus avez ci dit,
　　« En quel mesure en purrai estre fiz? »
　　« — Par *bons* ostages, » ço dist li Sarrazins,
　　« Dunt vus avrez o dis o quinze o vint.
　　« Par num d'ocire i metrai un mien filz,
150 « E si'n avrez, ço quid, de plus gentilz.
　　« Quant vus serez el' palais seignurill,
　　« A la grant feste seint Michiel de l' Peril,
　　« Mis avoez là vus sivrat, ço dit,
　　« Enz en voz bainz que Deus pur vus i fist;
155 « Là vuldrat il chrestiens devenir. »
　　Carles respunt : « Uncor purrat guarir. »　　　Aoi.

XI

　　Bels fut li vespres e li soleilz fut clers.
　　Les dis mulez fait Carles establer.
　　El' grant vergier fait li Reis tendre un tref;

« Quatre cents mulets chargés d'argent et d'or,
« Tout ce que peuvent porter cinquante chars.
« Vous aurez tant et tant de besants de l'or le plus fin,
« Que vous pourrez enfin payer tous vos soldats.
« Mais il y a trop longtemps que vous êtes en ce pays,
« Et vous devriez retourner en France, à Aix.
« Mon maître vous y suivra, c'est lui-même qui vous le promet,
« *Et il y recevra votre loi.*
« *Il y deviendra, mains jointes, votre vassal*
« *Et tiendra de vous le royaume d'Espagne.* »
L'Empereur élève alors ses deux mains vers Dieu;
Il baisse la tête et commence à penser.

X

L'Empereur demeurait là, tête baissée;
Car jamais sa parole ne fut hâtive,
Et sa coutume est de ne parler qu'à loisir.
Quand enfin il se redressa, très fier était son visage :
« Vous avez bien parlé, » dit-il aux messagers.
« Cependant le roi Marsile est mon grand ennemi,
« Ces paroles que vous venez de prononcer,
« En quelle mesure puis-je m'y fier?
« — Vous aurez de *bons* otages, » répond le Sarrasin;
« Nous vous en donnerons dix, quinze, vingt.
« Mon fils sera du nombre, dût-il y périr.
« Et vous en aurez, je pense, de plus nobles encore.
« Lorsque vous serez de retour en votre palais seigneurial,
« A la grande fête de saint Michel du Péril,
« Mon maître, c'est lui qui vous le promet, vous suivra
« A vos eaux d'Aix, que Dieu a fait jaillir pour vous,
« Et là consentira à devenir chrétien.
« — C'est ainsi, » répond Charles, « qu'il pourra encore se sauver. »

XI

Le soir fut beau, le soleil clair.
Charles fait conduire les dix mules dans ses étables :
Puis, dans le grand verger, fait tendre un pavillon

160 Les dis messages ad fait enz hosteler ;
Duze serjant les unt bien cunreez.
La noit demurent tresque vint à l' jur cler.
Li Emperere est par matin levez ;
Messe e matines ad li Reis escultet.
165 Desuz un pin en est li Reis alez,
Ses baruns mandet pur sun cunseill finer :
Par cels de France voelt il de l' tut errer.   Aoi.

XII

Li Emperere s'en vait desuz un pin ;
Ses baruns mandet pur sun cunseill fenir :
170 Le duc Ogier, l'arcevesque Turpin,

---

166. *Sun cunseill*. Près de l'Empereur ou du Roi frank se tient toujours, dans nos chansons, un Conseil dont l'origine est germaine. Les Cours plénières de nos romans rappellent les Champs de mai. Mais il faut distinguer entre la « cour plénière » et le « conseil » proprement dit. Dans le Conseil, l'Empereur prend l'avis de ses barons, mais n'est aucunement forcé de le suivre. En d'autres termes, les conseillers n'ont ici qu'une autorité toute consultative, et c'est au Roi seul qu'appartient la décision. Le Conseil, d'ailleurs, semble se transformer plus d'une fois en haute Cour, quand il s'agit de juger un des hommes du roi : c'est l'ancien *placitum palatii*; c'est le tribunal qui, à la fin de notre poème, jugera le traître Ganelon.

170. *Ogier*. Ogier le Danois, un des plus célèbres héros de notre épopée nationale. Il est fils de Geoffroi, roi de Danemark, qui est forcé de le laisser en otage à la cour de Charlemagne. Les ambassadeurs du roi de France ayant été insultés par Geoffroi, Ogier est condamné à mort et va périr, lorsqu'on se décide soudain à une grande expédition en Italie. Le Danois devient rapidement le héros de l'armée française : il est vainqueur, dans un double combat, de Caraheu et de Brunamont, et, grâce à lui, Charles peut faire son entrée à Rome. (*Chevalerie Ogier*, poème du XIIe siècle, attribué à Raimbert de Paris, vers 174-3102.) Ogier est devenu le favori du roi de France, lorsqu'un jour, dans une de ces parties d'échecs dont nos épopées ont tant abusé, son fils, Baudouinet, est tué par le fils de l'Empereur, par Charlot (v. 3152-3150). De là une haine irréconciliable du Danois contre le roi de France. Il veut tuer Charlot, et, sur le point de tomber aux mains de ses ennemis, se réfugie à la cour du roi Didier, à Pavie. Charles déclare la guerre au Lombard, et lui livre une formidable bataille où Ogier fait en vain des prodiges de valeur (v. 3181-5888). C'est alors qu'a lieu ce fameux siège de Castelfort, qui a été si populaire durant tout le moyen âge. Ogier, affamé et tout près de succomber, parvient à s'ouvrir un chemin ; mais, de nouveau poursuivi, il est fait prisonnier, et le voilà captif à Reims (v. 5884-9424). Charles l'y veut laisser mourir de faim ; mais une invasion des Sarrasins le force un jour à faire un nouvel appel au courage du Danois, qui se bat contre le géant Bréhus et sauve la France (v. 9425-12969). Il reçoit en récompense le comté de Hainaut, et y meurt en odeur de sainteté (v.

Et y donne l'hospitalité aux dix messagers :
Douze sergents en prennent soin ;
Jusqu'au jour clair ils y passent la nuit...
L'Empereur se lève de grand matin.
Charles entend messe et matines ;
Puis va s'asseoir sous un pin,
Et mande ses barons pour tenir son conseil :
Car il ne veut rien faire sans ceux de France.

XII

L'Empereur va sous un pin,
Et mande ses barons pour tenir son conseil :
C'est le duc Ogier et l'archevêque Turpin ;

12970-1304?). = Toute cette légende d'Ogier s'est formée EN MÊME TEMPS que celle de Roland, et remonte par conséquent aux VIIIe-IXe siècles.= Ajoutons qu'Ogier n'est pas mis dans notre poème au rang des douze Pairs, mais qu'il reçoit cet honneur dans le *Voyage à Jérusalem*, *Gui de Bourgogne*, *Renaus de Montauban*, *Fierabras*, *Otinel* et l'*Entrée en Espagne*.= M. Barrois, éditeur du vieux poème que nous avons tout à l'heure analysé, prétend qu'Ogier était un Ardennais, et non pas un Danois. Cette opinion nous semble suffisamment réfutée par ces vers de la *Chevalerie Ogier* : *Mult es quvers et plains de grant outrage. — Bien le dois estre : tu es de Danemarche... — AINC N'APARTINS DE FRANCE A NUL BERNAGE* (v. 4300 et suiv.).

* *Turpin*. Il y a eu un véritable archevêque de ce nom, lequel vécut sur siège de Reims, depuis 756 (ou 753, suivant la *Gallia christiana*) jusqu'en 811 ou 788 (ou 794, suivant la *Gallia*). Il a donc été réellement contemporain du grand désastre de Roncevaux, qui eut lieu en 778. Mais le Turpin de nos épopées présente des traits que l'histoire n'a point fournis. Il est né à Rome, si l'on en croit la *Karlamagnus Saga* (XIIIe siècle), ou en France, suivant la *Chanson d'Aspremont* (XIIIe siècle).

L'auteur de ce dernier poème ajoute que Turpin fut abbé de Jumièges avant d'être élevé au siège de Reims.= Quoi qu'il en soit, il est partout le type de l'évêque militaire. Dans *Aspremont*, on le voit porter au front de l'armée chrétienne le bois de la vraie croix, qui devient, entre ses mains, éblouissant comme le soleil. Dans *Ogier* (XIIe siècle), c'est lui qui livre à Charlemagne le Danois endormi ; mais il a pitié de cet illustre vaincu, et ne permet pas qu'il meure de faim dans sa prison. Après s'être couvert de gloire dans tous les combats que racontent l'*Entrée en Espagne* (XIIIe-XIVe siècle) et *Gui de Bourgogne* (XIIe siècle), l'archevêque-soldat meurt à Roncevaux (v. 2252). = La Chronique qui porte son nom se garde bien de le faire ainsi succomber dans la grande bataille, et le fait survivre au désastre qu'il raconte. C'est lui qui, d'après ce singulier récit, célébrait la messe des morts auprès de Charles, lorsque l'Empereur vit passer dans le ciel les Anges qui emportaient l'âme de Roland. = Turpin est compté au nombre des douze Pairs par les Remaniements du *Roland* (XIIIe siècle), le *Voyage à Jérusalem* (XIIe siècle), la *Karlamagnus Saga* (XIIIe siècle), *Otinel* (XIIIe siècle), l'*Entrée en Es-*

Richard le Vieill e sun nevuld Henri,
E de Guascuigne le prud cunte Acelin,
Tedbald de Reins e Milun sun cusin.
E si i furent e Geriers e Gerins.
175 Ensembl' od els li quens Rollanz i vint
E Oliviers, li pruz e li gentilz;
Des Francs de France en i ad plus de mil;
Guenes i vint, ki la traïsun fist.
Dès or cumencet le cunseill que mal prist. Aoi.

pagne (XIIIe-XIVe siècle, et la Chronique de Weihenstephan (XIVe-XVe siècle). En résumé, c'est dans notre poème qu'il faut chercher les éléments les plus antiques de sa légende. == Il est nécessaire de dire ici deux mots de la célèbre « Chronique de Turpin ». Dans sa thèse *De pseudo-Turpino*, M. G. Paris est arrivé à cette conclusion scientifique « que les cinq premiers chapitres ont été écrits, vers le milieu du XIe siècle, par un moine de Compostelle, et les chapitres VI et suivants, entre les années 1109-1119, par un moine de Saint-André-de-Vienne ». Cette dernière partie est la moins sincère. Rédigée par un faussaire d'après quelques-unes de nos Chansons de geste et de nos traditions épiques qui y sont trop souvent défigurées, ce document apocryphe reproduit cependant, par rapport à la légende de Roland, un état de la tradition qui est peut-être antérieur à la donnée de notre chanson.

171. *Richard*. Il s'agit ici (comme le prouvent les v. 3050 et 3470) de Richard, duc de Normandie. Que ce Richard soit un personnage historique, c'est ce qui semble hors de doute, et le poète qui l'a introduit dans notre légende a pensé à Richard I, duc de Normandie, dit le Vieux ou sans Peur († 996). Nous avons, dans son nom comme dans celui de Geoffroi d'Anjou, un précieux élément de critique, et il devient par là très probable qu'une autre *Chanson de Roland* a existé avant la nôtre, vers la fin du Xe ou le commencement du XIe siècle. Il est, à tout le moins, permis d'affirmer que des chants populaires lyriques étaient depuis longtemps consacrés à notre héros. == La légende épique de Richard est d'ailleurs assez riche. Dans *Renaus de Montauban* (XIIIe siècle), il se refuse énergiquement à faire périr son homonyme, Richard, fils d'Aimon, qui a été injustement condamné par Charlemagne. Au commencement de l'*Entrée en Espagne* (XIIIe-XIVe siècle), il nous est présenté comme le chef du parti de la paix. Mais le poème où il tient le plus de place est la *Chanson des Saisnes*, et il devait certainement remplir un plus grand rôle dans ce poème perdu, qui avait pour titre: *Les Barons Herupois*. Dans la *Chanson des Saisnes* (XIIIe siècle), Richard est, en effet, avec Geoffroi d'Anjou, Salomon de Bretagne et Huon du Mans, un des chefs des Hérupois révoltés contre le grand empereur. Charles est obligé de traiter avec eux et d'aller, pieds nus, faire amende honorable à ces rebelles. == Richard est placé dans le collège des douze Pairs par *Gui de Bourgogne* (XIIe siècle), *Renaus de Montauban* (XIIIe siècle), *Fierabras* (XIIIe siècle), etc.

172. *Acelin* est nommé, une autre fois, au vers 2882, où l'on voit qu'il ne faisait point partie de l'arrière-garde. Il est un de ceux qui soutiennent l'Empereur dans leurs bras, alors qu'il tombe en pâmoison devant le corps inanimé de Roland.

173. *Tedbald de Reins* est un des comtes qui seront plus tard chargés par l'Empereur de garder les corps

C'est Richard le Vieux et son neveu Henri ;
C'est le brave comte de Gascogne, Acelin ;
C'est Thibaud de Reims et son cousin Milon.
Gerier et Gerin y sont aussi,
Et le comte Roland y est venu avec eux,
Suivi du noble et vaillant Olivier.
Il y a là plus de mille Français de France.
On y voit aussi Ganelon, celui qui fit la trahison.
Alors commence ce conseil de malheur.

des héros morts à Roncevaux. Alors, comme ici, son nom est associé à celui de Milon (v. 2433). C'est à lui qu'est confié, lors de la grande bataille contre Baligant, le commandement du sixième corps (v. 3058). = Ce nom de « Thibaut DE REIMS » a-t-il pénétré dans la légende de Roland à l'époque où régnait le premier comte de Champagne de ce nom (ann. 1063) ? Nous ne le pensons pas, parce que Reims ne faisait point partie du comté de Champagne. = *Milun* est un de ceux qui sont chargés de conduire sur des *carettes* les corps d'Olivier, de Turpin et de Roland (v. 2971). Dans les Remaniements du *Roland*, il est un des messagers que Charles envoie à sa sœur Gilles.

178. *Guenes.* Ganelon, qui est dans notre poème le type du traître, a-t-il été un personnage historique ? Faut-il voir ici le souvenir encore vivace de ce fameux archevêque de Sens, Wenilo, lequel trahit, pour Louis le Germanique, la cause de Charles le Chauve qui l'avait comblé de bienfaits, et se réconcilia, en 859, avec son bienfaiteur ? Cette assimilation nous paraît aujourd'hui beaucoup plus vraisemblable qu'autrefois. Ce qu'il y a de certain, c'est qu'au xe siècle le nom de « Guenes » était déjà l'objet du mépris populaire, et l'auteur du « poème sur saint Léger » donne ce nom au geôlier de son héros. Nous revenons donc sur notre première opinion à ce sujet, et nous ne saurions adopter le système de Hertz et du baron d'Avril, d'après lequel Ganelon dériverait du Hagen des *Nibelungen*. = Quoi qu'il en soit, Ganelon n'a dans le *Roland* qu'une vie individuelle, et sa famille n'y est pas constituée à l'état de geste. Il en est à peu près de même de l'*Entrée en Espagne*, où il est encore montré sous les traits d'un baron courageux et loyal, et de la *Prise de Pampelune*, où il est déjà, au contraire, dénoncé comme un traître. C'est à son instigation que, d'après ce poème traditionnel, Basin et Basile sont envoyés comme ambassadeurs à la cour du roi Marsile, et c'est lui qui tente de faire assassiner par les païens un troisième messager, nommé Guron. = Mais quand nos épiques furent atteints de la monomanie cyclique ; en d'autres termes, quand ils voulurent classer tous leurs personnages en des familles distinctes, ils imaginèrent de faire de Ganelon le fils de Grifon d'Hautefeuille, qui lui-même fut présenté comme le troisième fils de Doon de Mayence. Voilà donc Ganelon installé dans cette geste de Doon qui, avec celles du Roi et de Garin de Montglane, est une de nos trois grandes Gestes : et de là vient ce nom de Mayençais qui fut donné aux traîtres de nos romans. On ne s'arrêta pas en si beau chemin : l'auteur de *Jourdain de Blaives* (xiie siècle) alla jusqu'à créer décidément une quatrième geste, « celle des traîtres », et l'auteur de *Parise la duchesse* (xiie siècle) énumèra avec quelque complaisance les « douze traîtres » de la race de Ganelon. Voir *Gaufrey*, édit. Guessard, v. 3999 et suiv.; *Renaus de Montauban*, édit. Michelant, pp. 421-442, etc. Cf. la Note de notre première édition, II, pp. 78-81.

XIII

180 « Seignurs baruns, » dist l' emperere Carles,
« Li reis Marsilies m'ad tramis ses messages :
« De sun aveir me voelt duner grant masse,
« Urs e leuns e veltres caeignables,
« Set cenz cameilz e mil osturs muables,
185 « Quatre cenz muls cargiez de l'or d'Arabe,
« Avoec iço plus de cinquante cares ;
« Mais il me mandet que en France m'en alge :
« Il me sivrat ad Ais à mun estage,
« Si recevrat la nostre lei plus salve ;
190 « Chrestiens iert, de mei tiendrat ses Marches ;
« Mais jo ne sai quels en est sis curages. »
Dient Franceis : « Il nus i cuvient guarde. » Aoi.

XIV

Li Emperere out sa raisun fenie.
Li quens Rollanz, ki ne l'otriet mie,
195 En piez se drecet, si li vint cuntredire.
Il dist à l' Rei : « Ja mar creirez Marsilie.
« Set anz *ad* pleins qu'en Espaigne venimes :
« Jo vus cunquis e Noples e Commibles ;
« Pris ai Valterne e la tere de Pine,

---

185. *Or d'Arabe* ou « or Arabiant ». C'était un or de provenance orientale, recommandé par le moine Théophile, et plus d'une fois vanté par nos poètes. Le texte de Théophile mérite d'être cité : « CAP. XLVI. DE AURO ARABICO. *Est et aurum Arabicum pretiosissimum et eximii coloris.* » (*Glossaire des émaux*, par L. de Laborde.)

198. *Noples.* Ce n'est pas Constantinople, comme l'a cru Génin; ce n'est point Grenoble, comme le suppose un des continuateurs du faux Turpin; et nous ne saurions davantage admettre, avec M. P. Raymond, qu'il s'agisse ici d'Orthez, dont l'ancien château a porté le nom de *Nobile*. A coup sûr, *Nobles* ou *Noples* est en Espagne.= Le plus ancien récit auquel ait donné lieu la prise de cette ville, et qui soit parvenu *in extenso* jusqu'à nous, est celui de la *Karlamagnus Saga* (XIIIe siècle) : Olivier et Roland s'emparent de Nobles sur l'ordre exprès de Charlemagne ; ils mettent à mort le roi Fouré, que l'Empereur leur avait commandé d'épargner, et cherchent, mais en vain, à effacer la trace de ce sang injustement répandu. Charles, malgré tout, s'aperçoit de la désobéissance de son neveu, et lui donne alors sur le visage ce coup de gant qui est resté si célèbre dans

XIII

« Seigneurs barons, » dit l'empereur Charles,
« Le roi Marsile vient de m'envoyer ses messagers.
« Il me veut donner une large part de ses richesses,
« Des lions, des ours, des levriers enchaînés,
« Sept cents chameaux, mille autours après leur mue,
« Quatre cents mulets chargés d'or arabe,
« Plus de cinquante chars tout chargés.
« Mais il y met cette condition : c'est que je retourne en France.
« Il s'engage à me rejoindre dans mon palais d'Aix,
« Pour y recevoir notre loi, qui est la loi du salut.
« Il se fera chrétien et tiendra de moi ses Marches.
« Mais en a-t-il vraiment l'intention, voilà ce que je ne sais pas.
« — Prenons bien garde, » s'écrient les Français.

XIV

L'Empereur a fini son discours.
Le comte Roland, qui point ne l'approuve,
Se lève, et, debout, parle contre son oncle :
« Croire Marsile serait folie, » dit-il au Roi.
« Il y a sept grandes années que nous sommes entrés en Espagne.
« Je vous ai conquis Commible et Nobles;
« J'ai pris Valtierra et la terre de Piña,

notre légende épique (1re branche de la Saga, 51. 52). Cette version est la seule qui nous permette de saisir le sens des vers 1775-1779 de notre *Roland* : *Ja prist il Noples seinz le vostre cumant; — Puis od les ewes lavat les prez de l' sanc : — Pur ço le fist ne fust aparissant.* = Un autre récit nous est fourni par l'*Entrée en Espagne* (xiiie-xive s.) : nous y voyons Roland abandonner son oncle au milieu d'une grande bataille contre les Sarrasins et s'échapper avec les onze autres Pairs, pour s'en aller conquérir Nobles. C'est au retour de cette équipée qu'il est frappé par Charles, quitte le camp français et fait son voyage en Orient. (Voir le ms. fr. xxi de Venise, fo 177-217.) Cf. un autre récit, dans la cinquième branche de la *Karlamagnus Saga*, et aussi les *Chroniques de Saint-Denis*, où l'on voit les murs de Nobles tomber soudain devant Charles, comme ceux de Jéricho devant Josué, etc. = *Commibles*. La version islandaise et les Remaniements de Versailles et de Venise nous donnent *Merinde* ou *Morinde*.

199. *Valterne*, c'est Valtierra. = Quant à *la tere de Pine*, ce ne peut être le *castel de Pinhoo*, que M. Raymond nous montre tout près de Roncevaux, dans la commune de Saint-Michel

200 « E Balaguer e Tuele e Sebilie.
 « Li reis Marsilies i fist mult que traïtre :
 « De ses paiens il vus enveiat quinze :
 « Cascuns portout une branche d'olive ;
 « Nuncièrent vus cez paroles meïsmes.
205 « A voz Franceis un cunseill en presistes :
 « Loèrent vus alques de legerie.
 « Dous de voz cuntes à l' paien tramesistes,
 « L'uns fut Basanz e li altre Basilies ;
 « Les chiefs en prist es puis suz Haltoïe.
210 « Faites la guere cum vus l'avez enprise,
 « En Sarraguce menez vostre ost banie,
 « Metez le siège à tute vostre vie,
 « Si vengiez cels que li fel fist ocire. » AOI.

XV

 Li Emperere en tint sun chief embrunc,
215 Si duist sa barbe, afaitat sun gernun,
 Ne bien ne mal sun nevuld ne respunt.
 Franceis se taisent, ne mais que Guenelun :
 En piez se drecet, si vint devant Carlun,
 Mult fièrement cumencet sa raisun,
220 E dist à l' Rei : « Ja mar crerez bricun,
 « Ne mei ne altre, se de vostre prud nun.
 « Quant ço vus mandet li reis Marsiliun
 « Qu'il deviendrat juintes ses mains vostre hum
 « E tute Espaigne tiendrat par *vostre* dun,
225 « Pois recevrat la lei que nus tenum,
 « Ki ço vus lodet que cest plait degetium,
 « Ne li calt, sire, de quel mort nus moerium.
 « Cunseilz d'orgoill n'est dreiz que à plus munt.
 « Laissum les fols, as sages nus tenum. » AOI.

---

et dans le canton de Saint-Jean-Pied-de-Port. Mais c'est évidemment la petite ville de Pina, près de Saragosse.

209. *Balaguer.* Voir la note du v. 63. = *Tuele.* C'est Tudela, en Navarre, sur les confins de l'Aragon, de la Navarre et de la Castille. = *Sebilie,* c'est Séville, dont notre poète ignorant avait vaguement entendu parler et qu'il s'imaginait être située au nord de l'Espagne.

« Avec Balaguer, Tudela et Séville.
« Mais, quant au roi Marsile, il s'est toujours conduit en traître
« Jadis il vous envoya quinze de ses païens,
« Portant chacun une branche d'olivier,
« Et qui vous tinrent le même langage.
« Vous prîtes aussi le conseil de vos Français,
« Qui furent assez fous pour être de votre avis.
« Alors vous envoyâtes au païen deux de vos comtes :
« L'un était Basan, l'autre Basile.
« Que fit Marsile ? Il prit leurs têtes, là-haut, dans les montagnes au-dessous de Haltoïe.
« Faites la guerre, comme vous l'avez entreprise ;
« Conduisez sur Saragosse votre armée ;
« Mettez-y le siège, dût-il durer toute votre vie,
« Et vengez ceux que le félon Marsile a fait mourir. »

XV

L'Empereur tient la tête baissée.
Il tourmente sa barbe et tire sa moustache ;
A son neveu ne répond rien, ni bien ni mal.
Tous les Français se taisent, tous, excepté Ganelon.
Ganelon se lève, s'avance devant Charles,
Et très fièrement commence son discours :
« Vous auriez tort d'en croire les fous, » dit-il au Roi,
« Les autres ou moi ; n'écoutez que votre avantage.
« Quand le roi Marsile vous fait savoir
« Qu'il est prêt à devenir, mains jointes, votre vassal ;
« Quand il consent à tenir toute l'Espagne de votre main
« Et à recevoir notre foi,
« Celui qui vous conseille de rejeter de telles offres
« N'a guère souci de quelle mort nous mourrons.
« Conseil d'orgueil ne doit pas l'emporter plus longtemps.
« Laissons les fous, et tenons nous aux sages. »

---

207. *Dous de voz cuntes*, etc. Le récit détaillé de l'ambassade de Basin et de Basile se trouve dans la *Prise de Pampelune*, poème du commencement du XIVe siècle, mais écrit d'après des données traditionnelles. Nous en avons donné l'analyse dans nos *Épopées françaises*, 2e édition, III, 455-481 ; et M. Mussafia en a publié le texte (Vienne, 1864).

XVI

230 Après iço i est Naimes venuz,
Blanche out la barbe et tut le peil canut;
Meillur vassal n'aveit en la curt nul.
E dist à l' Rei : « Bien l'avez entendut :
« Guenes li quens ço vus ad respundut :
« Saveir i ad, mais qu'il seit entenduz.
235 « Li reis Marsilies est de guere vencuz :
« Vus li avez tuz ses castels toluz,
« Od voz cadables avez fruisiet ses murs,
« Ses citez arses e ses humes vencuz.
« Quant il vus mandet qu'aiez mercit de lui,
240 « Pecchiet fereit ki dunc li fesist plus,
« U par ostages vus voelt faire soür ;
« *De voz baruns vus li manderez un :*
« Ceste grant guere ne deit munter à plus. »
Dient Franceis : « Bien ad parlet li Dux. »   Aoi.

XVII

« Seignurs baruns, ki enveier *purrum*
245 « En Sarraguce à l' rei Marsiliun ? »
Respunt dux Naimes : « J'irai par vostre dun ;
« Livrez m'en ore le guant e le bastun. »
Respunt li Reis : « Vus estes saives hum ;
« Par ceste barbe e par cest mien gernun,
250 « Vus n'irez pas uan de mei si luign ;
« Alez sedeir quant nuls ne vus sumunt. »   Aoi.

---

230. *Naimes.* C'est dans une chanson du XIIe siècle, c'est dans *Aubri le Bour-going*, que nous trouvons le récit de la naissance et des enfances de Naimes. Fils de Gasselin, roi de Bavière, et de la reine Seneheult, il n'échappe qu'à grand'peine à la haine d'un usurpa- teur, nommé Cassile (c'est le Tassillon de l'histoire). Charlemagne vient au secours de l'héritier légitime, qu'il rétablit : de là cette profonde affection du Bavarois pour l'Empereur. Il joue un grand rôle dans *Aspremont*, mais surtout dans *Acquin* (XIIe siècle),

XVI

Naimes alors s'avance à son tour;
Il avait la barbe blanche et tout le poil chenu;
Dans toute la cour il n'est pas de meilleur vassal.
« Vous l'avez entendue, » dit-il au Roi,
« La réponse du comte Ganelon.
« Sage conseil, pourvu qu'il soit suivi!
« Le roi Marsile est vaincu dans la guerre.
« Vous lui avez enlevé tous ses châteaux,
« Vos machines ont brisé tous ses murs;
« Vous avez brûlé ses villes, vous avez battu ses hommes.
« Or il ne vous demande aujourd'hui que d'avoir pitié de lui:
« Ce serait péché que d'exiger davantage,
« D'autant que par ses otages il vous offre toute garantie.
« *Vous n'avez plus qu'à lui envoyer un de vos barons:*
« Car il est temps que cette grande guerre prenne fin. »
Tous les Français de dire alors : « Le Duc a bien parlé. »

XVII

« Seigneurs barons, quel messager pourrons-nous envoyer
« Vers le roi Marsile à Saragosse?
« — J'irai, si vous le voulez bien, » répond le duc Naimes.
« Donnez-moi sur-le-champ le gant et le bâton.
« — Non, » répond le Roi, « vous êtes un homme sage.
« Par la barbe et les moustaches que voici,
« Vous n'irez pas à cette heure aussi loin de moi.
« Rasseyez-vous : personne ne vous invite à prendre la parole. »

---

où son duel avec le roi norois met fin à la guerre de Bretagne. Sa mort est racontée dans *Anseïs de Carthage*, méchant poème de la décadence, et qui n'a rien de traditionnel. (B. N. fr. 793, f° 92.) En résumé c'est dans *Aubri*, et surtout dans *Roland*, que se trouvent les meilleurs éléments de sa légende. = Il est le Nestor de nos Chansons de geste, et nos poètes le représentent partout sous les traits d'un vieillard prudent et sage. *Tel conseillier n'orent onques li Franc:* ce vers d'*Aspremont* résume tout son portrait.

XVIII

« Seignurs baruns, ki purrum enveier
« A l' Sarrazin ki Sarraguce tient? »
Respunt Rollanz : « J' i pois aler mult bien.
255 « — Ne l' ferez certes, dist li quens Oliviers,
« Vostre curages est mult pesmes e fiers :
« Jo me crendreie que vus vus meslisiez.
« Se li Reis voelt, j' irai mult volentiers.
Li Emperere si enbrunchet le chief.
Après lur dist : « Ambdui vus en taisiez,
260 « Ne vus ne il n'i porterez les piez.
« Par ceste barbe que veez blancheier,
« Li duze Per mar i serunt jugiet. »
Franceis se taisent : as les vus aqueisiez.   Aoi.

XIX

Turpins de Reins en est levez de l' renc,
A Carle escriet de sa voix halte e grant :
265 « *Bels sire reis,* laissiez ester voz Francs.
« En cest païs avez estet set anz,
« Mult unt oüt e peines e ahans.
« Dunez m'en, Sire, le bastun e le guant,
« E jo irai à l' Sarrazin Espan :
270 « *Si li dirai* alques de mun semblant. »

---

256. *Vostre curages est mult pesmes.* Le caractère d'Olivier et celui de Roland sont ici mieux dessinés que dans tous nos autres poèmes. Olivier y est le type du courage réfléchi, et Roland nous offre celui du courage sans calcul et sans modération : *Rollanz est pruz e Oliviers est sages* (v. 1093).

262. *Li duze Per.* L'origine des douze Pairs est complexe. D'une part, il est certain que le compagnonnage militaire est essentiellement une idée germanique, et les douze Pairs ne sont en réalité que les membres d'un compagnonnage de ce genre : on les appelle même « les douze Compagnons ». Mais, d'autre part, le chiffre douze, bien qu'il soit consacré parmi les tribus germaniques, nous semble d'origine chrétienne. Bref, on a donné à Charles douze Pairs, parce que le Christ avait eu douze apôtres. = M. G. Paris (*Histoire poétique de Charlemagne,* p. 417) dit que la conception des douze Pairs n'apparaît pas dans notre poésie primitive. Cette opinion nous semble excessive, puisque nous trouvons les douze Pairs dans le *Roland,* dans le *Voyage à Jérusalem,* dans la *Karlamagnus-Saga* et même dans

XVIII

« Seigneurs barons, quel messager pourrons-nous envoyer
« Vers le Sarrasin qui règne à Saragosse?
« — J'y puis fort bien aller, » s'écrie Roland.
« — Non, certes, » répond le comte Olivier.
« Vous avez un cœur trop ardent et farouche ;
« J'aurais souci pour vous d'une méchante affaire.
« J'irai plutôt, s'il plaît au Roi. »
L'Empereur baisse la tête :
« Taisez-vous tous les deux, » répond-il :
« Vous n'y mettrez les pieds ni l'un ni l'autre.
« Par cette barbe blanche que vous voyez,
« J'entends qu'on ne choisisse aucun des douze pairs. »
Les Français se taisent ; les voilà cois.

XIX

Turpin de Reims se lève, sort de son rang,
Et interpelle Charles de sa grande et haute voix :
« *Beau sire roi*, laissez en paix vos Francs.
« Vous êtes depuis sept ans dans ce pays,
« Et vos barons n'y ont eu que travaux et douleurs.
« C'est à moi, Sire, qu'il faut donner le gant et le bâton.
« J'irai trouver le Sarrasin d'Espagne,
« Et lui dirai un peu ma façon de penser. »

Ogier, quoique avec moins de précision. = Nous avons donné (première édit., II, pp. 73-75) seize listes des douze Pairs ; mais nous voulons seulement reproduire ici les plus antiques ou les plus spéciales. I. *Chanson de Roland*. 1. Roland. 2. Olivier. 3. Gerin. 4. Gerier. 5. Bérengier. 6. Othon. 7. Samson. 8. Engelier. 9. Ivon. 10. Ivoire. 11. Anseïs. 12. Girart. — II. *Roncevaux*. (C'est le titre sous lequel on désigne les Remaniements du *Roland* : textes de Paris, de Versailles, etc.) 1. Roland. 2. Olivier. 3. Turpin. 4. Estoult. 5. Haton. 6. Gerin. 7. Gerier. 8. Samson. 9. Girart. 10. Anseïs. 11. Bérengier. 12. Hue. — III. *Karlamagnus Saga*. Les mêmes que dans le *Roland*, si ce n'est que Turpin et Gautier remplacent ici Anseïs et Girart. — IV. *Voyage à Jérusalem*. 1. Roland. 2. Olivier. 3. Guillaume d'Orange. 4. Naimes. 5. Ogier. 6. Gerin. 7. Bérengier. 8. Ernaut. 9. Aymer. 10. Turpin. 11. Bernard de Brebant. 12. Bertrand. Il est aisé de voir que cette dernière énumération et le poème dont nous la tirons sont dus à un cyclique de la geste de Guillaume : dans cette liste, en effet, on ne trouve pas moins de cinq membres de cette geste,

Li Emperere respunt par maltalant :
« *Par ceste barbe, vus n'en ferez nient.*
« Alez sedeir desur cel palie blanc,
« N'en parlez mais, se jo ne l'vus cumant » AOI.

XX

« Franc chevalier, » dist l' emperere Carles,
275 « Kar m'eslisez un barun de ma marche,
« Qu'à l' rei Marsilie me portet mun message,
« *Se mestier est e bien poisset cumbatre.* »
Ço dist Rollanz : « C' iert Guenes, mis parastre.
« Se lui laissiez, n'i trametrez plus saive. »
Dient Franceis : « Kar il le poet bien faire ;
« *Se li Reis voelt, bien est dreiz qu'il i alget.* » AOI.

XXI

280 Ço dist li Reis : « Guenes, venez avant ;
« Si recevez le bastun e le guant.
« Oït l'avez, sur vus le jugent Franc.
« — Sire, » dist Guenes, « ço ad tut fait Rollanz :
« Ne l'amerai à trestut mun vivant,
285 « Ne Olivier pur ço qu'est sis cumpainz,
« Les duze Pers, pur ço qu'il l'aiment tant ;
« Desfi les en, Sire, vostre veiant. »
Ço dist li Reis : « Trop avez mal talant.
« Or, irez vus, certes, quant jo l'cumant.
290 « — J' i puis aler ; mais n'i avrai guarant ;
« Ne l' out Basilies ne sis frere Basanz. » AOI.

XXII

« En Sarraguce sai bien qu'aler m'estoet ;
« Hum ki là vait repairier ne s'en poet.

---

281. *Le bastun e le guant.* « Le gant était surtout employé comme symbole. Jeter son gant, c'était provocation ; le présenter, c'était soumission. » (J. Quicherat, *Histoire du costume*, p. 144.) La principale mission de nos ambas-

L'Empereur, plein de colère, lui répond :
« *Par cette barbe, vous n'en ferez rien;*
« Allez vous rasseoir sur ce tapis blanc,
« Et ne vous avisez plus de parler, à moins que je ne vous l'ordonne. »

XX

« Chevaliers francs, » dit l'empereur Charles,
« Élisez-moi un baron de ma terre,
« Qui soit mon messager près de Marsile
« *Et qui, au besoin, puisse se battre comme il faut.*
« — Eh ! » dit Roland, « ce sera Ganelon, mon beau-père :
« Si vous le laissez ici, vous n'en enverrez point de meilleur.
« — Il s'en acquitterait fort bien, » s'écrient tous les Français,
« *Et, si le Roi le veut, il est trop juste qu'il y aille.* »

XXI

« Ganelon, » dit le Roi, « avancez près de moi
« Pour recevoir le bâton et le gant.
« C'est la voix des Francs qui vous désigne : vous l'avez entendu.
« — Non, » répond Ganelon, « tout cela est l'œuvre de Roland.
« Et plus jamais ne l'aimerai de ma vie.
« Et je n'aimerai plus Olivier, parce qu'Olivier est son ami.
« Et je n'aimerai plus les douze Pairs, parce qu'ils l'aiment.
« Et là, sous vos yeux, Sire, je leur jette mon défi.
« — C'est trop de colère, » dit le Roi.
« Puisque je l'ordonne, vous irez.
« — J'y puis aller, mais c'en est fait de moi,
« Comme jadis de Basile et de son frère Basan. »

XXII

« Je vois bien, » dit Ganelon, « qu'il me faut aller à Saragosse.
« Qui va là-bas n'en revient point.

---

sadeurs épiques consiste à jeter un défi solennel : de là le gant qu'on leur confie. Cf. le récit de l'ambassade de Lohier dans *Renaus de Montauban*, édit. Michelant, p. 11 : *Or li donés errant le gant et le baston*, etc.

« Ensurquetut si ai jo vostre soer.
295 « Si'n ai un filz, ja plus bels n'en estoet :
« C' est Baldewins, *se vit,* ki ert prozdoem.
« A lui lais-jo mes honurs e mes fieus.
« Guardez le bien, ja ne l' verrai des oilz. »
Carles respunt : « Trop avez tendre coer.
300 « Pois que l' cumant, aler vus en estoet. »   AOI.

XXIII

E li quens Guenes en fut mult anguisables :
De sun col getet ses grandes pels de martre
E est remés en sun blialt de palie.
Vairs out *les oilz* e mult fier le visage,
305 Gent out le cors e les costez out larges ;
Tant par fut bels, tuit si per l'en esguardent.
Dist à Rollant : « Tut fols, pur quei t'esrages ?
« Ço set hum bien que jo sui tis parastre ;
« Si as jugiet qu'à Marsiliun alge.
310 « Se Deus ço dunget que de là jo repaire,
« Jo t'en muvrai si grant *doel e* cuntraire
« Ki durerat à trestut tun edage. »
Respunt Rollanz : « Orgoill oi e folage.
« Ço set hum bien, n'ai cure de manace ;
315 « Mais saives hum il deit faire message :
« Se li Reis voelt, prez sui pur vus le face. »   AOI.

XXIV

Guenes respunt : « Pur mei n'iras tu mie.
« Tu n'ies mis hum ne jo ne sui tis sire.
« Carles cumandet que face sun servise :
320 « En Sarraguce en irai à Marsilie ;
« Einz i ferai un poi de legerie

---

303. *Blialt.* C'est un vêtement qui se porte en guerre sous la tunique de mailles, et en paix sous le manteau de fourrure. « On conserve au musée de Munich un *bliaud* des premières années du XIe siècle qui passe pour avoir appartenu à l'empereur Henri II. Il est de soie blanche damassée, bordé à toutes ses ouvertures d'une autre soie brochée dont la couleur paraît

LA CHANSON DE ROLAND

« Sire, n'oubliez pas surtout que votre sœur est ma femme.
« J'en ai un fils ; on ne pourrait trouver de plus bel enfant.
« C'est Baudouin, qui, s'il vit, sera un preux.
« Je lui laisse mes terres et mes fiefs ;
« Gardez-le bien ; car je ne le reverrai plus de mes yeux.
« — Vous avez le cœur trop tendre, » lui répond Charles.
« Puisque je vous l'ordonne, il y faut aller. »

XXIII

Le comte Ganelon en est tout plein d'angoisse :
Il rejette de son cou ses grandes peaux de martre,
Et reste avec son seul bliaud de soie.
Il a les yeux vairs et très fier le visage ;
Son corps est tout gracieux, larges sont ses côtés,
Ses pairs ne le peuvent quitter des yeux, tant il est beau.
« Fou, » dit-il à Roland, « pourquoi cette rage?
« On le sait assez, que je suis ton beau-père.
« Ainsi tu m'as condamné à aller vers Marsile !
« C'est bien ; mais, si Dieu permet que j'en revienne,
« J'attirerai sur toi tel deuil et tel malheur,
« Qui dureront autant que ta vie.
« — Orgueil et folie, » répond Roland.
« On sait trop bien que je ne prends nul souci des menaces.
« Mais, pour un tel message, il faut un homme sage,
« Et, si le Roi le veut, je suis prêt à le faire en votre place. »

XXIV

« Tu n'iras point à ma place, » dit Ganelon.
« Tu n'es pas mon vassal, et je ne suis pas ton seigneur.
« Charles ordonne que je fasse son service :
« J'irai donc à Saragosse, vers Marsile ;
« Mais j'y ferai quelque folie

---

avoir été violette. Tout le long des bordures est cousue de la ganse de soie verte. Ce vêtement n'a qu'un mètre huit centimètres de hauteur. Relevé par la ceinture, il ne devait pas atteindre les genoux. » (J. Quicherat, *Histoire du costume en France*, 1875, p. 139.) Le même savant donne (Ibid. p. 118) le dessin d'un *bliaud* de l'année 1181. Voir l'*Éclaircissement III*.

« Que jo'n esclair ceste meie grant ire. »
Quant l'ot Rollanz, si cumençat à rire.

XXV

Quant ço veit Guenes qu' ore s'en rit Rollanz,
325 Dunc ad tel doel, pur poi d'ire ne fent,
A bien petit que il ne pert le sens,
E dit à l' Cunte : « Jo ne vus aim nient;
« Sur mei avez turnet fals jugement.
« Dreiz Emperere, ci m' veez en present,
330 « Ademplir voeill vostre cumandement. » AOI.

XXVI

« Bels sire Guenes, » dist Carles, « entendez :
« De meie part Marsiliun direz
« Juintes ses mains qu'il seit mis cumandez
« E si receivet seinte chrestientet.
« Demi Espaigne li voeill en fieu duner;
« L'altre meitiet avrat Rollanz li ber.
« Se ceste acorde il ne voelt otrier,
« Suz Sarraguce le siège irai fermer :
« Pris e liez serat par poestet,
« Ad Ais le siet serat tut dreit menez;
« Par jugement serat iloec finez :
« Là murrat-il à doel e à viltet.
« Tenez cest brief ki est enseellez,
« Enz el' puign destre à l' paien le metez. » AOI.

XXVII

Li Emperere li tent sun guant, le destre;
Mais li quens Guenes iloec ne volsist estre;

330. Le couplet suivant n'est pas dans le manuscrit d'Oxford : c'est pourquoi nous l'avons imprimé en italiques, et n'avons pas donné de numéros d'ordre aux vers qui le composent. Il en sera ainsi pour toutes les additions que nous ferons au texte original, pour toutes les lacunes que nous comblerons. Et nous ne les comblons jamais, comme nous l'avons dit,

« Pour soulager ma grande colère. »
Lorsque Roland l'entend, il commence à rire.

XXV

Quand Ganelon voit que Roland rit de lui,
Il en a telle douleur que, de colère, son cœur est tout près de se fendre.
Peu s'en faut qu'il n'en perde le sens :
« Je ne vous aime pas, » dit-il au comte Roland ;
« Vous avez fait sur moi tomber ce choix injuste.
« Droit Empereur, me voici devant vous,
« Tout prêt à remplir votre commandement. »

XXVI

« *Beau sire Ganelon,* » *lui dit Charles,* « *écoutez :*
« *Vous direz de ma part à Marsile*
« *Qu'il devienne, mains jointes, mon vassal,*
« *Et qu'il ait à recevoir le saint baptême.*
« *Je lui veux donner en fief la moitié de l'Espagne ;*
« *L'autre moitié sera pour Roland le baron.*
« *Si Marsile ne veut pas accepter cet accord,*
« *Sous les murs de Saragosse j'irai mettre le siège,*
« *Je le ferai prendre et lier de force.*
« *On le mènera tout droit à Aix, siège de l'Empire ;*
« *Un jugement y finira sa vie,*
« *Et il y mourra en grand deuil et grande honte.*
« *Prenez donc cette lettre, qui est munie de mon sceau,*
« *Et remettez-la au païen dans le poing droit.* »

XXVII

L'Empereur tend à Ganelon le gant de la main droite ;
Mais le Comte voudrait bien n'être point là.

qu'à l'aide du plus ancien manuscrit de Venise, qui est notre source la plus précieuse, et de tous nos Remaniements (textes de Paris, de Versailles, de Lyon, de Venise et de Cambridge). Voir, dans notre septième édition, les *Notes pour l'établissement du texte*, où nous donnons la raison de toutes ces additions.

Quant le dut prendre, si li caït à tere.
Dient Franceis : « Deus ! que purrat ço estre ?
335 « De cest message nus aviendrat grant perte.
« — Seignurs, » dist Guenes, « vus en orrez nuveles. » Aoi.

XXVIII

« Sire, » dist Guenes, « dunez mei le cungict ;
« Quant aler dei, n'i ai plus que targier. »
Ço dist li Reis : « A l' Jhesu et à l' mien ! »
340 De sa main destre l'ad asolt e seigniet ;
Pois, li livrat le bastun et le brief.   Aoi.

XXIX

Guenes li quens s'en vait à sun ostel,
De guarnemenz se prent à cunreer,
De ses meillurs que il pout recuvrer :
345 Esperuns d'or ad en ses piez fermez,
Ceinte Murgleis s'espée à sun costet,
En Tachebrun sun destrier est muntez :
L'estreu li tint sis uncles Guinemers.
Là veïssiez tanz chevaliers plurer,
350 Ki tuit li dient : « Tant mare fustes, ber !
« En curt à Rei mult i avez estet,
« Noble vassal vus i solt hum clamer.
« Ki ço jugat que doüssiez aler,
« Par Carlemagne n'iert guariz ne tensez.
354 « Li quens Rollanz ne l' se doüst penser,
« Que estraiz estes de mult grant parentet. »
Enprès li dient : « Sire, kar nus menez. »
Ço respunt Guenes : « Ne placet damne Deu !
« Mielz est suls moerge que tant bon *bacheler*.
360 « En dulce France, seignurs, vus en iréz :
« De meie part ma muillier saluez,

Comme il va pour le saisir, le gant tombe par terre.
« Dieu ! s'écrient les Français, que va-t-il arriver ?
« Ce message sera pour nous la cause de grands malheurs.
« — Vous en saurez des nouvelles, » leur répond Ganelon.

XXVIII

Ganelon dit à l'Empereur : « Donnez-moi congé, Sire ;
« Puisqu'il y faut aller, je n'ai plus de temps à perdre.
« — Allez, » dit le Roi, « pour l'honneur de Jésus et pour le
    mien. »
Et, de sa main droite, il fait sur Ganelon le signe de la croix;
    il lui donne l'absolution ;
Puis, lui remet le bâton et la lettre.

XXIX

Le comte Ganelon s'en va dans sa maison
Et se prend alors à revêtir ses armes,
Les meilleures qu'il y peut trouver.
A ses pieds il fixe les éperons d'or,
A son côté ceint Murgleis, son épée,
Et monte sur son destrier Tachebrun.
Son oncle Guinemer lui tient l'étrier.
Que de chevaliers vous eussiez vus pleurer !
Et tous : « O baron, lui disent-ils, quel malheur pour vous !
« Il y a si longtemps que vous êtes à la cour du Roi
« Et que l'on vous y tient pour un noble vassal !
« Quant à celui qui vous a désigné pour aller là-bas,
« Charlemagne lui-même ne saura le défendre.
« Jamais le comte Roland n'eût dû avoir une telle pensée :
« Car vous êtes d'un si haut parentage ! »
Puis : « Seigneur, » lui disent-ils, « emmenez-nous.
« — A Dieu ne plaise, » répond Ganelon.
« Tant de bons bacheliers mourir ! non, plutôt mourir seul.
« Vous, seigneurs, retournez en douce France.
« Saluez ma femme de ma part ;

« E Pinabel mun ami e mun per.
« E Baldewin, mun filz, que vus savez,
« E lui aidiez, e pur seignur tenez. »
365 Entret en sa veie, si s'est acheminez...   Aoi.

L'AMBASSADE ET LE CRIME DE GANELON

XXX

Guenes chevalchet suz une olive halte :
Asemblez s'est as sarrazins messages.
As Blancandrins, ki envers lui s'atarget :
Par grant saveir parolet l' uns à l' altre.
370 Dist Blancandrins : « Merveillus hum est Carles,
« Ki cunquist Puille e trestute Calabre,
« *Costentinnoble e Saisunie la large;*
« Vers Engletere passat il la mer salse,
« Ad oes seint Pierre en cunquist le chevage.
« Que nus requiert çà en la nostre marche ? »
375 Guenes respunt : « Itels est sis curages :
« Jamais n'iert hum ki encuntre lui vaillet. »   Aoi.

XXXI

Dist Blancandrins : « Franc sunt mult gentil hume.
« Mult grant mal funt e *cil* duc e cil cunte
« A lur seignur, ki tel cunseill li dunent;

---

372. *Vers Engletere*, etc. Ces deux vers méritent de fixer l'attention des critiques. Ils prouvent que l'auteur du *Roland* avait des raisons toutes spéciales pour se préoccuper de l'Angleterre. A coup sûr, s'il n'y habitait pas, il n'était pas étranger à la race des conquérants de 1066.

373. *Ad oes seint Pierre en cunquist le chevage.* C'est une allusion évidente au Denier de saint Pierre. Offa, roi de Mercie († 796), en fut le véritable instituteur. Comme il attribuait ses victoires au Prince des apôtres, il lui promit, en son nom et en celui de ses successeurs, un tribut annuel de trois cents

« Saluez aussi Pinabel, mon ami et mon pair,
« Et mon fils Baudouin, que vous savez.
« Défendez-le bien, et tenez-le pour votre seigneur. »
Alors Ganelon entre en sa voie, et s'achemine vers Sarragosse.

L'AMBASSADE ET LE CRIME DE GANELON

XXX

Voilà Ganelon qui chevauche sous de hauts oliviers.
Il a rejoint les messagers sarrasins :
Blancandrin, pour l'attendre, avait ralenti sa marche.
Tous deux commencent l'entretien, tous deux y sont habiles :
« Quel homme merveilleux que ce Charles ! » s'écrie Blancandrin.
« Il a conquis la Calabre et la Pouille,
« *Constantinople et la vaste Saxe :*
« Il a passé la mer salée, afin de mettre la main sur l'Angleterre,
« Et il en a conquis le tribut pour saint Pierre.
« Mais pourquoi vient-il nous poursuivre chez nous ?
« — Telle est sa volonté, » dit Ganelon,
« Et il n'y aura jamais d'homme qui soit de taille à lutter
   contre lui. »

XXXI

« Quels vaillants hommes que les Français ! » dit Blancandrin :
« Mais vos comtes et vos ducs font très grand tort
« A leur seigneur, quand ils lui donnent tel conseil ;

---

marcs. Ethelwolf, père d'Alfred, renouvela la promesse d'Offa, pendant son séjour à Rome en 855. Alfred lui-même, dès qu'il eut soumis les Danois, envoya le tribut annuel rétabli par son père, et sous le règne d'Édouard (900-924) on parlait du Denier de saint Pierre comme d'une contribution régulière. C'est donc à tort que notre poète attribue à Charles cette institution célèbre ; mais, touchant la date originelle, il ne se trompe point, et Offa était, en effet, un contemporain de Charlemagne.

380 « Lui e altrui travaillent e cunfundent. »
   Guenes respunt : « Jo ne sai veirs nul hume
   « Ne mais Rollanz k' uncore en avrat hunte.
   « Hier main sedeit l' Emperere suz l'umbre ;
   « Vint i sis niés, out vestue sa brunie,
385 « E out predet dejuste Carcasunie.
   « En sa main tint une vermeille pume :
   « Tenez, bels sire, » dist Rollanz à sun uncle,
   « De trestuz reis vus present les curunes. »
   « Li soens orgoilz le devreit bien cunfundre,
390 « Kar cascun jur à mort *il* s'abandunet :
   « Seit ki l' ociet, tute pais pois avrumes. »   AOI.

XXXII

Dist Blancandrins : « Mult est pesmes Rollanz,
   « Ki tute gent voelt faire recreant
   « E tutes teres met en calengement.
395 « E par quel gent quidet-il espleitier tant ? »
   Guenes respunt : « Par la franceise gent ;
   « Il l'aiment tant ne li faldrunt nient.
   « Or e argent lur met tant en present,
   « Muls e destriers, palies e guarnemenz !
400 « Li Emperere ad tut à sun talent.
   « Tut cunquerrat d'ici qu'en Orient. »   AOI.

384. *Brunie.* La *brunie*, dans notre poème, est absolument le même vêtement que le haubert. = La broigne était, à l'origine, une tunique de peau ou d'étoffe de plusieurs doubles, sur laquelle on cousait des plaques métalliques, des bandes de fer ou des anneaux. C'est ce dont la figure ci-contre pourra donner une idée. = Quand la tunique de peau ou d'étoffe est recouverte de mailles de fer entrelacées, c'est le haubert. Voir G. Demay, le *Costume de guerre et d'apparat au moyen âge*, 1875, p. 131. = Le sceau

« Ils perdent Charles, et en perdent bien d'autres avec lui.
« — Je n'en sais vraiment pas un, » dit Ganelon, « qui mérite ce blâme,
« Pas un, si ce n'est Roland ; et il n'en tirera que de la honte.
« L'autre jour encore, l'Empereur était assis à l'ombre.
« Son neveu vint devant lui, vêtu de sa broigne :
« C'était près de Carcassonne, où il avait fait riche butin.
« Dans sa main il tenait une pomme vermeille :
« Tenez, beau sire, dit-il à son oncle,
« Voici les couronnes de tous les rois que je mets à vos pieds. »
« Tant d'orgueil devrait bien trouver son châtiment.
« Chaque jour il s'expose à la mort.
« Que quelqu'un le tue : nous n'aurons la paix qu'à ce prix. »

XXXII

« Ce Roland, » dit Blancandrin, « est bien cruel
« De vouloir faire crier merci à tous les peuples
« Et mettre ainsi la main sur toutes les terres !
« Mais, pour une telle entreprise, sur quelle gent compte-t-il ?
« — Sur les Français, » répond Ganelon.
« Ils l'aiment tant qu'ils ne lui feront jamais défaut.
« Il ne leur refuse ni or, ni argent ;
« Ni destriers, ni mules, ni soie, ni armures ;
« A l'Empereur lui-même il en donne autant que Charles en désire.
« Il conquerra le monde jusqu'à l'Orient. »

---

que nous reproduisons ici est celui de Gui de Laval, 1105.

385. *Carcasunie*. La *Prise de Carcassonne* semble n'avoir été racontée que dans certains Récits qui sont restés à l'état oral. On connaît la fable d'après laquelle une des tours de la ville, assiégée par Charlemagne, s'inclina respectueusement devant lui, et la légende plus curieuse encore de « dame Carcas », qui sut défendre sa ville contre l'effort du puissant Empereur et de tout l'Empire. Voir à la Bibliothèque nationale, fr. 8648, p. 157 des « Antiquités de Rullmann », le dessin d'une tête représentant « dame Carcas », laquelle se trouvait à Béziers, au dehors de la porte de Carcassonne.

399. *Palies*. Nous possédons (sans vouloir ici remonter plus haut) des textes du ve siècle où le mot *pallium* a le sens de « tapisserie » ou « tapis ». Dans les plus anciens monuments de notre langue, et en particulier dans nos premières Chansons de geste, *palie* signifie une étoffe de prix, et, plus exactement, une étoffe de soie.

XXXIII (?)

Li Sarrazins esguardet Guenelun;
Cors ad bien fait e reguart de felun;
Li cors li tremble aval dès qu'à l' talun,
E Blancandrins lui a trait un sermun :
« *Sire, dist-il, entendez ma raisun.*
« *Quidez vus prendre de Rollant venjaisun?*
« *Par Mahummet, faites en traïsun.*
« *Mult est curteis li reis Marsiliun*
« *Tut son aveir vus metrat à bandun.* »
Guenes l'entent, si baisset le mentun. AOI.

XXXIV

Tant chevalchièrent Guenes e Blancandrins
Que l'uns à l'altre la sue feid plevit
Que il querreient que Rollanz fust ocis.
405 Tant chevalchièrent e veies e chemins
Qu'en Sarraguce descendent suz un if.
Un faldestoel out suz l'umbre d'un pin,
Envolupet d'un palie alexandrin :
Là fut li reis ki tute Espaigne tint;
410 Tut entur lui vint milie Sarrazin;
N'i ad celui ki mot sunt ne mot tint
Pur les nuveles qu'il vuldreient oïr.
Atant as vus Guenes e Blancandrins. AOI.

XXXV

Blancandrins vint devant *Marsiliun* :
415 Par le puign tint le cunte Guenelun,
E dist à l' Rei : « Salvez seiez d' Mahum

---

408. *Palie alexandrin.* La ville du monde la plus renommée pour ses étoffes de prix était Alexandrie. « Ses *palies* ou *pailes* sont devenus un lieu commun de nos Romans, où ils sont nommés à chaque vers. Et ces mentions ne sont pas moins fréquentes dans les écrivains arabes. « Alexandrie était en réalité l'entrepôt des marchandises de l'Orient et de l'Occident,

XXXIII (?)

*Le Sarrasin jette un regard sur Ganelon ;
Il lui trouve belle mine, mais regard de félon.
En ce moment Ganelon a un tremblement dans tout le corps,
Et Blancandrin lui adresse ce discours :
« Entendez-moi bien, lui dit-il.
« Voulez-vous vous venger de Roland ?
« Eh bien ! par Mahomet, livrez-le-nous.
« Le roi Marsile est plein de courtoisie
« Et il vous abandonnera volontiers ses trésors. »
Guenes l'entend, et baisse le menton.*

XXXIV

Ils ont tant chevauché, Ganelon et Blancandrin,
Qu'ils ont fini par s'engager mutuellement leur foi
Pour chercher le moyen de faire périr Roland.
Ils ont tant chevauché par voies et par chemins,
Qu'ils arrivent à Saragosse. Ils descendent sous un if.
A l'ombre d'un pin il y a un trône
Enveloppé de soie d'Alexandrie.
C'est là qu'est assis le roi maître de toute l'Espagne.
Vingt mille Sarrasins sont autour de lui ;
Mais on n'entend, parmi eux, sonner ni tinter un seul mot,
Tant ils désirent apprendre des nouvelles.
Voici venir Ganelon et Blancandrin.

XXXV

Devant Marsile s'avance Blancandrin,
Qui par le poing tient le comte Ganelon :
« Salut, » dit-il, « au nom de Mahomet

---

le marché principal où venaient s'approvisionner les gros négociants du moyen âge. Les *palies* furent jusqu'au XVe siècle le principal objet de ce commerce. » (Fr. Michel, *Recherches sur le commerce, la fabrication et l'usage des étoffes de soie, d'or et d'argent*, I; p. 279.) Il convient d'ajouter qu'Alexandrie recevait, par les caravanes, des étoffes de la Perse et de l'Inde.

« E d'Apollin, qui seintes leis tenum !
« Vostre message fesimes à Carlun :
« Ambes ses mains en levat cuntremunt,
420 « Loat sun Deu, ne fist altre respuns.
« Ci vus enveiet un soen noble barun,
« Ki est de France, si est mult riches hum ;
« Par lui orrez se avrez pais o nun. »
Respunt Marsilies : « Or diet, nus l'orrum. » Aoi.

XXXVI

425 Mais li quens Guenes se fut bien purpensez ;
Par grant saveir cumencet à parler
Cume *cil hum* ki bien faire le set,
E dist à l' Rei : « Salvez seiez de Deu,
« Le Glorius, que devum aürer !
430 « Iço vus mandet Carlemagnes li ber
« Que recevez seinte chrestientet ;
« Demi Espaigne vus voelt en fieu duner,
« *L'altre meitiet avrat Rollanz li ber ;*
« *Mult orgoillus parçunier i avrez.*
« Se ceste acorde otrier ne vulez,
« *Suz Sarraguce vait le siège fermer,*
« Pris e liez serez par poestet ;
435 « A l' siège ad Ais en serez amenez,
« Par jugement serez iloec finez ;
« Là murrez vus à hunte e à viltet. »
Li reis Marsilies en fut mult esfreez :
Un atgier tint ki d'or fut enpenez.
440 Ferir l'en volt, se n'en fust desturnez. Aoi.

---

430 *Iço vus mandet*, etc. L'insolence est le caractère particulier de tous les ambassadeurs de nos Chansons. On peut rapprocher de ce discours de Ganelon le fameux discours de Lohier au duc Beuves d'Algremont, qui se lit au commencement de *Renaus de Montauban :* c'est un type. « Le Dieu qui fit la terre, le ciel et la rosée, le chaud, le froid et la mer salée, puisse ce Dieu sauver Charles, roi de la terre honorée, et toute sa maison qui est vaillante et sage ! Et puisse ce même Dieu confondre le duc Beuve, avec toute sa chevalerie que je vois ici assemblée !... Si tu ne consens point à servir Charles, sache que tu seras pendu au haut d'un arbre ramé, comme un voleur. Et peu s'en faut que je ne te tue ici même de mon épée d'acier. » (Édit. Michelant, pp. 14, 15.)

439. *Atgier* (cf. v. 2075). L'éty-

« Et d'Apollon, dont nous observons la loi sainte.
« Nous avons fait votre message à Charles.
« Il a levé ses deux mains vers le ciel,
« A rendu grâces à son Dieu, et point n'a fait d'autre réponse;
« Mais il vous envoie un de ses nobles barons,
« Qui est un très puissant homme de France.
« C'est par lui que vous saurez si vous aurez la paix ou non.
« — Qu'il parle, » dit Marsile ; « nous l'écouterons. »

XXXVI

Ganelon, cependant, prend son temps pour réfléchir
Et commence à parler avec un grand art,
Comme celui qui très bien le sait faire :
« Salut, » dit-il au Roi, « salut au nom de Dieu,
« De Dieu le glorieux que nous devons adorer.
« Voici ce que vous mande Charlemagne le baron :
« Vous recevrez la sainte loi chrétienne,
« Et Charles vous daignera laisser en fief la moitié de l'Espagne.
« *L'autre moitié sera pour Roland, le baron.*
« (*L'orgueilleux compagnon que vous aurez là !*)
« Si vous ne voulez point de cet accord,
« *Sous Saragosse il ira mettre le siège :*
« Vous serez pris, vous serez garrotté de force ;
« Et l'on vous conduira à Aix, siège de l'Empire.
« Un jugement y finira vos jours,
« Et vous y mourrez dans la vilenie, dans la honte. »
Le roi Marsile fut alors tout saisi de frémissement :
Il tenait à la main une flèche empennée d'or ;
Il en veut frapper Ganelon ; mais par bonheur on le retient.

mologie de ce mot est anglo-saxonne : *ategar* est le nom du javelot saxon, et l'on ne trouve, en réalité, ce mot que dans des textes d'origine anglaise. (Florent de Worchester; Guillaume de Malmesbury, *De gest. Angl.*, cap. XII ; Hoveden. Cf. le Gloss. anglo-saxon de Somner; Halliwell, au mot *Algere*, et surtout Ducange au mot *Ategar*.) Le texte de Florent de Worchester est des plus précieux : « *In manu sinistra clypeum cum umbonibus aureis et clavis deauratis; in dextera lanceam auream quæ lingua Anglorum hategar nuncupatur.* » C'est tout à fait notre *atgier ki d'or fut, empenez.* — Cette étymologie est des plus importantes : comme ce mot n'a jamais été usité qu'en Angleterre, il semble raisonnable de conclure que le poème où il se trouve a été écrit en Angleterre.

XXXVII

Li reis Marsilies ad la culur muée,
De sun atgier ad la hanste crollée.
Quant le vit Guenes, mist la main à l'espée,
Cuntre dous deiz l'ad de l' fuerre getée;
445 Si li ad dit : « Mult estes bele e clere ;
« Tant vus avrai en curt à rei portée,
« Ja ne l' dirat de France l' Emperere
« Que jo suls moerge en l'estrange cuntrée ;
« Einz vus avrunt li meillur cumperée. »
450 Dient paien : « Desfaimes la meslée. » Aoi.

XXXVIII

Tant li preièrent li meillur Sarrazin
Qu'el' faldestoel s'est Marsilies asis.
Dist l'Algalifes : « Mal nus avez baillit,
« Que le Franceis asmastes à ferir ;
455 « Vus l' doüssiez esculter e oïr.
« — Sire, » dist Guenes, « me l' cuvient à suffrir :
« Jo ne lerreie, pur tut l'or que Deus fist,
« Pur tut l'aveir ki seit en cest païs,
« Que ne li die, se tant ai de leisir
460 « Que Carlemagnes, li reis poësteïfs,
« Par mei li mandet sun mortel enemi. »
Afublez est d'un mantel sabelin,
Ki fut cuverz d'un palie alexandrin :
Getet l' à tere, si l' receit Blancandrins ;
465 Mais de s'espée ne volt mie guerpir,
En sun puign destre par l'orie punt la tint.
Dient paien : « Noble barun ad ci ! » Aoi.

---

465. *Espée.* L'épée, qui est l'arme chevaleresque par excellence, présente quatre parties : 1° la lame, qui est à gouttière ; 2° le *helz* ou les « quillons », lesquels sont droits ou recourbés vers la pointe ; 3° la poignée, qui est grêle et étroite ; 4° le pommeau, qui

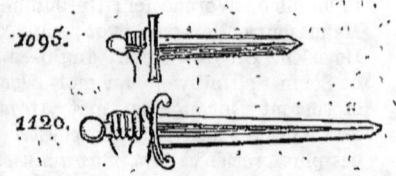

XXXVII

Le roi Marsile a changé de couleur
Et brandit dans sa main le bois de la flèche.
Ganelon le voit, met la main à son épée,
Et en tire du fourreau la longueur de deux doigts :
« Épée, » lui dit-il, « vous êtes claire et belle.
« Tant que je vous porterai à la cour de ce roi,
« L'Empereur de France ne dira pas
« Que je serai mort tout seul au pays étranger.
« Mais, avant ma mort, les meilleurs vous auront payée de leur sang.
« — Défaisons la mêlée, » s'écrient les Sarrasins.

XXXVIII

Les meilleurs des païens ont tant prié Marsile,
Que sur son trône il s'est enfin rassis.
Et le Calife : « Vous nous mettiez, » dit-il, « en vilain cas,
« Quand vous vouliez frapper le Français.
« Il fallait l'écouter et l'entendre.
« — Sire, » dit Ganelon, « je veux bien souffrir cet affront :
« Mais onques je ne consentirais, pour tout l'or que Dieu fit,
« Ni pour tous les trésors qui sont en ce pays,
« A ne pas dire, si l'on m'en laisse le loisir,
« Le message que Charles, le roi très puissant,
« Vous mande à vous, son ennemi mortel. »
Ganelon était vêtu d'un manteau de zibeline,
Couvert de soie d'Alexandrie.
Il le jette à terre, et Blancandrin le reçoit ;
Mais, quant à son épée, point ne la veut quitter :
En son poing droit la tient par le pommeau d'or.
« Voilà, » disent les païens, « voilà un noble baron ! »

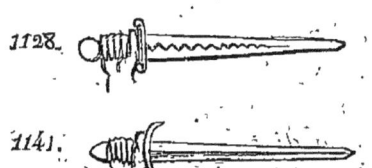

est creux et sert de reliquaire. = Voir notre *Éclaircissement III*, sur le costume de guerre, et les figures ci-contre, d'après cinq sceaux des XIᵉ-XIIᵉ siècles.

XXXIX

Envers le Rei s'est Guenes aproismiez,
Si li ad dit : « A tort vus curuciez ;
470 « Kar ço vus mandet Carles ki France tient,
« Que recevez la lei de chrestiens ;
« Demi Espaigne vus durrat il en fiet ;
« L'altre meitiet avrat Rollanz sis niés :
« Mult i avrez orgoillus parçunier.
475 « Se ceste acorde ne vulez otrier,
« En Sarraguce vus viendrat asegier ;
« Par poestet serez pris e liez,
« Menez serez *tut* dreit ad Aïs le siet :
« Vus n'i avrez palefreid ne destrier,
480 « Ne mul ne mule que poissiez chevalchier.
« Getez serez sur un malvais sumier ;
« Par jugement iloec perdrez le chief.
« Nostre Emperere vus enveiet cest brief. »
El' destre puing l'ad livret à l' paien.   Aoi.

XL

485 Marsilies *sout asez d'art e de livre;*
Escoler fut de la loi païenie:
Freint le seel, getet en ad la cire,
Guardet à l' brief, vit la raisun escrite :
Pluret des oilz, sa blanche barbe tiret,
En piez se drecet, à halte voiz s'escriet :
« Oez, seignurs, quel mortel estultie.
« Carles me mandet, ki France ad en baillie ;
« Que me remembre de la sue grant ire ;
490 « Ç' est de Basan e sun frere Basilie,
« Dunt pris les chiefs as puis de Haltoïe.
« Se de mun cors voeill aquiter la vie,
« Dunc li envei mun uncle, l'Algalife,
« Kar altrement ne m'amerat il mie. »
N'i ad païen ki un sul mot en diet.
495 Après parlat sis filz envers Marsilie,

XXXIX

Ganelon s'est approché du Roi :
« Vous vous emportez à tort, » lui a-t-il dit.
« Celui qui tient la France, Charlemagne vous mande
« Que vous ayez à recevoir la loi chrétienne,
« Et il vous donnera en fief la moitié de l'Espagne.
« Quant à l'autre moitié, elle est pour son neveu Roland.
« (L'orgueilleux compagnon que vous aurez là !)
« Si vous ne voulez accepter cet accord,
« Charles viendra vous assiéger dans Saragosse.
« Vous serez pris, vous serez garrotté de force,
« Et mené droit à Aix, siège de l'Empire.
« Pour vous pas de destrier ni de palefroi ;
« Pas de mulet ni de mule où l'on vous laisse chevaucher.
« On vous jettera sur un méchant cheval de charge ;
« Et un jugement vous condamnera à perdre la tête.
« Voici la lettre que vous envoie notre Empereur. »
Il la remet au païen, dans le poing droit.

XL

Marsile *était savant, était lettré,*
Et avait été aux écoles de la loi païenne.
Il brise le sceau, il en fait choeir la cire,
Jette un regard sur la lettre, et voit tout ce qui y est écrit :
Il pleure des yeux, tire sa barbe blanche,
Se lève, et, d'une voix retentissante :
« *Écoutez, seigneurs, quelle folie.*
« Celui qui a la France en son pouvoir, Charles, me mande
« De me souvenir de la colère et de la grande douleur ;
« C'est-à-dire de Basan et de son frère Basile,
« Dont j'ai pris les têtes aux monts de Haltoïe.
« Si je veux racheter la vie de mon corps,
« Il me faut lui envoyer le Calife, mon oncle.
« Autrement il ne m'aimera plus. »
Pas un païen n'ose dire un seul mot,
Et seul, après Marsile, son fils prend la parole :

E dist à l' Rei : « Guenes ad dit folie.
« Tant *vus ad dit* nen est dreiz que plus vivet ;
« Livrez le mei, j' en ferai la justise. »
Quant l'oït Guenes, l'espée en ad brandie ;
500 Vait s'apuier suz le pin à la tige. AOI.

XLI (??)

En Sarraguce meinent mult grant irur.
Iloec i out un noble puinneür,
Ki riches fust, filz à un almaçur ;
Mult saivement parlat pur sun seignur :
« *Bels sire reis, jà n'en seis en poür ;*
« *Vei de l' felun cume il muet culur.* » AOI.

XLII

Enz el' vergier s'en est alez li Reis,
Ses meillurs humes enmeinet ensembl' od sei ;
E Blancandrins i vint à l' canut peil,
E Jurfaleus k' est sis filz e sis heirs.
505 E l'Algalifes sis uncles e sis fedeilz.
Dist Blancandrins : « Apelez le Franceis,
« De nostre prud m'ad plevie sa feid. »
Ço dist li Reis : « E vus, l'i ameneiz. »
Guenelun prist par la main destre as deiz,
510 Enz el' vergier l'enmeinet jusqu'à l' Rei.
Là purparolent la traïsun seinz dreit. AOI.

XLIII

« Bels sire Guenes, » ço li ad dit Marsilies,
« Jo vus ai fait alques de legerie,
« Quant par ferir vus demustrai grant ire.
515 « Faz vus en dreit par cez pels sabelines :
« *Fut en cest jur l'uevre faite e cumplie.*

500. Lacune comblée. Voir la Note du v. 318.

« Ganelon a parlé follement, » dit-il au Roi.
« Son langage mérite la mort.
« Livrez-le-moi, j'en ferai justice.. »
Ganelon l'entend, brandit son épée,
Et contre la tige du pin va s'adosser.

XLI (??)

A Saragosse voilà donc un grand émoi.
Or, il y avait là un noble combattant,
Fils d'un aumaçour et qui était puissant.
A son seigneur il parle très sagement :
« Beau sire roi, pas de crainte.
« Voyez Ganelon, voyez le traître, comme il a changé de
    visage. »

XLII

Le roi Marsile s'en est alors allé dans son verger ;
Il n'y emmène que les meilleurs de ses hommes.
Blancandrin, au poil chenu, y vient avec eux
Ainsi que Jurfaleu, son fils et son héritier.
Le Calife y vient aussi, qui est l'oncle de Marsile et son fidèle ami.
« Appelez le Français, » dit Blancandrin.
« Il m'a engagé sa foi pour notre cause.
« — Amenez-le, » dit le Roi.
Blancandrin est allé prendre Ganelon aux doigts, par la main
    droite ;
Il l'amène au verger près de Marsile.
Et c'est alors qu'ils préparent la trahison infâme.

XLIII

« Beau sire Ganelon, » a dit le roi Marsile,
« Je fis preuve de folie avec vous,
« Quand, par colère, je voulus vous frapper.
« Mais avec ces peaux de martre je vous en fais réparation :
« *Elles viennent d'être ouvrées et achevées aujourd'hui même,*

---

504. *Jurfaleus* meurt à Roncevaux, de la main de Roland. Cf. le v. 1904.

« Mielz en valt l'ors que ne funt cinc cenz livres.
« Einz demain noit bele en iert l'amendise. »
A l' col de Guene les pent li reis Marsilies.
Guenes respunt : « Jo ne l' desotrei mie.
« Deus, se lui plaist, à bien le vus merciet ! »   Aoi.

XLIV

520 Ço dist Marsilies : « Guenes, par veir *crecz*,
« En talent ai que mult vus voeille amer.
« *Nostre cunseilz bien deit estre celez :*
« De Carlemagne vus voeill oïr parler.
« Il est mult vielz, si ad sun tens uset ;
« Mien escient, dous cenz anz ad passet.
525 « Par tantes teres ad sun cors demenet !
« Tanz *colps* ad pris sur sun escut bucler !
« Tanz riches reis cunduiz à mendeïer !
« Quand iert-il mais recreant d'osteier ?
« *Ad Ais en France devreit il reposer.* »
Guenes respunt : « Carles n'est mie tels.
530 « N'est hum ki l' veit e conoistre le set,
« Que ço ne diet que l'Empereres est ber.
« Tant ne l' vus sai ne preisier ne loer
« Que plus n'i ad d'honur e de bontet.
« Sa grant valur ki la purreit cunter ?
535 « De tel barnage l'ad Deus enluminet !
« Mielz voeill murir que guerpir sun barnet. »   Aoi.

524. *Dous cenz anz.* Un autre de nos poètes donne à Charlemagne plus de deux cents ans : c'est l'auteur de *Gaydon;* mais il ne faut pas oublier que cette Chanson n'a rien de traditionnel : « Il y a deux cents ans passés que je fus fait chevalier, dit l'Empereur, et depuis lors je n'ai pas conquis moins de trente-deux royaumes. » (Édit. S. Luce, v. 10252-10355.) L'auteur de *Huon de Bordeaux* est plus modeste et se contente de faire de Charles un centenaire. Toutes nos Chansons s'accordent à représenter le grand roi sous les traits d'un vieillard « à la barbe fleurie ».

526. *Sun escut bucler.* L'écu, c'est le bouclier chevaleresque. Il peut couvrir un homme debout, depuis la tête jusqu'aux pieds. Il est en bois cambré, couvert d'un cuir plus ou moins orné et peint, « le tout solidement relié par une armature de bandes de métal qu'on faisait concourir à son ornementation. » Il est muni *d'enarmes* ou d'anses dans lesquelles le chevalier

« Et valent en or plus de cinq cents livres.
« Vous les aurez sur-le-champ, et c'est vraiment une belle
    amende. »
Au cou de Ganelon Marsile les attache.
« Je ne les refuse point, » répond Ganelon,
« Et que Dieu, s'il lui plaît, vous en récompense lui-même ! »

XLIV

« Ganelon, » dit Marsile, « sachez en vérité
« Que j'ai le désir de vous aimer très vivement.
« *Notre conseil doit rester secret,*
« Et je voudrais vous entendre parler de Charlemagne.
« Il est bien vieux, n'est-ce pas ? et a usé son temps.
« Il a, je pense, plus de deux cents ans.
« Il a promené son corps par tant et tant de terres !
« Il a reçu tant de coups sur son écu à boucle !
« Il a réduit à mendier tant de puissants rois !
« Quand donc sera-t-il las de guerroyer ainsi ?
« *Il devrait bien se reposer à Aix.*
« — Non, » répond Ganelon, « ce n'est point là Charlemagne.
« Tous ceux qui le voient et le connaissent,
« Tous vous diront que l'Empereur est un vrai baron.
« Je ne saurais assez l'admirer, assez le louer devant vous :
« Car il n'y a nulle part plus d'honneur ni plus de bonté.
« Qui pourrait donner une idée de ce que vaut Charlemagne ?
« Dieu l'a illuminé d'une telle vertu !
« Non, j'aimerais mieux mourir que de quitter son baronnage. »

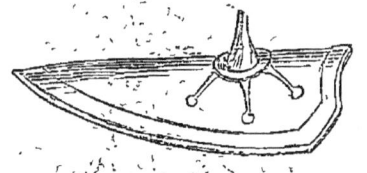 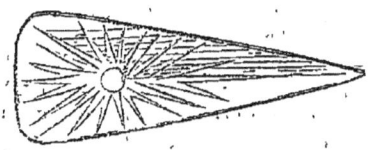

passe le bras, et d'une *guige* par laquelle il le suspend à son cou durant la marche. Au milieu de l'écu est une proéminence, « une saillie de métal, nommée *boucle*, d'où partent des rayons fleuronnés. » De là sans doute le mot : *escut peint à flurs.* — Voir Demay, *le Costume de guerre*, et notre *Éclaircissement III.*

527. *Tanz riches reis.* Nos chan-

XLV

Dist li paiens : « Mult me puis merveillier
« De Carlemagne ki est canuz e vielz.
« Mien escientre, dous cenz ans ad e mielz.
540 « Par tantes teres ad sun cors traveilliet !
« Tanz colps ad pris de lances e d'espiez !
« Tanz riches reis cunduiz à mendistiet !
« Quant iert il mais recreant d'osteier ?
« — Ço n'iert, » dist Guenes, « tant cum vivet sis niés
545 « N'ad tel vassal suz la cape de l' ciel ;
« Mult par est pruz sis cumpainz Oliviers ;
« Li duze Per, que Carles ad tant chiers,
« Funt les enguardes à vint mil chevaliers ;
« Soürs est Carles, que nul hume ne crient. » Aoi.

XLVI

550 Dist li paiens : « Merveille en ai jo grant
« De Carlemagne ki est canuz e blancs :
« Mien escientre, plus ad de dous cenz anz.
« Par tantes teres est alez cunquerant !
« Tanz colps ad pris de bons espiez trenchanz !
555 « Tanz riches reis morz e vencuz en camp !
« Quant iert il mais d'osteier recreant ?

sons donnent à Charles un cortège de rois : « Un jour, à Pâques, fut le roi à Paris... — Le gentil roi, qui fut si aimable, — Tint cour plénière, large et merveilleuse... — Ce jour-là, à sa table, il y eut DIX-SEPT ROIS, — Trente évêques, un patriarche, — Et mille clercs vêtus de belles chapes... — Jugez par là du nombre des autres. » (*Ogier le Danois*, v. 3482 et suiv.) Cf. le beau début d'*Aspremont*.

541. *Lances e espiez*. La lance chevaleresque se compose de deux parties : 1° le bois, le fût ou la *hanste*, très

XLV

« En vérité, » dit le païen, « je suis tout émerveillé
« A la vue de Charlemagne, qui est si vieux et si chenu.
« Il a bien, je crois, deux cents ans et plus.
« Il a peiné son corps par tant de royaumes !
« Il a reçu tant de coups de lance et d'épieu !
« Il a réduit à mendier tant de rois puissants !
« Quand donc sera-t-il las de guerroyer ainsi ?
« — Ah ! » répond Ganelon, « ce n'est certes pas tant que vivra son neveu :
« Sous la chape des cieux il n'y a pas un baron de sa taille :
« Son compagnon Olivier est aussi plein de prouesse.
« Les douze Pairs, qui sont tant aimés de Charlemagne,
« Font l'avant-garde, à la tête de vingt mille chevaliers.
« Charlemagne peut être tranquille, et ne craint aucun homme. »

XLVI

« Je suis tout émerveillé, » dit le Sarrasin,
« A la vue de Charlemagne, qui est chenu et blanc.
« Il a bien, je crois, deux cents ans passés.
« Il a marché en conquérant par tant de terres !
« Il a reçu tant de coups de bons épieux tranchants !
« Il a vaincu en bataille et mis à mort tant de rois puissants !
« Quand donc sera-t-il las de guerroyer ainsi ?

haute, et qui, le plus souvent est en bois de frêne ; 2° le *fer*, qui est d'acier bruni, en losange, quelquefois triangulaire. Les fers du Poitou et de Bordeaux semblent avoir été particulièrement célèbres. (G. Demay, *le Costume de guerre et d'apparat*, p. 39.) Au haut de la lance est attaché le *gonfanon* ou *l'enseigne*, qui presque toujours est à trois langues ou à trois pans. = Le mot *espiet*, dans le *Roland*, a partout le même sens que le mot *lance*. = Voir ci-contre le sceau de Thibaut IV, comte de Blois (1138), et celui de Galéran, comte de Meulan (1165).

« — Ço n'iert, » dist Guenes, « tant cum vivet Rollanz.
« N'ad tel vassal d'ici qu'en Orient ;
« Mult par est pruz Oliviers, sis cumpainz ;
560 « Li duze Per, que Carles aimet tant,
« Funt les enguardes à vint milliers de Francs.
« Soürs est Carles, ne crient hume vivant. »   AOI.

XLVII

« Bels sire Guenes, » dist Marsilies li reis,
« Jo ai tel gent, plus bele ne verreiz ;
565 « Quatre cenz milie chevaliers pois aveir ;
« Pois m'en cumbatre à Carle et à Franceis. »
Guenes respunt : « Ne vus à ceste feiz !
« De voz paiens mult grant perte i avreiz.
« Laissiez folie, tenez vus à l' saveir ;
570 « L'Empereür tant li dunez aveir,
« N'i ait Franceis ki tut ne s'en merveilt.
« Par vint ostages, que li enveiereiz,
« En dulce France s'en repairrat li Reis ;
« Sa rere-guarde lerrat derere sei,
« Iert i sis niés, li quens Rollanz, ço crei,
575 « E Oliviers, li pruz e li curteis.
« Mort sunt li cunte, se est ki mei en creit.
« Carles verrat sun grant orgoill cadeir,
« N'avrat talent que jamais vus guerreit. »   AOI.

XLVIII

580 « Bels sire Guenes, » ço dist li reis Marsilies,
« Cum faitement purrai Rollant ocire ? »
Guenes respunt : « Ço vus sai jo bien dire :
« Li Reis serat as meillurs porz de Sizre,

---

583. *Sizre.* C'est, comme M. P. Raymond l'a démontré, la région même qui touche à Roncevaux et qui s'appelle encore aujourd'hui du nom de Cize. Or ces défilés font partie de la Navarre française, et c'est la Navarre en effet qui a été le théâtre de la mort de Roland. M. P. Raymond appuie sa démonstration de textes nombreux, où il nous fait voir les diffé-

« — Ce ne sera certes pas, » dit Ganelon, « tant que vivra Roland ;
« Il n'est tel baron d'ici en Orient ;
« Son compagnon Olivier est aussi plein de valeur.
« Les douze Pairs, que Charles aime tant,
« Font l'avant-garde, à la tête de vingt mille Francs.
« Charles peut être tranquille, et ne craint nul homme vivant. »

XLVII

« Beau sire Ganelon, » dit le roi Marsile,
« Mon peuple est le plus beau qu'on puisse voir.
« Je puis avoir quatre cent mille chevaliers
« Pour engager la lutte avec Charlemagne et ses Français.
« — Ce n'est pas encore cette fois, » répond Ganelon, « que vous les vaincrez,
« Et vous y perdrez des milliers de vos païens.
« Laissez cette folie, et tenez-vous à la sagesse :
« Donnez tant d'argent à l'Empereur,
« Que les Français en soient tout émerveillés.
« Au prix de vingt otages que vous lui enverrez,
« Le roi Charles s'en retournera en douce France
« Et derrière lui laissera son arrière-garde ;
« Je crois bien que son neveu Roland en fera partie,
« Avec Olivier le preux et le courtois.
« Si vous m'en voulez croire, les deux comtes sont morts.
« Charles, par là, verra tomber son grand orgueil
« Et n'aura plus envie de jamais vous combattre. »

XLVIII

« Beau sire Ganelon, » dit le roi Marsile,
« Comment m'y prendrai-je pour tuer Roland ?
« — Je saurai bien vous le dire, » répond Ganelon.
« Le roi sera aux meilleurs défilés de Cizre,

rentes formes qu'a reçues ce vocable géographique depuis le IXe siècle : *Vallis-Sirsia*, en 980 ; *Cycereo, Sizara, Cizia, Cisera, Cisara*, au XIIe siècle ; *Ciza, Cizie*, au XIIIe ; *Cisia*, au XIVe ; *Sizie*, au XVe. Dans la Chronique de Turpin, on appelle ces ports *Ciserei portus*, et *portæ Cæsaris* dans la *Kaiserscronik*. L'historien arabe Edrisi se sert, en 1154, du mot *Oczer*.

« Sa rere-guarde avrat detrès sei mise;
585 « Iert i sis niés, li quens Rollanz, li riches,
« E Oliviers en ki tant il se fiet;
« Vint milie Francs unt en lur cumpaignie,
« *E vus aiez vostre grant ost banie.*
« De voz païens lur enveiez cent milie;
« Une bataille lur i rendent cil primes :
590 « La gent de France iert blecée e blesmie;
« Ne l' di pur ço des voz *n*'iert là martirie.
« Altre bataille lur livrez de meïsme.
« De quel que seit Rollanz n'estoerrat mie.
« Dunc avrez faite gente chevalerie;
595 « N'avrez mais guere en tute vostre vie. » Aoi.

XLIX

« Ki purreit faire que Rollanz i fust morz,
« Dunc perdreit Carles le destre braz de l' cors;
« Si remeindreient les merveilluses oz,
« N'asemblereit Carles si grant esforz;
« *Jamais el' chief n'avrat curune d'or;*
600 « *Trestute Espaigne* remeindreit en repos. »
Quant l'ot Marsilies, si l' ad baisiet cl' col;
Pois, si cumencet à uvrir ses trésors. Aoi.

L

Ço dist Marsilies : « Qu'en parlerai *jo mais*?
« Cunseilz n'est pruz dunt hum soür*tet n'ait* :
605 « La *mort* Rollant me jurez *entresait*
« *En rere-guarde que jo le truverai.*
« *De sur ma lei le vus afierai,*
« *Se je le trois, que jo m'i cumbatrai.* »
Ço respunt Guenes : « Issi seit cum vus plaist. »
Sur les reliques de s'espée Murglais
La traïsun jurat; s'i s'est forsfaiz. Aoi.

LI

Un faldestoel i out d'un olifant.
Suz une olive, desur un escut blanc,

« Et derrière lui aura placé son arrière-garde.
« Là sera son neveu, le puissant comte Roland,
« Et Olivier, en qui il a tant de confiance ;
« Vingt mille Français y seront avec eux.
« *Pour vous, seigneur, assemblez votre grande armée,*
« Lancez sur eux cent mille de vos païens
« Qui engagent contre eux une première bataille ;
« La gent de France y sera cruellement blessée ;
« Je ne dis pas que les vôtres n'y soient mis en pièces.
« Mais livrez-leur un second combat :
« Roland ne pourra se tirer de l'un et de l'autre.
« Vous aurez fait par là belle chevalerie,
« Et n'aurez plus de guerre en toute votre vie. »

XLIX

« Faire mourir Roland là-bas,
« Ce serait ôter à l'Empereur le bras droit de son corps.
« Adieu les merveilleuses armées de France !
« Charles, désormais, n'assemblerait plus de telles forces,
« *Il ne porterait plus au front couronne d'or,*
« Et *toute l'Espagne* resterait en repos. »
Quand Marsile entend Ganelon, il le baise au cou ;
Puis il commence à ouvrir ses trésors.

L

Marsile alors : « Pourquoi de plus longs discours ?
« Il n'est pas de bon conseiller, si l'on n'en est point sûr :
« Jurez-moi, *sans plus tarder,* jurez-moi sa mort.
« *Jurez-moi que je le trouverai à l'arrière-garde ;*
« *Et je vous promettrai en revanche, sur ma loi,*
« *Que je l'y combattrai si je l'y trouve.* »
Et Ganelon : « Qu'il soit fait, » répondit-il, « selon votre volonté ! »
Et voilà que, sur les reliques de son épée Murgleis,
Il jure la trahison. La forfaiture est accomplie.

LI

Un fauteuil d'ivoire était là ;
Sous un olivier, sur un écu blanc,

2*

610 Marsilies fait porter un livre avant :
La lei i fut Mahum e Tervagan.
Ço ad juret li Sarrazins Espans :
« S' en rere-guarde troevet le cors Rollant,
« Cumbatrat sei à trestute sa gent,
615 « E, se il poet, murrat i veirement;
« *Li duze Per sunt mort à jugement.* »
Guenes respunt : « Bien seit *nostre cuvenz!* »   Aoi.

LII

Atant i vint uns païens, Valdabruns ;
Icil *levat* le rei Marsiliun ;
Cler, en riant, l'ad dit à Guenelun :
620 « Tenez m'espée, meillur n'en ad nuls hum,
« Entre les helz ad plus de mil manguns :
« Par amistiet, bels sire, la vus duins,
« Que nus aidiez de Rollant le barun,
« Qu'en rere-guarde truver le poüssum. »
625 « — Bien serat fait, » li quens Guenes respunt ;
« *E vus plevis que nus les cumbatrum.*
« *E vus afie que nus les ocirum.* »
Pois, se baisièrent es vis e es mentuns.   Aoi

LIII

Après *i* vint uns païens, Climborins ;
Cler, en riant, à Guenelun l'ad dit :
« Tenez mun helme, unkes meillur ne vi ;

---

621. *Entre les helz.* Pour les *helz*, qui sont sans doute les « quillons », et pour

le pommeau, voy. notre *Éclaircissement III*, sur le costume de guerre. == Le texte de Versailles est précieux : *Entre le heut et le pont qui est en son, De l'or d'Espaigne vaut dis mille manguns.* == Il est connu que les *man-* *guns* sont une sorte de monnaie (voir Ducange, au mot *Mancusa*) ; mais le sens est, d'ailleurs, assez difficile à établir. S'agirait-il d'une épée dans le pommeau de laquelle on aurait mis des pièces d'or ? C'est ce que semblerait indiquer le vers 1528 : *Il li dunat s'espée mil manguns.* Mais, à coup sûr, le pommeau n'était susceptible que de recevoir un petit nombre de ces pièces. Il n'y avait donc là que l'équivalent ou la valeur de mille manguns.

626. *Pois, se baisièrent.* Le baiser sur la bouche était l'un des rites de

Marsile y fait porter un livre
Où est écrite la loi de Mahomet et de Tervagan.
Le Sarrasin espagnol y jure son serment :
« Si, dans l'arrière-garde de Charlemagne, il trouve Roland,
« Il le combattra avec toute son armée...
« S'il le peut, Roland y mourra.
« *Et les douze Pairs sont condamnés à mort.* »
Et Ganelon : « Puisse notre traité réussir ! »

LII

Voici venir un païen, du nom de Valdabrun ;
C'est lui qui, pour la chevalerie, fut le parrain du roi Marsile,
Clair et riant, a dit à Ganelon :
« Prenez mon épée : aucun homme n'en a de meilleure ;
« Dans le pommeau il y a pour plus de mille mangons ;
« Je vous la donne par amitié, beau sire ;
« Mais aidez-nous contre Roland le baron,
« Et faites que nous puissions le trouver à l'arrière-garde.
« — Ainsi sera-t-il, » répond le comte Ganelon,
« *Et je vous garantis que nous les combattrons.*
« *Et je vous promets que nous les tuerons.* »
Tous les deux se baisent à la joue et au menton.

LIII

Voici venir un païen, Climborin,
Qui, clair et riant, a dit à Ganelon :
« Prenez mon heaume : onques n'en vis de meilleur.

---

l'hommage, rendu par le vassal au suzerain. Le vassal mettait ses mains dans celles du seigneur, et le baisait sur les lèvres. C'est ce qu'on appelait devoir « bouche et mains ». Cf. le v. 626.
= Nous n'avons, tout au plus, affaire ici qu'à une parodie de l'hommage.
629. *Helme.* Le *heaume* est cette partie de l'armure qui est destinée à protéger la tête du chevalier (concurremment avec le capuchon de mailles). A l'époque de la composition du *Roland*, le heaume se compose généralement d'une calotte de fer, d'un cercle et d'un nasel qui couvre le nez. V. l'*Éclaircissement III* sur le Costume de

guerre et la figure ci-contre, qui reproduit le sceau de Matthieu, comte de Beaumont-sur-Oise, 1177.

« *Sus el' nasel est uns carbuncles mis.*
630 « *Si nus aidiez de Rollant le marchis,*
« *Par quel mesure le poüssum hunir.*
« — *Bien serat fait,* » *Guenes li respundit :*
Pois, se baisièrent es buches e es vis.　　　　Aoi

LIV

Atant i vint la reine Bramimunde :
635 « *Jo vus aim mult, Sire,* » *dist ele à l' cunte,*
« *Kar mult vus preiset mis sire e tuit si hume.*
« *A vostre femme enveierai dous nusches :*
« *Bien i ad or, matistes e jacunces,*
« *E valent mielz que tut l'aveir de Rume;*
640 « *Vostre emperere si bones n'en vit unkes.*
« *Jamais n'iert jur que de l' mien ne vus dunge.* »
Guenes respunt : « *E nus vus servirumes.* »
Il les ad prises, en sa hoese les butet.　　　　Aoi.

LV

Li Reis apelet Malduit sun tresorier :
« *L'aveir Carlun est il apareilliet ?* »
E cil respunt : « *Oïl, Sire, asez bien :*
645 « *Set-cenz cameil d'or e d'argent cargiet,*
« *E vint ostage des plus gentilz suz ciel.* »
Encuntre Guene s'est li Reis aproismiez,
Cuntre sun pis l'ad suef embraciet.
Pois, li ad dit : « *Bien vus dei aveir chier;*
« *Jamais n'iert jurz que ne vus doins de l' mien*
« *Cuntre Rollant le puigneür m'aidiez.* »
Guenes respunt : « *Ja ne m'estout targier.* »　Aoi.

LVI

Marsilies tint Guenelun par l'espalle,
Si li ad dit : « *Mult par ies ber e sages.*

---

641. *Hoese*. Dans la *Chanson d'As-* | patte d'un griffon, *met l'en sa hoese,*
premont, Naimès, après avoir coupé la | *monstrera le Karlon*. Le diminutif *hou-*

« *Une escarboucle y brille au-dessus du nasal.*
« Mais aidez-nous contre Roland le marquis,
« Et donnez-nous le moyen de le déshonorer.
« — Ainsi sera-t-il fait, » répond Ganelon.
Puis, ils se baisent à la joue et sur la bouche.

LIV

Voici venir la reine Bramimonde :
« Sire, » dit-elle à Ganelon, « je vous aime grandement ;
« Car mon seigneur et tous ses hommes ont pour vous grande estime.
« Je veux à votre femme envoyer deux bracelets ;
« Ce ne sont qu'améthystes, rubis et or :
« Ils valent plus, à eux seuls, que tous les trésors de Rome :
« Et certes votre empereur n'en vit jamais de pareils.
« *Pas un jour ne se passera, sans que je vous fasse nouveaux présents.*
« *— Nous sommes à votre service,* » *lui répond Ganelon.*
Il prend les bracelets ; dans sa botte il les serre.

LV

Le roi Marsile appelle son trésorier Mauduit :
« As-tu disposé les présents que je destine à Charles ?
« — Oui, Sire, ils sont tout prêts, » répond le trésorier.
« Sept cents chameaux sont là, chargés d'or et d'argent,
« Et vingt otages, des plus nobles qui soient sous le ciel. »
Le Roi s'est approché de Guenes
Et l'a serré tendrement entre ses bras.
Puis : « *Je vous dois bien aimer,* » *lui dit-il.*
« *Il ne passera plus de jour où je ne vous donne de mes trésors,*
« *Si vous m'aidez contre Roland le baron.* »
Et Guenes de lui répondre : « *Il ne faut point me mettre en retard.* »

LVI

Marsile tient Ganelon par l'épaule :
« Tu es très vaillant, » lui dit-il, « et très sage ;

---

eau nous est resté longtemps. Voir *Éclaircissement III* sur le Costume de guerre et l'*Histoire du costume,* par J. Quicherat, 1875 ; pp. 133, 257.

« Par cele lei que vus tenez plus salve,
650 « Guardez de nus ne turnez le curage.
« De mun aveir vus voeill duner grant masse,
« Dis muls cargiez de l' plus fin or d'Arabe ;
« Jamais n'iert anz altretel ne vus face.
« Tenez les clefs de ceste citet large,
655 « Le grant aveir presentez à l' rei Carle :
De meie part lui livrez vint ostages.
« Pois, me jugiez Rollant à rere-guarde.
« Se l' pois truver à port ne à passage,
« Liverrai lui une mortel bataille. »
Guenes respunt : « Mei est vis que trop targe. »
660 Pois est muntez, entret en sun veiage...   AOI.

LVII

Li Emperere aproismet sun repaire ;
Venuz en est à la *cit* de *Valterne*,
Li quens Rollanz l'ad il e prise et fraite :
Pois icel jur en fut cent anz deserte.
665 De Guenelun atent li Reis nuveles
E lé treüt d'Espaigne la grant tere.
Par main en l'albe, si cum li jurz esclairet,
Guenes li quens est venuz as herberges.   AOI.

LVIII

Bels est li jurz, e li soleilz est clers.
Li Emperere est par matin levez ;
670 Messe e matines ad li Reis escultet.

657. *A port ne à passage.* Il ne faut pas oublier, comme l'a dit avec raison M. P. Raymond, que ce mot *ports* ne signifie pas seulement « les passages des montagnes », mais les « montagnes » elles-mêmes. Dans la vallée d'Ossau, peu éloignée des lieux qui nous occupent, ce mot a toujours eu ce sens au moyen âge. *Les portz generaus de la terre d'Ossau,* ce sont les montagnes appartenant en commun à la ville d'Ossau. (*Cartulaire d'Ossau,* dit *Livre rouge,* f° 38, acte de l'année 1355, etc.)

662. *Valterne.* Il s'agit évidemment de Valtierra, petite ville espagnole qui se trouve presque à égale distance de Saragosse et de la vallée de Roncevaux.

664. *Fut cent ans deserte.* De cette

« Mais, au nom de cette loi qui est la meilleure aux yeux des
    chrétiens,
« Ne t'avise point de changer de sentiment pour nous.
« Je te donnerai largement de mes trésors :
« Dix mulets chargés de l'or le plus fin d'Arabie ;
« Et chaque année je te ferai pareil présent.
« Cependant prends les clefs de cette vaste cité,
« Et présente de ma part tous ces trésors à Charles,
« *Avec vingt otages que tu lui laisseras ;*
« Mais fais placer Roland à l'arrière-garde.
« Si je le puis trouver aux défilés et aux passages,
« C'est une bataille à mort que je lui livrerai.
« — M'est avis que je tarde trop, » s'écrie Ganelon.
Alors il monte à cheval, et entre en son voyage...

LVII

L'empereur Charles approche de son royaume :
Le voilà arrivé à la cité de Valtierra,
Que jadis le comte Roland a prise et ruinée.
Et depuis ce jour-là elle fut cent ans déserte.
C'est là que le roi attend des nouvelles de Ganelon,
Et le tribut d'Espagne, la grande terre.
Or, un matin, à l'aube, quand le jour jette sa première clarté,
Le comte Ganelon arrive au campement.

LVIII

Le jour est beau, le soleil clair.
L'Empereur s'est levé de grand matin,
A entendu messe et matines,

---

destruction de Valtierra, il ne reste aucune trace dans nos Chansons de geste. Et nous avons peut-être là une nouvelle preuve de ce fait incontestable, « que nous avons perdu un certain nombre de ces vieux poèmes. » — 669. *Li Emperere est par matin levez.* Nous avons raconté ailleurs une « journée de Charlemagne ». (*Épopées françaises*, 2º édition, III, pp. 121-138.) Son sommeil ne ressemblait pas à celui des autres hommes : un ange était toujours à son chevet. (*Roland*, v. 2528.) La Chronique du faux Turpin rapporte « qu'autour de son lit, chaque nuit, cent vingt *forts orthodoxes* étaient placés pour le garder, l'épée nue d'une main, et, de l'autre, un flambeau ardent. » (Cap. xx.) = Toutes nos Chansons sont

Sur l'herbe verte estut devant sun tref.
Rollanz i fut e Oliviers li ber,
Naimes li dux e des altres asez.
Guenes i vint, li fel, li parjurez.
675 Par grant veisdie cumencet à parler,
E dist à l' Rei : « Salvez seiez de Deu !
« De Sarraguce ci vus aport les clefs ;
« Mult grant aveir vus en faz amener
« E vint ostages : faites les bien guarder.
680 « E si vus mandet reis Marsilies li ber,
« De l'Algalife ne l' devez pas blasmer ;
« Kar à mes oilz vi treis cenz milie armez,
« Osbercs vestuz, helmes *d'acier* fermez,
« Ceintes espées as punz d'or neielez,

---

unanimes à le représenter, dès son lever, occupé à prier Dieu dans quelque église, à y entendre pieusement la messe et les matines. A l'offertoire, Charles ne manque jamais de s'avancer au pied de l'autel et de faire à l'église une offrande digne de lui : *Nostre empereres s'est vestuz et chauciez;* MESSE ET MATINES *vait oïr au moustier*. — (*Amis et Amiles*, 233-234. Cf. *Macaire*, 308-315, etc.) Dès que l'office est terminé, Charles va d'ordinaire en un grand verger, avec tous ses barons ; il s'assoit sous un pin, et le Conseil commence, à moins toutefois que ce ne soit jour de Cour plénière et qu'un ambassadeur sarrasin ne vienne alors jeter devant le roi frank le défi solennel de quelque roi arabe. (*Aspremont*, édit. Guessard, p. 3 et suiv.) = Les Cours plénières de Charles ne sont autre chose que les anciens « champs de mars » et « champs de mai ». C'est là que l'Empereur se montre dans toute sa gloire, et c'est là surtout que les yeux de nos pères aimaient à le contempler. Charles est alors entouré d'une couronne de rois, de patriarches, d'évêques, de ducs et de comtes. Tous les yeux sont fixés sur lui. Les rois, assis au pied de son *faldestueil*, se chargent de traduire la pensée universelle et font monter jusqu'à son trône un hosanna qui est sur les lèvres de tous : « Sire, font-ils, écoutez, s'il vous plaît ; — Il n'y a terre sous le ciel, si vous le vouliez, qui ne fût conquise à la pointe de nos lances. » (*Aspremont*, Bibl. nat. fr. 2495, f° 670. Cf. la note du vers 527.) = Mais voici l'heure du repas, qui est servi dans la grande salle, du palais principal. Sur des tréteaux mobiles est dressée la table immense, couverte de nappes. On « corne l'eau » : on sonne du cor pour appeler les invités et les avertir d'avoir à se laver les mains avant le repas. Lorsque Charlemagne arrive, les vins sont déjà sur la table ; et on les a *essayés*. Ce sont les damoiseaux qui servent les illustres convives, les damoiseaux, c'est-à-dire « les jeunes nobles qui ne sont pas encore chevaliers. » Les jours de Cour plénière il y en a cent, au repas royal, qui sont vêtus d'hermine et de vair, tous fils de comtes ou de princes. Les barons, couverts de soie et d'or, prennent place sur des fauteuils ; derrière Charlemagne plusieurs rois se tiennent debout : « *Li rois Burnos le jor servi do vin ;* — *De l'escuelle Drües li Poitevin ;* — *Rois Selomons tint le jor le bacin.* » (*Aspremont*, Bibl. nat. fr. 2495, f° 711.) Sur la table on voit étinceler sept cents coupes d'argent et d'or, et l'un de nos épiques veut bien nous

LA CHANSON DE ROLAND 69

Puis est venu se placer sur l'herbe verte, devant sa tente.
Roland y fut, avec Olivier le preux;
Et le duc Naimes, et mille autres.
C'est là que vient Ganelon, le félon, le parjure,
Et que très perfidement il prend la parole :
« Salut au nom de Dieu, » dit-il au roi.
« Voici les clefs de Saragosse que je vous apporte,
« Et voilà de grands trésors
« Avec vingt otages : faites-les bien garder.
« Le vaillant roi Marsile vous mande encore
« De ne point le blâmer, si je ne vous amène point le Calife.
« J'ai vu, vu de mes yeux, trois cent mille hommes armés,
« Le haubert au dos, le heaume d'acier en tête,
« Et, au côté, l'épée au pommeau d'or niellé,

apprendre « que Charlemagne les conquit outre Rhin quand il occit le païen Guitalin. » (*Aspremont*, Bibl. nat. fr. 2495, f° 67-71. — Cf. *Ogier*, v. 3502-3506.) = Si le Conseil ou la Cour avait eu lieu avant le repas, le reste de la journée n'est plus consacré qu'au plaisir. C'est alors que les chevaliers, assis sur le satin blanc, se mettent à jouer aux *tables* ou aux échecs : Charlemagne les regarde du haut de son trône (*Roland*, v. 109-116), ou se jette avec ardeur dans quelque partie de chasse. (*Girars de Viane*, *Jehan de Lanson*, etc.) A vraiment parler, sa journée est finie. Il revient bientôt à son palais ou dans sa tente, et s'endort sous la garde de l'ange Gabriel. (Cf. les v. 163 et suiv.)

683. *Osbercs vestuz*. Le haubert (v. la note du v. 384, sur la *brunie*) est le vêtement de mailles, la chemise de mailles, laquelle descend jusqu'au-dessous du genou, et qui est fendue sur le devant et le derrière, de manière à former culotte. = « Plus rare d'abord que la *brunie* ou broigne, d'une difficulté plus grande de fabrication, le haubert devait être porté seulement par les grands personnages, par les chefs. Il avait sur la broigne l'avantage de mieux protéger le corps, que ses mailles entrelacées couvraient d'un réseau continu, impénétrable à la lance. Aussi la broigne est-elle délaissée, vers le milieu du XII° siècle, tandis que le haubert se perfectionne et persiste à ce point que nous le verrons encore en usage au milieu du XIV° siècle. » (*Le Costume de guerre et d'apparat d'après les sceaux*

685 « Ki l'en cunduistrent entresque en la mer.
« Il s'en fuirent pur la chrestientet
« Que il ne voelent ne tenir ne guarder.
« Einz qu'il oüssent quatre liwes siglet,
« Si's aquillit e tempeste e orez ;
690 « Là sunt neiet, jamais ne's reverrez.
« Se il fust vifs, jo l' oüsse amenet.
« De l' rei paien, Sire, par veir creez,
« Ja ne verrez cest premier meis passet
« Qu'il vus sivrat en France le regnet,
695 « Si recevrat la lei que vus tenez.
« Juintes ses mains, iert vostre cumandez :
« De vus tiendrat Espaigne le regnet. »
Ço dist li Reis : « Graciez en seit Deus !
« Bien l'avez fait, mult grant prud i avrez. »
700 Par mi cele ost funt mil graisles suner.
Franc desherbergent, funt lur sumiers trusser ;
Vers dulce France tuit sunt acheminet. Aoi.

L'ARRIÈRE-GARDE ; ROLAND CONDAMNÉ A MORT

LIX

Carles li magnes ad Espaigne guastée,
Les castels pris, les citez violées.
705 Ço dit li Reis que sa guere out finée.
Vers dulce France chevalchet l'Emperere.
Tresvait li jurz, declinet la vesprée.
Li quens Rollanz ad l'enseigne fermée,

---

du moyen âge, par Germain Demay,
p. 7 et 8.) — Voir la figure ci-contre,
qui reproduit le sceau de la ville de
Soissons au xiie siècle.

703. *Carles li magnes*, etc. Il convient de remarquer que le couplet épique débutait presque toujours *ex abrupto*, comme pour permettre au jongleur de commencer son chant où IL LE VOULAIT. Il ne faudrait pas se persuader qu'il chantât tout le poème d'une haleine, et il n'est peut-être pas impossible d'indiquer aujourd'hui les parties du poème, les épisodes que le musicien populaire choisissait pour occuper une de ses « séances de chant ».

Qui se sont embarqués, avec le Calife, sur la mer.
Ils quittaient le pays de Marsile, à cause de la foi chrétienne
Qu'ils ne veulent ni recevoir ni garder.
Mais, avant qu'ils eussent navigué quatre lieues,
Ils ont été surpris par le vent et la tempête.
Tous sont noyés, et plus jamais ne les reverrez.
Si le Calife eût été vivant, je vous l'eusse amené.
Quant au roi païen, Sire, tenez pour assuré
Qu'avant ce premier mois passé
Il vous suivra au royaume de France
Et y recevra la loi chrétienne ;
Il y deviendra, mains jointes, votre vassal
Et tiendra de vous le royaume d'Espagne.
— Grâces en soient rendues à Dieu ! » s'écrie le Roi.
Vous avez bien agi, Ganelon, et en serez bien récompensé. »
Il fait alors sonner mille clairons dans l'armée :
Les Francs lèvent le camp, chargent leurs sommiers,
Et tous s'acheminent vers France la douce...

L'ARRIÈRE-GARDE ; ROLAND CONDAMNÉ A MORT

LIX

Charles le Grand a dévasté l'Espagne,
Pris les châteaux, violé les cités.
« Ma guerre est finie, » dit le roi ;
Et voilà qu'il chevauche vers douce France.
Le jour s'en va, le soir descend.
Le comte Roland a planté son enseigne

---

les pauses du jongleur sont indiquées
ces vers 703 : *Carles li magnes ad*
Espaigne guastée, et 2609 : *Li Empe-*
rere, par sa grant poësted,— VII anz
toz pleins ad en Espaigne estet. Il en
est de même au v. 3705 : *Li Empe-*
reres est repairiez d'Espaigne. Voilà
quatre (avec les v. 1 et ss.) les débuts de

quatre « séances épiques ». Ces diverses
parties de notre poème ne correspondent pas, comme nous l'avions cru,
à d'anciennes Cantilènes.

706. *Vers dulce France.* Voir notre
Éclaircissement IV, où nous avons exposé en détail l'itinéraire de Charlemagne depuis Cordoue jusqu'aux Pyrénées.

En sum un tertre cuntre le ciel levée.
Franc se herbergent par tute la cuntrée.
710 Paien chevalchent par cez greignurs valées,
Osbercs vestuz *e lur brunies dublées*,
Helmes laciez e ceintes lur espées,
Escuz as cols e lances adubées :
Enz en un broill par sum les puis remestrent;
715 Quatre cenz milie atendent l'ajurnée.
Deus! quel dulur que li Franceis ne l' sevent! Aòi.

LX

Tresvait li jurz, la noit est aserie.
Carles se dort, li empere riches :
Sunjat qu'il ert as greignurs porz de Sizre :
720 Entre ses puignz tient sa hanste fraisnine;
Guenes li quens l'ad desur lui saisie;
Par tel aïr l'ad trussée e brandie,
Qu' entre ses puignz l'ad il fraite e brisie,
E vers le ciel en volent les esclices.
Carles se dort, qu'il ne s'esveillet mie. Aoi.

LXI

725 Après iceste, altre avisiun sunjat :
Qu'il ert en France à sa capele, ad Ais;
El' destre braz li morst uns urs si mals
Que jusqu'à l'os li ad trenchiet la carn.
Devers Ardene vit venir un leupart :
Sun cors demenie mult fièrement asalt.
730 D'enz de *la* sale uns veltres avalat,
Que vint à Carle les galops e les salz.
La destre oreille à l'urs *premiers* trenchat,
Iréement se cumbat à l' leupart.
Dient Franceis que grant bataille i ad;
735 *Mais* il ne sevent li quels d'els la vientrat.
Carles se dort, mie ne s'esveillat. Aoi.

712. *Helmes laciez*. On laçait le heaume au capuchon de mailles par un

ur le sommet de la colline, droit contre le ciel.
ar tout le pays, les Francs prennent leur campement...
ependant l'armée païenne chevauche par les grandes vallées,
auberts et doubles broignes au dos,
eaumes en tête, épées au côté,
cus au cou et lances toutes prêtes.
u haut de ces montagnes il est un bois : ils y font halte.
'est là que quatre cent mille hommes attendent le lever du jour.
t les Français qui ne le savent pas ! Dieu, quelle douleur !

LX

Le jour s'en va, la nuit se fait noire.
Le puissant empereur, Charles s'endort.
Il a un songe : il se voit aux grands défilés de Cizre,
Tenant entre ses poings sa lance en bois de frêne.
Et voilà que le comte Ganelon s'en est emparé ;
Il la brandit et secoue de telle sorte
Qu'il l'a brisée et mise en pièces entre ses poings,
Et que les éclats en volent vers le ciel...
Charles dormait : point ne s'éveille.

LXI

Après ce songe, il en a un autre.
Il se voit en France, dans sa chapelle, à Aix.
Un ours le mord si cruellement au bras droit,
Qu'il lui a tranché la chair jusqu'à l'os.
Puis, du côté de l'Ardenne, il voit venir un léopard
Qui, très férocement, va l'attaquer aussi.
Mais alors un lévrier sort de la salle,
Qui accourt vers Charles au galop et par bonds.
Il commence par trancher l'oreille droite de l'ours ;
Puis, avec fureur, s'attaque au léopard.
« Grande bataille ! » s'écrient les Français :
Et ils ne savent quel sera le vainqueur...
Charles dormait : point ne s'éveille.

certain nombre de lacs en cuir. Cf. le v. 3434.

LXII

Tresvait la noit, e apert la clere albe.
Li Emperere mult fièrement chevalchet,
Parmi cele *ost funt il suner mil graisles.*
740 « Seignurs baruns, » dist l' emperere Carles,
« Veez les porz e les destreiz passages :
« Kar me jugiez ki iert en rere-guarde. »
Guenes respunt : « Rollanz, cist miens fillastre,
« N'avez barun de si grant vasselage.
« *La nostre gent derere en iert plus salve.* »
745 Quant l' ot li Reis, fièrement le reguardet ;
Si li ad dit : « Vus estes vifs diables ;
« El' cors vus est entrée mortel rage.
« E ki serat devant mei en l'anz-guarde ? »
Guenes respunt : « Ogiers de Danemarche.
750 « N'avez barun ki mielz de lui la facet. »   Aoi.

LXIII

Li quens Rollanz, quant il s'oït jugier,
Dunc ad parlet à lei de chevalier :
« Sire parastre, mult vus dei aveir chier ;
« La rere-guarde avez sur mei jugiet ;
755 « N'i perdrat Carles, li reis ki France tient,
« Mien escientre, palefreid ne destrier,
« Ne mul ne mule qu'*hum* deiet chevalchier ;
« Ne n'i perdrat ne runcin ne sumier,
« Que as espées ne seit einz eslegiet. »
760 Guenes respunt : « Veir dites, jo l' sai bien. »   Aoi.

LXIV

Quant ot Rollanz qu'il iert en rere-guarde,
Iréement parlat à sun parastre :
« Ahi, culvert! malvais hum de put aire,
« Quidas li guanz me caïst en la place,
765 « Cum fist à tei li bastuns devant Carle ! »   Aoi.

LXII

La nuit s'en va, et l'aube apparaît, claire.
Très fièrement chevauche l'Empereur,
Et mille clairons retentissent alors dans toute l'armée :
« Seigneurs barons, » dit le roi Charles,
« Vous voyez ces passages et ces défilés étroits :
« Qui placerai-je à l'arrière-garde ? décidez.
« — Roland, ce sera mon beau-fils Roland, » s'écrie Ganelon ;
« Vous n'avez pas de baron si vaillant,
« *Et ce sera le salut de notre gent.* »
Charles l'entend et lui jette un regard fier :
« Il faut, » lui dit-il, « que vous soyez le diable en personne.
« Une mortelle rage vous est entrée au corps.
« Et qui sera devant moi à l'avant-garde ?
« — Ce sera, » dit Ganelon, « Ogier de Danemark;
« Point n'avez de baron qui s'en acquitte mieux. »

LXIII

Quand le comte Roland entend qu'on le désigne,
Il se prend à parler en vrai chevalier :
« Sire beau-père, je dois vous bien aimer,
« Vous m'avez fait donner l'arrière-garde.
« Le roi qui tient la France, Charles, n'y perdra rien.
« Rien à mon escient, ni palefroi, ni destrier,
« Ni mule, ni mulet sur lequel on chevauche,
« Ni roussin, ni sommier,
« Avant qu'on le dispute à coups d'épée.
« — Vous dites vrai, » répond Ganelon; « et très bien je le sais. »

LXIV

Roland, quand il entend qu'on le met à l'arrière-garde,
Adresse, tout furieux, la parole à son beau-père :
« Ah! traître, méchant homme et de méchante race,
« Tu croyais peut-être que je laisserais tomber le gant,
« Comme tu as laissé tomber le bâton devant l'Empereur ! »

LXV

Li quens Rollanz *en apelet Carlun* :
« Dunez-mei l' arc que vus tenez el' puign.
« Mien escientre, ne l' me reproverunt
« Que il me chedt cum fist à Guenelun
770 « *Vostre guanz* destres, quant reçut le bastum. »
Li Emperere en tint sun chief enbrunc :
Si duist sa barbe e detoerst sun gernun ;
Ne poet muer que de *ses* oilz ne plurt.   Aoi.

LXVI

Enprès iço, i est Naimes venuz :
Blanche out la barbe e tut le peil canut.
775 Meillur vassal n'out en la curt de lui,
E dist à l' Rei : « Bien l'avez entendut ;
« Li quens Rollanz il est mult irascuz :
« *De sun talent est il pesmes e durs.*
« La rere-guarde est jugiée sur lui ;
« N'avez barun ki jamais la remut.
780 « Dunez li l'arc que vus avez tendut,
« Si li truvez ki très bien li aïut. »
Li Reis li dunet, e Rollanz l'ad reçut.   Aoi.

LXVII

Li Emperere ad apelet Rollant :
« Bels sire niés, or savez veirement,
785 « Demi mun ost vus lerrai en present :
« Retenez les, c' est vostre salvement. »
Ço dit li Quens : « Jo n'en ferai nient.
« Deus me cunfundet, se la geste en desment !
« Vint milie Francs retiendrai bien vaillanz.
790 « Passez les porz trestut soürement :
« Ja mar crendrez nul hume à mun vivant. »   Aoi.

791. Lacune comblée. Voir la note du v. 318.

LXV

Le comte Roland interpelle alors Charlemagne :
« Donnez-moi l'arc que vous tenez au poing.
« A mon escient on ne me reprochera pas
« Qu'il me tombe des mains comme il arriva à Ganelon,
« Pour votre gant droit, quand il reçut le bâton. »
L'Empereur reste là, tête baissée ;
Il tourmente sa barbe, tord ses moustaches,
Et ne peut s'empêcher de pleurer.

LXVI

Naimes ensuite est venu,
Qui a barbe blanche et cheveux blancs ;
Il n'est point en la cour de meilleur vassal :
« Vous l'avez entendu, » dit-il au Roi ;
« Le comte Roland est en grande colère :
« *Il est furieux, il est terrible.*
« On lui a confié l'arrière-garde,
« Et certes il n'est pas de baron qui s'en charge à sa place.
« Donnez-lui l'arc que vous avez tendu
« Et trouvez-lui bonne aide. »
Le Roi lui donna l'arc, et Roland le reçut.

LXVII

L'Empereur interpelle son neveu Roland :
« A coup sûr vous savez, beau sire neveu,
« Que je vous veux donner la moitié de mon armée.
« Gardez-la près de vous : c'est votre salut.
« — Non, » dit le Comte, « non, je n'en ferai rien ;
« Et que Dieu me confonde, si je démens ma race !
« Je garderai seulement vingt mille Français, vingt mille vaillants.
« Pour vous, passez les défilés en toute sûreté ;
« Vous n'avez pas un homme à craindre, tant que je vivrai ! »

LXVIII

Li quens Rollanz est muntez sur un munt.
Vestit sa brunie, ja meillur ne vist hum,
Lacet sun helme ki fut faiz pur barun,
Ceint Durendal dunt ad or est li punz,
A l' col se mist un escut peint à flurs.
Ne voelt munter se sur Veillantif nun.
Tient sun espiet, blancs est li gunfanun,
Les renges d'or li batent jusqu'à l' punt.
Or verrat hum ki l'amerat o nun.
Dient Franceis : « E nus vus i sivrum. » AOI.

LXIX

Li quens Rollanz est muntez el' destrier.
Cuntre lui vient sis cumpainz Oliviers ;
Vint i Gerins e li pruz quens Geriers,
795 E vint i Otes, si i vint Berengiers,
E vint Sansun e Anseïs li *fiers*;
Ives e Ivories que li Reis ad tant chiers.
Vint i Gerarz de Russillun li *vielz*;
Venuz i est li Guascuinz Engeliers.
Dist l'Arcevesques : « Jo irai, par mun chief.
800 « — E jo od vus, » ço dist li quens Gualtiers :
« Hum sui Rollant, jo ne le dei *laissier*. »
Entre s'eslisent vint milie chevaliers. AOI.

---

795. *Otes* est compté au nombre des douze Pairs dans la *Chanson de Roland*, l'*Entrée en Espagne*, *Gui de Bourgogne* (Oede), la *Karlamagnus Saga* et *Otinel*. = Un autre Otes figure dans les Remaniements de la *Chanson de Roland*. Voir notre note du vers 3680. = *Berengiers*. La *Chanson de Roland*, les Remaniements de Paris, de Venise, etc., la *Chronique de Weihenstephan* et le *Voyage à Jérusalem* mettent Bérengier au nombre des douze Pairs. *Renaus de Montauban* place dans ce corps sacré un « Berengier le Gallois ».

797. *Gerarz de Russillun*. C'est un des personnages les plus célèbres de notre Épopée nationale ; mais il n'est guère ici qu'épisodique. Il est compté au nombre des douze Pairs par la *Chanson de Roland* et ses Remaniements, par *Otinel*, etc. = *Le Giratz de Rossilho* (poème provençal du XIIe siècle) nous fait assister à la lutte

LXVIII

Le comte Roland est au sommet d'une montagne.
Il a revêtu son haubert, le meilleur qu'on ait jamais vu,
Lace son heaume fait pour baron,
Ceint Durendal au pommeau d'or
Et suspend à son cou son écu peint à fleurs.
Quant au cheval, il n'en veut pas d'autre que Veillantif.
Il tient sa lance droite, sa lance au gonfanon blanc
Dont les franges d'or descendent jusqu'au pommeau de son épée.
On va bien voir qui aimera Roland, et qui ne l'aimera pas :
« *Nous vous suivrons,* » *s'écrient les Français.*

LXIX

Le comte Roland monte alors sur son destrier :
A ses côtés vient se ranger Olivier, son compagnon ;
Puis Gerin, puis Gerier le preux comte,
Puis Othon et Bérengier,
Puis Samson et Anséis le fier,
Ive et Ivoire que le roi aime tant.
Girard de Roussillon, le *vieux* Girard, y est aussi venu,
Avec *le Gascon Engelier.*
« Par mon chef, » s'écrie l'Archevêque, « j'irai, moi aussi.
« — Et j'irai avec vous, » dit le comte Gautier :
« Je suis l'homme de Roland, et ne dois point lui faillir. »
Ils se choisissent entre eux vingt mille chevaliers.

---

de son héros contre Charles Martel, que les poètes de langue d'oïl ont bientôt transformé en Charlemagne. Or, Girard tombe un jour dans la plus profonde misère et est réduit à se faire charbonnier, tandis que sa femme Berthe devient couturière. Le poème se termine par sa réconciliation avec l'Empereur. = Dans notre *Chanson de Roland*, Girard est représenté fort vieux (vers 2409) : ce qui concorde assez bien avec la donnée de la Chanson provençale. = La légende de « Girard du Fraite » s'est probablement fondue avec la précédente. Ce Girard du Fraite est un vieux rebelle qui, au commencement d'*Aspremont*, refuse de venir au secours de Charlemagne et qui, dans un passage des *Reali* calqué sur quelque vieux poème français, va jusqu'à se faire renégat et à briser le crucifix. Mais notre Girard n'a aucun de ces traits dans la *Chanson de Roland*. Il y vit, il y meurt en vrai chrétien.

LXX

Li quens Rollanz Gualtier de l'Hum apelet :
« Pernez mil Francs de France nostre tere,
805 « Si purpernez les destreiz e les tertres,
« Que l'Emperere nisun des soens n'i perdet. »
Respunt Gualtiers : « Pur vus le dei bien faire. »
Od mil Franceis de France la lur tere,
Gualtiers desrenget les destreiz e les tertres.
810 N'en descendrat pur malvaises nuveles,
Enceis qu'en seient set cenz espées traites.
Reis Almaris, de l'regne de Belferne,
Une bataille lur livrat le jur, pesme.   AOI.

LXXI

En Rencesvals si est Carles entrez.
L'anz-guarde fist li dux Ogiers, li ber :
De cele part n' estoet il rien duter.
Rollanz remeint pur les altres guarder,
Od Olivier e tuz les duz Pers,
Des Francs de France vint milie bacheler.
Bataille avrunt, or les succuret Deus !
Guenes le sout, li fel, li parjurez
L'aveir en prist, que il l'out recelet.   AOI.

LXXII

Halt sunt li pui e li val tenebrus,
815 Les roches bises, li destreit merveillus.
Le jur passerent Franceis à grant dulur :
De quinze liwes en ot hum la rimur.
Pois que il vienent à la Tere majur,
Virent Guascuigne la tere lur seignur.

---

812. *Reis Almaris.* Voir la suite de cet épisode après le vers 1411.

LXX

Le comte Roland appelle Gautier de l'Hum :
« Prenez mille Français de notre terre de France ;
« Occupez les défilés et les hauteurs,
« Afin que l'Empereur n'y perde aucun des siens.
« — Pour vous je le dois bien faire, » répond Gautier.
Avec mille Français de leur terre de France,
Gautier parcourt les passages et les hauteurs.
Point n'en descendra, si mauvaises que soient les nouvelles,
Avant que sept cents épées aient été tirées du fourreau:
Le roi Almaris, du royaume de Belferne,
Lui livra ce jour même une formidable bataille.

LXXI

Charles est entré dans le val de Roncevaux ;
L'avant-garde a pour chef le duc Ogier, le baron :
Donc, rien à redouter de ce côté.
Quant à Roland, il demeure en arrière pour garder l'armée ;
Il demeure avec Olivier, avec les douze Pairs,
Avec vingt mille bacheliers, tous Français de France.
Que Dieu descende à leur secours : ils vont avoir bataille.
Ganelon le sait bien, le félon, le parjure,
Mais il a reçu de l'or pour ne rien dire, et n'en dit rien.

LXXII

Hautes sont les montagnes, et ténébreuses les vallées ;
La roche est noire, terribles sont les défilés.
Ce jour même, les Français y passèrent, non sans grande douleur :
A quinze lieues de là on entendit le bruit de leur marche.
Mais, lorsqu'en se dirigeant vers la grande Terre,
Ils virent la Gascogne, le pays de leur seigneur,

---

813. Lacune comblée. Voir la note du v. 318.

820 Dunc lur remembret des fieus e des honurs
E des pulceles e des gentilz uixurs :
Cel n'en i ad ki de pitiet ne plurt.
Sur tuz les altres est Carles anguissus :
As porz d'Espaigne ad laissiet sun nevuld.
825 Pitiet l'en prent, ne poet muer n'en plurt. Aoi.

LXXIII

Li duze Per sunt remés en Espaigne :
Vint milie Francs unt en *la* lur cumpaigne.
Nen unt poür ne de murir dutance.
Li Empere s'en repairet en France ;
Pluret des oilz e trait sa barbe blanche,
830 Suz sun mantel en fait la cuntenance.
Dejuste lui chevalchet li dux Naimes,
E dit à l'Rei : « De quei avez pesance ? »
Carles respunt : « Tort fait ki l' me demandet.
« Si grant doel ai ne puis muer ne m' pleigne.
835 « Par Guenelun serat destruite France :
« 'Enoit m'avint, *par* l' avisiun d'un angle,
« Qu' entre mes puignz me depeçout ma hanste,
« Ki *mun nevuld* jugat à reré-guarde.
« Jo l'ai laissiet en une estrange marche.
840 « Deus ! se jo l' pert, ja n'en avrai escange. » Aoi.

LXXIV

Carles li Magnes ne poet muer n'en plurt :
Cent milie Francs pur lui unt grant tendrur
E de Rollant merveilluse poür.
Guenes li fel en ad fait traïsun :
845 De l' rei paien en ad oüt granz duns,
Or e argent, palies e ciclatuns ;

---

836. *Par l'avisiun.* Le songe est une des machines épiques dont nos poètes ont le plus volontiers fait usage. Charlemagne, dans *Ogier le Danois*, voit d'avance en songe l'aventure de son fils Charlot. (Édit. Barrois, p. 48, 49.) Dans *Huon de Bordeaux*, le frère d'Huon, Gerard, a un rêve qui offre quelque res-

Alors il leur souvint de leurs fiefs et de leurs domaines,
Des jeunes filles et de leurs nobles femmes,
Et il n'en est pas un qui ne pleure de tendresse.
Mais, entre tous, le plus angoisseux, c'est Charles
Qui a laissé son neveu aux défilés d'Espagne.
Il est pris de douleur, et ne se peut empêcher de pleurer.

LXXIII

Les douze Pairs sont restés en Espagne :
Vingt mille Français sont en leur compagnie.
Ils n'ont pas peur et ne craignent point la mort.
Quant à l'Empereur, il s'en retourne en France.
Il pleure de ses yeux et tire sa barbe blanche ;
Sous son manteau se cache.
A son côté chevauche le duc Naimes :
« Quelle pensée vous pèse ? » dit-il au Roi.
« — Le demander, » répondit Charles, « c'est me faire outrage.
« J'ai si grand deuil qu'il me faut pleurer :
« Par Ganelon France sera détruite.
« Cette nuit, je vis, dans une vision d'ange,
« Je vis Ganelon me briser ma lance entre les mains,
« Ce même Ganelon qui fit mettre mon neveu à l'arrière-garde.
« Et j'ai dû laisser Roland en un pays étranger.
« Si je perds un tel homme, ô mon Dieu, je n'en trouverai
    jamais le pareil ! »

LXXIV

Charles le Grand ne peut s'empêcher de pleurer :
Cent mille Français sont pris pour lui de grand'pitié
Et d'une peur étrange pour Roland.
C'est Ganelon, c'est ce félon qui l'a trahi ;
C'est lui qui a reçu du roi païen riches présents,
Or et argent, étoffes et vêtements de soie,

---

semblance avec celui de Charlemagne
dont il a été question plus haut (v. 718) :
*Il me sanjott, leaumont le vous di, — Que
III lupart m'avoient asailli : — Si me* |
traioient le cuer de sous le pis (v. 591).
Cf. *Renaus de Montauban*, p. 112, 171
et 374 de l'édit. Michelant, et vingt
autres passages de nos vieux poèmes

Muls e chevals e cameilz e leuns.
Marsilies mandet d'Espaigne les baruns,
Cuntes, vezcuntes e dux e almaçurs,
850 Les amirafles e les filz as cunturs;
Quatre cenz milie en ajustet en treis jurz.
En Sarraguce fait suner ses taburs.
Mahummet lièvent en la plus halte tur;
N'i ad paien ne l' prit e ne l' aürt.
855 Pois, si chevalchent, par mult grant cuntençun,
La tere *entor* e les vals e les munz;
De cels de France virent les gunfanuns,
La rere-guarde des duze Cumpaignuns :
Ne laisserat bataille ne lur dunt.   Aoi.

LXXV

860 Li niés Marsilie il est venuz avant
Sur un mulet od un bastun tuchant.
Dist à sun uncle belement, en riant :
« Bels sire reis, jo vus ai servit tant,
« Si'n ai oüt e peines e ahans,
865 « Faites batailles e vencues en camp;
« Dunez m' un fieu : ç' est li colps de Rollant.
« Je l' ocirai à mun espiet trenchant,
« Se Mahummet me voelt estre guarant;
« De tute Espaigne aquiterai les pans,
870 « Dès les porz d'Aspre entresqu'à Durestant.
« Lasserat Carles, si recrerrunt si Franc;
« Ja n'avrez guere en tut vostre vivant. »
Li reis Marsilies l'en ad dunet le guant.   Aoi.

LXXVI

Li niés Marsilie tient le guant en sun puign;
875 Sun uncle apelet *par* mult fière raisun :

---

853. *Mahummet lièvent.* « Il fit placer ses dieux sur le rempart, et leur offrit des sacrifices. » (*Keiser Karl Magnus's krønike.*) Il est à peine utile de relever, une fois de plus, l'erreur de notre poète et de tout le moyen âge, qui regardaient les musulmans comme adorateurs d'images et polythéistes. Rien n'est plus contraire à la vérité.

Chevaux et mulets, chameaux et lions...
Et voici que Marsile mande ses barons d'Espagne,
Comtes, vicomtes, ducs et aumaçours,
Avec les émirs et les fils de ses comtes.
Il en réunit quatre cent mille en trois jours,
Et fait sonner ses tambours dans toute la ville de Saragosse.
Sur le sommet de la plus haute tour, on élève la statue de Mahomet ;
Pas de païen qui ne la prie et ne l'adore.
Puis ils chevauchent, en très grande furie,
A travers toute cette terre, par vaux et par monts.
Enfin ils aperçoivent les gonfanons de ceux de France.
C'est l'arrière-garde des douze Compagnons :
Point ne manqueront à leur livrer bataille.

LXXV

Au premier rang s'avance le neveu de Marsile,
Sur un mulet qu'il aiguillonne d'un bâton.
A son oncle il a dit bellement, en riant :
« Beau sire roi, je vous ai bien servi ;
« Pour vous j'ai dû subir bien des peines, bien des douleurs,
« Pour vous j'ai livré bien des batailles, et j'en ai bien gagné !
« Frapper Roland, voilà tout le fief que je vous demande.
« Oui, je le tuerai du tranchant de ma lance,
« Si Mahomet me veut aider,
« Et je délivrerai toute l'Espagne,
« Depuis les défilés d'Aspre jusqu'à Durestant.
« Charles sera épuisé, les Français se rendront,
« Et plus n'aurez de guerre en toute votre vie. »
Le roi Marsile alors lui tend le gant.

LXXVI

Le neveu de Marsile tient le gant dans son poing,
Et très fièrement interpelle son oncle :

---

856. *La tere entor*. Dans le manuscrit d'Oxford on lit : *Tere Certeine*. Mais nous avons démontré ailleurs qu'il ne peut être ici question de la Cerdagne. Voir, dans notre 7ᵉ édition, l'*Éclaircissement IV* sur la géographie du *Roland*.

870. *Aspre*. Il s'agit ici du fameux passage des Pyrénées, par Somport et la vallée d'Aspe.

« Bels sire reis, fait m'avez un grant dun,
« Eslisez mei unze de voz baruns :
« Si m' cumbatrai as duze Cumpaignuns. »
Tut premereins l'en respunt Falsarun :
880 — Icil ert frère à l' rei Marsiliun —
« Bels sire niés, e jo e vus irum,
« Ceste bataille veirement la ferum ;
« La rere guarde de la grant ost Carlun.
« Il est jugiet que nus les ocirum. » Aoi.

LXXVII

885 Reis Corsablis il est de l' altre part :
Barbarins est e mult de males arz.
Cil ad parlet à lei de bon vassal :
« Pur tut l'or Deu ne voeill estre cuarz,
« *Se trois Rollant, ne lerrai que l'assaill.*
« *Jo sui li tierz : or eslisez le quart.* »
As vus puignant Malprimis de Brigal ?
890 Plus curt à pied que ne fait uns chevals ;
Devant Marsilie cil s'escriet mult halt :
« Jo cunduirai mun cors en Rencesvals ;
« Se trois Rollant, ne lerrai que ne l' mat. » Aoi.

LXXVIII

Un amirafle i ad de Balaguer ;
895 Cors ad mult gent e le vis fier e cler ;

---

877. *Eslisez mei unze de voz baruns.* « Puis il choisit douze de ses hommes, les meilleurs qu'il eût, pour les opposer aux douze Pairs. Le premier était *Adelrot*, le fils de sa sœur ; le second, *Falsaron*, son frère ; le troisième, *Corsablin ;* le quatrième, le comte *Turgis ;* le cinquième, *Eskravit ;* le sixième, *Estorgant ;* le septième, *Estormatus ;* le huitième, le comte *Margaris ;* le neuvième, *Germiblas ;* le dixième, *Blankandin ;* le onzième, *Timodes ;* le douzième, *Langelif* (sic), qui était l'oncle du roi Marsile.» (*Keiser Karl Magnus's Kronike.*) Ces noms sont un peu différents dans la *Karlamagnus Saga.*

892. *Rencesvals.* « Je suis allé à Roncevaux il y a environ huit ans. J'ai parcouru tranquillement et attentivement le chemin qui sépare cette abbaye de Saint-Jean-Pied-de-Port. J'ai suivi le chemin du Val-Carlos. Partout la gorge est extrêmement

« C'est un grand don, beau sire roi, que vous venez de me faire.
« Choisissez-moi donc onze de vos barons,
« Et j'irai me mesurer avec les douze Pairs. »
Le premier qui répondé à cet appel, c'est Fausseron,
Frère du roi Marsile :
« Beau sire neveu, nous irons, vous et moi ;
« Tous deux ensemble, nous ferons certainement cette bataille.
« Malheur à l'arrière-garde de la grande armée de Charlemagne !
« Nous la tuerons : c'est dit. »

LXXVII

D'autre part est le roi Corsablin,
Il est de Barbarie; c'est une âme perfide et mauvaise;
Cependant il parle ici tout comme un bon vassal :
« Pour tout l'or de Dieu, je ne voudrais être lâche.
« *Et si je trouve Roland, je le défie et l'attaque.*
« *C'est moi qui suis le troisième Compagnon, élisez le quatrième.* »
Mais voyez-vous accourir Malprime de Brigal ?
Il court plus vite à pied que ne fait un cheval,
Et, devant Marsile, s'écrie à haute voix :
« A Roncevaux ! j'y veux aller,
« Et si j'y trouve Roland, je le tue. »

LXXVIII

Il y a là un émir de Balaguer,
Qui a le corps très beau, le visage fier et clair,

resserrée. Il est impossible que toute l'armée ait passé par ce col ; elle a dû se diviser, et, selon moi, passer par Irun, par le Val-Carlos, par la route qui domine le château Pignon, et aussi par la voie antique de la vallée d'Aspe à Somport (commune d'Urdos). Les passages difficiles du Val-Carlos ont une longueur de dix kilomètres : dans beaucoup d'endroits, deux hommes ne peuvent passer de front. Sur l'autre route, que je n'ai pas suivie, il y avait au moyen âge deux hôpitaux : Orisson et Reculus. Ces deux chemins partent également de Saint-Jean-Pied-de-Port, et viennent se rejoindre avant Roncevaux, près de l'ancienne chapelle d'Ibagneta. L'abbaye est bien déchue. Si mes souvenirs sont exacts, elle n'offre pas de vestiges d'architecture remontant au delà du XIVe siècle. En 1862, elle était encore occupée par douze chanoines. La bibliothèque m'en a paru fort dé-

Pois que il est sur sun cheval muntez,
Mult se fait fiers de ses armes porter :
De vasselage est-il bien à loer ;
Fust chrestiens, asez oüst barnet.
900 Devant Marsilie cil s'en est escriez :
« En Rencesvals irai mun cors guier ;
« Se trois Rollant, de mort serat finez,
« E Oliviers e tuit li duze Per ;
« Franceis murrunt à doel e à viltet.
905 « Carles li magnes vielz est e redotez :
« Recreant iert de sa guere mener :
« Nus remeindrat Espaigne en quitedet. »
Li reis Marsilies mult l'en ad merciet. AOI.

LXXIX

Un almaçur i ad de Moriane :
910 N'ad plus felun en la terre d'Espaigne.
Devant Marsilie ad faite sa vantance :
« En Rencesvals guierai ma cumpaigne,
« Vint milie *sunt* ad escuz e à lances.
« Se trois Rollant, de mort li duins fiance ;
« *Franceis murrunt à doel e à viltance*
915 « Jamais n'iert jurz que Carles ne s'en pleignet. » AOI.

LXXX

D'altre part est Turgis de Turteluse ;
Cil est uns quens, si est la citet sue ;
De chrestiens voelt faire mal vude.
Devant Marsilie as altres si s'ajustet.
920 Ço dist à l' Rei : « Ne vus esmaiez unkes.
« Plus valt Mahum que seinz Pierres de Rume ;
« Se lui servez, l'honur de l' camp *avrumes*.

---

laissée. On y montre une paire de souliers de velours violet, comme ayant appartenu à Turpin : ces souliers sont à la mode du temps de François Ier. On y conserve aussi une prétendue masse d'armes de Roland : c'est un boulet de bronze attaché par une chaîne à un solide manche de bois. Et voilà où est aujourd'hui tombé le souvenir de Roland ! » (Mémoire manuscrit de M. P. Raymond.)

899. *Fust chrestiens*, etc. Cf. le v. 3764 :

...t qui, dès qu'il est monté sur son cheval,
Est tout glorieux de porter ses armes.
Son courage est renommé ;
S'il était chrétien, ce serait un vrai baron.
Il vient devant Marsile, et, de toute sa voix :
« A Roncevaux ! » dit-il ; « j'y veux aller ;
« Et, si je trouve Roland, il est mort.
« C'en est fait aussi d'Olivier et des douze Pairs ;
« Et tous les Français périront dans le deuil et la honte.
« Quant à Charlemagne, il est vieux, il radote :
« Il renoncera à nous faire la guerre,
« Et l'Espagne, en toute liberté, nous restera. »
Le roi Marsile vingt fois lui en rend grâces.

LXXIX

Il y a là un aumaçour de la terre des Maures ;
Dans toute la terre d'Espagne il n'est pas un tel félon.
Il vient devant Marsile, et fait sa vanterie :
« A Roncevaux ! » dit-il. « J'y veux mener mes gens,
« Vingt mille hommes avec lances et écus.
« Si je trouve Roland, je lui garantis la mort ;
« *Les Français mourront dans la douleur et dans la honte,*
« Et, tous les jours de sa vie, Charlemagne en pleurera. »

LXXX

D'autre part est Turgis, de Tortosa ;
C'est un comte, et cette ville lui appartient.
Faire du mal aux chrétiens, voilà son rêve.
Devant le Roi, il s'aligne avec les autres :
« Pas tant d'émoi, » dit-il à Marsile.
« Mahomet vaut mieux que saint Pierre de Rome ;
« Si vous le servez, l'honneur du champ est à nous.

S'il fust leials, bien resemblast barun.
916. *Turteluse.* C'est Tortosa, qui joue un rôle si considérable dans tout le cycle de Guillaume. Historiquement parlant, cette importance est justifiée.

Louis, fils de Charlemagne, fit, en 809-810, le siège de Tortosa, et s'en empara en 811. (*Annales* faussement attribuées à Éginhard, année 809. — L'astronome Limousin, 14-16.)

« En Rencesvals à Rollant irai juindre,
« De mort n'avrat guarantisun pur hume.
925 « Veez m'espée ki est e bone e lunge,
« A Durendal jo la metrai encuntre,
« Asez orrez la quel irat desure.
« Franceis murrunt, se à nus s'abandunent;
« Carles li vielz avrat e doel e hunte,
930 « Jamais en tere ne porterat curune. » Aoi.

LXXXI

D'altre part est Escremiz de Valterne;
Sarrazins est, si est sue la tere.
Devant Marsilie s'escriet en la presse :
« En Rencesvals irai l'orgoill desfaire;
935 « Se trois Rollant, n'enporterat la teste,
« Ne Oliviers ki les altres cadelet;
« Li duze Per sunt jugiet à *grant* perte;
« Franceis murrunt, e France en iert deserte.
« De bons vassals avrat Carles suffraite. » Aoi.

LXXXII

940 D'altre part est uns paiens, Esturgant;
Estramaris i est, uns soens cumpainz;
Cil sunt felun traïtur suduiant.
Ço dist Marsilies : « Seignurs, venez avant.

---

926. *Durendal.* Nous allons résumer en quelques propositions l'histoire de la fameuse épée de Roland : 1° Durendal est l'œuvre du célèbre forgeron Galand ou Veland : tel est le témoignage de dix Chansons de geste, et *Fierabras* est la seule qui l'attribue à Munifican. = 2° Suivant la *Karlamagnus Saga*, elle fut donnée à l'Empereur par Malakin d'Ivon, comme rançon de son père Abraham. = 3° Notre poète ajoute que Charles en fit présent à Roland. C'était dans la vallée de Maurienne (?) (le Valsemorien de la *Gran Cunquista de Ultramar*), et un ange était descendu des cieux pour enjoindre à l'Empereur, au nom de Dieu, de la donner au meilleur de ses capitaines. = 4° D'après le *Karleto*, la *Cronica general de Espana*, et plusieurs autres textes, Durendal est l'épée de cet émir Braibant dont le jeune Charles triomphe en Espagne, au commencement de ses enfances. = 5° Une autre version nous est fournie par *Aspremont*, et la conquête de Durendal est précisément l'objet de ce poème. La fameuse épée appartient ici au jeune Eaumont, fils de l'émir Agoland : Roland tue Eaumont et lui enlève Durendal. Le théâtre de cet

A Roncevaux j'irai joindre Roland :
Personne ne le pourra préserver de la mort.
« Voyez cette épée, elle est bonne, elle est longue ;
« Je la mettrai devant Durendal :
« Quelle sera la victorieuse ? Vous le saurez.
Si les Français engagent la lutte, ils y mourront.
Charles, le vieux Charles, n'en tirera que douleur et honte
Et plus jamais sur la terre ne portera couronne. »

LXXXI

'autre part est Escremis de Valtierra ;
.l est païen et maître de cette terre.
Devant Marsile, au milieu de la foule, il s'écrie :
« A Roncevaux ! J'y vais abattre l'orgueil des Français.
« Si j'y trouve Roland, point n'en emportera sa tête,
« Non plus qu'Olivier le capitaine.
« Ils sont condamnés à mort, ils sont perdus, les douze Pairs.
« Français mourront, France en sera déserte.
« De bons vassaux, Charles n'en aura plus. »

LXXXII

Plus loin est un autre païen, Estorgant,
Avec un sien compagnon, nommé Estramarin :
Mercenaires, traîtres et félons.
« Seigneurs, » leur dit Marsile, « avancez.

---

exploit est le midi de l'Italie. == 6° Nous n'avons point à parler ici de tous les autres exploits que Roland accomplit avec cette arme glorieuse. Il les énumère lui-même en un passage célèbre de notre chanson (v. 2322 et suiv.). == 7° Les qualités de Durendal sont merveilleuses, et, suivant le *Karl Meinet*, elle assure à son possesseur le royaume d'Espagne. Son acier est, d'ailleurs, célébré par tous nos poètes. Charles l'avait fait essayer sur le fameux perron qui se trouvait au seuil de son palais : elle avait résisté, ainsi qu'Alnace, l'épée de Turpin. Mais Courtain, l'épée d'Ogier, moins heureuse, fut alors écourtée d'un demi-pied : de là son nom. (Voir *Renaus de Montauban*, édit. Michelant, p. 210, et la *Karlamagnus Saga*, I, 20.) == 8° Au portail de la cathédrale de Vérone, Roland est représenté tenant une forte épée, sur laquelle le mot *Durindarda* est écrit en caractères qui sont peut-être postérieurs à la statue. Voir la reproduction de cette statue dans notre *Éclaircissement II*, qui est consacré à l'Histoire poétique de Roland.

« En Rencesvals irez as porz passant,
945 « Si aiderez à cunduire ma gent. »
E cil respundent : « Sire, à vostre cumant.
« Nus asaldrum Olivier e Rollant ;
« Li duze Per n'avrunt de mort guarant ;
« Kar noz espées sunt bones e trenchanz :
950 « Nus les ferum vermeilles de cald sanc.
« Franceis murrunt, Carles en iert dolent
« Tere majur vus metrum en present ;
« Venez i, reis, si l' verrez veirement :
« L'Empereür vus *rendrum recreant*. »   Aoi.

LXXXIII

955 Curant i vint Margariz de Sibilie,
Cil tient la tere entresqu'à *la* marine.
Pur sa beltet dames li sunt amies ;
Femme ne l' veit vers lui ne s'esclargisset ;
Voeillet o nun, ne poet muer ne riet.
960 N'i ad paien de tel chevalerie.
Vint en la presse, sur les altres s'escriet,
E dist à l' Rei : « Ne vus esmaiez mie,
« En Rencesvals irai Rollant ocire,
« Ne Oliviers n'enporterat la vie.
965 « Li duze Per sunt remés en martirie.
« Veez m'espée ki d'or est enheldie :
« Si la tramist li amiralz de Primes ;
« Jo vus plevis qu'en vermeill sanc iert mise.
« Franceis murrunt e France en iert hunie.
970 « Carles li vielz à la barbe flurie,
« Jamais n'iert jurz qu'il n'en ait doel e ire.
« Jusqu'à un an avrum France saisie,
« Gesir purrum el' burc de Seint-Denise. »
Li reis paiens parfundement l'enclinet.   Aoi

---

973. *El' burc de Seint-Denise*. Ailleurs, dans notre Chanson, c'est Aix qui est représenté comme le siège de l'Empire. = Cette partie du poème a sans

Vous irez tous deux aux défilés de Roncevaux
Et m'aiderez à conduire ma gent.
— Sire, » répondent-ils, « à vos ordres.
Nous nous jetterons sur Olivier et sur Roland ;
Rien ne garantira les douze Pairs de la mort.
Nos épées sont bonnes et tranchantes ;
Elles seront bientôt rouges d'un sang chaud.
Français mourront, Charles en pleurera,
Et nous vous ferons présent de la grande Terre.
Sire, vous y verrez ce spectacle : venez,
Et nous mettrons l'Empereur à votre merci. »

LXXXIII

Voici venir en courant Margaris de Séville,
Qui tient la terre jusqu'à la mer.
Pour sa beauté les dames lui sont amies ;
Pas une ne peut le voir sans que son front s'éclaircisse ;
Pas une alors, qu'elle le veuille ou non, ne peut s'empêcher de rire.
Nul païen n'est aussi chevalier.
Au milieu de la foule il s'avance, et, d'une voix plus forte que tous les autres :
« Ne craignez rien, » dit-il au Roi.
« A Roncevaux j'irai tuer Roland,
« Et Olivier n'en emportera pas sa vie.
« C'est pour leur martyre que les douze Pairs sont demeurés
  « là-bas.
« Voyez cette épée à la garde d'or,
« Que je tiens de l'émir de Primes ;
« Elle sera bientôt, je vous le jure, plongée dans le sang rouge.
« Français mourront, et France en sera honnie.
« Quant au vieux Charles à la barbe fleurie,
« Sa douleur et sa colère n'auront plus de fin.
« Avant un an nous aurons mis la main sur la France,
« Et nous coucherons à Saint-Denis. »
Le roi païen s'incline profondément.

toute son origine dans une légende ou | rieur d'environ deux siècles aux plus
dans un chant lyrique qui est resté- | anciens éléments du *Roland*.

LXXXIV

975 D'altre part est Chernubles de *Val-Neire*.
Jusqu'à la tere si chevel li baleient ;
Greignur fais portet par giu, quant il s'enveiset,
Que quatre mul ne funt, quant il sumeient.
Li gentilz quens de sun païs se seivret :
980 Soleilz n'i luist, ne blez n'i poet pas creistre ;
Pluie n'i chiet, rusée n'i adeiset,
Pierre n'i ad que tute ne seit neire.
Dient alquant que li diable i meignent.
Ço dist Chernubles : « Ma bone espée ai ceinte.
985 « En Rencesvals jo la teindrai vermeille ;
« Se trois Rollant, le prud, en mi ma veie ;
« Se ne l' asaill, dunc ne faz jo que creire ;
« Si cunquerrai Durendal od la meie.
« Franceis murrunt e France en iert *destreite.* »
990 A icez moz li duze *Per* s' aleient,
Itels cent milie Sarrazins od els meinent,
Ki de bataille s'arguent e hasteient.
Vunt s'aduber desuz une sapeie.   Aoi.

LXXXV

Paien s'adubent d' osbercs sarazineis :
995 Tuit li plusur en sunt dublet en treis ;
Lacent lur helmes mult bons sarraguzeis,
Ceignent espées de l' acier vianeis.
Escuz unt genz, espiez valentineis ;
E gunfanuns blancs e blois e vermeilz.
1000 Laissent les muls e tuz les palefreiz ;
Es destriers muntent, si chevalchent estreit.
Clers fut li jurz, e bels fut li soleilz.

---

980. *Soleilz n'i luist,* etc. La géographie est, aux xie-xiie siècles, mêlée d'un grand nombre de fables, que les anciens nous avaient transmises. Honoré d'Autun, décrivant l'Afrique en son *Imago mundi,* nous signale dans le pays de Saba une fontaine qui est toujours froide durant le jour et brûlante

LXXXIV

D'autre part est Chernuble de Noire-Val.
Ses cheveux descendent jusqu'à terre;
En se jouant, il porte un plus grand faix
Que ne font quatre mulets chargés.
Dans son pays qu'il vient de quitter,
Le soleil ne luit pas, et le blé n'y peut croître.
La pluie n'y tombe point, et la rosée n'y touche pas le sol.
Il n'y a pierre qui ne soit noire,
Et plusieurs assurent que c'est la demeure des démons.
« J'ai ceint ma bonnée épée, » dit Chernuble;
Je la teindrai en rouge à Roncevaux.
Si je trouve Roland le preux sur mon chemin,
Je l'attaquerai, ou je veux qu'on ne me croie plus jamais.
Je conquerrai l'épée Durendal avec mon épée.
Français mourront, et France périra. »
A ces mots les douze Pairs de Marsile s'assemblent;
Ils emmènent avec eux cent mille Sarrasins,
Qui se hâtent et se précipitent à la bataille.
Sous un bois de sapins ils vont s'armer.

LXXXV

Les païens se revêtent de hauberts à la sarrasine,
Qui, pour la plupart, sont doublés d'une triple étoffe.
Sur leurs têtes ils lacent les bons heaumes de Saragosse,
Se ceignent les épées d'acier viennois.
Leurs écus sont beaux à voir, leurs lances sont de Valence;
Leurs gonfanons sont blancs, bleus ou rouges.
Ils laissent là leurs mulets et leurs bêtes de somme,
Montent sur leurs chevaux de bataille, et s'avancent en rangs
    serrés...
Le jour fut clair, et beau fut le soleil :

pendant la nuit; il nous parle des Troglodytes, qui atteignent les bêtes féroces à la course, et raconte que l'Océan, là-bas, bout comme de l'eau chaude, etc. etc. On ne saurait trop consulter l'*Imago mundi* sur l'état de la science à cette époque. Cf. le poème du XIIIᵉ siècle, l'*Image du monde*:

N'unt guarnement que tut ne reflambeit.
Sunent mil graisle pur ço que plus bel seit ;
1005 Grant *fut* la noise, si l'oïrent Franceis.
Dist Oliviers : « Sire cumpainz, ço crei,
« De Sarrazins purrum bataille aveir. »
Respunt Rollanz : « E Deus la nus otreit!
« Bien devum ci ester pur nostre rei ;
1010 « Pur sun seignur deit hum suffrir destreiz,
« E endurer e granz calz e granz freiz ;
« Si 'n deit hum perdre e de l' quir e de l' peil.
« Or guart cascuns que granz colps i empleit,
« Male cançun ja cantée n'en seit!
1015 « Paien unt tort, e chrestien unt dreit.
« Malvaise essample n'en sera ja de mei. »   Aoi.

as d'armure qui ne flamboie et resplendisse.
Mille clairons sonnent, pour que ce soit plus beau.
Grand est le tumulte, et nos Français l'entendent :
« Sire compagnon, » dit Olivier, « je crois
« Que nous pourrons bien avoir bataille avec les Sarrasins. »
Et Roland : « Que Dieu nous l'accorde, » répond-il.
« Notre devoir est de tenir ici pour notre roi ;
« Car pour son seigneur on doit souffrir grande détresse.
« Il faut endurer pour lui la grande chaleur et le grand froid,
« Et perdre enfin de son poil et de son cuir.
« Frapper de grands coups, voilà le devoir de chacun,
« Afin qu'on ne chante pas sur nous de mauvaise chanson !
« Les païens ont le tort, le droit est pour les chrétiens.
« Ce n'est pas de moi que viendra jamais le mauvais exemple ! »

LA
CHANSON DE ROLAND

(TEXTE, TRADUCTION ET COMMENTAIRE)

DEUXIÈME PARTIE
LA MORT DE ROLAND

LXXXVI

Oliviers muntet desur un pui halçur :
Guardet suz destre par mi un val herbus,
Si veit venir cele gent paienur.
1020 Si'n apelat Rollant sun cumpaignun :
« Devers Espaigne vei venir tel bruur,
« Tanz blancs osbercs, tans helmes flambius !
« Icist ferunt noz Franceis grant irur.
« Guenes *li fel ad fait la traïsun*
1025 « Ki nus jugat devant l'Empereür.
« — Tais, Olivier, » li quens Rollanz respunt;
« Mis parrastre est : ne voeill que mot en suns. »   Aoi.

LXXXVII

Oliviers est desur un pui muntez :
Or veit il bien d'Espaigne le regnet,
1030 E Sarrazins ki tant sunt assemblet.
Luisent cil helme, ki ad or sunt gemmet
E cil escut e cil osberc safret
E cil espiet, cil gunfanun fermet.
Suls les eschieles ne poet il acunter :
1035 Tant en i ad que mesure n'en set.
En lui meïsme en est mult esguarez;
Cum il einz pout, de l' pui est avalez :
Vint as Franceis, tut lur ad acuntet.   Aoi.

LXXXVIII

Dist Oliviers : « Jo ai paiens veüz;
1040 « Unc mais nuls hum en tere n'en vit plus.

1032. *Osberc safret*. On mêlait du fil d'archal aux mailles de fer du haubert, et l'on produisait par là une broderie grossière qui ornait surtout le bas de

LES PRÉLUDES DE LA GRANDE BATAILLE

LXXXVI

Olivier monte sur une hauteur :
Il regarde à droite parmi le val herbu,
Et voit venir toute l'armée païenne.
Il appelle son compagnon Roland :
« Ah ! » dit-il, « du côté de l'Espagne, quel bruit j'entends venir !
« Que de blancs hauberts ! que de heaumes flamboyants !
« Nos Français vont en avoir grande ire.
« Cette trahison est l'œuvre de Ganelon, ce félon ;
« C'est lui qui nous fit donner cette besogne par l'Empereur.
« — Tais-toi, Olivier, » répond le comte Roland ;
« C'est mon beau-père : n'en sonne plus mot. »

LXXXVII

Olivier est monté sur une colline élevée :
De là il découvre le royaume d'Espagne
Et le grand assemblement des Sarrasins.
Les heaumes luisent, tout couverts d'or et de pierreries,
Et les écus, et les hauberts brodés,
Et les épieux, et les gonfanons au bout des lances.
Olivier ne peut compter les bataillons ;
Il y en a tant, qu'il n'en sait la quantité !
En lui-même il en est tout égaré.
Comme il a pu, est descendu de la colline ;
Est venu vers les Français, leur a tout raconté.

LXXXVIII

Olivier dit : « J'ai vu tant de païens,
« Que nul homme n'en vit jamais plus sur la terre.

---

ce vêtement. Ce sont, particulièrement, les *pans* du hauberts qui sont *safrés* (v. 3141). Dans la bataille, rien n'était plus aisé que de les *desaffrer* (v. 3426).

« Cil devant sunt bien cent milie, ad escuz,
« Helmes laciez e blancs osbercs vestuz,
« Dreites cez hanstes, luisanz cez espiez bruns,
« Bataille avrez, unkes mais tel ne fut.
1045 « Seignurs Franceis, de Deu aiez vertut :
« El' camp estez, que ne seium vencut. »
Dient Franceis : « Dehet ait ki s'en fuit!
« Ja pur murir ne vus en faldrat uns. »   Aoi.

LA FIERTÉ DE ROLAND

LXXXIX

Dist Oliviers : « Paien unt grant esforz,
1050 « De noz Franceis m'i semblet aveir mult poi.
« Cumpainz Rollanz, kar sunez vostre corn :
« Si l'orrat Carles, si returnerat l'oz. »
Respunt Rollanz : « Jo fereie que fols :
« En dulce France en perdreie mun los.
1055 « Sempres ferrai de Durendal granz colps;
« Sanglenz en iert li branz entresqu'à l'or.
« *Nostre Franceis i ferrunt ad esforz :*
« Felun paien mar i vindrent as porz;
« Jo vus plevis, tuit sunt jugiet à mort. »   Aoi.

XC

« Cumpainz Rollanz, l'olifant kar sunez.
1060 « Si l' orrat Carles, fera l'ost returner :

1042. *Blancs osbercs.* On a verni en diverses couleurs le métal du haubert. Il y en eut de bleus, de verts, etc! (J. Quichérat, *Histoire du costume*, p. 151.) Mais quand le métal n'était pas vernissé en couleur, quand il ne subissait d'autre préparation que le polissage, c'était le « blanc haubert ».

1059. *L'olifant.* Il faut établir une distinction entre le *cor* que porte chaque chevalier et l'*olifant.* Il y a soixante mille *cors* dans l'armée de Charles, mais il n'y a qu'un *olifant.* Après la mort de Roland, Charles dit à Rabel et à Guinemant : « Vous remplacerez « aujourd'hui Roland et Olivier : l'un « de vous portera l'épée et l'autre l'oli- « fant. » (V. 3016, 3017.) Celui-ci est d'ivoire, comme son nom l'indique, et

Il y en a bien cent mille devant nous, avec leurs écus,
Leurs heaumes lacés, leurs blancs hauberts,
Leurs lances droites, leurs bruns épieux luisants.
Vous aurez bataille, bataille comme il n'y en eut jamais.
Seigneurs Français, que Dieu vous donne sa force;
Et tenez ferme pour n'être point vaincus. »
t les Français : « Maudit qui s'enfuira, » disent-ils.
Pas un ne vous fera défaut pour cette mort ! »

LA FIERTÉ DE ROLAND

LXXXIX

Olivier dit : « Païens ont grande force,
« Et nos Français, ce semble, sont bien peu.
« Ami Roland, sonnez de votre cor :
« Charles l'entendra, et fera retourner son armée.
« — Je serais bien fou, » répond Roland ;
« Dans la douce France, j'en perdrais ma gloire.
« Non, mais je frapperai grands coups de Durendal :
« Le fer en sera sanglant jusqu'à l'or de la garde.
« *Nos Français y frapperont aussi, et avec quel élan!*
« Félons païens furent mal inspirés de venir aux défilés :
« Je vous jure que, tous, ils sont jugés à mort. »

XC

« Ami Roland, sonnez votre olifant :
« Charles l'entendra et fera retourner la grande armée.

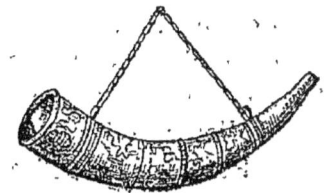

a légende épique lui prête un son bien plus retentissant qu'à tous les autres cors : *Sur tuz les altres bundist li olifant* (v. 3119. Cf. 3302). = Les « olifants » avaient la forme d'une corne ; ils étaient parfois très richement sculptés. (Voir un mémoire fort intéressant de P. Cahier ; au tome II de ses *Nouveaux Mélanges d'archéologie*, p. 35 et suiv.) Nous en reproduisons ici un des plus anciens modèles : il remonte au XIIe siècle.

« Succurrat nus li Reis od sun barnet. »
Respunt Rollanz : « Ne placet Damne Deu
« Que mi parent pur mei seient blasmet,
« Ne France dulce ja chedet en viltet.
1065 « Einz i ferrai de Durendal asez,
« Ma bone espée que ai ceint à l' costet;
« Tut en verrez le brant ensanglentet.
« Felun paien mar i sunt asemblet;
« Jo vus plevis, tuit sunt à mort livret. »   Aoi.

XCI

1070 « Cumpainz Rollanz, sunez vostre olifant :
« Si l' orrat Carles ki est az porz passant;
« Jo vus plevis, ja returnerunt Franc.
« — Ne placet Deu, » ço li respunt Rollanz,
« Que ço seit dit de nul hume vivant
1075 « *Que* pur païens ja seie-*jo* cornant !
« Ja n'en avrunt reproece mi parent.
« Quant jo serai en la bataille grant
« E jo ferrai e mil colps e set cenz,
« De Durendal verrez l'acier sanglent.
1080 « Franceis sunt bon, si ferrunt vassalment;
« Ja cil d'Espaigne n'avrunt de mort guarant. »   Aoi.

XCII

Dist Oliviers : « D'iço ne sai jo blasme.
« Jo ai veüt les Sarrazins d'Espaigne :
« Cuvert en sunt li val e les muntaignes,
1085 « E li lariz e trestutes les plaignes.
« Granz sunt les oz de cele gent estrange;
« Nus i avum mult petite cumpaigne. »
Respunt Rollanz : « Mis talenz en est graindre.
« Ne placet Deu ne ses *seintismes* angles
1090 « Que ja pur mei perdet sa valur France !
« Mielz voeill murir qu'à huntage *remaigne*.
« Pur bien ferir l'Emperere nus aimet. »   Aoi.

Le Roi et ses barons viendront à notre secours.
— A Dieu ne plaise, » répond Roland,
Que mes parents jamais soient blâmés à cause de moi,
Ni que France la douce tombe jamais dans le déshonneur!
Non, mais je frapperai grands coups de Durendal,
Ma bonne épée, que j'ai ceinte à mon côté.
Vous en verrez tout le fer ensanglanté.
Félons païens sont assemblés ici pour leur malheur :
Je vous jure qu'ils sont tous condamnés à mort. »

XCI

Ami Roland, sonnez votre olifant.
Le son en ira jusqu'à Charles, qui passe aux défilés,
« Et les Français, je vous le jure, retourneront sur leurs pas.
« — A Dieu ne plaise, » répond Roland,
« Qu'il soit jamais dit par aucun homme vivant
« Que j'ai sonné mon cor à cause des païens!
« Je ne ferai pas aux miens ce déshonneur.
« Mais quand je serai dans la grande bataille,
« J'y frapperai mille et sept cents coups :
« De Durendal vous verrez le fer tout sanglant.
« Français sont bons : ils frapperont en braves;
« Les Sarrasins ne peuvent échapper à la mort. »

XCII

« Je ne vois pas où serait le déshonneur, » dit Olivier.
« J'ai vu, j'ai vu les Sarrasins d'Espagne;
« Les vallées, les montagnes en sont couvertes;
« Et les landes aussi, et toutes les plaines.
« Qu'elle est puissante, l'armée de la gent étrangère,
« Et que petite est notre compagnie!
« — Tant mieux, » répond Roland, « mon ardeur s'en accroît.
« Ne plaise à Dieu, ni à ses très saints anges,
« Que France, à cause de moi, perde de sa valeur!
« Plutôt la mort que le déshonneur.
« Plus nous frappons, plus l'Empereur nous aime! »

XCIII

Rollanz est pruz e Oliviers est sages :
Ambedui unt merveillus vasselage.
1095 Pois que il sunt as chevals e as armes,
Ja pur murir n'eschiverunt bataille.
Bon sunt li cunte, e lur paroles haltes.
Felun paien par grant irur chevalchent.
Dist Oliviers : « Rollanz, veez en alques.
1100 « Cist nus sunt près, mais trop nus est loinz Carles.
« Vostre olifant suner vus ne l' deignastes,
« Fust i li Reis, n'i oüssum damage.
« *Cil qui là sunt n'en deivent aveir blasme*
« Guardez amunt par devers les porz *d'Aspre;*
« Vedeir poez delente rere-guarde.
1105 « Ki ceste fait, jamais n'en ferat altre. »
Respunt Rollanz : « Ne dites tel ultrage.
« Mal seit de l' coer ki el' piz se cuardet!
« Nus remeindrum en estal en la place;
« Par nus i iert e li colps e li caples. » AOI.

XCIV

1110 Quant Rollanz veit que bataille serat,
Plus se fait fiers que leun ne leuparz ;
Franceis escriet, Olivier apelat ;
« Sire cumpainz, amis, ne l' dire ja.
« Li Emperere ki Franceis nus laissat,
1115 « Itels vint milie en mist à une part,
« Sun escientre, nen i out un cuard.
« Pur sun seignur deit hum suffrir granz mals.
« E endurer e forz freiz e granz calz.
« Si'n deit hum perdre de l' sanc e de la carn.
1120 « Fier de *ta* lance e jo de Durendal,
« Ma bone espée que li Reis me dunat.
« Se jo i moerc, dire poet ki l' avrat,
« Que ele fut à nobilie vassal! » AOI.

XCIII

land est preux, mais Olivier est sage;
s sont tous deux de merveilleux courage.
uis d'ailleurs qu'ils sont à cheval et en armes,
s aimeraient mieux mourir qu'esquiver la bataille.
es comtes ont l'âme bonne, et hautes sont leurs paroles...
élons païens chevauchent par grande ire.
 Voyez un peu, Roland, » dit Olivier;
Les voici près de nous, et Charles est trop loin.
Ah! vous n'avez pas voulu sonner de votre cor;
Le Roi serait ici, et nous ne serions pas en danger.
Mais ceux qui sont là-bas ne méritent aucun blâme;
Jetez les yeux là-haut, vers les défilés d'*Aspre* :
Vous y verrez dolente arrière-garde.
Tel s'y trouve aujourd'hui qui plus jamais ne sera dans une
    autre.
— Ne parlez pas aussi follement, » répond Roland.
Maudit soit qui porte un lâche cœur au ventre!
Nous tiendrons pied fortement sur la place :
De nous viendront les coups, et de nous la bataille! »

XCIV

Juand Roland voit qu'il y aura bataille,
l se fait plus fier que lion ou léopard.
l interpelle les Français, puis Olivier :
 Ne parle plus ainsi, ami et compagnon;
L'Empereur, qui nous laissa ses Français,
A mis à part ces vingt mille que voici.
Pas un lâche parmi eux, Charles le sait bien.
Pour son seigneur on doit souffrir grands maux,
Endurer le chaud et le froid,
Perdre de son sang et de sa chair.
Frappe de ta lance, Olivier, et moi, de Durendal,
Ma bonne épée que me donna le Roi.
Et si je meurs, qui l'aura pourra dire :
C'était l'épée d'un noble vassal! »

XCV

D'altre part est l'arcevesques Turpins :
1125 Sun cheval brochet, muntet sur un lariz;
Franceis apelet, un sermun lur ad dit :
« Seignurs baruns, Carles nus laissat ci.
« Pur nostre rei devum nus bien murir;
« Chrestientet aidiez à sustenir.
1130 « Bataille avrez, vus en estes tuit fid,
« Kar à voz oilz veez les Sarrazins.
« Clamez vos culpes, si preiez Deu mercit.
« Asoldrai vus pur voz anmes guarir;
« Se vus murez, esterez seint martir :
1135 « Sièges avrez el' greignur Pareïs. »
Franceis descendent, à tere se sunt mis,
E l'Arcevesques de Deu les beneïst :
Par penitence lur cumandet à ferir.   Aoi.

XCVI

Franceis se drecent, si se metent sur piez,
1140 Bien sunt asolt, quite de lur pecchiez;
E l'Arcevesques de Deu les ad seigniez.
Pois, sunt muntet sur leur curanz destriers;
Adubet sunt à lei de chevaliers,
E de bataille sunt tuit apareilliet.
1145 Li quens Rollanz en apelet Olivier :
« Sire cumpainz, mult bien le *disiez*
« Que li quens Guenes nus ad tuz espiez;
« Pris en ad or e aveir e deniers;
« Li Empereæ nus devreit bien vengier.

1135. *El' greignur Pareïs.* « Qu'est-ce que la mort laisse subsister chez les héros d'Homère ? Une âme, une vaine image, qui, dès que la vie a abandonné les ossements, s'échappe et voltige comme un songe. » (Guignet, *Essai d'encyclopédie homérique*, p. 626.) L'auteur du *Roland*, au contraire, et tous les auteurs de nos Chansons de geste, possédaient sur l'autre vie les notions très nettes de la doctrine chrétienne. Le paradis est pour eux le lieu des âmes saintes, le lieu où elles contemplent Dieu. Partout, on voit, dans nos poèmes, les Anges emporter au ciel les âmes des élus, et les Démons traîner en enfer

XCV

D'autre part est l'archevêque Turpin ;
Il pique son cheval, et monte sur une colline ;
Puis s'adresse aux Français, et leur fait ce sermon :
« Seigneurs barons, Charles nous a laissés ici,
« C'est notre roi : notre devoir est de mourir pour lui.
« Chrétienté est en péril, maintenez-la.
« Il est certain que vous aurez bataille ;
« Car, sous vos yeux, voici les Sarrasins.
« Or donc, battez votre coulpe, et demandez à Dieu merci.
« Pour guérir vos âmes, je vais vous absoudre.
« Si vous mourez, vous serez tous martyrs :
« Dans le grand Paradis vos places sont toutes prêtes. »
Français descendent de cheval, s'agenouillent à terre,
Et l'Archevêque les bénit de par Dieu :
« Pour votre pénitence, vous frapperez les païens. »

XCVI

Français se redressent, se remettent en pied ;
Les voilà absous et quittes de tous leurs péchés.
L'Archevêque leur a donné sa bénédiction au nom de Dieu ;
Puis ils sont montés sur leurs destriers rapides.
Ils sont armés en chevaliers
Et tout disposés pour la bataille.
Le comte Roland appelle Olivier :
« Sire compagnon, vous le savez,
« C'est Ganelon qui nous a tous trahis ;
« Il en a reçu bons deniers en argent et en or.
« L'Empereur devrait bien nous venger.

---

les âmes des damnés. Il est digne de remarque que nos poètes ont toujours professé le dogme de l'éternité des peines : *Diable emportent l'anme en enfer à tous dis.* Quant aux images dont ils se servent pour peindre le Paradis, elles ne sont ni très variées ni très compliquées. La plus populaire est celle-ci : « Les saintes fleurs du Paradis. » Se figurer le Paradis comme un jardin plein de belles fleurs ! Cette conception est en vérité toute militaire et s'explique par la loi des contrastes. Tous les vieux soldats aiment les fleurs. » (*L'Idée religieuse dans les Chansons de geste,* par L. G., p. 29.)

1150 « Li reis Marsilies de nus ad fait marchiet,
« Mais as espées l'estuvrat eslegier. »   Aoi.

XCVII

As porz d'Espaigne en est passez Rollanz
Sur Veillantif, sun bon cheval curant;
Portet ses armes, mult li sunt avenanz;
1155 E sun espiet vait li ber palmeiant,
Cuntre le ciel vait l'amure turnant,
Laciet en sum un gunfanun tut blanc;
Les renges *d'or* li batent jusqu'as mains;
Cors ad mult gent, le vis cler e riant.
1160 E sis cumpainz après le vait sivant;
E cil de France le cleiment à guarant.
Vers Sarrazins reguardet fièrement,
E vers Franceis e humles e dulcement.
Si lur ad dit un mot curteisement :
1165 « Seignurs baruns, suef pas alez tenant.
« Cist paien vunt grant martirie querant;
« Encoi avrum un eschec bel e gent :
« Nuls reis de France n'out unkes si vaillant. »
A cez paroles vunt les oz ajustant.   Aoi.

XCVIII

1170 Dist Oliviers : « N'ai cure de parler.
« Vostre olifant ne deignastes suner,
« Ne de Carlun mie vus nen avrez;
« Il n'en set mot, n'i ad culpe li ber.
« Cil ki là sunt ne funt mie à blasmer.
1175 « Kar chevalchiez à quanque vus puez,
« Seignurs baruns, el' camp vus retenez.
« Pur Deu vus pri, bien seiez purpenset
« De colps ferir, e receivre e duner.
« L'enseigne Carle n'i devum ublier. »
1180 A icest mot unt Franceis escriet.
Ki dunc oïst Munjoie demander,

« Quant au roi Marsile, il a fait marché de nous,
« Mais c'est avec nos épées qu'il sera payé. »

XCVII

Aux défilés d'Espagne passe Roland
Sur Veillantif, son bon cheval courant.
Ses armes lui sont très avenantes;
Il s'avance, le baron, avec sa lance au poing
Dont le fer est tourné vers le ciel
Et au bout de laquelle est lacé un gonfanon tout blanc.
Les franges d'or lui descendent jusqu'aux mains.
Le corps de Roland est très beau, son visage est clair et riant.
Sur ses pas marche Olivier, son ami ;
Et ceux de France, le montrant : « Voilà notre champion, »
    s'écrient-ils.
Sur les Sarrasins il jette un regard fier,
Mais humble et doux sur les Français ;
Puis, leur a dit un mot courtois :
« Seigneurs barons, allez au petit pas.
« Ces païens, en vérité, viennent ici chercher grand martyre.
« Le beau butin que nous aurons aujourd'hui!
« Aucun roi de France n'en fit jamais d'aussi riche. »
A ces mots, les deux armées se rencontrent.

XCVIII

« Point n'ai souci de parler; » dit alors Olivier.
« Vous n'avez pas daigné sonner de votre cor,
« Et voici que le secours de Charles vous fera défaut.
« Certes il n'est pas coupable : car il n'en sait mot, le baron,
« Et ceux qui sont là-bas ne sont point à blâmer.
« Maintenant, chevauchez du mieux que vous pourrez,
« Seigneurs barons, et ne reculez point.
« Au nom de Dieu, ne pensez qu'à deux choses :
« A recevoir et à donner de bons coups.
« Et n'oublions pas la devise de Charles. »
A ce mot, les Français ne poussent qu'un seul cri :
« Monjoie! » Qui les eût entendus crier de la sorte

De vasselage li poüst remembrer.
Pois, si chevalchent, Deus! par si grant fiertet!
Brochent ad ait pur le plus tost aler;
1185 Si vunt ferir, — que fereient-il el? —
E Sarrazin ne's unt mie dutez.
Francs e paiens as les vus ajustez... Aoi.

LA MÊLÉE

XCIX

Li niés Marsilie (il ad num Aelrot)
Tut premereins chevalchet devant l'ost.
Armes out bones, cheval curant e fort;
1190 De noz Franceis vait disant si mals moz
« Feluns Franceis, hoi justerez as noz.
« Traït vus ad ki à guarder vus out;
« Fols est li Reis ki vus laissat as porz.
« Encoi perdrat France dulce sun los,
1195 « Carles li Magnes le destre braz de l' cors.
« *Li port d'Espaigne en serunt à repos.* »
Quant l'ot Rollanz, Deus! si grant doel en out!
Sun cheval brochet de ses esperuns d'or.
Vait le ferir li Quens quanque il pout,
L'escut li fraint e l'osberc li desclot,
1200 Trenchet le piz, si li briset les os,
Tute l'eschine li deseivret de l' dos,
Od sun espiet l'anme li getet fors,
Empeint le bien, fait li brandir le cors,
Pleine sa hanste de l' cheval l'abat mort;
1205 En dous meitiez li ad brisiet le col.

1187. *As les vus ajustez.* Toutes les batailles racontées dans nos poèmes se ressemblent. Deux armées arrivent en présence l'une de l'autre; les plus forts et les mieux armés sortent des rangs et en viennent aux mains. Une bataille alors n'est qu'une série de duels, une partie de barres sanglante. « Suivant le bon ou le mauvais succès de ces engagements particuliers, les masses avancent ou reculent jusqu'au moment où l'un des deux

Eût eu l'idée du courage.
Puis ils chevauchent, Dieu ! avec quelle fierté !
Pour aller plus rapidement, donnent un fort coup d'éperon,
Et (que feraient-ils autre chose ?) se jettent sur l'ennemi.
Mais les païens n'ont pas peur :
Voilà Français et Sarrasins aux prises...

LA MÊLÉE

XCIX

Le neveu de Marsile (il s'appelle Aelroth)
Chevauche tout le premier devant l'armée païenne ;
Il a de bonnes armes, un fort et rapide cheval.
Quelles injures il jette à nos Français !
« Félons Français, vous allez aujourd'hui lutter avec les nôtres
« Qui devait vous défendre vous a trahis,
« Votre empereur est fou qui vous a laissés dans ces défilés :
« C'en est fait aujourd'hui de l'honneur de douce France,
« Et Charles le Grand va perdre ici le bras droit de son corps.
« *L'Espagne enfin sera en repos.* »
Roland l'entend : grand Dieu, quelle douleur !
Il éperonne son cheval de ses éperons d'or,
Du plus rude coup qu'il peut porter, le Comte frappe le païen.
Il fracasse l'écu d'Aelroth, lui rompt les mailles de son haubert,
Lui tranche la poitrine, lui brise les os,
Lui sépare toute l'échine du dos
Et, avec sa lance, lui jette l'âme hors du corps.
Le coup est si rude qu'il fait chanceler le corps du Sarrasin,
Si bien que Roland, à pleine lance, l'abat mort de son cheval
Et que le cou du païen est en deux morceaux.

---

partis cède absolument le champ de bataille. Le lendemain on enterre les morts, et tout recommence de plus belle. » (*Histoire littéraire*, XXII, 717.) On pourra lire, comme type de bataille, les pages 30 et suiv. de *Renaus* *de Montauban* (édit. Michelant), les pp. 95 et suiv. de *Raoul de Cambrai* (édit. Leglay). Cf. *Garin le Loherain*, édit. P. Paris, I, p. 14. = Il y aurait un grand intérêt à comparer ces batailles avec celles que raconte Homère.

Ne laisserat, ço dist, que n'i parolt :
« Ultre, culverz ! Carles n'est mie fols,
« Ne traïsun unkes amer ne volt.
« Il fist que pruz qu'il nus laissat as porz ;
1210 « Hoi n'en perdrat France dulce sun los.
« Ferez i, Franc. Nostre est li premiers colps.
« Nus avum dreit, mais cist glutun unt tort. »   Aoi.

C

Uns dux i est, si ad num Falsarun ;
Icil ert frere à l'rei Marsiliun :
1215 Il tint la tere Dathan e Abirun ;
Suz ciel nen ad plus encriesme felun.
Entre les oilz mult out large le frunt,
Grant demi pied mesurer i pout hum.
Asez ad doel quant vit mort sun nevuld :
1220 Ist de la presse, si se met en bandun
E si escriet l'enseigne paienur.
Envers Franceis est mult cuntrarius :
« Encoi perdrat France dulce s'honur. »
Ot l' Oliviers, si 'n ad mult grant irur :
1225 Le cheval brochet des ories esperuns,
Vait le ferir en guise de barun,
L'escut li fraint e l'osberc li derumpt,
El' cors li met les pans de l' gunfanun,
Pleine sa hanste l'abat mort des arçuns.
1230 Guardet à tere, veit gesir le glutun,
Si li ad dit par mult fiere raisun :
« De voz manaces, culverz, jo nen ai suign.

1225. *Ories esperuns*. « L'éperon, aux xiᵉ-xiiᵉ siècles, était d'or ou doré. Sa forme générale n'a pas changé. C'est une talonnière, à deux branches recourbées, attachée au pied par une bride et un sous-pied, et portant une tige pointue destinée à aiguillonner le cheval. L'extrémité seule de la tige a varié dans sa disposition. Jusqu'aux premières années du xiiiᵉ siècle, les sceaux représentent l'éperon armé d'un petit fer de lance qui est de forme conique ou losangée. » (Demay, *le Costume de guerre*, p. 145.)

1229. *Arçuns*. « Les arçons ; ce sont les parties les plus relevées en avant

Roland cependant ne laissera pas de lui parler :
« Va donc, misérable, et sache bien que Charles n'est pas fou
« Et qu'il n'aima jamais la trahison.
« En nous laissant aux défilés, il a agi en preux,
« Et la France aujourd'hui ne perdra pas sa gloire.
« Frappez, Français, frappez : le premier coup est nôtre.
« C'est à ces gloutons qu'est le tort, c'est à nous qu'est le droit. »

C

Il y a là un duc du nom de Fausseron :
C'est le frère du roi Marsile.
Il tient la terre de Dathan et Abiron,
Et il n'est pas sous le ciel d'homme plus insolent ni plus félon.
Entre ses deux yeux il a le front énorme,
Et l'on y pourrait mesurer un grand demi-pied.
A la vue de son neveu mort, il est tout saisi de douleur,
Sort de la foule, se précipite,
Jette le cri des païens
Et, dans sa rage contre les Français :
« C'est aujourd'hui, » dit-il, « que douce France va perdre son honneur. »
Olivier l'entend, il en a grande colère :
Des deux éperons d'or, pique son cheval
Et va frapper Fausseron d'un vrai coup de baron.
Il lui brise l'écu, lui rompt les mailles de son haubert,
Lui plonge dans le corps les pans de son gonfanon,
Et, à pleine lance, l'abat mort des arçons.
Alors il regarde à terre, et, y voyant le misérable étendu,
Il lui dit ces très fières paroles :
« Point n'ai souci, lâche, de vos menaces.

et en arrière de la selle, dont les Orientaux ont conservé la forme et le vaste développement. *Arciones vocamus ab arcu, quod in modum arcus sint incurvi.* (Saumaise.) = Plusieurs arçons de derrière, des XIIe, XIIIe et XIVe siècles, sont parvenus jusqu'à nous, les uns en métal repoussé, émaillé ou ciselé, les autres en bois sculpté. = « Pierre de Blois, au XIIe siècle, parle de combats de cavalerie peints sur les arçons (?), et le moine Théophile décrit cette ornementation comme étant de vogue, et dès longtemps établie. » (*Glossaire des émaux*, par L. de Laborde, au mot *Arçons*.)

« Ferez i, Franc, kar très bien les veintrum. »
Munjoie escriet, ç' est l'enseigne Carlun.   Aoi.

CI

1235 Uns reis i est, si ad num Corsablis;
Barbarins est, d'un estrange païs.
Si apelat les altres Sarrazins :
« Ceste bataille bien la poüm tenir,
« Kar de Franceis i ad asez petit;
1240 « Cels ki ci sunt devum aveir mult vils :
« Ja pur Carlun n'i iert uns suls guariz.
« Or est li jurz que l's estuvrat murir. »
Bien l'entendit l' arcevesques Turpins,
Suz ciel n'ad hume que *tant* voeillet haïr;
1245 Sun cheval brochet des esperuns d'or fin,
Par grant vertut si l'est alez ferir,
L'escut li frainst, l'osberc li descunfist,
Sun grant espiet par mi le cors li mist :
Empeint le bien que mult le fait brandir,
1250 Pleine sa hanste l'abat mort el' chemin.
Guardet à tere, veit le glutun gesir,
Ne laisserat que n'i parolt, ço dit :
« Culverz paiens, vus i avez mentit;
« Carles mis sire nus est guarant tuz dis :
1255 « Nostre Franceis n'unt talent de fuïr.
« Voz cumpaignuns ferum trestuz restifs.
« Nuvele mort vus estuvrat suffrir.
« Ferez, Franceis : nuls de vus ne s'ublit !
« Cist premiers colps est nostre, Deu mercit. »
1260 Munjoie escriet pur le camp retenir.   Aoi.

CII

E Gerins fiert Malprimis de Brigal.
Sis bons escuz un denier ne li valt;

« Frappez, Français, frappez, nous les vaincrons ! »
Puis : « Monjoie ! » s'écrie-t-il. C'est le cri de l'Empereur.

CI

Il y a là un roi du nom de Corsablis ;
Il est de Barbarie, d'un pays lointain.
Le voilà qui se met à interpeller les autres païens :
« Nous pouvons aisément soutenir la bataille :
« Les Français sont si peu !
« Ceux qui sont devant nous sont à dédaigner ;
« Pas un n'échappera, Charles n'y peut rien,
« Et voici le jour qu'il leur faudra mourir. »
L'archevêque Turpin l'entend :
Il n'est pas d'homme sous le ciel qu'il haïsse autant que ce païen ;
Des éperons d'or fin il pique son cheval
Et va frapper sur Corsablis un coup terrible.
L'écu est mis en pièces, le haubert en lambeaux ;
Il lui plante sa lance au milieu du corps.
Le coup est si rude que le Sarrasin chancelle :
A pleine lance, Turpin l'abat mort sur le chemin ;
Puis regarde à terre et y voit le glouton étendu.
Il ne laisse pas de lui parler, et lui dit :
« Vous en avez menti, lâche païen ;
« Mon seigneur Charles est toujours notre appui,
« Et nos Français n'ont pas envie de fuir.
« Vos compagnons, nous saurons bien les arrêter ici,
« Et quant à vous, c'est une nouvelle mort qui vous attend.
« Frappez, Français : que pas un de vous ne s'oublie.
« Le premier coup est nôtre, Dieu merci ! »
Puis : « Monjoie ! Monjoie ! » s'écrie-t-il, pour rester maître du champ.

CII

Malprime de Brigal est frappé par Gerin ;
Son bon écu ne lui sert pas pour un denier :

Tute li fraint la bucle de cristal,
L'une meitiet li turnet cuntreval ;
1265 L'osberc li rumpt entresque à la carn,
Sun bon espiet enz el' cors li enbat :
Li paiens chiet cuntreval à un quas,
L'anme de lui enportet Satanas. Aoi.

CIII

E sis cumpainz Geriers fiert l'Amurafle ;
1270 L'escut li fraint e l'osberc li desmailet,
Sun bon espiet li met en la curaille,
Empeint le bien, par mi le cors li passet,
Que mort l'abat el' camp, pleine sa hanste.
Dist Oliviers : « Gente est nostre bataille. » Aoi.

CIV

1275 Samsun li dux vait ferir l'Almaçur,
L'escut li fraint k' est ad or e à flurs,
Li bons osbercs ne li est guarant prud ;
Le coer li trenchet, le firie e le pulmun,
Que mort l'abat, qui qu'en peist o qui nun.
1280 Dist l'Arcevesques : « Cist colps est de barun. » Aoi.

CV

E Anseïs laisset le cheval curre,
Si vait ferir Turgis de Turteluse ;
L'escut li fraint desuz l'orée bucle,
De sun osberc li derumpit les dubles,
1285 De l' bon espiet el' cors li met l'amure,
Empeinst le bien, tut le fer li mist ultre,
Pleine sa hanste el' camp mort le tresturnet.
Ço dist Rollanz : « Cist colps est de produme. » Aoi.

1263. *La bucle.* C'est la proéminence qui est au centre de l'écu, l'antique *umbo* que l'on trouve dans le bouclier gaulois, romain et frank. (Voir un dessin très curieux dans l'*Histoire du costume* de J. Quicherat, p. 89.) Les *bucles* des écus étaient composées d'une armature en fer qui faisait saillie, qui formait mamelon. Dans les écus de luxe on réservait parfois un creux au milieu

La boucle de cristal en est brisée,
Et la moitié en tombe à terre.
Son haubert est percé jusqu'à la chair,
Et Gerin lui plante au corps sa bonne lance.
Le païen tombe à terre, d'un seul coup ;
Satan emporte son âme.

CIII

Le compagnon de Gerin, Gerier, frappe l'Amirafle ;
Il brise l'écu et démaille le haubert du païen,
Lui plante sa bonne lance au cœur,
Le frappe si bien qu'il lui traverse tout le corps,
Et qu'à pleine lance il l'abat mort à terre.
« Belle bataille, » s'écrie Olivier.

CIV

Le duc Samson va frapper l'Aumaçour ;
Il lui brise l'écu couvert de fleurons et d'or ;
Son bon haubert ne le garantit pas.
Samson lui tranche le cœur, le foie et le poumon,
Et (qu'on s'en afflige ou non !) l'abat raide mort.
« Voilà un coup de baron, » dit l'Archevêque.

CV

Anséis laisse aller son cheval
Et va frapper Turgis de Tortosa.
Au-dessous de la boucle dorée il brise l'écu,
Rompt la double étoffe qui garnit le haubert,
Lui plante au corps le fer de sa bonne lance,
Et le frappe d'un si bon coup que tout le fer le traverse.
A pleine lance, il le renverse mort.
« C'est le coup d'un brave, » s'écrie Roland.

de cette armature, et l'on y mettait une boule de métal précieux ou de cristal. De là ces mots : *bucle de cristal* ou *bucle d'or mier.* Cf. *bucle orée*, etc.

1284. *Les dubles.* Il est difficile de savoir s'il s'agit ici de doubles mailles, ou de cette étoffe qui, sans doute, servait encore de doublure au haubert. Nous penchons pour ce dernier sens. Cf. le v. 995.

CVI

　　　E Engeliers, li Guascuinz de Burdele,
1290 Sun cheval brochet, si li laschet la resne,
　　　Si vait ferir Escremiz de Valterne :
　　　L'escut de l' col li fraint e escantelet,
　　　De sun osberc li rumpit la ventaille ;
　　　Si l' fiert el' piz entre les dous furcheles,
1295 Pleine sa hanste l'abat mort de la sele.
　　　Après, li dist : « Turnet estes à perte. »　　　Aoi.

CVII

　　　E Otes fiert un paien, Estorgant,
　　　Sur sun escut, en la pene devant,
　　　Que tut li trenchet le vermeill e le blanc ;
1300 De son osberc li ad rumput les pans,
　　　El' cors li met sun bon espiet trenchant,
　　　Que mort l'abat de sun cheval curant.
　　　Après, li dist : « Ja n'i avrez guarant. »　　　Aoi.

CVIII

　　　E Berengiers il fiert Estramaris,
1305 L'escut li frainst, l'osberc li descunfist,
　　　Sun fort espiet par mi le cors li mist,
　　　Que mort l'abat entre mil Sarrazins.
　　　Des duze pers li dis en sunt ocis ;
　　　Ne mès que dous n'en i ad remés vifs :
1310 Ço est Chernubles e li quens Margariz.　　　Aoi.

CIX

　　　Margariz est mult vaillant chevaliers,
　　　E bels e forz e isnels e legiers ;
　　　Le cheval brochet, vait ferir Olivier,
　　　L'escut li fraint suz la bucle d'or mier,
1315 Lez le costet li cunduist sun espiet,

CVI

Engelier, le Gascon de Bordeaux,
Pique des deux son cheval, lui lâche les rênes,
Et va frapper Escremis de Valtierra.
Il met en pièces l'écu que le païen porte au cou,
Lui déchire la ventaille du haubert,
Le frappe en pleine poitrine, entre les deux épaules,
Et, à pleine lance, l'abat mort de sa selle.
« Vous êtes tous perdus, » s'écrie-t-il.

CVII

Othon va frapper un païen, Estorgant,
Tout au-devant de l'écu, sur le cuir :
Il en enlève les couleurs rouge et blanche ;
Puis déchire les pans du haubert,
Lui plante au corps son bon épieu tranchant,
Et l'abat mort de son cheval courant.
« Personne, » dit-il alors, « personne ne vous défendra plus. »

CVIII

Bérengier frappe Estramaris,
Brise l'écu, met le haubert en morceaux,
Lui plante au corps son bon épieu tranchant,
Et l'abat mort entre mille Sarrasins.
Des douze pairs païens, dix sont déjà tués ;
Il n'en reste plus que deux vivants :
Chernuble et le comte Margaris.

CIX

Margaris est un très vaillant chevalier,
Beau, fort, léger, rapide ;
Il pique des deux son cheval et va frapper Olivier.
Au-dessous de la boucle d'or pur, il brise l'écu,
Et lui porte un coup de lance le long des côtes.

Deus le guarit, qu'el' cors ne l' ad tuchiet ;
La hanste fruisset, mie n'en abatiet.
Ultre s'en vait qu'il n'i ad *encumbrier*,
Sunet sun graisle pur les soens ralier.   Aoi.

CX

1320 La bataille est merveilluse e cumune.
Li quens Rollanz mie ne s'asoüret,
Fiert de l' espiet tant cum hanste li duret,
A quinze colps l'ad il fraite e *rumpue* ;
Trait Durendal, sa bone espée nue.
1325 Sun cheval brochet, si vait ferir Chernuble :
L'helme li freint ù li carbuncle luisent,
Trenchet la coife e la cheveleüre,
Si li trenchat les oilz e la faiture,
Le blanc osberc dunt la maile est menue
1330 E tut le cors tresqu'en la furcheüre,
Enz en la sele ki est à or batue.
El' cheval est l'espée aresteüe :
Trenchet l'eschine, unc n'i out quis juinture ;
Tut abat mort el' pret sur l'herbe drue.
1335 Après, li dist : « Culverz, mar i moüstes ;
« De Mahummet ja n'i avrez aiüde.
« Par tel glutun n'iert bataille hoi vencue. »   Aoi.

CXI

Li quens Rollanz par mi le camp chevalchet,
Tient Durendal ki bien trenchet e bien taillet,
1340 Des Sarrazins lor fait mult grant damage.
Ki lui veïst l'un jeter mort sur l' altre,
Le sanc tut cler gesir par cele place !

1328. *L'helme ù li carbuncle luisent.* Le heaume, comme nous l'avons dit, est en forme de cône ; il est bordé d'un cercle, d'une bande de métal qui est ornementée. Et il est souvent renforcé dans toute sa hauteur par quatre autres bandes de métal, *également ornementées*, lesquelles viennent aboutir et se croiser à son sommet. C'est sur ces bandes et sur le cercle que l'on plaçait des pierres précieuses ou de la verroterie. Voyez Demay, *Le Costume de guerre*, p. 132.

Dieu préserve Olivier, si bien que le coup ne le touche pas ;
La lance effleura sa chair, mais n'en enleva point.
Margaris alors va plus loin, sans encombre,
Et sonne de son cor pour rallier les siens.

CX

La bataille est merveilleuse, la bataille est une mêlée :
Le comte Roland ne craint pas de s'exposer.
Il frappe de la lance tant que le bois lui dure ;
Mais voilà que quinze coups l'ont brisée et perdue.
Alors Roland tire Durendal, sa bonne épée nue,
Éperonne son cheval et va frapper Chernuble.
Il met en pièces le heaume du païen où les escarboucles étincellent,
Lui coupe en deux la coiffe et la chevelure,
Lui tranche les yeux et le visage,
Le blanc haubert aux mailles si fines,
Tout le corps jusqu'à l'enfourchure
Et jusque sur la selle, qui est couverte de lames d'or.
L'épée entre dans le corps du cheval,
Lui tranche l'échine sans chercher le joint,
Et sur l'herbe drue abat morts le cheval et le cavalier :
« Misérable, » lui dit-il ensuite, « tu fus mal inspiré de venir ici ;
« Ton Mahomet ne te viendra point en aide,
« Et ce n'est pas par un tel glouton que cette victoire sera
  gagnée ! »

CXI

Par le champ de bataille chevauche le comte Roland,
Sa Durendal au poing, qui bien tranche et bien taille,
Et qui fait grande tuerie des Sarrasins.
Ah ! si vous aviez vu Roland jeter un mort sur un autre mort,
Et le sang tout clair inondant le sol !

1331. *La sele...* La selle comprend à cette époque : 1⁰ des arçonnières ; 2⁰ des quartiers coupés carrément et enrichis de broderies quadrillées ; 3⁰ deux sangles, distantes l'une de l'autre ; 4⁰ un poitrail formé d'une bande de cuir à franges ; 5⁰ des étriers arrondis et surbaissés, lesquels sont suspendus par des étrivières tantôt de cuir, tantôt de chaînette ; 6⁰ une couverture carrée. Voy. Demay, *Le Costume de guerre*, p. 163.

Sanglent en ad e l'osberc e *la* brace,
Sun bon cheval le col e les espalles.
1345 E Oliviers de ferir ne se target.
Li duze Per n'en deivent aveir blasme,
E li Franceis i fièrent e si caplent.
Moerent paien e alquant en i pasment.
Dist l'Arcevesques : « Bien ait nostre barnages! »
1350 Munjoie escriet, ço est l'enseigne Carle. Aoi.

CXII

E Oliviers chevalchet par l'estur.
Sa hanste est fraite, n'en ad que un trunçun ;
E vait ferir un paien, Malsarun.
L'escut li fraint k' est ad or e à flurs,
1355 Fors de la teste li met les oilz ambsdous,
E la cervele li chiet as piez desuz :
Mort le tresturnet od tut set cenz des lur.
Pois, ad ocis Turgin e Estorgus ;
La hanste esclicet e briset jusqu'as puignz.
1360 Ço dist Rollanz : « Cumpainz, que faites vus ?
« En tel bataille n'ai cure de bastun ;
« Fers e aciers i deit aveir valur.
« U 'st vostre espée ki Halteclere ad num ?
« D'or est li helz e de cristal li punz.
1365 « — Ne la pois traire, » Oliviers li respunt,
« Kar de ferir ai jo si grant bosuign. » Aoi.

CXIII

Danz Oliviers trait ad sa bone espée
Que sis cumpainz li ad tant demandée,
E il li ad cum chevaliers mustrée.

1363. *U est l'espée ki Halteclere ad num.* L'épée Hauteclaire est, d'après plusieurs de nos vieux poèmes, l'œuvre du forgeron Veland ; d'après quelques autres, de Munificant. L'auteur de *Gi-rars de Viane* nous raconte tout au long l'histoire de cette fameuse épée : « Elle appartenait autrefois à l'empereur de Rome Closamont, qui la perdit dans un bois. Des faucheurs la retrouvèrent

Roland est rouge de sang ; rouge est son haubert, rouges sont ses bras,
Rouges sont les épaules et le cou de son cheval.
Pour Olivier, il ne se met pas en retard de frapper.
Les douze Pairs aussi ne méritent aucun blâme ;
Tous les Français frappent, tous les Français massacrent.
Et les païens de mourir ou de se pâmer :
« Vivent nos barons ! » dit alors l'Archevêque :
« Monjoie ! » crie-t-il, « Monjoie ! C'est le cri de Charles. »

CXII

Parmi la bataille chevauche Olivier ;
Le bois de sa lance est brisé, il n'en a plus qu'un tronçon au poing.
Alors il va frapper un païen, du nom de Mausseron.
Il lui brise l'écu, qui est couvert d'or et de fleurons,
Il lui jette les deux yeux hors de la tête,
Et la cervelle du païen lui tombe aux pieds.
Bref il le renverse mort avec sept cents de sa race.
Puis, il a tué Turgis et Estorgous ;
Mais cette fois sa lance se brise en éclats jusqu'à son poing :
« Que faites-vous, compagnon ? » lui crie Roland,
« Ce n'est pas un bâton qu'il faut en telle bataille,
« Mais il n'y a de bon que le fer et l'acier.
« Où donc est votre épée qui s'appelle Hauteclaire ?
« Sa garde est d'or, et son pommeau de cristal.
« — Je n'ai pas le temps de la tirer, » répond Olivier ;
« J'ai trop besoin de frapper ! »

CXIII

Mon seigneur Olivier a tiré sa bonne épée,
Que lui a tant demandée son compagnon Roland,
Et, en vrai chevalier, il la lui a montrée.

---

et l'apportèrent au Pape. Pepin s'en empara, lorsqu'il vint à Rome ; puis il la donna au duc Beuves, qui la vendit à un Juif. Et c'est ce Juif qui la céda à Olivier, au moment même où il allait engager, sous les murs de Vienne, son grand duel avec Roland. » Cf. la note de Génin, à la p. 390 de son édition de la *Chanson de Roland*.

1370 Fiert un paien, Justin de Val-Ferrée;
Tute la teste li ad par mi sevrée,
Trenchet le cors e *la* brunie safrée,
La bone sele ki ad or est gemmée,
E à l' cheval ad l'eschine *colpée* :
1375 Tut abat mort devant lui en la prée.
Ço dist Rollanz : « *Or* vus receif jo frere.
« Pur itels colps nus aimet l' Emperere. »
De tutes parz est Munjoie escriée. AOI.

CXIV

Li quens Gerins siet el' cheval Sorel,
1380 E sis cumpainz Geriers en Passe-Cerf;
Laschent lur resnes, brochent ambdui ad ait
E vunt ferir un paien, Timozel,
L'uns en l'escut e li altre en l'osberc;
Lur dous espiez enz el' cors li unt frait,
1385 Mort le tresturnent très en mi un guaret.
Ne l' oï dire ne jo mie ne l'sai
Li quels d'els dous en fut li plus isnels...
Esperveris *i* fut, *li* filz *Borel* :
Icel *ocist Engeliers de* Burdel.
1390 E l'Arcevesques lur ocist Siglorel,
L'encanteür ki ja fut en enfer;
Par artimal l'i cunduist Jupiter.
Ço dist Turpins: « Icist *est mult fel.* »
Respunt Rollanz : « Vencuz est li culverz.
1395 « Oliviers frere, itel colp me sunt bel. » AOI.

CXV

La bataille est adurée endementres :
Franc e paien merveillus colps i rendent.
Fièrent li un, li altre se defendent.

1379. *Sorel*. Nous avons fait de « Sorel » | justifié par le vers suivant : le manu-
le nom d'un cheval, ce qui nous semble | scrit de Lyon donne *Morel*. Cf. les noms

Il en frappe un païen, Justin de Val-Ferrée,
Lui coupe en deux morceaux la tête,
Lui tranche le corps et le haubert brodé,
Avec la bonne selle où brillent les pierreries et l'or.
Il tranche aussi l'échine du destrier,
Et abat mort sur le pré le cheval avec le cavalier :
« Ah ! désormais, » s'écrie Roland, « je vous regarde comme
   « un frère.
« Voilà bien les coups qui nous font aimer de l'Empereur. »
Et de toutes parts on entend ce cri : « Monjoie ! »

CXIV

Voici sur son cheval Sorel le comte Gerin,
Et son compagnon Gerier sur Passe-Cerf.
Ils leur lâchent les rênes, et d'éperonner vivement.
Tous deux vont frapper le païen Timozel ;
L'un l'atteint à l'écu, l'autre au haubert.
Ils lui brisent leurs deux lances dans le corps
Et l'abattent raide mort au milieu d'un guéret.
Je ne sais point, je n'ai jamais entendu dire
Lequel des deux fut alors le plus rapide...
Espreveris était là, le fils de Borel :
Il meurt de la main d'Engelier de Bordeaux.
Puis l'Archevêque tue Siglorel,
Cet enchanteur qui avait déjà été dans l'enfer,
Où Jupiter l'avait conduit par l'art du diable :
« Voilà un grand félon, » dit Turpin.
« — Le misérable est vaincu, » répond Roland.
« Frère Olivier, ce sont là les coups que j'aime. »

CXV

La bataille cependant est devenue très rude :
Français et païens y échangent de beaux coups.
Les uns attaquent, les autres se défendent.

---

donnés par nos épiques aux chevaux de nos autres héros : le cheval d'Ogier s'ap- pelle *Broiefort ;* celui de Renaud de Montauban, *Bayard ;* celui de Guillaume

Tante hanste i ad e fraite e sanglente,
1400 Tant gunfanun rumput e tante enseigne!
Tant bon Franceis i perdent lur juvente!
Ne reverrunt lur meres ne lur femmes,
Ne cels de France ki as porz les atendent.
Carles li Magnes en pluret, si s' dementet.
1405 De ço qui calt? N'en avrunt succurance.
Malvais servise le jur lur rendit Guenes
Qu'en Sarraguce sa maisniée alat vendre.
Pois en perdit e sa vie e ses membres,
El' plait ad Ais en fut jugiez à pendre;
1410 De ses parenz ensembl'od lui tel trente
Ki de murir n'en ourent espairnance. AOI.

CXVI (??)

Reis Almaris, od la sue cumpaigne,
Par un destreit merveillus e estrange,
Vait à Gualtier ki guardet la muntaigne
E les destreiz devers les porz d'Espaigne:
« Guenes li fel, » dist Gualtiers li catanies,
« De nus ad fait mult dulurus escange. » AOI.

CXVII (??)

Reis Almaris est sur le munt venuz,
E de paiens seisante milie od lui.
Franceis asaillent par force e par vertut,
Par grant irur trestuz les unt feruz,
Tuz les unt morz, ocis e cunfunduz.
Sur tuz les altres est Gualtiers irascuz,
Trait sun espée, enbracet sun escut,
As maistres rencs s'en vient les salz menuz,
Ad els s'ajustet, lur fist malvais salut. AOI.

---

d'Orange, *Baucent*, etc. etc. Déjà nous connaissons *Tencendur* et *Veillantif*. | 1408. *Pois en perdit*. Cette annonce prophétique du dénouement de la chan-

ue de lances brisées et rouges de sang !
ue de gonfanons et d'enseignes en pièces !
t que de bons Français perdent là leur jeunesse !
ls ne reverront plus leurs mères ni leurs femmes,
i ceux de France qui les attendent là-bas, aux défilés.
harles le Grand en pleure et se lamente :
Hélas ! à quoi bon ? Ils n'en recevront point de secours.
anelon leur rendit un mauvais service,
e jour qu'il alla dans Saragosse vendre sa propre lignée.
Mais, depuis lors, il en a perdu les membres et la vie :
Plus tard, à Aix, on le condamna à être écartelé,
Et, avec lui, trente de ses parents
Auxquels on ne fit pas grâce de la mort.

CXVI (??)

Le roi Almaris, avec son corps d'armée,
Par un étroit et merveilleux passage,
Va joindre Gautier, qui garde la montagne
Et les défilés du côté de l'Espagne.
« Ah ! Ganelon le traître, » dit Gautier le capitaine,
« Ganelon, pour notre grand malheur, a fait marché de nous. »

CXVII (??)

Le roi Almaris est venu sur la montagne ;
Soixante mille païens sont avec lui
Qui très vigoureusement attaquent nos Français.
En grande colère ils les ont tous frappés,
Ils les ont mis en déroute, tués, massacrés.
Plus que tous les autres, Gautier est en rage :
Il tire son épée, serre son écu contre lui,
Au petit trot s'en va devant le premier rang des païens,
Leur fait mauvais salut et s'aligne près d'eux.

---

on est assez fréquente dans nos poèmes. | 1411. Lacune comblée. Voir la note
Elle est profondément épique. | du v. 818.

CXVIII (??)

Si cum Gualtiers fut ad els ajustez,
Paien l'asaillent envirun de tuz lez.
Sis forz escuz li est fraiz e quassez,
Sis blancs osbercs rumpuz e desafrez,
E il meïsmes de quatre espiez naffrez.
Ne l' pout suffrir, quatre feiz s'est pasmez.
Voeillet o nun, s'en est de l' camp turnez.
Si cum il pout ad le munt avalet.
Rollant apellet : « E! ber, si m' succurez. »   Aoi.

CXIX

La bataille est merveilluse e pesant.
Mult bien i fiert Oliviers et Rollanz,
Li Arcevesques plus de mil colps i rent,
1415 Li duze Per ne s'en targent nient
E li Franceis fièrent cumunement.
Moerent paien à milliers e à cenz.
Ki ne s'enfuit de mort n'i ad guarant,
Voeillet o nun, tut i laisset sun tens.
1420 Franceis i perdent lur meillurs guarnemenz,
Lur forz espiez e lur lances trenchanz,
E gunfanuns blois e vermeilz e blancs :
De lur espées si sunt fruisiet li brant.
Perdut i unt tanz chevaliers vaillanz!
Ne reverrunt ne pères ne parenz,
Ne Carlemagne ki as porz les atent.

En France en ad mult merveillus turment :
Orez i ad de tuneire e de vent;
1425 Pluie e gresilz desmesuréement.
Chièdent i fuildres e menut e suvent;
E terremoete ço i ad veirement

CXVIII (??)

peine Gautier s'est-il aligné près des Sarrasins
ue ceux-ci l'assaillent à droite, à gauche, de toutes parts.
on fort écu est brisé en mille pièces,
˜on blanc haubert est rompu, et la broderie en est perdue.
ui-même, il est percé de quatre lances;
l n'y peut plus tenir, et quatre fois se pâme.
Qu'il le veuille ou non, il lui faut quitter le champ.
Voilà que, de son mieux, il descend la montagne
Et appelle Roland : « A mon aide, baron, à mon aide ! »

CXIX

A Roncevaux la bataille est merveilleuse et pesante :
Olivier et Roland y frappent de grand cœur ;
L'archevêque Turpin y rend des milliers de coups ;
Les douze Pairs ne sont pas en retard.
Tous les Français se battent et sont en pleine mêlée ;
Et les païens de mourir par cent et par mille.
Qui ne s'enfuit ne peut échapper à la mort :
Bon gré, mal gré, tous y laissent leur vie.
Mais les Français y perdent leur meilleure défense,
Leurs forts épieux et leurs lances qui tranchent,
Leurs gonfanons bleus, vermeils ou blancs.
Le fer de leurs épées est brisé.
Et que de vaillants chevaliers ils ont perdus !
Quant à eux, ils ne reverront plus ni leurs pères ni leurs familles,
Ni Charlemagne qui les attend là-bas...

Cependant en France il y a une merveilleuse tourmente :
Des tempêtes, du vent et du tonnerre,
De la pluie et de la grêle démesurément,
Des foudres qui tombent souvent et menu,
Et (rien n'est plus vrai) un tremblement de terre.

De Seint-Michiel de l' Peril jusqu'as Seinz,
De Besençun tresqu'as *porz* de Guitsand :
1430 Nen ad recet dunt li murs ne cravent.
Cuntre midi tenebres i ad granz,
N'i ad clartet se li *ciels* nen i fent.
Hum ne le veit ki mult ne s'espaent ;
Dient plusur : « C' est li definemenz,
1435 « La fin de l' siècle ki nus est en present. »
Il ne le sevent ne dient veir nient :
Ç' est la dulur pur la mort de Rollant.   Aoi.

CXX

Grant sunt li seigne e li orage pesme ;
En France i out plusurs choses apertes :
Cuntre midi très qu'à l'ure de vespre,
La noit i est oscure e les tenebres ;
Soleilz ne lune n'i poeent rendre luiserne,
Hum ki ço veit la vie en quidet perdre :
En tel dulur or deivent il bien estre,
Quant Rollanz moert ki les altres cadelet.
Mieldre de lui ne fut uncor sur tere
Pur paiens veintre e pur regnes cunquerre.   Aoi.

CXXI

La bataille est e pesme e adurée ;
Franceis i fièrent de lur trenchanz espées,
N'i ad celui ne l'ait ensanglentée.
Crient Munjoie, l'enseigne renumée :

1428. *Seinz.* Nous n'avons aucune certitude sur le véritable sens de ce mot ; mais nous sommes tenté de croire qu'il s'agit de Cologne, laquelle a été surnommée « la sainte », à raison de ses innombrables reliques. Cinquante martyrs de la légion Thébéenne y reposaient dans une basilique couverte de mosaïques et d'or, qui depuis une haute antiquité portait le nom de *Sancti aurei*. Nous avons là-dessus un texte de Grégoire de Tours (*De Gloria Martyrum*, I, cap. LXII), et une inscription du VIe siècle. Cologne, à tout le moins,

Depuis Saint-Michel-du-Péril jusqu'aux Saints de Cologne,
Depuis Besançon jusqu'au port de Wissant,
Pas une maison dont les murs ne crèvent.
A midi, il y a grandes ténèbres ;
Il ne fait clair que si le ciel se fend.
Tous ceux qui voient ces prodiges en sont dans l'épouvante,
Et plusieurs disent : « C'est la fin du monde,
« C'est la consommation du siècle. »
Non, non : ils ne le savent pas, ils se trompent:
C'est le grand deuil pour la mort de Roland!

CXX

Les prodiges sont terribles et l'orage effroyable;
En France, il y a plusieurs signes évidents:
Dès l'heure de midi jusqu'à celle de vêpres,
La nuit y est obscure, et les ténèbres.
Ni le soleil ni la lune n'y jettent leur clarté.
Tous ceux qui voient ces choses croient qu'ils vont mourir;
Mais, en vérité, on peut bien être en telle douleur,
Quand celui qui conduit tous les autres, quand Roland meurt.
Il n'y eut jamais sur terre un homme de plus haut prix
Pour vaincre les païens et conquérir les royaumes.

CXXI

La bataille est formidable; elle est horrible.
Tous nos Français y frappent du trenchant de l'épée,
Il n'en est pas un dont l'acier ne soit tout rouge de sang.
« Monjoie, » s'écrient-ils; c'est le nom de la fameuse enseigne.

conviendrait bien comme point extrême de la France : « Du Mont-Saint-Michel aux saints de Cologne, et de Besançon à Wissant. » = Les mss. de Paris, de Lyon et de Cambridge nous donnent *Rains*.
1437. Lacune comblée. Voir la note du v. 818. = Dans la *Keiser Karl Magnus's kronike*, ces prodiges sont racontés plus brièvement : « Le soleil ne donna plus aucune lumière, et il fit aussi sombre que s'il eût été nuit. Saint Gilles dit que ce miracle arriva à cause de Roland, parce qu'il devait mourir ce jour-là. »

Paien s'enfuient par tute la cuntrée..
Franc les encalcent de la tere salvée:
Or, veient il que dure est la meslée. Aoi.

CXXII

Paiene gent, dolente e irascue,
Laissent le camp, si se turnent en fuie :
Cil les encalcent ki de les prendre unt cure.
Là veïssez la plaigne si vestue,
Tanz Sarrazins cadeir sur l'herbe drue,
Tanz blancs osbercs, tantes brunies qui luisent,
Tante hanste fraite, tante enseigne rumpue.
Ceste bataille unt li Franceis vencue :
Deus! puis lur est si grant peine creüe!
Carles en perdrat sa baldur e s'aïude;
En grant dulur en iert France caüe. Aoi.

CXXIII

Franceis i *fièrent* de coer et de vigur.
Paien sunt mort à milliers e à fuls :
1440 De cent milliers n'en poeent guarir dous.
Dist *l'Arcevesques :* « Nostre hume sunt mult prud,
« Suz ciel n'ad *rei* plus en ait de meillurs.
« Il est escrit en la geste Francur :
« *Bien est-il dreiz en la tere majur,*
« Que vassal *seient od* nostre empereür. »
1445 Vunt par le camp, si requièrent les lur ;
Plurent des oilz de doel e de tendrur
Pur lur parenz par coer e par amur.
Li reis Marsilies od sa grant ost lur surt. Aoi.

1443. *La geste Francur.* C'est une | épiques citent volontiers le témoi-
de ces prétendues chroniques dont nos | gnage. Il s'agit sans doute d'une plus

Par toute la contrée s'enfuient les Sarrasins.
Que poursuivent les Français, les hommes de la terre chrétienne.
Ah! ils voient maintenant que la mêlée est rude.

CXXII

Les mécréants, la tristesse et la rage au cœur,
Laissent le champ et se mettent en fuite,
Poursuivis de près par les Français, qui les voudraient atteindre.
Vous pourriez voir la plaine toute couverte de combattants,
Tant de Sarrasins tomber sur l'herbe drue,
Tant de blancs hauberts et de broignes qui étincellent,
Tant de lances brisées et tant de gonfanons en lambeaux!
Cette bataille est gagnée par les Français,
Mais, Dieu! comme la peine va s'accroître pour eux!
Charles en perdra sa meilleure aide et toute sa fierté;
Grande est la douleur où la France va tomber.

CXXIII

Les Français frappent rudement et de bon cœur,
Et les païens de mourir par milliers, par multitudes.
Sur cent mille, il n'en est pas deux qui survivent.
« Nos hommes sont braves, » s'écrie l'Archevêque,
« Et nul roi sous le ciel n'en a de meilleurs.
« Il est écrit dans la geste de France :
« *Il est de droit, dans la grande terre,*
« Que notre empereur ait de vaillants soldats. »
Et les voilà qui vont par la plaine et recherchent les leurs.
De deuil et de tendresse leurs yeux sont tout en larmes
A cause du grand amour qu'ils ont pour leurs parents.
Devant eux va surgir Marsile avec sa grande armée.

---

ancienne chanson ou d'une tradition orale. | 1448. Lacune comblée. Voir la note du v. 818.

CXXIV

Li quens Rollanz est chevalier membrez,
E Oliviers e tuit li duze Per,
E li Franceis ki bien funt à loer;
Païens unt morz par lur grant poestet;
De cenz milliers nen est qu'uns escapez,
C'est Margariz : s'en est fuiant turnez.
Se il s'en fuit, ne fait mie à blasmer:
De sun cors poet grant enseigne mustrer :
Kar est il ore de quatre espiez naffrez.
Devers Espaigne si s'en est returnez;
A l' rei Marsilie ad tuz les faiz cuntez. AOI.

CXXV

Reis Margariz suls s'en est repairiez.
Sa hanste est fraite e sis escuz perciez,
Desuz la bucle nen out que demi pied;
E de s'espée sanglent en out l'acier,
E sun osberc rumput e desmailiet.
Si vient de l' camp ù li colp furent fier;
Deus! quel barun, se il fust chrestiens !
Al' rei Marsilie ad tuz les faiz nunciez,
Isnelement li est caüz as piez,
E si li dist : « Sire, kar chevalchiez;
« Les Francs de France truverez ennuiez
« De colps ferir e les noz martirier.
« Perdut i unt e lances e espiez
« E de lur gent une grande meitiet.
« Cil ki sunt vif sunt mult afiebliet.
« Tuit li plusur navret e ensaingniet,
« E nen unt armes dunt se poissent aidier.
« Legièrement avrez les noz vengiez.
« Bon sunt à veintre, Sire, par veir saciez. »

CXXIV

Le comte Roland est un bon chevalier ;
Olivier aussi et tous les douze Pairs ;
Et les Français qui sont de grande valeur.
Ils sont vainqueurs, ils massacrent les païens.
Sur cent mille un seul a pu se sauver,
C'est Margaris, et le voilà qui s'enfuit.
Mais s'il s'enfuit, on ne doit point lui en faire de reproches ;
Car il peut sur son corps montrer grandes marques de son courage
Et il est percé de quatre coups de lance.
Margaris s'achemine du côté de l'Espagne
Et raconte tout au roi Marsile.

CXXV

Le roi Margaris s'en est donc allé tout seul.
Sa lance est brisée, son écu est percé,
Et, au-dessous de la boucle, n'est plus long que d'un demi-pied.
L'acier de son épée est tout rouge de sang,
Son haubert est rompu et démaillé ;
C'est ainsi qu'il revient du champ de bataille, où l'on a donné de si fiers coups.
Dieu ! quel baron s'il était chrétien !
Il raconte tout au roi Marsile
Et, soudain, tombe à ses pieds :
« A cheval, Sire, à cheval, » lui dit-il ;
« Vous trouverez les Français de France épuisés
« A force de frapper et de martyriser les nôtres.
« Leurs lances sont en pièces,
« Une grande moitié d'entre eux sont morts ;
« Ceux qui restent sont bien affaiblis,
« La plupart sont blessés et rouges de leur sang,
« Et plus d'armes, ils n'ont plus d'armes pour se défendre !
« Vous n'aurez pas de peine à venger les nôtres.
« Sachez-le bien, Sire, les chrétiens sont bons à vaincre. »

Franceis recleiment Rollant e Olivier :
« Li duze Per, kar nus venez aidier. »
Li Arcevesques lur respunt tut premiers :
« Hume de Dieu, faites vus bald e fier ;
« Hoi recevrez curunes en voz chiefs ;
« Seinz Pareïs iert à vus otriez. »
Entre els i out e dulur e pitiet.
L'uns pluret l'altre par mult grant amistiet,
Par caritet se sunt entrebaisiez.
Rollanz escriet : « Baruns, or chevalchiez ;
« Marsilies vient à cent mil chevaliers. »   Aoi.

CXXVI

Marsilies vient par mi une valée
1450 Od sa grant ost que il out asemblée.
Ses vint eschieles ad li reis anumbrées.
Luisent cil helme as pierres d'or gemmées,
E cil espiet, cez enseignes fermées,
E cil escut e cez brunies safrées.
Set milie graisle i sunent la menée :
1455 Grant est la noise par tute la cuntrée.
Ço dist Rollanz : « Olivier, cumpainz, frere,
« Guenes li fel ad nostre mort jurée ;
« La traïsun ne poet estre celée.
« Mult grant venjance en prendrat l'Emperere.
1460 « Bataille avrum e fort e adurée :
« Unkes mais hum tel ne vit ajustée.
« Jo i ferrai de Durendal m'espée.
« E vus, cumpainz, ferez de Halteclere.
« En tantes teres les avum nus portées !
1465 « Tantes batailles en avum afinées !
« Male cançun n'en deit estre cantée. »   Aoi.

CXXVII

Quant Franceis veient que paiens i a tanz,
De tutes parz en sont cuvert li camp,

Cependant les Français réclament Roland et Olivier.
« *A notre aide, les douze Pairs, à notre aide !* »
Et l'Archevêque de leur répondre avant tous autres :
« *Hommes de Dieu, faites-vous gaillards et fiers ;*
« *Voici le jour où les couronnes vont être placées sur vos têtes,*
« *Et où le saint Paradis va vous être donné.* »
Parmi les chevaliers français, c'est alors grande douleur et pitié.
Par très vive amitié l'un pleure sur l'autre,
Et, par charité, tous se donnent mutuellement un dernier baiser :
« *A cheval maintenant,* » *s'écrie Roland,*
« *Car voici Marsile et ses cent mille païens.* »

CXXVI

Par le milieu d'une vallée s'avance le roi Marsile,
Avec la grande armée qu'il a réunie
Et divisée en vingt colonnes.
Au soleil reluisent les pierreries et l'or des heaumes,
Et ces lances et ces gonfanons,
Et les écus et les hauberts brodés.
Sept mille clairons sonnent la charge.
Quel bruit dans toute la contrée !
« Olivier mon compagnon, » s'écrie Roland, « mon frère Olivier,
« Le traître Ganelon a juré notre mort,
« Et sa trahison n'est ici que trop visible.
« Mais l'Empereur en tirera une terrible vengeance.
« Quant à nous, nous aurons une forte et rude bataille :
« Car on ne vit jamais une telle rencontre.
« J'y vais frapper de mon épée Durendal ;
« Vous, compagnon, frappez de votre épée Hauteclaire.
« Nous les avons déjà portées en tant de lieux !
« Avec elles déjà nous avons gagné tant de victoires !
« Il ne faut pas qu'on chante sur nous de méchantes chansons. »

CXXVII

Quand nos Français voient qu'il y a tant de païens,
Et que la campagne en est couverte de toutes parts,

Suvent recleiment Olivier e Rollant,
1470 Les duze Pers, qu'il lur seient guarant.
E l'Arcevesques lur dist de sun semblant:
« Seignurs baruns, nen allez mespensant.
« Pur Deu vus pri que ne seiez fuiant,
« Que nuls prozdum malvaisement n'en cant?
1475 « Asez est mielz que moerium cumbatant.
« Pramis nus est, fin prendrum aïtant,
« Ultre cest jur ne serum plus vivant;
« Mais d'une chose vus sui jo bien guarant:
« Seinz Pareïs vus iert abandunant;
1480 « As Innocenz vus en serez seant. »
A icest mot si s'esbaldissent Franc.:
Brochent avant sur lur destriers curanz;
Cel n'en i ad Munjoie ne demant. AOI.

CXXVIII

Li reis Marsilies mult par est malvais reis;
Dit as paiens: « Or entendez à mei.
« Si est Rollanz de merveillus podeir:
« Ki le voelt veintre forment peiner s'en deit.
« Par dous batailles n'iert-il vencuz, ço crei:
« Se l' graantez, nus l'en liverrum treis.
« Les dis eschieles justerunt as Franceis,
« Les altres dis remeindrunt ci od mei.
« Encoi perdrat Carles de son podeir:
« En grant viltet verrat France cadeir. »
Dunet à Grandonie une enseigne d'orfrci,
Que ses eschieles il guit cuntre Franceis :
Il li otriet cumandement de rei. AOI.

1480. *Innocenz.* On a aussi entendu ce mot des saints Innocents, dont la fête se célèbre le 28 décembre. Le sens est évidemment plus large, et il s'a-

Ils appellent à leur aide Olivier et Roland
Et les douze Pairs, pour qu'ils soient leur défense.
L'Archevêque alors leur dit sa façon de penser :
« Pas de lâche pensée, seigneurs barons.
« Au nom de Dieu, ne fuyez pas,
« De crainte que les gens de cœur ne chantent contre nous de mauvaises chansons.
« Il vaut mieux mourir en combattant.
« Or, il est très certain que nous allons mourir ;
« Oui, après ce jour nous ne serons plus vivants.
« Mais il est une chose dont je puis vous être garant :
« C'est que le saint Paradis vous sera ouvert :
« Demain vous y serez assis tout près des Saints. »
A ces mots, les Francs redeviennent gaillards et fiers.
Ils éperonnent en avant sur leurs rapides destriers
Et tous de crier : « Monjoie ! Monjoie ! »

CXXVIII

C'est un très mauvais roi que Marsile :
« *Écoutez-moi,* » *dit-il à ses païens ;*
« *Le comte Roland est d'une merveilleuse puissance,*
« *Et ce n'est pas sans peine qu'on le vaincra :*
« *Deux batailles n'y suffiront point.*
« *Eh bien ! si vous y consentez, nous lui en livrerons trois.*
« *Dix de nos colonnes vont se mettre en ligne contre les Français*
« *Et les dix autres resteront avec moi.*
« *Voici, voici le jour où Charles perdra de son pouvoir*
« *Et verra tomber la France dans la honte !* »
A Grandoigne Marsile donne alors une enseigne brodée d'orfroi
Pour conduire sa gent contre les Français :
« *Vous aurez,* » *lui dit-il,* « *commandement de roi.* »

---

git ici de tous les bienheureux. De là notre traduction. | 1482. Lacune comblée. Voir la note du v. 818.

CXXIX

Li reis Marsilies est remés sur un munt:
Vait s'en Grandonies, par mi un val de suz.
A treis clous d'or fermet sun gunfanun;
A voiz escriet: « Kar chevalchiez, baruns. »
Mil graisle sunent, mult en sunt cler li sun.
Dient Franceis : « Deus Pere, que ferum ?
« Si mar veïsmes le cunte Guenelun ;
« Venduz nus ad par male traïsun.
« Kar nus aidiez, li duze Cumpaignun. »
Li Arcevesques tut premerains respunt:
« Bons chevaliers, hoi recevrez honur ;
« Deus vus durrat e curunes e flurs
« En Pareïs, entre les glorius.
« Mais li cuard mie n' i entrerunt. »
Franceis respundent : « Cumunement ferum ;
« Ja pur murir ne li serum felun. »
Brochent avant des ories esperuns.
Si vunt ferir cez encriesmes feluns. AOI.

CXXX

Li reis Marsilies ad fait sa gent partir :
Les dis eschieles od sei voelt retenir,
E les dis altres chevalchent pur ferir.
Dient Franceis : « Deus ! quel perte avrum ci !
« Li duze Per que purrunt devenir ? »
Premiers respunt l'arcevesques Turpins:
« Bon chevalier, de Deu estes ami ;
« Encoi serez curunet e flurit,
« En seintes flurs gerrez el' Pareïs ;
« Mais li cuard jamais n'i serunt mis. »
Franceis respundent : « Nus n'i devum faillir.

CXXIX

Le roi Marsile est resté au haut d'une montagne,
Tandis que Grandoigne descend dans le bas de la vallée :
Son gonfanon est attaché par trois clous d'or :
« Barons, » *s'écrie-t-il,* « à cheval! »
Mille cors retentissent, mille cors au son clair,
Et les Français de dire : « Dieu le Père, que ferons-nous ?
« Ah! maudit soit le jour où nous vîmes Ganelon :
« C'est lui qui nous a traîtreusement vendus.
« A l'aide, à l'aide, les douze Pairs ! »
L'Archevêque alors leur répond :
« Bons chevaliers, voici le jour où vous recevrez grand honneur :
« Dieu vous va donner couronnes et fleurs,
« Au Paradis, entre les glorieux.
« Quant aux lâches, il n'y a point pour eux de place là-haut.
« — Nous ferons tous ce que vous voulez, » *répondent les Français.*
« Dussions-nous y mourir, nous ne serons pas félons envers Dieu. »
Ils éperonnent des éperons dorés
Et se jettent sur ces maudits, sur ces traîtres.

CXXX

Le roi Marsile partage en deux son armée :
Il en garde dix colonnes avec lui,
Et voici que les dix autres chevauchent pour engager la bataille.
« Dieu ! » *s'écrient les Français,* « notre perte est certaine.
« Que vont devenir les douze Pairs ? »
Et l'archevêque Turpin de leur répondre avant tous autres :
« Bons chevaliers, vous êtes les amis de Dieu.
« Voici le jour où vous allez être fleuris et couronnés ;
« Voici le jour où vous reposerez dans les saintes fleurs du Paradis.
« Quant aux lâches, ils n'y entreront jamais.
« — Nous n'y devons pas faillir, » *disent les Français.*

« Se à Deu plaist, n'en serat cuntredit.
« Nus cumbatrum cuntre noz enemis :
« Poi de gent sumes, mais bien sumes hardit. »
Brochent avant pur Paiens envaïr :
Atant se meslent Franceis e Sarrazin.   AOI.

CXXXI

Un Sarrazin i out de Sarraguce :
De la citet l'une meitiet est sue.
1485 Ç' est Climorins ; *n'i out en lui* produme ;
Fiance prist de Guenelun le cunte,
Par amistiet l'en baisat en la buche,
Si l' en dunat s'espée e s'escarbuncle.
« Tere majur, ço dit, metrat à hunte,
1490 « L'Empereür si toldrat la curune. »
Siet el' cheval qu'il cleimet Barbamusche,
Plus est isnels qu' esperviers ne arunde :
Brochet le bien, le frein li abandunet,
Si vait ferir Engelier de Guascuigne ;
1495 Ne l' poet guarir sis escuz ne sa brunie :
De sun espiet el' cors li met l'amure,
Empeint le bien, tut le fer li mist ultre,
Pleine sa hanste el' camp mort le tresturnet.
Après, escriet : « Cist sunt bon à cunfundre.
1500 « Ferez, paien, pur la presse derumpre. »
Dient Franceis : « Deus ! quel doel de produme ! »   AOI.

CXXXII

Li quens Rollanz en apelet Olivier :
« Sire cumpainz, ja est morz Engeliers ;
« Nus n'avium plus vaillant chevalier. »

1493. *Le frein.* Le mors est à branches longues, reliées à l'extrémité par une traverse, laquelle est munie de deux trous où s'attachent les rênes. Celles-ci,

« Si c'est le bon plaisir de Dieu, nous n'y contredirons pas.
« Donc, nous allons nous battre contre nos ennemis.
« Il est vrai que nous sommes peu; mais, pour hardis et
  preux, nous le sommes. »
Lors, ils éperonnent pour entrer parmi les païens.
Voici les Sarrasins et les Français aux prises.

CXXXI

Il y a certain païen de Saragosse
Qui possède toute une moitié de la ville :
Climorin n'a pas un cœur de baron.
C'est lui qui a reçu les promesses du comte Ganelon
Et qui par amitié l'a baisé sur la bouche ;
Même il a donné au traître son épée et son escarboucle.
« Je veux, disait-il, couvrir de déshonneur le grand pays
« Et enlever sa couronne à Charlemagne. »
Climorin est assis sur son cheval Barbamouche,
Plus rapide qu'épervier et hirondelle.
Il l'éperonne, il lui lâche les rênes
Et va frapper Engelier de Gascogne.
Haubert, écu, rien n'y fait :
Le païen lui plante au corps le fer de sa lance
Et si bien le frappe, que la pointe passe tout entière de l'autre
  côté.
A pleine lance il le retourne à terre, raide mort :
« Ces gens-là, » s'écrient-ils, « sont bons à vaincre :
« Frappez, païens, frappez, et brisons leurs rangs.
« — Quelle douleur ! » disent les Français. « Perdre un si
  vaillant homme ! »

CXXXII

Alors le comte Roland interpelle Olivier :
« Sire compagnon, » lui dit-il, « voici déjà Engelier mort ;
« Nous n'avions pas de plus brave chevalier.

en cuir ou en chaînette, se terminant par un anneau de fer ou par un nœud, (Voir notre figure de la p. 44, et Demay, *Le Costume de guerre*, p. 161.)

1505 Respunt li Quens : « Deus le me duinst vengier ! »
Sun cheval brochet des esperuns d'or mier.
Tient Halteclere, sanglenz en est l'aciers :
Par grant vertut vait ferir le paien,
Trenchet le cors ; si ad mort le destrier,
Brandist sun colp, e li Sarrazins chiet :
1510 L'anme de lui enportent Aversier.
Pois, ad ocis le duc Alphaien.
Escababi i ad le chief trenchiet,
Set Arrabiz i ad deschevalciet :
Cil ne sunt prud jamais pur guerreier.
1515 Ço dist Rollanz : « Mis cumpainz est iriez ;
« *A nul altre hume ne voeill l'apareillier ;*
« Encuntre mei fait asez à preisier.
« Pur itels colps nus ad Carles plus chiers. »
A voiz escriet : « Ferez i, chevalier ! »   AOI.

CXXXIII

D'altre part est uns paiens, Valdabruns.
1520 Celui levat le rei Marsiliun :
Sire est par mer de quatre cenz drodmunz ;
N'i ad eschipre ki s' cleimt se par lui nun.
Jerusalem prist ja par traisun ;
Si violat le temple Salemun,
1525 Le Patriarche ocist devant les funz.
Cil out fiance de l' cunte Guenelun :
Il li dunat s'espee e mil manguns.
Siet el' cheval qu'il cleimet Gramimund :
Plus est isnels que nen est uns falcun ;
1530 Brochet le bien des aguz esperuns,
Si vait ferir le riche duc Sansun,
L'escut li freint e l'osberc li derumpt,
El' cors li met les pans de l' gunfanun,

1523. *Jerusalem prist.* En 1012, le calife Hakem persécuta les chrétiens, détruisit la grande église de Jérusalem et fit crever les yeux au patriarche Jérémie. Le retentissement de ces crimes dut être grand en Europe, et ils ont peut-être inspiré l'auteur de notre *Roland* ou un de ses devanciers. Cf. ce que nous avons dit de Geoffroi d'Anjou (v. 106) et de Richard de Nor-

« — Que Dieu me donne de le venger ; » répond Olivier.
Il pique son cheval de ses éperons d'or pur ;
Dans ses mains est Hauteclaire, dont l'acier est rouge de sang.
Il court frapper le païen de toute sa force ;
Tranche le corps, tue le destrier :
Il brandit son coup, et le Sarrasin tombe,
Et les démons emportent son âme.
Puis il a tué le duc Alphaïen,
Tranché la tête d'Escababi
Et désarçonné sept Arabes
Qui plus jamais ne seront bons pour guerroyer.
« Mon compagnon est en colère, » dit Roland.
« *Je ne puis vraiment le comparer à aucun autre homme;*
« Et il conquiert grand honneur à mes côtés :
« Voilà les coups qui, plus encore, nous font aimer de Charles !
« — Frappez, chevaliers, s'écrie Roland ; frappez toujours. »

CXXXIII

D'autre part est le païen Valdabrun,
Qui, pour la chevalerie, fut le parrain du roi Marsile.
Il est seigneur sur mer de quatre cents vaisseaux.
Pas de marinier qui ne se réclame de lui.
C'est ce Valdabrun qui jadis prit Jérusalem par trahison ;
C'est lui qui viola le temple de Salomon
Et qui devant les fonts égorgea le Patriarche.
C'est encore lui qui a reçu les promesses du comte Ganelon
Et qui a donné à ce traître son épée avec mille mangons.
Le cheval qu'il monte s'appelle Gramimond :
Un faucon est moins rapide.
Il le pique de ses éperons aigus
Et va frapper le puissant duc Samson.
Il met en pièces l'écu du Français, rompt les mailles du haubert,
Lui fait entrer dans le corps les pans de son gonfanon ;

mandie (v. 171), lesquels sont morts tous deux à la fin du Xᵉ siècle ; et qui jouent un rôle si important dans notre poème. Ces diverses traditions, qui remontent aux premiers Capétiens, sont venues se joindre, dans notre action épique, à des traditions évidemment carlovingiennes, comme celles du désastre même de Roncevaux et de la mort de Roland.

Pleine sa hanste l'abat mort des arçuns :
A voiz escriet : « Tuit i murrez, gluluns.
1535 « Ferez, paien, kar très bien les veintrum. »
Dient Franceis : « Deus! quel doel de barun ! » Aoi.

CXXXIV

Li quens Rollanz, quant il veit Sansun mort,
Poez saveir que mult grant doel en out.
Sun cheval brochet, si li curt ad esforz;
1540 Tient Durendal ki plus valt que fin or;
Si vait ferir le paien quanque il pout
Desur sun helme ki gemmez fut ad or,
Trenchet la teste e la brunie e le cors,
La bone sele ki est gemmée ad or,
1545 E à l' cheval parfundement le dos;
Ambur ocit, ki que l' blasmt ne le lot.
Dient paien : « Cist colps nus est mult forz. »
Respunt Rollanz : « Ne pois amer les voz.
« Devers vus est li orgoilz e li torz. » Aoi.

CXXXV

1550 D'Affrike i ad un Affrican venut :
Ç' est Malquidant, le filz à l' rei Malcud;
Si guarnement sunt tuit à or batut,
Cuntre le ciel sur tuz les altres luist.
Siet el' cheval qu'il cleimet Salt-Perdut,
1555 Beste nen est ki poisset curre à lui.
Brochet le bien des esperuns aguz :
Il vait ferir Anseïs en l'escut,
Tut li trenchat le vermeill e l'azur,
De son osberc li ad les pans rumput,
El' cors li met e le fer e le fust.
1560 Morz est li Quens, de sun tens n'i ad plus.
Dient Franceis : « Barun, tant mare fus ! » Aoi.

Et, à pleine lance, l'abat mort des arçons :
« *Misérables,* » *s'écrie-t-il,* « *vous y mourrez tous les uns après les autres.*
« Frappez, païens, nous les vaincrons. »
Et les Français : « Dieu, » s'écrient-ils, « quel baron nous venons de perdre ! »

CXXXIV

Quand le comte Roland vit Samson mort,
Vous pouvez bien penser qu'il ressentit une grande douleur.
Il éperonne son cheval et, de toute sa force, prend son élan.
Dans son poing est Durendal, qui vaut plus que l'or fin ;
Le baron va donner à Valdabrun le plus rude coup qu'il peut
Sur le heaume chargé de pierreries et d'or.
Il lui tranche la tête, le haubert, le corps,
La selle incrustée d'or et de pierres précieuses,
Et jusqu'au dos du cheval, très profondément.
Bref (qu'on le blâme ou qu'on le loue), il les tue tous les deux.
« Quel coup terrible pour nous ! » s'écrient les païens.
« — Non, » s'écrie Roland, « je ne saurais aimer les vôtres ;
« C'est de votre côté qu'est l'orgueil, et non le droit. »

CXXXV

Il y a là un Africain venu d'Afrique :
C'est Malquidant, le fils au roi Malquid.
Ses armes sont toutes d'or battu
Et, plus que tous les autres, il flamboie au soleil.
Il monte un cheval qu'il appelle Saut-Perdu ;
Pas de bête qui puisse vaincre Saut-Perdu à la course.
Malquidant l'éperonne des éperons aigus
Et va frapper Anséis au milieu de l'écu,
Dont il efface le vermeil et l'azur ;
Puis il met en pièces les pans du haubert
Et lui plonge au corps le fer et le bois de sa lance.
Anséis meurt ; il a fini son temps,
Et les Français : « Baron, » disent-ils, « quel malheur ! »

CXXXVI

Par le camp vait Turpins li arcevesques ;
Tels curunez ne cantat unkes messe,
Ki de sun cors feïst tantes proeces.
1565 Dist à l' paien : « Deus tut mal te tramettet !
« Tel as ocis dunt à l' coer me regrette. »
Sun bon cheval i ad fait esdemetre,
Si l' ad ferut sur l'escut de Tulete,
Que mort l'abat desur cele herbe verte.
Dient Franceis : « Bien fiert nostre arcevesques. » AOI.

CXXXVII

1570 De l'altre part est uns paiens, Grandonies,
Filz Capuel, le rei de Capadoce.
Siet el' cheval que il cleimet Marmorie,
Plus est isnels que n'est oisels ki volet ;
Laschet la resne, des esperuns le brochet,
1575 Si vait ferir Gerin par sa grant force,
L'escut li freint, *merveillus* colp li portet,
Tute sa brunie aprof li ad desclose,
El' cors li met tute l'enseigne bloie
Que mort l'abat *lez* une halte roche.
1580 Sun cumpaignun Gerier ocit uncore
E Berengier e Gui de Seint-Antonie ;
Pois, vait ferir un riche duc, Austorie,
Ki tint *Valence e l'honur* sur le Rosne :
Il l'abat mort ; paien en unt grant joie.
1585 Dient Franceis : « Mult decheent li nostre. » AOI.

CXXXVIII

Li quens Rollanz tint s'espée sanglente,
De tutes parz la lievet e la presentet ;
Bien ad oït que Franceis se desmentent.
Si grant doel ad que par mi quidet fendre ;

CXXXVI

Par tout le champ de bataille va et vient Turpin l'archevêque ;
Jamais tel prêtre ne chanta messe
Et ne fit de telles prouesses de son corps :
« Que Dieu te maudisse ! » crie-t-il au païen :
« Celui que mon cœur regrette, c'est toi qui l'as tué. »
Alors Turpin donne l'élan à son bon cheval,
Et frappe Malquidant sur l'écu de Tolède :
Sur l'herbe verte il l'abat raide mort.
« *Il frappe bien, notre archevêque,* » *disent les Français.*

CXXXVII

D'autre part est Grandoigne, un païen,
Fils de Capuel, roi de Cappadoce.
Il a donné à son cheval le nom de Marmoire :
L'oiseau qui vole est moins rapide.
Grandoigne lui lâche les rênes, l'éperonne
Et va de toute sa force heurter Gerin ;
Il met en pièces l'écu du Français et lui porte un formidable
    coup :
Du même coup son haubert est déchiré,
Et le gonfanon bleu du païen lui entre dans le corps ;
Il tombe mort sur le haut d'un rocher.
Grandoigne ensuite tue Gerier, le compagnon de Gerin ;
Il tue Bérengier, il tue Guyon de Saint-Antoine ;
Puis il va frapper Austoire, un riche duc
Qui tient sur le Rhône la seigneurie de Valence.
Il l'abat mort, et les païens d'entrer en grande joie,
Et les Français de s'écrier : « Comme les nôtres tombent ! »

CXXXVIII

Le comte Roland tient au poing son épée rouge de sang.
Partout il la lève, et partout il la montre.
Mais il a entendu les sanglots des Français :
Si grande est sa douleur que son cœur est prêt à se fendre.

Dist à l' paien : « Deus tut mal te cunsentet!
1590 « Tel as ocis que mult chier te quid vendre. »
Sun cheval brochet, ki de curre cuntencet.
Ki que l' cumpert, venut en sunt ensemble.   Aoi.

CXXXIX

Grandonies fut e prozdum e vaillant
E vertuus e vassals cumbatant.
1595 En mi sa veie ad encuntret Rollant.
Enceis ne l' vit, si l' conut veirement
A l' fier visage e à l' cors qu'il out gent,
E à l' reguart et à l' cuntenement.
De Durendal veit il l'acier sanglent,
Ne poet muer qu'il ne s'en espaent :
1600 Fuïr s'en voelt, mais ne li valt nient.
Li Quens le fiert tant vertuusement,
Tresqu' à l' nasel tut le helme li fent,
Trenchet le nés e la buche e les denz,
Trestut le cors e l'osberc jazerenc,
1605 De l' orie sele les dous alves d'argent
E à l' cheval le dos parfundement :
Ambur ocist seinz nul recoevrement.
E cil d'Espaigne s'en cleiment tuit dolent.
Dient Franceis : « Bien fiert nostre guarant. »   Aoi.

CXL

1610 La bataille est merveilluse e hastive,
Franceis i fièrent par vigur e par ire :
Trenchent cez puignz, cez costez, cez eschines,

1602. *Nasel.* C'est la partie du heaume destinée à protéger le nez. Voir l'*Éclaircissement III*, sur le costume de guerre. = Voici, d'après le sceau de Matthieu III, comte de Beaumont-sur-Oise, en 1177, un exemple de l'effet produit par le *nasel* :

« Que Dieu, » s'écrie-t-il, » t'accable de tous maux !
« Celui que tu viens de tuer, je te le ferai payer chèrement. »
Là-dessus il éperonne son cheval, qui prend son élan.
Quel que doive être le vaincu, voici Grandoigne et Roland en
 présence.

CXXXIX

Grandoigne était un homme sage et vaillant,
Intrépide et sans peur à la bataille.
Sur son chemin il rencontre Roland :
Jamais il ne l'avait vu, et cependant il le reconnaît sûrement,
Rien qu'à son fier visage et à la beauté de son corps,
Rien qu'à sa contenance et à son regard.
Ses yeux tombent sur l'acier rougi de Durendal,
Et le païen ne peut s'empêcher d'en être épouvanté :
Il veut fuir : impossible !
Roland le frappe d'un coup si vigoureux
Qu'il lui fend le heaume jusqu'au nasal.
Il coupe en deux le nez, la bouche, les dents ;
Il coupe en deux tout le corps et le haubert à mailles ;
Il coupe en deux les auves d'argent de la selle d'or ;
Il coupe en deux très profondément le dos du cheval :
Bref, il les tue tous deux sans remède.
Et ceux d'Espagne de pousser des cris de douleur.
Et les Français : « Notre champion, » disent-ils, « frappe de
« bons coups. »

CXL

Merveilleuse est la bataille et rapide.
Les Francs y frappent vigoureusement, et, pleins de rage,
Tranchent les poings, les côtes, les échines,

1604. *Jazerenc.* Le jaseran ou jaseron, c'est, encore aujourd'hui, de la maille ou de la chaînette. Un *osberc jazerenc* est donc « un haubert à mailles », et notre poète oppose sans doute cette armure perfectionnée à l'ancienne *brunie* de cuir.

1605. *Alves.* Les *auves* sont les côtés de la selle, bien distincts des arçons. (Voir les notes des v. 1229 et 1331.) On lit dans *Flore et Blanchefleur : Sele ot de mult riche façon ; — Les auves sont d'autre manière,* etc.

Cez vestemenz entresque as cars vives;
Deus! tantes testes i out par mi parties,
Tanz osbercs fraiz e brunies desarties!
Sur l'herbe verte li clers sancs s'en afilet.
1615 Dient paien : « Nus ne l' suffrirum mie.
« Tere majur, Mahummet te maldiet!
« Sur tute gent est la tue hardie. »
Cel n'en i ad ki ne criet : « Marsilie!
« Chevalche, reis, bosuign avum d'aïe. »   AOI.

CXLI

1620 La bataille est e merveilluse e grant:
Franceis i fièrent des espiez brunissanz.
Là veïssiez si grant dulur de gent,
Tant hume mort e naffret e sanglent!
L'uns gist sur l'altre e envers e adenz.
Tant bon cheval par le camp vunt fuiant,
D' entre lur pis lur resnes detirant.
1625 Li Sarrazin ne l' poeent suffrir tant :
Voelent o nun, si guerpissent le camp;
Par vive force les encalcièrent Franc.
Tresqu'à Marsilie si les vunt ociant.   AOI.

CXLII

Rollanz i fiert cume chevaliers forz.
La sue gent n'out sujurn ne repos,
E li Franceis lur chevals meinent tost ;
Paiens encalcent les troz e les galops.
En sanc vermeill si vunt entresqu'à l' cors ;
Lur branz d'acier i unt il fraiz e tors;

1621. *Brunissanz* : « Fer bruni, c'est-à-dire, recevant par le poli une teinte brillante et brune à la fois : de là *brunisseur* et *brunisseresse*. Les cottes de mailles, qui ne pouvaient se brunir, se roulaient dans les étoffes. » M. Léon de Laborde cite d'Étienne Boileau ce passage précieux : « Quiconques est fermailliers de laton, et il fait oevre qui ne soit brunie que d'une part, si come

Et les vêtements jusqu'aux chairs vives.
Dieu! que de têtes coupées en deux,
Que de hauberts brisés et de broignes en pièces!
Le sang clair coule en ruisseaux sur l'herbe verte :
« *Nous n'y pouvons tenir,* » s'écrient les païens.
« O grand pays, que Mahomet te maudisse!
« Ton peuple est le plus hardi des peuples. »
Pas un Sarrasin qui ne s'écrie : « Marsile, Marsile!
« Chevauche, ô roi : nous avons besoin d'aide. »

CXLI

Merveilleuse, immense est la bataille :
De leurs lances d'acier bruni, les Français donnent de bons
  coups.
C'est là que l'on pourrait assister à grande douleur
Et voir des milliers d'hommes blessés, sanglants, morts.
L'un gît sur l'autre : l'un sur le dos, et l'autre sur la face.
C'est là qu'on verrait tant de bons chevaux errant sur le
  champ de bataille.
Et traînant leurs rênes qui pendent le long de leur poitrail.
Mais les païens n'y peuvent tenir plus longtemps ;
Bon gré, mal gré, quittent le champ,
Et les Français de les poursuivre de vive force, la lance au dos.
Jusqu'à Marsile ils les pourchassent, et les tuent.

CXLII

Les coups de Roland sont d'un rude et fort chevalier ;
Pour les siens, ni trêve, ni repos.
Dieu! comme les Français chevauchent rapidement!
Au trot, au galop, ils poursuivent les païens,
Ils vont dans le sang rouge jusqu'au milieu du corps.
Leurs épées d'acier sont tordues et brisées :

---

de fermoirs rons, cele oevre n'est mie suffisans. » Étienne Boileau ajoute ailleurs : « Que nuls ne puisse vielles oevres reparer ne *brunir.* » Et, dans *Perceforest*, on parle d'une épée « plus clere et plus loysante que s'elle venoit des mains du brunisseur ». (*Notice des Émaux*, 1853, II, 177.)

1627. Lacune comblée. Voir la note du v. 318.

Armes n'unt mais pur defendre lur cors.
Quant lur remembret des graisles e des corns,
Nen i ad un ne se facet plus forz.
Paien escrient : « Mar venimes as porz ;
« Li granz damages en est turnez as noz. »
Laissent le camp, as noz turnent les dos.
Franceis i fièrent de l'espée granz colps;
Tresqu'à Marsilie vait li traïns des morz. Aoi.

CXLIII

Marsilies veit de sa gent le martirie,
Si fait suner ses corns e ses buisines ;
1630 Pois, si chevalchet od sa grant ost banie.
Devant chevalchet uns Sarrazins, Abismes ;
Plus fel de lui n'out en sa cumpaignie ;
Teches ad males e mult granz felunies.
Ne creit en Dieu le filz seinte Marie.
1635 Issi est neirs cume peiz k' est demise ;
Plus aimet il traïsun e *boisdie*
Qu'il ne fesist trestut l'or de Galice :
Unkes nuls hum ne l' vit juer ne rire.
Vasselage ad e mult grant estultie :
1640 Pur ço est druz à l' felun rei Marsilie,
Sun dragun portet à quei sa gent s'alient.
Li Arcevesques ne l'amerat ja mie.
Cum il le vit, à ferir le desiret ;
Mult queiement le dit à sei meïsme :
1645 « Cil Sarrazins me semblet mult herites.
« Unkes n'amai cuard ne cuardie.
« Mielz voeill murir que jo ne l' alge ocire. » Aoi.

1628: *Marsilies*, etc. La *Keiser Karl Magnus's kronike* intercale ici le récit d'un songe de l'Empereur : c'est le fameux songe de la tempête qui se trouve

Pour se défendre ils n'ont plus d'armes.
Ils se souviennent alors de leurs cors et de leurs clairons,
Et chacun d'eux se sent plus fort.
« *Maudit,* » *s'écrient les païens,* « *maudit soit le jour où*
    nous vînmes aux défilés;
« *C'est nous qui en porterons tout le dommage.* »
Ils laissent le champ de bataille, ils tournent le dos aux
    Français,
Et ceux-ci de les tailler à grands coups d'épée.
La traînée des morts va jusqu'au roi Marsile.

CXLIII

Marsile assiste au martyre de sa gent;
Il fait sonner ses cors et ses trompettes;
Puis, avec sa grande armée, avec tout son ban, il monte à
    cheval.
En tête s'avance un Sarrasin nommé Abîme :
Il n'en est pas de plus félon que lui;
Il est chargé de crimes, chargé de félonies.
Point ne croit en Dieu, le fils de sainte Marie;
Il est noir comme poix fondue;
Il préfère la trahison et la perfidie
A tout l'or de la Galice;
Aucun homme ne l'a jamais vu ni plaisanter ni rire;
D'ailleurs, il est hardi et d'une bravoure folle :
C'est ce qui le fait aimer de Marsile,
Et c'est lui qui porte le Dragon du roi, signe de ralliement
    pour toute l'armée.
Turpin ne saurait aimer ce païen;
Dès qu'il le voit, il a soif de le frapper,
Et, fort tranquillement, se dit en lui-même :
« Ce Sarrasin me semble bien hérétique;
« Jamais je n'aimai les couards ni la couardise.
« Plutôt mourir que de ne pas aller le tuer. »

plus loin dans notre poème (v. 2532). | « rêvé des choses étonnantes. J'ai peur
Il se termine ainsi : « Charles dit : « J'ai | « que Roland ne soit plus en vie. »

CXLIV

Li Arcevesques cumencet la bataille;
Siet el' cheval qu'il tolit à Grossaille :
1650 Ço ert uns reis qu' ocist en Danemarche;
Li destriers est e curant e aates.
Piez ad colpez e les gambes ad plates,
Curte la quisse e la crupe bien large,
Lungs les costez e l'eschine ad bien halte;
Bien fait el' col jusques en la gargaite,
1655 Blanche *out* la cue e la crignete jalne,
Petite oreille, la teste tute falve;
Beste nen est ki encuntre lui alget.
Li Arcevesques brochet par vasselage,
Le frein ad or, tutes les resnes laschet :
Ne laisserat qu'Abisme nen asaillet.
1660 Vait le ferir en l'escut amirable :
Pierres i ad, ametistes, topazes,
Esterminals e carbuncles ki ardent;
Si li tramist li amiralz Galafres :
En Val-Metas li dunat uns diables.
1665 Turpins i fiert; ki nient ne l' espargnet;
Enprès sun colp ne quid qu' un denier vaillet.
Le cors li trenchet très l'un costet qu'à l'altre
Que mort l'abat en une vuide place.
Munjoie escriet, ço est l'enseigne Carle.
Dient Franceis : « Ci ad grant vasselage;
1670 « En l'Arcevesque est bien la croce salve.
« Kar placet Deu qu'asez de tels ait Carles. »   AOI.

1651. *Li destriers*, etc. Le type du beau cheval est presque partout le même dans nos Chansons. Aux vers du *Roland* on peut comparer ceux de *Gui de Bourgogne* (XIIe siècle) : *Il ot le costé blanc comme cisne de mer; — Les jambes fors et roides, les piés plas et coupés, — La teste corte et megre et les eus alumés, — Et petite oreillette, et mult large le nés.* » (V. 2326-2329.) D'ailleurs il n'y a pas trace dans notre poëme de cet amour profond du chevalier pour son cheval, qui trouve son expression dans *Ogier*, dans *Aliscans*, etc.

1662. *Esterminals.* Le sens exact de ce mot n'est pas connu.

CXLIV

C'est l'Archevêque qui commence la bataille ;
Il monte le cheval qu'il enleva jadis à Grossaille.
Grossaille est un roi que Turpin tua en Danemark.
Quant au cheval, il est léger et taillé pour la course ;
Il a les pieds bien taillés, les jambes plates,
La cuisse courte, la croupe large,
Les côtés longs et l'échine haute ;
Jusqu'au bas de la gorge, il a le cou bien fait ;
Sa queue est blanche, et sa crinière jaune ;
Ses oreilles petites, et sa tête fauve.
Il n'y a pas de bête qui lui soit comparable.
L'Archevêque l'éperonne, et il y va de si grand cœur,
Lâchant le frein d'or et les rênes,
Qu'il ne peut manquer de se trouver face à face avec Abîme.
Donc, il va le frapper sur son merveilleux écu
Couvert de pierres fines, d'améthystes, de topazes,
De cristaux et d'escarboucles couleur de feu ;
Le païen le tient de l'émir Galafre,
Et c'est un diable qui le lui donna au Val-Métas.
Turpin le heurte, point ne l'épargne.
Après un tel coup, l'écu d'Abîme ne vaut plus un denier.
Il lui tranche le corps de part en part,
Et l'abat sur place, raide mort.
« Monjoie, Monjoie, » c'est le cri de Charles, c'est le sien.
Et les Français : « Voilà du courage, » disent-ils.
« Cet archevêque sait bien garder sa crosse.
« *Plût à Dieu que Charles en eût beaucoup de pareils !* »

1663. *Galafres.* Il s'agit peut-être de cet émir Galafre, qui joue un si grand rôle dans la légende de l'oncle de Roland. Galafre est, en effet, ce roi de Tolède auprès duquel dut s'enfuir le jeune Charles, persécuté par ses deux frères, Heudri et Lanfrol. C'est à sa cour que le fils légitime de Pépin se cacha longtemps, sous le nom de Mainet ; c'est la fille de Galafre enfin, c'est Galienne qui devint alors la fiancée du futur empereur. (Voir notre *Éclaircissement I*, sur la légende de Charles. Cf. les *Enfances Charlemagne* du ms. de Venise, comm^t du xiiie siècle, et le *Charlemagne* de Girart d'Amiens, comm^t du xive.)

CXLV

Li quens Rollanz en apelet Olivier :
« Sire cumpainz, se l' vulez otrier,
« Li Arcevesques est mult bons chevaliers :
« Nen ad meillur en tere desuz ciel,
1675 « Bien set ferir e de lance e d'espiet. »
Respunt li Quens : « Kar li alum aidier! »
A icest mot l'unt Franc recumenciet;
Dur sunt li colp e li caples est griefs :
Mult grant dulur i ad de chrestiens.   AOI.

CXLVI

Li Franc de France unt lur armes perdues.
Uncore i unt treis cenz espées nues :
Fièrent e caplent sur les helmes ki luisent.
Deus! tante teste i out par mi fendue,
Tanz osbercs fraiz, tantes brunies rumpues!
Trenchent les piez, les puingz e la faiture.
Dient paien : « Franceis nus desfigurent.
« Ki ne s' defent de sa vie n'ad cure. »
Dreit vers Marsilie unt leur veie tenue;
A voiz escrient : « Bons reis, kar nus aïue. »
E dist Marsilies, s'out sa gent entendue :
« Tere majur, Mahummet te destruet!
« La tue gent la meie ad cunfundue :
« Tantes citez m' ad fraites e tolues
« Que Carles tient, ki la barbe ad canue!
« Rume cunquist, Calabre ad retenue,
« Costentinnoble e Saisunie la drue.
« Mielz voeill murir que pur Franceis m'en fuic.
« Ferez, paien, que nuls ne s'asoüret.
« Se Rollanz muert, Karles perdrat s' aïude.
« E, se il vit, la nostre avum perdue. »   AOI.

1677. *A icest mot,* etc. « Lorsque Roland vit ses hommes tomber ainsi, | il courut tout au milieu de l'armée, et frappa des deux mains. Olivier en

CXLV

Cependant le comte Roland appelle Olivier :
« Sire compagnon, ne serez-vous pas de mon avis ?
« L'Archevêque est un excellent chevalier ;
« Et sous le ciel il n'en est pas de meilleur :
« Comme il sait frapper de la lance et de l'épieu !
« — Eh bien ! » répond Olivier, « courons l'aider. »
A ce mot, les Français recommencent la bataille.
Durs y sont les coups, et rude y est la mêlée.
Les chrétiens y souffrent grand'douleur.

CXLVI

Ils ont perdu leurs armes, les Français de France,
Mais ils ont encore trois cents épées nues.
Sur les heaumes luisants, ils frappent et refrappent encore.
Dieu ! que de têtes fendues par le milieu !
Que de hauberts en pièces ! que de broignes rompues !
Les pieds, les poings, le visage, ils coupent et tranchent tout.
« Ces Français nous défigurent, s'écrient les païens,
« Qui ne se défend n'a cure de sa vie. »
Et ils vont droit à Marsile :
« A l'aide, à l'aide, bon roi. »
Marsile les entend, Marsile s'écrie :
« O grande terre, que Mahomet te détruise,
« Puisque ta race a vaincu la mienne !
« Ne nous ont-ils pas déjà enlevé assez de nos cités
« Que tient aujourd'hui Charles à la barbe chenue ?
« Il a conquis Rome et la Calabre,
« Il a conquis Constantinople et Saxe la puissante.
« Ah ! plutôt mourir que de m'enfuir devant ces Français.
« Que nul ne pense à sa propre sûreté : frappez.
« Si Roland meurt, c'en est fait de la force de Charles ;
« S'il vit, c'en est fait de la nôtre !

---

fit autant. » (*Keiser Karl Magnus's kronike.*)

1679. Lacune comblée. Voir la note du v. 818.

CXLVII

Felun paicn i fièrent de lur lances
Sur cez escuz e cez helmes ki flambent :
Fers e aciers en rent grant consunance,
Cuntre le ciel en volet fous e flambe.
Sanc e cervele ki dunc veïst espandre!
Li quens Rollanz en ad doel e pesance,
Quant veit murir tant bon vassal catanie.
Or, li remembret de la tere de France
E de sun uncle le bon rei Carlemagne.
Ne poet muer tut sun talent n'en canget. AOI.

CXLVIII

Li quens Rollanz est entrez en la presse,
Ki de ferir ne finet ne ne cesset.
Tient Durendal, sun espée qu'ad traite,
Rumpt cez osbercs e desmailet cez helmes;
Trenchet cez cors e cez puignz e cez testes;
Tels cenz paiens ad getez morz à tere.
Nen i ad un vassals ne se quidet estre. AOI.

CXLIX

Oliviers est turnez de l'altre part;
De l' bien ferir si ad pris un asalt.
Trait Halteclere, que mult forment amat;
Suz ciel n'en ad meillur, fors Durendal.
Li Quens la tient e forment se cumbat;
Li sancs vermeilz en volet jusqu' as braz.
« Deus : » dist Rollanz, « cum cist est bons vassals!
« E! gentilz quens, tant pruz e tant leials,
« Nostre amistiet en cest jur finerat,
« Par grant dulur hoi se departirat.
« E l'Empèrere plus ne nus reverrat;
« En dulce France jamais tel doel n'avrat.

CXLVII

Les félons Sarrasins frappent grands coups de lance
Sur ces écus, sur ces heaumes qui flamboient au soleil.
On n'entend que le bruit du fer et de l'acier;
Les étincelles en volent jusqu'aux cieux.
Que de ruisseaux de sang et de cervelles!
Roland a grand deuil au cœur
De voir mourir tant de bons vassaux capitaines.
Alors il se souvient de la terre de France
Et de son oncle le bon roi Charlemagne;
Et, qu'il le veuille ou non, ces pensées changent tout son cœur.

CXLVIII

Il est entré dans la mêlée, le comte Roland,
Et ne cesse d'y frapper de grands coups.
Dans sa main est Durendal, sa bonne épée qu'il a tirée du fourreau :
Il perce les hauberts, il brise les heaumes,
Il tranche les corps, les poings, les têtes,
Et jette à terre des centaines de païens
Qui tous se croyaient de bons vassaux.

CXLIX

De l'autre côté est Olivier
Qui assaillit les païens et frappe de rudes coups!
Il tire du fourreau Hauteclaire, qu'il aime tant:
Fors Durendal, il n'en est pas de meilleure sous le ciel.
En son poing le Comte la tient, et vaillamment se bat.
Jusqu'aux bras il a du sang rouge :
« Dieu! » s'écrie Roland, « que voilà un bon vassal!
« Eh! noble comte, si loyal et si preux,
« Voici le jour où notre amitié prendra fin,
« Voici le jour de la douloureuse séparation.
« L'Empereur ne nous verra plus,
« Et jamais il n'y aura eu si grande douleur en douce France.

« N'i ad Franceis pur nus ne preierat ;
« Enz es mustiers oraisun en ferat.
« En pareïs la nostre anme jerrat. »
Oliviers l'ot, e sun cheval brochat ;
En la grant presse à Rollant s'aproismat.
Dist l'uns à l'altre : « Cumpainz, traiez vus ça.
« Ja l'uns seinz l'altre, se Deu plaist, n'i murrat. » AOI.

CL

1680 Ki puis veïst Rollant e Olivier
De lur espées ferir e capleier !
Li Arcevesques i fiert de sun espiet.
Cels qu'il unt morz, bien les poet hum preisier :
Il est escrit es cartres e es briefs,
1685 Ço dit la Geste, plus de quatre milliers.
As quatre esturs lur est avenut bien ;
Li quinz après lur est pesant e griefs.
Tuit sunt ocis cist Franceis chevalier,
Ne mais seisante que Deus ad espargniez.
1690 Einz que il moergent, si se vendrunt mult chier. AOI.

LE COR

CLI

Li quens Rollanz des soens i veit grant perte ;
Sun cumpaignun Olivier en apelet :
« Bels chiers cumpainz, pur Deu que vus enhaitet,
« Tanz bons vassals veez gesir par tere :
1695 « Pleindre poüm France dulce, la bele,
« De tels baruns cum or remeint deserte.

1684. *Es cartres.* Dans le *Keiser Karl Magnus's kronike*, c'est Turpin qui | dit : « Il a été trouvé dans les vieux « livres que nous devions mourir pour

« *Pas un Français, pas un qui ne prie pour nous*
« *Et ne fasse oraison dans les moutiers.*
« *Quant à nos âmes, elles seront en paradis.* »
Olivier l'entend, éperonne son cheval,
Et, à travers la mêlée, s'en vient tout près de Roland :
« *Compagnon, venez par ici,* » *se disent-ils mutuellement;*
« *S'il plaît à Dieu, nous ne mourrons pas l'un sans l'autre.* »

CL

Ah! quel spectacle de voir Roland et Olivier
Combattre et frapper du fer de leurs épées!
L'Archevêque, lui, frappe de sa lance.
On peut savoir le nombre de ceux qu'ils tuèrent :
Ce nombre est écrit dans les chartes, dans les brefs,
Et la Geste dit qu'il y en eut plus de quatre mille...
Aux quatre premiers chocs tout va bien pour les Français;
Mais le cinquième leur fut fatal et terrible;
Tous les chevaliers de France y sont tués.
Dieu n'en a épargné que soixante;
Mais ceux-là, avant de mourir, ils se vendront cher!

LE COR

CLI

Le comte Roland voit la grande perte des siens,
Et parle ainsi à son compagnon Olivier:
« Beau sire, cher compagnon, au nom de Dieu (qu'il vous
    bénisse!)
« Voyez tous ces bons vassaux qui gisent à terre :
« Certes nous pouvons plaindre douce France la belle,
« Qui va demeurer veuve de tels barons.

« la cause de la sainte foi. » Quant aux chartes, elles sont imaginaires, et la Geste, comme nous l'avons dit, n'est sans doute qu'une chanson plus ancienne.

« E! reis, amis, que vus ici nen estes!
« Oliviers frere, cum le purrum nus faire?
« Cum faitement li manderum nuveles? »
1700 Dist Oliviers : « Jo ne l' sai cument querre.
« Mielz voeill murir que hunte en seit retraite. » Aoi.

CLII

Ço dit Rollanz : « Cornerai l'olifant;
« Si l' orrat Carles, ki est as porz passant.
« Jo vus plevis, ja returnerunt Franc. »
1705 Dist Oliviers : « Verguigne sereit grant
« E reproviers à trestuz voz parenz :
« Iceste hunte durreit à l' lur vivant.
« Quant jo l' vus dis, n'en feïstes nient;
« Mais ne l' ferez par le mien loement :
1710 « Se vus cornez, n'iert mie hardement.
« Ja avez vus ambsdous les braz sanglenz. »
Respunt li Quens : « Colps i ai fait mult genz. » Aoi.

CLIII

Ço dist Rollanz : « Fort est nostre bataille;
« Jo cornerai; si l' orrat li reis Carles. »
1715 Dist Oliviers : « Ne sereit vasselage.
« Quant jo l' vus dis, cumpainz, vus ne l' deignastes.
« S'i fust li Reis, n'i oüssum damage.
« Cil ki là sunt n'en deivent aveir blasme. »
Dist Oliviers : « Par ceste meie barbe!
1720 « Se puis vedeir ma gente sorur Alde,
« Vus ne jerrez jamais entre sa brace. » Aoi.

CLIV

Ço dist Rollanz : « Pur quei me portez ire? »
E cil respunt : « Cumpainz, vus le feïstes,
« Kar vasselage par sens nen est folie;

« Eh! roi, notre ami, que n'êtes-vous ici?
« Mon frère Olivier, comment pourrons-nous faire
« Pour lui mander de nos nouvelles?
« — Je n'en sais pas le moyen, » répond Olivier.
« Mais plutôt la mort que le déshonneur! »

CLII

« — Je vais, » dit Roland, « sonner mon cor,
« Et Charles l'entendra, qui passe aux défilés.
« Les Français, je vous jure, vont retourner sur leurs pas.
« — Ce serait grande honte, » répond Olivier.
« Tous vos parents auraient à en rougir;
« Et ce déshonneur serait sur eux toute leur vie.
« Lorsque je vous le conseillai, vous n'en voulûtes rien faire;
« Mais ce n'est pas moi qui vous approuverai maintenant.
« Sonner de votre cor, non, ce n'est pas d'un brave.
« Puis vous avez déjà vos deux bras tout sanglants.
« — C'est vrai, » répond Roland; « j'ai donné de fiers coups! »

CLIII

« Notre bataille est rude, » dit Roland;
« Je vais sonner du cor, et Charles l'entendra. »
« — Ce ne serait point là du courage, » répond Olivier.
« Quand je vous le conseillai, ami, vous ne daignâtes pas le faire.
« Si l'Empereur était ici, nous n'aurions pas subi une telle perte.
« Mais ceux qui sont là-bas ne méritent aucun reproche.
« — Par cette mienne barbe, » dit encore Olivier,
« Si je revois jamais la belle Aude, ma sœur,
« Vous ne coucherez jamais entre ses bras. »

CLIV

« — Pourquoi me garder rancune? » dit Roland.
« — C'est votre faute, » lui répond Olivier;
« Le courage sensé n'a rien de commun avec la démence;

1725 « Mielz valt mesure que ne fait estultie.
« Franceis sunt mort par vostre legerie;
« Carles jamais de nus n'avrat servise.
« Se m' creïssiez, venuz i fust mis sire,
« Ceste bataille oüssum *departie*;
1730 « O pris o morz i fust li reis Marsilies.
« Vostre proecce, Rollanz, mar la veïsmes.
« Carles li magnes de vus n'avrat aïe :
« N'iert mais tels hum desques à l' Deu juïse.
« Vus i murrez, e France en iert hunie.
1735 « Hoi nus defalt la leial cumpaignie :
« Einz le vespre iert mult grief la departie. »
Li uns pur l'altre si pluret e si suspiret.   AOI.

CLV

Li Arcevesques les ot cuntrarier :
Le cheval brochet des esperuns d'or mier,
Vint tresqu'ad els, si's prist à castier :
1740 « Sire Rollanz, e vus, sire Oliviers,
« Pur Deu vus pri, *que ne vus curruciez*.
« *Veez Franceis, tuit sunt à mort jugiet.*
« Ja li corners ne nus avreit mestier :
« *Loinz nus est Carles, tart iert à l' repairier.*
« Mais nepurquant si est il asez mielz
« Vienget li Reis, si nus purrat vengier;
1745 « Ja cil d'Espaigne n'en deivent turner liet.
« Nostre Franceis i descendrunt à pied,
« Truverunt nus e morz e detrenchiez,
« *Recuillerunt e noz buz e noz chiefs,*
« Leverunt nus en bières sur sumiers,
« Si nus plurrunt de doel e de pitiet,
1750 « Enfuirunt en aitres de mustiers,
« N'en mangerunt ne lu, ne porc, ne chien. »
Respunt Rollanz : « Sire, mult dites bien. »   AOI.

1752. Lacune comblée. Voir la note du v. 318. = Roland dit : « Je veux

« Et la mesure vaut mieux que la fureur.
« Si tant de Français sont morts, c'est votre folie qui les a tués ;
« Et voilà que maintenant nous ne pourrons plus servir l'Empereur.
« Si vous m'aviez cru, notre seigneur serait ici ;
« Cette bataille nous l'aurions livrée et gagnée,
« Le roi Marsile eût été pris et tué.
« Ah ! votre vaillance, Roland, nous sera bien funeste ;
« Désormais vous ne pourrez rien faire pour Charlemagne,
« L'homme le plus grand que l'on verra d'ici au jugement.
« Quant à vous, vous allez mourir, et la France va tomber dans le déshonneur.
« Puis c'est aujourd'hui que va finir notre loyale amitié :
« Avant ce soir nous serons séparés, et bien douloureusement ! »
Et voilà Roland et Olivier qui pleurent l'un pour l'autre.

CLV

L'Archevêque entend leur dispute
Et pique son cheval de ses éperons d'or pur ;
Il vient vers eux, et se prend à les gourmander :
« Sire Roland, et vous, sire Olivier,
« Je vous conjure de ne point vous courroucer ainsi.
« *Voyez nos Français, qui sont condamnés à mort.*
« Votre cor ne nous sauverait pas :
« *Charles est bien loin et tardera trop à venir.*
« Mais néanmoins il serait mieux d'en sonner.
« Vienne le roi, il saura nous venger,
« Et les païens ne s'en retourneront pas joyeusement.
« Les Français de Charlemagne descendront de leurs chevaux,
« Ils nous trouveront morts et coupés en pièces,
« *Recueilleront nos chefs et nos corps*
« Et nous mettront en bières, à dos de cheval.
« De deuil et de pitié ils seront tout en larmes ;
« Puis ils nous enterreront dans les parvis des moutiers ;
« Les chiens, les sangliers et les loups ne nous mangeront pas.
« — Vous dites bien, » répond Roland.

souffler au nom de Dieu. » (*Keiser Karl Magnus's kronike.*)

CLVI

« — Sire Rollanz, pur ço sunez le corn :
« Carles l'orrat, ki est passant as porz ;
« Returnerunt les merveilluses oz,
« Truverunt nus e detrenchiez e morz ;
« E cil de France purrunt vengier les noz
« Que cil d'Espaigne en bataille avrunt morz.
« Ensemble od els enporterunt noz cors ;
« N'en mangerunt ne chien, ne lu, ne porc. »
Respunt Rollanz : « Avez dit gentil mot. »   Aoi.

CLVII

Rollanz ad mis l'olifant à sa buche,
Empeint le bien, par grant vertut le sunet.
1755 Halt sunt li pui e la voiz est mult lunge :
Granz trente liwes l'oïrent il respundre.
Carles l'oït e ses cumpaignes tutes ;
Ço dit li Reis : « Bataille funt nostre hume. »
E li quens Guenes li respundit encuntre :
1760 « S'el desist altre, ja semblast grant mençunge. » Aoi.

CLVIII

Li quens Rollanz, par peine e par ahan,
Par grant dulur, sunet sun olifant ;
Par mi la buche en salt fors li clers sancs ;
De sun cervel li temples en est rumpant.
1765 De l' corn qu'il tient l'oïe en est mult grant !
Carles l'entent, ki est as porz passant,
Naimes l'oït, si l'escultent li Franc.
Ço dist li Reis : « Jo oi le corn Rollant ;
« Unc ne l' sunast, se ne fust cumbatant. »
1770 Guenes respunt : « De bataille est nient.
« Ja estes vus vielz e fluriz e blancs,
« Par tels paroles vus resemblez enfant.
« Asez savez le grant orgoill Rollant,

CLVI

« Sire Roland, il vous faut sonner votre cor
« Pour que Charles l'entende, qui passe aux défilés.
« La merveilleuse armée du roi reviendra sur ses pas,
« Elle nous trouvera morts et en pièces;
« Mais ceux de France vengeront les nôtres
« Que les païens auront tués dans la bataille;
« Ils emporteront nos corps.
« Les sangliers, les chiens et les loups ne les mangeront pas.
« — Voilà une bonne parole, » dit Roland.

CLVII

Roland a mis l'olifant à ses lèvres;
Il l'embouche bien, et le sonne d'une puissante haleine;
Les puys sont hauts, et le son va bien loin.
On en entendit l'écho à trente lieues.
Charles et toute l'armée l'ont entendu,
Et le Roi dit : « Nos hommes ont bataille. »
Mais Ganelon lui répondit :
« Si c'était un autre qui le dît, on le traiterait de menteur. »

CLVIII

Le comte Roland, à grand'peine, à grande angoisse
Et très douloureusement sonne son olifant.
De sa bouche jaillit le sang vermeil,
De son front la tempe est rompue;
Mais de son cor le son alla si loin!
Charles l'entend, qui passe aux défilés,
Naimes l'entend, les Français l'écoutent,
Et le Roi dit : « C'est le cor de Roland;
« Certes, il n'en sonnerait pas, s'il n'était en bataille.
« — Il n'y a pas de bataille, dit Ganelon.
« Vous êtes vieux, tout blanc et tout fleuri;
« Ces paroles vous font ressembler à un enfant.
« D'ailleurs, vous connaissez le grand orgueil de Roland,

« *Le fort, le prud, le merveillus, le grant.*
« Ço est merveille que Deus le soefret tant.
1775 « Ja prist il Noples seinz le vostre cumant.
« Fors s'en eissirent li Sarrazin dedenz ;
« Si s' cumbatirent à l' bon vassal Rollant.
« *Il les ocist à Durendal sun brant.*
« Pois, od les ewes lavat les prez de l' sanc :
« Pur ço le fist, ne fust aparissant.
1780 « Pur un sul levre vait tut le jur cornant ;
« Devant ses pairs vait il ore gabant.
« Suz ciel n'ad gent l' osast requerre en camp.
« Kar chevalchiez. Pur qu' alez arestant ?
« Tere majur mult est loinz ça devant. »   Aoi.

CLIX

1785 Li quens Rollanz ad la buche sanglente ;
De sun cervel rumpuz en est li temples.
L'olifant sunet à dulur e à peine.
Carles l'oït, e ses Franceis l'entendent.
Ço dist li Reis : « Cil corns ad lunge aleine ! »
1790 Respunt dux Naimes : « *Rollanz i est en* peine.
« Bataille i ad, par le mien escientre ;
« Cil l'ad traït ki vus en roevet feindre.
« Adubez vus, si criez vostre enseigne,
« Si succurez votre maisniée gente.
1795 « Asez oez que Rollanz se dementet. »   Aoi.

CLX

Li Emperere ad fait suner ses corns.
Franceis descendent, si adubent lur cors
D'osbercs e d' helmes e d'espées ad or ;
Escuz unt genz e espiez granz e forz
1800 E gunfanuns blancs e vermeilz e blois.
Es destriers muntent tuit li barun de l'ost,
Brochent ad ait tant cum durent li port.

1775. *Ja prist il Noples.* Voir la note du v. 198.

« *Le fort, le preux, le grand, le prodigieux Roland,*
« C'est merveille que Dieu le souffre si longtemps.
« Déjà il prit Nobles sans votre ordre.
« Les Sarrasins sortirent de la ville,
« Et livrèrent bataille à Roland, le bon vassal.
« *Il les tua du tranchant de son épée Durendal :*
« Ensuite il fit laver à grande eau le pré ensanglanté,
« Afin qu'il n'y parût plus rien.
« Pour un lièvre Roland corne toute la journée.
« Avec ses pairs sans doute il est en train de rire ;
« Et puis, qui oserait attaquer Roland? Personne.
« Chevauchez, Sire ; pourquoi faire halte?
« Le grand pays est très loin devant nous. »

CLIX

Le comte Roland a la bouche sanglante ;
De son front la tempe est brisée.
Il sonne l'olifant à grande douleur, à grande angoisse.
Charles et tous les Français l'entendent,
Et le Roi dit : « Ce cor a longue haleine !
« — Roland, » dit Naimes, « c'est Roland qui souffre là-bas.
« Sur ma conscience, il y a bataille,
« Et quelqu'un a trahi Roland : c'est celui qui feint avec vous.
« Armez-vous, Sire, jetez votre cri de guerre
« Et secourez votre noble maison :
« Vous entendez assez la plainte de Roland. »

CLX

L'Empereur fait sonner tous ses cors ;
Français descendent, et les voilà qui s'arment
De heaumes, de hauberts, d'épées à pommeaux d'or ;
Ils ont de beaux écus, de grandes et fortes lances,
Des gonfanons blancs, rouges, bleus.
Tous les barons du camp remontent à cheval ;
Ils éperonnent, et, tant que durent les défilés,

N'i ad celui à l'altre ne parolt :
« Se veïssum Rollant, einz qu'il fust morz,
1805 « Ensembl' od lui i durrium granz colps. »
De ço qui calt? Demuret i unt trop. Aoi.

CLXI

Esclargiz est li vespres e li jurz;
Cuntre l' soleill reluisent cil adub,
Osberc e helme i getent grant flambur,
1810 E cil escut ki bien sunt peint à flurs,
E cil espiet, cil oret gunfanun.
Li Emperere chevalchet par irur,
E li Franceis dolent e curuçus :
N'i ad celui ki durement ne plurt,
1815 E de Rollant sunt en *mult* grant poür.

Li Reis fait prendre le cunte Guenelun,
Si l' cumandat as cous de sa maisun.
Tut le plus maistre en apelet Besgun :
« Bien le me guarde, si cume tel felun
1820 « De ma maisniéé ad faite traïsun. »
Cil le receit; s'i met cent cumpaignuns
De la quisine, des mielz e des pejurs :
Icil li peilent la barbe e les gernuns,
Cascuns le fiert quatre colps de sun puign;
1825 Bien le batirent à fuz e à bastuns,
E si li metent el' col un caeignun;
Si l' encaeinent altresi cume un urs.
Sur un sumier l'unt mis à deshonur;
Tant le guarderent que l' rendent à Carlun. Aoi.

CLXII

1830 Halt sunt li pui e tenebrus e grant,
Li val parfunt e les ewes curanz.

1816. *Li Reis fait prendre...* « L'Empereur fit sur-le-champ saisir le comte

Il n'en est pas un qui ne dise à l'autre :
« Si nous voyions Roland avant sa mort,
« Quels beaux coups nous frapperions avec lui! »
Las! que sert? En retard! trop en retard!

CLXI

Le soir s'est éclairci, voici le jour.
Au soleil reluisent les armes;
Heaumes et hauberts jettent des flammes,
Et les écus aussi, si bien peints à fleurs,
Et les lances, et les gonfanons dorés.
L'Empereur chevauche, plein de colère;
Tous les Français sont tristes, sont angoisseux;
Il n'en est pas un qui ne pleure à chaudes larmes,
Il n'en est pas un qui ne tremble pour Roland.

Cependant l'Empereur a fait saisir le comte Ganelon
Et l'a livré aux gens de sa cuisine.
Charles appelle leur chef nommé Begon;
« Garde-moi bien cet homme, » dit-il, « comme un traître
« Qui a vendu toute ma maison. »
Begon alors prend Ganelon, et met après lui cent compagnons
De sa cuisine, des meilleurs et des pires,
Qui vous lui épilent la barbe et les moustaches.
Puis chacun vous lui donne quatre coups de son poing;
Ensuite ils vous le battent rudement à verges et à bâtons;
Ils vous lui mettent une grosse chaîne au cou;
Ils l'enchaînent enfin comme on ferait un ours,
Et le jettent ignominieusement sur un cheval de charge.
C'est ainsi qu'ils le gardèrent jusqu'au moment de le rendre à
    Charles...

CLXII

Comme les montagnes sont hautes, énormes et ténébreuses!
Comme les vallées sont profondes! comme les torrents sont
    rapides!

Ganelon et le fit enfermer dans une tour. » *Keiser* (*Karl Magnus's kronike.*)

Sunent cil graisle e derere e devant
E tuit racatent encuntre l'Olifant.
Li Emperere chevalchet iréement,
1835 E li Franceis curuçus e dolent;
N'i ad celui ne plurt e se dement,
E preient Deu que guarisset Rollant
Jusque il viengent el' camp cumunement :
Ensembl'od lui i ferrunt veirement.
1840 De ço qui calt? Kar ne lur valt nient :
Demurent trop, n'i poedent estre à tens.   Aoi.

CLXIII

Par grant irur chevalchet *Carlemagnes*;
Desur sa brunie li gist sa barbe blanche.
Puignent ad ait tuit li barun de France;
1845 N'i ad icel *ki* ne demeint irance
Que il ne sunt à Rollant le catanie,
Ki se cumbat as Sarrazins d'Espaigne.
S'il est bleciez, ne quid qu' anme i remaignet.
Deus! quels seisante i ad en sa cumpaigne!
1850 Unkes meillurs n'en out reis ne catanies.   Aoi.

CLXIV

Carles chevalchet tant cume li port durent,
E si demeinet tel doel e tel rancure.
Ço dist li Reis : « Seinte Marie, aïue.
« Par Guenelun grant peine m'est creüe.
« En vieille geste est mis en escriture :
« Si anceisur encriesme felun furent,
« E felunie ourent tuit en custume.
« El' Capitolie, à Rume, en firent une :
« Le vieil Cesar ocirent-il par murdre.
« Pois, orent-il malvaise sepouture
« Qu'en fou ardent e anguissus mururent.
« Icist traïtre si est de lur nature.

Par derrière, par devant, sonnent les trompettes de Charles
Qui toutes répondent au cor de Roland.
L'Empereur chevauche, plein de colère.
Les Français sont en grande fureur et tout angoisseux.
Il n'en est pas un qui ne pleure et ne sanglote,
Pas un qui ne prie Dieu de préserver Roland
Jusqu'à ce que, tous ensemble, ils arrivent sur le champ de bataille.
Ah! c'est alors qu'avec Roland ils frapperont de rudes coups!
Mais, hélas! à quoi bon? Tout cela ne sert de rien :
Ils ne peuvent arriver à temps. En retard! en retard!

CLXIII

Le roi Charles chevauche en très grande colère;
Sur sa cuirasse s'étale sa barbe blanche.
Et tous les barons de France d'éperonner vivement;
Car il n'en est pas un qui ne soit plein de douleur
De n'être point avec Roland le capitaine,
Qui, en ce moment même, se bat contre les Sarrasins d'Espagne.
Si Roland était blessé, un seul des siens, un seul survivrait-il?
Mais, Dieu! quels soixante hommes il a encore avec lui!
Jamais roi, jamais capitaine n'en eut de meilleurs.

CLXIV

Tant que durent les défilés, Charles chevauche
Quelle douleur, quelle rage en son cœur!
« Sainte Marie, » s'écrie-t-il, « aidez-nous.
« Voici que Ganelon m'a jeté en grande tristesse.
« Il est écrit, dans une vieille geste,
« Que les ancêtres de Ganelon furent des félons;
« Les félonies, chez eux, étaient une habitude.
« Ils en firent une à Rome, au Capitole,
« Quand ils assassinèrent le vieux César.
« Mais ces maudits finirent mal
« Et moururent en feu ardent et angoisseux.
« Ganelon est bien de leur nature.

« Rollant ad mort, ma gent ad cunfundue,
« Si m'ad de l' chief la curune tolue.
« Par chevaliers n'iert France defendue ! »
Pluret des oilz, trait sa barbe canue.
Dient Franceis : « Dolent ! Mare net sumes. »
Brochent avant, tant cume li port durent :
N'i ad celui la resne ait retenue ;
Einz que la gent de France seit venue,
Avrat Rollanz la bataille vencue,
Le rei Marsilie e sa gent mis en fuie.   Aoi.

LA DÉROUTE

CLXV

Rollanz reguardet es munz e es lariz ;
De cels de France i veit tanz morz gesir,
E il les pluret cum chevaliers gentilz :
« Seignurs baruns, de vus ait Deus mercit !
1855 « Tutes vos anmes otreit il pareïs.
« En seintes flurs il les facet gesir !
« Meillurs vassals de vus unkes ne vi :
« Si lungement tut tens m'avez servit !
« Ad oes Carlun si granz païs cunquis !
1860 « Li Emperere tant mare vus nurrit.
« Tere de France, mult estes dulz païs,
« Hoi es deserte *de tanz baruns de pris.*
« Baruns Franceis, pur mei vus vei murir :
« Jo ne vus pois tenser ne guarantir ;
1865 « Aït vus Deus, ki unkes ne mentit !
« Olivier, frere, vus ne dei jo faillir ;
« De doel murrai, s' altre ne m'i ocit.
« Sire cumpainz, alum i referir ! »   Aoi.

1868. Lacune comblée. Voir la note du v. 318.

« Il a perdu Roland, confondu ma gent
« Et m'arrache vraiment la couronne de la tête.
« La France, pour se défendre, n'a plus de chevaliers ! »
Charles pleure des yeux ; tire sa barbe blanche.
« Malheureux, » disent les Français. « Quelle douleur pour
 nous d'être nés ! »
Ils éperonnent ; tant que dure le passage des défilés,
Pas un ne retient la rêne à son cheval ;
Mais, avant que les Français soient arrivés sur le champ de
 bataille,
Roland aura gagné la victoire
Et mis en fuite Marsile et ses païens.

LA DÉROUTE

CLXV

Roland jette les yeux sur les monts, sur les landes :
Que de Français il y voit étendus !
En noble chevalier il les pleure :
« Seigneurs barons, que Dieu prenne pitié de vous !
« Qu'à toutes vos âmes il octroie le paradis ;
« Qu'il les fasse reposer en saintes fleurs !
« Meilleurs vassaux que vous, je n'en vis jamais.
« Vous m'avez tant servi et durant tant d'années !
« Vous avez fait de si vastes conquêtes pour Charlemagne !
« L'Empereur fut bien mal inspiré de vous nourrir ainsi !
« O terre de France, vous êtes un bien doux pays,
« Mais vous voilà veuve aujourd'hui de vos meilleurs barons !
« C'est à cause de moi, barons, que je vous vois mourir,
« Et je ne vous puis défendre, et je ne vous puis sauver !
« Que Dieu vous aide, Celui qui jamais ne mentit.
« Olivier, frère Olivier, mon devoir est de ne te point quitter.
« Si l'on ne me tue pas ici, la douleur me tuera.
« Allons, sire compagnon : retournons frapper les païens. »

CLXVI

Rollanz esguardet es puis e es valées;
De paiens veit si très grant aünée.
A Olivier ad dit raisun membrée :
« Ensembl' od vus ci murrai, cumpainz frere. »
Ambdui el' camp par amur repairièrent.
Li quens Rollanz la culur ad muée,
Par quatre feiz out Munjoie criée,
Tint l'olifant, si sunat la menée.
Veillantif brochet tute une randunée;
Vait les ferir à sa trenchant espéc. Aoi.

CLXVII

Li quens Rollanz el' camp est repairiez.
1870 Tient Durendal, cume vassals i fiert.
Faldrun de l' Pui i ad par mi trenchiet
E vint e quatre de tuz les mielz preisiez;
Jamais n'iert hum plus se voeillet vengier.
Si cum li cerfs s'en vait devant les chiens,
1875 Devant Rollant si s'en fuient paien.
Dist l'Arcevesques : « Asez le faites bien.
« Itel valur deit aveir chevaliers
« Ki armes portet e en bon cheval siet;
« En *la* bataille deit estre forz e fiers,
1880 « O altrement ne valt quatre deniers;
« Monies deit estre en un de cez mustiers :
« Si preierat tuz jurz pur noz pecchiez. »
Respunt Rollanz : » Ferez, ne's espargniez! »
A icest mot l'unt Franc recumenciet;
1885 Mult grant damage i out de chrestiens. Aoi.

1881. *Deit monies estre,* etc. Ce mépris de Turpin pour les moines se retrouve au commencement de la *Chanson d'Aspremont,* où le terrible

CLXVI

Roland jette un regard sur les montagnes et les vallées;
Quelle foule de païens il y découvre!
Il adresse alors ces paroles à Olivier :
« Compagnon frère, je veux ici mourir avec vous. »
Ils reviennent sur le champ de bataille, ces deux amis;
Le comte Roland change de couleur,
Pousse quatre fois le cri : Monjoie,
Prend son cor et sonne la charge.
Puis très violemment éperonne Veillantif
Et va frapper les païens du tranchant de l'épée.

CLXVII

Le comte Roland rentre sur le champ de bataille;
Dans son poing est Durendal, et il s'en sert en brave.
Un de ses coups tranche en deux Faudron du Puy;
Puis il tue vingt-quatre païens, des plus vaillants.
Jamais il n'y aura d'homme qui mette une telle ardeur à se venger.
Comme le cerf s'enfuit devant les chiens,
Ainsi s'enfuient les païens devant Roland.
« Voilà qui est bien, » lui dit l'Archevêque,
« Et telle est la valeur qui convient à un chevalier
« Portant de bonnes armes et assis sur un bon cheval.
« Il faut qu'il soit fort et fier dans la bataille;
« Autrement il ne vaut pas quatre deniers.
« Qu'on en fasse alors un moine dans quelque moutier,
« Où il priera toute sa vie pour nos péchés.
« — Frappez, » répond Roland, « frappez, et pas de quartier! »
A ces mots, nos Français recommencent la bataille;
Mais les chrétiens firent là de grandes pertes.

---

archevêque raille le bon abbé Fromer, | *Alez, dans abes, vos matines chan-*
qui a peur des menaces d'Agolant : | *ter,* etc.

CLXVIII

Hum ki ço set que ja n'avrat prisun
En tel bataille fait grant defensiun :
Pur ço sunt Franc si fier cumé leun.
As vus Marsilie en guise de barun;
1890 Siet el' cheval qu'il apelet Guaignun;
Plus est isnels que nen est uns falcun :
Brochet le bien, si vait ferir Bevun,
(Icil ert sire de Belne e de Digun),
L'escut li freint e l'osberc li derumpt,
Que mort l'abat seinz altre *escundisun;*
1895 Pois, ad ocis Ivoerie e Ivun,
Ensembl' od els Gerart de Russillun.
Li quens Rollanz ne li est guaires loinz;
Dist à l' paien : « Damnes Deus mal te duinst!
« A si grant tort m'ociz mes cumpaignuns,
1900 « Colp en avras, einz que nus departium;
« E de m' espée encoi savras le num. »
Vait le ferir en guise de barun,
Trenchiet li ad li Quens le destre puign;
Pois prent la teste de Jurfaleu le blund :
1905 Icil ert filz à l' rei Marsiliun.
Paien escrient : « Aïe nus, Mahum;
« Li nostre deu, vengiez nus de Carlun.
« En ceste tere nus ad mis tels feluns
« Ja pur murir le camp ne guerpirunt. »
1910 Dist l'uns à l' altre : « E! kar nus en fuium! »
A icest mot tel cent milie s'en vunt :
Ki que's rapelt, ja n'en returnerunt. Aoi.

CLXIX

Li reis Marsilies le puign destre ad perdut,
Encuntre tere pois getet sun escut;

1895. *Ivoerie e Ivun.* D'après *Gau-* | sixième fils de Doon de Mayence. Ils
trey (v. 98), Ivon et Ivoire sont fils | sont comptés au nombre des Pairs
du roi Othon, qui lui-même est le | par la *Chanson de Roland, Gui de*

CLXVIII

Quand il sait qu'on ne lui fera point de quartier,
L'homme dans la bataille se défend rudement :
Et c'est pourquoi les Français sont fiers comme des lions.
Voici Marsile, qui a tout l'air d'un vrai baron,
Monté sur son cheval qu'il appelle Gaignon
Et qui est plus rapide qu'un faucon :
Il l'éperonne vivement et va frapper Beuvon,
Sire de Beaune et de Dijon ;
Il lui brise l'écu, lui rompt les mailles du haubert,
Et, sans plus de façons, l'abat raide mort.
Puis le roi sarrasin tua Ivoire et Ivon,
Et avec eux Girard de Roussillon.
Le comte Roland n'était pas loin :
« Que le Seigneur Dieu te maudisse, » dit-il au païen,
« Puisque tu m'as, contre tout droit, tué mes compagnons.
« Tu vas, avant de nous séparer, le payer d'un rude coup
« Et savoir aujourd'hui le nom de mon épée. »
Alors il va le frapper en vrai baron
Et lui tranche du coup le poing droit ;
Puis il prend la tête de Jurfaleu le blond,
Qui était le propre fils du roi Marsile :
« A l'aide ! à l'aide, Mahomet ! » s'écrient les païens.
« Vengez-nous de Charles, ô nos dieux.
« Quels félons il nous a laissés sur la terre d'Espagne !
« Plutôt que de nous laisser le champ, ils mourront. »
« — Enfuyons-nous au plus vite ! » se disent-ils l'un à l'autre.
Et voilà que, sur ce mot, cent mille hommes tournent le dos.
Les rappeler ? c'est inutile. Ils ne reviendront pas.

CLXIX

Il a perdu son poing droit, le roi Marsile.
Alors, il jette à terre son écu,

Bourgogne, la *Karlamagnus Saga.* Ivon seul figure dans la Chronique de Weihenstephan. L'auteur de la *Prise* de Pampelune les regarde comme les fils de Naimes. = 1912. Lacune comblée. Voir la note du v. 318.

Le cheval brochet des esperuns aguz ;
Laschet la resne, vers Espaigne s'en fuit,
E tel vint milie s'en vunt derere lui.
N'i ad celui k' el' cors ne seit feruz.
Dist l'uns à l'altre : « Li niés Carle ad vencut. » Aoi.

CLXX

De ço qui calt? se fuiz s'en est Marsilies,
Remés i est sis uncles *l'Algalifes*
1915 Ki tint Kartagene, Alferne, Garmalie
E Ethiope, une tere maldite ;
La neire gent en ad en sa baillie.
Granz unt les nés e lées les orilles,
E sunt ensemble plus de cinquante milic.
1920 Icil chevalchent fièrement e ad ire ;
Pois, *si* escrient l'enseigne païenie.
Ço dist Rollanz : « Ci recevrum martirie,
« E or sai bien n'avum guaires à vivre ;
« Mais tut seit fel *ki* chier ne s'. vendrat primes!
1925 « Ferez, seignurs, des espées furbies :
« Si calengiez e voz morz e voz vies,
« Que dulce France par nus ne seit hunie !
« Quant en cest camp viendrat Carles mis sire,
« De Sarrazins verrat tel discipline
1930 « Cuntre un des noz en truverat morz quinze :
« Ne laisserat que ne nus beneïet. » Aoi.

MORT D'OLIVIER

CLXXI

Quant Rollanz veit la cuntredite gent,
Ki plus sunt neir que nen est arrement,
Ne n'unt de blanc ne mais que sul les denz,

Pique son cheval de ses éperons aigus,
Lui lâche les rênes et s'enfuit du côté de l'Espagne.
Vingt mille païens s'enfuient avec lui,
Et il n'en est pas un qui n'ait reçu quelque blessure :
« *Le neveu de Charles a vaincu,* » *se disent-ils l'un à l'autre.*

CLXX

Mais, hélas! à quoi bon? Si Marsile est en fuite,
Son oncle le Calife est resté.
Or c'est celui qui tenait Carthage, Alferne, Garmaille
Et l'Éthiopie, une terre maudite;
C'est celui qui était le chef de la race noire,
Au nez énorme, aux larges oreilles :
Et il y en a là plus de cinquante mille
Qui chevauchent fièrement et en grande colère,
Et qui jettent le cri d'armes païen.
« C'est ici, s'écrie alors Roland, c'est ici que nous serons martyrs.
« Maintenant, je sais bien que nous n'avons plus longtemps
    à vivre;
« Mais maudit celui qui ne se vendra chèrement!
« Frappez, seigneurs, frappez de vos épées fourbies ;
« Disputez bien votre mort, votre vie,
« Et surtout que France la douce ne soit pas déshonorée.
« Quand Charles mon seigneur viendra sur ce champ de bataille,
« Quand il verra le massacre des Sarrasins,
« Quand pour un des nôtres il en trouvera quinze d'entre eux
    parmi les morts,
« L'Empereur ne pourra pas ne point nous bénir. »

MORT D'OLIVIER

CLXXI

Quand Roland aperçoit la gent maudite
Qui est plus noire que de l'encre
Et n'a de blanc que les dents :

1935 Ço dist li Quens : « Or sai jo veirement
    « Que hoi murrum par le mien escient.
    « Ferez, Franceis : kar jo l' vus recumenz. »
    Dist Oliviers : « Dehet ait li plus lenz! »
    A icest mot, Franceis se fièrent enz.   Aoi.

CLXXII

1940 Quant paien virent que Franceis i out poi,
    Entr' els en unt e orgoill e cunfort;
    Dist l'uns à l' altre : « Li Emperere ad tort. »
    Li *Algalifes* sist sur un cheval sor:
    Brochet le bien des esperuns ad or;
1945 Fiert Olivier derere, en mi le dos,
    Le blanc osberc li ad desclos el' cors,
    Par mi le piz sun espiet li mist fors;
    E dist après : « Pris avez mortel colp.
    « Carles li magnes mar vus laissat as porz.
1950 « Tort nus ad fait, nen est dreiz qu'il s'en lot;
    « Kar de vus sul ai bien vengiet les noz. »   Aoi.

CLXXIII

    Oliviers sent que à mort est feruz,
    De lui vengier targier ne se voelt plus.
    Tient Halteclere, dunt li aciers fut bruns:
    Fiert l'Algalife sur l' helme ad or agut,
1955 E flurs e *pierres* en acraventet jus,
    Trenchet la teste d'ici qu'as denz menuz,
    Brandist sun colp, si l'ad mort abatut;
    E dist après : « Paiens, mal aies tu!
    « Iço ne di Carles n'i ait perdut.
1960 « Ne à muillier n'à dame qu'as veüt
    « N'en vanteras el' regne dunt tu fus
    « Qu'à *Carlun* aies un *sul* denier tolut,

« Je suis très certain, » dit Roland ;
« Oui, je sais clairement que nous mourrons aujourd'hui.
« Frappez, Français : car, pour moi, je vais recommencer la bataille. »
Et Olivier : « Malheur aux plus lents ! » s'écrie-t-il.
A ces mots, les Français se jettent dans le milieu même des ennemis.

CLXXII

Les païens, quand ils s'aperçoivent qu'il y a si peu de Français,
En sont remplis d'orgueil et tout réconfortés entre eux :
« Non, non, » disent-ils l'un à l'autre, « le droit n'est pas pour l'Empereur. »
Le Calife montait un cheval roux ;
De ses éperons d'or il le pique,
Frappe Olivier par derrière dans le milieu du dos,
Dans le corps même lui brise les mailles du blanc haubert,
Et la lance du païen passe de l'autre côté de la poitrine :
« Voilà un rude coup pour vous, » lui dit-il :
« Charles fut mal inspiré de vous laisser aux défilés.
« L'Empereur nous fit tort, mais n'aura guère lieu de s'en louer ;
« Car sur vous seul j'ai bien vengé tous les nôtres. »

CLXXIII

Olivier sent qu'il est blessé à mort
Et plus ne veut tarder à se venger.
Dans son poing est Hauteclaire, dont l'acier fut bruni ;
Il en frappe le Calife sur le heaume aigu couvert d'or,
Et il en fait tomber à terre les pierres et les cristaux ;
Il lui tranche la tête jusqu'aux dents ;
Il brandit son coup, et l'abat raide mort :
« Maudit sois-tu, païen, » lui dit-il ensuite.
« Je ne dis pas que Charles n'ait rien perdu ;
« Mais, certes, ni à ta femme ni à aucune autre dame
« Tu n'iras te vanter, dans le pays où tu es né,
« D'avoir pris à l'Empereur la valeur d'un denier,

« Ne fait damage ne de mei ne d'altrui. »
Après, escriet Rollant qu'il li aïut.   Aoi.

CLXXIV

1965 Oliviers sent qu'il est à mort naffrez,
De lui vengier jamais ne li iert sez;
De Halteclere lur vait granz colps duner,
En la grant presse or i fiert cume ber,
Trenchet cez hanstes e cez escuz buclers,
E piez e puignz, *espalles* e costez.
1970 Ki lui veïst Sarrazins desmembrer,
Un mort sur l'altre *à la tere* geter,
De bon vassal li poüst remembrer.
L'enseigne Carle n'i volt mie ublier,
Munjoie escriet e haltement e cler.
1975 Rollant apelet sun ami e sun per :
« Sire cumpainz, à mei kar vus justez.
« A grant dulur ermes hoi desevret. »
Li uns pur l'altre si cumencet à plurer.   Aoi.

CLXXV

Rollanz reguardet Olivier à l' visage :
Teinz fut e pers, desculurez e pales;
1980 Li sancs tuz clers *fors de sun* cors li raiet,
Encuntre tere en chièdent les esclaces :
« Deus! » dist li Quens, « or ne sai jo que face.
« Sire cumpainz, mar fut vostre barnage !
« Jamais n'iert hum vostre cors cuntrevaillet.
1985 « E! France dulce, cum hoi remeindras guaste
« De bons vassals, cunfundue e *desfaite !*
« Li Emperere en avrat grant damage. »
A icest mot sur sun cheval se pasmet.   Aoi.

CLXXVI

As vus Rollant sur sun cheval pasmet,
1990 E Olivier ki est à mort naffrez?

« Ni de lui avoir fait dommage soit de moi, soit d'autrui. »
Puis : « Roland ! » s'écrie-t-il, « Roland ! à mon secours ! »

CLXXIV

Olivier sent qu'il est blessé à mort :
Jamais il ne saurait assez se venger.
Aux païens il distribue grands coups de Hauteclaire,
Dans la grand'presse frappe en baron,
Tranche les écus à boucles et les lances,
Les pieds, les poings, les épaules et les flancs des cavaliers.
Qui l'eût vu démembrer ainsi les Sarrasins,
Jeter par terre un mort sur l'autre,
Celui-là eût eu l'idée d'un bon chevalier.
Mais Olivier ne veut pas oublier le cri de Charles :
« Monjoie ! Monjoie ! » répète-t-il d'une voix haute et claire.
Il appelle Roland, son ami et son pair :
« Compagnon, venez vous mettre tout près de moi.
« C'est aujourd'hui le jour où nous serons douloureusement
    séparés ! »
Et l'un se prend à pleurer en pensant à l'autre.

CLXXV

Roland regarde Olivier au visage.
Il est pâle, violet, décoloré, livide ;
Son beau sang jaillit et coule, tout clair, de son corps,
Les ruisseaux en tombent par terre :
« Dieu ! » dit Roland, « je ne sais maintenant que faire.
« Quel malheur, ami, pour votre courage !
« Jamais plus on ne verra homme de votre valeur.
« O douce France ! tu vas donc être veuve
« De tes meilleurs soldats ; tu seras confondue, tu tomberas.
« L'Empereur en aura grand dommage. »
A ce mot, Roland sur son cheval se pâme.

CLXXVI

Voyez-vous Roland, là, pâmé sur son cheval,
Et Olivier, qui est blessé à mort ?

Tant ad seiniet, li oil li sunt trublet :
Ne loinz ne près ne poet vedeir si cler
Que reconoisse *nisun* hume mortel.
Sun cumpaignun, cum il l'ad encuntret,
1995 Si l' fiert amunt sur l'helme ad or gemmet;
Tut li detrenchet d'ici que à l' nasel;
Mais en la teste ne l' ad mie adeset.
A icel colp l' ad Rollanz reguardet,
Si li demandet dulcement e suef :
2000 « Sire cumpainz, faites le vus de gret?
« Jo *sui* Rollanz, ki tant vus soelt amer;
« Par nule guise ne m'avez desfiet. »
Dist Oliviers : « Or vus oi jo parler;
« Jo ne vus vei : veiet vus damnes Deus !
2005 « Ferut vus ai; kar le me pardunez. »
Rollanz respunt : « Jo n'ai nient de mel.
« Jo l' vus parduins ici e devant Deu. »
A icel mot l'uns à l' altre ad clinet;
Par tel amur as les vus desevret. Aoi.

CLXXVII

2010 Oliviers sent que la mort mult l'anguisset ;
Ambdui li oil en la teste li turnent,
L'oïe pert e la veüe tute;
Descent à pied, à la tere se culchet,
Forment en halt si recleimet sa culpe;
2015 Cuntre le ciel ambesdous ses mains juintes,
Si preiet Deu que pareïs li dunget
E beneïet Carlun e France dulce,
Sun cumpaignun Rollant desur tuz humes.
Li coers li falt, li helmes li embrunchet,
2020 Trestuz li cors à la tere li justet.
Morz est li Quens, que plus ne se demuret.
Rollanz li ber le pluret, si l' duluset;
Jamais en tere n'orrez plus dolent hume. Aoi.

2023. *Jamais en tere*, etc. Les Re- | offrent ici un incident qui n'était évi-
maniements de Paris et de Lyon nous | demment pas dans le texte primitif. Il

Il a tant saigné que sa vue en est trouble;
Ni de près, ni de loin, ne voit plus assez clair
Pour reconnaître homme qui vive.
Le voilà qui rencontre son compagnon Roland;
Sur le heaume orné de pierreries et d'or, il frappe un coup terrible,
Qui le fend en deux jusqu'au nasal,
Mais qui, par bonheur, ne pénètre pas en la tête.
A ce coup, Roland l'a regardé,
Et doucement, doucement, lui fait cette demande :
« Mon compagnon, l'avez-vous fait exprès?
« Je suis Roland, celui qui tant vous aime :
« Vous ne m'aviez point défié, que je sache? »
« — Je vous entends, » dit Olivier, « je vous entends parler,
« Mais point ne vous vois : Dieu vous voie, ami.
« Je vous ai frappé, pardonnez-le-moi.
« — Je n'ai point de mal, » répond Roland;
« Je vous pardonne ici et devant Dieu. »
A ce mot, ils s'inclinent l'un devant l'autre.
C'est ainsi, c'est avec cet amour que tous deux se séparèrent.

CLXXVII

Olivier sent l'angoisse de la mort;
Ses deux yeux lui tournent dans la tête;
Il perd l'ouïe, et tout à fait la vue,
Descend à pied, sur la terre se couche,
A haute voix fait son *mea culpa*,
Joint ses deux mains et les tend vers le ciel,
Prie Dieu de lui donner son paradis,
De bénir Charlemagne, la douce France
Et son compagnon Roland par-dessus tous les hommes.
Le cœur lui manque, sa tête s'incline :
Il tombe à terre, étendu de tout son long.
C'en est fait, le Comte est mort.
Et le baron Roland le regrette et le pleure.
Jamais sur terre vous n'entendrez un homme plus dolent.

s'agit de la communion symbolique d'Olivier qui lui est administrée par | Roland : *Trois poiz a pris de l'erbe verdoiant. — Li ange Dieu i descendent*

CLXXVIII

Li quens Rollanz, *quant* mort *vit* sun ami
2025 Gesir adenz *cuntre Orient* sun vis,
Ne poet muer ne plurt e ne suspirt.
Mult dulcement à regreter le prist :
« Sire cumpainz, tant mar fustes hardiz !
« Ensemble avum estet e anz e dis ;
« Ne m' fesis mal, ne jo ne l' te forsfis.
2030 « Quant tu ies morz, dulur est que jo vif. »
A icest mot se pasmet li Marchis
Sur sun cheval qu'hum cleimet Veillantif ;
Afermez est à ses estreus d'or fin :
Quel part qu'il alt, ne poet mie caïr.   Aoi.

CLXXIX

2035 Einz que Rollanz se seit aperceüz.
De pasmeisun guariz ne revenuz,
Mult grant damage li est apareüt :
Mort sunt Franceis, tuz les i ad perdut
Seinz l'Arcevesque e seinz Gualtier de l' Hum.
2040 Repairiez est de la muntaigne jus,
A cels d'Espaigne mult s'i est cumbatuz :
Mort sunt si hume, si's unt paien vencut ;
Voeillet o nun, desuz cez vals s'en fuit

à tant ; — *L'arme de lui enportent en chantant.* (Lyon.) ═ Nous avons parlé ailleurs de ce singulier sacrement, que l'on peut rapprocher de ces confessions faites à un laïque, dont nous avons aussi plus d'un exemple dans nos Chansons de geste. Il s'agit de la communion eucharistique reçue par les chevaliers sous l'espèce de l'herbe ou de la verdure. A défaut de prêtres, à défaut d'hosties consacrées, les chevaliers se communient avec des feuilles d'arbre, avec des brins d'herbe. Élie de Saint-Gilles rencontre un chevalier mourant. Plein de charité, il s'élance vers lui : *Entre ses bras le prist,* — *Prist une fuelle d'erbe ; à la bouce li mist.* — *Dieu le fait aconoistre et ses peciés gehir.* — *L'anme part.* (B. N. anc. Lav. 80, f° 77.) Dans *Raoul de Cambrai*, Savari communie Bernier après l'avoir confessé : *Trois fuelles d'arbre maintenant li rompi ;* — *Il les reccut* PER CORPUS *Domini.* (Édit. Leglay, p. 327.) Et, dans le même poème, on voit, avant la bataille, tous les chevaliers de l'armée se donner la communion sous la même espèce ; *Chascuns*

CLXXVIII

Quand Roland voit que son ami est mort,
Quand il le voit là, la face tournée vers l'Orient,
Il ne peut retenir ses larmes et ses sanglots;
Très doucement se prend à le regretter :
« Mon compagnon, » dit-il, « quel malheur pour ta vaillance !
« Bien des années, bien des jours, nous avons été ensemble.
« Jamais tu ne me fis de mal, jamais je ne t'en fis :
« Quand tu es mort, c'est douleur que je vive. »
A ce mot, le Marquis se pâme
Sur son cheval, qu'on appelle Veillantif ;
Mais il est retenu à ses étriers d'or fin :
Où qu'il aille, il ne peut tomber.

CLXXIX

A peine Roland a-t-il repris ses sens,
A peine est-il guéri et revenu de sa pâmoison,
Qu'il s'aperçoit de la grandeur du désastre.
Tous les Français sont morts, il les a tous perdus,
Excepté deux, l'Archevêque et Gautier de l'Hum.
Celui-ci est descendu de la montagne
Où il a livré un grand combat à ceux d'Espagne.
Sous les coups des païens vainqueurs tous ses hommes sont
    morts :
Bon gré, mal gré, il s'est enfui dans ces vallées,

frans hon de la pitié plora; — Mains gentishons s'i acumenia — De trois pous d'erbe, qu'autre prestre n'i a. (Ibid., p. 95.) Dans *Renaus de Montauban*, Richard s'écrie : *Car descendons à terre et si nos confesson, — Et des peus de cete herbe nos acomenion.* (Édit. Michelant, p. 181, vers 26, 27.) Dans *Aliscans*, la communion de Vivien est réellement sacramentelle : Guillaume, par un étonnant privilège, a emporté avec lui une hostie consacrée, et c'est avec cette hostie qu'il console et divinise les derniers instants de son neveu. Quant à la communion par le feuillage, IL FAUT LA CONSIDÉRER UNIQUEMENT COMME SYMBOLIQUE, et c'est ce que prouvent jusqu'à l'évidence les vers plus haut cités de *Raoul de Cambrai* : *Trois fuelles d'arbre receut* PER CORPUS DOMINI. Bref, on ne se confesse à un laïque QU'A DÉFAUT DE PRÊTRE; on ne communie avec des feuilles QU'A DÉFAUT D'HOSTIE. De ces deux rites il n'existe aucune trace dans le *Roland*, dont l'auteur nous paraît théologiquement plus exact que tous nos autres épiques,

E si recleimet Rollant qu'il li aïut:
2045 « Gentilz quens, sire, vaillant hum, ù ies tu!
 « Unkes nen oi poür là ù tu fus.
 « Ço est Gualtiers ki cunquist Maëlgut,
 « Li niés Droün, à l' vieill e à l' canut.
 « Pur vasselage suleie estre tis druz.
 « *As Sarrazins me sui tant cumbatuz*
2050 « Ma hanste est fraite e perciez mis escuz,
 « E mis osbercs desmailiez e rumpuz.
 « Par mi le cors de lances *sui* feruz:
 « Sempres murrai, mais chier me sui venduz. »
 A icel mot l'ad Rollanz *coneüt*;
2055 Le cheval brochet, si vient puignant vers lui.   Aoi.

CLXXX.

 « *Sire Gualtiers,* » ço dist li quens Rollanz,
 « *Bataille oüstes od la paiene gent:*
 « *Vus sulez estre vassals e cumbatant,*
 « *Mil chevaliers en menastes vaillanz.*
 « *Ierent à mei; pur ço vus les demant.*
 « *Rendez les mei, que bosuing en ai grant.* »
 Respunt Gualtiers: « *N'en verrez un vivant.*
 « *Laissiez les ai en cel dulurus camp.*
 « *De Sarrazins nus i truvasmes tanz,*
 « *Turcs e Ermines, Canelius e Jaianz,*
 « *Cels de Balise, des meillurs cumbatanz,*
 « *Sur lur chevals arrabiz e curanz;*
 « *Une bataille avum faite si grant*
 « *N'i ad paien devers altre s'en vant.*
 « *Seisante milie en i ad morz gisanz.*
 « *Vengiez nus sumes à noz acerins branz.*
 « *Avum iloec perdut trestuz noz Francs;*
 « *De mun osberc en sunt rumput li pan;*

2047. *Gualtiers.* Dans la *Keiser Karl Magnus's kronike,* Gautier est appelé Volter, et est présenté comme le « frère de la sœur » de l'Archevêque. == Maël.

Et voilà qu'il appelle Roland : « A mon aide ! à mon aide !
« Hé ! » s'écrie-t-il, « noble comte, vaillant homme, où es-tu ?
« Dès que je te sentais là, je n'avais jamais peur.
« C'est moi, c'est moi, Gautier, qui vainquis Maëlgut ;
« C'est moi, le neveu du vieux Drouon, de Drouon le chenu ;
« C'est moi que mon courage avait rendu digne d'être ton ami.
« *Je me suis tant battu contre les Sarrasins*
« Que ma lance en est rompue et mon écu percé ;
« Mon haubert est en lambeaux,
« Et mon corps est criblé de coups de lance.
« Je vais mourir, mais je me suis chèrement vendu. »
A ce mot, Roland l'a entendu ;
Il pique son cheval et galope vers lui.

CLXXX

« *Sire Gautier,* » *lui dit le comte Roland,*
« *Vous avez eu grande bataille contre la gent païenne;*
« *Or, vous étiez un brave et un vaillant*
« *Et m'aviez emmené mille bons chevaliers.*
« *Ils étaient à moi, c'est pourquoi je vous les demande.*
« *Rendez-les-moi : car j'en ai grand besoin.*
« *— Morts,* » *répond Gautier.* « *Plus ne les verrez,*
« *Et j'ai laissé tous leurs corps sur le champ douloureux.*
« *Nous avons, là-haut, trouvé tant de Sarrasins !*
« *Il y avait des Chananéens, des Géants, des Arméniens et des Turcs,*
« *Et ceux de Balise, qui sont leurs meilleurs soldats,*
« *Sur leurs chevaux arabes qui vont si vite.*
« *Nous avons si rudement mené cette bataille*
« *Que pas un païen ne s'en vantera.*
« *Soixante mille sont morts et gisent à terre.*
« *Ah ! nous nous sommes bien vengés, à coups de nos épées d'acier,*
« *Mais nous y avons perdu tous nos Français.*
« *Les pans de mon haubert sont en pièces,*

---

gut et Drouin sont des personnages dont les noms figuraient sans doute en des Chansons que nous n'avons plus. — 2055. Lacune comblée. V. le vers 318.

« *Mortels ai plaies es costez e es flancs*
« *De tutes parz en ist fors li clers sancs;*
« *Trestuz li cors m' en vait afiebliant :*
« *Sempres murrai, par le mien esciant.*
« *Jo sui vostre hum e vus tien à guarant :*
« *Ne me blasmez, se jo m'en vai fuiant.*
« *— Ne l' ferai mie,* » ço dit li quens Rollanz;
« *Mais or m'aidiez à tut vostre vivant.* »
D'ire e de doel en tressuet Rollanz.
De sun blialt ad trenchiez les dous pans :
Gualtier en bandet les costez e les flancs. AOI.

CLXXXI

Rollanz ad doel, si fut maltalentifs :
En la grant presse cumencet à ferir ;
De cels d'Espaigne en ad getet morz vint,
E Gualtiers sis, e l'Arcevesques cinc.
2060 Dient paien : « Feluns humes ad ci.
« Guardez, seignurs, que il n'en algent vif.
« *Tant nus unt fait ne deivent estre prins.*
« *Mais trestuit estre detrenchiet e ocis,*
« *Tut par seit fel ki ne 's vait envaïr,*
« *E recreant ki les lerrat guarir!* »
Dunc recumencent e li hus e li cris :
2065 De tutes parz les revunt envaïr.
Deus les aïut qui unkes ne mentit! AOI.

CHARLEMAGNE APPROCHE

CLXXXII

Li quens Rollanz fut *mult hardis e fiers,*
Gualtiers de l'Hum est bien bons chevaliers,
Li Arcevesques prozdum e essaiez ;

« *Et j'ai tant de blessures aux côtés et aux flancs*
« *Que le clair sang coule de toutes parts.*
« *Tout mon corps va s'affaiblissant,*
« *Et je sens bien que je vais mourir.*
« *Je suis votre homme, Roland, et vous tiens pour mon seigneur et mon appui.*
« *Si je me suis enfui, ne m'en blâmez.*
« — *Je n'en veux rien faire,* » dit le comte Roland.
« *Mais, tant que vous vivrez, aidez-moi.* »
Roland est tout en sueur, de colère et de douleur.
Il tranche en deux les pans de son bliaud
Et se met à bander les flancs de Gautier.

CLXXXI

Roland est plein de douleur, Roland est plein de rage.
Dans la grande mêlée, il commence à frapper ;
Il jette à terre vingt-cinq païens d'Espagne, raides morts.
Gautier en tue six, l'Archevêque cinq.
« Quels terribles hommes ! » s'écrient les païens.
« Prenons garde qu'ils ne s'en aillent vivants :
« *Ils nous ont fait tant de mal qu'il ne faut pas faire de prisonniers,*
« *Mais massacrer et tuer tout.*
« Honte à qui n'ira pas les attaquer !
« Honte surtout à qui les laisserait échapper ! »
Alors recommencent les cris et les huées,
Et de toutes parts les païens envahissent les trois Français.
Que Dieu, qui jamais ne mentit, que Dieu vienne à leur aide !

CHARLEMAGNE APPROCHE

CLXXXII

Le comte Roland fut très hardi et fier,
Et Gautier de l'Hum fut un très bon chevalier.
Pour l'Archevêque, c'est un brave éprouvé.

Li uns ne voelt l'altre nient laissier.
2070 En la grant presse i fièrent as paiens.
Mil Sarrazin i descendent à pied,
E á cheval sunt quarante millier.
Mien escientre, ne 's osent aproismier.
Il lancent lur e lances e espiez,
2075 Wigres e darz, e museraz e atgiers.
As premiers colps i unt ocis Gualtier,
Turpin de Reins tut son escut perciet,
Quasset sun helme ; si l' unt naffret el' chief,
E sun osberc rumput e desmailiet,
2080 Par mi le cors naffret de quatre espiez ;
Dedesuz lui ocient sun destrier.
Or est granz doels quant l'Arcevesques chiet.
Deus les aïut, li Glorius de l' ciel! AOI.

CLXXXIII

Turpins de Reins, quant se sent abatuz,
De quatre espiez par mi le cors feruz,
2085 Isnelement li ber resailit sus ;
Rollant reguardet, pois si li est curuz,
E dist un mot : « Ne sui mie vencuz ;
« Ja bons vassals nen iert vifs recreüz. »
Il trait Almace, s'espée d'acier brun,
2090 En la grant presse mil colps i fiert e plus.
Pois le dist Carles qu'il n'en espargnat nul :
Tels quatre cenz i truvat entur lui,
Alquanz naffrez, alquanz par mi feruz ;
Si out d'icels ki les chiefs unt perdut.
2095 Ço dist la Geste e cil ki el' camp fut,

2075. *Wigres e darz, e museraz e atgiers.* Ce sont là différentes espèces de flèches ou javelots. = D'après le P. Daniel (en son *Histoire de la milice française*), les *materas* étaient de gros javelots courts, à bois très épais, et terminés par une lourde masse ronde de fer ou de plomb. Mais on ne saurait assimiler les *materas* aux *museraz.* = Nous avons dit ailleurs (note du v. 439) ce que c'était qu'un *atgier*, et comment ce mot est d'origine saxonne.

2089. *Almace.* Almaçe est une des trois épées que le juif Malakin d'Ivin

L'un ne veut pas abandonner l'autre :
C'est au plus fort de la mêlée qu'ils frappent les païens.
Il y a là mille Sarrasins à pied,
Et quarante milliers à cheval.
En vérité, ils n'osent approcher des trois Français.
De loin, ils jettent sur eux lances et épieux,
Javelots, dards, flèches et piques.
Les premiers coups ont tué Gautier.
Quant à Turpin de Reims, son écu est percé,
Son heaume brisé, sa tête blessée,
Son haubert rompu et démaillé ;
Quatre lances lui sont entrées dans le corps ;
Son destrier meurt sous lui.
Ah! c'est grande douleur quand l'Archevêque tombe.
Que Dieu les aide, le glorieux du ciel!

CLXXXIII

Quand Turpin de Reims se sent abattu,
Quand il se voit percé de quatre coups de lance,
Il se relève en un instant, le brave ; il se redresse,
Cherche Roland du regard, court vers lui
Et ne lui dit qu'un mot : « Je ne suis pas vaincu.
« Tant qu'un bon vassal est vivant, il ne se rend pas. »
Alors il tire Almace, son épée d'acier bruni,
Et se lance en pleine mêlée, où il frappe plus de mille coups.
C'est Charlemagne qui en rendit plus tard le témoignage :
    Turpin ne fit grâce à aucun,
Et l'Empereur trouva quatre cents cadavres autour de lui,
Les uns blessés, les autres tranchés par le milieu du corps,
Les autres privés de leurs têtes.
Voilà ce que dit la Geste, et aussi celui qui était sur le champ
    de bataille,

donna pour la rançon de son père Abraham. Les deux autres étaient Durendal et Courtain. (*Bibl. de l'École des chartes*, XXV, 101.) = L'épée de Turpin est une de celles qui furent essayées sur le perron d'acier du palais de Charlemagne, à Aix. Elle résista à l'épreuve. = Almace est appelée Almuce dans Venise IV; Aigredure, dans le Remaniement de Paris ; Almire, dans celui de Versailles ; Autemise, dans *Renaus de Montauban*.

2095-2098. *Ço dist la Geste... e scinz Gilies.* On a voulu induire, de ces

Li ber *seinz* Gilies, pur ki Deus fait vertuz,
E fist la cartre el' mustier de Loüm.
Ki tant ne set ne l'ad prud entendut. Aoi.

CLXXXIV

Li quens Rollanz gentement se cumbat;
2100 Mais le cors ad tressuet e mult cald;
En la teste ad e dulur e grant mal;
Rut ad le temple pur ço que il cornat;
Mais saveir voelt se Carles i viendrat.
Trait l'olifant, fieblement le sunat.
2105 Li Emperere s'estut, si l' escultat :
« Seignurs, dist il, mult malement nus vait.
« Rollanz mis niés hoi cest jur nus defalt :
« J' oi à l' corner que guaires ne vivrat.
« Ki estre i voelt, isnelement chevalzt.
2110 « Sunez voz graisles tant que en ceste ost ad! »
Seisante milie en i cornent si halt,
Sunent li munt e respundent li val.
Paien l'entendent, ne l'tindrent mie en gab.
Dist l'uns à l'altre : « Carlun avrum nus ja. » Aoi.

---

quatre vers, qu'un certain Gilles pourrait être l'auteur de la *Chanson de Roland*. Rien n'est moins fondé. Les mots : *Ço dist la Geste e cil ki el' camp fut*, indiquent seulement une source historique, à laquelle serait remonté notre poète. C'est là une habitude de nos épiques, qui renvoient souvent leurs lecteurs à certaines Chroniques officielles, à certaines Gestes de couvent, lesquelles, suivant l'âge du poème, sont présentées comme originaires de Laon ou de Saint-Denis. = Or, saint Gilles a été mêlé d'une façon très intime à la légende de Charlemagne. Historiquement parlant, il a vécu sous Charles Martel; mais nos poètes le font vivre sous le fils de Pépin, et c'est lui qui lut, dit-on, sur un parchemin tombé du ciel, le péché dont le grand Empereur n'avait pas voulu se confesser. Ce dernier fait est relaté dans un vitrail de Chartres et dans nos textes liturgiques. (Adam de Saint-Victor, *Promat pia vox*, etc. Cf. la *Légende dorée*.) = Ayant été mêlé dans cet épisode, à l'histoire poétique du grand Empereur, saint Gilles le fut sans doute plus profondément. Le *Stricker* (remaniement allemand du *Ruolandes Liet*) nous montre à Roncevaux « l'immaculé saint Gilles, qui depuis longtemps vivait solitaire dans une grotte de France ». Un poème français de la décadence, *Hugues Capet* (p. 210 de l'édition de M. de la Grange), nous parle d'un vieillard *qui fu en Raincheval où Rolans fu perdu*, et qui fit vœu de se faire ermite s'il échappait au désastre. Mais le document le plus précieux que l'on puisse consulter sur cette tradition est la *Keiser Karl*

Le baron saint Gilles, pour qui Dieu fait des miracles.
Il en écrivit le récit au moutier de Laon.
Qui ne sait ces choses n'y entend rien.

CLXXXIV

Il se bat noblement, le comte Roland :
Il a tout le corps en sueur et en feu ;
Mais surtout quel mal, quelle douleur dans la tête !
D'avoir sonné son cor sa tempe est tout ouverte ;
Toutefois il voudrait bien savoir si Charles viendra.
De nouveau il prend son cor et en tire un son, bien faible, hélas !
L'Empereur, là-bas, s'arrêta et l'entendit :
« Seigneurs, dit-il. tout va mal pour nous,
« Et mon neveu Roland va nous manquer aujourd'hui.
« Aux sons de son cor, je vois qu'il n'a plus longtemps à vivre.
« Si vous désirez arriver à temps, pressez vos chevaux.
« Tout ce qu'il y a de trompettes dans l'armée, qu'on les sonne ! »
Alors on sonne soixante mille trompettes, et si haut
Que les monts en retentissent et que les vallées y répondent.
Les païens les entendent, ils n'ont garde de rire :
« C'est Charles qui arrive, » disent-ils l'un à l'autre, « c'est
  Charles ! »

Magnus's kronike. (Édit. de 1867, p. 130.) Après avoir énuméré les prodiges qui annoncèrent la mort de Roland, l'auteur danois cite, à l'appui de son récit, le témoignage de saint Gilles : « Le même jour il arriva un grand miracle chez les Franks. Il se fit aussi obscur que s'il avait été nuit. Le soleil ne donna plus de lumière, et maint homme craignit pour sa vie. Saint Gilles dit que ce miracle arrivait à cause de Roland, parce qu'il devait mourir ce jour-là. » == Voilà quelles sont les données de la légende au sujet de saint Gilles. De là à le supposer auteur d'une Geste écrite, ou d'un récit de ce combat dans une charte conservée à Laon, il n'y a pas loin, pour qui connaît les coutumes littéraires du moyen âge. « Il n'est pas étonnant, avons-nous dit ailleurs, qu'on ait mis sur le compte d'un saint aussi populaire une relation apocryphe de la défaite de Roncevaux. » == IL NE FAUT RIEN CHERCHER DE PLUS DANS LES QUATRE VERS QUI SONT L'OBJET DE CETTE NOTE : telle notre conclusion. == Le scribe italien auquel nous devons le manuscrit de Venise IV n'a pas compris *seint Gilie*, et a substitué : *Li ber san Guielmo.* C'est une allusion peu intelligente à Guillaume d'Orange, qui était, au delà des Alpes, bien plus populaire que saint Gilles. == *Pur ki Deus fait vertuz.* Saint Gillés, D'APRÈS TOUS LES MONUMENTS LITURGIQUES, est particulièrement célèbre comme thaumaturge : *Miraculorum coruscans virtutibus*, dit la plus ancienne des proses qui lui ont été consacrées. (Mone, *Hymni latini medii ævi*, II, 165.)

CLXXXV

2115 Dient paien : « L'Emperere repairet;
« De cels de France oez suner les glaisles.
« Se Carles vient, de nus i avrat perte;
« Se Rollanz vit, nostre guere nuvelet :
« Perdut avum Espaigne nostre tere. »
2120 Tel quatre cent s'en asemblent à helmes
E des meillurs ki el' camp quident estre.
A Rollant rendent un estur fort e pesme :
Ore ad li Quens endreit sei *mult* que faire.   Aoi.

CLXXXVI

Li quens Rollanz, quant il les veit venir,
2125 Tant se fait forz e fiers e maneviz :
Ne s' recrerrat tant cum il serat vifs,
Einz murreit il que il voeillet fuir.
Siet el cheval qu'hum cleimet Veillantif :
Brochet le bien des esperuns d'or fin.
En la grant presse les vait tuz envaïr,
2130 Ensembl' od lui l'arcevesques Turpins.
Dist l'uns à l' altre : « Çà vus traiez, *amis*.
« De cels de France les corns avum oït.
« Carles repairet, li reis poesteïfs. »   Aoi.

CLXXXVII

Li quens Rollanz unkes n'amat cuard,
2135 Ne *orgoillus* n' hume de male part,
Ne chevalier, s' il ne fust bons vassals.
E l'arcevesque Turpin en apelat :
« Sire, à pied estes, e jo sui à cheval;

2126. *Veillantif :* C'est dans la *Chanson d'Aspremont* (nous en possédons un manuscrit de la première moitié du XIIIe siècle) que nous assistons à la conquête par Roland, encore enfant, de l'épée Durendal et du cheval Veil-

CLXXXV

« L'Empereur, » s'écrient les païens! « l'Empereur revient sur ses pas,
« Et ce sont bien les trompettes françaises qu'on entend.
« Si Charles arrive, quel désastre pour nous!
« Si Roland survit, c'est toute notre guerre qui recommence,
« Et l'Espagne, notre terre, est perdue. »
Alors quatre cents d'entre eux se rassemblent, bien couverts de leurs heaumes,
Parmi les meilleurs de toute l'armée païenne.
Et voici qu'ils livrent à Roland un affreux, un horrible assaut.
Ah! le Comte a vraiment assez de besogne.

CLXXXVI

Quand le comte Roland les voit venir,
Il se fait tout fier, il se sent plus fort, il est prêt.
Tant qu'il aura de la vie, il ne se rendra pas :
Plutôt la mort que la fuite.
Il monte son cheval Veillantif,
De ses éperons d'or fin le pique,
Et, au plus fort de la mêlée, court attaquer les païens.
L'archevêque Turpin y va avec lui.
Et les Sarrasins: « Fuyez, amis, fuyez, » disent-ils l'un à l'autre;
« Car nous avons entendu les trompettes de France.
« Il revient, le roi puissant! Charles arrive! »

CLXXXVII

Jamais le comte Roland n'aima les lâches,
Ni les orgueilleux, ni les méchants,
Ni les chevaliers qui ne sont pas bons vassaux.
Il s'adresse à l'archevêque Turpin :
« Sire, » lui dit-il, « vous êtes à pied, et moi à cheval.

lantif. Il les conquiert l'une et l'autre sur le jeune Eaumont, fils du roi païen Agolant. La scène de ces exploits est la Calabre. Voir, dans nos *Épopées françaises*, l'analyse de la *Chanson d'Aspremont*. (II, p. 63 et ss.)

« Pur vostre amur ici prendrai estal ;
2140 « Ensemble avrum e le bien e le mal,
« Ne vus lerrai pur nul hume de carn ;
« Encoi rendrum à paiens cest asalt ;
« Li meillur colp cil sunt de Durendal. »
Dist l'Arcevesques : « Fel ki bien n'i ferrat !
« *Après icest n'avrum jamais asalt.*
2145 « Carles repairet, ki bien vus vengerat. »   Aoi.

CLXXXVIII

Dient paien : « Si mare fumes net !
« Cum pesmes jurz nus est hoi ajurnez !
« Perdut avum noz seignurs e noz pers.
« Carles repairet od sa grant ost, li ber :
2150 « De cels de France odum les graisles clers ;
« Grant est la noise de Munjoie escrier.
« Li quens Rollanz est de tant grant fiertet,
« Ja n'iert vencuz pur nul hume carnel ;
« Lançum à lui ; pois, si l' laissum ester. »
2155 E il si firent : darz e wigres asez,
Espiez e lances e museraz enpennez ;
L'escut Rollant unt frait e estroet,
E sun osberc rumput e *desaffret,*
Mais enz el' cors ne l'unt mie adeset ;
2160 Veillantif unt en trente lius naffret,
Desuz le Cunte si l'i unt mort *getet.*
Paien s'en fuient ; pois, si l' laissent ester ;
Li quens Rollanz à pied i est remés.   Aoi.

CLXXXIX

Paien s'en fuient mult esfrééement.
Dist l'uns à l'altre : « Vencuz nus ad Rollanz.
« Li Emperere repairet veirement :
« Oez les graisles de la franceise gent ;
« Fiz est de mort ki el' camp les atent :

2163. — Lacune comblée. Voir la note du v. 818.

« Par amour pour vous, je veux faire halte.
« Nous partagerons ensemble le bien et le mal,
« Et, pour aucun homme du monde, je ne vous abandonnerai.
« Tous les deux nous rendrons aux païens leur assaut :
« Les meilleurs coups sont ceux de Durendal !
« — Honte à qui ne frappe pas de son mieux, » dit l'Archevêque.
« *Après cette bataille nous n'en aurons plus d'autre,*
« Charles arrive, qui vous vengera. »

CLXXXVIII

« Nous sommes nés pour notre malheur, » disent les païens,
« Et ce jour s'est levé pour nous bien funeste !
« Nous avons perdu nos seigneurs et nos pairs.
« Et voilà que Charles, le baron, revient avec sa grande armée :
« Nous entendons d'ici les claires trompettes de ceux de France
« Et le grand bruit que fait le cri de Monjoie.
« Rien n'égale la fierté du comte Roland,
« Et il n'est pas d'homme vivant qui le puisse vaincre.
« Tirons de loin, et laissons-le sur le terrain. »
Ainsi firent-ils. Ils lui lancent de loin dards et javelots,
Épieux, lances et flèches empennées ;
Ils ont mis en pièces et troué l'écu de Roland ;
Ils lui ont déchiré son haubert dont l'orfroi est enlevé ;
Mais point ne l'ont touché dans son corps.
Pour Veillantif, il a reçu trente blessures
Et sous le Comte est tombé mort.
Les païens, cependant, s'enfuient et laissent Roland seul,
Seul et à pied.

CLXXXIX

Les païens s'enfuient, pleins d'effroi :
« *Roland,* » *se disent-ils l'un à l'autre,* « *Roland nous a vaincus,*
« *Et le grand Empereur revient sur ses pas.*
« *Entendez les clairons de l'armée française.*
« *Attendre les Français, c'est être assuré de mourir.*

6*

« *Tanz gentilz reis ad renduz recreanz !*
« *Jamais Marsilies ne nus serat guarant.*
« *Perdut avum Espaigne la vaillant,*
« *Se l'Amirals pur nus ne la defent.* » AOI.

LA DERNIÈRE BÉNÉDICTION DE L'ARCHEVÊQUE

CXC

Paien s'en fuient curuçus e iriet,
2165 Envers Espaigne tendent de l' espleitier.
Li quens Rollanz ne 's ad dunc encalciez.
Perdut i ad Veillantif sun destrier :
Voeillet o nun, remés i est à pied.
A l' arcevesque Turpin alat aidier,
2170 Sun helme ad or li deslaçat de l' chief,
Si li tolit le blanc osberc legier,
E sun blialt li ad tut detrenchiet,
En ses granz plaies les pans li ad *fichiet;*
Cuntre sun piz, pois, si l' ad embraciet;
2175 Sur l'herbe verte, pois, l'ad suef culchiet.
Mult dulcement li ad Rollanz preiet :
« E! gentilz hum, kar me dunez cungied.
« Noz cumpaignuns, que oümes tant chiers,
« Or sunt il mort, ne's i devum laissier;
2180 « Jo'es voeill aler *e* querre e entercier,
« Dedevant vus juster e enrengier. »
Dist l'Arcevesques : « Alez e repairiez.
« Cist camps est vostre, *la* mercit Deu, e miens. » AOI.

CXCI

Rollanz s'en turnet, par le camp vait tut suls;
2185 Cerchet les vals e si cerchet les munz;
Iloec truvat Ivoerie e Ivun,
Truvat Gerin, Gerier sun cumpaignun;

« *Tant de nobles rois se sont déjà mis aux pieds de l'Em-*
   pereur.
« *Ce n'est pas Marsile qui nous pourra jamais sauver,*
« *Et nous avons perdu la riche Espagne,*
« *Si l'Émir ne vient la défendre pour nous.* »

LA DERNIÈRE BÉNÉDICTION DE L'ARCHEVÊQUE

CXC

Païens s'enfuient, courroucés et pleins d'ire ;
Ils se dirigent en hâte du côté de l'Espagne.
Le comte Roland ne les a point poursuivis,
Car il a perdu son cheval Veillantif.
Bon gré, mal gré, il est resté à pied.
Le voilà qui va aider l'archevêque Turpin ;
Il lui a délacé son heaume d'or sur la tête ;
Il lui a retiré son blanc haubert léger ;
Puis il lui met le bliaud tout en pièces,
Et en prend les morceaux pour bander ses larges plaies.
Il le serre alors étroitement contre son sein
Et le couche doucement, doucement, sur l'herbe verte.
Ensuite, d'une voix très tendre, Roland lui fait cette prière :
« Ah ! gentilhomme, donnez-m'en votre congé.
« Nos compagnons, ceux que nous aimions tant,
« Sont tous morts ; mais nous ne devons point les laisser ici.
« Écoutez : je vais aller chercher et reconnaître tous leurs corps ;
« Puis je les déposerai à la rangette devant vous.
« — Allez, » dit l'Archevêque, « et revenez bientôt.
« Grâce à Dieu, le champ nous reste, à vous et à moi ! »

CXCI

Roland s'en va. Seul, tout seul, il parcourt le champ de bataille ;
Il fouille la montagne, il fouille la vallée ;
Il y trouve les corps d'Ivon et d'Ivoire ;
Il y trouve Gerier et Gerin, son compagnon ;

E si truvat Engelier le Guascuin,
E si truvat Berengier e Otun ;
Iloec truvat Anseïs e Sansun,
Truvat Gerart le viell de Russillun.
2190 Par un e un i ad pris les baruns.
A l'Arcevesque en est venuz atut :
Si 's mit en reng dedevant ses genuilz.
Li Arcevesques ne poet muer n'en plurt,
Lievet sa main, fait sa beneïçun.
2195 Après, ad dit : « Mare fustes, seignurs.
« Tutes vos anmes ait Deus li glorius !
« En pareïs les metet en seintes flurs !
« La meie mort me rent si anguissus :
« Ja ne verrai le riche Empereür. »   AOI.

CXCII

2200 Rollanz s'en turnet, le camp vait recerchier.
De suz un pin, de lez un eglentier,
Sun cumpaignun ad truvet Olivier ;
Cuntre sun piz estreit l'ad embraciet ;
Si cum il poet, à l'Arcevesque en vient,
Sur un escut l'ad as altres culchiet ;
2205 E l'Arcevesques l'ad asolt e seigniet.
Idunc agrieget li doels e la pitiet.
Ço dit Rollanz : « Bels cumpainz Oliviers,
« Vus fustes filz à l' *bon cunte* Renier,
« Ki tint la marche *tresqu'à Gennes el' rivier ;*

2208. *Renier.* Le comte Renier de Gennes joue un rôle très important dans le roman de *Girars de Viane,* lequel est moins profondément traditionnel que notre *Roland,* mais d'une antiquité encore respectable. = Renier est fils de Garin de Montglane ; il est frère de Girart de Vienne, de Milc de Pouille et d'Hernaut de Beaulande. Après avoir soulagé la misère de son vieux père, il part avec Girart, et arrive, en quête d'aventures, à la cour de Charlemagne. (Édit. P. Tarbé, pp. 1-12.) Il ne s'y fait d'abord connaître que par ses brutalités, et force ainsi l'Empereur à le prendre à son service. (*Ibid.*, pp. 11-20.) Alors il fait oublier sa grossièreté et son orgueil, en se rendant véritablement utile au roi de France et en délivrant les environs de Paris des brigands qui les infestaient. Mais sa nature violente reprend bientôt le dessus, et il réclame à Charles la récompense de tant de services. (*Ibid.*, pp. 20-32.) Le roi de Saint-Denis s'empresse de se débarrasser de ce dangereux ami. Il l'envoie à Gennes épouser la fille du feu duc. (*Ibid.*, pp. 30-32.)

Il y trouve le Gascon Engelier ;
Il y trouve Bérenger et Othon ;
Il y trouve Anséis et Samson ;
Il y trouve Gérard, le vieux de Roussillon.
L'un après l'autre, il emporte les dix barons ;
Avec eux il est revenu vers l'Archevêque,
Et les a déposés en rang aux genoux de Turpin.
L'Archevêque ne peut se tenir d'en pleurer ;
Il élève sa main, il leur donne sa bénédiction :
« Seigneurs, » dit-il, « mal vous en prit.
« Que Dieu le glorieux ait toutes vos âmes !
« Qu'en paradis il les mette en saintes fleurs !
« Ma propre mort me rend trop angoisseux :
« Plus ne verrai le grand Empereur. »

CXCII

Roland s'en retourne fouiller la plaine :
Sous un pin, près d'un églantier,
Il a trouvé le corps de son compagnon Olivier,
Le tient étroitement serré contre son cœur,
Et, comme il peut, revient vers l'Archevêque.
Sur un écu, près des autres Pairs, il couche son ami,
Et l'Archevêque les a tous bénis et absous.
La douleur alors et les larmes de redoubler :
« Bel Olivier, mon compagnon, » dit Roland,
« Vous fûtes fils au bon comte Renier
« Qui tenait la Marche de Gênes.

Renier part, épouse la dame et fortifie sa ville : car il ne rêve que de guerre. (*Ibid.*, pp. 32-33.) Il a bientôt deux beaux enfants ; l'un est Olivier, l'autre est Aude. Durant le siège de Vienne par Charlemagne, le premier révèle son courage, et la seconde sa beauté. D'ailleurs, les fils de Garin chargent alors de leur querelle le seul Olivier, qui combat plusieurs jours contre le champion de l'Empereur, contre Roland. C'est sous les murs de Vienne que Roland se prend pour Olivier d'une amitié que rien ne pourra plus éteindre ; c'est là qu'il aime la belle Aude et devient son fiancé. (*Ibid.*, pp. 53 et suiv.) = Un Roman spécial a été consacré à Renier de Gennes : par malheur, il ne nous en reste qu'une version en prose. (Arsenal, B. L. F. 226, f° 34, r°, et suiv.) On y assiste à l'arrivée de Renier dans la ville de Gennes, à son combat avec le Sarrasin Sorbrin et à son mariage avec la belle Olive, qui devient la mère d'Olivier et d'Aude. Ce méchant roman n'a aucune valeur légendaire. Cf. également le début de *Fierabras*.

2210 « Pur hanstes fraindre, pur escuz peceier,
« *E pur osbercs derumpre e desmailier*,
« E pur produmes tenir e cunseillier,
« E pur glutuns veintre e esmaier,
« En nule tere n'out meillur chevalier. »   Aoi.

CXCIII

2215 Li quens Rollanz, quant il veit morz ses pers
E Olivier, qu'il tant poeit amer,
Tendrur en out, cumencet à plurer.
En sun visage fut mult desculurez.
Si grant doel out que mais ne pout ester :
2220 Voeillet o nun, à tere chiet pasmez.
Dist l'Arcevesques : « Tant mare fustes, ber! »   Aoi.

CXCIV

Li Arcevesques, quant vit pasmer Rollant,
Dunc out tel doel, unkes mais n'out si grant;
Tendit sa main, si ad pris l'olifant.
2225 En Rencesvals ad un ewe curant;
Aler i voelt, si'n durrat à Rollant.
Tant s'esforçat qu'il se mist en estant :
Sun petit pas s'en turnet, cancelant.
Il est si fiebles qu'il ne poet en avant;
N'en ad vertut, trop ad perdut de l' sanc;
2230 Einz qu' hum alast un sul arpent de camp,
Li coers li falt, si est caeiz avant :
La sue mort le vait mult anguissant.   Aoi.

CXCV

Li quens Rollanz revient de pasmeisun,
Sur piez se drecet, mais il ad grant dulur;
2235 Guardet aval e si guardet amunt;
Sur l'herbe verte, ultre ses cumpaignuns,
Là veit gesir le nobilie bárun :
Ç' est l'Arcevesques, que Deus mist en sun num.

« Pour briser une lance, pour mettre en pièces un écu,
« *Pour rompre et démailler un haubert,*
« Pour conseiller loyalement les bons,
« Pour venir à bout des traîtres et des lâches,
« Jamais, en nulle terre, il n'y eut meilleur chevalier. »

CXCIII

Le comte Roland, quand il voit morts tous ses pairs
Et Olivier, celui qu'il aimait tant,
Il en a de la tendreur dans l'âme; il se prend à pleurer;
Tout son visage en est décoloré.
Sa douleur est si forte qu'il ne peut se soutenir;
Bon gré, mal gré, il tombe en pâmoison;
Et l'Archevêque : « Quel malheur, » dit-il, « pour un tel baron ! »

CXCIV

L'Archevêque, quand il vit Roland se pâmer,
En ressentit une telle douleur, qu'il n'en eut jamais de si grande.
Il étend la main et saisit l'olifant.
En Roncevaux il y a une eau courante;
Il y veut aller pour en donner à Roland.
Il fait un suprême effort, et se relève;
Tout chancelant, à petits pas, il y va;
Mais il est si faible qu'il ne peut avancer;
Il n'a pas la force, il a trop perdu de son sang.
Avant d'avoir marché l'espace d'un arpent,
Le cœur lui manque, il tombe en avant :
Le voilà dans les angoisses de la mort.

CXCV

Alors le comte Roland revient de sa pâmoison,
Il se redresse ; mais, hélas ! quelle douleur pour lui !
Il regarde en aval, il regarde en amont;
Au delà de ses compagnons, sur l'herbe verte,
Il voit étendu le noble baron,
L'Archevêque, le représentant de Dieu.

Cleimet sa culpe, si reguardet amunt,
2240 Cuntre le ciel ambesdous ses mains juint,
Si priet Deu que pareïs li duinst.
Morz est Turpins *el servise* Carlun.
Par granz batailles e par mult bels sermuns
Cuntre paiens fut tuz tens campiun.
2245 Deus li otreit seinte beneïçun! AOI.

CXCVI

Quant Rollanz veit que l'Arcevesques est morz,
Seinz Olivier unc mais n' out si grant doel,
E dist un mot ki detrenchet le coer :
« *Carles de France, chevalche cum tu poes;*
« *En Rencesvals damage i ad des noz.*
« *Li reis Marsilies i ad perdut ses oz :*
« *Cuntre un des noz ad bien quarante morz.* » AOI.

CXCVII

Li quens Rollanz veit l'Arcevesque à tere,
Defors sun cors veit gesir la buele;
Desuz le frunt li buillit la cervele.
Desur sun piz, entre les dous furcheles,
2250 Cruisiées ad ses blanches *mains*, les beles.
Forment le pleint à la lei de sa tere :
« E! gentilz hum, chevaliers de bon aire,
« Hoi te cumant à l' Glorius celeste;
« Jamais n'iert hum plus volentiers le servet.
2255 « Dès les Apostles ne fut *mais* tels prophete
« Pur lei tenir e pur humes atraire.
« Ja la vostre anme nen ait *doel ne* suffraite!
« De pareïs li seit la porte uverte! » AOI.

2245, Lacune comblée. Voir la note du v. 818.

Turpin s'écrie : « Mea culpa ! » lève les yeux en haut,
Joint ses deux mains et les tend vers le ciel,
Prie Dieu de lui donner son paradis...
Il est mort, Turpin ; il est mort au service de Charles,
Celui qui par grands coups de lance et par très beaux sermons
N'a jamais cessé de guerroyer les païens.
Que Dieu lui donne sa sainte bénédiction !

CXCVI

Quand Roland voit que l'Archevêque est mort,
Jamais n'eut plus grande douleur, si ce n'est pour Olivier.
Il dit alors un mot qui perce le cœur :
« Chevauche, Charles de France, le plus vite que tu pourras :
« Car il y a grande perte des nôtres à Roncevaux.
« Mais le roi Marsile y a aussi perdu son armée,
« Et contre un de nos morts, il y en a bien quarante des siens. »

CXCVII

Le comte Roland voit l'Archevêque à terre.
Ses entrailles lui sortent du corps,
Et sa cervelle lui bout sur la face, au-dessous de son front.
Sur le milieu de sa poitrine, entre les deux épaules,
Roland lui a croisé ses blanches mains, les belles.
Et tristement, selon la mode de son pays, lui fait son oraison :
« Ah ! gentilhomme, chevalier de noble lignée,
« Je vous remets aux mains du Glorieux qui est dans le ciel.
« Il n'y aura jamais homme qui le serve plus volontiers,
« Non, depuis les Apôtres, on ne vit jamais tel prophète
« Pour maintenir chrétienté, pour convertir les hommes.
« Puisse votre âme être exempte de toute douleur,
« Et que du paradis les portes lui soient ouvertes ! »

2249. *Furcheles.* V. les *Notes pour l'établissement du texte.*

MORT DE ROLAND

CXCVIII

Ço sent Rollanz que la mort li est près :
2260 Par les oreilles fors *en* ist li cervels.
De ses pers priet *à* Dieu que les apelt,
E pois de lui à l'angle Gabriel.
Prist l'olifant, que reproece n'en ait,
E Durendal s'espée en l'altre main.
2265 Plus qu' arbaleste ne poet traire un quarrel,
Devers Espaigne en vait en un guaret.
En sum un tertre, desuz *dous* arbres bels,
Quatre perruns i ad de marbre faiz.
Sur l'herbe verte si est caeiz envers ;
2270 *Là* s'est pasmez : kar la mort li est près.   Aoi.

CXCIX

Halt sunt li pui e mult halt *sunt* li arbre.
Quatre perruns i ad, luisanz de marbre.
Sur l'herbe verte li quens Rollanz se pasmet.
Uns Sarrazins tuté veie l'esguardet ;
2275 Si se feinst mort, si gist entre les altres.
De sanc luat sun cors e sun visage ;
Met sei sur piez e de curre se hastet.
Bels fut e forz e de grant vasselage.
Par sun orgoill cumencet mortel rage,
2280 Rollant saisit e sun cors e ses armes,
E dist ùn mot : « Vencuz est li niés Carle.
« Iceste espée porterai en Arabe. »
Prist l' en sun puign, Rollant tirát la barbe :
En cel tirer, li Quens s'aperçut alques.   Aoi.

CC

Ço sent Rollanz que s'espée li tolt,
2285 Uvrit les oilz, si li ad dit un mot :

MORT DE ROLAND

CXCVIII

Roland lui-même sent que la mort lui est proche ;
Sa cervelle s'en va par les oreilles.
Le voilà qui prie pour ses pairs d'abord, afin que Dieu les appelle.
Puis il se recommande à l'ange Gabriel.
Il prend l'olifant d'une main (pour n'en pas avoir de reproche),
Et de l'autre saisit Durendal, son épée.
Il s'avance plus loin qu'une portée d'arbalète ;
Il s'avance sur la terre d'Espagne, entre en un champ,
Monte sur un tertre. Sous deux beaux arbres,
Il y a là quatre perrons de marbre.
Roland tombe à l'envers sur l'herbe verte
Et se pâme : car la mort lui est proche.

CXCIX

Les puys sont hauts, hauts sont les arbres.
Il y a là quatre perrons, tout luisants de marbre.
Sur l'herbe verte le comte Roland se pâme.
Cependant un Sarrasin l'épie,
Qui contrefait le mort et gît parmi les autres ;
Il a couvert de sang son corps et son visage.
Soudain il se redresse, il accourt.
Il est fort, il est beau et de grande bravoure.
Plein d'orgueil et de mortelle rage,
Il saisit Roland, corps et armes,
Et s'écrie : « Vaincu, il est vaincu, le neveu de Charles !
« Voilà son épée que je porterai en Arabie. »
Il la prend en son poing, et tire la barbe de Roland ;
Mais, comme il la tirait, Roland reprit un peu connaissance.

CC

Roland sent bien qu'on lui enlève son épée ;
Il ouvre les yeux, ne dit qu'un mot :

« Mien escientre, tu n'ies mie des noz ! »
Tient l'olifant qu' unkes perdre ne volt,
Si l' fiert en l'helme ki gemmez fut ad or,
Fruisset l'acier e la teste e les os,
2290 Ambsdous les oilz de l' chief li ad mis fors,
Jus à ses piez si l'ad tresturnet mort ;
Après, li dit : « Culverz, cum fus si os
« Que me saisis, ne à dreit ne à tort ?
« Ne l'orrat hum ne t'en tienget pur fol.
2295 « Fenduz en est mis olifant el' gros,
« Ça jus en est li cristals e li ors. » Aoi.

CCI

Ço sent Rollanz *que la mort si l'arguet,*
Met sei sur piez, quanqu'il poet s'esvertuet ;
De sur visage *la* culur ad perdue.
Tient Durendal s' espée tute nue :
2300 Dedevant lui ad une pierre *brune ;*
Dis colps i fiert par doel e par rancure :
Cruist li aciers, ne freint ne *ne* s'esgruniet ;
E dist li Quens : « Seinte Marie, aïue !
« E ! Durendal, bone, si mare fustes !
2305 « Quant jo me part de vus, n'en ai meins cure.
« Tantes batailles en camp en ai vencues
« E tantes teres larges escumbatues,
« Que Carles tient, ki la barbe ad canue !
« Ne vus ait hum ki pur altre *s'en* fuiet !
« *A mun vivant ne me serez tolue,*
2310 « Mult bons vassals vus ad lung tens tenue :
« Jamais n'iert tels en France l'asolue. » Aoi.

CCII

Rollanz ferit el' perrun de *sartanie.*
Cruist li aciers, ne briset ne *n'*esgraniet.
Quant il ço vit que n'en pout mie fraindre,
2315 A sei meïsme la cumencet à plaindre :

« Tu n'es pas des nôtres, que je sache ! »
De son olifant, qu'il ne voulut jamais lâcher,
Il frappe un rude coup sur le heaume couvert de pierreries et d'or,
Brise l'acier, la tête et les os du païen,
Lui fait jaillir les deux yeux hors du chef
Et le retourne mort à ses pieds :
« Lâche, » dit-il, « qui t'a rendu si osé,
« A tort ou à droit, de mettre la main sur Roland ?
« Qui le saura t'en estimera fou.
« Le pavillon de mon olifant en est fendu ;
« L'or et les pierreries en sont tombés. »

CCI

Roland sent bien que la mort le presse ;
Il se lève et, tant qu'il peut, s'évertue :
Las ! son visage n'a plus de couleurs.
Alors il prend, toute nue, son épée Durendal :
Devant lui est une roche brune ;
Par grande douleur et colère, il y assène dix forts coups ;
L'acier de Durendal grince : point ne se rompt, point ne s'ébrèche
« Ah ! sainte Marie, venez à mon aide, » dit le Comte.
« O ma bonne Durendal, quel malheur !
« A l'heure où je me sépare de vous, je n'en ai pas moins
    souci de votre honneur ;
« Avec vous j'ai tant gagné de batailles !
« J'ai tant conquis de vastes royaumes
« Que tient aujourd'hui Charles à la barbe chenue !
« Ne vous ait pas qui fuie devant un autre !
« *Tant que je vivrai, vous ne me serez paz enlevée :*
« Car vous avez été longtemps au poing d'un bon vassal,
« Tel qu'il n'y en aura jamais en France, la terre libre. »

CCII

Roland frappe une seconde fois au perron de sardoine.
L'acier grince : il ne se rompt pas, il ne s'ébrèche point.
Quand le Comte s'aperçoit qu'il ne peut briser son épée,
En dedans de lui-même il commence à la plaindre :

7

« E ! Durendal, cum ies e clere e blanche !
« Cuntre soleill si *reluis* e reflambes !
« Carles esteit es vals de Moriane,
« Quant Deus de l' ciel li mandat par sun angle
2320 « Qu'il te dunast à un cunte catanie ;
« Dunc la me ceinst li gentilz reis, li magnes.
« Jo l'en cunquis e *Anjou* e Bretaigne ;
« Jo l'en cunquis e Peitou e le Maine ;
« Jo l'en cunquis Normendie la franche ;
2325 « Si l'en cunquis Provence e Aquitaigne
« E Lumbardie e trestute Romanie ;
« Jo l'en cunquis Baivière e tute Flandre,
« E *Buguerie* e trestute Puillanie,
« Costentinnoble, dunt il out la fiance :
2330 « E en Saisunie fait il ço qu'il demandet.
« Jo l'en cunquis Escoce, Guales, Irlande
« E Engletere que il teneit sa cambre.
« Cunquis l'en ai païs e teres tantes,
« Que Carles tient, ki ad la barbe blanche !
2335 « Pur ceste espée ai dulur e pesance :
« Mielz voeill murir qu'entre païens remaignet.
« *Damnes* Deus pere, n'en laissier hunir France ! » Aoi.

2316. *El Durendal*, etc. Dans la *Keiser* [*Karl Magnus's kronike*], il faut noter des variantes assez importantes : « Tu es une bonne épée,
« Durendal, et j'ai conquis bien des
« pays avec toi. Dieu fasse que le
« *comte de Cantuaria te possède* : car
« il est un noble guerrier et chevalier.
« Voici les pays que j'ai conquis avec
« toi, dont l'Empereur est le maître et
« qui sont : Angleterre, Allemagne,
« Poitou, Bretagne, Provence, Aqui-
« taine, Toscane, Lombardie, Hiber-
« nie, Écosse. Ce serait dommage qu'un
« homme de rien te possédât. »
2332. *Jo l'en cunquis*, etc. Cette énumération des conquêtes de Roland nous permet de supposer, mais sans certitude, que nous avons perdu un certain nombre de nos Chansons de geste. En effet, nous n'avons aucun poème qui se rapporte, de près ou de loin, à la conquête de l'Anjou, de la Bretagne, du Poitou, du Maine, de la Normandie, de la Provence, de l'Aquitaine, de la Flandre, de la Bavière, de la Bourgogne, de l'Irlande, de l'Écosse, du pays de Galles, de l'Angleterre. Tout au plus voyons-nous, dans le *Voyage à Jérusalem*, Roland visiter Constantinople. Dans *Aspremont*, il aide Charles à conquérir la Pouille, et traverse la Romagne et la Lombardie soumises. Dans la *Chanson des Saisnes*, il est mort. D'ailleurs, il convient de faire ici la part de la poésie. Somme toute, il y a beaucoup plus d'imagination et de fantaisie que de légende et de tradition dans cette liste de victoires et conquêtes. == Il est inutile d'ajouter que chaque manuscrit donne ici une énumération différente. Paris : *J'en ai conquis Anjou et Alemaingne ; — S'en ai conquis et Poitau et Bretaingne ; — Puille et Calabre et la terre d'Espaigne ; — S'en ai*

« O ma bonne Durendal, comme tu es claire et blanche !
« Comme tu luis et flamboies au soleil !
« Je m'en souviens : Charles était aux vallons de Maurienne,
« Quand Dieu, du haut du ciel, lui manda par son ange
« De te donner à un vaillant capitaine.
« C'est alors que le grand, le noble roi la ceignit à mon côté...
« Avec elle je lui conquis l'Anjou et la Bretagne ;
« Je lui conquis le Poitou et le Maine ;
« Je lui conquis la libre Normandie ;
« Je lui conquis Provence et Aquitaine,
« La Lombardie et toute la Romagne ;
« Je lui conquis la Bavière et les Flandres,
« Et la Bulgarie et toute la Pologne,
« Constantinople qui lui rendit hommage,
« Et la Saxe qui se soumit à son bon plaisir ;
« Je lui conquis Écosse, Galles, Irlande
« Et l'Angleterre, son domaine privé.
« En ai-je assez conquis de pays et de terres,
« Que tient Charles à la barbe chenue !
« Et maintenant j'ai grande douleur à cause de cette épée :
« Plutôt mourir que de la laisser aux païens !
« Que Dieu n'inflige point cette honte à la France ! »

conquise et Hungrie et Poulaingne, — Constantinnoble qui siet en son demaingne, — Et Monbrinné qui siet en la montaigne ; — Et Bierlande prins-je et ma compaingne, — Et Engleterre et maint païs estraingne. Lyon : J'en ai conquis Poitou et Alamaigne, — Puille et Calabre et la terre Romaine. — J'en ai conquis Ongrie et Aquitaigne, — Constantinoble et la terre d'Espaigne. — J'en ai pris Borge qui siet sur la montaigne, — Et Engleterre... etc. etc. Dans sa 3e édition, Th. Müller a donné in extenso les énumérations du ms. de Venise IV, de celui de Cambridge, de la Karlamagnus Saga et du Rolandslied (pp. 252 et 439).

2328. *Puillanie*. Mot dont le sens a paru douteux. Est-ce la Pologne ? est-ce, comme on l'a cru, la Pouille ? Le texte de Paris dit que Roland conquit d'une part la *Puille*, de l'autre la *Poulaingne*. = Il semble, en outre, qu'on pourrait traduire ce mot par « Pologne » pour ces trois autres motifs : 1º parce que ce pays est nommé ici à côté de la Bulgarie, et que, dans toute cette énumération, on nomme ensemble les pays qui sont situés à peu près dans une même zone ou dans une même direction ; 2º parce que le mot *Puillanie* répond à celui des *Pôlanes*, où Slaves de la plaine, qui envahirent les vallées de la Vistule au VIe siècle, et donnèrent plus tard leur nom à tout ce pays ; 3º parce que la forme *Puille* se trouve au vers 371. Dans la *Chronique des Ducs de Normandie*, au v. 38870, on lit ces mots : *Ceus de Polagne et ceus de Frise*, lesquels se rapportent évidemment aux Polonais. Et nous pourrions multiplier ces exemples, qui nous paraissent décisifs.

CCIII

    Rollanz ferit en une pierre bise :
    Plus en abat que jo ne vus sai dire.
2340 L'espée cruist, ne fruisset ne ne briset,
    Cuntre le ciel amunt est resortie.
    Quant veit li Quens que ne la freindrat mie,
    Mult dulcement la pleinst à sei meïsme :
    « E ! Durendal, cum ies bele e seintisme !
2345 « En l'orie punt asez i ad reliques :
    « Un dent seint Pierre e de l' sanc seint Basilie,
    « E des chevels mun seignur seint Denise ;
    « De l' vestement i ad seinte Marie.
    « Il nen est dreiz que païen te baillisent :
2350 « De chrestiens devez estre servie.
    « *Multes batailles de vus avrai fenies,*
    « Mult larges teres de vus avrai cunquises
    « Que Carles tient, ki la barbe ad flurie,
    « E l' Emperere en est e ber e riches.
    « Ne vus ait hum ki facet cuardie !
    « *Deus, ne laissier que France en seit hunie !* »   Aoi.

CCIV

2355 Ço sent Rollanz que la mort l'entreprent :
    Jus de la teste sur le coer li descent.
    Desuz un pin i est alez curant,
    Sur l'herbe verte s'i est culchiez adenz ;
    Desuz lui met s'espée e l'olifant.
2360 Turnat sa teste vers la paiene gent :
    Pur ço l'ad fait que il voelt veirement
    Que Carles diet e trestute sa gent,
    Li gentilz quens, qu'il fut morz cunquerant.

2345. *En l'orie punt asez i ad reliques.* « Dans ton pommeau se trouvent un morceau de dent de saint Pierre, du sang de saint Blaise et des cheveux de saint Denis. » (*Keiser Karl Magnus's kronike.*) = L'énumé-

CCIII

Pour la troisième fois, Roland frappe sur une pierre bise :
Plus en abat que je ne saurais dire.
L'acier grince ; il ne rompt pas :
L'épée remonte en amont vers le ciel.
Quand le Comte s'aperçoit qu'il ne la peut briser,
Tout doucement il la plaint en lui-même :
« Ma Durendal, comme tu es belle et sainte !
« Dans ta garde dorée il y a bien des reliques :
« Une dent de saint Pierre, du sang de saint Basile,
« Des cheveux de monseigneur saint Denis,
« Du vêtement de la Vierge Marie.
« Non, non, ce n'est pas droit que païens te possèdent.
« Tu ne dois être servie que par des mains chrétiennes.
« *Combien de batailles j'aurai par toi menées à fin,*
« Combien de terres j'aurai par toi conquises,
« Que tient Charles à la barbe fleurie
« Et qui sont aujourd'hui la puissance et la richesse de l'Empereur !
« Plaise à Dieu que tu ne tombes pas aux mains d'un lâche !
« *Que Dieu n'inflige point cette honte à la France !* »

CCIV

Roland sent que la mort l'entreprend
Et qu'elle lui descend de la tête sur le cœur.
Il court se jeter sous un pin :
Sur l'herbe verte il se couche face contre terre ;
Il met sous lui son olifant et son épée,
Et se tourne la tête contre les païens.
Et pourquoi le fait-il ? Ah ! c'est qu'il veut
Faire dire à Charlemagne et à toute l'armée des Francs,
Le noble comte, qu'il est mort en conquérant.

---

ration de ces reliques a varié suivant les Remaniements. Il y a là quelques éléments de critique pour établir la provenance et l'âge de ces différents textes.

Cleimet sa culpe e menut e suvent.
2365 Pur ses pecchiez Deu puroffrit le guant :
Le Angle Deu le pristrent erraument. AOI.

CCV

Ço sent Rollanz de sun tens n'i ad plus ;
Devers Espaigne *gist* en un pui agut.
A l' une main si ad sun piz batut :
« Deus ! meie culpe *par* la tue vertut,
2370 « De mes pecchiez, des granz e des menuz,
« Que jo ai fait dès l'ure que nez fui
« Tresqu'à cest jur que ci sui consouz ! »
Sun destre guant en ad vers Deu tendut :
Angle de l' ciel i descendent à lui. AOI.

CCVI

2375 Li quens Rollanz se jut desuz un pin :
Envers Espaigne en ad turnet sun vis...
De plusurs choses à remembrer li prist :
De tantes teres *que li* ber *ad* cunquis,
De dulce France, des humes de sun lign,
2380 De Carlemagne, sun seignur, ki l' nurrit,
E des Franceis dunt il esteit si fiz.
Ne poet muer n'en plurt e ne suspirt.
Mais lui meïsme ne voelt metre en ubli ;
Cleimet sa culpe, si priet Deu mercit :
« Veire paterne, ki unkes ne mentis,
2385 « Seint Lazarun de mort resurrexis,
« E Daniel des leuns guaresis,
« Guaris de mei l'anme de tuz perilz
« Pur les pecchiez que en ma vie fis ! »
Sun destre guant à Deu en puroffrit,

2384. *Veire Paterne.* Dans sa savante *Étude sur les Sarcophages chrétiens antiques de la ville d'Arles* (Paris, Impr. nationale, 1878, p. 39), M. Edmond le Blant a rapproché ces vers d'un grand nombre de textes des liturgies primitives et de monuments figurés des IVe et Ve siècles : « Ce qui semble dominer dans le cycle des représentations figurées sur les tombes

Il bat sa coulpe, il répète son *mea culpa*.
Pour ses péchés, au ciel il tend son gant:
Les Anges de Dieu descendent d'en haut et, sans retard, le reçoivent.

CCV

Roland sent que son temps est fini.
Il est là, au sommet d'un pic qui regarde l'Espagne ;
D'une main il frappe sa poitrine :
« *Mea culpa*, mon Dieu, et pardon au nom de ta puissance,
« Pour mes péchés, pour les petits et pour les grands,
« Pour tous ceux que j'ai faits depuis l'heure de ma naissance
« Jusqu'à ce jour où je suis parvenu. »
Il tend à Dieu le gant de sa main droite,
Et voici que les Anges du ciel s'abattent près de lui.

CCVI

Il est là, gisant sous un pin, le comte Roland ;
Il a voulu se tourner du côté de l'Espagne.
Il se prit alors à se souvenir de plusieurs choses :
De tous les pays qu'il a conquis,
Et de douce France, et des gens de sa famille,
Et de Charlemagne, son seigneur, qui l'a nourri ;
Et des Français qui lui étaient si dévoués.
Il ne peut s'empêcher d'en pleurer et de soupirer.
Mais il ne veut pas se mettre lui-même en oubli,
Et, de nouveau, réclame le pardon de Dieu :
« O notre vrai Père, » dit-il, « qui jamais ne mentis,
« Qui ressuscitas saint Lazare d'entre les morts
« Et défendis Daniel contre les lions,
« Sauve, sauve mon âme et défends-la contre tous périls,
« A cause des péchés que j'ai faits en ma vie. »
Il a tendu à Dieu le gant de sa main droite ;

---

chrétiennes, c'est l'idée même dont s'inspirent les liturgies funéraires, et qui fit mettre aux lèvres du preux Roland ce cri suprême : « O notre vrai « Père, toi qui ressuscitas saint Lazare « d'entre les morts et qui défendis Da« niel contre les lions, sauve mon âme « et protège-la contre tous périls » . C'est à tort que les Remaniements donnent plus d'étendue à cette naïve prière.

2390 E de sa main seinz Gabriel l'ad pris.
Desur sun braz teneit le chief enclin :
Juintes ses mains est alez à sa fin.
Deus *li* tramist sun angle cherubin,
Seint Raphael, seint Michiel de l' Peril.
2395 Ensemble od els seinz Gabriel i vint.
L'anme de l' Cunte portent en pareïs.   Aoi.

Saint Gabriel l'a reçu.
Alors sa tête s'est inclinée sur son bras,
Et il est allé, mains jointes, à sa fin.
Dieu lui envoie un de ses anges chérubins.
Saint Raphaël et saint Michel du Péril.
Saint Gabriel est venu avec eux.
Ils emportent l'âme du Comte au paradis...

LA
CHANSON DE ROLAND

(TEXTE, TRADUCTION ET COMMENTAIRE)

TROISIÈME PARTIE

LES REPRÉSAILLES

LE CHATIMENT DES SARRASINS

CCVII

Morz est Rollanz, Deus en ad l'anme es ciels...
— Li Emperere en Rencesvals parvient.
Il nen i ad ne veie, ne sentier,
2400 Ne vuide terre, ne alne, *ne* plein pied,
Que il n'i ait o Franceis o paien.
Carles escriet : « U estes vus, bels niés?
« U l'Arcevesques e li quens Oliviers?
« U est Gerins e sis cumpainz Geriers?
2405 « Otes ù est, e li quens Berengiers?
« Ives e Ivories, que j' aveie tant chiers?
« Qu' est devenuz li Guascuinz Engeliers,
« Sansun li dux e Anseïs li *fiers*?
« U est Gerarz de Russillun, li vielz,
2410 « Li duze Per que j' aveie laissiet? »
De ço qui calt, quant nuls nen respundiet?
« Deus, » dist li Reis, « tant me pois esmaier
« Que jo ne fui à l'estur cumencier ! »
Tiret sa barbe cume hum ki est iriez.
2415 Pluret des oilz e si *franc* chevalier ;
Encuntre tere se pasment vint millier :
Naimes li dux en ad mult grant pitiet. Aoi.

CCVIII

En Rencesvals mult grant est la dulur :
Il nen i ad chevalier ne barun
Que de pitiet mult durement ne plurt :
2420 Plurent lur filz, lur freres, lur nevulz
E lur amis e lur liges seignurs.
Encuntre terre se pasment li plusur.

LE CHATIMENT DES SARRASINS

CCVII

Roland est mort : Dieu en a l'âme aux cieux...
— L'Empereur, cependant, arrive à Roncevaux.
Pas une seule voie, pas même un seul sentier,
Pas un espace vide, pas un aune, pas un pied de terrain
Où il n'y ait corps de Français ou de païen :
« Où êtes-vous ? » s'écrie Charles ; « beau neveu, où êtes-vous ?
« Où est l'Archevêque ? où le comte Olivier ?
« Où Gerin et son compagnon Gerier ?
« Où sont le comte Bérengier et Othon ?
« Ive et Ivoire que j'aimais si chèrement ?
« Où est Engelier le Gascon ?
« Et le duc Samson et le baron Anséis ?
« Où est Gérard de Roussillon, le vieux ?
« Où sont les douze Pairs que j'avais laissés derrière moi ? »
Mais, hélas ! à quoi bon ? personne, personne ne répond.
« O Dieu, » dit le Roi, « j'ai bien lieu d'être en grand émoi.
« N'avoir point été là pour commencer la bataille ! ».
Et Charles de s'arracher la barbe, comme un homme en grande colère ;
Il pleure, et tous ses chevaliers d'avoir aussi des larmes plein les yeux.
Vingt mille hommes tombent à terre, pâmés :
Le duc Naimes en a très grande pitié.

CCVIII

La douleur est grande à Roncevaux :
Il n'y a pas un seul chevalier, pas un seul baron,
Qui de pitié ne pleure à chaudes larmes.
Ils pleurent leurs fils, leurs frères, leurs neveux,
Leurs amis et leurs seigneurs liges.
Un grand nombre tombent à terre, pâmés.

Naimes li dux d'iço ad fait que pruz ;
Tut premereins dit à l'Empereür :
2425 « *Guardez* avant de dous liwes de nus ;
« Vedeir puez les granz chemins puldrus,
« Qu' asez i ad de la gent paienur.
« Kar chevalchiez : vengiez ceste dulur.
« — E Deus, » dist Carles, « ja sunt il là si loinz !
2430 « *Cunsentez* mei e *dreiture* e honur :
« De France dulce m'unt tolue la flur. »
Li Reis cumandet Gebuin e Otun,
Tedbalt de Reins e le cunte Milun :
« Guardez le camp e les vals e les munz,
2435 « Laissiez les morz tut issi cum il sunt,
« Que n'i adeist ne beste ne leun,
« Ne n'i adeist esquiers ne garçun ;
« Jo vus defend que n'i adeist nuls hum,
« Jusque Deus voeillet qu' en cest camp revengium. »
2440 E cil respundent dulcement, par amur :
« Dreiz emperere, chiers sire, si ferum. »
Mil chevaliers i retienent des lur. Aoi.

CCIX

Li Empérere fait ses graisles suner ;
Pois, si chevalchet od sa grant ost, li ber.
2445 De cels d'Espaigne unt *les esclos truvez*,
Tiennent l'encalz, tuit en sunt cumunel.
Quant veit li Reis le vespre decliner,
Sur l'herbe verte descent il en un pret,
Se culchet à tere, si priet damne Deu
2450 Que le soleill facet pur lui *ester*,
La noit targier e le jur demurer.
As li un Angle ki od lui soelt parler ;
Isnelement si li ad cumandet :
« Carles, chevalche : ne te faldrat clartet.
2455 « La flur de France as perdut, ço set Deus ;

2452. *As li un angle ki od lui soelt parler.* C'est saint Gabriel, comme 1

Mais le duc Naimes s'est conduit en preux,
Et, le premier, a dit à l'Empereur :
« Voyez-vous là-bas, à deux lieues de nous,
« Voyez-vous la poussière qui s'élève des grands chemins?
« C'est la foule immense de l'armée païenne.
« Chevauchez, Sire, et vengez votre douleur.
« — Grand Dieu! » s'écrie Charles, « ils sont déjà si loin !
« Le droit et l'honneur, voilà, Seigneur, ce que je vous demande;
« Ils m'ont enlevé la fleur de douce France. »
Alors le roi donne des ordres à Gebouin et à Othon,
A Thibaut de Reims et au comte Milon :
« Vous allez garder ce champ, ces vallées et ces montagnes.
« Vous y laisserez les morts étendus comme ils sont ;
« Mais veillez à ce que les lions et les bêtes sauvages n'y
    touchent pas,
« Non plus que les écuyers et les garçons.
« Je vous défends de laisser personne y porter la main,
« Jusqu'à ce que nous soyons de retour, par la grâce de Dieu. »
Et les quatre barons lui répondent doucement, par amour :
« Ainsi ferons-nous, cher Sire, droit empereur. »
Ils retiennent avec eux mille de leurs chevaliers.

CCIX

L'Empereur fait sonner ses clairons ;
Puis il s'avance à cheval, le baron, avec sa grande armée ;
Enfin ils trouvent la trace des païens,
Et, d'une ardeur commune, commencent la poursuite.
Mais le Roi s'aperçoit alors que le soir descend;
Il met pied à terre sur l'herbe verte, dans un pré,
S'y prosterne, et supplie le Seigneur Dieu
De vouloir bien pour lui arrêter le soleil,
Dire à la nuit d'attendre, au jour de demeurer.
Voici l'Ange qui a coutume de parler avec l'Empereur
Et qui, rapide, lui donne cet ordre :
« Chevauche, Charles : la clarté ne te fera point défaut.
« Tu as perdu la fleur de la France, Dieu le sait;

est-dit aux vers 2526 et 2847.

« Vengier te poes de la gent criminel. »
A icel mot l'Emperere est muntez.   AOI.

CCX

Pur Carlemagne fist Deus vertut mult grant :
Kar li soleilz est remés en estant.
2460 Paien s'en fuient, bien les encalcent Franc;
El' Val-Tenebres, là les vunt ateignant ;
Vers Sarraguce les encalcent *ferant,*
A colps pleniers les en vunt ociant,
Tolent lur veies e les chemins plus granz.
2465 L'ewe de Sebre (ele lur est devant),
Mult est parfunde, merveilluse e curant;
Il n'i ad barge ne drodmund ne caland.
Paien recleiment *Mahum* e Tervagant;
E Apollin, que lur seient aidant.
Pois, saillent enz, mais il n'i unt guarant.
2470 Li adubet en sunt li plus pesant,
Envers le funz s'en turnerent alquant,
Li altre en vunt encuntreval flotant,
Li mielz guarit en ont boüt itant,
Tuit sunt neiet par merveillus ahan.
2475 Françeis escrient : « Mar *veïstes* Rollant ! »   AOI.

CCXI

Quant Carles veit que tuit sunt mort paien,
Alquant ocis e li plusur neiet,
(Mult grant eschec en unt si chevalier),
Li gentilz reis descenduz est à pied,
2480 Se culchet à tere, si 'n ad Deu graciet.
Quand il se drecet, li soleilz est culchiez.
Dist l'Emperere : « Tens est de l' herbergier,
« En Rencesvals est tart de l' repairier.

2458. *Pur Carlemagne*, etc. Ce vers était, pour ainsi parler, devenu presque proverbial. Nous lisons dans *Otinel* (xiiie siècle) : *Kalle que Dex parama*

« Mais tu peux maintenant te venger de la gent criminelle. »
A ces mots, l'Empereur remonte à cheval.

CCX

Pour Charlemagne Dieu fit un grand miracle ;
Car le soleil s'est arrêté, immobile, dans le ciel.
Les païens s'enfuient ; mais les Français les poursuivent,
Et, les atteignant enfin au Val-Ténèbres,
A grands coups les poussent sur Saragosse ;
Ils les frappent terriblement, ils les tuent ;
Ils leur coupent leurs chemins et leurs voies.
Devant eux est le cours de l'Èbre :
Le fleuve est profond et le courant terrible.
Pas de bateau, pas de dromond, pas de chaland.
Alors les Sarrasins invoquent *Mahomet*, Tervagant,
Et Apollon, pour qu'ils leur viennent en aide.
Puis ils se jettent dans l'Èbre, mais n'y trouvent pas le salut.
Parmi les chevaliers qui sont les plus pesants,
Beaucoup tombent au fond ;
Les autres flottent à vau-l'eau ;
Les plus heureux y boivent rudement.
Tous finissent par être noyés très cruellement.
« Vous avez vu Roland, » s'écrient les Français ; « mais cela
　ne vous a point porté bonheur. »

CCXI

Quand Charles voit que tous les païens sont morts,
Les uns tués, les autres noyés ;
Quand il voit que ses chevaliers ont fait un grand butin,
Le noble roi est descendu à pied :
Il s'étend à terre et remercie Dieu...
Quand il se releva, le soleil était couché.
« C'est l'heure, » dit-il, « de songer au campement :
« Car il est trop tard pour revenir à Roncevaux.

---

tant — *Qu'il fist miracles por lui en son vivant* (v. 18, 19), et dans les *Saisnes* (fin du xiie siècle) : *Et Charle-magne d'Aiz que Dex parama tant — Qu'il fist maint bel miracle por lui en son vivant* (laisse I).

« Nostre cheval sunt las e ennuiet;
2485 « Tolez les seles, les freins qu'il unt es chiefs,
« E par ces prez les laissiez refreidier. »
Respundent Franc : « Sire, vus dites bien. »   AOI.

CCXII

Li Emperere ad prise sa herberge;
Franceis descendent *entrel' Sebre e Valterne.*
2490 A lur chevals unt tolues les seles,
Les freins ad or lur metent jus des testes;
Livrent lur prez : asez i ad fresche herbe;
D'altre cunreid ne lur poedent plus faire.
Ki mult est las il se dort cuntre tere;
2495 Icele noit n'unt unkes escalguaite.   AOI.

CCXIII

Li Emperere s'est culchiez en un pret :
Sun grant espiet met à sun chief li ber;
Icele noit ne s'voelt il desarmer,
Si ad vestut sun blanc osberc safret,
2500 Laciet sun helme ki est ad or gemmez,
Ceinte Joiuse, unkes ne fut sa per,

2501. *Joiuse.* Voici quelques propositions qui résumeront l'histoire légendaire de l'épée Joyeuse : 1° Suivant la version de *Fierabras* (XIIIᵉ siècle), Joyeuse était l'œuvre du forgeron Veland. Suivant Mainet (XIIᵉ siècle) : *Isaac, li bons fevres qui sor tos ot bonté — La forgea et trempa ens el' val Josué.* (*Romania*, IV, pp. 326, 327.) == 2° Dans le *Charlemagne* de Girard d'Amiens (commencement du XIVᵉ s.), on lit qu'elle avait d'abord appartenu à Pépin. == 3° D'après le *Mainet*, du XIIᵉ siècle, Charles, au moment d'engager contre Braimant ce combat dont Galienne est le prix, refuse l'épée que lui offre Galafre. Il est trop chrétien pour se servir d'une arme dans le pommeau de laquelle on a, suivant le poète, placé deux dents de Mahomet : « J'en ai une autre, » s'écrie-t-il, « qui a d'abord appartenu au premier « roi chrétien de la France. Son nom « est Joyeuse. Elle a un demi-pied de « large. » Le fils de Pépin se fait alors apporter la célèbre épée, et l'auteur du *Mainet* constate que le pommeau renfermait des reliques « du saint Sépulcre, de saint Jean l'ami de Dieu, « de saint Pancrace et de saint Honoré » : *Les reliques fremirent el poing d'or noielé, — Très par mi le cristal où sont enseelé, — Les puet-on bien veoir ou l'or transfiguré.* == 4° Suivant la *Cronica general de España* (XIIIᵉ s.), ce fut Galienne elle-même qui donna Giosa à Charles. Et la *Gran conquista de ultramar* (fin du XIIIᵉ siècle) con-

« Nos chevaux sont las et épuisés ;
« Enlevez-leur les selles et les freins,
« Et laissez-les se rafraîchir dans les prés.
« — Sire, » répondent les Français, « vous dites bien. »

CCXII

L'Empereur prend là son campement ;
Les Français descendent de cheval *entre Valterne et l'Èbre* ;
Ils enlèvent les selles de leurs chevaux
Et leur ôtent les freins d'or ;
Puis ils les lancent dans les prés où il y a de l'herbe fraîche ;
Ils ne peuvent pour eux faire autre chose.
Ceux qui sont las s'endorment sur la terre.
Cette nuit-là on ne fit pas le guet.

CCXIII

L'Empereur s'est couché dans un pré ;
Il a mis sa grande lance à son chevet, le baron ;
Car il ne veut pas se désarmer cette nuit.
Il a vêtu son blanc haubert, bordé d'orfroi ;
Il a lacé son heaume gemmé d'or ;
Il a ceint Joyeuse, cette épée qui n'eut jamais sa pareille,

firme cette tradition : « Halia (Galienne), ayant entendu Mainet se plaindre, lui donna le cheval de son père avec une épée qui ne le cédait qu'à Durendal, laquelle tomba plus tard au pouvoir de Charlemagne à Valsomorian. » (Cf. le vers 2318 du *Roland.* V. Mila y Fontanals : *De la Poesia heroïco popular castellana*, pp. 282 et 338, 339.) = 5° Le récit primitif du *Voyage à Jérusalem*, qui nous a été conservé dans la *Karlamagnus Saga* (XIIIᵉ siècle), confirme la version du *Roland* au sujet des reliques qui étaient placées dans le pommeau de Joyeuse. Le grand Empereur y mit alors le fer de la lance qui avait été au nombre des instruments de la Passion. Même il n'aurait donné qu'à ce moment le nom de Joyeuse à la célèbre épée, et le témoignage du *Roland* s'accorde, encore ici, avec celui de la *Karlamagnus Saga* : *Pur ceste honur e pur ceste bontet — Li nums Joiuse l'espée fut dunez*. (Vers 2506-2508 = 6° L'épée Joyeuse avait mille vertus. Elle jetait une clarté incomparable, préservait de l'empoisonnement son heureux possesseur, etc. etc. = 7° C'est une épée du même nom que les cycliques de la geste de Garin mettent aux mains de Guillaume, après la mort de Charlemagne. Mais peut-être convient-il de voir là une seconde *Joyeuse* ; et la véritable épée du grand Empereur est sans doute celle qu'on lui a placée au poing dans son tombeau, et dont il menace encore les païens.

Ki cascun jur muet trente clartez.
Asez *oïstes* de la lance parler
Dunt Nostre Sire fut en la cruiz naffrez :
2505 Carles en ad l'amure, mercit Deu!
En l'orie punt l'ad faite manuvrer.
Pur ceste honur e pur ceste bontet
Li nums Joiuse l'espée fut dunez.
Barun franceis ne l' deivent ublier :
2510 Enseigne en unt de Munjoie crier ;
Pur ço ne s' poet nule gent cuntrester.   Aoi.

CCXIV

Clere est la noit e la lune luisant.
Carles se gist, mais doel ad de Rollant,
E d' Olivier li peiset mult forment,
2515 Des duze Pers, de la franceise gent

2502-2506. *Ki cascun jur,* etc. « Karlamagnus resta ceint de son épée, nommée *Joius*, qui était à trente couleurs pour chaque jour. Et il possède un clou avec lequel Notre-Seigneur fut attaché à la croix. Il l'a mis dans le pommeau de son épée, et, à l'extrémité, quelque chose de la lance du Seigneur, avec laquelle il fut percé. » (*Karlamagnus Saga*, ch. XXXVIII.) = Notre Chanson ne parle pas du saint clou. = La *Keiser Karl Magnus's kronike* abrège violemment tout ce passage.

2503. *Asez savum de la lance parlêr.* La lance dont Notre-Seigneur fut percé sur la croix a été l'objet de nombreux récits pendant toute la durée du moyen âge. Il est facile de reconnaître ici deux courants légendaires, tout à fait distincts l'un de l'autre, et qui ne se sont jamais confondus. = 1º Dans la plus ancienne version du *Voyage à Jérusalem*, Charlemagne rapporte d'Orient la fameuse relique que le roi de Constantinople lui a donnée ; il l'enferme religieusement dans le pommeau de son épée, à laquelle il donne désormais le nom de *Giovise* (Joyeuse) : d'où le cri de *Munigeoy* (Montjoie). Et tel est le récit de la *Karlamagnus Saga*, qui peut ici passer pour le type le plus respectable de la légende carlovingienne. = 2º Tout autre est la tradition « celtique ». Nous l'avons ailleurs exposée longuement, et il nous suffira, pour faire connaître le dernier type où cette légende a fini par se condenser, de résumer *Perceval le Gallois*... Ce Perceval est le fils d'une pauvre veuve du pays de Galles. Après mille aventures, il arrive un jour dans un château merveilleux. Un valet paraît, portant une lance d'où coule une goutte de sang ; puis deux damoiselles, dont l'une tient un bassin d'or, un *graal* : Perceval est dans le palais du Roi-Pêcheur. Par malheur, le jeune héros n'est pas assez curieux pour demander l'explication de « la lance qui saigne ». De là ses infortunes. Il perd soudain la mémoire ; bien plus, il reste cinq ans sans entrer dans une église. Mais enfin, un jour de vendredi saint, il confesse ses péchés, il communie, il renaît à une vie nouvelle. Ici commencent d'autres aventures et qui ne sont pas moins merveilleuses. Perceval, réhabilité et pur,

Et qui chaque jour change trente fois de clarté.
Vous avez souvent entendu parler de la lance
Dont Notre-Seigneur fut percé sur la croix :
Grâce à Dieu, Charles en possède le fer
Et l'a fait enchâsser dans le pommeau doré de son épée.
A cause de cet honneur, à cause de sa bonté,
On lui a donné le nom de Joyeuse ;
Et ce n'est pas aux barons français de l'oublier,
Puisqu'ils ont tiré de ce nom leur cri de Monjoie.
Et c'est pourquoi aucune nation ne leur peut tenir tête.

CCXIV

La nuit est claire, la lune est brillante ;
Charles est couché, mais il a grande douleur en pensant à Roland,
Et le souvenir d'Olivier lui pèse cruellement,
Avec celui des douze Pairs et de tous les Français

---

se met à la recherche du bassin d'or et de la lance. Mille obstacles l'arrêtent ; mille séductions le tentent : il en triomphe et arrive de nouveau chez le Roi-Pêcheur. Il n'oublie pas cette fois de demander « pourquoi la lance saigne ». On lui répond que cette lance est celle dont Longus perça le côté du Sauveur sur la croix, et que le bassin d'or est celui où Joseph d'Arimathie a recueilli le sang divin. Le *graal* guérit toutes blessures et ressuscite les morts ; mais il faut, pour en approcher, être en état de grâce. Perceval donne la preuve qu'il est le plus pieux chevalier de la terre, et se met tout aussitôt à la poursuite d'un certain Pertinax, qui a jadis volé au Roi-Pêcheur une épée merveilleuse. Il atteint ce misérable, et le tue. Le Roi-Pêcheur abdique alors en sa faveur, et Perceval règne glorieusement pendant sept ans. Mais, au bout de ce temps, il se fait ermite, et meurt bientôt en odeur de sainteté. Le jour de sa mort, le bassin et la lance furent transportés au ciel. Ils y sont encore et y demeureront toujours... = Telle est l'analyse, très rapide, de *Perceval le Gallois*, de cette œuvre de Chrestien de Troyes qui, par malheur, est encore inédite. La lance, comme on le voit, y tient une place considérable ; mais la *Chanson de Roland* est absolument étrangère à toutes ces fables. On voit par là quel abîme sépare les deux cycles ; et ce n'est pas sans raison que nous avons pu dire ailleurs : « Les chansons de geste et les romans de la table ronde sont à l'usage de deux sociétés différentes, de deux mondes divers. »

2506. *En l'orie punt l'ad faite manuvrer.* Il ne s'agit ici que de l'*amure* ou de la pointe de la lance ; mais non pas de la lance elle-même. Or, suivant une tradition ancienne, qui est reproduite par Guillaume de Malmesbury (Pertz, *Monumenta Germaniæ historica, Scriptores*, X, p. 460), Hugues Capet envoya à Ethelstan, roi d'Angleterre, la lance de Charlemagne. « Elle passait, dit l'écrivain anglais, pour être celle qui fut enfoncée dans le côté du Seigneur par la main du centurion. » Cette citation est de M. Gaston Paris. (*Histoire poétique de Charlemagne*, p. 374.) Le cas est obscur.

Qu' en Rencesvals ad laissiet morz *sanglenz;*
Ne poet muer n'en plurt e ne s' desment,
E priet Deu qu'as anmes seit guarant.
Las est li Reis, kar la peine est mult grant;
2520 Endormiz est, ne pout mais en avant.
Par tuz les prez or se dorment li Franc;
N'i ad cheval ki poisset estre en estant :
Ki herbe voelt il la prent en gisant.
Mult ad apris ki bien conoist ahan. AOI.

CCXV

2525 Carles se dort cume hum k'est traveilliez.
Seint Gabriel li ad Deus enveiet,
L'Empereür li cumandet à *guaitier.*
Li Angles est tute noit à sun chief.
Par avisiun li ad anunciet.
2530 Une bataille ki encuntre lui iert :
Senefiance l'en demustrat mult grief.
Carles guardat amunt envers le ciel :
Veit les tuneires e les venz e les giels
E les orez, les merveillus tempiers;
2535 E fous e flambe i est apareilliez :
Isnelement sur tute sa gent chiet;
Ardent cez hanstes de fraisne e de pumier
E cist escut jusqu'as bucles d'or mier;
Fruissent cez hanstes de cez trenchanz espiez,
2540 Cruissent osberc e cist helme d'acier.
En grant dulur i veit ses chevaliers.
Urs e leupart les voelent pois mangier,
Serpent e guivres, dragun e aversier :
Grifuns i ad plus de trente milliers,
2545 Nen i ad cel à Franceis ne se giet.
E Franceis crient : « Carlemagnes, aidiez! »
Li Reis en ad e dulur e pitiet,
Aler i voelt, mais il ad desturbier :
Devers un gualt uns granz leün li vient,

Qu'il a laissés rouges de sang et morts, à Roncevaux.
Il ne peut se retenir d'en pleurer, d'en sangloter.
Il prie Dieu de se faire le sauveur de ces âmes.
Mais le Roi est fatigué : car ses peines sont bien grandes.
Il n'en peut plus et, lui aussi, finit par s'endormir.
Par tous les prés on ne voit que Français endormis.
Pas un cheval n'est de force à se tenir debout
Et celui qui veut de l'herbe la prend sans se lever.
Ah! il a beaucoup appris, celui qui connut la douleur.

CCXV

Comme un homme travaillé par la douleur, Charles s'est endormi.
Alors Dieu lui envoie saint Gabriel,
Auquel il confie la garde de l'Empereur.
L'Ange passe toute la nuit au chevet du roi,
Et, dans un songe, lui annonce
Une grande bataille qui sera livrée aux Français...
Puis il lui a montré le sens très grave de cette vision.
Charles donc, jetant un regard là-haut, dans le ciel,
Y vit les tonnerres, les gelées, les vents,
Les orages, les effroyables tempêtes,
Les feux et les flammes toutes prêtes :
Et, soudain, tout cela tombe sur son armée.
Voici qu'elles prennent feu, les lances de pommier ou de frêne;
Voici qu'ils s'embrasent, les écus aux boucles d'or pur;
Quant au bois des épieux tranchants, il est en pièces.
Les hauberts et les heaumes d'acier grincent.
Quelle douleur pour les chevaliers de Charles!
Des ours, des léopards se jettent sur eux pour les dévorer,
Avec des guivres, des serpents, des dragons, des monstres semblables aux diables,
Et plus de trente mille griffons.
Tous, tous se précipitent sur les Français :
« A l'aide, Charles, à l'aide! » s'écrient-ils.
Le roi en a grande douleur et pitié;
Il y voudrait aller; mais voici l'obstacle :
Du fond d'une forêt un grand lion s'élance sur lui.

2550 Mult par ert pesmes e orgoillus e fiers,
Sun cors meïsme i asalt e requiert,
A braz *se* prenent *ambedui* pur luitier;
Mais ço ne set quels abat ne quels chiet...
Li Emperere ne s'est mie esveilliez.   Aoi

CCXVI

2555 Après icele li vient altre avisiun :
Qu'il ert en France, ad Ais, ad un perrun,
En dous caeines si teneit un brohun.
Devers Ardene veeit venir trente urs :
Cascuns parolet altresi cume hum.
2560 Diseient li : « Sire, rendez le nus !
« Il nen est dreiz que il seit mais od vus ;
« Nostre parent devum estre à sucurs. »
De sun palais *vint uns veltres le curs,*
Entre les altres asaillit le greignur
2565 Sur l'herbe verte, ultre ses cumpaignuns.
Là vit li Reis si merveillus estur ;
Mais ço ne set li quels veint ne quels nun...
Li angles Deu ço mustret à l'barun.
Carles se dort tresqu' à l' main à l' cler jur.   Aoi.

CCXVII

2570 Li reis Marsilies s'en fuit en Sarraguce :
Suz un olive est descenduz en l'umbre.
S'espée rent e sun helme e sa brunie,
Sur la verte herbe mult laidément se culchet.
La destre main ad perdue trestute :
2575 De l' sanc qu'en ist se pasmet e anguisset.
Dedevant lui sa muillier Bramimunde
Pluret e criet, mult forment se doluset ;
Ensembl'od lui plus de *trente* milie humes

2558. *Devers Ardene*, etc. La *Karla-magnus Saga* a mal compris ce passage : « Karlamagnus rêva qu'il était chez lui, au pays des Franks, dans son palais. Et il lui sembla qu'il avait les fers aux pieds. Et il vit trente hommes

La bête est orgueilleuse, féroce, épouvantable,
Et c'est au corps du roi qu'elle s'attaque.
Tous les deux, pour lutter, se prennent à bras le corps.
Quel est le vainqueur? quel est le vaincu? Il ne le sait.
L'Empereur ne se réveille pas...

CCXVI

Après ce songe, Charles en a un autre.
Il rêve qu'il est en France, à Aix, sur un perron,
Tenant un ours dans une double chaîne.
Soudain, de la forêt d'Ardenne, il en voit venir trente autres,
Qui parlent chacun comme un homme :
« Rendez-nous-le, Sire, » disent-ils;
« Il n'est pas juste que vous le reteniez plus longtemps.
« C'est notre parent, et nous devons le secourir. »
Mais alors, du fond du palais, accourt un beau lévrier
Qui, parmi ces bêtes sauvages, attaque la plus grande,
Sur l'herbe verte, près de ses compagnons.
Ah! le roi assiste ici à une lutte merveilleuse;
Mais quel est le vainqueur? quel est le vaincu? Charles n'en
 sait rien...
Voilà ce que l'ange de Dieu montre au baron;
Et Charles reste endormi jusqu'au lendemain, au clair jour...

CCXVII

Le roi Marsile cependant arrive en fuyant à Saragosse.
Il descend de cheval et s'arrête à l'ombre, sous un olivier;
Il rend à ses serviteurs son épée, son heaume et son haubert,
Puis très piteusement se couche sur l'herbe verte :
Il a perdu sa main droite,
Le sang en sort, et Marsile tombe en angoisse et en pâmoison.
Voici devant lui sa femme Bramimonde,
Qui pleure, crie, et très douloureusement se lamente.
Plus de vingt mille hommes sont avec lui;

voyageant vers une ville nommée Ardena, et qui disaient entre eux : Le roi Karlamagnus a été vaincu, et il ne portera plus la couronne. » (Chap. XXXVIII.) = Rien de tout cela dans la *Keiser Karl Magnus's kronike.*

Ki *tuit* maldient Carlun e France dulce.
2580 Ad Apollin en vunt en une crute,
Tencent à lui, laidement l' despersunent :
« E! malvais Deus, pur quei nus fais tel hunte?
« Cest nostre rei pur quei laissas cunfundre?
« Ki mult te sert, malvais luier l'en dunes. »
2585 Pois, si li tolent sun sceptre e sa curune,
Par les mains l' pendent *desur* une culumbe,
Entre lur piez à tere le tresturnent,
A granz bastuns le batent e defruissent,
E Tervagan tolent sun escarbuncle,
2590 E Mahummet enz en un fosset butent,
E porc e chien le mordent e defulent :
Unkes mais Deu ne furent à tel hunte. Aoi.

CCXVIII

De pasmeisun en est venuz Marsilies :
Fait sei porter en sa cambre voltice :
Tante culur i ad peinte e escrite.
2595 E Bramimunde le pluret, la Reïne,
Trait ses chevels, si se cleimet caitive.
A l'altre mot, mult haltement s'escriet :
« E! Sarraguce, cum ies hoi desguarnie
« De l' gentil rei ki t'aveit en baillie !
2600 « Li nostre deu i unt fait felunie,
« Ki en bataille hoi matin li faillirent.
« Li Amiralz i ferat cuardie,
« S'il ne cumbat à cele gent hardie
« Ki si sunt fier n'unt cure de lur vies.
2605 « Li Emperere od la barbe flurie
« Vasselage ad e mult grant estultie ;
« S'il ad bataille, il ne s'en fuirat mie.
« Mult est granz doels que nen est ki l' ociet. » Aoi.

Tous maudissent Charles et maudissent la douce France.
Apollon, leur Dieu, est là dans une grotte : ils se jettent sur lui,
Lui font mille reproches, mille outrages :
« Eh ! méchant Dieu, pourquoi nous fais=tu telle honte ?
« Et notre roi, pourquoi l'as-tu laissé confondre ?
« Tu payes bien mal ceux qui te servent. »
Alors ils enlèvent à Apollon son sceptre et sa couronne ;
Ils le pendent par les mains à une colonne,
Le retournent à terre sous leurs pieds,
Lui donnent de grands coups de bâton et le mettent en morceaux.
Tervagan aussi y perd son escarboucle.
Quant à Mahomet, on le jette dans un fossé
Où les porcs et les chiens le mordent et marchent dessus :
Jamais Dieux ne furent à telle honte.

CCXVIII

Marsile revient de sa pâmoison
Et se fait porter dans sa chambre,
Sur les murs de laquelle on a écrit et peint plusieurs tableaux en couleurs.
La reine Bramimonde y est tout en larmes ;
Elle s'arrache les cheveux : « Ah ! malheureuse ! » répète-t-elle.
Puis, élevant la voix, elle dit encore :
« O Saragosse, te voilà donc privée
« Du noble roi qui t'avait en son pouvoir !
« Nos dieux sont des félons
« De nous avoir ainsi manqué dans le combat.
« Il nous reste l'Émir. Quelle lâcheté
« S'il n'engage pas la lutte avec cette race hardie, avec ces Français
« Qui ont assez de vaillance pour ne point songer à leur vie !
« Chez leur empereur à barbe fleurie
« Quel courage, quelle témérité !
« Ce n'est pas lui qui reculerait jamais d'un seul pas dans la bataille.
« C'est grande douleur, en vérité, qu'il n'y ait personne pour le tuer. »

CCXIX

Li Emperere, par sa grant poestet,
2610 Set anz tuz pleins ad en Espaigne estet;
Prent i castels e alquantes citez.
Li reis Marsilies s'en purcaçat asez;
A l' premier an fist ses briefs seieler,
En Babilunie Baligant ad mandet :
2615 (C' est l'Amirálz, li vielz d'antiquitet;
Tut survesquiet e Virgilie e Omer),
En Sarraguce l' alt succure, li ber;
E, s'il ne l' fait, il guerpirat ses deus,
Tutes ses ydles que il soelt aürer,
2620 Si recevrat seinte chrestientet,
A Carlemagne se vuldrat acorder.
E cil est loinz, si ad mult demuret.
Mandet sa gent de quarante regnez;
Ses granz drodmunz en ad fait aprester,
2625 Eschiez e barges e galies e nefs.
Suz Alixandre ad un port juste mer :
Tut sun navilie i ad fait aprester.
Ço est en mai, à l' premier jur d'estet,
Tutes ses oz ad empeintes en mer. Aoi.

CCXX

2630 Granz sunt les oz de cele gent averse :

2609. *Li Emperere.* Ici commence l'épisode de Baligant, le *Baligantsepisod* qui, suivant une opinion de M. Scholle, n'aurait pas fait partie de la version originale du *Roland.* Nous avons réfuté ailleurs (*Épopées françaises*, 2ᵉ édit., t. I, p. 425) cette opinion, que M. Paul Meyer (*Romania*, VII, p. 437) déclare « fondée sur des motifs assez faibles. » (Cf. *Rom.*, VI, 473.) Nous renvoyons notre lecteur à nos *Épopées.*

2614. *Baligant.* Dans la *Chronique de Turpin*, qui est suivie par vingt de nos poètes, *Marsire* et *Beligand* sont deux frères, qui ont été l'un et l'autre envoyés en Espagne par l'émir de Babylone, et qui règnent tous deux à Saragosse. Ils attaquent ensemble l'arrière-garde, commandée par Roland. Marsire est tué par le neveu de Charles; Beligand s'enfuit. = Dans notre vieux poème, au contraire, Baligant est re-

CCXIX

L'empereur Charles, par sa grande puissance,
Était demeuré sept années entières en Espagne ;
Il y avait pris châteaux et cités.
Le roi Marsile en avait eu grand souci
Et, dès la première année, avait fait sceller ses lettres.
Il y réclamait du secours de Baligant, qui était à Babylone en
  Égypte.
C'était l'Émir, le vieil Émir,
Survivant à Virgile et à Homère.
Marsile avait demandé à ce vrai baron d'aller le secourir à
  Saragosse.
Si Baligant n'y consentait, Marsile quitterait ses dieux,
Renoncerait à toutes les idoles qu'il adore,
Recevrait la sainte loi du Christ,
Et ferait sa paix avec Charlemagne...
Or, Baligant est loin, et il avait longtemps tardé.
Il avait convoqué le peuple de ses quarante royaumes,
Avait fait apprêter ses grands dromonds,
Barques, esquifs, galères et vaisseaux de toute sorte.
A Alexandrie, qui est un port de mer,
Il avait enfin rassemblé toute sa flotte...
C'était en mai, au premier jour d'été :
Il a lancé sur mer toute son armée.

CCXX

Elle est grande l'armée de la gent païenne!

présenté comme le grand émir de Babylone, dont Marsire n'est que le vassal, et qui a quarante autres rois sous ses ordres. En deux mots, c'est le chef suprême de l'Islam.

2624. *Drodmunz.* Le *dromond* est le navire de guerre et de marche ; le *chaland* est le transport, et, en particulier, le transport de guerre. = Dans le *dromond* on faisait entrer les chevaux : témoin ce passage de l'*Entrée en Es-* *pagne,* où l'on voit Roland introduire son cheval dans un dromond à l'aide de cordes et de poulies. Seulement l'*estormant* du bateau *Desor li dos bastiaus fait bastir un soler, — Tant com li bon cival poit à loisir ester.* (Ms. fr. de Venise, XXI, f° 228.) Cf. la planche VIII de la tapisserie de Bayeux, qui nous montre des charpentiers occupés à la construction de ces différentes sortes de vaisseaux.

Siglent à fort e nagent e guvernent.
En sum cez maz e en cez haltes vernes,
Asez i ad carbuncles e lanternes;
Là sus amunt pargetent tel luiserne
2635 *Que par la noit la mer en est plus bele.*
E, cum il vienent en Espaigne la tere,
Tuz li païs en reluist e esclairet.
Jusqu'à Marsilie en parvunt les nuveles
Que Baliganz est entrez en sa tere,
Tel ost ameinet, n'iert veüe plus bele;
Dis e set rei, envirun, la cadelent.
Or gart Deus Carle e la veire Paterne :
Bataille avrat e duluruse e pesme. AOI.

CCXXI

Gent paienur ne voelent cesser unkes :
2640 Issent de mer, vienent as ewes dulces;
Laissent Marbrise e si laissent Marbruse;
Par Sebre amunt tut lur navilie turnent.
En sum ces maz e en cez vernes lunges
Asez i ad lanternes e carbuncles :
Tute la noit mult grant clartet lur dunent.
2645 A icel jur vienent à Sarraguce. Aoi.

CCXXII

Clers est li jurz e li soleilz luisant.
Li Amiralz est issuz de l' caland :
Espaneliz fors le vait adestrant;
Dis e set rei après le vunt sivant;
2650 Cuntes e dux i ad bien ne sai quanz.
Suz un lorier, ki est en mi un camp,
Sur l'herbe verte getent un palie blanc;
Un faldestoel i unt mis d'olifant;
Desur s'asiet li paiens Baliganz;
2655 *Trestuit li altre sunt remés en estant.*

Et voilà cette flotte qui cingle rapidement, navigue et se gouverne.
Au sommet des mâts, et sur les hautes vergues,
Il y a lanternes et escarboucles
Qui, de là-haut, projettent telle lumière
Qu'en pleine nuit la mer paraît plus belle encore.
Au moment où ils arrivent en vue de la terre d'Espagne,
Tout le pays en est illuminé;
La nouvelle en va jusqu'à Marsile :
« Baligant, lui dit-on, est entré dans sa terre
A la tête d'une armée, comme on n'en verra jamais de plus belle;
Dix-sept rois, près de lui, sont à la tête de cette immense armée.
Que Dieu, que la souveraine Paternité protège Charles :
Car il aura une terrible et douloureuse bataille.

CCXXI

L'armée païenne ne veut pas faire halte un moment.
Elle sort de la mer, entre dans les eaux douces,
Laisse derrière elle Marbrise et Marbrouse,
Et remonte le cours de l'Èbre avec tous ses navires.
Au sommet des mâts, et sur les longues vergues
Que de lanternes, que d'escarboucles !
C'est, pendant toute la nuit, une clarté immense :
Le jour même elle arrive à Saragosse.

CCXXII

Clair est le jour, brillant est le soleil.
L'Émir sort de son vaisseau;
Espanelis marche à sa droite;
Dix-sept rois le suivent.
Quant aux comtes et aux ducs, on n'en sait pas le nombre.
A l'ombre d'un laurier, au milieu d'un champ,
On jette sur l'herbe un tapis de soie blanche;
On y place un fauteuil d'ivoire,
Et le païen Baligant s'y asseoit,
Tandis que tous les autres restent debout.

Li sire d'els premiérs parlat avant :
« Ores oiez, franc chevalier vaillanz :
« Carles li reis, l'emperere des Francs,
« Ne deit mangier, se jo ne li cumant.
2660 « Par tute Espaigne m'ad fait guere mult grant;
« En France dulce le *voeill* aler querant :
« Ne finerai en trestut mun vivant,
« Jusqu'il seit morz o tut vifs recreant. »
Sur sun genuill en fiert sun destre guant.   Aoi.

CCXXIII

2665 Pois qu'il l'a dit, mult s'en est afichiez
Que ne lerrat, pur tut l'or desuz ciel,
Qu'il alt ad Ais ù Carles soelt plaidier.
Sa gent li lodet, si li *ad* cunseilliet.
Pois, apelat dous de ses chevaliers,
2670 L'un Clarifan e l'altre Clarien :
« Vus estes filz à l' rei Maltraïen,
« Ki suleit faire messages volentiers.
« Jo vus cumant qu'en Sarraguce algicz;
« Marsiliun de meie part nunciez,
2675 « Cuntre Franceis li sui venuz aidier;
« Se jo trois o, mult grant bataille i iert;
« Si l'en dunez cest guant ad or pleiet,
« El' destre puign si li faites calcier.
« Si li portez cest *bastuncel* d'or mier,
2680 « E à mei vienget reconoistre sun fieu.
« En France irai pur Carlun guerreier;
« S'en ma mercit ne se culzt à mes piez
« E ne guerpisset la léi de chrestiens,
« Jo li toldrai la curune de l' chief. »
2685 Paien respundent : « Sire, mult dites bien. »   Aoi.

CCXXIV

Dist Baliganz : « Kar chevalchiez, baruns;
« L'uns port le guant, li altre le bastun. »
E cil respundent : « Chiers sire, si ferum. »

Leur chef parle le premier :
« Oyez, » leur dit-il, « francs chevaliers vaillants.
« Le roi Charles, empereur des Français,
« N'aura la permission de manger que si je le veux bien.
« Il m'a fait dans toute l'Espagne une trop longue guerre :
« C'est dans sa douce France que je veux aller l'attaquer ;
« Point ne m'arrêterai de toute ma vie,
« Avant de le voir à mes pieds, ou mort. »
Et Baligant donne sur son genou un coup de son gant droit.

CCXXIII

L'Émir l'a dit, l'Émir s'entête :
Il ne manquera pas, pour tout l'or qui est sous le ciel,
D'aller jusqu'à Aix, où Charles tient ses plaids.
Ses hommes l'approuvent et lui donnent même conseil.
Alors il appelle deux de ses chevaliers,
L'un Clarifan, l'autre Clarien :
« Votre père, le roi Maltraïen,
« Faisait volontiers les messages.
« Vous, allez à Saragosse, je le veux.
« Annoncez de ma part au roi Marsile
« Que je le viens secourir contre les Français.
« Si je les rencontre, quelle bataille !
« Donnez-lui ce gant brodé d'or,
« Mettez-le-lui au poing droit,
« Et portez-lui aussi ce bâton d'or massif.
« Puis, quand il sera venu me rendre hommage,
« J'irai en France faire la guerre à Charles.
« Si l'Empereur ne s'étend à mes pieds pour me demander grâce,
« S'il ne veut pas renier la foi chrétienne,
« Je lui arracherai la couronne de la tête.
« — Bien dit, » s'écrient les païens.

CCXXIV

« Et maintenant à cheval, barons, à cheval, » dit Baligant.
« L'un de vous portera le gant, l'autre le bâton. »
Et ceux-ci de répondre : « Ainsi ferons-nous, cher seigneur. »

Tant chevalchièrent qu' en Sarraguce sunt.
2690 Passent dis portes, traversent quatre punz;
Tutes les rues ù li burgeis estunt.
Cum il aproisment en la citet amunt,
Vers le palais oïrent grant fremur :
Asez i ad de *la* gent paienur,
2695 Plurent e crient, demeinent grant dulur,
Pleignent lur deus Tervagan e Mahum
E Apollin, dunt il mie nen unt.
Dit *l'uns* à l'altre : « Caitifs! que deviendrum?
« *Desur* nus est male cunfusiun.
2700 « Perdut avum le rei Marsiliun :
« Hier li trenchat Rollanz le destre puign.
« Nus n'avum mie de Jurfaleu le Blunt.
« Trestute Espaigne iert hoi en lur bandun. »
Li dui message descendent à l' perrun,   Aoi.

CCXXV

2705 Lur chevals laissent dedesuz un olive :
Dui Sarrazin par les resnes les pristrent.
E li message par les mantels se tindrent;
Pois, sunt muntet sus 'el' palais altisme.
Cum il entrerent en la cambre voltice,
2710 Par bele amur malvais salut i firent :
« Cil Apollin ki nus ad en baillie
« E Tervagan e Mahum nostre sire
« Salvent le Rei e guardent la Reïne! »
Dist Bramimunde : « Or oi mult grant folie :
2715 « Cist nostre deu sunt en recreantise :
« En Rencesvals malvaises vertuz firent.
« Noz chevaliers i unt laissiet ocire;
« Cest mien seignur en bataille faillirent.
« Le destre puign ad perdut, n'en ad mie,
2720 « Si li trenchat li quens Rollanz, li riches.
« Trestute Espaigne avrat Carles en baillie.
« Que deviendrai, duluruse, caitive?
« Lasse! que n'ai un hume ki m'ociet! »   Aoi.

Ils chevauchent si bien qu'ils arrivent à Saragosse;
Ils traversent dix portes, passent quatre ponts
Et parcourent toutes les rues où se tiennent les bourgeois.
Comme ils approchent du haut de la ville,
Ils entendent un grand bruit du côté du palais.
C'est une foule de païens
Qui pleurent, qui crient, qui se livrent à une grande douleur,
Qui se plaignent de leurs dieux Tervagan et Mahomet,
Et de cet Apollon dont ils n'ont rien reçu :
« Malheureux ! » disent-ils, « que deviendrons-nous ?
« La honte et le malheur sont tombés sur nous.
« Nous avons perdu le roi Marsile,
« Dont le comte Roland a coupé le poing droit.
« Jurfaleu le blond n'est plus.
« Toute l'Espagne va tomber en leurs mains. »
Sur ce, les deux messagers descendent au perron.

CCXXV

Les messagers laissent leurs chevaux à l'ombre d'un olivier,
Et deux Sarrasins les prennent par les rênes.
Puis tous les deux, se tenant par leurs manteaux,
Sont montés au plus haut du palais.
Comme ils entrent dans la chambre voûtée,
Ils font, par bon amour, leur salut de mécréants au roi Marsile :
« Qu'Apollon qui nous tient en son pouvoir,
« Que Tervagan et notre seigneur Mahomet
« Sauvent le Roi et gardent la Reine !
« — Quelle folie dites-vous là ? » s'écrie Bramimonde;
« Nos dieux ne sont que des lâches;
« Et n'ont fait à Roncevaux que mauvaise besogne,
« Ils y ont laissé mourir tous nos chevaliers
« Et ont abandonné, en pleine bataille, mon propre seigneur.
« Marsile a perdu son poing, qui manque à son bras,
« Et c'est Roland, le puissant comte, qui le lui a tranché.
« Charles aura bientôt toute l'Espagne entre les mains.
« Ah ! misérable, ah ! chétive ! que vais-je devenir ?
« Malheureuse ! n'y a-t-il point quelqu'un qui veuille me tuer ? »

CCXXVI

  Dist Clariens : « Dame, ne parlez tant.
2725 « Message sumes à l' paien Baligant.
  « Marsiliun, ço dist, sera guarant :
  « Si l'en enveiet sun bastun e sun guant.
  « En Sebre avum quatre milie calanz,
  « Eschiez e barges e galies curanz ;
2730 « Drodmunz i ad ne vus sai dire quanz.
  « Li Amiralz est riches e poissant,
  « En France irat Carlemagne querant :
  « Rendre le quidet o mort o recreant. »
  Dist Bramimunde : « Mar en irat itant.
2735 « Plus près d'ici purrez truver les Francs ;
  « En ceste tere *unt* estet ja set anz.
  « Li Emperere est ber e cumbatant,
  « Mielz voelt murir que ja fuiet de camp,
  « Suz ciel n'ad rei qu'il prist à un enfant.
2740 « Carles ne dutet hume ki seit vivant. »   Aoi.

CCXXVII

  « — Laissiez ç' ester, » dist Marsilies li reis.
  Dist as messages : « Seignurs, parlez à mei.
  « Ja veez vus que à mort sui destreiz.
  « Jo si nen ai filz ne filie ne heir ;
2745 « Un en aveie : cil fut ocis hier seir.
  « Mun seignur dites qu'il me vienget vedeir.
  « Li Amiralz ad en Espaigne dreit :
  « Quite li cleim, se il la voelt aveir ;
  « Pois, la défendet encuntre les Franceis.
2750 « Vers Carlemagne li durrai bon cunseill :
  « Cunquis l'avrat d'hoi cest jur en un meis.
  « De Sarraguce les clefs li portereiz.
  « Pois ço li dites, n'en irat, s'il me creit. »
  E cil respundent : « Sire, vus dites veir. »   Aoi.

CCXXVI

« — Dame, » dit alors Clarien, « faites trêve aux paroles.
« Nous sommes les messagers du païen Baligant,
« Qui sera, dit-il, le libérateur de Marsile.
« Voici le gant et le bâton qu'il lui envoie.
« Là-bas, sur l'Èbre, nous avons quatre mille chalands,
« Esquifs, barques et rapides galères.
« Qui pourrait compter nos dromonds?
« L'Émir est riche, il est puissant ;
« Il poursuivra, il attaquera Charlemagne jusque dans sa France,
« Et veut le voir à ses pieds demandant grâce, ou mort.
« — Les choses n'iront pas si bien, » répond la Reine.
« Vous pourrez plus près d'ici rencontrer les Français.
« Depuis sept ans, ils sont dans cette terre.
« Quant à l'Empereur, c'est un vaillant, un vrai baron ;
« Il mourrait plutôt que de fuir.
« Tous les rois de la terre sont pour lui des enfants,
« Et Charlemagne ne craint aucun homme vivant. »

CCXXVII

« — Laissez tout cela, » dit le roi Marsile.
« Seigneurs, » dit-il aux messagers, « c'est à moi qu'il faut parler.
« Vous voyez que je suis en mortelle détresse :
« Point n'ai de fils, ni de fille, ni d'héritier.
« Hier soir j'en avais un : on me l'a tué.
« Dites donc à votre seigneur de me venir voir.
« Il a des droits sur la terre d'Espagne ;
« S'il la veut toute avoir, je la lui cède :
« Qu'il se charge seulement de la défendre contre les Français.
« Je pourrai lui donner quelques bons conseils contre Charles,
« Et il l'aura peut-être vaincu avant un mois.
« En attendant, portez-lui les clefs de Saragosse,
« Et dites-lui que, s'il me croit, il ne s'éloignera pas d'ici.
« — Vous dites vrai, » répondent les deux messagers.

CCXXVIII

2755 Ço dist Marsilies : « Carles li emperere
 « Mort m'ad mes humes, ma terë deguastée
 « E mes citez fraites e violées.
 « *Desur le Sebre ad sa gent aünée:*
 « Jo ai cuntet n'i ad que set liwées.
2760 « L'Amiraill dites que *s'ost seit amenée;*
 « *Truver les poet en la nostre cuntrée.*
 « Par vus li mand, bataille i seit justée :
 « *Par les Franceis ne serat tresturnée.* »
 De Sarraguce les clefs lur ad livrées.
 Li messagier ambedui l'enclinerent :
 Prenent cungied, à cel mot s'en turnerent. Aoi.

CCXXIX

2765 Li dui message es chevals sunt muntet :
 Isnelement issent de la citet.
 A l' Amiraill en vunt *tut* esfreet,
 De Sarraguce li presentent les clefs.
 Dist Baligauz : « Que avez vus truvet?
2770 « U est Marsilies que j' aveie mandet? »
 Dist Clariens : « Il est à mort naffrez.
 « Li Emperere fut hier as porz passer :
 « Si s'en vuleit en dulce France aler.
 « Par grant honur se fist rere-guarder :
2775 « Li quens Rollanz, sis niés, i fut remés,
 « E Oliviers, e tuit li duze Per,
 « De cels de France vint millier *d*'adubez.
 « Li reis Marsilies s'i cumbatit, li ber ;
 « Il e Rollanz *se sunt entrencuntrez.*
2780 « De Durendal li dunat un colp tel
 « Le destre puign li ad de l' cors sevret ;
 « Sun filz ad mort qu'il tant suleit amer,
 « E les baruns qu'il i out amenet ;
 « Fuiant s'en vint, qu'il n'i pout mais ester.
2785 « Li Emperere l'ad encalciet asez.

CCXXVIII

« L'empereur Charles, » dit Marsile,
« M'a tué tous mes hommes, a ravagé toute ma terre,
« Violé et mis en pièces toutes mes cités.
« Maintenant il campe sur le bord de l'Èbre avec toute sa gent,
« A sept lieues d'ici, je les ai comptées.
« Dites à l'Émir qu'il amène son armée
« *Et qu'il pourra trouver les chrétiens en ce pays.*
« Dites-lui de ma part de se préparer à la bataille :
« *Les Français ne la refuseront pas.* »
Marsile leur met alors aux mains les clefs de Saragosse.
Les deux messagers le saluent,
Prennent congé, s'en retournent.

CCXXIX

Ils sont montés à cheval, les deux messagers,
Et sont rapidement sortis de la cité.
Tout effrayés, ils vont trouver l'Émir
Et lui présentent les clefs de Saragosse.
« Eh bien ! » dit Baligant, « qu'avez-vous trouvé là-bas?
« Où est Marsile, que j'avais mandé? »
« — Il est blessé à mort, » dit Clarien.
« L'empereur Charles est passé hier aux défilés :
« Car il voulait retourner en douce France.
« Par grand honneur, il se fit suivre d'une arrière-garde
« Où demeura son neveu Roland,
« Avec Olivier, avec les douze Pairs,
« Avec vingt mille chevaliers de France.
« Le roi Marsile, en vrai baron, leur a livré un grand combat.
« Roland et lui se sont rencontrés sur le champ de bataille :
« D'un terrible coup de sa Durendal
« Roland lui a tranché le poing droit ;
« Puis il lui a tué son fils, qu'il aimait si chèrement,
« Avec tous les barons qu'il avait amenés.
« Ne pouvant tenir pied, Marsile s'est enfui,
« Et l'Empereur l'a très vivement poursuivi.

« Li Reis vus mandet que vus le succurez,
« Quite vus cleimet d'Espaigne le regnet. »
E Baliganz cumencet à penser :
Si grant doel ad pur poi qu'il n'est desvez.   Aoi.

CCXXX

2790 « — Sire Amiralz, » ço li dist Clariens,
« En Rencesvals une bataille out hier.
« Morz est Rollanz e li quens Oliviers,
« Li duze Per, que Carles aveit tant chiers ;
« De lur Franceis i ad morz vint milliers.
2795 « Li reis Marsilies le puing destre i perdiet,
« E l'Emperere asez l'ad encalciet.
« En ceste tere n'est remés chevaliers
« Ne seit ocis o en Sebre neiez.
« Desur la rive sunt Franceis herbergiet :
2800 « En cest païs nus sunt tant aproeciet,
« Se vus vulez, li repaires iert griefs. »
E Baliganz le reguart en ad fier,
En sun curage en est joüs e liez ;
De l' faldestoel se redrecet en piez,
2805 Pois, si escriet : « Baruns, ne vus targiez,
« Eissez des nefs, muntez, si chevalchiez.
« S'or ne s'en fuit Carlemagnes li vielz,
« Li reis Marsilies encoi serat vengiez :
« Pur sun puign destre l'en liverrai le chief. »   Aoi.

CCXXXI

2810 Paien d'Arabe des nefs se sunt issut ;
Pois, sunt muntet es chevals e es muls.
Si chevalchièrent — que fereient il plus ?
Li Amiralz, ki trestuz les esmut,
Si 'n apelat Gemalfin, un soen drut :
2815 « Jo te cumant, tutes mes oz *cundui.* »
Pois, est muntez en un soen destrier brun ;

« Secourez le roi de Saragosse, voici ce qu'il vous mande,
« Et il vous abandonne tout le royaume d'Espagne. »
Baligant devient alors tout pensif,
Et peu s'en faut qu'il ne devienne fou, tant sa douleur est grande.

CCXXX

« Seigneur Émir, » lui dit Clarien,
« Il y a eu hier une bataille à Roncevaux ;
« Roland y est mort ; mort aussi le comte Olivier ;
« Morts les douze Pairs que Charles aimait tant ;
« Morts vingt mille Français.
« Mais le roi Marsile y a perdu le poing droit,
« Et l'Empereur l'a très vivement poursuivi.
« Dans toute cette terre, enfin, il n'est plus un seul chevalier
« Qui ne soit tué ou noyé dans les eaux de l'Èbre.
« Les Français campent sur la rive,
« Et les voici là, tout près de nous.
« Mais, si vous le voulez, la retraite sera rude pour eux. »
La fierté entre alors dans le regard de Baligant,
Et dans son cœur la joie.
Il se lève de son fauteuil, il se redresse,
Puis : « Barons, » s'écrie-t-il, « pas de retard.
« Sortez de vos vaisseaux, montez à cheval, en avant !
« Si le vieux Charlemagne ne nous échappe en fuyant,
« Dès aujourd'hui le roi Marsile sera vengé.
« Pour la main qu'il a perdue, je lui donnerai le chef de
  l'Empereur. »

CCXXXI

Les païens d'Arabie sont sortis de leurs vaisseaux ;
Puis sont montés sur leurs chevaux et leurs mulets,
Et les voilà qui marchent en avant. Ont-ils rien de mieux à
  faire ?
Quand l'Émir les a tous mis en mouvement,
Il appelle un sien ami Gemalfin :
« Je te confie le commandement de toute mon armée. »
Puis Baligant est monté sur son cheval brun ;

Ensembl'od lui enmeinet quatre dux.
Tant chevalchat qu'en Sarraguce fut.
Ad un perrun de marbre est descenduz,
2820 E quatre cunte l'estreu li unt tenut.
Par les degrez el' palais muntet sus;
E Bramimunde vient curant cuntre lui;
Si li ad dit : « Dolente! si mar fui!
« A itel hunte mun seignur ai perdut.
« *Li niés Carlun l'ad mort e cunfundut.* »
2825 Chiet li as piez, l' Amiralz la reçut.
Sus en la cambre à doel en sunt venut. AOI.

CCXXXII

Li reis Marsilies, cum il veit Baligant,
Dunc apelat dous Sarrazins espans ;
« Pernez m'as braz, si m' dreciez en seant. »
2830 A l' puign senestre ad pris un de ses guanz.
Ço dist Marsilies : « Sire reis Amiranz,
« *Mes* teres tutes ici *quites* vus rend,
« E Sarraguce e l'honur k'i apent.
« Mei ai perdut e *trestute* ma gent. »
2835 E cil respunt : « Tant sui jo plus dolent.
« Ne pois à vus tenir lung parlement;
« Jo sai asez que Carles ne m'atent.
« E nepurquant de vus receif le guant. »
A l' doel qu'il ad s'en est turnez plurant,
2840 Par les degrez jus de l' palais descent,
Muntet el' cheval, vient à sa gent puignant.
Tant chevalchat qu'il est premiers devant;
D'*ures en* altres si se vait escriant :
« Venez, paien, kar ja s'en fuient Franc. » AOI.

CCXXXIII

2845 A l' matinet, quant primes apert l' albe;
Esveilliez est li empereres Carles.

Avec lui n'emmène que quatre ducs,
Et, sans s'arrêter, chevauche jusqu'à Saragosse.
Il descend sur un perron de marbre,
Et quatre comtes lui ont tenu l'étrier.
L'Émir alors monte par les degrés jusqu'au haut du palais,
Et Bramimonde s'élance au-devant de lui :
« Ah ! malheureuse, misérable que je suis ! » s'écrie-t-elle ;
« J'ai perdu mon seigneur, et combien honteusement !
« *Le neveu de Charles l'a frappé à mort et déshonoré.* »
Elle tombe aux pieds de Baligant, qui la relève,
Et tous deux, en grande douleur, entrent dans la chambre d'en
  haut...

CCXXXII

Marsile, dès qu'il aperçoit Baligant,
Appelle deux Sarrasins espagnols :
« Prenez-moi à bras, et redressez-moi. »
De sa main gauche, alors, il prend un de ses gants,
Et : « Seigneur Émir, » dit-il,
« Je vous remets ici toute ma terre ;
« Je vous donne Saragosse et tout le fief qui en dépend.
« Ah ! je me suis perdu, et j'ai perdu tout mon peuple !
« — Ma douleur en est grande, » répond l'Émir ;
« Mais je ne saurais parler plus longtemps avec vous ;
« Car, je le sais, Charles ne m'attendra point.
« Cependant je reçois le gant que vous m'offrez. »
Et, tout en larmes à cause de son grand deuil, il sort de la
  chambre.
Baligant descend les degrés du palais,
Monte à cheval, éperonne vers son armée,
Si bien chevauche qu'il arrive sur le front de ses troupes,
Et, de temps en temps, leur jette ce cri :
« En avant, païens, en avant : les Français vont nous échapper. »

CCXXXIII

Dès la première blancheur de l'aube, au petit matin,
S'est éveillé l'empereur Charlemagne.

Seinz Gabriel, ki de par Deu le guardet,
Lievet sa main, sur lui fait un signacle.
Li Reis *se drecet*, si ad rendut ses armes :
2850 Si se desarment par tute l'ost li altre.
Pois, sunt muntet, par grant vertut chevalchent
Cez veies lunges e cez chemins mult larges :
Si vunt vedeir le merveillus damage
En Rencesvals, là ù fut la bataille. Aoi.

CCXXXIV

2855 En Rencesvals en est Carles *entrez;*
Des morz qu'il troevet cumencet à plurer.
Dist as Franceis : « Seignurs, le pas tenez ;
« Kar mei meïsme estoet avant aler
« Pur mun nevuld que vuldreie truver.
2860 « Ad Ais esteie, ad une feste anel :
« Si se vanterent mi vaillant *bacheler*
« De granz batailles, de forz esturs *campels;*
« D'une raisun oï Rollant parler :
« Ja ne murreit en estrange regnet
2865 « Ne trespassast ses humes e ses pers :
« Vers lur païs avreit sun chief turnet,
« Cunquerrantment si finereit li ber. »
Plus qu'hum ne poet un bastuncel geter,
Devant les altres est en un pui muntez. Aoi.

CCXXXV

2870 Quant l'Emperere vait querre sun nevuld,
De tantes herbes el' pret truvat les flurs,
Ki sunt vermeilles de l' sanc de noz baruns ;
Pitiet en ad; ne poet muer n'en plurt.
Desuz dous arbres parvenuz est *amunt;*
2875 Les colps Rollant conut en treis perruns.
Sur l'herbe verte veit gesir sun nevuld ;
Nen est merveille se Carles ad irur.
Descent à pied, alez i est plein curs,

Saint Gabriel, à qui Dieu l'a confié,
Lève la main, et fait sur lui le signe sacré.
Alors le Roi se lève, laisse là ses armes.
Et tous ses chevaliers se désarment aussi.
Puis montent à cheval, et rapidement chevauchent
Par ces larges routes, par ces longs chemins.
Et où vont-ils ainsi ? Ils vont voir le grand désastre :
Ils vont à Roncevaux, là où fut la bataille.

CCXXXIV

Charles est revenu à Roncevaux.
A cause des morts qu'il y trouve, commence à pleurer :
« Seigneurs, » dit-il aux Français, « allez le petit pas ;
« Car il me faut marcher seul en avant,
« Pour mon neveu Roland que je voudrais trouver.
« Un jour j'étais à Aix, à une fête annuelle ;
« Mes vaillants bacheliers se vantaient
« De leurs batailles, de leurs rudes et forts combats :
« Et Roland disait, je l'entendis,
« Que, s'il mourait jamais en pays étranger,
« On trouverait son corps en avant de ceux de ses pairs et de
    ses hommes ;
« Qu'il aurait le visage tourné du côté du pays ennemi ;
« Et qu'enfin, le brave ! il mourrait en conquérant. »
Un peu plus loin que le jet d'un bâton,
Charles est allé devant ses compagnons et a gravi une colline.

CCXXXV

Comme l'Empereur va cherchant son neveu,
Il trouve le pré rempli d'herbes et de fleurs
Qui sont toutes vermeilles du sang de nos barons.
Et Charles en est tout ému ; il ne peut s'empêcher de pleurer.
Enfin le Roi arrive en haut, sous les deux arbres ;
Sur les trois blocs de pierre il reconnaît les coups de Roland ;
Il voit son neveu qui gît sur l'herbe verte ;
Ce n'est point merveille si Charles en est navré de douleur.
Il descend de cheval, court sans s'arrêter :

Si prent le Cunte entre ses mains ambsdous ;
2880 Sur lui se pasmet, tant par est anguissus.   Aoi.

CCXXXVI

Li Emperere de pasmeisun revint.
Naimes li dux e li quens Acelins,
Gefreiz d'Anjou e sis frere *Tierris*
Prenent le Rei, si l' drecent suz un pin.
2885 Guardet à tere, veit sun nevuld gesir.
Tant dulcement à regreter le prist :
« *Amis Rollanz*, de tei ait Deus mercit!
« Unkes nuls hum tel chevalier ne vit
« Pur granz batailles juster e defenir.
2890 « La meie honur est turnée en declin. »
Carles se pasmet, ne s'en pout astenir.   Aoi.

CCXXXVII

Carles li reis revint de pasmeisun ;
Par mains le tienent quatre de ses baruns.
Guardet à tere, veit gesir sun nevuld ;
2895 Cors ad gaillard, perdue ad sa culur,
Turnez ses oilz, mult li sunt tenebrus.
Carles le pleint par feid e par amur :
« Amis Rollanz, Deus metet t'anme en flurs,
« En pareïs, entre les glorius!
2900 « Cum en Espaigne venis à mal, seignur!
« Jamais n'iert jurz de tei n'aie dulur.
« Cum decarrat ma force e ma baldur!
« Nen avrai ja ki sustienget m'honur ;
« Suz ciel ne quid aveir ami un sul.
2905 « Se j'ai parenz, nen i ad nul si prud. »
Trait ses crignels pleines ses mains ambsdous,
Sur lui se pasmet tant par est anguissus :
Cent milie Franc en unt si grant dulur
Nen i ad cel ki durement ne plurt.   Aoi.

Entre ses deux bras prend le corps de Roland,
Et, de douleur, tombe sur lui sans connaissance.

CCXXXVI

L'Empereur revient de sa pâmoison.
Le duc Naimes, le comte Acelin,
Geoffroi d'Anjou et Thierri, frère de Geoffroi,
Prennent le Roi, le dressent contre un pin.
Il regarde à terre, il y voit le corps de son neveu,
Et si doucement se prend à le regretter :
« Ami Roland, que Dieu te prenne en pitié !
« Jamais on ne vit ici-bas pareil chevalier
« Pour ordonner, pour achever si grandes batailles.
« Ah ! mon honneur tourne à déclin. »
Et l'Empereur se pâme ; il ne peut s'en empêcher.

CCXXXVII

Le roi Charles revient de sa pâmoison ;
Quatre de ses barons le tiennent par les mains.
Il regarde à terre, il y voit le corps de son neveu :
Roland a perdu toutes ses couleurs, mais il a encore l'air gaillard ;
Ses yeux sont retournés et tout remplis de ténèbres :
Et voici que Charles se met à le plaindre, en toute foi, en tout amour :
« Ami Roland, que Dieu mette ton âme en saintes fleurs
« Au paradis, parmi ses glorieux !
« Pourquoi faut-il que tu sois venu en Espagne ?
« Jamais plus je ne serai un seul jour sans souffrir à cause de toi.
« Et ma puissance, et ma joie, comme elles vont tomber maintenant !
« Qui sera le soutien de mon royaume ? Personne.
« Où sont mes amis sous le ciel ? Je n'en ai plus un seul.
« Mes parents ? Il n'en est pas un de sa valeur. »
Charles s'arrache à deux mains les cheveux,
Et se pâme de nouveau sur son neveu, tant il est plein d'angoisse.
Cent mille Français en ont si grande douleur
Qu'il n'en est pas un qui ne pleure à chaudes larmes.

CCXXXVIII

« Amis Rollanz, jo m'en irai en France.
2910 « Cum jo serai à Loün, en ma cambre,
« De plusurs regnes viendrunt li hume estrange.
« Demanderunt ù est li Quens catanies :
« Jo lur dirrai qu'il est morz en Espaigne.
« A grant dulur tiendrai pois mun reialme :
2915 « Jamais n'iert jurz que ne plur ne m'en pleigne.   Aoi.

CCXXXIX

« Amis Rollanz, prozdum, juvente bele,
« Cum jo serai ad Ais en ma capele,
« Viendrunt li hume, demanderunt nuveles ;
« Je' s lur dirrai merveilluses e pesmes :
2920 « Morz est mis niés, ki tant *suleit* cunquerre.
« Encuntre mei revelerunt li Seisne
« E Hungre e Bugre e tante gent averse,
« Romain, Puillain e tuit cil de Palerne,
« E cil d'Affrike e cil de Califerne ;
2925 « Pois, encrerrunt mes peines e mes suffraites.
« Ki guierat mes oz à tel poeste,
« Quant cil est *morz* ki tuz jurz nus cadelet?
« E! France *dulce,* cum remeins hoi deserte!
« Si grant doel ai que jo ne vuldreie estre. »
2930 Sa barbe blanche cumencet à detraire,
Ad ambes mains les chevels de sa teste.
Cent milie Franc s'en pasment cuntre tere.   Aoi.

CCXL

« Amis Rollanz, *as perdue la vie :*
« L'anme de tei en pareïs seit mise!
2935 « Ki tei ad mort *France dulce ad hunie.*

2910. *A Loün.* Ce couplet est fondé sur une légende du xe siècle, et le sui-

CCXXXVIII

« Ami Roland, je vais retourner en France;
« Et, quand je serai dans ma ville de Laon,
« Des étrangers viendront de plusieurs royaumes
« Me demander : « Où est le Comte capitaine ? »
« Et je leur répondrai : « Il est mort en Espagne. »
« En grande douleur je tiendrai désormais mon royaume :
« Il ne sera point de jour que je n'en gémisse et n'en pleure.

CCXXXIX

« Ami Roland, vaillant homme, belle jeunesse,
« Quand je serai à ma chapelle d'Aix,
« Des hommes viendront, qui me demanderont de tes nouvelles ;
« Celles que je leur donnerai seront dures et cruelles :
« Il est mort, mon cher neveu, celui qui m'a conquis tant de terres.
« Et voilà que les Saxons vont se révolter contre moi,
« Les Hongrois, les Bulgares, et tant d'autres peuples,
« Les Romains avec ceux de la Pouille et de la Sicile,
« Ceux d'Afrique et de Califerne.
« Mes souffrances augmenteront de jour en jour.
« Eh! qui pourrait conduire mon armée avec une telle puissance,
« Quand il est mort, celui qui toujours était à notre tête?
« Ah! douce France, te voilà orpheline!
« J'ai si grand deuil que j'aimerais ne pas être. »
Et alors il se prend à tirer sa barbe blanche,
De ses deux mains arrache les cheveux de sa tête :
Cent mille Français tombent à terre, pâmés.

CCXL

« Ami Roland, tu as donc perdu la vie :
« Que ton âme ait place au paradis!
« Celui qui t'a tué a déshonoré la douce France :

vant, où il s'agit d'Aix, sur une tradition du VIIIe ou IXe siècle.

« Si grant doel ai que ne vuldreie vivre,
« De ma maisniée ki pur mei est ocise.
« Ço me duinst Deus, li filz seinte Marie,
« Einz que jo vienge as maistres porz de Sizre,
2940 « L'anme de l' cors me seit hoi departie,
« Entre les lur *fust* aluée e mise,
« E ma car fust delez els enfuïe. »
Pluret des oilz, sa blanche barbe tiret,
E dist dux Naimes : « Or ad Carles grant ire. »   Aoi.

CCXLI

2945 « Sire emperere, » ço dist Gefreiz d'Anjou,
« Ceste dulur ne demenez tant fort;
« Par tut le camp faites querre les noz,
« Que cil d'Espaigne en la bataille unt morz;
« En un carnier cumandez qu' hum les port. »
2950 Ço dist li Reis : « Sunez en vostre corn. »   Aoi.

CCXLII

Gefreiz d'Anjou ad sun graisle sunet;
Franceis descendent, Carles l'ad cumandet.
Tuz lur amis qu'il i unt morz truvet
Ad un carnier sempres les unt portet.
2955 Asez i ad evesques e abez,
Munies, canunies, pruveires curunez,
Si 's unt asolz e seigniez de part Deu;
Mirre e timonie i firent alumer,
Gaillardement tuz les unt encensez;

2944. *Or ad Carles grant ire.* On lit ici, dans la *Karlamagnus Saga* (chap. xxxix) et dans la *Keiser Karl Magnus's kronike*, un très curieux épisode qui ne se trouve nulle part ailleurs... Le Roi envoie tour à tour plusieurs chevaliers pour prendre l'épée de Roland. Ils ne réussissent pas à l'arracher des mains du mort. Charles en envoie cinq autres A LA FOIS, « un pour chaque doigt. » Peines perdues. L'Empereur s'aperçoit que, pour toucher à cette épée merveilleuse, il faut être aussi bon chevalier que Roland. Il se met à prier Dieu, puis s'approche de l'épée de son neveu, et s'en empare très facilement. Il en garda précieusement le pommeau, qui était plein de reliques; mais, quant à la lame, il la jeta dans l'eau, loin de la

« J'ai si grand deuil que plus ne voudrais vivre.
« Ma maison, toute ma maison est morte à cause de moi.
« Fasse Dieu, le fils de sainte Marie,
« Avant que je vienne à l'entrée des défilés de Cizre,
« Que mon âme soit aujourd'hui séparée de mon corps ;
« Qu'elle aille rejoindre leurs âmes,
« Tandis qu'on enfouira ma chair près de leur chair. »
L'Empereur pleure de ses yeux ; il arrache sa barbe :
« Grande est la douleur de Charles, » s'écrie le duc Naimes.

CCXLI

« Sire empereur, » a dit Geoffroi d'Anjou,
« Ne vous laissez point aller à tant de douleur,
« Mais commandez plutôt que, sur le champ de bataille, on cherche tous les nôtres,
« Qui ont été tués par les païens d'Espagne,
« Et que dans un charnier on les transporte. Donnez-en l'ordre.
« — Sonnez donc de votre cor, » répond le Roi.

CCXLII

Geoffroi d'Anjou a sonné de son cor,
Et, sur l'ordre de Charles, les Français descendent de cheval.
Tous leurs amis, qu'ils ont là trouvés morts,
Dans un charnier sont transportés sur l'heure.
Il y avait dans l'armée une foule d'évêques et d'abbés,
De moines, de chanoines et de prêtres tonsurés.
Ils donnent aux morts l'absoute et la bénédiction au nom de Dieu.
On fait ensuite brûler de l'encens et de la myrrhe,
Et tous, avec amour, ont encensé les corps.

---

terre, « parce qu'il savait qu'il n'appartenait à personne de la porter après Roland. » Voir notre traduction de la *Saga* et de la Chronique danoise, en notre première édition, II, pp. 247-264.

2954. *Ad un carnier sempres les unt portet*. Ici se trouve raconté, dans la *Karlamagnus Saga* (cap. XL) et dans la *Keiser Karl Magnus's kronike*, le miracle des aubépines, qui se lit, avec une légère variante, dans la Chronique rimée de Philippe Mousket : « Charles ne sait comment reconnaître les cadavres des païens. Dieu fait alors un grand prodige, et des buissons d'épines sortent des entrailles des mécréants. » Cf. la *Chronique rimée*, édit. Reiffemberg, vers 8063-8068.

2956. *Curunez*. La « couronne », c'est la tonsure.

2960 A grant honur pois les unt enterrez.
Si 's unt laissiez : qu'en fereient-il el? Aoi.

CCXLIII

Li Emperere fait Rollant custeïr
E Olivier, l'arcevesque Turpin ;
Dedevant sei les ad fait tuz uvrir
2965 E tuz les coers en palie recuillir ;
En blancs sarcous de marbre sunt enz mis ;
E pois, les cors de baruns si unt pris,
En quirs de cerf les *treis* seignurs unt mis :
Bien sunt lavet de piment e de vin.
2970 Li Reis cumandet Tedbald e Gebuin,
Milun le cunte e Otun le marchis :
« En treis carettes les guiez el' chemin! »
Bien sunt cuvert d'un palie galazin. Aoi.

CCXLIV

Quant il out fait enterrer sun barnage,
Fors cels qu'il volt porter tresque à Blaive,
Venir s'en voelt li emperere Carles,
2975 Quant de paiens li surdent les anguardes.
De cels devant i vindrent dui message,
De l'Amiraill i nuncent la bataille :
« Reis orguillus, nen est *dreiz* que t'en alges.
« Veis Baligant ki après tei chevalchet :
2980 « Granz sunt les oz qu'il ameinet d'Arabe ;
« Encoi verrum se tu as vasselage. »

2963. *Turpin*. La *Keiser Karl Magnus's kronike*, par égard sans doute pour la « Chronique de Turpin, » ne peut ici se résigner à la mort du célèbre archevêque. Donc, elle affirme qu'on trouva Turpin encore vivant sur le champ de bataille. « On pansa ses blessures ; on le mit en un bon lit. Il marcha depuis lors avec des béquilles ; mais il resta archevêque tant qu'il vécut. »

2969. *Bien sunt lavet de piment e de vin*. « D'autres poèmes, dit M. d'Avril, mentionnent l'opération qui consistait à laver les corps des défunts avec de l'eau, du vin et du piment. » Cf. notamment *Raoul de Cambrai* : *Le cors li leve de froide eau et de vin.* (Édition Le Glay, p. 329.) Dans *Garin le Loherain* (trad. P. Paris, p. 249-253), on voit aussi que les

On les enterre à grand honneur;
Puis (que pourraient-ils faire de plus?) les Français les ont
    laissés.

CCXLIII

L'Empereur fait mettre à part et garder les corps de Roland,
D'Olivier et de l'archevêque Turpin.
Il les fait ouvrir devant lui ;
On dépose leurs cœurs dans une pièce de soie ;
Puis on les met dans des cercueils de marbre blanc.
Ensuite on prend les corps des trois barons,
Et on les enferme en des cuirs de cerf,
Après les avoir bien lavés avec du piment et du vin.
Le roi donne l'ordre à Thibaut et à Gebouin,
Au comte Milon et à Othon le marquis,
De conduire ces trois corps sur trois voitures
Où ils sont recouverts par un drap de soie de Glaza.

CCXLIV

Quand il a fait enterrer ses barons,
Sauf les trois qu'il voulait transporter jusqu'à Blaye,
L'empereur Charlemagne se dispose à partir,
Quand, tout à coup, apparaît à ses yeux l'avant-garde des païens.
Deux messagers se détachent du front de cette armée,
Et, au nom de l'Émir, annoncent la bataille à Charles :
« Roi orgueilleux, tu ne peux plus nous échapper.
« Baligant est là qui chevauche sur tes traces ;
« L'armée qu'il amène d'Arabie est immense :
« On va bien voir aujourd'hui si tu es vraiment un vaillant. »

corps étaient enfermés en des outres de cuir, etc.

2973. *Palie galazin.* De Lajazzo, que Marco Polo appelle *Glaza.* (Cf. F. Michel, *Étoffes de soie, d'or et d'argent*, I, 329.)

2974. *Venir s'en voelt,* etc. La *Karlamagnus Saga* et la *Keiser Karl Magnus's kronike* omettent ici tout l'épisode de Baligant, pour en arriver immédiatement au récit des dernières funérailles des héros morts à Roncevaux et au jugement de Ganelon. = Le manuscrit de Lyon passe également sous silence tout l'épisode de Baligant et la grande bataille de Saragosse, pour raconter sur-le-champ la rentrée de l'Empereur en « douce France », et l'histoire du message près de Girart et de Gilles. = Cf. la note du v. 3680.

Carles li reis en ad prise sa barbe,
Si li remembret de l' doel e *de l'* damage
Qu'en Rencesvals reçut en la bataille.
Mult fièrement tute sa gent reguardet;
2985 Pois, si s'escriet à sa voiz grant e halte :
« Baruns franceis, as chevals e as armes! »   Aoi.

CCXLV

Li Emperere tut premereins s'adubet :
Isnelement ad vestue sa brunie,
Lacet sun helme, si ad ceinte Joiuse.
2990 Ki pur soleill sa clartet nen *escunset;*
Pent à sun col un escut de *Girunde,*
Tient sun espiet *ki fut faiz à Blandune,*
En Tencendur sun bon cheval pois muntet
(Il le cunquist es guez desuz Marsuné;
2995 Si 'n getat mort Malpalin de Nerbune);
Laschet la resne, mult suvent l'esperunet,
Fait sun eslais veant *trente* milie humes :
Recleimet Deu e l'apostle de Rume.
Après cest mot n'ad paür de cunfundre;
E Franceis dient : « Tels deit porter curune. »   Aoi.

CCXLVI

Par tut le camp cil de France descendent,
3000 Plus de cent milie s'en adubent ensemble;
Guarnemenz unt ki bien lur atalentent,
Chevals curanz e *les* armes mult gentes;
Cil gunfanun sur les helmes lur pendent.
Pois, sunt muntet e unt grant escience.
3005 S'il troevent o, bataille quident rendre;
Quant Carles veit si beles cuntenances,
Si 'n apelat Jozeran de Provence,
Naimun le duc, Antelme de Maience :
« En tels vassals deit hum aveir fiance;
3010 « Asez est fols ki entr'els se dementet.

Le roi Charles s'arrache la barbe
Au souvenir de sa douleur et du grand désastre
Qu'il a subi à Roncevaux dans la bataille;
Puis sur toute son armée il jette un regard fier,
Et, d'une voix très haute et très forte, s'écrie :
« A cheval, barons français; à cheval et aux armes ! »

CCXLV

L'Empereur est le premier à s'armer :
Vite, il endosse son haubert,
Lace son heaume et ceint Joyeuse, son épée,
Dont la clarté lutte avec celle du soleil.
Puis à son cou il suspend un écu de Girone,
Saisit sa lance qui fut faite à Blandonne,
Et monte sur son bon cheval Tencendur,
Qu'il a conquis aux gués sous Marsonne,
Lorsqu'il fit tomber raide mort Malpalin de Narbonne.
Charles lui lâche les rênes, et l'éperonne vivement.
Devant cent mille hommes il fait un temps de galop,
Réclamant Dieu et l'Apôtre de Rome.
Après cette prière, il n'a plus peur d'être vaincu.
Et tous les Français s'écrient : « Un tel homme est fait pour
porter couronne. »

CCXLVI

Dans toute la vallée, les Français sont descendus de cheval,
Et plus de cent mille hommes s'arment ensemble.
Comme leurs armures leur siéent bien !
Leurs chevaux sont rapides, leurs armes belles;
Leurs gonfanons pendent jusque sur leurs heaumes.
Les voilà qui montent en selle, avec quelle habileté !
S'ils trouvent l'armée païenne, certes ils lui livreront bataille.
Quand Charles voit si belles contenances,
Il appelle Josseran de Provence,
Le duc Naimes et Anthelme de Mayence :
« En de tels soldats qui n'aurait confiance?
« Désespérer serait folie.

« Se de venir Arrabit ne s' repentent,
« La mort Rollant lur quid chièrement vendre. »
Respunt dux Naimes : « E Deus le nus cunsentet! » Aoi

CCXLVII

Carles apelet Rabel e Guineman;
3015 Ço dist li Reis : « Seignurs, jo vus cumant;
« Seiez es lius Olivier e Rollant :
« L'uns port l'espée, e l'altre l'olifant ;
« Si chevalchiez el' premier chief devant,
« Ensembl'od vus quinze millier de Francs,
3020 « De bachelers, de noz meillurs vaillanz.
« Après icels en avrat altretant :
« Si 's guierat Gibuins e *Loranz*. »
Naimes li dux e li quens Jozerans
Icez eschieles bien les vunt ajustant.
3025 S'il troevent o, bataille i iert mult grant :
Il i ferrunt des espées trenchanz. Aoi.

CCXLVIII

De Franceis sunt les premières eschieles.
Après les dous establisent la tierce.
En cele sunt li vassal de Baivière :
A trente *milie* chevaliers la preisièrent;
3030 Ja devers els bataille n'iert laissiée :
Suz ciel n'ad gent que Carles ait plus chière,
Fors cels de France ki les regnes cunquièrent.
Li quens Ogiers li Daneis, li puigniere,
Les guierat, kar la cumpaigne est fière.

CCXLIX

3035 *Or* treis eschieles ad l' emperere Carles.
Naimes li dux pois establist la quarte

3019. *Quinze millier de Francs.* C'est ici que le manuscrit de Versailles met én scène les Parisiens, qu'il couvre d'éloges : *Ensemble o vos .XX. M. Pa-*

« A moins que les païens ne se retirent devant nous,
« Je leur ferai payer cher la mort de Roland.
« — Que Dieu le veuille ! » répond le duc Naimes.

CCXLVII

Charles appelle Rabel et Guinemant :
« Je veux, seigneurs, » leur dit le Roi,
« Que vous preniez la place d'Olivier et de Roland ;
« L'un de vous portera l'épée, et l'autre l'olifant.
« En tête de toute l'armée, au premier rang, marchez,
« Et prenez avec vous quinze mille Français,
« Tous jeunes, et de nos plus vaillants.
« Après ceux-là, il y en aura quinze mille autres
« Que commanderont Gebouin et Laurent. »
Naimes le duc et le comte Josseran
Sur-le-champ disposent ces deux corps d'armée.
S'ils rencontrent l'ennemi, quelle bataille !
Que de coups d'épées tranchantes !

CCXLVIII

Ce sont les Français qui composent les premières colonnes de l'armée.
Après ces deux premières on forme la troisième,
Où l'on fait entrer les barons de Bavière,
Qui sont environ trente mille chevaliers.
Certes, ce ne seront point ceux-là qui laisseront la bataille ;
Car sous le ciel il n'est point de peuple que Charles aime autant,
Sauf ceux de France, qui sont les conquérants des royaumes.
Ce sera le comte Ogier le Danois, le brave combattant,
Qui commandera les gens de Bavière. Belle compagnie, en vérité !

CCXLIX

L'empereur Charles a déjà trois corps d'armée ;
Naimes compose le quatrième

---

risant, — *Tuit bacheler e nobile cunquerant.* Mais il est trop visible, à l'assonance, que le mot *Parisant* a été introduit de force.

De tels baruns qu'asez unt vasselage :
Aleman sunt e si sunt de la *Marche*.
Vint milie sunt, ço dient tuit li altre.
3040 Bien sunt guarnit e de chevals e d'armes :
Ja pur murir ne guerpirunt bataille.
Si 's guierat Hermans, li dux de Trace :
Einz i murrat que cuardise i facet. AOI.

CCL

Naimes li dux e li quens Jozerans
3045 La quinte eschiele unt faite de Normans :
Vint milie sunt, ço dient tuit li Franc ;
Armes unt beles e bons chevals curanz ;
Ja pur murir cil n'ièrent recreant ;
Suz ciel n' ad gent ki *durer* poissent *tant*.
3050 Richarz li vielz les guierat el' camp :
Il i ferrat de sun espiet trenchant. AOI.

CCLI

La siste eschiele unt faite de Bretuns :
Quarante milie chevaliers od els unt ;
Icil chevalchent en guise de baruns,
3055 Dreites lur hanstes, fermez lur gunfanuns.
Le seignur d'els *apelet hum* Oedun :
Icil cumandet le cunte Nevelun,
Tedbald de Reins e le marchis Otun :
« Guiez ma gent ; jo vus en faz le dun. »
Li treis respundent : « *Vostre cumant ferum.* » AOI.

CCLII

3060 Li Emperere ad sis eschieles faites :
Naimes li dux pois establist la sedme
De Peitevins e des baruns d'Alverne.
Quarante milie chevalier poedent estre ;

Avec des barons qui sont d'un grand courage :
Ce sont des Allemands des marches d'Allemagne,
Qui, au dire de tous les autres, ne sont pas moins de vingt mille
Leurs chevaux sont bons, et leurs armes sont bonnes ;
Plutôt que de quitter le champ, ils mourront.
Leur chef est Hermann, le duc de Thrace :
Plutôt que de faire une lâcheté, il mourra.

CCL

Le duc Naimes et le comte Josseran
Ont fait la cinquième colonne avec les Normands ;
Ils sont vingt mille, au dire de toute l'armée.
Leurs armes sont belles, leurs chevaux sont bons et rapides.
Les Normands mourront, mais ne se rendront pas.
Il n'y a pas sur terre une race qui tienne mieux sur le champ
 de bataille.
C'est le vieux Richard qui marchera à leur tête,
Et il donnera de bons coups de son épieu tranchant.

CCLI

Le sixième corps d'armée est composé de Bretons ;
Ils sont bien quarante mille chevaliers.
Ils ont, à cheval, tout l'air de vrais barons
Avec leurs lances hautes et leurs gonfanons au vent.
Leur seigneur s'appelle Eudes ;
Mais il leur donne pour chefs le comte Nivelon,
Thibaut de Reims et le marquis Othon :
« Conduisez mon peuple à la bataille ; je vous le confie. »
*Et tous les trois de répondre : « Nous obéirons à votre
 ordre. »*

CCLII

Voici donc six colonnes faites par l'Empereur :
Le duc Naimes forme la septième
Avec les Poitevins et les barons d'Auvergne ;
Ils peuvent bien être quarante mille

Chevals unt bons e les armes mult-beles.
3065 Cil sunt par els en un val suz un tertre;
Si 's beneïst Carles de sa main destre.
Cels guierat Jozerans e Godselmes. Aoi.

CCLIII

E l'oidme eschiele ad Naimes establie.
De Flamengs est *e* des baruns de Frise.
3070 Chevaliers unt plus de quarante milie;
Ja devers els n'iert bataille guerpie.
Ço dist li Reis : « Cist ferunt mun servise. »
Entre Rembald e Hamun de Galice
Les guierunt tut par chevalerie. Aoi.

CCLIV

3075 Entre Naimun e Jozeran le cunte
La noefme eschiele unt faite de prozdumes,
De Loherengs e de cels de Burguigne :
Cinquante milie chevaliers unt par cunte,
Helmes laciez e vestues lur brunies,
Espées ceintes, à lur cols targes dubles;
3080 Espiez unt forz, e les hanstes sunt curtes.
Se de venir Arrabit ne demurent,
Cil les ferrunt, s' il ad els s'abandunent.
Si 's guierat Tierris, li dux d'Argune. Aoi.

CCLV

La disme eschiele est des baruns de France :
3085 Cent milie sunt de nos meillurs catanies.
Cors unt gaillarz e fières cuntenances,
Les chiefs fluriz e les barbes unt blanches,
Osbercs vestuz e lur brunies dublaines,
Ceintes espées franceises e d'Espaigne;

Dieu! les bons chevaux et les belles armes!
Ils sont là, seuls, dans un vallon, sous un tertre,
Et Charles leur donne sa bénédiction de la main droite :
Leurs capitaines sont Josseran et Gaucelme.

CCLIII

Quant au huitième corps d'armée, Naimes le compose
Avec les Flamands et les barons de Frise :
Plus de quarante mille chevaliers.
Ceux-là, certes, n'abandonneront pas la bataille.
« Ils feront mon service, » dit le Roi.
Ce sera Raimbaud, avec Aimon de Galice,
Qui, par bonne chevalerie, les guidera au combat.

CCLIV

Naimes, aidé du comte Josseran,
Forme la neuvième colonne avec de vaillants hommes :
Ce sont ceux de Bourgogne et de Lorraine.
Ils sont bien cinquante mille chevaliers,
Avec leurs heaumes lacés et leurs hauberts.
Ils ont leurs épées au côté et leurs doubles targes au cou;
Leurs lances sont fortes et le bois en est court.
Si les Arabes ne reculent point,
S'ils engagent le combat, Lorrains et Bourguignons donneront
　de fiers coups.
Leur chef est Thierry, le duc d'Argonne

CCLV

Les barons de France forment la dixième colonne.
Ils sont cent mille de nos meilleurs capitaines ;
Ils ont le corps gaillard et fière la contenance,
La tête fleurie et la barbe toute blanche.
Ils ont revêtu leurs doubles broignes et leurs hauberts,
Ils ont ceint leurs épées de France ou d'Espagne ;

8*

278 — LA CHANSON DE ROLAND

3090 Escuz unt genz de multes conoisances.
Espiez unt forz e vertuuses hanstes,
Deci as ungles sunt il armet de mailles.
Pois, sunt muntet; la bataille demandent.
Munjoie escrient. Od els est Carlemagnes.
Gefreiz d'Anjou i portet l'orie-flambe;
Seint Piere fut, si aveit num Romaine,
3095 Mais de Munjoie iloec out pris escange. Aoi.

CCLVI

Li Emperere de sun cheval descent,
Sur l'herbe verte si s'est culchiez adenz,

3090. *Escuz de multes conoisances.* Vers obscur. C'est la seule trace que nous trouvions, en notre poème, d'un ornement de l'écu qui, suivant quelques érudits, pourrait, de près ou de loin, ressembler à des armoiries. Or, ce n'étaient en aucune façon de vraies armoiries; mais un signe quelconque, ou, plutôt, une multitude de signes divers pour se reconnaître dans la bataille. Dans *Aspremont*, les chevaliers de Charlemagne, que le poète assimile à des croisés, *à lor armes vont la crois acousant : — Por ce sera l'un l'autre conoisant.* (B. N. 2495, f° 125.) Mais le *Roland* n'indique encore rien de semblable, et c'est une probabilité de plus en faveur de ceux qui le croient antérieur aux croisades.

3093. *Orie-flambe.* Nous allons résumer, en quelques propositions, les derniers travaux sur les origines de l'oriflamme : 1° la plus ancienne représentation de l'oriflamme nous est offerte par les mosaïques du *triclinium* de Saint-Jean-de-Latran, à Rome. (ix° siècle.) = 2° Sur l'une de ces deux mosaïques, on voit Charlemagne recevoir des mains de saint Pierre une bannière *verte* qui est l'étendard de la ville de Rome ou des papes. (V. fig. 1 ci-contre et le *Charlemagne* d'Al-

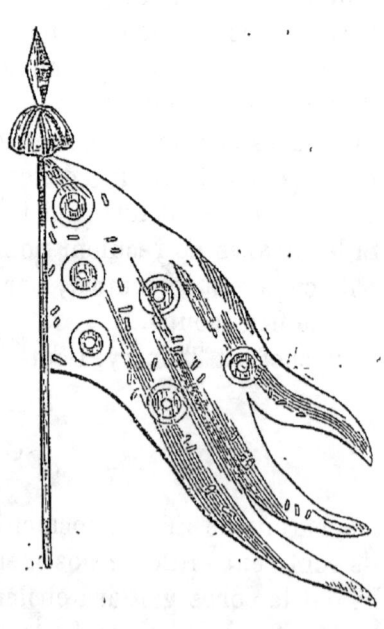

Fig. 1.

Sur leurs écus sont mille signes divers, qui les font reconnaître,
Leurs lances sont fortes, et dur en est l'acier;
Jusqu'aux ongles ils sont armés de mailles de fer.
Ils montent à cheval : « La bataille! la bataille! » s'écrient-ils;
Puis : « Monjoie! » Charlemagne est avec eux.
Geoffroi d'Anjou porte l'oriflamme,
Qui jusque-là avait nom Romaine, parce qu'elle était l'enseigne
    de saint Pierre;
Mais alors même elle prit le nom de Monjoie.

CCLVI

L'Empereur descend de son cheval
Et se prosterne sur l'herbe verte;

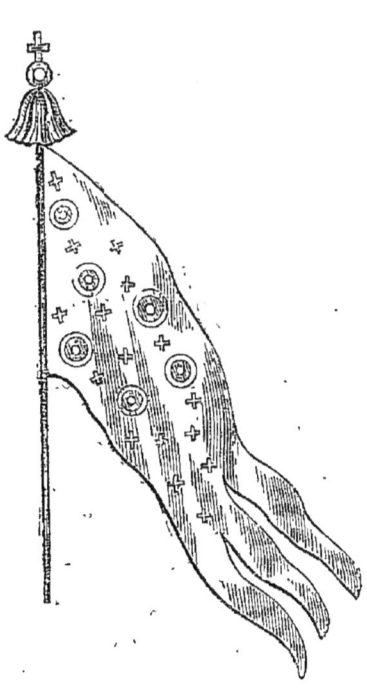

Fig. 2.

phonse Votault, Mame, 1877, frontispice.) = 3° Dans la seconde mosaïque, le même Charlemagne reçoit, des mains du Christ, une bannière *rouge* qui est l'étendard de l'Empire. (Fig. 2.) = 4° Mais il est arrivé que l'auteur du *Roland* et nos autres poètes ont confondu entre elles les deux bannières. Dans la bannière rouge, ils ont vu la bannière des papes, celle de saint Pierre, celle qui a nom *Romaine*. = 5° Plus tard, vers la fin du xi° siècle, lorsque les rois capétiens furent devenus comtes du Vexin et avoués de l'abbaye de Saint-Denis, ils nouèrent le souvenir du vieil étendard rouge de Charlemagne avec le fait de cette oriflamme nouvelle qu'ils allaient prendre à Saint-Denis. Bref, il y eut fusion ou confusion entre l'oriflamme carlovingienne et l'oriflamme capétienne. Et c'est ainsi que nous arrivons au xii° siècle, époque où la question cesse d'avoir pour nous un véritable intérêt. Voir les *Recherches sur les drapeaux français*, de M. Gustave Desjardins, pp. 1-8, et le *Drapeau de la France*, de M. Marius Sepet, pp. 21 et suiv.

3095. *Munjoie.* Ce mot présente plusieurs difficultés qui n'ont pas encore été suffisamment éclaircies, nous allons exposer les différents systèmes auxquels

Turnet sun vis vers le soleill levant,
Recleimet Deu mult escordusement :
3100 « Veire paterne, hoi cest jur me defend,
« Ki guaresis Jonas tut veirement
« De la baleine ki en sun cors *l'out enz*
« E espargnas le rei de Niniven,
« *E la citet, e trestute sa gent,*
« E Daniel de l' merveillus turment
3105 « Enz en la fosse des leüns ù fut enz,
« Les treis enfanz tut en un fou ardant :
« La tue amur me seit hoi en present.
« Par ta mercit, se tei plaist, me cunsent
« Que mun nevuld poisse vengier Rollant. »
3110 Cum ad oret, si se drecet en estant,
Seignat sun chief de la vertut poisant.
Muntet li Reis en sun cheval curant ;
L'estreu li tindrent Naimes e Jozerans.

cette importante question a donné lieu. ═ Suivant M. Marius Sepet (*Histoire du drapeau*, pp. 25 et suiv.; 269 et suiv.), Monjoie, *Mons gaudii*, serait le nom de cette même colline au N.-O de Rome, sur la rive droite du Tibre, vis-à-vis du Champ-de-Mars, qui est beaucoup plus célèbre sous le nom de « Vatican ». Ce terme, *Mons gaudii*, se trouve dans plusieurs historiens : dans Othon de Frissingen (*De gestis Friderici*, xxxii), dans la Chronique du Mont-Cassin (lib. IV, cap. xxxix) et dans la *Vie de Louis le Gros*, par Suger. Le mot *Montjoie* est employé, avec le même sens, dans *Amis et Amiles*, etc. C'est par cette colline que les Empereurs faisaient volontiers leur entrée dans Rome, et c'est là que les pèlerins, après un long et pénible voyage, apercevaient pour la première fois la basilique des Saints-Apôtres. D'où peut-être ce nom caractéristique : *Mons gaudii*, dont l'origine serait ainsi toute chrétienne. ═ Or c'est probablement sur cette colline qu'en présence de l'armée franke rangée sur le Champ-de-Mars, le pape Léon III remit à Charlemagne cette célèbre bannière dont la représentation se trouve au triclinium de Saint-Jean-de-Latran. ═ A cause de l'emplacement où avait eu lieu la remise de la bannière *Romaine*, cette bannière garda le nom de *Monjoie*, et le cri des Français fut *Monjoie*. ═ Plus tard, quand la bannière suprême fut l'étendard de Saint-Denys, il eût été naturel que le cri fût *Saint-Denys !* Mais comme le cri antique et traditionnel depuis Charlemagne était *Monjoie !* les deux cris se joignirent en un seul, et l'on eut *Monjoie Saint-Denys !* Tel est le système de M. Marius Sepet. ═ D'après un travail qui a été publié il y a quelques années (Adolphe Baudouin, *Monjoie-Saint-Denys*, extrait des *Mémoires de l'Académie de Toulouse*), ce mot *Munjoie* désignerait tout autre chose. « Aux passages les plus dangereux et les plus difficiles de leurs routes si mal entretenues, nos pères des ixe-xie siècles avaient pris soin de former, de distance en distance, de petits monticules de pierres pour indiquer le bon chemin

Puis tournant ses yeux vers le soleil levant,
Il adresse, du fond de son cœur, une prière à Dieu :
« O vraie Paternité, sois aujourd'hui ma défense.
« C'est toi qui as sauvé Jonas
« De la baleine qui l'avait englouti ;
« C'est toi qui as épargné le roi de Ninive
« *Avec sa cité et tout son peuple;*
« C'est toi qui as délivré Daniel d'un horrible supplice,
« Quand on l'eut jeté dans la fosse aux lions ;
« C'est toi qui as préservé les trois enfants dans la fournaise.
« Eh bien ! que ton amour sur moi veille aujourd'hui ;
« Et, dans ta bonté, s'il te plaît, accorde-moi
« De pouvoir venger mon neveu Roland. »
Charles a fini sa prière ; il se relève,
Fait sur son front le signe qui a tant de puissance,
Puis monte sur son cheval courant.
Naimes et Josseran lui tiennent l'étrier.

aux voyageurs. Ce sont ces tas de pierres qu'on appelait des *munjoies*. Mot heureux (*meum gaudium*), ou plutôt cri d'un cœur longtemps serré qui soudain vient de s'épanouir. » Et la bannière se serait appelée de ce nom, ajoute M. Ad. Baudouin, parce que c'est elle qui dirige le guerrier dans la mêlée. S'il l'aperçoit, ou si quelque cri la lui signale, il se sent sauvé. Eh bien! ce cri qui lui permet ainsi de se rallier, c'est le nom précisément de ces tas de pierres qui indiquaient leur chemin aux voyageurs égarés; c'est *Munjoie* (l.l., p. 8). Il nous semble difficile d'admettre l'opinion de M. Baudouin. Ces monticules de pierres ont été, en réalité, désignés au moyen âge par le mot latin *murgerium*, et le mot français *murgier*. Et il y a eu un jour confusion entre ce dernier terme et le mot *Munjoie*. C'est tout. = Enfin, d'après un troisième système (mais qui est purement hypothétique), Monjoie aurait été un fief de l'abbaye de Saint-Denys, et nos rois auraient pris pour enseigne le nom d'une de leurs terres, suivant une coutume dont il existe de nombreux exemples. Si l'on accueillait cette dernière opinion, il faudrait admettre que ce cri n'aurait apparu dans notre poésie épique et dans le *Roland* qu'après l'année 1076, date à laquelle nos rois devinrent comtes du Vexin et avoués de l'abbaye de Saint-Denys. = En résumé, rien de certain dans toute cette discussion, si ce n'est que l'étymologie *meum gaudium* est absolument inadmissible, bien qu'elle soit fournie candidement par notre vieux poète, et que *Monjoie* est un nom de lieu. Dans l'état actuel de la question, l'opinion de M. Sepet est la plus acceptable.

3100. *Veire Paterne*, etc. Les prières qui se trouvent dans le *Roland* sont d'une remarquable brièveté. Celles des poèmes postérieurs sont d'une longueur interminable, et c'est un signe de décadence poétique. Voir notre *Idée religieuse dans la poésie épique du moyen âge*, p. 44 et suiv., et le *Recueil d'anciens textes bas-latins, provençaux et français* de M. Paul Meyer, p. 222.

Prent sun escut e sun espiet trenchant:
3115 Gent ad le cors, gaillart e bien seant,
Cler le visage e de bon cuntenant.
Pois, si chevalchet mult afichéement.
Sunent cil graisle e derière e devant :
Sur tuz les altres bundist li olifant.
3120 Plurent Franceis pur pitiet de Rollant. Aoi.

CCLVII

Mult gentement l' Emperere chevalchet :
Desur sa brunie fors ad mise sa barbe.
Pur sue amur altretel funt li altre :
Cent milie Franc en sunt reconoisable.
3125 Passent cez puis e cez roches plus haltes,
Cez vals parfunz, cez destreiz anguisables :
Issent des porz e de la tere guaste,
Devers Espaigne sunt alet en la Marche;
En *mi* un plain il unt pris lur estage...
3130 A Baligant repairent ses enguardes;
Uns Sulians *li* ad dit sun message :
« Veüt avum cest orgoillus rei Carle;
« Fier sunt si hume, n'unt talent qu'il li faillent.
« Adubez vus : sempres avrez bataille. »
3135 Dist Baliganz : « Or oi grant vasselage.
« Sunez voz graisles, que mi paien le sachent. » Aoi.

CCLVIII

Par tute l'ost funt lur taburs suner
E cez buisines e cez graisles mult clers.
Paien descendent pur lur cors aduber.
3140 Li Amiralz ne se voelt demurer :
Vest une brunie dunt li pan sunt safret,
Lacet sun helme ki ad or est gemmez;
Pois, ceint s'espée à l' senestre costet.
Par sun orgoill li ad un num truvet :

Il saisit sa lance acérée, son écu.
Son corps est beau, gaillard et avenant ;
Son visage est clair, et belle est sa contenance.
Très ferme sur son cheval, il s'avance.
Et les clairons de sonner par devant, par derrière ;
Le son de l'olifant domine tous les autres.
Les Français ont pitié de Roland, et pleurent.

CCLVII

L'Empereur chevauche bellement ;
Sur sa cuirasse il a étalé toute sa barbe,
Et, par amour pour lui, tous ses chevaliers font de même.
C'est le signe auquel on reconnaît les cent mille Français.
Ils passent ces montagnes ; ils passent ces hautes roches ;
Ils traversent ces profondes vallées, ces défilés horribles.
Ils sortent enfin de ces passages, et les voilà hors de ce désert,
Les voilà dans la Marche d'Espagne.
Ils y font halte au milieu d'une plaine...
Cependant Baligant voit revenir ses éclaireurs,
Et un Syrien lui rend compte de son message ·
« Nous avons vu, » dit-il, « l'orgueilleux roi Charles :
« Ses hommes sont terribles et ne feront pas faute à leur roi.
« Vous allez avoir bataille : armez-vous.
« — Bonne nouvelle pour les vaillants, » s'écrie Baligant :
« Sonnez les clairons, pour que mes païens le sachent. »

CCLVIII

Alors, dans tout le camp, ils font retentir leurs tambours,
Leurs cors, leurs claires trompettes,
Et les païens commencent à s'armer.
L'Émir ne se veut pas mettre en retard :
Il revêt un haubert dont les pans sont brodés ;
Il lace son heaume couvert de pierreries et d'or,
Et à son flanc gauche ceint son épée.
A cette épée, dans son orgueil, il a trouvé un nom ;

3145 Par la Carlun', dunt il oït parler,
Ad fait la sue Preciuse apeler.
Ço iert s'enseigne en bataille campel;
Ses chevaliers en ad fait escrier.
Pent à sun col un soen grant escut let:
3150 D'or est la bucle e de cristal listet;
La guige en est d'un bon palie roet.
Tient sun espiet, si l' apelet Maltet:
La hanste *fut* grosse cume uns tinels,
De sul le fer fust uns mulez trussez.
3155 En sun destrier Baliganz est muntez;
L'estreu li tint Marcules d'ultre mer.
La furcheüre ad asez grant li ber,
Graisles es flancs e larges les costez,
Gros ad le piz, belement est molez,
3160 Lées espalles e le vis ad mult cler,
Fier le visage, le chief recercelet,
Tant par ert blancs cume flur en estet.
De vasselage est suvent esprovez.
Deus! quel *vassal*, s'oüst chrestientet!
3165 Le cheval brochet, li sancs en ist tuz clers,
Fait sun eslais, si tressalt un fosset,
Cinquante piez i poet hum mesurer.
Paien escrient: « Cist deit marches tenser.
« N'i ad Franceis, se à lui vient juster,
3170 « Voeillet o nun, n'i perdet sun edet.
« Carles est fols que ne s'en est alez. »   Aoi.

CCLIX

Li Amiralz bien resemblet barun:
Blanche ad la barbe ensement cume flúr,
E de sa lei mult par est saives hum,
3175 E en bataille est fier e orgoillus.
Sis filz Malprimes mult est chevalerus:
Granz est e forz e trait as anceisurs.
Dist à sun pere: « Sire, kar chevalchum.
« Mult me merveill se ja verrum Carlun. »
3180 Dist Baliganz: « Oïl, kar mult est pruz.

A cause de celle de Charlemagne, dont il a entendu parler.
La sienne s'appelle « Précieuse, »
Et ce mot même lui sert de cri d'armes dans la bataille :
Il fait pousser ce cri par tous ses chevaliers.
A son cou il pend un large et vaste écu :
La boucle est d'or, et le bord en est garni de pierres précieuses ;
La guige est couverte d'un beau satin à rosaces.
Puis Baligant saisit son épieu, qu'il appelle « Malté· »,
Dont le bois est gros comme une massue
Et dont le fer, à lui seul, ferait la charge d'un mulet.
Baligant monte ensuite sur son destrier ;
Marcule d'outre-mer lui tient l'étrier.
L'Émir a l'enfourchure énorme,
Les flancs minces, les côtés larges,
La poitrine forte, le corps moulé et beau,
Les épaules vastes et le regard très clair,
Le visage fier et les cheveux bouclés ;
Il paraît aussi blanc que fleur d'été.
Quant au courage, il en a donné mille preuves.
Dieu ! s'il était chrétien, quel baron !
Il pique son cheval, et le sang sort tout clair des flancs de la bête ;
Il fait un temps de galop, et saute par-dessus un fossé
Qui peut mesurer cinquante pieds :
« Celui-là, » s'écrient les païens, « saura défendre ses Marches.
« Le Français qui voudra jouter avec lui,
« Bon gré, mal gré, y laissera sa vie.
« Charles est fou de ne pas lui avoir cédé la place ! »

CCLIX

L'Émir a tout l'air d'un vrai baron.
Sa barbe est aussi blanche qu'une fleur ;
C'est, parmi les païens, un homme sage
Et qui, dans la bataille, est terrible et fier.
Son fils Malprime est aussi très chevaleresque ;
Il est grand, il est fort, il tient de ses ancêtres :
« En avant, Sire, » dit-il à son père, « en avant !
« Je me demande si nous allons voir Charles.
« — Oui, » répond Baligant : « car c'est un vaillant.

« En plusurs gestes de lui sunt granz honurs;
« Il nen ad mie de Rollant sun nevuld;
« N'avrat vertut que s' tienget cuntre nus. »   Aoi.

CCLX

« Bels filz Malprimes, » ço li dist Baliganz,
3185 « Hier fut ocis li bons vassals Rollanz
« E Oliviers, li pruz e li vaillanz,
« Li duze Per, que Carles amat tant,
« De cels de France vint milie cumbatant.
« Trestuz les altres ne pris jo mie un guant.
3190 « Li Emperere repairet veirement :
« Si l' m'a nunciet mis més li Sulians
« *Que* dis eschieles en ad *faites* mult granz.
« Cil est mult pruz ki sunet l'olifant,
« D'un graisle cler sis cumpainz racatant;
3195 « E si chevalchent el' premier chief devant,
« Ensembl'od els quinze millier de Francs,
« De bachelers que Carles cleimet enfanz;
« Après icels en i ad altretanz :
« Cil i ferrunt mult orgoillusement. »
3200 Ço dist Malprimes : « Le colp vus en demant. »   Aoi.

CCLXI

« — *Bels* filz Malprimes, » Baliganz li ad dit,
« Jo vus otri quanque m'avez ci quis :
« Cuntre Franceis sempres irez ferir;
« Si i merrez Torleu, le rei persis,
3205 « E Dapamort, un altre rei leutiz :
« Le grant orgoill se ja puez matir
« *Que l'olifant ja ne sunet e ne crit,*
« Jo vus durrai un pan de mun païs
« Dès Cheriant entresqu'en Val-Marchis. »
E cil respunt : « Sire, vostre mercit ! »
3210 Passet avant, le dun en requeillit :
Ç' est de la tere ki fut à l' rei Flurit.

« Dans mainte histoire on parle de lui avec grand honneur.
« Mais il n'a plus son neveu Roland,
« Et devant nous ne pourra tenir pied. »

CCLX

« Beau fils Malprime, » dit Baligant,
« Roland le bon vassal est mort hier,
« Avec Olivier le preux et le vaillant,
« Avec les douze Pairs qui étaient tant aimés de Charles
« Et vingt mille combattants de France.
« Quant à tous les autres, je ne les prise pas un gant.
« Il est certain que l'Empereur est revenu, qu'il est là;
« Mon messager, le Syrien, vient de me l'annoncer:
« Charles a formé dix corps d'armée immenses.
« Il est brave, celui qui fait retentir l'olifant,
« Et son compagnon aussi qui sonne d'une trompette claire;
« Tous deux chevauchent, en tête de l'armée, devant le pre-
    « mier rang;
« Quinze mille Français sont avec eux,
« De ces jeunes bacheliers que Charles appelle « enfants ».
« Et il y en a quinze mille autres derrière eux
« Qui très fièrement frapperont. »
Malprime alors: « Je vous demande l'honneur du premier coup. »

CCLXI

« — Beau fils Malprime, » dit Baligant,
« Tout ce que vous me demandez, je vous l'accorde;
« Donc, allez sans plus tarder assaillir les Français.
« Emmenez avec vous Torleu, le roi de Perse,
« Dapamort, le roi des Leutis.
« Si vous pouvez mater le grand orgueil de Charles
« *Et empêcher l'olifant de résonner avec ce cri vainqueur,*
« Je vous donnerai un pan de mon royaume,
« Tout le pays depuis Cheriant jusqu'au Val-Marquis.
« — Merci, mon seigneur, » répond Malprime.
Il passe en avant, et reçoit la tradition symbolique de ce présent.
Or, c'était la terre qui appartint jadis au roi Fleuri.

A itel ure unkes pois ne la vit,
Ne il n'en fut ne vestuz ne saisiz.   Aoi.

CCLXII

Li Amiralz chevalchet par cez oz :
3215 Sis filz le siut, ki mult ad grant le cors.
Li reis Torleus e li reis Dapamorz
Unt trente eschieles establies mult tost :

3217. *Unt trente eschieles*, etc. Ici commence l'énumération des différents peuples païens qui composent la grande armée de Baligant. Or, parmi ces peuples, les uns sont historiques, les autres imaginaires. A. PEUPLES HISTORIQUES. Un grand fait, observé par M. Gaston Paris (*Romania*, II, pp. 330 et ss.) domine ici toute la question : « Ces peuples sont ceux contre lesquels l'Europe chrétienne a été en lutte, NON PAS AU MOMENT DES CROISADES, MAIS AUX Xᵉ-XIᵉ SIÈCLES. » Et c'est une nouvelle présomption en faveur de l'antiquité du *Roland*. = Cela dit, les peuples historiques dont il est fait mention dans notre poème se divisent en plusieurs grands groupes, suivant leurs races. I. PEUPLES SLAVES : « 1º Le nom de cette grande race, dit M. G. Paris, se trouve deux fois sous les formes *Esclavoz* (v. 3225) et peut-être *Esclavers* (v. 3245). Plus tard, à côté de la forme *Escler* (qui est de beaucoup la plus usitée), on trouvera *Esclam* ou *Esclamor*. — 2º On ne peut méconnaître dans les *Sorbres* et les *Sórs*, du v. 3226, le mot « Sorabe » ou « Sorbe ». — 3º Les Micenes, dont le poète fait une description si bizarre (v. 3221 et suiv.), sont bien probablement les *Milceni*, *Milzeni*, *Milciani*, que nous trouvons, aux IXᵉ et Xᵉ siècles, établis dans la haute Lusace et qui paraissent, sans que je sois en état de l'affirmer, avoir perpétué leur nom dans celui de la Misnie. Ce rapprochement explique pourquoi leur nom, écrit en trois syllabes, ne compte dans le vers que pour deux. Il doit être prononcé *Micnes*, et être traité comme *imagene* et autres mots semblables. — 4º Quant aux *Leutis* (v. 3205, 3360), il y faut voir les *Lutici*, appelés aussi *Luticii*, *Liutici*, *Luiticii*, *Leuticii*, *Lutizi*. Ce sont les mêmes que les Wilzes, et ils habitaient, entre les Obotrites et les Pomorans, dans le grand-duché actuel de Mecklembourg (*Leuticios, qui alio nomine Liutici vocantur* : Pertz, IX, 45, etc. etc.). Les Leutis sont restés populaires dans toutes nos Chansons de geste. — 5º Le pays de Bruise (v. 3245) est la Prusse, *Borussia*, *Bruzzia*. Le *Ruolandes Liet* nous donne ici « *die Prussen* ». — 6º D'après le manuscrit le plus ancien de Venise, on peut lire *Ros* au lieu de *Bruns*, et supposer qu'il s'agit des Russes. » = Telles sont ici les conclusions de M. G. Paris. Nous ne saurions, d'ailleurs, admettre ses hypothèses relativement aux *Leus*, « où il n'ose reconnaître avec certitude des Lechs ou Polonais », et aux *Ormaleis*, qu'il rapproche des *Jarmenses* ou habitants slaves de l'Ermland ou Ormaland. = II. PEUPLES TARTARES. 1-3º On a reconnu sans peine les Huns, les Hungres et les Avers. 4º Une autre identification n'est pas moins sûre : je veux parler des Pinceneis. Ce mot, ajoute ici M. G. Paris, « désignait la plus puissante et la plus féroce de ces tribus tartares, qui dévastaient sans cesse les provinces chrétiennes. Il s'agit, en effet, des Petchénègues (gr. Παζινάκοι), désignés de bonne heure sous une forme nasalisée. (Voir, dans Ekkehard de Saint-Gall, *Pincinnatorum multi-*

Mais jamais Malprime ne devait la voir;
Jamais Malprime n'en devait être investi ni saisi.

CCLXII

A travers tous les rangs de son armée chevauche l'Émir;
Son fils, qui a la taille d'un géant, le suit partout,
Avec le roi Torleu et le roi Dapamort.
Ils divisent alors leur armée en trente colonnes,

---

tudo, Pertz, VI, 212, et, dans Hugues de Fleuri, *Pincenati*.) Ce nom inspirait une telle terreur aux chrétiens, qu'il avait pris un sens général, et en vint à signifier les Sarrasins. (Charte de 1096 ; *Ad depellendam Pincinnatorum perfidiæ persecutionem,* etc.) Il arriva qu'un jour les *Pinceneis* furent battus par d'autres peuples tartares, et notamment par les Magyares, puis absorbés par eux. Leur nom n'a pas laissé de trace. » — 5º Les *Turcs* (v. 3240), dont M. G. Paris ne parle pas, appartiennent aussi à la race tartaro-finnoise. = III. RACE CAUCASIQUE. Les *Ermines* ou Arméniens en sont les seuls représentants bien déterminés dans notre poème (v. 3227). = IV. RACE CHAMITE. On n'y peut guère faire rentrer que les *Nubles* (Nubes ou Nubiens), dont il est question au v. 3124, et peut-être les *Nigres* (v. 3229). = V. PEUPLES SÉMITIQUES. 1º Les *Mors* (v. 3227) ne paraissent pas autres que les Maures d'Espagne, dont notre poète avait sans doute entendu parler. Les Maures provenaient, à l'origine, d'un mélange des Arabes envahisseurs avec les habitants aborigènes de l'Afrique septentrionale, à l'ouest de l'Égypte.— 2º Il est également difficile de ne pas reconnaître des peuplades arabes ou juives sous les noms de *gent Samuel* (3244) et *gent de Jéricho* (3254) : ce ne sont guère là, d'ailleurs, que des souvenirs de l'Histoire sainte. — 3º Enfin les Persans, race indo-européenne, avaient fait partie de l'empire arabe, depuis la chute des Sassanides, et de là sans doute les *Pers* de notre chanson (v. 3240). = Tels sont tous les peuples historiques cités dans cette célèbre énumération de notre poème, si l'on y ajoute les *Canelius*, qui ne sont véritablement que des Chananéens (v. la note du vers 3238), les *Astrimonies* (v. 3258), où l'on peut soupçonner les Thraces, et la ville de *Butentrot* (v. 3220), à laquelle nous consacrerons ci-dessous une note spéciale. ✱✱✱ B. PEUPLES IMAGINAIRES. Il n'est guère possible d'expliquer un certain nombre de ces noms de peuples autrement que comme des sobriquets, donnés au hasard et suivant l'imagination du poète. Tels sont les *Bruns* (v. 3225), les *Gros* (3229), et, malgré tout, les *Leus* (3258). D'autres noms sont encore plus fantaisistes : tels sont *Valpenuse* (3256), *Clarbone* (3259) et *Valfronde* (3260). Ces trois noms, en effet, sont employés dans d'autres romans pour désigner des localités très chrétiennes. = Il reste enfin un certain nombre de vocables à expliquer et à faire rentrer scientifiquement soit dans l'une, soit dans l'autre des catégories précédentes : les *Ormaleis* et les *Euglez* (3243), dont M. Müller fait une tribu slave et qu'il assimile (?) aux *Uglici, Uliczi*; la gent d'*Occiant la desert* (3246), celles de *Maruse* (3257) et d'*Argoilles* (3259); *Balide-la-Fort* (3230); *Baldise-la-Lunge* (3255) et *Malpruse* (3253). — Pour la géographie et la description de la terre au XIIe s., cf. l'*Imago mundi* et les quelques cartes qui sont parvenues jusqu'à nous. C'est le commentaire nécessaire de la présente note.

Chevaliers unt à merveillus esforz ;
En la menur *cinquante* milie en out.
3220 La première est de cels de Butentrot,
Dunt Judas fut ki Deu traïst pur or.
E l'altre après de Micenes as chiefs gros :
Sur les eschines qu'il unt en mi les dos,
Cil sunt seiet ensement cume porc.
E la tierce est de Nubles e de Blos,
3225 E la quarte est de Bruns e d'Esclavoz,
E la quinte est de Sorbres e de Sorz,
E la siste est d'Ermines e de Mors,
E la sedme est de cels de Jericho ;
L'oidme est de Nigres, e la noefme de Gros,
3230 E la disme est de Balide-la-Fort :
C' est une gent ki unkes bien ne volt.
Li Amiralz en juret, quanqu'il poet,
De Mahummet les vertuz e le cors :
« Carles de France chevalchet cume fols ;
3235 « Bataille i iert, se il ne s'en destolt ;
« Jamais n'avrat el' chief curune d'or. » Aoi.

3220. *Butentrot*. M. Paul Meyer (*Romania*, VII, p. 435) rapproche avec raison notre Butentrot de *Butentrot*, qui est, avec certaines variantes graphiques, le nom d'une vallée située en Cappadoce, près du Taurus, à l'est d'Eregli, l'ancienne Héraclée. C'est dans la vallée de Butentrot qu'après la bataille de Dorylée, Tancrède et Baudouin, marchant à la tête de l'armée, se séparèrent, le premier se rendant à Tarse par la passe de Gulek-Boghaz (la *Pyla Ciliciæ* des anciens, le *Gouglag* des Arméniens, la PORTA JUDÆ d'Albert d'Aix). Sur ce, M. Paul Meyer cite les *Gesta Francorum*, où l'on lit : « Tancredus et Balduinus semel intraverunt vallem de *Botentroth* » (III, II, *Hist. occ. des Croisades*, III, 130) ; Raoul de Caen : « *Butroti* vallès » (XXXIV, *Hist. occ. des Croisades*, III, 630) ; Albert d'Aix : « Per valles *Buotentrot* » (III, V, *Hist. occ. des Croisades*, IV, 342¹) ; la *Chanson d'Antioche* (éd. P. Paris, I, 168) : « Le val de *Botentrot* en sont outre passé, » et Guibert de Nogent : « Vallem quam *Botemtroth* vocitant ea lingua? (III, XIII, *Hist. occ. des Croisades*, IV, 164.) Il y a plus, Albert d'Aix dit que Tancrède descendit « per valles Buotentrot, PER PORTAM QUÆ VOCATUR JUDAS » (l. l.). Or, dans le ms. de Venise IV, le mot *Butintros* est suivi de ceux-ci : *Don* CUDEO (l. *Cudas*) *fo que Deo traï a tors* (l. *per or*) ; dans les mss. de Versailles et Venise VII, on lit après « Boteroz » : *Dunt* JUDAS *fu qui fel estoit et ors*, et enfin le ms. de Paris nous offre la leçon « Butençor » et ajoute : JUDAS *i fu qui traï Deu*. Ce rapprochement est significatif. = De ce mot *Butentrot* qui, suivant M. Paul Meyer, ne peut guère avoir été inséré dans notre texte avant la première croisade, faut-il conclure que notre *Roland* « soit postérieur au temps où les premiers récits de la marche de

(Ils ont tant et tant de chevaliers!);
Le plus faible de ces corps d'armée n'aura pas moins de cinquante
  mille hommes.
Le premier est composé des gens de Butentrot :
Judas, qui livra Dieu pour de l'or, Judas était de ce pays.
Dans le second corps sont les Misnes à la tête énorme.
Au milieu du dos, leur échine
Est couverte de soies, tout comme sangliers.
La troisième colonne est formée de Nubiens et de Blos ;
La quatrième, de Bruns et d'Esclavons ;
La cinquième, de Sorbres et de Sors ;
La sixième, de Mores et d'Arméniens.
Dans la septième sont ceux de Jéricho ;
Les Nègres forment la huitième, et les Gros la neuvième ;
La dixième enfin est composée des chevaliers de Balide-la-Forte
C'est un peuple qui jamais ne voulut le bien.
L'Émir prend à témoin, par tous les serments possibles,
La puissance et le corps de Mahomet :
« Charles de France est fou de chevaucher ainsi ;
« Nous allons avoir bataille, et, s'il ne la refuse point,
« Il ne portera plus jamais couronne d'or en tête. »

Tancrède et de Baudouin ont pénétré en Occident, c'est-à-dire à 1098 environ ? La question est grave, et il y faut répondre. = Je ne veux même pas avoir ici recours à l'explication de M. Paul Meyer, ni dire avec lui « qu'il ne résulte pas de l'emploi de ce mot que le *Roland* TOUT ENTIER soit postérieur à la première croisade » ; je ne veux pas supposer que ce vocable ait été ajouté à l'original par un remanieur ou un scribe. Mais je ferai observer, en premier lieu, qu'il est seulement *probable*, et non pas CERTAIN que les pèlerins de Terre sainte, avant 1095, n'aient pas suivi le chemin de la vallée de Butentrot. Il suffirait, à vrai dire, que quelques pèlerins aient connu ou pratiqué cet itinéraire, et que l'un d'eux ait été en relation avec l'auteur du *Roland*. En second lieu, il faudrait tenir compte d'une autre légende et d'un texte cité par Müller (3e éd. p. 350), qui est loin d'être sans valeur : *Castellum desertum (in Corfu insula) quod dicitur* BUTESTOC, IN QUO JUDAS PRODITOR NATUS EST. (Chron. Joh. Brompton, in Hist. Anglic. Script. x, éd. Twysden. p. 1219. Cf. W. Creizenach, *Judas Isch. in Legende und Sage*, p. 20.) = Somme toute, rien de décisif.

3221. *As chiefs gros.* Le moyen âge croyait à l'existence de monstres, qu'Honoré d'Autun, en son *Imago mundi*, décrit avec complaisance. Il nous parle des *Macrobes*, qui ont douze coudées de haut, et de certains pygmées, qui, dans l'Inde, n'ont que deux coudées et s'occupent sans cesse à combattre les grues. « Il y a d'autres monstres dans l'Inde qui ont les pieds retournés, et huit doigts à chaque pied ; d'autres n'ont qu'un œil ; d'autres enfin n'ont qu'un pied, sur lequel ils peuvent courir avec une étonnante rapidité, etc. etc. » Telles étaient les idées qui circulaient alors dans les écoles et parmi le peuple. La plupart venaient de l'antiquité.

CCLXIII

Dis *granz* eschieles establisent après.
La première est des Canelius, les laiz ;
De Val-Fuït sunt venut en travers.
3240 L'altre est de Turcs, e la tierce de Pers,
E la quarte est de Pinceneis e Pers,
E la quinte est de Soltras e d'Avers,
E la siste est d'Ormaleis e d'Euglez,
E la sedme est de la gent Samuel ;
3245 L'oidme est de Bruise, la noefme d'Esclavers,
E la disme est d'Ociant le desert :
Ç' est une gent ki damne Deu ne sert ;
De plus feluns n'orrez parler jamais.
Durs unt les quirs ensement cume fer :
3250 Pur ço n'unt suign de helme ne d'osberc ;
En la bataille sunt felun e engrès.   AOI.

CCLXIV

Li Amiralz dis eschieles ajustet :
La première est des jaianz de Malpruse,
L'altre est de Huns e la tierce de Hungres,
3255 E la quarte est de Baldise-la-Lunge,
E la quinte est de cels de Val-Penuse,
E la siste est de *Joi* e de Maruse,
E la sedme est de Leus e d'Astrimunies,
L'oidme est d'Argoilles, la noefme de Clarbone,

3238. *Canelius*. Les *Canelius*, *Chenelius* ou *Quenilius* font souvent figure dans nos Chansons de geste (*Roland*, 3238 et 3269 ; *Aïe d'Avignon*, 1699 ; *Jérusalem*, éd. Hippeau, 7431, 8130 ; *Chanson des Saisnes* ; *Girars de Roussillon*, ms. de Paris, v. 3929, etc.) = L'étymologie évidente est *Chananœus*, comme l'a prouvé M. Paul Meyer (*Romania*, VII, p. 441). = Un seul des textes qu'il a cités suffisait à cette démonstration. C'est celui d'un « Abrégé d'Histoire sainte » en provençal (Lespy et Raymond, *Récits d'Histoire sainte en béarnais*, I, 1876, p. 142), où les mots *Chananœum* et *Amorrhœum* sont exactement traduits par *Caninieu* et *Amorieu*.

CCLXIII

Les païens forment ensuite dix autres corps d'armée :
Le premier est formé des Chananéens horribles à voir ;
Ils sont venus de Val-Fui, par le travers.
Les Turcs composent la seconde colonne, et les Persans la troisième.
Dans la quatrième on voit encore des Persans, avec des Pinceneis ;
La cinquième est formée de Soltras et d'Avares ;
La sixième, d'Ormalois et d'Euglés ;
La septième, de la gent Samuel ;
Les hommes de Prusse composent la huitième, et les Esclavons la neuvième.
Quant à la dixième, on y voit la gent d'Occiant la déserte :
C'est une race qui ne sert pas le Seigneur Dieu,
Et vous n'entendrez jamais parler d'hommes plus félons.
Leur cuir est dur comme du fer :
Pas n'ont besoin de heaume ni de haubert.
En la bataille, rien n'égale leur félonie et cruauté.

CCLXIV

L'Émir lui-même a formé dix autres corps d'armée.
Dans le premier il a mis les géants de Malprouse ;
Dans le second les Huns, et dans le troisième les Hongrois ;
Dans le quatrième, les gens de Baldise-la-Longue,
Et dans le cinquième, ceux de Val-Peineuse ;
Dans le sixième, ceux de Joie et de Maruse.
Dans le septième sont les Leus et les Thraces.
Les hommes d'Argoilles composent le huitième, et ceux de Clairbonne le neuvième ;

3259. *Argoilles.* « Je propose, dit M. Raymond, de traduire les mots : *cels d'Argoilles* par les « habitants des Arbailles ». On appelle « Arbailles » une partie du pays de Soule qui borne à l'est le pays de Cize. Cela tendrait à prouver que l'armée française fut attaquée par deux tribus basques, les Navarrais et les Souletains. » (*Revue de Gascogne*, sept. 1869, t. X, p. 865.) Nous ne pouvons admettre des assimilations aussi précises dans un poème qui l'est si peu, et où d'ailleurs, tous les ennemis des Français sont représentés comme venant d'Afrique, à la suite de l'émir de Babylone, c'est-à-dire du Caire.

3260 E la disme est des barbez de *Val*-Funde :
Ç' est une gent ki Deu nen amat unkes.
Geste Francur trente eschieles i numbrent.
Granz sunt les oz ù cez buisines sunent.
Paien chevalchent en guise de produmes. Aoi.

CCLXV

3265 Li Amiralz mult par est riches hum :
Dedevant sei fait porter sun Dragun
E l'estandart Tervagan e Mahum
E une ymagene Apollin le felun.
Dis Caneliu chevalchent envirun,
3270 Mult haltement escrient un sermun :
« Ki par noz deus voelt aveir guarisun,
« Si 's prit e servet par grant afflictiun. »
Paien i baissent lur chiefs e lur mentuns,
Lur helmes clers i suzclinent enbrunc.
3275 Dient Franceis : « Sempres murrez, glutuns ;
« De vus seit hoi male cunfusiun !
« Li nostre Deus guarantisset Carlun :
« Ceste bataille seit jugiée en sun num ! » Aoi.

CCLXVI

Li Amiralz est mult de grant saveir ;
3280 A sei apelet sun filz e les dous reis :
« Seignurs baruns, devant chevalchereiz,
« E mes eschieles tutes les guiereiz ;
« Mais des meillurs voeill-jo retenir treis :
« L'une iert de Turcs e l'altre d'Ormaleis,
3285 « E la tierce est des Jaianz de Malpreis.
« Cil d'Ociant ierent ensembl'od mei :
« Si justerunt à Carle e à Franceis.
« Li Emperere, s'il se cumbat od mei,

Enfin les soldats barbus de Val-Fonde forment le dixième
  et dernier corps d'armée :
C'est une race qui fut toujours l'ennemie de Dieu.
Tel est, d'après les Chroniques de France, le dénombrement
  de ces trente colonnes.
Elle est grande, cette armée où tant de clairons retentissent !
Voici que les païens s'avancent, et ils ont tout l'air de vaillants
  soldats...

CCLXV

L'Émir — un très riche et très puissant homme —
A fait devant lui porter le Dragon qui lui sert d'enseigne,
Avec l'étendard de Tervagan et de Mahomet,
Et une idole d'Apollon, ce méchant dieu.
Dix Chananéens chevauchent alentour,
Et s'écrient, d'une voix très haute :
« Qui veut être préservé par nos dieux
« Le prie et serve en toute componction. »
Païens alors de baisser la tête et le menton,
Et d'incliner leurs heaumes clairs :
« Misérables ! » leur crient les Français, « voici l'heure de
  votre mort.
« Puissions-nous aujourd'hui vous voir honteusement vaincus !
« Que notre Dieu préservé Charlemagne,
« Et que cette bataille soit une victoire pour notre empereur ! »

CCLXVI

L'Émir est un homme de grand savoir ;
Il appelle son fils et les deux rois :
« Seigneurs barons, votre place est sur le front de l'armée,
« Et c'est vous qui conduirez toutes mes colonnes ;
« Je n'en garde avec moi que trois, mais des meilleures ;
« L'une composée de Turcs, l'autre d'Ormalois,
« La troisième des géants de Malprouse.
« Les gens d'Occiant resteront à mes côtés,
« Et je les mettrai aux prises avec Charles et les Français.
« Si l'Empereur veut lutter avec moi,

« Desur le buc la teste perdre en deit :
3290 « Trestut seit fiz, n'i avrat altre dreit. »   Aoi.

CCLXVII

Granz sunt les oz e les eschieles beles,
Entr'els nen ad ne pui ne val ne tertre,
Selve ne bois; ascunse n'i poet estre;
Bien s'entreveient en mi la pleine tere.
3295 Dist Baliganz : « La meie gent averse,
« Kar chevalchiez pur la bataille querre! »
L'enseigne portet Amboires d'Oluferne.
Paien escrient, Preciuse l'apelent.
Dient Franceis : « De vus seit hoi grant perte ! »
3300 Mult haltement Munjoie renuvelent.
Li Emperere i fait suner ses graisles
E l'olifant ki trestuz les esclairet.
Dient paien : « La gent Carlun est bele.
« Bataille avrum e adurée e pesme. »   Aoi.

CCLXVIII

3305 Grant est la plaigne e large la cuntrée :
Mult est grant l'ost ki i est asemblée.
Luisent cil helme as pierres d'or gemmées;
E cist escut, e cez brunies safrées,
E cist espiet, cez enseignes fermées.
Sunent cist graisle, les voiz en sunt mult cleres
3310 De l' olifant haltes sunt les menées.
Li Amiralz en apelet sun frere,
Ç' est Canabeus, li reis de Floredée :
Cil tint la tere entresqu'en Val-Sevrée,
Les *dis* eschieles Carlun li ad mustrées :
3315 « Veez l'orgoill de France la loée.
« Mult fièrement chevalchet l'Emperere :
« Il est derere od cele gent barbée;
« Desur lur brunies lur barbes unt getées

« Il aura la tête séparée du buste :
« Qu'il en soit bien certain; il n'a droit qu'à cela. »

CCLXVII

Les deux armées sont immenses, splendides les bataillons.
Entre les combattants il n'y a ni colline, ni tertre, ni vallée,
Ni forêt, ni bois; rien qui les puisse cacher les uns aux autres.
C'est une vallée découverte où ils se voient à plein les uns les autres.
« A cheval! » s'écrie Baligant, « armée païenne,
« A cheval, et engagez la bataille. »
C'est Amboire d'Oliferne qui porte l'enseigne des païens;
Et ceux-ci de pousser leur cri : « Précieuse! »
Et les Français de leur répondre : « Que Dieu vous perde aujourd'hui! »
Et de répéter cent fois d'une voix forte : « Monjoie! Monjoie! »
L'Empereur alors fait sonner tous ses clairons,
Et surtout l'olifant, qui les domine tous.
« La gent de Charles est belle; » s'écrient les païens:
« Ah! nous aurons une rude et terrible bataille! »

CCLXVIII

Vaste est la plaine, vaste est le pays,
Et grande est l'armée qui y est assemblée.
Voyez-vous luire ces heaumes couverts de pierreries et d'or?
Voyez-vous étinceler ces écus, ces broignes bordées d'orfroi,
Ces épieux et ces gonfanons au bout des lances?
Entendez-vous ces trompettes aux voix si claires?
Entendez-vous surtout le son prolongé de l'olifant?
L'Émir alors appelle son frère,
Canabeu, le roi de Florédée,
Qui tient la terre jusqu'à Valsevrée.
Et Baligant lui montre les colonnes de Charles :
« Voyez l'orgueil de France la louée :
« Avec quelle fierté chevauche l'Empereur!
« Il est là-bas, tenez, au milieu de ces chevaliers barbus :
« Ils ont étalé leur barbe sur leur haubert,

« Altresi blanches cume neif sur gelée.
3320 « Cil i ferrunt de lances e d'espées :
« Bataille avrum e fort e adurée ;
« Unkes nuls hum ne vit tel ajustée. »
Plus qu'hum ne lancet une verge peléc,
Baliganz ad ses cumpaignes passées.
3325 Une raisun lur ad dite e mustrée :
« Venez, paien, kar jo sui en l'estrée. »
De sun espiet la hanste en ad branlée ;
Envers Carlun l'amure en ad turnée. Aoi.

CCLXIX

Carles li magnes, cum il vit l'Amiraill,
3330 E le Dragun, l'enseigne e l'estandart,
(De cels d'Arabe si grant force i par ad
De la cuntrée unt purprises les parz,
Ne mais que tant cum l'Emperere en ad),
Li reis de France s'en escriet mult halt :
3335 « Baruns franceis, vus estes bon vassal.
« Tantes batailles avez faites en camp !
« Veez paiens : felun sunt e cuart,
« Tute lur lei un denier ne lur valt.
« S'il unt grant gent, d'içó, seignurs, qui calt ?
3340 « Ki errer voelt, à mei venir s'en alt.
« *Ne laisserai que jo ne les asaill.* »
Des esperuns pois brochet le cheval,
E Tencendur li ad fait quatre salz.
Dient Franceis : « Icist Reis est vassals.
« Chevalchiez, ber, nuls de nus ne vus falt. » Aoi.

CCLXX

3345 Clers fut li jurz e li soleilz luisant,
Les oz sunt beles e les cumpaignes granz.
Justées sunt les eschieles devant.
Li quens Rabels e li quens Guinemans
Laschent les resnes à lur chevals curanz ;

« Leur barbe aussi blanche que neige sur gelée ;
« Certes, ils frapperont bons coups de lances et d'épées,
« Et nous allons avoir une rude, une formidable bataille :
« Jamais on n'en aura vu de pareille. »
Alors, de plus loin que le jet d'un bâton,
Baligant dépasse les premiers rangs de son armée,
Et lui fait cette petite harangue :
« En avant! païens, en avant! Je vous montre la route. »
Il brandit alors le bois de sa lance
Et en tourne le fer du côté de Charlemagne.

CCLXIX

Charles le Grand, quand il aperçoit l'Émir,
Le Dragon, l'enseigne et l'étendard ;
Quand il voit les Arabes en si grand nombre,
Quand il les voit couvrir toute la contrée
Hormis la place occupée par l'Empereur,
Le roi de France alors s'écrie à pleine voix :
« Barons français, vous êtes de bons soldats.
« Combien de batailles n'avez-vous pas déjà livrées !
« Or, voici les païens devant nous : ce sont des félons et des lâches,
« Et toute leur loi ne leur vaut un denier.
« Mais ils sont nombreux, direz-vous. Eh! qu'importe?
« Qui veut marcher me suive!
« *Quant à moi, je les attaquerai quand même.* »
Alors Charles pique son cheval ;
Et Tencendur fait quatre sauts :
« Comme le Roi est brave! disent les Français.
« Aucun de nous ne vous fait défaut, Sire : chevauchez. »

CCLXX

Le jour fut clair, brillant fut le soleil.
Les deux armées sont belles à voir ; et leurs bataillons sont
    immenses.
Mais déjà les premières colonnes sont aux prises.
Le comte Rabel et le comte Guinemant
Ont lâché les rênes à leurs destriers rapides

3350 Brochent ad ait; dunc laissent curre Franc.
Si vunt ferir de lur espiez trenchanz.   Aoi.

CCLXXI

Li quens Rabels est chevaliers hardiz ·
Le cheval brochet des esperuns d'or fin,
Si vait ferir Torleu le rei persis :
3355 N'escuz ne brunie ne pout sun colp tenir,
L'espiet ad or li ad enz el' cors mis,
Que mort l'abat sur un boissun petit.
Dient Franceis : « Damnes Deus nus aït !
« Carles ad dreit; ne li devum faillir. »   Aoi.

CCLXXII

3360 E Guinemans justet à *l'* rei de Leutice,
Tute li freint la targe k' est flurie;
Après li ad la brunie descunfite,
Tute l'enseigne li ad enz el' cors mise,
Que mort l'abat, ki qu'en plurt o ki 'n riet.
3365 A icest colp cil de France s'escrient :
« Ferez, baruns, *si* ne vus targiez mie !
« Carles ad dreit vers la gent *paienie :*
« Deus nus ad mis à l' plus verai juïse. »   Aoi.

CCLXXIII

Malprimes siet sur un cheval tut blanc,
3370 Cunduit sun cors en la presse des Francs,
D'*ures* en altres granz colps i vait ferant,
L'un mort sur l'altre suvent vait tresturnant.
Tut premereins s'escriet Baliganz :
« Li mien barun, nurrit vus ai lung tens.

Et donnent vivement de l'éperon. Tous les Français se lancent au galop,
Et, de leurs épieux tranchants, commencent à donner de grands coups.

CCLXXI

C'est un vaillant chevalier que le comte Rabel.
Des éperons d'or fin il pique son cheval,
Et va frapper Torleu, le roi de Perse ;
Pas d'écu, pas de haubert qui puisse résister à un tel coup.
Le fer doré est entré dans le corps du roi païen,
Et Rabel, sur des broussailles, l'abat raide mort.
« Que le Seigneur Dieu nous vienne en aide ! » crient les Français ;
« Nous ne devons pas faire défaut à Charles : le droit est pour lui. »

CCLXXII

Guinemant, de son côté, joute avec le roi des Leutis ;
Le bouclier du païen, orné de fleurs peintes, est en pièces,
Son haubert en lambeaux,
Et le gonfanon de Guinemant lui est tout entier entré dans le corps.
Qu'on en pleure ou qu'on en rie, le Français l'abat mort.
Témoins de ce beau coup, tous les Français s'écrient :
« Pas de retard, barons, frappez.
« Charlemagne a pour lui le droit contre les païens ;
« Et c'est ici le véritable jugement de Dieu. »

CCLXXIII

Sur un cheval tout blanc voici Malprime,
Qui s'est lancé dans le milieu de l'armée française.
Il y frappe, il y refrappe de grands coups,
Et sur un mort abat un autre mort.
Baligant le premier s'écrie :
« O mes barons, ô vous que j'ai si longtemps nourris,

3375 « Veez mun filz, *ki* Carlun vait querant
« *E* à ses armes tanz baruns calenjant;
« Meillur vassal de lui ja ne demant.
« Succurez le à voz espiez trenchanz. »
A icest mot paien vienent avant,
3380 Durs colps i fièrent, mult est li caples granz.
La bataille est merveilluse e pesant,
Ne fut si fort enceis ne pois cel tens. Aoi.

CCLXXIV

Granz sunt les oz e les cumpaignes fières,
Justées sunt trestutes les eschieles,
3385 E li paien merveillusement fièrent.
Deus! tantes hanstes i ad par mi brisiées,
Escuz fruisiez e brunies desmailiées!
Là veïssez la tere si junchiée :
L'herbe de l' camp, ki ert verte e delgiée,
3390 *De l' sanc des cors est tute envermeilliée.*
Li Amiralz recleimet sa maisniée :
« Férez, baruns, sur la gent chrestiene. »
La bataille est mult dure e afichiée;
Unc einz ne pois ne fut si forz e *fière:*
3395 Jusqu'à la *mort* n'en iert fin otriée. Aoi.

CCLXXV

Li Amiralz la sue gent apelet :
« Ferez, paien ; pur el venut n'i estes.
« Jo vus durrai muilliers gentes e beles ;
« Si vus durrai fieus e honurs e teres. »
3400 Paien respundent : « Nus le dévum bien fere. »
A colps pleniers lur espiez il i perdent,
Plus de cent milie espées i unt traites.
As vus le caple e dulurus e pesme.
Bataille veit cil ki entr'els voelt estre. Aoi.

« Voyez mon fils, comme il cherche Charles,
« Et combien de barons il provoque au combat !
« Je ne saurais souhaiter meilleur soldat :
« Allez le secourir avec le fer de vos lances. »
A ces mots, les païens font un mouvement en avant :
Ils frappent de fiers coups ; la mêlée est rude ;
Pesante et merveilleuse est la bataille ;
Jamais, avant ce temps ni depuis, jamais il n'y en eut de pareille.

CCLXXIV

Les armées sont immenses, fiers sont les bataillons ;
Toutes les colonnes sont aux prises.
Dieu ! quels coups frappent les païens !
Dieu ! que de lances brisées en deux tronçons !
Que de haubcrts démaillés ! que d'écus en morceaux !
La terre est tellement jonchée de cadavres,
Que l'herbe des champs, l'herbe fine et verte,
Est toute envermeillée par le sang.
L'Émir alors fait un nouvel appel aux siens :
« Frappez sur les chrétiens, frappez, barons. »
La bataille est rude, elle est acharnée.
Ni avant ce temps, ni depuis lors, on n'en vit jamais d'aussi forte ni d'aussi fière :
La mort seule pourra séparer les combattants.

CCLXXV

L'Émir appelle les siens :
« Vous n'êtes venus que pour frapper : frappez.
« Je vous donnerai de belles femmes ;
« Vous aurez des biens, des fiefs, des terres.
« — Oui, notre devoir est de frapper, » lui répondent les païens.
A force d'assener de grands coups, ils perdent leurs lances.
Et alors cent mille épées sont tirées des fourreaux ;
La mêlée est douloureuse, elle est horrible :
Ah ! ceux qui furent là virent une vraie bataille.

CCLXXVI

3405 Li Emperere recleimet ses Franceis :
   « Seignurs baruns, jo vus aim, si vus crei.
   « Tantes batailles avez faites pur mei,
   « Regnes cunquis e desordenet reis !
   « Bien le conois que guerredun vus dei
3410 « E de mun cors, de teres e d'aveir.
   « Vengiez voz filz, voz freres e voz heirs
   « K'en Rencesvals furent *ocis hier* seir !
   « Ja savez vus cuntre paiens ai dreit. »
   Respundent Franc : « Sire, vus dites veir. »
3415 Itels vint milie en ad *Carles* od sei,
   Cumunelment l'en prametent lur feid,
   Ne li faldrunt pur mort ne pur destreit.
   N' en i ad cel sa lance n' i empleit :
   De lur espées i fièrent demaneis.
3420 La bataille est de merveillus destreit.   Aoi.

CCLXXVII

   Li ber Malprimes par mi le camp chevalchet,
   De cels de France i fait mult grant damage.
   Naimes li dux fièrement le reguardet,
   Vait le ferir cume hum vertudables,
3425 De sun escut li freint la pene halte,
   De sun osberc les dous pans li desaffret.
   El' cors li met tute l'enseigne jalne,
   Que mort *l'abat* entre set cenz des altres.   Aoi.

CCLXXVIII

   Reis Canabeus, li frere à l' Amiraill,
3430 Des esperuns bien brochet sun cheval,
   Trait ad l'espée, li punz est de cristal,
   Si fiert Naimun en l'helme principal,

CCLXXVI

L'Empereur exhorte ses Français :
« Seigneurs barons, je vous aime et ai confiance en vous.
« Vous avez déjà livré pour moi tant de batailles,
« Conquis tant de royaumes, détrôné tant de rois !
« Je vous en dois le salaire, c'est vrai, et je le reconnais.
« Ce salaire, ce seront des terres, de l'argent, mon corps même, s'il le faut.
« Or donc, vengez vos fils, vos frères et vos hoirs,
« Qui l'autre jour sont morts à Ronçevaux.
« Vous savez que le droit est pour moi contre les païens.
« — C'est la vérité, Sire, » répondent les Français.
Charles en a vingt mille avec lui,
Qui d'une seule voix lui engagent leur foi.
Quelle que soit leur détresse, et même devant la mort, ils ne feront jamais défaut à l'Empereur.
Tous alors jouent de leur lance
Et frappent sans retard de l'épée.
La bataille est pleine de merveilleuse angoisse.

CCLXXVII

Malprime, le baron, chevauchait au milieu de la mêlée,
Et il y avait fait un grand massacre de Français ;
Mais voici que le duc Naimes lui lance un regard terrible
Et, d'un très vigoureux coup, va le frapper.
Il lui arrache le cuir qui recouvre le haut de son écu,
Lui enlève l'orfroi qui ornait les deux pans de son haubert,
Et lui enfonce dans le corps son gonfanon de couleur jaune.
Entre sept cents autres il l'abat raide mort.

CCLXXVIII

Le roi Canabeu, le frère de l'Émir,
Pique alors son cheval des éperons,
Tire son épée au pommeau de cristal,
Et en frappe Naimes sur le heaume princier :

L'une meitiet l'en fruisset d'une part,
A l' brant d'acier l'en trenchet cinc des laz :
3435 Li capeliers un denier ne li valt;
Trenchet la coife entresques à la carn,
Jus à la tere une pièce en abat.
Granz fut li colps, li dux en estonat,
Sempres caïst, se Deus ne li aidast;
3440 De sun destrier le col en enbraçat.
Se li paiens une feiz recuvrast,
Sempres fust morz li nobilies vassals.
Carles de France i vient, ki l' succurrat. Aoi.

CCLXXIX

Naimes li dux tant par est anguissables,
3445 E li paiens de ferir mult le hastet.
Carles li dist : « Culverz, mar le baillastes. »
Vait le ferir par sun grant vasselage,
L'escut li freint, cuntre le coer li quasset,
De sun osberc li desrumpt la ventaille;
Sun grant espiet par mi le cors li passet
3450 Que mort l'abat : la sele en remeint guaste. Aoi.

CCLXXX

Mult ad grant doel Carlemagnes li reis,
Quant *duc* Naimun veit naffret devant sei,
Sur l'herbe verte le sanc tut cler cadeir.
Li Emperere li ad dit à cunseill :
3455 « Bels sire Naimes, kar chevalchiez od mei.
« Morz est li gluz k' en destreit vus teneit,
« El' cors li mis mun espiet une feiz. »
Respunt li Dux : « Sire, jo vus en crei.

3434. *Cinc des laz.* M. Viollet-le-Duc, en son *Dictionnaire du mobilier*, dit avoir vu, sur un heaume du XIIe siècle, plusieurs trous qui devaient servir à faire passer les lacs qui fixaient le heaume au capuchon de mailles. =

Il en fracasse la moitié,
Et, du tranchant de l'acier, coupe cinq des lacs qui le retenaient.
Le capelier ne saurait préserver le duc,
La coiffe est tranchée jusqu'à la chair,
Et un lambeau en tombe à terre.
Le coup fut rude, et Naimes en fut abasourdi comme par la foudre :
Il fût tombé sans l'aide de Dieu.
Il est là, qui se retient par le bras au cou de son cheval :
Si le païen frappe un second coup,
C'en est fait du noble vassal, il est mort !
Mais Charles de France arrive à son secours.

CCLXXIX

Dieu ! dans quelle angoisse est le duc Naimes !
Le païen va se hâter de le frapper encore :
« Misérable, ce coup te portera malheur, » dit alors la voix de Charles.
Et, très vaillamment, le roi s'élance sur le Sarrasin ;
Il lui brise son écu, le lui fracasse contre le cœur,
Lui rompt la ventaille du haubert,
Lui passe sa grande lance à travers le corps,
Et l'abat raide mort. La selle reste vide.

CCLXXX

Grande fut la douleur du roi Charlemagne,
Quand il vit le duc Naimes blessé là, devant lui,
Quand il vit courir le sang clair sur l'herbe verte.
Alors il lui a donné un bon conseil :
« Beau sire Naimes, chevauchez tout près de moi.
« Quant au misérable qui vous a mis en cette détresse, il est mort ;
« Je lui ai mis mon épieu dans le corps.
« — Je vous crois, Sire, » répond le duc ;

Voir l'*Éclaircissement III*.

3435. *Capeliers.* C'était une petite plaque de fer que les chevaliers portaient sous le heaume et sous le capuchon de mailles pour mieux préserver leur crâne contre les coups d'épée.

« Se jo vif alques, mult grant prud i avreiz. »
3460 Pois, sunt justet par amur e par feid,
Ensembl'od els tel vint milie Franceis.
N'i ad celui n'i fierget e n'i capleit.   Aoi.

CCLXXXI

Li Amiralz chevalchet par le camp :
En sun puign tint sun grant espiet trenchant.
Si vait ferir le cunte Guineman,
3465 Cuntre le coer li fruisset l'escut blanc,
De sun osberc li derumpit les pans,
Les dous costez li deseivret des flancs,
Que mort l'abat de sun cheval curant.
Pois, ad ocis Gebuin e Lorant,
3470 Richart le viell, le seignur des Normans.
Paien escrient : « Preciuse est vaillant.
« Ferez, baruns, nus i avum guarant. »   Aoi.

CCLXXXII

Ki pois veïst les chevaliers d'Arabe,
Cels d'Ociant e d'Argoilles e de Bascle !
3475 De lur espiez bien i fièrent e caplent ;
E li Franceis n'unt talent que s'en algent ;
Asez i moerent e des uns e des altres.
Entresqu'à l' vespre est mult fort la bataille :
Des francs baruns i ad mult grant damage.
3480 Doel i avrat enceis qu'ele departet.   Aoi.

CCLXXXIII

Mult bien i fièrent Franceis e Arrabit ;
Fruissent cez hanstes e cez espiez furbiz.
Ki dunc veïst cez escuz si malmis,
Cez blancs osbercs ki dunc oïst fremir,
3485 E cez escuz sur cez helmes cruissir ;
Cez chevaliers ki dunc veïst caïr,

« Et, si je vis, vous serez bien payé d'un tel service. »
Lors, ils vont l'un près de l'autre par amour et par foi.
Vingt mille Français marchent avec eux,
Qui, tous, donnent de rudes coups et se battent fièrement.

CCLXXXI

A travers la bataille chevauche l'Émir :
Qui tient en son poing son grand épieu tranchant.
Il se jette sur le comte Guinemant,
Contre le cœur lui fracasse l'écu blanc,
Met en pièces les pans du haubert,
Lui partage les côtes,
Et l'abat mort de son cheval rapide.
L'Émir ensuite tue Gebouin, Laurent,
Et le vieux Richard, seigneur des Normands.
« La brave épée que Précieuse, » s'écrient alors les païens ;
« Nous avons là un puissant champion. Frappez, barons,
   frappez. »

CCLXXXII

Il fait beau voir les chevaliers païens,
Ceux d'Occiant, ceux d'Argoilles et de Bascle
Frapper dans la mêlée de beaux coups de lance ;
Mais les Français n'ont pas envie de leur céder le champ.
Il en meurt beaucoup des uns et des autres,
Et jusqu'au soir la bataille est très rude.
Les barons de France firent là de grandes pertes.
Que de douleurs encore avant la fin de la journée !

CCLXXXIII

Français et Arabes frappent à qui mieux mieux ;
Le bois et l'acier fourbi des lances sont mis en pièces.
Ah ! qui eût vu tant d'écus en morceaux,
Qui eût entendu le heurt de ces blancs hauberts
Et de ces heaumes qui grincent contre les boucliers ;
Qui eût alors vu tomber tous ces chevaliers,

E humes braire, cuntre tere murir,
De grant dulur li poüst suvenir.
Ceste bataille est mult fort à suffrir.
3490 Li Amiralz recleimet Apollin
E Tervagan e Mahum altresi :
« Mi damne deu, jo vus ai mult servit,
« *E voz* ymagenes tutes ferai d'or fin :
« *Cuntre Carlun deignez me guarantir.* »
3495 As li devant un soen drut, Gemalfin,
Males nuveles li aportet e li dit :
« Baliganz, sire, mal estes hoi bailliz,
« Perdut avez Malprime vostre filz,
« E Canabeus vostre frere est ocis.
3500 « A dous Franceis belement en avint :
« Li Emperere en est l'uns, ço m'est vis,
« Grant a le cors, bien resemblet marchis ;
« Blanche ad la barbe cume flur en avril. »
Li Amiralz en ad le helme enclin ;
3505 E, enaprès, si 'n embrunchet sun vis :
Si grant doel ad sempres quidat murir.
Si 'n apelat Jangleu l'ultre-marin.   Aoi.

CCLXXXIV

Dist l'Amiralz : « Jangleus, venez avant.
« Vus estes pruz, vostre saveirs est granz,
3510 « Vostre cunseill ai *otriet* tuz tens.
« Que vus en semblet d'Arrabiz e de Francs,
« *Se* nus avrum la victorie de l'camp ? »
E cil respunt : « Morz estes, Baliganz.
« Ja vostre deu ne vus ierent guarant.
3515 « Carles est fiers, e si hume vaillant :
« Unc ne vi gent ki si fust cumbatant.
« Mais reclamez les baruns d'Ociant,
« Turcs e Enfruns, Arrabiz e Jaianz.
« Ço qu' estre en deit ne l' alez demurant.   Aoi.

Et les hommes pousser des hurlements de douleur et mourir
   à terre,
Celui-là saurait ce que c'est qu'une grande douleur !
La bataille est rude à supporter,
Et l'Émir invoque Apollon,
Tervagan et Mahomet :
« Je vous ai bien servis, seigneurs mes dieux !
« Eh bien ! je veux faire plus, et vous élèverai d'autres statues,
   tout en or fin,
« *Si vous me secourez contre Charles.* »
En ce moment Gémalfin, un ami de l'Émir, se présente à ses
   yeux ;
Il lui apporte de mauvaises nouvelles, et lui dit :
« La journée est mauvaise pour vous, sire Baligant.
« Vous avez perdu Malprime, votre fils,
« Et l'on vous a tué Canabeu, votre frère.
« Deux Français ont eu l'heur de les vaincre ;
« L'un d'eux, je pense, est l'Empereur :
« Il a le corps immense et tout l'air d'un marquis.
« Sa barbe est blanche comme fleur en avril. »
L'Émir alors baisse son heaume
Et laisse tomber sa tête sur sa poitrine ;
Sa douleur est si grande, qu'il pense mourir sur l'heure...
Il appelle Jangleu d'outre-mer.

CCLXXXIV

« Avancez, Jangleu, » dit l'Émir.
« Vous êtes preux, vous êtes de grand savoir,
« Et j'ai toujours suivi votre conseil.
« Eh bien ! que vous semble des Arabes et des Français ?
« Aurons-nous ou non la victoire ?
« — Baligant, » répond Jangleu, « vous êtes un homme mort.
« N'espérez point le salut dans vos dieux :
« Charles est fier, vaillants sont ses hommes,
« Et jamais je ne vis race mieux faite pour la bataille.
« Cependant appelez vos chevaliers d'Occiant ;
« Mettez en ligne Turcs et Enfrons, Arabes et Géants,
« Et faites sans retard ce qu'il faut faire. »

CCLXXXV

3520 Li Amiralz ad sa barbe fors mise,
Altresi blanche cume flur en espine :
Cument qu'il seit, ne s'i voelt celer mie,
Met à sa buche une clere buisine,
Sunet la cler, que si paien l'oïrent.
3525 Par tut le camp ses cumpaignes raliet.
Cil d'Ociant i braient e hennissent,
E cil d' Argoilles cume chien i glatissent.
Requièrent Francs par si grant estultie,
El' plus espès si's rumpent e partissent :
3530 A icest colp en jetent morz set milie. Aoi.

CCLXXXVI

Li quens Ogiers cuardise n'out unkes;
Mieldre vassals jamais ne vestit brunie.
Quant de Franceis les eschieles vit rumpre,
Si apelat Tierri le duc d'Argune,
3535 Gefreid d'Anjou e Joceran le cunte,
Mult fièrement Carlun en araisunet :
« Veez paiens, cum ocient voz humes !
« Ja Deu ne placet qu'el' chief portez curune,
« S'or n'i ferez pur vengier vostre hunte ! »
3540 N'i ad icel ki un sul mot respundet :
Brochent ad ait, lur chevals laissent curre;
Vunt les ferir là ù il les encuntrent. Aoi.

CCLXXXVII

Mult bien i fiert Carlemagnes li reis,
Naimes li dux e Ogiers li Daneis,
3545 Gefreiz d'Anjou ki l'enseigne teneit;
Mult par est pruz danz Ogiers li Daneis;
Puint le cheval, laisset curre ad espleit,

CCLXXXV

L'Émir a étalé sa barbe sur sa cuirasse,
Sa barbe aussi blanche que fleur d'aubépine.
Quoi qu'il arrive, il ne se veut point cacher.
Il met à sa bouche une trompette claire,
Et clairement la sonne, si bien que ses païens l'entendent.
Alors sur le champ de bataille il rallie toutes ses colonnes,
Et ceux d'Occiant de hennir et de braire,
Et ceux d'Argoilles d'aboyer et de glapir comme des chiens,
Puis, comme des fous furieux, ils cherchent les Français,
Se jettent au plus épais, rompent et coupent en deux l'armée
    de Charles,
Et, du coup, jettent à terre sept mille morts.

CCLXXXVI

Le comte Ogier ne sait ce qu'est la couardise :
Jamais meilleur soldat ne vêtit le haubert.
Quand il voit les colonnes françaises rompues et coupées,
Il appelle Thierry, le duc d'Argonne,
Geoffroi d'Anjou et le comte Joceran,
Et adresse à Charles ce fier discours :
« Voyez comme les païens vous tuent vos hommes.
« A Dieu ne plaise que vous portiez encore couronne au front,
« Si vous ne frappez ici de rudes coups pour venger votre honte ! »
Personne ne répond un mot, personne ;
Mais tous donnent avec fureur de l'éperon, et lâchent les rênes
    à leurs chevaux.
Partout où ils rencontrent les païens, ils vont les frapper...

CCLXXXVII

Il frappe bien, le roi Charlemagne ;
Ils frappent bien, le duc Naimes et Ogier le Danois ;
Il frappe bien, Geoffroi d'Anjou, qui porte l'enseigne royale ;
Mais quelle prouesse surtout que celle de monseigneur Ogier !
Il pique son cheval, lui lâche les rênes,

Si fiert celui ki le Dragun teneit :
Craventet ambur en place devant sei
3550 E le Dragun e l'enseigne le Rei.
Baliganz veit sun gunfanun cadeir
E l'estandart Mahummet remaneir ;
Li Amiralz alques s'en aperceit
Que il ad tort e Carlemagnes dreit.
3555 Paien d'Arabe *s'en cuntienent plus queit.*
Li Emperere recleimet ses *Franceis :*
« Dites, baruns, pur Deu, si m'aidereiz. »
Respundent Franc : « Mar le demandereiz ;
« Trestut seit fel ki n'i fierget ad espleit ! »   Aoi.

CCLXXXVIII

3560 Passet li jurz, si turnet à la vesprée.
Franc e paien i fièrent des espées.
Cil sunt vassal ki les oz ajusterent,
Mais lur enseignes n'i unt mie ubliées.
Li Amiralz « Preciuse » ad criée,
3565 Carles « Munjoie » l'enseigne renumée.
L'uns conoist l'altre as voiz haltes e cleres ;
En mi le camp ambdui s'entr'encuntrerent :
Si s' vunt ferir, granz colps s'entredunerent
De lur espiez en lur targes roées :
3570 Fraites les unt desuz cez bucles lées.
De lur osbercs les pans en desevrerent :
Dedenz les cors mie ne s'adeserent.
Rumpent cez cengles, e cez seles verserent :
Chiedent li rei, à terre *s'en truverent ;*
3575 Isnelement sur lur piez releverent.
Mult vassalment unt traites les espées.
Ceste bataille nen iert mais desturnée :
Seinz hume mort ne poet estre achevée.   Aoi.

Et se jette sur le païen qui tient le Dragon;
Si bien que sur place il écrase à la fois
Le Dragon et l'enseigne de l'Émir.
Baligant voit ainsi tomber son gonfanon;
Il voit l'étendard de Mahomet rester sans défense.
L'Émir commence à s'apercevoir
Que le droit est du côté de Charles, que le tort est de son côté.
Et déjà voici les païens qui montrent moins d'ardeur.
Et l'Empereur d'appeler ses Français :
« Dites, barons, pour Dieu, m'aiderez-vous ? »
« — Le demander serait une injure, » répondent-ils.
« Maudit soit qui de tout cœur ne frappe! »

CCLXXXVIII

Le jour passe, la vêprée s'avance;
Païens et Francs frappent de leurs épées.
Ceux qui rassemblèrent ces deux armées, Charles et Baligant, sont des vaillants.
Toutefois ils n'oublient pas leurs cris d'armes.
« Précieuse! » crie l'Émir.
« Monjoie! » réplique l'Empereur.
Ils se reconnaissent l'un l'autre à leurs voix claires et hautes;
Au milieu même du champ de bataille, tous deux se rencontrent.
Ils se jettent l'un sur l'autre, et s'entre-donnent de grands coups.
Frappant de leurs épieux sur leurs écus à rosaces,
Ils les brisent au-dessous de la large boucle
Et se déchirent les pans de leurs hauberts;
Mais ils ne s'atteignent pas plus avant;
Les sangles de leurs chevaux sont brisées et leurs selles renversées;
Bref, les deux rois tombent, et les voilà par terre;
Vite ils se relèvent, et les voici debout.
Très valeureusement ils tirent alors leurs épées.
Ce duel ne peut désormais finir,
Il ne peut s'achever sans mort d'homme.

CCLXXXIX

Mult est vassals Carles de France dulce ;
3580 Li Amiralz il ne l' crient ne ne dutet :
« *Mort as mun filz, dist Baliganz adunques,*
« *E mun païs à grant tort me calunges.*
« *Devien mis hum, en fieu te le rendrumes.* »
Cez lur espées tutes nues i mustrent :
Sur cez escuz mult granz colps s'entredunent,
Trenchent les quirs e cez fuz ki sunt duble ;
Chiedent li clou, se peceient les bucles ;
3585 Pois fièrent il nud à nud sur lur brunies.
Des helmes clers li fous en escarbunet.
Ceste bataille ne poet remaneir unkes,
Jusque li uns sun tort i reconoisset.   Aoi.

CCXC

Dist l'Amiralz : « Carles, kar te purpense ;
3590 « Si pren cunseill que vers mei te repentes.
« Mort as mun filz par le mien escientre :
« A mult grant tort mun païs me calenges.
« Devien mis hum, *en fieu te le* voeill rendre :
« Vien me servir d'ici qu'en Oriente. »
3595 Carles respunt : « Mult grant viltet me semblet ;
« Pais, ne amur ne dei à paien rendre.
« Receif la lei que Deus nus apresentet,
« Chrestientet, e jo t' amerai sempres ;
« Pois, serf e crei le Rei omnipotente. »
3600 Dist Baliganz : « Malvais sermun cumences. »
« *Mielz voeill murir de l'espée ki trenchet.* »   Aoi.

CCXCI

Li Amiralz est mult de grant vertut :
Fiert Carlemagne sur l'helme d'acier brun ;
Desur la teste li ad frait e fendut ;
3605 Met li l'espée sur les chevels menuz,

CCLXXXIX

Il est vaillant le roi de douce France,
Mais l'Émir ne le craint ni ne le redoute.
« *Tu as tué mon fils,* » *dit alors Baligant,*
« *Et fort injustement tu envahis ma terre ;*
« *Deviens mon homme, et je te la donne en fief.* »
Tous deux ont à la main leurs épées toutes nues,
Et s'en donnent de furieux coups sur leurs écus.
Ils en tranchent le cuir et le bois, qui cependant est double;
Les clous en tombent, les boucles sont en pièces.
Alors ils se frappent nu à nu sur leurs hauberts;
Des heaumes clairs jaillit le feu.
Ce duel ne peut en rester là :
Il faut que l'un ou l'autre reconnaisse son tort.

CCXC

« Réfléchis bien, Charles, » dit l'Émir,
« Et décide-toi à me demander pardon.
« Je sais que tu as tué mon fils ;
« Et fort injustement tu réclames ma terre :
« Deviens mon homme, et je te la donne en fief ;
« Si tu veux être mon vassal depuis l'Espagne jusqu'en Orient.
« — Ce serait trop grande honte, » s'écrie Charles ;
« Je ne dois à un païen ni paix ni amour ;
« Reçois la loi que Dieu nous donne à croire ;
« Deviens chrétien, et sur l'heure je t'aimerai,
« Si tu crois, si tu sers le Roi omnipotent.
« — Mauvaises paroles que tout cela, » dit Baligant.
« J'aime mieux mourir de l'épée qui tranche. »

CCXCI

L'Émir est d'une force terrible.
Il frappe Charlemagne sur le heaume d'acier brun ;
Il le lui fend et casse sur la tête.
L'épée du païen tranche les cheveux,

Prent de la carn grant pleine palme e plus :
Iloec endreit remeint li os tut nuz.
Carles cancelet, pur poi qu'il n'est caüz,
Mais Deus ne voelt qu'il seit morz ne vencuz.
3610 Seinz Gabriel est repairiez à lui ;
Si li demandet : « Reis magnes, que fais-tu ? »   Aoi.

CCXCII

Quant Carles oït la seinte voiz de l'angle,
Nen ad poür ne de murir dutance :
Repairet lui vigur e remembrance.
3615 Fiert l'Amiraïll de l'espée de France :
L'helme li freint ù les gemmes reflambent,
Trenchet la teste pur la cervele espandre,
E tut le vis tresqu'en la barbe blanche,
Que mort l'abat seinz nule recuvrance ;
3620 « Munjoie ! » escriet pur la reconoisance.
A icest mot venuz i est dux Naimes,
Prent Tencendur, muntet i li reis magnes.
Paien s'en turnent, Deus voelt qu'il n'i remainent.
Or, unt Franceis iço que il demandent.   Aoi.

CCXCIII

3625 Paien s'en fuient, cum damnes Deus le voelt ;
Encalcent Franc e l'Emperere avoec.
Ço dist li Reis : « Seignurs, vengiez voz doels.
« Si esclargiez voz talenz e voz coers ;
« Kar hoi matin vus vi plurer des oilz. »
3630 Respundent Franc : « Sire, ço nus estoet. »
Cascuns i fiert tant granz colps cum il poet ;
Poi s'en estoerstrent d'icels ki sunt iloec.   Aoi.

Et de la chair enlève un morceau plus large que la paume de la main ;
A cet endroit, l'os demeure tout nu.
Charles chancelle ; un peu plus il serait tombé :
Mais qu'il meure ou qu'il soit vaincu, c'est ce que Dieu ne permet pas.
Saint Gabriel descend de nouveau près de lui :
« Grand roi, » lui dit-il, « que fais-tu ? »

CCXCII

Quand Charles entend la sainte voix de l'ange,
Il n'a plus peur, il ne craint plus de mourir ;
Les forces et le sentiment lui reviennent.
De son épée de France il frappe l'Émir,
Brise le heaume où flamboient tant de pierres précieuses,
Tranche la tête d'où se répand la cervelle,
Jusqu'à la barbe blanche met en deux morceaux le visage ;
Bref, sans remède, l'abat raide mort.
Puis, pour se faire reconnaître : « Monjoie ! » s'écrie-t-il.
A ce mot, le duc Naimes accourt ;
Il saisit Tencendur, et le grand roi y remonte.
Quant aux païens, ils s'enfuient : Dieu ne veut pas qu'ils restent davantage,
Et les Français enfin ont ce qu'ils demandent.

CCXCIII

Dieu le veut, les païens s'enfuient ;
L'Empereur et les Francs leur donnent la chasse :
« Vengez-vous, » s'écrie le Roi, « vengez toutes vos souffrances ;
« Satisfaites vos désirs, soulagez vos cœurs ;
« Car ce matin je vous ai vus pleurer de vos yeux. »
Et les Francs de lui répondre : « Il le faut, il le faut ! »
Et chacun de frapper les plus grands coups qu'il peut.
Ah ! des païens qui furent là, il s'en échappa un bien petit nombre.

CCXCIV

Granz est li calz, si se lievet la puldre.
Paien s'en fuient, e Franceis les anguissent;
3635 Li encalz duret d'ici qu'en Sarraguce.
En sum sa tur muntée est Bramimunde,
Ensembl'od lui si clerc e si canunie
De false lei, que Deus n'enamat unkes;
Ordres nen unt ne en lur chiefs curunes.
3640 Quant ele vit Arrabiz si cunfundre,
A l' rei Marsilie s'en vient e ço li nuncet :
« E! gentilz reis, ja sunt vencut nostre hume,
« Li Amiralz ocis à si grant hunte. »
Quant l'ot Marsilies, vers la pareit se turnet,
3645 Pluret des oilz, tute sa chière enbrunchet,
Morz est de doel. Si cum pecchiez l'encumbret,
L'anme de lui as vifs diables dunet.   Aoi.

CCXCV

Paien sunt mort, alquant *turnet en fuie*,
E Carles ad sa bataille vencue.
3650 De Sarraguce ad la porte abatue :
Or seit il bien que n' iert mais defendue.
Prent la citet, sa gent i est venue.
Par poestet icele noit i jurent.
Fiers est li Reis à la barbe canue,
3655 E Bramimunde les turs li ad rendues;
Les dis sunt grandes, les cinquante menues.
Mult bien espleitet qui damnes Deus aiüet!   Aoi.

3644. *Pareit* doit être traduit par « múr », en dépit du texte de Páris : *Oit la Marsiles, vers* LA DAME *se torne*.

Il est évident que l'auteur du *Roland* a pensé à ce célèbre passage d'Isaïe, où l'on voit le roi Ézéchias, frappé

CCXCIV

La chaleur est grande, la poussière s'élève;
Les païens sont en fuite, et les Français les pressent angoisseusement;
Jusqu'à Saragosse dure cette poursuite.
Au haut de sa tour est montée Bramimonde,
Avec ses chanoines et ses clercs,
Ceux de la loi mauvaise et que Dieu n'aime point,
Ceux qu'un sacrement n'a pas ordonnés, et qui ne portent pas la tonsure sur leurs têtes.
Quand la Reine aperçoit la déroute des païens,
Elle accourt vers Marsile et lui annonce cette nouvelle :
« Ah! noble roi, nos hommes sont vaincus ;
« L'Émir est mort honteusement. »
Marsile l'entend, se tourne vers le mur,
Se cache le visage et pleure de ses yeux,
Puis meurt de douleur. Et, comme il est sous le poids du péché,
Les vifs diables s'emparent de son âme.

CCXCV

Tous les païens sont morts ou en fuite;
Charles a vaincu sa bataille.
De Saragosse la porte est abattue,
Et l'Empereur sait bien qu'on ne défendra plus la ville.
Il y entre avec son armée, il la prend,
Et les vainqueurs y couchent cette nuit.
Notre Roi à la barbe chenue, notre Roi est plein de fierté,
Et Bramimonde lui a remis les tours de la ville,
Dix grandes et cinquante petites...
Il travaille bien celui qui travaille avec l'aide de Dieu.

d'une maladie mortelle, se tourner vers la muraille pour prier Dieu et fondre en larmes : *Et convertit Eze-chias faciem suam* AD PARIETEM, *et oravit ad Dominum.* (Isaïas, XXXVIII, 2.)

CCXCVI

Passet li jurz, la noit est aserie,
Clere est la lune, les esteiles flambient.
3660 Li Emperere ad Sarraguce prise.
A mil Franceis fait bien cerchier la vile,
Les sinagoges e les mahumeries :
A mailz de fer, à cuignées qu'il tindrent,
Fruissent *Mahum* e trestutes les ydles ;
3665 N'i remeindrat ne sort ne falserie.
En Deu creit Carles, faire voelt sun servise,
E si evesque les ewes beneïssent,
Meinent paiens entresqu' à l' baptestirie.
S'or i ad cel ki Carlun cuntrediet,
3670 Il le fait pendre o ardeir o ocire.
Baptiziet sunt asez plus de cent milie
Veir chrestien, ne mais sul la Reïne ;
En France dulce iert menée caitive :
Ço voelt li Reis par amur cunvertisset. Aoi.

CCXCVII

3675 Passet la noit, si apert li clers jurz.
De Sarraguce Carles guarnist les turs,
Mil chevaliers i laissat puigneürs ;
Guardent la vile ad oes l'Empereür.
Muntet li Reis e si hume trestuit,
3680 E Bramimunde, qu'il meinet en sa prisun ;

3670. *Il le fait pendre o ardeir.* Toutes les fois que, dans nos Chansons, une ville infidèle est conquise, l'empereur Charles ou ses Pairs font baptiser de force tous les habitants : ceux qui refusent le baptême ont la tête coupée. (*Roland*, v. 102 et 3670; *Gui de Bourgogne*, v. 3063, 3071-74, 3436-38; *Huon de Bordeaux*, 6657-59, etc. etc.) Nous avons ailleurs discuté très longuement ces textes, et montré qu'ils sont contraires à la véritable doctrine de l'Église. Un jour on fit au pape Nicolas I cette question : « Que faut-il faire à l'égard des païens qui ne veulent pas se faire chrétiens ? » Et le Souverain Pontife répondit : « Quant à ceux qui refusent le bienfait de la foi chrétienne, qui immolent aux idoles et plient les genoux devant elles, nous n'avons rien à vous commander à leur sujet, si ce n'est de les convaincre de leurs erreurs par de bons avis ; par des exhortations, PAR

CCXCVI

Le jour est passé, les ombres de la nuit tombent,
La lune est claire, les étoiles flamboient,
L'Empereur est maître de Saragosse.
Mille Français, sur son ordre, parcourent la ville en tous sens,
Entrent dans les mosquées et les synagogues,
Et, à coups de maillets de fer et de cognées,
Mettent en pièces Mahomet, toutes les images, toutes les idoles.
De sorcellerie, de mensonge, il ne reste plus de trace.
Le Roi croit en Dieu et veut faire le service de Dieu.
Alors les Évêques bénissent l'eau
Et mènent les païens au baptistère.
S'il en est un qui se refuse à faire la volonté de Charles,
Il le fait pendre, occire ou brûler.
Ainsi l'on en baptise plus de cent mille
Qui deviennent bons chrétiens. La Reine seule est mise à part.
On la mènera captive en douce France,
Et c'est par amour que l'Empereur veut la convertir.

CCXCVII

La nuit passe, et le jour clair apparaît dans le ciel.
Charles garnit alors les tours de Saragosse :
Il y laisse mille chevaliers vaillants,
Qui gardent la ville pour l'Empereur ;
Puis, avec tous ses hommes, Charles remonte à cheval,
Emmenant Bramimonde captive ;

LA RAISON ENFIN PLUTOT QUE PAR LA FORCE. » (*Nicolaï I responsa ad consulta Bulgarorum*, cap. XLI ; Labbe, VIII, 530. Le Pape est beaucoup plus sévère à l'égard des renégats.) Et nous avons également cité les paroles très précises de saint Augustin et de saint Thomas d'Aquin, qui se prononcent tous deux contre l'emploi de la force. Enfin, les Pères du Concile de Plaisance, en 1388, font cette proclamation solennelle : « La religion chrétienne ne doit pas rejeter les Juifs et les Sarrasins, parce qu'il est constant qu'ils ont en eux l'image de notre Créateur. » (Labbe, XI 2074.) Il y a loin de là à la sanglante et abominable brutalité de nos héros épiques.

3680. *E Bramimunde*, etc. C'est ici que les Remaniements cessent de suivre, même de loin, le texte primitif, et il en est de même pour le plus ancien manuscrit de Venise, qui avait jusqu'ici reproduit si exactement la version originale de notre poème.

Mais n'ad talent li facet se bien nun.
Repairiet sunt à joie e à baldur.
Passent Nerbune par force e par vigur...

1° Le manuscrit de Venise IV intercale ici le fameux récit de la prise de Narbonne par Aimeri, qui se trouve sous une autre forme dans notre Chanson d'*Aimeri de Narbonne*. = 2° Le texte de Paris nous offre, pour la seconde fois, le récit d'un pèlerinage de Charles au champ de bataille de Roncevaux. La forme seule est différente. = 3° Le texte de Cambridge présente la même affabulation (Nouvelle visite de l'Empereur à Roncevaux; regrets sur Roland; miracle des aubépines; intervention de saint Firmin; funérailles d'Olivier et de Roland à Blaye; f° 64 v° — 69 v°). = 4° Le texte de Lyon, comme nous l'avons vu, n'a pas reproduit l'épisode de l'arrivée de Baligant en Espagne, et a omis complètement le récit de la bataille de Saragosse. = 5° et 6° Les textes de Versailles et de Venise VII paraissent ici plus soignés que celui de Paris, et ne répètent pas le récit du voyage à Roncevaux. Ils n'y font qu'une allusion rapide. = A PARTIR DE NOTRE VERS 3682, TOUS les textes autres que celui d'Oxford nous offrent le même récit, qu'il importe de faire connaître : « Charles donc est à Roncevaux, qui se pâme de douleur devant le corps inanimé de Roland. Il fait ensevelir son neveu, il maudit Ganelon. Prières interminables. (Couplets 330-336 du texte de Paris, édit. F. Michel.) On enterre les Français morts dans la grande bataille. Les Anges chantent, une lumière divine éclate, des arbres verts sortent miraculeusement de chaque tombe (337). Charles passe alors les défilés pyrénéens : il s'arrête à Saint-Jean-Pied-de-Port, où il fonde un moutier (338, 339). L'Empereur ordonne ensuite à Girard d'Orléans, à Guion de Saint-Omer et à Geoffroi d'Anjou de se rendre en message auprès de Girard de Viane pour le prier de venir le rejoindre et de lui amener la belle Aude (339). Puis, il envoie Bazin le Bourguignon, Garnier d'Auvergne, Guyon et Milon dans la cité de Mâcon, à sa propre sœur Gilles : ils sont chargés de la conduire à l'Empereur (340, 341). Les messagers partent : Charles s'avance en France. Il arrive à Sorgues (*à Sorges,* dit le manuscrit). C'est là que Ganelon s'échappe une première fois sur le destrier de Garin de Montsaor : il se dirige vers Toulouse, ou « Chastel-Monroil », ou Saragosse. Deux mille Français se jettent à sa poursuite; le plus ardent est Othes (342-344). Ganelon rencontre des marchands qu'il trompe et qui trompent Othes sur la distance qui le sépare du fugitif (345). Il arrive par là que les Français se présentent devant l'Empereur sans s'être emparés de Ganelon. Colère de Charles (346). Un paysan indique à Othes la retraite de Ganelon. Le traître s'est endormi sous un arbre (347, 348) et le bon cheval de Ganelon éveille son maître. Combat entre Ganelon et Othes. Ils luttent d'abord à pied. Puis le beau-père de Roland propose à Othes de combattre en vrais chevaliers, à cheval. Le traître s'élance sur le cheval de son adversaire, et s'enfuit (349-354). Othes se remet à la poursuite de Ganelon. Dieu fait un miracle pour lui : ses armes ne lui pèsent plus sur les épaules. Alors le fugitif tombe de cheval : nouveau combat. Sur ces entrefaites, arrivent Samson et Isoré, et l'on peut enfin se rendre maître de Ganelon, que l'on remet aux mains de l'Empereur (355-361). Charles traverse toute la Gascogne et arrive à Blaye (362). Le poète ici change la scène de son roman et nous transporte soudain près des messagers du roi qui vont à Viane. Ils y arrivent, et font leur message. Ils cachent à Girard la mort de Roland et

Mais il ne veut lui faire que du bien...
Les voilà qui s'en retournent pleins d'allégresse, pleins de fierté joyeuse.
Vivement et en vainqueurs ils passent par Narbonne.

d'Olivier : « Charlemagne, » ajoutent-ils, « veut qu'on célèbre le mariage « de son neveu avec la belle Aude. « Amenez-lui sur-le-champ votre « nièce. » Joie de Girard et de Guibourg (363-368). On part à Blaye. Pressentiments d'Aude : ses songes lugubres (368-375). Un clerc savant en *ningremance* cherche à les lui expliquer favorablement; mais il en voit bien lui-même la triste signification (377). Pour ne pas étonner trop douloureusement la belle Aude, on contrefait la joie dans le camp français. On essaye de lui cacher la grande douleur; on va jusqu'à lui dire que Roland est allé « en Babiloinne » épouser la sœur de Baligant. Aude n'en veut rien croire : « Roland, » s'écrie-t-elle, « Roland est mort! » (378-383.) Sur ce, arrive Gilles, la sœur du roi, la mère de Roland : Charles lui annonce sans aucun ménagement la mort de son fils. « Une mère, » pense-t-il, « est mieux préparée à de tels coups « qu'une fiancée. » Enfin, c'est Gilles elle-même qui a la force d'apprendre à la sœur d'Olivier la mort de Roland. Douleur d'Aude (384-390). Elle veut voir du moins le corps de son fiancé, que Charles rapporte d'Espagne. Ses prières, ses larmes. Un ange lui apparaît sous les traits d'Olivier, et l'invite à songer au bonheur du ciel. Aude, enfin, se décide à mourir (391-399). Retour de Charlemagne à Laon. Il n'a plus désormais qu'une seule pensée : se venger de Ganelon. Le jugement du traître va commencer. Gondrebeuf de Frise s'offre à le démentir juridiquement, la lance au poing. Ganelon donne des otages, ses propres parents. Mais, au moment où on va commencer le grand combat de l'accusateur et de l'accusé, celui-ci s'enfuit encore une fois *les grans galos*. Gondrebeuf le poursuit de près.

Il l'atteint. Combat. On se saisit de Ganelon (400-417). C'est alors que fait son entrée dans le poème le neveu du traître, Pinabel. Il sera le champion de son oncle. Le défi est relevé par un « valet » du nom de Thierri, fils de Geoffroi d'Anjou, qui veut défendre la cause de Roland. Préparatifs du duel (418-431). La chanson se poursuit ici en vers de douze syllabes, et raconte le combat singulier de Pinabel et de Thierri. Celui-ci pense un instant périr d'un formidable coup que lui porte son adversaire (432-439). Le poème se termine en décasyllabes. Pinabel est vaincu, et meurt (440-445). Il ne reste plus dès lors qu'à délibérer sur le châtiment de Ganelon. Chacun des barons français propose un supplice spécial : qui la corde, qui le bûcher, qui les bêtes féroces. On se décide à l'écarteler (446-450). Ici s'arrête le manuscrit de Paris. Lyon nous donne une strophe de plus, et nous fait assister au départ des barons de France, qui prennent congé de Charlemagne... » — Le texte de tous nos Remaniements est maintenant connu de nos lecteurs.

3683. *Passent Nerbune...* Narbonne n'est pas sur le chemin des Pyrénées à Bordeaux. De là une difficulté réelle. M. Raymond propose l'église d'Arbonne (anciennement appelée *Narbonne*, comme le prouvent des actes de 1187-1192 et 1303). Cette église est située près de Saint-Jean-de-Luz et conviendrait, par sa situation, à ce passage de notre poème. Mais comment s'imaginer que le poète ait attaché tant d'importance à un lieu si peu considérable? = M. G. Paris propose « un nom de fleuve (à cause du verbe *passer*) : peut-être l'Adour ». = Quant à nous, nous croyons fort naïvement que notre poète ignorait la géographie. Une légende de son temps attribuait

Vient à Burdele la citet de *valur* :
3685 Desur l'alter seint Sevrin le barun
Met l'olifant plein d'or e de manguns :
Li pelerin le veient ki là vunt.
Passet Girunde à mult granz nefs k'i sunt :
Entresqu' à Blaive ad cunduit sum nevuld
3690 E Olivier sun noble cumpaignun
E l'Arcevesque, ki fut sages e pruz.
En blancs sarcous fait metre les seignurs,
A Seint-Romain : là gisent li barun.
Franc les cumandent à Dieu e à ses nums...
3695 Carles chevalchet e les vals e les munz,
Entresqu' ad Ais ne voelt prendre sujurn ;
Tant chevalchat qu'il descent à l' perrun,
E cum il est en sun palais halçur,
Par ses messages mandet ses jugeürs,
3700 Baiviers e Saisnes, Loherencs e Frisuns ;
Alemans mandet, si mandet Burguignuns
E Peitevins e Normans e Bretuns,
De cels de France les plus saives k'i sunt.
Dès or cumencet li plaiz de Guenelun.   Aoi.

la conquête de Narbonne à Charles revenant d'Espagne : ne voulant pas raconter la légende, le poète se contente de dire que l'Empereur passa cette ville *par force et par vigur*, c'est-à-dire, la prit. Telle est notre hypothèse. Dans une carte du xiie siècle qui se trouve en une Apocalypse appartenant à M. Didot, Narbonne est marquée tout près de Saragosse, sur le chemin de France. Voy. dans notre 7e édition, l'*Éclaircissement IV.*
3692. *En blancs sarcous*, etc. Ces funérailles, d'après la *Karlamagnus Saga* et le *Keiser Karl Magnus's kronike*, ont lieu à Arles. = D'après la *Chronique de Turpin* (cap. xxix : *De sepulchro Rolandi et ceterorum qui apud Belinum et diversis locis sepulti sunt*), Roland fut enterré à Blaye et Olivier à Belin : *Beatum Rolandum super duas mulas tapeto aureo subvectum, palliis tectum, usque Blaviam deferre fecit Carolus et in beati Romani basilica quam ipse olim ædificaverat canonicosque regulares intromiserat, ho-*

Puis Charles arrive à Bordeaux, la grande et belle ville.
C'est là que sur l'autel du baron saint Séverin
Charles dépose l'olifant, qu'il avait rempli d'or et de mangons ;
Et c'est là que les pèlerins peuvent encore le voir.
Sur de grandes nefs l'Empereur traverse la Gironde ;
Il conduit jusqu'à Blaye le corps de son neveu,
Celui d'Olivier, le noble compagnon de Roland,
Celui de l'Archevêque, qui fut si preux et si sage.
On dépose les trois seigneurs en des tombeaux de marbre blanc,
A Saint-Romain, où maintenant encore gisent les barons ;
Et les Français les recommandent une dernière fois à Dieu et
    à tous les Noms divins.
Puis Charles chemine derechef à travers les vallées et les
    montagnes ;
Plus ne s'arrête jusqu'à Aix.
Si bien chevauche, qu'il descend à son perron.
A peine est-il arrivé dans son haut palais,
Que par ses messagers il mande tous les juges de sa cour,
Saxons et Bavarois, Lorrains et Frisons,
Bourguignons et Allemands ;
Bretons, Normands et Poitevins,
Et les plus sages de ceux de France.
Alors commence le procès de Ganelon.

---

norifice sepelivit, mucronemque ipsius ad caput, et tubam eburneam ad pedes. Sed et tubam postea aliam apud Burdigalam condigne transtulit. Et plus loin : Apud Belinum sepelitur Oliverius. = Le mot *beatus*, qui précède ici celui de Roland, n'est pas fait pour nous étonner. Roland, en effet, a été longtemps révéré comme un martyr et représenté avec un nimbe. Son nom se trouve en plusieurs Martyrologes, et les Bollandistes ont dû s'en occuper à diverses reprises (au 31 mai et au 16 juin). Sur les « reliques » et *les* tombeaux de Roland, voyez Fr. Michel, première édit. de *Roland*, p. 211, 213, et Génin, *Introduction*, p. XXIII-XXIV. Cf. l'*Introduction* de notre première édition, p. LXXXVIII.

3694. *Entresqu' ad Ais.* C'est à Paris que la *Karlamagnius Saga* fait revenir Charlemagne. D'où l'on peut conclure que l'auteur islandais avait sous les yeux une copie du manuscrit original qui avait déjà subi certaines modifications plus ou moins importantes.

LE CHATIMENT DE GANELON

CCXCVIII

3705 Li Emperere est repairiez d'Espaigne
E vient ad Ais, à l' meillur sied de France.
Muntet el' palais, est venuz en la sale.
As li venue, Alde, une bele *dame*.
Ço dist à l' Rei : « U est Rollanz li catanies,
3710 « Ki me jurat cume sa per à prendre ? »
Carles en ad e dulur e pesance,
Pluret des oilz, tiret sa barbe blanche :
« Soer, chere amie, d' hume mort me demandes.
« Jo t'en durrai mult esforciet escange :
3715 « Ç' est Loewis, mielz ne sai *jo qu'en parle* :
« Il est mis filz e si tiendrat mes marches. »
Alde respunt : « Cist moz mei est estranges.
« Ne placet Deu ne ses seinz ne ses angles
« Après Rollant que jo vive remaigne ! »
3720 Pert la culur, chiet as piez Carlemagne,
Sempres est morte. Deus ait mercit de l'anme !
Franceis barun en plurent ; si la pleignent.   Aoi.

CCXCIX

Alde la bele est à sa fin alée.
Quidet li Reis qu'ele se seit pasmée ;
3725 Pitiet en ad, si 'n pluret l'Emperere :
Prent la as mains, si l' en ad relevée ;
Sur les espalles ad la teste clinée.
Quant Carles veit que morte l'ad truvée,
Quatre cuntesses sempres i ad mandées ;
3730 Ad un mustier de nuneins est portée :

3705. *Li Emperere est repairiez d'Espaigne*. L'épisode de la belle Aude, qui a dû être, suivant nous, l'objet d'un chant lyrique antérieur à notre poëme,

LE CHATIMENT DE GANELON

CCXCVIII

L'Empereur est revenu d'Espagne :
Il vient à Aix, la meilleure ville de France,
Monte au palais, entre en la salle.
Une belle damoiselle vient à lui : c'est Aude.
Elle dit au Roi : « Où est Roland le capitaine,
« Qui m'a juré de me prendre pour femme ? »
Charles en est plein de douleur et d'angoisse ;
Il pleure des deux yeux, il tire sa barbe blanche :
« Sœur, chère amie, » dit-il, « tu me demandes nouvelles
    d'un homme mort.
« Mais, va, je saurai te remplacer Roland ;
« Je ne te puis mieux dire : je te donnerai Louis,
« Louis mon fils, celui qui tiendra mes Marches.
« — Ce discours m'est étrange, » répond belle Aude.
« Ne plaise à Dieu, ni à ses saints, ni à ses anges,
« Que, Roland mort, je reste en vie ! »
Lors elle perd sa couleur et tombe aux pieds de Charles.
La voilà morte : Dieu veuille avoir son âme !
Les barons français la pleurent et la plaignent.

CCXCIX

Aude la belle s'en est allée à sa fin.
Le Roi croit qu'elle est seulement pâmée ;
Il en a pitié, il en pleure,
Lui prend les mains, la relève ;
Mais la tête retombe sur les épaules.
Quand Charles voit qu'il l'a trouvée morte,
Il fait sur-le-champ venir quatre comtesses,
Qui la portent dans un moutier de nonnes,

---

est fort allongé dans nos Remaniements. | ser *Karl Magnus's Kronike*, et tout à
En revanche, il est abrégé dans la *Kei*- | fait omis par la *Karlamagnus Saga*.

La noit la guaitent entresqu'à l'ajurnée.
Lunc un alter belement l'enterrerent,
Mult grant honur i ad li Reis dunée. Aoi.

CCC

Li Emperere est repairiez ad Ais.
3735 Guenes li fel, en caeines de fer,
En la citet est devant le palais ;
A une estache l'unt atachiet cil serf,
Les mains li lient à curreies de cerf,

3733. *Mult grant honur*, etc. Nous n'avons pas besoin de signaler ici la statue de la belle Aude dans le fameux monument de Saint-Faron. Nous renvoyons nos lecteurs à la dissertation et à la gravure que les Bénédictins nous donnent dans leurs *Acta Sanctorum ordinis sancti Benedicti* (IVe siècle, première partie, pp. 665-667). Aude est représentée avec Turpin, Roland et Olivier, et ces deux vers sont mis sur les lèvres de ce dernier : *Audæ conjugium tibi do, Rotlande, sororis, — Perpetuumque mei socialis fœdus amoris*. Le monument de Saint-Faron est du XIe-XIIe siècle.

3734. *Li Emperere est repairiez.* Le procès de Ganelon est raconté en quelques lignes seulement par la *Karlamagnus Saga* (ch. XLI. Voir la traduction dans notre première édition, II, p. 251) et par la *Keiser Karl Magnus kronike*. (Ibid., p. 263.) D'après ce dernier texte, « le jugement fut que le comte Ganelon devait être traîné par toute la France. Ce qui fut fait. En sorte que pas un os ne resta à côté de l'autre dans tout son corps. »

3736. *En la citet*, etc. Ici commence dans notre poème le jugement de Ganelon, et nous avons démontré ailleurs que, dans cette procédure, tout est d'origine germaine, tout est emprunté aux lois barbares et aux éléments germaniques de la législation féodale. (Voir notre première édition, II, p. 235 et suiv.) == Ganelon, tout d'abord, est soumis à l'emprisonnement préventif, puis à la torture. Et cette torture consiste en coups de bâton : « Les serfs l'attachent à un poteau, lui lient les mains avec des courroies de cuir de cerf, et le battent à coups de bâton. » (V. 3737 et suiv.) Or ce même supplice se retrouve, comme pénalité, dans les lois de toutes les tribus barbares. Voir la loi des Bavarois (VIII, ch. VI), des Burgundes (30, et 33, 2 ; 4, 4 ; 5, 6, 38, 63), des Francs Saliens (Constitution de Childebert), des Lombards (Liutprand, 6, 26, c ; 6, 88 ; 6, 50), des Frisons (3, 7), des Wisigoths, etc. Les chiffres qui précèdent sont, comme les suivants, empruntés au Recueil de Davoud-Oglou (*Histoire de la législation des anciens Germains*). == Après l'emprisonnement préventif et la torture, s'ouvre le *plait* (v. 3742 et suiv.). Le tribunal dont il est question dans notre poème n'est autre que l'ancien *Placitum palatii*, lequel, sous la première race, était, en effet, présidé par le roi, assisté de leudes et d'évêques. Il est vrai qu'on ne voit pas intervenir ces derniers dans notre Chanson ; mais toutes les parties du grand Empire y sont représentées par leurs barons. Dans notre Chanson comme dans la législation barbare, l'Empereur n'a que le droit de présider le tribunal ou de le faire présider en sa place, et il n'a même pas voix délibérative : « Seigneurs, leur dit Charles, jugez-moi le droit de Ganelon. » (v. 3751.)

Et veillent près de son corps jusqu'au jour ;
Puis on l'enterra bellement près d'un autel,
Et le Roi lui fit grand honneur.

CCC

L'Empereur est de retour à Aix.
Le traître Ganelon, tout chargé de chaînes de fer,
Est dans la cité, devant le palais.
Des sergents vous l'attachent à un poteau,
Vous lui lient les mains avec des courroies en peau de cerf,

Rien ne nous donne ici l'idée d'un tribunal romain : c'est bien la procédure germanique. = En troisième lieu, on en arrive au jugement de Dieu, ou à l'ordalie (v. 3790 et suiv.). Ici encore, le doute n'est pas possible, et nous sommes en pleine Germanie. Le *campus* ou duel est, en effet, commun à toutes les tribus barbares. Voir la loi des Bavarois (17, 1 ; décret. Tass., cap. xi), des Alamans (44, 1 ; 84), des Burgundes (tit. 80, 1-3), des Lombards (Roth, 164, 165, 166, 198, 203 ; Grimoald, t. vii), des Thuringiens (15), des Frisons (14, 7 ; 5, 1), des Saxons (16), des Anglo-Normands. (Guill. i, 1-3 ; iii, 12, etc.) = Le quatrième acte de notre drame épique s'ouvre d'une façon imposante. Sur le point d'engager la lutte, les deux champions se confessent, reçoivent l'absolution, sont bénis par le prêtre, entendent la messe et y reçoivent la communion (v. 3858 et suiv.). Après quoi, le grand combat commence (v. 3862 et suiv.). Ces vers sont conformes à la réalité historique. Quand le champion allait entrer en lice, on célébrait, en effet, la messe de la Résurrection, ou celle de saint Étienne, ou celle de la Trinité. Et l'on chantait ensuite devant lui le Symbole de saint Athanase. (Voir le *Cérémonial d'une épreuve judiciaire au xiie siècle*, publié par Léopold Delisle.) Et ce qui se passait encore au xiie siècle, s'était exactement passé de la même façon sous nos deux premières races. = On connaît la fin du combat raconté dans notre poème : Thierri tue Pinabel, et les trente otages de Ganelon sont pendus (v. 3967 et suiv.). Il convient d'observer que ce terrible châtiment, infligé à la famille du traître et à ses otages, ne se retrouve pas dans les lois barbares ; mais le principe de la solidarité de la famille est absolument germain, et la coutume des « pleiges » ou « garants » vient exactement de la même source. = Reste Ganelon ; son supplice est épouvantable (v. 3964 et suiv.), mais conforme à la rigueur du droit féodal qui est issu du droit germanique. Les Assises de Jérusalem ne laissent aucun doute à cet égard : « Si la bataille est de chose qu'on a mort desservie, et si le garant est vaincu, il et celui pour qui il a fait la bataille seront pendus. » (xxxvii et xciv.) Quant au genre de supplice que l'on fait subir au traître, c'est l'écartèlement, qui n'est pas indiqué dans les lois germaines, mais qui est le supplice réservé plus tard à tous les traîtres, à ceux qui livrent leur pays, à ceux qui offensent la majesté du roi. = Tels sont les cinq Actes de *Ganelon*, de ce drame épique, et l'on pourrait à ces cinq actes donner pour titres : 1º *La Torture.* 2º *Le Plait.* 3º *La Messe du jugement.* 4º *Le Duel.* 5º *Le Supplice.* Nous tenions à suivre avec soin toute la marche de cette procédure criminelle, la plus ancienne que nous rencontrions dans nos Chansons de geste.

Très bien le batent à.fuz e à jamelz :
3740 N'ad deservit que altre bien i ait.
A grant dulur iloec atent sun plait.   Aoi.

CCCI

Il est escrit en l'anciene Geste
Que Carles mandet humes de plusurs teres.
Asemblet sunt ad Ais à la capele.
3745 Halz est li jurz, mult par est grant la feste,
Dient alquant de l' barun seint Silvestre.
Dès or cumencet li plaiz e les nuveles
De Guenelun, ki traïsun ad faite.
Li Emperere devant sei l'ad fait traire.   Aoi.

CCCII

3750 « Seignurs baruns, » ço dist Carles li reis,
« De Guenelun kar me jugiez le dreit.

3750. *Seignurs*, etc. Rien ne donnera mieux l'idée de nos Remaniements que d'en offrir un fragment de quelque importance. Donc voici, traduites pour la première fois, les dernières *laisses* du texte de Paris qui correspondent à nos laisses ccxcix et ss. : « Charles dit à ses barons : « Je veux ici, seigneurs, « vous faire une prière au nom de Dieu. « — Condamnez Ganelon à quelque « mort horrible — Et ordonnez, je vous « en supplie, que le traître meure sur « le-champ. » — Girard le guerrier prit alors la parole, — Girard de Viane, l'oncle d'Olivier « — Par ma foi, « Sire, je m'en vais vous donner un « bon conseil. — Vos terres sont très « vastes, très étendues. — Faites lier « Ganelon avec deux grosses cordes, « — Et qu'on le mène à travers votre « domaine, comme un vilain ours ; — « Qu'il y soit rudement déchiré à coups « de fouets — Et, lorsqu'il sera arrivé « au lieu fixé d'avance, — Faites-lui « tout d'abord arracher deux mem- « bres du corps. — Puis, qu'on le « dépèce membre par membre. » — « Voilà, » répondit Charles, « un ter- « rible jugement. — Mais c'est trop de « longueurs, et je n'en veux point. » « Par ma foi, Sire, » s'écrie Beuves « le vaillant, — « Je vais vous propo- « ser un plus horrible supplice. — « Qu'on fasse un grand feu d'aubé- « pines — Et qu'on y jette le misé- « rable, — Si bien qu'en présence de « tous les vôtres — Il meure d'une « merveilleuse et horrible façon. » — « Grand Dieu ! » dit Charles, « c'est « un rude supplice, — Et nous le « choisirons... — Si nous n'en trou- « vons pas de plus dur. »
« C'est le tour de Salomon de Bre- « tagne : — « Nous avons, » dit-il, « imaginé une mort plus âpre encore. « — Faites venir un ours et un lion « — Et livrez-leur le comte Ganelon. « — Ils se chargeront de son supplice « et le tueront très horriblement. — « Il ne restera de lui ni chair, ni

Et vous le battent à coups de bâtons et de jougs de bœufs.
Certes il n'a pas mérité meilleur salaire ;
Et c'est ainsi que très douloureusement il attend son plaid.

CCCI

Il est écrit dans l'ancienne Geste
Que Charles manda les hommes de toutes ses terres.
Ils se rassemblèrent dans la chapelle d'Aix.
Ce fut un grand jour, une grande fête,
Celle du baron saint Silvestre, s'il faut en croire quelques-uns.
Et c'est alors que commença le procès : c'est ici que vous aurez nouvelles,
De Ganelon qui a fait la grande trahison.
L'Empereur ordonne qu'on le traîne devant lui.

CCCII

« Seigneurs barons, » dit le roi Charlemagne,
« Jugez-moi Ganelon selon le droit.

« graisse, ni os. — Tel est le sort « que méritent les traîtres. » — « Bien dit! » s'écrie l'Empereur, « Salomon a bien parlé. — Mais, à mon « gré, c'est encore trop de lenteurs. » « Sire Empereur, » dit Ogier le vassal, — « J'ai trouvé quelque chose « de plus affreux. — Qu'on jette Ganelon au fond de cette tour — Où « ne pénètre point la clarté du soleil. « — Il sera là, tout seul, avec les « bêtes qui sortiront de terre — Et « qui, de toutes parts, à droite et à « gauche, — Viendront l'assaillir et « lui feront grand mal. — Que, pour « tout l'or du monde, on ne lui donne « ni à boire ni à manger. — Quelle « honte! quel supplice! — Puis on « l'amènera devant le palais principal « — Et on lui permettra de manger, « à votre beau festin, — Des mets « assaisonnés de poivre et de sel. — « Mais qu'on ne lui donne rien à boire, « ni eau ni vin. — Et alors, dans « une épouvantable angoisse, — Il « mourra de soif, tout comme Roland « à Roncevaux. » — « L'admirable « idée! » dit Charles. — « Mais je ne « veux pas que ce traître pénètre ainsi « chez moi. — Seigneurs; » ajoute « l'Empereur, « francs chevaliers « loyaux, — Ce supplice m'irait bien, « mais j'en sais un qui est plus douloureux encore. — Qu'on attache « Ganelon à la queue de plusieurs chevaux, et qu'il soit écartelé. — Oui, « que mes comtes et mes vassaux « aillent là-haut, — Que mes barons « sortent tous, et ils vont assister au « supplice du traître. » A ces mots, prévôts et sénéchaux s'emparent de Ganelon.

« Charles le roi a fait publier son ban : — « Que tous s'en aillent en « dehors de la cité. » — L'Empereur lui-même est monté en selle sur une mule — Et s'en est rapidement allé. — Les bourgeois sont là, qui désirent vivement assister à ce spectacle. — Suivant le commandement de Charles,

« Il fut en l'ost tresque en Espaigne od mei,
« Si me tolit vint mil de mes Franceis,
« E mun nevuld, que jamais ne verreiz,
3755 « E Olivier, le prud e le curteis :
« Les duze Pers ad traït pur aveir. »
Dist Guenelun : « Fel seie, se jo l' ceil !
« *Rollanz* m' forsfist en or e en aveir,
« Pur que jo quis sa mort e sun destreit ;
3760 « Mais traïsun nule n'en i otrei. »
Respundent Franc : « Ore en tendrum cunseill. » Aoi.

CCCIII

Devant le Rei là s'estut Guenelun :
Cors ad gaillard, el' vis gente culur ;
S'il fust leials, bien resemblast barun.
3765 Veit cels de France e tuz les jugeürs,
De ses parenz trente ki od lui sunt ;
Pois, s'escriat haltement, à grant *sun* :
« Pur amur Deu, kar m'entendez, baruns.
« Jo fui en l'ost avoec l'Empereür,
3770 « Serveie le par feid e par amur.
« Rollanz sis niés me coillit en haür,
« Si me jugat à mort e à dulur.
« Messages fui à l' rei Marsiliun :
« Par mun saveir vinc jo à guarisun.
3775 « Jo desfiai Rollant le puigneür
« E Olivier e tuz lur cumpaignuns ;
« Carles l'oït e si noble barun.

— On traîne Ganelon hors de la ville — Et tous y sont allés après lui. — Voilà ce que l'on fait du traître. — On y a conduit aussi de bons chevaux, — Quatre fortes juments qui, en vérité, — Sont sauvages et cruelles. — Charlemagne ordonne — Qu'un garçon monte sur chacune d'elles. — Aux quatre queues on a noué les pieds et les mains de Ganelon. — Puis les quatre cavaliers éperonnent leurs montures. — Dieu, voyez, voyez la sueur couler sur le visage du misérable. — « Maudite, peut-il se dire, maudite « l'heure où je suis né ! » — Un tel châtiment est juste, puisque Ganelon a trahi les barons — Dont la douce France est orpheline. — Les cavaliers ont la bonne idée — De faire aller leurs quatre chevaux de tous les côtés, — Pour que l'infâme meure plus horriblement. — Que vous dirai-je enfin ?

« Il vint dans mon armée, avec moi, jusqu'en Espagne.
« Il m'a ravi vingt mille de mes Français ;
« Il m'a ravi mon neveu, que plus jamais vous ne verrez ;
« Il m'a ravi Olivier, le preux et le courtois.
« Pour de l'argent, enfin, il a trahi les douze Pairs.
« — C'est vrai, » s'écrie Ganelon, « et maudit sois-je si je le nie,
« D'or et d'argent Roland m'avait fait tort ;
« C'est pourquoi j'ai cherché sa perte et voulu sa mort ;
« Mais je n'admets point que tout cela soit de la trahison.
« — Nous en tiendrons conseil, » répondent les Français.

CCCIII

Il est là, Ganelon, debout devant le Roi ;
Il a le corps gaillard, le visage fraîchement coloré.
S'il était loyal, il aurait vraiment la mine d'un baron.
Il jette les yeux autour de lui, voit les Français et tous ses juges,
Et trente de ses parents qui sont avec lui :
Alors il élève la voix, et s'écrie :
« Pour l'amour de Dieu, entendez-moi, barons.
« Donc, j'étais à l'armée de l'Empereur,
« Avec amour et foi je le servais,
« Lorsque son neveu Roland me prit en haine,
« Et me condamna à mort, à une mort très douloureuse.
« Oui, je fus envoyé comme messager au roi Marsile,
« Et si j'échappai, ce fut grâce à mon adresse.
« Alors je défiai Roland le brave,
« Je défiai Olivier et tous leurs compagnons.
« Charles et ses nobles barons ont été les témoins de ce défi.

Ils l'ont tant et tant écartelé — Que l'âme s'en va, et les diables l'emportent. — Charles le voit, et il en remercie Dieu en son cœur : — « Soyez « béni, mon Dieu, » dit le roi, — « Puisque j'ai pu venger le très sage « Roland, — Olivier et les douze « Pairs. »
« Barons, » dit Charles, « tous mes « vœux sont accomplis, — Puisqu'il « est mort, celui qui m'a ravi tout « mon orgueil. — C'est lui qui m'a « enlevé Roland et Olivier, en qui « j'aimais tant à me reposer. — C'est « lui aussi qui a perdu les douze « Pairs, — Et jamais plus je ne les « reverrai de ma vie. . . . . . »
Cf., dans notre première édition, les traductions de la *Karlamagnus Saga* et de la *Keiser Karl Magnüs's kronike.*

« Vengiez m'en sui, mais n'i ad traïsun. »
Respundent Franc : « A cunseill en irum. »   Aoi.

CCCIV

3780 Quant Guenes veit que **sis granz plaiz** cumencet,
De ses parenz ensemble *od lui* out trente ;
Un en i ad à qui li altre entendent :
C' est Pinabels de l' castel de Sorence.
Bien set parler e dreite raisun rendre,
3785 Vassals est bons pur ses armes defendre.
Ço li dist Guenes : « En vus *ai-jo fiance* :
« Getez mei hoi de mort e de calenge. »
Dist Pinabels : « Vus serez guariz sempres.
« N'i ad Franceis ki vus juget à pendre,
3790 « U l'Emperere noz dous cors en asemblet,
« A l' brant d'acier que jo ne l' en desmente. »
Guenes li quens à ses piez se presentet.   Aoi.

CCCV

Baivier e Saisne sunt alet à cunseill,
E Peitevin e Norman e Franceis ;
3795 Asez i ad Alemans e Tiedeis.
Icil d'Alverne i sunt li plus curteis ;
Pur Pinabel se cuntienent plus queit.
Dist l'uns à l'altre : « Bien fait à remaneir.
« Laissum le plait, e si preium le Rei
3800 « Que Guenelun cleimt quite ceste feiz ;
« Pois, si li servet par amur e par feid.
« Morz est Rollanz, jamais ne l' reverreiz ;
« N'iert recuvrez pur or ne pur aveir.
« Mult sereit fols ki ja s'en cumbatreit. »
3805 Nen i ad cel ne l' graant e otreit,
Fors sul Tierri, le frere dam Gefreid.   Aoi.

« C'est là de la vengeance, mais non pas de la trahison.
« — Nous en tiendrons conseil, » répondent les Francs.

CCCIV

Quand Ganelon voit que le grand procès va commencer,
Il rassemble trente de ses parents.
Il en est un qui domine tous les autres :
C'est Pinabel du château de Sorence.
Celui-là sait bien donner ses raisons ; c'est un beau parleur ;
Puis, quand il s'agit de défendre ses armes, c'est un bon soldat.
Ganelon a dit à Pinabel : « C'est en vous que je me fie ;
« C'est à vous de m'arracher au déshonneur et à la mort. »
Et Pinabel répond : « Vous allez avoir un défenseur.
« Le premier Français qui vous condamne à mort,
« Où que l'Empereur nous fasse lutter ensemble,
« Je lui donnerai un démenti avec l'acier de mon épée. »
Ganelon tombe à ses pieds.

CCCV

Saxons et Bavarois sont entrés en conseil,
Avec les Poitevins, les Normands et les Français.
Les Thiois et les Allemands sont en nombre.
Les barons d'Auvergne sont les plus indulgents,
Les moins irrités, les mieux disposés pour Pinabel :
« Pourquoi n'en pas rester là ? » se disent-ils l'un à l'au
« Laissons ce procès, et prions le Roi
« De faire cette fois grâce à Ganelon
« Qui désormais le servira avec foi, avec amour.
« Roland est bien mort, plus ne le reverrez ;
« L'or et l'argent ne pourront pas vous le rendre.
« Quant au duel, ce serait folie. »
Tous les barons disent oui, tous approuvent,
Excepté un seul : Thierri, frère de monseigneur Geoffroi.

CCCVI

A Carlemagne repairent si barun ;
Dient à l' Rei : « Sire, nus vus preium
« Que clamez quite le cunte Guenelun,
3810 « Pois si vus servet par feid e par amur ;
« Laissiez le vivre, kar mult est gentilz hum.
« *Morz est Rollanz, jamais ne l' reverrum,*
« Ne pur aveir ja ne l' recuverrum. »
Ço dist li Reis : « Vus estes mi felun ! » Aoi.

CCCVII

3815 Quant Carles veit que tuit li sunt faillit,
Mult l'enbrunchit e la chière e le vis,
A l' doel qu'il ad si se cleimet caitifs.
As li devant uns chevaliers, *Tierris*,
Frere Gefreid, à un duc angevin :
3820 Heingre out le cors e graisle e eschewit,
Neirs les chevels e alques brun *le vis ;*
N'est gueres granz ne trop nen est petiz ;
Curteisement l'Empereür ad dist :
« Bels sire reis, ne vus dementez si.
3825 « Ja savez vus que mult vus ai servit ;
« Par anceisurs dei jo tel plait tenir.
« Que que Rollanz Guenelun forsfesist,
« Vostre servise l'en doüst bien guarir.
« Guenes est fel d'iço qu'il le traïst,
3830 « Vers vus s'en est parjurez e malmis ;
« Pur ço le juz jo à pendre e à murir
« E sun cors metre *el' camp pur les mastins,*
« Si cume fel ki felunie fist.
« S' or ad parent m' en voeillet desmentir,
3835 « A ceste espée que jo ai ceinte ici

CCCVI

Vers Charlemagne retournent les barons,
« Sire, » lui disent-ils, « nous vous prions
« De tenir quitte le comte Ganelon :
« Il vous servira désormais avec foi, avec amour.
« Laissez-le vivre ; car il est vraiment gentilhomme.
« Roland, d'ailleurs, est mort; nous le ne reverrons plus ;
« Et ce n'est point l'or et l'argent qui pourront nous le rendre.
« — Vous n'êtes tous que des félons, » s'écrie le Roi.

CCCVII

Quand Charles voit que tous lui font défaut,
Il baisse la tête,
Et, de la douleur qu'il ressent : « Malheureux que je suis ! »
    s'écrie-t-il.
Mais voici devant lui un chevalier : c'est Thierri,
Le frère au duc Geoffroi d'Anjou.
Thierri a le corps maigre, grêle, allongé;
Ses cheveux sont noirs, ses yeux sont bruns ;
Il n'est d'ailleurs ni grand ni trop petit.
Et il a dit courtoisement à Charles :
« Ne vous désolez pas, beau sire roi.
« Vous savez que je vous ai déjà bien servi ;
« Or, par mes ancêtres, j'ai droit à siéger parmi les juges de
    ce procès.
« Quelle que soit la faute dont Roland se soit rendu coupable
    envers Ganelon,
« Votre intérêt eût dû lui servir de défense.
« Ganelon est un félon, Ganelon a trahi votre neveu;
« Devant vous il vient de se mettre en mauvais cas, de se
    parjurer.
« Pour tout cela je le condamne à mort. Qu'on le pende,
« Et puis qu'on jette son corps aux chiens :
« C'est le châtiment des traîtres.
« Que s'il a un parent qui me veuille donner un démenti,
« Avec cette épée que j'ai là, à mon côté,

« Mun jugement voeill sempres guarantir. »
Respundent Franc : « Or avez vus bien dit. » Aoi.

CCCVIII

Devant le Rei est venuz Pinabels;
Granz est e forz e vassals e isnels :
3840 Qu'il fiert à colp, de sun tens n'i ad mais.
E dist à l' Rei : « Sire, vostre est li plaiz;
« Kar cumandez que tel noise n'i ait.
« Ci vei Tierri ki jugement ad fait;
« Jo si li fals : od lui m'en cumbatrai. »
3845 El' puign li met le destre guant de cerf.
Dist l' Emperere : « Bons pleges en *avrai*. »
Trente *parent leial plege en sunt fait*.
Ço dist li Reis : « E jo l' vus recrerrai. »
Fait cels guarder, tresqu'en serat li *plaiz*. Aoi.

CCCIX

3850 Quant veit Tierris qu'or en iert la bataille,
Sun destre guant en ad presentet Carle.
Li Emperere li recreit par ostage;
Pois fait porter quatre bancs en la place;
Là vunt sedeir cil ki s' deivent cumbatre.
3855 Bien sunt malet par jugement des altres;
Si l' purparlat Ogiers de Danemarche,
E pois demandent lur chevals e lur armes. Aoi.

CCCX

Pois que il sunt à bataille *jugiet*,
Bien sunt cunfès e asolt e seigniet,
3860 Oent lur messes, sunt acumeniet,
Mult granz offrendes metent pur cez musliers.
Devant Carlun ambdui sunt repairiet,
Lur esperuns unt en lur piez calciez,

« Je suis tout prêt à soutenir mon avis.
« — Bien parlé, » disent les Francs.

CCCVIII

Alors devant le Roi s'avance Pinabel.
Il est grand, il est fort, il est rapide et brave ;
Mort est celui qu'il frappe d'un seul coup.
« Sire, » dit-il au Roi, « c'est ici votre plaid :
« Ordonnez donc qu'on ne fasse point tout ce bruit.
« Voici Thierri qui vient de prononcer son jugement :
« Eh bien ! je lui donne un démenti, et me veux battre avec lui. »
Et il lui met au poing droit le gant en cuir de cerf.
« Bien, » dit l'Empereur, « mais je veux de bons otages. »
Trente parents de Pinabel servent de caution légale.
« Je vous donnerai caution, moi aussi, » dit le Roi.
Et il les fait garder jusqu'à ce que justice se fasse.

CCCIX

Thierri, quand il voit que la bataille est proche,
Présente à Charles son gant droit ;
Et l'Empereur donne caution pour lui, et fournit des otages.
Puis Charles fait sur la place disposer quatre bancs ;
Là vont s'asseoir ceux qui doivent combattre ;
Au jugement de tous, leur plaid est régulier :
C'est Ogier le Danois qui régla tout.
Alors : « Nos chevaux ! nos armes ! » s'écrient les deux champions.

CCCX

Depuis qu'ils se sont mis en ligne pour leur duel,
Pinabel et Thierri se sont bien confessés, ont reçu l'absolution et la bénédiction du prêtre ;
Puis ont entendu la messe et reçu la communion,
Et pour les églises ont laissé grandes aumônes.
Les voilà enfin revenus devant Charles.
A leurs pieds ils ont chaussé les éperons ;

Vestent osbercs blancs e forz e legiers,
3865 Lur helmes clers unt fermez en lur chiefs,
Ceinent espées enheldées d'or mier,
En lur cols pendent lur escuz de quartiers,
En lur puignz destres unt lur trenchanz espiez;
Pois sunt muntet en lur curanz destriers.
3870 Idunc plurerent cent milie chevalier,
Ki pur Rollant de Tierri unt pitiet.
Deus set asez cument la fin en iert. Aoi.

CCCXI

Dedesuz Ais est la prée mult large.
Des dous baruns justée est la bataille;
3875 Cil sunt produme e de grant vasselage,
E lur cheval sunt curant e aate.
Brochent les bien, tutes les resnes lasquent.
Par grant vertut vait ferir li uns l' altre;
Tuz lur escuz i fruissent e esquassent,
3880 Lur osbercs rumpent e lur cengles *departent;*
Les *seles* turnent *e chiedent en la place.*
Cent milie hume i plurent ki 's esguardent. Aoi.

CCCXII

A tere sunt ambdui li chevalier :
Isnelement se drecent sur lur piez.
3885 Pinabels est forz, isnels e legiers.
L'uns requiert l'altre (n' unt mie des destriers).
De cez espées enheldées d'or mier
Fièrent e caplent sur cez helmes d'acier,
Grant sunt li colp as helmes detrenchier.
3890 Mult se dementent cil franceis chevalier :
« E Deus! » dist Carles, « le dreit en esclargiez. » Aoi.

Puis revêtu leurs blancs hauberts, qui sont à la fois forts et légers.
Ils ont sur leur tête assujetti leurs heaumes clairs
Et ceint leurs épées à la garde d'or pur.
A leur cou ils suspendent leurs écus à quartiers.
Dans leur poing droit ils tiennent leurs épieux tranchants ;
Puis sont montés sur leurs rapides destriers.
Alors on vit pleurer cent mille chevaliers,
Qui pour Roland ont pitié de Thierri.
Mais Dieu sait comment tout finira.

CCCXI

Au-dessous d'Aix est une vaste plaine :
C'est là que les deux barons vont faire leur bataille.
Tous deux sont preux, et leur courage est grand.
Rapides, emportés sont leurs chevaux,
Ils les éperonnent, leur lâchent les rênes,
Et, rassemblant toute leur vigueur, se vont frapper mutuellement.
Ils brisent, ils mettent en pièces leurs écus,
Ils dépècent leurs hauberts, ils déchirent les sangles de leurs chevaux,
Si bien que les *selles tournent et que les cavaliers tombent...*
Cent mille hommes les regardent, tout en pleurs.

CCCXII

Voici nos deux chevaliers à terre :
Vite ils se redressent sur leurs pieds.
Pinabel est fort, léger, rapide.
L'un cherche l'autre. Ils n'ont plus de chevaux ;
Mais, de leurs épées à la garde d'or pur,
Ils frappent, ils refrappent sur leurs heaumes d'acier.
Ce sont là de rudes coups, bien faits pour les trancher...
Et tous les chevaliers français de se lamenter vivement :
« O Dieu, » s'écrie Charles, « montrez-nous où est le droit. »

CCCXIII

Dist Pinabels : « Tierris, kar te recrei :
« Tis hum serai par amur e par feid,
« A tun plaisir te durrai mun aveir ;
3895 « Mais Guenelun fai acorder à l' Rei. »
Respunt Tierris : « Ja n'en tiendrai cunseill,
« Tut seie fel, se jo mie l'otrei !
« Deus facet hoi entre nus dous le dreit ! »   Aoi.

CCCXIV

Ço dist Tierris : « Pinabels, mult ies ber.
3900 « Granz ies e forz e tis cors bien mollez ;
« De vasselage te conoissent ti per :
« Ceste bataille kar la laisses ester.
« A Carlemagne te ferai acorder :
« De Guenelun justise iert faite tel
3905 « Jamais n'iert jurz que il n'en seit parlet. »
Dist Pinabels : « Ne placet damne Deu !
« Sustenir voeill trestut mun parentet.
« N'en recrerrai pur nul hume mortel :
« Mielz voeill murir qu' il me seit reprovet. »
3910 De lur espées cumencent à capler
Desur cez helmes ki sunt ad or gemmet,
Cuntre le ciel en *salt* li fous tuz clers ;
Il ne poet estre qu'il seient desevret.
Seinz hume mort ne poet estre afinet.   Aoi.

CCCXV

3915 Mult par est pruz Pinabels de Sorence.
Si fiert Tierri sur l'helme de Provence :
Salt en li fous, que l'herbe en fait esprendre ;
De l' brant d'acier l'amure li presentet,
Desur le frunt *l'helme li en detrenchet,*
3920 En mi le vis li ad faite descendre
(La destre joe en ad tute sanglente) ;

CCCXIII

« Rétracte-toi, Thierri, » dit alors Pinabel.
« Je consens à devenir ton homme par amour et par foi,
« Et je te donnerai de mes trésors tout à souhait :
« Seulement réconcilie Ganelon avec le Roi.
« — Je n'y veux même point songer, » répond Thierri.
« Honte à moi si j'y consens !
« Que Dieu prononce aujourd'hui entre nous. »

CCCXIV

« Pinabel, » dit Thierri, « tu es un vrai baron,
« Tu es grand, tu es fort, tu as le corps bien moulé ;
« Tes pairs te connaissent pour ton courage ;
« Eh bien ! laisse ce combat,
« Je t'accorderai avec Charles :
« Quant à Ganelon, on en fera si bonne justice
« Que jamais plus on n'en entendra parler.
« — Ne plaise au seigneur Dieu ! » répond Pinabel ;
« J'entends bien soutenir toute ma parenté,
« Et devant homme mortel je ne reculerai pas.
« Plutôt mourir que de mériter un tel reproche ! »
Alors ils recommencent à échanger de grands coups d'épée
Sur leurs heaumes gemmés d'or.
Le feu clair en jaillit, et vole jusqu'au ciel.
On ne les pourrait plus séparer :
Ce duel ne finira pas sans mort d'homme.

CCCXV

C'est un vaillant homme que Pinabel de Sorence.
Il frappe Thierri sur son écu provençal :
Le feu en jaillit, qui enflamme l'herbe sèche.
Il présente à son adversaire la pointe de son épée d'acier,
Lui tranche le heaume sur le front,
Et lui fait descendre la lame jusqu'au milieu du visage ;
La joue droite est tout en sang,

L'osberc desclot jusque par sum le ventre.
Deus le guarit que mort ne l' acraventet. Aoi.

CCCXVI

Ço veit Tierris que el' vis est feruz :
3925 Li sanc tuz clers en chiet el' pret herbut :
Fiert Pinabel sur l'helme d'acier brun,
Jusqu'à l' nasel li ad frait e fendut,
De l' chief li ad le cervel espandut ;
Brandit sun colp, si l'ad mort abatut.
3930 A icest colp est li esturs vencuz.
Escrient Franc : « Deus i ad fait vertut.
« Asez est dreiz que Güenes seit penduz
« E si parent ki plaidiet unt pur lui. » Aoi.

CCCXVII

Quant Tierris ad vencue sa bataille,
3935 Venuz i est li emperere Carles,
Ensembl'od lui de ses baruns *sunt quatre*,
Naimes li dux, Ogiers de Danemarche,
Gefreiz d'Anjou e Willalmes de Blaive.
Li Reis ad pris Tierri entre sa brace,
3940 Tert lui le vis od ses granz pels de martre.
Celes met jus ; pois, li afublent altres ;
Mult suavet le chevalier desarment,
Munter l'unt fait une mule d'Arabe.
Repairet s'en à joie e à barnage.
3945 Vienent ad Ais, descendent en la place.
Dès or cumencet l'ocisiun des altres. Aoi.

CCCXVIII

Carles apelet ses cuntes e ses dux :
« Que me loez de cels qu'ai retenuz ?
« Pur Guenelun erent à plait venut,
3950 « Pur Pinabel en ostage rendut. »
Respundent Franc : « Ja mar en vivrat uns. »

Le haubert déchiré jusqu'au ventre.
Mais Dieu est là qui préserve et garantit Thierri.

CCCXVI

Thierri voit qu'il est blessé au visage ;
Le sang tout clair coule sur le pré herbu.
Alors il frappe Pinabel sur le heaume d'acier bruni,
Dont il fait deux morceaux jusqu'au nasal.
Toute la cervelle de sa tête se répand à terre.
Thierri brandit son épée, et l'abat raide mort.
Ce coup termine la bataille.
« Dieu a fait un miracle, » s'écrient les Français.
« Maintenant il est juste que Ganelon soit pendu,
« Lui et ses parents qui ont répondu pour lui. »

CCCXVII

Thierri est vainqueur :
L'empereur Charles arrive,
Et, avec lui, quatre de ses barons,
Le duc Naimes, Ogier de Danemark,
Geoffroi d'Anjou et Guillaume de Blaye.
Le Roi a pris Thierri entre ses bras ;
Il lui essuie le visage avec ses grandes peaux de martre ;
Puis il les rejette de ses épaules, et on lui en revêt d'autres.
Tout doucement on désarme le chevalier ;
On le fait monter sur une mule d'Arabie,
Et c'est ainsi qu'il s'en revient tout joyeux, le baron.
On arrive à Aix, on descend sur la place.
Alors va commencer le supplice de Ganelon et de ses parents.

CCCXVIII

Charlemagne appelle ses comtes et ses ducs :
« Quel conseil me donnez-vous sur les otages que j'ai retenus ?
« Ils sont venus au plaid pour Ganelon ;
« Ils se sont portés caution pour Pinabel.
« —Qu'ils meurent, qu'ils meurent tous, » répondent les Français.

Li Reis cumandet un soen veier, Basbrun :
« Va, si 's pent tuz à l'arbre de mal fust.
« *Par* ceste barbe, dont li peil sont canut,
3955 « S' uns en escapet, morz ies e cunfunduz. »
Cil li respunt : « Qu'en fereie jo *plus*? »
Od cent serjanz par force les cunduit.
Trente en i ad d'icels ki sunt pendut.
Ki traïst hume, sei ocit e altrui. Aoi.

CCCXIX

3960 Pois, sunt turnet Baivier et Aleman
E Peitevin e Bretun e Norman.
Sur tuz les altres l'unt otriet li Franc
Que Guenes moerget par merveillus ahan.
Quatre destriers funt amener avant ;
3965 Pois, si li lient e les piez e les mains.
Li cheval sunt orgoillus e curant ;
Quatre serjant les acoeillent devant
Devers une ewe ki est en mi un camp.
Guenes est turnez à perditiun grant ;
3970 Trestuit si nerf mult li sunt estendant,
E tuit li membre de sun cors derumpant ;
Sur l'herbe verte en espant li clers sancs.
Guenes est morz cume fel recreant.
Ki traïst altre, nen est dreiz qu'il s'en vant. Aoi.

CCCXX

3975 Quant l' Emperere ad faite sa venjance,
Si 'n apelat ses evesques de France,
Cels de Bavière e icels d'Alemaigne :
« En ma *curt* ad une caitive franche,

3958. *Trente en i ad d'icels ki sunt pendut.* Dans *Huon de Bordeaux*, l'abbé de Cluny, avec ses quatre-vingts moines, se porte otage pour Huon dans son duel avec Amaury. Mais déjà les idées se sont adoucies, et si Huon est vaincu, ses otages seront seulement privés de leurs torres. Ce-

Alors le Roi appelle un sien viguier, Basbrun :
« A cet arbre maudit, là-bas, va, pends-les tous.
« Par cette barbe dont les poils sont chenus,
« S'il en échappe un seul, tu es perdu, tu es mort.
« — Qu'ai-je autre chose à faire? » répond Basbrun.
Avec cent sergents il les emmène de force,
Et il y en a bientôt trente qui sont pendus.
Ainsi se perd le traître; ainsi perd-il les autres.

CCCXIX

Là-dessus, les Bavarois et les Allemands s'en vont,
Avec les Poitevins, les Bretons et les Normands.
C'est l'avis de tous, et plus encore l'avis des Français,
Que Ganelon meure d'un terrible et extraordinaire supplice.
Donc, on fait avancer quatre destriers;
Puis on lie les pieds et les mains du traître.
Rapides et sauvages sont les chevaux.
Devant eux sont quatre sergents qui les dirigent
Vers une jument là-bas, dans le milieu d'un champ.
Dieu! quelle fin pour Ganelon!
Tous ses nerfs sont effroyablement tendus;
Tous ses membres s'arrachent de son corps;
Le sang clair ruisselle sur l'herbe verte...
Ganelon meurt en félon et en lâche.
Il n'est pas juste que le traître puisse jamais se vanter de sa trahison.

CCCXX

Quand l'Empereur a fait ses représailles,
Il appelle ses évêques de France;
De Bavière et d'Allemagne :
« Dans ma maison, » dit-il, « il y a une prisonnière de noble race;

pendant Charles les a tout d'abord menacés de les faire *traîner à roncis*, et ils sont enchaînés tant que dure le duel. Je ne vois pas qu'on ait encore songé à rapprocher ce passage d'*Huon* du dénouement de notre *Roland*.

« Tant ad oït e sermuns e essamples,
3980 « Creire voeit Deu, chrestientet demandet.
« Baptiziez la, pur que Deus en ait l'anme. »
Cil li respundent : « Or seit fait par marraines,
« Asez creües e enlinées dames. »
As bainz ad Ais mult sunt granz les *cumpaignes* :
3985 Là baptizièrent la reïne d'Espaigne,
Truvet li unt le num de Juliane.
Chrestiene est par veire conoissance... AOI.

FIN DE LA CHANSON

CCCXXI

Quant l'Emperere ad faite sa justise
E esclargiée est la sue grant ire,
3990 En Bramimunde ad chrestientet mise,
Passet li jurz, la noit est aserie,
Li Reis se culchet en sa cambre voltice.
Seinz Gabriel de part Deu li vint dire :
« Carles, sumun les oz de tun emperie,
3995 « Par force iras en la tere de Bire,
« Rei Vivien si succurras en Imphe,

3982. *Marraines.* L'usage d'avoir plusieurs parrains et marraines a existé dans plusieurs églises, et il a été prohibé par plusieurs Conciles. (Voir la Note de Génin, en son édition du *Roland*, p. 460.) Il convient d'ajouter qu'Hoffmann propose une leçon toute différente et rejette le mot *marraines*. (Voir les *Notes pour l'établissement du texte*.)

3995-3997. *Par force iras en la tere de Bire.* Les commentateurs n'ont pu déterminer quelle était cette terre de *Bire*. Hoffmann propose *Ebire* (?), et nous avions avant lui adopté *Libie*, d'après la *Kaiser Karl Magnus's kronike*. Fr. Michel écrit *Ebre* et Genin *Sirie*. == Qu'est-ce encore que cette ville de Nimphe ou Imphe? La rédaction la plus ancienne de la *Karlamagnus Saga* manque précisément ici ;

« Elle a tant entendu de sermons et de bons exemples,
« Qu'elle veut croire en Dieu et demande chrétienté.
« Pour que Dieu ait son âme, baptisez-la.
« — Volontiers, » répondent les évêques, « donnez-lui pour marraines
« Des dames nobles et de haut lignage. »
Grande est la foule réunie aux bains d'Aix;
On y baptise la reine d'Espagne
Sous le nom de Julienne.
A son bon escient, elle se fait chrétienne...

FIN DE LA CHANSON

CCCXXI

Quand l'Empereur eut fait justice;
Quand sa grande colère se fut un peu éclaircie;
Quand il eut mis enfin la foi chrétienne en Bramimonde,
Le jour était passé, la nuit sombre était venue...
Le Roi se couche dans sa chambre voûtée;
Saint Gabriel descend vers lui et, de la part de Dieu, vient lui dire :
« Charles, Charles, rassemble toutes les armées de ton empire;
« A marches forcées, va dans la terre de Bire,
« Va secourir le roi Vivien dans Imphe,

---

mais nous lisons dans la *Kaiser Karl Magnus's kronike*, qui reproduit assez exactement l'affabulation de la *Saga* : « Va dans la terre de Lybie secourir le bon roi Iwen contre les païens. » Et plus loin, l'auteur danois raconte fort rapidement cette guerre. On y voit seulement que le roi sarrasin s'appelait Gealwer, et qu'il fut tué par Ogier le Danois. (G. Paris, *Histoire poétique de Charlemagne*, p. 277. Voir dans notre première édition, II, p. 263, la traduction du texte danois.) Après quoi vient le récit, en quelques lignes, de la guerre contre les Saxons, d'après notre *Chanson des Saisnes*. (*Ibid.*, p. 264.)

4002. *Ci falt la geste que Turoldus declinet.* Voir le chapitre de notre Introduction consacré à l'auteur du *Roland*. Le sens du mot *declinet* est très douteux.

« A la citet que païen unt asise.
« Li chrestien te recleiment e crient. »
Li Emperere n'i volsist aler mie :
4000 « Deus! » dist li Reis, « si penuse est ma vie! »
Pluret des oilz, sa barbe blanche tiret... Aoi.

Ci falt la Geste que Turoldus declinet.

« Dans cette cité dont les païens font le siège,
« Et où les chrétiens t'appellent à grands cris. »
L'Empereur voudrait bien n'y pas aller :
« Dieu ! » s'écrie-t-il, « que ma vie est peineuse ! »
Il pleure de ses yeux, il tire sa barbe blanche...

Ici s'arrête la Geste de Touroude.

ÉCLAIRCISSEMENTS

ÉCLAIRCISSEMENT I

LA LÉGENDE DE CHARLEMAGNE

I. Naissance et enfances de Charlemagne. = 1° Sa naissance. La mère de Charles est connue, dans nos Chansons, sous le nom de « Berte au grand pied ». C'est la fille de Flore, roi de Hongrie, et de la reine Blanchefleur. Un jour Pépin la demande en mariage, et elle s'achemine vers la France. (*Berte*, poème composé par Adenès vers 1275, édition P. Paris, pages 7-9.) Mais l'étrangère est, dès son arrivée, circonvenue par toute une famille de traîtres : une serve, Aliste, se fait passer pour la reine de France, prend sa place auprès de Pépin et force la véritable Berte à s'enfuir au fond des bois, où elle pense mourir de froid, de peur, de faim. (*Ibid.*, pp. 16-52.) Par bonheur, un pauvre homme du nom de Simon recueille l'innocente en sa cabane, où elle est, au bout de quelques années, reconnue enfin par son mari désabusé. (*Ibid.*, pp. 64-132.) Quelques mois après naît Charlemagne [1]. = 2° Ses enfances. De la fausse Berte, de la méchante Aliste, Pépin avait eu deux fils : Heudri et Lanfroi. Ils deviennent, comme il s'y fallait attendre, les ennemis acharnés du fils légitime, de Charles. (*Charlemagne*, de Girard d'Amiens; compilation du commencement du XIV° siècle. B. N., 778, f° 23, 24.) Donc, ils essayent de l'empoisonner, puis de l'égorger. (F° 24-28.) Un serviteur fidèle, David, se charge alors de sauver l'héritier de France : il l'emmène avec lui en Espagne, et c'est à Tolède, c'est parmi les païens que va s'écouler l'enfance de Charlemagne. (F° 28-30.) On n'y connaît pas, d'ailleurs, sa véritable condition, et c'est sous le nom de Mainet que le fils de Pépin se met au service du roi sarrasin Galafre. (F° 30, 31.) Pour premier exploit il se mesure avec l'émir Bruyant, qu'il tue. Mais Galafre a une fille, Galienne, de qui la beauté est célèbre et

---

[1] La fable de Berte n'a rien de traditionnel. = On en trouve un résumé très rapide dans la Chronique Saintongeaise (commencement du XIII° siècle). = Le *Charlemagne* de Venise lui donne un certain développement, et nous avons là, sous le titre de *Berta de li gran pié*, un premier poème qui est antérieur de soixante ou quatre-vingts ans à l'œuvre d'Adenès, et en diffère quelque peu. M. Mussafia l'a publié dans la *Romania* (III, p. 339 et ss. et IV, p. 91 et ss.). Cf. Philippe Mousket (vers 1240), la *Gran Conquista de Ultramar* (fin du XIII° siècle), les *Reali* (vers 1350), et le *Roman de Berte* en prose (Berlin, mss. fr. 130, première moitié du XV° siècle), etc. = Somme toute, on n'a pensé qu'assez tard à la mère de Charles, et la légende de son fils était presque achevée, quand on songea à composer la sienne avec de vieilles histoires, celles-là mêmes qu'on mit plus tard sur le compte de Geneviève de Brabant. Il semble que ce travail n'était pas encore commencé, quand fut écrite la *Chanson de Roland*.

pour laquelle le jeune Français se prend soudain du plus vif, du plus charmant amour. Il la veut conquérir à tout prix, triomphe de Braimant, qui est un autre ennemi de Galafre, et épouse enfin sa chère Galienne, qui déjà s'est convertie à la foi chrétienne. (F° 32-50.) C'est en vain que Marsile, frère de Galienne, essaye de faire périr Mainet: Charles, une fois de plus vainqueur, ne songe désormais qu'à quitter l'Espagne et à reconquérir son propre royaume. Il commence par délivrer une première fois Rome et la Papauté, menacées par les païens que commande Corsuble. (F° 55.) Il fait ensuite son entrée en France, où sa marche n'est qu'une série de victoires. Les deux traîtres, Heudri et Lanfroi, sont vaincus et châtiés comme ils le méritent. (F° 64-66.) Charles demeure le seul maître de tout le grand empire (f° 67) ; mais sa joie est empoisonnée par la mort prématurée de sa chère Galienne [1]...

II. Expédition de Charles en Italie : Rome délivrée. Un jour, les ambassadeurs du roi de France sont insultés par le roi de Danemark, Geoffroi. Charles, plein de rage, s'apprête à faire mourir le fils et l'otage de Geoffroi, le jeune Ogier, lorsque tout à coup on lui vient annoncer que les Sarrasins se sont emparés de Rome. (*Chevalerie Ogier de Danemarche*, poème du xii° siècle attribué à Raimbert de Paris; édition de Barrois, vers 174-186.) Charles, tout aussitôt, part en Italie, traverse les défilés de Montjeu (*Ibid.*, 191-222), où il est miraculeusement guidé par un cerf blanc (*Ibid.*, 222-283]), et s'avance jusque sous les murs de Rome. Le pape Milon, son ami, marche à sa rencontre et lui fait bon accueil. (*Ibid.*, 315-329.) Corsuble cependant, le sarrasin Corsuble est maître de Rome, et n'aspire qu'à lutter contre les Français. (*Ibid.*, 284-289 et 330-383.) Une première bataille s'engage. (*Ibid.*, 384-423 et 448-467.) L'oriflamme va tomber au pouvoir des païens, quand Ogier intervient et relève, par son courage et sa victoire, la force abattue des Français. (*Ibid.*, 468-681.) On l'acclame, on lui fait fête, on l'arme chevalier. (*Ibid.*, 682-749.) C'est alors que les Sarrasins s'apprêtent à opposer, dans un duel décisif, leur Caraheu à notre Ogier. (*Ibid.*, 851-961.) Le succès est un moment compromis par les imprudences de Charlot, fils de l'Empereur. (*Ibid.*, 1075-1224.) Néanmoins le grand duel entre les deux héros se prépare, et l'heure en va sonner (*Ibid.*, 1225-1537) : Gloriande, fille de Corsuble, en sera le prix. Une trahison de Danemont, fils du roi païen, retarde la victoire d'Ogier, qui est fait prisonnier. (*Ibid.*, 1538-2011.) Mais les Français n'en sont que plus furieux. Un grand duel, qui doit tout terminer, est décidé entre Ogier et Brunamont, le roi de « Maiolgre ». (*Ibid.*, 2565 et suiv.) Ogier est vainqueur (*Ibid.*, 2636-3041); Corsuble s'éloigne de Rome (*Ibid.*, 3042-3052), et Charles fait dans la

---

[1] La légende des Enfances de Charles ne paraît pas antérieure au xii° siècle, et il n'y est fait aucune allusion dans le *Roland*. Cf. le *Mainet*, chanson de geste du xii° siècle, dont on a eu l'heureuse fortune de retrouver, en avril 1874, plusieurs fragments importants (ils renferment environ 700 vers et ont été publiés dans la *Romania*; juillet-octobre 1875, IV, 305 et ss.). Cf. aussi le *Karleto* de Venise (fin du xii° ou commencement du xiii° siècle), le *Renaus de Montauban* (xiii° siècle), la *Karlamagnus Saga*, histoire islandaise de Charlemagne (xiii° siècle) ; le *Karl Meinet* (compilation allemande du xiv° siècle), le *Cronica general de España* (xiii° siècle), les *Reali* (xiv° siècle), etc. etc. C'est presque partout le même récit que dans le poème de Girard d'Amiens. Peu de variantes, et elles n'ont rien d'important.

grande ville une entrée triomphale. Il a la générosité d'épargner Caraheu et Gloriande (*Ibid.*, 3053-3073), et, chargé de gloire, reprend le chemin de la France [1]. (*Ibid.*, 3074-3102.) = La *Chevalerie Ogier* nous a parlé fort longuement d'une première expédition en Italie : *Aspremont*, plus longuement encore, nous fait assister à une seconde campagne de l'Empereur par delà les Alpes... Charles, donc, tient sa cour un jour de Pentecôte. (*Aspremont*, poème de la fin du XIIe siècle ou du commencement du XIIIe, édit. Guessard, pp. 2 et 3.) Soudain, un Sarrasin arrive et défie solennellement le Roi au nom de son maître Agolant. (*Ibid.*, p. 4.) Charles pousse son cri de guerre, et la grande armée de France se met en route vers l'Italie. Là voilà qui passe à Laon. (*Ibid.*, p. 11.) Or, à Laon était enfermé le neveu de Charles, qu'on ne voulait pas encore mener à la guerre : car il n'avait que douze ou quinze ans. Roland s'échappe, et rejoint l'armée. (*Ibid.*, pp. 13-16.) Charles envoie Turpin demander aide au fameux Girard de Fraite, qui d'abord répond par un refus insolent, et veut assassiner l'Archevêque (*Ibid.*, pp. 17-18); mais qui, sur les conseils pressants de sa femme, se décide enfin à marcher au secours de l'Empereur. (B. N. fr. 2495, f° 85 r° — 87 r°.) Alors toute l'armée franchit les Alpes et traverse l'Italie : car c'est la Calabre qui doit être le théâtre de la grande lutte. Agolant, le roi païen, a un fils nommé Eaumont, qui est destiné à devenir le héros du poème. Eaumont lutte avec Charles et est sur le point de vaincre, quand arrive Roland, qui tue le jeune Sarrasin et s'empare de l'épée Durendal. (B. Nanc. ms. Lavall., 123, f° 41 v° — 43 r°.) La guerre cependant n'est pas finie : il faut que saint Georges, saint Maurice et saint Domnin descendent dans les rangs des chrétiens et combattent avec eux (*Ibid.*, f° 64, v° — 65 ; r°); il faut que Turpin porte au front de l'armée le bois sacré de la vraie croix ; il faut que Dieu, par un miracle sans pareil, donne à ce bois l'éclat du soleil ; il faut, à côté de ces efforts célestes, tout l'effort humain de Charlemagne, de Roland et de Girard, pour qu'enfin les Sarrasins soient vaincus. (*Ibid.*, f°s 65, 2° et suiv.) Agolant meurt alors sous les coups de Claires, neveu de Girard (*Ibid.*, f° 81, v°); Girard lui-même s'empare de Rise (*Ibid.*), et l'on donne le royaume d'Agolant à Florent, neveu du roi de Hongrie [2]. (*Ibid.*, f° 81, v° — 87.)

III. LUTTES DE CHARLEMAGNE CONTRE SES VASSAUX : 1° GIRARD DE VIANE. Garin de Montglane, avec ses quatre fils, Renier, Mile, Hernaut et Girard, est tombé dans une misère profonde. (*Girars de Viane*, poème du commencement du XIIIe siècle, édition P. Tarbé,

---

[1] La *Chevalerie Ogier* repose sur des traditions de la fin du VIIIe siècle. Cf. les *Enfances Ogier*, qui sont un médiocre remaniement d'Adenet (deuxième moitié du XIIIe siècle) ; le *Charlemagne* de Venise (fin du XIIe, commencement du XIIIe siècle), où Ogier nous est représenté tout d'abord comme un écuyer inconnu ; la troisième branche de la *Karlamagnus Saga* (XIIIe siècle), etc.

[2] *Aspremont* est une œuvre de la décadence et où il n'y a d'autre élément traditionnel que cette donnée générale, ce lieu commun si cher à nos trouvères, d'une expédition française en Italie pour la délivrance de la Papauté menacée. = Cf. les *Reali*, dont l'affabulation est conforme à celle d'*Aspremont*, et qui contiennent une suite où l'on assiste aux fureurs et au châtiment de Girard de Fraite. C'est tout ce qui nous reste aujourd'hui d'une vieille Chanson qui devait avoir pour titre : *Girars de Fraite*.

pp. 4-7.) Les Sarrasins entourent son château que baigne le Rhône;
mais ses fils le délivrent (*Ibid.*, pp. 6-9) et se lancent dans les aventures. (*Ibid.*, pp. 9-10.) Girard arrive à Reims pour se mettre au service de Charles avec son frère Renier. (*Ibid.*, pp. 11-20.) « Adoubés »
par l'Empereur (*Ibid.*, pp. 20-21), ils lui rendent, en effet, mille services dont ils se font trop bien payer (*Ibid.*, pp. 24-30), et Girard
devient l'ennemi mortel de Charlemagne, qui lui avait d'abord promis la duchesse de Bourgogne en mariage et avait fini par l'épouser
lui-même. La nouvelle impératrice, irritée contre Girard, lui fait
baiser son pied, alors que le jeune vassal pense baiser celui de l'Empereur. De là, toute la lutte qui va suivre. (*Ibid.*, pp. 31-41.) Une
guerre terrible s'engage entre les fils de Garin et Charlemagne.
(*Ibid.*, pp. 51-56.) Les deux héros de cette guerre seront, d'une part,
Olivier, fils de Renier et neveu de Girard; de l'autre, Roland, neveu
de Charles. Aude, la belle Aude, sœur d'Olivier, devient la fiancée
de Roland : nouvelle complication, qui donne un intérêt plus vif à
cette légende héroïque dont le principal épisode est le siège de Vienne.
(*Ibid.*, pp. 66-105.) La guerre étant interminable, on se résout
à l'achever par un combat singulier entre Olivier et Roland. (*Ibid.*,
pp. 106 et suiv.) Le combat est admirable, mais demeure indécis.
(*Ibid.*, pp. 133-154.) Bref, la paix est faite; Girard se réconcilie avec
Charles; Aude est promise à Roland, et l'on part pour Roncevaux.
(*Ibid.*, pp. 155-184.) = 2° LES QUATRE FILS AYMON. Charles tient
cour plénière. Il se plaint de la rébellion de Doon de Nanteuil et de
Beuves d'Aigremont : même, il s'apprête à rassembler contre ce dernier toutes les forces de son empire. (*Renaus de Montauban*, poème
du XIII° siècle, mais dont il a existé des rédactions antérieures; édit.
Michelant, pp. 1-3.) Aymon de Dordone, qui est un autre frère de
Beuves, proteste courageusement contre la colère de l'Empereur.
Charles le menace, et Aymon se retire fièrement de la cour avec tous
ses chevaliers. C'est ici que commence la lutte entre l'Empereur et
le duc Aymon, qui est soutenu par ses quatre fils, Renaud, Alard,
Guichard et Richard. (*Ibid.*, p. 3, v. 8-30.) Le roi de France, pour
mettre fin à cette guerre, envoie à Beuves d'Aigremont un ambassadeur que le rebelle met à mort. (*Ibid.*, pp. 3-8.) Un second messager,
qui est le propre fils de Charles, Lohier lui-même, est envoyé au
terrible Beuves. Son insolence le perd, et Lohier meurt dans une
bataille qui a pour théâtre le château de Beuves. (*Ibid.*, pp. 8-16.)
Désormais la guerre est inévitable; elle commence. (*Ibid.*, pp. 19-27.)
Le duc Beuves échoue devant Troyes, et une défaite de l'armée féodale suffit pour anéantir toutes les espérances des coalisés. (*Ibid.*,
pp. 30-37.) L'Empereur pardonne à ses ennemis, mais fait assassiner le
duc Beuves, qui s'acheminait vers Paris. (*Ibid.*, pp. 37-44.) Aymon,
lui, fait la paix assez platement avec l'assassin de son frère. Doon
de Nanteuil et Girard de Roussillon se soumettent pareillement. La
guerre semble finie. (*Ibid.*, pp. 44-45.) Là-dessus, les quatre fils
Aymon viennent à la cour de Charles et y sont faits chevaliers. (*Ibid.*,
pp. 45-47.) Leur fortune semble assurée, quand certaine partie d'échecs vient tout changer. Le neveu de l'Empereur, Bertolais, joue
avec Renaud : survient une dispute, et, d'un coup d'échiquier, Renaud
tue son adversaire. (*Ibid.*, pp. 51, 52.) Le meurtrier et ses trois frères
s'enfuient au plus vite d'une cour où ils ne sont plus en sûreté.
Leur père est le premier à les abandonner : leur mère, leur mère seule
leur demeure fidèle. Ils se retirent dans la vieille forêt des Ardennes.

(*Ibid.*, pp. 52, 53.) C'est là qu'ils vont se cacher durant sept ans ; c'est là que va commencer leur « grande misère ». Ils sont poursuivis par Charlemagne, qui fait le siège de leur château de Montessor. Un traître est sur le point de les livrer à l'Empereur, et les fils du duc Aymon, affamés, sont forcés de s'éloigner de ces murs où, pendant cinq années, ils ont arrêté l'effort de tout l'Empire. (*Ibid.*, pp. 53-74.) Ils errent dans la grande forêt, et le cheval de Renaud, Bayard, leur vient en aide par sa force et son agilité merveilleuses. (*Ibid.*, pp. 74-83.) Cependant la faim les éprouve de plus en plus : tous leurs chevaliers meurent; ils vont mourir aussi. (*Ibid.*, pp. 85, 86.) Leur mère, qui a quelque peine à les reconnaître dans ce misérable état, leur offre en vain l'hospitalité. (*Ibid.*, pp. 87-89.) Ils sont forcés de se remettre en route, chassés par leur père, et s'acheminent vers le Midi, où les mêmes aventures les attendent. (*Ibid.*, pp. 89-96.) Le roi Yon, qui régnait à Bordeaux, les voit un jour arriver dans cette ville avec leur cousin, le fameux enchanteur Maugis. (*Ibid.*, pp. 96, 97.) Les nouveaux venus aident le roi de Gascogne dans sa lutte contre les Sarrasins, et délivrent une fois de plus la chrétienté envahie. (*Ibid.*, pp. 97-107.) Charlemagne les menaçant toujours, ils se construisent un château (Mont des Aubains ou Montauban), où ils espèrent pouvoir résister à l'Empereur. (*Ibid.*, pp. 107-111.) Renaud, en attendant la guerre probable, épouse la sœur du roi Yon. (*Ibid.*, pp. 111-114.) A peu de temps de là, Charles, revenant d'Espagne, aperçoit le château de Montauban. Fou de jalousie et de rage, il en prépare le siège. Roland y prend part et rivalise avec Renaud. La lutte éclate, elle se prolonge, elle est terrible. (*Ibid.*, pp. 114-144.) Mais le roi Yon lui-même trahit les fils d'Aymon, et ils sont sur le point de tomber entre les mains des chevaliers de l'Empereur. Un combat se livre : Renaud y fait des prodiges. (*Ibid.*, pp. 142-192.) Par bonheur, Ogier, chargé d'exécuter les ordres de Charles contre ses mortels ennemis, rougit de seconder une trahison, et Maugis délivre les quatre frères. (*Ibid.*, pp. 192-219.) Renaud, en vassal fidèle, ne désire, d'ailleurs, rien tant que de se réconcilier avec Charlemagne (*Ibid.*, pp. 230-246.); mais, hélas! les ruses et les enchantements de Maugis ont irrité l'Empereur, et il exige qu'on lui livre le magicien. (*Ibid.*, pp. 249-254.) Sur ces entrefaites, Richard, frère de Renaud, tombe au pouvoir de Charles, qui le veut faire pendre ; mais les douze Pairs se refusent nettement à exécuter cette cruelle sentence (*Ibid.*, pp. 254-267), et Renaud, averti par son bon cheval Bayard, délivre son frère. La lutte recommence avec une rage nouvelle. (*Ibid.*, pp. 267-285.) Nouvelles ruses de Maugis, nouvelles batailles : Charlemagne devient le prisonnier de Renaud, qui se refuse à tuer son seigneur. (*Ibid.*, pp. 283-537.) L'Empereur ne sait pas reconnaître une telle générosité et assiège de nouveau Montauban, où la famine devient insupportable. Par bonheur, un mystérieux souterrain sauve les quatre frères. (*Ibid.*, pp. 337-362.) Et néanmoins, la guerre est loin d'être finie. Il faut que Richard de Normandie soit fait prisonnier par les rebelles; il faut que les Pairs forcent l'Empereur à conclure la paix; il faut qu'ils aillent jusqu'à abandonner Charles. (*Ibid.*, pp. 362-398.) Enfin la paix est faite, et elle est définitive. Renaud s'engage à faire un pèlerinage à Jérusalem, et arrive dans la Ville sainte au moment même où elle est attaquée par les Sarrasins. Il la délivre (*Ibid.*, pp. 403-417), et refuse d'en être le roi. (*Ibid.*, pp. 407, 408.) Il revient en France. Sa femme est morte, et ses fils sont menacés par toute la famille de Ganelon et d'Hardré; mais il a la joie d'assister à leur triomphe. (*Ibid.*, pp. 418-442.) C'est alors que, dégoûté des grandeurs, il s'échappe un jour de son château et va, comme maçon, comme manœuvre, offrir humblement ses services à l'architecte de la cathédrale de Cologne. (*Ibid.*, pp. 442-445.) Sa force et son désintéressement excitent la jalousie des autres ouvriers, qui le tuent (*Ibid.*, pp. 445-450); mais Dieu fait ici un grand prodige : le corps de Renaud, jeté dans le Rhin, surnage miraculeusement au milieu de la lumière et des chants angéliques; puis, comme un autre saint Denis, il guide lui-même jusqu'à Trémoigne les nombreux témoins de ce miracle. (*Ibid.*, pp. 450-454.) C'est plus tard seulement qu'on reconnut le fils du duc Aymon, dont l'intercession faisait des miracles. Et *saint* Renaud, canonisé populairement, reçut les honneurs dus aux serviteurs de Dieu. (*Ibid.*, pp. 454-457.) = 3º Ogier de Danemark. Ogier était le fils de ce roi de Danemark qui avait jadis outragé les messagers de Charles. Otage de son père, il avait été retenu prisonnier par l'Empereur, qui même voulut un jour le faire mourir. Nous avons vu plus haut comment il mérita le pardon de Charlemagne en combattant contre les Sarrasins envahisseurs de Rome; en luttant contre Carahéu et Danemont. (*Chevalerie Ogier de Danemarche*, poème attribué à Raimbert, XIIᵉ siècle, 174-3102.) Le Danois, vainqueur, se reposait depuis longtemps à la cour de Charlemagne; mais il en est de lui comme de Renaud de Montauban, et une partie d'échecs va changer sa fortune. Son fils, Baudouinet, est tué par le fils de l'Empereur, Charlot, qu'il a fait échec et mat. (*Ibid.*, vers 3152-3180.) Ogier l'apprend; Ogier veut tuer le meurtrier; mais, assailli par mille Français, il est forcé de s'enfuir et va jusqu'à Pavie demander asile au roi Didier, qui le fait soudain gonfalonier de son royaume. (*Ibid.*, 3181-3541.) Charlemagne le poursuit jusque-là et réclame du roi lombard l'expulsion du Danois : Ogier jette un couteau à la tête de l'ambassadeur impérial. (*Ibid.*, 4074-4288.) Charles veut se venger à tout prix. Les Lombards défendent Ogier : guerre aux Lombards. Une formidable bataille se livre entre les deux armées, entre les deux peuples. Didier s'enfuit; Ogier reste, avec cinq cents hommes, en présence de toute l'armée française. Sa résistance est héroïque, mais inutile : il est forcé de se retirer devant cent mille ennemis. (*Ibid.*, 4534-5883.) C'est pendant cette fuite, ou plutôt durant cette retraite, que, devenu tout à fait fou de colère, Ogier égorge lâchement Amis et Amiles. (*Ibid.*, 5884-5891.) Mais la poursuite continue, continue toujours. Par bonheur, Ogier a un admirable cheval, Broiefort, qui prend enfin son galop à travers ces cent mille ennemis et sauve son maître déjà cerné. Le Danois parvient à s'enfermer dans Castelfort : le siège de Castelfort va commencer. (*Ibid.*, 5892-6688.) Dans ce château Ogier est seul, tout seul, et il a devant lui l'armée de Charlemagne. Son ami Guielin a succombé, tous ses chevaliers sont morts; et c'est l'Occident tout entier qui semble conjuré contre le seul Danois. (*Ibid.*, 6689-8374.) Ne pouvant rien par la force, il essaye de la ruse, et fabrique en bois de nombreux chevaliers qui étonnent l'ennemi et l'arrêtent. Malgré tout, il va mourir de faim, et sort de cet asile. Il en sort avec le dessein d'égorger l'Empereur, et essaye en réalité d'assassiner Charlot, qui cependant s'est montré pour lui plein de générosité et de douceur. Mais, de nouveau poursuivi, Ogier est enfin fait prisonnier, et le voilà captif à Reims. (*Ibid.*, 8375-9424.) Charles veut l'y laisser mourir de faim; mais Turpin sauve le Danois, dont la captivité ne dure pas moins de sept années. L'Empereur le croit mort. (*Ibid.*, 9425-9793.) La France cependant est menacée d'un épouvantable danger : elle est envahie par le Sarrasin Brehus. Ogier seul serait en état de la sauver, et c'est alors que Charles apprend que le Danois vit encore: (*Ibid.*, 9793-10082.) L'Empereur tombe aux genoux de son prisonnier, de son ennemi mortel, et le supplie de sauver la France. Mais Ogier est implacable, et n'y consent qu'à la condition de tuer de sa propre main Charlot, auteur de la mort de son fils. (*Ibid.*, 10081-10776.) Et déjà, en effet, il lève son épée sur le malheureux fils de Charlemagne, quand un ange descend du ciel pour empêcher ce meurtre. On s'embrasse, on s'élance au-devant de Brehus. (*Ibid.*, 10870-11038.) Les Sarrasins sont battus, et Brehus est tué par Ogier, qui a vainement cherché à le convertir. (*Ibid.*, 11039-12969.) Le Danois, décidément réconcilié avec Charlemagne, épouse la fille du roi d'Angleterre, qu'il a délivrée des infidèles. Il reçoit de l'Empereur le comté de Hainaut, et c'est là qu'il finit ses jours en odeur de sainteté. Son corps est à Meaux [1]. (*Ibid.*, 12970-13042.) = 4° JEAN DE LANSON. Jean de Lanson est un neveu de Ganelon, un petit-fils de Grifon d'Autefeuille : il est de la race des traîtres. Il possède la Pouille, la Calabre, le Maroc, qu'il a reçus de Charlemagne. Tant de bonté n'a pas désarmé la haine qu'il porte à l'Empereur, et il ne cesse de conspirer contre lui. Il offre à sa cour un asile au traître Alori, qui a assassiné Humbaut de Liège. Cette dernière insulte met à bout la patience de Charles, et il envoie à Jean de Lanson les douze Pairs pour le défier. (*Jéhan de Lanson*, poème du commencement du XIIIe siècle, Ms. de l'Arsenal, 3145; anc. B. L. F. 186, f° 108 et ss.) Les douze Pairs traversent toute l'Italie, et se voient menacés par les traîtres à la tête desquels est Alori. (*Ibid.*, f° 121.) Par bonheur les messagers de Charles ont avec eux l'enchanteur Basin de Gênes, qui, autre Maugis, emploie mille ruses pour déjouer les projets d'Alori. (Ms. de la B. N. fr. 2495, f° 1-13, v°.) C'est en vain que Jean de Lanson oppose Malaquin à Basin, magicien à magicien : Basin parvient à restituer aux douze Pairs leurs épées qui leur avaient été habilement volées (*Ibid.*, f° 14, v°), et trouve, à travers mille aventures, le secret de pénétrer en France, à Paris, où il avertit l'Empereur de la détresse de ses messagers. (*Ibid.*, f° 15-29.) Charles réunit son armée : il marche sur la Calabre, et, vainqueur dans une première bataille, met le siège devant Lanson. (*Ibid.*, f° 29-55.) Encore ici, Basin lui vient en aide. Il endort tous les habitants du palais de Lanson et le duc Jean lui-même. Charles pénètre dans ce château enchanté, et délivre les douze Pairs depuis trop longtemps prisonniers [2]. (*Ibid.*, f° 55-64 v°.)

---

[1] Toute cette légende d'Ogier s'est formée EN MÊME TEMPS que celle de Roland: elle a commencé dès les VIIIe-IXe siècles, et était presque achevée quand fut écrite notre Chanson. Mais ce sont là, notons-le bien, deux cycles tout à fait distincts, et qui n'ont eu entre eux aucune communication notable. Les deux légendes se sont formées chacune de leur côté, et sont toujours demeurées indépendantes l'une de l'autre. = Les origines de *Renaus de Montauban* semblent un peu moins anciennes, et dans *Girars de Viane*, la donnée générale du poème en est, à peu près, le seul élément antique.

[2] *Jehan de Lanson* est une œuvre littéraire, et où la légende ne tient aucune place.

IV. Avant la grande expédition d'Espagne : 1° Charlemagne en Orient. L'Empereur est à Saint-Denis. Il se met la couronne en tête et ceint son épée : « Connaissez-vous, » dit-il à l'Impératrice, « un « chevalier, un roi auquel la couronne aille mieux? — Oui, ré- « pond-elle imprudemment, j'en connais un : c'est l'empereur Hugon « de Constantinople. » (Vers 1–66 du *Voyage à Jérusalem et à Constantinople*, premier tiers du xii⁰ siècle.) Charles, brûlé de jalousie, veut aller voir ce roi si bien coiffé. Il part avec les douze Pairs, et va d'abord à Jérusalem pour adorer le saint Sépulcre. Suivi de quatre-vingt mille hommes, il arrive dans la Ville sainte. (*Ibid.*, v.67-108.) Reconnu par le Patriarche, Charles reçoit de lui la sainte couronne, un des clous, le calice eucharistique et du lait de la Vierge. L'attouchement de ces reliques guérit un paralytique, et leur authenticité est par là mise en lumière. (*Ibid.*, 113-198.) L'Empereur quitte enfin Jérusalem et se dirige vers Constantinople, après avoir fait vœu de chasser les païens de l'Espagne. (*Ibid.*, 221-332.) Charles traverse toute l'Asie et arrive enfin à Constantinople, où il est gracieusement accueilli par l'empereur Hugon. (*Ibid.*, 262-403.) Par malheur, les barons français ne se montrent pas assez reconnaissants de cette hospitalité, et se livrent, pendant toute une nuit, à des plaisanteries, à des *gabs* où l'empereur et l'empire d'Orient sont fort insolemment traités. Ces forfanteries sont rapportées à Hugon, qui s'irrite contre les Français et les met en demeure de réaliser leurs *gabs*. (*Ibid.*, 446-685.) C'est alors que Dieu envoie un ange au secours de Charles, fort embarrassé; c'est alors aussi que les plaisanteries des douze Pairs reçoivent, malgré leur immoralité, un commencement d'exécution. Hugon se déclare satisfait et tombe aux bras de Charles. (*Ibid.*, 686-802.) Bref, la paix est faite, et Charles peut enfin partir en Occident. Il rapporte en France les reliques de la Passion [1]. (*Ibid.*, 803-859.) = Cependant Olivier avait eu un fils de la fille de l'empereur Hugon. C'est ce fils, du nom de Galien, qui se met plus tard à la recherche de son père et le retrouve enfin sur le champ de bataille de Roncevaux, au moment où l'ami de Roland

---

[1] *Le Voyage à Jérusalem* n'est, dans sa deuxième partie, qu'un misérable fabliau épique; mais, si l'on considère uniquement son début et ses derniers vers, il a certaines racines dans la tradition. Cependant la légende n'apparaît pas avant le *Benedicti Chronicon*, œuvre d'un moine du mont Soracte, nommé Benoît (mort vers 968), lequel se contenta de falsifier un passage d'Eginhard en substituant le mot *Rex* aux mots *Legati regis*. (Voir *Épopées françaises*, 2ᵉ édition, III, p. 284, et notre première édition du *Roland*, II, 37.) Cf. une légende latine de 1060-1080, l'*Iter Jerosolimitanum*, qui devait être un jour insérée dans les *Chroniques de Saint-Denis*. On y voit le patriarche de Jérusalem, chassé de sa ville par les Sarrasins, réclamer l'aide de l'empereur d'Orient, et être en réalité secouru par Charlemagne, qui obtient de lui les saintes reliques de la Passion. Voir aussi la *Karlamagnus Saga* (xiii⁰ siècle), et, tout particulièrement, les trois sources suivantes: le ms. de l'Arsenal 3351 (xv⁰ siècle), le ms. fr. 1470 de la Bibliothèque nationale (xv⁰ siècle) et le *Galien* incunable, qui nous offrent trois remaniements en prose du *Voyage*, avec quelques éléments nouveaux. = Un poème de la décadence, *Simon de Pouille* (B. N. fr. 368, xiv⁰ siècle, f⁰ 144), nous fait assister à une véritable croisade des douze Pairs en Orient, et Girard d'Amiens, en son *Charlemagne* (commencement du xiv⁰ siècle), raconte une expédition du grand empereur lui-même sous les murs de Jérusalem. Enfin, David Aubert, au xv⁰ siècle, ne fait que reproduire en prose, dans ses *Conquestes de Charlemagne*, le récit de Girard d'Amiens dont il comble une lacune importante.

rend le dernier soupir 1. = 2° CHARLEMAGNE EN BRETAGNE. « Acquin, empereur des Sarrasins, » s'est rendu maître de la Petite-Bretagne. Il habite le palais de Guidalet; mais Charlemagne, lassé de la paix, s'apprête à marcher contre les envahisseurs *norois*. (*Acquin*, poème de la fin du XII° siècle, conservé dans un manuscrit détestable du XV°, B. N. fr. 2233, f° 1, r°.) Charles arrive à Avranches et s'installe à Dol. « Commençons la guerre, » dit l'Archevêque. (*Ibid.*, f° 1, v° — 3, r°.) La situation des chrétiens est difficile. Une ambassade est, sur le conseil de l'archevêque de Dol, envoyée à Acquin par Charlemagne. Les messagers de l'Empereur, insolents comme toujours, sont sur le point d'être tués par les Norois; mais la femme du roi païen intercède en leur faveur. (*Ibid.*, f° 37° — 7, v°.) Naimes est d'avis de commencer immédiatement la guerre et de mettre le siège devant Guidalet. Dans une première bataille, les chrétiens sont vainqueurs. (*Ibid.*, f° 7, v° — 16, r°.) Leurs pertes sont d'ailleurs considérables, et le père de Roland, Tiori, meurt sur le lieu du combat. Malgré tout, les Français s'emparent de Dinart et investissent Guidalet. Le siège est long et rude. Même un jour, l'armée de Charles est surprise et vaincue. (*Ibid.*, r° 17, 7° — 30, r°.) Naimes n'échappe à la mort que grâce à un miracle. (*Ibid.*, f° 31-33.) Mais Guidalet tombe enfin au pouvoir des Bretons et des Français, et Gardainne est miraculeusement anéantie par un orage envoyé de Dieu. (*Ibid.*, f° 33-50, v°.) Un duel de Naimes et d'Acquin paraît terminer la Chanson 2. Acquin meurt, et sa femme est baptisée. (*Ibid.*, f° 50-55.) = 3° FIERABRAS ET OTINEL. Charles est, une fois de plus, en guerre avec les païens: même il vient de leur livrer une bataille longuement disputée. (*Fierabras*, poème du XIII° siècle, éd. Grœber et Servois, v. 24-45. M. Grœber a publié dans la *Romania* une première branche du *Fierabras* qui a pour titre: *La Destruction de Rome*, et où est racontée en effet la prise de la ville des Papes par l'émir Balant et les Sarrasins). Un géant sarrasin, haut de quinze pieds, défie un jour tous les chevaliers de Charlemagne. Or, c'est lui, c'est Fierabras qui a massacré les habitants de Rome et qui, maître du saint sépulcre et de Jérusalem, possède toutes les reliques de la Passion : le baume avec lequel Notre-Seigneur fut enseveli, l'enseigne de la croix, la couronne et les clous. (*Ibid.*, v. 50-66.) Au défi du païen, c'est Olivier qui répond. Le duel terrible va commencer: il s'engage. (*Ibid.*, 93-368.) Le géant a trois épées, et le baume divin, dont il emporte avec lui plusieurs barils, guérit en un instant toutes les blessures qu'il peut recevoir. Cependant Olivier ne recule point devant un tel adversaire, cherche à le convertir, s'empare des barils miraculeux qu'il jette dans la mer, et porte au Sarrasin un coup vainqueur. Fierabras s'avoue vaincu et demande à grands cris le baptême. (*Ibid.*, 369-449

---

[1] Voir le Roman en prose de *Galien*, qui nous est parvenu sous trois formes (Bibl. de l'Arsenal, 3351; Bibl. nat. fr. 1470; et *Galien* incunable, 1500, Vérard, etc.). Ces romans en prose sont visiblement dérivés d'un roman en vers de la fin du XIII° siècle dont nous avons reconstitué plusieurs centaines de vers au t. III de la 2° édition de nos *Épopées françaises*. Et cette chanson elle-même avait été précédée par un ou deux autres poèmes qui ne sont point parvenus jusqu'à nous.

[2] Dans ce poème, dont nous ne possédons pas de version complète, l'élément littéraire est plus considérable que l'élément traditionnel. On y rencontre cependant des légendes visiblement antiques. Mais tout a été écrit en dehors de la *Chanson de Roland* et de notre légende.

et ss.) Mais, pendant qu'Olivier emporte le géant blessé, il est cerné
par les païens et tombe en leur pouvoir. (*Ibid.*, 2631-1862.) Fierabras,
baptisé, devient soudain un tout autre homme : il se fait l'allié des
Français et s'apprête à combattre son propre père, l'émir Balant.
(*Ibid.*, 1803-1994.) Quant à Floripas, sa sœur, elle ne rêve que de se
marier avec Gui de Bourgogne. (*Ibid.*, 2255.) Mais les événements
ne tournent pas à l'avantage des chrétiens, et Balant se rend maître
de Gui, de Roland, de Naimes et des premiers barons français.
(*Ibid.*, 2256-2712.) Floripas entreprend de les délivrer, et y réussit.
(*Ibid.*, 2713-5861.) Balant lui-même est fait prisonnier, et, plutôt que
de recevoir le baptême, va au-devant de la mort. C'est Floripas elle-
même qui, fille dénaturée, se montre la plus impitoyable pour son
père : Balant meurt. (*Ibid.*, 5862-5991.) Floripas épouse enfin Gui de
Bourgogne et apporte à Charlemagne les reliques de la Passion,
qui sont l'objet, le véritable objet de toute cette lutte. Dieu atteste
leur authenticité par de beaux miracles. C'est trois ans après que
Ganelon trahit la France et vend Roland [1]. (*Ibid.*, 5992-6219.) = Au
commencement d'*Otinel* (xiiie siècle), l'Empereur tient cour plénière
à Paris. (Édition Guessard et Michelant, vers 23 et ss.) Survient un
messager païen du roi Garsile : « Abandonne ta foi, dit-il à Charles,
« et mon maître daignera te laisser l'Angleterre et la Normandie. »
(*Ibid.*, 137 et ss.) C'était ce Garsile qui avait pris Rome, et son messager lui-même, Otinel, l'y avait singulièrement aidé. (*Ibid.*, 91 et
ss.) Roland s'irrite d'un message aussi insolent, et défie Otinel. (*Ibid.*,
211-216.) Entre de tels champions, c'est un duel terrible. Le Ciel y
intervient, et, au milieu du combat, Otinel s'écrie : « Je crois en
Dieu. » On le baptise, et Charles va jusqu'à lui donner sa fille Bé-
lissent en mariage (*Ibid.*, 262-659); Otinel devient alors l'appui de
la chrétienté et l'ennemi de Garsile. (*Ibid.*, 660-1915.) Au milieu de
cette guerre, Ogier est fait prisonnier, mais parvient à s'échapper.
(*Ibid.*, 1916-1945.) La grande et décisive bataille est à la fin livrée :
Otinel tue Garsile, et l'on célèbre joyeusement ses noces avec Bélis-
sent [2]. (*Ibid.*, 1948-2132.)

V. L'ESPAGNE. Charles se repose de tant de guerres, et, au milieu
de sa gloire, oublie le vœu qu'il a fait jadis d'aller délivrer l'Espagne
et le « chemin des Pèlerins ». Saint Jacques lui apparaît et lui an-

---

[1] Le *Fierabras*, que nous venons de résumer, n'est pas la version la plus
ancienne de ce poème. Suivant M. G. Paris, il a existé une Chanson antérieure,
qui pouvait bien avoir pour titre : *Balant*. Ce poème commençait par le récit
d'une prise de Rome que les Sarrasins enlevaient aux chrétiens ; Charles arrivait au secours des vaincus, et c'est alors qu'avait lieu le combat d'Olivier et
de Fierabras. C'était tout, et il n'y avait là que le développement de deux lieux
communs épiques : « le Siège de Rome » et « le Duel avec un géant ». Notre
poème n'offre que le dernier de ces lieux communs ; mais, comme nous l'avons
dit plus haut, M. Grœber a retrouvé dans le manuscrit 578 de la Bibliothèque
municipale de Hanovre la première branche du *Fierabras*, et l'a publiée,
sous le titre de « *la Destruction de Rome* », dans la *Romania* (II, p. 1
et ss.). = *Fierabras*, comme le *Voyage à Jérusalem*, a été composé pour être
chanté à la foire du Lendit, où l'on faisait une exhibition solennelle de certaines
Reliques de la Passion. (V. nos *Épopées françaises*, 2e édition, III.)

[2] *Otinel* ne contient rien de légendaire : c'est une œuvre de pure imagination.
= Cf. l'épisode d'*Ospinel* dans le *Karl Meinet*, compilation allemande du com-
mencement du xive siècle, et le récit de Jacques d'Acqui (fin du xiiie siècle).
Toutes ces fables sont postérieures à la rédaction du *Roland*.

nonce que le temps est venu d'accomplir son vœu. (L'*Entrée en Espagne*, poème du comm^t du xive siècle renfermant des morceaux du xiiie. Mss. fr. de Venise, xxi, f° 1, 2.) L'Empereur n'hésite pas à obéir à cette voix du ciel; mais il n'en est pas de même de ses barons, qui prennent trop de plaisir à la paix et s'y endorment : Roland les réveille. (*Ibid.*, f° 2-7.) Marsile est saisi d'épouvante en apprenant l'arrivée des Français. Par bonheur, il a pour neveu le géant Ferragus, qui va défier les douze Pairs, lutte avec onze d'entre eux et, onze fois vainqueur, les fait tous prisonniers. (*Ibid.*, 7-31.) Mais il reste Roland, et celui-ci, après un combat de plusieurs jours, finit par trancher la tête du géant, qu'il eût voulu épargner et convertir. (*Ibid.*, 31-79.) L'action se transporte alors sous les murs de Pampelune, et elle y demeurera longtemps. Une première bataille se livre sur ce théâtre de tant de combats: Isoré, fils de Malceris, roi de Pampelune, s'illustre par d'admirables mais inutiles exploits. Il est fait prisonnier, et, sans l'intervention de Roland, Charles eût ordonné sa mort. (*Ibid.*, 79-121.) La guerre continue, terrible. Une des plus grandes batailles d'Espagne va commencer : Roland est relégué à l'arrière-garde, et s'en indigne. (*Ibid.*, 122-162.) Voici la mêlée : on y admire à la fois le courage de l'Empereur et celui de Ganelon. (*Ibid.*, 162.) Quant à Roland, il commet la faute très grave de déserter le champ de bataille avec tout son corps d'armée. Il est vrai qu'il s'empare de la ville de Nobles; mais il n'en a pas moins compromis la victoire des Français. L'Empereur le lui reproche cruellement, et va jusqu'à le frapper. Roland s'éloigne, et quand Charlemagne, apaisé, envoie à sa poursuite, il n'est plus possible de le trouver. (*Ibid.*, 162-220.) Roland s'embarque, et arrive en Orient; il se met au service du « roi de Persie », délivre la belle Diones, organise l'Orient à la française et fait le pèlerinage des saints lieux. (*Ibid.*, 220-275.) Mais il se hâte de revenir en Espagne, et tombe, tout en larmes, aux pieds de l'Empereur. (*Ibid.*, 275-303.) La réconciliation est faite, mais la grande guerre est loin d'être finie : Pampelune, en effet, est toujours défendue par Malceris et Isoré, son fils. Leur courage ne parvient pas à sauver la ville, et Charlemagne y entre. (*Prise de Pampelune*, premier quart du xive siècle, éd. Mussafia, vers 1-170.) Par malheur, les chrétiens ne restent pas unis dans leur victoire, et une épouvantable lutte éclate entre les Allemands et les Lombards. C'est Roland qui a la gloire de les séparer, et de faire la paix. (*Ibid.*, 170-425.) Il reste à régler le sort du roi Malceris, et Charles, si cruel tout à l'heure contre les Sarrasins, devient tout à coup d'une générosité ridicule. Il veut faire de Malceris un des douze Pairs; mais aucun d'entre eux ne veut céder sa place au nouveau venu : tous préfèrent la mort. (*Ibid.*, 465-561.) Malceris, furieux de ce refus, parvient à s'échapper de Pampelune. (*Ibid.*, 561-759.) Mais le fils du fugitif, Isoré, est demeuré fidèle à Charles et aux chrétiens. Il en vient, pour ses nouveaux amis, à méconnaître jusqu'à la voix du sang et à lutter contre son père, qui, par aventure, échappe une seconde fois aux mains des Français. (*Ibid.*, 760-1199.) Charles cependant ne perd pas l'espoir de conquérir l'Espagne, et c'est ici que commence une nouvelle série de batailles sanglantes, où il joue véritablement le premier rôle. A la tête de ses ennemis est encore Malceris, type du païen farouche et intraitable; près de Malceris est Altumajor. Ce ne sont pas de petits adversaires. Dans la mêlée, le roi de France se voit tout à coup cerné par les troupes païennes, et serait mort sans l'aide providentielle de Didier et de ses Lombards. (*Ibid.*, 1199-1953.) Enfin, les païens sont vaincus. Altumajor, forcé de devenir chrétien, remet à l'Empereur Logroño et Estella. (*Ibid.*, 1830-2474.) Devant les Français victorieux, il ne reste plus guère que Marsile, et ce sera désormais le grand adversaire de Charles et de Roland. On agit d'abord avec lui par la diplomatie, et, sur la proposition de Ganelon, on lui envoie deux ambassadeurs, Basin de Langres et son compagnon Basile. Ils sont pendus sur l'ordre de Marsile, et cette violation du droit des gens sera plus tard rappelée avec horreur dans la *Chanson de Roland*. (*Ibid.*, 2597-2704.) Un tel crime ne déconcerte d'ailleurs ni Ganelon ni Charlemagne, et l'on décide d'envoyer une seconde ambassade à Marsile. Guron est choisi: il est surpris par les païens, et n'a que le temps, après une résistance sublime, de venir expirer aux pieds de Charles, qui le vengera. (*Ibid.*, 3140-5850.) La rage s'allume au cœur de l'Empereur, et la guerre recommence. Les Français après une éclatante victoire sur Malceris, entrent tour à tour dans Tudela, Cordres, Charion, Saint-Fagon, Masele et Lion. (*Ibid.*, 3851-5773.) Le poème se termine en nous montrant l'armée chrétienne maîtresse d'Astorga. Charles possède l'Espagne, toute l'Espagne..., à l'exception de Saragosse. = Suivant une légende, ou plutôt suivant une imagination différente de tous nos autres récits, Charles ne serait pas resté sept années, mais VINGT-SEPT ANS en Espagne. Cette version n'est consacrée que par le poème de *Gui de Bourgogne* (seconde moitié du xiie siècle). L'auteur suppose que l'Empereur et ses barons ont vieilli de l'autre côté des Pyrénées, et tellement vieilli, que leurs fils, laissés par eux au berceau, sont devenus, en France, de beaux jeunes hommes pleins d'ardeur. Or ce sont ces jeunes gens qui s'avisent un jour d'aller rejoindre leurs pères en Espagne, comme la jeune garde venant à l'aide de la vieille. Ils avaient voulu tout d'abord se donner un roi, et Gui, fils de Samson de Bourgogne, avait été élu d'une voix unanime. C'est Gui qui a eu l'idée de l'expédition d'Espagne, et qui exécute de main de maître un projet si hardi. (*Gui de Bourgogne*, vers 1-391.) Gui s'empare successivement de Carsaude (*Ibid.*, 392-709), de Montorgueil et de Montesclair (*Ibid.*, 1621-3091), de la Tour d'Augorie (*Ibid.*, 3184-3413) et de Maudrane. (*Ibid.*, 3414-3717.) Le seul adversaire redoutable que rencontre le vainqueur, c'est Huidelon; mais il se convertit fort rapidement et devient le meilleur allié des Français. Il ne reste plus maintenant à la jeune armée qu'à rejoindre celle des vieillards, celle de Charles. C'est ce que Gui parvient à faire, après avoir donné les preuves d'une sagesse au-dessus de son âge. Un jour enfin, les jeunes chevaliers peuvent tomber aux bras de leurs pères (*Ibid.*, 3925-4024), et c'est une joie inexprimable. Puis, les deux armées combinées s'emparent de Luiserne, que Dieu engloutit miraculeusement. (*Ibid.*, 4137-4299.) Le signal du départ est alors donné à tous les Français. Et où vont-ils ainsi? A Roncevaux. (*Ibid.*, 1300-4301.) = Ici commence la *Chanson de Roland*, dont la scène, à vrai dire, devrait se placer immédiatement après la *Prise de Pampelune*. Mais nous n'avons pas besoin de résumer ici le poème dont nous venons de publier le texte et la traduction. Le rôle de Charlemagne n'y est pas, comme on le sait, effacé par celui de Roland, et l'Empereur garde réellement le premier rang. C'est lui qui, dans la première partie de la Chanson, réunit son conseil pour délibérer avec lui de la paix proposée par

Marsile; c'est lui qui fait choix de Ganelon comme ambassadeur ; c'est lui qui, sur l'avis de ce traître, confie l'arrière-garde à Roland. Puis, dans la seconde partie de la Chanson, il cède ou paraît céder toute la place à son neveu, afin de nous faire assister uniquement aux derniers exploits, à l'agonie et à la mort de Roland. Mais encore voyons-nous Charles prendre de loin sa part à ce martyre et accourir, terrible, pour le venger. Il est d'ailleurs, et il est tout seul le héros de la troisième partie. Il s'y fait le vengeur de Roland sur les Sarrasins d'abord, et ensuite sur Ganelon. A la défaite de Marsile et de Baligant succède le châtiment du traître, et le grand empereur, promenant autour de lui ses regards apaisés par tant de représailles, s'apprête enfin à se reposer, quand tout à coup la voix d'un ange se fait entendre et lui ordonne de recommencer une nouvelle guerre contre les païens [1]...

[1] Le document dont il faut tout d'abord rapprocher le *Roland*, c'est la « Chronique de Turpin ». M. G. Paris a établi (comme nous avons déjà eu lieu de le dire plusieurs fois) que les chapitres I-V sont l'œuvre d'un moine de Compostelle, écrivant vers le milieu du XIe siècle, et que les chapitres VI et suivants, dus sans doute à un moine de Saint-André de Vienne, n'ont été écrits qu'entre les années 1109-1119. = D'après le Faux Turpin, Charlemagne aperçoit un jour dans le ciel une « voie d'étoiles » qui s'étend de la mer de Frise jusqu'au tombeau de saint Jacques en Galice. L'Apôtre lui-même se fait voir à l'Empereur, et le somme de délivrer son pèlerinage, dont la route est profanée par les infidèles. Charles obéit; il part. (Cap. II.) Devant les Français victorieux tombent miraculeusement les murs de Pampelune; puis l'Empereur fait sa visite au tombeau de l'Apôtre, et va jusqu'à Padron. (Cap. III.) Plein de foi, il détruit toutes les idoles de l'Espagne, et particulièrement, à Cadix, cette image de Mahomet que l'on appelle « Islam ». (Cap. IV.) L'Empereur, triomphant, élève une église magnifique en l'honneur de saint Jacques, et construit d'autres basiliques à Toulouse, Aix et Paris... (Cap. V.) Ici s'arrête le récit primitif, qui forme un tout bien complet et caractéristique. Le continuateur du XIIe siècle prend alors la parole, et, soudant tant bien que mal sa narration à la précédente, raconte tout au long (cap. VI-XIV) la grande guerre de Charles contre Agolant. L'Agolant de la Chronique de Turpin n'a rien de commun avec celui d'*Aspremont* dont nous avons parlé plus haut. Ce roi païen (qui règne en Espagne et non pas en Italie) envahit la France, et massacre un jour jusqu'à quarante mille chrétiens. Une première fois vaincu par les Français, il se réfugie dans Agen; mais il est encore battu à Taillebourg, puis à Saintes. C'est alors qu'il repasse les Pyrénées, et qu'il est définitivement tué et vaincu sous les murs de Pampelune. Le récit d'une nouvelle guerre commence, en effet, au chap. XIV de la Chronique: *Bellum Pampilonense*... Donc, il arrive qu'Altumajor surprend un jour une troupe de chrétiens trop avides de butin. (Cap. XV.) Une croix rouge apparaît sur l'épaule des soldats de Charles qui doivent mourir dans la guerre contre le roi Fouré : c'est l'Empereur qui a fort indiscrètement demandé ce prodige à Dieu. Ces prédestinés meurent, mais Fouré est vaincu. (Cap. XVI.) Nouvelle guerre d'Espagne. Cette fois, c'est la plus célèbre, c'est celle de nos Chansons : Roland lutte à Nadres contre le géant Ferragus et en triomphe. (Cap. XVII.) Altumajor et Hébraïm, roi de Séville, continuent la lutte. Cachés sous des masques hideux, les païens attaquent les Français avec des cris épouvantables. Les Français reculent une première fois, mais le lendemain sont vainqueurs, et Charles, maître de l'Espagne, la partage entre ses peuples. (Cap. XVIII.) Il érige alors Compostelle en métropole, et fait massacrer en Galice tous les païens qui refusent le baptême. (Cap. XIX.) C'est alors, mais alors seulement, qu'on voit entrer en scène Marsile et Baligant, tous deux rois de Saragosse, et envoyés tous deux par l'émir de Babylone. Ils feignent de se soumettre et envoient à Charles trente sommiers chargés d'or et quarante de vin, avec mille captives sarrasines. Ganelon, PAR PURE AVARICE ET SANS NUL ESPRIT DE VENGEANCE, trahit son pays et s'engage à livrer aux païens les meilleurs chevaliers de l'armée chrétienne. Les Français, d'ailleurs, semblent attirer la colère du Ciel en se livrant à de hon-

VI. Après l'Espagne. Dernières années et mort de Charlemagne. Deux poèmes, qui sont œuvre purement littéraire et personnelle, *Gaydon* et *Anseïs de Carthage*, achèvent de nous retracer l'histoire de la grande expédition d'Espagne. Dans la première de ces deux chansons, Gaydon (qui n'est autre que le Thierry de la plus ancienne de nos épopées, se fait en France le continuateur de Roland, et lutte contre la famille de Ganelon. C'est en vain que Charles se laisse entraîner dans un complot contre lui : il triomphe de l'Empereur lui-même, et se fait nommer grand sénéchal de France. (*Gaydon*, poème du commencement du xiii⁰ siècle, éd. S. Luce.) =

teuses débauches. Ganelon les trompe, les endort, et voici que l'arrière-garde de Charles est soudain attaquée par les Sarrasins que Marsile et Baligant conduisent à ce carnage. Sauf Roland, Turpin, Baudouin et Thierry, tous les Français meurent. (Cap. xxi.) Avant de mourir, Roland a la joie de tuer le roi Marsile; mais il expire lui-même, après avoir en vain essayé de briser sa Durendal (cap. xxii) et s'être rompu les veines du cou en sonnant de son cor d'ivoire. Charles l'entend du Val-Charlon, pendant que Thierry assiste à l'agonie et à la mort de Roland. (Cap. xxiii et xxiv.) Or, c'était le 17 mai, et Turpin chantait la messe, lorsqu'il vit soudain passer dans les airs les démons qui menaient en enfer l'âme de Marsile, et les anges qui conduisaient au paradis l'âme de Roland. Presque en même temps, Baudouin apporte à l'Empereur la nouvelle de la mort de son neveu. Désespoir de Charles, pleurs de tous les Français. (Cap. xxv.) Les chrétiens vont, sans plus de retard, relever leurs morts sur le champ de bataille de Roncevaux, dans le Val-Sizer. Comme en notre Chanson, Dieu arrête le soleil pour permettre à Charles de se venger des Sarrasins, et le traître Ganelon, après un combat entre Pinabel et Thierry, est jugé, condamné, exécuté. (Cap. xxvi.) = Tous les documents littéraires du moyen âge où est racontée la mort de Roland, se divisent ici en deux grands groupes, selon qu'ils suivent notre Chanson ou le Faux Turpin. La Chronique latine se retrouve, plus ou moins arrangée, dans la Chronique du manuscrit de Tournay (commencement du xiii⁰ siècle); dans la Chronique saintongeaise (commencement du xiii⁰ siècle); dans Philippe Mousket (xiii⁰ siècle; mais avec certains autres éléments empruntés à notre vieux poème et à ses Remaniements); dans les Chroniques de Saint-Denis; dans le *Roland* anglais du xiii⁰ siècle; dans le *Charlemagne* de Girard d'Amiens (xiv⁰ siècle); dans la compilation allemande qui est connue sous le nom de *Karl Meinet* (xiv⁰ siècle; mais seulement en ce qui concerne les commencements de l'expédition d'Espagne); dans le *Charlemagne et Anseïs*, en prose (Bibl. de l'Arsenal, B. L. F. 214, xv⁰ siècle); dans la *Conqueste du grant Charlemagne des Espagnes*, qui est un remaniement du *Fierabras* (xv⁰ siècle); dans les *Guerin de Montglave*, incunables; dans la Chronique du ms. 5003 (l'original est peut-être du xiv⁰ siècle, et le ms. est du xvi⁰); dans la première partie des *Conquestes de Charlemagne*, de David Aubert (1458), etc. = Tout au contraire, notre vieux poème est la base du *Ruolandes Liet*, œuvre allemande du curé Conrad (vers 1150); du *Stricker*, qui, dans son *Karl* (1230), n'a guère fait que remanier le *Ruolandes Liet*; du plus ancien texte de Venise et des Remaniements français du xiii⁰ siècle, qui, sauf leur dénouement (où il faut voir une œuvre d'imagination), ont calqué le texte d'Oxford; de la *karlamagnus Saga* (xiii⁰ siècle et de la *Keiser Karl Magnus's kronike* (xv⁰ siècle); de quatre fragments néerlandais publiés par M. Bormans (xiii⁰-xiv⁰ siècles); du *Karl Meinet* (xiv⁰ siècle, en ce qui concerne la bataille de Roncevaux), et, un peu aussi, de la Chronique de Weihenstephan (xiv⁰-xv⁰ siècles). = En dehors de ces deux grands groupes, nous ne trouvons, çà et là, que quelques traits originaux. La *Kaiserscronik* (xii⁰ siècle) nous fournit un récit de la guerre d'Espagne qui ne ressemble en rien à tous les autres : « Tous les chrétiens ayant été massacrés par les Sarrasins, Charles rassemble 53,066 jeunes filles dans le Val-Charlon, près des défilés de Sizer. Les païens tremblent et se soumettent. » (G. Paris, *Histoire poétique de Charlemagne*, 271.) = En Italie, toute la légende de la *Spagna* a pour caractère d'être empruntée à ces trois sources; l'*Entrée en*

ÉCLAIRCISSEMENT I

Quant à *Anseïs*, c'est un poème encore plus moderne : on y crée un autre continuateur de Roland, mais en Espagne. On lui fait même décerner par Charles le titre de roi d'Espagne, et il passe sa vie à lutter contre les païens, dont il ne peut être décidément vainqueur sans le secours du grand empereur. (*Anseïs de Carthage*, xiiie siècle, B. N., fr. 793.) = Mais désormais l'Espagne n'occupera plus Charlemagne, et c'est vers un autre côté de son empire qu'il jette ses regards. Guiteclin (Witikind) vient d'entrer vainqueur dans Cologne ; les Saisnes menacent l'empire chrétien. L'Empereur apprend ces tristes nouvelles, et en pleure. (*Chanson des Saisnes*, de Jean

Espagne, de Nicolas de Padoue, avec une *Prise de Pampelune*, du même auteur (qui n'est pas arrivée jusqu'à nous), et, d'autre part (sans tenir compte de quelques traits de la Chronique de Turpin), une *Chanson de Roland* semblable à celle du ms. fr. IV de Venise, et où l'on trouvait un récit poétique de la « Prise de Narbonne ». Cinq documents principaux nous offrent ce caractère : deux *Spagna* en vers (la *Spagna* proprement dite, composée entre les années 1350 et 1380, et la *Rotta di Roscivalle*, qui en est le remaniement, xve s.), et trois *Spagna* en prose, postérieures à la *Spagna* « in rima », et qui ont entre elles de très intimes ressemblances (celle du ms. de la Bibliothèque Albani, découverte en 1830 par M. Ranke ; celle de la Bibliothèque Médicis, découverte par M. Rajna, et celle enfin de la Bibliothèque de Pavie, le *Viaggio in Espagna*, que M. Ceruti a publiée en 1871. Le manuscrit Albani est du commencement du xvie siècle ; les deux autres sont du xve siècle. Tous ont les mêmes éléments et présentent le même caractère.) = En Espagne, la *Cronica general* d'Alfonse X (seconde moitié du xiiie siècle), précédée par la *Chronica Hispaniæ* de Rodrigue de Tolède († 1247), présente sous un aspect tout différent la guerre de Roncevaux : « Alfonse le Chaste régnait depuis trente ans. Menacé par les Sarrasins, il appelle Charlemagne à son aide ; mais les Espagnols, ses sujets, se révoltent à la seule pensée qu'ils vont être secourus par des Français, et Alfonse est forcé de faire savoir à Charles... qu'il se passera de lui. Le roi de France, indigné, déclare tout aussitôt la guerre aux Espagnols. Plutôt que de céder aux Français abhorrés, ceux-ci sollicitent l'alliance de Marsile et des païens, et c'est Bernard del Carpio qui conclut cette alliance. Accablés par deux armées, ou plutôt par deux races, les Français sont vaincus, et Roland meurt. Il est vrai que Charles se vengea plus tard sur Marsile. Mais Bernard del Carpio fut le plus heureux. Réconcilié avec le grand empereur, il fut fait par lui roi d'Italie. (*Chronica Hispaniæ*, IV, cap. x et xi ; *Cronica general*, édit. de 1604, fº 30-32. Cf. la Chronique antérieure de Lucas de Tuy, etc.) = « L'Office de Charlemagne à Girone » (vers 1350) nous fournit une tout autre version... Au moment de franchir les Pyrénées, Charles a une belle vision : Notre-Dame, saint Jacques et saint André lui promettent la victoire ; mais à la condition qu'il bâtira dans Girone une belle église à la Vierge. Le grand empereur se met en devoir d'obéir. Il bat les païens à *Sent-Madir*, et met le siège devant Girone. Une croix rouge reste durant quatre heures au-dessus de la mosquée ; il pleut du sang ; les miracles abondent. = Les *Romances* espagnoles sont les unes françaises, les autres espagnoles d'inspiration. Dans la Romance : *C'était le Dimanche des Rameaux*, on voit fuir le roi Marcim devant Roland, avec des pleurs et des imprécations lamentables. Dans la romance *Doña Alda*, on assiste à un songe de la belle Aude, et cet épisode est à peu près semblable à la donnée de nos *rifacimenti*. (Cf. De Puymaigre, les *Vieux Auteurs castillans*, II, 325.) Dans une autre romance, Roland meurt de douleur sur le champ de bataille, à la seule vue de la tristesse et de l'isolement de Charlemagne. (*Etudes religieuses des Pères jésuites*, VIII, 41.) D'autres enfin célèbrent à l'envi leur Bernard del Carpio, au préjudice de notre Roland. (*Primavera*, I, 26-47.) Cf., sur l'histoire de la légende rolandienne en Espagne, l'admirable livre de Mila y Fontanals, *De la Poesia heróico-popular castellana*. Barcelone, 1874, in-8º. = Et tel est le résumé de toutes les œuvres poétiques que le moyen âge a consacrées à la guerre d'Espagne et à la mort de notre héros.

Bodel, dernières années du xiie siècle, couplets v-xii.) Donc, la guerre commence ; mais tout semble conspirer contre Charles : la discorde éclate parmi ses peuples. Les Hérupois, c'est-à-dire les Normands, les Angevins, les Manceaux, les Bretons et les Tourangeaux, jouissent de certains privilèges que les autres sujets de l'Empereur leur envient. De là une sorte de révolte qu'il ne sera pas facile d'apaiser. Charles voudrait contenter tout le monde, et enlever néanmoins leurs privilèges aux Hérupois ; mais ceux-ci montrent les dents, et arrivent menaçants jusque dans Aix. Ils parlent haut, et l'Empereur pousse la bassesse jusqu'à marcher pieds nus à leur rencontre. Tout s'arrange. (Couplets xiii-xlvii.) C'est en ce moment seulement que Charles peut entrer en campagne contre les Saisnes. Et c'est ici qu'apparaît un frère de Roland, Baudouin, qui se prend soudain d'un amour ardent pour la femme de Guiteclin, Sibille, et qui pour elle s'expose mille fois à la mort. La guerre se prolonge pendant plus de deux ans. Les Hérupois daignent enfin consentir à venir au secours de Charlemagne, et remportent tout d'abord une éclatante victoire sur les Saisnes. (Couplets xc-cxix.) Cependant l'amour adultère de Baudouin pour Sibille ne fait que s'enflammer au milieu de tant de batailles sanglantes. C'est pour Sibille qu'il livre un combat terrible au païen Justamont. Charles, lui, ne se préoccupe que de la grande guerre contre ses ennemis mortels. Un cerf lui indique miraculeusement un gué sur le Rhin, et l'Empereur fait construire un pont par les Thiois. Derrière ce pont sont deux cent mille Saxons, avec le roi Guiteclin. (Couplets cxx-clvii.) Une nouvelle bataille éclate, et jamais il n'y en eut d'aussi terrible. Mais enfin les Français sont vainqueurs, et Guiteclin meurt. (Couplets clviii-clxvii.) Sibille se console trop aisément de cette mort, et s'empresse trop rapidement d'épouser son ami Baudouin, dont Charlemagne fait un roi des Saxons, et qui s'installe à Trémoigne. (Couplets cxcviii-ccx.) Ce règne ne doit pas être de longue durée : toujours les Saisnes se révoltent, toujours ils menacent Baudouin. C'est en vain que Charles arrive au secours du jeune roi : Baudouin, après des prodiges de bravoure, se trouve seul au milieu de l'armée païenne, et meurt. Charles le pleure, Charles le venge : les Saxons sont une dernière fois vaincus et soumis. Ils ne se révolteront plus. (ccxi-ccxcvii [1].) = Dans

---

[1] Il a existé un poème français plus ancien que la *Chanson des Saisnes*. Nous n'en avons plus l'original ; mais la *Karlamagnus Saga* nous en a du moins conservé un résumé... La scène s'ouvre sous les murs de Nobles, assiégée par Charles. Tout à coup l'Empereur apprend que « Guitalin » vient de brûler Cologne. Il court au-devant des Saisnes ; mais il se laisse enfermer dans Cologne et va succomber, lorsqu'il est secouru par Roland. Guitalin remporte un premier avantage sur les Français ; mais ceux-ci reprennent l'offensive et s'emparent de Germaise (Worms). C'est alors qu'Amidan vient au secours de son père Guitalin. Mais Charles fait construire un pont sur le Rhin, et voilà les Saisnes menacés. Ici apparaît Baudouin, qui va devenir le principal personnage de notre poème ; ici se place également le trop long épisode de ses amours avec Sibille. Une action décisive s'engage : Guitalin est terrassé par Charles, et Amidan tué par Roland, qui conquiert alors le fameux cor Olifant. La victoire des Français est complète, et tout se termine par un baptême général des païens. Tel est le *Guitalin* de la *Karlamagnus Saga* (5e branche), dont l'action, comme on le voit, se passe avant celle du *Roland*. (Cf. le résumé qu'on en trouve dans la 1re branche.) = Toutes les variantes de cette légende des Saisnes se divisent en deux groupes distincts, suivant qu'elles se rapportent au *Guitalin* que nous venons de résumer, ou à la chanson de Jean Bodel.

Macaire, Charlemagne n'a qu'un rôle fort effacé. Il s'agit cependant de sa femme, de cette Blanchefleur qui est la fille de l'empereur de Constantinople. Un traître, Macaire, accuse la reine d'adultère, et elle va mourir, quand, à la prière de l'abbé de Saint-Denis, on se contente de l'exiler. Un bon chevalier, Aubri, est chargé de l'accompagner, mais il est tué par le traître Macaire, qui du moins ne peut tuer Blanchefleur. Le chien d'Aubri venge son maître. Cependant un pauvre bûcheron, Varocher, recueille la pauvre reine, qui s'est enfuie jusqu'en Hongrie. L'empereur de Constantinople réunit une grande armée, et envahit la France pour venger sa fille dont, après cent combats, l'innocence est enfin reconnue. Le fils de Charles, Louis, était né durant cet exil : il deviendra le successeur du grand empereur. (*Macaire*, poème de la fin du XIIe siècle. V. l'éd. Guessard, dans le Recueil des *Anciens poètes de la France* [1].) = Dans *Huon de Bordeaux*, Charlemagne ne paraît guère que comme un accessoire, et, à coup sûr, comme un personnage secondaire. Au début de son œuvre, l'auteur nous représente l'Empereur sous les traits d'un vieillard tout près de la mort. Même il est tellement épuisé par l'âge, qu'il veut se faire élire un successeur. Par malheur, il n'a qu'un fils qu'il engendra à cent ans. C'est Charlot, c'est un étourdi de vingt-cinq ans. Le vieux roi veut du moins lui donner ses derniers conseils, et il les lui donne très religieux, très beaux. (*Huon de Bordeaux*, poème composé entre les années 1180 et 1200, éd. du Recueil des *Anciens poètes de la France*, vers 29-199.) Là-dessus arrive un traître, Amauri, qui soulève la colère du vieil empereur contre Huon et Gérard, fils du duc Seguin de Bordeaux. Dans ce conseil perce la haine personnelle d'Amauri, que Seguin a jadis plus ou moins justement appauvri et dépouillé. Mais Naimes est là, et il défend les Bordelais. On envoie un message à Huon et à Gérard; on leur mande de venir à la cour de Charlemagne. (*Ibid.*, 200-392.) Ils se mettent en route, mais sont forcés de franchir mille obstacles accumulés par les traîtres; Huon doit en venir aux mains avec le propre fils du roi, avec Charlot, et il le tue. (*Ibid.*, 393-890.) Grande colère de Charles contre le meurtrier de son fils: Huon est condamné à un combat singulier avec le traître Amauri. Il tranche la tête du misérable, et le jugement de Dieu se prononce en sa faveur. (*Ibid.*, 891-2129.) Malgré cette intervention céleste, Charles ne veut point pardonner au vainqueur, et il faut que les Pairs menacent de le quitter, pour qu'il se décide enfin à accorder à Huon une paix dont il se réserve de dicter les conditions. Il est ordonné au jeune Bordelais d'aller à Babylone porter un message à l'amiral Gaudisse. Huon part sur-le-champ, et court à ses aventures. (*Ibid.*, 2130-2386.) Nous n'avons pas à les raconter ici, ni à faire suivre à notre lecteur les péripéties de l'amitié d'Huon avec le nain Oberon. (*Ibid.*, 2387-8647.) Il lui suffit de savoir qu'un jour Huon revient en France, et qu'il y trouve son propre héritage occupé par son frère Gérard. (*Ibid.*, 8648-9110.) Charlemagne est encore vivant, et la cause des deux frères ennemis est portée devant sa cour. Huon est très injustement condamné à mort, et va périr, lorsque Oberon arrive à son secours et le sauve. (*Ibid.*,

---

[1] Il existe une autre version, intitulée la *Reine Sibille*, et dont nous n'avons plus que quelques vers et une rédaction en prose. (Bibl. de l'Arsenal, 3351; anc. B. L. F. 226.)

9111-10369.) = Le début du *Couronnement Looys* est véritablement épique... Charles sent qu'il va mourir, et veut mourir en assurant la vie de son empire. Dans sa chapelle d'Aix, il réunit un jour ses évêques et ses comtes. Sur l'autel il dépose sa couronne d'or, et annonce à ses peuples qu'il va laisser la royauté à son fils. (*Couronnement Looys*, poème de la seconde moitié du xiie siècle, éd. Jonckbloet, vers 1-61.) Alors le grand empereur élève la voix et donne, pour la dernière fois, ses suprêmes conseils au jeune Louis, qui, faible et timide, tremble devant la majesté terrible de son père. (*Ibid.*, 62-77.) Même il n'ose prendre la couronne, et Charles alors le couvre d'injures, le déshérite, et parle d'en faire « un marguillier ou un moine ». (*Ibid.*, 78-96.) L'inévitable traître est là : c'est Hernaut d'Orléans, qui veut enlever le trône à Louis ; mais, par bonheur, il y a là aussi un héros qui met un courage et une force héroïques au service de sa fidélité et de son honneur. Guillaume prend la défense du pauvre jeune roi ; il lui met la couronne en tête (*Ibid.*, 97-112), et se constitue son tuteur tout-puissant, son défenseur infatigable. Charles peut désormais mourir tranquille. Et, en effet, il meurt quelque temps après, sachant que Louis pourra régner, parce qu'il y a Guillaume auprès de lui. (*Ibid.*, 113-236 [1].) = Et telle est toute l'Histoire poétique de Charlemagne, d'après les seules Chansons de geste du cycle carlovingien [2].

D'après les textes qui précèdent et ceux que nous énumérons dans nos Notes, on peut dresser le TABLEAU PAR ANCIENNETÉ DES SOURCES DE L'HISTOIRE POÉTIQUE DE CHARLEMAGNE. I. Le plus ancien groupe est représenté par la *Chanson de Roland*, qui repose non seulement sur des légendes remontant au ixe et même au viiie siècle, mais encore sur des textes historiques d'une importance considérable. (Eginhard, *Vita Karoli*, IX. — *Annales* d'Angilbert, faussement attribuées à Eginhard (ann. 778), et reproduites par le Poète saxon. — L'Astronome, *Vita Hludovici*, dans Pertz, *Monumenta Germaniæ historica. Scriptores*, II, 608.) = II. En même temps que la légende de Roncevaux, mais d'une façon tout à fait indépendante et dans un autre cycle, se formait la légende d'Ogier, qui est également appuyée sur des textes historiques. (Lettre du pape saint Paul à Pepin en

---

[1] La mort du grand empereur est encore racontée, mais en termes très rapides, dans *Anseïs de Carthage*. = Sur la fin de cet homme presque surnaturel, deux autres légendes ont circulé, et elles sont toutes deux peu favorables à la mémoire de Charles : 1° Walafrid Strabo (*Historiens de France*, V, 339) reproduit un récit de l'abbé Hetto, qui le tirait du moine Wettin. Ce dernier avait vu en songe Charlemagne dans les flammes de l'enfer, où un monstre le dévorait éternellement. Et pourquoi ce supplice du grand empereur ? C'était « à cause de son libertinage honteux ». 2° La fable du faux Turpin est plus connue... Un jour Turpin vit l'âme de Charlemagne entre les mains des démons. Or cette pauvre âme était en grand danger devant le Juge suprême, quand un Galicien sans tête (saint Jacques) jeta dans les balances éternelles toutes les pierres et toutes les poutres des basiliques construites par Charlemagne. Il fut sauvé. = Le moyen âge n'a rien trouvé de plus beau pour honorer le souvenir de celui dont la *Chanson de Roland* a si bien dit : *N'iert mais tels hum desqu'al Deu juise.*

[2] Voir le résumé des autres Chansons dans notre première édition du *Roland*, II. 270 et suivantes.

760, *Historiens de France*, V, 122; Chronique de Moissac, de 752 à 814, *Historiens de France*, V, 69, 70; un Extrait du Moine de Saint-Gall, II, 26; plusieurs passages d'Anastase le Bibliothécaire, ann. 753, 772, 774; *Annales Lobienses*, Pertz, II, 195; *Chronicon Sancti Martini Coloniensis*, ann. 778, Pertz, II, 214; Chronique de Sigebert de Gembloux au xie siècle, *Hist. de France*, V, 376; la *Conversio Othgerii militis*, œuvre du xe ou du xie siècle; le tombeau d'Ogier à Saint-Faron, *Acta SS. Ord. S. Benedicti*, sæc. IV, pars I, pp. 664, 665.) A ce groupe se rapportent la *Chevalerie Ogier de Danemarche*, de Raimbert; les *Enfances Ogier*, d'Adenet; la troisième branche de la *Karlamagnus Saga* et la quatrième du *Charlemagne* de Venise. = III. Vers la fin du xe siècle, une falsification du texte d'Eginhard donne lieu à la légende du Voyage à Jérusalem. (*Benedicti Chronicon*, Pertz, III, 710, 711.) De là la première partie de notre *Voyage à Jérusalem et à Constantinople*; de là deux récits de la *Karlamagnus Saga*. = IV. Au milieu du xie siècle, un moine de Compostelle écrit les cinq premiers chapitres de la prétendue « Chronique de Turpin », renfermant l'histoire de toute une croisade de Charles en Espagne. Ce récit n'a aucune influence sur le développement de notre poésie romane. = V. ANTÉRIEUREMENT à la rédaction de la *Chanson de Roland* que nous venons de publier et de traduire, circulaient déjà des légendes nombreuses, et *très probablement* certains poèmes qui avaient pour objet plusieurs autres épisodes de la vie de Charles ou de Roland. Le texte d'Oxford fait des allusions TRÈS CLAIRES à la prise de Nobles, telle qu'elle nous est racontée dans la première branche de la *Karlamagnus Saga*; à l'ambassade de Basin et de Basile, qui, bien plus tard, sera racontée à nouveau par l'auteur de la *Prise de Pampelune*; à la famille d'Olivier telle qu'elle nous est présentée dans *Girars de Viane*. Ce n'étaient certes pas ces poèmes EUX-MÊMES, TELS QUE NOUS LES POSSÉDONS, qui existaient avant notre *Chanson de Roland*; mais c'étaient des Chansons analogues, assonancées et en décasyllabes, etc. = VI. Pour les traditions et légendes qui précèdent, nous avons une certitude. Nous n'avons qu'UNE PROBABILITÉ pour les suivantes, auxquelles IL N'EST FAIT AUCUNE ALLUSION dans la *Chanson de Roland*. Les faits qui sont délayés dans les versions du *Renaus de Montauban* parvenues jusqu'à nous; ceux qui nous sont offerts, relativement à la guerre d'Espagne, dans la *Kaiserscronik* du xiie siècle, dans les branches I et V de la *Karlamagnus Saga*, dans le second tiers de l'*Entrée en Espagne*, dans la *Prise de Pampelune* et dans la dernière partie de notre *Girars de Viane*, DEVAIENT circuler parmi nous, depuis un temps plus ou moins long, avant le commencement du xiie siècle. = VII. Notre *Chanson de Roland* a été remaniée, rajeunie plusieurs fois. On y ajouta certains épisodes. Les uns (comme la prise de Narbonne) ont un fondement dans la tradition; les autres (comme les deux fuites de Ganelon, son combat avec Othe, l'entrevue d'Aude et de Gilain, etc.) semblent une œuvre de pure imagination. = VIII. Entre les années 1109 et 1119 sont rédigés les chapitres VI et suiv. de la Chronique de Turpin, d'après des sources romanes que l'on corrompt, que l'on dénature, que l'on *cléricalise*. Cette œuvre apocryphe a exercé une influence considérable. Nous pensons qu'en prenant soin D'EN DÉFALQUER TOUS LES ÉLÉMENTS CLÉRICAUX, on y trouverait la copie altérée d'un *Roland* antérieur au nôtre, ou, pour

mieux parler, la constatation d'un état plus ancien de la légende rolandienne. Cf. Guido Laurentius (*Zur kritik der Chanson de Roland*).
= IX. Sur des traditions vagues ont été écrits, au xii⁰ siècle et postérieurement, toute une série de poèmes qui sont moitié légendaires, moitié fictifs. Sur la donnée de la prise de Rome par les Sarrasins reposent : l'ancien poème de *Balant* que M. G. Paris a reconstitué, notre *Fierabras* et même notre *Aspremont*, auquel se mêlent quelques autres traditions. = X. Avec quelques Contes universels, et qui se retrouvent en effet dans tous les pays (le Traître, l'Epouse innocente et réhabilitée, etc.), on a composé la légende de l'Enfance de Charles, et cela depuis la fin du xii⁰ siècle ou le commencement du xiii⁰. Cette légende se retrouve dans les *Enfances Charlemagne* de Venise (fin du xii⁰ siècle); dans le *Mainet* en vers français, dont on a tout récemment découvert quelques fragments (xii⁰ siècle); dans la Chronique saintongeaise (commencement du xiii⁰ siècle); dans *Berte aux grans piés* (vers 1275); dans le *Stricker* de 1230; dans la Chronique de Weihenstephan (original du xiv⁰ siècle, ms. du xv⁰); dans la *Chronica Bremensis* de Wolter (xv⁰ siècle); dans le *Charlemagne* de Girard d'Amiens (commencement du xiv⁰ siècle); dans la *Karlamagnus Saga* (second tiers du xiii⁰ siècle); dans le *Karl Meinet* (commencement du xiv⁰ siècle); dans les *Reali* (vers 1350), etc.
= XI. Cependant, pour combattre les prétentions des légendaires français, on inventait en Espagne certaines légendes destinées à ruiner la gloire de Roland. Telle est la signification de la *Chronica Hispaniæ*, de Rodrigue de Tolède († 1247), de la *Cronica general* d'Alphonse X (seconde moitié du xiii⁰ siècle) et de quelques Romances que nous avons citées plus haut. = XII. Enfin, il faut considérer les poèmes suivants comme des œuvres UNIQUEMENT LITTÉRAIRES et de pure imagination : *Jehan de Lanson*, — *Simon de Pouille*, — *Otinel*, — la dernière partie de l'*Entrée en Espagne* (Roland en Orient), — *Gui de Bourgogne*, — *Gaydon*, — *Anseïs de Carthage*, — *Galien*, — la fin du *Voyage à Jerusalem* et quelques parties de *Girars de Viane*. = C'est ainsi que s'étagent toutes nos chansons de geste, DEPUIS CELLES QUI SONT LE PLUS HISTORIQUES JUSQU'A CELLES QUI NE SONT MÊME PLUS LÉGENDAIRES et qui sont des « romans » dans l'acception la plus moderne de ce mot.

ÉCLAIRCISSEMENT II

HISTOIRE POÉTIQUE DE ROLAND

I. NAISSANCE DE ROLAND. 1° Roland, dans toute notre légende épique, est représenté comme le neveu de Charlemagne. = 2° La mère de Roland s'appelle *Berte* dans le *Charlemagne* de Venise (XIIe-XIIIe siècle). *Bacquehert* dans *Acquin* (XIIe siècle), *Gille*, *Gilain*, dans la plupart de nos autres poèmes. Si ce dernier nom est un souvenir historique de Gisèle, sœur de Charlemagne, ce souvenir est faux ; car Gisèle fut toute sa vie religieuse à Chelles. Quoi qu'il en soit, Gille ou Gilain nous est offerte, dans la plupart de nos vieux poèmes, comme la sœur de Charles. = 3° D'après une légende qui n'apparaît pas avant le XIIe siècle, le père de Roland aurait été Charlemagne lui-même. (Voir la *Karlamagnus Saga*, XIIIe siècle, 1re branche, 36, etc.) Tel est peut-être ce grand péché que l'Empereur omit à dessein dans sa confession à saint Gilles, et dont plusieurs textes parlent avec mystère, sans rien préciser. (Légende latine de saint Gilles, *Acta sanctorum septembris*, I, 302, 303; mais ce texte ne peut s'appliquer qu'à Charles-Martel. — Adam de Saint-Victor : prose *Promat pia vox*, etc.; XIIe siècle. — Office de Charlemagne, composé en 1165. — *Kaiserscronik*, XIIe siècle. — *Ruolandes Liet*, poème du curé Conrad, XIIe siècle. — *Huon de Bordeaux*, fin du XIIe siècle. — *Carolinus*, de Gille de Paris, poème latin composé pour l'éducation de Louis, fils de Philippe-Auguste. — Philippe Mousket, vers 1240. — *Légende dorée*, XIIIe siècle, etc.) = 4° Une autre légende fait naître Roland près d'Imola, de la sœur de Charles et du sénéchal Milon. (*Charlemagne*, de Venise, XIIIe siècle.) = 5° D'autres poèmes enfin semblent croire à la naissance très légitime et très pure de notre héros. Le *Roland* est de ce nombre, et, ici comme partout, c'est encore la meilleure de toutes les sources.

II. ENFANCES DE ROLAND. Sur les premières années de Roland, nous n'avons d'autre témoignage légendaire que le *Charlemagne* de Venise... Le fils de Berte et du sénéchal Milon grandit dans la misère et l'abandon. Un jour, l'enfant rencontre la grande armée de Charlemagne qui revient de délivrer Rome. Roland se précipite dans le palais de Sutri, qu'habite l'Empereur : il y est accueilli, et réjouit bientôt toute la cour par sa belle humeur et son esprit. Naimes, le sage conseiller, soupçonne que le petit bachelier doit être de bonne race; on suit l'enfant et l'on découvre la pauvre Berte avec Milon. Charles veut les frapper : car il n'a point pardonné à Berte sa fuite coupable avec le sénéchal. Mais Roland ne craint pas de défendre sa mère, et fait jaillir le sang des ongles de l'Empereur : « Ce sera le faucon de la chrétienté, » s'écrie Charles, qui est déjà très fier de son neveu. C'est alors que Berte et Milon se marient ; c'est alors aussi que commencent les véritables « Enfances » de notre héros. = Ces enfances ont donné lieu à plusieurs récits, non seulement différents, mais contradictoires, et il nous faut encore ici montrer les divers courants de la Légende. 1° D'après le roman d'*Aspremont* (dernières années du xiie siècle, premières années du xiiie), Charles, défié par Balant, ambassadeur du roi païen Agolant, réunit toutes les forces de son empire et se dirige vers les Alpes. La grande armée passe à Laon. Or, c'est là qu'on a enfermé le petit Roland (Rolandin) avec d'autres enfants de noble race : Gui, Hatton, Berengier et Estoult. Mais ces enfants ont déjà le courage des hommes, et ne peuvent supporter l'idée de se voir ainsi éloignés du théâtre de la guerre. Sur la proposition de Roland, ils essayent de corrompre leur « portier ». Celui-ci demeurant incorruptible, ils l'assomment et s'éloignent. Trop fiers pour aller à pied, ils volent des chevaux aux bons Bretons du roi Salomon, et n'ont point trop de peine à se faire pardonner tant d'escapades. Bref, ils sont admis dans les rangs de l'armée : ils iront, eux aussi, à Aspremont. (Voir ce poème, édition Guessard, pp. 15-16.) Le récit de cette guerre est interminable : nous l'abrégerons. Il nous importe uniquement de savoir que Roland en devient bientôt le héros, avec le jeune Eaumont, fils d'Agolant. Celui-ci, auquel le trouvère prête d'ailleurs les qualités les plus françaises et les plus chrétiennes, est sur le point de triompher de Charlemagne et de le tuer en un combat singulier qui va décider de toute la guerre, lorsque Roland accourt comme un lion et frappe Eaumont d'un coup mortel. Or Eaumont avait une épée admirable nommée Durendal : elle appartiendra désormais au neveu du grand empereur (B. N. fr. 25529) anc. ms. Lavall., 123 f° 41 v°— 55 v°), et nous la retrouverons bientôt dans le *Roland*. = 2° Les débuts de Roland, dans *Girars de Viane*, sont tout charmants. Il accompagne son oncle au fameux siège de Vienne. Or c'est sous les murs de cette ville qu'un jour il aperçoit pour la première fois la sœur d'Olivier, la belle Aude, et se prend pour elle d'un violent amour. C'est là qu'il s'illustre par ses premiers exploits ; c'est là qu'il veut brutalement enlever Aude, et en est empêché par Olivier (*Girars de Viane*, éd. P. Tarbé, pp. 90-92) ; c'est là enfin que les deux partis désarment, pour confier leur querelle à Olivier d'une part, et à Roland de l'autre. (*Ibid.*, pp. 92-186.) On connaît les vicissitudes de ce combat, dont Aude est la spectatrice et dont elle doit être le prix. Roland et Olivier, ne pouvant se vaincre, tombent aux bras l'un de l'autre et se jurent une éternelle amitié. (*Ibid.*, pp. 133-156.) = 3° Tout autre est le récit de *Renaus de Montauban*. (xiiie siècle.) Les quatre fils Aymon se sont enfermés dans le château de Montauban ; Charles les y assiège en vain, et, comme toujours, le vieux duc Naimes conseille au roi de faire la paix, lorsque arrive un valet suivi de trente damoiseaux. Il éclate de jeunesse et de beauté : « Je m'ap- « pelle Roland, dit-il, et suis fils de votre sœur. — Tue-moi Renaud, » lui répond l'Empereur. Roland, qui a de plus hauts desseins, se jette d'abord sur les Saisnes, qui viennent de se révolter, et en triomphe aisément. (Édition Michelant, pp. 119, 120.) C'est alors qu'il revient près de son oncle et que, dans cette grande lutte contre les fils d'Aymon, il apporte au roi le précieux secours de sa jeunesse et de son courage. Son duel avec Renaud est des plus touchants. Renaud, qui n'a jamais eu le cœur d'un rebelle, le supplie de le réconcilier avec Charles, et va jusqu'à se mettre aux genoux de Roland qui pleure. (*Ibid.*, p. 230.) Aussi notre héros se refuse-t-il plus tard à tuer de sa main le frère de Renaud, Richard, qui est devenu le prisonnier de Charles : « Suis-je donc l'Antéchrist, pour manquer ainsi à ma « parole? Malheur à qui pendra Richard ! » (*Ibid.*, pp. 261-267.) Et il dit encore : « Je ne veux plus m'appeler Roland, mais Richard, « et je serai l'ami des fils d'Aymon. » Comme on le voit, rien n'est ici plus noble que le rôle du neveu de Charles : il efface celui de l'Empereur. = 4° C'est à Vannes que Girard d'Amiens, dans son *Charlemagne* (commencement du xiv° siècle), place les débuts de Roland. L'enfant se jette en furie sur les veneurs de son oncle, qui ne le connaît pas encore. On l'amène devant l'Empereur : nouvelles brutalités. Charles le reconnaît à ce signe, et tout finit bien. (B. N. fr. 778, f° 110-112.) Cf. les *Reali*, la *Karlamagnus Saga*, et les vers si précieux de notre *Roland* qui sont relatifs au val de Maurienne et à l'épée Durendal.

III. Vie et exploits de Roland jusqu'a sa mort a Roncevaux. Le père de Roland était mort durant l'expédition de Charles dans la Petite-Bretagne. (*Acquin*, poème de la fin du xii° siècle, B. N. fr. 2233, f° 18, r° et v°.) = Roland fut un de ceux qui accompagnèrent le grand empereur dans ce fameux voyage à Constantinople, qui commença d'une façon si auguste et s'acheva d'une manière si ridicule. Tout au moins s'y conduisit-il plus noblement que son ami Olivier. Lorsque les douze Pairs se livrent à leurs vantardises, son *gab* est encore le moins odieux : « Je soufflerai sur la ville et produirai une tempête. » (*Voyage de Charlemagne*, poème du premier tiers du xii° siècle, vers 472-485.) = Dans *Jehan de Lanson*, Roland prend part à cette singulière ambassade en Calabre, qui est égayée par les enchantements et les plaisanteries de Basin de Gênes. Son épée, sa Durendal, est, comme celles de tous les Pairs, volée par le traître Alori. (Bibl. de l'Arsenal 3145, f° 121.) Pour se venger, Roland consent à une assez misérable comédie : il contrefait le mort, on l'enferme dans une bière, et il pénètre ainsi dans le château de Lanson, dont les Français parviennent à s'emparer. (B. N. fr. 2495, f° 4-5.) Les aventures de Roland, dans le reste de ce pauvre poème, se confondent avec celles des douze Pairs. = Dans *Otinel*, son rôle est plus beau. Il lutte avec le géant païen qui se nomme Otinel. Une colombe sépare les deux combattants; et, désarmé par ce miracle, Otinel se convertit. (*Otinel*, poème du xiii° siècle, vers 211-659.) = C'est dans l'*Entrée en Espagne* (xiii°-xiv° siècle) que la place de Roland devient tout à fait la première : Roland suit son oncle dans cette fameuse expédition, qui doit pour lui se terminer à Roncevaux. C'est lui qui, après les onze autres Pairs, lutte contre le géant Ferragus. (Ms. français de Venise, xxi, f° 17-32.) Ce combat est plus long que tous les autres, et les adversaires y luttent autant de la langue que de l'épée, théologiens autant que soldats. Ferragus s'entêtant dans son paganisme, Roland le tue. (*Ibid.*, f° 32-79.) Une grande bataille s'engage alors sous les murs de Pampelune, et Roland y prend part. Dans la mêlée brille le courage du jeune Isoré, fils du roi Malgeris : Isoré est fait prisonnier, mais ne consent à se rendre qu'à Roland. (*Ibid.*, f° 10-105.) Charles,

cependant, contrairement à la parole donnée, veut faire mourir
son prisonnier : Roland le défend énergiquement, et, de colère, se
retire sous sa tente. Isoré est sauvé. (*Ibid.*, f° 106-125.) Une nouvelle bataille commence, plus terrible que toutes les autres : Roland
est placé à l'arrière-garde. (*Ibid.*, f° 125-162.) C'est durant cette
bataille que le neveu de Charles, au lieu de secourir l'Empereur en
détresse, abandonne le champ de bataille et va s'emparer de la ville
de Nobles, que les païens ont laissée sans défense. (*Ibid.*, f° 162-213.)
Lorsque Roland revient au camp, il est fort mal accueilli par son
oncle, qui même le condamne à mort ; mais aucun des Pairs ne veut
exécuter la sentence. L'Empereur alors frappe son neveu au visage,
et Roland, indigné de cet affront, quitte le camp français pour n'y
plus revenir de longtemps. C'est en vain que les Pairs adressent à
l'Empereur les plus rudes remontrances et les pires injures. Lorsque
Charles se repent enfin de sa violence et envoie chercher son neveu,
on ne peut plus le retrouver. Il est déjà trop loin. (*Ibid.*, f° 213-221.)
Où est Roland ? Il se dirige du côté de la mer, et s'embarque sans
savoir où il va. Bref, il arrive... à la Mecque, près du roi de Perse.
(*Ibid.*, f° 221-232.) Or, ce roi est en ce moment menacé par un voisin
redoutable, le vieux Malquidant, qui lui a demandé sa fille en mariage. Mais la jeune Diones se refuse obstinément à épouser ce vieillard. Roland, qui d'ailleurs ne se fait pas connaître, s'écrie que rien
ne révolte plus la loi de Dieu qu'un mariage forcé, et qu'il saura
bien empêcher celui-là. Il lutte avec le messager de Malquidant, Pe-
lias, et ne tarde pas à en être vainqueur. C'est seulement au moment
de le tuer qu'il lui crie : « Je suis Roland. » Mais il demeure encore
inconnu à tous les autres. (*Ibid.*, f° 232-254.) Cette victoire le met en
lumière. Il devient l'ami du jeune Samson, fils du roi, et, s'il n'eût
pas tant aimé la belle Aude, il eût volontiers répondu à l'amour de
Diones. Mais, d'ailleurs, il a de quoi s'occuper. Il s'est mis en tête
de réformer tout ce pays, et de lui donner une administration à la
française. C'est à quoi il s'occupe longuement. Il fait mieux : il
convertit toute la maison du soudan, et le roi lui-même. (*Ibid.*,
f° 254-271.) Mais il ne pense qu'à revoir Charles, Olivier et les barons
français. On lui offre en vain le commandement d'une armée destinée
à conquérir tout l'Orient. Il s'empresse de faire son pèlerinage au
saint Sépulcre, et s'embarque pour l'Espagne avec Samson et deux
autres compagnons. (*Ibid.*, f° 271-275.) Ils débarquent. Après vingt
aventures, — et notamment après qu'un ermite lui a prédit sa mort
au bout de sept années, — le neveu de Charlemagne arrive enfin
au camp français et tombe dans les bras de Charles et d'Olivier.
(*Ibid.*, f° 275-302.) = Le siège de Pampelune continue. Celui qui
défend la ville contre les Français, c'est encore cet ancien adversaire
de Roland, c'est Isoré avec son père Malceris. Dans le poème consacré à cette résistance, dans la *Prise de Pampelune* (premier quart
du xiv° siècle), Roland ne joue réellement qu'un rôle secondaire.
Cependant, lorsqu'une lutte sanglante éclate dans le camp français
entre les Allemands et les Lombards, c'est Roland qui sépare les
combattants, c'est Roland qui les réconcilie. (Vers 1-425.) Il est encore un de ceux qui refusent d'admettre Malceris dans le corps des
douze Pairs. (405-561.) Puis il s'efface, et Isoré prend le premier
rang, que son père Malceris lui dispute. (561-1199.) Charles, sur le
point de périr, est sauvé par les Lombards. (1199-1963.) Altumajor
est vaincu ; Logroño et Estella tombent au pouvoir des Français.

(1830-2474.) A Marsile, dernier adversaire de Charlemagne; on envoie tour à tour deux ambassades, et Marsile fait tour à tour massacrer les ambassadeurs : d'abord Basan et Basile; puis, le bon che-

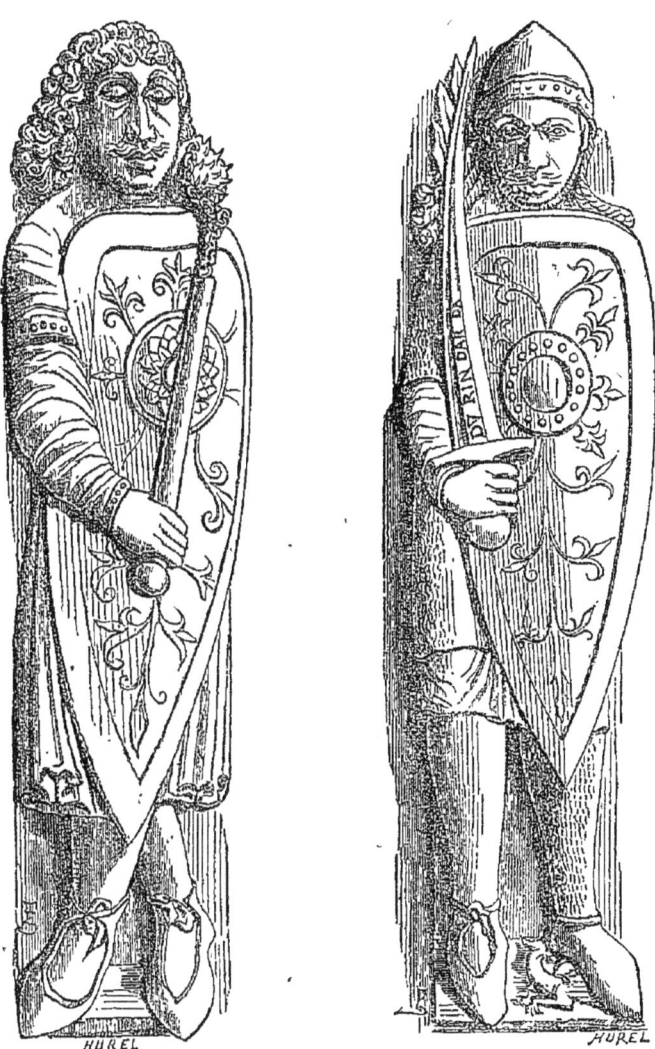

Fig. 1 et 2. — Statues de Roland et d'Olivier, au portail de la cathédrale de Vérone (xɪɪᵉ siècle).

valier Guron. (2597-3850.) Cette fois la paix devient tout à fait impossible et la guerre implacable. Les Français triomphent décidément de Malceris, et emportent Tudela, Cordres, Charion, Saint-Fagon, Mascle et Lion. (2851-3773.) Roland prend part à ces triomphes comme au siège d'Astorga, et il ne reste plus devant ce vainqueur que Saragosse à prendre. (5773-6113.) C'est ce que constatent les premiers vers de la *Chanson de Roland*. = Il est à peine utile de signaler la place qu'occupe notre héros dans le roman de *Gui de Bourgogne*, œuvre toute littéraire et qui ne renferme aucun élément traditionnel (xiie siècle) : nos lecteurs savent déjà comment les jeunes chevaliers de France vinrent un jour rejoindre en Espagne leurs pères absents depuis vingt-sept années. (Vers 1-391.) Gui de

Fig. 3. — D'après le « Vitrail de Charlemagne » à la cathédrale de Chartres (xiiie siècle).

Bourgogne était à leur tête, et nous avons ailleurs raconté ses victoires à Carsaude (392-709), à Montorgueil et à Montesclair (1621-3091), à la Tour-d'Augorie (3184-3413) et à Maudrane. (3414-3717.) Le jeune vainqueur brise la résistance des païens, triomphe surtout d'Huidelon, qui est leur meilleur capitaine, et, tout couvert de gloire, rejoint enfin l'armée de Charlemagne. (3925-4024.) Ce Gui, ce nouveau venu, est, comme on le voit, un véritable rival pour Roland, dont il fait un instant pâlir la vieille gloire. Aussi tous deux se disputent-ils l'honneur d'avoir conquis Luiserne :

Dieu met fin à cette lutte en engloutissant la ville, et l'on part pour Roncevaux. (4137-4301.) = Nous n'avons pas à revenir sur le rôle que joue le neveu de Charles dans la *Chanson de Roland*. Il en est le centre, l'âme, la vie. La Trilogie dont se compose le vieux poème lui est presque uniquement consacrée : dans la première partie, il est trahi ; dans la seconde, il meurt ; dans la troisième, il est vengé. Son importance survit à sa mort et, jusqu'au dernier vers de la chanson, il en est le héros. = Nous avons énuméré ailleurs les variantes et les modifications principales de la Légende en ce qui touche l'expédition d'Espagne et la mort de Roland. Il ne nous reste donc qu'à renvoyer le lecteur à notre Éclaircissement sur l'Histoire poétique de Charlemagne. = Ajoutons seulement que les monuments figurés ont célébré, tout autant que nos vieux poèmes, la gloire du neveu de Charles. Nous plaçons ici, sous les yeux de nos lecteurs, les deux statues d'Olivier et de Roland qui décorent le portail de la cathédrale de Vérone (la reproduction en est due au crayon de M. Jules Quicherat), et un médaillon du « Vitrail de Charlemagne » à la cathédrale de Chartres, où sont naïvement représentés les derniers moments de Roland qui sonne du cor et fend le rocher avec sa Durendal.

ÉCLAIRCISSEMENT III

SUR LE COSTUME DE GUERRE

Une étude spéciale sur les armures décrites dans la *Chanson de Roland* ne sera peut-être pas sans offrir quelque intérêt. Tout d'abord, elle mettra le lecteur à même de saisir plus aisément ces mille passages de notre poème, où il est question de *helmes*, d'*osbercs*, d'*espiez*, de *gunfanuns*, etc. etc. Sans doute, nous avons essayé de rendre notre traduction claire et limpide pour tout le monde, voire pour les femmes et pour les enfants. Même, nous l'avons accompagnée d'un Commentaire où nous avons rapidement décrit les différentes pièces de l'armure. Mais on comprendra encore mieux la vieille chanson, quand, dans un tableau d'ensemble, nous en aurons expliqué de nouveau tous les termes difficiles. Une seconde utilité de ce travail frappera davantage les érudits : la description de ces armures se rapporte évidemment AU TEMPS OU FUT ÉCRIT LE POÈME. Et, par conséquent, nous pouvons nous en servir pour fixer, d'une manière véritablement scientifique, cette époque si difficile à bien préciser.

Commençons par décrire l'ARMURE OFFENSIVE.

1° La pièce principale est l'ÉPÉE. L'épée est l'arme noble, l'arme chevaleresque par excellence. On est fait chevalier *per spatam* (comme aussi *per balteum*, par le baudrier, et *per alapam*, par le soufflet ou le coup de paume donné au moment de l'adoubement). Mais c'est l'épée qui demeure le signe vraiment distinctif du chevalier. = L'épée est, en quelque manière, une personne, un individu. On lui donne un nom : *Joyeuse* est celle de Charlemagne (vers 2989); *Almace*, celle de Turpin (2089); *Durendal*, de Roland (988); *Halteclere*, d'Olivier (1363); *Précieuse*, de l'Emir (3146), etc. = Chaque héros garde, en général, la même épée toute sa vie, et l'on peut se rappeler ici la très longue énumération de toutes les victoires que Roland a gagnées avec la seule Durendal : *Si l'en cunquis e Peitou e le Maine; — Jo l'en cunquis Normandie la franche*, etc. (2315 et ss.) = L'épée est tellement importante, aux yeux du chevalier, que Dieu l'envoie parfois à nos héros par un messager céleste. C'est ainsi qu'un ange remit à Charlemagne la fameuse Durendal pour le meilleur capitaine de son armée. (2319 et suiv.) = Aussi ne faut-il pas s'étonner si nos héros aiment leur épée et s'ils parlent avec elle comme avec une compagne intelligente, comme avec un être vivant et raisonnable... Mais il faut ici passer aux détails matériels. = Il semble que l'épée des chevaliers de notre poème ait été assez longue. Le Sarrasin Turgis dit quelque part : *Veez m'espée ki est e bone e lunge.* (925.) C'est d'ailleurs le seul texte qu'on puisse citer sur ce point, qui demeure obscur. = Cependant l'épée normande était à lame courte et large (Demay, *le Costume de guerre*, 141) et, dans presque toute sa longueur, offrait une gorge d'évidement. = L'épée se ceignait au côté gauche : *Puis ceint s'espée à l' senestre costet.* (3143.) Elle était enfoncée dans un fourreau (voir la fig. 10) qui est nommé une seule fois dans toute la Chanson. Au moment où Ganelon est insulté par Marsile : *Mist la main à s'espée ; — Cuntre dous deie l'ad de l'* FURRER *getée.* (444-445.) Et Olivier se plaint, dans le feu de la mêlée, de n'avoir pas le temps de tirer son épée : *Ne la poi traire.* (1365.) On trouve, dans la tapisserie de Bayeux, cent représentations fort exactes du fourreau. (Voir la fig. 7.) = Nulle part il n'est ici question du baudrier. = L'épée est en acier. Pour louer une épée, on dit qu'elle est bien fourbie. (1925.) *Joyeuse*, l'épée de Charlemagne, a une clarté splendide : *Ki cascun jur muet trente clartez* (2502) ; *Ki pur soleill sa clartet ne muet.* (2990.) Une des qualités de Durendal, c'est d'être « claire et blanche ». (1316.) L'acier de Vienne paraît avoir été particulièrement célèbre (997), à moins que ce mot — ce qui est fort possible — n'ait été placé là pour les besoins de l'assonance. Il est dit ailleurs que les bonnes épées sont de France et d'Espagne. (3889.) = La pointe de l'épée ou du *brant* est formée par la diminution insensible de la lame. Elle a le même nom que la pointe de la lance : c'est l'*amure* : *De l'brant d'acier l'amure li presentet.* (3918.) — L'épée se termine par un *helz* et un *punt*. Précisons la valeur de ces mots : *D'or est li helz e de cristal li punz.* (1364.) Le *helz*, ce sont les quillons ; le *punz*, c'est le pommeau. Ce pommeau est parfois *de cristal*, c'est-à-dire de cristal de roche (1364, 3435) ; il est doré : *En l'oret punt l'ad faite manuvrer* (2506 et aussi 2344) ; il est assez considérable, généralement plat et toujours creux, et c'est la coutume des chevaliers d'y placer des reliques : *En l'oret punt asez i ad reliques.* (2344, et aussi 2503 et ss.) Charlemagne a fait mettre dans le pommeau de son épée l'*amure* de la lance avec laquelle Notre-Seigneur a été percé sur la croix. (2503 et ss.) L'auteur, comme on le voit, ne connaissait pas la légende de la Table Ronde : *Asez savum de la lance parler — Dunt Nostre Sire fut en la cruiz naffret. — Carles en ad l'amure, mercit Deu. — En l'oret punt l'ad fait manuvrer. — Pur ceste honur e pur ceste bontet. — Li nums Joiuse l'espée fut dunet.* Quant au pommeau de Durendal, il contient quatre reliques précieuses : du vêtement de la Vierge, une dent de saint Pierre, du sang de saint Basile et des cheveux de saint Denis. (2343 et ss.) Bref, le pommeau est ou peut devenir un reliquaire. = Le *helz*, avons-nous dit, représente les quillons, lesquels sont très souvent droits et quelquefois recourbés vers la pointe de l'épée. Ils sont généralement dorés ; d'où l'expression *espées* ENHELDÉES *d'or mier*. 3866.) Il paraît plus difficile, au premier abord, de comprendre les mots suivants : ENTRE LES HELZ *ad plus de mil manguns.* (621.) Mais le texte de Versailles nous en donne une explication acceptable : ENTRE LE HEUT ET LE PONT *qui est en son, — De l'or d'Espaigne vaut dis mile mangons.* (891.) = Entre les *helz*, ou, pour mieux parler, entre le *helz* et le *punt*, se trouve la « poignée » ou la « fusée » que cache la main du chevalier. Elle est généralement très étroite,

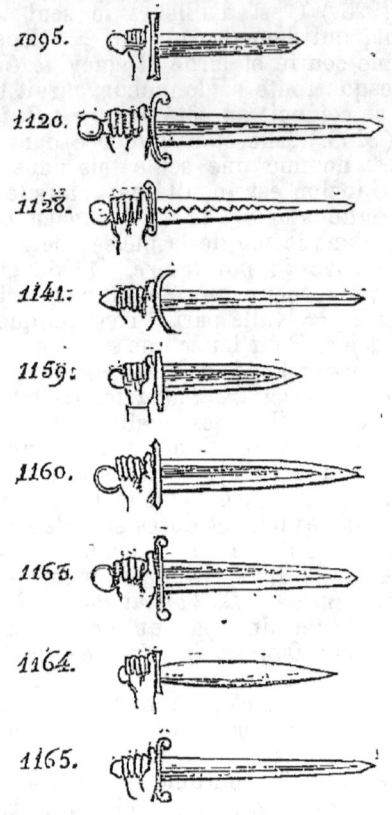

Fig. 4. — D'après des sceaux des xi⁰-xii⁰ siècles.

très grêle, comme on pourra s'en convaincre d'après les figures ci-contre, qui donneront d'ailleurs une idée suffisante de l'épée de notre Chanson. Voir aussi notre figure 16, qui est empruntée à la tapisserie de Bayeux.

2° LA LANCE ET L'ESPIET. — D'une étude fort attentive de notre texte, il résulte que les deux mots *lance* et *espiet* y désignent tantôt le même objet (1033, 3818, etc.), et tantôt deux objets distincts. (541, 3080.) Mais, NEUF FOIS SUR DIX, la synonymie est complète, et le mot *lance*, qui est d'ailleurs bien plus rare dans notre poème que le mot *espiet*, a presque partout exactement le même sens. = La lance se compose de deux parties : le bois ou le fût, qui s'appelle *hanste*, et le fer, dont l'extrémité s'appelle *amure*. = La hanste est en bois de frêne : *Entre ses puigns tient sa hanste fraisnine* (720), ou en pommier : *Ardent ces hanstes de fraisne e de pumier.* (2537. Cf. la *Chronique de Turpin*, cap. IX.) Mais *pumier* n'est-il là que pour l'assonance ? = La hanste se tenait droite quand on ne se battait pas ; d'où l'expression si fréquente : *Dreites cez hanstes:* (1143 et *passim*.) Mais, dans le combat, on la *boutait* pour renverser ses adversaires ; d'où le mot plus fréquent encore : Pleine sa hanste *de l' cheval l'abat mort.* (1204, 1229, etc.) On la tenait au poing droit : *En lur puignz destres unt lur trenchanz espiez* (3868) ; et on la faisait rouler dans la paume de sa main : *Sun espiet vait li ber palmeiant.* (1155.) = Nous n'avons aucun renseignement dans notre poème sur la hauteur de la lance : cette hauteur, d'après tous les documents figurés, était considérable. L'auteur de la Chanson indique, comme par exception, que les Lorrains et les Bourguignons *espiez unt forz e les hanstes sunt curtes* (3080) ; telle est, en réalité, la dimension et la forme de l'*épieu*, qui est l'arme de chasse. C'est également par exception que le poète signale la *hanste* de l'épieu de Baligant : *La hanste fut grosse comme un tinel ; — De sul le fer fust uns mulez trussez.* (3153, 3154.) La hanste, d'ordinaire, n'était pas si pesante ni si énorme. Elle se brisait même trop aisément : *Fiert de l'espiet tant cum hanste li duret* (1322) ; et l'on se rappelle Olivier n'ayant plus au poing qu'un tronçon de bois ensanglanté, ou plutôt, comme le lui dit Roland, un vrai bâton. (1351 et suivants.) = L'*amure* est en acier, en acier bruni : *Luisent cil espiet brun,* etc. (1043) ; en acier bien fourbi (3482) et bien tranchant. (1301, 3551.) Mais, par malheur, rien dans notre texte ne nous fait connaître la forme et la dimension de l'*amure*. Les monuments figurés sont plus complets. (Voir les figures 5, 6, 7.) On y voit que le fer de la lance était en losange, parfois triangulaire, large et à arête médiane. (Voir Demay, le *Costume de guerre.*) Nos figures 5, 6, 7 en donneront une idée très exacte

Fig. 5. — D'après le sceau de Thibaut IV, comte de Blois. 1138.

Fig. 6. — D'après le sceau de Guillaume II, comte de Nevers. 1140.

d'après les sceaux, et notre figure 16, d'après la précieuse tapisserie de Bayeux. = Les meilleures lances se seraient faites à Valence, suivant notre poème ; mais *Valentineis* ne joue-t-il pas au vers 998 le même rôle que l'acier *vianeis* au vers 997 ? Affaire d'assonance, peut-être. Il convient néanmoins d'observer ici que Rabelais dit, dans son *Gargantua* (I, 8) : *Son espée ne fut* valentiane *ny son poignart sarragossoys.* = Bien moins précieuse que l'épée, la lance cependant peut recevoir un nom spécial. A tout le moins, l'*espiet* de l'Emir s'appelle *Mallet*. (3152). Mais le sens de ce mot n'est pas certain. = Au haut de la lance est attaché, est « fermé » le *gonfanon* ou l'enseigne. (Voir les fig. 5, 6, 7.) Le mode d'attache n'est pas spécifié, si ce n'est peut-être dans un passage des manuscrits de Venise IV et de Paris qui comble une lacune évidente du texte d'Oxford. Il y est question « de clous d'or qui retiennent l'enseigne ». (P. 142 de la présente édition.) = Ce gonfanon est de différentes couleurs. Ceux des Français, comme ceux des Sarrasins, sont *blancs e vermeils e blois*. (999 et 1800.) Le gonfanon de Roland est tout blanc : *Laciet en sum un gunfanun* TUT BLANC (vers 1157); celui de

Fig. 7. — D'après le sceau de Galeran, comte de Meulan. 1165.

Naimes est jaune (3427), etc. = Les enseignes sont quelquefois dorées ; *Cil oret gonfanun* (1811), c'est-à-dire sans doute brodées ou frangées d'or. Quelques-unes (celles des Pairs et des hauts barons) ont, en effet, des franges d'or qui descendent jusqu'aux mains du cavalier : *Les renges d'or li batent jusqu'as mains.* (1037.) Et telle est l'enseigne blanche de Roland. = Quand les lances sont droites et au repos, les gonfanons tombent aisément jusqu'aux heaumes : *Cil gonfanum sur les helmes lur pendent.* (3003.) = Le gonfanon, de forme rectangulaire, est presque toujours à trois pans, c'est-à-dire à trois langues. (Voir les fig. 5, 6, 7. Cf. le vers 1228, etc. etc.) = Quand on enfonce la lance dans le corps d'un ennemi, on y enfonce en même temps les pans du gonfanon (1228) : *El cors li met tute l'enseigne* (3427); *Tute l'enseigne li ad enz el cors mise.* (3363.) = Ces petits gonfanons ne doivent pas être confondus avec la grande Enseigne, avec le Drapeau de l'armée. Geoffroi d'Anjou est le gonfanonier du Roi. (106.) C'est lui qui porte l'*orie flambe* : *Gefreid d'Anjou portet l'orie flambe. — Seint Pere fut, si aveit num Romaine ; — Mais de Munjoie iloec out pris eschange.* (3093, 3095.) Ce texte est confirmé par plusieurs de nos autres romans, qui représentent Roland comme l'Avoué de l'Église romaine. (Voir l'*Entrée en Espagne.*) Nous avons traité ailleurs des origines de cette enseigne. (Voir la note du v. 3093.)

= Quant aux Sarrasins, ils font porter en tête de leur armée le Dragon de leur émir, l'étendard de Tervagant et de Mahomet, avec une image d'Apollin. (3268, 3550, etc.) En outre, Amboires d'Oluferne porte « l'enseigne de l'armée païenne » : *Preciuse l'apelent.* (3297, 3298.) = *Enseigne* et *gunfanun* paraissent, d'ailleurs, absolument synonymes.

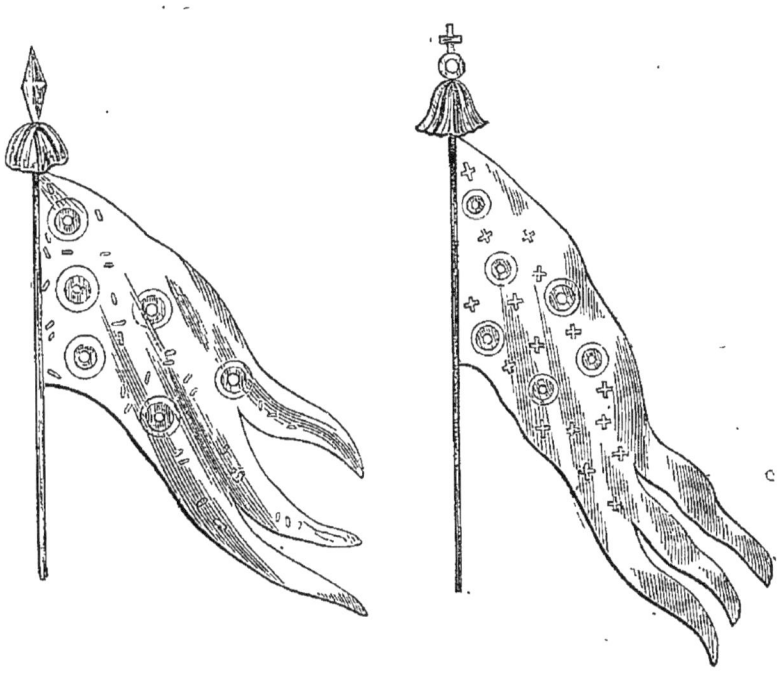

Fig. 8 et 9.

La plus ancienne représentation de l'Oriflamme, d'après les mosaïques du triclinium de Saint-Jean-de-Latran, à Rome. (ixe siècle.)

3° La lance et l'épée sont en réalité les seules armes offensives dont il soit question dans notre poème. Quand l'Empereur confie à Roland la conduite de l'arrière-garde, il lui donne, comme symbole d'investiture, un arc qu'il a tendu : *Dunez mei l'arc que vus tenez el' puign.* (767.) *Dunez li l'arc que vus avez tendut... Li Reis li dunet.* (780, 781.) = Lorsque Marsile s'irrite contre les violences de Ganelon, il lui jette *un algeir* (l. *atgeir*) *ki d'or fut enpenet.* (439, 442.) Comme nous l'avons dit, il s'agit ici de l'*ategar* ou javelot saxon. = Enfin, pour achever Roland sur le champ de bataille, les hordes sauvages qui l'attaquent lui jettent des *darz*, des *wigres*, des *museraz*, des *agiez*, des *giesers.* (2064, 2075, 2155.) Il s'agit ici de flèches de différentes espèces. Mais ce ne sont pas là, entendons-le bien, les armes régulières, même des païens, et, encore un coup, il n'y en a point d'autres que la lance et l'épée.

Mais arrivons aux ARMES DÉFENSIVES.
Les trois pièces principales de l'armure défensive sont le heaume, le haubert et l'écu. (Voir la fig. 10.) 1° Le HEAUME est l'armure qui,

Fig. 10. — D'après le sceau de la ville de Soissons. (xiie siècle.)

concurremment avec le capuchon du haubert ou la coiffe de mailles, est destinée à protéger la tête du chevalier. D'après les monuments figurés, le heaume (voir la fig. 11) se compose essentiellement de trois

Fig. 11. — D'après le sceau de Matthieu III, comte de Beaumont-sur-Oise. 1177.

parties : le cercle, la calotte de fer, le nasal. Cette dernière partie est la seule qui, dans notre poème, soit nommée par son nom; mais il est implicitement question des autres. = La calotte est pointue : *Sur l'helme à or agut.* (1954.) Comme tout le heaume, elle est en acier : *Helmes d'acier.* (3888.) Cet acier est bruni (vers 3603), et l'épithète que l'on donne le plus souvent au heaume est celle de *cler* (3274, 3586, 3805) ou *flambius.* (1022.) Il faut

ÉCLAIRCISSEMENT III

croire que cet acier était souvent doré : c'est du moins la manière d'expliquer les mots de *helmes à or* (3911 et 1954), à moins qu'il ne s'agisse uniquement ici des richesses du cercle et des armatures ou arêtes qui se rejoignaient parfois au sommet du heaume. = Le cercle ? On ne trouve pas ce mot dans notre poème; mais c'est du cercle peut-être qu'il est question dans ces vers où l'on montre le heaume semé de pierres fines, de « pierres gemmées d'or », de perles gemmées d'or (de perles, c'est-à-dire de verroteries) : *L'helme li freint ù li gemmes reflambent* (3616); *L'helme li freint ù li carbuncle luisent* (1326) : *Luisent cil helme as pierres d'or gemmées* (1452 et 3306), etc. = Non seulement le cône est bordé par ce cercle, mais « il est parfois renforcé dans toute sa hauteur par deux arêtes placées l'une devant, l'autre derrière, ou par quatre bandes de métal ornementées, venant aboutir et se croiser à son sommet ». (Demay, *le Costume de guerre*, p. 132.) = Enfin le *nasel* est clairement et nominativement indiqué par ces vers : *Tut li detrenchet d'ici que à l' nasel* (1996); *Tresque à l' nasel li ad freint e fendut* (3927), etc. Le « nasel » était une pièce de fer quadrangulaire, ou d'autres formes (voir la fig. 10), destinée à protéger le nez. L'effet en était disgracieux autant que l'emploi en était utile. = Une particularité qui est indiquée très nettement, et qui est cent fois attestée dans notre Chanson, c'est la manière dont le heaume était *fermé*, attaché sur la tête, ou plutôt sur le capuchon de mailles. Ces deux mots vont souvent ensemble : *Helmes laciez* (712, 1042, 3086), etc. Et quand Roland va porter secours à l'archevêque Turpin : *Sun helme à or li deslaçat de l' chief.* (2170.) Tout au contraire, quand les héros s'arment pour la bataille, *lacent lur helmes* (2989), etc. = Où se trouvaient ces *lacs*, qui sans doute étaient des liens de cuir passant d'une part dans une maille du haubert et, de l'autre, dans quelques trous pratiqués au cercle? La question est assez difficile à résoudre, même d'après les monuments figurés. Ce qu'il y a de certain, c'est qu'il y en avait un certain nombre. Naimes reçoit de Canabeu un coup terrible qui lui tranche cinq lacs de son heaume. Tout le passage est digne d'attention : *Si fiert Naimun en l'helme principal; — A l' brant d'acier l'en trenchet cinq des laz. — Li capeliers un denier ne li valt; — Trenchet la coife entresque à la carn.* (3432 et suivants.) La *coife*, c'est le capuchon du haubert, c'est le capuchon de mailles que l'on portait sous le heaume. On comprend aisément que, pour ajuster un casque de fer sur un bonnet de mailles, il était absolument nécessaire de l'attacher. (Voir la planche XII de la tapisserie de Bayeux, dans le tome VI des *Vetusta monumenta*, Londres, 1835. On y voit un chevalier sans heaume et revêtu du seul capuchon de mailles.) Le *capelier*, qu'il ne faut pas confondre avec la *coife*, « n'est autre chose, suivant M. Quicherat, qu'une calotte de fer sous le heaume. » = Les heaumes de Sarragosse sont renommés. (996.) Est-ce pour la qualité de leur acier? Au XVIe siècle, Rabelais, comme nous l'avons dit, parle encore d'un *poignart sarragossoys*. (*Gargantua*; I, 8.) = 2o Le HAUBERT, c'est le vêtement de mailles, la tunique de mailles, la chemise de mailles. Sous le haubert on porte le *blialt*. Quand Roland porte secours à l'archevêque Turpin : *Si li tolit le blanc osberc legier. — Puis, sun blialt li ad dut detrenchiet, — En ses granz plaies les pans li ad butet* (2172), etc. Et c'est ce qui est encore mieux expliqué par ces vers de *Huon de Bordeaux* : *Li autre l'ont maintenant désarmé; — De l' dos li ostent le bon osberc saffré; — Ens el*

bliaut est Hues demorés. (Barsich, *Chrestomathie française*, 56, 31.)
= Pour le haubert, il s'appelle dans notre poème *brunie* ou *osberc*.
Quelquefois, il est vrai, *brunie* paraît avoir un sens distinct: *Osbercs
vestuz e lur brunies dubleines.* (3088.) Mais la synonymie est presque
partout évidente. = A l'origine, la *brunie* paraît avoir été une sorte
de grosse tunique de cuir, sur laquelle on avait cousu un certain
nombre de plaques ou de bandes métalliques. Mais au lieu de plaques
et de bandes, ce furent quelquefois des anneaux cousus sur l'étoffe
(voy. p. e. la fig. 12) et de plus en plus rapprochés les uns des

Fig. 12. — D'après le sceau de Gui IV, de Laval. 1095.

autres. (Voir la tapisserie de Bayeux, pl. V et XV.) Da là au vêtement
de mailles il n'y a pas loin. = Suivant un autre système qui ne nous
semble pas suffisamment prouvé, les Sarrasins auraient possédé
avant nous de ces vêtements, et les auraient fabriqués avec une certaine perfection que les chrétiens purent imiter. De là peut-être, dans
notre poème, la célébrité des *osbercs sarazineis*. = Quoi qu'il en soit,
et QUEL QUE SOIT AILLEURS LE SENS DE CE MOT, la *brunie* de la *Chanson
de Roland* est absolument et uniquement un haubert, un vêtement
de mailles parfait. Elle se termine en haut par le capuchon de mailles
qui se lace au heaume. (3432 et suivants.) Elle s'attache sur le
menton, qu'elle préserve, et cette partie de la *brunie* s'appelle la
« ventaille » : *De sun osberc li rumpit la ventaille.* (1298, 3449.)
Quant à la chemise en elle-même, nous ne trouvons malheureusement
aucune indication dans notre poème qui nous apprenne jusqu'à quelle
partie du corps elle descendait. C'est un précieux élément de critique qui nous fait ici défaut. = Dans la tapisserie de Bayeux (pl. V,
VI, etc.), la partie du haubert qui recouvre la poitrine est très
souvent munie d'une pièce carrée, qui ressemble à un cadre. Il est
probable que cette pièce (dont il n'est pas fait mention dans le *Roland*)
servait à cacher la fente supérieure du haubert. (Voir la fig. 16.) =
Les épithètes que notre poète donne le plus volontiers au haubert
sont celles-ci : *blancs* (1022, 1329, 1946, 3484), *forz* (3864), *legiers*.
(2171, 3864.) Les mailles sont très distinctement indiquées. Elles
sont de différentes qualités. Celles des chefs de l'armée sont très

fines : *Le blanc osberc dunt la maile est menue.* (1329.) D'autres fois, le poète fait allusion à l'étoffe ou au cuir dont on doublait encore le tissu de mailles : *De sun osberc li derumpit les dubles.* (1284.) *Païen s'adubent d'osbercs sarazineis.* — *Tuit li plusur en sunt dublez en treis.* (994, 995.) *Brunies dublées* (711, d'après le texte de Venise), ou *dubleines* (3088.) Ce système de doublure « fut délaissé vers le milieu du XIIe siècle ». (Demay, *le Costume de guerre*, p. 123.) = Enfin, il importe de signaler l'épithète de *jazeranc*, donnée à ce même haubert. Or *jazeranc* signifie: « qui est fait de mailles. » Du reste, quand notre poète veut exprimer que le haubert est mis en pièces, il se sert constamment du mot *desmailier*. (3387.) = Dans la *Chanson de Roland*, le haubert est fendu par en bas. Deux fentes le partagent en deux pans, dont il est souvent question dans le poème. Ces fentes étaient pratiquées non pas sur les côtés, mais sur le devant et le derrière du vêtement. Et c'est ainsi qu'il faut comprendre ce vers : *De son osberc li derumpit les pans.* (1300, 553, 3571, 3465, etc.) = Les pans du haubert étaient parfois ornés, à leur partie inférieure, d'une broderie grossière « en or »; ils étaient *saffrés*: *Vest une brunie dunt li pan sunt saffret.* (3141.) *De sun osberc les dous pans li desaffret.* (3426; aussi 3307, 1453, 1032, 2949, etc.) Cet ornement, consistant en fils d'archal entrelacés dans les mailles, ne se trouvait, semble-t-il, que sur les hauberts des grands personnages, des pairs et des comtes.

3° L'ÉCU (voir les fig. 10, 13 et 14) était alors *voutis*, c'est-à-dire cambré. Il était énorme, de façon à couvrir presque tout le cavalier, quand il était monté. Sa forme nous est clairement indiquée

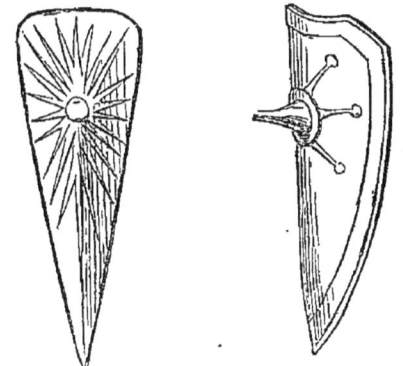

Fig. 13 et 14. — D'après deux sceaux du XIIe siècle.

par les monuments figurés. = L'écu était fait avec des planches assemblées qu'on avait cambrées et auxquelles on donnait parfois double épaisseur. Sur ce bois on clouait du cuir: *Tranchent les quirs e ces fuz qui sunt dubles.* — *Chiedent li clou...* (3583, 3584.) Le cuir de l'écu (ou l'étoffe grossière, la toile qui le doublait) porte le nom de *pene*: *De sun escut li freint la pene halte.* (3423 et aussi 1298.) Il sera très utile de rapprocher ici le texte de notre chanson de celui de Jean de Garlande : *Scutarii vendunt militibus scuta tecta tela, corio et oricalco, leonibus et foliis liliorum depicta.* = Le champ de l'écu était, en effet, « peint à fleurs » (1810, etc.); c'est-à-dire qu'on y peignait des dessins d'enroulement romans, des fleurons ou des rayons. Plus d'une fois, il est revêtu de couleurs vives : *L'escut vermeil li freint.* (1576.) *Tut li trenchat le vermeill e l'azur* (1557); *le vermeil e le blanc.* (1299.) On va jusqu'à le dorer, du moins en partie : *L'escut li freint ki² est ad or e à flyrs* (1354) : mais il ne s'agit peut-être ici que de la boucle. Enfin, l'écu merveilleux du païen Abisme est chargé de pierres, d'améthystes, de topazes, etc. (1660 et suivants.) = Au centre de l'écu est la *boucle* (voir les fig. 7, 10 et 14), et c'est à cause de la boucle que l'on dit : *escut bucler* (1283), et que plus tard on dira un « bouclier » tout court. La boucle (*umbo*) est une proéminence au centre de l'écu. Cette proéminence, qui, comme nous l'avons dit, est formée d'une armature de fer, est assez large : *Cez bucles lees.* (3570.) La boucle est dorée. (1283.) Dans les écus riches, on réserve un creux au centre de l'armature de fer, et on y place une boule de métal précieux, ou quelque pierre fine, ou quelque verroterie. Et c'est ainsi, croyons-nous, qu'il faut interpréter les vers suivants : *D'or est la bucle e de cristal listet.* (3149.) *La bucle d'or mier.* (1314.) *Tute li freint la bucle de cristal.* (1263.) = La *Chanson de Roland* ne parle pas d'armoiries sur l'écu. S'il est question quelque part d'*escuz de quartiers* (3867), il ne s'agit ici sans doute que des divisions naturelles de l'écu, de ces divisions que produisaient les bandes de fer destinées à soutenir le cuir sur le *fût*. = Le chevalier passait son bras dans les anses, dans les *enarmes* de l'écu, et, pendant le combat, il le tenait serré contre son cœur. Mais, durant la marche, les chevaliers, embarrassés de cet énorme écu, de ce *grant escut let* (3148), le pendaient à leur cou : *Pent à sun col un escul de Biterne.* (2991, et aussi 713, 1292, etc.) *En lur cols pendent lur escuz de quartiers.* (3867.) = La bande d'étoffe ou de cuir qui servait à suspendre le bouclier (voir la fig. 5) s'appelait la *guige* : *Pent à sun col un soen grant escut let.* — *La* GUIGE *est d'un bon palie roet.* (3148, 3150.) = *Targes*, employé une fois dans notre Chanson (*Targes roées*, 3569), nous paraît ici le synonyme d'*escuz*. = Nous avons ailleurs parlé des cors et de l'Olifant, et nous faisons de nouveau passer sous les yeux de nos lecteurs la représentation d'un cor d'ivoire d'après un monument du xiie siècle.

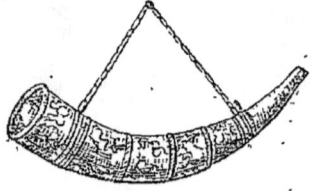

Fig. 15. — Cor d'ivoire du xiie siècle. (D'après les *Nouveaux Mélanges archéologiques* du P. Cahier, t. II, p. 36.)

— Quelques mots sur les éperons. Ils se placent sur la chaussure ordinaire : *Esperuns d'or ad en ses piez fermez.* (345 et 3863.) Ils sont toujours « d'or pur », ou plutôt « dorés » : *Sun cheval brochet des esperuns d'or mier* (1606); *d'or fin.* (3853.) = Les éperons sont pointus (voir les fig. 5, 6, 7, 12) et non pas à molettes : *Brochent* le bien des aguz esperuns. (1530.) Leur pointe a la forme d'un petit fer de lance, conique ou losangé. (Voir encore les figures 5, 6, 7, 12, etc.) = La plus complète, la plus exacte illustration du *Roland* devrait, ici comme partout ailleurs, être empruntée à la tapisserie de Bayeux. Ce monument est, en effet, de la même époque que notre vieux poème et présente la même physionomie normande et anglo-normande. Nous ne désespérons pas de donner un jour la reproduction en couleurs des principales parties de cette fameuse tapisserie. En attendant, nous faisons passer sous les yeux de nos lecteurs un des groupes de ce tableau (fig. 16), où se trouvent heureusement rassemblés les types de toutes les armures que nous avons précédemment décrites.

Fig. 16. — D'après la tapisserie de Bayeux, fin du XIe siècle, planche IX des *Vetusta monumenta*.

= Après le chevalier, il est très juste de parler ici du cheval. = Le cheval est l'ami du chevalier; mais cette affection ne se fait pas jour dans le *Roland*. En revanche, dans *Ogier le Danois*, poème un peu postérieur et dont la légende est à peu près aussi ancienne, cette amitié touchante trouve son expression. Quand le héros de ce beau poème, après de longues années de captivité, demande à revoir son bon cheval Broiefort, on parvient à le lui retrouver, mais épuisé, pelé, la queue coupée : « Ogier le voit, de joie a soupiré. Il le caresse sur les deux flancs : « Ah! Broiefort, » dit Ogier, « quand j'étais sur vous, « j'étais, Dieu me pardonne, aussi tranquille que si j'eusse été en- « fermé dans une tour. » Le bon cheval l'entend; il avise sur-le-champ son bon seigneur qu'il n'a pas vu depuis sept ans passés, hennit, gratte le sol du pied; puis se couche et s'étend par terre devant Ogier, par grande humilité. Le duc le voit; il en a grand'pitié. S'il n'eût pleuré, le cœur lui eût crevé. » (Vers 10688 et suivants. Dans *Aliscans*, Guillaume ne parle pas moins tendrement à son cheval Baucent : « Cheval, vous êtes bien las. Je vous remercie, mon « cheval, et vous rends grâces de vos services. Si je pouvais arriver « dans Orange, je voudrais qu'on ne vous montât plus. Vous ne « mangeriez que de l'orge vanné, vous ne boiriez qu'en des vases « dorés. On vous parerait quatre fois par jour, et quatre fois on vous « envelopperait de riches couvertes. » Et Renaud de Montauban s'écrie, dans les *Quatre fils Aymon :* « Si je te tue, Bayard, puissé-je « n'avoir jamais santé ! Non, non : au nom de Dieu qui a formé le « monde, je mangerais plutôt le plus jeune de mes frères. » Le héros qui a donné son nom à *Aubri le Bourgoing* regrette son cheval avec les mêmes larmes : *Ahi ! Blanchart, tant vous aveie chier ; — Por ceste dame ai perdu mon destrier* = Le cheval, d'ailleurs, rend bien cette affection au chevalier. Il est dit de Bayard, dans *Renaus de Montauban : S'a veü son seigneur Renaut, le fil Aimon. — Il le conust plus tost que feme son baron*, etc. etc. = Étant donnée cette affection réciproque, il est à peine utile d'ajouter, d'après les textes précédents, que le cheval a un nom. C'est *Veillantif* (*Chanson de Roland*, (2160), *Tencendur* (2993), *Tachebrun* (347). C'est *Saut-Perdu, Marmorie, Passe-Cerf, Sorel*, etc. = Du reste, si l'on veut avoir le « portrait en pied » d'un cheval, si l'on veut connaître l'idéal que s'en faisaient nos pères, il faut relire les vers 1651 et suivants : « Pieds bien taillés, jambes plates, courte cuisse, large croupe, flancs allongés, haute échine, queue blanche, crinière jaune, petite oreille, tête fauve. » = Les chevaux célébrés dans nos poèmes étaient des chevaux entiers, et l'on regardait alors comme une honte de monter sur une jument. = Le chevalier se rappelait volontiers où et comment il avait conquis son bon cheval : *Il le conquist es guez desuz Marsune*, etc. (2994.) = Malgré son amour pour la bête, le chevalier ne lui ménage pas les coups d'éperon : *Mult suvent l'esperonet*. (2996.) *Le cheval brochet*. (3165, etc.) Ces mots reviennent mille fois dans notre poème : ce sont peut-être les plus souvent employés. Et il l'éperonne jusqu'au sang : *Li sancs en ist tuz clers*. (3165.) = Avant la bataille, il lui *laschet les resnes* et fait *son eslais* (2997, 3166), c'est-à-dire qu'il se livre à un « temps de galop ». Quelquefois, dans cet exercice, il fait sauter à son cheval un large fossé. C'est un petit carrousel (3166.) = Le cheval de guerre s'appelle « destrier ». Le cheval de somme s'appelle *sumier, palefreid* (paraveredum), et l'on emploie aussi les mulets à cet usage : *Laissent les muls e tuz les palefreiz. — Es destriers muntent* (1000, 1001, aussi 755, 756.) = Notre vieux poème nous parle plus d'une fois des étriers, mais sans nous en préciser la forme, et c'est ici que les monuments figurés viennent à notre aide. (Voir les fig. 5, 6, 7, 12.) = Pour faire honneur à quelqu'un, et particulièrement au Roi, on lui tient l'étrier : *L'estreu li tindrent Naimes e Joccrans*. (3113.) = Les selles étaient richement ornées, *gemmées à or* (1373), *orées* (1605). La Chanson nous parle souvent des *auves* (1605), et ailleurs des arçons qui sont primitivement les deux arcs formant la charpente principale de la selle. (1229, etc.) Mais déjà nous avons vu quels sont les éléments de la selle : « des *arçonnières* étroites et recourbées ; des *quartiers* coupés carrément et brodés ; deux *sangles*, distantes l'une de l'autre ; une bande de cuir formant le *poitrail* et qui est garnie de franges, et enfin les *étriers*. » (Demay, *le Costume de guerre*, p. 163 des *Mémoires de la Société des antiquaires de France*, 1874-1875.) = « Le *frein*, dit le même érudit, est à branches droites ou coudées en arrière, et ces branches sont reliées ensemble par une traverse qui est percée d'un trou où les rênes sont arrêtées. » (Voir les figures 5, 6, 7, 12.)

* Et maintenant, de tous ces passages de notre Chanson que nous avons soigneusement recueillis, pouvons-nous véritablement tirer quelques éléments de critique sur la date précise de cette œuvre célèbre? Le défaut de tous les vers que nous avons cités plus haut, c'est leur manque de précision, et rien n'est plus facile à comprendre dans un poème. D'un autre côté, nous avons vu les sceaux des xie et xiie siècles, conservés aux Archives nationales. Or, on peut dire, d'après ces documents figurés, que depuis la fin du xie siècle jusqu'à la seconde moitié du xiie, il n'y a pas eu dans nos armures un seul changement véritablement radical. Les modes ne changeaient pas alors comme aujourd'hui, et les artistes qui gravaient les sceaux se contentaient trop souvent de copier des types antérieurs. = Quoi qu'il en soit, si nous avions, d'après de si vagues documents, une conclusion à tirer, nous la formulerions en ces termes : « Il est absolument certain que les armures décrites dans notre poème sont antérieures au règne de Philippe-Auguste. Et, comme il n'est pas question de chausses de mailles dans le *Roland*, il est possible qu'il soit antérieur à l'époque où ces sortes de chausses ont pénétré dans notre costume de guerre. » Cette époque est la seconde moitié ou le dernier tiers du xie siècle, et il y a déjà plusieurs chausses de mailles très nettement indiquées dans la tapisserie de Bayeux. (*Vetusta monumenta*, Londres, 1835, pl. XI et XII.) Mais nous avouons que cette attribution n'a rien de rigoureux. Notre poème lui-même ne nous permet pas d'aller plus loin.

ÉCLAIRCISSEMENT IV

SUR L'ÉTABLISSEMENT DU TEXTE

Le texte que nous offrons au public, dans cette huitième édition, EST COM-POSÉ, SELON LA MÉTHODE CRITIQUE, AVEC DES ÉLÉMENTS EMPRUNTÉS A PLUSIEURS FAMILLES OU GROUPES DE MANUSCRITS, ET PRINCIPALEMENT AUX TROIS GROUPES QUI SONT REPRÉSENTÉS PAR LE MANUSCRIT D'OXFORD, PAR CELUI DE VENISE (fr. IV) ET PAR LE *Roman de Roncevaux*. (C'est sous ce nom qu'on désigne les remaniements de la *Chanson de Roland*.) = Nous avons généralement adopté LA LEÇON QUI NOUS EST FOURNIE PAR DEUX DE CES TEXTES, DE PRÉFÉRENCE A CELLE QUI NOUS EST DONNÉE PAR LE TROISIÈME. = Enfin, nous avons ramené le texte de notre chanson A LA PURETÉ DU DIALECTE NORMAND, et avons essayé DE LE RÉDUIRE A L'UNITÉ DE NOTATION ORTHOGRA-PHIQUE. Tel est, en quelques mots, l'exposé de tout notre système; mais des observations plus étendues paraîtront sans doute nécessaires. Les unes se rap-portent au choix des leçons; les autres à la langue adoptée dans notre édition. =
I. CHOIX DES LEÇONS. On a distribué avec raison les différents textes du *Roland* en un certain nombre de familles. Dans un remarquable article du *Zeitschrift für romanische philologie* (II, 1, p. 162 et ss.), M. W. Fœrster a dressé un tableau où il expose nettement la filiation de tous les textes français du *Roland* et de ses remaniements. Ce tableau nous paraît résumer l'état actuel de la science, et nous le plaçons ici sous les yeux de nos lecteurs.

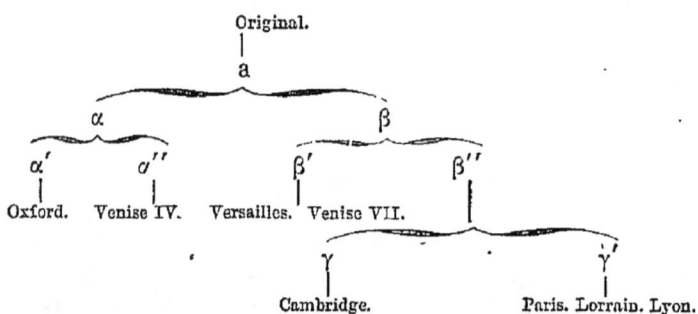

D'un autre côté, M. A. Rambeau, dont le système est celui de M. Stengel (*Ueber die als echt nachweisbaren Assonanzen der Chanson de Roland*, Marbourg, 1877, 78), a fait entrer tous les textes français et étrangers du *Roland* dans une énumération très précise et dont nous acceptons volontiers les données. = Aux yeux de MM. Stengel et Rambeau, les différentes familles du *Roland* seraient les suivantes : 1º Famille anglo-normande (xiiᵉ-xiiiᵉ siècles) : *a.* manuscrit d'Oxford; *b.* manuscrit de Venise (fr. IV), qui, sous son enveloppe italienne, est d'origine anglo-normande. — 2º Rédaction française rimée ou *Roman de Roncevaux* (xiiiᵉ siècle). Cette famille se subdivise elle-même en trois groupes très distincts : *a.* remaniements de Paris, de Lyon et Lorrain; *b.* de Versailles et de Venise (fr. VII); *c.* de Cambridge. — 3º Famille nor-dique : *Karlamagnus Saga*, du xiiiᵉ siècle, qui suit le texte d'Oxford jusqu'au vers 2570, tirade par tirade et presque vers par vers. — 4° Famille allemande; *a. Ruolandes Liet* du prêtre Conrad (xii° siècle), qui est en grande partie calqué sur un texte français assonancé; *b.* le *Karl* du Stricker (vers 1230), et *c.* le *Karl Meinet*, du commencement du xiv° siècle, dérivent aussi, l'un et l'autre, d'un original français. = A ces deux familles, il faudrait joindre, suivant M. Rambeau : 5° une famille néerlandaise, composée de fragments qui sont en rapport avec le texte d'Oxford, mais qui remontent directement à la source allemande; et 6° la Chronique de Turpin, qui représente, à nos yeux comme à ceux de Guido Laurentius, un état plus ancien de la tradition rolandienne. = Cette classification est excellente ; mais on la peut simplifier. On peut en écarter tout d'abord les deux dernières familles (5 et 6), que M. Rambeau abandonnerait lui-même assez volontiers. Il convient encore d'ajouter que, pour l'éditeur d'un texte critique, les rédactions nordique et allemande (3 et 4) n'offrent, A RAISON DE LEUR LANGUE, que des ressources RELATIVEMENT restreintes. Restent donc les familles 1 et 2, et c'est ici que nous aurions peut-être à modifier la classification Rambeau-Stengel. On n'y fait pas une place assez importante à la rédaction de Venise (fr. IV). = Sans doute nous admettons avec MM. Fœrster et Stengel que les deux manuscrits d'Oxford et de Venise IV appartiennent à la même famille et, pour dire la chose plus nettement, qu'ils dérivent d'une source commune, déjà corrompue, et par conséquent distincte de l'original. Sans doute le texte de Venise IV a un certain nombre de fautes communes avec celui d'Oxford, et nous n'ignorons pas que cette communauté d'erreurs est le signe auquel on reconnaît sûrement les manuscrits d'une même famille. Mais indépendamment des fautes communes à Oxford et à Venise IV, le copiste du texte d'Oxford en a commis, pour son compte, une foule d'autres, lesquelles peuvent et doivent être corrigées avec le texte de Venise IV. Mais ce même scribe du manuscrit d'Oxford est également coupable de nombreuses et importantes lacunes, lesquelles peuvent et doivent être comblées avec le texte de Venise IV. Il faut conclure de là, fort rigoureusement, que SANS FAIRE UNE FAMILLE DISTINCTE de Venise IV, on peut et on doit tirer de ce texte un parti aussi avantageux QUE S'IL FORMAIT A LUI SEUL UNE FAMILLE SPÉCIALE, et c'est en ce sens SEULEMENT qu'on lui a parfois donné le nom de « famille ». = Bref, sans dédaigner le témoignage très précieux et nécessairement utilisable des documents nordiques et allemands, nous nous trouvons définitivement en présence de trois groupes, ou de trois familles PRINCIPALES : la première est représentée par le manuscrit d'Oxford; la seconde par celui de Venise (fr. IV) ; la troisième par les différents textes du *Roman de Roncevaux.*= Voici donc le système qui sera par nous adopté dans cette huitième édition : Quand une leçon nous sera fournie à la fois par Oxford et Venise IV, nous l'adopterons de préférence à celle que nous présentent le *Roncevaux* de Paris et nos autres remaniements. — Quand une leçon nous sera fournie à la fois par Venise IV et par l'un de nos remaniements, nous l'adopterons de préférence à celle que nous offre le manuscrit d'Oxford.—Quand une leçon nous sera fournie à la fois par Oxford et par l'un de nos remaniements, nous l'adopterons de préférence à celle que nous trouverons dans Venise IV. = Mais il ne faut pas croire, d'ailleurs, que ce travail nous fournisse un nombre excessif de corrections ; car le texte de Venise IV, qui est effroyablement italianisé et où l'on change si aisément les assonances en rimes, présente lui-même des lacunes assez considérables et une quantité notable de fautes grossières. Les remaniements, d'autre part, n'ont conservé qu'un certain nombre de couplets primitifs, et on y a ramené presque toutes les tirades au système des rimes, lequel apporte des changements sans fin au texte primitif. Force nous a donc été de corriger un certain nombre de fautes d'Oxford avec les ressources et les éléments d'un seul texte; mais nous ne l'avons jamais fait qu'en cas d'évidence absolue ou de très forte probabilité. = En résumé, nous avons corrigé et complété le texte d'Oxford : 1° toutes les fois que sur ces trois textes (Oxford, Venise IV et *Roncevaux*) il y en a deux d'accord contre un seul; 2° quand, à défaut de l'accord de deux textes contre un seul, nous pouvons constater une lacune ou une erreur évidente, que nous sommes forcé de combler ou de corriger à l'aide d'un seul texte. = Toutes nos corrections, au reste,

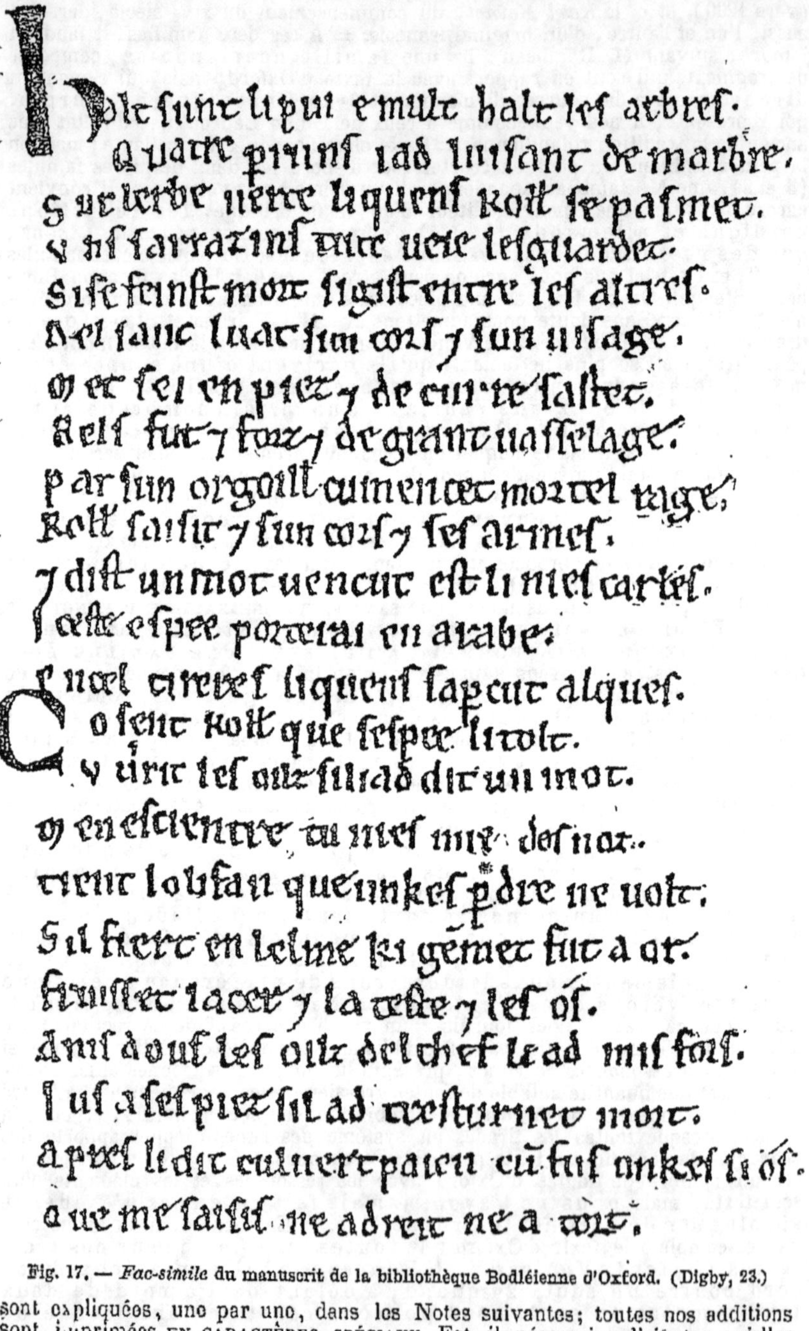

Dlc sunt li pui e mult halt les arbres.
  Quatre perruns i ad luisant de marbre.
Sur l'erbe uerte li quens Rollt se pasmet.
Uns Sarrazins tute uei le esguardet.
Si se feinst mort si gist entre les altres.
Del sanc luat sun cors e sun uisage.
Met sei en piez e de curre s'aistet.
Bels fut e forz e de grant uasselage.
Par sun orgoill cumencet mortel rage.
Rollt saisit e sun cors e ses armes.
E dist un mot: uencut est li nies Carles.
Iceste espee porterai en Arabe.
  Cn cel tireres li quens s'aperceut alques.

Ço sent Rollt que s'espee li tolt.
  Vurit les oilz si l'ad dit un mot.
Men escientre tu n'ies mie des nos.
Tient l'olifan que unkes perdre ne uolt.
Sil fiert en l'elme ki gemmet fut a or.
Fruisset l'acer e la teste e les os.
Ams dous les oilz del chef li ad mis fors.
Ius a ses piez si l'ad cuers turnet mort.
Apres li dit: culuert paien cum fus unkes si os.
Que me saisis ne a dreit ne a tort.

Fig. 17. — *Fac-similé* du manuscrit de la bibliothèque Bodléienne d'Oxford. (Digby, 23.)

sont expliquées, une par une, dans les Notes suivantes; toutes nos additions sont imprimées EN CARACTÈRES SPÉCIAUX. Est-il nécessaire d'ajouter qu'elles

ÉCLAIRCISSEMENT IV

offrent toujours un certain caractère hypothétique, et que nous nous sommes bien gardé de donner aux couplets ajoutés par nous leur place officielle dans la *Chanson de Roland*. Nos lecteurs seront libres d'en faire complètement abstraction, et ceux qui préfèrent le manuscrit d'Oxford à toutes les autres rédactions n'auront qu'à ne pas lire les vers ou les couplets imprimés en italiques [1]. = II. LANGUE. Le *Roland* a été, suivant nous, composé en Angleterre par un poète qui y était venu à la suite de Guillaume le Conquérant, et qui parlait la langue des vainqueurs. (V. notre *Introduction*, chap. v.) = Cette langue était le dialecte normand, où avaient cependant pénétré quelques habitudes, quelques courants de dialecte français. = Mais le scribe du manuscrit d'Oxford était anglo-normand, et a défiguré le dialecte du poème original. = Ce qu'il est particulièrement nécessaire de rappeler ici, c'est que l'anglo-normand n'est pas un dialecte spécial, mais qu'il y faut voir seulement la corruption du dialecte normand. = Nous nous sommes proposé de ramener la *Chanson de Roland* à la pureté du dialecte normand, ou, en d'autres termes, comme nous l'a écrit M. Théodor Müller, « de restituer la *Chanson de Roland* normande, si misérablement défigurée sous la recension anglo-normande du « manuscrit d'Oxford. » = Or les deux principaux caractères des textes anglo-normands, c'est l'altération des règles de la déclinaison romane, et c'est la confusion des notations *ié* et *é*. = Nous avons voulu déblayer le terrain, et nous débarrasser, tout d'abord, de ces deux défauts qui viciaient presque tous les vers du *Roland* d'Oxford. = A cet effet, nous avons partout observé les règles de la déclinaison romane, et, en nous aidant notamment d'une « Table complète des assonances de notre poème », nous avons partout distingué les notations *é* et *ié*. = Cette même *Table des assonances* nous a permis de rétablir PARTOUT, dans le corps comme à la fin des vers, toutes les autres notations fournies par ces assonances. = Notre texte, ainsi dégagé de ses vices anglo-normands, a été par nous repris en sous-œuvre, et nous avons relevé un à un et groupé tous les faits de phonétique, de grammaire et de versification qui se produisent dans le manuscrit d'Oxford; puis, nous en avons tiré les lois que nous avons partout observées. = Nous nous sommes éclairé, au besoin, des textes qui appartiennent évidemment au même dialecte et dont la date se rapproche le plus de celle du *Roland*. = Cette correction phonétique et grammaticale n'a pas été notre seul but, et nous avons en outre voulu, pour une œuvre aussi classique que le *Roland*, en arriver A L'UNITÉ DE NOTATION ORTHOGRAPHIQUE. = Les couplets que nous avons dû ajouter au texte d'Oxford (d'après Venise IV et les remaniements) ont été par nous ramenés au dialecte normand et à l'unité orthographique. = Comme nous citons, dans tout le cours de ce volume, les leçons de Venise IV et celles des remaniements, le lecteur sera sans doute heureux de savoir où il en trouvera le texte. Le manuscrit de Venise a été publié par Conrad Hoffmann (mais

---

[1] Voici, en quelques propositions, l'histoire des différents textes français du *Roland* où nous avons puisé nos leçons : 1º Le manuscrit original, qui n'est point parvenu jusqu'à nous, avait été écrit en Angleterre durant le dernier tiers du XIe siècle.= 2º Un certain nombre de copies, plus ou moins exactes ou défectueuses, ont été exécutées d'après cet original aujourd'hui disparu. = 3º L'une d'elles, déjà viciée et par conséquent distincte de l'original, a donné lieu aux deux manuscrits d'Oxford et de Venise IV. Le premier de ces deux textes a été transcrit en Angleterre, durant la seconde moitié du XIIe siècle, par un scribe inintelligent et peu soigneux. Le second a été exécuté, vers 1230, par un jongleur italien qui exploitait alors le nord de l'Italie avec nos chansons de geste et qui prenait soin de les adapter à la langue de ses auditeurs.= 4º Cependant, d'après une autre copie plus ou moins directe du *Roland* original, un jongleur inconnu, qui vivait sans doute sous le règne de Philippe-Auguste, avait écrit le manuscrit prototype du *Roncevaux*. = 5º Ce *Roncevaux* prototype se composait des éléments suivants : *a*, environ quatre mille vers assonancés empruntés textuellement à la version primitive; *b*. un dénouement nouveau, en vers rimés, consacré au récit de la fuite de Ganelon, de la douleur de Gilain, de la mort d'Aude, etc. = 6º C'est d'après ce prototype plus ou moins altéré et que (sauf un certain nombre de vers et de couplets primitifs) l'on en vint un jour à rimer entièrement, c'est d'après ce *Roncevaux* original qu'ont été rédigés les divers remaniements de notre poème qui nous ont été conservés et qui forment les trois groupes dont nous avons parlé ci-dessus : *a*. Paris. Lyon. Lorrain. *b*. Versailles. Venise VII. *c*. Cambridge. = 7º Y a-t-il eu relation de famille entre le groupe Oxford-Venise IV, d'une part, et, de l'autre, le groupe *Roncevaux* ? M. W. Fœrster, dans son tableau de filiation, semble résoudre la question dans le sens de la dualité absolue, en faisant observer toutefois que l'auteur du manuscrit de Paris ou ses prédécesseurs « ont employé un manuscrit α en même temps, qu'un manuscrit γ ». = 8º Nous nous en tenons, jusqu'à nouvel ordre, au tableau de M. W. Fœrster et à son observation sur la double origine du texte de Paris.

cette édition n'est pas dans le commerce) et par Eugen Kœlbing (Heilbronn, chez Henninger, 1877). Le manuscrit de Paris a été édité par Fr. Michel, ainsi que les 80 premiers couplets du ms. de Versailles (Paris, Didot, 1869). M. Muller a publié de longs extraits des divers remaniements dans les notes de ses deux éditions (Gœttingen, 1863 et 1878). Enfin, M. W. Fœrster annonce en ce moment (1880) la publication intégrale des cinq remaniements de Paris et Lyon, Versailles, Venise VII et Cambridge. = Les leçons du texte d'Oxford ont été vérifiées par nous sur l'excellente édition paléographique que M. Stengel vient d'en donner, et qui est accompagnée d'un *fac-simile* complet (Heilbronn, chez Henninger, 1878). = Pour la justification de toutes nos additions, de tous nos changements, voy. notre 7e édition, pp. 405-448.

PHONÉTIQUE, GRAMMAIRE

RYTHMIQUE

QUELQUES PRINCIPES GÉNÉRAUX

A L'USAGE DES COMMENÇANTS

I. Origine et éléments de la langue française

1. La langue française appartient à la Famille des langues romanes.
2. L'ensemble des peuples parlant les langues romanes s'est appelé du nom de *Romania*. = Cette famille renferme quatre groupes : *a*. Groupe méridional : italien, et roumain ou valaque. *b*. Groupe occidental : espagnol et portugais. *c*. Groupe septentrional : provençal, français (et anglais, pour une partie). *d*. Groupe central : Suisse romande, ladin, dialectes des Grisons et du Tyrol, etc.
3. Comme les autres langues romanes, le français s'est formé sur le latin. = Non pas sur le latin classique, mais sur ce latin populaire, sur ce latin parlé qui s'appelait *lingua romana*. = La langue française dérive, dans son fond, du latin populaire successivement modifié sous l'influence de certains phénomènes de vocalisme, dus aux éléments celtique et germain.
4. La langue française, indépendamment des mots d'origine latine, contient un certain nombre de mots qui sont d'origine celtique ou germaine.

> Cf. Diez, *Grammaire des langues romanes*, 3ᵉ édition, traduction de G. Paris, Brachet et Morel-Fatio (3 vol. in-8o, 1873-76).
> P. Meyer, Cours professé à l'École des chartes.
> G. Paris, *Romania*, t. I, (1872) p. 1 et suiv.
> A. Brachet, *Grammaire historique de la langue française*, 10ᵉ édition.

II. Formation de la langue française

5. La *lingua romana* a triomphé en Gaule, grâce à la fusion qui s'est opérée rapidement entre les Romains et les Gaulois, et grâce aussi à l'action des colonies romaines, civiles ou militaires.
6. La destruction des classes moyennes à la fin de l'Empire, les invasions, la fermeture des écoles en Gaule, et l'installation définitive des Barbares, ont également favorisé le développement de la *lingua romana*, en faisant cesser l'usage du latin savant, du latin écrit.
7. Cette langue latine populaire peut être aujourd'hui reconstruite en partie, d'après un certain nombre de Formules et de Diplômes. Elle le sera beaucoup plus complètement encore, le jour où l'on pourra scientifiquement établir

quels sont les éléments, communs à toutes les langues romanes, qui ne se trouvent point dans le latin classique.

8. La *lingua romana* était loin de ressembler toujours à la langue classique, et il y avait deux catégories de mots qui faisaient, en quelque sorte, bande à part. Tandis que les lettrés disaient *verberare, osculari, iter, verti, urbs, os, jus, edere, ignis, aula, equus* et *hebdomas*, le peuple disait *battuere, basiare, viaticus, tornare, villa, bucca, directus, manducare, focus, curtis, caballus* et *septimana*. Il faut ajouter que, dans le latin populaire, les consonnes médianes étaient souvent tombées, longtemps avant la formation de la langue française.

9. L'accent tonique, qui était commun à la langue populaire et à la langue savante, a eu sur la formation de la langue française, comme sur celle des autres langues romanes, une influence décisive. Cette influence peut trouver son expression dans les règles suivantes : *a*. L'accent tonique reste en français à la même place qu'en latin. = *b*. Les voyelles atones qui suivent la tonique disparaissent en français, ou sont remplacées par un *e* muet. = *c*. Les voyelles atones qui précèdent immédiatement la tonique persistent généralement, si elles sont longues, et disparaissent généralement, si elles sont brèves. = *d*. Les voyelles atones qui précèdent médiatement la tonique persistent généralement.

10. La « quantité » latine a eu une action considérable sur cette même formation de la langue française, et cela à raison même de son influence sur la position de l'accent. Mais il y avait, dans la *lingua romana*, de nombreuses erreurs sur la quantité, et ces erreurs ont agi sur un certain nombre de mots français.

11. Dans cette formation de notre langue, l'analogie a joué un rôle considérable et qu'il est particulièrement facile de constater dans le système de la déclinaison et de la conjugaison françaises. Or l'analogie n'est qu'une imitation grossière : c'est l'habitude de ramener un certain nombre de mots à un type qui n'est pas leur type logique. Ainsi, le pronom *mea* a eu de l'influence sur les pronoms possessifs de la 2º et de la 3º personne. Ainsi, la première et la seconde déclinaison latine ont fini par devenir le type de toutes les autres. Etc.

12. Il importe de ne pas oublier que, dans notre français comme dans toutes les autres langues romanes, il a été légitime de former sur le même radical d'origine latine un certain nombre de mots à terminaison variée, de diminutifs, de péjoratifs, de fréquentatifs, d'augmentatifs, etc. C'est ainsi que les langues romanes, et particulièrement le français, arrivent à exprimer plusieurs idées avec le même radical légèrement modifié.

13. Telle a été, indépendamment des phénomènes du vocalisme dans le latin vulgaire, la formation de la langue française. Mais, pour plus d'exactitude, il faudrait dire la « *première* formation » : car notre langue a été faite A DEUX REPRISES. = La première fois, d'une façon populaire et spontanée (et c'est à cette langue que nous avons affaire dans la *Chanson de Roland*); la seconde fois, d'une façon savante et réfléchie. = Cette seconde formation, due aux clercs et aux lettrés, a commencé d'assez bonne heure, mais n'a pas eu d'importance réelle avant les XVᵉ et XVIᵉ siècles. = De là, deux catégories de mots bien distinctes. Sur *directus*, on a d'abord formé *dreit* ou *droit*, puis *direct*; sur *fragilis*, *frailes*, puis *fragile*; sur *captivus*, *chétifs* ou *caitifs*, puis *captif*, etc. etc. Quelques mots seulement, dans la *Chanson de Roland*, trahissent une formation savante.

Cf. Diez, *Grammaire des langues romanes*, 3ᵉ édition.
A. Brachet, *Grammaire historique*, 10ᵉ édition.
A. Darmesteter, *De la Formation des mots composés en français*.

III. Caractère général de la langue française

14. Le caractère général du latin classique était, par-dessus tout, la synthèse. Mais le caractère général du latin populaire, de la *lingua romana* et du français, est, tout au contraire, l'analyse. On y emploie les prépositions pour remplacer les cas latins. On y dit *habeo amatum* au lieu d'*amavi*; *amare habeo*, au lieu d'*amabo*; *sum amatus*, au lieu d'*amor*, etc. Les flexions perdent de leur valeur, la synthèse s'en va, l'analyse triomphe. = Cf. ce que nous avons dit plus haut de l'analogie, etc.

IV. Limites de la langue française

15. L'ancien domaine de la langue française commence, au nord, sur le littoral de l'Océan, entre Calais et Gravelines. La limite passe à Saint-Omer, un peu au-dessous de Courtrai et de Bruxelles; au nord de Liège; un peu à l'est de Spa; puis entre Verviers et Aix-la-Chapelle; elle descend de là jusqu'à Longwy et Thionville, à quatre lieues à l'est plus loin que Metz; un peu plus loin à l'est que Château-Salins, Blamont, Senones, Saint-Dié, Gerardmer et Belfort; à trois lieues environ à l'est de Montbéliard, et de là jusqu'à Fribourg par Soleure et Neuchâtel. La ligne frontière embrasse, en effet, les cantons de Vaud et de Neuchâtel, avec une partie du Valais et des Grisons; elle finit par aboutir par Sion au mont Rosa et à Grenoble. = En faisant partir une seconde ligne depuis l'embouchure de la Charente à Rochefort, et en la faisant passer à Angoulême, un peu au-dessus de Limoges, puis par Clermont, Montbrison, Vienne, Grenoble, et enfin à Saint-Jean-de-Maurienne jusqu'au mont Cenis, on aurait les bornes complètes de la langue d'oïl. = Il convient cependant d'ajouter que l'on parle breton derrière une ligne qui part de Saint-Brieuc, passe à Loudéac, suit le cours de la rivière de l'Oust jusqu'à son confluent à la Vilaine, et aboutit à l'embouchure de la Vilaine.

> Cf. la Carte des langues romanes, dressée par M. Paul Meyer pour son cours à l'École des chartes; et la carte de Kiepert, *Specialkarte der deutsch-französischen Grenzländer mit Angabe der Sprachgrenze*, Berlin, 1871.

V. Les plus anciens monuments de la langue et de la poésie françaises

16. Les plus anciens monuments de la langue française sont : *a.* Les Serments de 842. *b.* La Cantilène de sainte Eulalie (xe siècle). *c.* Le fragment de Valenciennes: homélie sur Jonas (xe siècle) *d. e.* Les deux poèmes consacrés à la *Passion* et à *saint Léger*, lesquels sont conservés dans un manuscrit de la bibliothèque de Clermont (xe siècle): *f.* La Chanson de saint Alexis (vers 1050). *g.* Le fragment de l'*Alexandre*, d'Albéric de Besançon (fin du xie). *h.* La Chanson de Roland, dont nous plaçons la composition entre les années 1066 et 1096, mais plus près de cette dernière date.

17. Nous allons ici offrir à nos lecteurs la traduction des plus anciens textes de notre littérature poétique, en espérant que les professeurs voudront bien les lire à leurs élèves, comme préparation à la lecture de la Chanson de Roland. = Parmi ces textes, la *Cantilène de sainte Eulalie* est le seul qui ait encore été traduit. Quant à la *Passion*, à la *Vie de saint Léger* et au *saint Alexis*, c'est réellement aujourd'hui que, pour la première fois, on en aborde réellement la traduction. Il est vrai que nous en donnerons seulement des fragments; mais ils sont considérables et donneront aisément une idée de toute l'œuvre. Nous ferons, d'ailleurs, précéder chacun de ces poèmes d'un commentaire de quelques lignes, qui en indiquera l'origine et en précisera la valeur.

I. — La Cantilène de sainte Eulalie. — La *Cantilène de sainte Eulalie* est une œuvre du ɪxᵉ siècle, qui nous a été conservée dans un manuscrit de Valenciennes. Le texte en a déjà été publié plusieurs fois, et notamment par Bartsch en sa *Chrestomathie française* et par Paul Meyer en son *Recueil d'anciens textes*.

La versification de cette œuvre unique a servi de matière à de longues discussions où nous avons nous-même été mêlé. La plupart des érudits semblent aujourd'hui d'accord pour assimiler cette Cantilène à une prose latine de la première époque, à une séquence notkérienne. Il est plus juste de dire qu'elle a été calquée sur une de ces proses.

Quoi qu'il en soit, cette petite pièce est évidemment le type de ces Chants populaires en langue vulgaire qui étaient répétés par tout un peuple, et non pas uniquement par des chanteurs de profession. Il est certain qu'il y a eu des Cantilènes de ce genre dans l'ordre politique et militaire, comme dans l'ordre religieux, et qu'un certain nombre de ces Cantilènes ont été consacrées à nos héros chevaleresques. C'est ce que prouve le double témoignage de la *Vie de saint Faron* au ɪxᵉ siècle, et de la *Vie de saint Guillaume* au commencement du xɪɪᵉ.

Et maintenant, voici l'œuvre de notre plus vieux poète :

« Eulalie fut une bonne vierge; — Elle avait un beau corps, une âme plus belle. — Les ennemis de Dieu la voulurent vaincre; — Voulurent la faire servir le diable. — Mais elle n'écoute pas les méchants qui lui conseillent — De renier Dieu qui est là-haut dans le ciel. — Ni pour or, ni pour argent, ni pour parure, — Ni par les menaces, ni par la douceur, ni par les prières, — On ne put jamais plier — La jeune fille à ne pas aimer le service de Dieu. — C'est pourquoi on la présenta à Maximien — Qui était, en ce temps-là, roi des païens. — Il l'exhorte, mais elle ne s'en soucie guère, — A quitter le nom chrétien. — Elle rassemble toute sa force. — Plutôt elle souffrirait la torture — Que de perdre sa virginité : — C'est pourquoi elle est morte à grand honneur. — Ils la jetèrent dans le feu pour qu'elle y brûlât vive. — Elle était toute pure : c'est pourquoi elle ne brûla point. — Le roi païen ne voulut pas se rendre à ce miracle; — Avec une épée lui fit couper la tête. — La demoiselle n'y contredit pas : — Elle veut quitter le siècle; elle en prie le Christ. — Sous la forme d'une colombe, elle s'envole au ciel. — Supplions-la tous de vouloir bien prier pour nous, — Afin que le Christ ait merci de nous — Après la mort, et nous laisse venir à lui — Par sa clémence. »

II. — La Passion de Jésus-Christ. — La *Cantilène de sainte Eulalie* peut passer pour le type de ces Chants populaires qui, suivant la pittoresque et juste expression d'un vieil historien, *per omnium ora volitabant*.

Il n'en est pas de même de la *Passion*, de cette œuvre du xᵉ siècle que nous avons la joie de lire dans un magnifique manuscrit de la Bibliothèque de Clermont.

La *Passion* est le type de ces Complaintes religieuses que les clercs composaient pour l'instruction du peuple chrétien et que certains chanteurs pieux colportaient de village en village. C'est en réalité l'un des premiers chapitres d'un catéchisme poétique et populaire.

M. Gaston Paris, qui en a donné la meilleure édition (*Romania*, II, 295), a établi que « l'auteur de ce poème a employé, à côté l'une de l'autre, des formes appartenant aux dialectes de la langue d'oïl et de la langue d'oc ».

Quant aux vers, ils sont octosyllabiques et dérivent de vers latins rythmiques qui avaient presque toujours un accent sur la troisième syllabe. Quatre de ces vers forment un couplet.

La simplicité est le caractère de toute cette œuvre austère, qui est respectueusement calquée sur l'Évangile.

« Je veux vous faire aujourd'hui le récit véritable — De la passion de Jésus-Christ. — Je veux rappeler toutes les tortures — Par lesquelles il a sauvé tout ce monde.

« Durant plus de trente-trois ans, — Depuis qu'il eut pris humanité sur la terre, — Ses œuvres y furent celles du vrai Dieu, — Et ses souffrances celles d'un homme de chair.

« Il ne commit jamais aucun péché, — Et c'est pour nos crimes qu'il fut tué. — Sa mort nous rend la vie, — Et nous sommes rachetés par sa passion.....

« Ils l'ont vêtu de pourpre, — Et lui ont mis en la main un roseau. — Ils ont pris une couronne d'épines, — Et les misérables la lui ont posée sur la tête.

« Tous, à genoux devant lui, — Voilà qu'ils se rient de Jésus, les félons ! — Ils le saluent comme leur seigneur — Et leur empereur pour rire ;

« Et quand ils l'ont bien conspué, — Ils lui remettent son vêtement. — Lui-même alors saisit sa croix — Et, les précédant tous, marche à sa passion...

« Comme il parvint au Golgotha, — Devant la porte de la cité, — Il leur abandonna sa robe, — Laquelle fut faite sans couture.

« Point ne l'osèrent déchirer, — Mais l'ont tirée au sort, pour savoir qui l'aurait. — C'est ainsi que sa robe ne fut pas divisée. — Et, en vérité, il y a là un grand symbole.

« De même, en une foi et en une vérité, — Tous les fidèles du Christ doivent demeurer. — Son royaume aussi n'est pas divisé, — Mais est tout un en charité...

« Les Apôtres s'en vont, parlant tous les langages — Et annonçant les miracles du Christ. — Homme vivant ne leur peut résister : — Car ils ont le pouvoir de faire des prodiges.

« Dans tout le monde ils se sont répandus. — Partout ils annoncent le royaume de Dieu ; — Partout ils convertissent les multitudes et les nations ; — Partout Jésus-Christ est avec eux.

« Le Satan en a grande douleur — Et fait subir de rudes épreuves aux fidèles de Dieu. — Il en fait élever plusieurs en croix, — Il fait tomber leur tête sous l'épée.

« Il en fait écorcher d'autres ; — Il en fait jeter d'autres, tout vifs, dans le feu ; — Il en fait rôtir sur le gril ; — Il en fait lapider à coups de pierres.

« Mais, que lui sert ? Il ne les vaincra point. — Plus il leur fait de mal, plus ils grandissent. — Le cep de la croix a pris croissance et vigueur, — Et voici qu'il est l'objet de l'adoration du monde.

« Nous n'avons pas, pour nous, de ces combats à soutenir : — C'est contre nous que nous devons lutter. — Il nous faut briser notre volonté, — Si nous voulons avoir part avec les vrais fidèles.

« Car la fin n'est pas très loin — Et le royaume de Dieu est bien proche. — Tant qu'il nous laisse ici, faisons le bien. — Abandonnons le monde et son péché.

« Christ Jésus, qui es là-haut, — Aie pitié des pécheurs. — Tout ce qu'ils ont commis de crimes, — Daigne, en ta bonté, le leur pardonner.

« Puissent-ils te rendre grâce — Devant le Père glorieux ! — Puissent-ils louer le Saint-Esprit — Maintenant et toujours ! Amen. »

III. — LA VIE DE SAINT LÉGER. — Ce poème du x° siècle nous a été conservé dans le même manuscrit de Clermont où nous lisons la *Passion*.

C'est encore un type fort exact des Complaintes populaires à l'époque carlovingienne ; mais, plus particulièrement, c'est le type de ces Vies de saints destinées au peuple, et que des jongleurs religieux chantaient sans doute devant le porche des églises, à l'issue de l'office.

La versification de ce poème présente un caractère spécial. Il est écrit en strophes de six vers, lesquels assonnent deux par deux. Ces vers sont octosyllabiques comme ceux de la *Passion*, et c'est presque, en définitive, le rythme encore usité dans nos Complaintes de 1880.

On a longuement discuté sur la langue du *saint Léger*, qui n'a certainement rien de commun avec celle de la *Passion*.

La théorie de M. Paul Meyer semble aujourd'hui la plus raisonnable, et elle peut se résumer en ces quelques mots : « Tout ce qui, dans cette œuvre, a l'apparence provençale, est bien certainement le fait du copiste. » M. Gaston Paris, qui a publié un excellent texte du *saint Léger* (*Romania*, t. I, 273 et ss.), a adopté cette doctrine et l'a fort longuement démontrée d'après les assonances.

Or, il conclut en ces termes : « C'est à Autun, suivant la plus grande probabilité, qu'un clerc a dû composer, sous les derniers Carlovingiens, son récit strophique en roman. » Nous nous rangeons à cette opinion.

« Au Seigneur Dieu nous devons la louange, — Et à ses Saints l'honneur. — Pour l'amour de Dieu nous chantons ses Saints — Qui subissent pour lui grandes douleurs. — Or, il est temps et il est bon — Que nous chantions de saint Léger.

« Je vous dirai d'abord les honneurs — Qu'il reçut sous deux rois. — Après quoi, je vous raconterai les épreuves — Que soutint son corps, et qui furent si grandes. — Et je veux aussi parler d'Ebroïn, cet apostat — Qui le fit mourir en si grand martyre...

« Vous allez donc entendre les grandes peines — Que lui fit Ebroïn, le tyran. — Le perfide fut si cruel, — Qu'il lui fit crever les yeux de la tête. — Quand il l'eut fait, il le mit en prison, — Et nul homme ne sut ce que le Saint était devenu.

« Il lui fit couper les deux lèvres. — Et la langue aussi qu'il a dans la tête. — Et quand il l'eut ainsi mutilé, — Ebroïn, le mauvais, s'écria : — « Il a « perdu l'usage de la parole, — Et jamais plus ne pourra louer Dieu. »

« Voici que le Saint gît à terre, tout triste, — Et personne n'est avec lui pour prendre part à sa peine. — Se tenir debout ? Il ne le peut pas : — Car il ne peut se servir de ses pieds. — Il a perdu l'usage de la parole, — Et jamais plus ne pourra louer Dieu.

« Mais si le Saint n'a pas de langue pour parler, — Dieu entend sa pensée. — S'il n'a pas les yeux de la chair, — Il a encore les yeux de l'esprit. — Son corps, il est vrai, souffre grand tourment ; — Mais quelles consolations dans son âme !

« Son geôlier, qui s'appelle Guenes, — L'a mené dans un cachot sous terre. — C'est à Fécamp, dans le Moutier, — C'est là qu'on enferme le Saint. — Mais Dieu, en cette rude épreuve, — A visité Léger, son serviteur.

« Dieu lui a refait ses deux lèvres — Et il se prit à louer Dieu, comme avant. — Oui, Dieu en eut si grand pitié, — Qu'il le fit parler comme avant. — La première chose que fit Léger, ce fut de prêcher la foi : — Il fit croire tout le peuple en Dieu...

« Quand Ebroïn apprit ce miracle, — Il ne le put croire avant de l'avoir vu. — Le bien que faisait Léger lui pesait, — Il ordonna qu'on le mît à mort. — Il envoya quatre hommes armés — Pour aller lui trancher la tête.

« Trois d'entre eux vinrent à saint Léger — Et à ses genoux se jetèrent. — De tous les péchés qu'ils avaient faits — Il leur donne l'absolution et le pardon ; — Mais le quatrième (un félon du nom de Vadart), — D'un coup d'épée lui trancha la tête.

« Quand la tête eut été coupée, — Le corps resta debout sur ses pieds : — Il resta debout très longtemps, sans tomber. — Celui qui déjà l'avait frappé s'approche de nouveau — Et lui tranche les deux pieds dessous. — Le corps resta toujours debout.

« Mais vous avez assez entendu parler de ce corps — Et des grandes tortures qu'il subit. — Pour l'âme, elle fut reçue par le Seigneur Dieu — Et rejoignit les autres Saints dans le ciel. — Puisse saint Léger nous venir en aide avec ce Seigneur même, — Pour lequel il a souffert une telle passion! »

IV. — La Vie de saint Alexis. — La *Vie de saint Alexis* a été composée vers le milieu du xie siècle.

Ce n'est plus une Complainte populaire; mais une petite Épopée hagiographique, une Vie de saint écrite selon le mode épique.

Ce poème nous est parvenu dans un certain nombre de manuscrits. Il en est quatre principaux, du xiie et du xiiie siècle. Trois sont anglais ; le dernier seul est français.

M. Gaston Paris en a donné une excellente édition, et qui est véritablement un chef-d'œuvre de critique. Mais il est, je pense, le seul qui admette aujourd'hui sans réserve l'origine « française » de l'*Alexis*. Presque tous les érudits sont aujourd'hui d'accord pour le considérer comme une œuvre anglo-normande.

La versification ne ressemble pas à celle de la *Vie de saint Léger*. Ce sont de beaux couplets formés de cinq vers décasyllabiques qui *assonent* ensemble. Il est à peine utile d'ajouter que dans ces vers, comme dans tous ceux des xe et xie siècles, on trouve en effet l'assonance et non la rime. Et chacun sait que l'assonance est une rime primitive, populaire et qui atteint seulement la dernière voyelle sonore.

La *Vie de saint Alexis* a eu un succès considérable au moyen âge, et a été plusieurs fois remaniée. MM. G. Paris et Léopold Pannier ont publié, à la suite de notre vieux poème (*Bibliothèque de l'École des hautes études*, 1872), plusieurs de ces remaniements, qui appartiennent aux xiiie et xive siècles.

« Au temps ancien le monde était bon. — On y faisait œuvre de justice et d'amour. — On y avait la foi qui aujourd'hui diminue parmi nous. — Le monde est tout changé ; il a perdu toute sa couleur. — Il ne sera jamais comme au temps des ancêtres.

« Au temps de Noé, au temps d'Abraham — Au temps de David, que Dieu aima tant, — Le monde fut bon. Il ne vaudra jamais autant. — Voilà qu'il est vieux et frêle maintenant. — Il décline, — Il empire, et tout bien cesse...

Le poète ici raconte les commencements de la vie d'Alexis, fils d'Euphémien; il raconte sa naissance miraculeuse, son enfance et son mariage avec la fille du comte de Rome. Saint Alexis a le monde en horreur et se veut consacrer à Dieu seul. La nuit même de ses noces, il s'enfuit, laissant dans les larmes sa jeune femme et ses parents. Son absence ne dure pas moins de dix-sept ans. Pour échapper aux honneurs que les habitants de Laodicée voulaient rendre à sa sainteté, il se décide enfin à revenir à Rome, et voici qu'il y arrive...

« C'est à l'un des ports qui est le plus près de Rome. — C'est là qu'arrive la nef de ce saint homme. — Dès qu'il aperçoit son pays, Alexis éprouve une grande crainte : — Il a peur d'être reconnu de ses parents — Et d'être par eux encombré des biens de cette vie.

« Eh! Dieu, dit-il, beau Roi qui tout gouvernes, — Sauf ton bon plaisir, je
« voudrais bien n'être pas ici. — Si mes parents de cette terre viennent à me
« reconnaître, — A prix d'argent ou par force, ils me prendront — Et, si
« je les en crois, me conduiront à ma perte.

« Mon père, malgré tout, me regrette. — Ainsi fait ma mère, plus que
« femme qui vive, — Et l'épouse aussi que je leur ai laissée. — Me mettre de
« nouveau entre leurs mains, c'est ce que je ne ferai point. — Il y a si long-
« temps qu'ils ne m'ont vu : pas ne pourront me reconnaître. »

« Alexis sort de la nef et, sans plus tarder, entre à Rome. — Il s'en va par
toutes les rues qu'il connaît bien ; — Il y rencontre l'un, puis l'autre, mais
surtout son père, — Entouré d'un grand nombre de ses hommes. — Il le reconnaît et l'appelle par son vrai nom :

« Euphémien, beau sire, homme puissant, — Ne voudras-tu point, pour
« l'amour de Dieu, m'héberger dans ta maison? — Sous ton escalier, fais-moi
« un pauvre grabat. — Au nom de ton fils, qui te cause une si vive dou-
« leur, — Au nom de son amour, sois mon hôte. Vois : je suis tout faible et
« malade. »

« Quand le père entendit prononcer le nom de son fils, — Ses yeux pleurèrent,
il ne s'en put retenir : — « Pour l'amour de Dieu et en souvenir de mon bien-
« aimé, — Je te donnerai, bonhomme, tout ce que tu m'as demandé. — Gîte,
« lit, pain, chair et vin, tu auras tout chez moi. »...

« Sous l'escalier, où il gît sur une natte, — On le nourrit des restes de la
table. — Et telle est la pauvre vie qu'il mène avec un grand courage. —
Mais il ne veut pas que sa mère le sache : — Il aime Dieu plus que tout son
lignage.

« Sur la nourriture qui lui vient de la maison, — Il garde seulement ce
qui est nécessaire au soutien de sa vie. — Lui en reste-t-il? Il le rend aux
maîtres de l'hôtel. — Il ne le cache pas en un coin, pour engraisser son corps;
— Non ; mais il le donne à plus pauvre que lui.

« Il se plaît en sainte Église ; — A chaque fête il communie. — Son conseiller, c'est la sainte Écriture. — Et que lui dit-elle ? De persévérer dans le
service de Dieu : — Alexis, d'aucune façon, ne s'en veut éloigner.

« Il est là, sous l'escalier ; il y dort, il y vit. — Il y mène enfin sa pauvre vie
dans la vraie joie.... *Le poète en vient ici à raconter la mort du Saint ; et
comment, après cette mort, il fut reconnu par sa famille.*

« La douleur que laisse alors éclater le père — Fait grand bruit; la mère
l'entend. — Vite, elle accourt, comme une folle, — Frappant des mains, jetant
des cris, échevelée. — Elle voit son fils mort et tombe à terre, pâmée.

« A la voir en une si grande angoisse, — Battre sa poitrine, maltraiter son
corps, — Arracher ses cheveux, se frapper sur les joues, — Soulever le corps
de son fils et le tenir entre ses bras, — Si dur qu'on ait le cœur, il faut
pleurer.

« Oui, elle s'arrache les cheveux, elle bat sa poitrine, — Et sa chair elle-
même prend part à sa douleur : — « Fils, fils, dit-elle, m'as-tu assez haïe ?
« Et moi, misérable, ai-je été assez aveugle — De ne t'avoir pas mieux re-
« connu que si je ne t'avais jamais vu ! »

« Ses yeux pleurent, ses cris éclatent, — Ses regrets n'ont pas de fin : « A la
« male heure je t'ai porté, beau fils. — Mais que n'avais-tu pitié de ta mère ?
« — Tu voyais qu'à cause de toi j'appelais la mort. — C'est grand'merveille
« que tu sois resté insensible.

« Hélas ! malheureuse, quelle horrible aventure ! — Le seul enfant que j'aie
« eu, il est là devant moi, mort. — C'est à cette douleur qu'aboutit ma longue
« attente. — Que pourrai-je faire, dolente, infortunée ? — C'est grand'mer-
« veille que je vive encore.

« Fils Alexis, tu eus le cœur vraiment bien dur, — Quand tu abandonnas ainsi tout ton noble lignage. — Si tu m'avais seulement parlé une fois, à moi toute seule, — Tu eusses par là réconforté ta pauvre mère, — Qui est si triste. Cher fils, tu aurais bien fait d'aller à elle.

« Fils Alexis, et ta si tendre chair! — Dans quelle douleur tu as passé ta jeunesse! — Pourquoi m'avoir fui, moi qui te portai dans mon sein? — Ah! Dieu sait que je suis toute à ma douleur, — Et que jamais plus, ni pour homme, ni pour femme, je ne connaîtrai la joie.

« Avant de t'avoir, je t'avais tant désiré! — Avant ta naissance, j'étais si angoisseuse. — Mais quand je te vis né, quelle allégresse, quelle joie! — Maintenant, je te vois mort, et en suis tout accablée. — Et ce qui me pèse le plus, c'est que ma propre mort tarde tant.

« Pitié, seigneurs de Rome; pour l'amour de Dieu, pitié. — Aidez-moi à plaindre le deuil de mon bien-aimé. — Elle est si grande la douleur qui est tombée sur moi! — Je ne puis me rassasier de pleurer. — Et ce n'est pas merveille : je n'ai plus ni fille, ni fils! »

..... « Saint Boniface, qu'on appelle martyr, — Avait à Rome une belle église. — C'est là qu'on porte monseigneur Alexis, — C'est là qu'on se hâte de le poser à terre. — Heureux le lieu qui doit recevoir le saint corps!

« Le peuple de Rome, qui a un si grand désir de le voir, — Le retient de force pendant sept jours. — Il ne faut pas demander si la foule est immense : — De toutes parts ils l'ont environné; — C'est à peine si quelqu'un y peut atteindre.

« Au septième jour fut fait le réceptacle — De ce saint corps, de cette perle du ciel. — La foule se retire et ses rangs se desserrent. — Qu'ils le veuillent ou non, ils sont forcés de le laisser mettre en terre. — Ce leur est une grande douleur; mais il n'en peut être autrement.

« Avec des encensoirs et des chandeliers d'or — Les clercs, revêtus d'aubes et de chapes, — Mettent le corps dans le cercueil de marbre. — Plusieurs chantaient, mais la plupart étaient en larmes. — Ils ne voudraient jamais séparer de lui leur pensée.

« Le cercueil est tout paré d'or et de perles — A cause du saint corps qu'ils y doivent déposer. — Ils le mettent en terre de vive force. — Le peuple de la cité de Rome pleure le Saint, — Et personne sous le ciel ne le saurait consoler.

« Saint Alexis, sans nul doute, est là-haut, — En la compagnie de Dieu et des Anges — Et de la jeune fille dont il fut longtemps séparé. — Il l'a maintenant avec lui, et leurs deux âmes sont ensemble. — Je ne saurais vous dire combien leur joie est grande...

« Ayons, seigneurs, ce saint homme en mémoire, — Et prions-le de nous arracher à tous maux. — Que dans ce siècle il nous donne paix et joie, — Et, dans l'autre monde, cette gloire qui dure — Au sein du Verbe même. A cet effet, disons *Pater noster*. Amen. »

Tels sont les plus anciens monuments de la langue française. J'estime que, comme tout peuple digne de ce nom, nous devrions savoir par cœur ces premiers chants de notre poésie nationale. C'est pourquoi je viens de les traduire. Les traduire, c'est les faire aimer.

Gaston Paris, *Les plus anciens Monuments de la langue française*. (Un Atlas de fac-simile in-folio, publié en 1874 par la Société des anciens textes, et qui sera accompagné d'un volume explicatif.) — Kotschwitz, *Les plus anciens Monuments de la langue française*. (Un fascicule destiné à l'enseignement, 1878, Heilbronn.) — Nous préparons un Recueil analogue, texte et traduction en regard.

VI. Du dialecte auquel appartient la Chanson de Roland

18. On peut diviser en plusieurs groupes les dialectes de la langue française : wallon, — picard, — normand et anglo-normand, — français ou central, — lorrain, — bourguignon, — comtois, — poitevin, — romand, etc.

19. Au moment où fut écrite la *Chanson de Roland*, le principal foyer de la littérature française était peut-être dans les pays anglo-normands.

20. Le texte que copiait le très médiocre scribe du manuscrit d'Oxford appartenait au dialecte normand.

21. Les deux principaux caractères de ce dialecte sont l'emploi des notations *u* et *ei* dans tous les cas où le dialecte de France emploie *o* et *oi*. Voy. le tableau suivant, qui est consacré à la phonétique de notre texte.

Fig. 18. — Un jongleur. — D'après le ms. lat. n° 7 de la Bibliothèque nationale, f° 125 (xi° siècle).

PHONÉTIQUE

FORMES ET NOTATIONS DU *ROLAND* D'OXFORD	ORIGINE DE CHACUNE DE CES FORMES ET NOTATIONS	OBSERVATIONS

A. Voyelles et Diphtonguaisons

a.	1° De *a* en position latine : Castel, anguisables, false, part, magnes, etc. 2° De *a* atone : amur, aveir, Babilonie, caeignun, etc. etc. 3° De *a* tonique long : leail, etc. On ne peut citer qu'à titre d'exceptions les mots *Juliane* et *Sulians* qui ne sont point des formes populaires. 4° De *a* tonique bref : mal. Ce cas est rare. 5° De *e* devant une liquide : par (de *per*); parjurez, parvient, etc. (V. Gaston Paris, *Saint-Alexis*, p. 47.)	Certaines laisses féminines sont assonancées purement en *a*. (V. le couplet XIII.) D'autres, plus nombreuses, ont leurs assonances en *a* mêlées d'assonances en *ai*. (V. les couplets XXI, CCCXVII. Cf. le ch. III de notre *Rythmique*.)
ai.	1° De *a* latin tonique suivi immédiatement d'une consonne et d'un *i* atone (ou d'un *e* ramené à l'*i*) : Saives, vaillet (*valiat*), Blaive, raiet, ai (*hábio*), ait (*habiat*), etc. 2° De *a* latin devant une gutturale, et c'est la gutturale même, devenue semi-voyelle, qui produit l'*i* : plait, fait, fraite, pais, mais, etc.	Cet *i* a sauté, pour ainsi parler, au-dessus de la consonne et est venu modifier le son de la voyelle dans la syllabe précédente. C'est ce phénomène que l'on désigne sous le nom de « passage de l'*i* ». * Dans *palie* et dans tous les mots à désinence *ie* posttonique, la consonne se mouille : *palie* ne se prononce pas *paile*, mais *paille*. * La notation *ei* vient se substituer dans le texte d'Oxford à la notation *ai*. Ex. : paleis, greisle. « Ai s'est confondu avec

FORMES ET NOTATIONS DU *ROLAND* D'OXFORD	ORIGINE DE CHACUNE DE CES FORMES ET NOTATIONS	OBSERVATIONS
an.	De la notation latine *an* : dev*an*t, ch*an*t, Fr*an*ce, etc. = Les participes des trois dernières conjugaisons ont été ramenés à ceux de la première : vaill*an*t, recre*an*t, cunquer*an*t, etc.	*ci* en normand ; il en est resté distinct beaucoup plus lontemps en français. ». (G. Paris, *saint Alexis*, p. 42.) Il convient de remarquer que les assonances en *an* et celles en *en* sont admises, dans le *Roland*, à faire partie des mêmes laisses. C'est un des caractères auxquels M. G. Paris a reconnu la postériorité du *Roland*, par rapport au *saint Alexis*. = Cependant, comme nous aurons lieu de le montrer plus loin dans notre petit Traité de Rythmique, il existe des couplets assonancés purement en *an* (LXXV, CXCIV, etc.). = Ajoutons que les mots en *an* assonnent quelquefois avec ceux en *ai* et en *a* (CCCXIV, etc.) = On ne trouve pas une seule fois dans le manuscrit d'Oxford la notation *aunt*, qui est presque toujours le propre des copistes anglais.
ain.	1° De *a* latin devant la nasale : m*ain* (*manus*); m*ain* (*mane*); alt*aign*e; munt*aign*e, etc. 2° De *an* latin modifié par le passage de l'*i* post-tonique : gr*ain*dre; Esp*aign*e.	Les assonances en *ain* sont admises dans les couplets en *an*, *en*, et celles en *ain* + *e*, dans les laisses en *an* + *e*.
e.	1° De *a* latin tonique : am*e*r, g*e*ter, am*é*e, emper*e*re, m*e*r, qu*e*l, host*e*l, etc. etc. 2° D'*e* latin en position : f*e*ste, p*e*sme, *e*nfer, c*e*rf, b*e*l.	Ces mots, comme on l'a fait observer avant nous, n'assonnent pas avec les précédents : *feste* ne consonne pas avec *emperere*, ni *cerf* avec *hostel*. En revanche, *bel* et *enfer* riment, dans notre *Roland*, avec les mots en *ai* tels que *frait*, *forsfait*, etc.

FORMES ET NOTATIONS DU *ROLAND* D'OXFORD	ORIGINE DE CHACUNE DE CES FORMES ET NOTATIONS	OBSERVATIONS
	3° D'*i* latin en position : *evesque*. 4° L'*e* atone vient d'*e* latin atone : *e*vesque, et parfois d'*i* atone : s*e*neflet, pr*e*miers, Br*e*tuns, etc. 5° L'*e* muet, à la fin des mots, se substitue le plus souvent à l'*a* post-tonique : par*o*l*e*, bel*e*, getée, chevaleri*e*, etc. = Ce même *e* muet sert encore à soutenir, à la fin des mots, deux consonnes latines qui ont persisté : *fendre*, ou dont l'une est tombée (*emperere* pour *emperedre*.)	L'*e* a été ajouté, par euphonie, à la tête des mots latins en *st*, *sp*. : *estant*, *espée*, *estal*, *establisent* ; etc.
ei.	1° De *i* tonique bref : *peil*, *receivre*, *veie*, *feid*, etc. 2° De *e* tonique long : *veir*, *deivent*, *fedeilz*, etc. 3° De la notation *en* par la suppression de la nasale : *Franceis*, *peiset*, etc. Ce fait est analogue au précédent. 4° D'*æ* ou *œ*, lesquels sont assimilés à l'*e* long tonique : *baleine*, *peine*, etc.	Dans cette classe viennent fort naturellement se ranger les verbes de la deuxième conjugaison tels que *vedeir*, etc., et certains autres de la troisième conjugaison où, par suite d'une erreur sur la quantité, l'*e* bref a été ramené à l'*e* long : *cadeir*, de *cadere*. = La notation en *er*, telle qu'*aver*, n'existe pas dans le *Roland*.= Le dialecte du *Roland* a gardé les deuxièmes personnes du pluriel en *eiz*. Ce poème offre, en effet, des laisses spéciales en *ei* où figurent ces secondes personnes. On y trouve à la fois *porter*EZ dans une laisse en *é*, et *porter*EIZ dans un couplet en *ei*. = La notation *ei* s'est assez souvent substituée, dans le *Roland*, à la notation *ai* : *greisle*, *paleis*, etc.

FORMES ET NOTATIONS DU *ROLAND* D'OXFORD	ORIGINE DE CHACUNE DE CES FORMES ET NOTATIONS	OBSERVATIONS
		ei en normand ; il en est resté distinct beaucoup plus lontemps en français. » (G. Paris, *saint Alexis*, p. 42.)
an.	De la notation latine *an* : devant, chant, France, etc. = Les participes des trois dernières conjugaisons ont été ramenés à ceux de la première : vail*lant*, rec*reant*, cunque*rant*, etc.	Il convient de remarquer que les assonances en *an* et celles en *en* sont admises, dans le *Roland*, à faire partie des mêmes laisses. C'est un des caractères auxquels M. G. Paris a reconnu la postériorité du *Roland*, par rapport au *saint Alexis*. = Cependant, comme nous aurons lieu de le montrer plus loin dans notre petit Traité de Rythmique, il existe des couplets assonancés purement en *an* (LXXV, CXCIV, etc.).=Ajoutons que les mots en *an* assonnent quelquefois avec ceux en *ai* et en *a* (CCCXIV, etc.) = On ne trouve pas une seule fois dans le manuscrit d'Oxford la notation *aunt*, qui est presque toujours le propre des copistes anglais.
ain.	1° De *a* latin devant la nasale : m*ain* (*manus*); m*ain* (*mane*); alt*aigne*; munt*aigne*, etc. 2° De *an* latin modifié par le passage de l'*i* post-tonique : gr*aindre*; Esp*aigne*.	Les assonances en *ain* sont admises dans les couplets en *an*, *en*, et celles en *ain* + *e*, dans les laisses en *an* + *e*.
e.	1° De *a* latin tonique : am*er*, get*er*, am*ée*, emper*ere*, m*er*, qu*el*, host*el*, etc. etc. 2° D'*e* latin en position : f*este*, p*esme*, *enfer*, *cerf*, *bel*.	Ces mots, comme on l'a fait observer avant nous, n'assonnent pas avec les précédents : *feste* ne consonne pas avec *emperere*, ni *cerf* avec *hostel*. En revanche, *bel* et *enfer* riment, dans notre *Roland*, avec les mots en *ai* tels que *frait*, *forsfait*, etc.

FORMES ET NOTATIONS DU *ROLAND* D'OXFORD	ORIGINE DE CHACUNE DE CES FORMES ET NOTATIONS	OBSERVATIONS
	3° D'*i* latin en position : ev*e*sque. 4° L'*e* atone vient d'*e* latin atone : *e*vesque, et parfois d'*i* atone : s*e*nefiet, pr*e*miers, Br*e*tuns, etc. 5° L'*e* muet, à la fin des mots, se substitue le plus souvent à l'*a* post-tonique : parol*e*, bel*e*, geté*e*, chevaleri*e*, etc. = Ce même *e* muet sert encore à soutenir, à la fin des mots, deux consonnes latines qui ont persisté : fendr*e*, ou dont l'une est tombée (*empere*r*e* pour *empere*dr*e*.)	L'*e* a été ajouté, par euphonie, à la tête des mots latins en st, sp.: *e*stant, *e*spée, *e*stal, *e*stablisent; etc.
ei.	1° De *i* tonique bref : p*ei*l, rec*ei*vre, v*ei*e, f*ei*d, etc. 2° De *e* tonique long : v*ei*r, d*ei*vent, fed*ei*lz, etc. 3° De la notation *en* par la suppression de la nasale : Franc*ei*s, p*ei*set, etc. Ce fait est analogue au précédent. 4° D'*œ* ou *æ*, lesquels sont assimilés à l'*e* long tonique : bal*ei*ne, p*ei*ne, etc.	Dans cette classe viennent fort naturellement se ranger les verbes de la deuxième conjugaison tels que v*ed*e*i*r, etc., et certains autres de la troisième conjugaison où, par suite d'une erreur sur la quantité, l'*e* bref a été ramené à l'*e* long : cad*ei*r, de cadere. = La notation en *er*, telle qu'av*er*, n'existe pas dans le *Roland*. = Le dialecte du *Roland* a gardé les deuxièmes personnes du pluriel en *eiz*. Ce poème offre, en effet, des laisses spéciales en *ei* où figurent ces secondes personnes. On y trouve à la fois port*er*EZ dans une laisse en *é*, et port*er*EIZ dans un couplet en *ei*. = La notation *ei* s'est assez souvent substituée, dans le *Roland*, à la notation *ai* : gr*ei*sle, pal*ei*s, etc.

FORMES ET NOTATIONS DU *ROLAND* D'OXFORD	ORIGINE DE CHACUNE DE CES FORMES ET NOTATIONS	OBSERVATIONS
En.	1° Du latin *in* : *ensemble,* etc. 2° De *en* latin : *gent, sanglent, veirement,* etc., et de *em* : *tens,* etc.	Nous avons dit plus haut comment la notation *en* se confond dans le *Roland* avec la notation *an*.
i.	1° D'*i* tonique : *olive, justise, declinet, vie, estultie,* etc. 2° D'*i* atone : *fiance,* etc. 3° D'une gutturale qui devient demi-voyelle : *paien*, etc. 4° D'*e* tonique : *mercit,* de *mercedem,* etc. 5° D'*e* + *c* : *piz,* etc. 6° D'*i* ou plutôt d'*y* en position : *cristal,* etc. Cas rare.	Il y a parfois un *i* atone après la tonique : *martirie, Marsilies, Basilie,* etc. Cet *i*, qui ne se trouve d'ailleurs qu'après les liquides, ne compte point pour la mesure, et n'est pas susceptible d'accent. On prononçait : *martire, Marsille, Basille,* etc. = Un certain nombre de verbes, tels que *gesir,* ont passé de la 2° à la 4° conjugaison latine. = Les mots en *aria* ont généralement donné *ière;* mais déjà plusieurs ont leur pénultième traitée comme une longue : *chevalerie,* etc.
ié.	1° De *e* bref tonique : *pied, vient,* etc. = A l'*e* bref tonique peuvent, en de certaines conditions, être assimilés *œ* et *æ* toniques. 2° De l'*a* long tonique après une gutturale qui persiste : *mangier, cargier, chalcier, pecchiet, culchier,* etc. Dans *chief, chien,* etc. (venant de *capum* et de *canis,* où la tonique est brève), on a fait observer avant nous que l'accident de l'*i* doit plutôt être imputé au *ch*. 3° De l'*a* long tonique après une gutturale latine qui est tombée en roman ou qui, devenue demi-voyelle, a laissé un *i* en sa place : *preier* (pour *prei-ier*); *paien* (pour *pai-ien*), etc. 4° De l'*a* long tonique après une dentale, lorsque cette den-	

FORMES ET NOTATIONS DU *ROLAND* D'OXFORD	ORIGINE DE CHACUNE DE CES FORMES ET NOTATIONS	OBSERVATIONS
	tale est elle-même précédée d'un *i* qui provient d'une gutturale primitive : *luitier, aidier*, etc. == A la dentale il faut ici assimiler *s, ss, n* et *r*, lorsque ces lettres remplissent les mêmes conditions : *laissier*, etc.	
	5° De l'*a* long tonique précédé d'un *i* bref atone : *chrestien* (pour *chresti-ien*); *enveier* (pour *envei-ier*); *repairier*, etc. Cet *i* peut être séparé de la tonique par une dentale : *amistiet, deintiet*, etc.	
	6° De l'*a* long tonique, avec un *i* atone dans la syllabe suivante (d'après la loi ci-dessus indiquée du passage de l'*i* post-tonique). C'est surtout le cas des mots latins en *arius* : *chevalier, aversier, pumier*, etc.	
	7° De l'*e* long ou bref tonique, dans les mêmes conditions, et suivant la même loi : *mustier*, de *monasterium, monsterium*; *mestier*, de *ministerium*, etc. Cf. *hier* de *heri*, etc.	
o.	1° D'*o* latin en position : *nostre, morz, cors, oz, esforz, col, force*, etc.	
	2° D'*au* : *loer* (de *laudare*), *orrat, tresor, or*, etc.	Dans *jo, ço, iço*, l'*o* est assimilé à une muette et s'élide à la volonté du scribe.
o (son intermédiaire entre l'*o* et l'*u*, se prononçant *ou*).	1° De *o* long tonique : *vos, meillor, honor, dolor, merveillos, paienor*, etc. 2° De *o* atone long ou bref (excepté au commencement des mots).	Le scribe du manuscrit d'Oxford emploie presque partout la notation normande *u*. V. cette notation.

FORMES ET NOTATIONS DU *ROLAND* D'OXFORD	ORIGINE DE CHACUNE DE CES FORMES ET NOTATIONS	OBSERVATIONS
o devant n formant le son appelé o nasal, on.	De o long + n latin : baron, leon, etc.	Le plus souvent le scribe emploie la notation normande u. V. cette notation.
oe.	De o bref tonique : hoem, soer, faldestoed, reprocce, voelt, etc.	Il y a, dans le *Roland*, des laisses spéciales en oe. V., plus loin, notre petit Traité de Rythmique.
oi.	1º De o bref, long ou en position, avec un i dans la syllabe suivante : hoi, de hodie; poissant, de possiant, etc. 2º De o ou au, devant une gutturale; mais ici, comme pour ai, c'est la gutturale même qui, devenue demi-voyelle, produit l'i : noit, de noctem; poi, de pauci, etc. 3º De u en position avec un i post-tonique : angoisse.	Nous avons adopté le système de G. Paris et écrit partout oi quand l'étymologie latine donne o + i, et ui quand elle nous donne u + i. = Cf. les travaux de MM. Chabaneau (*Revue des langues romanes*, 1872, p. 341 et suiv.), Havet (*Romania*, III, 321 et ss.) et Schuchardt (*ibid.*, IV, 119 et suiv.).
ou.	1º De ab = av = au = o; (habuit, habt, avt, aut, ot, out.) 2º De av = au : Peitou, Anjou. La notation o a peut-être précédé au: Peito, etc.	
u.	De u long latin, tonique ou atone : mur, venuz, etc.	
u = ou.	1º De u latin en position, tonique ou atone : sucurs, mult, buche, suz, etc. 2º De u bref tonique : u (de ubi), lu (de lupi). etc.	Les mots de ce groupe n'assonnent jamais avec ceux du groupe précédent.
u (exprimant le son intermédiaire entre u et o, et se prononçant ou).	1º De l'o latin accentué et long : meillur, lur, pluret, sul, amur. 2º De o latin atone : nuveles, luier (de locare), dulor (de dolorem), etc.	Le plus souvent, pour exprimer ce son intermédiaire entre l'o et l'u, notre scribe emploie la notation u, qui est normande, de préférence à la notation o, qui est française.

PHONÉTIQUE — GRAMMAIRE — RYTHMIQUE

FORMES ET NOTATIONS DU *ROLAND* D'OXFORD	ORIGINE DE CHACUNE DE CES FORMES ET NOTATIONS	OBSERVATIONS
u devant l'*n* et l'*m* pour rendre le son de l'*o* nasal.	1° Du latin *o* long tonique + *n* : pris*un*, ocisi*un*, etc. 2° De *o* + *m* : h*um*, n*um*.	Même observation. = Les premières personnes du pluriel sont, dans notre texte, en *um* ou *uns*. Mais cette notation ne provient de *o* + *m* que par un fait d'assimilation romane. (*émus* et *imus* = *amus* = *ams* = *oms*, *ums*, ou *um*, ou *uns*.)
ui.	1° De *o* en position, suivi d'une gutturale qui, devenue demi-voyelle, produit un *i* : n*ui*t, de *noctem*, etc. 2° De *o* bref tonique avec un *i* dans la syllabe suivante : p*ui*, de *podium*; h*ui*, de *hodie*; c*ui*det, de *cogitat*, etc. 3° De *u* suivi d'une gutturale qui se change en demi-voyelle et produit un *i* : cond*ui*re, l*ui*re, etc. 4° De *u* en position avec un *i* dans la syllabe suivante en latin : ang*ui*ssose.	Le scribe a hésité souvent entre les deux notations *ui* et *oi*. V. ce que nous avons dit plus haut de la notation *oi*.

B. Consonnes

1° Gutturales

| *c*, *ch*. | 1° Devant l'*o* et l'*u*, comme devant les liquides *l* et *r*, la notation de notre scribe est toujours *c*, et le son était évidemment resté guttural.
2° Devant l'*i* et l'*e* (quand l'*e* français ne dérive pas de l'*a* latin après le *c*), la notation est *c*, et le son paraît avoir été spirant (*g*). M. Joret lui attribue le son *ch*.
3° Reste *c* + *a*. = Quand *ca* latin donne en français *c* | La gutturale *c* tombe à la fin des mots : *si*, *ami*. = Isolée entre deux voyelles, elle tombe au milieu des mots : *soïr*, *loer*, *dire*, *feïstes*. = Le *c* devient souvent demi-voyelle ou, pour mieux parler, laisse un *i* en sa place : *afaitat*, *seint*, *pais*, *noit*, *luire*, *cunduire*, etc. |

12*

FORMES ET NOTATIONS DU *ROLAND* D'OXFORD	ORIGINE DE CHACUNE DE CES FORMES ET NOTATIONS	OBSERVATIONS
	et *a*, notre manuscrit offre LE PLUS SOUVENT le *c* et non le *ch* : *camp, cançun, carn, carnel, castels, caitif, caeine, calengier*, etc. Le *c* avait ici gardé le son guttural. = Quand *ca* latin donne en français *c* et *e*, notre manuscrit offre LE PLUS SOUVENT la notation *ch* (*chef, chemin, chevel*, etc.). = M. Joret (*Du c dans les langues romanes*, p. 234 et suiv.) affirme que le *ch* est une notation du dialecte français, et que, dans le dialecte normand, on a de tout temps prononcé : *kemin*, *keval*, etc. Nous ne le nions pas ; mais nous sommes persuadé que dans le dialecte normand (surtout parmi les conquérants de l'Angleterre et au diocèse d'Avranches, dont l'auteur du *Roland* était sans doute originaire), il y a eu certains courants de prononciation française, et qu'à plus d'une époque la haute société normande a prononcé à la française les mots *chemin*, *cheval*, etc. Bref, nous nous en tenons aux notations de notre manuscrit. 4° Le *c* vient de *ti* : *dutance*, de *dubitantia*, etc. 5° Le *c* vient de l'*i* consonnifié : *j = c*. Ex : *reproce*, de *repropium* ; etc.	
k.	Du latin *qu* : *ki, kar*.	
q.	De *q* latin : *quar, que*, etc. = C'est par un fait exceptionnel que l'on trouve *quer*, de *cor*.	
g.	1° De *g* latin : *gelée, gent*, etc. 2° Du *c* latin, quand après la chute d'une voyelle brève atone, le *c* heurte une dentale	Le *g* reste guttural devant *o* et *u*. Il est doux devant l'*e* et l'*i*. Il n'est guttural devant l'*a* qu'en picard : *gambe, goïr*.

FORMES ET NOTATIONS DU *ROLAND* D'OXFORD	ORIGINE DE CHACUNE DE CES FORMES ET NOTATIONS	OBSERVATIONS
	qui tombe : *judicare, jugier; manducare, mangier; tardicare, targier; coraticum, corage*, et tous les mots analogues. 3° De l'*i* consonnifié : *cunget*, de *commiatum; escange*, d'*excambium; flerget*, de *feriat, Digun*, de *Divionem.* 4° De *v* latin : *guaster, guéret, guivres*, etc. Cette formation s'est faite sous une influence germanique. 5° Du *w* germanique : *guarant* (werên), *guarder* (warten) ; *guerre* (werra), etc.	* Cette gutturale tombe, comme le *c*, au milieu des mots : *ralier, vint* (*viginti*), etc. etc. * Elle devient demi-voyelle ou se vocalise en *i*, notamment à la fin des mots : *plaga, plaie; legēm, lei; regem, rei*, etc. * Il faut remarquer que le *g* vient modifier en certains cas le son de la nasale : *seignur, plaignes, remaignet, ataignet, muntaigne*, etc. Ce fait se produit après les notations *ai* et *ei*.
j.	1° De *j* latin : *juindre, jeter, ja, jerreiz, juïse, Juliane, junchée, juret, jus, justise.* 2° De *g* devant *a* : *joie, joïls, joiuse, jamelz, jalne.* 3° De l'*i* consonnifié.	
h.	1° L'*h* d'origine latine est conservé dans *hanste, herbe, herbus, heirs, henissent, herite, her, hoi, hom, honor, host, hosteler, humeles, humilitet.* Il est supprimé dans *ost, erbe, onur, aveir*, etc. 2° L'*h* d'origine germanique est conservé dans *haïr, halbercs, hardit, helme, Henri, herberge, hoese*, etc.	L'*h* a été ajouté à certains mots d'origine latine : *halz, halt, haltement, hosturs.*
x.	1° De l'*x* latin = *cs ; dux* au s. s. m. ; 2° Et de *cs : dux*, de *duces*, etc.	L'*x* s'adoucit en *s*, dans le corps des mots : *destre, adestrant, ajustée, aproismet, escange*, etc.

FORMES ET NOTATIONS DU *ROLAND* D'OXFORD	ORIGINE DE CHACUNE DE CES FORMES ET NOTATIONS	OBSERVATIONS
	2° DENTALES	
d.	1° Du *d* latin. 2° Du *t* latin après la tonique : *parented*, *ored*, *gred*, *ested*, et dans les mots féminins : *cruisiedes*, etc.	Ce *d* est rare dans le *Roland*. Dans les mots à assonances masculines, nous trouvons presque partout le *t* : *chrestientet*, *regnet*, *estet*, *escultet*, etc., tandis que, dans les mots à assonances féminines, le *d* est presque universellement tombé : *vie*, *pere*, *rendue*, *canue*, *fermées*, etc. * On peut dire qu'une des plus notables différences entre le *Roland* et le *Saint Alexis* consiste dans la chute de la dentale. Or, comme l'a démontré M. G. Paris, le *d* ne tombe point dans les plus anciens monuments de notre langue : il ne tombe ni dans les *Serments*, de 842, ni dans la *Cantilène de sainte Eulalie*, ni dans le *Saint Alexis*, où nous trouvons, à chaque ligne, des formes telles que *vithe*, *ledice*, etc. = Le phénomène contraire se produit presque constamment dans le manuscrit du *Roland*, qui fut exécuté durant la seconde moitié du XII° siècle. Et c'est, en effet, au commencement de ce siècle qu'il faut sans doute fixer la chute définitive de la dentale dans la langue écrite. Elle était tombée depuis longtemps dans le langage parlé. = Les exemples de la chute de la dentale sont innombrables dans le *Roland*, non seulement après la tonique, mais avant : *quarrel*, *veïssez*, *veeir*, *afiancer*, *loez*, *aliner*, *aïr*, *caables*, etc. etc. * Un *d* a été ajouté entre la nasale et la liquide : *tindrent*.

FORMES ET NOTATIONS DU *ROLAND* D'OXFORD	ORIGINE DE CHACUNE DE CES FORMES ET NOTATIONS	OBSERVATIONS
t.	1º De *t* latin. 2º De *c* : *veintre*. (Le phénomène inverse s'est produit dans *creindre*, de *tremere*.) 3º De *d*, à la fin des mots : *quant*, de *quando*.	*T*, comme *d*, tombe dans l'intérieur des mots : *poestet, poez*, etc. = Il demeure à la fin des participes masculins, *perdut, amet*, etc., et des substantifs comme *chrestientet, regnet*, etc. = Il tombe dans les participes féminins *perdue, fermée*, et dans les noms tels que *vie*, etc. (Voir nos observations sur *d*.) Il nous paraît très possible, presque probable, qu'à la fin du XIᵉ siècle, époque où fut composé le *Roland*, les participes tels que *cruisiedes* et *aparude* avaient déjà perdu leur dentale. Nous ne l'avons pas rétablie. = Enfin *t* persiste étymologiquement à la fin des 3ᵉˢ personnes du singulier : *dunet, aimet*, etc.; mais il n'est pas ici un obstacle essentiel à l'élision.
z.	1º En principe général, z = *ts* ou *ds*. De là *tuz, asez, oez* et toutes les 2ᵉˢ pers. du pluriel, etc. etc. 2º Après l'*l* redoublée on emploie l's dans notre texte : *cels*, de *ecce-illos*, etc. Après une seule *l* mouillée ou sous l'influence d'un *i*, c'est toujours le *z* : *Amiralz, oilz, filz, vielz, gentilz, melz*, etc. Quand l'*l* n'est pas mouillée ou n'est pas sous l'influence d'un *i*, il faut une *s* et non pas un *z* : *muls, suls*. 3º Un phénomène à peu près inverse se produit après l'*n*. Après deux *nn*, toujours un *z* : *anz*, etc. Après une seule *n*, c'est l's qui est constamment employée : *fins, pleins, bains, uns, Turpins, barons*, et tous les mots de la même famille.	

FORMES ET NOTATIONS DU *ROLAND* D'OXFORD	ORIGINE DE CHACUNE DE CES FORMES ET NOTATIONS	OBSERVATIONS
	4° Comme l'a observé M. Chabaneau (*Revue des langues romanes*, avril et juillet 1874), z = ti, chi. Et *alquanz* serait un véritable sujet venant d'*aliquanti*. 5° Z est employé à la fin de certains mots (qui se terminent aujourd'hui par un *x*) d'après des types latins dont le nominatif offre un *x* ou un *cs* (avec ou sans vocalisation de la gutturale) : *voiz, cruiz, dulz*, etc.	
	3° LABIALES	
b.	De *b* latin, *beltet*, etc.	Par l'effet d'une loi générale, le *b* latin entre deux voyelles tombe, comme dans *treüt*; entre deux consonnes, comme dans *amsdous*; entre une voyelle et une consonne, comme dans *suz*, etc. = On ajoute par euphonie un *b* entre la nasale et la liquide dans *encumbret, cambre, nombre*, etc. Le même phénomène se produit dans *marbre*, où la nasale est tombée.
p.	De *p* latin, dans les mêmes proportions que notre langue actuelle, à fort peu d'exceptions près.	C'est encore par l'effet d'une loi générale que le *p* tombe dans le corps des mots, soit avant, soit après la tonique, dans *tens, cunter, sur*, etc.
f.	1° De *f* latin. 2° De *v. Vicem*, a donné *feiz*: Cf., à la fin des mots, *clef* de *clavem*, etc.	
v.	1° De *v* latin. 2° De *p* : *evesque, cuvert, saveir, sevrer*. 3° De *b* : *cheval*.	*V* tombe par adoucissement à l'intérieur de certains mots, soit avant la tonique : *paür*, soit après : *sunat* (et tous les parfaits à la 3° personne du singulier), etc. Ce dernier fait est conforme à la loi des explosives groupées : en français, c'est la première qui tombe.

PHONÉTIQUE — GRAMMAIRE — RYTHMIQUE

FORMES ET NOTATIONS DU *ROLAND* D'OXFORD	ORIGINE DE CHACUNE DE CES FORMES ET NOTATIONS	OBSERVATIONS
	4º Liquides	
l.	1º De *l* latin. 2º De *r* : *palefreid* de *paraveredus*, etc.	L'*l*, suivi d'un *r*, appelle un *d* : *toldrai*.
r.	De l'*r* latin, comme dans la langue de nos jours. = Quelquefois d'une *l* mouillée : *navirie*.	* L'*r* ne tombe que devant l's : *dos*. * La place de l'*r* est quelquefois intervertie comme dans *por* (de *pro*) ; *pernez*, etc.
	5º Nasales	
n.	1º De *n* latin. 2º De *m*, dans les 1ʳᵉˢ personnes du pluriel, telles que *purruns*, etc. Mais la forme la plus conforme au dialecte de notre manuscrit est *um*.	*N* tombe 1º devant l's : *remés*, *remestrent*, *maisnée*, *prisun*. Cf. *peise* et toute la famille de mots en *eis* venant du suffixe *ensis* : *Franceis*, etc. 2º Quelquefois, devant les labiales, après *o* ou *u* : *cuvent*, etc. * Devant l'*r*, l'*n* s'adoucit en *r* : *merrez*, *durrez*, etc. * Souvent *n* tombe après *r* : mais cette règle est loin d'être encore constante dans le *Roland*. On y trouve *corns* à côté de *cors*, et *jurn* à côté de *jur*.
m.	De *m* latin.	L'*m* suivi de *l* où de *r* amène l'intercalation d'un *b* : *semblet* de *sim'lat*.
	6º Sifflante	
s.	1º De l's latin. 2º De l'*x* adouci, ou plutôt décomposé en ses deux éléments *c* + *s* : *fraisne*. (Le *c* ici a produit *i*.) 3º De *t* + *i* : *justise*, de *justitia*. 4º Du *c* doux à la fin d'un mot : *dis*, de *decem*, etc.	L's initiale est supprimée dans *pasmier*, de *spasmare*.

GRAMMAIRE

I. De l'article

1. L'article est un de ces mots qui servent à modifier, par une idée accessoire, l'idée contenue dans le substantif. C'est un déterminatif que plusieurs grammairiens ont rangé au nombre de ce qu'ils appellent des « adjectifs circonstantiels ». = Il y a plus : l'article est un véritable adjectif démonstratif, et c'est ce dont son étymologie nous donne une preuve évidente.

2. L'article vient d'*ille, illa, illum, illam*, accentué sur la seconde syllabe, tandis que le même mot, accentué sur la première syllabe, nous a fourni notre pronom personnel *il, elle*.

3. Dans le latin populaire, les mots *ille, illa*, étaient depuis longtemps usités avec le sens de notre article. = Dans notre vieux poème, les démonstratifs *cil, cele, cez* sont, très fréquemment encore, employés comme des articles au lieu de *le, la, les*.

4. La déclinaison de l'article, dans le *Roland*, est la suivante : Sing. masc., *li, del, al, le* (on trouve une fois *lo*, et cinq fois *lu*). = Plur. masc., *li, dels, als, les*. = Le féminin singulier est *la* et le féminin pluriel *les* à tous les cas.

5. Dans l'ancien français, on se passait volontiers de l'article en une foule de cas où nous l'exigerions. On disait, par exemple : *Franc de France repairent de roi cort*, au lieu de : *Li Franc de France repairent de la cort del rei*.

II. Du substantif

6. Première déclinaison romane (Déclinaison féminine). Elle correspond à la première déclinaison latine et aux noms féminins de la troisième. On y peut joindre quelques noms féminins des 4e et 5e déclinaisons latines.

7. Le type est la première déclinaison latine. Au singulier (sujet ou régime), pas d's : *rose* (de *rŏsa, rosæ, rosam*). — Au pluriel (sujet ou régime), une *s* à tous les cas : *roses*, fait sur *rosas*, qui était depuis longtemps employé dans le latin populaire au lieu du nominatif *rosæ*.

8. Dans cette déclinaison rentrent, comme nous venons de le dire, les noms féminins de la troisième déclinaison latine. Ces noms se subdivisent en deux groupes : *a. Noms où l'accent tonique avait en latin la même place aux cas régimes qu'au cas sujet*. Ces noms, dans le *Roland*, ont déjà la tendance à se passer d's au cas sujet du singulier (*la lei*, au lieu de *la leis*) ; mais le fait n'est pas encore constant dans notre poème. Au pluriel, partout une *s*. = *b. Noms où l'accent tonique n'avait pas en latin la même place au cas sujet qu'aux cas régimes*. Ces féminins (latins ou romans), tels que *vertet, dulur*, n'ont en français qu'un seul cas pour le sujet et le régime singuliers, lequel a été formé sur le régime latin *veritatem, dolorem*. = Au pluriel, partout une *s* ou un *z*.

PHONÉTIQUE — GRAMMAIRE — RYTHMIQUE

9. En résumé, « pas d's au singulier, une s au pluriel ; » telle est la loi de la Déclinaison féminine, et l'on n'y trouve qu'assez peu d'exceptions dans le texte du *Roland* qui est conservé à Oxford.

10. DEUXIÈME DÉCLINAISON ROMANE (DÉCLINAISON MASCULINE). Elle correspond à la seconde déclinaison latine, et aux noms masculins de la troisième. On y peut joindre quelques mots masculins de la quatrième déclinaison latine.

11. Le type est la seconde déclinaison latine. Le cas sujet du singulier prend une s (*murs*, de *murus*). Le cas régime du singulier ne prend pas d's (*mur*, de *muri, muro, murum*). Le cas sujet du pluriel ne prend pas d's (*mur*, de *muri*). Le cas régime du pluriel prend une s (*murs*, de *muris, muros*). ═ Le plus grand nombre des neutres latins avaient été depuis longtemps masculinisés, et sont soumis à la règle que nous venons d'énoncer. ═ Les génitifs pluriels latins avaient donné lieu à quelques formes spéciales : *La geste Francor*, etc.

12. Dans cette déclinaison rentrent, comme nous venons de le dire, les noms masculins de la troisième déclinaison latine. Ces noms se divisent en deux groupes : *a. Noms où l'accent tonique avait en latin la même place aux cas régimes qu'au cas sujet* : 1º Un certain nombre de ces mots viennent de vocables latins qui ont une s au nominatif singulier. Ces noms suivent les lois de la seconde déclinaison latine (*li pains, li reis, li sancs; del pain del rei, del sanc*). 2º D'autres viennent de mots latins qui n'ont pas d's à leur nominatif singulier (*pere*, de *pater*). Le plus souvent encore, dans le *Roland* d'Oxford, ces noms ne prennent pas d's au cas sujet du singulier; mais déjà cette s est très fréquente dans notre vieux poëme, et il arrivera que bientôt tous les substantifs de ce groupe la prendront par analogie. Le fait sera général dans le français du XIIIᵉ siècle. ═ *b. Noms où l'accent tonique n'avait pas en latin la même place aux cas régimes qu'au cas sujet.* : 1º Un certain nombre de ces noms ont un cas spécial pour le sujet (*emperere*, d'*imperator*), et un cas spécial pour le régime (*empereür*, d'*imperatorem*). Le plus souvent, dans le texte d'Oxford, *emperere* et les mots congénères n'ont pas d's; mais déjà l's s'y montre fréquemment, et bientôt tous les noms de ce groupe la prendront par analogie. 2º D'autres noms n'ont qu'une seule et même forme pour le cas sujet et le cas régime, et ce cas est fait sur le régime latin (*leun*, de *leonem*). Le plus souvent encore, ces mots ne prennent pas dans le *Roland* une s à leur cas sujet du singulier; mais déjà il y a, dans notre texte, une tendance assez marquée à ce que l's pénètre dans ces nominatifs comme dans ceux de tous les noms masculins.

13. Dans ces deux catégories de noms masculins de la troisième déclinaison latine, le nominatif pluriel aurait dû prendre une s, d'après le nominatif pluriel latin, et il aurait partout fallu *li baruns, li seignurs*, etc. Mais, depuis les premiers temps de notre langue, on trouve, au nominatif pluriel, des formes sans s. L'analogie le voulait ainsi. On a dit avec raison que cette loi avait sa racine dans le latin vulgaire, où l'on trouve *latroni* au lieu de *latrones*, etc. etc.

14. OBSERVATIONS COMMUNES A TOUTES LES DÉCLINAISONS ROMANES. Les quatrième et cinquième déclinaisons latines n'ont pas eu de véritable influence sur la formation de notre langue. Les noms masculins de ces deux déclinaisons ont été assimilés à ceux de la deuxième déclinaison latine, et les féminins à ceux de la première.

15. Le vocatif roman est formé tantôt sur le cas sujet, tantôt sur le cas régime du latin. En d'autres termes, l'ancienne langue « a oscillé, au vocatif, entre la forme du sujet et celle du régime ».═ Le vocatif pluriel, dans les noms dérivés de la troisième déclinaison latine, est presque invariablement calqué sur le cas régime du roman : partout *seignurs* et *baruns*, et non *seignur* et *barun*.

16. Les scribes anglo-normands, et le nôtre en particulier, ont négligé les règles de la déclinaison romane. De là tant d'erreurs dans notre manuscrit.

17. Conclusion sur la déclinaison. Il résulte de tout ce qui précède que la déclinaison romane, à travers vingt évolutions, a toujours été en se simplifiant. Dans le *Roland*, il n'y a guère plus que deux déclinaisons. A la fin du xiie siècle, il n'y en aura plus décidément que deux : celle des noms masculins, ramenés à la deuxième latine ; et celle des noms féminins, ramenés à la première, jusqu'à ce qu'on en arrive enfin à une dernière révolution, qui sera le triomphe définitif d'une seule et même déclinaison. Et ce sera la déclinaison féminine : « Pas d's au singulier, une s au pluriel. »

III. De l'adjectif

18. Les adjectifs suivent la loi des substantifs, selon la déclinaison à laquelle ils appartiennent. En d'autres termes, tous les adjectifs féminins suivent la loi de la première déclinaison latine ; tous les adjectifs masculins ceux de la seconde.

19. Il est cependant hors de doute qu'un certain nombre d'adjectifs et de participes sont de véritables neutres. Il y en a plus d'un dans le *Roland* : « *Por ço que plus* bel *seit.* Il *est* juget *que nus les ocirum*, etc. » Et notre langue les a conservés.

20. L'adjectif peut être *épithète* (l'homme bon) ou attribut (l'homme est bon). Dans la *Vie de saint Alexis*, l'adjectif s'accorde avec le nom quand il est épithète ; mais, comme attribut, il prend le cas régime. C'est une habitude anglo-normande, et « qui ne saurait s'expliquer, dit M. G. Paris, que par l'influence d'une langue germanique ». = Dans le texte du *Roland* il n'y a pas, au contraire, de différences très considérables dans la façon dont on traite l'adjectif-épithète et l'adjectif-attribut. Notons seulement que l'accord de l'adjectif-attribut est plus fréquent quand cet attribut précède le verbe : *Fols est li reis*, etc.

21. Les adjectifs latins qui n'avaient qu'une seule et même terminaison pour le masculin et le féminin, *fortis, grandis*, etc., ont donné lieu à des adjectifs romans qui n'avaient aussi qu'une terminaison pour le masculin et le féminin : *forz, granz*, etc. Cependant on trouve dans le manuscrit d'Oxford *grandes*, une fois comme épithète (vers 281) et une fois comme attribut (vers 3656), et *dolente* (vers 1404 et 2823) qui peut, il est vrai, venir d'un type *dolenta*. Déjà, dans le *Saint Alexis*, on avait six fois *dolente* et une fois *commune*. *Grande* s'y trouve comme attribut ; on y dit *la ledice est grande*, et *la grant ledice*.

22. Quant aux degrés de comparaison, il y a deux manières de les exprimer. Il y a le mode *synthétique*, où l'on calque les comparatifs et les superlatifs latins : *mieldre, meindre, graindre, altisme, seintisme*. Il y a le mode analytique, avec l'adverbe *plus*. = Après le comparatif, on emploie *de* au lieu de *que* : *Plus fel* de *lui n'out en sa cumpaignie* (vers 1632). = Certains comparatifs et superlatifs ont perdu leur sens primitif, et n'ont plus que le sens d'un simple : *E cum il est en sun paleis halçur* (vers 3698). Cf. *plusur, pesmes*, etc. Quelques comparatifs sont employés substantivement : *Des mielz e des pejurs* (vers 1822).

23. Les adjectifs possessifs se divisent en adjectifs possessifs *conjoints* : *Mes, mis, mun, ma. — Tes, tis, tun, ta — Ses, sis, sun, sa.* = *Nostre, vostre ; noz, voz, lur.* Et en adjectifs possessifs *absolus* : *Miens, soens ; meie, tiie, sue.* Ces derniers s'emploient avec ou sans substantif, mais, pour le moins, avec l'article. On a pu les regarder comme des pronoms. = Pour les adjectifs *démonstratifs* ; v. le §. 30.

24. Les adjectifs numéraux doivent être rapprochés des noms de nombre.

A côté de *uns, un, une; dui. dous (ambdui, ambesdous): treis, quatre, cinc, sis, set, oit..., dis..., duze...,vint, trente, quarante*, etc., *cent, mil, milie*, etc., il faut placer *premier..., tierz, quart, quint, siste, sedme, oidme, noefme, disme*, etc. = *Mil* vient de *mille; milie* de *millia*. On dit, généralement, *mil* pour un seul millier; *milie* pour plusieurs.

IV. Du pronom

25. Des pronoms personnels. On peut dresser, ainsi qu'il suit, le tableau des pronoms personnels d'après le texte du *Roland :* 1ʳᵉ personne : *jo, mei, me, nus*. = 2ᵉ personne : *tu, tei, te, vus*. = 3ᵉ personne ; *il, ele; — le, la, ele; — li, lui; — il, ele; — les, els, eles ; — lur.*

26. Les pronoms personnels de la troisième personne, *il, ele, il, eles*, viennent de *ille, illa, illi, illas*, avec l'accent tonique sur la première syllabe. — *Le, la, les*, viennent des mêmes mots latins, avec l'accent sur la dernière syllabe. Les autres n'offrent pas de difficulté.

27. Dans la langue du *Roland*, on se passe volontiers du pronom personnel, et, en particulier, de celui de la troisième personne : *Quant Carles oït la seinte voiz de l'angle, — Nen ad poür ne de murir dutance. — Repairet loi vigur e remembrance, — Fiert l'amiraill de l'espée de France*, etc. (vers 3612-3615). Les exemples abondent.

28. Des pronoms relatifs. On les pourrait encore appeler, avec M. de Sacy, des pronoms conjonctifs ou des conjonctions pronominales. — *Ki* (c'est la forme consacrée dans le *Roland*) vient de *qui; que* de *quem, quam, quod.— Qui=cui* est un véritable datif (du datif *cui*). Cf. *lequels, lequels; la quelc, les queles.*

29. Des pronoms interrogatifs. *Ki*, de *quis*, ramené à *qui*. *Que* de *quod.*

30. Des pronoms démonstratifs. Les trois types latins auxquels on peut ramener tous les pronoms démonstratifs, sont *ecce hoc, ecce ille, ecce iste*. Au type *ecce-hoc* se rapportent les neutres *iço* et *ço*. — Au type *ecce-ille*, se rapportent *icil, cil*, pour le cas sujet du singulier et du pluriel ; *icel, cel*, pour le cas régime du singulier; *icels, cels*, au cas régime du pluriel; *icele, cele*, au singulier féminin, et *iceles, celes*, au pluriel féminin. — Au type *ecce iste* se rapportent, dans le même ordre, *icist, cist, icest, cest; icez, cez; iceste, cesté; cez*. — Il faut noter la forme *celui*, qui était originairement celle du datif, et qui est déjà employée dans notre texte au sujet singulier masculin : *Celoi levat le rei* (vers 1520), et au régime singulier masculin : *N' i ad celoi n'i plurt* (vers 1836). — Nous avons déjà dit plus haut que l'article n'est qu'un « démonstratif » et que *cil, cele, cez* sont souvent employés comme articles dans le *Roland*, au même titre que *le, la, les*. (V. le § 3.)

31. Des pronoms indéfinis. Nous ne nous servons ici de ce terme très faux que pour nous conformer à l'usage général. Ces pronoms, si mal définis, sont substantifs ou adjectifs. *a.* Substantifs. *On* est un véritable substantif qui a déjà, dans le *Roland*, le même emploi qu'aujourd'hui : *Siet el' cheval qu'om cleimet Veillantif* (vers 2127). *Plus qu'om ne lance une verge pelée* (vers 3323). *b.* Adjectifs. *Altre, altretant, altretel, alquant, nul, meïsme, plusur, tel, tuit*, etc. La plupart de ces adjectifs peuvent être employés avec ou sans substantif. On peut regarder *kascuns* et *altrui* comme de véritables pronoms.

32. Des pronoms possessifs. On peut donner ce nom aux adjectifs possessifs absolus. V. le § 23.

V. Du verbe

33. Faits généraux qui dominent toute la théorie de la conjugaison. Le caractère général de la conjugaison romane, c'est l'importance donnée aux

formes analytiques. A l'actif : *Habeo amatum, amare habeo*, etc.; au passif : *Sum amatus*, etc.

34. L'actif seul du latin est resté en français, et encore ne nous a-t-il laissé que quelques formes. Le futur simple et le futur passé, l'imparfait et le parfait du subjonctif latins ne nous ont rien donné.

35. Le déponent n'a eu aucune action sur notre langue et n'y a laissé aucune trace. Depuis longtemps il avait disparu dans le latin populaire, ou, pour mieux parler, il y était passé à l'actif. Dans les formules et dans les chartes, on trouve sans cesse des formes telles que : *precare, proficiscere, largire*, etc.

36. Le passif latin a complètement disparu, et il est remplacé par des formes analytiques.

37. Il convient de ne pas oublier ici le rôle considérable de l'analogie. C'est ainsi, comme nous le verrons tout à l'heure, que la première conjugaison a empiété sur le terrain des autres, etc. etc.

38. DES CONJUGAISONS ROMANES. Il y en a quatre, que nous allons énumérer : 1re Conjugaison romane, en *er*. Dérive de la première conjugaison latine (*cantare, canter*, etc.). = 2e Conjugaison romane, en *eir*. Dérive de la deuxième conjugaison latine (*habere, aveir*, etc.) et de certains verbes de la troisième conjugaison, où, par suite d'une erreur sur la quantité, l'*e* bref était devenu long (*cadere, cadeir*, etc.). Cette conjugaison est en *eir*, dans le dialecte normand; en *oir*, dans le dialecte français. = 3e Conjugaison romane, en *re*. Dérive de la troisième conjugaison latine (*legere, lire*, etc.) et de certains verbes de la deuxième conjugaison latine où, par suite d'une erreur sur la quantité, l'*e* long était devenu bref (*ridere, rire*, etc.). = 4e Conjugaison romane, en *ir*. Dérive de la quatrième conjugaison latine (*finire, finir*, etc.) et de certains verbes de la deuxième conjugaison où l'*e* était devenu *i* (*implere, emplir*, etc.). Un certain nombre de verbes en *ir* se conjuguent, à certains modes, avec l'addition de la syllabe *iss*. Ex. *finissent, finissant, finisseit, finisse*, etc., venant des types latins populaires *finiscunt, finiscentem, finiscebat, finisscat*, etc.

39. Les première et quatrième conjugaisons latines ont passé dans notre langue à l'état pur. Il n'en est pas de même des deuxième et troisième conjugaisons, et cela à cause de ces perpétuelles erreurs sur la quantité qui devaient particulièrement abonder dans la langue populaire. = Il en est résulté que les première et quatrième conjugaisons ont envahi le domaine des autres, et l'on a dit très justement que c'étaient là des conjugaisons *vivantes* et où l'on faisait rentrer les mots de formation nouvelle, tandis que les deuxième et troisième conjugaisons étaient *mortes*, et qu'on n'y faisait généralement rentrer aucun mot nouveau.

40. OBSERVATIONS SUR LES DIFFÉRENTS TEMPS ET MODES DES QUATRE CONJUGAISONS ROMANES. INFINITIF. *a.* L'infinitif roman est parfois employé substantivement : *Vostre saveir est grant* (vers 3599), etc. Dans ce cas, il en arrivera bientôt à se décliner et à prendre l'*s* comme tous les substantifs masculins. = *b.* Un emploi de l'infinitif qu'il faut noter est le suivant : *Sire cumpainz, amis, ne l' dire ja* (vers 1113). *Damnes Deus Pere, nen laiser hunir France* (vers 2337). C'est un gallicisme. Aujourd'hui nous emploierions l'impératif.

41. PARTICIPE PRÉSENT. *a.* C'est le participe présent de la première conjugaison latine, *amantem, amant*, qui a fini par devenir le type des participes présents de toutes les autres conjugaisons, lesquels auraient dû être en *ent*. Déjà ce fait est accompli dans la *Vie de saint Alexis*, et, comme l'a dit M. Gaston Paris, « il est un des plus caractéristiques de la langue française. » = *b.* Le nominatif singulier des participes présents a été formé sur l'accusatif latin : *lucentem, valentem, currentem*, et non point sur le nominatif : *lucens, valens, currens*. Mais, encore ici, l'analogie sera un jour victorieuse, et le *z* ou l'*s* pénétrera dans les nominatifs singuliers des participes présents MASCULINS par la force même de ce courant qui entraîne tous les noms et adjectifs masculins vers le type de la seconde déclinaison latine. = c. Le participe présent s'emploie parfois dans le *Roland* avec le sens du participe passé (?) : *Trestuit si nerf mult li sunt estendant — E tuit li membre de sun cors derumpant* (vers 3970-3971).

42. PARTICIPE PASSÉ. a. Le participe passé, soit comme épithète, soit comme attribut, est soumis aux mêmes règles que l'adjectif. = b. Il y a eu successivement, dans notre langue, deux couches de participes passés. Les uns, qu'on a appelés « intensifs » ou « de première formation » (*mors, retrait, depens*, etc.), ne nous sont guère restés qu'à l'état de substantifs. Les autres, qui sont « extensifs », ou de « seconde formation », sont ceux que nous employons encore aujourd'hui (*mordu, dependu*, etc.). = c. Dans les temps composés, le participe prend tantôt l'accord et tantôt non ; mais la place du régime direct n'influe en rien sur cet accord. On trouve dans le *Roland: La flur de France as* PERDUT (vers 2465); et ailleurs : *Sa culur ad* PERDUE (vers 2299). On lit au vers 2488 : *Li Emperere ad* PRISE *sa herberge;* et plus loin : *Tuz lur amis qu' il i unt morz* TRUVET (vers 2953). Le non-accord s'explique uniquement par l'emploi du neutre (*Tu nous as aimé; tu nos habes amatum*, etc.). = d. Le participe passé s'emploie substantivement : *De cels de France .XX. milie adubez* (vers 2777). Cf. 2470, etc.

43. INDICATIF PRÉSENT : 1re PERSONNE DU SINGULIER. a. Dans la première conjugaison, un *e* qui n'a rien d'étymologique a envahi cette première personne. Mais ce fait, qui s'est produit par analogie avec les deuxième et troisième personnes du singulier, n'est pas antérieur à la seconde moitié du XIIe siècle. Dans le *Roland*, on trouve encore *j'aim* et non *j'aime*. = b. Une *s* se glissera un jour dans la première personne des autres conjugaisons : *Je sais*. Elle n'a rien d'étymologique, et vient uniquement de ce fait que la deuxième personne a empiété sur la première. Mais cette *s* ne se trouve encore ni dans le *Saint Alexis* ni dans le *Roland : Jo ne sai quels en est sis curages* (vers 191), etc. = TROISIÈME PERSONNE DU SINGULIER. a. La troisième personne présente toujours, dans le *Roland*, un *t* qui est étymologique : *portet, aimet*, etc. Ce *t*, d'ailleurs, n'a autre valeur que celle d'une notation orthographique. On n'en tenait aucun compte dans la prononciation, et il n'empêchait aucunement l'élision. = b. Les formes *cleimet, aimet*, etc., opposées aux formes *clamons, amons*, etc., s'expliquent par l'accent tonique du premier *a* dans *amat* et *clamat*. L'*a* tonique, devant une nasale, devient *ai*. = PREMIÈRE PERSONNE DU PLURIEL. a. La première personne du pluriel recevait en latin, suivant les conjugaisons, les flexions *amus, emus* et *imus*. Il est arrivé qu'une seule a triomphé en français (*amus = ans = ons*), et a été adaptée à toutes les conjugaisons. Ou, plutôt, les voyelles *a, e, i* se sont nasalisées de la même façon, et, prenant un son vague, sont enfin devenues *on*. = b. Dans le texte d'Oxford, nous possédons à la fois les trois systèmes qui se sont ici partagé les textes du moyen âge. Le premier, qui est le plus étymologique et le plus ancien, est représenté par les formes suivantes : *recevrums* (vers 192), *fuiums* (vers 1910), *durriums* (vers 1805), etc. Mais on ne tarda point à s'écarter de ce premier système. Tantôt l'on supprima l's finale, qui rappelait si bien la terminaison latine, et l'on eut des formes telles que : *asaldrum* (vers 947), *metrum* (vers 1952), *avrum* (vers 972), etc. D'autres fois, au contraire (et cela dans le même texte), l's fut conservée, et l'*m*, moins fortement prononcée, fut changée en *n*. De là, dans notre Chanson. *lançuns* (vers 2154), *devuns* (vers 1009), *feruns* (vers 1256), et même par le changement de l'*u* normand en l'*o* français, *avons* (vers 1923). Ce sera cette

dernière forme qui triomphera, en effet, dans tout le dialecte de France et dans notre langue classique. Mais la seconde, qui est de beaucoup la plus usitée dans notre texte, est par excellence la forme normande. Nous l'avons partout adoptée. = *c.* On trouve, dans le *Roland*, la trace des premières personnes de pluriel féminines. Et c'est à tort qu'on a dit que « cette forme, surtout picarde, ne se rencontrait dans aucun texte normand ». (V. au vers 391 : *Seit qui l' ocit, tute pais puis averiumes.*) = Deuxième personne du pluriel. *a.* Les deuxièmes personnes du pluriel de l'indicatif présent (pour les verbes de la deuxième conjugaison), et aussi celles du futur dans toutes les conjugaisons (qui viennent de l'infinitif conjugué avec *habetis*), sont, dans le *Roland*, terminées tantôt en *ez*, tantôt en *eiz*. = *b.* La désinence *eiz* est celle qui est le plus conforme aux lois générales de la phonétique; mais, sous l'influence des formes en *ez* de la première conjugaison (*amatis* avait très régulièrement donné *amez*), les deuxièmes personnes, venues d'*etis*, sont partout, dans le *Saint Alexis*, terminées en *ez*. = *c.* Il n'en est pas de même dans le *Roland*, où la forme *eiz* a été conservée à côté de la forme *ez*, et où la prononciation *eiz* a également persisté, puisqu'il y a des couplets spéciaux assonancés en *eiz* (laisses VI, XIII, XLVII, etc.). On trouve dans notre poème *avreiz, ireiz, verreiz, portereiz*, à côté de *avrez, irez, verrez, porterez*, etc.

44. Imparfait de l'indicatif. *a.* Les imparfaits de l'indicatif se divisent en deux groupes. Un certain nombre dérivent des imparfaits latins en *abam*, de la première conjugaison latine. Ces imparfaits ont donné en dialecte de France : *portoie, portoies, portoit, portions, portiez, portoient*. En dialecte lorrain : *porteve, porteves, porteve, portions, portiez, portevent*. En dialecte normand : *portoe, portoes; portot,* puis *portout; portions, portiez, portoent*. Il existe de ces dernières formes deux exemples dans le *Roland* : *portout*, au vers 202, et *depeçout*, au vers 837. = *b.* Les autres imparfaits dérivent des imparfaits latins en *ebam* des trois dernières conjugaisons. Ils sont tous terminés en *eie, eis, eit, ions, iez, eient*.

45. Parfait simple. Première personne du singulier. *a.* Des parfaits faibles latins tels qu'*amavi*, on a tiré sans aucune difficulté *amai*, etc. = *b.* La plupart des parfaits forts, dans le *Roland*, ne prennent pas encore l's finale : *Jo vi, j' oï* (de *vidi, audivi*). Mais, plus tard, cette s pénétrera partout en vertu de l'analogie. = Troisième personne du singulier. Nous trouvons, dans notre texte *abatiet*, (vers 98 et 1317), *respundiet* (vers 2411), *perdiet* (vers 2795). Ces parfaits, et leurs congénères, appartiennent en réalité à des verbes en *dere, tere*, qui ont été traités, dans le latin populaire et dès une haute antiquité, comme des composés de *dare*. = Troisième personne du pluriel. On y a parfois intercalé une dentale pour faciliter la prononciation : *pristrent*, au lieu de *prisrent* (vers 2706, etc.).

46. Parfait composé. Pour l'accord ou le non-accord des participes avec le régime direct, voir plus haut le § 42, qui est consacré au participe passé.

47. Plus-que-parfait. Il n'y a pas, dans tout le *Roland*, une seule trace de ces plus-que-parfaits que l'on trouve dans la Cantilène de sainte Eulalie, tels que *avret* (d'*habuerat*), *furet* (de *fuerat*), *voldret* (de *voluerat*).

48. Futur. *a.* Le futur simple reçoit toujours cette forme analytique : *amare habeo*, qui était depuis si longtemps en usage dans le latin vulgaire (*resurgere-habent*, au lieu de *resurgent*, dans le Symbole de saint Athanase, etc.). Mais les deux éléments ne sont jamais séparés l'un de l'autre, comme on les trouve quelquefois en provençal : « *Delivrar los ai,* je les délivrerai. » = *b.* Tantôt, dans notre poème, les deux éléments sont restés à l'état pur (*amerai*); tantôt il y a eu contraction : *durrai, merrez*, etc. = *c.* Une dentale est parfois ajoutée, pour la facilité de la prononciation, entre la nasale et la liquide : *venrai, vendrai*, etc. = *d.* Dans les mots tels que *vendrai, tendrai*, etc., il y

a une influence de l'indicatif présent, et la véritable forme est *viendrai*, *tiendrai*, etc.

48. Impératif. *a*. L'impératif n'a vraiment qu'une forme à lui : c'est la deuxième personne du singulier, laquelle se forme réellement sur la deuxième personne singulière de l'impératif latin. = *b*. Le reste est emprunté à l'indicatif, et le subjonctif n'a pas eu ici l'influence qu'on lui a attribuée.

49. Présent du subjonctif. *a*. Il y avait en latin deux classes bien distinctes de subjonctifs : ceux en *em*, *es*, *et*, etc., de la première conjugaison ; ceux en *am*, *as*, *at*, etc., des trois autres conjugaisons. L'*a* latin ayant donné lieu à l'*e* muet français, les subjonctifs français du second groupe devraient être les seuls à avoir cet *e* muet. Mais l'analogie fut la plus forte, et cet *e* fut adopté bientôt par tous les subjonctifs. Déjà, dans le *Roland*, on trouve *dunne* à côté de *dunt*, etc. = *b*. Les subjonctifs latins en *iam* ont donné lieu à des formes où l'*i* latin a été consonnifié : *dorje*, de *dormiam*, *fierge*, de *feriam*. Sur ces subjonctifs on en a formé, par analogie, un certain nombre d'autres qui dérivent réellement de subjonctifs latins en *am* ou en *em* : *dunget*, de *donet*, etc.

50. Imparfait du subjonctif. Il dérive toujours du plus-que-parfait du subjonctif latin, contracté quand il y a lieu.

> V., au *Glossaire*, la conjugaison des verbes auxiliaires *estre* et *aveir*, ainsi que celles de tous les verbes irréguliers, *aler*, *cadeir*, etc. — On remarquera qu'un certain nombre de verbes ont été à la fois neutres et actifs (*esdemettre*, *chevalchier*, etc.) ; neutres et réfléchis (*pasmer*, etc.) ; neutres, actifs et réfléchis (*turner*, *escrier*, etc.).

VI. De la négation

51. On peut diviser les négations en deux groupes : les négations proprement dites ; *nen*, *ne*, *nun* ; et les négations explétives : *pas* (vers 681, 1485, etc.) et *mie* (vers 140, 194, 724, etc.).

VII. De l'adverbe

52. *a*. L'adverbe est un mot mal nommé. Il modifie, en effet, tout aussi bien un adjectif qu'un verbe. On a proposé de l'appeler, dans ce cas, « l'adjectif d'un adjectif ». Le terme n'est pas meilleur. = *b*. Il y a en français des adverbes simples et des adverbes composés. = *c*. Parmi les adverbes simples, un certain nombre, dans le *Roland*, prennent une *s*. Cette *s*, qu'on a appelée l'*s* adverbiale, est étymologique en un certain nombre de mots, tels que *primes* et *volentiers* (que l'on peut croire, avec Littré, dérivés de *primas* et *voluntarios*). Elle a pénétré, par analogie, en un certain nombre d'autres mots, tels que *sempres*, *unkes*, *alques*. = *d*. Les adverbes composés dérivent de l'ablatif latin *mente*, combiné avec un adjectif ou un participe qui le précède et prend l'accord : *durement*, *forment*, *afichéement*, etc. (On trouve *solamente* dans les Gloses de Reichenau, qui remontent environ à 768, etc. etc.) = *e*. A côté des adverbes, il faut signaler les locutions adverbiales, telles que : *en guise de...* (vers 329), *en present* (vers 1226), *mien escient* (vers 124), etc. Et, en effet, il n'est pas de l'essence de l'adverbe d'être un mot unique et invariable. = *f*. Il y a un certain nombre d'adverbes qui sont en même temps des prépositions ; tel est *après* : *Après, i vint* (vers 627). *Après Rollant* (vers 3719), etc. = *g*. Il y a des adverbes qui sont en même temps prépositions et conjonctions. Tel est *enceis* : *Enceis ne l' vit* (vers 1596). *Enceis ne puis cel tens* (vers 3382). *Doel avrat enceis qu' ele departed* (vers 3480). =

h. Les comparatifs et superlatifs des adverbes sont synthétiques : *mielz*; ou analytiques, avec l'emploi de *plus*.

VIII. De la préposition

53. *a.* La préposition exprime les rapports entre les êtres. Ces différents rapports étant fort multipliés, une seule et même préposition peut en exprimer un certain nombre. = *b.* Dans la langue vulgaire, depuis un temps fort reculé, les prépositions étaient employées pour remplacer les flexions de la langue écrite. C'est ce qui s'est continué durant tous les bas siècles, et c'est ce dont on trouve mille et mille fois la preuve dans toutes les formules et dans toutes les chartes : *Episcopi* de *regno nostro, tam* de *Neuster quam* de *Burgundia*. — *Partem meam* de *prato*. — *Jugera* de *terra arabili*. — *Notitia* de *res*. — *Tertiam partem* de *successione*. — *Dedit* ad *nos*. — Ad *clero et* ad *pauperes incommoda generetur*, etc. = *c.* Les prépositions qui se trouvent dans le *Roland* peuvent se diviser en plusieurs groupes : 1º Prépositions existant en latin à l'état pur : *à, de, vers, sur, suz*, etc. 2º Prépositions dérivant de plusieurs prépositions latines soudées ensemble : *devant, devers, envers, depuis*, etc. 3º Prépositions composées avec des substantifs : *lez* (de *latus*) ; ou provenant de la combinaison d'une préposition avec un substantif : *entur, envirun*, etc. 4º Prépositions provenant de la combinaison d'une préposition avec un adjectif : *parmi*. 5º Préposition provenant d'un adverbe latin, *fors*, de *foris*. (Mais déjà *foras* était devenu préposition dans saint Jérôme et sans doute dans tout le latin vulgaire.) = *d.* La préposition *de* est aisément supprimée dans la déclinaison de notre poème : *le rei gunfanuner*, au lieu de *de le rei*, etc. = *e.* Il y a certaines prépositions qui sont en même temps des adverbes : *Enprès li dient* (vers 357), et *enprès sun colp* (1666). = *f.* Il y en a d'autres qui sont en même temps des conjonctions : *Josqu' à la tere* (vers 976), et *Josque il vengent* (vers 1838). = *g.* La préposition *par* se joint au verbe *estre* et au verbe *aveir* pour leur donner un sens plus fort. Voy., aux mots *par, de, à*, etc., toutes les acceptions de ces prépositions.

IX. De la conjonction

54. *a.* Les conjonctions sont aux prépositions ce que les prépositions sont aux mots. Elles expriment les rapports qui existent entre des jugements. = *b.* Les conjonctions se divisent en deux groupes : 1º simples : *que, par, mais, cume, se, ne*, etc.; 2º composées : *enceis que, nepurquant, purquei*, etc. = *c.* Dans la langue du *Roland*, *que* se supprime *ad libitum*. = *d.* Plusieurs conjonctions sont en même temps prépositions. V. les §§ précédents, et, au *Glossaire*, les articles consacrés aux diverses conjonctions, *que, kar*, etc.

X. De l'interjection

55. Il y a, dans le *Roland*, deux espèces d'interjections : les interjections proprement dites, qui sont des cris communs à toutes les langues, et les locutions interjectives : *Caitive* (vers 2722), *dolente* (vers 2823), etc. Ces dernières peuvent être des adjectifs ou des noms.

XI. Conclusion

56. Les débutants devront lire, sur la langue française en général : la *Grammaire des langues romanes*, de Diez (traduite par G. Paris, Brachet et Morel Fatio), et sur le dialecte normand en particulier, l'Introduction à la *Vie* de saint *Alexis*, par G. Paris. — Ils consulteront avec avantage le *Glossaire étymologique*, de Diez (qui n'a pas encore été traduit en français, nouvelle édition, par Scheler), et les *Dictionnaires* de Littré, Scheler et Brachet. — On ne saurait trop vivement leur recommander l'habitude du « thème étymologique ». Cet exercice consiste à traduire chacun des mots français par le mot latin d'où il est immédiatement sorti. C'est ainsi que les premiers vers du *Roland* devraient être traduits ainsi qu'il suit : *Carolus ille rex, noster imperator magnus, — Septem annos totos plenos habet statum in Hispania*, etc. etc.

Fig. 19. — Un jongleur. — D'après le ms. lat. n° 18 de la Bibliothèque nationale, f° 191 (xv° siècle).

RYTHMIQUE

I. Du vers épique

1. Le vers de la *Chanson de Roland* est le décasyllabe, avec pause après la quatrième syllabe accentuée.

2. Ce décasyllabe est le vers de nos plus anciens poèmes ; mais dès la première moitié du XIIe siècle, l'alexandrin ou dodécasyllabique commence à lui faire concurrence. L'alexandrin a une pause après la sixième syllabe accentuée.

3. L'*e* muet (soit seul, soit accompagné d'un *s*, d'un *t* ou d'un *ent*) ne compte ni à la fin du premier hémistiche, ni à la fin du vers : *Jusqu'à la terE si chevoel li baliENT* (vers 976). *Il en apelET e ses dux e ses cuntES* (vers 14).

4. Dans le corps d'un vers, l'*e* muet qui termine un mot a généralement DEVANT UNE CONSONNE la valeur d'une syllabe : *En dulcE France en perdreiE mun los* (vers 1054). *La suE mort li vait mult angoissant* (vers 2232). Il en est de même de l'*ent* : *DiENT Franceis : Dehet ait ki s'en fuit* (vers 1047).

II. De l'élision

5. L'élision d'une voyelle peut se produire à la fin, ou au commencement d'un mot. A la fin d'un mot, la voyelle à élider peut se trouver soit devant un mot qui commence par une voyelle, soit devant un mot qui commence par une consonne. Autant de cas particuliers, autant de règles spéciales.

6. Au commencement d'un mot, l'élision d'une voyelle se produit assez rarement et l'*e* muet est, en ce cas, la seule voyelle qui s'élide : *Ou' ST la prouesse que aveir soliez.* — *SI 'N deit hum perdre e de l' quir e de l' peil* (vers 1012).

7. A la fin d'un mot, quand la voyelle finale fait partie d'un polysyllabe et que le mot suivant commence par une voyelle, l'*e* muet est la seule voyelle qui s'élide, et l'élision en est facultative : *Ge vos dorrai de FrancE un quartier*, ou *Carles li reis, nostrE Empercre magne* (vers 1). L'élision est, à beaucoup près, le cas le plus fréquent.

8. A la fin d'un mot, quand la voyelle finale fait partie d'un monosyllabe et que le mot suivant commence par une voyelle, l'élision est encore facultative : *C'EST Looys fils Karlon au vis fier*, ou *CE EST d'Ogier le duc de Danemarche*. Toutes les voyelles, en ce cas, peuvent s'élider ; mais l'élision de l'*e* muet est la plus fréquente, et l'on peut dire que généralement, pour en arriver là, les autres voyelles fléchissent en *e*.

9. A la fin d'un mot, quand le mot suivant commence par une consonne, l'élision est permise ; mais l'*e* muet est ici la seule voyelle qui s'élide : *Gitai le EL Toivre, SEL mangièrent poison.*

PHONÉTIQUE — GRAMMAIRE — RYTHMIQUE

10. Les règles précédentes s'appliquent également à l'*e* MUET suivi du *t* étymologique ou de l'*s*. Tantôt il s'élide, et tantôt non : *De noz Franceis m'i semblet aveir mult poi* (vers 1050). *Guardet aval e si guardet amunt* (vers 2235). *Puis encrerrunt mes peines e mes suffraites* (vers 2925). *Piez ad copiez e les gambes ot plates.* (1752).

III. DU COUPLET ÉPIQUE

11. Le Couplet qui est également appelé *laisse* est EN MOYENNE, dans le *Roland*, composé de quinze vers. Il débute *ex abrupto* et forme une division naturelle du récit.

12. Le lien qui réunit entre eux tous les vers d'un même couplet, c'est l'assonance qui, dans le *Roland* comme dans tous nos anciens poèmes, n'atteint que la dernière voyelle accentuée.

13. Sont dits *féminins* les couplets dont tous les vers se terminent, soit par un *e* muet, soit par cet *e* suivi d'un *t*, d'un *s* ou d'un *nt* post-toniques. Les autres laisses sont dites *masculines*.

14. Nous avons relevé UNE A UNE, sans en excepter une seule, toutes les assonances du *Roland*. Tous les couplets de notre vieux poème appartiennent à une des vingt et une séries que nous allons successivement énumérer.
¹ *Couplets masculins en a*. Dans ces laisses, les voyelles sur lesquelles tombe l'assonance dérivent de l'*a* latin tonique en position latine ou romane : (Ex. : couplet XCIV : *serat, leuparz, apelat, ja, laissat, part, cuard, mals, calz, carn, Durendal, dunat, avrat, vassal*. Cf. les couplets LXI, LXXVII, CII, CCLXIX, etc. Dans le couplet LXI est admise une assonance en *ai* (*Ais, d'aquis*), etc. ² *Couplets féminins en a* (purs et mixtes). Les voyelles sur lesquelles porte l'assonance dérivent ici de l'*a* latin tonique, en position latine ou romane, lequel est accompagné d'un *a* post-tonique dans la dernière syllabe latine, ou est suivi de deux consonnes. Or, l'*a* post-tonique se change en un *e* muet, et les deux consonnes sont également soutenues par un *e* muet. Ex. : coupl. LXII : *Albe, chevalchet, guardet, Carles, passages, guarde, fillastre, vasselage, reguardet, diables, rage, guarde, Danemarche, facet.* Cf. les couplets XIII, etc. — Parmi ces couplets, les uns sont purement en *a* féminin, comme les précédents. Les autres sont en *a* féminin, mêlés d'assonances en *ai* féminin. Ces dernières viennent d'un *a* latin tonique, sur lequel l'*i* atone de la syllabe suivante a exercé une influence phonétique : *palie, repaire, cuntraire, saive, vaillet, bataille*, etc. Ex. : couplet CXLIV, etc. Dans un certain nombre de couplets en *a* féminin, il ne se glisse qu'une assonance en *ai* féminin. Ex. : couplets XXX, LVI, LXII, LXIV, XCIII, CXI, CLIII, CLXXV, CCXXXIII. = ³ *Couplets masculins en an* (purs et mixtes). Dans le *Saint Alexis*, les laisses en *an* sont encore distinctes de celles en *en* (G. Paris, *Saint Alexis*, 36-37). Il n'en est plus de même dans le *Roland*, sauf cependant dans les trois laisses LXXV, CVII, CXXVII. Dans ces derniers couplets, les voyelles sur lesquelles porte l'assonance viennent uniquement du son latin *an* tonique. Mais, dans la grande majorité des strophes de notre poème, on admet à la fois les assonances en *an* et *en*. Ex. : couplets XIX, où il n'y a qu'une fois *en;* XXV, où il n'y a qu'une fois *an;* XXXII, LI, XCI, CXIX, CXXXIX, CXLI, CLII, CLVII, CLXII, etc. Enfin, dans quelques couplets en *an*, *en*, on admet les assonances en *ain* (*mains, cumpainz*). Les voyelles sur lesquelles porte l'assonance dans ces derniers couplets, dérivent de l'*a* latin tonique placé devant une nasale. Ex. : couplets XXI, XLVI, LXXXII, XCVII. = ⁴ *Couplets féminins en an, ain.* Les voyelles sur lesquelles porte l'assonance dérivent du son latin *an* tonique + un *e* français après la tonique (*angles, estrange, France*), ou de ce même son modifié en *ain* par le passage de l'*i* qui suit la

tonique + *e* (*Espaigne, graindre*), ou de l'*a* latin tonique devant une nasale devenu *ai* et suivi d'un *e* muet dans la syllabe suivante (*aimet*). Ex. : couplets LXXIII, XCII, CIII. = ⁵ *Couplets masculins en è, .er*. Les voyelles sur lesquelles porte l'assonance dérivent de l'*a* latin tonique, long ou bref. On y a fait entrer *Deus* et *Maheu*. Ex. : couplets V, XI, XXIX, etc. = ⁶ *Couplets féminins en é*. Les voyelles sur lesquelles tombe l'assonance dérivent de l'*a* latin tonique bref ou long + un *e* français après la tonique (*fermée, emperere*). Ex. : couplets LIX, CXXVI, etc. C'est par exception que *remestrent* est admis dans la laisse LIX. = ⁷ *Couplets masculins en ié*. Les voyelles sur lesquelles tombe l'assonance dérivent de l'*e* latin bref tonique (*niés, crient*); de l'*a* long tonique après une gutturale qui persiste (*pecchiez, chiez, cargiez, marchiet*); ou qui laisse un *i* en sa place (*paiens*), de l'*œ* assimilé à l'*e* bref (*ciel*); de l'*a* long tonique « après les dentales, en y comprenant *s, ss, n, r*, quand la syllabe précédente contient un *i* provenant d'une gutturale vocalisée » (*luitier*, etc.); de l'*a* latin tonique accompagné d'un *i* atone dans la syllabe suivante (*chevalier*), ou dans la syllabe précédente (*aproismiez, chrestiiens*; d'un *e* long tonique accompagné, dans la syllabe suivante, d'un *i* atone (*mestier*). Ex. : couplets VIII, XXXIX, XLV, etc. = ⁸ *Couplets féminins en ié*. L'existence de ces couplets n'est peut-être qu'une hypothèse, et je la hasarde avec M. G. Paris, en prenant pour base le couplet CCXLVIII : *eschieles, tierce, Bavière; preisièrent, laissiée, chière, cunquierent, puigniere* et *fière*. = ⁹ *Couplets masculins en è, ai*, etc. Les syllabes sur lesquelles tombe l'assonance dérivent de l'*e* latin tonique en position (*bel, quarrel*); de l'*a* latin tonique devant une gutturale qui tombe et laisse un *i* en sa place (*fait, frait*); de l'*a* latin tonique sur lequel l'*i* atone de la syllabe suivante a exercé une influence phonétique (*sai*). Il s'y mêle la notation *ei* venant de l'*e* latin + *c* (*dreit*). Ex. : couplets L, CXIV, etc. = ¹⁰ *Couplets féminins en è, ai*. Mêmes observations que pour les précédents, sauf l'addition de l'*e* muet, qui représente en français un *a* latin atone après la tonique (*feste*); ou qui vient soutenir deux consonnes latines (*estre*), etc. Ex. : couplets IV, XXVII, LXIX, etc. = ¹¹ *Couplets masculins en ei*. Les syllabes sur lesquelles porte l'assonance dérivent de l'*e* long latin tonique ou de l'*i* bref tonique, mais aussi de la notation *ensis* par la chute de la nasale (*Franceis*), etc. Il faut remarquer que certains mots, comme *ireiz, portereiz, avreiz*, se trouvent dans les couplets en *é* sous la forme *irez, porterez; avrez*. Dans le *Saint Alexis*, la notation *ei* avait, dans ce cas, complétement disparu. Ex. : couplets VI, XLII, LXXXV, CCCII. = ¹² *Couplets féminins en ei*. Les voyelles sur lesquelles porte l'assonance dérivent de l'*i* bref tonique ou de l'*e* long tonique, plus un *e* français après la tonique ; ou de *a* devant une nasale donnant *ain* ou *ein*, + e, etc. Ex. : couplet LXXXIV. = ¹³ *Couplets masculins en i*. Les voyelles sur lesquelles porte l'assonance viennent presque partout de l'*i* latin long tonique (exception : *mercedem*, = *mercit*, etc.) : et aussi du son *in*. Ex. : couplets X, XII, XXXIV, etc. = ¹⁴ *Couplets féminins en i*. De *i* tonique + *e*, Ex. : couplets VII, XIV, XXIV, etc. = ¹⁵ *Couplets masculins en o*. De l'*o* latin en position ou de la diphtongue *au*. Ex. : couplets LXXXIX, XCIX, CXXXIV, CLX, etc. = ¹⁶ *Couplets féminins en o*. Mêmes observations, en ajoutant l'*e* muet après la tonique. Ex. Couplet CXXXVII. = ¹⁷ *Couplets masculins en oe*. Principalement d'*o* bref tonique. Deux exemples seulement. Le premier (couplet XXII) contient les assonances suivantes : *estoet, poet, soer, estoet, prozdoem, fleus, oilz, coer, estoet;* le second (CCXCIII) : *voelt, avoec, doels, coers, oilz, estoet, poet, iloec*. ¹⁸ *Couplets masculins en o intermédiaire* (qui est le plus souvent noté *u* dans la *Chanson de Roland*, et qui se prononçait *ou*). De l'*o* latin long tonique, et de l'*o* + *n* ou *m* (ou *o* nasal). Il y a des couplets où les assonances de ces deux origines sont mêlées (Ex. : couplet C). Il y en a où les assonances dérivent seulement de l'*o* long (LXXII), et un assez grand nombre où sont seulement admises les assonances en *un* (CXXXIII, etc.). Il est inutile d'ajouter que les premières personnes du pluriel font partie de ces assonances. Dans le couplet CCXVI, on admet les assonances qui, comme *succurs*, *urs*, *acurt*, viennent de l'*u* latin en position. = [19] *Couplets féminins en o intermédiaire*. Mêmes observations que pour le groupe précédent. De l'*o* latin long tonique + un *e* français après la tonique; de l'*o* nasal + *e*; de l'*u* nasal + *e*; de l'*u* en position + *e*; de l'*u* bref tonique + *e* (*sue*). Ex.: couplets II, LXXX, etc. = [20] *Couplets masculins en u*. De l'*u* long tonique. Ex.: couplet XVI, etc. = [21] *Couplets féminins en u*. De l'*u* long tonique + *e*. Ex.: couplets CX, CCI, CCXCV. = V. dans le *Romania*, 1874, p. 290, l'énumération sommaire, par M. G. Raynaud, des assonances du *Roland*, et dans les *Épopées françaises* (2ᵉ éd. I, 336 et ss.), le « Tableau complet, selon l'ordre des voyelles, des différentes laisses assonancées qu'on peut rencontrer dans les chansons de geste. »

IV. DE L'ORIGINE ET DU PRINCIPE
DE LA VERSIFICATION DU ROLAND

18. DE LA VERSIFICATION RYTHMIQUE EN GÉNÉRAL. *a*. Les éléments de la versification rythmique sont l'accent tonique, le syllabisme (ou numération des syllabes) et l'assonance. = *b*. Les deux premiers de ces éléments se retrouvent dans la plupart des systèmes rythmiques; mais le troisième ne semble pas rigoureusement nécessaire pour constituer un rythme. = *c*. Toute poésie primitive a été chantée. = *d*. La première forme que reçoive la poésie primitive, c'est le rythme et non pas le mètre. = *e*. Le rythme, à l'origine, est « l'assemblage de plusieurs temps qui gardent entre eux un certain ordre en de certaines proportions ». En d'autres termes, il est fondé sur la mesure des temps et règle à la fois la parole, le chant, la danse. = *f*. Un certain nombre de syllabes forme une phrase rythmée. Dans cette phrase rythmée, un certain nombre de pauses ou temps d'arrêt sont déterminés par un « temps levé » de la danse, par une élévation de la voix, par une « arsis » sur telle ou telle syllabe accentuée. Sur chaque phrase ainsi rythmée peuvent être ajustées parallèlement une ou plusieurs autres phrases rythmées, qui sont chantées, dansées et coupées exactement de la même façon. = *g*. Le mètre n'est qu'une espèce de rythme, un rythme perfectionné ou discipliné. L'accent y persiste, mais l'élément dominant est la longueur ou la brièveté des syllabes. L'accent, d'ailleurs, peut se combiner avec la quantité: car l'accent est une élévation, et la mesure un prolongement de la voix. = *h*. En résumé, le vers rythmique est l'assemblage d'un nombre fixe de syllabes dont certaines doivent être accentuées.

19. DE LA VERSIFICATION RYTHMIQUE DES ROMAINS, DEPUIS SES ORIGINES JUSQU'AU IVᵉ SIÈCLE DE L'ÈRE CHRÉTIENNE. *a*. Les Romains n'ont possédé longtemps qu'une versification rythmique. = *b*. Les premiers vers rythmiques des Romains étaient accentués et syllabiques. Il se peut qu'on les accouplât parfois et qu'ils eussent, parallèlement, le même nombre de syllabes avec les mêmes pauses intérieures. Il n'y a, toutefois, rien de certain à ce sujet. = *c*. C'est Ennius et son école qui ont introduit à Rome les mètres grecs; mais jamais, chez les Romains, cette métrique d'emprunt n'a rien eu de populaire, et elle est uniquement demeurée le partage des lettrés. = *d*. On continua toujours de chanter, parmi le peuple Romain, les vieux vers syllabiques ou rythmiques, mais il ne nous reste qu'un très petit nombre de ces vers qui étaient à la poésie métrique ce que le « *sermo plebeius* » était à la langue littéraire ou sa-

vante. = *e*. Au IVᵉ siècle après Jésus-Christ, tel était donc l'état de la poésie dans l'empire : les soldats et les campaguards chantaient des vers rythmés, fondés sur l'accent et sur le syllabisme, et peut-être même assonancés. Les lettrés, au contraire, se plaisaient en des vers savants ou métriques, fondés sur la mesure ou sur la quantité. Cependant l'Église catholique était à la veille d'introduire dans sa liturgie le chant des hymnes ou des cantiques latins. Or, ces hymnes devaient, avant tout, offrir un caractère profondément populaire, et le mètre n'était pas de nature à donner satisfaction à ces nécessités de la liturgie. De là la victoire future, la victoire prochaine du rythme et de la versification rythmique.

20. DE LA VERSIFICATION RYTHMIQUE LATINE AU MOYEN AGE. *a*. A la fin du IVᵉ siècle, deux versifications sont toujours en présence : l'une métrique à l'usage des lettrés; l'autre rythmique à l'usage des ignorants. C'est alors que sont chantées les premières hymnes, et la création de ce genre nouveau de poésie populaire exerce sur-le-champ une influence décisive sur les destinées de la versification latine. = *b*. Les premières hymnes doivent être considérées comme des cantiques profondément populaires et qui n'entrèrent pas tout d'abord dans le corps de la liturgie officielle. Composées tout d'abord en vers métriques, elles subirent peu à peu les modifications suivantes : 1º les couplets et les vers y furent ramenés au même nombre de syllabes ; 2º les élisions n'y furent plus observées ; 3º les syllabes accentuées y reçurent la même valeur que les longues, et enfin, 4º l'assonance y pénétra victorieusement et ses progrès y furent de plus en plus marqués. = *c*. C'est ainsi que les éléments essentiels de la versification rythmique (l'accent, le syllabisme et l'assonance) triomphèrent dans une versification qui était évidemment d'origine métrique. C'est ainsi, en d'autres termes, que ces éléments furent victorieusement introduits en des vers qui appartenaient certainement à la nomenclature des anciens vers métriques, et qui (ramenés au même nombre de syllabes, accentués et assonancés) devinrent les types ou les étalons de la versification rythmique. C'est ainsi qu'un mètre déformé peut se transformer en un rythme. = *d*. Le type ou l'étalon du vers latin rythmique de huit syllabes à pénultième brève, c'est l'iambique dimètre ainsi modifié; le type du vers latin rythmique de quinze syllabes, c'est le septenarius trochaïque ; le type du vers latin rythmique de dix syllabes, c'est le dactylique trimètre hypercatalectique ; le type du vers latin rythmique de douze syllabes, c'est l'antique asclépiade, etc. Il convient d'ajouter que quelques rythmes latins tels que le vers à treize syllabes : *Ave sancti spiritus fecundata rore*, ou *Mihi est propositum in taberna mori* (ce rythme est celui de la poésie satirique des clercs), ont pu dériver directement des anciens rythmes populaires, ou être uniquement fabriqués d'après le système rythmique, sans avoir en latin aucun type métrique. Ces exceptions n'infirment pas la règle. = *e*. La seule modification importante qu'ait subie au moyen âge cette nouvelle versification rythmique, c'est l'introduction de la rime double, atteignant les deux dernières syllabes, laquelle, depuis le dernier quart du XIᵉ siècle, remplaça, à la fin des nouveaux vers, l'assonance qui était la simple homophonie de la dernière voyelle. = *f*. Une fois admis le principe de la nouvelle versification rythmique, on en développa tous les principes. Entre tous les vers de l'antiquité qui ont influé sur la formation de la poésie nouvelle, il en est un qui a eu plus d'influence que tous les autres ensemble : c'est le « trochaïque tétramètre catalectique » ou « septenarius trochaïque ». On peut dire, sans exagération que la poésie rythmique latine en est presque toute sortie, et cela est surtout vrai des rythmes liturgiques. = *g*. A côté du septenarius trochaïque, tous les vers métriques de l'antiquité qui avaient été admis à la popularité de la poésie liturgique subissaient le même travail.

= *h.* En résumé, chacun des vers de la versification latine rythmique a été fait sur un vers savant ou métrique qui en est le type ou l'étalon. Mais, à peine les proportions syllabiques des nouveaux vers eurent-elles été déterminées par certaines nécessités musicales, que l'influence de la poésie populaire et, en particulier, de l'accent tonique se fit sentir ; que les syllabes accentuées furent considérées comme des longues ; que les pauses intérieures et surtout les finales commencèrent à recevoir des assonances, etc. Le rythme, chez les Romains, avait précédé le mètre ; mais, depuis le IVe siècle de notre ère, le mètre corrompu est redevenu le rythme.

21. DE LA VERSIFICATION FRANÇAISE, ET SPÉCIALEMENT DE CELLE DE LA CHANSON DE ROLAND. *a.* A la veille du jour où parurent les premiers vers en langue romane, le peuple chantait encore des pièces populaires uniquement rythmées et fondées sur l'accent, le syllabisme et l'assonance. D'une autre part, on chantait alors dans les églises certains cantiques latins sous le nom d'hymnes. Ces hymnes ne furent pas admises sans quelque difficulté, ni sans quelque retard dans le corps de la liturgie officielle ; mais elles étaient connues et aimées des fidèles. De là deux espèces de chants : les chants populaires et les chants liturgiques, qui eurent tous deux une certaine influence sur la formation de la versification française. = *b.* Les chants liturgiques furent les types des vers français ; en d'autres termes, ils déterminèrent le nombre des syllabes que ceux-ci devaient avoir. Les chants populaires communiquèrent aux nouveaux poètes les principes du syllabisme et de l'accent qui avaient déjà trouvé leur application dans les hymnes, et qui reçurent une application nouvelle dans les rythmes romans. = *c.* Le vers décasyllabique de la *Chanson de Roland* dérive populairement du « dactylique trimètre hypercatalectique » : *Quam cuperem tamen ante necem, — Si potis est, revocare tuam*, qui a été, en effet, employé par nos poètes liturgiques, et qui, se déformant de plus en plus, a produit un vers latin rythmé de dix syllabes : *Flete, viri, lugete, proceres ; — Resolutus est rex in cineres*, etc.

22. CONCLUSIONS GÉNÉRALES. Les éléments de la versification rythmique sont l'accent, le syllabisme et l'assonance. = La versification rythmique latine, au moyen âge, ne dérive pas directement de la versification rythmique ou populaire des Romains, mais de leur versification métrique, qui s'est peu à peu modifiée et transformée sous l'influence du syllabisme et de l'accent. = La versification française ne dérive pas directement de la versification rythmique ou populaire des Romains, mais de certains mètres liturgiques qui étaient eux-mêmes devenus très populaires et s'étaient peu à peu modifiés et transformés sous l'influence de la poésie populaire. = C'est en ce sens, et dans ce sens seulement, que l'on peut dire des deux vers de notre épopée française : « Le décasyllabe se rapporte au dactylique trimètre, et l'alexandrin à l'asclépiade. » = Dans nos *Épopées françaises* (2e éd., I, pp. 281 et ss.), nous avons longuement développé chacune des propositions ci-dessus énoncées. Nous renvoyons nos lecteurs à ce travail.

GLOSSAIRE

ABRÉVIATIONS

EMPLOYÉES DANS LE GLOSSAIRE

OBSERVATION GÉNÉRALE. — Toutes les formes citées dans ce GLOSSAIRE sont celles du manuscrit d'Oxford lui-même, et non pas de notre Texte critique. DE CE VOCABULAIRE NOUS AVONS VOULU ÉCARTER TOUT ÉLÉMENT HYPOTHÉTIQUE. V. nos *Notes pour l'établissement du texte.*

Act.	Actif.
Adj.	Adjectif.
Adv.	Adverbe.
Art.	Article.
Cond.	Conditionnel.
Conj.	Conjonction.
F.	Féminin.
Fut.	Futur.
Germ.	Germanique.
Imparf.	Imparfait.
Impér.	Impératif.
Ind.	Indicatif.
Inf.	Infinitif.
Lat.	Latin.
Loc.	Locution.
M.	Masculin.
N.	Neutre.
P. (après 1ro, 2o, 3o).	Personne.
P.	Pluriel.
Parf. simple.	Parfait simple.
Parf. comp.	Parfait composé.
Part. pr., et prés.	Participe présent.
Part. pass.	Participe passé.
Prép.	Préposition.
Pr. ou prés.	Présent.
Pron.	Pronom.
R.	Régime.
R. s.	Régime singulier.
R. p.	Régime pluriel.
Réfl.	Réfléchi.
S. (employé seul).	Singulier.
S. s.	Sujet singulier.
S. p.	Sujet pluriel.
Subj.	Subjonctif.
Subst.	Substantif.
Voc.	Vocatif.
V. ou Voy.	Voyez.

* Quand la partie du discours n'est pas spécifiée, il s'agit d'un substantif.

(?) Étymologie incertaine ou inconnue.

GLOSSAIRE

A

A. Préposition. (Vient du latin *ad*, et, en quelques cas, d'*a*, *ab*. Il est clair, comme l'observe Littré, que les deux étymologies se sont mêlées et confondues.) — A offre les sens suivants : 1º Il a tout d'abord le sens étymologique et primordial de *vers*, *dans la direction de*. En d'autres termes, il exprime « l'idée de tendance » : *Angles de l' ciel i descendent* A *lui*, 2374. *Mist la main* A *l'espée*, 443. = 2º A indique, non seulement une direction prise, mais un but atteint : *Par mun saveir vinc-jo* A *guarisun*, 3774. *Cunduit* A *mendisted*, 527. = Il s'emploie, dans un sens plus spécial, avec le verbe *juger* (le latin disait également *condemnare ad*) : *Si me jugat* A *mort e* A *dulur*, 3772. = 3º A signifie *dans* : A *Ais*, 1556, etc. = 4º *Pendant* : *Metez le siège* A *tute vostre vie* 212. *A mun vivant*, 791 = 5º *Par* : *A mil Franceis funt ben cercer la vile*, 3661. = 6º *D'après*, *à cause de* : *Le recunut...* A *l' flor visage e* A *l' reguart*, 1596-1598. = 7º *Selon*, *suivant* : *Sire*, A *vostre comant*, 946. = 8º *Comme*, *en qualité de* : *E cil de France le cleiment* A *guarant*, 1161. = 9º A *l'avantage de* : *A l' Jhesu e* A *l' mien*, 339. = 10º A indique le moment, et équivaut à *lors de* : *Vos le sivrez* A *la feste saint Michel*, 37. *A icest mot*, 1481. *A icest colp, cil de France s'escrient*, 3365. D'où le sens de *durant* : *Ne l'amerai* A *trestut mun vivant*, 284. = 11º Un des sens les plus fréquents est celui de *avec* : *A l'une main si ad sun pis batud*, 2358. *L'olifant sunet* A *dulor e* A *peine*, 1786. De ce sens en dérive peut-être un autre : *Espées* A *or*, 1798. = 12º Locutions diverses. *A ben petit que il ne pert le sens*, 305, etc. etc. = A s'emploie avec les verbes comme avec les substantifs : *Cumencet* A *penser*, 138. *Mur ne citet n'i est remés* A *fraindre*, 5. = A devant une voyelle reprend, par euphonie, son *d* étymologique : AD *Ais*, 36, 52, etc. etc.

AATES. Adj. s. s. m. Propre à quelque chose, disposé, apte. (Suivant W. Fœrster, d'*adaptus*, qui a donné en provençal *azaut* = *adaut*.) *Li desirrers est* AATES, 1651. — S. p. m. AATES, 3876.

ABANDUNET. Verbe employé tantôt à l'actif, tantôt au réfléchi: 3º pers. s. de l'ind. prés. (Le mot *bandun: Si se met en* BANDUN, 1220, vient d'un vocable tel que *bandonem*, synonyme de *bannum*, dérive du germ. *bann*, *band*. *Aller à bandun*, *à sun bandun*, c'est « aller à sa volonté, à sa guise ». De là le verbe *abanduner* et *s'abanduner*, qui a encore dans la Chanson de Roland un sens très primitif.) = 1º Actif : ind. prés. 3º p. s. *Le frein li* ABANDUNET, 1493. — Part. prés. (avec le sens du part. passé) : *Seint Pareïs vos est* ABANDUNANT, 1479. = 2º Réfléchi : ind. prés. 3º p. s. *De mort* S'ABANDUNET, 390. 3º p. p. *A nus* S'ABANDUNENT, 928.

ABAT. Verbe act., 3º p. s. de l'ind. prés. (*Abattit*, de *abattere*, pour *abattuere*.) *Plus en* ABAT *que jo ne vos sai dire*, 2339. — Parf. simpl., 3e p. s. : ABATIET, 1317, et ABATIED, 98. — Parf. comp, 3e p. s. avec un r. s. m. : *Si l'ad mort* ABATUT, 1957. Cf. 3929. Avec. un r. s. f. : AD *la porte* ABATUE, 3650.

ABEZ. R. p. m. (*Abbates.*), 2955.

ABISME. S. s. m. (*Abyssimus.*) Nom d'un Sarrasin, 1631. — R. s. m. : ABISME, 1659.

ACELIN. S. s. m. (*Acelinus* est comme *Adso* une forme familière d'*Adalbero*, qui lui-même est un diminutif d'*Adalbertus.*) Nom d'un comte français, 2882. — R. s. m. : ACELIN, 172.

ACERS. S. s. m. (*Aciarius*), 1362, 2302, 2313, et ACER, 1507, 1953. — Au cas régime du s., ACER, 997, etc. Ce mot ne se trouve, comme assonance, que dans les couplets en *ier*. C'est donc *aciers, acier*, qu'il faut partout restituer.

ACHEVÉE (ESTRE). Verbe passif, infinit. prés. « Comme le prouve le provençal *acabar, achevée* vient d'*ad* + *cap* + *ata*. *Cap* est un dérivé de *caput* qui a donné une forme *capum*, laquelle se trouve dans toutes les langues romanes : ital : *capo* ; esp. ptg. *cabo* ; prov. *cap* ; valaque *cap.* » (W. Fœrster.) *Ceste bataille... ne poet estre* ACHEVEE, 3577, 3578.

ACHIMINEZ (SUNT). Verbe pass. 3e p. p. de l'ind. prés. avec un sujet p. m. (« Chemin » venant de *caminus*, « acheminer » vient de *ad-caminare*.) *Vers dulce France tuit* SUNT ACHIMINEZ, 702. — Réfléchi, 3e p. du parf. comp., avec un s. s. m. : S'EST ACHIMINEZ, 365.

ACOEILLENT. Verbe actif. 3e p. p. de l'indic. présent (*Accolligunt*) : *Quatre serjanz les* ACOEILLENT *devant*, 3967. Le sens est ici celui de *saisissent*. — Parfait simpl., 3e p. s. : AQUILLIT : *Si's* AQUILLIT *e tempeste e oret*, 689.

ACORDE. R. s. f. (Il n'est pas besoin, pour ce substantif verbal d'*acorder*, de supposer le latin *accordia*. Les substantifs verbaux sont d'origine romane. Observation une fois faite.) *Se ceste* ACORDE *ne vulez otrier*, 433.

ACORDER. Verbe actif. ; inf. prés. Réconcilier (*Accordare*) : *Guenelun fai* ACORDER *à l' rei*, 3895. Cf. 74. On dit aussi : S'*acorder à* quelqu'un : *A Charlemagne* SE *vuldrat* ACORDER, 2621.

ACRAVENTET. Verbe act., 3e p. s. de l'ind, prés. Renverser, détruire (*Accrapentat*, fréquentatif de *accrepat*, formé sur le part. r. s. *accrapantem*) : *E flurs e (perres) en* ACRAVENTET *jus*, 1955.

ACUMINIEZ (SUNT). Verbe passif, 3e p. p. de l'ind. prés. « Ont reçu la communion » (*Accommunicati sunt*) : *Oent lur messes e* SUNT ACUMINIEZ, 3860.

ACUNTER. Verbe actif, inf. prés. Ce mot a deux sens : 1º Compter, supputer et 2º Raconter (*Accomputare*) : *Sul les escheles ne poet il* ACUNTER, 1034. Cf. 534.— Parf. comp. 3e p. s. : AD ACUNTET : *Vint as Franceis, tut lur* AD ACUNTET, 1038.

ACURT. Verbe neutre, 3e p. s. de l'ind. prés. (*Accurrit*.) 2563.

AD. Prép. Voy. *à*.

AD. Verbe actif, 3e p. s. de l'ind. prés. (*Habet*) : *N'i* AD *paien ki un sul mot respundet*, 22. Cf. 283, 1785, 1957, 2297, etc. Voy. *Aveir*. Il convient seulement d'observer que dans la locution : *N'i* AD *paien*, le subst. est toujours au cas régime : *Cel n'en i* AD *ki de pitet ne pluret*, 822. = AD, pour plus de force, se combine dans ce sens avec *par* : *De cels d'Arabe si grant force i* PAR AD, 3331.

ADEISET. Verbe actif, réfl. et n., 3e p. s. de l'ind, prés. (*Adeser* signifie toucher et vient d'*addensare*, comme l'a montré G. Paris, dans la *Romania.*) *Pluie n' i chet, rusée n' i* ADEISET, 981. — Parf. simple, 3e p. p. s'ADESERENT, 3572.— Parf. comp., 3e p. s. AD ADESET, 1997. 3e p. p. : UNT ADESET, 2159. — Subj. prés., 3e p. s. : ADEIST, 2436, 2437, 2438.

ADEMPLIR. Verbe act., inf. prés. Remplir (*Adimplere* passé à la 4e conj.) : ADEMPLIR *voeill vostre comandement*, 330.

ADENZ. Locution adjective ou adverbiale. Étendu, couché sur le ventre (du côté du visage, *ad dentes*) : *L'un gist sur l'altre e envers e* ADENZ. 1624. Cf. 2025 et 2358.

ADESERENT (s'). V. *Adeiset*.

ADESET. V. *Adeiset*.

ADESTRANT. Part. prés., s. s. m. Se tenant à la droite de... (*Addextrantem*) : *Espaneliz fors le vait* ADESTRANT, 2648.

ADOBEZ (SUNT). V. *Aduber*.

ADORER. V. *Aürer*.

ADUB. S. p. m. Armures, équipage militaire. C'est le substantif verbal d'ADUBER : *Cuntre le soleil reluisent cil* ADUB, 1808.

ADUBER. Verb. act., inf. prés. Armer. (Anglo-saxon, *dubban*, nordique *dubba*, frapper, et non *adoptare*, comme l'a cru Ducange. On *adoubait,* on armait un chevalier *per alapam*, en le frappant sur le cou.) *Paien descendent pur lur cors* ADUBER, 3139. S'ADUBER, 993. — Ind. prés., 3ᵉ p. s. : S'ADUBET, 2987. 3ᵉ p. p. : ADUBENT, 1797. = Au réfl. : S'ADUBENT, 994. = Et au passif : SUNT ADOBEZ, 1143. — Impér., 2ᵉ p. p. : ADUBEZ *vos*, 1793 et 3134. — Part. pass. r. p. f. ADUBÉES, 713. Des lances « adubées » me semblent être des lances garnies de leurs gonfanons et toutes prêtes pour la bataille. V. le suivant.

ADUBET. Part. pass., employé substantivement, s. p. m. (On dit les *adoubés* pour les *chevaliers.*) LI ADUBET *en sunt li plus pesant*, 2470. = R. p. m. ADUBEZ. *De cels de France XX. milie* ADUBEZ, 2777.

ADURÉE. Adj. s. s. f. Terrible (*Addurata*) : *La bataille est* ADURÉE, 1396. — R. s. f. : ADURÉE, 1460.

AFAITAD, Verbe act. 3ᵉ p. s. du parf. simple. Saisit, mania (*Affactavit*, qui était de la langue populaire, et non *affectavit*, qui était de la langue savante) : *Si duist sa barbe*, AFAITAD *sun gernun*, 215.

AFERMET (EST). Verbe passif, 3ᵉ p. s. de l'ind. prés., avec un s. s. m. Il est attaché (*Affirmatus est*) : AFERMET EST *à ses estreus d'or fin*, 2033.

AFFLICTIUN. R. s. f. Esprit de pénitence, de componction (*Afflictionem*) : *Ki par noz Deus voelt aveir guarisun*, — *Si's prit e servet par grant* AFFLICTIUN, 3271, 3272.

AFFRICAN. Adj. employé substantivement, r. s. m. Africain (*Africanum*) : *D'Affrike i ad un* AFFRICAN *venut*, 1550. Cf. *Sulians* et *Juliane.*

AFFRIKE. R. s. f. Afrique (*Africam*), 1550.

AFIANCER. Verbe act., inf. prés. Avoir ou obtenir la confiance (*Affidantiare*, Cf. l'italien *fidanzare*), 41. Ce mot se trouve en assonance dans un couplet en *ier*. Il faut donc restituer *afiancier.*

AFICHÉE. Part. passé employé adjectivement, s. s. f. C'est, comme le dit W. Fœrster, le sens du latin *stabilita* (*Ad* et un composé de *figere*, tel, suivant Diez, que *figicare*; *affigicata*) : *La bataille est* AFICHÉE, 3393.

AFICHÉEMENT. Adv. Fermement (*Affigicata-menie*), 3117.

AFICHET (S'EST). Verbe réfl., 3ᵉ p. s, du parf., composé avec un s. s. m. S'est ehtêté, obstiné. (Voy. les précédents.) *Puisque il l'ad dit, mult s'en est* AFICHET, 2665. Il faut restituer *afichier*, ce mot se trouvant, comme assonance, dans une laisse en *ier.*

AFILET (s'). Verbe réfl., 3ᵉ p. de l'ind. prés. Se répand, coule (*Filum* signifie fil, filet; d'où : se *affilare*, couler comme un filet d'eau) : *Sur l'erbe verte li cler sancs* S'EN AFILET, 1614.

AFINET (ESTRE). Verbe pass., inf. prés. Être terminé (*Affinaré*, *affinatum*) : *Seinz hume mort ne poet* ESTRE AFINET, 3914. — Parf. comp., 1ʳᵉ p. p., avec un r, p. f.: *Tantes batailles en* AVUM AFINÉES, 1465.

AFUBLENT. Verbe act., 3ᵉ p. p. de l'ind. prés. Revêtent (*Affibulant*) : *Tert lui le vis od ses granz pels de martre.* — *Celes met jus, puis li* AFUBLENT *altres*, 3941. — Ind. prés. passif, 3ᵉ p. s., avec un s. s. m, : AFUBLEZ EST *d'un mantel sabelin*, 462.

AGIET (s'), 2545, pour *se giet*, 3ᵉ p. s. du subj. prés. de *geter.*

AGIEZ. R. p. m. Espèces de flèches, 2075. V. *Algier.*

AGREGET. Verbe neutre, 3ᵉ p. s. de l'ind. prés. Augmente (*Aggregat* avec le sens du passif) : *Idunc* AGREGET *le doel*, 2206. La vraie formé serait *agriéget.*

AGUT. Adj. r. s. m. Aigu, pointu (*Acutum*) : *Sur l'elme à or* AGUT, 1954. Cf. 2365. — R. p. m. AGUZ : 1530.

AHAN. R. s. m. Douleur. (Origine inconnue ; peut-être un mot d'harmonie imitative. Diez indique le kymr. *afan.* L'italien dit *affanno.*) *Mult ad apris ki bien conuist* AHAN, 2524. Cf. 2474 et 3963. — R. p. m. AHANS, 268.

AHI ! Interjection : AHI ! *culvert*, 763.

AI. Verbe act., 3ᵉ p. s. de l'ind. prés. (*Habio* = *habeō*), 18, etc. V. *Aveir.*

AIDER. Verbe act., inf. prés. (*Adjutare.* V. toute la conjugaison de *aidier* dans la *Romania*, VII, p. 420 et suiv.) *Prozdom i out pur sun seignur* AIDER, 26. — Fut. 2ᵉ p. s. AIDEREZ, 945, et, dans une laisse en *ei*, AIDEREIZ, 3557. — Impér., 2ᵉ p. s. AÏE *nos*, 1906 ; AÏUE, employé absolument, sans régime, 2303 ; 2ᵒ p. p. AIDEZ, employé absolument, sans régime : *E Franceis crient : Carlemagne,* AIDEZ, 2546. AIDEZ *nos*, 630 ; et AIEZ *nos*, 3641. — Subj. prés., 3ᵉ p. s. : AÏT, 1865, et AÏUT, 781, 2ᵉ p. p. AIDEZ (?), 623. — Subj. imparf. 3ᵉ p. s. AIDAST, 3439. = Ce mot ne se trouvant, comme assonance, que dans les laisses en *ier*, c'est *aidier*, *aidiez*, qu'il faut lire partout

AIE. Verbe actif, 1re p. s. du subj. prés. d'*aveir* (*Habiam = habeam*), 2901.

AIE. R. s. f. Aide (*Adjudam*) : *Bosuign avum d'*AIE, 1619.

AIES. Verbe act., 2e p. s. du subj. prés. d'*aveir* (*Habias = habeas*), 1954.

AIEZ. Verbe act., 2e p. p. de l'impér. d'*aider*, 3641.

AIEZ. Verbe act., 2e p. p. du subj. prés. d'*aveir* (*Habiatis = habeatis*), 239.

AIM. Verbe act., 1re p. s. de l'ind. prés. d'*amer* (*Amo*), 327.

AIMET. Verbe act., 3e p. s. de l'ind. prés. d'*amer* (*Amat*), 1092.

AIMENT. Verbe act., 3e p. p. de l'ind. prés. d'*amer* (*Amant*), 286.

AINZ. AINZ QUE. Conj. Avant que (*Ante + s + quam*) : AINZ QUE *Rollanz se seit aperceüt*, 2035. Cf. *Einz*.

AIR. R. s. m. Colère (Substantif verbal d'*airer*, venant d'*adirare*), 722.

AIRE. R. s. m. Lignée, famille. (L'étymologie de ce mot a été l'objet de longues discussions. P. e. *arum*, employé pour *arvum*, dans le sens de pays, lieu d'origine??) *Malvais hom de put* AIRE, 763; *Chevaler de bon* AIRE, 2252.

AIS. R. s. Nom de ville (*Aquis*), 52, etc. V. *Eis*.

AIS. Prép. Voici, voilà (Étym. obscure. Ne peut venir régulièrement d'*ecce*) : AIS *li un angle ki od lui soelt parler*, 2452. Voy. *As*.

AIT. Ce mot, qui ne se rencontre que dans ces expressions : *Brocher ad* AIT, 1184, et *Puignent ad* AIT, 1844, appartient p. e. étymologiquement à la même famille qu'*aates*. On a proposé ? *ad actum* (*actus* signifie marche, mouvement plus ou moins précipité). Cf. EIT, 3350.

AIT. Verbe actif, 3e p. s. du subj. prés. d'*aveir* (*Habiat = habeat*), 82.

AÏT. Verbe actif, 3e p. s. du subj. prés. d'*aider*, 1865.

AÏTANT. Adv. Ici, ici même, et, par extension, aujourd'hui (Pour l'étymologie, voy. *Itant*) : *Pramis nus est : fin prendrum* AÏTANT, 1476.

AITRES. R. p. Aitres, parvis (*Atria*, ou plutôt, les neutres étant masculinisés dans la langue vulgaire *atrios*) : *En* AITRES *de musters*, 1750.

AIUDE. R. s. f. Aide (*Adjutam*, fait sur le supin *adjutum*, d'*adjuvare*), 1336.

AIUE. Subst. r. s. f., ou verbe act.,

Impér., 2e p. s. employé absolument, sans régime : *Seinte Marie*, AIUE, 2303.

AIUNS. Verbe act., 1re p. p. du subj. prés. d'*aveir* (*Habiamus = habeamus*), 60.

AIUT. Verbe act., 1re p. p. du subj. prés. d'*aider* (*Adjutet*), 781.

AJURNÉE. R. s. f. Le moment où se lève le jour (*Addiurnatam*) : *Entresqu'à l'*AJURNÉE, 3731.

AJURNEZ (EST), Verbe pass. 3e p. s. de l'ind. prés. Se dit du jour qui se lève (*Addiurnatus est*, par la consonnification de l'*i*) : *Cum pes(mes) jurz nus est hoi* AJURNEZ, 2147.

AJUSTÉE. R. s. f. (*Ad-juxtatam*) : *Unches mais hom tel ne vit* AJUSTEE, 1461, 2322. Cf. 3394. Ce mot est-il un substantif ou un participe se rapportant au mot *bataille* ? Il y a doute.

AJUSTET (s'). Verbe actif et réfl. 3e p. de l'ind. prés. Se place à côte (*Se ad-juxtat*) : *Devant Marsilie as altres si s'*AJUST(ET), 919. — Parf. simple, 3e p. p. : AJUSTERENT, 3562. — Part. prés. s. p. m. : AJUSTANT, 1169, 3024. — Part. passé, r. p. m. : AJUSTEZ : *Francs e paiens as les vus* AJUSTEZ 1487.

AL (A L'). Art. au dat. s. m. (*Ad illum*), 27, 253, 733, etc. etc. V. *a*.

ALAST. Verbe neutre; imparf. du subj. 3e p. s. d'*aler*. 2240.

ALAT. Verbe neutre, parf. simpl., 3e p. s. d'*aler*, 1407.

ALBE. S. s. f. L'aube, le point du jour (*Alba*) : *Tresvait la noit e apert la clere* ALBE, 737. — R. s. f. ALBE : *Par main en l'*ALBE, 668.

ALDE. S. et r. s. f. Nom de la fiancée de Roland (*Alda*), 1720, etc.

ALÉE (EST). Verbe neutre, 3e p. s. parf. comp. avec un s. s. f. : *Alde la be(le)* EST *à sa fin* ALÉE, 3723. V. *Aler*.

ALEIENT (s'), 990. V. *Alient*.

ALEINE. R. s. f. (D'un subst. verbal, roman, d'*anhelare*, par transposition de l'*n* et de l'*l*.) *Cel corn ad lunge* ALEINE, 1789.

ALEMAIGNE. R. s. f. (*Alemanniam*), 3038.

ALEMAN. S. p. m. (*Alemanni*; germ. *all-mann*), 3960; et ALEMANS, 3038. — R. p. m. : ALEMANS, 3701.

ALER. Verbe actif, inf. pr. (De toutes les étymologies proposées, *adnare*, *aditare*, *ambulare*, *addere*, aucune ne rend compte de toutes les formes de ce verbe dans les différentes langues romanes,) 254, 290, 353, etc.

— Ind. prés. 2e p. p. ALEZ, 1783. — Parf. simpl., 3e p. s. ALAT, 1407. — Parf. comp., 3e p. s., avec un s. s. m.: EST ALEZ, 11, 165; S'EN EST ALEZ, 501; EST ALET. 553. Avec un s. s. f.: EST ALÉE, 3723. 3e p. p., avec un s. p. m.: SUNT ALET, 3793; SUNT ALEZ, 3128. — Impér. 1re p. p. ALUM, 1868, et ALUNS, 1676; 2e p. p.: ALEZ, 251. —Subj. prés. 1re p. s.: ALGE: EN ALGE; M'EN ALGE, 1646, 288, 187. 2e p. s.: T'EN ALGES, 2978; 3e p. s. ALGE, 1657, et ALT, 2034, 2617, 3340. 2e p. p. ALGEZ, 2673. 3e p. p. S'EN ALGENT, 2061, 3476.— Imparf., 3e p. s. ALAST, 2230. Voy. *irai*, etc.

ALEXANDRIN. Adj. r. s. m. D'Alexandrie (*Alexandrinum*), 408, 462. Cette épithète s'applique, dans les deux cas, au mot *palie*: *Un palie* ALEXANDRIN.

ALGALIFES S. s. m. Calife. (D'origine arabe, *al*, le, et *khalifa*, successeur du Prophète.) 453. — R. s. m. ALGALIFE, 493, et ALGALIFES, 681.

ALGE. Verbe neutre. 1re et 3e p. s. du subj. prés. d'*aler*, 1646, 309, 147.

ALGEIR. R. s. m. Nom d'une sorte de javelot. (C'est? une mauvaise lecture et une mauvaise notation du scribe au lieu d'*atgier*, lequel vient de l'anglo-saxon *ategar*. Cf. le haut allem. *azgêr*, et le nordique *atgeirr*.) — Ce mot ne se trouve en français que dans notre poème, et le mot *ategar* ne se lit que dans des textes latins d'origine anglaise. V. Ducange, I, 461.) *De sun* ALGEIR *ad la hanste crollée*, 442. Cf. AGIEZ et ALGIER. V. la note du vers 439.

ALGENT. Verbe neutre, 3e p. p. du subj. prés. d'*aler*, 2061, 3476.

ALGES. Verbe neutre, 2e p. s. du subj. prés. d'*aler*, 3978.

ALGEZ. Verbe neutre. 2e p. p. du subj. prés. d'*aler*. 2673.

ALGIER. R. s. m.: *Un* ALGIER *tint*, 439. Le même qu'ALGEIR.

ALIENT (s'). Verbe réfléch., 3e p. p. de l'ind. prés. Se rallient (*Se alligant*): *Son dragun portet à qui sa gent* S'ALIENT, 1641. Cf. 990: *Li XII Per* S'ALEIENT. C'est le même mot, mais dans un couplet féminin en EI.

ALIXANDRE. Nom de ville. R. s. f. Alexandrie (*Alexandriam*), 2026.

ALMACE. Nom de l'épée de Turpin. (?) R. s. f., 2080.

ALMAÇUR. R. s. m., 1275. ALMAÇURS, 909. — R. p. m.: ALMAÇURS, 849. L'origine est évidemment arabe: *Almansour*, *al-mansor*, le Victorieux, le Protégé de Dieu.

ALMARIS. S. s. m. Nom d'un roi sarrasin (?), 812.

ALNE. R. s. f. Aune, mesure. (Bas lat. *alena*, du goth. *aleina*, signifiant l'avant-bras, V. Diez, au mot *alna*.) 2400.

ALOSEZ. S. s. m. Illustre. (Le pluriel latin *laudes*, sous l'influence de la liturgie, a été pris pour un singulier: *Ad laudes*, *Ad primam*, etc. C'est ainsi qu'il a donné *los*, sur lequel on a fait le verbe *aloser*.) 898.

ALPHAIEN. R. s. m. Nom d'un duc sarrasin (?), 1541.

ALQUANZ. S. p. m. Un certain nombre (*Aliquanti*), 983, 1328, 2471, etc.— R. p. m. ALQUANZ. 683 — R. p. f. ALQUANTES, 2611. On remarquera que, dans le texte d'Oxford, le s. p. m. est toujours ALQUANZ.

ALQUES. Ce mot, dans la *Chanson de Roland*, est toujours adverbe, signifie « un peu », et vient d'*aliquid*, qui avait ce même sens dans la meilleure latinité: *En cel tirer li Quens s'aperçut* ALQUES, 2283. *Se jo vif* ALQUES, 3459. *Neirs les chevels e* ALQUES *brun le vis*, 3821. *Dist Olivier: Rollanz, veez en* ALQUES; 2283. *Si 'n vois vedeir* ALQUES *de sun semblant*, 270. = Quant à l's final de ce mot, il n'est aucunement étymologique; mais un certain nombre d'adverbes ont pris cette finale (par analogie avec *primes*, *volentiers*, etc., qui viennent de *primas*, *voluntarios*, etc.). Tels sont *unkes*, 2639. 3531, etc., ou *unches*, 629, 1638, 1647; *sempres*, 3721, 3729, etc. etc.

ALT. Verbe neutre, 3e p. s. du subj. prés. d'*aler*, 2034.

ALTAIGNE. Adj. R. s. f. Haute (D'une forme telle que *altaniam* = *altaneam*), 3.

ALTER. R. s. Autel (*Altare*). 3732.

ALTISME. Adj. superlatif, r. s. Très haut (*Altissimum*), 3708.

ALTRE. Adj. s. s. m. Autre (*Alter*), 1383. (On ne trouve qu'une seule fois li ALTRES, 208.) — S. s. f.: ALTRE, 3240. — R. s. m.: ALTRE, 221. — R. s. f.: ALTRE, 916. — S. p. m. ALTRE, 1398. — R. p. m.: ALTRES, 108, etc.

ALTREMENT. Adv. Autrement (*Altera-mente*), 494.

ALTR'ER (L'). Loc. adv. L'autre jour. Littéralement: « L'autre hier » (*Altero-heri*). 3185. Il faut partout restituer *altr' ier*.

ALTRESI. Adv. Aussi (*Alterum-sic*). S'emploie tantôt absolument : *E Tervagan e Mahum* ALTRESI, 3491, et plus souvent avec *cum*, pour exprimer une comparaison : ALTRESI *blanches* CUME *neif sur gelée*, 3319 ; ALTRESI CUM *un urs*, 1827.

ALTRETANT. Adverbe. Autant (*Alterum-tantum*) : *Après icels en avrat* ALTRETANT, 3021. ALTRETANZ, *Après icels en i ad* ALTRETANZ, 3198. ALTRETANZ peut être ici plus rigoureusement considéré comme un adjectif.

ALTRETEL. Adj. R. s. neutre. La même chose (*Alterum-tale*) : *Pur sue amor* ALTRETEL *funt il altre*, 3123.

ALTROI. R. s. Autrui (*Alteri-huic*) : *Ki hume traïst, sei ocit e* ALTROI, 3959.

ALTRUI. Comme le précédent, mais plus conforme à la phonétique de notre texte : *Lui e* ALTRUI *travaillent e cunfundent*, 380.

ALUÉE (FUST). Verbe passif, 3° p. s. de l'imparf. du subj. prés. d'*aluer*. Fût placée (*Allocata fuisset*) : *L'anme del cors... entre les lur* (FUST) ALUÉE *e mise*, 2940, 2941.

ALUM. Verbe neutre, 1º p. p. de l'impér. d'*aler*, 1868.

ALUMER. Verbe act. inf. prés. (*Alluminare*) : *Mirre e timoine i firent* ALUMER, 2958.

ALUMS. Verbe neutre, 1º p. p. de l'impér. d'*aler*, 1676.

ALVERNE. R. s. f. Nom de pays ; Auvergne (*Alverniam*), 3962.

ALVES. S. p. f. Les auves, les côtés de la selle (*Alveas, alvas*), 3881. — R. p. f. : ALVES, 1605.

AMAI. Verbe actif, 1º p. s. du parf. simpl. d'*amer* (*Amavi*), 1647.

AMAT. Verbe actif, 3° p. s. du parf. simpl. d'*amer* (*Amavit*), 2134.

AMBDUI. Adj. s. p. m., souvent employé substantivement. Tous les deux (*Ambo-duo*). S. p. m. AMBEDUI, 1094 ; AMBDUI, 259 ; AMDUI, 1381 ; ANDUI, 3862. — R. p. m. ou f. AMBESDOUS, 2015 ; AMBSDOUS, 1711 ; AMSDOUS, 2290 ; AMDOUS, 2240 ; ANSDOUS, 2011 ; ANDOUS, 1355.

AMBEDUI. Adj. s. p. m., pouvant être employé substantivement : AMBEDUI *unt merveillus vasselage*, 1094.

AMBES. Adj. r. p. f. Toutes les deux (*Ambas*) : AMBES *ses mains en levat cuntremunt*, 419.

AMBESDOUS. Adj. r. p. m. Tous les deux (*Ambos-duos*), 255. — R. p. f. (*Ambas-duas*), 2015.

AMBORRES. S. s. m. Nom du païen qui porte l'étendard de Baligant (?), 3297.

AMBSDOUS. Adj. r. p. m. Tous les deux (*Ambos-duos*), 1711.

AMBURE. Tous les deux (Dérive sans doute, avec une addition de l'*e*, du gén. pl. *amborum* substantivisé, comme *francur, paienur*, etc.) : AMBURE *ocit, ki que l' blasme ne qui l' lot*, 1546. Cf. 1607, 3549. Dans la *Chronique des Ducs de Normandie*, nous avons de nombreux exemples d'*ambor, ambore, ambur*, avec le sens « d'ensemble ».

AMDOUS. Adj. r. p. f. Tous les deux, 2240.

AMDUI. Adj. s. p. m. Tous les deux, 1381.

AMENDISE. S. s. f. Réparation (Un dérivé d'*emenda*, *emenditia*. On trouve *amenda* et *amenditia*. Le changement de *a* et *e* atones est fréquent en bas latin), 518.

AMENER. Verbe act., inf. prés. (*Adminare*), 89, 3964. — Parf. comp., 3° p. s. : OUT AMENET (*les barons*), 2783. — Impér., 2° p. p. : AMENEIZ (Dans une laisse en EI), 508. — Subj. prés., 3° p. s. : AMEIN(ET), 2768. — Plus-que-parf. : OÜSSE AMENET, avec un r. s. m., 691. = Au passif, fut., 2° p. p. : SEREZ AMENET, 345 (avec un s. s. m.).

AMER. Verbe act. inf. prés. (*Amare*), 521, 1208, 1548, 2001. — Voici sa conjugaison : Ind. prés., 1º p. s. : AIM, 327, 635, 3406. 3° p. s. : AIMET, 1092, 1636 ou EIMET, 1377 ; 3° p. p. : AIMENT, 325 et AMENT, 397. — Parf. simpl. 1º p. s. : AMAI, 1647 ; 3° p. s. : AMAT, 2134. — Fut. 1º p. s. : AMERAI ; 284 et 3598 ; 3° p. s. : AMERAT, 494 et 1642. Partout où l'*a* du radical est tonique, nous avons *ai* ; partout ailleurs *a*. Cf. *clamer* et *cleimet*, etc.

AMETISTES. R. p. f. (*Amethystos*) : *Pierres i ad*, AMETISTES *e topazes*, 1661. Cf.? MATICES.

AMI. R. s. m. (*Amicum*), 363, 2904. — Voc. s. m. : AMIS, 1112, etc. — R. p. : AMIS, 2421, 2953.

AMIE. Voc. s. f. (*Amica*), 3713. — Au s. p. f. : AMIES : *Pur sa beltet dames li sunt* AMIES, 957.

AMIRACLE. R. s. m. : *Vait le ferir en l'escut* AMIRACLE, 1660. Quelques éditeurs ont fait de ce mot un dérivé d'*emir* (?). Nous l'avons entendu autrement. V. *Miracle*.

AMIRAFLES. R. p. m. (Dérivé d'*amir*) : *Marsilies mandet... les* AMIRAFLES *e les filz as cunturs*, 850.

AMIRAILL. V. *Amiralz*.
AMIRALS. V. *Amiralz*.
AMIRALT. V. le suivant.
AMIRALZ. S. s. m. Émir. Sur l'arabe *amir*, on a créé un type latin tel qu'*admiralius*. S. s. m. : AMIRALZ, 967, etc.; AMIRALS, 3172; AMIRAILL, 2605; AMIRALT, 1664. — Voc. s. m. : AMIRALZ, 2790. — Au r. s. m. : AMIRAILL, 2767, etc.

AMISTEZ. R. p. f. (*Amicitates*) : *Fedeilz servises e mult granz* AMISTEZ, 29.

AMISTIET. R. s. f. (*Amicitatem*), 1487. — On trouve par erreur au r. s. f. : *Par* AMISTIEZ, *bel sire, la vos duins*, 622. — R. p. f. AMISTEZ, 29. = Ce mot se trouvant en assonance dans une laisse en *ier*, la vraie forme est *amistiET*.

AMOR. R. s. f. (*Amorem*), 3596. V. *Amur* et *Amurs*.

AMSDOUS. Adj. r. p. m. Tous les deux, 2290. — R. p. f., 2906. V. *Ambesdous* et *Ansdous*.

AMUNT. Adv. En haut (*Ad montem*) : *Guardez* AMUNT *devers les porz d'Espaigne*, 1103. — AMUNT était opposé à AVAL (*Ad vallem*) : *Guardet* AVAL *e si guardet* AMUNT, 2235.

AMUR. R. s. f. (*Amorem*), 86, 2009. Le cas sujet est *amurs*. V. ce mot, et AMOR.

AMURAFLES. C'est le même mot qu'AMIRAFLES. (V. plus haut.) — Au r. s. m., AMURAFLE, 1269, et, par erreur, AMURAFLES, 894.

AMURE. R. s. f. Pointe de fer de la lance ou de l'épée. (Etymologie inconnue.) *De l' brant d'acer l'* AMURE *li presentet*, 3918. = Jal (*Glossaire nautique*) rapproche ce vocable du mot *amure*, qui, dans la marine, signifie « le cordage de la pointe de la voile » (?).

AMURS. S. s. f. Amour (*Amor*) : *La tue* AMURS *me seit hoi en present*, 3107. — R. s. f. AMUR, 86, etc., et AMOR, 3596, etc.

AN. S. s. m. Année (*Annus*), 653. — R. p. m. : ANZ, 2, etc.

ANCEISURS. R. p. m. Ancêtres (*Ancessores*), 3177, 3826.

ANCIENE. R. s. f. (*Antignam*, adjectif fait sur *ante*? On a proposé, à tort *antiquanam*) : *Il est escrit en l'*ANCIENE *geste*, 3632.

ANDOUS. Adj. r. p. m. Tous les deux (*Ambos-duos*), 1355.

ANDUI. Adj. s. p. Tous les deux (*Ambo-duo*), 3862. V. *Ambedui*.

ANGELE. R. s. m. Ange (*Angelum*), 836. Le ms. porte *Angl'e*.

ANGEVIN. Adj. r. s. m. (*Andegavinum*), 3819.

ANGLES. S. s. m. Ange (*Angelus*), 2528. — R. s. m. : ANGLE, 2262, et ANGELE, 836. — S. p. m. : ANGLES, 2374. — R. p. m. : ANGLES, 1089.

ANGOISET. Verbe neutre, 3ᵉ p. p. de l'ind. prés. Être dans l'angoisse, agoniser (*Angustiat*) : *Se pasmet e* ANGOISET, 2575. V. le suivant.

ANGOISSET. Verbe actif, 3ᵉ p. s. de l'ind. prés. Tourmenter, mettre dans l'angoisse (*Angustiat*) : *Oliver sent que la mort mult l'*ANGOISSET, 2010. Et, au neutre, ANGOISET, 2575. — 3ᵉ p. p. : *Paien s'en fuient e 'Franceis les* ANGUISSENT, 3634. — Part. prés. s. s. f. ANGOISANT : *La sue mort li vait mult* ANGOISANT, 2232.

ANGUISABLES. Adj. r. s. m. Plein d'angoisses (*Augustiabilis*) : *Li quens Guenes en fut mult* ANGUISABLES, 301. On trouve aussi au s. s. m. : ANGUISSABLES, 3444. — R. p. m. : ANGUISSABLES, 3126.

ANGUISSENT. Verbe act., 3ᵉ p. p. de l'ind. prés. d'angoisser, 3634. V. *Angoisset*.

ANGUISSUS. Adj. s. s. m. Plein d'angoisses (*Angustiosus*) : *Sur tuz les altres est Carles* ANGUISSUS, 823. — R. s. m. : ANGUISSUS, 2198.

ANJOU. R. s. m. (*Andegavum*, par la vocalisation du *v*.), 106, etc.

ANME. S. s. f. Ame (*Anima*), 1843, 2940 (L'ANME *del cors*). — R. s. f. : ANME, 1202. — R. p. f. : ANMES, 1133.

ANOEL. Adj. r. s. f. Annuelle (*Annualem*) : *A Eis esteie à une feste* ANOEL, 2860. — W. Fœrster propose d'imprimer *anvel* pour *anuel*. Cf. *Januarius=janvier*, etc.

ANPRÉS. Prép. : ANPRÉS *ico*, 774. V. *Après*.

ANSDOUS. Adj. s. p. m. (par erreur), 2014, et r. p f., 2879. Tous les deux. V. *Ambesdous*.

ANSEÏS. S. s. m. Nom d'un baron français, que l'on appelle « ANSEÏS *li veillz*, au v. 796. Cf. les v. 105, 1281, 2408. — R. s. m. 1556, 2188.

ANS-GUARDE. R. s. f. Avant-garde (*Ante-wardiam*) : *E ki serat devant mei en l'*ANS-GUARDE, 748. V. *Einz*.

ANTELME. R. s. m. Nom d'un baron français (*Anthelmum*; mais l'origine est germ. V. Pott, 238), 3008.

ANTIQUITET. R. s. f. (*Antiquitatem*) : *Ço est l'amiraill, le vieil d'*ANTIQUITET, 2615.

ANTONIE (SEINT). R. s. m. Nom de ville (*Sanctum-Antonium*) : *Guiun de* SEINT ANTONIE, 1581. On prononçait *Antonje* ou *Antoine*, comme le prouvent les assonances.

ANUMBRÉES (AD). Verbe act. parf. comp., 3ᵉ p. s. avec un r. p. f. A énumérées (*Annumeratas habet*), 1431.

ANUNCIET (AD). Verbe act. parf. simpl., 3ᵉ p. s. (*Annuntiatum habet*) : *Par avisiun li* AD ANUNTIET — *D'une bataille*, 2529, 2530.

ANZ. R. p. m. Années (*Annos*), 2, etc. V. AN.

AOI. Ces trois lettres se lisent à la fin de la plupart des laisses du *Roland*. Leur sens n'est pas encore déterminé. (V. notre *Commentaire*, au v. 9.)

AORT. Verbe actif, 3ᵉ p. s. du subj. prés. d'*aürer* (*Adoret*), 854.

APAREÜT (EST). Verbe neutre, parf. comp., 3ᵉ p. s. avec un s. s. m. ou n. Est apparu (D'un participe de 2ᵉ formation en *utus*, d'*apparere*) : *Mult grant damage li* EST APAREÜT, 2837.

APAREILLEZ (SUNT). Verbe passif, 3ᵉ p. p. de l'ind. prés., avec un s. p. m. Sont préparés, disposés (*Appariculati sunt*), 1144.

APAREILLIEZ (EST). Verbe passif, 3ᵉ p. s. de l'ind. prés., avec un s. s. m. ou n. Est préparé, disposé (*Appariculatus est*) : *L'*AVEIR *Carlun* EST *il* APAREILLIEZ, 643. Avec un s. s. m. : EST APAREILLEZ, 2535. 3ᵉ p. p., avec un s. p. m. : SUNT APAREILLEZ, 1344. = Ce mot se trouve comme assonance dans une laisse en *ier*. C'est donc la forme APAREILLIEZ qui est la plus correcte.

[APA]RISSANT. Part. prés. du v. n. *apareir*. Ce mot est incomplet dans le texte d'Oxford : *Pur cel le fist ne fust... irissant*, 1779.

APELET. Verbe actif. 3ᵉ p. s. de l'ind. prés. Appelle (*Appellat*), 14. — Parf. simple, 3ᵉ p. s. : APELAT, 63, et APELAD, 1237. — Parf. comp., 3ᵉ p. s. avec un r. p. m. : AD APELEZ, 69. — Impér., 2ᵉ p. p. : APELET, 506. — Subj. prés., 3ᵉ p. s. : APELET, 2261. = Passif, 3ᵉ p. s. de l'ind. prés., avec un s. s. m. : EST APELET, 3056.

APENT. — Verbe actif, 3ᵉ p. s. de l'ind. prés. Dépend (*Appendit*) : *Sarraguce e l' onur qu' i* APENT, 2833.

APERCEIT (s'). Verbe réfl., 3ᵉ p. s. de l'ind. prés. (*Se appercipit*) : *Li Amiralz alques* s'EN APERCEIT, 3553. — Parf. simpl., 3ᵉ p. s. s'APERÇUT, 2283. — Le sens primitif de ce mot est :

« Reprendre ses sens. » C'est celui que l'on trouve au vers 2283 et au parf. du subj., 3ᵉ p. s. : *Ainz que Rollanz* SE SEIT APERCEÜT, 2035.

APERT. Verbe neutre, 3ᵉ p. s. Apparaît (*Apparet*) : APERT *la clere albe*, 737.

APOLIN. R. s. m. (*Apollinem* dont l'*i* a été traité comme s'il était long), 2580. Cf. APOLLIN, 8.

APORT. Verbe actif, 1ʳᵉ pers. s. de l'ind. prés. (*Ap-porto*), 3ᵉ p. s., APORTET, 3496.

APOSTLE. R. s. m. (*Apostolum*) : *Recleimet Deu e l'*APOSTLE *de Rome*, 2998. — R.p. m., APOSTLES, 2255.

APPAREILLEZ (EST). Verbe passif, 3ᵉ p. s., avec un s. s. m. (*Appariculatus est*), 2.35. V. *Appareilliez*.

APRÈS. Ce mot (*ad* et *pressum*) est tantôt employé avec un régime, tantôt absolument. Dans le premier cas, il est préposition : APRÈS *Rollant que jo vive remaigne*, 3719. = Dans le second cas, il est adverbe : *Sun cumpaignun*, APRÈS *le vait sivant*, 1160.

APRESENTET, Verbe actif, 3ᵉ p. s. de l'ind. prés. (*Appræsentat*) : *Receif la lei que Deus nus* APRESENTET, 3597.

APRESTER. Verbe actif, inf. prés. (*Appræstare*) : *Tut sun navilie i ad fait* APRESTER, 2627. Cf. 2624.

APRIS (AD). Verbe actif, parf. comp., 3ᵉ p. s. (*Habet apprehensum*) : *Mult* AD APRIS *ki bien conuist ahan*, 2524.

APROECIEZ (SUNT) = APROCIEZ. Verbe au sens actif, 3ᵉ p. p. du parf. comp., avec un s. p. m. (*Appropiati sunt* par la consonnification du premier *i*) : *En cest païs nus* SUNT *tant* APROECIEZ, 2800.

APROF. Adverbe. Après. (*Ad-prope*), 1577. *Aprof* se trouve dans les lois de Guillaume le Conquérant, dans les Quatre livres des Rois, etc.)

APROISMET. Verbe act., 3ᵉ p. s. de l'ind. prés. (*Approximat*) *Li Empereres* APROISMET *sun repaire*, 661. = Verbe neutre, 3ᵉ p. p. de l'ind. prés. : *Cum il* APROISMENT *en la citet amunt*, 2691. = Verbe réfl., 3ᵉ p. du s. du parf. comp. : *Envers le Rei* S'EST *Guenes* APROISMET, 468. Ce mot ne se trouve comme assonance que dans les laisses en *ier*.

APUIER (s'). Verbe act., inf. prés. (*Appodiare*) : *Vait* s'APUIER *suz le pin*, 500.

AQUILIT. Verbe act., 3ᵉ p. s. du parf. simple (*Accolegit*): *Si's* AQUI-

AQUITER — ASEMBLET

LIT *e tempeste e ored*, 689. Cf. ACOEILLENT.

AQUITER. Verbe act., inf. prés. (*Ad* et *quitare.*) Il a le sens de « sauvegarder, délivrer » : *Se de mun cors voeill* AQUITER *la vie*, 492. — 1ʳᵉ p. s. du fut. AQUITERAI, 869.

AQUISEZ. Part. pass., r. p. m. (Sur *quietus* on a fait *queiz*, et sur *queiz* on a fait *aqueiser*) : *Franceis se teisent, as les vus* AQUISEZ, 263. Ce mot est dans une laisse en *ier* : donc, AQUISIEZ.

ARABE. R. s. f. Arabie (*Arabiam*), 185.

ARABIZ. R. p. m. (*Arabitios*), 3518. V. *Arrabit*.

ARAISUNET. Verbe act., 3ᵉ p. s. de l'ind. prés. Parle à... (*Ad* et *rationat*): *Mult fièrement Carle en* ARAISUNET, 3536.

ARBRE. R. s. m. (*Arborem*), 3953. — S. p. m., ARBRES, 2274. — R. p. m., ARBRES, 2267.

ARC. R. s. m. (*Arcum*), 767.

ARCBALESTE. R. s. (*Arc-ballistam*), 2265.

ARCEVESQUES. S. s. m. (*Archiepiscopus*), 1414. — Et, par erreur, au s. s. m. : ARCEVESQUE, 799, etc. — R. s. m. : ARCEVESQUE, 170, etc.

ARCUNS. R. p. m. (*Arciones*), 1229, 1534.

ARDANT. Adj. r. s. m. (*Ardentem* ramené à *ardantem*): *Les III enfanz tut en un fou* ARDANT, 3406. V. le suivant.

ARDEIR. Verbe act., inf. prés. (*Ardere.*) *Il le fait prendre o* ARDEIR, 3670. = Verbe neutre, 3ᵉ p. p. de l'ind. prés. : *Carbuncles ki* ARDENT, 1662.

ARDENE. R. s. f. (*Arduennam*), 728.

ARDIE. Adj. r. s. f. Courageuse (de l'ancien haut allemand *hartjan*); 1617. Cf. *hardiz* . *hardie*.

ARESTER. Verbe neutre, inf. prés. (*Arrestare*): *Que le soleil facet pur lui* ARESTER, 2449. — Part. prés. s. s. m. : *Pur qu'alez* ARESTANT, 1783.

ARESTEÜE. Part. passé, avec un s. s. f. : *El' cheval est l'espée* ARESTEÜE, 1332. Ce type ne peut se rapporter au verbe *arester*, qui est de la 1ʳᵉ conj.

ARGENT. R. s. m. (*Argentum*), 32.

ARGOILLES. R. = M. P. Raimond propose (??) de traduire *Argoilles* par « les *Arbailles* ». Les « Arbailles » sont une partie du pays de Soule qui borne à l'est le pays de Cize. Mais, indépendamment des raisons historiques, on ne peut admettre b = g. *L'oidme (eschele) est d'*ARGOILLES. 3259. V. le suivant.

ARGOILLIE. R., 3473.

ARGONE. R. s. f. (? *Arduennam*), 3083.

ARGUENT (s'). Verbe réfl., 3ᵉ p. p. de l'ind. prés. (*Se argutant*). Ce mot a déjà, dans les comiques latins, le sens de *sauter;* par extension, « se précipiter » : *De bataille s'*ARGUENT *e hasteient*, 992.

ARMES. R. p. f. (*Arma*. C'est un de ces neutres latins qu'on a assimilés à des féminins, comme *evangiles, essamples, chaussemente*), 897, etc. = Au v. 2985, on trouve le cri : *As* ARMES !

ARMEZ. Part. passé employé substantivement, r. p. m.: ·III· *c. milie* ARMEZ, 682.

ARPENT. R. s. (*Arpentum*, De *arepennis* qui a donné *arpent* sur lequel on a fait *arpentum*), 2230.

ARRABIT. S. p. m. (*Arabitii*), 3481. — R. p. m. : ARRABIZ, 1513; ARABIZ, 3518.

ARREMENT. S. s. Encre (*Atramentum*) : *Plus sunt neirs que nen est* ARREMENT, 1933.

ARTIMAL. R. s. (*Artimaire* ou *artumaire* viendrait de *arte magica*, et suivant G. Paris (*Romania*, VI, p. 132), de *arte mathematica*, tout comme *grammaire* de *grammatica*. = *Artimage*, représente d'une autre façon le suffixe *atica*. = Quant à *artimal*, il serait facile de le corriger en *artimalie* = ARTIMARIE = ARTIMAIRE. (Cf. p. 133.) *Par* ARTIMAL *l'i conduist Jupiter*, 1392.

ARUNDE. S. s. f. Hirondelle (*Hirundo*), 1492.

ARZ. R. p. f. (*Artes*) : *Barbarins est e mult de males* ARZ, 886. *Malæ artes*, dans la meilleure latinité, signifie « les vices ». (V. Salluste et Tacite.)

AS. R. p. m. (*Ad illos*), 112, 229.= R. p. f. (*Ad illas*), 111, 143, etc. etc. Voyez *à*.

AS. Voici, voilà. (V. *Ais*.) Gouverne tantôt le cas sujet, tantôt le cas régime. *Par tel amur* AS *les vus desevred*, 2009. Ou : *As les vus aquisez*, 263.

ASAILLIT. Verbe actif, 3ᵉ p. s. du parf. si·npl. (*Assaliit*), 2564.— Subj. prés., 3ᵉ p. s. AS·AILLET, 1659.

ASEMBLET. Verbe art., 3ᵉ p. s. de l'ind. prés. (*Assimulat*), 3790. (Le texte d'Oxford porte à tort *asemblent*.) — Parf. comp., 3ᵉ p. s., avec un r. s. f. OUT ASEMBLÉE, 1450. —

Condit. 3° p. s. : ASEMBLEREIT, 599.
= Passif, 3° p. p. avec un s. p. m.,
SUNT ASEMBLEZ, 1030. = Réfléchi,
3° p. p. de l'ind. prés. : S'ASEMBLENT,
2120. — Parf. comp., 3° p. s. : ASEMBLET S'EST, 367.

ASERIE. Part. passé employé adjectivement, s. s. f. (D'un verbe formé sur *serum*, *asserire*, *asserita*.) *La noit est* ASERIE, 717.

ASEZ. Ad. (*Ad-satis*, *assatis*.) Il est employé dans le sens de *multum*, « beaucoup » : *De vasselage fut* ASEZ *chevaler*, 25, 75, 644, etc. = ASEZ QUE : *Or ad li Quens* ASEZ QUE *faire*, 2123.

ASIET (s'). Verbe réfl., 3° p. s. de l'ind. prés. (*Se assedet*), 2654. — Parf. comp., 3° p. s. : S'EST ASIS, 452. = Verbe act. Assiéger. Parf. comp. 3° p. p., avec un r. s. f. : *A la citet que païen* UNT ASISE, 3997.

ASMASTES. Verbe act., 2° p. du parf. simple. (« Ne vient pas d'*ad-œstimastis aesmastes* = *asmastes*, ce qui serait contraire à l'époque ancienne du *Roland*; mais du simple *œstimastis* = *esmastes* = *asmastes*. Nous devons cette rectification à W. Fœrster.) *Que li Franceis* ASMASTES *à ferir*, 454.

ASOLDRAI. Verbe act., 1re p. s. du futur (*Assolvere-habeo*), dans le sens de « donner l'absolution » : ASOLDRAI *vos pur voz anmes guarir*. 1133. = 3° p. s. du parf. comp., avec un r. p. m. : AD ASOLS, 340, 2205. 3° p. p., avec un r. p. m. : UNT ASOLS, 2957. — Part. pass., s. p. m. : ASOLT, 1140. 3859, etc.

ASOÜRET (s'). Verbe réfl., 3° p. s. de l'ind. prés. (*Se assecurat*. Un *o* a pris la place de l'*e* comme dans *boüz*, *conspüz*) : *Li quens Rollanz mie ne s'*ASOÜRET, 1321.

ASTENIR (s'). Verbe neut., inf. prés. (*Abstinere* ramené à la quatrième conjugaison latine) : *Carles se pasmet*, *ne s'en pout* ASTENIR, 2891.

ASTET (s'). Verbe réfl., 3° p. s. de l'ind. prés. (D'un verbe formé sur le mot germ. *hast*.) Cette forme irrégulière se trouve une fois dans le ms. d'Oxford, au v. 2277. Comme l'observe W. Fœrster, l'*h* ici est toujours aspirée. V. *Hastet*.

ASTRAMARIZ. Nom de païen, r. s. m. (?), 1304. Voy. *Estramariz*.

ASTRIMONIES. R. p. m. Nom de peuple païen (? Strimon, Strimonia, Strimonii), 3258.

AT. Verbe act., 3° p. de l'ind. prés. (*Habet*), 545, 1244, 3191, etc. La forme adoptée neuf fois sur dix est *ad*.

ATALENTE[N]T. Verbe neutre, 3° p. p. de l'ind. prés. (D'un type comme *attalentant*. V. Ducange, *Talentum*, 2.) Agréent : *Guarnemenz unt ki ben lor* ATALENTE[N]T, 3001.

ATANT. Adv. (*Ad* et *tantum*.) Alors, en ce moment : ATANT *as vos Guenes e Blanchandrins*, 413. Cf. AITANT.

ATENDENT, 715, 1403. V. le suivant.

ATEIGNET. Verbe act., 3° p. s. du subj. prés. Le sens est le même qu'aujourd'hui (*Attangat*) : *Ne s' poet guarder que mals ne li aleignet*, 9.

ATENT. Verbe act., 3° p. s. de l'ind. prés. (*Attendit*.) Il est partout employé dans le sens actuel, 665, etc. — 3° pers. pl. de l'ind. prés. : ATENDENT, 715, etc.

ATRAIRE. Verbe act., inf. prés. Attirer (*Attrahere*) : *Pur lei tenir e pur humes* ATRAIRE, 2256.

ATUIN. Nom propre d'homme (pour *Otun*), r. s. m., 2187. V. *Otes*.

ATUT. Prép. qui, étymologiquement, doit s'écrire A TUT (*Ad totum*). Ce mot, qui signifie *avec*, est devenu, aux siècles suivants, d'un usage universel : *Par uns e uns les ad pris le barun.* — *A l'arcevesqu-en est venuz* ATUT, 2191.

AÜNADE. Le texte d'Oxford porte au v. 2815 : *Jo te cumant de tutes mes oz l'*AÜNADE. Leçon détestable, ajoutée par une main plus récente au manuscrit de la Bodléienne et dont il convient de ne tenir aucun compte. Cf. cependant, dans la *Chronique des Ducs de Normandie*, les formes *aüner*, *aün*, qui viennent d'*adunare*, etc.

AÜRER. Verbe act., inf. prés. (*Adorare*), 430. Ici et ailleurs, quand la dentale a été conservée, nous avons affaire à une reproduction d'un manuscrit antérieur au nôtre. = Cf. ADORER, au v. 2619.

AUSTORIE. Nom propre d'homme, r. s. m. (?), 1582.

AVAL. Employé adverbialement, ce mot (*Ad vallem*), est opposé à *amunt* (*Ad montem*). *Guardet* AVAL *e si guardet amunt*, 2235.

AVALAT. Verbe neutre, 3° p. s. du parf. simple (*Ad et vallavit*). Le sens constant est « descendit » : *D'enz de (la) sale*, *uns veltres* AVALAT, 730. — 3° p. s. du parf. comp. : EST AVALET, 1037.

AVANT. Adv. Toujours employé absolument et sans régime. (*Ab ante*). *Guenes*, *venez* AVANT, 280 et 640,

860, 2231, 3964. = En avant, dans le sens de « désormais » : *Endormiz est, ne pout mais* en avant, 2520.

AVEIR. Verbe act., inf. prés. (*Habere*), 565, 753, etc. — Ind. prés., 1ʳᵉ p. s. : ai, 18, 521, etc.; ei, 2305. 3ᵉ p. s. : ad (c'est, à beaucoup près, la forme la plus employée), 22, 822, etc. at, 545, etc. 1ʳᵉ p. p. : avum, 77. 1087, etc.; avom, 3472; avons, 1923 ; 2ᵉ p. p. avez, 282, 299; 3ᵉ p. p. : unt, 99, 161, etc. — Imparf. 1ʳᵉ p. s. : aveie, 2406; 3ᵉ p. s. : aveit, 231; 1ʳᵉ p. p. : avium, 1504; 2ᵉ p. p. aviez, 2002. — Parf. simple, 1ʳᵉ p. s. : oi, 2046, 3ᵉ p. s. : out, 26, 62, 330, etc.; 1ʳᵉ p. p. : oümes, 2178; 3ᵉ p. p. : oürent, 1411. — Parf. comp. avec un r. p., 1ʳᵉ p. s. : ai oüt, 864; 3ᵉ p. s. : ad oüd, 845. 3ᵉ p. p. : unt oüd, 267. — Fut 1ʳᵉ p. s. : avrai, 290; averai, 2352; 3ᵉ p. s. : avrat, 924; averat, 87, 132, 929, etc.; 1ʳᵉ p. p. : avruns, 2140; averum, 972, 1167, 1460, etc.; 2ᵉ p. p. : avrez, 148; averez, 150, 872, 1130, etc., et, à la fin du vers, dans les couplets assonancés en *ei*, avreiz, 3459, et avereiz, 88, 568; 3ᵉ p. p. : avrunt, 948, 1076 et averunt, 1081. — Cond., 3ᵉ p. s. : avreit, 1742 et avereit, 2866; 1ʳᵉ p. p. : averiumes, 391. — Subj. prés., 1ʳᵉ p. s. : aie, 2ᵉ p. s. : aies, 1954; 3ᵉ p. s. : ait, 82, 1047; 1ʳᵉ p. p. : aiuns, 60; 2ᵉ p. p. : aiez, 239, 1045. — Imparf. du subj., 1ʳᵉ p. s. : oüsse, 691; 3ᵉ p. s. : oüst, 899; 1ʳᵉ p. p. : oüssum, 1102, et ousum, 1771; 3ᵉ p. p. : oüssent, 688. — Part. passé, r. n. : oüd, 267; oüt, 864. = Sur l'emploi de *par* avec *aveir*, voyez *par*, etc. = Notez les expressions suivantes, qui sont des fréquemment usitées : *Plus fel de lui n'*out *en sa cumpagnie*, 1632, et *A l' fier visage e à l' cors qu'il* out *gent*, 1597, etc.

AVEIR. Verbe act. inf. prés., employé substantivement, s. et r. m. s. (*Habere*.) L'aveir, c'est « l'argent » : S. s. : *Eles valent mielz que tut l'*aveir *de Rume*, 639. R. m. s. : *En or e en* aveir, 3758.

AVENANZ. Adj. s. p. f. (*Ad venientes* dont la terminaison a été ramenée à celle des participes présents de la 1ᵉ conjugaison latine.) *Portet ses armes, mult li sunt* avenanz, 1154. V. *Avint*.

AVENDRAT. Verbe neutre, futur, 3ᵉ p. s. (*Advenire habet*), 335. V. *Avint*.

AVENUT (est). Verbe neutre, parf. comp. 3ᵉ p. s. n. 1686. V. *Avint*.

AVERAI. Verbe act. fut. 1ʳᵉ p. s. (*Habere — habeo*.) 2352.

AVERAT. Verbe act. fut. 3ᵉ p. s. (*Habere — habet*.) 87, 132, 929, 2110, 3021.

AVEREIT. Verbe act. cond. 3ᵉ p. s. (*Habere—habebat*.) 2866.

AVEREIZ. Verbe act. fut. 2ᵉ p. p. Dans un couplet on *ei* (*Habere — habetis*.) 88, 568.

AVEREZ. Verbe act. fut. 2ᵉ p. p. (*Habere—habetis*.) 150, 872, 1130.

AVERS. Nom de peuple païen (*Avaros*), r. p. m., 3242.

AVERSE. Adj. s. s. f. (*Adversa*), 2922. — Voc. s. f. : averse, 3295. — R. s. f. : averse, 2630. Ce mot uni au mot *gent* (*la gent averse*), désigne toujours les Sarrasins.

AVERSER. S. p. m. (*Adversarii*), 2543, et par erreur, aversers, 1510. Ce mot a toujours le sens de « Diables ». La vraie forme serait *aversier*, et ce mot se trouve comme assonance dans un couplet en *ier*.

AVERUM. Verbe act. fut. 1ʳᵉ p. p. (*Habere — habemus*.) 972, 1167, 1460, 2114, 3304, 3512.

AVERUNT. Verbe act. fut. 3ᵉ p. p. (*Habere—habent*.) 1081.

AVINT. Verbe neutre, parf. simple, 3ᵉ p. s. (*Advenit*) : *A dous Franceis belement en* avint, 3500. Parf. comp. 3ᵉ p. s. n. est avenut : *As quatre (es)turs lor est avenut ben*, 1686. = Fut. 3ᵉ p. s. avendrat, 335.

AVISIUN. S. s. f. (*Advisionem*), 836. — R. s. f. : avisiun, 2529, et avisium, 725. Il n'est pas douteux qu'*avisiun* ne formait que trois syllabes. On lit dans *Gaydon*, au v. 329 : *Une avison li vint en son dormant*. Etc. etc.

AVOEC. Prép. Avec. (*Apud hoc = ab hoc*) : avoec *ico, plus de cinquante cares*, 186. Et absolument : *Encalcent Franc e l'Empereré* avoec, 3625.

AVOEZ. S. s. m. Avoué, défenseur, et, par extension, seigneur (*Advocatus*), 136.

AVRAI. Verbe act. fut. 1ʳᵉ p. s. (*Habere—habeo*.) 290.

AVRAT. Verbe act. fut. 3ᵉ p. s. (*Habere—habet*.) 924.

AVREIT. Verbe act. cond. 3ᵉ p. s. (*Habere—habebat*.) 1742.

AVREIZ. Verbe act. fut. 2ᵉ p. p. dans une laisse en *ei* (*Habere—habetis*.) 3459.

AVREZ. Verbe act. fut. 2º p. p. (*Habere—habetis.*) 148.
AVRILL. R. s. m. (*Aprilem*), 3503.
AVRUNS. Verbe act. fut. 1º p. p. (*Habere—habemus.*) 2140.

AVRUNT. Verbe act. fut. 3º p. p.: (*Habere—habent.*) 948, 1076.
AZUR. R. s. (*Lazurium*, du persan *lâjouwerd*) : *Tut li trenchat le vermeill e l'*AZUR, 1557.

B

BABILONIE. Nom de ville, r. s. f. (*Babyloniam*), 2614.
BACHELER. S. p. m. (*Baccalares*, à l'origine « ceux qui possédaient ou cultivaient les *baccalariæ* ». Le bachelier paraît être, dans notre *Roland*, celui qui n'a pas reçu encore l'ordre de la Chevalerie), 118. — R. p. m. BACHELERS, 3020. Ce mot n'est admis, comme assonance, que dans les laisses en *er*.
BAILLASTES. Verbe actif, parfait simple, 2º p. p. (*Bajulastis*) : *E li paiens de ferir mult le hastet* ; — *Carles li dist* : « *Culvert, mar le* BAILLASTES, 3445. 3446. Le sens est celui-ci : « Vous le frappâtes » ; ou : « Vous en fûtes le maître. »
BAILLIE. R. s. f. (*Bajuliam* dont l'*i* a été traité comme une longue): «Avoir en BAILLIE », c'est « avoir en sa possession ». *Cil Mahumet ki nus ad en* BAILLIE, 2712. Cf. 94, 408, 1917, 2599.
BAILLISENT. Verbe act., subj. prés., 3º p. p. (Dérivé d'un verbe tel que : *bajulire, ballire.*) *Baillir* signifie « avoir en sa baillie » : *Il nen est dreiz que païens te* BAILLISENT, 2349. Le sens s'est sensiblement étendu dans les vers suivants : *Dist l'Algalife : Mal nos* AVEZ BAILLIT, 453, *et Baliganz sire, mal* ESTES *or* BAILLIT, 3497. En ce cas, *baillir* a le sens de « traiter ». — Parf. comp., 2º p. p. avec un r. p. m. : AVEZ BAILLIT, 453. = Au passif, ind. prés. 2º p. p. avec un s. s. m. : ESTES BAILLIT, 3497.
BAINS. R. p. m. (*Balneos*. L'*l* a dû tomber dès la basse latinité : *Baneos = banios = bains*), 154. BAINZ. 3984.
BAISAT. Verbe actif, 3º p. s. du parf. simple (*Basiavit*), 1487. — Parf. comp. 3º p. s. avec un r. s. m. : AD BAISET, 601. = Au réfl. parf. simple, 3º p. p. : SE BAISERENT, 626.
BAISSET. Verbe act. 3º p. s. de l'ind. prés. (*Bassat*, de *bassus*) : BAISSET *sun chef, si cumencet à penser*, 138. — 3º p. p. : BASSENT, 3273.
BAIVER. S. p. m. Nom de peuple

(*Bajuvari*), 3960 (?) — Au r. p. m. BAIVERS, 3700. V. *Bavier.*
BAIVERE. Nom de pays. R. s. f. (*Bajuvariam*), 3028. Cf. BAIVER[E], 2327.
BALAGUET. R. s. Nom de ville (Type voisin de *Ballegarium*). 63. Cf. 894. BALAGUEZ et 200. BALASGUED.
BALBUIN. R. s., nom d'homme, mis par err. au lieu d'*Abirun* (?), 1215.
BALDEWIN. S. s. m. Nom d'homme (*Baldewinus*, orig. germ. *bald*, hardi, et *wini*, ami ?), 296.
BALDISE. R. s. f. (?) Nom de ville : *E la quarte est de* BALDISE *la lunge*, 3255.
BALDUR. S. s. f. Fierté, honneur (Haut. allem. *bald*, hardi), 2902. — R. s. f., 3682.
BALEINE. R. s. f. (*Balænam*) : *Ki guaresis Jonas… De la* BALEINE, 3101, 3102.
BALIDE. R. s. f. Nom de ville (?), 3230.
BALIENT. Verbe neutre (?), 3º p. p. de l'ind. prés. L'assonance exigerait *baleient* (Bas latin *ballicare* ? de *ballare*) : *Josqu'à la tere si chevel li* BALIENT, 976.
BALIGANT. S. s. m. Nom d'homme (? La Chronique de Turpin l'appelle *Beligandus*), 2614, etc. — Au voc. s. m. BALIGANT, 3513, 3497.
BALZ. Adj. r. s. m. (Haut. allem. *bald, balz*, hardi) : *Li Empereres se fait e* BALZ *e liez*, 96.
BANCS. R. p. m. (Haut allem. *banc*) : *Puis, fait porter. IIII.* BANCS *en la place*, 3853.
BANDUN. R. s. m. (V. l'étymologie au mot *abandunet*) : *Trestute Espaigne iert oi en lur* BANDUN, 2704. *Ist de la prese, si se met en* BANDUN, 1220.
BANIE. Part. passé, r. s. f. (Le *Bannum* est la proclamation, la convocation faite par le seigneur. Une *ost* BANIE, c'est l'armée à laquelle le seigneur a droit, et qu'il rassemble par son *ban: bannitam*): *Od sa grant ost* BANIE, 1630. Cf. 244.
BAPTISEZ. Verbe actif, impér., 2º p.

p. (*Baptizatis*) : BAPTISEZ-*la*, 3981. V. BAPTIZENT.
BAPTISTERIE. R. s. (*Baptisterium*. D'après la laisse où ce mot se trouve, on doit prononcer *batistire*. On trouve *baptistire* dans la *Chronique des ducs de Normandie*) : *Meinent paien ent(r)esqu'à l'* BAPTISTERIE, 3668.
BAPTIZE[RE]NT. Verbe act. 3° p. p. du parf. simple (*Baptizarunt*), 3985. Le ms. porte à tort *baptizent*. — Impér., 2° p. p. : BAPTISEZ, 381. = Verbe passif, 3° p. p. de l'ind. prés., avec un s. p. m. : BAPTIZET SUNT, 3671.
BARANT. Erreur, pour *brant*, 3691.
BARBAMUSCHE. R. s. m. (?) Nom de cheval, 1491.
BARBARINS. Adj. s. s m. (*Barbarinus*) : BARBARINS *est d'un estrange païs*, 1236. Cette appellation correspond sans doute aux « États barbaresques ».
BARBE. R. s. f. (*Barbam*), 48, etc.
BARBET. Adj. r. s. m. (*Barbatum*), 65. — R. s. f. : BARBÉE, 3317. — R. p. m. : BARBEZ, 3260.
BARGE. R. s. f. (*Barca, barga*. Hincmar, archevêque de Reims, ann. 876, dit : « Nortmanni, cum. C. navibus magnis quas *nostrates* BARGAS vocant. » Pertz, *Scriptores*, I, 501), 2467. = R. p. f. BARGES, 2625.
BARNAGE. S. s. (*Baronaticum*) : *Dist l'Arcevesque* : « *Ben ait nostre* BARNAGE, » 1349. Ce mot a, dans ce vers, le sens « de baronnage, assemblée des barons ». = BARNAGE signifie aussi « le courage, la fierté d'un baron » : *Repairet s'en à joie et à* BARNAGE, 3944 ; et : *De tel* BARNAGE *l'ad Deus enluminet*, 535. Ces derniers exemples nous offrent ce mot au cas régime.
BARNET. R. s. m. (*Baronatum, barnatum*) : *Meilz voelt murir que guerpir sun* BARNET, 536. Ce mot signifie non seulement « le groupe, l'ensemble des barons », 1061 ; mais aussi « les qualités, les vertus du baron » : *Fust chrestiens, asez oüst* BARNET, 899.
BARUN, BARON. S. s. m. C'est le cas régime de *ber, bers*. Voir ce mot.
BASAN. S. s. m. Nom propre d'homme (Dans la *Prise de Pampelune*, ce même personnage est appelé *Basin* ou *Baxin*), 208. = BASANT, 294.
BASBRUN. R. s. m. Nom propre d'homme. C'est le nom d'un « veier », d'un viguier du roi, 3952. Il est aisé de voir de quels éléments se compose ce sobriquet.

BASCLE. R. s. Nom de pays (?) : *Cels d'Occiant, e d'Argoillie, e de* BASCLE, 3474. « *Bascle* phonétiquement = *Baske* (Basque) comme *chaple* = *chape*, *naple* = *nape*, *gigle* = *gigue*, *jamble* = *jambe*, *langle* = *lange*, *triacle* = *teriake*, *desruble* = *desrube*, etc. Cette intercalation d'un *l* est un fait phonétique parfaitement établi. » Note de W. Fœrster.
BASILIES. S. s. m. Nom propre d'homme (*Basilius*), 291. — R. s. m. : BASILIE, 2346.
BASSENT. Verbe act., 3° p. p. de l'ind. prés. BASSENT *lur chefs*, 3273. V. *Baisset*.
BASTUNS. S. s. m. BASTUN, 320, 765. — R. s. m. *Bastonem*, de la racine *bast* = porter. Cf. le grec Βαστάζω. (Note de W. Fœrster.) — R. p. m. : BASTUNS, 1825.
BASTUNCEL. R. s. m., diminutif du précedent, 2860.
BATAILLE. S. s. f. (*Battualia*). A toujours, dans *Roland*, le sens actuel, 734. — R. s. f. : BATAILLE, 18. — R. p. f. : BATAILLES, 3336.
BATENT. Verbe actif, et quelquefois neutre, 3° p. p. de l'ind. prés. (*Battuunt*) : *Les renges (d'or) li* BATENT *josqu'as mains*, 1158. — *A granz bastuns le* BATENT *e defruisent*, 2588. — Parf. simple, 3° p. s. avec un r. s. : AD BATUT, 2368. — Part. passé, r. s. : BATUT, 2368, et BATUD, 1552, et r. s. f. : BATUE, 1331.
BAVIÈRE. R. s. f. (*Bajuvariam*), 3977. V. *Baivere*.
BAVIER. S. p. m. (*Bajuvari*), 3793. V. *Baiver*.
BEL, BELÉ. Voy. *Bels*.
BELEMENT. Adv. (*Bella-mente*), 862.
BELNE. R. s. f. Nom de ville. Beaune (*Belnam*), 1892.
BELFERNÉ. R. s. Nom de royaume païen (?), 812.
BELS. Adj. s. s. m. (*Bellus*), 157. — S. s. neutre ; BEL : *Pur ço que plus* BEL *bel seit*, 1004. — Voc. s. m. : BELS, 2207 et 2402 ; BEL, 622. — S. p. m. : BEL, 1395. — R. p. m. : BELS, 295, 2243. — S. s. f. BELE, 445. — Voc. s. f. : BELE, 2916. — R. s. f. : BELE, 59. — S. p. f. : BELES 2291. — R. p. f. : BELES, 2250.
BELTET. R. s. f. (*Bellitatem*), 357.
BEN. Adv. (*Bene*), 34, 36, 61, 143, 161, 298, 1177, 1478, 3475. etc. V. *Bien*.
BEN. Subs. r. s. *N'ad deservit que*

altre BEN *i ait*, 3740. V. *Bien*.= C'est cette dernière forme qui est correcte ; car ce mot, conformément aux lois de la phonétique, ne se trouve comme assonance que dans les couplets en *ier*.

BENEÏÇUN. R. s. f. (*Benedictionem*), 2194, 2245. On disait *faire sa beneïçun*, pour « donner sa bénédiction ».

BENEÏSSENT. Verbe actif, 3º p. p. de l'ind. prés. du verbe « beneïr » (*benedicere*), 3667. — 3º p. s. du parf. simple ; BENEÏST, 1137, 3066. — 3º p. s. du subj. pr. : BENEÏSSE, 1931. — Cf. BENEÏST, 2017 (?).

BER, BERS. S. s. m. (BERS se rapporte à *barus*, qui se trouve dans la Loi des Alamans comme synonyme d'*homo*, et BER peut-être à *baro*.) BER, 531, 648, etc. ; BERS, 125, 1155, etc., et BARUN, par erreur, 2190. — Voc. s. m. : BER, 350, et BERS, 3344. — R. s. m. : BARUN, 175, et BARON, 467. — S. p. m. : BARON, 2415. — Voc. p. m. : BARUNS, 70 ; BARONS, 1472, et BARON, 3366. — R. p. m. : BARUNS, 166, et BARONS, 1696.

BERENGERS. S. s. m. Nom de baron français (*Berengarius*, orig. germ. Pott le rapporte à *bar*, ours, et *ger*, lance), 795, et, par erreur, BERENGER, au vers 1304. — R. s. m. : BERENGER, 1581. Ce mot ne se trouve comme assonance que dans les laisses en *ier*.

BESANÇUN. R. s. (*Vesuntionem*), 1429.

BESANZ. R. p. m. Monnaie (*Bysanthios*), 132.

BESGUN. R. s. m. Nom pr. d'homme, le même que Begues au s. s., et *Begun* au r. s. (Nom d'origine germanique, forme familière de quelque autre nom), 1818.

BESTE. S. s. f. (*Bestia*), 1555 et 2436.

BEVON. R. s. m. Nom pr. d'homme. C'est le cas oblique de *Beuves* ou *Bueves* (Orig. germ. : voy. Pott, 82.), 1891.

BIEN. Adv. (*Bene*), 34, 108, etc.

BIEN. Substantif r. s.; *Si l' saluèrent par amur e par* BIEN, 121.= Ce mot n'étant employé comme assonance que dans les laisses en *ier*, c'est *bien* qui, conformément aux lois de la phonétique, est la forme correcte.

BIÈRES. R. p. f. Cercueils (Haut all. *bara*, anglo-saxon *bære*. Dans le Glossaire anglo-saxon-latin d'Elfric, *feretrum*, *bære*), 1748.

BIRE. R. s. f. Nom de terre (?) : *Par force iras en la terre de* BIRE, 3995.

BISE. Adj. r. s. f. Brune (?) : *Rollanz ferit en une perre* BISE, 2338. — S. p. f. : BISES, 815.

BITERNE. R. s. Nom de ville ou de pays, très probablement imaginaire : *Pent à sun col un escut de* BITERNE, 2991. L'assonance, d'ailleurs, n'est pas observée dans ce vers, qui appartient à un couplet féminin en *un*+*e*.

BLAIVE. R. s. f. Nom de ville en France. Blaye (*Blaviam*), 3689.

BLANC. V. *Blancs*.

BLANCANDRINS. S. s. m. Nom de Sarrasin (?), 24, etc., et BLANCHANDRINS, 413. — R. s. m. : BLANCANDRINS, par erreur, 68, et BLANCANDRIN, 23.

BLANCHEIER. V. *Blarcher*.

BLANCS. Adj. s. s. m. (De l'all. *blanch*), 551. — R. s. m. : BLANC, 272, etc. — R. s. n., BLANC : *Ne n'unt de* BLANC *ne mais que sul les denz*, 1934. — S. s. f. : BLANCHE, 1843. — R. s. f. : BLANCHE, 117. Une seule fois on trouve BLANCE, 3712. — R. p. m. : BLANCS, 110, etc. — R. p. f. : BLANCHES, 89, etc.

BLARCHER. Leçon détestable, pour BLANCHEIER. Verbe neutre, inf. prés. (Même étymologie que le précédent) : *Par ceste barbe que veez* BLANCHEIER, 261.

BLASME. R. s. m. Ce mot a partout le sens actuel. 1082, etc.

BLASMER. Verbe act., inf. prés. Sens actuel (*Blasphemare*), 681. — Subj. prés.; 3º p. s., BLASME (pour BLASMT) : *Ki que l'* BLASME *ne qui l' lot* (locution proverbiale), 1546. — Au passif. Subj. prés., 3º p. p., avec un s. p. m. : SEIENT BLASMET, 1063.

BLECET (EST). Verbe passif (?? Moy. allem. *bletzen*. — On a proposé *læsare*, avec un *b* renforçant. Cf. *bruur*), 3º p. s. de l'ind. prés., avec un s. s. m. : EST BLECET, 1848. — Fut., 3º p. s., avec un s. s. f., IERT BLECÉE : *La gent de France iert* BLECÉE, 590. Le sens est plus large qu'aujourd'hui.

BLESMIE (IERT). Verbe passif, fut., 3º p. s., avec un s. s. f., 590. (Étymologie scandinave, assez douteuse. *Blâmi*, bleu.)

BLET. S. s. (*Bladum*), 980.

BLIALT. R. s. m. (Le moyen haut allemand a *bliat*, *blialt*, brocart d'or et de soie ; Diez, I, 72.) Le BLIALT est, dans notre *Roland*, le vêtement qui se porte en guerre sous la tunique de mailles, et en paix sous le manteau de fourrures. En ce dernier cas, il est de soie : *E est remés en sun* BLIALT

BLOI — BRONIE 461

de palie, 303. = Pour le *blialt* de guerre, voy. le vers 2172.

BLOI. Adj., r. s. m. Le sens est discuté : j'ai traduit par « bleu ». (All. *blâo?*) D'autres rattachent *bloi* à blond. (L'origine serait le danois *blod* ou le nordique *blaud*.) *Sur un perrun de marbre* BLOI *se culchet*, 12. — R. s. f., BLOIE : *El' cors li met tute l'enseigne* BLOIE, 1578. — R. p. m. : BLOIS, 999.

BLOS. R. p. m. Nom de peuple barbare (?), 3224.

BLUND. Adj. r. s. m. (? V. *Bloi*), 1904, et BLUNT, 2702.

BOIS. R. s. m. (*Boscum*), 3293.

BOISSUN. R. s. m. (D'un diminutif de *boscus*, *boscionem*) : *Que mort l'abat sur un* BOISSUN *petit*, 3359.

BONS. Adj., s. s. m. (*Bonus*), 1262, et BON, par erreur, 2067. — S. s. f. : BONE, 925. — Voc. s. f. : BONE, 2304. — R. s. m. : BON, 1153. — R. s. f. ; BONE, 984. — S. p. m. : BON, 1080, et, par erreur : BONS, 3336. — S. p. f. : BONES, 949. — R. p. m. : BONS, 939. R. p. f. : BONES, 640.

BONTET. R. s. f. (*Bonitatem*), 533 et 2507.

BORGOIGNE. R. s. f. (*Burgundiam*), 3077.

BORGUIGNUNS. R. p. m. (*Burgundiones*), 3701.

BOSUIGN. R. s. (*Bis ??*, ou *bes ?* et bas lat. *sonium*, d'un radical germ., *syn* (nordiq.), *sunja* (gothiq.), qui a donné *soin*, *essoines*, etc.) *Kar de ferir oi jo si grant* BOSUIGN, 1306.

BOÜD (UNT). Verbe act., 3º p. p. du parf. comp. (D'un participe de *bibere*, 2º formation. Cf. *asoüret*, *consoüt*) : *Li miez guariz en unt* BOÜD *itant*, 2473.

BRACE. R. s. f. (Le pluriel neutre *brachia* a donné lieu à cette forme féminine du singulier. Cf. *essample*, *aumaille*, etc.) : *Sanglant en ad e l'osberc e la* BRACE, 1343.

BRAIRE. Verbe neutre, inf. prés. (Bas lat. *bragire*, ramené à la 3e conj. *bragere*), 3487. — Ind. prés., 3º p. p. : BRAIENT, 3526.

BRAMIDONIE. Nom de la femme de Marsile (?). S. s. f. 2822, 3636, 3680. — R. s. f., 3990.

BRAMIMUNDE. S. s. f. Nom qui, dans la première partie de notre poème, est donné au même personnage que le précédent, 634, 2576, 2714, 2743.

BRANCHES. R. p. f. (Bas lat. *brancas*, de l'anc. gaelique *brac ??*), 72 et 80.

BRANDIR. Verbe act., inf. prés. (V. *Brant*), 1203, 1249. — Ind. prés., 3º p. s., BRANDIT : BRANDIT *sun colp*, 3629. — Parf. simpl., 3º p. s. : BRANDIST, 1509. — Parf. comp., 3º p. s., avec un r. s. f. : AT BRANDIE, 722. Au v. 499. le ms. d'Oxford nous donne *branlie* : *Quant l'oït Guenes, l'espée en ad*. BRANLIE. Mais il faut sans doute lire *brandie*.

BRANLÉE (AD). Verbe act. 3º p. s. du parf. comp., avec un r. s. f. (Diez rattache *branler* à *brandir*) : *De sun espiet la hanste en* AD BRANLÉE, 3327.

BRANT. R. s. m. Épée (Anc. haut allem. : *brant*, tison), 1067.

BRAZ. R. s. (*Brachium*), 597. — R. p. : BRAZ, 1711.

BREF. R. s. m. (*Brevis* pour *breve*). Le sens est celui de « lettre » ou « charte », 341. 487. — R. p. m. : BREFS, 2613, 1684. Ce mot ne se trouve en assonance que dans les laisses en *-ier*. Donc, *brief*.

BRETAIGNE. R. s. f. (*Britanniam*), 2322. Il est ici question de la Petite-Bretagne.

BRETUN. S. p. m. (*Britanni*), 3961. — R. p. m. : BRETUNS, 3052, 3702. Même remarque que pour le mot précédent.

BRICUN. R. s. m. Misérable. (Haut allem. : *brecho ?* suivant Diez ou formé sur le bas latin : *briga*, d'après Ducange) : *Jà mar crerez* BRICUN, 220.

BRIGAL. Nom propre de ville ou de pays païen (?), 1261.

BRIGANT. Le même que le précédent, par erreur du scribe, 889.

BRISET. Verbe act., 3º p. s. de l'ind. prés. (D'après le haut allem. : *bristan*), 1200. BRISE, 2340. — Parf. comp., 3º p. s., avec un r. s. n. : AD BRISET, 1205. — Part. passé, s. p. f. : BRISÉES, 3386. Les assonances nous prouvent qu'il faut lire *brisiet*, *brisiées*.

BROCHET. Verbe act., 3º p. s. de l'ind. prés. (*Broccus*, suivant Diez ; mot auquel Plaute et Varron donnent le sens de « dent pointue » ; d'où *broccare*) : *Sun cheval* BROCHET, 1197 ; BROCHE, 1125. Et, au neutre : *Li arcevesque* BROCHET *par tant grant vasselage*, 1658. — 3º p. p. au neutre : BROCHENT *ad ait*, 1381.

BROHUN. R. s. m. (Ours ?) : *En dous chaeines si teneit un* BROHUN, 2557.

BRONIE. S. s. f. (*Brunia*, en basse latinité : du germ, *brunnja*, cuirasse), 1495. — R. s. f. : BRONIE, 1372, et BRUNIE, 384. — R. p. f. :

BRONIES, 1473. — R. p. f. BRONIES, 3079.

BRUILL. R. s. m. Petit bois (V. Diez, *Lex. étym.*, dern. édition, p. 88. « On croit le mot *brog* celtique. *Brog* avec le suffixe *il* a visiblement subi une formation allemande si la racine elle-même n'est pas allemande ; car le mot se trouve en des anciens noms locaux allemands »), 714.

BRUISE, R. s. f. La Prusse (*Borussiam*), 3245. L'auteur du *Ruolandes-Liet*, le curé Conrad, dit : *Die Prussen* (V. *Romania*, II, 332).

BRUNIE. R. s. f. (V. *Bronie*).

BRUNISANT. R. p. m. Par erreur, au lieu de *brunisanz*. Part. prés., de *brunir*, 1621. V. le suivant.

BRUNS. Adj., s. s. m. (Haut allem. *brun*), 1953. — R. s. m. : BRUN, 2089. — S. p. m. : BRUN, 1043.

BRUNS. R. p. m. Nom propre de peuple païen, 3225. V. ? le précédent.

BRUUR. R. s. f. Bruit (Même racine que *bruire*. Or, Littré et Diez tendent à admettre le latin *rugire*, « avec un *b* pour renforcer le mot. » Dans la Loi des Alamans on trouve *brugit* pour *rugit*), 1021.

BUC. R. s. m. (L'origine est germanique) : *Desur le* BUC *la teste perdre en deit*, 3289.

BUCHE. R. s. f. Bouche (*Buccam*) 1487. — R. p. f. : BUCHES, 633.

BUCLE. S. s. f. Boucle de l'écu (*Buccula*), 3150. — R. s. f. ; BUCLE, 1262. — R. p. f. : BUCLES, 2538.

BUELE. R. s. f. Les boyaux (*Botellam*), 2247.

BUCLER. Adj. r. s. m. (*Buccularem* et non *buccularium*) : *Tanz (colps) ad pris sur son escut* BUCLER, 526. — R p. m. : BUCLERS. *Cez escuz* BUCLERS, 1968. = Ce mot est correct sous cette forme, et ne se trouve, comme assonance, que dans les couplets en *er*.

BUGRE. S. p. m. (*Bulgari*) : *E Hungre e* BUGRE, 2922.

BUILLIT. Verbe neutr., 3º p. s. du parf. simple (*Bullivit*) : *Desuz le frunt li* BUILLIT *la cervele*, 2248.

BUISINE. R. s. f. Trompette (*Buccinam*), 3523. — R. p. f. : BUISINES, 1629.

BUNDIST. Verbe neutr., parf. simpl., 3º p. s. Retentit (?) Diez rattache à *bombitare* (?) ce verbe qui jusqu'au xvº siècle, a signifié « retentir » : *Sur tuz les altres* BUNDIST *li olifant*, 3119.

BURC. R. s. m. Ville (*Burg*, germ.) : *Gesir porrum el'*BURC *de Seint-Denise*, 973.

BURDÈLE. R. s. f. Nom de ville (*Burdigalam*), 1289. — Au v. 3534, BURDELES.

BURGEIS, S. p. m. Bourgeois (*Burgenses*), 2694.

BUTENTROT. R. s. Nom de pays. C'est très probablement le nom de cette vallée, située en Cappadoce, près du Taurus, à l'est d'Eregli, l'ancienne Héraclée, où se separèrent Tancrède et Baudouin après la bataille de Dorylée et dont parlent les *Gesta Francorum*, Raoul de Caen, Albert d'Aix, la *Chanson d'Antioche* et Guibert de Nogent sous les noms de *Botentroth*, *Butroti valles*, *valles Buotentrot*, *Botentrot* et *Botentroth*. (V. la note du vers 3220, où l'on a résumé un travail de Paul Meyer, publié dans la *Romania*, VII, p. 335.) 3220.

BUTET. Verbe act., 3º p. s. de l'ind. prés. Place, met, etc. (D'après le haut allem. *bozen*), 641. — 3º p. p. : BUTENT, 2590. — Parf. comp., 3º p. s. : AD BUTET, 2173.

C

ÇA. Adv. de lieu (*Ecce-hàc*). ÇA est toujours uni à un autre adverbe : ÇA DEVANT, 1784. ÇA JUS, 2296.

CAABLES. R. p. m. Machines de guerre, pierrières (De *catabula* = καταβολή. Un vieux traducteur de Guillaume de Tyr parle *d'une grande perière que l'on claime* CHAABLE (VI, 15) ; et Guillaume le Breton : *Magna petraria quæ* CHADABULA *vocabatur*. De gestis Philippi Augusti anno 1202. V. Ducange, au mot *Cabulus*), 237. Cf. le suivant.

CADABLES. R. p. m. (Le même que le précédent, avec la dentale conservée), 98.

CADEIR. Verbe neutre, inf. prés. (*Cadere*, le premier *e* long et par conséquent ramené à la 2º conjugaison latine.) Ce verbe est défectueux dans toutes les langues romanes. L'inf. prés. se rencontre, dans le

Roland, sous trois formes : 1º CA-DEIR, 478, 3554; 2º CAEIR, 3453, et 3º CHAÏR, 2034. Pour les deux premières, il faut supposer, comme nous venons de le dire, une formation analogique *cadĕre* au lieu de *cadĕre*, etc. : la première seule a conservé la dentale. Quant à *chaïr*, c'est de *cadire* qu'il le faut dériver, d'un type formé sur la 4e conjugaison. — Ind. prés., 3º p. s. : CHET, 981, etc.; CHIET, 1509, etc. Cette dernière forme est la bonne ; car ce mot ne se trouve en assonance que dans les couplets en *ier*. 3º p. p., CHÉENT, 1981, et CHIEDENT, 1426. — Parf. simpl, 3º p. s. : CAÏT (ne peut venir de *cecidit*, puisque le latin vulgaire n'admettait pas le redoublement ; mais d'une forme barbare telle que *cadivit*, parce que les romans rétablissaient ici la voyelle du radical), 333. — Parf. comp., 3º p. s., avec un s. s. m. : EST CAEIT, 2269 ; EST CAÜT, 3608, et EST CHAEIT, 2231. — Subj. prés. 3º p. s. (*cadat*) : CHEDED, 769, ou CHEET, 1064. — Imparf., 3º p. s. (du lat. vulg. *cadisset*), CAÏST, 764. — Part. passé, s. s. m. : CAEIT, 2269 ; CAÜT, 3608 ; CHAEIT, 2231. S. s. f. : CHAIETE, pour CHAEITE, 1986. De ces deux formes, l'une (*caüt*) vient de *cadutus*. « Quant à *chaeit*, il ne peut s'expliquer que par *cadectus*, forme analogique. Cf. *collectus = colleit ; benedictus = beneeit*, etc. Du reste, au vers 1986, il faut lire *desfaite* au lieu de *chaeite*, comme l'a fait Muller. » (Note de W. Fœrster.)

CADELET. Verbe act. 3º p. s. de l'ind. prés. Conduire (comme le provençal *capdellar*, d'un type tel que *capitellare*) : *Oliver ki les altres* CADELET, 936.

CAEIGNABLES. Adj. r. s. m. Enchaînés ou susceptibles de l'être (*Catenabiles*) : *Veltres* CAEIGNABLES, 183.

CAEIGNUN. R. s. m. Chaîne, carcan (*Catenionem*), 1826.

CAEINES. R. p. f. Chaînes (*Catenas*), 3735. V. *Chaeines*.

CAEIR. Verbe neutr., inf. prés. Tomber (*Cadĕre*), 3453. V. *Cadeir*.

CAEIT (EST). Verbe neut., 3º p. s. du parf. comp. de *cadeir*, 2269.

CAÏST. Verbe neutr., 3º p. s. de l'imparf. du subj. de *cadeir*, 764.

CAÏT. Verbe neutr., 3º p. s. du parf. simpl de *cadeir*, 333.

CAITIFS. S. s. m. (*Captivus*.) Ce mot a tantôt le sens actuel, tantôt et plus souvent le sens de l'italien *cattivo*, « misérable », 3817. — S. s. f.: CAITIVE, 3673 *. — R. s. f.: CAITIVE, 2596, 3978 *. — Exclamatif, s. f. : CAITIVE, 2722. — P. m.: CAITIFS, 2698. Nous avons marqué d'une * les deux cas où *caitive* a le sens actuel.

CALABRE. R. s. f. (*Calabriam*), 371.

CALAN. R. s. m. Navire (*Chelandium*), 2647. — R. s. m.: CALAND, 2467. — R. p. m.: CALANZ, 2728.

CALCEZ (UNT). Verbe actif, 3º p. p. du parf. comp. de *calcer* (*Calceare*), avec un r. p. m., 3863. V. *Chalcer*.

CALENGES. Verbe act. ind. prés. 2º p. s. de *calenger*. Réclamer comme son bien, attaquer, etc. (*Calumnias* avait donné *calonges*. Il y a eu confusion de son entre *en* et *on*) : *A mult grant tort mun païs me* CALENGES, 3592.— Imp. 2º p. p.: CALENGEZ : *Si* CALENGEZ *e voz morz e voz vies*, 1926. Ici, le sens est celui de « venger ». V. *Chalongement*.

CALIFERNE. R. s. Nom de pays païen (?), 2924.

CALT. Verbe unipersonnel. 3º p. s. de l'ind. prés. (*Calet*) : *De ço qui* CALT, 1405. Le sens est : « A qui est souci de cela ? » Cf. CHALT, 227, et CHELT, 2411.

CALUNJE. R. s. f. Injustice, tort (*Calumniam*), 3787. Comme le prouve l'assonance, il faut lire *calenge*.

CALUNJANT. Part. prés., s. s. m. Insultant, défiant (*Calumniantem*). Il s'agit, au v. 3396, de Malprime : *Ki vait... tanz barons* CALUNJANT.

CALZ. S. s. s. (*Calidus*) : *Granz est li* CALZ., 3633.

CAMBRE. R. s. f. (*Cameram*.) Le sens actuel (CAMBRE *voltice*) se trouve aux v. 2593, 2709 et 3992. Mais au v. 2332, ce même mot a le sens de « domaine particulier » : *E Engleterre que il teneit sa* CAMBRE. V. CHAMBRE, 2826, 2910.

CAMEILZ. S. p. m. Chameaux (*Cameli*. On a proposé *camelii*. Il faut toujours supposer que l'*e* a été considéré comme long), 645. — R. p. m.: CAMELZ, 129 et 847. Une seule fois CAMELZ, 31.

CAMP. R. s. m. (*Campum*.) Il signifie très souvent le champ de « bataille » : *L'onur de l'* CAMP *ert nostre*, 922. Cf. 1260, 1273, 1562, 1626. — Le même mot a un sens plus vaste aux vers 1838, 2230, 2439, 3968, ainsi qu'au s. p. m.: CAMP, 1468. V. CHAMP.

CAMPEL. R. s. f. (*Campalem*) : *Ço ert s'enseigne en bataille* CAMPEL, 3147.

CAMPIUNS. S. s. m. (*Campionem*, avec l'adjonction, qui commençait à devenir fréquente, de l's des nominatifs de la 2e déclinaison. On a aussi proposé la forme *campionus*, qui a pu exister dans le latin vulgaire), 1244.

CANABEUS. S. s. m. Nom de païen (?), 3499.

CANCELET. Verbe neutre, 3e p. s. de l'ind. prés. Chancelle (*Cancellat*), 3608. — Part. prés. s. s. m. : CANCELANT, 2227.

CANÇUN. S. s. f. (*Cantionem*) : Que malvaise cançun de nus chantet ne seit, 1014. Cf. CHANÇUN, s. s. f., 1466.

CANELIUS. S. p. m. (M. Paul Meyer, *Romania*, VII, p. 447, a prouvé jusqu'à l'évidence que ce mot vient de *Chananæos*. V. la note du v. 3238), 3269. — R. p. m. : CANELIUS, 3238.

CANONIE. S. p. m. Chanoines (*Canonici*), 3637. — R. p. m. : CANONIES, 2956.

CANTÉE (ESTRE). Verbe passif, inf. prés. (*Essere cantata*), 1466. Cf. CHANTAT, 1563, et CHANT, 1474.

CANUZ. Adj. s. s. m. Blanc (*Canutus*), 538. — R. s. m. : CANUT, 2048, et CANUD, 503. — R. s. f. : CANUE, 2307. — S. p. m. : CANUZ, 3954.

CAPADOCE. R. s. f. (*Cappadociam*), 1571.

CAPE. R. s. f. Manteau (*Cappam*) : N'at tel vassal suz la CAPE del ciel, 545.

CAPELE. R. s. f. (*Capellam*) : Ad Ais, à ma CAPELE, 52. Cf. CHAPELE, 2917.

CAPELERS. S. s. m. C'est une petite calotte de fer que l'on portait sous le heaume et sous le capuchon de mailles (*Capellarius*), 3435.

CAPLER. Verbe neutre, inf. prés. Frapper (*Capulare*. Le mot *chapler* est resté dans certains patois avec le sens spécial d'abattre des noix avec une gaule), 1681, 3910. — Ind. prés., 3e p. p. : CAPLENT, 1347, 3475. — Subj. prés., 3e p. s., CAPLEIT, 3462. (C'est le subjonctif de *capleïer*, et non de *capler*.)

CAPLES. S. s. m. Coup d'épée, combat (Subst. verbal du précédent), 1678.

CAPUEL. R. s. m. Nom de païen (?), 1571.

CAR. S. s. f. Chair (*Caro*), 2942. — R. s. f., CAR : Pur nul hume de CAR, 2141, et CARN, 3606. — Cf. CHAR, r. s. f., 1119; CHARN, r. s. f., 1265, et CHARS, r. p. f., 1613.

CAR. Conj. (*Quare*). Presque partout, il a un sens d'affirmation explétive, qu'il n'a pas conservé : Sire,

CAR noz menez, 358. L'olifant CAR sunez, 1059. = Aux vers 1806 et 1840, on retrouve à peu près le sens actuel. Cf. QUAR, et surtout KAR, qui est est la forme la plus usitée dans le texte d'Oxford.

CARBUNCLE. S. p. m. Escarboucles (*Carbunculi*), 1326. — R. p. m. : CARBUNCLES, 1662. V. ESCARBUNCLE.

CARCASONIE. R. s. f. Nom de ville (*Carcasoniam*. On trouve *Carcassonam* dans Grégoire de Tours, au lieu de *Carcasonem*, qui est dans César), 385.

CARE. R. p. f. Charge d'une charrette ; charretée (*Carras*), 131 et 186. Cf. CARRES, r. p. f., au v. 33. = J'adopte l'étymologie *carras*. S'il venait du pluriel neutre *carra*, sa forme sans *s* serait aussi regulière. « Cf. *les arme* = *arma* ; trois *paire*, = *paria* ; quatre *brace* = *brachia* ; deus *doie* = *digita*, etc. » (Note de W. Fœrster.)

CARETTES. R. p. f. (Diminutif roman de *care*), 2972.

GARGEZ. Part. passé. s. p. m. (*Carricati*), 445. — R. p. m. : CARGEZ, 32 et 185. D'après les assonances, il faut partout restituer *cargiez*.

CARIER. Verbe act. inf. prés. Charroyer (*Carricare*) : Cinquante carres qu'en ferat CARIER, 33. Cf. 131.

CARLEMAGNES. S. s. m. (*Carolus-Magnus*), 3451. KARLEMAGNE, 2807. On trouve au v. 3329 : *Carles li Magnes*. — R. s. m. : CARLEMAGNE, 81, etc. KARLEMAGNE, 2458. Cf. CHARLEMAGNE, r. s. m., aux v. 354 et 2621.

CARLES. S. s. m. (*Carolus*), 1. 16, etc. CARLLES, 578. CARLE, 488. KARLES, 1714, etc. — Voc. s. m., CARLES, 3994. — R. s. m. : CARLE, 731, 765, etc. CARLLE, 566 ; CARLUN, 28, 218, etc. CARLON, 1859. KARLUN, 2017, et KARLON, 1727. = Cf. CHARLES, au s. s. m., 156, 158, etc. — Au voc. s. m. : CHARLE, 2454. — Au r. s. m. : CHARLE, 94 ; et CHARLUN, 418, etc.

CARN. R. s. f. Chair (*Carnem*), 3606. V. *Car* et *Charn*.

CARNEL. Adject. r. s. m. (*Carnalem*), 2153.

CARNEL. Subst. r. s. Charnier, 2949. Il est probable que *carnel* est ici, par erreur, pour *carner*.

CARNER. R. s. Charnier (*Carnarium*), 2954.

CARRES. R. p. f. (*Carras*), 33. V. *Care*

CARTRES. R. p. f. Chartes (*Chartulas*), 1684. Cf. CHARTRE, r. s. f., 2097.

CASCUNS. Adj. ou pron. s. s. m.

CASTEL — CEVAL

(L'étymologie *quisque-unus* n'explique pas la présence de l'*a* dans *cascuns*. Si l'on remarque que l'italien dit *ciascuno*, on sera amené à penser que l'*a* s'était introduit dans le latin vulgaire pour donner une forme telle que *quiasqunus*, et par synérèse *cascunus*. Mais W. Fœrster repousse absolument *quisqueunus*, même ainsi modifié, et l'étymologie véritable est encore à trouver), 51. — R. s. m.: CASCUN, 2502. Cf. CHASCUNS, s. s. m., 203, et r. s. m.: CHASCUNS, 390.
CASTEL. R. s. Château fort (*Castellum*), 4. — R. p.: CASTELS, 235. Cf. CHASTELS, r. p., au v. 2611.
CASTIER. Verbe actif, inf. prés. Réprimander (*Castigare*), 1739.
CATAIGNES. S. s. m. Capitaine, chef de guerre (*Capitaneus*), 1850, 2912; CATANIE, 3709. — R. s. m.: CATAIGNES, 1846, et, par erreur, CATAIGNIE, 2320. — R. p. m.: CATAIGNES, 3085.
CAÜT (EST). Verbe neutre, parf. comp. 3º p. s. de *cadeir*, 3608.
CE. Pron. dém. neutre, 984, 1006 (*Ecce-hoc*). V. *Ço*, qui est, dans notre texte, la vraie notation.
CEINENT. Verbe act. 3º p. s. de l'ind. prés. Ceignent (*Cingunt*), 3886. — 3º p. s. du parf. simpl.: CEINST, 2321.
CEL. R. s. m. Ciel (*Cœlum*), 1553, 3031. V. *Cels*, et *ciel* qui est la vraie forme.
CEL. Adj. ou pron. démonstratif, S. s. n.? (*Ecce-illud*. — Cette combinaison d'*ecce* avec *ille*, dans ce sens, se trouve dans les Formules, etc.): CEL *corn ad lunge aleine*, 1789. — S. s. m.: CIL (*Ecce-ille*), 644, etc. — R. s. m.: CEL (*Ecce-illum*), 1618. — S. s. f.: CELE (*Ecce-illa*), 958, et r. s. f.: CELE (*Ecce-illam*), 1019, etc. — S. p. m.: CIL (*Ecce-illi*), 92, etc. — R. p. m. CELS (*Ecce-illos*), 167, etc. — R. p. f. CELES (*Ecce-illas*), 3941. Le s. p. f. est également CELES. V. *Cil, Cels, Cele, Celes, Celoi, Celui*.
CELE. Adj. ou pron. démonst., s. s. f., 958, et r. s. f., 1019. V. *Cel*.
CELER. Verbe act., inf. prés. Cacher (*Celare*), 3522. — Passif, inf. prés., avec un s. s. f.: ESTRE CELÉE, 1458.
CELES. Adj. ou pron. démonstratif, r. p. f., 3941. V. *Cel*.
CELESTE. Adj. r. s. m. (*Cœlestem*): *Hoi te cumant à l' glorius* CELESTE, 2253.
CELOI. Pronom démonstratif (*Ecce-illi-huic*). CELOI commençait déjà à s'employer au s. s. m.: CELOI *levat le rei Marsiliun*, 1520. CELUI, 427. — R. s. m.: CELOI, 1836.

CELS. S. s. m. Ciel (*Cœlus*, archaïque, et qui était demeuré dans la latinité populaire), 1532. — R. p. m.: CELS, 2397. D'après les assonances, *ciels*.
CELS. Adj. ou pron. démonstratif, r. p. m. (*Ecce-illos*), 167, 213, 2116, etc.
CELUI. Pron. démonstr., s. s. m. (*Ecce-illi-huic*): *Par grant saveir cumencet à parler*, — *Cume* CELUI *ki ben faire le set*, 426, 427. — s. m., CELOI, r. 411, 1836, etc.
CENGLES. R. p. f. Sangles (*Cingulas*), 3573 et 3880.
CENT. Nom de nombre (*Centum*). Devant un autre nombre, il est indéclinable: CENT *milie sunt*, 3085. Cf. 1440, 3402. — Employé après un autre nombre, il s'écrit CENZ: *Set* CENZ, 31. = Cf., au v. 1417, l'expression: *A miller e à* CENT.
CERCER. Verbe act. inf. prés. Fouiller, inspecter (*Circare*): *A mil Franceis funt ben* CERCER *la vile*, 3661. — Ind. prés., 3º p. s., CERCET, 2185. Dans un texte critique, il faut *cerchier*.
CERFS. S. s. m. (*Cervus*), 1874. — R. s. m.: CERF, 2968, 3730. = Entre dans la composition de *Passe*-CERF, nom de cheval, 1388.
CERTEINE. Ad. r. s. f. (Mot corrompu dans le texte d'Oxford.) *La tere* CERTEINE, 856. Nous avons discuté ailleurs la question de savoir s'il s'agit ici de la Cerdagne. V. notre *Eclaircissement IV* sur la Géographie et la note du vers 856 dans nos *Notes pour l'établissement du texte*.
CERTES. Adv. (*Certas*), 255, 289. Cf. *Primes*, etc.
CERVEL. S. s. n. ou m. Cerveau (*Cerebellum* ou *cerebellus*), 2260. — R. s.: CERVEL, 1764, etc.
CERVELLE. S. s. f. (Forme féminine du mot précédent: *cerebella*), 1356. — R. s. f.: CERVELLE, 3617.
CESSER. Verbe neutre. inf. prés. (*Cessare*), 2639.
CEST. Adj. ou pron. démonst. (*Ecce-iste*.) La déclinaison de cet adj. est établie ainsi qu'il suit: S. s. m.: CIST; r. s. m.: CEST; s. et r. s. f.: CESTE; s. p. m.: CIST; r. p. m.: CEZ; s. et r. p. f.: CEZ. (V. ces différents mots). C'est par erreur que CEST est, dans notre texte, employé une fois (v. 3717) au cas sujet. Partout ailleurs il est régime, 17, 83, 134, etc. — R. s. f.: CESTE, 35, 47, 242, 322, etc.

CEVAL. R. s. m. (*Caballum*), 1374,

1379, etc., et CHEVAL, 1545, 1988, etc. — S. p. m. : CHEVAL, 3966, et CHEVALS, 2484. — R. p. m. : CEVALS, 3002, 3047, etc., et CHEVALS, 1095, 2705. etc.

CEVALCHET. Verbe neutre, ind. prés. 3º p. s. (*Caballicat*), 1812. Carles CEVALCHET *e les valz et les munz*, 3695 : 3º p. p. : CEVALCENT, 3195. — Impér., 2º p. s. : CEVALCHE, 1619 ; 1ʳᵉ p. p. : CEVALCHUM, 3078. V. *Chevalcher.*

CEVALERS. S. p. m. (*Caballarii*), 110. V. *Chevalers.*

CEVALS. R. p. m. 3002. V. *Ceval.*

CEZ. Pron. ou adj. démonstratif, r. p. m. (*Ecce-istos*), 1612 ; r. p. f. (*Ecce-istas*), 145, 204, etc.

CHAEINES. R. p. f. (*Catenas*), 2557. Cf. CAEINES, 3735.

CHAEIT. Part. pass. s. s. m. Tombé, 2231. — S. s. f. : CHAIETE (pour *chaeite*), 1986. V. *Cadeir.*

CHAÏR. Verbe neutre, inf. prés. Tomber, 2034. V. *Cadeir.*

CHALCER. Verbe actif, inf. prés. « Chausser » un gant ou des éperons (*Calceare, calciare*) : *El' destre poign si li faites* CHALCER, 2678. — Parf. comp., 3º p. p., avec un r. p. m. : UNT CALCEZ, 3863. — D'après les assonances, *chalcier, calciez.*

CHALD. Adj. r. s. m. Chaud (*Calidum*), 950. V. *Chalz.*

CHALENGEMENT. R. s. Réclamation à titre de propriété. *Chalengier* = réclamer comme sa possession (*Calumniamentum*) : *E tutes teres met en* CHALENGEMENT, 394.

CHALT. Verbe uniperson., 3º p. s. de l'ind. prés. (*Calet*) : *Ne li* CHALT, 227. Le sens est : «Il ne s'en soucie point.» CALT, 1405. CHELT, 2411.

CHALZ. Subst. r. p. m. (*Calidos*) : *E endurer e granz* CHALZ *e granz freiz*, 1011.

CHAMBRE. R. s. f. (*Cameram.*) CHAMBRE a le sens actuel, 2826, et aussi celui de domaine, terre, bien : *Cum jo serai à Loün en ma* CHAMBRE, 2910. Cf. CAMBRE.

CHAMP. R. s. m. (*Campum.*) Il est le plus souvent employé dans le sens de « champ de bataille », 865, 1338, etc. — S. p m. : CAMP, 1468.

CHANÇUN. S. s. f. (*Cantionem*) : *Male* CHANÇUN *n'en deit estre cantée*, 1466. Dans ce même vers, il y a pour le même mot le *c* et le *ch* (CHANÇUN, CANTÉE), et de tels exemples sont nombreux dans notre texte. — CANÇUN, s. s. f., 1014.

CHANTAT. Verbe act. parf. simpl.

3º p. s. (*Cantavit*), 1563. — Subj. prés. 3º p. s. : CHANT, 1474. — Inf. passif, avec un s. s. f. : ESTRE CANTÉE, 1466.

CHAPELE. R. s. f. (*Capellam*) : *Cum jo serei à Eis, en ma* CHAPELE, 2917. — Cf. CAPELE, r. s. f., 51.

CHARLEMAGNE. R. s. m. (*Carolum-Magnum*), 354, 2621. CARLEMAGNE 81, 522, etc.

CHARLES. S. s. m. (*Carolus*), 156, 158, etc. — Voc. s. m. : CHARLE, 2454. — R. s. m. : CHARLE, 94 ; CHARLUN, 418, 1829, etc. Cf. CARLES, au s. s. m. : CARLES, au voc. s. m. : CARLE, CARLES, CARLLE, KARLES, et surtout CARLUN, KARLUN, au r. s m. V. *Carles.*

CHARN. R. s. f. Chair (*Carnem*), 1265. = Voici toute la déclinaison : S. s. f. : CAR, 2942. — R. s. f. : CAR, 2141, et CARN, 3606 ; CHARN, 1265, et CHAR, 1119, 3436. — R. p. f., CHARS : *Entresque as* CHARS *vives*, 1613. V. *Car.*

CHARTRE. R. s. f. Charte (*Chartulam*), 2097. — R. p. f. : CARTRES, 1684.

CHASCUNS. Pron. s. s. m. (Pour l'étymologie, voy. *Cascuns*), 203, 1013. CASCUNS, 51. — R. s. m. : CHASCUN, 370, et CASCUN, 2502. Cf. *Cascuns.*

CHASTELS. R. p. Châteaux (*Castella* ou plutôt *castellos*), 2611, et CASTELS, 235. — Au r. s., on trouve CASTEL, 4, 23, 3783.

CHEDED. Verbe neutre, subj. prés. 3º p. s. de *cadeir* (*Cadat*), 769. La bonne forme est *chiedet*. Cf. *Chéet.*

CHÉENT. Verbe neut., ind. prés., 3º p. p. de *cadeir* (*Cadunt*), 1981.

CHÉET. Verbe neut., subj. prés., 3º p. s. de *cadeir* (*Cadat*), 1064. Cf. *Chéded.*

CHEF. R. s. Tête. (*Caput* n'existe pas dans le latin vulgaire, qui disait *capus, capum*, comme le démontrent l'italien *capo*, l'esp. port. *cabo*, le prov. *cap*, le fr. *chef*. Obs. de W. Fœrster), 117, 244, etc. ; par erreur CHÉS, 2809. = CHEF est employé, au sens figuré, comme dans notre expression : « A la tête de l'armée » : *Si chevalces el' premer* CHEF *devant*, 3018. = Au r. 2528, CHEF a le sens de notre diminutif *chevet* : *Li angles est tute noit à sun* CHEF. — R. p. : CHEFS, 44, 491, et, par erreur, CHEF, 209. = D'après les assonances, *chief.*

CHELT. Verbe unipers., 3º p. de l'ind. prés. (*Calet*) : *De co qui* CHELT? 2411.

CALT, 1405; CHALT, 227. La forme régulière est *chielt*.

CHEMIN. R. s. m. (*Caminum*), 1250. — R. p. m. : CHEMINS; 405.

CHEN. S. p. m. Chiens (*Canes*), 1751, 2591. — R. p. m. : CHENS, 30, et CHIENS, 1874. D'après les assonances, *chien, chiens*.

CHER. R. s. m. (*Carum*.) *Aveir* CHER. 753. — R. s. f. : CHERE. 3031. — Voc. s. m. : CHER, 2441 et 2688, ou CHERS, 1693; voc. s. f. : CHER(E), 3713. — R. p. m. : CHÈRS, 100, et, par erreur, CHER, 1517. = D'après les assonances, *chier*.

CHER. Ad. (*Care*) : *Sempres murrai, mais* CHER *me sui vendut*, 2053. Cf. 1590, 1690. Ces divers exemples font très nettement voir qu'il s'agit ici d'un adverbe, et non d'un adjectif. Cf. *cherement*.

CHÈRE. R. s. f. Tête (*Caram*) : *Sa* CHERE *embrunchet*, 3645.

CHEREMENT. Adv. (*Cara-mente*) : *La mort Rollant lur quid* CHEREMENT *vendre*, 3012.

CHERNUBLES. S. s. m. Nom de païen (?), 975. — R. s. m. : CHERNUBLE, 1325.

CHERS. Adj. r. p. m. (*Caros*), 100, 547. V. *Cher*.

CHERUBIN. R. s. m. (*Cherubim*, mot hébr., pluriel de *cherub*, et passé dans le latin dès les premières traductions de la Bible) : *Deus tramist sun angle* CHERUBIN, 2393.

CHÉS. V. *Chef*.

CHET. Verbe neutr., 3e p. s. de l'ind. prés. Tombe (*Cadit*), 984, etc. V. *Cadeir*. = D'après les assonances, *chiet*.

CHEVAGE. R. s. C'est l'impôt, le tribut, l'ancienne *capitatio* (*Capaticum*) : *Ad oes seint Pere en cunquist le* CHEVAGE, 373.

CHEVAL. S. s. m. (*Caballus*), 809. — R. s. m. : CHEVAL, 1545. (La forme CEVAL se trouve six vers.plus haut), 1988, etc. CEVAL, 1374, 1539, etc. — S. p. m. : CHEVAL, 3967, et CHEVALS, 2484. — R. p. m. : CHEVALS, 1095, 2705, etc., et CEVALS, 3002, etc. V. *Ceval*.

CHEVALCHER. Verbe actif ou neutre, inf. prés. (*Caballicare*), 480. — Ind. prés., 3e p. s. : CHEVALCHET, 366, etc., et CEVALCHET 3695. — 3e p. p. : CHEVALCHENT, 1183, etc., et CEVALCENT, 3195. — Parf. simpl., 3e p. s. : CHEVALCHAT, 2842, 3697; 3e p. p. : CHEVALCHERENT, 402, 2689, 2812. — Fut., 2e p. p. : CHEVALCEREIZ (dans un couplet masculin en *ei*), 3281. —

Impér., 2e p. s. : CHEVALCHE, 2454, et CEVALCHE, 4619; 1re p. p. : CEVALCHUM, 3178; 2e p. p. : CHEVALCHEZ, 1175; CHEVALCEZ, 3018, et CHEVALCIEZ, 2806. — Subj. prés., 3e p. s. : CHEVALZT, 2109. = Ce verbe est actif aux v. 480, 757, etc. Il est neutre aux v. 366, etc. etc. = D'après les assonances, il faut restituer *chevalchier*, etc. V. *Cevalchet*.

CHEVALERIE. R. s. f. Courage chevaleresque, acte digne d'un chevalier (*Caballariam* avec l'accent sur l'*i*), 594.

CHEVALERS. S. s. m. (*Caballarius*), 3818, et, par erreur, CHEVALER, 25, etc. — Voc. s. m. : CHEVALER, 2252. — R. s. m. : CHEVALER, 752. — S. p. m. : CHEVALER, 99, etc.; et, par erreur, CHEVALERS, 1688, et CEVALERS, 110. — Voc. p. m. : CHEVALER, 1518. — R. p. m. : CHEVALERS, 548, etc. = D'après les assonances, *chevalier*.

CHEVALERUS. Adj. s. s. m. Chevaleresque (d'un type barbare en *osus*, forme sur *caballarius*) : *Malprimes mult est* CHEVALERUS, 3176.

CHEVELEÜRE. R. s. f. (*Capillaturam*), 1327.

CHEVEL. R. p. m. (*Capillos*.) = Au s. p. m., CHEVOEL 976, 2347, etc.

CHEVOEL. S. p. m. 976. (V. le précédent.) « La forme *chevoel*, dit W. Fœrster, rappelle la forme *chevol*, assurée par des rimes dans Chrétien de Troyes » (?).

CHI. Pron. relatif, s. s. m. Celui qui (*Qui*), 496. V. *Ki*.

CHIEDENT. Verbe neutr. ind. prés., 3e p. p. Tombent (*Cadunt*), 1426. V. *Cadeir*.

CHIENS. R. p. m. (*Canes*), 1874, et CHENS, 30. Cf. CHEN, au sujet pluriel, 1751, etc.

CHIET. Verbe act., ind. prés., 3e p. s. Tombe (*Cadit*), 1509, etc. V. *Cadeir*.

CHOSES. R. p. f. (*Causas*) : *De plusurs* CHOSES *à remembrer li prist*, 2377.

CHRESTIENS. Adj. S. s. m. (*Christianus*), 155, et CHRESTIEN, 102. — S. s. f. : CHRESTIENE, 3987. — R. s. f. : CHRESTIENE, 85. — S. p. m. : CHRESTIEN, 3672 et 3998; CHRESTIENS, 1015. — R. p. m. : CHRESTIENS, 38, 2350. Ce mot, comme le suivant, est partout écrit par le XP.

CHRESTIENTET. R. s. f. Foi chrétienne (*Christianitatem*). On dit en parlant d'un païen : *Deus! quél baron, s'oüst* CHRESTIENTET, 3164. Cf. 431, 686, etc.

CI. Adverbe de lieu. Ici (*Ecce-hic.* V. *Ici*), 145, 31, etc.

CICLATUNS. R. p. m. C'est ici le nom d'une étoffe de soie. Les plus beaux *ciclatons* venaient de l'Espagne musulmane. V. Fr. Michel, *Recherches sur les étoffes de soie, d'or et d'argent*, I, 220. (En arabe, *siklatoun*; mais ce mot lui-même était d'origine greco-latine : *cyclationem*, dérivé de *cyclàs*), 846.

CIEL. R. s. m. (*Cœlum;* au s. s. *cœlus*), 545, etc. V. *Cel*. = D'après les assonances, *ciel*.

CIL. Pron. ou adj. démonstratif (*Ecce-ille*). Sa déclinaison est la suivante : s. s. m. : CIL ; s. s. n. ? CEL ; r. s. m. : CEL ; s. et r. s. f. : CELE ; s. p. m. : CIL ; r. p. m. : CELS ; s. et r. p. f. : CELES. Les exemples du s. s. m. sont aux v. 644, 887, etc. Ceux du s. p. m. aux v. 92, 110, 113, 3022, etc. (V. *Icil, Cel*, etc.)

CINC. Nom de nombre, indéclinable (*Quinque*), 516.

CINQUANTE. Nom de nombre indéclinable (*Quinquaginta*), 33, 1919, etc.

CIRE. R. s. f. (*Ceram*), 486.

CIS. V. le suivant.

CIST. Pron. ou adj. démonstratif (*Ecce-iste*). Sa déclinaison est la suivante : S. s. m. : CIST ; r. s. m. : CEST ; s. et r. s. f. : CESTE ; s. p. m. : CIST ; r. p. m. : CEZ ; s. et r. p. f. : CEZ. — Les exemples du s. s. m. sont aux v. 743, 1242, etc., et ceux du s. p. m. aux v. 108, 1499, etc. V. *Cest, cez*.

CITET. S. s. f. (*Civitatem*), 5, 917. — R. s. f. : CITET, 71. 654, etc. — R. p. f. : CITEZ, 238.

CLAMER. Verbe act., inf. prés. Proclamer, publier, dire à haute voix, etc. (*Clamare*), 350. — Ind. prés., 1re p. s. : CLEIM (l'*a* tonique devant une nasale donnant *ai* = *ei*), 2748. 3e p. s. : CLEIMET, 1491, 3e p. p. : CLEIMENT, 1161. — Impér., 2e p. p. : CLAMEZ, 1432. — Subj. prés., 3e p. s. : CLEIMT, 1522, 3800. = On remarquera l'expression : *clamer sa culpe*, qui signifie : « Dire à haute voix son *mea culpa*, » 2239.

CLARBONE. R. s. f. Nom d'un pays païen, purement imaginaire (Il y entre sans doute les mots *clara* et *bona*), 3259.

CLARIENS. S. s. m. Nom de païen (*Clarianus*, venant de *Clarus*), 2790. — R. s. m. : CLARIEN, 2670.

CLARIFAN. R. s. m. Nom de païen (Mot forgé ? sur *clarus*), 2670.

CLARIN. R. s. m. Nom de païen (*Clarinum*), 63.

CLARTET. S. s. f. (*Claritatem*), 2451. — R. s. f. : CLARTET, 1432. — R. p. f., CLARTEZ : *Joiuse... ki cascun jur muet XXX* CLARTEZ, 2502.

CLAVERS. Nom de peuple païen (Ce sont les *Esclavons, Slavarios*. Cf. *Esclavoz*, 3225, et voy. *Romania*, II, 331), 3245.

CLEFS. R. p. f. (*Claves*), 654, 2752.

CLEIM. Verbe act., 1re p. s. de l'ind. prés. de *clamer* (*Clamo*), 2748.

CLEIMENT. Verbe act., 3e p. p. de l'ind. prés. de *clamer* (*Clamant*), 1161.

CLEIMET. Verbe act., 3e p. s. de l'ind. pr. de *clamer* (*Clamat*), 1491.

CLEIMT. Verbe act., 3e p. s. du subj. prés. de *clamer* (*Clamet*), 1522.

CLERC. S. p. m. Membres de la cléricature païenne ou chrétienne (*Clerici*), 3637.

CLERS. Adj. s. s. m. Clair (*Clarus*), 1002, etc. ; CLER, 157, etc. — S. s. f. : CLERE, 445, etc. — R. s. m. : CLER, 162, etc. — R. s. f. : CLERE, 59. — S. p. f. : CLERES, 3309. — R. p. m. : CLERS, 2150. — R. p. f. : CLERES, 3566.

CLER. Adverbe. Clairement (*Clare*), 619, 627, 1974, etc.

CLIMBORINS. S. s. m. Nom de païen (?), 1485. C'est le même que le suivant.

CLIMORINS. S. s. m. Nom de païen (?), 627.

CLINÉE (AD). Verbe actif, parf. comp., 3e p. s. avec un r. s. f. (*Clinatam habet*) : *Desur les espalles* AD *la teste* CLINÉE, 3727. = Dans le vers suivant, il paraît employé au neutre. Il est question d'Olivier et de Roland qui se saluent pour la dernière fois : *A icel mot l'un à l'altre* AD CLINET, 2008.

CLOU. S. p. m. (*Clavi*, par vocalisation du *v*) : *Chéent li* CLOU, 3574.

CO. Pron. démonstratif neutre. S. et r. s. Cela, ce (*Ecce-hoc*. Les comiques emploient déjà *ecce* d'une manière analogue), 73, 77, 280, 283, etc. V. *Ico* et *Ce*.

COER. S. s. Cœur (*Cor*), 2019. — R. s. : COER, 299, 1107, 1278, etc., et QUER, 2356. — R. p. : COERS, 3628, et QUERS, 2965.

COIFE. R. s. f. C'est le nom du capuchon de mailles (Du bas latin *cofea*, qui se trouve dans Fortunat) : *Trenchet la* COIFE *entresque à la char*, 3436.

COILLIT. Verbe act., parf. simpl., 3e p. s. (*Coillir* vient de *colligire*.

COL — CORS

Coillit en est le parfait faible, et viendrait de la forme hypothétique *colligivit*, qui n'a jamais existé. *Coillit* est donc, tout simplement, une forme analogique, créée par un développement régulier de l'infinitif *coillir*. Note de W. Fœrster.) « Cueillir quelqu'un en haür », c'est « se prendre de haine contre lui » : *Rollanz me* COILLIT *en haür*, 3771.
COL. R. s. Cou (*Collum*), 302, 601, etc. — R. p., COLS, 713.
COLOR. R. s. f. (*Colorem*), 3763. V. *Culor* et *Culur*.
COLPS. S. s. m. Coup (*Colaphus, colpus*), 1109, 3438; et, par erreur, COLP, 866. — R. s. m., COLP : *Brandist sun* COLP, 1509. COL, 1948. — S. p. m. : COLPS, 1395. — R. p. m. : COLPS, 554, etc., et COLS, 541. = On remarquera l'expression : *A* COLPS *pleners*, 2463, 3401.
COMANDEMENT. R. s. Ordre (*Commendamentum*), 330.
COMANDET. Verbe act., ind. prés., 3º p. s. (*Commendat*), 298. V. *Cumant*.
COMANDET (AD). Verbe act., parf. comp., 3º p. s. (*Commendatum habet*), 2453. V. *Cumant*.
COMANDET. Part. passé, employé substantivement, s. s. m. (*Commendatus*.) C'est celui qui s'est « recommandé », qui a fait l'acte appelé *commendatio*, le vassal : *Jointes ses mains, iert vostre* COMANDET, 696. V. *Cumant*.
COMANT. Subst. verbal de *comander* (V. ce mot). S. s. m.: *Ben soit vostre comant*, 616. — R. s. m. : COMANT, 946 et 1775.
COMANT. Verbe act., ind. prés., 1re p. s. Je commande (*Commendo*), 300. V. *Cumant*.
COMMIBLES. Nom d'une ville d'Espagne qui appartenait aux païens (?), 198.
COMPAIGN, Voc. s. m. Compagnon, 1456. V. *Cumpainz*, etc.
CONFUSIUN. S. s. f. (*Confusionem*) : *De vos seit hoi male* CONFUSIUN, 3276.
CONOISANCE. R. s. f. Science (*Cognoscentiam*) : *Chrestiene est par veire* CONOISANCE, 3987. V. *Cunoisance*.
CONOISENT. Verbe act., 3º p. p. de l'ind. prés. (*Cognoscunt*), 3901. V. *Conuistre*.
CONSEILL. R. s. Avis (*Consilium*), 3510. V. *Cunseill*.
CONSENTE. Verbe act., subj. prés., 3º p. s. (*Consentiat*) : *Deus tut mal te* CONSENTE ! 1589. V. *Cunsent*.

CONSOÜT (SUI). Verbe, parf. comp., 1re p. s. Je suis arrivé ?? (*Consecutus sum*) : *Dès l'ure que nez fui — Tresqu'à cest jur que ci* SUI CONSOÜT, 2372. Nous avons les plus grands doutes sur le sens exact de ce vers.
CONTE. R. s. m. Comte (*Comitem*), 2320. Le cas sujet est *Quens*, de *comes*. V. *Cunte*.
CONTRA(I)RE. R. s. Contrariété, ennui. Tel est le sens de ce mot dans le *Renart*, dans le *Châtelain de Coucy*, etc. (*Contrarium*), 310.
CONTREDITE. Part. pass., r. s. f. Maudite (*Contradictam*). Les païens sont appelés « la CONTREDITE *gent* », 1932. V. *Cuntredire*.
CONTRÉE. R. s. f. Sens actuel (*Contratam*), 1455. V. *Cunirée*.
CONUISTRE. Verbe act., inf. prés. (*Cognoscere*), 530. — Ind. prés., 1re p. s. : CONUIS, 3409 ; 3º p. p. : CONOISENT, 3901. — Parf. simple, 3º p. s. : CONUIST, 2524 et 3566, et CONUT, 2875.
COPIEZ. R. p. m. En parlant d'un cheval, on dit dans *Roland* qu'il a les pieds « *copiez* », 1652. Muller [3] a retrouvé la bonne leçon, qui est *colpez*, dans le sens de « bien taillés ». L'étymologie est celle de notre mot *coupez*. V. *Colps*.
CORDRES. R. s. f. Nom de ville en Espagne, Cordoue (*Cordubam ?*), 71, 97.
CORN. S. s. Cor (*Cornu*), 1789. — R. s. : CORN, 1051, 1765, 1768. — R. p. : CORNS, 1796 et 2132, et CORS, par la chute de la nasale, 1529.
CORNANT. Part. prés. de *corner*, s. s. m., 1075.
CORNERS. Infinitif pris substantivement. S. s. m. : *Li* CORNERS, 1742. — R. s. m. : *Jo oi à l'* CORNER, 2108. V. le suivant.
CORNEZ. Verbe neutre, ind. prés., 2º p. p. (Formé sur *cornu*) : *Se vus* CORNEZ, *n' ert mie hardement*, 1710. 3º p. p. : CORNENT, 2111. — Parf. simple, 3º p. s. : CORNAT, 2102. — Fut., 1re p. s. : CORNERAI, 1702. — Part. prés., s. s. m. : CORNANT, 1075.
CORONE. R. s. f. Sens actuel (*Coronam*), 3236, 3538. — Dans le sens de tonsure, au r. p. f. : CORONES, 3639. V. *Curune, corune*.
CORONET. S. s. m. Celui qui est tonsuré (*Coronatus*), 1563. — R. p. m., CORONEZ : *Proveires* CORONEZ, 2956. V. *Corone*.
CORS. R. p. m. Trompettes, clairons (*Cornua*), 1629. V. *Corn*.
CORS. S. s. Corps (*Corpus*), 3900. —

14

R. s. : cors, 118, 305, etc. — R. p. cors, 2967.
CORSABLIS. S. s. m. Nom de païen (? fait d'après *cursabilis*), 885. — R. s. m., au v. 1235, on trouve la forme corsablix.
CORT. R. s. f. Cour du Roi (*Curtem*), 351. V. *Curt*.
CORUNE. R. s. f. (*Coronam*), 2684. V. *Curune*.
COSTENTINNOBLE. R. s. f. (*Constantinopolim*), 2329.
GOSTED, COSTET. R. s. m. Côté (*Costatum*, de *costa*) : costed, 346, et costet, 1066, 1315, etc. — R. p. m. : costez, 305.
COSTEÏR. Verbe act., inf. prés. (*Custodire*, qui signifie ici « garder les morts ») : *Li Emperere fait Rollant* costeïr, 2962.
COUS. R. p. m. Cuisiniers, queux (*Coquos* de *coquus*), 1817.
CRAVENT. Verbe neutre, 3ᵉ p. p. du subj. prés.: *N'en ad recet dunt li mur ne* cravent, 1430. = On avait proposé : « crèvent, *crepent*, » de *crepare* ; mais c'est la seule fois que cette désinence du pluriel entrerait dans un couplet en *en*. Il faut écrire *li murs* et regarder ? *cravent* comme une 3ᵉ p. s. du subjonctif du verbe *craventer* employé au neutre. V. le suivant.
CRAVENTE. Verbe actif, 3ᵉ p. s. de l'ind. prés. Renverser (*Crepentat*) : *Ambure* cravente *en la place devant sei*, 3549. — Subj. prés., 3ᵉ p. s. : cravent, 1430.
CREINT. Verbe act., 3ᵉ p. s. de l'ind. prés. (*Tremit*), 2740. V. *Crent*.
CREIRE. Verbe employé tantôt comme actif et tantôt comme neutre, inf. prés. Croire (*Credere*), 987, 3980. — Ind. prés., 1ʳᵉ p. s. : crei, 575, etc. 3ᵉ p. s. : creit, 577, etc. — Fut., 2ᵉ p. p. : crerez, 196. — Impér., 2ᵉ p. s. : crei, 3599, et 2ᵉ p. p. : creez, 692. — Imparf. du subj., 2ᵉ p. p. : creïsez, 1728. = Rem. l'expression : *Se ne l'assaill, dunc ne fazjo que creire*, 987. « Le sens serait : « Je ne fais chose que l'on doive croire ». (Note de Fœrster.) = Au v. 3667 on trouve *creit en Deu;* mais *en* a été ajouté par une autre main.
CREISTRE. Verbe neutre, inf. prés. Croître (*Crescere*) : *Bleit n' i poet pas* creistre, 980.
CRENT. Verbe act., 3ᵉ p. s. de l'ind. prés. Craint (*Tremit*), 549, et creint, 2740. — Fut., 2ᵉ p. p. : crendrez, 791. — Cond., 1ʳᵉ p. s., crendreie : *Jo me* crendreie *que vos vos meslisez*, 257. L'assonance exige *crient*.
CRI. S. s. m. (C'est le substantif verbal de *crier*), 2064.
CRIENT. Verbe actif ou neutre, 3ᵉ p. p. de l'ind. prés. Crier, et surtout « jeter le cri de guerre » (*Quiritant*) : *Li chrestien te recleiment e* crient, 3999. — Parf. comp.. 2ᵉ p. s. avec un r. s. f., ad criée : *Li Amiraz Preciuse ad* criée, 3564. — Impér., 2ᵉ p. p., criez : *Adubez vos, si* criez *vostre enseigne*, 1793. — Subj. prés., 3ᵉ p. s. (?) : criet, 1618.
CRIGNELS. R. p. m. Cheveux (d'un diminutif latin de *crines*), 2906.
CRIGNETE. R. s. f. Crinière de cheval (diminutif roman de *crinis*), 1655.
CRIMINEL. R. s. f. (*Criminalem*) 2456.
CRISTALS. S. s. m. Ce mot désigne les pierres fines, ou plutôt les verroteries qui ornaient le pommeau de l'épée, la boucle de l'écu et le *cercle* du heaume (*Crystallus*), 2296. — R. s. m. : cristal, 1263.
CROCE. S. s. f. Tous les traducteurs ont rendu ce mot par « croix ». Cependant on trouve, au v. 2504, la forme *cruiz*, qui est régulière. Croce vient de *croccea*, dont le primitif est *croccum, croc*, et a le sens de « crosse » : *En l'Arcevesque est ben la* croce *salve*, 1670.
CROLLÉE (ad). Verbe actif, parf. comp., 3ᵉ p. s. avec un r. s. f. : A brandi... (*Corotulatam habet*) : *De sun algeir* ad *la hanste* crollée, 442.
CRUISIEDES (ad). Verbe act., parf. comp., 3ᵉ p. s. avec un r. p. f. (*Cruciatas habet*) : cruisiedes ad *ses blanches (mains) les. beles*, 2250. Cruisiedes est un des très rares participes du *Roland* qui ont conservé la notation graphique de la dentale. Tous ceux du *Saint Alexis* l'ont gardée, et c'est un des principaux caractères de l'antiquité de ce poëme. Toutefois nous pensons que la dentale était depuis longtemps tombée dans la prononciation, et qu'à la fin du xɪᵉ siècle elle devait avoir disparu de l'orthographe même des participes passés. C'est pourquoi nous ne l'avons pas rétablie dans notre texte critique où nous prétendons reproduire l'original de la *Chanson de Roland*, lequel fut écrit entre 1066 et 1096.
CRUISIR. Verbe neutre, inf. prés. Grincer, craquer (*Cruscire*. — V.

dans Ducange ce mot, qui a le sens de *crepitāre*) : *Ces escuz sur cez helmes* CRUISIR, 3485. — Ind. prés. (ou parf. simpl.), 3° p. s., CRUIST : CRUIST *li acers*, 2302. — 3° p. p. : CRUISSENT, 2540.

CRUIZ. R. s. f. Croix (*Crucem*), 2504.

CRUPE. R. s. f. Croupe (Nordique *kryppa*) : *Curte la quisse e la* CRUPE *bien large*, 1653.

CRUTE. R. s. f. Grotte (*Cryptam*) : *Ad Apolin en curent en une* CRUTE, 2580.

CUARD. S. s. m. Peureux (de *cōda*, queue ; l'animal qui a peur porte la queue basse : c'est un CUARD) ; 888. — R. s. m. : CUARD, 116. — S. p. m. : CUART, 3337.

CUARDET (SE). Verbe pronominal, 3° p. s. de l'ind. prés. Est ou devient lâche (voy. le précédent) : *Mal seit de l' coer ki el' piz* SE CUARDET, 1107.

CUARDIE. R. s. f. Lâcheté (voy. *Cuard*), 1647.

CUARDISE. R. s. f. Lâcheté (voy. *Cuard*), 3043, 3521.

CUART. Adj. s. p. m. Lâches (voy. *Cuard*), 3337.

CUE. R. s. f. Queue (*cudam* et non *caudam*), 1665.

CUIGNEES. R. s. f. Cognées (*Cuneatas*), 3663.

CUISSE. R. s. f. (*Coxam*), 1653.

CULCHET. Verbe actif ou réfléchi, 3° p. s. de l'ind. prés. (*Collocat*.) 1° Au réfléchi : SE CULCHET, 12, et SE CULCET, 2449. — Parf. comp., 3ᵉ p. s. avec un s. s. m. : S'EST CULCHET, 2358 ; S'EST CULCET, 2496, et S'EST CULCEZ, 2992. = 2° A l'actif. Parf. comp., 3° p. s. avec un r. s. m., AT CULCHET : *Sur l' erbe verte puis l' AT suef* CULCHET, 2175, et AD CULCHET, 2204. — Subj. prés., 3° p. s. : CULZT, 2682. = 3° Au passif ? Ind. prés., 3° p. s., avec un s. s. m., EST CULCHET : *Li soleilz* EST CULCHET, 2481.

CULOR. R. s. f. (*Colorem*), 3720. V. *Culur* et *Color*.

CULPE. R. s. f. (*Culpam*), 3720. « Clamer sa CULPE, » c'est « réciter son *mea culpa* », 2239 et 2364. — *Deus! meie* CULPE (c'est-à-dire : *mea culpa*), 2369. — R. p. f. : CULPES, 1132.

CULUMBE. R. s. f. Colonne (De *Columnam*, par l'intercalation d'une labiale), 2586.

CULUR. R. s. f. Couleur (*Colorem*), 441, 2299, etc.; COLOR, 3763 ; CULOR, 3720. — Au r. p. f., CULURS a (vers 2594) le sens de « peintures murales » : *Fait sei porter en sa cambre voltice ; — Plusurs* CULURS *i ad peinz e escrites*, 2593, 2594. V. *Gulor* et *Color*.

CULVERT. Adj. s. m. Misérable (*Collibertus*. ?? Les *colliberts* formaient une classe intermédiaire entre l'esclavage et la liberté, mais plus près des esclaves), 1394. — Voc. s. m. : CULVERT, 763, etc.

CULZT. Verbe act., 3° p. s. du subj. prés. de *culcher* (*Collocet*), 2682.

CUM, CUME. Conjonction. (*Quomodo*.) CUM a deux sens : 1° « De la façon que, ainsi que », et 2° « Quand, lorsque, dès que ». = Il convient d'ajouter que, presque partout, CUM se distingue nettement de *cume* dans le texte de la Bodléienne. CUME ne s'emploie guère qu'avec des substantifs et adjectifs (CUME *fols... Neirs* CUME *peis*) ; tandis que CUM s'emploie presque toujours avec un verbe : *Faites la guere* CUM *vos l'avez enprise*, etc. Néanmoins il y a, en des textes du même temps, des exceptions à cette règle, que nous avons dû consacrer dans nos additions au texte d'Oxford. = Après avoir précisé le sens, il en faut venir aux exemples : 1° CUM, dans le sens de « de la façon que ». On le trouve employé AVEC UN VERBE aux vers suivants : *Que il me cheded* CUM *fist à Guenelun*, 769. *Si* CUM *li cerfs s'en vait devant les chiens*, 1874. *Si* CUM *il poet*. 2203. Dans les deux derniers cas, il est précédé de *si* (*sic quomodo*). Une seule fois, on le trouve avec un substantif : *Altresi* CUM *un urs*, 1827 ; mais c'est sans doute par suite d'une erreur qui est aisément réparable. = CUM est également employé dans le sens exclamatif ; mais ce n'est là qu'une variété à peine sensible du sens précédent : *E! Sar raguce*, CUM *ies oi desguarnie*, 2598. = 2° CUM, dans le sens de « lorsque » : CUM *il le vit*, 1043. CUM *je serai à Eis en ma chapele*, 2917.

CUMANT. Verbe neut. et quelquefois actif, 1ʳᵉ p. s. de l'ind. prés. (*Commendo*), 273, 289, et COMANT, 318, 3° p. s. : CUMANDET, 319, 1138, et COMANDET, 298. 3° p. p. : CUMANDENT, 3694. — Parf. simpl., 3° p. s. : CUMANDAT, 1817. — Parf. comp., 3° p. s. : AD COMANDET, 2453 (sans complément), et 2952 (avec un r. n.). — Imp., 2° p. p. : CUMANDEZ, 2949. — Part. passé, s. s. m. : COMANDET, 696. = Ce verbe à plusieurs sens : 1° Il a gardé le sens latin de « confier, recommander » (vers 2253, 2815, |etc.). = 2° Il signifie encore « commander, ordonner » (vers 273, 2673, etc.). = 3° Enfin il faut signaler une acception particulière aux vers 3015, 2432, 2970, 3057. *Li reis* CUMANDET *un soen veier*, 3952. Ce dernier sens est celui de « requérir par ordre ». V. *Comand* et *Comandement.*

CUMBATANT. V. le suivant.

CUMBATTRE. Verbe qui, partout, est employé au réfléchi, sauf en un seul cas, v. 2603 : *S'il ne* CUMBAT *à cele gent hardie.* (L'étymologie est *battuere* avec *cum*. V. *Batre*.) Inf. prés.: *Me* CUMBATRE, 566. — Ind. prés., 3° p. s.: SE CUMBAT, 733. — Parf. simpl., 3° p. s.: S'I CUMBATIT, 2778. — 2° p. p.: SE CUMB[A]TIRENT, 1777. — Parf. comp., 3° p. s., avec un s. s. m. : S'EST CUMBATUZ, 2041. — Fut., 1re p. s.: ME CUMBATRAI, 3844; 3° p. s. : CUMBATRAT SEI, 614. — Cond., 3° p. s. : SE CUMBATREIT, 3804. = Part. prés. (?) : EN CUMBATANT, 1769. *Asez est mielz que moerium* CUMBATANT, 1475. C'est un véritable gérondif. — CUMBATANZ est encore employé comme substantif. (s. p. m.) au v. 3188: *De cels de France XX. milie* CUMBATANZ, et aussi comme un adjectif signifiant « brave » (s. s. m. et f. : CUMBATANT) : *Li Emperere est ber e* CUMBATANT, 2737. *Une ne vi gent ki si fust* CUMBATANT, 3516. — Part. pass., s. s. m.: CUMBATUZ, 2041.

CUME. Conjonction. (*Quomodo*.) CUME s'emploie toujours avec des substantifs et adjectifs : CUME *celui qui ben faire le set.* 427. *Issi est neir* CUME *peiz*, 1635, etc. V. *Cum.*

CUMENCER. Verbe actif, inf. pres. Commencer (*Cum-initiare*), 2413. — Ind. prés.. 2° p. s.: *Malvais sermun* CUMENCES, 3600. 3° p. s. : CUMENCET, 138, 179, etc. 3° p. p. : CUMENCENT, 3910. — Parf. simpl., 3° p. s. : CUMENÇAT, 323. = On dit CUMENCER A. Ex.: CUMENCET A *plurer*, 2247.

CUMENT. Conjonction. Comment, de quelque manière que... (*Quomodo inde?*) : *Deus set asez* CUMENT *la fins en ert*, 3872. — CUMENT *qu'il seit, ne s'i voelt celer mie,* 3522. Dans le premier vers cité, CUMENT a le sens actuel; dans le second, il doit se traduire par : « De quelque façon que... »

CUMFAITEMENT. V. *Faitement.*

CUMPAIGNE. S. s. f. Compagnie, troupe (*Cumpania*), 3034. — R. s. f. : CUMPAIGNE, 827, 912, etc. — S. p. f. : CUMPAIGNES, 1757. — R. p. f.: CUMPAIGNES, 3324.

CUMPAIGNIE. S. s. f. (*Cumpania*, avec l'accent tonique sur l'*i*), 1735.— R. s. f.: CUMPAIGNIE, 587, et CUMPAGNIE, 1632.

CUMPAGNUN. V. le suivant.

CUMPAINZ. S. s. m. (Il faut, pour *cumpainz*, supposer un type tel que *companius*, tandis que *cumpaignun* dérive de *companionem*, déclinaison qui déplace l'accent), 285, 546, 3194, etc., et CUMPAIGNUN, 1160. —Voc. s. m.: CUMPAINZ, 1059 ; CUMPAIGN, 1051, et CUMPAIN, 2000.— R. s. m. : CUMPAIGNUN, 1020. — S. p. m. : CUMPAIGNUNS, 2178. — R. p. m.: CUMPAIGNUNS, 858.

CUMPEREE (AVRUNT). Verbe act., fut. antérieur, 3° p. p., avec un r. s. f. Auront payée (*Comparatam habere-habent*), 449. — Subj. prés. 3° p. s., CUMPERT, 1592.

CUMPERT. Verbe act., 3° p. s. du subj. prés. de *cumperer* (*Comparet*, paye). 1592.

CUMUNE. Adj. s. s. f. Générale (*Communis*) : *La bataille est* CUMUNE, 1320.

CUMUNEL. Adj. s. p. m. Agissant en commun (*Communales*) : *Tenent l'enchalz, tuit en sunt* CUMUNEL, 2446.

CUMUNEMENT. Adverbe. Tous ensemble (Peut-être pour *cumunelment*, de *communali-mente*), 1416, etc.

CUN. Conjonction (*Quomodo*) : *Tut issi* CUN *il sunt*, 2435; et, au sens exclamatif : *E! France dulce,* CUN *hoi remendras guaste*, 1985. V. *Cum.*

CUNDUIRE. Verbe actif, inf. prés. (*Conducere*), 945. — Ind. prés., 3° p. s.: CUNDUIT, 3370. — Parf. simpl., 3° p. s.: CUNDUIST, 1315, et CUNDOIST, 1392. 3° p. p. : CUNDUISTRENT, 685. — Parf. comp., 3° p. s., avec un r. s. m.: AD CUNDUIT, 3689, et, avec un r. p. m.: AD CUNDUIZ: 542, et AD CUNDUIT, 527. — Fut., 1re p. s.: *Jo* CUNDUIRAI, 892. = Passif. Subj. prés., 1° p. p., avec un s. p. m. : SEIUNS CUNDUIZ, 46.

CUNFES. Part. pass., s. p. m. Confessés (*Confessi*) : *Ben sunt* CONFES *e asols*, 3859.

CUNFORT. R. s. m. Reconfort, encouragement (substantif verbal de conforter, *confortiare*), 1941.

CUNFUNDRE. Verbe act., inf. prés. (*Cunfundere*), 17, 389, etc. — Ind.

prés., 3e p. p. : CUNFUNDENT, 300. — Subj. prés., 3e p. s.: CUNFUNDE, 788. = Au passif, ind. prés., 2e p. s., avec un s. s. m. : IES CUNFUNDUZ , 3955. — Part. passé, s. s. f. : CUNFUNDUE, 1986.

CUNGET. R. s. m. Ce mot est employé dans le sens de « prendre congé, donner congé » (*Commeatum, commiatum,* par la consonnification de l'*i*): *E! gentilz hom, car me dunez* CUNGET, 2177. — *Prennent* CU(N)GET, 2764. — CUNGIED, 337. D'après les assonances, cette dernière forme est la bonne.

CUNOISANCES. R. p. f. Signes qui, peints sur l'écu, servaient à reconnaître dans la mêlée les chevaliers de différentes nations. Ce ne sont pas des armoiries (*Cognoscentias*): *Escuz unt genz de multes* CUNOISANCES, 3090. V. *Conoisance*, 3987.

CUNQUERE. Verbe act., inf. prés. Conquérir (*Conquirere,* et, en langue vulgaire, *conquerere*), 2920. — Ind. prés., 3e p. p. : CUNQUERENT (L'assonance semble exiger *cunquièrent*), 3032. — Parf. simpl. : 1re p. s. : CUNQUIS, 198. 3e p. s.: CUNQUIST, 3 et 2047. — Parf. comp., 1re p. s., avec un r. p. m. et f., AI CUNQUIS, 2333. 2e p. p., avec un r. p. m. : AVEZ CUNQUIS, 1859. — Fut., 1re p. s. : CUNQUERRAI, 988. 3e p. s. : CUNQUERRAT, 401. — Fut. ant., 1re p. s., avec un r. p. f.: AVRAI CUNQUISES, 2352. — Part. prés., s. s. m.: CUNQUERANT, 353, 2363 — Part. passé, r. p. m.: CUNQUIS, 1859.

CUNQUERRANTMENT. Adv. En conquérant, à la façon d'un conquérant (*Conquerenti-mente*), 2867.

CUNREER. Verbe actif, inf. prés. Préparer, disposer, armer (d'un type germanique, *raidjan*, mettre en ordre (?), qui a donné en bas latin *conrediare, conredium*) : *De guarnemenz se prent à* CUNREER, 243.— Parf. comp., 3e p. p., avec un r. p. m.: *XII. serjanz les unt ben* CUNREEZ, 161.

CUNRÉID. R. s. m. Équipement, bagage (V. l'étymologie du mot précédent, et Ducange, au mot *Conredium*), 2493.

CUNSEILL. S. s.: 1o Avis, sentiment (*Consilium*), 228. — R. s. : CUNSEILL, 3454; CONSEILL, 3510. On trouve l'expression « prendre conseil » dans le sens de « se décider » : *Si* PREN CUNSEILL *que vers mei te repentes*, 3590. = 2o Conseil, assemblée. Se dit en particulier du Conseil du Roi. S. s., CUNSEILL : *Dès ore cumencet le* CUNSEILL *que mal prist*, 179. — R. s.: CUNSEILL, 62, 78. Rem. la locution « tenir conseill » : *Ore en tendrum* CUNSEILL, 3761.

CUNSEILLER. Verbe act., inf. prés. Donner un conseil (*Consiliare*), 2212. — Parf. comp., 3e p. p. UNT CUNSEILLET, 2668. — Impér., 2e p. p. : CUNSEILLEZ, 20. Ce mot entre comme assonance dans les laisses en *ier*.

CUNSENT. Verbe act. impér., 2e p. s. (De *consentire*.) Accorder, donner : *Par ta mercit, me* CUNSENT — *Que mun nevold pois(se) venger*, 3108, 3109. — Subj. prés., 3e p. s., CUNSENTE : *Deus tut mal te* CUNSENTE, 1589.

CUNTE. R. s. m. (*Comitem*.) C'est le cas régime de *Quens* (*Comes*). QUENS se trouve aux v. 194, 625, etc ; — CUNTE, aux v. 327, 635, 1526, etc. etc. — S. p. m. : CUNTE, 378, 577, etc. — R. p. m. : CUNTES, 14, 207, etc.

CUNTE. R. s. m. (Subst. verbal de *cunter*) : *L. milie chevaler sunt par* CUNTE, 3078.

CUNTENANCE. R. s. f. Figure, maintien (*Continentiam*), 118. — R. p. f., CUNTENANCES : *Quant Carles veit si beles* CUNTENANCES, 3006. Cf. 3086.

CUNTENANT. R. s. m. Même sens que le précédent (*Continentem*) : *Cler le visage e de bon* CUNTENANT, 3115.

CUNTENCE. *Sun ceval brochet ki ort de l'*CUNTENCE, 1591, pour : *Sun ceval brochet ki de l' curre* CUNTENCE. Dans cette dernière hypothèse, CUNTENCE serait ? un ind. prés. 3e p. s. d'un verbe fait sur *contendere*, et ayant le sens de : « s'efforcer de, faire un effort... »

CUNTENÇUN. R. s. f. Effort. (*Contentionem*), 855.

CUNTENEMENT. R. s. Attitude (V. *Cuntenance*), 1598. = Les trois formes *cuntenance, cuntenant* et *cuntenement* nous montrent avec quelle facilité nos pères ajoutaient au même radical latin plusieurs suffixes différents. Les exemples abondent.

CUNTER. Verbe act., inf. prés. Raconter, dire (*Computare*) : *Por la raison* CUNTER, 68.

CUNTES. V. *Cunte*.

CUNTESSES. R. p. f. (*Comitissas*), 3729.

CUNTIENENT (SE). Verbe réfléchi, 3e p. p. de l'ind. prés. Se tiennent (*Se contenent*), 3797.

CUNTRALIEZ. Verbe réfl. impér. 2e p.

CUNTRARIER — CURIUS

p. (d'un verbe créé sur *contrarium*): *Pur Deu vos pri, ne vos* CUNTRALIEZ, 1741. V. le suivant.

CUNTRARIER. Verbe neutre, inf. prés. Le même que le précédent, et employé dans le même sens. A quatre vers d'intervalle on trouve CUNTRALIEZ et CUNTRARIER, l'*r* et l'*l* étant aisément pris l'un pour l'autre : *Li Arcevesques les ot* CUNTRARIER, 1737. Dans les deux cas, ce mot signifie : « Se disputer. »

CUNTRARIUS. Adj. s. s. m. Hostile (d'un adjectif en *osus*, fait sur *contrarius*) : *Envers Franceis est mult* CUNTRARIUS, 1212.

CUNTRE. Prép. (*Contra.*) *Cuntre* a plusieurs sens dans la *Chanson de Roland* : 1º Tout près de, etc. : CUNTRE *sun piz puis si l'ad embracet*, 2174. = 2º En échange, en comparaison de...: CUNTRE *un de nos en truverat morz quinze*, 1930. Ce sens dérive du précédent. = 3º Vers, du côté de...: CUNTRE *le ciel ambesdous ses mains juintes*, 2015. = 4º A la rencontre de...: *Vient curant* CUNTRE *lui*, 2822. = 5º Au moment de...: CUNTRE *midi tenebres i ad granz*, 1431. = 6º A peu près, approximativement (comme l'allem. *gegen*) : CUNTRE *dous deie l'ad de l'furrer getée*, 444.

CUNTREDIRE. Verbe neutre, inf. prés. S'opposer à, démentir, dire le contraire (*Contradicere*), 195. — Subj. prés., 3ᵉ p. s. : ? CUNTREDIE, 3669. — Part. pass., r. s. f., CONTREDITE : *La* CONTREDITE *gent*, 1932 (dans le sens de : la gent maudite, les païens).

CUNTRÉE. S. s. f. Pays (*Contrata*, de *contra*) : *Grant est la plaigne e large la* CUNTRÉE, 3305. — R. s. f. : CUNTRÉE, 448; CONTRÉE, 1455.

CUNTREMUNT. Adverbe. En haut, en amont (*Contra-montem*) : *Ambes ses mains en levat* CUNTREMUNT, 419.

CUNTRESTER (SE). Verbe réfl. inf. prés. Résister (*Contra-stare*) : *Pur ço ne s'poet nule gent* CUNTRESTER, 2511.

CUNTREVAILLET. Verbe neut., subj. prés., 3ᵉ p. s. *Cuntrevaleir* a le sens de « valoir » avec une idée de comparaison (*Contra-valeat*) : *Jamais n' iert hum ki tun cors* CUNTREVAILLET, 1984.

CUNTREVAL. Adverbe. En bas, en aval (*Contra vallem*) : *Li altre en vunt* CUNTREVAL *flotant*, 2472. Cf. *Cuntremunt*.

CUNTURS. R. p. m. Comtes (*Comitores*). Dans la hiérarchie féodale, les *cunturs* viennent après les vicomtes et avant les vavasseurs. Cela est vrai en particulier pour la Catalogne et pour le midi de la France. (V. Ducange, au mot *Comitores*, et Raynouard, au mot *Comtor*, II, 453.) A Barcelone, l'amende pour un vicomte valait deux fois celle d'un *comtor*, et celle d'un *comtor* deux fois celle d'un vavasseur. Je ne crois pas qu'il faille faire la même distinction dans les textes du Nord, et l'on trouve ici *cunturs* dans le sens de « comtes » : *Les filz as* CUNTURS, 850.

CUNVERTISSET. Verbe neut., subj. prés., 3º p. s. *Cunvertir* signifie : se convertir (de *convertere* passé à la 4º conjugaison) : *Ço voelt li Reis par amur* CUNVERTISSET, 3674.

CURAGES. S. s. m. Intention (*Coraticus*) : *Jo ne sai quels en est sis* CURAGES, 191. = Dans le sens de cœur : S. s. m. : CURAGES, 56. — R. s. m. : CURAGE, 650.

CURANZ. Adj. verb., s. s. m. (*Curant* vient de *currentem*. Nous avons vu ailleurs comment tous les participes présents avaient été ramenés à ceux de la 1ʳᵉ conjugaison latine, en *antem*.) Ce mot a plusieurs sens. Le plus souvent il signifie « rapide », et est l'épithète constante des mots *cheval* ou *destrer* : *Li destrers est e* CURANZ *e aates*, 1651. Cf. 1153, 1302, etc. = Il se dit également des eaux *courantes* : *Les ewes* CURANT, 1831. Dans ces deux cas, il est véritablement adjectif. = Mais il a également conservé son sens strict de participe présent ou plutôt de gérondif : *Desuz un pin i est alet* CURANT, 2357. CURANT *i vint*, 955. = Au s, s. m., on trouve : CURANZ, 1651. — S. s. f. : CURANT, 2466. — R. s. m.: CURANT, 1153. — R. s. f. : CURANT, 2225. — S. p. f. : CURANT, 3966. — S. p. f. : CURANT, 1831. — R. p. m. : CURANZ, 1142. — R. p. f. : CURANT, 2729.

CURE. R. s. f. Soin, souci (*Curam*) : *N'ai* CURE *de manace*, 314. — *N'ai* CURE *de parler*, 1170. — *N'unt* CURE *de lur vies*, 2604. — *De vos nen ai mais* CURE, 2305. L'expression « avoir cure » signifie donc « avoir souci de... ».

CURENT. Verbe neutre, ind. prés., 3ᵉ p. p. (*Currunt*), 2580. V. *Curre*.

CURIUS. Adj. s. p. m. Soucieux, inquiets. (*Curiosi?*) : *Li Franceis dolenz e* CURIUS, 1813. Cf. 1835. Le manuscrit porte, au vers 1813, *cur*...*ius*, et ces trois dernières lettres ont été ajoutées après coup; au v. 1835, il offre *curi.us*, et il est manifeste qu'une ou deux lettres ont été effacées au milieu du mot. Donc (quoique l'on trouve *curius* dans la traduction des *Livres des Rois* avec le sens « d'inquiet », et que Muller 3 ait ici adopté la leçon *curius*), nous estimons que dans les deux cas il faut lire *curuçus*. Venise IV lève tout doute en nous offrant la leçon *corocos*. V. *curuçus*.

CURONE. R. s. f. (*Coronam*), 930, 1490. V. *Corone, Corune, Curune*.

CURRE. Verbe neut., inf. prés. Courir (*Currere*), 1197, etc. — Ind. prés. 3e p. s. : CURT, 890 ; 3e p. p. : CURENT, 2580. — Parf. comp., 3e p. s., avec un s. s. m., EST CURUT, 2086. Part. prés. : CURANT. V. ce mot.

CURREIES. R. p. f. Courroies (*Corrigias*), 3738.

CURS. R. m. Course (*Cursum*) : *Descent à pied, aled i est pleins* CURS, 2878 (?).

CURT. R. s. f. La cour du Roi (*Curtem*), 231. — CORT, 351.

CURT. Verbe neut., ind. prés., 3e p. s. de *curre* (*Currit*), 390, 1539. V. *Curre*.

CURTE. Adj. r. s. f. Courte (*Curtam*), 1653. — S. p. f. : CURTES, 3080.

CURTEIS. Adj. s. s. m. Courtois (*Curtensis*, de *curtis*), 576. — R. s. m. :
CURTEIS, 3755. — S. p. m. : CURTEIS, 3796.

CURTEISEMENT. Adv. Courtoisement (*Curtensi-mente*), 1164, 3823.

CURUCIEZ (NOS). Verbe réfl., 2e p. p. de l'ind. prés. (d'un verbe, tel que *corruptiare*, fait sur *corruptum* ??) : *A tort* vos CURUCIEZ, 469.

CURUÇUS. Adj. s. p. m. Irrités, en colère (V. le précédent), 2164.

CURUNE. R. s. f. Couronne (*Coronam*), 2585. — R. p. f. : CURUNES, 388. Cf. les formes CORONE, 3236, 3538; CORUNE, 2684; CURONE, 930.

CURUT (EST). Verbe neutre, parf. comp. de *curre*, 3e p. s., avec un s. s. m., 2086.

CUSIN. R. s. m. Cousin (Ce ne peut être *consobrinum*; mais c'est le mot vulgaire *cosinum*, qui se trouve au VIIe s. dans le Vocabulaire de Saint-Gall), 173.

CUSTUME. S. s. f. Coutume, habitude (*Consuetudinem, constudinem*) : *Sa* CUSTUME *est qu'il parolet à leisir*, 141.

CUVENT. Verbe neutr., 2e p. s. de l'ind. prés. Il convient de... (*Convenit*) : *Dient Franceis : Il nus i* CUVENT *guarde*, 192. La forme *cuvient* est indiquée par les assonances.

CUVERT. Part. pass., s. s. m. Couvert (*Coopertus*), 463. — S. p. m. : CUVERT, 1468, et CUVERZ, 1084.

D

DAMAGE. R. s. Dommage, perte (*Damnaticum*, de *damnum*) : *Mult grant* DAMAGE *i out de chrestiens*, 1885. Cf. 1102, etc.

DAME. R. s. f. (*Dominam*), 1960. — Voc. s. f. : DAME, 2724. — S. p. f. : DAMES, 957. — R. p. f. : DAMES, 3983.

DAMNES-DEUS. S. s. m. « Le Seigneur Dieu » (*Dominus Deus*), 1898, etc., et DAMNE-DEU, 2004. — R. s. m. : DAMNE-DEU, 358, etc — Voc. pl. m. : DAMNES-DEU, 3492. V. *Deus*.

DAMISELE. S. ou r. s. f. Damoiselle (*Dominicella*) : *As li Alde venue, une bele* DAMISELE, 3708. Le mot ne convient pas à l'assonance.

DAM. R. s. m. Seigneur (*Dominum*) : *Tierri, le frere* DAM *Geifrei*, 3806. V. *Danz*.

DANEIS. Adj. s. s. m. (*Danensis*) : *Oger li* DANEIS, 3033.

DANEMARCHE. R. s. m. Le Danemark (des deux mots combinés : *Dania*, et *marcha*, d'origine germanique, qui signifient pays-frontière) : *Oger de* DANEMARCHE, 3937. Cf. *Denemarche*.

DANIEL. R. s. m. (Nom hébraïque; de *Dan*, juge, et *El*, Dieu), 2386.

DANZ. S. s. m. Seigneur (*Dominus*) : DANZ *Oliver*, 1367. — R. s. m. : DAM, 3806.

DAPAMORT. S. s. m. Nom d'un roi païen (?), 3216. — R. s. m., 3205.

DARERE. Adv. Derrière (*De a retro*), 3317.

DARZ. R. p. m. Dards (haut allem., *tart*, et surtout angl.-sax., *dar'dh*), 2075.

DATLIUN. R. s. m. *Il tint la tere* DATLIUN, 1215. C'est une monstrueuse erreur du scribe, pour *Dathan*.

DE. Préposition (du latin DE). 1o DE

a, par excellence, le sens séparatif : *L'abat mort* DES *arçuns*, 1329. = 2° Il indique l'origine, et, en particulier, l'origine topographique, la matière, etc. : *Un almaçur i ad* DE *Moriane*, 909. *Curreies* DE *cerf*, 3738. Cf. 23. = 3° Il signifie « de la part de » et exprime l'idée de réception : DE *mei tendrat ses marches*, 190. Et c'est un développement fort naturel du sens primitif, de l'idée de séparation. = 4° Aussi DE s'emploie-t-il partout pour remplacer les flexions du génitif latin : *Deus! quel doel* DE *baron*, 1336, etc. = 5° Moins fréquemment que *à*, mais encore assez souvent, il s'emploie pour « avec ». Roland dit à son épée : *Mult larges teres* DE *vus avrai cunquises*, 2352. = 6° On sait que le DE latin avait le sens fort net de « quant à, au sujet de... » On retrouve cette signification dans notre texte : DE L'*rei paien, sire, par veir creez*, 692. = 7° DE a encore le sens de « contre » : *Que nus aidiez* DE *Rollant le barun*, 623. Mais on retrouve ici l'idée de séparation : « Pour nous délivrer de Roland. » = 8° De la part de... : *Salvez seiez* DE *Mahum — E* D'*Apollin*, 416, 417. = 9° Pour... : *Ja mar crerez bricun... se* DE *vostre prod non*, 221. = 10° Par... : DE *mort serat finet*, 902. = 11° En... : *Voelt il* DE L'*tut errer*, 167. = 12° Un sens très important à noter est celui de « que » après un comparatif : *Mielz* DE *lui*, 750. *Plus fel de lui n'out en sa cumpagnie*, 1632. *Meillor vassal n'out en la curt* DE *lui*, 775. = 13° DE s'emploie, enfin, pour remplacer toutes les flexions latines du régime indirect en latin. = Dans les douze ou treize significations que nous venons de parcourir, DE est employé avec des substantifs ou des pronoms. On pouvait néanmoins se passer et l'on se passait souvent, en effet, de cette préposition pour exprimer le génitif latin : *Seiez es lius Oliver e Rollant*, 3016, etc. etc. = Il est inutile d'ajouter que DE s'emploie avec les verbes comme avec les substantifs : *Tendent* DE L'ESPLEITER, 2165, etc.

DECARRAT. Verbe neutre, futur simpl., 3° p. s Tombera (*Decaderehabet*), 2902. V. le suivant.

DECHÉENT. Verbe neut., ind. prés., 3° p. p. Tombent (*Decadunt*), 1585. La vraie forme est *dechiéent*. — Fut., 3° p. s. : DECARRAT, 2902.

DECLIN. R. s. m. Ruine (subst. verbal de *decliner*) : *Le meie honor est turnet en* DECLIN, 2890.

DECLINER. Verbe neutr., inf. prés. S'abaisser, tomber (*Declinare*): *Quant veit li Reis le vespres* DECLINER, 2447. — Verbe actif, ind. prés., 3° p. s., DECLINET : *Ci falt la geste que Turoldus* DECLINET, 4002. Nous avons énuméré, dans notre *Introduction*, les différents sens de ce dernier mot, qui est vraiment capital dans la question si controversée de l'auteur du *Roland*.

DEDAVANT. V. *Dedevant*.

DEDENZ. Adverbe (*De-de-intus*), 1776.

DEDESUZ. Prép. En dessous de... (*De-de-subtus*) : *Lur chevals laisent* DEDESUZ *un olive*, 2705.

DEDEVANT. Prép. (*De-de-ab-ante*) : DEDEVANT *lui*, 2300. On trouve DEDAVANT au v. 3266. V. *Devant*.

DEFALT. Verbe neutre, ind. prés., 3° p. s. Manque (*De-fallit*), 1735, 2107.

DEFENDRE. Verbe actif, inf. prés. (*Defendere*) : *Vassals est bons por ses armes* DEFENDRE, 3785. — Ind. prés., 1re p. s. : DEFEND, 2438. 3° p. p., au réfléchi, DEFENDENT : *Fièrent li un, li altre se* DEFENDENT, 1398. — Impér., 2° p. s. : DEFEND, 3100. — Subj. prés., 3° p. s. : DEFENDET, 2749. = Au passif. Ind. prés., 3° p. s., avec un sujet s. s. f. : EST DEFENDUE, 3651.

DEFENIR. Verbe act., inf. prés. Terminer (*De et finire*), 2889.

DEFENSION. R. s. f. Résistance, défense (*Defensionem*): *En tel bataille fait grant* DEFENSION, 1887. C'est notre expression : « Faire une belle défense. »

DEFINEMENT. S. s. Fin (*Definimentum*) passé au masculin : *Dient plusor : Ço est li* DEFINEMENT, — *La fin de l' secle*, 1434, 1435.

DEFORS. Adv. En dehors de (*Deforis*), 2247.

DEFRUISENT. Verbe act., 3° p. p. de l'ind. prés. Battent, brisent, renversent (Suivant W. Fœrster, de *frustiare* sur le type *frusta*) : *A granz bastuns le batent e* DEFRUISENT, 2588.

DEFULENT. Verbe act., 3° p. p. de l'ind. prés. Foulent aux pieds (*Defullant*) : *E porc e chen le mordent e* DEFULLENT, 2591.

DEGETUNS. Verbe act., subj. prés., 3° p. p. Rejetions (*De-jectemus*) : *Ki ço vos lodet que cest plait* DEGETUNS, 226.

DEGREZ. R. p. m. Les degrés d'un escalier (*De-gradus*), 2021, 2840.

DEGUASTÉE (AD). Verbe act., 3º p. s. du parf. comp. avec un r. s. f. A ravagé (*Devastatam habet*): Ad ma tere DEGUASTÉE, 2756.

DEHET. R. s. Douleur, déplaisir (étymologie très incertaine. Suivant Diez et Burguy, ce serait?? le nordique *heit*, promesse, désir): DEHET ait ki s'en fuit, 1047. DEHET ait li plus lenz, 1938.

DEI. Verbe act., ind. prés., 1ʳᵉ p. s. Je dois (*Debeo*), 338, etc. 3º p. s.: DEIT, 36, 315, etc. 1ʳᵉ p. p.: DEVUM, 429, etc.; DEVOM, 3359, et DEVUNS, 1009, etc. 2º p. p.: DEVEZ, 135; 3º p. p.: DEIVENT, 1346, 1718. — Parf. simpl., 3º p. s.: DUT, 333. — Cond., 3º p. s.: DEVEREIT, 389; DEVREIT, 1149.—Subj. prés., 3º p. s.: DEIE, 757. — Subj. imparf., 3º p. s. (*Debuisset*): DOÜST, 355, 2º p. p. (*Debuissetis*): DOÜSSEZ, 455, et DOÜSEZ, 353.

DEIE. R. p. m. Doigts. *Cuntre dous* DEIE *l'ad de l' furrer getée*, 444. V. *Deiz*: = Bien que *deie* ait été conservé par Muller[3] et Hoffmann comme une forme neutre, je persiste à préférer *deiz*, qui vient de la seule forme latine correcte: *digitos*.

DEIGNASTES. Verbe act., 3º p. p. du parf. simpl. (*Dignastis*), 1101.

DEINTET. R. s. f. Dignité, honneur et, par extension, biens, domaine, (*Dignitatem*), 45. Il faut restituer *deintiet*, à cause de l'assonance.

DEIT. Verbe act., 3º p. s. de l'ind. prés. (*Debet*), 36, 315, etc. V. *Dei*.

DEIVENT. Verbe act., 3º p. p. de l'ind. prés. (*Debent*), 1346, etc. V. *Dei*.

DEIZ. R. p. m. Doigts (*Digitos*), 509. Cf. *Deie*.

DEJUSTE. Prépos. Auprès de... (*Dejuxta*): DEJUSTE *Carcasonie*, 385.

DEL. Pour *de lo* (*De illo*), 264, 597, etc. — Au f. (*De illa*): DE L'*altre part*, 931, etc. V. *De*.

DELEZ. Prépos. A côté de (*De*, combiné avec *latus*): DELEZ *un eglenter*, 114.

DELGÉE. Adj., s. s. f. Fine (*Delicata*): *L'erbe de l'camp ki est verte e* DELGÉE, 3389. La vraie forme est *delgiée*.

DEMAIN. Adv. (*De-mane*): *Einz* DEMAIN *noit*, 517. = Ce vocable a aussi le sens substantif de « lendemain »: *Carle se dort tresqu'*A L'DEMAIN *à l'cler jur*, 2569.

DEMANDER. Verbe act., inf. prés. (*De-mandare*), 1181. — Ind. prés., 1ʳᵉ p. s., DEMANT, 3200. 2º p. s.: DEMANDES, 713. 3º p. s.: DEMANDET, 119, 833. 3º p. p.: DEMANDENT, 3091.

— Parf. comp., 3º p. s., avec un r. s. f.: AD DEMANDÉE, 1368. — Fut., 2º p. p.: DEMANDEREIZ, 3558 (dans une laisse en *ei*), 3º p. p.: DEMANDERUNT, 2912. — Subj. prés., 3º p. s.: DEMANT, 1482.

DEMANEIS. Adv. Sur-le-champ, sans retard (L'étymologie *De-manu*, quoique proposée par Diez, est évidemment insuffisante à rendre compte de la dernière syllabe. On a proposé (?) *de manu ipsum*, en prétendant que ce dernier mot était ici employé adverbialement): *De lur espées i fièrent* DEMANEIS, 3419.

DEMANT. Verbe act., ind. prés., 1ʳᵉ p. s. (3200), et subj. prés., 3º p. s. (1482), de DEMANDER. V. ce mot.

DEMEINENT. Verbe act., 3º p. p. de l'ind. prés. (*De-minant*): DEMEINENT *grant dolor*, 2595. — Parf. simpl., 3º p. s., avec un r. s. m. ou n., AD DEMENED: *Ad sun cors* DEMENED, 525. — Impér., 2º p. p.: DEMENEZ, 2946. — Subj. prés., 3º p. s., DEMEINT: *N'i ad icel ne* DEMEINT *irance*, 1845. = *Demener dolor* ou *ire* était une expression consacrée par l'usage. Nous l'avons perdue.

DEMENTET (SE). Verbe pronom., 3º p. s. de l'ind. prés. Se désole, se lamente (*Se dementat*), 1795; SE DEMENTE, 1404, et, par erreur, SE DEMET, 3010. 3º p. p.: SE DEMENTENT, 1587. — Impér., 2º p. p.: *Ne vos* DEMENTEZ, 3824. — Subj. prés., 3º p. s.: SE DEMENT, 1835.

DEMENIE = DEMEINE. Adj. r. s. (Ce mot dérive de *demanius*, *domanius*, = *dominicus*. V. Ducange, à ces différents mots.) *Dominicus*, *domanius* a d'abord désigné ce qui appartenait EN PROPRE au *dominus* ou seigneur. Puis, par une extension facile à saisir, il a eu le même sens que le latin *proprius*: *Sun cors* DEMENIE *mult fierement asalt*, 729.

DEMI. R. s. m. et f. (*Dimidium*): DEMI *mun host*, 785; DEMI *pied*, 1218; DEMI *Espaigne*, 432.

DEMISE. Part. pass., s. s. f. Fondue (?) (*Demissa?*): *Issi est neirs cume peis ki est* DEMISE, 1635.

DEMURET. Verbe neut., inf. prés. (*Demorare*. Pas de déponents dans le latin vulgaire), 2451. — Ind. prés., 3º p. p.: DEMURENT, 162. — Parf. simpl., 3º p. s.: AD DEMURET, 2622. 3º p. p.: UNT DEMURET, 1806. — Part. prés., s. p. m.: DEMURANT, 3519. = Ce verbe est également employé comme réfléchi: Inf. prés.: *Li Amiralz ne* SE *voelt* DEMURER,

3140. — Ind. prés., 3º p. s. : *Morz est li quens que plus ne* SE DE-MURET, 2021. = Le sens est tantôt celui de l'original latin « se mettre en retard ». (v. 3140, 1841, etc.); tantôt celui de « rester » (v. 2451, 162).

DEMUSTRAI. Verbe act., parf. simpl., 1re p. s. (*Demonstravi*, par la chute de la nasale), 514. 3e p. s. : DEMUSTRAT, 2531.

DENEMARCHE. R. s. f., 749, 1650, 3856. V. *Danemarche*.

DENER. R. s. m. (*Denarium*), 1262. — R. p. m. : DENERS, 1148. Ce mot est presque toujours employé comme négation explétive : *Tute lor leis un* DENER *ne lur valt*, 3338. — *Ne valt* ·IIII· DENERS, 1880. D'après les assonances et les lois de la phonétique, il faut DENIER.

DENISE. R. s. m. (*Dionysium*) : *El burc* (*de Seint*-DENISE, 973. *E des chevels munseignor seint* DENISE, 2347. On voit par ces deux exemples, quelle était la prononciation de ce mot, qui sert d'assonance en deux couplets féminins.

DENT. S. s. m. (*Dentem*), 2346. — R. s. m. : DENT, 1603.— R. p. m.: DENZ, 1934. V. *Adenz*. = *Dent* est du masculin, et les exemples abondent pour le prouver : *La dame est gente et les dens ot petis. — Il sont plus blans qu' ivoere planeïs*. Garin le Loherain, éd. P. Paris, I, p. 298. — *Les dens ot igués — Et sont fais par compas com s'il fuissent plantés*. (Elie de S. Gilles, ms. de la B. N. 25516, fº 88.) *Femme qui ait les dens menus* (Bibl. d'Épinal, m. s. 189. *Bulletin de la Société des anciens textes*, 1876, nº 2-4, p. 83.) V. surtout l'exemple de *Mainet*, qui est tout à fait analogue à celui de *Roland* (v. 2346) : *Un des denz saint Jehan*.

DEOL. R. s. m. Deuil. 929. V. *Doel*.

DEPARTED. Verbe neut., subj. prés., 3e p. s. (*De et partire*.) En parlant d'une bataille : *Doel i avrat, enceis qu'ele* DEPARTED, 3480. Le sens est ici : « Avant qu'elle soit finie. » = Le même verbe est p. e. réfléchi. Subj. prés., 1re p. p. : *Col en avras einz que nos* DEPARTUM, 1900. = Et au passif, subj. prés., 3e p. s., avec un s. s. f., SEIT DE-PARTIE : *L'anme de mei me* SEIT OI DEPARTIE, 2940.

DEPARTIE. S. s. f. Séparation (*Departita*) : *Einz le vespere, ert mult gref la* DEPARTIE, 1736.

DEPIECENT. Verbe act., ind. prés., 3e p. p. Mettent en pièces (*Depetiant*), 3880. — Imparf. de l'ind., 3e p. s. : DEPEÇOUT, 837. Ces imparfaits sont propres aux dialectes de l'Ouest.

DERERE. Prép. (*De-retro*) : DERERE *sci*, 573. = DERERE est en outre employé adverbialement : *Sunent cil graisle e* DERERE *e devant*, 1832.

DERUMPRE. Verbe act., inf. prés. Briser, rompre (*Dis-rumpere*), 1500. — Ind. prés., 3e p. s. : DERUMPT, 1227; Cf. DESRUMPT, 2449. — Parf. simpl.. 3e p. s. : DERUMPIT, 1284. — Subj. prés., 3e p. s. : DERU[M]PET, 19. — Part. prés., s. p. m. (dans le sens du part. pass.); DERUMPANT : *Tuit li membre de sun cors* (*sunt*) DERUMPANT, 3970.

DES. Pour « de les » (*De illis*), 24, etc. etc. V. *De*.

DÈS. Prép. (*De-ex*) : 1º DÈS *ore*, 179, 3804, 3747. DÈS *les Apostles*, 2255. = 2º Dans les cas précédents, il s'agit du temps; dans le suivant, de l'espace : DÈS *Cheriant entresqu'en Val Marchis*, 3208.

DESAFFRET. Verbe act., ind. prés., 3e p. s. Enlever le safre, la broderie d'or ou de laiton (On a dit que *safre* se rapporte à *safran*, et que « safraŋ » vient de l'arabe *za'feran*, en italien *zafferan*ŏ. Mais M. Dozy propose, avec plus d'exactitude, de rapprocher *safre* de l'arabe *sofr*, cuivre jaune, laiton. Et le safre n'était autre chose, en effet, que des fils de laiton passés dans les mailles du haubert. V. le *Dictionnaire étymologique de tous les mots d'origine orientale*, par Marcel Devic) : *De sun osberc les dous pans li* DESAFFRET, 3426.

DESARMER. Verbe act. et réfl., inf. prés. (*Dis-armare*) : SE DESAR-MER, 2498. — Ind. prés., 3e p. p. : DESARMENT, 3942; SE DESARMENT, 2850.

DESCENDRE. Verbe neut., inf. prés., (*Descendere*), 3920. — Ind. prés., 3e p. s. : DESCEND, 2448, et DESCENT, 2013, 2356. 3e p. p. : DESCENDENT, 406. — Parf. simpl., 3e p. p. : DESCENDIRENT. 120. — Parf. comp., 3e p. s., avec un s. s. m. : EST DESCENDUZ, 2819, et DESCENDUT, 2479. — Fut., 3e p. s. : DESCENDRAT, 710. 3e p. p. : DESCEN-DRUNT, 1746.

DESCHEVALCET (AD). Verbe act., 3e p. s. du parf. comp., avec un r. p. m. A désarçonné (*Dis-cavallicatum habet*) : *VII Arrabiz i ad* DESCHE-VALCET, 1513. L'assonance exige DESCHEVALCIET.

DESCLOT. Verbe act., 3° p. s. de l'ind. prés. Ouvrir en brisant (*Dis-claudit*) : *L'osberc li* DESCLOT, 1199. — Parf. comp., 3° p. s., avec un r. s. m. AD DESCLOS, 1946; et avec un r. s. f. : AD DESCLOSE, 1577.

DESCULURET. Part. pass., s. s. m. Décoloré (*Dis-coloratus*) : *Teint fut e pers*, DESCULURET *e pale*, 1979.

DESCUMFIST. Verbe act. parf. simpl., 3° p. s. Mit en pièces (*Dis-confecit*) : *L'osberc li* DESCUMFIST, 1247. — Parf. comp., 3° p. s., avec un r. s. f. : AD DESCUNFITE, 3362.

DESCUNFISUN. R. s. f. (V. le précédent : *dis-confectionem*), 1894.

DESERT. R. s. (*Desertum*) : *Occian la* DESERT, 3246; lire : *le* DESERT. = R. p., DESERZ : *Si purpernez les* DESERZ *e les tertres*, 805. Erreur, au lieu de *destreiz*.

DESERTE. Adj., s. s. f. (*Deserta*), 664. Ailleurs, DESERTE a le sens de « veuve, privée » : *France... de tels barons remeint* DESERTE, 1696. — R. s. f. : DESERTE, 2489. = Cf. DESERT, lequel peut être, au v. 3246, considéré comme un adjectif.

DESERTET. Adj. s. s. m. (*Desertatus*) : *Tere de France, mult estes dulz païs*, — *Oi* DESERTET, 1861, 1862. Mot douteux.

DESERVIT (AD). Verbe act., 3° p. s. du parf. comp. A mérité (*Deservitum habet*), 3740.

DESEVERET. Verbe act., ind. prés., 3° p. s. Sépare (*De-separat*) : *Tute l'eschine li* DESEVERET *de l'dos*, 1201. DESEIVERET, 3467. — Parf. simpl., 3° p. p.: DESEVERERENT, 3571. = Passif. Fut., 1re p. p, avec un s. p. m. : ERMES DESEVEREZ, 1977. — Subj. prés., 3° p. p., avec un s. p. m. : SEIENT DESEVREZ (*sic*), 3913. — Part. pass., s. ou r. p. m.: DESEVRED : *Par tel amur as les vus* DESEVERED, 2009. La vraie notation, la seule conforme à la mesure nous est fournie par le vers 3913.

DESFAIRE. Verbe act., inf. prés. (*Dis-facere*), 934, et DESFERE, 49. — Impér., 1re p. p. : DESFAIMES, 450.

DESFI. Verbe act., ind. prés., 1re p. s. Je défie (*Dis-fido*) : DESFI *les en*, 287. — Parf. simpl., 1re p. s., DESFIAI, 3775. — Plus-que-parf., 2° p. p., avec un r. s. m. : AVIEZ DESFIET, 2702.

DESGUARNIE. Part. pass., s. s. f. (*Dis* avec un mot d'origine germanique, *warnôn*) : *E! Sarragucę, cum ies oi* DESGUARNIE, 2598.

DESHERBERGENT. Verbe neut., ind. prés., 3° p. p. Quittent leur campement (*Dis-herbergant*. Ce dernier mot est d'origine germanique, *heriberga*) : *Franc* DESHERBERGENT, *funt lur sumers trosser*, 701.

DESHONOR. R. s. m. (*Dis et honor*) : *Sur un sumer l'unt mis à* DESHONOR, 1828. Rem. la locution : « Mettre à déshonneur. »

DESIRET. Verbe act., 3° p. s. de l'ind. prés. Sens actuel (*Desiderat*) : *A ferir le* DESIRET, 1643.

DESIST. Verbe act., 3° p. s. de l'imp. du subj. (*Dixisset*), 1760. V. *Dire*.

DESLACAT. Verbe act., 3° p. s. du parf. simpl. (*Dis-laqueavit*), 2170.

DESMAILET. Verbe act., 3° p. s. de l'ind. prés. Rompt les mailles... (De *dis* et d'un verbe formé sur *macula*, maille), 1270. — Parf. comp., 3° p. p., avec un r. s. m. : UNT DESMAILLET, 2079. — Part. pass., s. s. m. : DESMAILET, 2051. R. p. f. : DESMAILLÉES, 3387. = L'assonance exige, *desmailiet*, etc.

DESMEMBRER. Verbe act., inf. prés. Tailler en pièces (*Dis-membrare*), 1970.

DESMENT (SE). Verbe pronomin., 3° p. s. du subj. prés. Se désole, s'afflige (*Dis-mentet*), 2516. V. *Dement*.

DESMENTIR. Verbe act., inf. prés. Démentir (*Dis-mentire*), 3834. — Ind. prés., 1re p. s. : DESMENT, 788. — Subj. prés., 1re p. s., DESMENTE, 3791.

DESMESURÉEMENT. Adv. (*Dismensurata-mente*), 1425.

DESORDENET (AVEZ). Verbe act., 2° p. p. du parf. comp. Avez renversé (*Dis-ordinatum habetis*), 3408.

DESOTREI. Verbe act., 1re p. s. de l'ind. prés. Je refuse (*Dis-auctorico*), 518.

DESPERSUNENT. Verbe act., 3° p. p. de l'ind. prés. Défigurent, maltraitent (*Dis-personant*), 2581.

DESQUE. Adv. (*De-usque*), jusque. DESQUE *à Deu juise*, 1733.

DESRENGET. Verbe act., ind. prés., 3° p. s. Parcourir, faire le tour (*Dis* latin et haut allem. *hring*, cercle) : *Gualter* DESRENGET *les destreiz e les tertres*, 809.

DESRUMPT. Verbe act., ind. prés., 3° p. s. Brise, rompt (*Dis-rumpit*), 2449. V. *Derumpre*.

DESTOLT (SE). Verbe réfl., 3° p. s., ind. prés. Se retire, s'enfuit (*Dis-tollit*). 3235.

DESTORNÉE (ERT). Verbe pass., 3° p. s. du fut., avec un s. s. f. Sera évitée, détournée (*Dis-tornata*), 3577.

DESTRE. Adj. r. s. m. Droit (*Dexte-*

rum), 331, et r. s. f., 340. = Ce mot est, comme en latin, employé substantivement. Voy. le v. 1018 : *Guardet suz* DESTRE.

DESTREIT (SUI). Verbe pass., ind. prés., 1ʳᵉ p. s. (*Sum districtus*) : *A mort* SUI DESTREIT, 2743. V. les deux suivants.

DESTREIZ. R. p. m. Le sens SIMPLE est celui de détroit. ou plutôt de passage étroit (*Districtos*) : *Gualter desrenget les* DESTREIZ, 809. Mais AU FIGURE, on trouve, comme r. s., DESTREIT dans le sens de détresse (*Districtum*) : *Morz est li gluz ki en* DESTREIT *vus teneit*, 3456. — Au r. p., DESTREIZ : *Pur sun seignor deit hom suffrir* DESTREIZ, 1010.

DESTREIZ. Adj. ou part. pass., r. p. m. Etroits (*Districtos*) : *Veez les porz e les* DESTREIZ *passages*, 741.

DESTRERS. S. s. m. Cheval de guerre (*Dextrarius*, de *dextra*, parce qu'on menait le cheval de la main droite), 1651. — R. s. m. : DESTRER, 347, etc. — R. p. m. : DESTRERS, 399, etc. = Pour l'assonance, *destrier*.

DESTRUITE (SERAT). Verbe pass., 3ᵉ p. s. du fut., avec un s. s. f. (*Destructa*), 835.

DESTURBER. Verbe employé substantivement. Le verbe signifie « détourner », et le substantif « obstacle ». (A proprement parler « ce n'est pas un verbe A L'INFINITIF qui aurait été substantivisé, ni encore un type *disturbiare* qui n'existe pas. C'est une formation très répandue; c'est le suffixe *arium* que l'on ajoute à des verbes de la première conjugaison latine. Voici la liste à peu près complète de ces mots : *Desturbier, encombrier, recovrier, demorier, reprovier, encontrier, desirier, reprochier, remuier, frapier, restorier*. Pour chacune de ces formes, nous pourrions citer de nombreux exemples. » Note de M. W. Fœrster.) *Aler i volt, mais il ad* DESTURBER, 2548. (Cf., dans la *Vie de saint Thomas de Cantorbéry*, le v. 1080 : *L'adme al cel des angles porte sans destorber*). Il est inutile d'ajouter que l'assonance exige *desturbier*.

DESTURNET (FUST) Verbe pass., 3ᵉ p. de l'imparf. du subj., avec un s. s. m. (*Dis-tornatus fuisset*), 440.

DESUR. Prép. Sur, au-dessus (*De-super*), 1017.

DESURE. Prép. Sur, au-dessus (*De-supra*. Cf. *sovre*, dans la Cantilène de sainte Eulalie) : *Asez orrez laquele irat desure*, 927.

DESUZ. Prép. Sous, au-dessous (*De-subtus*) : DESUZ *un pin*, 114.

DESVET (EST). Verbe pass., 3ᵉ p. s. de l'ind. prés., avec s. s. m. Est affolé, devient fou (étymologie incertaine) : *Si grant doel ad por poi qu'il n'*EST DESVET, 2789.

DETOERST. Verbe act., 3ᵉ p. s. du parf. simpl. Tordit, tourmenta (*Detorsit*) : *Si duist sa barbe e* DETOERST *sun gernun*, 772. La bonne forme serait *detorst*.

DETRAIRE. Verbe act., inf. prés. Tirer (*De-trahere*) : *Sa barbe blanche cumencet à* DETRAIRE, 2930.

DETRENCHER. Verbe act., inf. prés. Couper en morceaux (étymologie inconnue), 3889. — Parf. comp., 3ᵉ p. s., avec un r. s. m. : AD DETRENCHET, 2172. — Part. pass., r. p. m. : DETRENCHEZ, 1747. = L'assonance exige *detrenchiez*.

DETRÈS. Prép. Derrière (*De-trans*. — *Trans* a parfois le même sens en latin : *Trans caput jacere*, dans Virgile, signifie : jeter derrière sa tête), 584.

DEUS. S. s. Dieu (*Deus*), 154, etc. — Voc. s. (*Deus*) : DEUS, 2337; — R. s. (*Deum*) : DEU, 7, 82, etc. — S. p. m. (*Dii*) : DEU, 2600. — Voc. p. m. (*Dii*) : DEU, 1907. — R. p. m. (*Deos*) : DEUS, 1618. = DEUS est fréquemment employé comme exclamation : *Quant l'ot Rollant*, DEUS ! *si grant doel en out*, 1196.

DEVANT. Est tantôt employé comme préposition, avec un complément, et tantôt adverbialement, sans régime (*De-ab-ante*). Comme préposition, on le trouve aux v. 4 (DEVANT *lui*); 671 (DEVANT *sun tref*), etc. = Sans complément, on le rencontre au v. 1631 (DEVANT *chevalchet un Sarrazin*), etc. = Noter la locution ÇA DEVANT : *Tere major mult est loinz* ÇA DEVANT, 1784.

DEVENIR. Verbe neutre, inf. prés. (*Devenire*), 155. Ind. prés., 3ᵉ p. s. : DEVIENT, 102. — Parf. comp., 3ᵉ p. s., avec un s. s. m. : EST DEVENUZ, 2407. — Fut., 3ᵉ p. s. : DEVENDRAT, 223; 1ʳᵉ p. p. : DEVENDRUM, 2698. — Impér., 2ᵉ p. s. : DEVEN, 3593.

DEVERS. Prép. Du côté de (*De-versus*) : DEVERS *Ardene vit venir uns leuparz*, 728.

DEVEREIT. Verbe act., cond., 3ᵉ p. s. de *deveir* (*Debere habebat*), 389. V. *Dei*.

DEVEZ. Verbe act., 2ᵉ p. p. de l'ind. prés. de *deveir* (*Debetis*), 135. V. *Dei*.

DEVIENT. Verbe neut., 3º p. p. de l'ind. prés. de *devenir* (*Devenit*), 102.
DEVREIT. Verb. act. cond., 3º p. s. de *deveir*, 1149.
DEVUM, DEVOM, DEVONS. Verbe act., 1º p. p. de l'ind. prés. de *deveir* (*Debemus*). On trouve DEVOM, au v. 3359; DEVUM, au v. 439, etc.; DEVUNS, au v. 1009, etc. V. *Dei*.
DI. Verbe act., 1º p. s. de l'ind. prés. de *dire* (*Dico*), 591.
DIABLES. S. s. m. (*Diabolus*) : *Vos estes vifs* DIABLES, 746. — S. p. m. (par erreur) : DIABLES, 983. — R. p. m. : DIABLES, 3647.
DIE. Verbe act., 1º p. s. du subj. prés. de *dire* (*Dicam*), 459.
DIENT. Verbe act., 1º p. p. de l'ind. prés. de *dire* (*Dicunt*), 61, 192, etc.
DIET. Verbe act., 3º p. s. du subj. pres. de *dire* (*Dicat*), 424, etc.
DIGUN. R. s. m. Dijon (*Divionem*, par la consonnification du second *i*), 1092.
DIRE. Verbe act. et neutre, inf. prés. (*Dicere*), 582. — Ind. prés., 1º p. s. : DI, 591 ; 3º p. s. : DIT (qu'il ne faut pas confondre avec *dist*, 3º p. s. du parfait), 136, etc. ; 2º p. p. : DITES, 2487; 3º p. p.: DIENT, 61, etc. — Imparf., 3º p. p.: DISEIENT, 2560. — Parf. simpl., 1º p. s. : DIS, 1708; 3º p. s. : DIST, 27, 280, 283, 307, etc. — Parf. comp., 3º p. s. : AD DIT. 445; 2º p. p. : AVEZ DIT, 143. — Fut., 2º p. s. : DIRAI, 2913, et DIRRAI, 2919; 3º p. s. : DIRAT, 447; 2º p. p. : DIREZ, 81. — Imper., 2º p. p. : DITES, 1106.— Subj. pres., 3º p. s. : DIET, 424. — Imparf. du subj., 3º p. s. : DESIST, 1760. — — Part. prés., s. s. m. : DISANT, 445, 1190. = Au passif, nous trouvons le subj. prés. avec le participe au neutre : *Ne placet Deu... que ço* SEIT DIT *de nul hume vivant*, 1074, 1075.
DIS. R. p. m. Jours (*Dies*), dans la locution TUZ DIS, 1954. Et ailleurs : *Ensemble avum estet e anz e* DIS, 2028.
DIS. Nom de nombre (*Decem*), 41, etc.
DISANT. Part. prés., s. s. m. de *dire* (*Dicentem* ramené aux participes de la 1re conjugaison latine), 1190.
DISCIPLINE. R. s. f. *Disciplina* était devenu synonyme de *flagellatio*, et avait pris le sens général de « châtiment, douleur » : *De Sarrazins verrat tel* DISCIPLINE, 1929.
DISEIENT. Verbe act., 3º p. p. de l'imparf. de l'ind. de *dire* (*Dicebant*), 2560.

DISME. Adj. s. s. f. Dixième (*Decima*), 3084.
DIST. Verbe act., 3º p. s. du parf. simpl. de *dire* (*Dixit*), 27, 280, 283, 307. etc.
DIT. Verbe act., 3º p. s. de l'ind. prés. de *dire* (*Dicit*), 136, etc.
DIT. Participe, de *dire*. V. ce mot, aux temps composés.
DITES. Verbe act., 2º p. p. de l'ind. prés. de *dire* (*Dicitis*), 2487.
DITES. Verbe act., 2º p. p. de l'impér. de *dire* (*Dicitis*), 1106.
DOEL. S. s. m. Deuil (subst. verbal de *duleir*), 2082. etc. — R. s. m. : DOEL, 325, etc.; et DOL, 2936. — R. p. m., DOELS : *Vengez voz* DOELS, 3627. V. *Deol* et *Dol*.
DOINST. Verbe act., 3º p. s. du subj. prés. de *duner* (*Donet* n'explique que la forme *dunt*, et non pas celle-ci), 1505.
DOL. R. s. m. Douleur, 2936. V. *Doel* et *Deol*.
DOLENT. S. s. m. Triste, affligé (On admet généralement *dolentem;* mais « il faut peut-être supposer un type *dolentus, a, um* » W. Fœrster. Si cette etymologie était vraie, nos observations précedentes sur le féminin *dolente* dans le *Saint Alexis* et le *Roland* n'auraient plus rien de fondé), 2835. — R. s. m. : DOLENT, 2023. — R. s. f. : DOLENTE, 1104. — S. p. m. : DOLENT, 1608, et DOLENZ, 1813. = Au v. 2823, le mot DOLENTE est employé dans le sens de notre exclamation : « Misérable ! » Il s'agit de Bramidonie, qui s'écrie : « DOLENTE ! *si mare fui !* »
DOLOR. R. s. f. (*Dolorem*), 2695. V. *Dulur*.
DOLUR. R. s. f., 489. V. *Dulur*.
DOLUSET (SE). Verbe réfl., 3º p. s. de l'ind. prés. Se lamente (d'un mot formé sur *dolere*), 2577. = DULUSET est employé activement au v. 2022. Cf. *duluset*.
DORT (SE). Le verbe *dormir* est partout pronominal dans notre texte. Ind. prés., 3º p. s. (*Se dormit*) : SE DORT, 718; 3º p. p. : SE DORMENT, 2521.
DOS. R. s. m. (*Dorsum* avec la chute de l'*r*), 1201.— R. p. m. : DOS, 2445.
DOUS. R. p. m. Nom de nombre (*Duos*), 444. — R. p. f. : DOUS, (*Duas*), 637, etc. = Dans tous les exemples qui précèdent, DOUS est employé avec un substantif; dans les suivants, le substantif est sous-entendu, et DOUS est seul : *Après les* DOUS *establisent la terce*, 3027. *Ne*

mès que dous *nen i ad remès vifs*,
1309. = *Dous* s'emploie également
avec *de* : Dous de voz cuntes, 207.
V. *Dui*, qui est le cas sujet, aux
v. 2706, 2765, 2976.

DOÜSEZ, DOÜSSEZ. Verbe neut.,
2° p. p. de l'imparf. du subj. ou du
conditionnel de *deveir* (*Debuissetis*) :
455. Doüsez, 353, doüssez 455. C'est
doüssez qui est la meilleure forme
et qu'il faut partout rétablir. V. *Dei*.

DOÜST. Verbe neut., 3° p. s. de l'imparf. du subj. de *deveir*, avec le sens
du conditionnel (*Debuisset*) ; V. *Dei*.

DRAGUN. R. s. m. (*Draconem*), 1641,
et dragon, 3266, 3330, 3550. — S.
p. m. : dragun, 2543. = Le Dragon
était l'étendard des païens, 1631, etc.

DRECET. Verbe act., 2829 et 2884, et
le plus souvent réfléchi, 195, 218, etc.
Se dresse (*Se directiat*, *se drictiat*).
Ind. prés., 3° p. s. : se drecet, 195,
3° p. p. : se drecent, 1139. drecent,
2884. — Impér., 2° p. p. : drecez,
2829.

DREIZ. Subst. s. s. m. Droit, et, par
extension, procès, jugement, v. 3751,
etc. (*Directus*, lequel est opposé à
tortus : *Nos avum* dreit, *mais cist*
glutun unt tort, 1212), 228, 2349,
2561, 3974 et 3849. Dans les quatre
premiers exemples, remarquez la location : *Il n'est* dreiz. — R. s. m. :
dreit, 511, etc. = A dreit, loc. adv. :
Ne a dreit *ne à tort*, 2293.

DREIZ. Adj. Voc. s. m. (*Directus*) :
Dreiz *Emperere*, 329, 766. — R. p.
f. : dreites, 1043. = L'adjectif dreiz
entre dans la composition d'*endreit*
(*in directo*), 2123, etc. V. *Endreit*.

DRODMUND. R. s. m. Nom d'une embarcation (L'étymol. greco-latine,
dromon, *dromones*, n'explique ni
le *d* intérieur, ni le *d* final du vocable
roman, Littré propose le scandinave
drömundr. Origine douteuse.) = R.
p. m. : drodmunz, 1521, etc.

DROUN. R. s. m. Nom d'homme (*Drogonem* ; mais l'origine est germanique. Anc. haut allem. *drogo*, que
Pott rapporte à *dürr*, maigre ?), 2048.

DRUD. S. s. m. Ami (D'après Diez et
Diefenbach, goth. *druds*, haut all.
drûd, *drut*, etc., signifiant ami,
confident, favori) : *Por ço est* drud
à l' felun rei Marsilie, 1640. — R.
s. m., drut, 2814.

DRUE. Adj. r. s. f. Épaisse, serrée,
en bon état (Origine très incertaine.
Diez propose une étymologie celtique, *drud*, *druz*, *dru*, signifiant
gras, fort, etc.) : *Sur l'erbe* drue,
1334.

DRUT. V. *Drud*.

DUBLEINES. Adj. r. p. f. Doubles
(d'un type fait sur *duplus*, comme
duplanus) : *Brunies* dubleines,
3088.

DUBLES. Adj. s. p. m. Doubles (*Dupli*), 3583. = Au v. 1284, le mot
dubles (r. p.) est employé substantivement : *De sun osberc li derumpit les* dubles. J'avais d'abord cru
que *mailes* était sous-entendu ; mais
je pense aujourd'hui qu'il s'agit du
cuir ou de l'étoffe grossière qui servait de doublure au haubert, et que
dubles est ici un véritable substantif.

DUBLEZ. Part. pass., s. p. m. Doublés
(*Duplati*). En parlant de haubers,
le poète dit : *Tuit li plusur en sunt*
dublez *en treis*, 995.

DUC. S. s. m. (*Dux*) : *Naimes li* duc
l'oït, 1707 (Erreur du scribe, au lieu
de *dux*). Dux, 105, etc., etc. — R.
s. m. : duc, 170, etc. — S. p. m. :
duc, 378. — R. p .m. : dux, 14, etc.
V. *Dux*.

DUI. Nom de nombre (*Duo*). Dui est
toujours le cas sujet ; *dous*, le cas régime, Dui, comme s. p. m., se trouve
aux v. 2706, 2765, 2976. — R. p. m. :
dous, 207, 444, etc. — R. p. f. : dous,
637, 1205, etc.

DUINS. Verbe act., 1re p. s. de l'ind.
prés. de *duner* (n'est pas explicable
par *dono*), 622, 914.

DUIST. Verbe act., 3° p. s. du parf.
simple de *duire* (*Duxit*). Dans les
deux vers où ce mot est employé, il
l'est dans le même sens : *Si* duist *sa*
barbe, 215 et 772.

DULCE. Adj. r. s. f. Douce (*Dulcem*), 16, etc. C'est l'épithète attachée généralement au mot *France*.
— R. p. f. : dulces, 2640, V. *Dulz*.

DULCEMENT. Adverbe. Doucement
(*Dulci-mente*), 1163.

DULORS. S. s. f. (*Dolorem*), 1437, et
dulur, 2030. — R. s. f. : dulor,
2622, etc. ; dulur, 716, etc. ; dolur,
489 ; dolor, 2946.

DULURUS. Adj. s. ou r. s. m. (*Dolorosus*) : *Aïs vos le caple e* dulurus
e pesmes, 3403. = duluruse est
employé comme exclamation au vers
2722 : *Que devendrai*, duluruse,
caitive !

DULUSET. Verbe actif, 3° p. s. de
l'ind. prés. Pleurer, regretter (d'un
mot formé sur *dolere*) : *Rollanz li*
ber le pluret, si l' duluset, 2022. —
Se duluset est employé comme
verbe réfléchi au vers 2377.

DULZ. Adj. s. s. m. Doux (*Dulcis*) :
Tere de France, mult estes dulz

païs, 1861. — R. s. f. : DULCE, 16, etc. — R. p. f. : DULCES, 2640.

DUN. Adv. de lieu. D'où (*De-unde*) : *Icele tere* DUN *il estoit*, 979. V. DUNT.

DUN. R s. m. Don (*Donum*), 224. — R. p. m. : DUNS, 845.

DUNC. Adv. Alors (*Tunc*), 240, 325, etc.; et, par erreur, DUNT, 2168.

DUNER. Verbe act., inf. prés. (*Donare*), 127, et DUNNER, 651. — Ind. prés., 1re p. s. : DUINS, 622. 3e p. s. : DUNET, 310. 3e p. p. : DUNENT, 379. — Parfait simple, 3e p. s. : DUNAT, 1121. 3e p. p. : DUNERENT, 3568. — Parf. comp., 3e p. s. avec un r. s. m. : AD DUNET, 873, et, avec un r. s. f. : AD DUNÉE, 3733. — Fut., 1re p. s. : DURRAI, 75, et DURAI, 3399. 3e p. s. : DURAT, 472. 2e p. p. : DURREZ, 90. — Condit., 3e p. s. : DUREIT, 1707. 1re p. p. : DURRIUMS, 1805. — Impér., 2e p. p. : DUNEZ, 268. — Subj. prés 3e p. s. Cinq formes différentes : DUINSE, 18; DUNGET, 2016; DUINST, 1898; et DOINST, 1505; DUNT, 859; DUINSET, 2938. — Imparf., 3e p. s. : DUNAST, 2320. = Au passif, parf. simple, 3e p. s., avec un s. s. m. ou n. : FUT DUNET, 2508.

DUNT (pour DUNC). Adv., 2166. V. *Dunc*.

DUNT (*De-unde*). Le sens le plus ancien (l'idée d'origine) est bien marqué dans ce vers : *El' regne* DUNT *tu fus*, 1961. = Mais DUNT a surtout servi, par une extension fort naturelle, à remplacer les pronoms *de qui, duquel, desquels*, et c'est en ce sens que nous le rencontrons le plus fréquemment. Ex., au r. s. m. : *Le blanc osberc* DUNT *la maile est menue*, 1329. — R. s. f. : *Costentinnoble* DUNT *il out la fiance*, 2329. — R. p. m. : *Voet par ostages...* DUNT *vus avrez u dis u quinze u vint*, 148.

DUR. Adj. s. p. m. (*Duri*), 1678. — R. p. m. : DURS, 3249. — S. s. f. : DURE, 3393.

DURAI. Verbe act., 1re p. s. du fut. de *duner* (*Donare habeo*), 3399.

DURAT. Verbe act., 3e p. s. du fut. de *duner* (*Donare habet*), 472.

DUREIT. Verbe act., cond., 3e p. s. de *duner* (*Donare habebat*), 1707.

DUREMENT. Adv. (*Dura-mente*). Beaucoup, fortement : *N'i ad celoi ki* DUREMENT *ne plurt*, 1814.

DURENDAL. R. s. f. Nom de l'épée de Roland. (Étymologie incertaine. V. le commentaire du v. 926), 926, 988. — Voc. s. f. : DURENDAL, 2316.

DURENT. Verbe neutr., 3e p. p. de l'ind. prés. de *durer* (*Durant*), 1802. V. *Duret*.

DURERAT. Verbe neutr., 3e p s. du fut. de *duner* (*Durare habet*), 312. V. *Duret*.

DURESTANT. R, s. m. (Il s'agit ici d'une localité au sud de l'Espagne, près de l'Afrique; mais nous avons évidemment affaire à une bévue géographique, comme il y en a tant dans le *Roland*, ou à une erreur de copiste; car, comme le dit W. Fœrster : *Durestan*, ou, sous une autre forme, *Duresté*, est le port de mer très célèbre d'une ville hollandaise très connue au moyen âge) : *Des porz d'Espaigne entresqu'à* DURESTANT, 870.

DURET. Verbe neut., ind. prés., 3e p. s. (*Durat*) : *Tant cum hanste li* DURET, 1322. 3e p. p. DURENT, 1802. — Fut. 3e p. s. DURERAT, 291.

DURRAI. Verbe act., 1re p. s. du fut. de *duner* (*Donare habeo*), 75, 3207.

DURREZ. Verbe act., 2e p. p. du fut. de *duner* (*Donare habetis*), 30.

DURRIUMS. Verbe act., 1re p. p. du cond. de *duner* (*Donare habebamus*), 1805.

DURS. Adj. r. p. m. (*Duros*), 3249, 3380. V. *Dur*.

DUT. Verbe act., parf. simpl., 3e p. s. de *deveir* (*Debuit*). 333. V. *Dei*.

DUTANCE. R. s. f. Crainte (*Dubitantiam*) : *N'en ad pour, ne de murir* DUTANCE, 3613.

DUTET. Verbe act., 3e p. s. de l'ind. prés. Redoute (*Dubitat*) : *Li Amiralz il l'* ne *crent ne le* DUTET, 3580. — Parf. comp., 3e p. p., avec un r. p. m. : UNT DUTEZ, 3580.

DUX. S. s. m. (*Dux*), 105, 243, et, par erreur, DUC, 1767. — R. s. m, : DUC, 470, 3008, 3534. — S. p. m. : DUC, 878. — R. p. m. : DUX, 14.

DUZE. Nom de nombre, indéclinable (*Duodecim*), 262.

E

E. Conj. copulative (*Et*), 8, 938, et mille fois *passim*. Notre texte offre toujours E et, une seule fois, *et*. = Remarquer un emploi spécial de la conjonction *e* dans le vers suivant : *S'en volt ostages,* E *vos l'en enveiez*, 40.

E! interjection : *E! reis amis, que vos ici nen estes*, 1697. *E! France dulce*, 1985.

EDAGE. R. s. m. Age (*Ætaticum*), 312.

EDET. R. s. m. Age, vie (*Ætatem*) : *N'i ad Franceis n'i perdet sun* EDET, 3170. La dentale a été conservée comme dans *edage*.

EGLENTER. R. s. m. Églantier (D'un mot en *entarius*, formé sur *aculeus*, d'après Diez et Littré), 114. = L'assonance exige *eglentier*.

EI. Verbe act., 1re p. s. de l'ind. prés. d'*aveir* (*Habeo*), 2305.

EIMET. Verbe act., 3º p. s. de l'ind. prés. d'*amer* (*Amat*), 1377.

EINZ (*Ante+s*. Cet *s* est l's adverbial.) 1º CONJONCTION (avec QUE). Le sens primitif du latin *antequam* a été gardé dans les exemples suivants : EINZ QUE *il moergent*, 1690. EINZ *que jo vienge*, 2939. = 2º ADVERBE. Le sens de *ante*, considéré comme adverbe et signifiant *auparavant*, se retrouve au v. 3394 : *Unc* EINZ *ne puis ne fut si fort ajustée*. C'est de ce dernier sens qu'EINZ devait partir pour prendre un jour la signification de *mais*. = 3º EINZ, en effet, revêt encore le sens de « mais » : EINZ *i frai un poi de legerie*, 321. = Cf. le v. 1037, qui offre un sens spécial : *Cum il* EINZ *pout, de l' pui est avalet*.

EIS. R. Aix-la-Chapelle (*Aquis*), 2860. V. *Ais*.

EISSIRENT (s'EN). Verbe pronomin., parf. simpl., 3º p. p. (*Se inde exierunt*), 1776. — Parf. comp., 3º p. p., avec un s. p. m. : SE SUNT EISSUT, 2810.

EIT. *Brochent* AD EIT, 3350, 3541. V. *Ait*.

EL'. En le (*In illo*), 154, 159, etc.

EL. Adj. neut. Autre (*Aliud*) : *Si vunt ferir, que fercient-il* EL, 1185. Cf. 2961. *Pur* EL *n'estes venud*, 3397.

ELE. Pron. pers. S. s. fém. (*Illa*) : ELE *fut*, 1123. *Dist-*ELE, 635. Cf. 2465, qui est une erreur du scribe. — Au s. p., ELES : *Eles valent* MIELZ, 639.

ELME. R. s. m. Heaume (Du germ. *helm*), 1326, 1542, etc.; et HELME, 629, 2789, etc. — S. p. m. : ELME, 3306, et HELMES, 1809. — R. p. m. : ELMES, 996 ; HELMES, 1798, etc., et HEALMES, 683.

ELS. Pron. pers., r. p. m. Eux (*Illos*) : *Pur* ELS *esbaneier*, 111. *Li quels d'*ELS, 735, etc. V. *Ele*, *Eles*.

EMBRUNCHET. Verbe neut., 3º p. s. de l'ind. prés., 2019. V. *Enbrunchet*.

EMPEINT. Verbe act.. 3e p. s. de l'ind. prés. Le sens primitif est : donner un coup contre, frapper, lancer. (*Impangit = impingit*. « Empeindre » vient de *impangere*, comme « desfaire » de *desfacere*, d'après la décomposition romane.) En parlant du cor de Roland, le poète dit : EMPEINT *le ben, par grant vertut le sunet*, 1754. Cf. EMPEINT, 1203. — Parf. simpl., 3º p. s., EMPEINST : EMPEINST *le ben, tut le fer li mist ultre*, 1286. — Parf. comp., 3e p. s., avec un r. p. f. : *Tutes ses oz* AD EMPEINTES *en mer*, 2629.

EMPERERE. S. s. m. Empereur (*Imperator*). 1, 180, etc. etc.; EMPERERES, 16, 661, etc. etc., et, par erreur, EMPEREÜR, 1444, etc. etc., EMPEREOR, 1942. — Voc. s. m. : EMPERERE, 308, etc. — R. s. m. : EMPEREÜR, 414; EMPEREOR, 954, et, par erreur, EMPERERE, 3823.

EMPER[IE]. R. s. (*Imperium*, de même que *baptisterium*, a donné *baptisterie*. On prononçait *empire*, *batistire*), 3994.

EMPLEIT. Verbe act., 3º p. s. du subj. prés. Mettre dans, introduire dans, et, par extension, employer (*Implicet*, avec la tonique placée sur l'*i*, comme dans le simple *plicet*) : *Or guart chascuns que granz colps i* EMPLEIT, 1013. *Nen i ad cel sa lance n'i* EMPLEIT, 3418.

EN. Adv. (*Inde*). Son premier sens, et le plus conforme à l'étymologie, est celui d'un adverbe de lieu : « De là, en partant de là » : *Alez* EN *est*, 11. *Le cheval brochet; li sancs* EN *ist tuz clers*, 3165. = Mais le sens primitif s'est bientôt développé, et, dans le v. 34 (*Bien* EN *purrat luer ses soldeiers*), EN, tout en gardant l'idée de source ou de cause, veüt dire « avec cela ». Cf. 33. = Un pas de plus, et EN va signifier « par suite de... » : *Si'n ai oüt e paines e ahans*, 864. *Ki qu'*EN *pluret u ki'n riet*, 3364. Cf. 63. = Enfin, le mot EN arrive à l'état de véritable « particule relative » et remplace « de lui, d'elle, d'eux » : *Tient Halteclere, sanglent* EN *est l'acer*, 1507. Turpin va chercher un peu d'eau sur le champ de bataille de Roncevaux : *Aler i volt, si'n durrat à Rollant*, 2226. Cf. 608, etc. etc. Peu de mots ont eu plus de fortune dans notre langue. = Comme on l'a vu dans quelques-uns des précédents exemples, EN perd sa voyelle initiale, lorsqu'il suit immédiatement un mot terminé par une voyelle : Kï'N riet, 3364. Si'N durrat, 2226, etc.

EN. Prép. (In). EN exprime, comme in en latin, tantôt l'idée de repos, tantôt celle de mouvement. A côté de : EN piez se drece, 195, et de : Jusqu'EN la mer, 3, etc., il faut citer : EN repos, 600. EN la cruiz, 2504, etc. = EN sert, lié avec un verbe, à exprimer le gérondif latin : EN riant, 619. EN gisant, 2523, etc.

ENAIMET. Verbe act., 3º p. s. de l'ind. prés. aimet (In-amat), 7. — Parf. simpl., 3e p. s., ENAMAT, 3261, 3638. On a proposé de lire nen aimet, nen amat; mais on trouve dans Flore et Blanchefleur : « Je vos ai forment ENAMÉE », etc. Les deux systèmes sont donc acceptables.

ENAPRÈS. Adv. Après cela, ensuite (In, combiné avec ad et pressus), 3505.

ENBAT. Verbe act., 3º p. s. de l'ind. prés. Enfonce (In-battuit) : Sun bon espiet enz el'cors li ENBAT, 1266.

ENBRAÇAT. Verbe act., 3º p. s. du parf. simple. Serra dans ses bras (In-brachiavit) : De sun destrer le col en ENBRAÇAT, 3440. — Parf. comp., 3e p. s. avec un r. s. m., AD EMBRACET, 2202. Restituer enbraciet, d'après les assonances.

ENBRUNC. Adj. r. s. Penché, incliné (Étymologie très difficile. Diez propose un mot fait sur in et pronus. Mais cette hypothèse est sans valeur) : Li Emperere en tint sun chef ENBRUNC, 214. — S. p. m. : ENBRUNC, 3274 (?).

ENBRUNCHET. Verbe act., 3º p. de l'ind. prés. Abaisser, tenir bas : Pluret des oilz, tute sa chere ENBRUNCHET, 3645. — ENBRUNKET, 3505. Parf., 3e p. s., ENBRUNCHIT, 3816. = Dans ce dernier vers comme au v. 2019, le même verbe est employé au neutre : Falt li le coer, le helme li EMBRUNCHET.

ENCAEINENT. Verbe act., 3º p. p. de l'ind. prés. Enchaînent (In-catenant) : Si l'ENCAEINENT altresi cum un urs, 1827. — Part. pass., r. p. m. : ENCHAIGNEZ, 128.

ENCACERENT (pour ENCHALCERENT). Verbe act., 3º p. p. du parf. simpl. de enchalcer (Incalcearunt), 1627. V. le suivant et Enchalcent. = On m'a fait observer qu'il pourrait bien ici y avoir une forme du verbe enchacier. Mais le texte de Paris porte enchaucent. Il est décisif.

ENCALCER. Verbe act., inf. prés. Poursuivre (Incalceare), 2166. V. Enchalcent.

ENCANTEÜR. R. s. m. Enchanteur (In-cantatorem) : L'ENCHANTEÜR ki jà fut en enfer, 1391.

ENCEIS. (Ce mot dérive peut-être d'antius, comparatif forgé de ante, avec l'accent sur l'i. Même formation ? qu'ampleis = amplius. Note de W. Fœrster.) Enceis est employé dans notre texte : 1º Comme adverbe, dans le sens d'auparavant : ENCEIS ne l'vit, si l'recunut veirement, 1596. = 2º Comme préposition, avec un régime (?) : Ne fut si fort ENCEIS ne puis CEL TENS, 3382. = 3º Comme conjonction avec que, dans le sens d'antequam : Doel i avrat ENCEIS qu'ele departet, 3480.

ENCENSEZ (UNT). Verbe act., 3e p. p. du parf. comp., avec un r. p. m. (Incensatos habent), 2959.

ENCHAIGNEZ. Part. pass., r. p. m. (Incatenatos), 128. V. Encaeinent.

ENCHALCENT. Verbe act., 3º p. p. de l'ind. prés. Poursuivent (In-calceant, incalciant), 2462. — Parf. simpl., 3e p. p. ENCACERENT, 1627. — Parf. comp., 3º p. s., avec un r. s. m. : AD ENCHALCET, 2796; AD ENCHACET, 2785, et avec un r. p. m. (par erreur) : AD ENCALCER, 2166. — Rétablir partout enchalciet, d'après les assonances.

ENCHALZ. S. s. m. Poursuite des ennemis (Subst. verbal d'enchalcer) : Li ENCHALZ duret d'ici qu'en Sarraguce, 3635. — R. s. m., ENCHALZ : Tenent l'ENCHALZ, 2446.

ENCLIN. Adj. r. s. Incliné (Inclinem) : Li Empereres en tint sun chef ENCLIN, 139. — R. s. m., ENCLIN, 3504.

ENCLINET. Verbe neutr., 3º p. s. de l'ind. prés. S'incline (Inclinat) : Li reis paiens parfundement l'ENCLINET (l' est pour li). — Parf. simpl., 3e p. p., ENCLINÈRENT : Li messager ambedui l'ENCLINÈRENT, 2763.

ENCOI. Adv. Aujourd'hui (hodie, combiné avec una racine que, comme le dit W. Fœrster, il n'est pas encore possible d'expliquer). Ce mot nous apparaît sous trois ou quatre formes : ENCOI, 1167; ENQUOI. 1194, 1223; ENQUI, 2808; ENCUI, 2142.

ENCONTRE. Prép. En comparaison de (In-contra) : Beste nen est nule ki ENCONTRE lui alge, 1657. V. Encuntre.

ENCRERRUNT. Verbe neutr., fut., 3º p. p. Augmenteront (Increscere-habent) : Puis ENCRERRUNT mes *peines*, 2925. Le texte porte *enterrunt*.

ENCRISME. Part. pass., r. s. m. (Suivant G. Paris, d'*intremus* (?) = *encrieme*. Étymologie qui n'explique pas l's intérieure) : *Suz cel n'en at plus* ENCRISME *felun*, 1216.

ENCUI. Adv. Aujourd'hui, 2142. V. *Encoi*.

ENCUMBRET. Verbe act., 3° p. s. de l'ind. prés. Accabler, combler dans un mauvais sens (d'*incumulare*, par l'intercalation d'une labiale entre la nasale et la liquide) : *Oez, Seignurs, quel pecchet nus* ENCUMBRET, 15. Cf. 3646.

ENCUNTRE. Prép. (*In-contra*.) Ce mot a plusieurs sens dans notre vieux texte. 1° Le plus étymologique est celui de « contre » : ENCUNTRE *mei revelerunt li Seisne*, 2921. Cf. 2749. = 2° Ce même mot signifie encore « le long de... » : ENCUNTRE *tere se pasment li plusur*, 2422. = 3° ENCUNTRE a aussi le sens de « en comparaison de... » : ENCUNTRE *mei fait asez à preiser*, 1516. = ENCUNTRE, enfin, est employé comme adverbe : *E Guenelun li respundit* ENCUNTRE, 1759.

ENCUNTRENT. Verbe act., 3° p. p. de l'ind. prés. Rencontrent (*In* avec un verbe en *are* formé sur *contra*), 3542. — Parf. simpl., 3° p. p., en composition dans s'*entr'*ENCUNTRERENT, 3568. — Parf. comp., 3° p. s., avec un r. s. m. : AD ENCUNTRET, 1595.

ENDEMENTRES. Adv. Pendant ce temps (On a proposé l'étymologie *in dum intra*. Mais il faut observer que, le plus souvent, dans les langues romanes (prov. cat., ital.), *mentre*, tout seul, est une conjonction, et a le sens de *tandis que*. Cf. *Endementiers*, dans le *Glossaire* de D. Carpentier, etc.) : *La bataille est adurée endementres*, 1399.

ENDORMIZ (EST). Verbe pass., ind. prés., 3° p. s., avec un s. s. m. (*Indormitus est*), 2520.

ENDREIT. Adv. et Prép. (*In directo*.) 1° Comme adverbe, ENDREIT signifie « de ce côté-là » : *Iloec* ENDREIT *remeint li os tut nut*, 3602. = 2° Comme préposition, il veut dire « du côté de... » : *Or ad li quens* ENDREIT SEI *asez que faire*, 2123.

ENDURER. Verbe act., inf. prés. Supporter (*In-durare*) : ENDURER *e granz chalz e granz freiz*, 1011.

ENEMIS. S. s. m. (*Inimicus*), 144. — R. s. m. : ENEMI, 461.

ENFANT. R. s. m. (*Infantem*. Le cas sujet, qui ne se trouve pas dans le *Roland*, est ENFES), 1772. — R. p. m. : ENFANZ, 3106. = Au v. 3197, ENFANZ semblerait employé dans le sens spécial qu'il reçoit si souvent dans nos Chansons de geste. Ce mot signifie « le jeune homme qui n'a pas encore été adoubé chevalier », et les *enfances* d'un héros sont le temps qui précède sa réception dans l'ordre de la Chevalerie : *Ensemble od els XV milies de Francs*; — *De bachelers que Carles cleimet* ENFANZ, 3196, 3197. Néanmoins, ce grand nombre de jeunes gens, d'aspirants à la chevalerie, est de nature à nous inspirer quelque doute sur le véritable sens de ce passage.

ENFER. R. s. m. (*Infernum*), 1391.

ENFRUNS. R. p. m. Nom de peuple païen (ENFRUNS signifie fou, furieux, et, ? par extension, terrible. V. Ducange, au mot *infrunitus*— L'étymologie, malgré tout, est douteuse) : *Turcs e* ENFRUNS, *Arabiz e Jaians*, 3518.

ENFUERUNT. Verbe act., 3° p. p. du fut. Enfouiront, enterreront (Il faut lire *enfuirunt*, qui vient d'*infodire-habent*, *infodere* ayant, dans le latin vulgaire, tourné à la 4° conjugaison), 1750. — Imparf. du subj. passif, 3° p. s., avec un s. s. f. : FUST ENFUIE, 2942.

ENFUIR (s'). Verbe pronomin. (*Indefugire*.) On pourrait être tenté d'écrire en un seul mot : *Desuz cez vals* S'EN-FUIT, 2043. Cf. 686, 1047, 1875 et 2460. Mais d'autres exemples nous prouvent jusqu'à l'évidence qu'il y avait là deux mots bien distincts : FUIR S'EN *voel*, 1600; FUIT S'EN EST *Marsilies*, 1913. V. *Fuir*.

ENGLETERE. R. s. f. (*Angli* et *terram*), 372.

ENGELERS. S. s. m. Nom d'un des douze Pairs (*Engelharius*, nom d'origine germanique), 1289, et ENGELER, 1503. — R. s. m. : ENGELER, 1494. = Restituer partout *Engelier, Engeliers*.

ENGIGNENT. 3° p. p. du subj. prés. Trompent (d'un verbe formé sur *ingenium*) : *Ne s' poet garder que alques ne l'*ENGIGNENT, 95.

ENGRÈS. Adj., s. p. m. Violents, emportés, hardis (fait sur *agrestes*) : *En la bataille sunt felun e* ENGRÈS, 3251.

ENGUARDES. S. p. f. Avant-garde, ou plutôt « soldats envoyés en éclaireurs ». On dit encore aujourd'hui qu'une armée *se garde* (De *in* et de *wardia*, qui lui-même est dérivé de l'allem. *warten*, veiller sur) : *De païens li surdent les* ENGUARDES, 2975. *A Baligant repairent ses* ENGUARDES, 3130. — R. p. f. : ENGUARDES, 548, 561. Dans ce dernier cas, le sens d'avant-garde est plus nettement accentué.

ENHAITET. 3º p. s. du subj. prés. Bénisse, rende heureux (v. *Dehet*) : *Bel sire, chers cumpainz, pur Deu que vos* ENHAITET, 1693.

ENHELDIE. Part. pass. d'*enheldir*, s. s. f. Le *helz*, c'est la garde de l'épée (Origine germanique. Comme l'observe Diez, c'est l'anc. haut allem. *helza*, garde d'épée) : *Veez m'espée ki d'or est* ENHELDIE, 966. — R. p. f. (formé sur *enhelder*), ENHELDEES : *Ceinent espées* ENHELDÉES *d'or*, 3866.

ENLUMINET (AD). Verbe act., 3º p. s. du parf. comp. d'*enluminer*. A éclairé (*Illuminatum habet*) : *De tel barnage l'ad Deus* ENLUMINET, 535.

ENMEINET. Verbe act., 3º p. s. de l'ind. prés. Emmène (*Inde-minat*), 502. = On m'a fait observer qu'il n'existe pas, en vieux français, un verbe « emmener ». Les deux éléments de ce mot, m'a-t-on dit, y sont toujours séparés, « en + mener. » Je ne puis faire droit à cette observation, et je crois à l'existence du verbe « emmener » EN UN SEUL MOT. = *Ugues s'en est tornez*, S'AMMOINE *Biatris*. — *Tel fois* EMMAINE *deus qu'on en ramaine quatre:* ces deux vers, l'un d'Adenet, dans *Berte*, et l'autre de Rutebeuf, sembleront peut-être concluants.

ENMI. Prép. Au milieu de (*In-medio*). S'écrit en un ou deux mots avec le sens de notre « parmi » : ENMI *ma veie*, 986.

ENNUIEZ. S. p. m. Tristes, fatigués (fait sur *in-odio*, suivant Diez) : *Noz chevalz sunt e las e* ENNUIEZ, 2484.

ENOIT. Adv. Cette nuit (*In-hodie?* Cf. le patois *aneu*. La vraie forme est *anuit*, qui se trouve dans les bons textes) : ENOIT *m'avint une avisiun d'angele*, 836.

ENPEINT. Verbe act., ind. prés., 3º p. s. Frappe (*Impangit = impingit*), 1203. V. *Empeint*.

ENPENET. Part. pass., s. s. m. Garni de plumes (*Impennatus*) : *Un algier tint ki d'or fut* ENPENET, 439. — R. p. m. : ENPENNEZ, 2156.

ENPORTET. Verbe act., 3º p. s. de l'ind. prés. (*Inde-portat*), 1268. 3º p. p. : ENPORTENT, 1510. — Fut., 3º p. s. : ENPORTERAT, 935. Même observation que pour *emmeinet*. Nous nous persuadons qu'il a existé un verbe EMPORTER en un seul mot. V. la *Chronique de Rains* : *Ses cors fut* EMPORTÉS *à Londres; et Roncevaux : De Saragoce les clés* ENPORTEREZ, etc.

ENPRÈS. Adv. et prép. (*In presso.*) 1º Comme adverbe, il signifie « ensuite » : ENPRÈS *li dient : « Sire, çar nos menez*, » 357. 2º Comme préposition, il est synonyme d'*après* : ENPRÈS *sun colp ne quid que un dener vaillet*, 1666.

ENPRISE (AVEZ). Verbe act., 2º p. p. du parf. comp., avec un r. s. f. Avez entreprise (d'*in* et *prehensam*) : *Faites la guer[e] cum vos l'* AVEZ ENPRISE, 210.

ENQUI. Adv. Aujourd'hui, 2808. V. *Encoi.*

ENQUIS (AD). Verbe act., 3º p. s. du parf. comp., avec un r. s. f. A recherché (*Habet-inquæsitum*) : ENQUIS AD *mult la lei de salvetet*, 126.

ENQUOI. Adv. Aujourd'hui, 1194. V. *Encoi.*

ENRENGER. Verbe act., inf. prés. Disposer en rangs (du haut allem. *hring*, cercle), 2181. = Restituer, d'après les assonances, *enrengier*.

ENSANGLENTET. Part. pass., r, s. m. (*In-sanguilentatum*), 1067.

ENSEIGNE. R. s. f. (C'est, comme le fait remarquer W. Fœrster, le pluriel neutre *insignia*, devenu singulier féminin comme *folia, foliæ* = feuille.) Le sens primitif, en roman, est celui de « gonfanon, étendard » : *Li quens Rollanz ad l'*ENSEIGNE *fermée*, 707. = Puis est venu, par extension, le sens de « cri de guerre », parce que ce cri était le nom même de l'étendard (*Munjoie*, etc.) : *L'*ENSEIGNE *Carle n'i devum ublier*, 1179. Cf. 1793, etc.; ENSEIGNE, 1578. — S. p. f. : ENSEIGNES, dans le sens de « gonfanons », 3308.

ENSEIGNER. Verbe act., inf. prés. Indiquer, signaler (*In-signare*) : *S'est ki l'demandet, ne l'estoet* ENSEIGNER, 119.

ENSEMBLE. Adv. (*Insimul*) : *Plus de cent milie s'en adubent* ENSEMBLE, 3000. = ENSEMBLE s'emploie surtout avec OD, OT (avec) : ENSEMBL' OT *mei*, 3286. ENSEMBL' OD *lui*, 104. ENSEMBLE OD *els*, 175. Cf. 2395. On peut même considérer ENSEMBLOD comme formant un seul mot.

ENSEMBLOD, ENSEMBLOT. V. le précédent.

ENSEMENT. Adv. Pareillement. (« Ce n'est pas IPSA - MENTE, dit W. Fœrster, mais un mot formé avec *mente* et l'adverbe simple *ensi(?)*, dont l'origine n'est pas assurée ». On peut néanmoins opposer à Fœrster le provençal *cissament*) : *Blanche ad la barbe* ENSEMENT *cum flur*, 3173. Il est toujours combiné avec *cum*.

ENSURQUETUT. Adv. Surtout (*Insuper-quod-totum*), 294.

ENTENDENT. Verbe act., 3º p. p. (*Intendunt*), 1788. — Parf. simpl., 3º p. s. : ENTENDIT, 1243. — Parf. comp., 3º p. s., avec un r. s. m., 2098 : AD ENTENDUT, 2054; 2º p. p., avec un n. : AVEZ ENTENDUT, 232. =Au passif. Subj. prés.: 3º p. s., avec un s. s. m. : SEIT ENTENDUT, 234. — Le sens primitif du latin *intendere* (être attentif, et, par extension, soumis) est conservé au v. 3782 : *Un en i ad à qui li altre* ENTENDENT.

ENTERCER. Verbe act., inf. prés. Réclamer, rechercher, reconnaître (*Intertiare*). Le sens primitif du mot *intertiare* est, d'après Ducange, celui de *sequestrare*, *in manum tertiam ponere*. Puis, par extension : *Repetere rem in sequestrum positam*. Puis, enfin, *repetere*, réclamer, revendiquer, rechercher, reconnaître une chose qui nous appartient, et, en général, reconnaître : *Jo ès voell aler quere e* ENTERCER, 2180. =La vraie forme est *entercier*.

ENTERRERENT. Verbe act., 3e p: p. du parf. simpl. (*In-terrarunt*), 3732.

ENTRE. Prép. (*Intra*.) 1º Au milieu de, entre : ENTRE *les helz*, 621. = 2º Parmi : ENTRE *les altres*, 2275. — 3º Sens spécial que l'on trouve déjà dans le latin vulgaire : ENTRE *Rembalt e Hamon de Galice*, — *Les guierunt...*, 3075, 3076 (c'est-à-dire : Raimbault et Haimon *se partagent le commandement* de tel corps d'armée).= Cf. ENTRE *s'eslisent*, au v. 802.

ENTREDUNENT. Verbe act., 3e p. p. de l'ind. prés. (*Intra-donant*) : *Granz colps s'*ENTREDUNENT, 3582. — 3º p. p. du parf. comp. : S'ENTREDUNERENT, 3568.

ENTRÉE (EST). Verbe neutr., parf. comp., 3º p. s., avec un r. s. f. (*Est intrata*), 747. V. *Entret*.

ENTRENCUNTRERENT (s'). Verbe réfl., 3º p. p. du parf. simple (*Intra-incontrarunt*), 3567.

ENTRERENT. Verbe neutr., 3º p. p. du parf. simple (*Intrarunt*), 2709. V. *Entret*.

ENTRESQUE. Prép. Jusqu'à (Voy. *tresque?*) : *Des porz d'Espaigne* ENTRESQU'A *Durestant*, 870. ENTRESQU'A *la charn*, 1265. Cf. 1613 (ENTRESQUE) et 956 (ENTRESQU'A).

ENTRET. Verbe neut., 3º p. s. de l'ind. prés. (*Intrat*), 395, 660. — Parf. simpl., 3º p. p. : ENTRERENT, 2709. — Parf. comp., 3º p. s., avec un s. s. f. : EST ENTRÉE, 747.

ENTREVEIENT. Verbe réfl., 3º p. p. de l'ind. prés. S'entrevoient (*Intra et vident*), 3294.

ENTUR. Prép. A l'entour de (*In*, avec le subst. verbal de *tornare*) : ENTUR *lui*, 410, 2090.

ENVAÏR. Verbe act., ind. prés. (*Invadere*, passé à la 4e conjugaison : *invadire*.) Le sens est celui de « marcher sur » : *Tut par seit fel ki ne's vait* ENVAÏR, 2062.

ENVEIER. Verbe act., inf. prés. Envoyer (*In-viare*), 252. — Ind. prés., 3º p. s. : ENVEIET, 421, 483. — Parf. simpl., 3º p. s. : ENVEIAT, 202. — Parf. comp., 3º p. s., avec un r. s. m. : AD ENVÉIET, 2526. — Fut. 1re p. s. : ENVEIERAI, 43. 1re p. p. : ENVEIERUNS, 244. 2º p. p. : ENVEIEREIZ, 573 (en assonance dans une laisse masculine en *ei*). — Impér. 1re p. p.: ENVEIU(N)S, 42. 2º p. p. : ENVEIEZ, 40. — Subj. prés., 1re p. s. : ENVEI 493. 3º p. s. : ENVEIET, 2727.

ENVEISET (s'). Verbe pronomin. 3º p. s., ind. prés. Se divertit, s'amuse (Se rapporte à la famille de *voiseus*, etc.) : *Greignor fais portet par giu, quand il s'*ENVEISET, 977.

ENVERS. Adj., s. s. m. Sur le dos, opposé à *adenz* (*Inversus*) : *L'un gist sur l'altre e* ENVERS *e adenz*, 1624.

ENVERS. Adv. (*In* et *versus*). 1º Vers : ENVERS *le cel*, 723. = 2º Du côté de, à l'égard de : ENVERS *le rei*, 468. ENVERS *Franceis est mult cuntrarius*, 1222. = 3º A : *Après parlat ses fils* ENVERS *Marsilie*, 495.

ENVERS. Erreur du scribe. *Ki tint Valeri e* ENVERS *sur le Rosne*, 1583. Müller a restitué le vrai texte : *Ki tint Valence e l'unur sur la Rosne*.

ENVIRUN. 1º Préposition. Autour de... (*Virer* vient de *gyrare*; *viron* = *giron*) : ENVIRUN *lui plus de vint milie humes*, 13. = 2º Adverbe : *Dis Canelius chevalchent* ENVIRUN. 3269.

ENVOLUPET. S. s. Enveloppé (Étymologie très-incertaine. Cf. l'anc. espagnol : *volopar*; prov. *envolopar?*), 408.

ENZ. Prép. (?) ou adv. Dedans (*Intus*). 1º Comme préposition, ENZ *ne*

s'emploie pas seul, mais avec *en* ou *de* : Enz en *lur mains*, 93. Enz en *la fosse des leons o fut enz*, 3105. D'enz *de la sale*, 730. Enz *el' cors*, 1266. = 2° Adverbe : *Les dis messages ad fait* enz *hosteler*, 160. *A icest mot Franceis se fièrent* enz, 1939.
EQUITAIGNE. r. s. f. (*Aquitaniam*), 2325.
ER. Adv. Hier (*Heri*), 383. Ier, 2701. Her, 2745. = Locution proverbiale : *Li* altr'er, 3185. V. *Her* et *Ier*.
ERBE. R. s. f. (*Herbam*), 671, etc. Herbe, 1569. — R. p. f. : herbes, 2871.
ERENT. Verbe *estre*, 3° p. p. du fut. (*Erunt*), 3048.
ERMES. Verbe *estre*, 1re p. p. du fut. (*Erimus*), 1977.
ERMINES. R. p. m. Arméniens (*Armenios* donnerait *Ermins?*), 3227.
ERET. Verbe *estre*, 3° p. p. de l'imparfait (*Erat*), 719.
ERRER. Verbe neut., inf. prés. (*Iterare*.) 1° Marcher : *Ki* errer *voelt, à mei venir s'en alt*, 3340. = 2° Agir (dans le sens actuel de notre mot errements) : *Par cels de France voelt-il de l' tut* errer, 167. Parf. comp., 3° p. s. : *Guenes... tant* ad erret, *nen est dreiz que plus vivet*, 497. Dans ce dernier vers seulement on pourrait admettre l'étymologie *errare*.
ERT. Verbe *estre*, imparf. de l'ind., 3° p. s. (*Erat*), 880, etc.
ERT. Verbe *estre*, fut., 3° p. s. (*Erit*), 51, 190, etc. V. *Iert*.
ES. En les (*In illis*). Masc. et fém. 1° Masc. : *Seiez* es *lius Oliver e Rollant*, 3016, etc. = 2° Fém. : *Il est escrit* es *cartres e* es *brefs*, 1684, etc.
ESBALDISSENT (s'). Verbe pronominal, 3° p. p. de l'ind. prés. Se mettent en joie (v. *Balz*) : *A icest mot si s'*esbaldissent *Franc*, 1481.
ESBANEIER. Verbe act., inf. prés. Amuser, divertir (Étym. incertaine. Diez propose la même origine ? que pour *bande* et *bannière*) : *As tables juent pur els* esbaneier, 111.
ESCABABI. R. s. m. Nom d'un chef païen (?), 1512.
ESCALGUAITE. R. s. f. Sentinelle, guet, grand'garde (Germ., *schaar*, troupe, et *wahtan*, guetter), 2495.
ESCANGE. R. s. Échange (d'*excambium*, par la consonnification de l'*i*) : *Deus! se jo l'pert, ja n'en avrai* escange, 840. Cf. Eschange, 3714.
ESCANTELET. Verbe act., 3° p. s. de l'ind. prés. *Escanteler*, c'est « abattre le cantel de l'écu ». Or le *cantel*, ce sont les parties ou quartiers dont l'écu se compose. Le latin *cantellus* a donné lieu à *excantellare*. Et il ne nous paraît pas douteux que *cantellus* ne soit lui-même un diminutif de *canthus*, qui signifie « le cercle de fer, la « bande entourant la roue ». L'écu primitif était entouré et garni de bandes de fer qui en déterminaient les quartiers (*Ex* et *cantellat*) : *L'escut de l' col li freint e* escantelet, 1292.
ESCAPET. Verbe neutr., 3° p. s. de l'ind. prés. Échappe (*Ex-cappat;* du lat. *cappa*, manteau, suivant Diez et Littré) : [S]*l'uns en* escapet, *morz ies*, 3955.
ESCARBUNCLE. R. s. m. Escarboucle (... *Carbunculus*), 1488. Cf. la forme carbuncle. 1326, 1662, etc. — « Escarboucle » est aujourd'hui féminin; mais, d'après le v. 1326 (*L'elme li freint u* li carbuncle *luisent*), on peut affirmer qu'*escarbuncle* est masculin.
ESCARBUNET. Verbe neutr., 3° p. s. de l'ind. prés. Sortir, jaillir du charbon (*Ex-carbonare*, de *carbo*) : *Des helmes clers li fous en* escarbunet, 3586.
ESCHANGE. R. s. (*Excambium*.) Rem. les expressions : « duner eschange » : *Jo t'en* durai *mult esforcet* eschange, 3714 ; et « prendre eschange » : *De Munjoie iloec out* pris eschange, 3095. Cf. Escange, 840.
ESCHEC, ESCHECH. R. s. m. Butin (Haut allem. : *schâh, schach,* butin) : *Mult grant* eschech (ou eschec) *en unt si chevaler*, 99, 2478. La vraie forme serait *eschicc*.
ESCHECS. R. p. Jeu d'échecs (Du pers. *ech-chah*, le roi) : *As tables juent... e as* eschecs, 111, 112.
ESCHELE. S. s. f. Bataillon, corps d'armée (Germ. *schaar*, troupe), 3084. — R. s. f. : eschele, 3045. — S. p. f. : escheles, 3026. — R. p. f. : escheles, 1034. et eschieles, 3024. Cette dernière forme nous paraît la vraie, à cause des vers 3026-3034, laisse féminine en *ié + e*.
ESCHEWID. R. s. Svelte, allongé (Anc. haut allem., *scafjan*, ordonner, façonner, achever, suivant Diez) : *Heingre out le cors e graisle e* eschewid, 3820.
ESCHIEZ. R. p. m. Esquifs (Haut allem. *skif*) : Eschiez *e barges e galées curanz*, 2729. Cf. 2625.
ESCHINE. R. s. f. La colonne vertébrale, l'épine dorsale (haut allem.

skina, épine), 1201. — R. p. f. : ESCHINES, 1612.

ESCHIPRE. R. s. m. Marinier. Dans les Livres des Rois, *servos suos nautas* est traduit par *Humes ki* ESCHIPRE *furent bon* (*Schippulam*, d'après le haut allem. *skif*) : *N' i ad* ES-CHIPRE *qui s' clcimt se par loi nun*, 1522.

ESCHIVERUNT. Verbe act., fut., 3º p. p. Éviteront (haut allem. *skiuhan*, allem. *scheuen*, avoir peur) : *Ja pur murir n'*ESCHIVERUNT *bataille*, 1096.

ESCICLES. V. *Esclices*.

ESCIENT. R. s. Se trouve uniquement dans cette locution : *Men* ESCIENT, 524, ou *Par le mien* ESCIENT, 1936. (Vient du mot *scientem*, qui s'employait dans le même sens en latin.)

ESCIENTRE. R. s. Même origine, même sens que le précédent dans une locution toute semblable : *Men* ESCIENTRE, 539, 552. *Par le men* ESCIENTRE, 1791. Cf. 756, 2073.

ESCLACES, S. f. (Dans la *Chronique des ducs de Normandie*, *esclaz* signifie « caillots de sang », 2170. Bartsch traduit par « gouttes ». L'étymologie et le sens sont très douteux) : *Encuntre tere cheent les* ESCLACES, 1981. Cf. *Esclices*.

ESCLAIRET. Verbe neutre, 3º p. s. de l'ind. prés. (*Ex* et un verbe en *are* formé sur *clarus*) : *Par main en l' albe, si cum li jurz* ESCLAIRET, 667. *Tut li païs en reluist e* ESCLAIRET, 2637. — Actif. Subj. prés., 1re p. s., ESCLAIR : *Que jo' n* ESCLAIR *cesle meie grant ire*, 301.

ESCLARGIEZ. Verbe act., impér., 2º p. p. Rendez plus clair (*Ex-claricatis*) : ESCLARGIEZ *de dreit*. 3890. Et, dans le sens « d'éclairer par la joie » : ESCLARGIEZ *voz talenz e voz coers*, 3628. — Au passif, 3º p. de l'ind. prés., avec un s. s. f. : ESCLARGIEZ *est la sue grant ire* (lisez *esclargiee*), 3992. Cf. le vers 1807 : ESCLARGIEZ *est li vespres e li jurz*.

ESCLAVOZ. R. p. m. Nom de peuple paien (d'un mot formé sur *Sclavus*, qui lui-même dérive du haut allem. *Sclave*), 3225. Cf. *Clavers*.

ESCLICES. S. p. m. Morceaux, éclats de bois (du haut allem. *kliozan*, fendre) : *Envers le cel en volent les* ESCLICES, 723. Le manuscrit porte *Escicles*. Cf. *Esclaces*.

ESCLICET. Verbe act., 3º p. s. de l'ind. prés. Brise, fend, met en morceaux (Même étymologie que le précédent) : *La hanste briset e* ESCLICET, 1359.

ESCOCE. R. s. f. (*Scotiam*), 2331.

ESCORDUSEMENT. Adv. Du fond du cœur (Il faudrait supposer *ex-cordosa-mente*) : *Recleimet Deu mult* ESCORDUSEMENT, 3000.

ESCREMISSENT. Verbe neutr., ind. prés., 3º p. p. S'escriment, jouent (Formé sur le haut allemand *skirm*,) 113.

ESCREMIZ. S. s. m. Nom de païen (?), 931. — R. s. m. : ESCREMIZ, 1291.

ESCRIER. Verbe neutr. ou act. (*Exquiritare*. Dans le *Saint Alexis*, la dentale persiste : *cridet*). 1º A l'actif. *a*. Appeler quelqu'un à grands cris : *Aprés*, ESCRIET *Rollant qu'il li ait*, 1964. *Franceis* ESCRIET, *Oliver apelat*. 1112. — *b*. Jeter tel ou tel cri. *Grant est la noise de Munjoie* ESCRIER, 2151. = 2º Au neutre : *Ses chevaliers en ad fait* ESCRIER, 3148. = 3º Au réfléchi : S'ESCRIER, 891, 2985. = 4º Au passif : *Munjoie est* ESCRIEE, 1328. = Voici toute la conjugaison de ce verbe : Inf. prés. : ESCRIER, 2151. — Ind. prés., 3º p. s. : ESGRIET, 1112 ; S'ESCRIET, 891 : 3º p. p. : ESCRIENT, 2921. — Parf. comp., 3º p. s. : S'EN EST ES-CRIET, 900. 3º p. p. : UNT ESCRIET. 1180. — Part. prés., s. s. m. : S'ES-CRIANT, 2841. = Ind. prés. du passif, 3º p. s., avec un s. s. f. : EST ESCRIEE, 1378.

ESCRIT. Verbe passif, ind. prés., 3º p. s. : Il EST ESCRIT... (*Illud scriptum est*) : IL EST ESCRIT *en la geste Francor*, 1443. IL EST ESCRIT *es cartres*, 3742. — Part. passé. R. s. f. : ESCRITE, 487. R. p. f.: ESCRITES, 2594.

ESCULTER. Verbe actif, inf. prés. Écouter (*Auscultare*, que le peuple prononçait *ascultare*), 455. — Ind. prés., 3º p. p. : ESCULTENT, 1767. — Parf. simpl., 3º p. s. : ESCULTAT. 2105. — Parf. comp., 3º p. s. : AD ESCULTET, 164.

ESCULUREZ (FUT). Verbe passif, 3º p. s. du parf. Fut décoloré, devint pâle (*Ex-coloratus fuit*) : *Marsilies* FUT ESCULUREZ *de l'ire*, 485. La leçon est mauvaise. Il faut lire *desculurez* à moins que l'on n'adopte la version *escoler*. V. les *Notes pour l'établissement du texte*.

ESCUMBATUES (AI). Verbe actif, parf. comp., 1re p. s., avec un r. p. f. J'ai conquis (*Ex-cum* avec le part. de *battuere*) : *Tantes teres larges* [AI] ESCUMBATUES ! 2307.

ESCUZ. S. s. m. (*Scutum*, et bas lat. *scutus*), 1262 ; ESCUT, 1495, 3355. — R. s. m. : ESCUT, 526. — S. p. m. :

ESCUZ, 1453. — R. p. m. : ESCUZ, 713, etc.

ESDEMETRE. Verbe act.; réfl. et neutr., inf. prés. A l'actif, le sens est celui de « lâcher, abandonner ». D'où sans doute le réfléchi s'ESDEMETRE, et le neutre ESDEMETRE, qui signifie « se lancer, prendre son élan » (*Ex-de-mittere*) : *Sun bon ceval i ad fait* ESDEMÈTRE, 1567.

ESFORCET. Part. pass. employé adjectivement, au r. s., dans le sens de « plus considérable ». (*Ex-fortiatum*) : *Jo t' en durai mult* ESFORCET *eschange*, 3714.

ESFORZ. R. s. m. (Subst. verbal d'*ex-fortiare*.) 1º Se dit, en particulier, d'une *forte* armée dans le sens où nous disons encore aujourd'hui : « Les *forces* de l'ennemi. » *N'asembleret Carles si grant* ESFORZ, 599. = 2º La locution adverbiale : AD ÉSFORZ, signifie « avec élan, avec emportement, rapidement » : *Sun cheval brochet, laiset curre* A ESFORZ, 1197.

ESFRÉED (FUT) Verbe pass. parf., 3º p. s., avec un s. s. m. Fût épouvanté (On a proposé *Ex-frigidatus fuit*, mais il semble que *ex-frediatus* conviendrait mieux. Ce mot signifie « mis hors de paix, hors du compagnonnage »; du germ. *frid*, combiné avec la répulsative *ex*. V. Ducange, au mot *exfrediare*) : *Li reis Marsilies en fut mult* ESFRÉED, 438. V. le suivant.

ESFRÉEDEMENT. Adverbe. Avec effroi, 2767. Müller a rectifié ce vers avec raison, et imprimé : *A l' Amiraill en vunt* (*tut*) ESFRÉED.

ESGRUIGNET, ESGRUNIE. Verbe neut., 3º p. s. de l'ind. prés. S'ébrèche, se brise, s'égraine : *Cruist li acers, ne freint, ne n'*ESGRUIGNET, 2302. *Cruist li acers ne briset ne n'*ESGRUNIE, 2313.=A raison de l'assonance, on doit restituer au dernier vers ainsi qu'il suit, d'après les manuscrits de Venise et de Paris : *Cruist li acers, ne briset, ne n'*ESGRANIET. Étymologie incertaine.

ESGUARDET. Verbe act. 3º p. s. de l'ind. prés. Regarde (*Ex* latin, et *warten*, germ., veiller sur: *ex-wardât*) : *Uns Sarrazins tute veie l'*ESGUARDET, 2274. 3º p. p. : ESGUARDENT, 306.

ESGUARET (EST). Verbe pass., 3º p. s. de l'ind. prés., avec un s. s. m. Est égaré, fou (du germ., *waron* : prendre garde, même racine que le mot précédent) : *E(n) lui meïsme en est mult* ESGUARET. 1036.

ESLAIS. R. s. m. *Faire sun* ESLAIS. c'était, pour le jeune chevalier qui venait d'être armé chevalier, faire faire à son cheval un temps de galop sous les yeux de tous ceux qui avaient assisté à son *adoubement*. Dans le *Roland*, cette locution est employée d'une façon plus générale. *Laschet la resne, mult suvent l'esperonet*. — FAIT SUN ESLAIS *veant cent milie humes*, 2996, 2997. FAIT SUN ESLAIS, *si tressalt un fosset*, 3166. Ce mot ESLAIS est le substantif verbal de ESLAISSER (*ex-laxare*).

ESLEGER. Verbe act. et neut. Disputer, débattre (*Ex-litigare* d'après Tobler. La forme ordinaire est *esligier*); *As espées l' estuverat* ESLEGER, 1151. = Au passif. Subj. prés., 3º p. s. : *Que as espés ne seit einz* ESLEGIET, 759. Restituer partout ESLEGIER.

ESLISENT. Verbe act., 3º p. p. de l'ind. prés. (Fait d'après *ex-legunt* : décomposition romane) : *Entre s'*ESLISENT, 802. = Imp., 2º p. p. : ESLISEZ, 275, 877.

ESMAER, ESMAIER. Verbe act., inf. prés. Mettre en émoi, étonner, troubler (De *ex*, latin, et de *magan*, haut allem., qui signifie « pouvoir » être fort. A proprement parler, comme l'observe Littré, *esmaier*, c'est l'action d'ôter force et pouvoir) : *Deus, dist li Reis, tant me pois* ESMAER, 2412. *Pur orgoillus veintre e* ESMAIER, 2211. — Impér., 2º p. p., ESMAIEZ : *Ne vos* ESMAIEZ; 920.

ESMEREZ. Part. pass. employé adjectivement, r. p. m. Affinés; d'or affiné, épuré (*Ex-meratos*, de *merus*) : *Besanz* ESMEREZ, 132.

ESMUT. Verbe act.; parf. simpl., 3º p. s. Mit en mouvement (*Ex-movit*, du verbe *esmuveir*) : *Li Amiralz ki trestuz les* ESMUT, 2843.

ESPAENT (s'). Verbe réfl. Subj. prés. 3º p. s. S'épouvante (*Se ex-pavente*: diminutif de *expaveat*) : *Ne poet muer qu'il ne s'en* ESPAENT, 1599.

ESPAIGNE. S. s. f. (*Hispania*), 907. — R. s. f. ESPAIGNE, 2, etc.

ESPALLE. R. s. f. Épaule (*Spatulam*), 647. — R. p. f.: ESPALLES, 1344. Le texte porte, par erreur, *l'espalles*.

ESPANELIZ. S. s. m. Nom de païen. 2648. Le mot *Hispanus* entre peut-être dans la composition de ce mot, qui n'a d'ailleurs rien de traditionnel ni d'historique.

ESPANDRE. Verbe act., inf. prés. Répandre (*Ex-pandere*) : *Trenchet la teste pur la cervele* ESPANDRE, 3617. — Ind. prés., 3º p. s. : ESPANT, (dans le sens de « se répand ») : *Sur l'erbe verte en* ESPANT *li cler sanc*, 3972. — Parf. comp., 3º p. s., avec un r. s., AD ESPANDUT, 3928.

ESPANS. S. s. m. Espagnol (*Hispanus*), 612. — R. p. m. : ESPANS, 2828.

ESPANT. Verb. act. 3º p. s. ind. prés. avec le sens du réfléchi ou du passif. (*Expandit*), 3972. V. *Espandre*.

ESPARIGNET. Verbe act., 3º p. s. de l'ind. prés. Épargne, fait grâce (Étym. très difficile. Les patois nous donnent *reparmier*, ce qui empêche de penser à un composé de *parcere*), 1665. — Parf. simpl., 2º p. s. : ESPARIGNAS, 3103. 3º p. s. : ESPARIGNAT, 2091. — Parf. comp., 3º p. s., avec un r. p. m. : AD ESPARMIEZ, 1689. — Impér., 2º p. p. : ESPARIGNEZ, 1883. Restituer partout *espargniez*, etc.

ESPÉE. S. s. f. (*Spāta*), 2340, etc. — R. s. f. : ESPÉE, 465, etc. — R. p. f. : ESPÉES, 684, etc.

ESPERANCE. R. s. f. (*Sperantiam*), 1411. Il y a sans doute erreur du scribe pour *espairnance*, ou *esparignance*.

ESPERONET. Verbe act., 3º p. s. de l'ind. prés. Éperonne (du haut allem. *sporon*), 2996.

ESPERUNS. R. p. m., 345. ESPORUNS, 3430. V. le précédent.

ESPÉS. Adjectif, r. s. neutre. Épais (*Spissum*). Il est employé dans cette locution : « Au plus épais de » : EL' PLUS ESPÈS *se s' rumpent*, 3529.

ESPIET. R. s. m. Ce mot, dans notre texte, est presque partout synonyme de lance (Le type bas-latin serait *spetum*; l'origine du mot est allemande), 867, 1266, etc. — S. p. m. : ESPIET, 1043; ESPIEZZ, 1811; ESPIEZ, 3308. — R. p. m. : ESPIEZ, 554, etc.

ESPIÉZ (AD). Verbe actif, parf. comp., 3º p. s. Épier, et, par extension, trahir (haut allem., *spehen*) : *Guenelun nos* AD *tuz* ESPIEZ, 1147.

ESPINE. R. s. f. (*Spinam*), 3524.

ESPLEIT. R. (Subst. verbal d'*espleiter*.) A ESPLEIT est une locution adverbiale qui veut dire « en toute liberté, vivement, rapidement, avec force » : *Fel ki n' i fierget* A ESPLEIT, 3559.

ESPLEITER. Verbe act., inf. prés. Travailler, agir (Le sens primitif d'*explicare* est « dérouler ». *Explicare volumen*, c'est dérouler un rouleau, d'où ACHEVER de le lire : d'où le mot *explicit*. *Explicare* avait depuis longtemps le sens d'achever, et l'a communiqué à son diminutif *explicitare*, qui nous a donné EXPLEITIER, avec le sens très vague « d'achever, travailler, agir ») : PER *quele gent quiet-il* ESPLEITER *tant*, 395. — Ind. prés., 3º p. s. : *Mult ben* ESPLEITET *qui Damnes Deus aiuet*, 3657. = Restituer *espleitier*, etc.

ESPORUNS. R. p. m., 3430. Cf. ESPERUNS, 346.

ESPRENDRE. Verbe neutre, inf. prés. Il est employé dans le sens de S'ESPRENDRE, s'embraser (*Ex-prehendere*) : *Salt en li fous que l' erbe en fait* ESPRENDRE, 3917.

ESPREVER S. s. m. Épervier (haut allem. *sparvari*) : *Plus est isnels qu'* ESPREVER, 1492.

ESPRIE'S. (?). Nom de païen, s. s. m., pour *Esperveris*, 1388.

ESPROVET. Part. pass., s. s. m. Éprouvé (*Ex-probatus*) : *De vasselage est suvent* ESPROVET, 3163.

ESQUASSENT. Verbe act., 3º p. s. de l'ind. prés. Mettent en pièces (*Ex-quassant*), 3879.

ESQUIER. S. s. m. Écuyer (*Scutarius*), 2437.

ESRAGES (T'). Verbe réfl., ind. prés., 2º p. s. Tu te mets en rage (*Ex-rabias*, par la consonnification de l'*i*) : *Tut fol, pur quei* T'ESRAGES, 307.

ESSAIET. Part. passé, s. s. m. Éprouvé, expérimenté, brave (*Exagiatus*, d'*exagium*, pesage) : *Li Arcevesque (est) prozdom e* ESSAIET, 2068.

ESSAMPLE. S. s. f. Exemple (d'un pluriel neutre *exempla* pris pour un féminin) : *Malvaise* ESSAMPLE, 1016. — R. p. f. : ESSAMPLES dans le sens de « traits historiques » (comme nous disons aujourd'hui : La morale en exemples). Il s'agit de Bramimonde qui se fait instruire dans la foi chrétienne : *Tant ad oït e sermuns e* ESSAMPLES, 3979.

ESSOIGN. R. s. f. Souci. *Aveir* ESSOIGN *de*, c'est « se soucier de » (L'étymologie est germanique. Dans les chartes mérovingiennes et les lois barbares, *sunnia* signifie « les excuses que doivent fournir les non-comparants devant le *placitum* ou le *mallum* ». D'où notre mot français ESSOIGNE, qui a le même sens. Essoign en est la forme masculine, avec un sens plus étendu) : *De voz manaces, culvert, jo n'ai* ESSOIGN, 1233.

EST. Verbe *estre*, 3º p. s. de l'ind. prés., 5, 6, etc. etc.

ESTABLER. Verbe act., inf. prés.

Mettre à l'étable (*Stabulare*) : *Les dis mulez fait Char(l)es* ESTABLER, 158.
ESTABLISENT. Verbe actif, 3º p. p. de l'ind. prés. d'*establir* (*Stabilire*) : *Après les dous* ESTABLISENT *la terce*, 3027. ESTABLISSENT, 3217. — Parf. simpl., 3º p. s. : ESTABLIST, 3036. — Parf. comp., 3º p. s., avec un r. s. f. : AD ESTABLIE, 3068.
ESTACHE. R. s. f. Pieu, poteau (de l'allem. *stack;* de *stecken*, être fiché, attaché) : *A une* ESTACHE *l' unt atachet cil serf*, 3737.
ESTAGE. R. s. Résidence, demeure (*Staticum*) : *Il me sivrat ad Ais, à mun* ESTAGE, 188.
ESTAL. R. s. (Le mot bas latin est *stallum*, de l'allemand *stall, stellen;* anc. haut allem. *stalljan*, être debout. V. Ducange, au mot *Stallum*) : *Nus remeindrum en* ESTAL *en la place*, 1108. *Pur vostre amur ici prendrai* ESTAL, 2139. = *Remeindre en* ESTAL, c'est « rester debout »; *prendre* ESTAL, c'est « prendre position, s'arrêter ». Cf. plus loin, au mot *estant*, l'expression *remeindre en estant*, qui semble donner raison aux partisans d'une étymologie latine.
ESTAMARIN. R. s. m. Nom de païen (?), 64. V. *Estramaris*.
ESTANDART. R. s. m. (Germ. *stand*, être debout?) Ce mot ne s'applique, dans notre texte, qu'à un drapeau païen : *L'*ESTENDART *Tervagan e Mahum*, 3267. Cf. 3330.
ESTANT. La locution EN ESTANT (de *stare*) signifie, au sens propre, « debout ». En parlant des chevaux épuisés de l'armée de Charles, il est dit : *N'i ad cheval ki puisset estre* EN ESTANT ; — *Ki erbe voelt, il la prent en gisant*, 2522, 2523. Lorsque Baligant s'assied : *Tuit li altre sunt remés* EN ESTANT, 2655. *Remeindre* EN ESTANT signifie également « demeurer dans la même position », ou, plutôt, « s'arrêter » : *Li soleilz est remés* EN ESTANT, 2459. V. *Estal* et *Ester*.
ESTED. R. s. Saison d'été (*Æstatem*), 2628. ESTET, 3162.
ESTED (AD). 3º p. p. s. du parf. comp. d'*estre* (*Habet statum*),2. Voy. *Estre* et *Estet*.
ESTEILES. S. p. f. Etoiles (*Stēlas*), 3659.
ESTEIT. 3º p. s. de l'imparf. de l'ind. d'*estre* (Ne peut régulièrement venir de *stabat*. Il faudrait supposer *estebat*), 979, 2318. V. *Estre*.
ESTENDANT. Part. prés. d'*estendre*, au s. p. m. (*Extendentes.*) 'Le sens est celui du part. passé. En parlant du supplice de Ganelon : *Trestuit si nerf mult li sunt* ESTENDANT, 3970.
ESTER. Verbe neutre, inf. prés. (*Stare*). 1º Sens d'ESTER. *a*. « Se tenir ou rester debout » : *Si grant doel out que mais ne pout* ESTER, 2219. = *b*. La locution « laisser ESTER » est l'équivalent de notre mot « laisser tranquille » : LAISEZ ESTER *voz Francs*, 265; ou « abandonner, planter là » : *Païen s'enfuient, puis si l' laisent* ESTER, 2172, etc. = 2º Conjugaison d'ESTER. Ind. prés., 3º p. p., ESTUNT : *Les rues u li burgeis* ESTUNT, 2691. — *Estunt* est le développement régulier de *stant* comme *vunt* de *vadunt*, *unt* de *habent*, *funt* de *faciunt*. — Parf. simpl, 3º p. s., ESTUT : *Sur l'erbe verte* ESTUT *devant sun tref*, 671. Et au réfléchi : S'ESTUT, *Li Empereres s'*ESTUT, *si l'escultat*, 2105. Parf. comp., 3º p. p., AD ESTED, 2, etc. — Fut., 2º p. p. ESTEREZ, 1134. — Impér., 2º p. p. : ESTEZ : *El' camp* ESTEZ, *que ne scium vencuz*, 1046. — Part. prés. : ESTANT, 2459, 2522, 2655. V. *Estre*.
ESTERMINALS. R. p. Nom de pierre précieuse (Étymologie inconnue. *Exterminales??*) : *Ametistes e topazes*, — ESTERMINALZ *e carbuncles*, 1661, 1662. Il y a là peut-être une erreur du scribe.
ESTES. Verbe *estre*, 2º p. p. de l'ind. prés. (*Estis*), 356, etc.
ESTET. R. s. m. Saison d'été (*Æstatem*) : 3162. ESTED, 2628.
ESTET. Part. passé d'*estre* comme dans « *Avum* ESTET », etc. etc. (*Habemus statum*, etc.), 134, 2028, etc. V. *Estre*.
ESTEZ. Impér., 2º p. p. d'*ester* (*Statis*), 1046. V. *Ester*.
ESTOERSTRENT (s'). Verbe neut. et réfl. 3º p. p. du parf. simpl. S'échappèrent (ESTOERSTRENT, ou mieux ESTORTRENT est le parf. d'*estordre*, qui vient d'*extorquere*) : *Poi s'en* ESTOERSTENT, 3632. — Fut. 3º p. s., ESTOERRAT : *De quel (bataille) que seit, Rollant n'*ESTOERRAT *mie*, 593.
ESTOET. Verbe unipersonnel, 3º p. s. de l'ind. prés. Il faut, il convient, il est nécessaire (Origine incertaine. « Les formes provençales, rhétoromanes et françaises demandent péremptoirement une étymologie telle que *stŏpēre*. Tobler propose *est-opus*, qui a été réuni plus tard en un seul

et même mot. » Note de W. Fœrster) : *S'est ki l' demandet, ne l'*ESTOET *enseignër,* 119. *Mort vos* ESTOET *suffrir,* 1257. — *Si 'n ai un filz, ja plus bels n'en* ESTOET, 313. Cf. 292, 300. — Fut. 3° p. s. ESTUVERAT : *Or est le jur que l' s* ESTUVERAT *murir,* 1242.

ESTONAT. Verbe neutre, 3° p. s. du parf. simple (*Ex-tonavit*) : *Granz fut li colps, li Dux en* ESTONAT, 3438. *En* ESTONAT est ici pour « en fut étonné », et « étonné » a le sens de « frappé comme par un coup de foudre ».

ESTOR. R. s. m. Bataille (haut allem. *sturm*) : *Oliver chevalchet par l'*ESTOR, 1351. V. *Estur.*

ESTORGANT. R. s. m. Nom de païen (Suivant Michel et Génin, ESTORGANT signifierait « natif ou citoyen d'Astorga, Estorges » ?), 1297. Cf. *Esturgus,* 1358, et surtout *Eslurganz,* 940.

ESTRAIT. Part. passé, s. s. m. Né, sorti de... (*Extractus*) : ESTRAIT *estes de mult grant parented,* 356.

ESTRAMARIZ. S. s. m. Nom de païen. (Faut-il y voir, plus ou moins directement, *extra-mare, extramarinus* ?), 941. — V. au r. s. m. ESTAMARIN, 64. Le manuscrit, au v. 1304, porte ASTRAMARIZ.

ESTRANGE. Adj. s. s. m., 3747. — R. s. m. : ESTRANGE, 1236, 2864. — R. s. f. : ESTRANGE, 448, 839, 1086. — R. p. m. : ESTRANGE, 2911 (D'*extraneus, extranius* par la consonnification de l'*i*). Dans presque tous ces exemples, *estrange* a le sens d'*étranger* : *Barbarins est d'un* ESTRA[N]GE *pais,* 1236. *De plusurs regnes vendrunt li hume* ESTRANGE, 2911, etc. Mais déjà ce mot a revêtu dans le *Roland* sa signification moderne : *Alde respunt ; Cest mot mei est* ESTRANGE, 3717.

ESTRE. 1° CONJUGAISON. Inf. prés. : ESTRE, 61, 332, etc. — Ind. prés. 1re p. s. : SUI, 316, etc.; SOI, 1478. 2° p. s. : IES, 318, 648, etc. etc. On ne trouve ES que deux fois, 2030 et 2344. 3° p. s. : EST, 56, 886, etc. 2° p. p. : ESTES, 356, 445, etc. 3° p. p. : SUNT, 91, 690, etc. — Imparf. de l'ind. 3° p. s. 1° Formes se rattachant directement à *esse* : ERT, 726, 880, etc. (On ne trouve jamais IERT.) ERET, 719. 2° ESTEIT (forme analogique développée de l'infinitif roman *estre*), 2318. — Parf. simple, 1re p. s. : FUI, 2371 ; 2° p. s. : FUS, 1561 ; 3° p. s. FUT, 24, 208, 301, etc.; 1re p. p. : FUMES, 2146, 2°

p. p. : FUSTES, 2027 ; 3° p. p. : FURENT, 108. — Parf. comp. 3° p. s. : AD ESTET, 2. 1re p. p. : AVUM ESTET, 2028. 2° p. p. : AVEZ ESTET, 134, etc. (V. *Aveir*) — Futur 3° p. s. 1° Formes se rattachant à *esse* : ERT, 51, 190, etc., et IERT, 547, etc. Il faut partout lire *iert* : car ce mot ne se trouve en assonance que dans les laisses en *ier*. 1re p. p. : ERMES, 1977. 3° p. p. ERENT, 3048; IERENT, 3286. 2° Forme se rattachant à *stare*. 2° p. p. ESTEREZ, 1134. Il existe encore un 3° futur (d'*essere-habeo*) : 1re p. s. : SERAI, 86, 1076, etc.; 3° p. s. : SERAT, 52, 625, etc. 2° p. p. : SEREZ, 39, 434, etc. — Condit. 3° p. s. : FUST, 899, 1102, etc.; SEREIT, 1705. — Subj. prés. 3° p. p. : SEIENT, 841. — Imparf. du subj. 3° p. s. : FUST, 2137, etc. — 2° Étymologie. On a déjà observé que notre conjugaison d'*estre* se rapporte à trois types latins : 1° ESSE, et bas latin ESSERE, d'où viennent ESTRE (*essere*) ; SUI et SOI (*sum*) ; IES (*es*) ; EST (*est*) ; ESTES (*estis*) et SUNT (*sunt*), ERT, à l'imparf. (*erat*) ; ESTEIT au même mode ; le futur ERT, IERT, ERMES et ERENT (*erit, erimus, erunt*), et l'autre futur SERAI (*essere habeo,* etc.) ; le cond. SEREIT (*essere-habebat,* etc.), et enfin le subj. SEIENT (*siant,* pour *sint* par analogie avec les subj. prés. des autres conjugaisons). = 2° L'ancien verbe *fuere, fuo,* d'où viennent FUI, FUS, FUT, FUMES, FUSTES, FURENT (*fui, fuisti, fuimus, fuistis, fuerunt*) ; le cond. FUST (*fuisset*), et le même mot à l'imparf. du subjonctif. = 3° Le verbe *stare,* qui nous a donné le participe ESTET (*status*), et le futur ESTEREZ (*stare habetis*)...

3° SENS. *Estre* est employé par notre vieux poète dans tous les sens de notre langue actuelle. Rem. seulement qu'il s'emploie d'*une façon absolue* pour signifier « exister » : *Si grant doel ai que jo ne vuldreie* ESTRE, 2929. = On sait comment il se combine avec les participes passés pour composer les temps et les modes du passif français, et aussi des parfaits actifs, comme dans cet exemple : *Cher me* SUI *vendut,* 2053. = Pour rendre l'idée du superlatif, on emploie volontiers ESTRE avec PAR : PAR EST *sages,* etc. (V. *Par.*) = Le parf. FUT s'emploie, comme aujourd'hui, dans le sens d'*alla* : *Li Empererc* FUT *ier as porz passer,* 2772.

ESTRÉE. R. s. f. Route (*Stratam*), 3326.

ESTREIT. Adj. R. s. m. Étroitement serré (*Strictum*) : *Encuntre sun piz* ESTREIT *l'ad enbracet*, 2202, et ESTREIZ, au lieu d'*estreit* (*stricti*) : *Si chevalchent* ESTREIZ, 1001.

ESTREU. R. s. m. Étrier (De l'allem. *strippe*, courroie), 348. Le texte porte *estren*. — R. p. m. : ESTREUS. 2033.

ESTROET (UNT). Verbe act., parf. comp., 3e p. p. Ont troué (*Ex-traugatum*, de *traugus*) : *L'escut Rollant unt frait e* ESTROET, 2157.

ESTRUSSÉE (AD) Verbe act., parf. comp., 3e p. s., avec un r. s. f. En parlant de la lance de Charles, on dit que Ganelon : *Par tel air l'at* ESTRUSSÉE *e brandie*. 722. Leçon douteuse.

ESTULTIE. S. s. f. (*Stultitiam*) : *Mielz valt mesure que ne fait* ESTULTIE, 1725. — R. s. f. : ESTULTIE, 1639, 2606, 3528. Dans ces trois derniers vers, *estultie* a moins le sens de folie que celui de « courage téméraire » : *Vasselage ad e mult grant* ESTULTIE, 2606.

ESTUNT. Verbe neutre. 3e p. p. de l'ind. prés. d'*ester*, 2691. V. *Ester*.

ESTURGANZ. S. s. m. Nom de païen, 940. — R. s. m. : ESTORGANT, 1297. V. ce dernier mot.

ESTURGUS. R. s. m. Nom de païen, 1358. V. *Estorgant*.

ESTURS. S. s. m. Bataille, mêlée (haut allem., *sturm*), 3930. — R. s. m. : ESTUR, 2122, et ESTOR, 1351. — R. p. m. : ESTURS, 1686.

ESTUT. Verbe neutre, 3e p. s. du parf. simple d'*ester*, 671. — Cf. S'ESTUT, 2405, 3762. V. *Ester*.

ESTUVERAT. Verbe unipers., fut., 3e p. s. Il conviendra, il faudra (d'*estuveir*), 1151, 1242. V. *Estoet*.

ESVEILLET (s'). Verbe réfl., ind. prés., 3e p. s. S'éveille (*Se ex-vigilat*), 724. — Parf. simpl., 3e p. s. : S'ESVEILLAT, 736. — Parf. comp., 3e p. s., avec un s. s. m. : EST ESVEILLET, 2554. = Au passif. Ind. prés., 3e p. s., avec un s. s. m. : EST ESVEILLEZ, 2846. D'après les assonances, il faut partout *esveilliet*.

ESVERTUET (s'). Verbe pronom., 3e p. s. S'excite, s'évertue (composé d'*ex* et d'un verbe fait sur *virtutem*) : *Rollanz... Met sei sur piez, quan-qu'il poet* S'ESVERTUET, 2298.

ET. Conj. *A mille* ET *a cent*, 1417. C'est la seule fois que, dans notre manuscrit, on trouve ET, et non pas *e*.

ETHIOPE. R. s. f. Éthiopie (*Æthiopiam*) : *Tint* ETHIOPE, *une tere maldite*, 1915, 1916.

EUDROPIN. R. s. m. Nom de païen (dim. d'*Eutropius*), 64.

EUGLEZ. R. p. m. Nom de peuple païen (?), *Uglicos* (*Uliczos*, tribu slave), 3243.

EVES. R. p. f. Eaux (*Aquas*), 3667. V. *Ewe*.

EVESQUE. S. p. m. (*Episcopi*). 3667. — R. p. m. : EVESQUES, 2955 et 3976.

EWE. S. s. f. Eau (*Aqua*), 2465. — R. s. f. : EWE, 2225. — R. p. f. : EWES, 1778, 2640, et EVES, 3667.

EWE. R. s. f. Jument (*Equam*. Cf. *Equa*, dans Ducange), 3968.

EXILL. R. s. (*Exilium*.) Le sens de ce mot est plus général qu'en latin : c'est celui de « désastre » : *Ki tei ad mort France ad mis en* EXILL, 2935.

F

FACE. Verbe act. subj. prés., 1re p. s. de *faire* (*Faciam*), 316, 319.

FACET. Verbe act., subj. prés., 3e p. s. de *faire* (*Faciat*), 750, etc.

FAILLIR. Verbe neutre, inf. prés. Faire défaut, manquer (*Fallere*; passé à la 4e conjug.), 800. — Ind. prés., 3e p. s. : FALT, 2230. — Parf. simpl., 3e p. p. : FAILLIRENT, 2601, 2718. — Fut., 3e p. s. : FALDRAT, 1048; FAUDRAT, 2454. 3e p. p. : FALDRUNT, 397. — Subj. prés., 3e p. p. : FAILLENT, 3133. — Part. pass., au s. p. m. : FAILLID, 3815.

FAIRE. (*Facere*). I. CONJUGAISON. Inf. prés. : FAIRE, 278, 315. — Ind. prés., 1re p. s. : FAZ, 678. 2e p. s. : FAIS, 2598. 3e p. s. ; FAIT, 96. 2e p. p. : FAITES, 1360. 3e p. p. : FUNT, 378. — Parf. simpl., 1re p. s. : FIS, 2388. 2e p. s. : FESIS, 2029. 3e p. s. : FIST, 89. 1re p. p. : FESIME[S], 418. 2e p. p. : FEÏSTES, 1708. 3e p. p. : FIRENT, 92. — Parf. comp., 1re p. s., avec un r. p. f. : AI FAITES, 865. 3e p. s. : AD FAIT, au neutre, 160; avec un r. s. m. ou n. : AD FAIT, 3843 et 283; avec un r. s. f. : AD FAITE, 947, etc.; avec un r. p. f. : AD FAITES, 3060. 2e p. p., avec un r. s. : AVEZ FAIT, 876; avec un r. p.

f. : AVEZ FAITES, 3336. 3º p. p., avec un r. s. f. : UNT FAITE, 3045. — Fut., 1ᵣᵒ p. s. : FERAI, 787. 3º p. s. : FERAT, 33. 1ʳᵒ p. p. : FERUM, 882, et FERUNS, 950. 2º p. p. : FEREZ, 131. 3º p. p. : FERUNT, 3072. — Cond., 1ʳᵒ p. s. : FEREIE, 1053. 3º p. s. : FEREIT, 240. 3º p. p. : FEREIENT, 1185. Autre cond. (de *fecisset*), 3º p. s. : FESIST, 1637. — Impér., 2º p. s. : FAI, 3895. 2º p. p. : FAITES, 210. — Subj. prés., 1ʳᵒ p. s. : FACE, 275. 3º p. s. : FACET, 750. — Imparf. du subj., 3º p. s. : FEÏST (*fecisset*). 1564. — Plus-que-parf., 1ʳᵒ p. p., avec un r. s. f. : OÜSUM FAITE, 1729. = Au passif. Fut. 3º p. s., avec un s. s. n. : SERAT FAIT, 625, ou, avec un s. s. f. : ERT FAITE, 3904. — Subj. prés., 3º p. s. au neutre : SEIT FAIT, 3982.

II. SENS DIVERS. 1º *Faire*, devant un infinitif, a le sens de *jubere*, en latin : *Si* FAIT *suner ses cors*, 1629. = 2º *Fait* peut, en certains cas, remplacer un autre verbe, dont on évite ainsi la répétition : *Plus curt à pied que ne* FAIT *un cheval*, 890. = 3º *Faire que* (JO FEREIE QUE *fols*, 1053. *Naimes ad* FAIT QUE *proz*, 2423, etc.) signifie : « Je ferais ce que fait un fou ; je serais bien fou, » etc. Cf. *Dunc ne* FAZ-JO QUE *creire*, 987. = 4º *Faire à preiser*, c'est « faire quelque chose qui mérite d'être prisé et, par une extension fort naturelle, être digne d'être prisé, être prisable » : FAIT *asez* A PREISER, 1516. *Ne* FUNT *mie* A BLASMER, 1174. = 5º *Se faire* a le sens « d'être, de devenir » : *Li Empereres se* FAIT *e oalz e liez*, 96.

FAIS. R. s. m. Fardeau (du latin *fascis*), 977.

FAIT, FAITE, FAITES, etc. Part. pass. de *faire*, 625, 115, 876, etc.

FAITEMENT. Adv. De telle manière (*Facta-mente*) *Cum* FAITEMENT *purrai Rollant ocire*, 581. *Cum* FAITEMENT *li manderum nuveles*, 1699. Dans ces deux exemples, FAITEMENT est à peu près explétif. Suivant Fœrster, Müller, etc., il faut mprimer en un mot. *cumfaitement*. La nécessité ne m'en est pas démontrée.

FAITURE. R s. f. Forme, tournure, et, par extension, visage, figure (*Facturam*) : *Si li trenchat les oilz e la* FAITURE, 1328.

FALCUNS. S. s. m. Faucon (*Falconem*, à moins que l'on n'admette *falconus*), 1529.

FALDESTOED. R. s. n. Fauteuil, trône (*Faldestolium*). « Cette étymologie, néanmoins, est un peu difficile : car alors un *l* final se changerait en *d*, *t;* ce qui est sans exemple. (Cf. encore la forme *fandestuef*.) De sorte que l'explication commune, *faldestolium*, convient très bien à l'italien, à l'espagnol et aux formes françaises *faldestueil*, *faldestor*, etc.; mais non à *faldestoed* » (Note de W. Fœrster), 609. R. s. : FALDESTOED, 115; FALDESTOD, 2804, et FALDESTOET, 407. J'ai rétabli partout FALDESTOEL.

FALDRAT. Verbe n. fut., 3º p. s. de *faillir* (*Fallere-habet*), 1048.

FALDRUN. R. s. m. Nom de païen (?) : 1871.

FALDRUNT. Verbe neutre, 3º p. p. du fut. de *faillir*, 397, 3417.

FALS. Adj., r. s. Faux, mauvais (*Falsum*), 328. — R. s. f.: FALSE, 3638.

FALS. Verbe act. et n., ind. prés., 1ʳᵒ p. s. Je déclare faux, je démens (*Falso*). Pinabel dit, en parlant de Thierry : *Jo si li* FALS, *od lui m'en cumbatrai*, 3844. V. Ducange, au mot *Falsare*.

FALSARON. S. s. m. Nom de païen (c'est p.-e. un péjoratif de *falsus*), 879. — R. s. m. : FALSARON, 1213.

FALSERIE. S. s. f. Mensonge, sorcellerie (*Falsaria*) : *N'i remeindrat ne sorz ne* FALSERIE, 3665.

FALT. Verbe n., ind. prés., 3º p. s. de *faillir*, 2230, 3344, 4002. = Rem. l'expression : FALT *li le coer*, 2230.

FALVE. R. s. f. Fauve (Allem. *falb*). En parlant d'un cheval, on dit qu'il a *la teste tute* FALVE, 1656.

FAUDRAD. Ce mot n'est pas écrit d'une seule main dans le ms. d'Oxford, au v. 2454. On n'en saurait, par conséquent, tenir aucun compte.

FAZ. Verbe act., ind. prés., 1ʳᵒ p. s. de *faire* (*Facio*), 678.

FEDEILZ. Subst. R. p. m. Les « fidèles » (*Fideles*) : *Jo l'sivrai od mil de mes* FEDEILZ, 84.

FEDEILZ. Adj., r. p. m. (*Fideles*) : [FE]DEILZ *servises e mult granz amistez*, 29.

FEDELTET? R. s. f. Féauté, dans le sens exact du droit féodal (*Fidelitatem*) : *Deven mes hom*, *en* FEDELTET *voeill rendre*, 3593. Mais il y a ici une erreur du scribe, et l'on ne peut arguer de ce mot.

FEID. R. s. f. Foi, bonne foi, foi du serment (*Fidem*), 86, 507, etc. FEIT, 403, et FEIZ, 3801. — R. p. f. ?: FEIZ, 3416.

FEINDRE. Verbe n. et act., inf. prés. (*Fingere*), 1792. — Parf. simpl.,

3º p. s., FEINST : *Si* SE FEINST *morz*, 2275.

FEÏST. Verbe act., 3º p. s. de l'imparf. du subj. de *faire* (*Fecisset*), 1564.

FEÏSTES. Verbe act. 2º p. p. du parf. simple de *faire* (*Fecistis*). 1723.

FEIZ. R. s. f. Foi (*Fidem*), 3801. — R. p. f. (?) : FEIZ, 3416.

FEIZ. R. s. f. Fois (*Vices*) : *Guenes respunt : Ne vus à ceste* FEIZ, 567. *Que Guenclun cleimt quite ceste* FEIZ, 3407.

FEL, FELS. Adj. et subst. Félon (Du bas latin *felo, felonis*, qui se trouve dans un Capitulaire de Charles le Chauve). S. s. m. : FELS, 213, etc.; FEL, 1204, etc. — R. s. m. : FEL, 1632 FELUN, 910, et FELON, 1819. — S. p. m. : FELUN, 942. — Voc., p. m. : FELUNS, 1191. — R. p. m. : FELUNS, 69, etc. = *Felun* s'emploie substantivement : *Ço dist li Reis :* « *Vos estes mi* FELUN, » 3814.

FELONIE. R. s. f. (v. le précédent), 2600. — R. p. f. : FELONIES, 1633.

FEMME. R. s. f. Epouse (*Feminam*), 637. — R. p. f. : FEMMES, 1402.

FENDRE. Verbe neut., inf. prés. (*Findere*.) FENDRE a le sens « d'être brisé, fendu », comme *findi*, en latin : *Par mi quiet* FENDRE, 1588. — Même sens que l'ind. prés., 3º p. s., FENT : *Pur poi d'ire ne* FENT, 325. = Indépendamment de ce sens neutre, FENT est employé à l'actif : *Tut le helme li* FENT, 1602. — Parf. comp., 3º p. s., avec un r. s. m. : AD FENDUT, 3604. = Au passif. Ind. prés., 3º p. s., avec un s. s. m. : EST FENDUZ, 2295.

FENIR. Verbe act., inf. prés. Achever (*Finire*), 169. Trois vers plus haut, on trouve *finer* (d'une autre conj.) dans le même sens (V. ce mot). — Parf. comp., 3º p. s., avec un r. s. f. : OUT FENIE, 193.

FER. S. s. (*Ferrum* ou *ferrus*), 3249, et FERS, 1362. — R. s. : FER, 1286. = Aux vers 1362, 3249 et 3735, le mot « fer » est pris dans un sens général; aux vers 1286, 1559 et 3154, il désigne en particulier le « fer de la lance ».

FERAI. Verbe act., fut., 1re p. s. de *faire* (*Facere habeo*), 787.

FERANT. Verbe act., part. prés. de *ferir*, s. s. m. (*Ferientem*), 3371.

FERAT. Verbe act. fut., 3º p. s. de *faire* (*Facere habet*), 33, etc.

FEREIE. Verbe act. cond., 1re p. s. de *faire* (*Facere habebam*), 1053, 3956.

FEREIENT. Verbe act. Cond., 3º p. p. de *faire* (*Facere habebant*), 1185.

FEREIT. Verbe act. cond., 3º p. s. de *faire* (*Facere habebat*), 240.

FERENT. Verbe act., ind. prés., 3º p. p. de *ferir* (*Feriunt*), 1611. La vraie forme est FIÈRENT. V. ce mot.

FEREZ. Verbe act., ind. prés., 3º p. p. de *ferir* (*Feritis*), 3539.

FEREZ. Verbe act. imp., 2º p. p. de *ferir* (*Feritis*), 1211.

FEREZ. Verbe act., fut., 2º p. p. de *faire* (*Facere-habetis*), 131.

FERIR. Verbe act., inf. prés. Frapper (*Ferire*), 440. — Ind. prés., 3º p. s. : FIERT, 1261. 2º p. p. : FEREZ, 3539. 3º p. p. : FIÈRENT, 1347 ; FERENT, 1611. — Parf. simpl., 3º p. s. : FERIT, 2338. — Parf. comp., 1re p. s., avec un r. s. m. : AI FERUT, 2006. 3º p. s., avec un r. s. m. : AD FERUT, 1568. 3º p. p. n. : UNT FERUT, 1438. — Fut. 1re p. s. : FERRAI, 1055. 3º p. s. : FERRAT, 3051. 2º p. p. : FERREZ, 1463. 3º p. p. : FERRUNT, 1080. — Impér., 1re p. s. : FIER, 1120. 2º p. p. : FEREZ, 1211. — Subj. prés., 3º p. s. : FIERGET (de *feriat* par la consonnification de l'*i*), 3559. — Part. prés., s. s. m. : FERANT, 3774. — Part. pass., s. s. m., FERUT, 1592. V. ce mot. = Au passif. Ind. prés., 1re p. s. : SUI FERUT, 2052. 2º p. s. : EST FERUT, 1952.

FERMÉE (AD). Parf. comp., 3º p. s., avec un r. s. f. « Assujettir, fixer, attacher » (*Firmare*) : *Li quens Rollanz* AD *l'enseigne* FERMÉE, 707. ... p. s., avec un r. p. m., AD FERMEZ : *Les bruns d'or* AD *en ses piez* FERMEZ, 345. 3º p. p., avec un r. p. m., UNT FERMEZ, 3865. — Part. pass., s. p. m., FERMEZ : *Cil gunfanuns* FERMEZ, 1033. S. p. f. : FERMÉES, 3308. R. p. m., FERMEZ : *Alquanz healmes* FERMEZ, 683.

FERRAI. Verbe act., fut., 1re p. s. de *ferir* (*Ferire habeo*). 1055, 1065.

FERRAT. Verbe act., fut., 3º p. s. de *ferir* (*Ferire habet*), 3051.

FERRÉE. Part. passé employé adjectivement, r. s.f. (*Ferratam*.) Entre dans la composition de *Val*-FERRÉE, 1370.

FERREZ. Verbe actif, fut., 2º p. p. de *ferir* (*Ferire habetis*), 1463.

FERRUNT. Verbe actif, fut., 3º p. p. de *ferir* (*Ferire habent*), 1080.

FERS. S. s. (*Ferrus* ?), 1362. V. *Fer*.

FERUM. Verbe actif, fut., 1re p. p. de *faire* (*Facere habemus*), 882. V. le suivant.

FERUNS. Verbe act. fut. 1re p. p. de *faire* (*Facere habemus*), 950. V. *Faire*.

FERUNT. Verbe actif, fut., 3º p. p. de *faire* (*Facere habent*), 3072.

FERUT (AI, AD, UNT). Verbe actif, 1re, 2e et 3e p. du parf. composé de *ferir*. V. *Ferir*.

FERUT. Part. pass., s. s. m. de *ferir*, 1952, 2052, 3924. R. s. m. : FERUT, 1568, 2006, 2084. R. s. m. : FERUT, 1438. R. p. m., par err. : FERUT, 2093.

FESIMES. Verbe actif, 1re p. p. du parf. simple de *faire* (*Fecimus*), 418.

FESIS. Verbe actif, 2e p. s. du parf. simple de *faire* (*Fecisti*), 2029.

FESIST. Verbe actif, 3e p. s. de l'imparf. du subj. de *faire*, avec le sens du conditionnel (*Fecisset*), 1637.

FESTE. S. s. f. (*Festa*), 3745. — R. s. f. : FESTE, 53, 2860.

FEU. R. s. Fief (Origine germ., en bas latin, *feodum*, *feudum*). Le mot se présente sous trois formes au r. s. : 1° FEU, 866 et 2680 ; 2° FIU, 432, et 3° FIET, 472. Cette dernière forme, où la dentale est conservée, ne peut cependant s'expliquer par *feodum*. Nous trouvons, au r. p., quatre formes diverses : 1° FEUS, 3399 ; 2° FIEUS, 315 ; 3° FIUS, 820, et 4° FIEZ, 76.

FIANCE. R. s. f. (*Fidantiam*, qui, comme le dit W. Fœrster, est une dérivation du part. prés. *fidantem*, de *fidare*). Le mot FIANCE a, dans notre vieux texte, deux sens différents : 1° Promesse, engagement sur la foi jurée : FIANCE *prist de Guenelun le cunte*, 1486. *Costentinnoble dunt il out la* FIANCE, 2329. ⹀ 2° Confiance : *En tels vassals deit hom aveir* FIANCE, 3009. ⹀ On remarquera les locutions : « Prendre fiance de quelqu'un, » c'est-à-dire recevoir sa promesse, son serment ; « avoir fiance, » dans le sens d'« avoir la promesse de quelqu'un », et enfin « donner fiance », dans le sens de « promettre, garantir » : *Se trois Rollant, de mort li duins* FIANCE, 914.

FIEBLE. S. s. m. Faible (*Flebilis* a donné *fleible*=*feible*. Sans avoir recours au type inexpliqué *fēbilis*, ne peut-on pas voir dans *fieble* une forme de *feible*. On prononçait *feible*), 2228.

FIEBLEMENT. Adv. Faiblement (? *Flebili-mente*), 2104.

FIER, FIÈRE. V. *Fiers*.

FIER. Verbe actif, impér., 2e p. s. de *ferir* (Frappe, *feri*), 1120. V. *Ferir*.

FIÈREMENT. Adv. (*Fera-mente*), 219.

FIÈRENT. Verbe actif, ind. prés., 3e p. p. de *ferir* (*Feriunt*), 1347.

FIERGET. Verbe actif, subj. prés., 3e p. s. de *ferir* (*Feriat*), 3559.

FIERS. Adj., s. s. m. Fier, avec un sens plus énergique que de nos jours ; hardi, terrible. Se dit des choses autant que des personnes (*Ferus*), 105, 797, etc. — R. s. m. : FIER, 28, 304, et, par erreur, FIERS, 897. — R. s. f. : FIÈRE, 1231. — S. p. m. : FIERS, 1888. — S. p. f. : FIÈRES, 3389. — R. p. f. : FIÈRES, 3086.

FIERT. Verbe act., ind. prés., 3e p. s. de *ferir* (*Ferit*), 1261.

FIERTET. R. s. f. (*Feritatem*), 1183.

FIET. R. s. Fief, 472. V. *Feu*.

FIET (SE). Verbe réfl., 3e p. s. (*Se fidat*) : *E Oliver en qui il tant* SE FIET, 586.

FIEUS. R. p. Fiefs, 297.

FIEZ. R. p. Fiefs, 76. V. *Feu*.

FILLASTRE. S. s. m. Beau-fils, sans idée nettement péjorative (*Filiaster*), 743.

FILLE. R. s. f. (*Filiam*), 2744.

FILZ. S. s. m. (*Filius*. Le *z* se trouve même au régime, à cause du second *i*), 504, etc. — VOC. s. m. : FILZ, 3201. — R. s. m. : FILZ, 149, 295, etc. — S. p. m. : FILZ, 2674. — R. p. m. : FILZ, 42 ; FIZ, 3441.

FIN. Adj. s. s. Pur, affiné ; se dit de l'or (goth. *fyn*) : FIN *or*, 1540. — R. s., FIN : *Or* FIN, 652.

FINER. Verbe actif et neutre, inf. prés. (*Fenir*, vient de *finire* ; *finer*, qui est de formation romane, vient directement de *fin*, et est de la 1re conjugaison) : 1° A l'actif. Ind. prés. : FINER, 166. — Parf. comp., 3e p. s., avec un r. s. : OUT FINET, 62, 78. Avec un r. s. f. : OUT FINÉE, 705. ⹀ 2° Au neutre. Futur, 1re p. s. (Je ne mettrai pas fin...) : *Ne* FINERAI *en trestut mun vivant*, 2662. — Cond., 3e p. s. : FINEREIT (Mourrait) : *Cum querramment si* FINEREIT *li bers*, 2867. — 3° Au passif. Part., 3e p. s., avec un s. s. m. : SERAT FINET : *Se truis Rollant, de mort serat* FINET, 902. 2° p. p., avec un s. s. m., SEREZ FINET : *Par jugement* SEREZ *iloec* FINET, 436. — Part. pass., r. s. : FINET, 62, 78. R. s. f. : FINÉE, 705.

FINS. S. s. f. (*Finis*), 3395, 3872, et FIN, 1435. — R. s. f. : FIN, 1476, 2392, 3723. Ce mot revêt deux sens dans le texte de la Bodléienne, et le second n'est qu'un développement fort naturel du premier : 1° Fin, en général : *Deus set asez cument la* FINS *en ert*, 3872. *La* FIN *de l' secle*, 1435. — 2° Mort : *Alde est à sa* FIN *alée*, 3723. ⹀ Rem. la locution « prendre fin », pour « mourir » : FIN PRENDRUM *aitant*, 1476.

FINS (?) : *Nen est* FINS *que t'en alges*, 2978. Müller, après Génin, propose : *Nen est dreiz.*
FIRENT. Verbe act., parf. simpl., 3º p. p. de *faire* (*Fecerunt*). 92.
FIRIE. « Le mot essentiellement populaire *ficatum* a eu en roman des destinées fort diverses, ou plutôt a subi des dégradations successives : l'italien *fégato*, le p.g. *fîgado* (esp. *higado*), nous montrent un déplacement d'accent. Ce déplacement amène naturellement l'affaiblissement de l'*a*, que nous trouvons dans le *figido* des Gloses de Cassel. Une fois cette forme admise, elle se transforma, par analogie avec les nombreux mots semblables, en *fidicum*. De là le prov. *fedge* et la triple forme française *fie*, *foie* et *firie*, qui est à *fidicum* ce que *mirie* est à *medicum*. La gradation a été la suivante : *fidicum*, *fidie*, *filie*, *firie*, comme pour *medicum*, *midie*, *milie*, *mirie*. » Gast. Paris, *Romania*, VI, 132.) *Trenchet li le coer, le* FIRIE *e le pulmun*, 1278.
FIS. Verbe act., 1ʳᵉ p. s. du parf. simpl. de *faire* (*Feci*), 2388.
FIST. Verbe act., 3º p. s. du même parf. de *faire* (*Fecit*), 89, etc.
FIU. R. s. Fief (*Feodum*), 432. — R. p., FIUS, 820. V. *Feu*.
FIZ. R. p. m. Fils (*Filios*), 3411. V. *Filz*.
FIZ. Adj., s. s. m. Sûr, assuré (*Fidus*) : *De cez paroles... en quel mesure en purrai estre* FIZ, 146. — S. p. m., FIZ, 1130. On disait donc : *Estre fiz* DE quelque chose.
FLAMBES. S. s. f. (par erreur). Flamme (*Flamma*), 2535. — R. s. f. Entre dans la composition d'*orieflambe*, 3093.
FLAMBIENT. Verbe neutre. 3º p. p. de l'ind. prés. (De *flammicant*, avec l'accent sur l'*i* et par l'intercalation d'une labiale) : *Les esteiles* FLAMBIENT, 3659.
FLAMBIUS. Adj. r. p. Flamboyants (*Flammicosos*, avec l'intercalation d'une labiale) : *Elmes* FLAMBIUS, 1022.
FLAMENGS. R. p. m. Flamands (*Flaminghos*), 3069.
FLANCS. R. p. m. (*Flaccos* ??) *Graisles es* FLANCS, 3158. *Les dous costez li desciveret des* FLANCS, 3467.
FLANDRES. R. s. f.; par erreur au lieu de *Flundre* (*Flandriam*), 2327.
FLOREDÉE. R. s. Nom d'un royaume païen (?), 3312.
FLORS. R. p. f. (*Flores*), 2871. V. *Flur*.

FLOTANT. Verbe neutr., part. prés., s. p. m. (*Fluctuantes*) : *Li altre en vunt (en)cuntreval* FLOTANT, 2472.
FLUR. S. s. f. (*Florem*), 3162. — R. s. f. : FLUR, 2431. — R. p. f. : FLURS, 1276, et FLORS, 2871. — Rem. les expressions un *escut à flurs*, 1276, et *En seintes flurs*, 1856. Cette dernière désigne le Paradis.
FLURIE. Adj. s. s. f., 334. V. *Fluriz.*
FLURIT. R. s. m. Nom d'un roi païen (bas lat. : *Floritus*), 3211.
FLURIZ. Adj. s. s. m. *Fleuri* signifie : 1º Couvert de fleurs, de fleurons, « peint à fleurs.» 2º Blanc, et, par extension, vieux (*Floritus*) : *Jà estes vielz e fluriz e blancs*, 1771. — S. s. f., FLURIE : *La targe ki est* FLURIE, 3361. — R. s., FLURIT, 117. — R. s. f. : FLURIE, 970. — R. p. : FLURIZ, 3087.
FOL. V. *Fols.*
FOLAGE. R. s. m. Folie, chose insensée (*Follaticum*), 313.
FOLIE. S. s. f. (Subst. en *ia* fait sur le suffixe très connu *fol*) : *Kar vasselage qu'il fesist ne sens nen est* FOLIE, 1724. — R. s. f., FOLIE : *Guenes ad dit* FOLIE, 496. Cf. 2714.
FOLS. S. s. m. Fou, insensé (Étym. celtique. En Gallois, *fôl;* en bas latin *follis*, qui signifiait soufflet. D. dans Ducange, au mot *Follis*³ une citation de Jean Diacre (IXᵉ s.), etc. = *Quia folles inflantur re inani*, *follis dicitur stultus*, *vanus*. Ce passage célèbre est emprunté par Ducange aux *Verborum derivationes*, d'Uguccione († 1212), et il faut encore citer le Glossaire latin-français de l'ancien fonds de S. Germain (XIVᵉ s.): *Follis, fox à feurre ou sot ou vain*. On disait *li fous*, pour « le soufflet »), 1053, et FOL, 1207. — Voc. s. m. : FOL, 286. — R. s. m. : FOL, 2294. — R. p. m. : FOLS, 229. Dans ce dernier vers, FOLS est employé substantivement : *Laissum les* FOLS, *as sages nus tenuns*.
FORCE. S. s. f. (bas lat., *fortia*), 2902. — R. s. f., FORCE, 1575. « *Par force, par vive force* », signifie « vigoureusement ». PAR FORCE *iras en la tere de Bire*, 3995.
FORCHEÜRE. R. s. f. L'enfourchure, la « partie du corps qui se bifurque entre les cuisses » (*Furcaturam*) : *La* FORCHEÜRE AD *asez grant li ber*, 3157. FURCHEÜRE, 1330.
FORFIST. Verbe act., 3º p. s. du part. simpl. de *forsfaire* (*Forisfecit*), 3758. V. *Forsfis.*
FORMENT. Adv. Fortement, beau-

coup (*Forti-mente*) : *D'Oliver li peiset mult* FORMENT, 2514.

FORS. 1° Adv. Au dehors (*Foris*) : FORS *s'en eissirent li Sarrazins*, 1776. = 2° Prép. Excepté : *Mur ne citet n' i est remès à fraindre,* — FORS *Saraguce*, 5, 6.

FORSFIS. Verbe act., 1re p. s. du parf. simpl. de *forsfaire* (*Forisfacere, forisfeci*). Ce mot a plusieurs sens, qui sont souvent fort difficiles à démêler. 1° Faire tort : *Ne m'fesis mal ne jo ne l' te* FORSFIS, 2029. 3° p. s., FORFIST : *Rollanz me* FORFIST *en or e en aveir*, 3758. — Imparf. du subj. 3° p. s. : FORSFESIST : *Que que Rollant a Guenelun* FORSFESIST, 3827. = 2° Au réfléchi, SE FORSFAIRE, c'est « se rendre coupable de ». Parf. comp., 3° p. s., S'EST FORSFAIT : *La traïsun jurat...*, S'EN EST FORSFAIT, 608. = 3° Au passif. Fut. 3° p. s. : *Ço dist Turpin : Icist nos* ERT FORSFAIT, 1393. Le sens est ici plus difficile à préciser. Il s'agit d'un païen, Siglorel, qui vient d'être tué par l'Archevêque. La vraie leçon doit être cherchée dans les autres manuscrits.

FORZ. Adj., s. s. m. (*Fortis*), 1312, et FORT, 1547. — S. s. f. : FORT, 3489, et FORZ, 1713. — R. s. m. : FORT, 1948. — R. s. f. : FORT, 1460. — R. p. m. : FORZ, 1799 et 1118. = Rem., au v. 2631, la locution A FORT, pour *forment* : *Siglent* A FORT *e nagent.*

FOSSE. R. s. f. (*Fossam*), 3105.

FOSSET. R. s. m. Fossé (*Fossatum*), 2590.

FOUS. S. s. m. Feu (*Focus*), 3535. — R. s. m. : FOU, 3106.

FRAINDRE. Verbe act., inf. prés. Renverser (*Frangere*) : *Mur ne citet n'i est remès à* FRAINDRE, 5. FREINDRE, 2210. — Ind. prés., 3° p. s. : FREINT, 486. — Parf. simpl., 3° p. s. : FREINST, 1247. — Parf. comp., 3° p. s., avec un r. s. m. : AD FRAIT, 3604 ; avec un r. s. f. : AD FRAITE, 663 ; avec un r. p. f. : AD FRAITES, 2757. 3° p. p., avec un r. p. f. : UNT FRAITES, 3570. — Fut., 3° p. s. : FREINDRAT, 2342. — Part. passé, s. s. f. : FRAITE, 1352, 2050, etc.

FRAISNE. R. s. m. Frêne (*Fraxinum*), 2537.

FRAISNINE. Adj., r. s. f. En frêne (*Fraxininam*) : *Hanste* FRAISNINE, 720.

FRAIT, FRAITE, FRAITES. Part. pass. de *fraindre* (*Fractus, fractam, fractas*). V. *Fraindre*.

FRANC. Adj. Voc. p. m. Libres (*Franci*) : FRANC *chevaler vaillant*, 2657. — R. s. f. FRANCHE : *Jo l'en cunquis Normendie la* FRANCHE, 2324.

FRANC. S. p. m. Les Franks (*Franci*; orig. germ.), 282, 701, etc. — R. p. m. : FRANCS, 177. — FRANCOR appartient au groupe de ces substantifs qui comme *saraconor, paienor, missoudor*, etc., ont été faits sur des génitifs pluriels du latin ; il vient directement de *Francorum* : *En la geste* FRANCOR, 1443.

FRANCE. S. s. f. (*Francia*). C'est tantôt l'empire tout entier de Charlemagne, et tantôt l'ancienne *Francia* des textes mérovingiens, opposée à la *Neustria*, qui devient, dans nos Chansons de geste, la terre de Hérupe (Bretagne, Normandie, Maine, Touraine, Orléanais, Anjou), 835, etc., etc. — R. s. f., 16, etc. = Sur le sens exact de ce mot, voy. la note du v. 36.

FRANCEIS. S. p. m. (*Francenses*), 192, et r. p. m., 49, etc. etc. FRANCES, 2799. — R. s. f. : FRANCEISE, 396. — R. p. f. : FRANCEISES, 3089.

FRANCOR, 1443, 3262. V. *Franc*.

FREIN. R. s. (*Frenum*), 1493. — S. p. : FREIN, 91. — R. p. : FREINS, 2485.

FREINDRAT. Verbe act., 3° p. s. du fut. de *fraindre* (*Frangere habet*), 2342. V. *Fraindre*.

FREINDRE. Verbe act., inf. prés. (*Frangere*), 2210. V. *Fraindre*.

FREINST. Verbe act., 3° p. s. du parf. simpl. de *fraindre* (Il est clair que *fregit* n'est pas l'étymologie possible et qu'il faut supposer une forme populaire *franxit*), 1247. V. *Fraindre*.

FREINT. Verbe act., 3° p. s. de l'ind. prés. de *fraindre* (*Frangit*), 486.

FREIZ. R. p. Froids (*Frigidos*) : *Pur sun seignur... deit hom... endurer granz* FREIZ, 1010, 1011.

FREMIR. Verbe neutre. Faire du bruit, retentir (*Fremere*, passé à la 4e conj.), 3484.

FREMUR. R. s. f. Bruit (*Fremorem*), 2693.

FRERE. S. s. m. (*Frater*), 1214. FRERES, 291. — R. s. m. : FRERE, 490. — R. p. m. : FRERES, 2420.

FRESCHE. Adj., r. s. f. Fraîche (haut allem., *frisc*; anglo-saxon; *fresc*), 2492.

FRISE. R. s. f. Nom de pays (*Fresiam, Frisiam*), 3069.

FRISUNS. R. p. m. (*Fresiones*), 3700.

FRONT. R. s. m. (*Frontem*), 1217. V. *Frunt*.

FRUISSET. Verbe tantôt actif (2289, etc.), tantôt neutre (1317, etc.). — (*Frustiat;* étymologie donnée par Schuchardt.) Ind. prés., 3º p. s.: FRUISSET, 1317; FRUISSED, 3433. 3º p. p. s.: FRUISSENT, 3482. — Parf. comp., 2º p. p., avec un r. p. m. : AVEZ FRUISET, 237. — Part. pass., r. p. m.: FRUISEZ, 3387.

FRUNT. R. s. m. (*Frontem*), 3919, et FRONT, 1217.

FUI. Verbe *estre,* parf. simpl., 1re p. s. (*Fui*), 2371, 2413.

FULDRES. S. p. f. Foudres (*Fulgura* ramené à une forme féminine, comme *essamples d'exempla,* etc.), 1426.

FUIR. 1º Verbe neutr., inf. prés. (*Fugere,* passé à la 4e conj.), 1255. — Ind. prés., 3º p. p. : FUIENT, 686. — Subj. prés., 3º p. s. : FUIET, 2309. — Part. prés., s. s. m. : FUIANT, 2784. et s. p. m. : FUIANT, 1473. = 2º Verbe réfl. Inf. prés., S'EN FUIR, 1600. — Ind. prés., 3º p. s. : S'EN FUIT, 1047. 3º p. p. : S'EN FUIENT, 686. — Parf. comp., 2º p. s. : FUIT S'EN EST, 1913. — Fut., 3º p. s. : S'EN FUIRAT, 2607. — Imp., 1re p. p. : NOS EN FUIUMS, 1910.

FULS. R. p. Foules (Existe déjà en bas latin sous la forme *follus, fullus,* dérivé du germ. *folk,* au sens de quantité, troupeau, foule. Le pluriel *fuls* dérive du simple *fulc* = foule) : *A millers e à* FULS, 1439.

FUNT. Verbe act., ind. prés. de *faire,* 3º p. p. (*Faciunt*), 378.

FUNZ. R. s. m. Fond (D'un type comme *fundus, fundoris,* qui explique le *z* du régime singulier. Cf. *fiens* de *fëmus, fimus: guez* de *vadus.* Note de W. Fœrster), 2471.

FUNZ. R. p. f. Fonts baptismaux (*Fontes*), 1525.

FURBIT. S. p. m. Fourbis, en parlant d'une arme (haut allem., *furbjânn.* Les verbes allemands en *en* et *an* ont passé généralement à la 1re conj. en *are, er.* Ceux en *jan* à la 4e, en *ir*) : *Espiez* FURBIT, 3482. — R. p. f. : FURBIES, 1925.

FURCELES. R. p. f. Les deux « furceles », ce sont les deux clavicules, et, par extension, dans la *Chronique des Ducs de Normandie,* toute la poitrine. Gautier de Biblesworth dit au XIIIe siècle : *Desuz la gorge est la fourcele, — Un os fourchée ke Franceis si apele.* Et dans Ambroise Paré on dit *les os clavicules ou furcules* (D'un diminutif de *furca, furcellas*) : *Si l' fiert el' piz entre les dous* FURCELES, 1294. *Desur sun piz, entre les dous* FURCELES, 2249.

FURCHEÜRE. R. s. f. L'enfourchure, la « partie du corps qui se bifurque aux cuisses » (*Furcaturam*), 1330. FORCHEÜRE, 3157.

FURENT. Verbe *estre,* parf. simpl., 3º p. p. (*Fuerunt*), 108.

FURRER. R. s. m. Fourreau (*Fodrarium.* La forme simple est *fuerre,* de *fodrum*), 444.

FUS. Verbe *estre,* parf. simpl., 2º p. s. (*Fuisti*), 1561, 1691.

FUST. R. s. m. Bois (du latin *fustis*), 1559. — R. p. m. : FUZ, 1825. = FUST a trois sens : 1º Bois en général : *Arbre de mal* FUST, 3953. = 2º Bâton : *Très ben le batent à* FUZ *et à jamelz,* 3739. Cf. 1825. = 3º Le bois de la lance : *El' cors li met e le fer e le* FUST, 1559.

FUST. Verbe *estre,* cond. et imparf. du subj. 3º p. s. (*Fuisset*), 694, etc.

FUSTES. Verbe *estre,* parf. simple, 2º p. p. (*Fuistis*), 2027.

FUT. Verbe *estre,* parf. simpl., 3º p. s. (*Fuit*), 24, 301, 2772. V. *Estre.*

FUZ. R. p. m. de *fust,* bois (*Fustes*), 1825, etc. V. *Fust.*

G

GAB. R. s. Subst. verbal de *gaber* (Vient, d'après Diez, du nordique *gabb,* raillerie) : *Païen ne l' tindrent mie en* GAB, 2113.

GABANT. Part. prés., s. s. m. (V. le précédent) : *Devant ses pers vait il ore* GABANT, 1781.

GABRIEL. S. s. m. (nom d'origine hébraïque; *gibor,* fort; *gebourah,* force, et *El,* Dieu ; force de Dieu), 2390. — R. s. m. : GABRIEL, 2262.

GAIGNUN. R. s. m. Nom du cheval de Marsile (Un GAIGNUN, c'est un dogue, un chien ; et ce mot GAIGNUN vient sans doute de *gaign*), 1890.

GAILLARD. R. s. m. Plein de force, vigoureux (Diez suppose une racine celtique, le kymrique *gall,* fort) : *Cors ad* GAILLARD, 2895. — GAILLART, 3115. R. p., GAILLARZ, 3086.

GAILLARDEMENT. Adv. (V. le précédent.) Implique l'idée d'une certaine ardeur dans l'action : GAILLARDEMENT *tuz les unt encensez*, 2959.

GAILLART. R. s. m., 3115. V. *Gaillard*.

GALAFES. S. s. m. (?) Nom d'un émir sarrasin, 1663.

GALAZIN. Adj., r. s. m. Se dit des étoffes de Galaza, Glaza. C'est ainsi que Marco Polo appelle Aias, Agasso ou Laiazo (F. Michel. *Etoffes de soie, d'or et d'argent*, I, 329) : *Un palie* GALAZIN, 2973.

GALEES. R. p. f. Vaisseaux (Fait sur un mot bas latin *galéæ*, qui lui-même dérivait du grec γάλη) : *Eschiez e barges e* GALÉES *curanz*, 2729. V. *Galies*.

GALICE. R. s. f. (*Gallœciam*), 1637, 3073. Il ne faut point prendre à la lettre « l'or de Galice ». C'est une cheville.

GALIES. R. p. f. Vaisseaux, 2625. V. *Galées*.

GALNE. R. s. f. Nom de ville en Espagne, 662. Il est prouvé que le scribe s'est grossièrement trompé, et qu'il faut lire *Valterne*.

GALOPS. R. p. : *Le* GALOPS *e les salz*, 731. Il faut lire LES GALOPS. Ce mot, qui vient du haut allem. *gahlaupan*, n'est employé qu'au pluriel dans nos textes du moyen âge.

GAMBES. R. p. f. Jambes (*Gambas*), 1652.

GARÇUN. S. s. m. Valet d'armée. Origine douteuse. En tout cas, l'on trouve *guarcio, guarcionis*, dans nos textes bas latins, et *garçun* n'est ni un « diminutif de *gars* », comme l'écrit M. Brachet, ni un « augmentatif à la manière italienne », suivant l'expression de Gachet. *Gars* est le nominatif primitif, et *garçun* l'accusatif : *Ne n'i adeist esquier ne* GARÇUN, 2437.

GARMALIE. R. s. f. Nom d'une ville (?), 1915.

GASCUIGNE. R. s. f. (*Wasconiam*), 172. V. *Guascuigne*.

GASCUINZ. S. s. m. (*Wasconius*), 2407. V. *Guascuinz*.

GEBUIN. R. s. m. Nom d'homme (*Gebuinum*, qui sort peut-être de *Gebawin*. V. Pott, p. 497), 2970. Cf. GIBUINS, s. s. au v. 3022. Au v. 2432, on lit GEBUUN.

GEFREID. S. s. m. Geoffroi d'Anjou (nom d'origine germanique, *Gotfried*, que Pott rattache à *Goit*, Dieu, et à *frid*, paix), 106. GEFREI, 2883. GEIFREID, 3545. GEIFREI, 3938. — R. s. m.: GEFREI, 3535. GEIFREIT, 3806.

GELÉE. R. s. f. (*Gelatam*) : *Neif sur* GELÉE, 3319.

GEMALFIN. R. s. m. Nom d'un païen (?), 2814.

GEMET. Adj. R. s. Orné de pierres précieuses (*Gemmatum*) : *Elme à or* GEMET, 1995. V. *Gemmet*.

GEMME. S. p. f. Pierres précieuses ou verroteries, comme il y en avait sur le *cercle* du heaume (*Gemmas*) : *L'elme, o les* GEMME (sic) *reflambent*, 3616.

GEMMET. Adj. Part. passé, s. s. m. Garni de pierres précieuses, et, dans un sens plus général, orné (*Gemmatus*), 1542. — S. s. f. : GEMMÉE, 1373, et, par erreur, GEMMET, 1544. — R. s. : GEMET, 1995. — S. p. m. : GEMMIEZ, 1031. — R. p. f. : GEMMÉES, 1452.

GENOILL. R. s. m. Genou (*Genuculum*), 2664. — R. p. m. : GENUILZ, 2192.

GENT. R. s. f. Peuple, nation, race (*Gentem*), 1641, etc. — Voc. s. f. : GENT, 3295. — R. s. f. : GENT, 305, 393. = GENT est un nom collectif, et le verbe qui le suit peut prendre le pluriel : GENT *païenor ne voelent cesser*, 2639.

GENT. Adj., r. s. Beau, gracieux, bien fait (*Genitum*, bien né), 118. — S. s. f. : GENTE, 1274. — R. s. f. : GENTE, 594. — R. p. m. : GENZ, 998. — R. p. f. : GENTES, 3002.

GENTEME[N]T. Adv. (V. le précédent), 2099.

GENTILZ. Adj. s. s. m. Noble (*Gentilis*), 176, et GENTILL, 1853. — Voc. s. s. m. : GENTILZ, 2045. — R. s. m, : GENTIL, 2599. — S. p. m. : GENTILZ, 377. — R. p. m. : GENTILZ, 150. — R. p. f. : GENTILZ, 821.

GENUILZ. R. p. m., 2192. V. *Genoill*.

GENZ. Adj. p. m. : *Escuz unt* GENZ, 998. Cf. 1712. V. *Gent*.

GERART. S. s. m. Girard de Roussillon, l'un des douze Pairs (*Ger-hardus*; allem., *Gerhardt*, « fort comme une lance »), 797. — R. s. m. : GERART, 1896.

GERERS. S. s. m. Nom d'un des douze Pairs (sur le même rad. germ. que *Gerins. Gerharius*, et à l'époque mérovingienne, *Gairacharius*), 107, 794, 1380, 2404. — R. s. m, : GERER, 2186, et, par erreur, GERERS, 1586. = Restituer partout *Geriers, Gerier*.

GERINS. S. s. m. Nom d'un des douze Pairs (Origine germanique. A l'époque mérovingienne, *Gairinus*. Plus tard, *Gerinus*), 2404, et, par erreur, GERIN, 107. — R. s. m. : GERIN, 2186.

GERNUN. R. s. m. Moustache (*Granones*, de *grani*, qui se trouve dans Isidore de Séville), 215, 249. — R. p. m. : GERNUNS, 1823.

GERUN. S. s. m. (*Morz est Rollanz*), *n'en ert veüd* GERUN, 3812. Mot et sens incertains. Le *gerun* serait-il une prééminence au milieu de l'écu? Et la partie serait-elle ici prise pour le tout??? Nous aimons mieux croire à une erreur du scribe, et la leçon est plus que douteuse.

GESIR. Verbe neutr. Inf. prés. Être étendu, être couché (*Jacere*, passé à la 4º conj.) : GESIR *porrum el'burc de Saint-Denise*, 973. *Tanz bons vassals veez* GESIR *par tere*, 1694. — Ind. prés., 3º p. s. : GIST, 1624; 3º p. p. : GISENT, 3693. — Parf. simple, 3º p. s. : JUT, 2758, et SE JUT, 2375. 3º p. p. : JURENT, 3653. — Fut., 3º p. p. : JERREIZ (le ms. porte à tort JERREIEZ), 1721.— Part. prés. avec *en*, servant de gérondif : EN GISANT, 2523.

GESTE. S. s. f. (*Gesta.*) Geste a deux sens dans notre texte : 1º Chronique, histoire. *La Geste* désigne la source à laquelle l'auteur de *Roland* prétend avoir puisé les faits de son poème : *Co dit la* GESTE, 1685, 2095. *Ci falt la* GESTE, 4002. *Il est escrit en l'anciene* GESTE, 3742. Cette Chronique, qu'AURAIT suivie le poète, est appelée ailleurs *Geste Francor : Geste Francor XXX escheles i* NUMBRENT, 3262. = 2º Famille. *Deus me cunfunde, se la* GESTE *en desment*, 788. Il est aisé de voir par quelle extension naturelle on est arrivé du second sens au premier. *Gesta,* c'est d'abord la chronique légendaire ou cyclique, destinée à célébrer telle ou telle famille ; puis, c'est cette famille elle-même.

GETER. Verbe act., inf. prés. (*Jactare*), 1341, et JETER, 2868. — Ind. prés., 3º p. s. : GETET, 302. 3º p. p. : GETENT, 1809, JETENT, 3530. — Parf. simpl., 3º p. p. : GETAT, 2995. — Parf. comp., 3º p. s., avec un r. s. f. : AD GETET, 486, et 3º p. p., avec un r. p. f. ; UNT GETÉES, 3318. — Impér. 2º p. p. : JETEZ, 3787. = Au passif. Fut., 2º p. p., avec un. s. s. m. : SEREZ GETET, 481.

GIBUINS. S. s. m. Nom d'homme, 3022. Cf. *Gebuin*, r. s. m., au v. 2970.

GIELS. R. p. (D'une forme masculine de *gélu*) : *Veit les tuneires e les venz e les* GIELS, 2533.

GIESER[S]. R. p. Flèches (de *gyzara*) : *E wigres e darz e museras e agiez e* GIESER[S], 2075.

GILIE. S. s. m. Nom d'homme (*Ægidius*), 2096.

GIRUNDE. R. s. f. Fleuve (*Garundam, Girundam*), 3688.

GISANT (EN). Part. prés. gérondif, 2523. V. *Gesir*.

GISENT. Verbe neutr. Ind. prés., 3º p. p. de *gesir*, 3693.

GIST. Verbe neutre. Ind. prés., 3º p. s., 1624.

GIU. R. s. m. Jeu (*Jocum*) : *Greignor fais portet par* GIU, *quant il s'enveiset*, 977.

GLATISSENT. Verbe neutr. Ind. prés., 3º p. p. Glapissent (suivant Scheler, du germ. *klat*), 3527.

GLORIUS. Adj. s. s. m. (*Gloriosus*), 2196. — R. s. m. : GLORIUS, 124. — R. p. m. : GLORIUS, 2899. = Dans les trois premiers exemples, c'est une épithète ajoutée au nom de Dieu, « le Dieu de gloire ». Au v. 2899, *glorius* est pris substantivement, et désigne les Saints, « ceux qui jouissent de la gloire dans le ciel. »

GLUZ. S. s. m. Misérable, méchant (*Gluz* vient de *glutus*, pour *gluto*, et *glutun* vient de *glutonem*), 3456. — R. s. m. : GLUTUN, 1230. — S. p. m. : GLUTUN, 1212. — Voc., p. m. : GLUTUN, 3275. — R. p. m. : GLUTUN, 2213.

GODSELMES. S. s. m. Nom d'homme (Orig. germ. Dans L'Astronome limousin, Pertz, II, 634, on trouve un *comes Gotselmus*), 3065.

GRAANT. Verbe act., 3º p. s. du subj. prés. (De *credantare ; credantet*) : *N'en i ad celoi nel* GRAANT, 3805.

GRACIET (AD). Verbe act., 3º p. s. du parf. comp., avec un r. s. m. A remercié, a rendu grâces (de *gratiare*) : *Ad Deu* GRACIET, 2480. = Au passif, impér. ou subj. 3º p. s., avec un s. s. m. : GRACIET *en* SEIT *Deus*, 698.

GRAIGNE. Adj., comparatif de *granz*, s. s. (La forme correcte est *graindre*, qui vient de *grandior*), 1088. — R. s. m. : GREIGNOR, 977, et GREIGNUR, 2564. — R. p. m. : GREIGNURS, 719, et r. p. f. : GREIGNURS, 710. V. *Granz*.

GRAISLE. R. s. m. Clairon, cor, trompette (de *gracilis*), 3194, et GRESLE, 1319. — Au s. p. m., nous constatons trois formes : 1º GRAISLE, 1832; 2º GRAISLES, 1453 ; 3º GRAILLES, 1004. — Au r. p. m., quatre formes différentes : 1º GRAISLES, 2116 ; 2º GREISLES, 3138 ; 3º GRAILLES, 700 ; 4º GRASLES, 2410.

GRAISLES. Adj., s. m. Maigre, élancé, grêle (*Gracilis*) : GRAISLES *es flancs c larges les costez*, 3158. — R. s., GRAISLE, 3820.

GRAMIMUND. R. s. m. Nom du cheval de Valdabrun (?), 1528.

GRAND, GRANDES. V. *Granz*.

GRANDONIES. S. s. m. Nom d'un païen (?), 1593, et GRADONIE, 1570.

GRANZ. Adj. s. s. m. (*Grandis*), 3177. S. s. f. : GRANT, 242, etc. — R. s. m. : GRANT, 99, m. ou n., 311, 1669. — R. s. f. : GRANT, 322, etc., et GRAND, 2985. — S. p. f. : GRANZ, 3181, et GRANDES, 3656. — R. p. m. : GRANZ, 845. — R. p. f. : GRANZ, 29, etc., et GRANDES, 302. = Au comparatif, GRAIGNE et *greignur*. (V. plus haut, au mot *graigne*.) = On remarquera la forme *grandes*, qui se trouve déjà dans le *Saint Alexis*, surtout comme attribut.

GRASLES. R. p. m. Cors, clairons (*Graciles*), 2110. V. *Graisle*.

GRED (DE). Loc. adverbiale. Volontiers, de bon gré (*De grato*) : *Faites le vos de* GRED, 2000.

GREFS. Adj. s. s. m. Rude, grave, terrible (Bas lat. *grĕvis*, comme le prouvent les autres langues romanes. W. Fœrster) : *Li repaires ert* GREFS, 2801, et GREF, 1687. — S. s. f. : GREF, 1736. — R. s. f. : GREF, 2531. = Restituer partout *griefs, grief*.

GREIGNOR. Comparatif de *grant*. V. *Graigne*.

GREISLES. R. p. m. Cors, clairons (*Graciles*), 3138, 3301. V. *Graisle*.

GRESILZ. R. p. m. (De *grès*, d'après Diez) : *Pluies e* GRESILZ, 1425.

GRESLE. R. s. m. Clairon, cor. 1319. V. *Graisle*.

GRIFUNS. R. p. m. (*Griphones*, de *griphos*) : GRIFUNS *i ad plus de trente millers*, 2544.

GROS. R. p. m. Nom de peuple païen (D'après M. Haupt, de *Grudi*, *Grudos* ??)], 3229.

GROSSE. Adj. s. s. f. (*Grossa*) : *La hanste fut* GROSSE *cume uns tinel*, 3153. — R. s. : GROS *ad le piz*, 3159. — R. p. : GROS, 3221. = Au v. 2295, GROS est employé substantivement, au neutre : *l'enduz en est mis olifans el'* GROS.

GROSSAILLE. R. s. m. Nom de païen (? de *grossus*), 1649.

GUAIRES. Adv. Beaucoup (d'après le germ. *weiger*, beaucoup) : *Li quens Rollanz ne li est* GUAIRES *loign*, 1897.

GUAITENT. Verbe act. Ind. prés., 3º p. p. (Haut allem. *wahtan*, qui a le même sens) : *La noit la* GUAITENT *entresqu'à l'ajurnée*, 3731. Il s'agit des comtesses qui veillent auprès du corps de la belle Aude.

GUALT. R. s. m. Forêt (de l'allemand *wald*, forêt), 2549.

GUALTERS. S. s. m. Nom d'homme (de *Waltcharius*, plus tard *Waltharius* = *Walther* = *Walt*+*heer* = *regens exercitum*), 800, et, par erreur, GUALTER, 807. — R. s. m. : GUALTER, 803, 2039. = Restituer partout *Gualtiers, Gualtier*.

GUANT. S. s. m. Gant (*Wantus*, bas latin; orig. germ. Dans le Glossaire de Cassel, qui est antérieur aux Serments de 842 et que Diez a publié à Bonn en 1865, ou trouve déjà *wanz* au pluriel), 764. — R. s. m. : GUANT, 247, 284. — R. p. m. : GUANZ, 2830. = Le gant est un des attributs des ambassadeurs, v. 247. = Pour rendre l'hommage on tend le gant de la main droite, v. 2373, = Quand Pinabel défie Thierry : *Met li el' poign de cerf le destre* GUANT, 3845. = *Guant*, enfin, sert de négation explétive : *Trestuz les altres ne pris jo mie un* GUANT, 3189. (V. Schweighæuser, *De la Négation dans les langues romanes*, 71, 72.)

GUARANT. S. s. m. : Garant et garantie : par extension, défenseur, seigneur (haut allem. *werën*) : *Se Mahumet me voelt estre* GUARANT, 868. GUARENT : *Dient Franceis : Ben fiert nostre* GUARENT, 1609. — R. s., GUARANT : *Jo i puis aler, mais n'i avrai* GUARANT, 290. *Li XII Per n'avrunt de mort* GUARANT, 948. Dans ces deux exemples, GUARANT est au neutre. Rem. l'expr. *aveir guarant*. Cf. GUARENT, 1418. — S. p. m. : GUARANT, 1470.

GUARANTIR. Verbe act. Inf. prés. Défendre, soutenir (voyez le précédent) : *Jo ne vos puis tenser ne* GUARANTIR, 1864. *Mun jugement voel sempres* GUARANTIR, 3836. — Impér., 3º p. p. : GUARANTISSEZ, 3277.

GUARANTISUN. R. s. f. Préservation, garantie (voyez *Guarant*), 924.

GUARDE. S. s. f. (Subst. verbal de *guarder*, haut allem. *warten*), 192.

GUARDER. (Fait sur le haut allem. *warten*.) 1º Conjugaison. Inf. prés. : GUARDER, 1192, et, au réfléchi, SE GUARDER, 9. — Ind. prés., 3º p. s. : GUARDET, 487, et GUARDE, 2847. — Parf. simpl., 3º p. s. : GUARDAT, 2532 ; 3º p. p. : GUARD[ER]ENT, 1829. — Impér., 2º p. s. : GUARDE, 1819 ; 2º p. p. : GUARDEZ, 298. — Subj. prés., 3º p. s. : GUART, 1013, et 3º

p. p. : guardent, 2713. = 2° Sens du verbe guarder. *a*. Le sens le plus fréquent à l'actif est celui de « défendre » : *Traït vos ad ki à* guarder *vos out*, 1192, et « veiller sur » : *Fait cels* guarder *tresque li dreiz en serat*, 3849. = *b*. Guarder a encore le même sens que notre mot « regarder » : Guardet *aval e si* guardet *amunt*, 2235. = *c*. Se guarder que.... « empêcher » : *Ne se poet* guarder *que mals ne li ateignet*, 9. = *d*. Au neutre, avec ou sans *que*, « Faire attention » : Guardez *de nos ne turnez le curage*, 650.

GUARENT. V. *Guarant*.

GUARESIS. Verbe actif, parf. simple, 2° p. s. de *guarir*, 2386. V. *Guarir*.

GUARET. R. s. Guéret (*Vervactum*, qu'on trouve dans Varron et Columelle) : *En mi un* guaret, 1385.

GUARIR. Verbe act. Préserver, garantir, sauver (fait sur l'anc. haut allem. *werjan*) : *De cent millers n'en poent* guarir *dous*, 1440. Cf. 3828. — Ind. prés., 3° p. s. : guarit, 1316. — Parf. simpl., 3° p. s. : guaresis, 2386. — Impér., 2° p. p. : guarisez, 21. — Subj. prés., 3° p. s. : guarisset, 1837. — Part. pass., s. s. m. : guariz, 2036. — S. p. m. : guariz, 2473. — Au passif. Fut., 3° p. s., avec un s. s. m. : ert guariz, 354, -et iert guarit, 1241. 2° p. p., avec un s. s. m. serez guarit, 3788. = Au neutre, on emploie guarir dans le sens de « se sauver », trouver le salut : *Uncore purrat* guarir, 156.

GUARISUN. R. s. f. Préservation, salut. (V. *Guarir*), 3775. Guarison, 3271.

GUARLAN. R. s. m. Nom de païen (?), 65.

GUARNEMENT. R. s. Équipement, armes (V. le suivant), 1003. — S. p. guarnement, 1552. — R. p. guarnemenz, 100.

GUARNIST. Verbe act. Parf. simpl., 3° p. s. Munit (Fait sur l'anc. haut allem. *warnôn*, et, comme Littré le fait observer, même radical *war* que pour *guarder*) : *De Sarraguce Carles* guarnist *les turs*, 3676. — Part. passé, s. p. m., guarniz : *Ben sunt* guarniz *e de chevals, e d'armes*, 3040.

GUART. Verbe actif. Subj. prés., 3° p. s. de *guarder*, 1013.

GUASCUIGNE. R. s. f. (*Wasconiam*), 819. Gascuigne, 172. Guascoigne, 1494.

GUASCUINZ. S. s. m. Gascon (*Wasconius*), 1289. — Gascuinz, 2407.

GUASTE. Adj., s. et r. s. f. Inculte, déserte, vide, et, par extension, veuve (même étym. que le suivant) : *Issent des porz e de la tere* guaste, 3127. *La sele en remeint* guaste, 3450. *E! France dulce, cun hui remendras* guaste *de bons vassals...* 1985, 1986. Le premier exemple est au rég. et les deux autres un sujet.

GUASTEDE (ad). Verbe actif. Parf. comp., 3° p. s., avec un r. s. f. A dévasté (*Habet-vastatam*) : *Carles li magnes* ad *Espaigne* guastede, 703. = C'est un de ces anciens participes comme il en est resté deux ou trois dans *Roland*. Tous les autres ont perdu la dentale au féminin, et nous pensons qu'à peu d'exceptions près ils l'avaient déjà perdue, même dans la notation graphique, à l'époque où fut composé le *Roland*.

GUENES. Nom du beau-père de Roland (*Guenes* vient de *Wenilo*, et *Guenelun* de *Wenilonem*. Le fameux archevêque Wenilo, condamné en 859 par le Concile de Savonières pour avoir déserté la cause de Charles le Chauve, semble avoir été le type de notre traître. Ce qu'il y a de certain, c'est que dans le poème de *Saint Léger*, qui est du x° siècle, *Guenes* est le nom du geôlier de saint Léger. Donc ce nom était déjà odieux. = M. Hugo Meyer a rapproché Guenes du francique *Gamalo*, et du norois *Gamal* (vieux), prétendant que le « Vieux » désigne « le Loup » dans la Mythologie scandinave, et que Ganelon joue à Roncevaux le rôle du loup dans le Crépuscule des Dieux, etc. etc. Mais M. G. Paris a démontré, par les vieilles formes romanes du mot Guenes, que cette origine est inadmissible.) S. s. m. : Guenes, 178, 183, 301, etc. Et Guenelun, 217, ou Guenelon, 3757. — Voc. s. m. : Guenes, 280. — R. s. m. : Guenelun, 619, etc., ou Guenelon, 1526.

GUERE. R. s. f. Guerre (bas latin *guerra*, du haut allem. *werra*), 235, et guerre, 906. — S. s. f. : guerre, 242. V. *Guerre*.

GUEREDUN. R. s. m. Récompense, compensation, prix (D'après l'ancien haut allem. *widarlon*, qui a le même sens, selon Diez, ou du bas latin *widerdonum*, altéré de l'allemand *widarlon* par l'influence du latin *donum*. W. Fœrster) : *Ben le conuis que* gueredun *vos... dei*, 3409. Ce mot est toujours de trois syllabes (*gue-re-dun*) dans la Chronique des Ducs de Normandie, etc.

GUERES. Adverbe. Beaucoup, 3822. V. *Guaires*.

GUERPIR. Verbe actif. Infin. prés. Abandonner, quitter (en bas latin, *werpire*, d'origine germanique. En scand., *verpa*): *Meilz voelt murir que* GUERPIR *sun barnet*, 536. Et, avec un emploi spécial (?) : *De s' espée ne volt mie* GUERPIR, 465. — Indic. prés., 3° p. p., GUERPISSENT, 1626. — Fut., 3° p. s. : GUERPIRAT, 2618, 3° p. p. : GUERPIRUNT, 1909, 3041. — Subj. prés., 3° p. s. : GUERPISSET, 2683. = Passif, fut., 3° p. s., avec un s. s. f. : ERT GUERPIE, 3071.

GUERRE. S. s. f. (bas latin *guerra*; haut allem. *werra*), 242. — R. s. f. : GUERRE, 906, et GUERE, 235.

GUERREIER. Verbe tantôt employé à l'actif (2681), tantôt au neutre (1514). Faire la guerre (verbe fait sur *werra*, *werricare*; ou sur le roman *guerre*) : *Cil ne sunt près jamais pur* GUERREIER, 1514. *En France irai pur Carle* GUERREIER, 2684. — Subj. prés., 3° p. s. : GUERREIT, 579.

GUERREIER, GUERRER. S. s. m. Guerrier, soldat. On ne doit tenir compte que du second mot seulement (*werrarius*) : *Li quens Rollanz fut (mult) noble* GUERRER, 2066. Encore ce mot n'est-il fourni ni par Venise IV, ni par les Remaniements. Quant à la forme *guerreier* du v. 2242, elle constitue une erreur du scribe. Au lieu de : *Morz est Turpin, le* GUERREIER *Charlun*, il faut lire : *Morz est Turpin el' servise Carlun*.

GUERREIT. Subj. prés., 3° p. s. de *guerreier*, 579. V. *Guerreier*.

GUEZ. R. p. m. Gués (*Vados*), 2994.

GUIERAI. Verbe act., fut., 1re p. s. Conduirai, guiderai (*Guier* vient, d'après Diez, du gothique *vitan*) : *En Rencesvals* GUIERAI *ma cumpaigne*, 912. 3° p. s. : GUIERAT, 2926. 2e p. p. : GUIEREIZ (dans une laisse masc. en *ei*), 3282. 2e p. p. : GUIERUNT, 2074. — Impér., 2e p. p. : GUIEZ, 3972.

GUIGE. S. s. f. La courroie par laquelle l'écu était suspendu au cou du chevalier (?) : *La* GUIGE *est d'un bon palie roet*, 3151.

GUINEMANS. S. s. m. Nom d'homme (d'origine germ. Suivant Pott, de *wini*, ami, et *man*, homme), 3022, et GUINEMAN, 3360. — R. s. m. : GUINEMAN, 3014.

GUINEMER. S. s. m. Nom d'homme (*Winnemarus*, d'origine germanique; nom employé surtout dans la Flandre et l'Artois. V. une note d'Aug. Longnon, en son travail sur *Huon de Bordeaux*, *Romania*, 1879, fasc. XXIX), 348.

GUISE. R. s. f. Manière, façon. (Anc. haut allem. *wisa*.) Loc. adv. : *En* GUISE *de*... EN GUISE DE *baron*, 1226. — *Par nule* GUISE, 2002.

GUITSAND. R. s. Nom de lieu. C'est le petit bourg de Wissant, entre Boulogne et Calais. V. la Dissertation de Ducange sur le Port Itius (*Glossarium*, éd. Didot, VII. 115). Ducange a relevé, depuis le VIe siècle, les formes *Vitsans, Witsand, Withsand, Wisan, Guisand*, etc. (De *white*, blanc, et *sand*, sable) : *De Besençun tresqu'as (porz) de* GUITSAND, 1429.

GUIUN. R. s. m. Nom d'homme, cas régime de *Gui* (Orig. germ. Bas-latin *Guidonem*), 1581.

GUIVRES. S. p. f. Serpents, guivres (*Viperas*) : *Serpenz e* GUIVRES, 2543.

GUNFANUN. R. s. m. Enseigne; pièce d'étoffe qui était attachée à l'extrémité de la lance (haut allem. *gundja*, combat, et *fano*, bannière), 1228. — S. p. m. : GUNFANUN, 1033. R. p. m. : GUNFANUNS, 857.

GUNFANUNER. S. s. m. Celui qui porte le *gunfanun*, l'enseigne de l'Empereur (V. le précédent), 105. = Restituer *gunfanunier*.

GUVERNENT. Verbe neutre, 3° p. p. de l'ind. prés. Se gouvernent, se dirigent, en parlant des marins (c'était, à l'actif, le sens propre du latin *gubernant*) : *Siglent à fort e nagent e* GUVERNENT, 2631.

H

HAÏR. Verbe act. Inf. prés. (Goth. *hatan*; d'où *hatire*; et en français *hadir* dans le *Saint Alexis*. Ici la dentale est tombée), 1244.

HALBERCS. R. p. m. Hauberts (*Halsberc*, en haut allem.), 744, et HALBERS, 683. V. *Osbercs*.

HALT, HALTE, HALTES. Adjectif. V. *Halz*.

HALCUR. Adj. r. s. au comparatif

(*altiorem*) : *Cume il est en sun palois* HALÇUR, 3698.
HALT. Adverbe. Hautement, à haute voix (*Alte*) : *Li reis s' en escriet mult* HALT, 3334.
HALTECLERE. R. s. f. C'est le nom de l'épée d'Olivier (*Altam-claram?*), 1463.
HALTEMENT. Adverbe. A haute voix (*Alta-mente*), 1974, 2597.
HALTILIE. R. s. f. C'est « sous Haltilie » qu'ont été tués, par ordre de Marsile, les deux ambassadeurs de Charlemagne, Basan et Basile (*Altiliam?* fait sur *alta*) : *Les chefs en prist es puis desuz* HALTILIE, 209. V. le suivant.
HALTOIE. R. s. f. C'est un autre nom du lieu précédent (*Altam-auditam?*) : *Dunt prist les chefs as puis de* HALTOIE, 491.
HALZ. Adject., s. s. m. Haut (*Altus*), 3745. — R. s. f. : HALTE, 53. — S. p. m. : HALT, 814. — S. p. f. : HALTES, 1097. — R. p. f. : HALTES, 2632. — Ce mot offre plusieurs sens : 1° Le sens propre d'*altus* : haut, élevé : HALT *sunt li pui*, 1755. — 2° Il s'applique particulièrement à la voix et aux instruments, 2985, 3310, 3566. De là l'expression adverbiale : *En* HALT (*in alto*), à haute voix, 2014. — 3° Grand, solennel : *A seint Michel tendrat mult* HALTE *feste*, 53. — 4° Haut, au sens figuré ; noble, élevé : *Bon sunt li cunte e lur paroles* HALTES, 1097. Cf. *halçur*, *altaigne*.
HAMON. R. s. m. Nom d'homme (Orig. germ. Voy. Pott, 159). 3073.
HANSTE. S. s. f. Le bois de la lance (*Hasta*), 2050. — R. s. f. : HANSTE, 442. — S. p. m. : HANSTES, 2537. — R. p. m. : HANSTES, 1043. — Rem. l'expression : « *pleine sa* HANSTE » *Pleine sa* HANSTE *l'abat mort des arcuns*, 1534, etc.
HARDEMENT. S. s. Courage, hardiesse (V. *Hardiz*), 1710.
HARDIZ. S. s. m. Courageux (De l'anc. haut allem. *hartjan*; et directement d'un part. passé *harditus* du verbe *hardir*, qui est resté dans *enhardir*), 2027, 3352. — S. s. f. : ARDIE, 1617. — R. s. f. : HARDIE, 2603.
HASTEIENT. (Il faut supposer une forme telle que *hasticant*.) V. le suivant.
HASTET. Verbe actif, 3° p. s. de l'ind. prés. (De l'allem. *hast*): *E li Paiens de ferir mult le* HASTET, 3445. S'AS-TET, 2277. Dans un couplet féminin en *ci*, on trouve à la 3° p. p. la forme *hasteient*. De plus, le verbe est ici employé au réfléchi : *Ki de bataille s'arguent e* HASTEIENT, 992. Voyez *Astet*.
HASTIFS. Adjectif, s. s. m. (Même étymologie que le précédent, avec une terminaison en *ivus*=*ifs*) : *De sa parole ne fut mie* HASTIFS, 140. = Ce mot s'emploie également, dans le sens de « rapide », avec les noms de choses : *La bataille est me(rve)illuse e* HASTIVE, 1610.
HAUR. R. s. f. Haine (Dér. de *haïr*. Le type bas latin serait *hatorem*), 3771. — Rem. la locution « *coillir en* HAUR ».
HEINGRE. Adjectif, r. s. m. ou n. Mince, grêle (Suivant Diez, du lat. *æger*, malade. « Je l'explique par l'allemand *hager*, mince. L'étymologie de Diez conviendrait à *engre*. Mais le mot français offre une *h* aspirée, et la forme primitive est *haingre*, qui ne peut être développé que d'un *a* accentué. » Note de W. Fœrster) : HEINGRE *out le cors e graisle e eschewid*, 3820.
HEIRS. S. s. m. Héritier, hoir (*Hœres*), 504. — R. s. m., HEIR : 2744.
HELME. R. s. m. Heaume (Anc. haut allem. *helm*), 629, etc., et ELME, 1326, etc. — S. p. m. : HELMES, 1809, et ELME, 3306. — R. p. m. : HELMES, 1798, etc.; HEALMES, 683, 996. V. *Elme*.
HELZ. S. s. m. La garde de l'épée. « L'italien *elsa* dérive de l'ancien allemand *helza*, dit M. Fœrster ; mais le français offre un *t* radical (*helt*, *enheldir*,) et dérive nécessairement d'une forme germanique plus ancienne : *helt* ». *D'or est li* HELZ *e de cristal li punz*, 1364. — Il ne faut pas confondre le HELZ, la *garde*, avec le *punt*, le *pommeau*. Je crois cependant (?) qu'au vers 621 : *Entre les* HELZ, signifie « entre la garde et le pommeau ».
HENISSENT. Verbe neut. Ind. prés., 3° p. p. (*Henir* vient de *hinnire*), 3526.
HENRI. S. s. m. Nom d'homme (De l'allem. *Heim-rich* : *heim*, maison, et *rich*, puissant), 2883. — R. s. m. : HENRI, 171.
HER. Adverbe. Hier (*Heri*), HER SEIR, 2745. — ER, 383, et IER, 2701. = Loc. proverbiale : *Li* ALTR'ER, 3185. V. *Er* et *Ier*.
HERBE. R. s. f. (*Herbam*), 1569, et ERBE, 671. — R. p. : HERBES, 2871.
HERBERGE. R. s. f. Se dit du campement (Anc. haut allem. *heriberga*) : *Li Emperere ad prise sa* HERBERGE,

2488. — R. p. f. : *Guenes li quens est venuz as* HERBERGES, 668.

HERBERGER. Verbe neutre. Inf. prés. Camper (V. le précédent), 2482. = Au réfléchi. Ind. prés., 3º p. p. : SE HERBERGENT, 709. — Part. pass., s. p. m., HERBERGIEZ, 2799. Restituer partout *herbergier, herbergiez*, etc.

HERBUS. Adjectif, r. s. m. (*Herbosum*) : *Par mi un val* HERBUS, 1018.

HERBUS, au lieu d'HERBUT, adjectif r. s (*Herbutum*) : *El pred* HERBUS, 3925. Les deux mots précédents sont deux vocables différents, comme le prouvent les assonances.

HERITE. S. s. m. Hérétique, 1845. Ne peut venir régulièrement d'*Hereticus*. Cependant *erites* se trouve avec le même sens dans la *Chronique des Ducs de Normandie*, vers 23882. Et dans « le Glossaire de la Bibliothèque du Roi » cité par Ducange, on trouve : « *Hereticus*, bougre, gallice *herite*. »

HERMANS. S. s. m. Nom d'homme (Bas lat. *Herimannus*, orig. germanique) : *Si 's guierat* HERMANS, *li dux de Trace*, 3042.

HOEM. S. s. m. Homme (*Homo*), 3265. V. *Hom*.

HOESE. R. s. f. Botte (Anc. haut allem. *hosa*). Ganelon reçoit de Bramimonde deux *nusches* : *Il les ad prises, en sa* HOESE *les butet*, 641.

HOI. Adverbe. Aujourd'hui (*Hodie*), 1191, 1936, etc. OI, 1210, etc.

HOM. S. s. m. Homme (*Homo*). La déclinaison régulière est la suivante : S. s. : HUM. R. s. : HUME. S. p. : HUME. R. p. : HUMES. Mais on trouve dans notre manuscrit de nombreuses variantes que nous allons relever avec soin. S. s. m. : HOM, 39, 293, etc. HUM, 223, etc. HOEM, 3265, 3811; OM (dans le sens de notre « pronom indéfini »), 2127, 3323 : HUME, 604, 1433, etc., et HOME, 1873. Dans ces deux derniers cas, il y a erreur du scribe. — Vocatif s. m. : HOM, 2045. — R. s. m. : HUME, 1074, etc., et HOME, 1442. — S. p. m. : HUME, 20, 636, etc., et, par erreur : HUMES, 3642. — R. p. m. : HUMES, 13, 79, etc., par erreur : HUME, 2865. = HOM est parfois employé dans le sens féodal, « l'homme de tel seigneur, » et c'est ainsi que Ganelon dit à Roland : *Tu n' ies mis* HOM *ne jo ne sui tis sire*, 297. = Enfin HOM est déjà, dans le *Roland*, usité avec le sens de notre prétendu « pronom indéfini » *on* : *Cinquante pez i poet* HOM *mesurer*, 3167. *Plus qu'*OM *ne lancet une verge pelée*, 3323. *Siet el cheval qu'*OM *cleimet Veillantif*, 1217.

HONOR. S. s. f. (*Honorem*), 2890. et ONUR, 922. — R. s. f. : HONUR, 39, 2430, etc., et ONUR, 45, 533. — S. p. f. : HONURS, 3181. — R. p. f. : HONURS, 207, et HONORS, 3399. = HONOR présente deux sens bien distincts dans notre vieux poème : 1º Le sens actuel, celui d'honneur : *La meie* HONOR *est turnet en declin*, 2890. = 2º HONUR signifie « terres, bien ». C'est le sens du bas latin HONOR qui, après avoir désigné « un bien » dans le Code Théodosien, en vint, au nord de la Loire, à désigner simplement « un fief » : *Sarraguce e l'*ONUR *qu'i apent*, 2833. *A lui lais-jo mes* HONURS *e mes fieus*, 297.

HOST. Armée (*Hostis*). Au s. s., on trouve OST, 1052. — R. s. : HOST, 739, et OST, 18, etc. — S. p. : OZ, 598, etc. — R. p. : OZ, 1169, etc. = Dans le *Roland*, on trouve quelques exemples de ce mot au masculin : *Parmi cel* HOST, 700 et 739. *En cest* OST, 2110. Mais ce sont des erreurs du scribe, qu'il est aisé de corriger. En réalité HOST est du féminin : *Par* TUTE L'OST, 3137. *Si remeindreient les* MERVEILLUSES OZ, 598. = Une HOST *banie*, c'est une armée convoquée *per bannum*, par proclamation : c'est le *Ban*.

HOSTAGE. R. s. m., 3852, et OSTAGE, 3950. — S. p. : HOSTAGES, 646. — R. p. : HOSTAGES, 147, 572, et OSTAGES, 40, 57 et 87. = Au singulier, *hostage* vient du latin *obsidaticus, obstaticus*, et désigne le « fait même de livrer certaines personnes comme caution ». En d'autres termes, c'est un synonyme de « caution, garantie » : *Pur Pinabel en* OSTAGE *rendus*, 3950. = Mais, au pluriel, il désigne les personnes mêmes qui sont livrées en caution (*Obsidaticos, obstaticos*) : *E. XX.* HOSTAGES *des plus gentilz suz cel*, 646.

HOSTELER. Verbe act. Inf. prés. Installer dans une maison (*Hospitalare*) : *Les dis messages ad fait enz* HOSTELER, 160.

HOSTURS. R. p. m. Autours (*Acceptores*), 31, 129 : *Des hosturs muez*, ce sont des autours « après leur mue première, qui constituait pour eux une grave maladie ». Je n'ai pas, une seule fois, dans mon texte critique, laissé *hosturs*; mais partout, j'ai étymologiquement adopté *osturs*.

HU. S. s. m. Cri, huée (Substantif

verbai de *huer.*) : *Dunc recumencent e le* HU *c le cri*, 2064.
HUM, HUME. V. *Hom.*
HUM. R. s. *Gualter* DE L'HUM, 2039 (?). On trouve au vers 2067 : *Gualter de* HUMS.
HUMELES. Adj., s. s. m. Humble (*Humilis*) : *Vers Sarrazins reguardet fièrement — E vers Franceis* HUMELES *e dulcement*, 1162, 1163. Il faut écrire *humle e dulcement: humili et dulcimente.* (V. Müller [3].)
HUMILITET. R. s. f. (*Humilitatem*), 73.
HUMS (GUALTER DE), 2067. V. *Hum.*
HUMS. R. p. m. Nom de peuple. (*Hunnos.*) Les Huns sont? les *Hiongnou* des historiens chinois. Dans le *Roland*, c'est un des peuples païens commandés par Baligant, 3254.
HUNGRE. S. m. p. Nom de peuple. Les Hongrois (Slave *Ougri;* allem. *Ungarn;* latin *Hungari*), 2922. — R. p. m. : 3254.
HUNIR. Verbe act. Inf. prés. (anc. haut allem. *honjan*, Diez, I, p. 294), 631. = Au passif. Fut., 3e p. s., avec un s. s. f. : ERT HUNIE, 969 et 1734. — Subj. prés., 3e p. s., avec un s. s. f., SEIT HUNIE, 1927.
HUNTAGE. S. s. Honte (fait sur le simple *hunte*, avec la terminaison latine *aticus* ou *aticum*) : 1091.
HUNTE. S. s. f. (du goth. *haunitha;* anc. haut allem. *hônida;* vieux sax. *hônda;* Diez, I, p. 294), 1701. — R. s. f. : HUNTE, 21, etc. = *Faire honte* est déjà usité dans le *Roland* : *E! malvais Deus! por quei nus fais tel* HUNTE, 2582. = *Mettre à hunte,* c'est « déshonorer, avilir » : *Tere Major, ço dit,* METRAT A HUNTE, 1489. = Rem. encore l'expression : HUNTE *nus seit retraite*, 1701.

I

I. Adv. de lieu. Y (*Ibi*) : *Soleil n'*I *luist, — Pluie n'*I *chet*, 980, 981, etc. Cf. 290, etc.
ICEL. R. s. m. de *icil* (*Ecce-illum*), 664, 1845, etc. V. *Icil.*
ICELS. R. p. m. de *icil* (*Ecce-illos*), 2094, etc. V. *Icil.*
ICEST. R. p. m. de *icist* (*Ecce-istum*), 1180, 1677, etc. V. *Icist.*
ICESTE. R. s. f. de *icist* (*Ecce-istam*), 725. V. *Icist.*
ICEZ. R. p. m. de *icist* (*Ecce-istos*), 990. V. *Icist* et *cez.*
ICI. Adv. de lieu (*Ecce-hic*), 401, 1697, etc. = Rem. la locution : D'ICI QUE. D'ICI qu'*en Oriente*, 3594. D'ICI qu'*as denz*, 1956.
ICIL. Pronom et adj. démonstratif, s. m. (*Ecce-ille.*) Sa déclinaison est la suivante : S. s. m. : ICIL, 618, 880, etc. — R. s. m. : ICEL (*Ecce-illum*), 664, 1845, etc. — S. p. m. : ICIL (*Ecce-illi*), 2924, et, par erreur, ICELS, 3796. — R. p. m. : ICELS (*Ecce-illos*), 2094, etc. — Le plus souvent, *icil* est employé comme pronom, et signifie « celui-ci ». Mais il accompagne aussi un substantif : A ICEL *mot*, 2458. Puis ICEL *jur*, 664. V. *Cil.*
ICIST : Pronom et adj. démonstratif. s. s. m. (*Ecce-iste.*) Sa déclinaison est la suivante : S. s. m. : ICIST, 1393, etc. — R. s. m. : ICEST (*Ecce-istum*), 1180, 1677, etc. — R. s. f. : ICESTE (*Ecce-istam*), 725. — S. p. m. : ICIST (*Ecce-isti*), 1023. = R. p. m. : ICEZ (*Ecce-istos*), 990. = *Icist*, comme *icil*, c'est tantôt adjectif, tantôt pronom. On le trouve après des substantifs : ICIST *reis*, 3343. A ICEZ *moz*, 990, etc. Mais, tout aussi souvent, il supplée le substantif au lieu de l'accompagner. V. *Cist.*
IÇO. Pronom, r. s. neutre. Cela (*Ecce-hoc*) : Iço *vus mandet reis Marsilies*, 125. *Avoec* IÇO, 186, etc. V. *Ço.*
IDUNC. Adv. Alors (*Ibi-tunc*) : IDUNC *plurerent*, 3870. V. *Dunc.*
IER. Adv. Hier (*Heri*), 2701, etc. Cf. ER, 383, et HER, 2745. V. *Er* et *Her.*
IERENT. Fut., 3e p. p. du verbe *estre.* Seront (*Erunt*), 3286. V. *Estre* et *Erent.*
IERT. Fut., 3e p. s. du verbe *estre.* Sera (*Erit*), 517, 544, etc. V. *Estre* et *Ert.* = La forme correcte est *iert.*
IES. Ind. prés., 2e p. s. du verbe *estre.* Es (*Es*), 318, 648, etc. On ne trouve que deux fois la forme *es.*
IF. R. s. m. Arbre (Anc. haut allem. *iwa;* Diez, I, p. 239) : *En Sarraguce descendent suz un* IF, 406.
IL. 1o Pronom pers., s. s. m. (*Ille*): IL *est mes filz*, 3716. — 2o Pronom pers., s. p. m. (*Illi*): *Einz que* IL *moergent, se vendrunt mult cher*, 1690, etc. Cf. 286, etc. — 3o Pron. neutre, s. s. (*Illud*): IL *est juget que nus les ocirum*, 884.

ILOEC. Adverbe de lieu. Là (*Illoloco*) : *Guenes* ILOEC *ne volsist estre*, 332.

IMPHE. R. s. Nom de lieu (?) : *Reis Vivien si succuras en* IMPHE, 3996.

INNOCENZ. R. p. m. Les Saints en général, et non pas seulement les Innocents (*Innocentes*), 1480.

IRAI. Fut. 1re p. s. du verbe *aler* (*Ire habeo*), 246, 320. Cf. *Jo* M'EN IRAI, 2909. V. *Aler*; *Iras, Irat, Irums, Irez, Irunt.*

IRANCE. R. s. f. Colère (*Irantiam*) : *N'i ad icel ne demeint* IRANCE, 1845.

IRAS. Fut. 2e p. s. du verbe *aler* (*Ire-habes*), 317, 3995. V. *Aler*.

IRASCUT. Part. pass. s. s. m. Irrité, en colère (Ce participe n'est pas, comme le prétend Gachet, un mot PRIS à la langue provençale, mais un participe extensif, formé sur l'infinitif barbare *irascere*) : *Li quens Rollanz il est mult* IRASCUT, 777.

IRAT. Fut., 3e p. s. du verbe *aler* (*Ire-habet*), 2734. V. *Aler*.

IRE. R. s. f. Colère (*Iram*), 322, 971, 1722. = Il faut ici noter deux expressions : 1º *Fendre de colère, d'ire* : *Pur poi d'ire ne* FENT, 325. = 2º *Porter rancune, porter ire* à quelqu'un : *Por quei me portez ire*, 1722.

IRÉEMENT. Adv. En colère (*Iratamente*), 733, etc.

IREIZ. Fut., 2e p. p. du verbe *aler* (*Ire-habetis*) : *Seignurs, vos* EN IREIZ, 79. = Il faut remarquer que *ireiz* se trouve en assonance dans un couplet en *ei*. V. *Irez*.

IRET. V. le suivant.

IREZ. Adj. s. s. m. Irrité, furieux (*Iratus*), 1515, et IRET, 2414. — S. p. m. : IREZ, 2164.

IREZ. Fut., 2e p. p. du verbe *aler* (*Ire-habetis*), 70, 289. etc. V. *Aler*.

IRUM. Fut., 1re p. p. du même verbe (*Ire-habemus*), 881, et IRUMS, 3779. V. *Aler*.

IRUNT. Fut., 3e p. p. du même verbe (*Ire-habent*) : *Francs* S'EN IRUNT *en France*, 50. V. *Aler*.

IRUR. R. s. f. Colère (*Irorem*), 1023, 1223, 1812, 2877. Cf. *Ire* et *Irance*. = On voit, par ces trois formes, avec quelle facilité nos pères tiraient d'un même radical latin toute une gamme de mots différents dont les flexions étaient également empruntées à la langue latine. C'est un phénomène commun à toutes les langues romanes. Cf. *cuntenement*.

ISLONDE, pour ISLANDE. R. s. f. (Dan. *Iceland*, terre de glace. Mais, dans notre Chanson, c'est de l'Irlande, *Ireland*, qu'il s'agit) : *Jo l'en cunquis Escoce, ...* ISLONDE, 2331. J'ignore pourquoi M. F. Michel veut qu'il soit ici question de la Zélande.

ISNEL. V. *Isnels*.

ISNELEMENT. Adverbe, 2085, etc. V. le suivant.

ISNELS. Adj. s. s. m. Rapide (Anc. haut allem. *snel*; Diez, I, p. 385, au mot *snello*) : *Plus est* ISNELS *qu'esprever ne arunde*, 1492, et ISNEL, 3839.

ISSENT. Ind. prés., 3e p. p. du verbe n. *issir* (*Exeunt*), 2640, etc.

ISSI. Adv. Ainsi, de même, comme (Étymologie douteuse. *Æque sic*, de Diez, est la plus approuvable qui se soit produite jusqu'ici ??) : *Issi est neirs cum peiz*, 1635. ISSI *poet il ben estre*, 61. *Tut* ISSI *cum il sunt*, 2435. = Issi, comme on le voit, s'emploie avec *cum*, et est parfois précédé de l'adverbe *tut*.

IST. Verbe neutre, 3e p. s. de l'ind. prés. d'*issir*. Sort (*Exit*) : IST *de la prese*, 1220. On dit, au réfl., SE IST : *Par les oreilles fors* SE IST *le cervel*, 2260. — 3e p. p. : ISSENT, 2640. — Parf. comp., 3e p. s. s. m., EST ISSUT, 2647.

ITANT. Adverbe. « Sur l'heure » : ou « ici, là ; » et « tant, autant » (Je ne saurais, dit W. Fœrster, admettre l'étymologie *ibi tantum*; mais j'y vois une forme analogique forgée d'après *icist, icil, ico*. On a formé de même *itel* et *itant*) : *Mar en irat* ITANT, 2734. Cf. 2478. V. *Aitant*.

ITELS. Adj. s. s. m. Tel (V. l'étymologie d'*itant*) : ITELS *est sis curages*, 375. — R. s. f. : ITEL, 1877. — S. p. m. : ITELS, 1395. — R. p. m. et n. : ITELS, 991, etc.

IVE. S. s. m. Nom d'un des douze Pairs (Bas lat. *Ebo, Ebonem*, orig. germ.), 2406. — Au r. s. m. : IVON, 1895.

IVORIE. R. s. m. Nom d'un des douze Pairs (?). Le nom d'Ivon et celui d'Ivoire vont presque toujours ensemble. Le second n'a-t-il pas été formé sur le premier ? Faut-il supposer *Eborius* pour *Evoreus* ?, 2406, et r. s. m. (par erreur) : YVOERIES, 1895.

J

JA. Adv. (*Jam.*) Ja a deux sens dans notre texte : 1° Celui de « déjà » : *Sire cumpainz, ja est morz Engeler*, 1503. 2° Celui de « Jamais » : *Deus! se jo l'pert, ja n'en avrai escange*, 840. Cf. 295.

JACUNCES. R. p. f. Rubis, ou grenats (de *hyacinthus*, qui, dans Pline et Claudien, signifie déjà une pierre précieuse), 638.

JAIANZ. R. p. m. (*Gagantes*.) Notre poète parle des *Jaianz de Malpreis*, 3253 et 3286. Cf. 3518. Il en fait un nom propre; mais l'étymologie ne nous semble pas douteuse.

JALNE. R. s. f. Jaune (*Galbinam*) : *Blanche la cue e la crignete* JALNE, 1566. Le ms. d'Oxford porte *ralne*.

JAMAIS. Adv. Sens actuel (*Jam-magis*) : JAMAIS n'ert hume ki encuntre lui vaillé, 376.

JAMELZ. R. p. Câbles, cordes, jougs (de *gameia*; *gamelos*, câbles) : *Très ben le batent à fuz e a* JAMELZ, 3739.

JANGLEU. R. s. m. Nom de païen, (?) 3507. — Voc. s. m. : JANGLEU, 3508.

JASTORS. S. s. m. Nom d'homme (?), 796. A *Jastors*, que porte le manuscrit, les nouveaux éditeurs ont, à l'exemple de Müller, substitué *Sansun*.

JAZERENC. R. s. m. De mailles ; à mailles. C'est toujours l'épithète du haubert : *l'osberc* JAZERENC, 1604. L'étymologie, d'après Diez, serait l'arabe *Djezaïr*, Alger, « parce qu'Alger fabriquait d'excellentes cottes de mailles. » (T. I, p. 208, 209, au mot *Ghidzêrino*.) Raynouard et Gachet préfèrent l'esp. *jacerino*; dur comme l'acier. Quoi qu'il en soit, il faut remarquer que *jazerenc* est devenu de bonne heure un substantif qui a servi à désigner le haubert. Encore aujourd'hui *jaseran* est un terme de bijouterie. Un *jaseran* ou *jaseron*, c'est une chaîne formée de petites mailles ou de petits anneaux.

JERICHO. R. s. f. Ville appartenant aux païens. C'est l'antique Jéricho. (En hébr. : lieu odorant : « Ce nom, dit M Neubauer, peut se traduire par « ville odorante ». On y trouvait, en effet, des baumiers. » *Géographie du Talmud*, p. 161.) 3228.

JERREIZ. Fut., 2e p. p. de *gesir* (*Jacere habetis*.) Le ms. porte à tort *jarreiez*, 1721.

JERUSALEM. R. s. f. (*Hierosolymam*) en hébr. *Jebus-Salem* : Cf. Neubauer, *Géographie du Talmud*, p. 134), 1523.

JESQU'. Prép. (*De-usque*), 2638. V. *Josque* et *Jusque*.

JETER. Verbe act. Inf. prés. (*Jactare*), 2868. — Ind. prés., 3e p. p. : JETENT, 3520. — Parf. comp., 3e p. p., avec un r. p. f. : UNT JETEES, 3318. V. *Geter*.

JO. Pron. pers. Je (*Ego*), 18, 75, etc.

JOCERANS. S. s. m. Nom d'homme (en bas lat. *Joceramnus*; l'origine est germanique), 3313. — JOZERANS, 3023. — R. s. m. : JOZERAN, 3007.

JOE. R. s. f. Joue (*Gautam*), 3721.

JOIE. R. s. f. (*Gaudia*), 1584.

JOIUSE. R. s. f. Nom de l'épée de Charlemagne (*Gaudiosam*), 2989.

JOIMER. R. s. m. Nom d'homme (?). P. ê. *Joüner*.

JOINTES. Adjectif, r. p. f. (*Junctas*) : JOINTES ses mains, 223. V. *Juindre*.

JONAS. R. s. m. (Hébr. *Ionah*, colombe) : *Ki guaresis* JONAS, 3101.

JOR. S. s. m. Jour (*Diurnus*), 915. — R. s. m., JOR, 3100. V. *Jurz*.

JOSQUE. Tantôt préposition, tantôt conjonction : 1° Prép. Jusque... (*Deusque*.) Elle s'emploie le plus souvent avec à : JOSQU'A *l' Rei*, 510. JOSQU'A *la tere*, 976. *Josqu'à la mort*, 3395. Ce dernier exemple montre que *josque* s'applique tout aussi bien au temps qu'à l'espace. — 2° Conjonction. Jusqu'à ce que... Josque IL *vengent*, 1838. Josqu'IL *seit mort*, 2663. V. *Jesque* et *Jusque*.

JOUS. S. s. m. Joyeux (*Gaudiosus*), 2803.

JOZERANS. S. s. m. Nom d'homme (*Joceramnus*; orig. germ.), 3023, 3067, et JOCERANS, 3113. — R. s. m. : JOZERAN, 3007. V. *Jocerans*.

JUER. Verbe neutre. Inf. prés. Jouer (*Jocare*) : *Unches nuls hom ne l' vit* JUER *ne rire*, 1638. — Ind. prés., 3e p. p.. JUENT : *As tables* JUENT *pur els esbaneier*, 111.

JUGAT. Verbe act. Parf. simpl., 3e p. s. (*Judicavit*), 353. V. *Juz*.

JUGEE (EST). Verbe pass. Ind. prés., 3e p. s., avec un s. s. f. (*Judicata est*) : *La rere guarde* EST JUGEE *sur lui*, 778. Il faut restituer *jugiée*. V. *Juz*.

JUGEMENT. R. s. (*Judicamentum*), 328, etc.

JUGENT. Verbe act. ou neut. Ind. prés., 3° p. p. (*Judicant*), 282. V. *Juz.*

JUGET (AS). Part. comp. de *jugier*, 3° p. s., 309.

JUGET. Subj prés., 3° p. s de *jugier*, 3789. La forme est irrégulière, et *juget* ne peut venir de *judicet*. V. *Juz.*

JUGEZ, JUGET. Part. passé de *jugier*. S. s. m. : JUGET (*Judicatus*), 1409. — S. s. n. : JUGET (*Judicatum*), 884. — S. s. f. : JUGÉE (*Judicata*), 778. — R. s. m. : JUGET (*Judicatum*), 228, et JUGIET, 754. — S. p. m. : JUGEZ (*Judicati*), 262, 1058. = La forme correcte est *jugiet, jugiez,* etc. V. *Juz.*

JUGEZ. Impér., 2° p. p. de *jugier* (*Judicatis*), 656, etc.

JUGEÜRS. R. p. m. Juges (*Judicatores*), 3765, et JUGEORS, 3699.

JUGIET (AVEZ). Parf. comp., 2° p. p. de *jugier*, 754. V. *Juz.*

JUINDRE. Verbe neut. Inf. prés. Se joindre (*Jungere*) : *En Rencesvals à Rollant irai* JUINDRE, 923.= Actif: Parf. comp., 3° p. s., avec un r. p. f., AD JUINZ (par erreur) : *Amsdous ses mains* AD JUINZ, 2240. — Part. pass., r. p. f., JUINTES, 2015; JUNTES, 2392, et JOINTES, 223.

JUÏSE. R. s. Jugement (*Judicium*) : *N' ert mais tel hom desqu'à Deu* JUISE, 1733.

JULIANE. R. s. f. Julienne (*Julianam*), 3986.

JUNCHÉE. Part. pass., r. f. Jonchée (*Juncatam*, de *juncus*, jonc. — On couvrait la terre de joncs et de fleurs à certaines fêtes) : *Là veïsez la terre si* JUNCHÉE, 3388.

JUNTES. Part. pass., r. p. f. (*Junctas*) : JUNTES *ses mains*, 2392. V. *Juindre.*

JUPITER. S. s. m. *Par artimal l'i cundoist* JUPITER, 1392.

JUR. V. *Jurz.*

JURENT. Parf. simpl., 3° p. p. de *gesir* (*Jacuerunt*), 3653.

JURET. Verbe actif et neutr. Indic. prés., 3° p. s. (*Jurat*) : *Li Amiralz en* JURET *quanqu'il poet*, 3232. — Parf. simple, 3° p. s., JURAT : *La traïsun* JURAT, 608. *Ki me* JURAT *cume sa per à prendre*, 3710. — Parf. comp., 3° p. s., AD JURET, 612, — Fut., 2° p. p., JURREZ, 605.

JURFALET. S. s. m. Nom du fils de Blancandrin (?), 504. — R. s. m., JURFALEU, 1904, 2702.

JURNÉE (?). R. s. f. (*Diurnatam*): *IIII C. milie atendent la* JURNÉE, 715.

M. Müller lit : *l'*AJURNÉE, et c'est aussi la forme que nous avons adoptée.

JURZ. S. s. m. Jour (*Diurnus*), 54, etc. JUR, 717. JOR, 915. JURNS, 971. — R. s. m. : JURN, 1477. JUR, 162, etc. JOR, 3100. — R. p. m. : JURZ, 851. = Ce mot a deux sens. Il signifie le plus souvent une journée, un « espace de vingt-quatre heures » (54, 664, 717, etc. etc.); mais il exprime aussi la « lumière du jour » opposée aux ténèbres de la nuit (162, 667, 3345, 2675). = Rem. la locution TUZ JURZ, 1882, qui devait faire un si beau chemin dans notre langue.

JUS. Adverbe. En bas, à terre (*Jusum*) : *Repairez est des muntaignes* JUS, 2040. *Ça* JUS, 2296. *Jus à ses piez,* 2294. *Par les degrez* JUS *de l' paleis descent*, 2840.

JUSQU'... Prép. Jusque (*De-usque*). — S'emploie pour le temps (JUSQU'A *un an*, 792), aussi bien que pour l'espace (JUSQU'A *l' nasel*, 3927). Cf. JOSQUE, prép., 510, etc. JOSQUE, conj., 1838, etc., et JESQU'... prép., 1158, etc.

JUSTE. Prép. Auprès de... (*Juxta*) : *Un port* JUSTE *mer*, 2626.

JUSTER. (*Juxtare.*) 1° CONJUGAISON. inf. prés., neutre et act., 2181. — Ind. prés., 3° p. s. : JUSTET, 2020. — Parf. comp., 3° p. s., avec un r. p. f. : AD JUSTEDES, 3242. — Fut., 2° p. p. : JUSTEREZ, 1191. 3° p. p. : JUSTERUNT, 3287. — Impér., 2° p. p. : VUS JUSTEZ, 1976. = Au passif. Ind. prés., 3° p. s., avec un s. s. f. : EST JUSTÉE, 3874. 3° p. p., avec un s. p. m. : SUNT JUSTEZ, 2858, et avec un s. p. f. : SUNT JUSTÉES, 3347. — Subj. prés., 3° p. s., avec un s. s. f. : SEIT JUSTÉE, 2761. — Part. pass., s. s. f. : JUSTÉE, 3874, etc.= 2° SENS DIVERS. *a.* Le sens primitif de *juster* est « placer auprès » : *Devant vus* JUSTER *e enrenger*, 2181. *Granz batailles* JUSTER, 2889. *Trestut le cors à la tere li* JUSTET, 2020. = *b.* De ce premier sens, à l'actif, en dérive un second, au neutre, en passant par le réfléchi. SE JUSTER, c'est « se placer près d'un adversaire pour lutter avec lui » : *A mei car vus* JUSTEZ, 1976. De là, le neutre JUSTER, dans le sens que nous avons conservé à « jouter » : *Feluns Franceis, hoi* JUSTEREZ *as noz*, 1194.

JUSTISE. S. s. f. (*Justitia*) : JUSTISE ERT *faite*, 3904. — R. s. f, : JUSTISE : *Jo en ferai la* JUSTISE, 498. = Rem. la locution « faire justice ».

JUSTIN. R. s. m. Nom d'homme (*Justinum*), 1370.

JUT. Parf. simpl., 3º p. s. de *gesir* (*Jacuit*). On trouve le neutre : Il JUT. 2758, et le réfl. : SE JUT, 2375.
JUVENTE. Voc. s. f. Jeunesse (*Juventa*) : *Ami Rollanz, prozdoem,* JUVENTE *bele,* 2916. — R. s. f., JUVENTE : *Tant bon Franceis i perdent lor* JUVENTE, 1401.
JUZ. Verbe act., ind. prés., 1re p. s. Je juge, je condamne (*Judico*) : *Pur co le* JUZ *à pendre e à murir,* 3831. 3º p. p. : JUGENT, 282. — Parf. simpl., 3º p. s. : JUGAT, 353. — Parf. comp., 2º p. s., AS JUGET, 309. 2º p. p., AVEZ JUGIET : *La rere guarde* AVEZ *sur mei* JUGIET, 754. — Impér., 2e p. p. : JUGEZ, 656, 742, 3751. — Subj. ? prés., 3º p. s. : JUGET, 3789. La forme est irrégulière. = Passif. Ind. prés., 3º p. s., au neutre, EST JUGET : IL EST JUGET *que nus les ocirum,* 884, et avec un s. s. f. : EST JUGÉE, 778. 3º p. p., avec un s. p. m. : SUNT JUGEZ, 1058. — Parf., avec un s. s. m., 3º p. s. : FUT JUGET, 1409. — Fut., 3º p. p., avec un s. p. m. : SERUNT JUGEZ, 262. — Part. pass., s. s. m. : JUGET, 1409. S. s. n. : JUGET, 884. S. s. f. : JUGÉE, 778. R. s. n. : JUGET, 288, et JUGIET, 754. S. p. m. : JUGEZ, 1058. = Le verbe « juger » présente plusieurs sens dans le texte de la Bodléienne. 1º « Décider », 288, 321, 353, etc. 2º A ce sens se rattache celui « d'adjuger », 778. 3º « Condamner » : SI ME JUGAT *à mort e à dulur,* 3772.
JUZ. Adverbe. A terre, en bas (*Jusum*), 2296.? V. *Jus.*

K

KAR. Conj. (*Quare*), 390, 682, etc. Cf. QUAR, 470, et CAR, 358, etc. = *Kar* a deux sens : 1º « En effet », 390, 1131, 1724; et 2º « C'est pourquoi, donc, » avec un caractère explétif : *Cumpaign Rollanz,* KAR *sunez vostre corn,* 1051. *Respunt li quens :* KAR *li aluns aider,* 1676. V. *Quar* et *Car.*
KARLEMAGNE. S. s. m. (*Carolusmagnus*), 2807. — R. s. m., 2458. V. *Carlemagne.*
KARLES. R. s. m. (*Carolus,* de *Karl.*) Pott rapporte ce mot à *Kerl*, mâle, et, par extension, vigoureux), 1714. 1757, et KARLON, 1727. — R. s. m. : KARLUN, 2017. V. *Charles, Carles, Carlun, Charlun.*
KARTAGENE. R. s. f. Nom de ville. Carthage (*Carthaginem*), 1915. *Kartágene* = Kartage, comme *imagene* = image.
KI. Pron. rel., s. s. m. Qui (*Qui*), 7, 22, 116, etc. — S. s. f., 19, 925, etc. — S. s. n.?, 4. — S. p. m., 92, 685, etc. = KI, dans le sens de *quis* : *Kar me jugez* KI *ert en la rereguarde,* 742. = « Quel que soit celui qui... » : KI *que l' blasme ne qui l' lot,* 1546. Cf. QUI, 18, et CHI, 596.

L

L' Voyez *Le,* etc.
LA. Article, s. s. f. (*Illa*) : LA *Reïne i vint,* 634. — R. s. f. : *Tresqu'à* LA *mer cunquist* LA *tere altaigne,* 3, etc. V. *Li, Le, Les.* = Combiné avec *quel,* LA QUELE : *Asez orez* LA QUELE *irat desure,* 927. V. *Quel.*
LA. Pronom, r. s. f. (*Illam*) : *Baptisez* LA, 3981, etc. etc. V. *Le, Les.*
LA. Adv. de lieu (*Illac*) : LA *ù cist furent,* 108. LA *sunt neiez,* 690, 1293, etc. = DE LA, 310, = LA se combine avec *sus,* pour former *là sus,* qui plus tard s'écrira en un seul et même mot : LA SUS *amunt,* 2634. V. *Sus.*
LACET. Verbe act., 3º p. s. de l'ind. prés. Lace (*Laqueat*). Ce verbe s'applique particulièrement aux lacs du heaume que l'on attache au moment de la bataille : LACET *sun helme,* 2989. 3º p. p. : LACENT, 996. — Parf. comp., 3º p. s., avec un r. s. m. : (AD) LACIET, 2500. — Part. pass. r. s. m. : LACIET, 1157. R. p. m. : LACEZ, 712, et LACIEZ, 1042, 3079.
LAIDEMENT. Adverbe. (Anc. haut all. *leid*, odieux. Diez, I, p. 241) : *Sur la verte herbe mult* LAIDEMENT *se culcet,* 2573.
LAISSER. Verbe act. Inf. prés. (*Laxare* a donné *laissier*. « L'*i* de la syllabe accentuée est le produit de la diphtongue *ai* dans la syllabe précédente, d'après la loi bien connue, découverte

par M. Bartsch. » Note de W. Fœrster); 2069. Laiser, 2178. — Ind. prés., 1re p. s. : lais, 297. 3o p. s. : laiset, 1197. 2o p. p. : lessez, 279. 3o p. p. : laissent, 1000 ; laisent, 2162. — Parf. simple, 2e p. s. : lessas, 2588. 3e p. s. : laissat, 1127 ; laisat, 1114 ; laisad, 1209. — Parf. comp., 1re p. s., avec un r. s. m. : ai lesset, 839. 3o p. s., avec un r. s. m. : ad lesset, 824. 3o p. p., avec un r. s. m. : unt laisset, 2162, et avec un r. p. m. : unt laisez, 2961, et unt lesset, 2717. — Plus-que-parf., 1re p. s., avec un r. p. m. : aveie laiset, 2410. — Fut. 1re p. s. : lerrai, 785. 3o p. s. : laisserat, 1252 ; lesserat, 859 ; leserat, 1206 ; lairat, 2666 ; lerrat, 574 ; lerat, 2126. = Cond., 1ro p. s. : lerreie, 457. — Impér., 2o p. s. : leisses, 3902. 1re p. p. : laissums, 2154 ; laissum, 229 ; laisum, 3799. 2o p. p. : laissez, 2741 ; laisez, 265 ; lessez, 2435. = Passif. Futur. 3o p. s., avec un s. s. f. : ert lessée, 3030. = Le verbe *laisser* présente à peu près les mêmes sens qu'aujourd'hui. Noter cependant les deux locutions : laissez co ester, 2741, etc., et surtout : « laisser que »... dans le sens de « manquer que ». Ne laisserat que n'i paroit, 1252. Ne laisserat qu'Abisme nen asaillet, 1659. = Restituer partout *laissier*, etc.

LAIZ. Adjectif, r. p. m. : *La premere (eschele) est des Canelius, des* laiz, 3238. = Le sens est douteux ; p. e. « laids ». Pour l'étymologie, voyez *Laidement*.

LANCES. R. p. f. (*Lanceas*), 541, 713, etc.

LANCET. Verbe act. Ind. prés., 3o p. s. Lance (*Lanceat*), 3323. 3o p. p. : lancent, 2074. — Impér., 1re p. p. : lançuns (employé ici au neutre) : Lançuns *à lui ; puis, si l'laissums ester*, 2154.

LANTERNES. R. p. f. (*Laternas*), 2633.

LARGE. Adjectif, s. s. f. (*Larga*), 3305. — R. s. m. : large, 1217. — R. s. f. : large, 654. — R. p. m. : larges, 305. — R. p. f. : larges, 2307.

LARIZ. S. p. m. Landes (Bas allem., *laar* ; clairière ; hollandais, *laer* ; moy. lat., *larritium*), 1085. — R. p. m. : lariz, 1851.

LAS. Adjectif, s. s. m. Fatigué ; et, par extension, malheureux, misérable (*Lassus*) : Las *est li Reis*, 2519. — S. p. m. : las, 2484. = *Las est déjà devenu une exclamation*,

comme dans notre *hélas*. Au sing. f., on trouve : e ! lasse, 2723.

LASCHET. Verbe actif, ind. prés., 3o p. s. (*Laxat=lascat*. Le *ks* latin, dit W. Fœrster, est ici transposé en *sk*. L'infinitif serait *laschier*, et l'*i* de *ier* y est développé de la palatale *ch*) : Laschet *la resne*, 1290. — 3o p. p. : laschent, 1381 ; lascent, 3349, et lasquent, 3877. Cf. Laisser.

LASSE. Voy. *Las*.

LASSERAT. Verbe neut. Fut. 3o p. s. Se lassera (*Lassare-habet*) : Lasserat *Carles ; si recrerrunt si Franc*, 874.

LAVAT. Verbe act., Parf. simpl., 3o p. s. (*Lavavit*), 1778. — Passif. Ind. prés., 3o p. p., avec un s. p., sunt lavez, 2969.

LAZ. R. p. m. Lacs (*Laqueos*) : *A l'brant d'acer l'en trenchet V. des* laz, 3434. Il s'agit ici des lanières qui attachent le heaume au capuchon du haubert.

LAZARON. R. s. m. Lazare, qui fut ressuscité par J.-C. (De l'acc. latin *Lazarum*, à moins que ce ne soit un cas oblique par analogie. Comme on disait *Gui, Guion ; Otes, Otun*, etc., on en vint, par une imitation grossière, à dire : *Gauter, Gauteron*, etc. Mais la vraie forme, pour le sujet et pour le régime, serait *Ladre* : car, dans *Lazarus* et dans *Lazarum*, l'accent est à la même place) : *Seint* Lazaron *de mort resurrexis*, 2385.

LE. Article. Le est la forme régulière : 1o du s. s. neutre (*Cumencet* le *cunseill*, 179. *Fait li* le *coer*, 2019) ; = 2o du r. s. m., 43, 65, 81, etc. etc. Dans le pr ier cas, il vient d'*illud*, et, dans second, d'*illum*. = *Le* est aussi e ployé, mais par erreur, au s. s. m., au lieu de *li* : Le *seignur d'els est apelez Oedun*, 3056. V. *Lo, Lu, Li, La, Les, Es, Del, Al, Als*, etc.

LE. Pronom. 1o R. s. m. (*Illum*) : *Par quel mesure* le *poüssum hunir*, 631. Il s'agit de Rolland. — L'*e* disparaît souvent, dans la prononciation et dans l'écriture, lorsque *le* se trouve devant un mot commençant par une voyelle ou après un monosyllabe terminé par une voyelle : *Je* l' *sivrai ou mil de més fedeilz*, 84. = 2o R. s. n. (*Illud*) : *Pur vos* le *dei ben faire*, 807. *Guenes* le *sout*, 1034. *Mar* le *demanderei*, 3558. Dans ce cas, comme dans l'autre, l'*e* disparaît souvent : *Li quens Rollanz ne l' se doüst penser*, 355. *La*, *Les*.

LÉES. Adj., r. p. f. Larges (*Latas*), 1918. V. *Let*.

LEGERIE. S. s. f. Légèreté, frivolité; folie (V. le suivant); 321, 1726.
LEGIERS. Adj., s. s. m. Léger, rapide (*Leviarius*); 1312. — R. s. m. : legier, 2171. — S. p. m. : legier; 113. — R. p. m. : legiers, 3864.
LEI. S. s. f. Loi (*Legem*); 611, et leis; 3338. — R. s. f. : lei, 38, etc. = Presque partout lei a le sens de « loi religieuse, religion » : *La chrestiene* lei; 85. Cf. 38, 126, etc. = Cependant il importe de noter la locution a lei de *chevaler*, 752. a lei de *bon vassal*, 887. Cf. lb v. 2251 : A la lei de *sa iere*, 2251 (c'est-à-dire suivant la coutume de son pays).
LEIALS. Adj. s. s. m. (*Legalis*) : *S'il fust* leials, *ben ressemblat barun*, 3764. — S. s. f. : leial, 1735. — S. p. m. : leial, 3847. = Dans les deux premiers exemples, le sens est « loyal »; dans le dernier « légal ».
LEIS. V. *Lei*.
LEISIR. R. s. Loisir (verbe employé substantivement, de *licere*, ramené à la 4º conjugaison), 459. = On trouve déjà l'expression « à loisir » : *Sa custume est qu'il parolet* a leisir, 141.
LENZ. Adj., s. s. m. Lent, tardif (*Lentus*); 1938.
LEONS. S. s. m. Lion (*Leo*), 2549; leon, 1111, et lion, 2436. — S. p. m. : leuns, 1888. — R. p. m. : leuns, 128, et leons, 30.
LEPART. R. s. m. (*Leopardum*), 733. On trouve au s. s. : leupart, 1111; au r. s. : leuparz, 728, et au s. p. : leuparz, 2542. V. *Leupart*.
LERAT. Verbe act., 3º p. s. du futur de *laisser*; 2126.
LERRAI. Verbe act., 1re p. s. du fut. de *laisier* (*Laxare-habeo*), 785, etc.
LERRAT. Verbe act., 3º p. s. du fut. de *laissier* (*Laxare-habet*), 574.
LERREIE. Verbe act., 1re p. s. du conditionnel de *laissier* (*Laxare-habebam*), 457.
LES. Article. 1º Sujet pluriel fém. (*Illas*, pour *illæ*) : les *esteiles flambient*, 3659. Par erreur, on trouve *les*, s. p. m., aux v. 547, etc. — 2º Rég. plur. masc. (*Illos*) : *Entre* les *helz*, 621, etc. Cf. 286. — 3º Rég. plur. fém. (*Illas*) : *Li Empereres*... les *turs en abatied*, 98, etc.
LES. Pron. 1º Rég. plur. masculin (*Illos*) : *Retenez* les, 786. *L'Arcevesque*... les *beneïst*; 1137. = Rég. plur. fém. (*Illas*) : *Il* les *ad prises (les nusches) : en sa hoese* les *butet*, 641, etc. = Il faut observer que *les*, au masc., se contracte violemment dans la prononciation et dans l'écriture. Il se contracte : 1º Après *ki* : *C. mil humes i pluret* ki' s *esguardent*, 3882. 2º Après *ne* : *Là sunt neies; jamais* ne' s *reverrez*, 690. 3º Après *si* : si' s *aquillit e tempeste e ored*, 689, etc. Au v. 1242, la lettre *l* est restée après que : *Or est le jur que* l's *estuverat murir*.

LESERAT. Verbe act., 3º p. s. du fut. de *laisser* (*Laxare-habet*); 1206.
LESSAS. Verbe act., 2º p. s. du parf. simple de *laisser* (*Laxasti*), 2583.
LESSÉE (ert). Verbe passif, 3º p. s. du fut. de *laisser*, avec un s. s. f. (*Laxata-erit*), 3030.
LESSERAT. Verbe act., 3º p. s. du fut. de *laisser* (*Laxare-habet*), 859.
LESSET (ai). Verbe act., 1re p. s. du parf. comp. de *laisser* (*Habeo laxatum*), 839. 3º p. s. : ad lesset, 824. 3º p. p. : unt lesset, 2717.
LESSEZ. Verbe act., 2º p. p. de l'ind. prés. de *laisser* (*Laxatis*), 279.
LESSEZ. Verbe act., 2º p. p. de l'impér. de *laisser* (*Laxatis*); 2435.
LET. Adj. r. s. m. Large (*Latum*), 3149. — R. p. f. : lees, 1918.
LEUNS. S. p. m. Lions (*Leones*), 1888. — R. p. m. : leuns, 128, etc., et leons, 30. = Au s. s. m., on trouve leons, 2549; leon, 1111, et lion, 2436. V. ces mots.
LEUPART. S. s. m. Léopard (*Leopardus*), 1111. — R. s. m. : leuparz, 728, et lepart, 733. — S. p. m. : leuparz, 2542.
LEUS. R. p. m. Nom de peuple barbare. La septième *échelle* du 3º corps d'armée de Baligant, *est de* leus *e d'Astrimonies*, 3258. Ce sont sans doute les Lechs ou Polonais (V. la *Romania*, II, p. 332).
LEUTICE. R. s. f. Le texte d'Oxford nous donne au v. 3360 : *A un rei* leutice, que Müller a heureusement corrigé : *A l' rei de* leutice.
LEUTIZ. Adj. r. s. m. On a prétendu à tort qu'il s'agissait ici des *Lithuaniens*, *Littawen*, *Lithauen*, 3205. Ce sont les Wilzes, comme M. G. Paris l'a démontré (*Romania*, II, p. 331. La forme latine est *Liutici*, *Lutici*). V. notre Commentaire, au v. 3220.
LEVANT. Adj. verbal, r. s. m. (V. le suivant) : *Vers le soleill* levant; 3098.
LEVET. Verbe act., 3º p. s. de l'ind. prés. Élève (*Levat*. La vraie forme est *lievet*) : levet *sa main*, 2848, et lievet; 2194. Au réfléchi : *Si* se levet *la puldre*, 3633. 3º p. p. : levent : *Mahumet* levent *en la plus halte tur*; 853. = Parf.

simpl., 3° p. s., LEVAT, 419, et, au sens figuré: *Celoi* LEVAT *le rei Marsilium*, 1520 (Il s'agit d'un païen que l'on fait chevalier. *Levat* est synonyme de « baptisa », et, par extension, d'*adubat*). = Au passif, 3° p. s. de l'ind. p., avec un s. s. m., EST LEVET: *Li Empereres est par matin* LEVET, 163. — Part. prés. (devenu un véritable adjectif verbal, et employé au neutre), LEVANT : *Vers le soleill* LEVANT, 3098. — Part. pass., s. s. m. : LEVET, 163, 264, 669. R. s. f. : LEVÉE, 708.

LEVRE. R. s. m. Lièvre (*Lepörem*), 1780.

LEZ. Préposition. A côté de, du côté de... (*Latus*) : LEZ *le costet*, 1315. Cf. *Delez : Desuz un pin*, DELEZ *un eglenter*, 114.

LI. Article, s. s. m. (*Ille*) : *Charles* LI *reis*, 1. Cf. 7, 280, etc. — S. p. m. : LI *cheval sunt orgoillus*, 3966. Cf. 814, etc. — Enfin l'on trouve *li* au vocatif pluriel masculin : LI *nostre Deu, vengez noz de Carlun*, 1907. = C'est ici le lieu d'exposer toute la déclinaison de l'article : S. s. m. : LI. S. s. f. : LA. S. s. n. : LE. — Gén. s. m. : DEL. Gén. s. f.: DE LA.— Dat. s. m. : AL. Dat. s. f. : A LA. — Régime s. m. : LE. Régime s. f. : LA. = Sujet pluriel m. : LI. S. p. f. : LES. — Gén. pl. m: et f. : DES. — Dat. pl. m. et f. : AS. — Rég. plur., m. et f. : LES. V. tous ces mots.

LI. Pronom (*Illi*). Il est uniquement employé dans tous les cas où les Latins auraient employé *illi*. C'est un véritable datif. *Lui*, tout au contraire, se combine aisément avec toutes les prépositions : *Vos* LI *durrez urs e leons*, 30. *Vos* LI *avez tuz ses castels tolux*, 236. V. *Lui*.

LIENT. Verbe act., 3° p. p. de l'ind. prés. de *lier* (*Ligant*), 3738. = Au passif, fut., 2° p. p., avec un s. s. m. : *Pris e* LIEZ SEREZ *par poestet*, 434.

LIET. Adj. s. s. m. Joyeux (*Lœtus*), 2803. LIEZ, 96. — S. p. m. : LIEZ, 1745.

LIEVET. Verbe act., 3° p. s. de l'ind. prés. de *lever* (V. *Levet*), 2194.

LIEZ. Adj., r. s. m. Joyeux (*Lœtum*) : « *Se faire liez*, » c'est « être ou devenir joyeux » : *Li Empereres se fait e balz e* LIEZ, 96. — S. p. m. : LIEZ, 1745. V. *Liet*.

LIEZ. Part. pass., s. s. m. Lié (*Ligatus*), 434. V. *Lient*.

LIGE. Adj., r. p. m. *Lur* LIGE, *seignurs*, 2421. Etymologie incertaine.

LIGN. R. s. m. Lignage, famille (*Ligne* vient de *linea; lign* est le type masculin dérivé de la même source). Roland, mourant, se souvient : *De dulce France, des humes de sun* LIGN, 2379.

LINÉES. ? Part. employé adjectivement, r. p. f. Le scribe, sans doute, s'est trompé, et c'est ENLINÉES qu'il faut lire (*Lineatas*, de *linea*, qui signifie : famille, lignage) : *Or seit faite par marrenes*,... LINÉES *dames*, 3983.

LION. S. s. m. (*Leonem*), 2436. V. *Leon, Leuns*.

LIQUELS, ou plutôt, en deux mots, LI QUELS. Pron. rel., s. s. m. (*Illequalis*) : *Il nes sevent* LI QUELS *dels la veintrat*, 735. *Ço ne set* LI QUELS *veint ne* QUELS *nun*, 2567. Ce dernier vers montre qu'on employait tout aussi bien *quel*, sans *li*. V. *Quels*.

LISTET. Part. employé adjectivement. Bordé (de l'anc. haut allem. *lista*, bande, bordure. Diez, *Lex. Etym.*, I, 251) : *D'or est la bucle e de cristal* LISTET, 3150.

LIUÉES. R. p. f. Lieues (*Leucatas*). Le scribe a écrit, au v. 2759, *liwes;* mais l'assonance exige *liuées: Jo ai cunté n'i ad... que VII.* LIUÉES.

LIUES. R. p. f. Lieues (*Leucas*) : *Einz qu'il oüssent IIII.* LIUES *siglet*, 688. V. *Liwes*.

LIUS. R. p. m. Lieux (*Locos*), 1464. = *Liu* est employé, dans le sens spécial de place », au v. 3016. *Es lius...* signifie « au lieu de » : *Seiez es* LIUS *Oliver e Rollant*.

LIVERENT. On prononçait LIVRENT. Verbe act., 3° p. p. de l'ind. prés. Livrent, abandonnent (*Liberant*), 2492. — Parf. simpl., 2° p. s. : LIVERAT, 341. — Parf. comp., 3° p. s., avec un r. s. m. : AD LIVERET, 484; avec un r. p. f. : AD LIVERÉES, 2762. — Fut., 1re p. s. : LIVERRAI, 658. — Impér., 2° p. p. : LIVEREZ, 247 et 498. = Ind. passif, prés., 3° p. p., avec un s. p. m. : SUNT LIVEREZ, 1069.

LIVRENT. V. *Liverent*.

LIVRE. R. s. m. (*Librum*), 610. Le manuscrit porte à tort *livere*.

LIVRES. S. p. f. Livres, monnaie fictive (*Libræ*), 516. Le manuscrit porte à tort *liveres*.

LIWES. R. p. f. Lieues (*Leucas*), 1756. LIUES, 688.

LO. Article, r. s. m. (*Illum*) : *Puroffrid* LO *guant*, 2365. V. *Le*, qui est la forme correcte. Cf. *lu*, qui peut être considéré comme = *lo*.

LOEMENT. R. s. Approbation (*Laudamentum*) : *Mais ne l' ferez par le men* LOEMENT, 1709.

LOÉE. Part. pass., employé adjectivement. R. s. f. C'est l'épithète de la France : *L'orgoill de France* LA LOÉE, 3315.

LOER. Verbe actif. Inf. prés. (*Laudare*). 532. — Ind. prés., 3º p. s. (avec la dentale) : LODET, 226. 2º p. p. : LOEZ, 3948. 3º p. p. : LO.ENT = LODENT, 2668. — Parf. simpl., 2º p. s. : LOAT, 420. 3º p. p. : LOÈRENT, 200. — Subj. prés., 3º p. s., LOT : *Ki que l' blasme ne qui l'* LOT, 1546, et, au réfléchi : *Nen est dreiz qu'il s'en* LOT, 1950. = *Loer* a deux sens qui dérivent visiblement l'un de l'autre. Il signifie « louer » (v. 532 et 1546), « remercier » (v. 420), etc., et, par extension, « approuver »; puis, enfin, « conseiller » (226, 3948, 206). Rem., au vers 1950, la locution « se louer de », qui est déjà usuelle.

LOEWIS. S. s. m. Nom d'homme (*Ludovicus*, du germ. *Hludo-wig*, « qui est la forme carlovingienne du mérovingien *Chlodovech* »). Or, la forme *vech* vient, suivant Fœrstemann, Graff et Grimm, de *wig*, *wic*, « combat »; suivant Wackernagel, du gothique VEIHA, « saint. » M. d'Arbois de Jubainville reste indécis entre ces deux explications du thème mérovingien *vécha* (*Mémoires de la Société de linguistique de Paris*, I, fasc. d'octobre 1871), 3715.

LOHERENGS. R. p. m. Lorrains (*Lotharingos*), 3077, et LOHERENCS, 3700.

LOI. Pronom, pour *lui*, 1375, 1522, etc. V. *Lui*.

LOIGN. Adverbe. Loin (*Longe*), 1897. On trouve la forme LUIGN au v. 250. Une 3º forme, où le *g* ne se retrouve plus, est LUINZ. En parlant des païens, on dit, au v. 2429 : *Ja sunt il si* LUINZ. Mais la forme la plus employée est LOINZ : *Ne* LOINZ *ne près*, 1992, etc.

LOINZ. V. le précédent.

LOITER. Verbe neutre. Inf. prés. Lutter (*Luctare*), 2552. L'assonance exige *loitier*.

LOR. Pronom employé, dans le sens du datif pluriel, pour « à eux » (*Illorum*) : *Il lancent* LOR *e lances e espicz*, 2074. V. *Lur*.

LOR. Adj. ou pronom possessif, r. p. m. Leurs (*Illorum*) : *Lacent* LOR *helmes*, 996. On l'emploie sans substantif : *Si requerent les* LOR, 1445, comme nous disons aujourd'hui : « Ils cherchent les leurs. » V. *Lur*.

LORAIN. R. s. m. Nom d'homme (Venise IV donne la leçon *Loterant?*), 3469.

LORER. R. s. m. Laurier (*Laurarium*), 2651. La forme correcte est *lorier*.

LOS. R. s. m. Gloire (type masculin, dérivé de *laudes*) : *En dulce France en perdreie mun* LOS, 1054. V. *Alosez*.

LOÜM, LOÜN. R. s. Nom de ville. Laon (*Laudunum*), 2910.

LU. Article, r. s. m., pour *le* (*Illum*) : *Devant* LU *Rei*, 3038. Cf. 142, 283, 320, 368. V. *Lo* et *Le*.

LU. S. p. m. Loups (*Lupi*) : *N'en mangerunt ne* LU, *ne por*, 1751.

LUAT. Verbe act. Parf. simple., 3º p. s. Souilla (*Lutavit*) : *De l' sanc* LUAT *sun cors e sun visage*, 2275.

LUER. R. s. Loyer, salaire (*Locarium*) : *Ki mult le sert, malvais* LUER *l'en dunes*, 2584. Écrire *luier*.

LUER. Verbe act. Inf. prés. Payer, prendre à gages (*Locare*) : *Ben en purrat* LUER *ses soldeiers*, 34.

LUI. Pronom (*Illi-huic, illi-uic*). Tandis que *li* est un datif très rigoureux et n'est usité que dans le sens du latin *illi*, *lui* s'emploie beaucoup plus largement et avec toutes les prépositions : *L'anme de* LUI, 1510. *Devant* LUI, 4. *Pur* LUI, 842. *Vers* LUI, 958. *Envirun* LUI, 13, etc. = *Lui* s'emploie aussi, avec les verbes, comme complément, MÊME DIRECT : *Lui e altrui travaillent e cunfundent*, 380; *Se* LUI *lessez*, 279, etc. = *Lui* se combine avec MEISME : *Mais* LUI MEÏSME *ne volt mettre en ubli*, 2382.

LUIGN. Adverbe. Loin (*Longe*), 250.

LUINZ. Adverbe. Le même que le précédent. (*Longe* + *s* adverbiale.) V. *Luign, loign* et *loinz*.

LUISANT. Adj. verbal, s. s. m. (Part. prés. de *luisir* formé de l'infinitif + *antem* qui, comme l'observe Fœrster, est le seul suffixe participal du français), 2646. LUISANZ : *Clers fut li jurz e li soleilz* LUISANZ, 3345. — S. s. f. : LUISANTE (mais c'est une erreur grossière du scribe, et, pour l'assonance, il faut *luisant*), 2512. — R. p. m. : LUISANT, 2272. V. *Luises*.

LUISENT. V. *Luises*.

LUISERNE. R. s. f. Lumière (de *lucernam*) : *Pargetent tel* LUISERNE, 2634.

LUISES. Verbe neutre dont l'infinitif régulier est *luisir*. Ind. prés., 2º p. s. Tu luis (*Luces*). Roland mourant dit à Durendal : *Cuntre soleill si luises e reflambes*, 2317. La forme est mauvaise. 3e p. p. : luisent. 1031. — Parf. simpl. 3e p. s. : luist, 1553. — Part. prés., s. s. m. : luisanz, 3345. V. ce mot.

LUMBARDIE. R. s. f. (*Longobardiam*, le pays des *Longobardi*), 2326.

LUNC. Préposition. Le long de (*Longe*) : *Lunc un aller*, 3732.

LUNG, LUNGE. Long (De *lungus*, a). S. s. f. : lunge, 925. — R. s. m. ou n. : lung, 2310. — R. s. f. : lunge, 1789. — R. p. m. : lungs, 1654. — R. p. f. : lunges, 2852. — Lung-tens se trouve aux vers 2310 et 3374.

LUNGEMENT. Adverbe (*Lungamente*), 1858.

LUNG TENS. En deux mots, 2310, 3374. V. *Lung*.

LUR. Pronom, au datif pluriel (Du gén. *illorum*) : *Jo lur dirrai*, 2913. Cf. lor, 1448, etc.

LUR. Adjectif ou pronom possessif. Leur (*Illorum*). *Lur* ou *lor* est invariable. On trouve *lur* comme r. s. m. au v. 379 (lur *seignur*) ; comme r. s. f. ; au v. 58, où il est combiné avec l'article la (*la lur iere*) ; comme r. p. m., aux vers 2420 et 2421 (*Plurent lur filz, lur freres, lur nevolz e lur amis*), 2953, etc. ; et enfin, comme r. p. f., au v. 2604 (*N'unt cure de lur vies*) : ⸗ Enfin, *lur* s'emploie substantivement : *Mil chevaler i retienent des* lur, 2442. Cf. lor.

M

M' est tantôt pour me, tantôt pour ma. Il est pour *me*, dans : *Se m' pues acorder*, 74, et pour *ma* dans *Tehez m'espee*, 620, etc.

MA. Adj. possessif, s. s. f. (De *mea* résorbé en *ma*), ou, p. ê., d'une forme archaïque et populaire. *ma*) ; 2902. — R. s. f. : ma ; 361. Cf. 3059, etc.

MACHINER. R. s. m. Nom d'un païen (?), 66.

MAELGUT. R. s. m. Nom d'un païen (?) : *Co est Gualter ki conquist* Maelgut, 2047.

MAGNES. Adj., s. s. m. Grand (*Magnus*), 1, 1195. — Au voc. s. m., magnes, 3611.

MAHEU. R. s. m. Nom d'un païen (*Matthæum*), 66.

MAHUM. S. s. m. Mahomet (Arabe *Mohammed*, loué), 921. — Voc. s. m. : Mahum, 1906, et Mahume, 3641. (Erreur du scribe ?) — R. s. m. : Mahum, 416. V. *Mahumet*.

MAHUMERIES. R. p. f. Mosquées (V. *Mahum*) : *Les sinagoges e les* mahumeries, 3662.

MAHUMET. S. s. m. Mahomet (V. *Mahum*), 868, et Mahummet, 1616. — R. s. m. : Mahumet, 8, 2590.

MAI. R. s. m. Le mois de mai (*Maium*), 2628.

MAILE. S. s. f. Maille du haubert (*Macula*) : *Le blanc osberc dunt la* maile *est menue*, 1329.

MAILZ. R. p. m. Marteaux (*Malleos, mallios*) : *A mailz de fer*, 3663.

MAIN. R. s. f. (*Manum*), 2264. — R. p. f. : mains ; 72, 1158, etc.

MAIN. Adverbe. Le matin (*Mane*). Dans notre texte, il est employé concurremment avec *par* : *Par* main *en l'albe*, 667. Comparez la locution : *Par matin*, aux vers 163 et 669.

MAINE. R. s. f. Nom d'une province de France (*Ceno-mani, Ceno-mania*), 2323.

MAIS. Conj. Ce mot, qui dérive de *magis*, reçoit dans notre texte plusieurs sens : 1o Il a tout d'abord le sens du latin *magis*, et signifie « davantage » : *N'en parlez* mais ; 273. *De sun leis n'i ad* mais, 3840. *De vos nen ai* mais *cure*, 2305. (Leçon douteuse.) ⸗ 2o De là, par une légère extension, le sens assez vague de « désormais » : *Quant ert-il* mais *recreanz d'osteier ?*, 543. Cf. 566. ⸗ 3o Enfin, nous arrivons au sens actuel du mot *mais* : *Li reis Marsilies... — De sun aveir me voelt duner grant masse... —* Mais *il me mandet que en France m'en alge*, 187. ⸗ Notons une locution importante, dont *mais* est un élément. Ne mais que, signifie « excepté » : *Franceis se taisent* ne mais que *Guenelun* ; 217. ⸗ On trouve également cette locution sans *que* : Ne mes *Rollant*, 382.

MAISNEE. R. s. f. Famille, maison (*Mansionatam*) : *En Saraguce sa* maisnee *alat vendre*, 1407. — Au v. 3391, le sens devient plus étendu, et *maisnee* est synonyme de « gent » : *Li Amiralz recleimet sa* maisnee. La vraie forme a été *maisniée*, si l'on

MAISTRE — MALTALENTIFS

en jugé par notre couplet CCLXXI, qui nous paraît assonancé en *ié* féminin.

MAISTRE. Adj. r. s. m. = Ce mot n'est employé que comme adjectif dans notre texte, où il a déjà beaucoup dévié de son sens étymologique (*Magister*). Quand l'Empereur confie à ses cuisiniers, à ses *cous*, la garde de Ganelon : *Tut le plus* MAISTRE *en apelat Begun*, 1818. Et nous trouvons, au vers 2939, le mot *maistre* employé dans une locution encore plus caractéristique : *As* MAISTRES *porz de Sirie*. On voit, par là, combien sont anciennes, dans notre langue, ces expressions : Une maîtresse femme, un maître homme, une maîtresse ville, un maître pays, etc.

MAISUN. R. s. m. (*Mansionem*.) Dans le Glossaire de Cassel on trouve *mansione* dans le sens de « maison ». » Au v.3978, *maisun* est employé dans le sens d'habitation : *En ma* MAISUN *ad une caitive*. Mais, au v. 1817, ce mot a le sens, plus marqué, de « maison du roi » : *Si l'cumandat as cous de sa* MAISUN.

MAJOR, MAJUR. Ce mot, dérivé du comparatif latin de *magnus*, n'est employé que dans une seule expression : *Tere-majur* ou *major*. On trouve MAJUR, comme r. s. f., aux vers 818 et 952 ; MAJOR, comme vocatif s. f., au vers 1616, et comme r. s. f., au vers 600. = Il est d'ailleurs très certain, contrairement à l'opinion de quelques érudits, que ce mot : *Tere-major*, désigne réellement la France, et c'est ce que prouve jusqu'à l'évidence le vers suivant : TERE-MAJOR, *Mahummet te maldie*, 1616. Ainsi parlent les païens au milieu de la bataille.

MAL. Adverbe (*Male*) : MAL *nos avez baillit*, 453. = Rem. la locution *mal baillir*, qui signifie « mettre en un mauvais point », = Une autre expression, qui était sans doute d'un usage constant, se trouve dans l'imprécation suivante : MAL SEIT DE *l' coer ki el' piz se cuardet*, 1107.

MALBIEN. R. s. m. Nom de païen (composé probablement, par fantaisie, avec les mots *mal* et *bien*), 67.

MALCUD. R. s. m. Nom de païen (D'après *Male-cogitat ?*), 1551.

MALDIENT. Verbe act. Ind. prés., 3º p. p. (*Maledicunt*), 2579. — Subj. prés., 3º p. s. : MALDIE, 1616. — Part. pass., r. s. f., MALDITE : *Tint Ethiope, une tere* MALDITE, 1916.

MALDUIT. R. s. m. Nom de païen (*Male-ductum*), 642.

MALE. V. *Mals*, adjectif.

MALEMENT. Adverbe (*Mala-mente*), 2106.

MALES. V. *Mals*; adjectif.

MALEZ (SUNT). Verbe pass. Ind. prés., 3º p. p. Sont assignés, ont leur sort judiciaire réglé par le *mall* germain (*Sunt mallati*) : *Ben* SUNT MALEZ *par jugement des altres*, 3855.

MALMIS (S'EST). Verbe réfl. Part. comp., 3º p. s. S'est mis en mauvais cas (*Male-missum*) : *S'est parjurez e* MALMIS, 3830. — Part. pass.; r. p. m., MALMIS : *Ki dunc veïst cez escuz si* MALMIS, 3483.

MALPALIN. R. s. m. Nom de païen (?), 2995.

MALPERSE. V. *Malpreis*.

MALPRAMIS. S. s. m. Nom du fils de Baligant (pour *Malprimes*); 3176. — Voc. s. m. : MALPRAMIS, 3184, etc. = R. s. m. MALPRAMIS, 3498. V. *Malprimes*.

MALPREIS. MALPRUSE. Nom d'une région païenne. Dans un couplet masc. en *ei* : *La terce est des jaianz de* MALPREIS, 3285 ; et, dans un couplet en *un* féminin : MALPRUSE, 3253.

MALPRIMES. R. s. Nom d'un païen (?), 889.

MALPRUSE. V. *Malpreis*.

MALQUIANT. R. s. m. Nom d'un païen (*Male-cogitantem*), 1551.

MALS. S. s. m. Douleur, souffrance (*Malus*) : *Ne s'poet guarder que* MALS *ne li ateignet*, 9. — R. s., MAL : *Jo n'ai nient de* MAL, 2006. Locution qui s'est conservée, comme la suivante : *Ne m'* FESIS MAL, 2029. — R. p. m. : MALS, 60.

MALS. Adjectif, s. s. m. Méchant, mauvais (*Malus*), 727. — S. s. f. : MALE, 1466. = R. s. m. : MAL, 3953. — R. s. f. : MALE, 918, 2135. = R. p. m. : MALS, 1190. — R. p. f. : MALES, 886.

MAL(SAR)UN. R. s. m. Nom d'un païen (?), 1353. = Les mss. de Venise IV et Versailles donnent *Falsiron*; *Falseron*; dans le *Karl-Meinet*, on lit : *Malsaron*, etc.

MALTALANT. R. s. Mauvaise disposition, et, par extension, colère (*Malum-talentum*: Talentum signifie un poids qui fait pencher de tel ou tel côté...) : *Li Empereres respunt par* MALTALANT, 271. Cf. 288.

MALTALENTIFS. Adjectif, s. s. m. Mal disposé, colère (V. le précédent) : *Rollanz ad doel, si fut* MALTALENTIFS, 2056.

MALTET. R. s. Nom de *l'espiet* de Baligant (?? *Malitatem*. J'avais précédemment traduit ce mot d'après cette étymologie ; mais ce n'était pas sans quelque hésitation) : *Tient son espiet, si l' apelet* MALTET, 3152.

MALTRAIEN. R. s. m. Nom d'un roi païen ? (On peut y retrouver les deux mots *mal* et *traire*, indiquant une mauvaise origine ?), 2671.

MALVAIS. Voc. s. m. Mauvais, (« Diez avait proposé le vieux haut allemand *balvasi* transformé, sous l'influence du latin *malus*, en *malvasi*. Le même Diez a proposé *malelevatus* pour expliquer l'esp. *malvado* et le provençal *malvat*. Bugge, dans la *Romania*, a rejeté *balvasi* et adopté *male-levatius*, ce qui n'est guère meilleur. » Note de W. Fœrster), 2582. — R. s. m. : MALVAIS, 481. Cf. 2135. — S. s. f., MALVAISE, 1014, 1016. — R. p. f. : MALVAISES, 810.

MALVAISEMENT. Adv. (V. le précédent), 1474.

MALVAISES. V. *Malvais*.

MANACE. R. s. f. Menace (*Minatiam*), 314. — R. p. f. : MANACES, 1232.

MAND. Verbe act., 1re p. s. de l'ind. prés. (*Mando*), 2761. — 3e p. s. : MANDET, 125. MANDET *sa gent*, 2623. — Parf. simpl., 3e p. s., MANDAT : *Deus li* MANDAT *que...*, 2319. — Parf. comp., 3e p. s., avec un r. s. m. : AD MANDET, 2614, et avec un r. p. f., AD MANDÉES : *Quatre cuntesses...* AD MANDÉES, 3729. — Plus-que-parf., 1re p. s., avec un r. s. m. : AVEIE MANDET, 2770. — Fut., 1re p. p. : MANDERUM, 1699. — Impér., 2e p. p. : MANDEZ, 28.

MANEVIZ. Adj., r. s. m. Bien disposé, ardent (D'après Diez, du gothique *manvus*, prêt, et *manvjan*, préparer) : *Tant se fait fort e fiers e* MANEVIZ, 2125.

MANGER. Verbe actif, inf. prés. (*Manducare*), 2542. — Fut., 3e p. p. MANGERUNT, 1751. Par les deux exemples précédents, on verra qu'on disait dès lors : *Manger quelque chose et mangér* DE *quelque chose*. ═ Ce mot ne se trouvant comme assonance que dans un couplet en *ier*, il faut lire *mangier*. V. toute la conjugaison de *mangier* dans la *Romania*, VII, p. 427 et ss.

MANGUNS. R. p. m. Sorte de monnaie (Ducange rattache *mancusa* à *manca*, *marca*. *Manguns* est sans doute de la même famille). Quand Valdabrun donne son épée à Ganelon, il dit qu'*Entre les helz ad plus de mil* MANGUNS, 621.

MANTEL. R. s. m. Manteau (*Mantellum*), 462, 830. — R. p. m. : MANTELS, 2707.

MANUVERER. Verbe actif. Opérer, travailler, placer avec la main (*Manoperare*). Il est dit que Charles, possédant le fer de la lance *dunt nostre Sire fut en la cruiz nafrez*, le fit mettre dans le pommeau de son épée : *En l'oret punt l'ad faite* MANUVERER, 2506.

MAR. Adv. Mal à propos, inopportunément, à tort, à la malheure (*Mar* et *mare* représentent *male*, comme *buer* reproduit *bene*) : *Ja* MAR *crerez Marsilie*, 196. Il faut traduire : « Vous aurez bien tort de croire Marsilie. » *Ja* MAR *crerez bricun*, 220. *Li duze per* MAR *i serunt jugez*, 262. *Carles li magnes* MAR *vos laissat as porz*, 1949. *Tant* MAR *fustes hardiz*, 2027. On peut dire que ces locutions, et notamment *tant mar*, étaient devenues très usuelles et presque proverbiales. ═ *Mare* est exactement employé dans le même sens, quand le poète a besoin d'une syllabe de plus : *Tant* MARE *fustes, ber*, 350. *Barun, tant* MARE *fus* (c'est la formule de l'oraison funèbre), 151. *Li Empereres tant* MARE *vos nurrit*, 1860. *Si* MARE *fumes nez*, 2146.

MARBRE. R. s. m. (*Marmor*), 12.

MARBRISE. R. s. f. Nom d'une localité en Espagne (Le type latin serait *Marmoritia*. D'autre part, la Marmarique, dans l'antiquité, était une contrée de l'Afrique. Est-ce un souvenir ? non : c'est sans doute un mot de fantaisie) : *Laisent Marbrose et si laisent* MARBRISE, 2641.

MARBROSE. R. s. f. (Comme le précédent. Le type latin serait : *Marmorosa*), 2641.

MARCHE. R. s. f. Un pays frontière, et, par extension, le pays, l'Empire tout entier (du goth. *marka* ou de l'anc. haut allem. *marcha*, frontière). Charles dit de Roland, qu'il a laissé en Espagne : *Jo l'ai lesset en une estrange* MARCHE, 839. Cf. 2209 et 3128, où *marche* a plutôt le sens de pays frontière. Partout ailleurs, la signification est plus étendue. — R. p. f., MARCHES : *Ço est Loewis... Si tendrat mes* MARCHES, 3716.

MARCHET. R. s. Marché, échange (*Mercatum*) : *Li reis Marsilie de nós ad fait* MARCHET, 1150. ═ Comme le couplet est en *ier*, il faut lire *marchiet*. ═ On voit que la locution

« faire marché de... » remonte très haut dans notre langue.

MARCHIS. S. s. m. Celui qui est à la tête d'une marche ou pays frontière. Déjà, dans le *Roland*, le sens est plus étendu. Et même un païen va jusqu'à dire de Charlemagne : *Grant ad le cors, ben resemblet* MARCHIS, 3502. Cf. 2971 (*Marchensis*). = Roland est toujours qualifié de « Marquis », ce qui s'accorde avec l'histoire, puisqu'il fut en réalité préfet des Marches de Bretagne : *A icest mot se pasmet li* MARCHIS, 2031. — R. s. m. : MARCHIS, 630. = Ce mot entre dans la composition de *Val*-MARCHIS, 3208.

MARCULES. S. s. m. Nom de païen (ce ne peut être le même mot que *Marculfus*, *Marcou*). 3156.

MARE. Adv. A la malheure (V. *Mar*): *Tant* MARE *fustes, ber*, 2221. *Si* MARE *fui*, 2823. Cf. 350, 1561, etc.

MARGANICES. S. s. m. Ce mot est une erreur du scribe, pour *Algalifes: Li* MARGANICES *sist sur un ceval sor*, 1943. Cf. 1914.

MARGARIZ. S. s. m. Nom d'un païen.? Un *margerit*, en provençal, est un apostat, un mécréant, et le même mot existe dans le roman du nord (V. Ducange, aux mots *Margarita, Margarites*) : *Curant i vint* MARGARIZ *de Sibilie*, 955.

MARIE. Voc. s. f. La Vierge-mère (*Maria*, de l'hébreu *Miriam*, élévation, et, par extension, reine), 3203. — R. s. f. : *Ne creit en Deu, le filz seinte* MARIE, 1634. Cette épithète de Dieu est constante dans toutes nos Chansons.

MARINE. Adj. r. s. f. (*Marinam*) : *Cil tient la tere entre[s]qu'à scaz* MARINE, 956 (?).

MARMORIE. R. s. m. Nom d'un cheval (*Marmorius*, marbré), 1572.

MARRENES. R. p. f. Marraines (*Matranas*), 3982.

MARSILIES. S. s. m. Nom d'un roi païen de Saragosse (mot de fantaisie. L'étymologie paraît être latine, *Marcilius*), 89, etc. MARSILIES, 7, etc. MARSILIUN, 222. — Voc. s. m. : MARSILIE, 1618. — R. s. m. : MARSILIE, 196, 320, etc. MARSILIES (par erreur), 874, et MARSILIUN, 245, 309, etc.

MARSUNE. R. s. Lieu où Charlemagne conquit son cheval Tencendur (?) : *Il le cunquist ès guez desuz* MARSUNE, 2994.

MARTIRIE. S. s. m. Ce mot signifie, non pas, dans un sens restreint, le martyre des Saints, mais un massacre, une mort violente quelconque. Même il s'applique trois fois sur quatre aux païens (*Martyrium*), 591. — R. s. : MARTIRIE, 965.

MARTIRS. S. p. m. (*Martyres*) : *Se vos murez, esterez seinz* MARTIRS, 1134.

MARTRE. R. s. f. Fourrure (V. dans Ducange, *mártures* et *mártalus*. La première étymologie est la vraie, et *martures* est d'origine allemande) : *De sun col getet ses grandes pels de* MARTRE, 302.

MARUSE. R. s. f. Nom de lieu païen (?), 3257.

MASSE. R. s. f. (*Massam*) : *De sun aveir me voelt duner grant* MASSE, 182.

MAT. Subj. prés. 1re p. s. de *matir: Ne lerrai que ne l'* MAT, 893.

MATICES. R. s. f. Pierres précieuses, améthystes (?) (D'après *Amethystos*?): *Ben i ad or*, MATICES *e jacunces*, 638.

MATIN. Adj. r. s. n. Employé avec *par*, produit la locution « par matin » (*Per matutinum*) : *Li Empereres est* PAR MATIN *levet*, 163 et 669.

MATIN. Adv. Le matin (*Matutine*) : *Oi* MATIN, 2601. *Hoi* MATIN, 3629.

MATINES. R. p. f. Une des sept heures canoniales (*Matutinas*) : *Messe e* MATINES *ad li Reis escultet*, 164 et 670.

MATIR. Verbe actif. Inf. prés. Mater, abattre (Locution tirée du jeu d'échecs. *Ech châh mât* signifie en persan : « Le roi est mort; » d'où *echec et mat*) : *Le grant orgoill se ja puez* MATIR, 3206. — Subj. prés. 1re p. s. : MAT, 893.

MAZ. R. p. m. Mâts de navire (de l'ancien haut allemand *mast*; nordique, *mastr*) : *En sum ces* MAZ-*e en cez haltes vernes*, 2632.

ME. Pron. pers. r. s. m. (*Me*). Il faut ici distinguer deux sens très nets : 1° ME est employé comme régime direct : *Si* ME *guarisez e de mort e de hunte*, 21, etc. etc. = 2° Il est employé comme régime indirect, ou, pour mieux dire, dans le sens du latin *mihi* : *Par la barbe ki à l'piz* ME *ventelet*, 48. *Kar* ME *jugez ki ert en la rere-guarde*, 742. Cf. 656.

MEI. Pron. pers., r. s. m. Moi (*Mē*). Trois emplois distincts : 1° Régime indirect (dans le sens de *mihi*) : MEI *est vis*, 659. *Cest mot* MEI *est estrange*, 3717, etc. = 2° Régime direct (dans le sens de *me*) : MEI *ai perdut e tute ma gent*, 2834. *Ja mar crerez bricun..., ne* MEI, *ne altre*, 221. =

3° Régime de toutes les propositions : *De* MEI, 82, 190, 250. *Pur* MEI, 1863. *Par* MEI, 464. *Sur* MEI, 754. *Devant* MEI, 748. *Encuntre* MEI, 1516.

MEIE. Adj. possessif, s. s. f. Mienne. Forme analogue à *tue* et *sue* (fait sur *mea*, où l'*e* bref a été traité comme un *e* long tonique), 2498. — Voc. s. f. : MEIE, 3295. — R. s. f. : MEIE, 47, etc. = Il faut observer que *meie* s'emploie surtout (sauf quelques exceptions faciles à comprendre, comme : *Meie culpe*, *De meie part*) avec un article ou un pronom démonstratif : *La* MEIE *mort*, 2498. *Ceste* MEIE *grant ire*, 301. *Od la* MEIE, 988, etc.

MEIGNENT. Verbe neutre, ind. prés., 3° p. p. Demeurent, habitent (*Manent* donne *mainent*, et le *g* est amené par l'*n*. M. Fœrster propose *meinent* de *minant*. Je ne puis adopter cette hypothèse, que la phonétique justifie et que le sens condamne) : *Dient alquanz que Diables i* MEIGNENT, 983.

MEILLUR, MEILLOR. Adj. comparatif, r. s. m. Meilleur (*Meliorem*). — Au r. s. m., on trouve MEILLOR, 231, etc. — R. s. f. : MEILLUR, 620. — S. p. m. : MEILLUR, 449. — R. p. m. : MEILLURS, 1850. MEILLORS, 502. = Au vers 449, MEILLOR est employé substantivement : *Einz vos averunt LI MEILLOR cumperée*. Le cas sujet est *mieldre*.

MEINENT. 3° p. p. de l'ind. prés. de *mener*, 991.

MEINET. 3° p. s. de l'ind. prés. de *mener*, 3680.

MEIS. R. s. m. Mois (*Mensem*), 2751.

MEÏSME. Adj. s. s. m. Même (*Metipsissimus, metipsimus, meeisme, meisme*), 400. — R. s. m. : MEÏSME, 1036. — R. p. f., MEÏSME : *Nuncerent vos cez paroles* MEÏSME, 204. = Il y a lieu ici de faire deux remarques : 1° MEÏSME s'emploie concurremment avec *lui* et *sei* : *En* LUI MEÏSME *en est mult esguaret*, 1036. Cf. 2382. *Mult quiement le dit à* SEI MEÏSME, 1644. Cf. 2315. — 2° MEÏSME forme avec DE cette locution adverbiale qui est restée dans notre langue : « De même » : *Altre bataille lur liverez* DE MEÏSME, 592.

MELLÉE. R. s. f. Querelle (*Misculatam*), 450.

MEITET. S. s. f. Moitié (*Medietatem*), 1484. — R. s. f. : MEITET, 473, et MEITIÉT, 1264. — R. p. f. : MEITIEZ, 1205. = La forme correcte est MEITIET, comme le prouvent les assonances.

MELZ. Adv. comparatif. Mieux (*Melius*), 44, 516, etc. = On trouve trois autres formes : 1° MEILZ, 536. 2° MIELZ, 58. 3° MIEZ, 2473. = MIELZ est employé adjectivement au vers 1822 : *C. cumpaignons... des* MIELZ *e des pejurs*. = La forme correcte est MIELZ. Ce mot, en effet, ne se trouve en assonance que dans les laisses en *ier*.

MEMBRE. S. p. Membres (*Membra*), 3971. — R. p., MEMBRES : *Puis en perdit è sa vie e ses* MEMBRES, 1408. = Cette dernière locution, d'origine féodale (*vitam et membra*), se retrouve encore aujourd'hui dans la liturgie romaine. L'Evêque élu prononce, dans sa formule de serment, la phrase suivante : *Non ero in consilio aut consensu, vel facto, ut* VITAM *perdant* AUT MEMBRUM *Dominus Papa suique successores* (Pontifical Romain, *De Consecratione electi in episcopum*).

MEN. Adj. possessif, r. s. m. Mien (*Me[u]m* donne *mien* comme *rem* donne *rien*), 43, 249. = On trouve au s. s. m. : MIENS, 743, et au r. s. m. : MIEN, 149, etc. C'est cette dernière forme qui est la meilleure d'après les assonances.

MENCUNGE. S. s. (Fœrster propose *mentitionea*, qu'il peut appuyer d'une citation), 1760.

MENDEIER. Verbe neutre. Inf. prés. (*Mendicare*. Cf. la forme *mendi-ier* = *mendier*) : *Ne nus seiuns cunduiz à* MENDEIER, 46.

MENDISTED. R. s. f. Mendicité (*Mendicitatem*), 527. MENDISTIET (v. 542) entre comme assonance dans un couplet en *ier*.

MENÉE. R. s. f. Certaine sonnerie particulière du *graisle*, sans doute la charge ou la poursuite (*Minatam*; voy. le suivant) : *VII. milie graisles i sunent la* MENÉE, 1454. = Ce même mot est employé, dans un sens plus large, pour le son même des cors ou de l'olifant : S. p. f., MENÉES : *De l'olifant haltes sunt les* MENÉES, 3310.

MENER. Verbe act. Conduire (*Minare*), 906. — Ind. prés., 3° p. s. : MEINET, 3680. 3° p. p. : MEINENT, 991. — Impér., 2° p. p. : MENEZ, 211. — Fut., 2° p. p. : MERREZ, 3204. = Passif. Fut., 3° p. s., avec un s. s. f. : *Iert* MENÉE, 3673. 2° p. p., avec un s. s. m. : SEREZ MENET, 478. = On dit « mener une guerre », 906, etc.

MENTIS. Verbe neutre. Parf. simpl., 2° p. s. (*Mentir* vient de *mentire*) : *Veire pate[r]ne ki unkes ne* MENTIS, 2384. C'est une des épithètes les plus

constantes de Dieu dans toutes nos Chansons de geste. 3º p. s. : MENTIT, 1865. — Parf. comp., 2º p. p. : avez MENTIT, 1253.
MENTUNS. R. p. m. (Menton vient du lat. *mentum* avec une désinence augmentative en *o*, *onis*), 626. = Dans le Glossaire de Cassel, document antérieur aux Serments de 842, on trouve déjà *mantun*.
MENU. Adverbe. V. *Menut*.
MENUE. Adjectif, s. s. f. Petite, fine (*Minuta*), 1329. — S. p. m. : MENUES, 3656. — R. p., MENUZ : *De mes pecchez, des grans e des* MENUZ ; 2370. Cf. au v. 1956 : *D'ici qu'as denz* MENUZ. V. *Menut*.
MENUR. Adj. comparatif, r. s. f. (*Minorem*). Avec *la*, c'est un superlatif : *En* LA MENUR (*eschele*), 3219.
MENUT. Adverbe (*Minute*). La locution « MENUT é *suvent* » est fréquemment employée dans notre vieille langue (vers 1426 et 2364).
MER. S. s. f. (De *Mare*, sous une forme féminine), 2635. — R. s. f., MER : *Vers Engleterre passat il la* MER *salse*, 372.
MER. Adjectif, r. s. Pur (*merum*). C'est l'épithète constante du mot *or : Or* MER, 115, etc. = MIER, qui se trouve aux v. 1506 et 3866, est la forme véritable.
MERCIET (AD). Verbe act., 3º p. s. du parf. comp., avec un r. s. m. A remercié (*Mercier* est le verbe de *mercit*; qui vient de *mercedem*) : *Li reis Marsilie mult l'en* AD MERCIET, 908. — Subj. prés., 3º p s. : MERCIE : *Deus... à ben le vos* MERCIE, 519. Il faut remarquer que le sens ici n'est plus le même. C'est celui de « Dieu vous en récompense ». Cette signification est plus étymologique que la première. V. le suivant.
MERCIT. R. s. f. Pitié, miséricorde (*Mercedem*) : *Si preiez Deu* MERCIT, 1132. *Deus ait* MERCIT *de l'anime*, 3721. On voit, par les vers précédents, l'emploi déjà fréquent des deux locutions « avoir merci de » et « prier ou demander merci ». = Une troisième expression populaire est : « En ma merci » : *S'en ma* MERCIT *ne se culzt à mes piez*, 2682. Cf. le v. 3209 : *Sire, vostre* MERCIT, et cette locution adverbiale qui se trouve trois fois dans notre texte : DEU MERCIT ou MERCIT DEU, 1259, 2183, 2505 : *Cest premier colp est nostre*, DEU MERCIT, 1259. Le sens est celui de : « Grâce à Dieu. »

MERES. R. p. f. (*Maires*), 1402.
MERREZ. Verbe act., fut. simple, 2º p. p. de *mener* (*Minare habetis, menerez*; *menrez*), 3204. V. *Mener*.
MERVEILLE. S. s. f. (*Mirabilia*) : *Non est* MERVEILLE *se Karles ad irur*, 2877. Remarquez la locution : « Ce n'est pas merveille si... ».
MERVEILLER (ME). Verbe réfléchi. Inf. prés. (V. *Merveille*) : *Mult* ME *puis* MERVEILLER *de Carlemagne*, 537. — Ind. prés., 1re p. s., ME MERVEILL : *Mult* ME MERVEILL *se ja verrum Carlun*, 3179. — Subj. prés., 3º p. s., S'EN MERVEILT : *N'i ait Franceis ki tot ne* S'EN MERVEILT, 571. La vraie forme est *merveiller*.
MERVEILLUS. Adj. s. s. m. (V. *Merveille*) : MERVEILUS *hom est Charles*, 370. — S. s. f., MERVEILLUSE : *La bataille est* MERVEILLUSE, 1412 ; MERVEILLOSE, 1620. — R. s. m. : MERVEILLUS, 2474. — R. s. f. : MERVEILLUSE, 843. — S. p. m. : MERVEILLUS, 815. — S. p. f. : MERVEILLUSES, 598. — R. p. : MERVEILLUS, 2534, et MERVEILUS, 1397. — R. p. f. : MERVEILLUSES, 2919. = Comme on le voit d'après les deux premiers exemples cités plus haut, ce mot s'applique aux personnes tout aussi bien qu'aux choses.
MERVEILLUSEMENT. Adverbe (V. *Merveille*), 3385.
MES. S. s. m. Messager (*Missus*), 3194.
MES. Pronom ou adjectif possessif, s. s. m. (*Meus*), 297, 3191, etc. — R. p. m. (*Meos*), 1899. — R. p. f. (*Meas*) : MES, 3716. = V. *Mis* : c'est à ce mot que nous avons donné toute la déclinaison de ce pronom possessif.
MES. Conjonction (*Magis*), 382, 1309, etc. Pour les différents sens de ce mot, voy. *Mais*.
MESLISEZ (VOS VOS). Verbe réfl. subj. imparf., 2º p. p. (*Mesler, misculare*) : *Jo me crendreie que vos vos* MESLISEZ, 257. = A cause de l'assonance, le scribe aurait dû écrire : MESLISIEZ.
MESPENSANT. Part. prés., s. p. m. du verbe neutre *mespenser*. Ayant une basse pensée (*Minus-pensantes*) : *Seignors barons, n'en alez* MESPENSANT, 1472.
MESSAGE. Ce substantif à deux sens : 1º Celui de « messager » (*Missaticus*). 2º Celui de « message » (*Missaticum*). Dans le premier sens, on le trouve, comme s. p. m. (MESSAGE), aux v. 120, 2704, 2725, 2765, et comme r. p. m. (MESSAGES), aux v. 143, 367 et 2742. = Dans le sens de « mes-

sage », on ne le retrouve qu'au r. s. (MESSAGE), aux v. 92, 276, 315, 418 et 3131.

MESSAGER. S. p. m. (*Missaticerii*), 2763.

MESSE. R. s. f. (*Missam*), 164, 670. On dit « Chanter la messe » : *Tel coronet ne chantat unches* MESSE, 1563. = Ce même mot s'emploie au pluriel : on dit de Pinabel et de Thierry, avant leur duel, qu'ils *oent lur* MESSES, 3860.

MESTER. S. f. Besoin (*Ministerium*) : *Jà li corners ne vos avreit* MESTER, 1472. Le scribe aurait dû écrire *mestier:* car ce mot est employé, comme assonance, dans une laisse en *ier*. = On remarquera la locution : *Aveir mestier*.

MESURE. S. s. f. (*Mensura*), 1725. — R. s. f. : MESURE, 146, 1035. = Ce mot a deux sens : 1º « Proportion, étendue, nombre » : *En quel* MESURE *en purrai estre fiz,* 146. = 2º Au figuré « Modération » : *Mielz valt* MESURE *que ne fait estultie,* 1725.

MESURER. Verbe act. Inf. prés. (*Mensurare*) : *Cinquante pez i poet hom* MESURER, 3167. Au v. 1218, le ms. porte *mesurez* au lieu de *mesurer*.

METAS. Entre dans la composition de *Val-Metas,* nom de lieu (?), 1663.

METTRE. Verbe act. Inf. prés. (*Mittere*), 2382, et METRE, 3692. — Ind. prés., 3º p. s. : MET, 394, etc.; SEI MET, 2277. 3º p. p. : METENT, 1826; SE METENT, 1139. — Parf. simpl., 1re p. s. : MIS, 3457. 3º p. s. : MIST, 443. — Parf. comp., 3º p. s., avec un r. s. m. : AD MIS, 1753. Et avec un r. s. f. : AD MISE, 3363. 3º p. p., avec un r. s. m. : UNT MIS, 1828. Cf. SE SUNT MIS, 1136. — Fut., 1re p. s. : METRAI, 149. 1re p. p. : METRUM, 952. — Impér., 2e p. : METEZ, 212. — Subj. prés., 3e p. s. : METET, 2197. — Passif. Fut., 3e p. s., avec un s. s. f. : ERT MISE, 968. — Subj. imparf., 3e p. s., avec un s. s. f. : FUST MISE, 2491. = Les sens du mot *mettre* sont déjà tous ceux d'aujourd'hui, et le sens étymologique est lui-même conservé dans ce vers où l'on voit Charles « envoyer » à Ganelon cent de ses cuisiniers pour le torturer : *Si met .C. cumpaignuns de la quisine,* 1821. = Plusieurs locutions sont à noter. METTRE EN PRESENT signifie « donner », 398 : *Or e argent lur* MET *tant* EN PRESENT. = METTRE EN UBLI a le sens « d'oublier » : *Mais lui meïsme ne voelt* METTRE EN UBLI, 2382. = SE METTRE EN PIEZ (2277), ou SUR PIEZ (1139), c'est « se relever ».

MI. Pronom ou adjectif possessif, s. s. m. (De *Meus*, pour *Mis*. V. ce mot): *Carles* MI *sire,* 1254. *Mi,* pour *mis,* est probablement le résultat et le signe d'une prononciation rapide. — S. p. m. : MI (*Mei*), 20. — Voc., pl. m. : MI, 3492.

MI. Adjectif indéclinable (*Medium*). Avec un subst. sing. m. ou n. : *Par* MI *un val,* 1018. — Avec un subst. sing. f. : *En* MI *ma veie,* 986. — Avec un r. p. m. ou n. : *En* MI *les dos,* 3222, etc. On voit, par les exemples précédents, qu'en effet *mi* est partout indéclinable. Ajoutons qu'il se combine avec *en* et *par*, de manière à former deux mots qui ont fait fortune dans notre langue : *enmi, parmi*.

MICENES. Nom de pays ou de peuple païen. Ce sont sans doute les *Milceni,* que l'on trouve établis au IXº et Xº siècles dans la Haute-Lusace, et « qui paraissent, dit M. G. Paris, avoir perpétué leur nom dans celui de la Misnie. Ce rapprochement explique pourquoi leur nom, écrit en trois syllabes, ne compte dans le vers que pour deux » (*Romania,* II, p. 331), 3221.

MICHEL. R. s. m. (De l'hébreu *mashal-el*, semblable à Dieu), 37, 53. *Seint* MICHEL *de l' Peril,* 2394. Nous avons établi ailleurs qu'il s'agit, dans ce dernier vers, du pèlerinage du Mont-Saint-Michel près d'Avranches (*Sanctus Michael in Monte Tumba, Sanctus Michael de Periculo maris*). = Ce mot ne se trouve, comme assonance, que dans les couplets en *ier* : c'est donc *Michiel* que le scribe eût dû écrire.

MIE. Négation explétive (*Mica,* parcelle; *mica panis*, mie de pain) : *De sa parole ne fut* MIE *hastifs,* 140. *Carles ne dort qu'il ne s'esveillet* MIE, 724. Cf. 317. V. Schweighæuser, *De la Négation dans les langues romanes,* pp. 101 et ss.

MIELZ. Adv. comparatif. Mieux (*Melius*). Ce mot se présente sous quatre formes dans le *Roland* : 1º MIELZ. C'est la forme correcte, puisque ce mot ne se rencontre, comme assonance, que dans les couplets en *ier*. On la trouve aux v. 58, 359, 539, etc. 2º MELZ, 44, 516, etc. 3º MEILZ, 536. 4º MIEZ, 2473. = Il convient de remarquer que *mielz* est employé adjectivement. C'est ainsi qu'on le trouve, comme r. p. m., au v. 1822 :

Des MIELZ *e des pejurs.* = Rem. la locution *Dous cenz anz ad e*MIELZ, 538.

MIENS. Adjectif possessif. s. s. m. (V. *Men*), 743. et MIEN, 2183. — R. s. m. : MIEN, 149, 2718, etc., et MEN, 43, 249, etc. = Avec un substantif sous-entendu : *A l' Jhesu e a l'* MIEN, 339 = La seule forme correcte est *mien*, et, en effet, ce mot se trouve uniquement employé, comme assonance, dans les couplets en *ier*.

MIER. Adj., r. s. Pur (*Merum*). Comme nous l'avons dit, c'est l'épithète constante du mot *or*, 1506, 3866. Cf. la forme MER, aux v. 115, 1314, etc. = De ces deux formes, la première est seule correcte, puisqu'on ne trouve ce mot employé comme assonance que dans les laisses en *ier*.

MIEZ. Adverbe comparatif. Mieux (*Melius*) : *Li* MIEZ *guariz*, 2473. V. *Mielz*.

MIL. Nom de nombre indéclinable. (*Mil* vient de *mille; milie*, de *millia*. On dit *mil* pour un seul millier; *milie*, pour plusieurs) : MIL *hosturs*, 31. *Od* MIL *de mes fedeilz*, 84. = Indépendamment de son sens propre, *mil*, comme nous l'avons dit ailleurs, a un sens indéterminé : *En la grant presse* MIL *colps i fiert e plus*, 2090, etc.

MILIE. Nom de nombre indéclinable (V. *Mil*) : *Vint* MILIE *humes*, 13. *Sunt plus de* CINQUANTE MILIE, 1919. C. MILIE *atendent l'ajurnée*, 715. = Deux remarques : 1° *Milie*, comme on le voit par les exemples précédents, s'emploie tantôt avec, tantôt sans substantif. 2° Il s'emploie en outre substantivement : *XV milies* DE *Francs*, 3019. Mais ce dernier mot est ici douteux, et il faut peut être restituer *milliers*.

MILLIERS, MILLERS. Nom de nombre (*Milliaria*). Au sujet (2072, 2146) comme au régime (109, 1685, etc.), ce mot, dans le texte de la Bodléienne, se présente avec un *s* final (sauf au v. 1417, où il y a par erreur *millere*) : *De dulce France i ad* XV MILLIERS, 109. Cf. MILLERS, 2416, 2544, etc. = Rem. l'expression indéterminée : A MILLERS, 1439. A MILLERS *e à cent*, 1417. = Entre les deux formes MILLIERS et MILLERS, le choix n'est pas douteux : la première seule est autorisée par la théorie des assonances en *ier*.

MILUN. R. s. m. Nom d'un comte français. (*Milonem*. Le cas sujet serait *Mile*), 173, 2433, 2971.

MIRACLE (A). On lit, dans le ms. d'Oxford, au v. 1660 : *Vait le ferir en l'escut* A MIRACLE. Mais nous pensons qu'il faut restituer AMIRABLE.

MIRRE. R. s. f. Myrrhe, entrant dans la composition de l'encens (*Myrrham*), 2958.

MIS. Pronom ou adjectif possessif. Mon (*Meus*). S. s. m. : MIS, 136, 144, etc.; MI, 636, 1254, etc.; MES, 297, 3191, etc. — S. s. f. : MA, 2902, 4000. — R. s. m. (et n.) : MUN, 188, 276, etc. —.S. p. m. : MI, 20, 1063, etc. — S. p. f. : MES. — Voc. p. m. : MI, 3492. Voc. p. f. : MES. — R. p. m. : MES, 84, 1899. — R. p. f. : MES, 3716.

MIS. Verbe act., 1re p. s. du parf. simpl. de *metre* (*Misi*), 3457.

MIS, MISE. Part. pass. de *metre*, s. et r. s. m. et f. (V. les sept articles suivants.) — S. p. f. : MISES, 91.

MIS (AD). Verbe act., 3° p. s. du parf. comp. de *metre*, avec un r. s. m. (*Habet missum* ou plutôt *mīsum*), 3355.

MIS (UNT). Verbe act., 3° p. p. du parf. comp. de *metre*, avec un r. s. m. (*Habent missum*), 1828.

MIS (SE SUNT). Verbe act., employé au pronominal, 3° p. p. du parf. comp. de *metre*, avec un s. p. m. (*Se sunt missos*), 1136.

MISE (AD). Verbe act., 3° p. s. du parf. comp. de *metre*, avec un r. s. f. (*Habet missam*), 3363.

MISE (ERT). Verbe pass., 3° p. s. du fut. de *metre*, avec un s. s. f. (*Erit missa*), 968.

MISE (FUST). Verbe pass., 3° p. s. de l'imparf. du subj. de *metre*, avec un r. s. f. (*Fuisset missa*), 2941.

MISES. Part. pass. de *metre*, au s. p. f. (*Missas*) : *Li frein sunt d'or, les seles d'argent* MISES, 91.

MIST. Verbe act., 3° p. s. du parf. simple de *metre* (*Misit*), 443, 1248, etc.

MOERC. Verbe neutre, 1re p. s. de l'ind. prés. de *murir* (*Morio*, et non *morior*, les déponents latins n'ayant point laissé de trace dans notre langue), 1122. V. *Murir* et *Moerge*.

MOERENT. Verbe neutre, 3° p. p. de l'ind. prés. de *murir* (*Moriunt*), 1348, 3477.

MOERGE. Verbe neutre, 1re p. s. du subj. prés. (de *moriam* par la consonnification de l'*i*), 359, 448.

MOERGENT. Verbe neutre, 3° p. p. du subj. prés. de *murir* (*Moriant*), 1690.

MOERGET. Verbe neutre, 3° p. s. du subj. prés. de *murir* (*Moriat*), 3963.

MOERIUM. Verbe neutre, 1re p. p. du subj. prés. de *murir* (*Moriamus*), 1475.

MOLLEZ. Adj. part., s. s. m. Moulé. fait au moule (*Modulatus*) : *T'is cors ben* MOLLEZ, 3900. Cf. MOLLET, 3159.

MONIE. S. s. m. Moine (Il faudrait supposer un type, tel que *monius*. Cf., dans Ducange, *monicæ*), 1881.— R. p. m. : MUNIES, 2956.

MORDENT. Verbe act. Ind. prés., 3ᵉ p. s. (*Mordent*), 2591. — Parf. simple, 3ᵉ p. s. : MORST (de *morsit*), 727. Les parfaits redoublés latins tels que *momordit* ne semblent pas avoir pénétré dans la *lingua romana*, et n'ont rien donné en français.

MORIANE. R. s. f. Nom d'un pays païen (?) : *Uns Almaçurs i ad de* MORIANE, 909. V. *Mors*.

MORIANE. R. s. f. La Maurienne, en Savoie? « La Sierra-Morena, ou bien la vallée de Maurienne en Savoie, que le poème de Garin nous représente comme envahie par quatre rois païens d'Espagne. » Mila y Fontanals, *De la Poesia heroico-popular castellana*, p. 139. Malgré l'hésitation du savant espagnol, sa seconde hypothèse est la seule qui soit vraiment probable (*Mauriennam*, nom que l'on trouve pour la première fois dans Grégoire de Tours, *De Gloria Martyrum*, I, IX) : *Carles esteit es vals de* MORIANE, 2318.

MORS. R. p. m. Maures (en latin, *Mauri*; de l'arabe *Maghreb*, occident), 3227.

MORST. V. *Mordent*.

MORT. S. s. f. (*Mortem*) : *La* MORT *li est près*, 2270. — R. s. f. : MORT, 21, 227, etc. — R. p. f., MORZ : *Si calengez e voz* MORZ *e voz vies*, 1926.

MORT. Part. pass. employé substantivement. R. s. m. (*Mortuum*) : *Un* MORT *sur altre gelet*, 1971. — R. p. m., MORZ : *Lessez gesir les* MORZ, 2435.

MORT (AS). Verbe act., 2ᵉ p. s. du parf. comp. de *murir* employé activement. *As* MORT *mun filz*, 3591. = Sur ces formes « actives », voy. *Murir*.

MORT (AD). Verbe act., 3ᵉ p. s. du parf. de *murir* employé activement: MORT *ad mes humes*, 2756. Cf. 2782, 2935.

MORT (UNT). Verbe act., 3ᵉ p. p. du parf. de *murir* employé activement: *Cels qu'il* UNT MORT, 1683.

MORT (EST). 3ᵉ p. s. de l'ind. prés. de *murir*, au passif. Est tué. Cette forme n'a nullement le sens du parfait: *Or veit Rollanz que* MORT EST *son ami*, 2023.

MORT (SUNT). 3ᵉ p. p. de l'ind. prés. de *murir* au passif: MORT SUNT *li cunte*, 577.

MORT (FUT) 3ᵉ p. s. du parf. de *murir*, au passif. 2363.

MORT (SEIT). 3ᵉ p. s. du subj. prés. de *murir* au passif : *Deus ne volt qu'il* SEIT MORT *ne vencut*, 3610. Même observation que pour *est mort*. Toutes ces formes doivent être plutôt considérées comme le verbe *être* conjugué avec le participe de *murir*.

MORT (FUST). 3ᵉ p. s. de l'imparf. du subj. de *murir* employé au passif : *Se veïssum Rollant einz qu'il* FUST MORT, 1804.

MORT, MORTE. Part. pass. de *murir*, s. et r. s. m. et f. V. *Morz*.

MORTE (EST). 3ᵉ p. s. de l'ind. prés. de *murir*, avec un s. s. f.: *Sempres est* MORTE, 3721. V. *Murir*.

MORTEL. Adj., s. s. f. (*Mortalis*) : *El' cors vos est entrée* MORTEL *rage*, 747. — R. s. m. : MORTEL : *Sun* MORTEL *ennemi*, 461. *N' en recerrai pur nul hume* MORTEL, 3908. — R. s. f., MORTEL : *Une* MORTEL *bataille*, 658. = On remarquera ici plusieurs locutions très importantes. C'est ainsi que ces mots : *pur nul hume* MORTEL, deviendront une cheville dans nos poèmes postérieurs. Mais déjà, comme on le voit, *mortel* a pris un sens qu'il n'avait pas en latin : *Sun* MORTEL *ennemi*. *Une* MORTEL *bataille*. Et, dans ce sens, il s'applique tout aussi bien aux personnes qu'aux choses. *Mortales inimicitiæ* ne signifiait, en bonne latinité, qu'une haine passagère.

MORZ. Part. pass. employé substantivement, r. p. m. (*Mortuos*) : *Lessez gesir les* MORZ, 2435.

MORZ (AD). Verbe actif, 3ᵉ p. s. du parf. de *murir* employé activement : *Tanz riches reis* AD MORZ, 555.

MORZ (ES). 2ᵉ p. s. de l'ind. près. de *murir* au passif: *Quant tu* ES MORZ, *dulur est que jo vif*, 2030.

MORZ (EST). 3ᵉ pers. s. de l'ind. prés. de *murir* au passif : MORZ EST *li quens*, 1560. Cf. 1503.

MORZ (ESTES). 2ᵉ pers. p. de l'ind. prés. de *murir* au passif: MORZ ESTES, *Baligant*, 3513.

MORZ (SUNT). 3ᵉ pers. p. de l'ind. prés. de *murir* au passif: *Paien* SUNT MORZ, 1439. Cf. 2038.

MORZ. Part. pass. de *murir*, s. s. m. (*Mortuus*), 2030, 1560, etc., et MORT (par erreur du scribe), 1503, 2024, etc. — S. s. f. : MORTE, 3721. — R. s.

m. : MORT, 2971, etc. — R. s. f. : MORTE, 3728. — S. p. m. : MORT, 577, et MQRZ, 1439. — R. p. m. : MORZ, 1852. Voy. *Murir*.

MOT. S. s. m. (Littré propose le bas latin *muttum*. M. Fœrster observe avec raison que *muttum* donnerait *mout*. Cf. l'italien *motto*) : *Cist* MOT *mei est estrange*, 3717. R. s. m., MOT : *N'i ad paien ki un sul* MOT *respundet*, 22. Cf. 540. *N'i ad celoi ki* MOT *sunt ne* MOT *tint*, 411. *Il n'en set* MOT, *n'i ad culpe li bers*, 1173. Cf. 2457. *Si li ad dit un* MOT, 2285. — R. p. m., MOZ : *A icez* MOZ, 990. *De noz Franceis vait disant si mals* MOZ, 1990. = Dans les exemples précédents, nous trouvons déjà plusieurs locutions qui ont fait fortune dans notre langue : « Ne pas savoir mot de quelque chose, » 1173. « Ne pas en sonner un mot, » 1027. « Dire un mot, » 2286. « Répondre un mot, » 22. « A ce mot, à ces mots, » 990, 1884, 2457. « Dire sur quelqu'un de mauvais mots..., » 1190, etc.

MOŪSTES. 2° p. p. du verbe *Muveir* dans le sens neutre d'aller (*Muveir* vient de *movere*) : *Culvert, mar i* MOŪSTES, 1395. Voy. à l'actif, *muverai* (1re p. sr du fut.), 290.

MUABLES. Adj. r. p. m. Se dit des oiseaux qui ont mué (*Mutabiles*) : *Set cenz cameilz e mil hosturs* MUABLES, 183. V. *Muez*.

MUER. Verbe act., employé neutre (*Mutare*) : *Ne poet* MUER *que des oilz ne plurt*, 773. Cette locution *Ne poet muer que...* signifie littéralement : « Ne peut faire autrement que de..., » — Ind. prés., 3° p. s. : MUET, 2502. — Parf. comp., 3° p. s., avec un r. s. f. : *Li reis Marsilies ad la culur* MUÉE, 441. V. *Muez*.

MUERS. Adj. r. p. m. Se dit des faucons qui ont mué (*Mutarios*) : *Mil hosturs* MUERS, 31. Il faut restituer *muiers*.

MUET. Ind. prés., 3° p. s. de *muer* : *Ki cascun jur* MUET *.XXX. clartez*, 2502.

MUEZ. Part. empl. adjectivement. Se dit des oiseaux qui ont mué : *Mil hosturs* MUEZ, 129.

MUILLER. S. s. f. Femme, dans le sens d'épouse (*Mulierem*), 2576. — R. s. f. : MUILLER, 361, et MUILER, 1960. Dans ces derniers vers seulement, MUILER a le sens de « femme en général ». — R. p. f. : MUILLERS, 42. Restituer partout *Muillier, muilliers*.

MUL. R. s. m. Mulet (*Mulum*), 480. 757. — R. p. m. : MULS, 32, 130, etc.

MULE. R. s. f. (*Mulam*), 757. *Une* MULE *d'Arabe*, 3943. Les mules d'Arabie sont célèbres; mais est-ce uniquement pour la rime? — S. p. f. : MULES, 978. — R. p. f. : MULES, 89.

MULEZ S. s. m. Mulet (c'est un diminutif de *mul*) : *De sul le fer fust uns* MULEZ *trussez*, 3154. — R. s. m. : MULET, 861. — S. p. m. : MULEZ, 978. — R. p. m. : MULEZ, 158.

MULT. Adv. Beaucoup (*Multum*) : MULT *granz amistez*, 29. *Jo vüs aim* MULT, 635. MULT *quiement*, 1644. Cf. 301. = On voit par le premier de ces exemples que MULT accompagne et modifie les adjectifs; le second exemple nous le montre avec un verbe, et le troisième avec un autre adverbe. Ce sont les trois emplois dont il est susceptible.

MULTES. Adj. r. s. f. Nombreuses (*Multas*) : *Escuz unt genz, de* MULTES *cunoisances*, 3090.

MUN. Adjectif ou pronom possessif, r. s. m. et n. (*M[e]um*), 188, 276, etc. = Le mot *host* étant féminin, faut-il voir dans ces mots *demi mun host* (785) un exemple de *mun* au r. s. f.? A coup sûr, c'est une forme altérée.

MUNIGRE. R. s. m. Nom d'une localité païenne (*Montem-nigrum*? Pour la régularité de l'assonance il faut lire *Munèigre*), 975. Il ne saurait être question ici du territoire de Monegros, dans le district de Pina (Mila y Fontanals, *De la Poesia heroïco-popular castellana*, p. 139).

MUNIES. R. p. m. Moines (*Monios*), 2956. Voy. *Monie*.

MUNJOIE. Cri de guerre des Français. C'est, à proprement parler, le nom de l'enseigne de Charlemagne, ou, pour préciser davantage, de l'Oriflamme : *Gefreid d'Anjou portet l'Orie-flambe*. — *Seint Pierre fut, si aveit num Romaine;* — *Mais de* MUNJOIE *iloec out pris eschangé*, 3093-3095. Ailleurs on l'appelle : MUNJOIE, *l'enseigne renumée*, 3465; et, pour plus de clarté, nous lisons plus haut : MUNJOIE *escriet, ço est l'enseigne Carlun*, 1234. En résumé, c'est ici LE NOM DU DRAPEAU QUI EST DEVENU LE CRI DE GUERRE. Pour l'étymologie de ce mot, v. la note du v. 3095. = S. s. f. : *De tutes parz est* MUNJOIE *escriée*, 1378. — R. s. f. : *Ki dunc oïst* MUNJOIE *demander*, 1181.

MUNT. S. p. m. Montagnes (*Montes*) : *Sunent li* MUNT, 2112. — R. p. m., MUNZ : *Si cercet les* MUNZ, 2185. = MUNT entre dans la composition d'A-

MUNT, 2235, etc., et de CUNTREMUNT, 419. V. ces deux mots.

MUNT. Verbe neutre, 3e p. s. du subj. prés. de *munter* : *Cunseill d'orguill n'est dreiz que à plus* MUNT, 228. V. *Munter*

MUNTAIGNE. R. s. f. Montagne (*Montaneam*). 6. — S. p. f. : MUNTAIGNES, 1804. — R. p. f. : MUNTAIGNES. 2040.

MUNTER. Verbe neutre ou intrans. Monter (l'étymologie est *munt*) : *Ceste grant guerre ne deit* MUNTER, 242. — Ind. prés., 3e p. s., MUNTET : MUNTET *un lariz*, 1125. 3e p. p., MUNTENT : *Es destrers* MUNTENT, 1001, 1801. — Parf. comp. (?), 3e p. s., avec un s. s. m. : EST MUNTEZ, 1017 ; EST MUNTET, 792 ; EST MUNTED, 347. Avec un s. s. f. : EST MUNTÉE, 3636. 3e p. p., avec un s. p. m , SUNT MUNTEZ, 92. — Impér., 2e p. p., MUNTEZ : *Eissez des nefs*, MUNTEZ, *si chevalciez*, 2806.

MUR. S. s. m. (*Murus*), 5. — R. p. m. : MURS, 97.

MURDRIE. S. s. f. Meurtre (*Murdre* vient de *mordrum*, qui est fait sur le gothique *maurthr*. *Murdrie* est une forme féminine, forgée sur *murdre*), 1636.

MURGLEIS. R. s. f. Nom de l'épée de Ganelon (?), 607.

MURGLIES. R. s. f. Même nom que le précédent (?), 346.

MURIR. Verbe neutre, inf. prés. (Du lat. barb. et popul *morire;* les déponents n'existaient point dans le latin populaire), 536. = Ind. prés. 1re p. s. : MOERC, 1122. 2e p. s. : MUREZ, 1134. 3e p. s. : MOERENT, 1348. — Fut. 1re p. s. : MURRAI, 2053. 3e p. s. : MURRAT, 615, et MURAT, 3043. 1re p. p. : MURRUM, 1936. 2e p. p. : MURREZ, 437. 3e p. p. : MURRUNT, 928. — Cond. 3e p. s. : MURREIT, 2864. — Subj. prés. 1re p. s. : MOERGE, 359. 3e p. s. : MOERGET, 3963. 1re p. p. : MOERIUNS, 1475, et MURIUNS (?), 227. 3e p. p. : MOERGENT, 1690. = Nous venons d'exposer la conjugaison neutre, c'est-à-dire la VÉRITABLE conjugaison de *murir*. Ce mot a encore une conjugaison « active » : *Mort as mun filz*, 3591 (tu as tué mon fils). Mais encore faut-il s'entendre sur cette conjugaison. On ne la trouve jamais, dans le *Roland*, QUE DANS UN TEMPS COMPOSÉ (*As mort, ad mort, unt morz*, etc.). Or c'est là la locution latine : *Habet mortuum, mortuam, mortuos*, dans sa signification étymologique. = Il en est de même de la prétendue conjugaison passive de *murir* (*es morz, est morz, seit mort*, etc.). C'est uniquement et simplement le participe avec les différents modes et temps du verbe « être ». = Les formes suivantes ont maintenant reçu leur explication : Parf. comp. 2e p. s., avec un r. s. m. : AS MORT, 3591. 3e p. s., avec un r. s. m. : AD MORT, 2782 ; avec un r. p. m. : AD MORZ, 555, et AD-MORT, 2756. 3e p. p. avec un r. p. m. : UNT MORT, 1683. Voilà pour « l'actif », et maintenant voici pour le « passif » : Ind. prés. 2e p. s., avec un s. s. m. : ES MORZ, 2030. 3e p. s., avec un s. s. m. : EST MORZ, 1560 ; et EST MORT, 1503. 2e p. p., avec un s. s. m. : MORZ ESTES, 3513. 3e p. p., avec un s. p. m. : SUNT MORT, 577, et SUNT MORZ, 1439. — Parf. 3e p. s., avec un s. s. m. : FUT MORT, 2363. — Subj. prés. 3e p. s., avec un s. s. m. : SEIT MORT, 3609. — Subj. imparf. 3e p. s., avec un s. s. m. : FUST MORT, 586. — Part. pass., voy. MORT, MORZ, etc.

MUSERAS. R p. m. Nom d'une sorte de javelots ? (Cf. *miseracles*, cité par Fr. Michel dans le *Moniage Renoart* : *S' ai* MISERACLES *e bons materafez*) : *Il lancent lor c lances e espiez e wigres e darz e* MUSERAS, 2075. Cf. MUSERAZ *empennez*, 2156.

MUSTER. R. s. Monastère, moutier (*Monasterium*), 2097. — R. p. : MUSTERS, 1750 ; MUSTIERS, 1881. = La forme exacte est *mustiers*, et ce mot n'est admis, comme assonance, que dans les couplets en *ier*.

MUSTRENT. Verbe actif, ind. prés. 3e p. p. Montrent (*Monstrant*, dont la nasale est tombée), 3584. — Parf. comp. 3e p. s. avec un r. s. neutre, AD MUSTRET, 2568. Avec un r. s. f. : AD MUSTRÉE, 1369. Avec un r. p. f. : AD MUSTRÉES, 3314. = Rem. l'expression : *Une raisun lur* AD *dite e* MUSTRÉE, 3325.

MUVERA(I). Verbe actif, 1re p. s. du fut. de *muveir* (*Movere-habeo*) : *Jo t'en* MUVERA(I) *un si grant contr(a)ire*, 311. V. *Moüstes*.

N.

N'. Pour NE (*Non*) : N'*i ad castel ki devant lui remaigne*, 4.

'N. Pour EN (*Inde*): *Pa*[*r*] *num d'ocire i metrai un mien filz — E si* 'N *averez, ço quid, de plus gentilz*, 150. C'est avec raison que M. Müller a placé l'apostrophe avant, et non après l'*n*. Tous les autres éditeurs et traducteurs s'y sont trompés. *Ot le Oliver; si* 'N *ad mult grant irur*, 1224, etc.

NAFFRET. Part. pass., s. s. m. du verbe *naffrer*, qui signifie blesser (ancien haut allem. *nabagêr*, nordique *nafar*. V. Diez, I, 287) : NAFFRET, 1990, NASFRET, 2504. R. s. m. : NASFRET, 1623, et NAFRET, 3452. R. p. m. : NAFREZ, 2093. V. NASFRET.

NAGENT. Verbe neutre. Ind. prés. 3º p. p. Naviguent (*Navigant*) : *Les oz de cele gent averse — Siglent à fort e* NAGENT *e guvernent*, 2631.

NAIMES. S. s. m. Nom du duc de Bavière, du meilleur conseiller de Charlemagne (Origine douteuse. A cause des formes *Namle* et *Nale* que l'on trouve en d'autres textes, G. Paris propose *Namulo;* mais il reste toujours à discuter : *n' Aimes*), 1767, etc., et NEIMES, 230, etc. — R. s. m. : NAIMUN, 3452, etc., et NAIMON, 3008.

NAMON. Mot sans aucun sens, que le scribe a écrit, au lieu « d'Anjou », au vers 2322.

NASEL. R. s. La partie du heaume qui protège le nez (*Nasale*) : *Tresqu'à l'* NASEL *tut le helme li fent*, 1602.

NASFRET (UNT). Verbe act. 3º p. s., avec un r. s. m., du parf. comp. du verbe *naffrer*, qui signifie blesser (anc. haut allem. *nabagêr*, nordique *nafar*), 2078, 2080. = Au passif, ind. prés. 3º p. s., avec un s. s. m. : EST NASFRET, 1965. = Parfait. 3º p. s., avec un s. s. m. : FUT NASFRET, 2504. = Part. pass., s. s. m. : NASFRET, 2504. NAFFRET, 1990. R. s. m.: NASFRET, 1623, et NAFRET, 3452. R. p. m. : NAFREZ, 2093.

NAVILIE. R. s. Flotte (*Navilium*) : *Tut sun* NAVILIE *i ad fait aprester*, 2627.

NAVIRIES. R. s. (Comme le précédent. Cf. *Concilium*, qui a donné *concirie;* et *milia*, *mirie*) : *Par Sebre amunt tut lur* NAVIRIES *turnent*, 2642.

NE. Négation (le latin *non* s'est atténué en nen, et nen en ne) : NE *vus esmaiez*, 27. NE *pois amer les voz*, 1548, etc. = Obs. 1º NE se combine avec les négations explétives : *Il* NE *s'esveillet* MIE, 724, etc. NE L' *devez pas blasmer*, 681. = 2º NE combiné avec LE (*illum*) donne NEL : *Enceis* NE L' *vit*, 1596, etc. = 3º NEL est aussi pour NE LE (*non illud*) : *Deus! quel dulur que li Franceis* NE L' *sevent*, 716. = 4º NES est pour NE LES (*non illos*) : *Jamais* NES *reverrez*, 690. Ne pas confondre avec NES pour *ne se* : NE S' *poet guarder que mals ne li ateignet*, 9. = 5º Nous avons déjà noté, au mot *mais*, la locution NE MAIS ou NE MÈS, qui signifie « excepté » : *Tuz sunt ocis...* NE MÈS *seisante*, 1689. NE MAIS *sul la reine*, 3672. On trouve aussi, dans le même sens, NE MAIS QUE : *Franceis se taisent* NE MAIS QUE *Guenelun*, 217. = 6º NE, devant une voyelle, perd son *e*. Voyez N'. — 7º Il entre dans la composition de *nepurquant*. (V. ce mot.)

NE. Conj. Ni (*Nec*) : *Mur* NE *citet n'i est remès à fraindre*, 5. NE *ben* NE *mal*, 216, etc.

NEFS. R. p. f. Vaisseaux (*Naves*), 2625.

NEIELEZ. Part. employé adjectivement, r. p. m. Niellés (*Nigellatos*) : *Espées as punz d'or* NEIELEZ, 684.

NEIET (SUNT). Verbe passif. Ind. prés. 3º p. Sont noyés (*Sunt necati*), 2477. Cf. SUNT NEIEZ, 2474. — Subj. prés. 3º p. s. : SEIT NEIET, 2798.

NEIF. S. s. f. Neige (*Nivem*), 3319.

NEIMES. S. s. m. Nom du duc de Bavière, du meilleur conseiller de Charlemagne (V. *Naimes*), 230, 774, etc., et NAIMES, 1767, etc. — R. s. m. : NAIMUN, 3452, etc., et NAIMON, 3008.

NEIRS. S. s. m. Noir (D'un type tel que *nigrus*. Ou plutôt *nigru*[*m*],+l's des nominatifs de la 2º déclinaison, qui sont le plus nombreux), 1635. — S. s. f. : NEIRE, 982. — R. s. f. : NEIRE, 1917. — R. p. m. : NEIRS, 1933. — R. p. m.: NEIRS, 3821.

NEN. Négation (*Non*, par un changement, une extinction d'*o* en *e*) : NEN unt poür, 828. *Plus est isnels que* NEN *est uns falcuns*, 1529. Cf. 18, 100, etc.

NEPURQUANT. Conj. Cependant, pourtant (*Non pro quanto*) : *Mais* NEPURQUANT *si est il asez melz*, 1743.

NERBONE. R. s. f. Narbonne (De *Narbona*, qu'on trouve dans Suétone et Isidore de Séville, au lieu de *Narbo*, qui était l'antique et vraie forme), 2995, 3683.

NÉS. R. s. m. Nez (*Nasum*) : *Trenchet le* NÉS *e la buche e les denz*, 703. — R. p. m., NÉS . *Granz unt les* NÉS, 1918.

NÉS. R. s. m. (par erreur). Neveu : *Chi ad juget mis* NÉS *à rere guarde*, 838. V. *Niés*.

NES. Pour « ne les » (*Non illos*) : *Là sunt neiez, jamais* NE'S *reverrez*, 690. Cf. 1186, etc. V. *Ne*.

NEVELUN. R. s. m. Nom d'un comte français (L'origine est peut être germanique. *Nevel* est un diminutif de *nef*, qui signifie « neveu ». *Nevelonem*), 3057.

NEVULD, NEVOLD. R. s. m. de *niés*. Neveu (*Nepotem* a donné *nevod*, *nevud*, qui sont? les vraies formes). On trouve NEVULD au v 216; NEVOLD au v. 824, 1219, 2870, 3182, 3689, 3754 (partout, sauf en ce dernier vers, l'assonance réclame *nevuld*), et NEVOLD au v. 2885. — R. p. m. : NEVOLZ, 2420. V. *Niés*.

NEZ (FUI). Verbe neutre, 3e p. du parf. comp. (*Natus fui*) : *De l'ure que* NEZ FUI, 2371. 1re p. p., NEZ : *Fumes* NEZ, 2146.

NIENT. 1° Adv. ou plutôt locution adverbiale. Nullement, aucunement (*Nec-entem*) : *Jo ne vus aim* NIENT, 327. *Ne li faldrunt* NIENT, 397. = 2° Dans les exemples précédents, *nient* est adverbe; mais il a été aussi employé substantivement dans le sens rigoureux de notre mot *rien*, et concurremment avec *ne* : *Jo n'en ferai* NIENT, 787. *Fuir s'en voel, mais ne li valt* NIENT, 1600. Ce dernier exemple nous offre le sujet, l'autre le régime. Cf. 2000.

NIÉS. S. s. m. Neveu (*Nepos*, *neps*, *nés*, *niés*. Pour le cas régime, voy. plus haut *nevuld*, *nevold*), 384, 2048, etc. — Voc. s. m. : NIÉS, 2042. — R. s. m. : NE- VULD, 216; NEVOLD, 824, 1219, etc. : NEVOD, 2885, et, par erreur, pour les besoins de l'assonance : NIÉS, 473. — R. p. m. : NEVOLZ, 2420.

NIGRES. R. p. m. Nom d'un peuple païen; mot de formation savante (*Nigros*), 3229.

NINIVEN. R. s. f. Ninive (c'est le mot latin *Niniven*, conservé sans aucun changement) : *Le rei de* NINIVEN, 3103.

NIS. Adv. « Pas même » (*Ne ipsum*). Ne se trouve point seul dans le texte de la Bodléienne; mais entre dans la composition du mot suivant.

NISUN. Adj. « Pas même un » (de *nis* et *un*) : *Que l'Empereré* NISUN *des soens n'i perdet*, 806.

NOBILE, NOBLE. Adj. s. s m. (*Nobilis*. La notation *nobile* est un effet de la tradition orthographique latine; la prononciation était : *noble*, en deux syllabes), 2066. — R. s. m. : NOBLE, 421. V. le suivant.

NOBILIES. Adjectif. S. s. m. Nobles (*Nobilies* vient d'un type tel que *nobilius*, et non de *nobilis*. Il se prononçait *nobile* en trois-syllabes) · *Sempres fust mort li* NOBILIES *vassal*, 3442. — R. s. m., NOBILIE : *Là veit gesir le* NOBILIE *barun*, 2237. *E Oliver sun* NOBILIE *cumpaignun*, 3690. — S. p. m., NOBILIE : *Carles l'oïd e si* NOBILIE *baron*, 3777. Il y a eu des confusions entre ce mot et le précédent : les deux derniers exemples le prouvent.

NOEFME. Adj. numéral. S. s. f. Neuvième (*Novima*), 3229, 3245, 3259. — R. s. f. NOEFME, 3076.

NOISE. S. s. f. Bruit, tumulte (Diez propose *nausea* (?); Raynouard et Littré, *noxia* ??) : *Granz est la* NOISE, 2151.

NOIT. S. s. f. Nuit (*Noctem*) : *Tresvait le jur, la* NOIT *est aserie*, 717, et NUIT, 3991. — R. s. f. : NOIT, 2495, et NUIT, 2451. = LA NOIT, loc. adv. : LA NOIT *la guaitent*, 3731. LA NOIT *demurent tresque vint à l' jur cler*, 162. = DEMAIN NOIT : *Einz* DEMAIN NOIT, 517.

NOM. R. s. (*Nomen*), 1901. V. *Num*.

NOPLES. R. s. f. Ville prise par Roland (M. P. Raymond propose le château d'Orthez : *Castrum quod dicitur Nobile*. Mais Nobles est placé en Espagne par TOUTES nos Chansons. Étymologie inconnue), 198, 1775.

NORMAN. S. p. m. Les Normands (*Normanni*; de l'all. *Normännen*, hommes du Nord), 3794, 3961. — R. p. m. : NORMANS, 3470, 3702.

NORMENDIE. R. s. f. (V. le précédent) : *Jo l'en cunquis* NORMENDIE *la franche*, 2324.

NOS. Pron. pers., 2560, 3183, etc. Voy. *Nus*.

NOSTRE. Adjectif ou pronom possessif, s. s. m. (*Noster*) : *L'onur de l' camp est* NOSTRE, 922. — R. s. m. : NOSTRE. — R. s. f. : NOSTRE, 189. — S. p. m. : NOSTRE, 1255. — Voc.. p. m.; NOSTRE : *Li* NOSTRE *Deu, vengez nos de Carlun*, 1017. — S. p. f. NOZ, 1989; r. p. m. NOZ, 57, 1191, 2286, 3085; r. p. f., NOZ, 42, etc. = Ajoutons que *nostre* et *noz* sont l'un et l'autre employés substantivement : *Mult déchéent li* NOSTRE, 1585. *Tu n'ies mie des* NOZ, 2286.

NOVELES. S. p. f. Nouvelles (*Novellas*), 2638. — R. p. f., NOVELES : *Vus en orrez* NOVELES, 336. *Vendruht li hume, demanderunt* NOVELES, 2918, et NUVELES : *N'orrat de nus* NU-VELES, 55. *De Guenelun atent li Reis* NUVELES, 665. NUVELES *vos di, mort vos estoet suffrir*, 1257. *Males* NUVELES *li aportet*, 3496.= On voit, par les exemples précédents, combien étaient déjà usitées plusieurs locutions qui nous sont restées : « Demander, attendre, apporter, dire des nouvelles, etc. » etc.

NOVELET. Verbe neutre(?), ind. prés., 3º p. s. Se renouvelle (*Novellat*) : *Se Rollanz vit, nostre guerre* NOVELET, 2118. Il serait moins naturel de faire ici de *novelet* un verbe actif dont *Rollanz* serait le sujet.

NOZ. V. *Nostre*.

NU. *Nu ferez certes, dist li quens Oliver*, 225. *Nu* est ici pour *nel*.

NUBLES. R. p. m. Nom d'un peuple païen (Sont-ce les Nubiens ?), 3224.

NUD. Adj. r. s. m. (*Nudum*) : *Puis fierent li* NUD À NUD *sur lur bronies*, 3585. — R. s. f : NUÉ, 1324. — R. p. f. : NUES, 3581. = Au v. 3607 on trouve, comme s. s. m. ou n., la forme NUT.

NUIT. S. s. f. (*Noctem*), 3991, et r. s. f., 2451. V. *Noit*.

NULS. Adj., s. s. m. Nul (*Nullus*), 251, 720, etc., et NUL, 2411, 3344. — S. s. f. : NULE, 2511. — R. s. m. : NUL, 231, etc. — R. s. f., NULE : *Beste nen est* NULÉ, 1657, etc. =*Nul* s'emploie avec ou sans substantif, comme le prouvent les deux premiers exemples auxquels nous venons de renvoyer notre lecteur : *Quant* NULS *ne vus sumunt*, 251. *Meillur rien at* NULS *hom*, 620, etc. etc.

NUM. V. *Nums*.

NUMBRENT. Verbe act. Ind. prés., 3º p. p. (*Numerant*, avec l'intercalation d'une labiale entre la nasale et la liquide), 3262.

NUMS. S. s. m. Nom (*Nomen* masculinisé), 2508. — R. s., NUM : *Ço est l'Arcevesque que Deus mist en sun* NUM, 2238, et NOM : *De m'espée enquoi savras le* NOM, 1901. — R. p. m. NUNS : *Francs les cumandent à Deu, é à ses* NUNS, 3694. Il ne s'agit ici ni des Saints ni des Anges, mais des Noms divins, des épithètes désignant les Attributs de Dieu. = Remarquer plusieurs locutions déjà populaires, telles que celles-ci : « Tu sauras le nom de mon épée, etc.; » mais surtout, une expression qui ne nous est point restée : *Par* NUM *d'ocire*, 43.

NUN. Négation (*Non*). *Nun* ne s'emploie guère, dans notre vieux texte, que d'une façon absolue et en deux cas spéciaux : 1º Après les disjonctifs *u* et *ne* : *Voellet u* NUN, 2168. Cf. 1626. *Qui qu'en peist u qui* NUN, 1279. *Ço ne set li quels veint ne quels* NUN, 2567. *Se avrez pais u* NUN, 423. = 2º Avec *se* (venant du latin *si*), et nous avons ici affaire à notre expression « si non ». Mais dans le *Roland*, *se* est toujours séparé de *nun* par un ou plusieurs mots : *N'ad talent que li facet se bien* NUN, 3681. *N'i ad eschipre qui s' cleimt*, SE *par lói* NON. 1522. SE *de vostre prod* NON, 221. V. *Nen*.

NUNCENT. Verbe act., 3º p. p. de l'ind. prés. Annoncent (*Nuntiant*), 2977. — Parf. simpl., 3º p. p. : NUN-CERENT, 204. — Parf. comp., 3º p. s.. avec un r. s. n. : AD NUNCIET, 3191. —Impér., 2º p. p. : NUNCIEZ, 2674.= Il convient de remarquer que cette dernière forme se trouve en assonance dans un couplet en *ier* : c'est donc *nuncier* qui était la vraie notation de l'infinitif.

NUNS. V. *Nums*.

NUNEINS. R. p. f. Religieuses (c'est la forme oblique, par analogie, de *nune*, nonne, venant de *nonna*. Cf. *Berte*, *Bertain*, etc.) : *Un munster de* NUNEINS, 3730. Il faudrait régulièrement *nunains*; mais on remarquera, une fois de plus, que dans notre texte les deux notations *ein* et *ain* se prennent l'une pour l'autre.

NURRIT. Verb. act. Parf. simpl., 3º p. s. (*Nutrivit*) : *Li Empereres tant maré vus* NURRIT, 1860. *Roland*, sur le point d'expirer, se souvient *De Charlemagne, sun seignor, ki l'* NUR-RIT, 2380. — Parf. comp., 1re p. s., avec un r. p. m., AI NURRIT : *Li mien barun*, NURRIT *vos* AI *lung tens*, 3374. C'est la façon, très primitive, d'exprimer la protection que le seigneur féodal devait strictement à ses vassaux.

NUS. Pron. pers., 1re p. p. Nous (*Nos*). *Nus* est la forme correcte et conforme à notre phonétique (V. *Nos*). De même que *nos* (auquel il faut tout à fait l'assimiler), *nus* est le plus souvent sujet. En cette qualité, il précède ou suit le verbe : NUS *vos prium*, 3808, etc. etc. Mais il est aussi régime direct : *Oez, seignurs, quel pecchet* NUS *encumbret*, 15, etc. etc. Enfin il s'emploie, comme régime indirect, dans le même cas que *nobis*, en latin : *Mielz voeill murir que hunte* NUS *seit retraite*, 1701. Il convient d'ajouter que *nos* ou *nus* s'emploie avec les prépositions, telles que *de* : *N' orral de* NOS *paroles ne nuveles*, 55, etc. etc.

NUSCHES. R. p. f. Colliers, bijoux destinés à être pendus au cou. C'est l'allemand *nusca*. (Voir Ducange, au mot *nusca*, et Fr. Michel, *Chronique de Jordan Fantosme*, en son édition de la *Chronique des Ducs de Normandie*, pp. 131, 132), 637.

NUT. Adj. s. s. m. Nu (*Nudus*) : *Ilocc endreit remeint li os tut* NUT, 3607. R. s. m. : NUD, 3585. — R. s. m. : NUE, 1324. — R. p. f. : NUES, 3581.

NUVELES. R. p. f. (*Novellas*), 55, 665, etc. Cf. NOVELES, au s. p. f., 2638, et au r. p. f., 2918.

O

O. Adverbe de lieu. Où (*Ubi*) : *Ad Ais* o *Carles soelt plaider*, 2667. = Sous forme interrogative : *O est Rollanz le catanie*, 3709. Le type le plus correct est *u*, que l'on trouve aux vers 108, 1326, etc.

O. Particule disjonctive. Ou (*Aut*) : *O Franceis, o paien*, 2401. Cf. *u* aux vers 41. 1279, etc. Le scribe, d'ailleurs, choisissait *ad libitum* entre ces deux formes : *U mort o recreant*, 2733.

OCCIAN[T]. R. s. Nom d'une région païenne (?) : *La disme (eschele) est d'*OCCIAN[T] *la desert*, 3246. Cf. OCIANT, 3286.

OCIRE. Verbe act. Inf. prés. Tuer (*Occidere*), 43, 963, etc. — Ind. prés., 3e p. s. : OCIT, 1546. 3e p. p. : OCIENT, 2081. — Parf. simple, 2e p. s. : OCIZ, 1899. 3e p. s. : OCIST, 1390. — Parf. comp., 2e p. s., avec un r. s. m. : AS OCIS, 1566. 3e p. s., avec plusieurs r. m. : AD OCIS, 1358, avec un r. s., 1511 ; 3e p. p., avec un r. s. m. : UNT OCIS, 2075. — Fut., 1re p. s. : OCIRAI, 867. — 1re p. p. : OCIRUM, 884. — Subj., 3e p. s., OCIET, 391. 3e p. p. : OCIENT, 3537. = Au passif, ind. prés, 3e p. s., avec un s. s. m. : EST OCIS, 3499, et avec un s. s. f. : EST OCISE, 2937. 3e p. p., avec un s. p. m. : SUNT OCIS, 1308. — Parf., 3e p. s., avec un s. s. m. : FUT OCIS, 2745. — Subj. prés., avec un s. s. m. : SEIT OCIS, 102. — Subj. imparf., 3e p. s., avec un s. s, m. : FUST OCIS, 404. — Part. prés.. s. p. m. : OCIANT, 2463. — Part. pass. : OCIS, OCISE, etc.

OCISIUN. S. s. f. Tuerie, massacre (*Occisionem*), 3946.

OD. Préposition. Avec (*apud, apd, avd, aud, od*) : *Je l'sivrai* OD *mil de mes fedeilz*, 84, Cf. 98. *Ensemble* OD *els*, 175. Cf. 97, 3286. = Rem. ces deux mots : *Ensemble od* qui se fondirent en un seul. Noter aussi l'expression OT TUT, qui signifie également « avec » : OD TUT *VII. C. des lur*, 1357.

ODUM. Verbe act., 1re p. p. de l'ind. prés. (*Audimus*), 2150. V. *Oïr*.

OEDUN. S. s. m. Nom d'un seigneur français (Anc haut allem. *Utto, Hutto*). 3056. Cf. OTES et OTUN.

OENT. Verbe act., 3e p. p. de l'ind. prés. (*Audiunt*), 3860. V. *Oïr*.

OES. R. s. Besoin, utilité, service (*Opus*) : *Ad* OES *seint Pere en cunquist le chevage*, 373. = Cette locution A OES signifie en réalité : « Pour, en faveur de, dans l'intérêt de... »

OEZ. Verbe act. Ind. prés, 2e p. p. (*Auditis*), 1795, 2116. V. *Oïr*.

OEZ. Verbe act. impér., 2e p. p., 15. Cf. OIEZ, au v. 2657. V. *Oïr*.

OFFRENDES. R. p. f. (*Offerendas*) : *Mult granz* OFFRENDES *metent par cez musters*, 3861. Le sens liturgique est ici très nettement conservé.

OGERS. S. s. m. Nom d'un des plus fameux héros de notre épopée, qui, dans notre Chanson, est appelé OGER

LI Daneis (3544), ou Oger de Danemarche, 3937, et de Denemarche, 3856 (*Autgarius*, du germ. *otger*, *otker*), 3546, et Oger, 746, 3033, etc. — R. s. m. : Oger, 170. = Il faut partout lire Ogiers et Ogier : car ce mot, conformément aux lois de la phonétique, ne se trouve comme assonance que dans les couplets en *ier*.

OI. Verbe act., 1re p. s. du parf. simple de *aveir* (*Habui*) : *Unkes nen* oi *poür là ù tu fus*, 2046.

OI. Verbe act., 1re p. s. de l'ind. prés. de *oïr* (*Audio*), 313, 1768, etc. V. *Oïr*.

OÏ. Verbe act., 1re p. s. du parf. simple d'*oïr* (*Audivi*), 1386. V. *Oïr*.

OI. Adv. Aujourd'hui (*Hodie*), 1210. Cf. Hoi, 1191, etc. etc.

OÏD. Verbe act., 3e p. p. du parf. simple de *oïr* (*Audivit*), 1767. Cf. Oït, 499. V. *Oïr*.

OIDME. Adj. numéral, s. s. f. Huitième (d'un type tel qu'*octima*, fait sur *octo*), 3245, et oitme : *L'*oitme *est de Nigres*, 3229. — R. s. f. : oidme, 3068.

OÏE. S. s. f. Ouïe (*Auditu*) : 1o Son entendu : *De l' corn qu'il tient l'* oïe *en est mult grant*, 1765, et 2o, au r. s. f., le sens de l'ouïe : *L'*oïe *pert e la veüe tute*, 2012.

OIEZ. Verbe act., 2o p. p. de l'impér. de *oïr*, 2657. Cf. oez, au v. 15. V. *Oïr*.

OIL. S. p. m. Yeux (*Oculi*), 1991. — R. p. m. : oilz, 298. = Rem. les expressions : *Pluret des* oilz, 773, etc., et : *A mes* oilz, qui signifie : « De mes yeux, de mes propres yeux : » *Car à mes* oilz *vi .IIII. C. milie armez*, 682.

OÏL. Adverbe d'affirmation. Oui (*Hoc-illud*) : « *L'aveir Carlun est il apareilliez ?* » — *E cil respunt :* Oïl, *sire, asez bien*, » 644.

OÏR. Verbe act. Inf. prés. Entendre (*Audire*), 455. — Ind. prés., 1re p. s., oi, 1768. 3o p. s. : ot, 764 (Ot vient d'*audit*, et oït, d'*audivit*), 1re p. p. : odum, 2150. 2o p. p. : oez, 1795, 2116, 3o p. p. : oent, 3860. — Parf. simpl., 1re p. s. : oï, 1386. 3o p. s. : oït, 499, et oïd, 1767. 3o p. p. : oïrent, 1005. — Parf. comp., 3o p. s., au n., ad oït, 1587, et avec plusieurs régimes m. et f. : 3979. 1re p. p., avec un r. p. : avuns oït, 2132. 2o p. p., avec un rég. n, (*le*) : avez oït, 282. — Fut., 3o p. s. : orrat, 55. 1re p. p. : orrum, 424. 2o p. p. : orrez, 336. — Impér., 2o p. p. : oez, 15, oiez, 2657. — Subj. Imparf., 3o p. s., oïst, 1181. — Participe pass. oït, etc.

OISEL. S. s. m. Oiseau (*Avicellus*) : *Plus est isnels que n'est* oisel *ki volet*, 1573.

OÏST. Verbe act., 3o p. s. de l'imparf. du subj. de *oïr* (*Audisset*), 1181.

OÏT. Verbe act., parf. simpl., 3o p. s. (*Audivit*), 499, 751, 1757.

OÏT (ad). Verbe act., parf. comp., 3o p. s. (*Habet auditum*.) Au neutre, 1587; avec plusieurs régimes m. et f., 3979.

OÏT (avuns). Verbe act., parf. comp., 1re p. p., avec un r. p. (*Habemus auditum*), 2132.

OÏT (avez). Verbe act., parf. comp., 2o p. p., avec un r. s. n. (*Habetis auditum*), 282.

OITME. Adj. numéral, s. s. f., 3229. V. *Oidme*.

OIXURS. R. p f. Épouses (*Uxores*), 821.

OLIFANS. S. s. m. (*Elephantus*, et non *elephas*). On trouve, au s. s. m., les deux formes suivantes : 1o Olifans, 2295. 2o Olifant, 3119. — Au r. s. m. : 1o Olifant, qui est la forme correcte, 609, 1059. 2o Olifan, 1070, 2653. 3o Oliphan, 3686. = Ce mot a deux sens : 1o Celui d'ivoire, aux vers 609 et 2653 : *Un faldestoed i out d'un* olifant ; 2o par extension, celui de cor d'ivoire : *Fenduz en est mis* olifans *el'gros*, 2295.

OLIVE. R. s. Olivier (*Olivam*) : *Suz une* olive *halte*, 367. Ce vers nous prouve que, même en ce sens *olive* pouvait être et était du féminin, bien qu'au vers 2705 on lise : *Dedesuz un olive*. = C'est par erreur qu'on a écrit au pluriel (v. 72) : *Branches d'*olives. La vraie forme nous est fournie par le v. 80.

OLIVER. S. s. m. Nom de l'ami de Roland (*Olitguarius*. Orig. germ. On trouve ce nom dans un texte du ixe siècle, qui fait partie du Cartulaire de Beaulieu), 176, 546, etc. Au v. 1274, Olilier par erreur. — Voc. s. m. : Oliver, 1740, 2207. — R. s. m. : Oliver, 1978, etc. = Ce mot ne se trouve, comme assonance, que dans les couplets en *ier*.

OLUFERNE. R. s. Nom d'un pays infidèle (?) : *L'enseigne portet Amborres d'*Oluferne, 3297.

OM. S. s. On (*Homo*). Ce mot est déjà employé dans le sens actuel : *Einz que* om *a last*, 2230, et surtout : *Siet el'cheval qu'*om *cleimet Veillantif*, 2127. *Plus qu'*on *ne lancet une verge pelée*, 3323. V., au mot *hom*, toute la déclinaison de ce mot.

OMER. R. s. m. Homère (*Homerum*).

Suivant l'auteur du *Roland*, l'émir Baligant est plus vieux que Virgile et Homère : *Tut survesquiet e Virgilie e* OMER, 2616.

OMNIPOTENTE. Adj., r. s. m. Tout-puissant (*Omnipotentem*. L'e final est destiné à soutenir les deux consonnes *nt*) : *Serf c crei le rei* OMNIPOTENTE, 3599.

ONUR. S. s. (*Honorem*), 922 ; et HONOR, 2890. — R. s. : ONUR, 45, et HONUR, 39, 2430, etc. Cf. au s. p. : HONURS, 3181 ; au r. p. : HONURS, 315, et HONORS, 3399. = Toutes les fois que le genre de ce substantif est nettement indiqué, c'est le féminin. = Le sens de ce mot est double : 1° Honneur, gloire (v. 45, 533, 922, 2903) ; 2° Fief, terre, domaine (2833, etc.) V. *Honor*, *Honur*.

OR. s. s. (*Aurus, aurum*), 516 ; et ORS, 2296. — R. s. : OR, 32, 75, etc. = Les principales épithètes de l'or sont les suivantes : OR D'ARABE, 185. (V. le commentaire de ce vers,) OR DE GALICE, 1637. FIN OR, 1540. OR MIER, 115. OR BATUD, 1552.

OR. Ad. Maintenant (= *Ore*, qui vient d'*horā*. C'est la forme *ore* qui a été abrégée dans la prononciation) : OR *diet, nus l'orrum*, 424, 1242, etc. = *Or* se combine avec *dès*, ainsi qu'il suit : DÈS OR *cumencet le plait*, 3704. V. *Ore*.

ORDRES. R. p. m. Sacrement de l'Ordre (*Ordines*). L'auteur du *Roland* parle des prêtres de Mahum, et il dit : ORDRES *nen unt ne en lor chefs corones*, 3637.

ORE. R. s. f. Heure (*Horam*) : *A itel* ORE, 3212 ; et URE : *Dès l'*URE *que nez fui*, 2374.

ORE. Adv. Maintenant (*Horā*) : ORE, *ne vus esmaiez*, 27. *Dès* ORE *cumencet le cunseill*, 179. Cf. 324. V. OR.

ORED. S. s. m. Orage (*Auraius*) : *Si's aquillit e tempeste e* ORED, 689. — R. p. m., OREZ : OREZ *i ad de tuneire e de vent*, 1424 et 2534.

OREILLE. R. p. f. (*Auriculam*), 732. — R. p. f. : OREILLES, 1656.

ORET. R. s. m. Doré (*Auratum*) : *En l'*ORET *punt*, 2506. ORIET : *En l'*ORIET *punt*, 2345. — R. s. f., ORÉE : *De suz l'*ORÉE *bucle*, 1283. — S. p. m. : ORET, 1811. — R. p. m. : ORIEZ, 1225.

OREZ. R. p. f. Tempêtes (*Auralis*), 1434 et 2534. V. *Ored*.

ORGOILL. V. *Orguilz*.

ORGOILLUSEMENT. Adv. (V. *Orguilz*), 3199.

ORGUILLUS. Adj., s. s. m. Orgueilleux (V. *Orguilz*) : *Mult par ert pesmes e* ORGUILLUS, 2550. ORGOILLUS, 3175. — Voc., s. m. : ORGUILLOS, 2978. — R. s. m. : ORGUILLUS, 28, 3132 ; ORGUILLOS, 474, 2135. — S. p. m. : ORGUILLUS, 3966. — R. p. m. : ORGOILLOS, 2211. = Aux v. 2111 et 2135 ce mot est employé substantivement.

ORGUILZ. S. s. m. (Origine inconnue. V. le *Lex. Etym.* de Diez, pp. 295, 296) : *Devers vos est li* ORGUILZ *et li torz*, 1549. ORGOILZ : *Li soens* ORGOILZ *le devereit ben cunfundre*, 389. — R. s. m. : ORGUILL, 228, 578. ORGOILL, 313, 934, 1773, 2379, 3144, 3206, et ORGOILL, 1941 et 3345.

ORIE. R. s. f. Dorée, d'or (*Aurea* = *auria*. On prononçait *oire*). Entre dans la composition d'ORIE-*flambe*, 3093.

ORIE-FLAMBE. R. s. f. Oriflamme (*C'est flambe*, de *flammam*, combinée avec *orie* = *oire* = *auriam* = *auream*. V. plus haut), 3093.

ORIENT. R. s. m. (*Orientem*) : *Cunquerrat li les teres d'ici qu'en* ORIENT, 401. Cf. la forme ORIENTE, où l'e apparaît pour soutenir les deux consonnes finales : *Ven mei servir d'ici qu'en* ORIENTE, 3594.

ORIET. V. *Oret*.

ORIEZ. V. *Oret*.

ORMALEIS. R. p. m. Nom d'un peuple païen (M. G. Paris propose, non sans quelque hésitation, les *Jarmenses* où habitants slaves de l'*Ermland* qui est appelée *Ormäland* dans les textes scandinaves ; *Romania*, II, p. 331), 3284. — C'est évidemment le même peuple que les ORMALEUS (r. p. m., au v. 3243). Mais *Ormaleis* semble la bonne forme.

ORMALEUS. V. le précédent.

ORRAT. Verbe act., 3° p. s. du fut. d'*oïr* (*Audire habet*), 55. V. *Oïr*.

ORREZ. Verbe act., 2° p. p. du fut. d'*oïr* (*Audire habetis*), 336. V. *Oïr*.

ORRUM. Verbe act., 1° p. p. du fut. d'*oïr* (*Audire habemus*), 424. V. *Oïr*.

ORS. S. s. Or (*Auris*) : 2296. Cf. au s. s. : OR, 516, et au r. s. : OR, 32, etc. V. *Or*.

OS. S. s. m. (Le vrai type est *ossum*, et non pas *os*. Voy. Ducange au mot *ossum*. Cf. l'italien *ossó*.) : *Iloec endreit remeint li* OS *tut nut*, 3607. — R. p., os, 1200.

OS. Adj., s. s. m. Osé, audacieux (*Ausus*) : *Cum fus unkes si* OS, 2292. Cf. la *Chronique des Ducs de*

OSAST — OUT

Normandie, éd. Fr. Michel, v. 446 et 5371, etc.

OSAST. Verb. act., 3e p. s. de l'impárf. du subj. d'*oser* (*Ausasset*, d'*ausare*, qui est formé sur le participe *ausus*, d'*audere*), 1782.

OSBERCS. S. s. m. Haubert, tunique de mailles (de l'all. *halsberc*), 1277. — R. s. m. : osberc, 1199, etc. — S. p. m. : osbercs, 1032. — R. p. m..: osbercs, 994, etc. etc.=Voir, pour l'autre forme de ce mot : *Halbercs*.

OSENT. Verbe act., 3e p. p. de l'ind. prés. (*Ausant*. V. *Osast*), 2073. — Imparf. du subj., 3e p. s. : osast, 1782.

OST. S. s. f. Armée (*Hostem*) : *Returnerat l'ost*, 1052. — R. s. f., ost : *En Saraguce menez vostre ost banie*, 211, etc.; et host, 739, 785, etc. — S. p. f., oz : *Si remeindreient les merveilluses oz*, 508. — R. p. f., oz : *Tutes ses oz ad empeintes en mer*, 2629. = Ce mot prête à plusieurs observations : 1° Malgré deux ou trois vers difficiles (785 et 2760), ce mot, comme le prouvent la plupart des exemples cités plus haut, est évidemment du féminin. = 2° Le pluriel se termine par un *z*, car il vient d'*hostes*, et *z* = *ts*. Le pluriel de *os* (*ossa* en latin) ne doit, au contraire, offrir qu'un *s*, et non un *z*. = 3° Une *ost banie*, c'est une armée convoquée par le ban.

OSTAGE. R. s. neutre ? (*Obsidaticum*.) *Pur Pinabel, en ostage renduz*, 3950. Hostage : *Li Emperere li recreit par* hostage, 3852. Nous pensons qu'il y a ici deux locutions adverbiales : *In obsidatico*, *per obsidaticum*. V. le suivant, auquel on peut ramener ces deux exemples.

OSTAGES. R. p. m. Otages (*Obsidaticos*) : *De noz ostages ferat trenchier les testes*, 57. On trouve également hostages comme s. p. m. (v. 646); et comme r. p. m. (v. 147).

OSTEIER. Verbe neutre. Inf. prés. Faire la guerre, mener l'ost. (*Hosticare*) : *Quant ert-il mais recreanz d'osteier*, 528. — Parf. comp.; 3e p. s. : ad osteiet, 35.

OSTEL. R. s. Maison (*Hospitale*), 342. Cf. Hosteler, au v. 160.

OT. Verbe act.; 3e p. s. du parf. d'*aveir* (*Habuit*), 1526. La forme la plus usitée est out. V. ce mot.

OT. Verbe act., 3e p. s. de l'ind. prés. de *oïr* (*Audit*), 323, 601, etc. Ot vient d'*audit*, et oït, parf. simple, d'*audivit*.

OT. Préposition. Avec (voy. *Od*) : Ot *mei*, 3286.

OTES. S. s. m. Nom d'un comte français. (Suivant Fœrstemann, de l'ancien haut allemand *Utto*), 795. — R. s. m. : otun, 2432.

OTRIER. Verbe act. Inf. prés. Donner, concéder, octroyer (*Auctoricare*) : *Se ceste acorde ne vulez* otrier, 433. — Ind. prés., 1re p. s., otrei : *Mais traisun nule nen i* otrei, 3760, et otri, 3202. 3e p. s. : otriet, 194 — Parf. comp., 3e p. p., avec un r. s. n. : unt otriet, 3962. — Subj. prés., 3e p. s. : otreit, 1008. — Au passif, fut. (?), 3e p. s., avec un s. s. f.; ert otriée : *Josqu'à la mort n'en* ert *fins* otriée ; 3395. = Pour le sens, il convient de remarquer le vers 3760, précédemment cité, et que l'on peut traduire ainsi qu'il suit : « Je ne « concède pas qu'il y ait là un cas de « trahison. »

OTUN. R. s. m. d'*Otes*, 2432, etc. V. *Otes*.

OU. Conj. (*Aut*), 3670. La forme la plus usitée est *o* et *u* (qui se prononçait *ou*). V. *o* et *u*.

OUD. (AD). Verbe act., 3e p. s. du parf. comp. d'*aveir* (*Habet habutum*), 845.

OUD. (UNT. Verbe act., 3e p. p. du parf. comp. d'*aveir*, 267.

OUMES. Verbe act., 1re p. p. du parf. simple d'*aveir* (*Habuimus*), 2178. V. *Aveir*.

OURENT. Verbe act., 3e p. p. du parf. simple d'*aveir* (*Habuerunt*), 1411. V. *Aveir*.

OUSSE. Verbe act., 1re p. s. de l'imparf. du subj. d'*aveir* (*Habuissem*), 691. V. *Aveir*.

OUSSENT. Verbe act., 3e p. p. de l'imparf. du subj. d'*aveir* (*Habuissent*), 688. V. *Aveir*.

OUSSUM. Verbe act., 2e p. p. de l'imparf. du subj. d'*aveir* (*Habuissemus*), 1102. Cf. Ousum, 1717. V. *Aveir*.

OUSUM. V. *Oussum*.

OUST. Verbe act., 3e p. s. de l'imparf. du subj. d'*aveir* (*Habuisset*), 3164. Cf. 899.

OUT. Verbe act., 3e p. s. du parf. simpl. d'*aveir* (*Habuit*), 26, 62, 78, 304, etc. = I out, locution fréquemment usitée, dans le sens de : « Il y eut là » : *Un faldestoed* i out, 609. = Out, comme d'autres temps et modes d'*aveir*, s'emploie avec *par*, qui donne à l'adjectif suivant la force d'un superlatif : Par out *fier lu vis*, 142. V. *Aveir*.

OÜT (AI). Verbe act., 1re p. s. du parf. comp. d'*aveir*, 864. V. *Oüd* (*ad*), *Oüd* (*unt*) et *Aveir*.

OZ. S. p. f. de *ost*. Armée (*Hostes*), 598, 1086, etc. — R. p. f. : *oz*, 1169, 2629, etc. V. *Ost* et *Host*.

P

PA(I)ENIME. Adj., r. s. f. Païenne (Le ms. porte *pacnime*, et c'est *paienie* que l'on emploie comme adjectif. Il faut supposer une erreur du scribe) : *Puis (si) escrient l'enseigne* PA(I)ENIME, 1921.

PAIENOR. V. *Paienur*.

PAIENS. S. s. m. (*Paganus*) : *Atant i vint uns* PAIENS, *Valdabruns*, 617. Cf. 537, 940, etc. ; et PAIEN, 627, 1519. — R. s. m. : PAIEN, 22. — S. p. m. : PAIEN, 61, 709 ; PAIENS, 2349. — Voc., p. m. : PAIEN, 1535. — R. p. m. : PAIENS, 24. = Presque toujours PAIENS est employé substantivement, mais on le trouve aussi dans le sens d'un véritable adjectif. Ex., au s. s. m., PAIENS : *Li reis* PAIENS *parfundement l'enclinet*, 974, et, au r. s. f., PAIENE : *Turnat sa teste vers la* PAIENE *gent*, 2360, etc. = Ce mot est partout appliqué aux mahométans, que notre moyen âge a toujours considérés comme des idolâtres.

PAIENUR. Des païens (*Paganorum*). PAIENOR : *Gent* PAIENOR *ne voelent cesser unkes*, 2639. — PAIENUR : *Si veit venir cele gent* PAIENUR, 1019.

PAILE. R. s. Étoffe de soie (*Pallium*) : *Tuz les quers en* PAILE *recuillir*, 2965. V. *Palie*, dont *paile* ou *paille* indique la prononciation.

PAIS. R. s. f. Paix (*Pacem*), 73, 391.

PAÏS. S. s. m. Pays (*Pagensis*) : *Tere de France, mult estes dulz* PAÏS, 1861. = R. s. m. : PAÏS, 17, 134, etc. — R. p. m., PAÏS : *Cunquis l'en ai* PAÏS *e tercs tantes*, 2333.

PAISMEISUNS. R. f., 2592. V. *Pasmeisuns*.

PALAIS. R. s. (*Palatium*) : *Quant vus serez el'* PALAIS *seignurill*, 151. Cf. PALEIS aux vers 2563, 2708, etc.

PALE. s. s. m. Pâle (*Pallidus*) : *Teint fut e pers, desculuret e* PALE, 1979.

PALEFREID. R. s. m. Cheval de voyage, opposé, dans le *Roland*, au *destrier* qui est le cheval de guerre (*Paraveredum*) : *Vus n'i averez* PALEFREID *ne destrer*, 479. — R. p. m., PALEFREIZ : *Laissent les muls e tuz les* PALEFREIZ ; *Es destrers muntent*, 1000, 1001.

PALEIS. R. S. (*Palatium*), 2708. Cf. PALAIS, 151, etc.

PALERNE. R. s. f. Palerme (*Panormum*) : *Romain, Puillain e tuit cil de* PALERNE, 2923.

PALIE. R. s. Étoffe ou tapis de soie (*Pallium*) : *Alez sedeir desur cel* PALIE *blanc*, 272. *Est remés en sun blialt de* PALIE, 303. — R. p. : PALIES, 110.

PALME. R. s. f. Paume de la main (*Palmam*) : *Prent de la carn grant pleine* PALME *e plus*, 3606.

PALMEIANT. Part. prés. s. s. m. Faire tourner dans la paume de sa main (*palmicantem*) : *Sun espiet vait li bers* PALMEIANT, 1155.

PAN. R. s. m. Morceau, pièce, portion (*Pannum*) : *Jo vos durrai un* PAN *de mun païs*, 3207. — S. p. m., PANS : *Vest une bronie dunt li* PAN *sunt saffret*, 3141. — R. p. m., PANS : *De tute Espaigne aquiterai les* PANS, 869. *Les* PANS *de l' gunfanun*, 1228. = Ce mot, comme on le voit, s'applique particulièrement aux pans du haubert et aux langues du gonfanon.

PAR. Prép. (*Per*.) *Par* a, dans le *Roland*, plusieurs sens que nous allons successivement énumérer : 1o « A travers ». C'est le sens primitif et principal du latin *per* : PAR *tute la cuntrée*, 709. PAR *le camp vait*, 1562. C'est ce sens qui s'est modifié et atténué dans le vers suivant : *Marsilies tint Guen(elun)* PAR *l'espalle*, 647. = 2o « Par l'entremise de... » *Deus li mandat* PAR *sun a*[n]*gle*, 2319. = 3o « Au moyen de... » PAR *quel mesure le poüssum hunir*, 631. *Jerusalem prist ja* PAR *traïsun*, 1523. = 4o « Au nom de... » *Dist l'Arcevesque : « Jo irai* PAR *mun chef,* » 799. = 5o « Avec... » *Serai ses hom* PAR *amur e* PAR *feid*, 86. *Puis, si chevalchent, Deus,* PAR *si grant fiertet*, 1183. *Plurent... por lor parenz* PAR *coer e* PAR *amor*, 1447. = 6o *Par*, après un verbe passif, remplace l'ablatif latin : *Que dulce France* PAR *nus ne seit hunie*, 1927. *Ben sunt malez* PAR *jugement des altres*, 2855. Ce *par* pourrait encore s'expliquer « grâce à... », etc. = 7° « A titre de, comme... » : *De l'rei païen, sire*, par *veir creez*, 692... = Il nous reste à montrer les sens spéciaux que revêt la même préposition, lorsqu'elle est étroitement unie à d'autres mots. 1° Par avec main (*Mane*) a la même signification que notre mot « le lendemain » : Par main *en l'albe, si cum li jurz esclairet*, 667. Avec num (*nomen*) il forme une locution d'un sens plus difficile à établir. Lorsque Blancandrin propose d'envoyer comme otages à Charlemagne les fils des plus nobles païens, dussent-ils y périr, il ajoute : Par num *d'ocire i enveierai le men*, 43. Voilà pour les substantifs et les adverbes auxquels *par* peut être joint : passons aux adjectifs. = 2° Avec sum, par signifie « au haut de... » (*Per summum*) : Par sum *les puis*, 714. *Josque* par sum *le ventre*, 3922. — Avec mi (*Medium*), il forme notre locution *par-mi* : Par mi *un val*, 1018. *Tute la teste li ad* par mi *severée*, 1371. = 3° Enfin, par s'unit aux verbes « être » et « avoir », et leur donne la force du superlatif, ou plutôt il communique cette force aux adjectifs qui accompagnent ces deux verbes. *a*. Par avec « être » : *Tant* par fut *bels*, 285. Par est *proz*. 546. *Mult* par est *grant la feste*, 3745. On remarquera qu'en ce cas *par* est presque toujours précédé de *tant* ou de *mult*. — *b*. Par avec « avoir » : *Mult* par out *fier lu vis*, 142. *De cels d'Arabe si grant force i* par ad, 3331...

PARASTRES. S. s. m. Beau-père (Cf. le bas-latin *paraster*). Ganelon dit à Roland : *Ço set hom ben que jo sui tis* parastres, 308. Parastre, 277, et parastre, 1027. — Voc. s. m. : parastre, 753. — R. s. m. : parastre, 762. = On remarquera que, dans tous les exemples précédents, *parastre* n'est pas employé dans le sens péjoratif.

PARCUNER. R. s. m. Co-partageant (*Partionarium*) : *Mult orguillos* parçuner *i averez*, 474. L'assonance exige que l'on lise : *I avrez* parçunier

PARD. ?? Verb. réfl., 1re p. s. de l'ind. prés. (De *partio* pr *partior*) : *Quant jo mei* pard *de vos, nen ai mais cure*), 2305. Le manuscrit porte *pard* ou *perd*, et nous avons proposé *pard* dans notre texte critique; mais ce mot est très douteux, et nous ne répondons pas de la traduction.

PARDUINS. Verbe actif, 1re p. s. de l'ind. prés. (*Per-dono*, avec l's empruntée à la 2° p. du s.) : *Jo l' vos* parduins *ici e devant Deu*, 2007. — Impér., 2° p. p. : pardunez, 2005.

PAREÏS. S. s. m. Paradis (*Paradisus*) : *Seint* pareïs *vos est abandunant*, 1479. — R. s. m., pareïs : *Siéges averez el' greignor* pareïs, 1135.

PAREIT. R. s. f. Muraille, paroi (*Parietem*). Au moment où Marsile va mourir, le poète dit : *Vers sa* pareit *se turnet*, — *Pluret des oilz...*, 3644, 3645. Le poète aura voulu imiter ce fameux passage d'Isaïe (xxxviii, 2), où le roi Ézéchias, sur le point de mourir, *convertit se ad parietem et oravit*.

PARENT. S. p. m. Parents, avec un sens un peu large (*Parentes*). Au milieu de la bataille, Roland s'écrie : *Ne placet Damne Deu — Que mi* parent *pur mei seient blasmet*, 1063. Parenz, 3847. — R. p. m. : parent, 2562; parenz, 1410.

PARENTED. R. s. m. Lignage, famille (*Parentatum*) : *Estrait estes de mult grant* parented, 356. Cf. parentet : *Sustenir voeill trestut mun* parentet, 3907.

PARFUNDE. Adj. s. s. f. (*Profunda*) *L'ewe de Sebre... mult est* parfunde, 2466. — S. p. m. : parfunt, 1831. — R. p. m. : parfunz, 3126.

PARFUNDEMENT. Adv. Profondément (*Profunda-mente*), 974, 1506, etc.

PARGETENT. Verbe actif, 3° p. p. de l'ind. prés. de pargeter. Projettent; répandent (De projectant comme parfunde de profunda) : *Asez i ad carbuncles e lanternes; — Là sus amunt* pargetent *tel luiserne*, 2633, 2634.

PARJUREZ (s'est). Verbe réfléchi, parf. comp., 3° p. s., avec un s. s. m. (de *Perjurare*) : *Vers vos s'en est* parjurez *e malmis*, 3830. — Part. passé, s. s. m., employé adjectivement, parjurez : *Guenes i vint, li fels, li* parjurez, 674.

PARLAT. Verbe neutre, 3° p. s. du parf. simple de *parler* (*Parabolavit*), 495, 762, etc.

PARLED (ad). Verbe neutre, 3° p. s. du parf. comp. de parler (*Habet parabolatum*). 122. Ad parlet, 243.

PARLEMENT. R. s. Entretien, causerie (V. *Parler*) : *Ne pois à vos tenir lung* parlement, 2836.

PARLER. Verbe neutre. Inf. prés. (*Parabolare*), 426. — Ind. prés. 3° p. s. : parolet, 146. — Parf. simple,

3º p. s. : parlat, 495. — Parf. comp. : ad parlet, 243, et ad parled, 122. — Cond. 3º p. p. : parlereient, 603. — Impf. 2. p. p. : parlez, 273. — Subj. prés. 3º p. s. : parolt, 1206. = Passif. Subj. prés. 3º p. s. neutre : *Jamais n'ert jur que il n'en* seit parlet, 3705. — Part. passé, parlet.

PARMI. Préposition, qui vient de *per medium*, est indéclinable et doit plutôt s'écrire en deux mots : par mi cel *host*, 700, 739, etc. etc. V. *Par.*

PAROLE. R. s. f. (*Parabolam*). 140.º — S. p. f. : paroles, 1097. — R. p. f. : paroles, 55.

PAROLET. Verbe neutre, 3º p. s. de l'ind. prés. de *parler* (*Paraboldt*) : *Sa custume est qu'il* parolet *à leisir*, 141. V. *Parler.*

PAROLT. Verbe neutre. 3º p. s. du subj. prés. de *parler* (*Parabolet*) : *Ne leserat... que n'i* parolt, 1206.

PARRASTRE. S. s. m. Beau-père (Cf. le bas-latin *Paraster*), 1027. V. *Parastres.*

PART. R. s. f. (*Partem*) : *De meie* part *me muiller saluez*, 361. *D'altre* part, 916. *Itels XX. milie en mist à une* part, 1115. *Quel* part *qu'il ait*, 2034. *Hume de male* part, 2135. *De* part *Deu le guarde*, 2847. — R. p. f. : parz : *De tutes* parz, 1378 et 2065. = Dans les exemples précédents, nous avons autant de locutions qui nous sont demeurées : « De ma part, » — « d'autre part, » — « mettre à part, » — « quelque part qu'il aille, » etc.

PARVIENT. Verbe neutre, 3º p. s. de l'ind. prés. (*Pervenit*), 2398. — Parf. comp.: 3º p. s. avec un s. s. m. : est parvenuz, 2874.

PARVUNT. Verbe neut., 3º p. p. de l'ind. prés. (*Per-vadunt*) : *Jusqu'à Marsilie en* parvunt *les noveles*, 2638.

PARZ. R. p. f. (*Partes*) : *De tutes* parz, 1378 et 2065. V. *Part.*

PAS. R. s. m. (*Passum*) : *Sun petit* pas *s'en turnet*, 222. *Le* pas *tenez*, 2856.

PAS. Négation explétive (*Passum*) : *Ne l' devez* pas *blasmer*, 681. V. Sweighæuser, *De la Négation dans les langues romanes*, p. 84 et suiv.

PASMEE (se seit). Verbe pronominal. Subj. prés., 3º p. s., avec un s. s. f., 3724. V. *Pasmer.*

PASMEISUNS. R. f. Évanouissement, pâmoison (V. le suivant) : *Li quens Rollanz revient de* pasmeisuns, 2233, etc. Il est à noter que ce mot se présente toujours avec un *s*.

PASMER. Verbe neutre ou pronominal. Se pâmer, s'évanouir (*Spasmare*. L's initiale est tombée.) : *Li Arcevesques quant vit* pasmer *Rollant*, 2222. — Ind. prés., 3º p. s., se pasmet : *A icest mot sur sun cheval* se pasmet, 1988 ; 3º p. p. pasment : *Moerent paien e alquant en* i pasment, 1348, et se pasment, 2416, 2422 ; s'en pasment, 2932. — Parf. comp., 3º p. s., avec un s. s. m. : s'est pasmet, 2270. — Parf. du subj.; 3º p. s., avec un s. s. f. : se seit pasmee, 3724. — Part. pass., r. s. m. : pasmet, 1989 ; pasmee, etc.

PASSAGE R. s. m. Défilé, passage de montagne (*Passaticum*, de *passare*), 657. — R. p. : passages, 741.

PASSANT. Part. prés. du verbe *passer*, s. s. m., 1703. — S. p. m. : passant, 944. V. *Passer.*

PASSAT. Verbe act., 3º p. s. du parf. simpl. de *passer*, 372. V. *Passer.*

PASSECERF. R. s. m. Nom d'un cheval (composé avec *passer* dans le sens de « dépasser », et *cerf*, 1380.

PASSER. Verbe tantôt actif, tantôt neutre. Inf. prés. (*Passare.*) Nous allons successivement exposer sa conjugaison et déterminer ses différents sens : 1º Conjugaison. Inf. prés. : passer, 2772. — Ind. prés., 3º p. s. : passet, 1272. 3º p. p. : passent, 2690. — Parf. simpl., 3º p. s. : passat, 372. 3º p. p. : passerent, 816. — Parf. comp., 3º p. s. : ad passet, 524. Dans le même sens : est passet, avec un s. s. m., 1152. — Fut., 3º p. s. : passerat, 54. — Impér., 2º p. p. : passez, 790. — Part. prés., s. s. m. : passant, 1074, 1703. S. p. m. : passant, 944. — Part. pass., r. s. m. : passet, passee, etc. — 2º Sens du verbe *passer*. a. A l'actif, le sens originel est « traverser ». passet *Girunde*, 3688. passent *cez puis*, 3125. passent *Nerbone*, 3683. D'où le sens de « dépasser » : *Dous cenz anz ad* passet, 524, et, par extension, « faire passer » : *Sun bon espiet par mi le cors li* passet, 1272. — b. Au neutre, on dit « passer par tel ou tel endroit. » : *Le jur* passerent *Franceis à grant dulur*, 816. *Si l'orrat Carles ki est as porz* passant, 1071. — c. D'où le sens de « s'écouler, s'achever », s'appliquant au temps : *Vendrat li jurz, si* passerat *li termes*, 54. *C'est premer meis* passet, 693.

PATERNE. Voc. s. f. (*Paterna*, et non *paternitas.*) Ce mot s'applique toujours à Dieu : *Veire* paterne, 2384 et

3100. Il se retrouve en d'autres romans, toujours sous la même forme, et F. Michel a cité dans son *Glossaire* ces deux vers de notre *Aliscans* : *Il en jura la* PATERNE *veraie, et Jhesu reclame la* PATERNE *veraie.* Cf. dans Ducange le mot *Paterna* dans le sens de représentation, image du Père éternel.

PATRIARCHE. R. s. m. Titre donné à l'évêque de Jérusalem (*Patriarcham*) : *Jerusalem prist ja par traïsun*... — *Le* PATRIARCHE *ocist devant les funz*, 1525.

PECCEZ. V. le suivant.

PECCHET. S. s. m. Péché, et, par extension, aux vers 15 et 3646, malheur (*Peccatum*) : *Oez, seignurs, quel* PECCHET *nus encumbret*, 15. Cf. 3646. — R. s. m. : PECCHET, 240. — R. p. m. : PECCHÉZ, 1140, et PECCEZ, 1882. = La forme correcte est PECCHIEZ : car ce mot ne se trouve, comme assonance, que dans les laisses en *ier*.

PECEIER. Verbe act., inf. prés. Mettre en pièces (*Retia*, pièce + la terminaison *icare*) : *Pur hanste freindre e pur escuz* PECEIER, 2210. Ind. prés., 3º p. p. ; PECEIENT, 3584. Le ms. porte *pecerent*, comme il est aisé de le voir dans le *fac-simile* de Stengel. — Parf. comp., 3º p. p., avec un r. p. m. : AD PECEIEZ, 97.

PEIL. R. s. m. Poil (*Pilum*) : *Si 'n deit hom perdre e de l' quir e de l'* PEIL, 1012. *E Blancandrins i vint à l' canut* PEIL, 503. — S. p. m. : PEIL, 3954.

PEILENT. Verbe act., 3º p. s. de l'ind. prés. Épilent (*Pilant*) : *Icil li* PEILENT *la barbe*, 1823.

PEINE. S. s f. (*Pœna*), 2519. — R. s. f., PEINE : *L'olifan sunet à dulor e à* PEINE, 1787. — S. p. f. : PEINES, 2925. — R. p. f. : PEINES, 268. = Rem. la locution : « A peine... »

PEINZ. Part. pass., s. p. m. (D'un ancien participe de *pingere, pinctus*), 1810. — R. p., PEINZ, par erreur : *Plusurs culurs i ad* PEINZ *e escrites*, 2594.

PEISET. Verbe neutr. Ind. prés., 3º p. s. de *peser* (*Pensat*) : *D'Oliver li* PEISET *mult forment*, 2514. — Subj. prés., 3º p. s. : PEIST. *Mort l'abat qui qu' en* PEIST *u qui nun*, 1279. — Part. prés., s. s. m. : PESANT, 1687. S. s. f. : PESANT, 1412, 3338. S. p. m. : PESANT, 2470.

PEITEVIN. S. p. m. (*Pictavini*), 3794. — R. p. m. : PEITEVINS, 3062.

PEITOU. R. s. (*Pictavum*), 2323.

PEIZ. S. s. f. Poix (*Picem*), 1635.

PEJURS. Adject. compar. employé comme superlatif, r. p. m. (*Pejores*) : *C. cumpaignons... des mielz e des* PEJURS, 1822.

PELÉE. Part. pass., r. s. f. (*Pellatam ?* de *pellis*) : *Plus qu'on ne lancet une verge* PELÉE, 3323.

PELERIN. S. p. m. (*Peregrini*), 3687.

PELS. R. p. f. Peaux, fourrures (*Pelles*) : *Faz vos en dreit par ces* PELS *sabelines*, 515. *De sun col getet ses grandes* PELS *de martre*, 302.

PENDRE. Verbe act. Inf. prés. (*Pendere*, qui est tantôt actif, tantôt neutre) : *El' plait ad Ais en fut juget à* PENDRE, 1309. — Ind. prés., 3º p. s., PENT : *Pent à sun col un escut*, 2991. 3º p. p., PENDENT : *Par les mains le* PENDENT *sur une columbe*, 2586. Et, au neutre : *Cil gunfanun sur les helmes lur* PENDENT, 3005. — Impér., 2º p. s., PENT : *Si's* PENT *tuz*, 3953. = Passif. Ind. prés., 3º p. p., avec un s. p. m. : SUNT PENDUT, 3958. — Subj. prés., 3º p. s., avec un s. s. m., SEIT PENDUT, 3932. = Le verbe *pendre* présente trois sens : les deux premiers à l'actif, le dernier au neutre : *a*. Aux vers 2991 et 3867, *pendre* signifie « suspendre ». — *b*. Aux vers 1409, 3789, 3932, 3953, 3958, il indique très nettement le supplice de la pendaison. — Et enfin, *c*, au vers 3005, il a le sens du neutre latin *pendent*.

PENE. R. s. f. C'est le cuir, ou, peut-être, la toile grossière qui recouvre l'écu (*Pennam ?*) Il convient de citer ici ce passage très curieux de Jean de Garlande qui, en parlant des fabricants d'écus, dit : *Scutarii vendunt militibus scuta tecta* TELA, CORIO *et oricalco*, *leonibus et foliis liliorum depicta* (Voy. *Paris sous Philippe le Bel*, p. 588) : *Sur sun escut en la* PENE *devant*, 1278. *De sun* ESCUT *li freint la* PENE *halte*, 3425.

PENITENCE. R. s. f. Dans le sens liturgique et sacramentel. C'est la pénitence infligée par le confesseur (*Pœnitentiam*) : *Par* PENITENCE *les cumandet à ferir*, 1138. Ainsi parle Turpin aux Français, après leur avoir donné l'absolution.

PENSER. Verbe act., employé au sens absolu (*Pensare*) : *Baisset sun chef, si cumencet à* PENSER, 138. = Il est également employé comme verbe pronominal : *Li quens Rollanz ne l'se doust* PENSER, 355. Le sens est : « Roland n'aurait pas dû avoir cette pensée. »

PENT. Verbe act., 3º p. s. de l'ind. prés. de *pendre.* Suspend (*Pendit*), 2991.
PENT. Verbe act., 2º p. s. de l'impér. de *pendre.* Pends (*Pende*), 3953.
PENUSE. Adj., s. s. f. Peineuse, attristé·, rude (*Pænosa*) : *Si* PENUSE *est ma vie,* 4000. Ce mot, au r. s. f., entre dans la composition de *Val-*PENUSE, 3256.
PER. Adjectif pris substantivement. S. s. f. Semblable, pareil, égal (*Par, paris*). On dit de l'épée Joyeuse : *Unches nc fut sa* PER, 2501. — R. s. m., PER : *Pinabel mun ami e mun* PER, 362. — R. s. f., PER (dans le sens d'épouse) : *Ki me jurat cume sa* PER *à prendre,* 3710. — S. p. m. : PER, 306. Ce mot, au pluriel, s'applique particulièrement aux douze Pairs : *Li duze* PER, 262, 965, 1415 et 3187, et PERS, par erreur, 547, etc. — R. p. m. : PERS, 1308, 2865.
PERCET (UNT). Verbe actif (*percier* vient de *pertusiare*). Parf. comp., 3º p. p., avec un r. s. m. (?), 2077. = Passif? Ind. prés., 3º p. s., avec un s. s. m. : PERCET (EST) *mun escut,* 2050. = La vraie forme est *perciet;* car ce mot se trouve en assonance dans une laisse en *ier.*
PERDICIUN. R. s. f. Perte (*Perditionem*) : *Guenes est turnet à* PERDICIUN *grant,* 3969.
PERDRE. Verbe act. Inf. prés. (*Perdere*) : *Si 'n deit hom* PERDRE *e de l' quir e de l' peil,* 1012. Cf. 2287. Dans l'exemple suivant, l'infinitif actif est employé passivement : *Li · XII· Per tuit sunt jugez à* PERDRE, 937. — Ind. prés., 1ro p. s. : PERT, 840. *Quand jo mei perd ??,* 2305. (La lecture est loin d'être certaine, et le sens est encore plus douteux. V. *pard*) 3º p. s.: PERT *la culor,* 3720. 3º p. p.: PERDENT, 1401. Au vers 3401, PERDENT est employé sans régime, absoluement : *A còls pleners de lor espiez i* PERDENT (?). — Parf. simpl., 3º p. s.: PERDIT: *Puis en* PERDIT *e sa vie e ses membres,* 1408. Au vers 2795, PERDIET : *Li reis Marsilie le poign destre i* PERDIET. — Parf. comp., 2º p. s., avec un r. s. f. : AS PERDUT, 2455 ; 3º p. s., avec un r. s. m. : AD PERDUT, 2167, et de même, avec un r. p. m., 2038. Et avec un r. s. f. : AD PERDUE, 1323 et 2297 : *Ço sent Rollanz la veie* AD PERDUE. 1ro p. p., avec un r. s. m. : AVUM PERDUT, 2700, et avec un r. s. f. : AVUNS PERDUD, 2119 ; 2º p. p., avec un r. s. m. : AVEZ PERDUT, 3498 ; 3º p. p., avec un r. p. m. ou n. : UNT PERDUT, 2094. — Fut., 3º p. s. : PERDRAT, dans le sens absolu de notre mot : « Il n'y perdra pas » : *N' i* PERDRAT *Carles,* 755. Et, à l'actif : *Enquoi* PERDRAT *dulce France sun los,* 1194. — Cond., 1ro p. s. : PERDREIE, 1054 ; 3º p. s. : PERDREIT, 597. — Subj. prés., 3º p. s. : PERDET, 806 ; 1ro p. p. : PERDUNS, 45, 59 ; 3º p. p. : PERDENT, 44, 58. — Parf. du subj., au sens absolu, 3º p. s., AIT PERDUT : *Iço ne di que Karles n' i* AIT PERDUT, 1959. = Entre en composition dans *Salt-*PERDUT, nom de cheval, 1554. = On remarquera les locutions suivantes qui sont restées dans notre langue : « Perdre la vie, les couleurs, la vue. » — « J'y perds. » — etc.
PERE. Voc. s. m. (*Pater*), 2337. (Le ms. porte plutôt *perre.*) — R. p. m. : PERES, 1421.
PERES. R. p. m. (*Patres*), 1421. V. *Pere.*
PERIL. R. s. (*Periculum*) : *A la grant feste scint Michel de l'*PERIL, 152. Cf. 2394. — R. p., PERILZ : *Gua(ri)s de mei l'anme de tuz* PERILZ, 2387. = *Scint Michel de l' Peril,* c'est saint Michel honoré sur le mont de ce nom, près d'Avranches.
PERNEZ. Verbe act. Impér., 2º p. p. (*Prehenditis.*) PERNEZ *mil Francs,* 804. PERNEZ *m'as braz,* 2829.
PERE. S. s. m. Pierre (*Petrus*) : *Plus valt Mahum que seint* PERRE *de Rume,* 921. — R. s. m. : PERRE, 373. Cf. 2346. Dans ces trois cas, on peut et on doit lire PERRE, et non PÈRE. Cf. PIÈRE, 3094.
PERRE. R. s. f. Pierre (*Petra*) : *Rollanz ferit en une* PERRE *bise,* 2338, et PIERE, 982. — R. p. f. : PERRES, 1452, et PIERRES, 1661.
PERRUN. R. s. m. Pierre, rocher, roc (Sur *petra,* on a fait *petro, petronis*), 12, 2312. — R. p. m. : PERRUNS, 2268.
PERS. S. s. m. Violet, violacé, et, par extension, pâle, livide (*Persicus, persus,* de *persicum,* pêche, à cause de la couleur de ce fruit) : *Teint fut e* PERS, *desculuret e pale,* 1979. Il s'agit d'Olivier mourant.
PERS. R. p. m. (*Pares*), 286, 1308, etc. V. *Per.*
PERS. R. p. m. Persans (*Persos*), 3240, 3241.
PERT. Verbe neutre, 3º p. s. de l'ind. prés. (*Paret*) : *Al' matin(et), quant primes* PERT *li albe,* 2845.
PERT. Verbe actif. Ind. prés., 1ro p.

s. Je perds (*Perdo*), 840. V. *Perdre*.
PERT. Verbe act. Ind. prés.. 3º p. s. Perd (*Perdit*), 236, 3720. V. *Perdre*.
PERSIS. Adj., r. s. m. De Perse (*Persitium*) : *Si i merrez Torleu le rei* PERSIS, 3204.
PERTE. R. s. f. (C'est un de ces substantifs formés sur les anciens participes latins, comme *rente, depense, retraite, route*, etc. *Perditam*) : *Li quens Rollanz des soens i veit grant* PERTE, 1691.
PESANCE. R. s. f. Douleur, chagrin, préoccupation triste (*Pensantiam*) : *Dit à l'Rei :* « *De quei avez* PESANCE, » 832.
PESANT. Part. prés., employé adjectivement, s. s. m. Dur, rude (de *pensantem*) : *Li quint (estur) après lor est* PESANT *e gref*, 1687. — S. s. f. : PESANT, 1412. — S. s. m. : *Li adubez en sunt li plus* PESANT, 2470. Dans ce dernier exemple, le sens est primitif et matériel : il s'agit d'hommes qui se noient, et *pesant* signifie « lourd ». (V. *Peiset*.)
PESMES. Adj. S. s. m. Mauvais, terrible (*Pessimus*) : *Li Reis est fiers e sis curages* PESMES, 56, etc. — S. s. m. : PESME, 2122. — R. s. f. : PESMES, 813. — R. p. f. : PESMES, 2919.
PETIT. Adj. neutre, employé adverbialement, 305, 1239. V. le suivant.
PETIZ. Adj., s. s. m. (Diez propose un radical celtique? *pit*, pointu, mince, et Mabillon, en son *De re diplomatica*, p. 498, cite un texte de 775 où on lit *petito villare*. V. Littré.) *N' est gueres granz ne trop nen est* PETIZ, 3822. — R. s. m. : PETIT, 2227. — R. s. f. : PETITE, 1087. — R. p. f. : PETITES, 1656. = PETIT est employé au neutre, dans le sens de « peu » : *Kar de Franceis i ad asez* PETIT, 1239. *A ben* PETIT *que il ne pert le sens*, 326. = Rem. la locution *A ben petit que*.
PEZ. R. s. p. Pour *piez* (*Pedes*) : *Cinquante* PEZ *i poet hom mesurer*, 3167. V. *Pied*.
PIÈCE. R. s. f. Morceau (*Petiam*) : *Trenchet la coife..., une* PIÈCE *en abat*, 3437.
PIED. R. s. m. Sauf au v. 2240, où il s'agit du pied-mesure, ce mot est partout employé dans le sens primitif (*Pedem*) : *Li message descendirent à* PIED, 120. *A* PIED *estes*, 2438, *Il nen i ad ne veie ne senter, — Ne voide tere ne alne ne plein* PIED, 2400. PIET, 2013, 2168. — R. p. m., PIEZ : *En* PIEZ *se drecet*, 195. *Ne vos ne il n'i porterez les* PIEZ, 260. *Franceis se drecent, si se metent en* PIEZ, 1139. *Met sei sur* PIEZ, 2298. = On remarquera ici un grand nombre de locutions qui nous sont restées : « Être à pied. — Porter les pieds quelque part. — Se remettre sur pieds, » etc. etc.
PIERE. R. s. f. (*Petram*), 982, et PERRE, 2300, 2338. — R. p. f. : PIERRES, 1661. Cf. PERRES, 1452, 3306. V. *Perre*.
PIERE. S. s. m. Saint Pierre (*Petrum*) : *Seint* PIERE *fut, si aveit num Romaine*, 3094. V. *Perre*.
PIEZ. V. *Pied*.
PIMENT. R. s. Épices ; mélange de miel, de vin et d'épices. (*Pigmentum*.) En parlant des héros morts à Roncevaux, on dit que leurs corps *ben sunt lavez de* PIMENT *e de vin*, 2969.
PIN. R. s. m. (*Pinum*), 114 et 2375.
PINABELS. S. s. m. Nom du champion de Ganelon (?), 3885, et PINABEL, 3783. — Voc., s. m. : PINABEL, 3899. — R. s. m. : PINABEL, 362.
PINCENEIS. R. p. m. Nom de peuple païen, 3241. Il s'agit ici des Petchenèques, Πατζινακοί, qui ont été désignés de bonne heure sous une forme nasalisée : *Pincinnati*. Ce dernier mot se trouve dans Ekkehard de Saint-Gall, Hugues de Fleury et l'*Itinerarium Ricardi*. V. la *Romania*, II, p. 331.
PINE. R. s. Nom d'une terre conquise par Roland, 199. C'est Pīna, ville au S.-E. de la province de Saragosse. V. le commentaire du v. 199.
PITET. S. s. f. Pitié (*Pietatem*) : PITET *l'en prent, ne poet muer n'en plurt*, 825. — R. s. f. : PITET. *Naimes li Dux en ad mult grant* PITET, 2417. Cf. PITIET, 3874. = C'est cette dernière forme qui est la bonne : car ce mot ne se trouve en assonance que dans les couplets en *ier*. = On remarquera les locutions : « La pitié le prend... — Avoir pitié, » etc.
PIZ. R. s. Poitrine (*Pectus*), 48, 1107, etc.
PLACE. R. s. f. (*Plateam*.) *Quias le quant me caist en la* PLACE, 764. *En estal en la* PLACE, 1108. = Rem. la locution « en la place » : c'est la seule où ce mot soit employé.
PLACE. (*Placeat*.) V. le suivant.
PLACET. Verbe neut. Subj. prés., 3º p. s. Plaise (*Placeat*) : *Ne* PLACET *Deu*, 358, 1062, etc. PLACE : *Ne* PLACE *Deu*, 3718. V. *Plaist*.
PLAIDER. Verbe neut. Inf. prés. 1º

« Tenir le plaid » (*Placitare*, de *placitum*) : *Ad Ais, o Carles soelt* PLAIDER, 2667. = 2° « Être garant au plaid. » En parlant des trente otages de Ganelon, l'auteur dit : *Si parent ki* PLAIDET UNT *pur lui*, 3933. (Parf. comp., 3° p. p.) = La vraie forme est *plaidier;* car ce mot ne se trouve, comme assonance, que dans un couplet en *ier*.

PLAIES R. p. f. (*Plagas*), 2173.

PLAIGNE. R. s. f. Plaine (*Planam*), 3305. — S. p. f. : PLAIGNES, 1085.

PLAISIR. R. s. Gré (*Placire*, pour *placere*) : *A tun* PLAISIR *te durrai mun aveir*, 3894. = *A tun plaisir*, signifie « A ton gré. »

PLAIST. Verbe neutre, 3° p. s. de l'ind. prés. Plaît (*Placet*) : *Issi seit cum vos* PLAIST, 606. — Subj. prés., 3° p. s., PLACET : *Ne* PLACET *Deu*, 358, etc., et PLACE, 3718.

PLAIZ. S. s. m. Plaid, procès; cour du roi, l'ancien *placitum palatii* (*Placitus*), 3841, et PLAIT : *Dès or cumencet le* PLAIT *de Guenelun*, 3704. — R. s., PARFAIT : *El'* PLAIT *ad Ais en fut jugét à pendre*, 1409. = Aux v. 88 et 225, *plait* a un sens différent. Il signifie : « Arrangement, accord, pacte. » (Voy. également ce sens, dans Ducange, au mot *placitum*.) *Dist Blancandrins: Mult bon* PLAIT *en avereiz*, 88.

PLATES. Adj., r. p. f. (Allem. *platt*, ancien haut allem. *flaz*, etc.) *Les gambes ad* PLATES, 1652.

PLEGES. R p. m. Pleiges, cautions (En latin, le mot *prœs, prœdis*, avait le sens de caution ; mais, comme Diez et Littré l'établissent, *prœs* n'a pu donner des types tels que *plevi*, en prov., et *plegium, plevium*, en bas lat. Diez propose *prœbium*, de *prœbere* : c'est, suivant nous, encore moins acceptable. Wachter cite l'ancien allem. *pflegen*, qui signifie « soigner ». Mais la dissemblance de sens est bien grande.) *Dist li Empereres: « Bons* PLEGES *en demant*, » 3846.

PLEIET. Part. pass., r s. m. Plié (*Plicatum*) : *Cest guant ad or* PLEIET, 2677.

PLEIGNE. Verbe act., 1re p. s. du subj. prés. de *pleindre* (*Plangam*), 834. Au sens neutre, 2915. V. *Pleindre*.

PLEIGNENT. Verbe act., 3° p. p. de l'ind. prés. de *pleindre* (*Plangunt*) : *Franceis en plurent, e si la* PLEIGNENT, 3722. V. *Pleindre*.

PLEIGNET (SE). Verbe réfl. Subj. prés., 3° p. s. (*Se plangat*), 915. V. *Pleindre*.

PLEIN. R. s. m. Plaine (*Planum*) : *En mi un* PLEIN *unt prise lur estage*, 3129.

PLEIN. Adj., r. s. m. (*Plenum*), 3686, 2400. — R. s. f. : PLEINE, 3294. PLEINE *sa hanste l'abat mort des arçuns*, 1534. Cf. 1204, etc. — R. p. m., PLEINS : *Carles... set anz tuz* PLEINS *ad ested en Espaigne*, 2. PLENS, 2610. — R. p. f. : PLEINES : *Trait ses crignels* PLEINES *ses mains amsdous*, 2906. = Ce mot a deux sens : 1° rempli, 2° (par extension) entier. = Rem. la locution : « Pleines ses mains, » que nous avons gardée, en la modifiant légèrement.

PLEINDRE. Verbe act. Inf. présent. (*Plangere*.) PLEINDRE *poüms France dulce, la bele*, 1695. — Ind. prés., 3° p. s. : PLEIGNET, 2251. 3° p. p. : PLEIGNENT, 3722. — Parf. simpl., 3° p. s., PLEINST : *Mult dulcement la* PLEINST *à sei meïsme*, 2343. — Subj. prés., 1re p. s. : PLEIGNE, 834, et 2915. 3° p. s. : SE PLEIGNET, 915.

PLENERS. Adj., r. p. m. Accomplis, parfaits (*Plenarios*) : *A cols* PLENERS, 2463, 2862, 3401.

PLENS. Adj., r. p. m. (*Plenos*), 2610. V. *Pleni*.

PLEVIS. Verbe actif (403, etc.) ou neutre (3847, etc.). Ind. prés., 1re p. s. Garantir, assurer (Pour l'étymologie, voy. *Pleges*) : *Jo vos* PLEVIS *qu'en vermeill sanc ert mise*, 968. 3° p. p., PLEVISSENT : *XXX. parenz li* PLEVISSENT *leial*, 3847. Ici le sens est primitif : « Être pleige, être caution légale. » = Parf. simpl., 3° p. s., PLEVIT : *L'un à l'altre la sue feit* PLEVIT, 403. — Parf. comp., 3° p. s., avec un r. s. f. : AD PLEVIE, 507.

PLORER. 349. V. *Plurer*.

PLUIE. S. s. f. (*Pluvia*), 981. — R. p. f. : PLUIES, 1425.

PLURER. Verbe le plus souvent neutre, et quelquefois actif, comme aux v. 1853, 2022... Pleurer (*Plorare*), 2217, 2856, 3629, et PLORER, 349. — Ind. prés., 3° p. s., PLURET, 1404. PLURET *des oilz*, 2943, et 4001. *Rollanz le* PLURET, 2022. 3° p. p. : PLURENT, 1446. — Parf. simpl., 3° p. p. : PLURERENT, 3870. — Fut., 3° p. p. : PLURRUNT, 1749. — Subj. prés., 1re p. s. : PLUR, 2915. 3° p. s., PLURT : *Ki qu'en* PLURT *u k'en riet*, 3364. — Part. prés., s. s. m. : PLURANT, 2838.

PLUS. Adv. (*Plus*.) 1° PLUS, employé seul, signifie « davantage » : *En la grant presse mil colps i fiert e* PLUS, 2090. *Que fereient-il* PLUS? 2812. = 2° PLUS, avec « de », reçoit la même

PLUSUR — PORTER

signification : PLUS DE *vint milie humes*, 13, etc. = 3º Avec une négation, PLUS désigne la cessation d'une action, un changement d'état : *Ultre cest jurn ne serum* PLUS *vivant*, 1477.
PLUSUR. S. p. m. « Plusieurs, beaucoup. » et, avec l'article, « le plus grand nombre » (De *plúsiores*, forme analogique). Ce mot s'emploie : 1º Substantivement : *Se pasment li* PLUSUR, 2422. Cf. PLUSOR, 1434. = 2º Adjectivement. R. p. m., PLUSURS : *De* PLUSURS *regnes vendrunt*, 2914. — R. p. f., PLUSURS : *De* PLUSURS *choses à remembrer li prist*, 2377.
POEDENT. Verbe neut., 3º p. p. de l'ind. prés. de *podeir*, 1841. (V. *Puis*.) L'étymologie n'est pas *possunt*, mais un type populaire et bas latin, tel que *potent*, de *potere*. V. *Puis*.
POEENT. Verbe neutr., 3º p. p. de l'ind. prés. (bas lat. *potent*), 2463, 3063. V. *Puis, poedent, poent*.
POEIT. Verbe neutr., 3e p. s. de l'imparf. de l'ind. (bas lat. *potebat*), 2216. V. *Puis*.
POENT. Verbe neutr., 3º p. p. de l'ind. prés. (bas lat. *potent*, et non *possunt*), 1440. V. *Puis, poedent, poeent*.
POESTE. R. p. f. Puissance (*Potestam*.) : *Ki guierat mes oz à tel* POESTE, 2926.
POESTEÏFS. S. s. m. Puissant, qui a le pouvoir (Tertullien emploie déjà *potestativus* en ce sens) : *Charles... li reis* POESTEÏFS, 460.
POESTET. R. s. f. Puissance, force (*Potestatem*), 477, 2609, 3653, et POESTED, 434.
POET. Verbe neutr., 3º p. s. de l'ind. prés. (bas lat. *potet*, et non *potest*), 9, 61, 95, 293, etc. V. *Puis*.
POEZ. Verbe neut., 2º p. s. de l'ind. prés. (Pour *poes*, de *potes*) : *Venger te* POEZ, 2456.
POEZ. Verbe neut., 2º p. p. de l'ind. prés. (*Potetis*), 1404.
POI. Verbe neut., 1º p. s. de l'ind. prés. (*Possum*) : *Ne la* POI *traire*, dit Olivier en parlant de son épée, 1365. La bonne forme est *pois*.
POI. Adj., s. p. m. Peu (*Pauci*) : POI *s'en estoerstrent*, 3632.
POI. Adv. Peu (bas lat. *paucum*) : *De nos Franceis m'i semblet aveir mult* POI, 1050. Ce mot se trouve presque exclusivement employé dans la locution *pur poi* ou *pur poi que...*, laquelle signifie : « Il s'en faut de bien peu que... » : PUR POI *d'ire ne fent*, 325. *Carles cancelet*, PUR POI QU'*il n'est caüt*. 3608.
POIGN. R. s. m. (*Pugnum*), 767. 874, etc V. *Puign, poinz, puing*.
POIGNANT. Part. prés., s. s. m. Piquant de l'éperon (*Pungentem*) : *Le cheval brochet, si vient* POIGNANT *vers lui*, 2035. — R. s. m. : POIGNANT, 889. V. *Puignant*.
POIGNEOR R. s. m. Combattant, guerrier (*Pugnatorem*), 3775. Cf. PUINNERES au v. 3033, qui est le cas sujet, et PUIGNEÜRS, r. p. m., au v. 3677.
POINZ. R. p. m. Poings (*Pugnos*), 720, 1359, 1612. V. *Puign*.
POIS. Verbe neutr., 1re p. s. de l'ind. prés. (*Possum*), 657, 1548, 2412. V. *Puis*.
POIS. Adv. Ensuite (*Post*) : POIS, *me jugez Rollant à rere garde*, 656. V. *Puis*.
POISANT. Part. prés. employé adjectivement (D'une forme analogique *poss-ántem*) : *Seignat sun chef de la vertut* POISANT, 3114. Cf. PUISANT, au r. s. f., 2734.
POISSENT. Verbe neut., 3º p. p. du subj. prés. (*Possiant*), 3049.
POISSET. Verbe neut., 3º p. s. du subj. prés. (*Possiat*), 1555. V. *Puisset*.
POR. S. p. m. Porcs (*Porci*), 1751, et PORC, 2591.
POR. Préposition (*Pro*), 68, 687, etc. V. *Pur*, qui est la forme correcte, 1722, etc. = POR CE QUE, 2102; POR POI QUE, 2789, etc.
PORC. S. p. m. (*Porci*), 2591.
PORRUM. Verbe neut., 1re p. du futur (*Potere habemus*), 1973. V. *Puis, purrum, purum, purruns*.
PORT. R. s. m. Défilé dans les montagnes, et, par extension, les montagnes elles-mêmes (*Portum*), 657. — S. p. m. : PORT, 1802. — R. p. m. : PORZ, 583, 719, etc. = Ce mot a aussi le sens de « port de mer » : *Suz Alixandre ad un* PORT *juste mer*, 2626.
PORT. Verbe act., 3e p. s. du subj. prés. de *porter* (*Portet*), 2687.
PORTE. S. s. f. (*Porta*), 2258. — R. p. f. : PORTES, 2690.
PORTER. Verbe act. Inf. prés. (*Portare*), 618, 897, 3266. — Ind. prés., 3º p. s. : PORTET, 977. 2º p. p. : PORTEZ, 1722. 3º p. p. : PORTENT, 93. 2396. — Imparf. de l'ind., 3º p. s. : PORTOUT, 203. — Parf. comp., 3e p. p., avec un r. p. f. : AVUM PORTÉES, 1464. 3º p. p., avec un r. p. m. : UNT

PORTET, 2954. — Fut., 1re p. s. : PORTERAI, 2282. 3e p. p. : PORTERAT, 930. 2e p. p. : PORTEREZ, 72, 260 ; et dans les laisses en *ei*, PORTEREIZ, 80, 2752. — Fut. passé, 1re p. s., avec un r. s. f. : AVERAI PORTÉE, 446. Impér., 2e p. p. : PORTEZ, 2679. — Subj. prés., 3e p. s. : PORT, 2687. — Imparf. du subj., 3e p. s. : PORTAST, 276. = Passif. Ind. prés., 3e p. s., avec un s. s. f. : EST PORTÉE, 3730. = Il n'y a rien d'important à noter sur les différentes acceptions de ce mot dans le *Roland*, si ce n'est peut-être la locution : « Porter les pieds, » qui nous est restée : *Ne vos ne il n'i* PORTEREZ *les piez*, 260 ; et surtout l'expression *porter ire*, dans le sens de notre mot : « porter rancune » : *Pur quei me* PORTEZ *ire*, 1722.

POÜMS. Verbe neut., 1re p. p. de l'ind. prés., 1695. V. *Puis*.

POÜR. R. s. f. Peur (*Pavorem*), 828, 843, etc.= On disait « être en peur », dans le sens « d'avoir peur » (v. 1815).

POÜSSUM. Verbe neut., 1re p. p. de l'imparf. du subj. (*Potuissemus*), 631. V. *Puis*.

POÜSUM. Même temps, même mode du même verbe, 624. V. *Puis*.

POÜST. Verbe neut., 3e p. s. de l'imparf. du subj., ou, plutôt, du conditionnel (*Potuisset*), 1182. V. *Puis*.

POUT. Verbe neut., 3e p. s. du parf. de l'ind. (*Potuit*), 344, 1037, etc. V. *Puis*.

PRAMETENT. Verbe act., 3e p. p. de l'ind. prés. de *prametre*. Promettent (*Promittunt*), 3416. = Passif, 3e p. s. de l'ind. prés., avec un sujet neutre sous-entendu : PRAMIS *nus* EST, *fin prendrum aitant*, 1476.

PRECIUSE. S. s. f. Précieuse, nom de l'épée de Baligant (*Pretiosa*), 3471. — R. s. f. : PRECIUSE, 3298 et 3564.= Cette épée est ainsi appelée par opposition à l'épée de Charlemagne, Joyeuse.

PRED. R. s. Pré (*Pratum*), 1334, et PRET. 2496. — R. p. : PREZ, 1778.

PRE[D]ET (OUT). Verbe neut., 3e p. s. du parf. comp. de *preder*. Preder vient ici de *prædare* (*Habuit prædatum*), et signifie « piller, faire du butin » : *Rollant... out* PRE[D]ET *de juste Carcasonie*, 385.

PRÉE. S. s. f. Prairie (*Prata*) : *De desuz Ais la* PRÉE *est mult large*, 3873. — R. s. f. : PRÉE, 1375.

PREIÈRENT. Verbe neut., 3e p. p. du parf. simple de *preier* (*Preier* vient de *precare* ; *precaverunt*), 451.

PREIËT (AD). Verbe neutre. Parf. comp., 3e p. s. de *preier* (*Habet precatum*), 2176.

PREIEZ Verbe actif. Impér. 2e p. p. de *preier*. Priez, 1132.

PREISER. Verbe act. Inf. prés. (*Pretiare*.) *Fait asez à* PREISER, 1516. *Cels qu'il unt mort, ben les poet hom* PREISER, 1683. — Ind. prés., 1re p. s., PRIS : *Trestuz les altres ne* PRIS-JO *mie un guant*, 3189. 3e p. s. : PRISET, 636. — Parf. simpl., 3e p. p. : PREISERENT, 3029. — Subj. prés., 3e p. s. : PRIST, 2739. — Part. pass., r. p. m., PREISEZ : *XXIIII. de tuz les melz* PREISEZ, 1872. = Le mot *preiser* a deux sens : 1° « Supputer », 1683, 3029, etc. 2° « Apprécier, faire cas de... », 532, 1516, 1872, etc.= PREISER A... signifie « estimer à la valeur de... », 2739. = Rem., au v. 1516, la locution FAIT A PREISER, qui a eu une si belle fortune dans notre langue. = Ce mot ne se trouvant comme assonance que dans les couplets en *ier*, il faut lire : *preisier*.

PREIUM. Verbe act. Impér., 1re p. p. de *preier*. Prions (*Precemus*), 3799.

PREMER. V. *Premers*.

PREMEREINS. Adj. Premier (*Premer + anus*. Cf., dans Ducange, *Primayranus*, et dans le *Lex. Roman* de Raynouard, *Primeiran*) : *Blancandrins ad tut* PREMEREINS *parled*, 122, et PREMEREIN, 879.

PREMERS. Adj., s. s. m. Premier (*Primarius*) : *Nostre est li* PREMERS *colps*, 1211. PREMER, 2656 ; et PREMIER, 1259. — S. s. f. : PREMERE, 3220. — R. s. m. : PREMER, 83, 693, etc. — S. p. f. : PREMERES, 3026. — R. p. m. : PREMERS, 2076. La forme correcte est *premier*.

PRENDRE. Verbe act. Inf. prés. (*Prehendere*.) 1° CONJUGAISON. Inf. prés. : PRENDRE, 333. — Ind. prés., 3e p. s. : PRENT, 1904, et SE PRENT, 343. 3e p. p. : PRENENT, 2552. — Parf. simpl., 1re p. s. : PRIS, 491. 3e p. s. : PRIST, 209. 2e p. p. : PRESISTES, 205. 3e p. p. : PRISTRENT, 2706. — Parf. comp., 1re p. s., avec plusieurs r. s. f. : AI PRIS, 199. 3e p. s., avec un r. s. m. : AD PRIS, 509. Avec plusieurs r. m. et n. : AD PRIS, 1148. Avec un r. s. f. : AD PRISE, 97. Avec un r. p. f. : AD PRISES, 641. 2e p. p., avec un r. s. m. : AVEZ PRIS, 1948. — Fut., 1re p. s. : PRENDRAI, 2139. 3e p. s. : PRENDRAT, 1459. 1re p. p. : PRENDRUM, 1476. — Impér., 2e p. p. : PERNEZ, 804, 2829. — Plus-que-parf. du subj., 1re p. p., accompagné d'un r. s. f., avec le sens d'un condi-

PRÈS — PRIS

tionnel passé : OÜSUM PRISE, 1729. — Fut. passif, 2º p. p., avec un s. s. m.: SEREZ PRIS, 434. — Part. pass. : PRIS, PRISE, PRISES, etc. = 2º SENS. *a.* La signification primitive de *prendre* est celle de « saisir, appréhender », et ce mot, dans ce sens, se dit surtout des choses : PRIST *l'olifan*, 2263. = *b. Prendre* s'applique également aux personnes, et se dit ainsi de quelqu'un qu'on fait prisonnier : *Li Reis fait* PRENDRE *le cunte Guenelun*, 1816. PRIS *e liez serez*, 434. et, dans le sens de « prendre quelqu'un dans ses bras », PERNEZ *m'as bras*, 2829. SE PRENDRE *à braz*, 2552, est « se saisir à bras le corps pour lutter ». = *c.* « Prendre une ville, la conquérir » : *Jerusalem* PRIST *ja par traïsun*, 1523. *Ja* PRIST-*il Noples*, 1775. = *d.* « Recevoir » : PRIS *en ad or e aveir*, 1148. = *e.* Locutions diverses: PRENDRE *sujurn*, 3696; PRENDRE *sa herberge*, 2488, et PRENDRE *estal*, 2139; PRENDRE *cunget*, 2764; PRENDRE *cunseill*, 205; PRENDRE *venjance*, 1459 ; PRENDRE *fin*, 1476; PRENDRE *bataille*, 1729. La plupart de ces locutions nous sont restées. = *f.* « SE PRENDRE, » a le sens de : « Se mettre à... » SE PRENT *de cunreer*, 343. Dans un sens analogue, PRENDRE s'emploie avec *li* : *De plusurs choses a remembrer li* PRIST, 2377.

PRÈS. Adv. (*De pressum*) : *Ne loinz ne* PRÈS, 1992. *Ço sent Rollanz que la mort li est* PRÈS, 2259.

PRESE. R. s. f. Foule (*Pressam*). C'est un de ces substantifs dérivés d'anciens participes latins : *Ist de la* PRESE, 1220. Cf. PRESSE aux v. 933, 1499, etc.

PRÉSENT (EN). Locution adverbiale (*In præsenti*). Le propre sens, le sens étymologique, est celui de « en présence de... » C'est ainsi que Ganelon dit à Charlemagne qui l'envoie à Saragosse : *Dreiz empérere, veiez me ci* EN PRESENT. — *Ademplir voeill vostre comandement*, 329, 330. Le même sens nous est offert par le vers suivant : *La fin de l'secle ki nus est* EN PRESENT, 1435. De là les deux expressions « METTRE ou LAISSER quelque chose en présence, sous les yeux, EN PRESENT de quelqu'un »; en d'autres termes, « lui en faire présent : » *Or e argent lur* MET *tant* EN PRESENT, 398.

PRESENT. Verbe. act., 1ʳᵉ p. s. de l'ind. prés. Je présente (*Præsento*) : *De trestuz reis vos* PRESENT *les curunes*, 388. 3ᵉ p. s., comme verbe réfl. : *Guenes li quens à ses piez* SE PRESENTET, 3792. 3ᵉ p. p. : PRESENTENT, 2768. — Parf. comp., 3ᵉ p. s., avec un r. s. m. : AD PRESENTET, 3851. — Impér., 2ᵉ p. p. : PRESENTEZ, 655.

PRESISTES. Verbe act., 2ᵉ p. p. du parf. simple de *prendre* (Non de *prehendistis*, mais d'une forme analogique, *prensistis*), 205.

PRESSE. R. s. f. Foule (*Pressam*) : *Cunduit sun cors en la* PRESSE *des Francs*, 3370. Cf. PRESE, 1220.

PRET. R. s. Pré (*Pratum*), 2496, et PRED, 1334, 2448, etc. — R. p. : PREZ, 1778 et 2486.

PREZ. S. s. m. Prêt (*Præstus*, qui se trouve en plusieurs inscriptions, dans la Loi salique et dans la Loi des Wisigoths) : *Se li Reis voelt*, PREZ *sui por vus la face*, 316.

PRI. Verbe act. ou neutre, 1ʳᵉ p. s. de l'ind. prés. Je prie (*Preco*, et non *precor*, les déponents étant devenus actifs en bas-latin):*Pur Deu vos* PRI, *ben seiez purpensez*,1177. 3ᵉ p. s., PRIET: *Si* PRIET *Deu que Pareïs li dunget*, 2016. 1ʳᵉ p. p. : PRIUM, 3808. 3ᵉ p. p. : PRIENT, 1837. — Parf. simpl., 3ᵉ p. p. : PREIÈRENT, 451. — Parf. composé, 3ᵉ p. s. : AD PREIET, 2176. — Fut., 3ᵉ p. s. : PRIERAT, 1882. — Impér., 1ʳᵉ p. p. : PREIUM, 3799. 2ᵉ p. p., PREIEZ : *Si* PREIEZ *Deu mercit*, 1132. — Subj. prés., 3ᵉ p. s. : PRIT, 854. — Part. r. s. n. : PREIET. — Ce verbe est actif aux v. 854, 1132, 1177, 1837, 2016, 3272, 3799, 3808. Il est employé sans régime au vers 1882.

PRIAMUN. R. s. m. Nom d'un païen (formé (?) sur *Priamus*, avec un cas oblique par imitation), 65.

PRIMES. R. s. Nom de lieu païen (?) : *Li Amiralz de* PRIMES, 967.

PRIMES. Adverbe. D'abord (*Primas*) : *Al' matin(et) quant* PRIMES *pert li albe*, 2845.

PRINCIPAL. Adj., r. s. m. (*Principalem*) : *Si fiert Naimun en l'elme* PRINCIPAL, 3433. Le sens n'est pas des plus clairs.

PRIS. Verbe act., 1ʳᵉ p. s. de l'ind. prés. de *preiser* (*Pretio* avec une s qui vient de l'influence de la 2ᵉ personne) : *Trestuz les altres ne* PRIS-*jo mie un guant*, 3189.

PRIS. Verbe act., 1ʳᵉ p. s. du parf. simpl. de *prendre* (d'une forme analogique telle que *prensi*), 491.

PRIS (AI). Verbe act., 1ʳᵉ p. s. du parf. comp. de *prendre* (*Habeo prehensum* = *prensum*), 199.

PRIS (AD). Verbe act., 3e p. s. du parf. comp: de *prendre* (*Habet prensum*), 509.
PRIS (AVEZ). Verbe act., 2e p. p. du parf. comp. de *prendre* (*Habetis prensum*), 1948.
PRIS (SEREZ). Verbe passif, 2e p. p. du fut. passif de *prendre*, avec un s. s. m. (*Essere habetis prensus*), 434.
PRISE (AD). Verbe act., 3e p. s. du parf. comp. de *prendre*, avec un r. s. f. (*Habet prensam*), 97.
PRISE (OÜSUM). Verbe act., 1re p. p. du plus-que-parfait du subj. de *prendre*, accompagné d'un r. s. f., et avec le sens du conditionnel passé (*Habuissemus prensum*), 1729.
PRISES (AD). Verbe act., 3e p. s. du parf. comp. de *prendre*, avec un r. p. f. (*Habet-prensas*), 641. = Pour les huit mots précédents, voyez *Prendre*.
PRISET. Verbe act., 3e p. s. de l'ind. prés. de *preiser* (*Pretiat*), 636. V. *Preisier*.
PRIST. Verbe act., 3e p. s. du subj. prés. de *preiser* (*Pretiet*), 2739.
PRIST. Verbe act., 3e p. s. du parf. simpl. de *prendre* (*Prensit*), 209, etc. V. *Prendre*.
PRISTRENT. Verbe act., 3e p. p. du parf. simpl. de *prendre* (*Prenserint* avec l'addition d'une dentale entre la nasale et la liquide), 2706. V. *Prendre*.
PRISUN. R. s. f. *Prisun* n'a, dans le *Roland*, que le sens actuel. Ailleurs, il signifie aussi prisonnier (*Prehensionem, prensionem*) : *Hom ki ço set que ja n'avrat* PRISUN, 1886.
PRIT. Verbe act., 3e p. s. du subj. prés. de *prier* (*Precet*), 854. V. *Pri*.
PRIUM. Verbe act., 1re p. p. de l'ind. prés. de *prier* (*Precamus*), 3808. V. *Pri*.
PROD. R. s. Avantage, profit (Le type est l'élément *prod*, qui se trouve dans *prodesse*. Cf. dans *Romania*, III, 420, un article de G. Paris) : *Mult grand* PROD *i avrez*, 699 et 3459.
PROD. Adverbe. Suffisamment (Même observation que pour le substantif) : *Ki tant ne set ne l' ad* PROD *entendut*, 2098.
PRODUME. S. s. m. Homme courageux, homme d'honneur (*Prodis-homo. Prodis* serait, d'après Fœrster, identique avec *prod*. V. G. Paris; *Romania*, III, 420. J'avais, comme M. Boucherie, proposé *providus-homo*), 1485. = On trouve encore, au s. s. m., trois autres formes : 1o PROZDOM, 1474; 2o PROZDOEM, 314; et 3o PROZDOM, 1593. — Voc., s. m. : PROZDOEM, 2916. — R. s. m. : 1o PROZDOM, 26; 2o PRODUME, 1288; 3o PRODOME, 1501. — S. p. m. : PRODUME, 3875. — R. p. m. : 1o PROZDOMES, 2212, et 2o PRODUME(s), 3204. V. *Proz*.
PROECCE. R. s. f. Courage, action d'éclat (*Proditian*): *Vostre* PROECCE, *Rollanz, mar la veïsmes*, 1731. — R. p. f., PROECCES: *Ki de sun cors feïst tantes* PROECCES, 1564.
PROPHETE. S. s. m. (*Propheta*), 2255.
PROVEIRES. R. p. m. Prêtres (*Presbyteros. Prestre* est le cas sujet; *proveire* pour *preveire*, le cas régime) : *Asez i ad...* PROVEIRES *coronez*, 2956.
PROVENCE. R. s. f. (*Provinciam*), 3325.
PROZ. Adj. s. s. m. Courageux, preux, bon. Le sens est loin d'être toujours précis. (Sur l'étymologie de ce mot, voy. plus haut le mot *produme*) : *Oliver li* PROZ *e li gentilz*, 176. *Rollanz est* PROZ *e Oliver est sage*, 1093. Les deux adjectifs *proz* et *sage* sont ici très nettement opposés. *L'Arcevesque fut sages e* PROZ, 3691. *Neimes ad fait que* PROZ, 2423. = Au v. 604 (*Cunseill n'est* PROZ), le sens de « bon » est plus fortement accentué. — R. s. m. : PROZ, 2905. — S. p. m., PROZ : *Cil ne sunt* PROZ *jamais pur guerreier*, 1514. Ce vers nous montre le sens assez vague où restait le mot *proz*, qu'il a fallu ici commenter par les deux mots: *pur guerreier*. Cf. 1441.
PROZDOEM. V. le suivant.
PROZDOM. S. s. m. Homme courageux, homme d'honneur (*Prodis homo*), 1474. On trouve encore au s. s. m. : 2o PROZDOEM, 296; 3o PROZDOME, 1593, et 4o PRODUME, 1485. — Voc. s. m. : PROZDOEM, 2916. — R. s. m. : 1o PROZDOEM, 26; 2o PRODUME, 1288; 3o PRODOME, 1501. — S. p. m. : PRODUME, 3875. — R. p. m. : 1o PROZDOMES, 2212, et 2o PRODUME(s), 3264. V. *Proz*.
PUEZ. Verbe neut. et act., 2e p. p. de l'ind. prés. du verbe « pouvoir ». Vous pouvez (bas lat. *potetis*), 74, 1175, 3206.
PUI. R. s. m. Montagne (*Podium*), 1017, 3292. — S. p. m. : PUI, 814. Cf. 1755. — R. p. m. : PUIS, 209. Cf. 714.
PUI. R. s. m. Nom propre (*Podium*, ?) : *Faldrun de* PUI, 1871.

PUIGN. R. s. m. Poing (*Pugnum*), 466 ; PUI(N)G, 415; POING, 767, etc. — R. p. m.: PUINZ, 3868; POINZ, 720.

PUIGNANT. Part. prés.. s. s. m. de *puindre*. Éperonnant (*Pungentem*): *Muntet el' cheval, vient à sa gent* PUIGNANT, 2841. Cf. POIGNANT, au v. 2055. — R. s. m. : POIGNANT, 889. V. *Puint*.

PUIGNENT. Verbe act., 3º p. p. de l'ind. prés. de *puindre* (*Pungunt*): PUIGNENT *ad ait tuit li barun de France*, 1844.

PUIGNEURS. V. PUINNERES.

PUILLAIN. S. p. m. (Sont-ce les Polonais? Les *Polanes* ou Slaves de la plaine envahirent, au vɪᵉ siècle, les vallées de la Vistule, et leur nom fut donné à tout le pays. Mais il est plutôt question, dans le vers suivant, des hommes de la Pouille. Or Pouillé vient d'*Apulia*) : *Romain,* PUILLAIN *e tuit cil de Palerne*, 2923.

PUILLANIE. R. s. f. Un des pays conquis par Roland. On peut supposer qu'il s'agit ici de la Pologne ; mais c'est encore une hypothèse (V. le mot précédent) : *Jo l'en cunquis.. Burguigne e trestute* PUILLANIE, 2328.

PUILLE. R. s. f. Pouille (*Apuliam*): *Cunquist* PUILLE *e trestute Calabre*, 371.

PUINNERES. S. s. m. Combattant (*Pugnator*) : *Li quens Oger li Daneis, li* PUINNERES, 3033. — R. s. m. : POIGNEOR, 3785. — R. p. m. : PUIGNEÜRS, 3677.

PUINT. Verbe act., 3º p. s. de l'ind. prés. de *puindre*. Éperonne (*Pungit*) : PUINT *le ceval*, 3547. — 3º p. p. : PUIGNENT, 3547. — Part. prés., s. s. m. : PUIGNANT, 2841, et POIGNANT, 2055. — R. s. m. : POIGNANT, 889.

PUINZ. R. p. m. Poings (*Pugnos*), 3868. V. *Puign*.

PUIS. R. p. m. Montagnes (*Podios*), 209, 714. V. *Pui*.

PUIS (*Possum*). 1º Conjugaison: Ind. prés. 1ʳᵉ p. s. : PUIS, 254, 290; POIS, 657; POI, 1365. 2º p. s. : POEZ (pour POES), 2456. 3º p. s. : POET, 9, 61, etc. 1ʳᵉ p. p. : PUUM, 1238, et POÜMS, 1695. 2º p. p. : PUEZ, 74, et POEZ, 1104. 3º p. p. : POEDENT, 1841, POEENT, 3063, et POENT, 1440. — Imparf. de l'ind. 3º p. s. : POEIT, 2216. — Parf. simple, 3º p. s. : POUT, 344, 1037, etc. — Fut. 1ʳᵉ p. s. : PURRAI, 146. 3º p. s. : PURRAT, 34. 1ʳᵉ p. p. : PURRUM, 1698; PORRUM, 973; PURUM, 1007, et PURRUNS, 252. 2º p. p. : PURREZ, 133. — Cond. 3º p. s. : PURREIT, 534. — Subj. prés.. 3º p. s. : PUISSET, 2522; POISSET, 1555. 2º p. p. : PUISSEZ, 480. 3º p. p. : POISSENT, 3049. — Imparf. du subj. 3º p. s. : POÜST, 1482 (sens du conditionnel). 1ʳᵉ p. p. : POÜSSUM, 631, et POÜSUM, 624. — Part. prés. employé adjectivement, s. s. m. : PUISANT, 2731, et r. s. f. : POISANT, 3111. = 2º SENS. *a*. L'emploi le plus fréquent de ce verbe est avec l'infinitif d'un autre verbe : *Ne* POIS AMER *les voz*, 1548. Et avec un neutre tel que *il* venant d'*illud* : IL *ne* POET *estre qu'il seient desevrez*, 3913. Cf. 61. — *b*. Il s'emploie absolument dans le sens de nos locutions : « Comme je puis, autant que je puis » : *Si cum il* POET*, à l'Arcevesque en vint*, 2203. *Kar chevalchez à quanque vos* PUEZ, 1175. *Cum il cinz* POUT*, de l' pui est avalet*, 1037. *Vait le ferir li bers quanque il* POUT, 1541. — *c*. Un sens plus net et plus fort nous est offert par le vers 3049. *Poissent* y a la valeur de « soient puissants » : *Suz ciel n'ad gent ki plus* POISSENT *en camp*. C'est le même sens que reçoit le participe présent, employé adjectivement : *Li Amiralz est riches e* PUISANT, 2731. *Seignal sun chef de la vertut* POISANT, 3111.

PUIS. Est tantôt adverbe, tantôt préposition, tantôt conjonction (avec *que*). Dans les trois cas, il dérive de *post* : 1º Adverbe. *Unc cinz ne* PUIS *ne fut si fort ajustée*, 3394. Cf. POIS, 656, etc. = 2º Préposition. PUIS *icel jur*, 664. *Enceis ne* PUIS *cel tens*, 3382. = 3º Conjonction. PUIS QUE (*Postquam*), a d'abord le sens de « après que » : PUIS QUE *il est sur sun cheval muntet*, 896. Mais il arrive graduellement au sens actuel de « puisque » : PUIS QUE *l' cumant, aler vus en estoet*, 300.

PUISSET. Verbe actif et neutre, 3º p. s. du subj. prés. Puisse (*Possiat*), 2522, et POISSET, 1555.

PUISSEZ. Verbe actif et neutre, 2º p. p. du subj. prés. Puissiez (*Possiatis*), 480.

PULCELE(S). R. p. f. Jeunes filles (*Pullicellas*), 821.

PULDRE. S. s. f. Poussière (du r. *Pulverem*), 3633.

PULDRUS. R. p. m. Poudreux (*Pulverosos*), 2426.

PULMUN. R. s. m. Poumon (*Pulmonem*), 1278.

PUME. R. s. f. Pomme (forme féminine, faite sur le pluriel de *pomum*), 386.

PUMER. R. s. m. Pommier (*Pomarium*) : *Ardent cez hanstes de fraisne e de* PUMER, 2537. Ce mot se trouvant en assonance dans un couplet en *ier*, la forme correcte est *pumier*.

PUNZ. S. s. m. Le pommeau de l'épée, et non pas la poignée, comme l'ont cru D. Carpentier, Fr. Michel et Bartsch (V. dans Ducange le mot *pontus*, mais en n'oubliant pas que ce mot a été fait sur *punz*. *Pugnus* n'explique point le *t* de *punt*) : *D'or est li helz e de cristal li* PUNZ, 1364. — R. s. m., PUNT : *En l'oriet* PUNT *asez i ad reliques*, 2345. — R. p. m. : PUNZ, 684.

PUNZ. R. p. m. Ponts (*Pontes*), 2690.

PUR et POR. Préposition (La forme correcte est *pur*. *Pro*). 1° Avec un substantif. *a*. « En faveur de... » : PUR *vos le dei ben faire*, 807. — *b*. « Au nom de... » : PUR *Deu vos pri*, 1473. — *c*. « A cause de... » : *N'en descendrat* PUR *malvaises nuveles*, 810. *Ço est li grant dulors* POR *la mort de Rollant*, 1437. — *d*. Avec QUEI ou QUE, PUR a le sens de notre « pourquoi » : PUR QUEI *t'esrages*, 307. POR QUEI *me portez ire*, 1722. Il faut observer que *por quei* signifie aussi « c'est pourquoi » : *Rollanz me forfist...* PUR QUE(I) *jo quis sa mort*, 3759. — *e*. Avec POI ou POI QUE, *pur* a un sens spécial : PUR POI *d'ire ne fent*, 304. POR POI QUE *n'est desvet*, 2789. (Peu s'en faut qu'il n'en devienne fou.) = 2° Avec un infinitif. *a*. « Afin de... » : *Prozdom i out* PUR *sun seignur aider*, 26. — *b*. « Pour ce qui est de... S'il s'agit de... » : *Ja* PUR *murir ne vus en faldrat uns*, 1048. = PUR uni à ÇO QUE forme une véritable conjonction qui se présente dans le *Roland* avec deux sens bien distincts. 1° « Afin de... » : PUR ÇO QUE *plus bel seit*, 1004. — 2° « Parce que... » *En la teste ad dulor* POR ÇO QUE *il cornat*, 2101, 2102.

PURCACET (SE). Verbe réfl. 3° p. s. de l'ind. prés. de *purcacier*. Se préoccupe, a souci (*Se pro-captiat*) : *Li reis Marsilie* S'EN PURCACET *asez*, 2612.

PUROFFRIT. Verbe act., 3° p. s. du parf. simple de *puroffrir* (De *prooferire*), 2389. Cf. PUROFFRID au vers 2365.

PURPAROLENT. Verbe act., 3° p. p. de l'ind. prés. de *purparler*. Arranger, disposer, combiner (*Pro-parabolant*) : *Là* PURPAROLENT *la traïsun seinz dreit*, 511. — Parf. simple; 3° p. s. : PURPARLAT, 3856.

PURPENSET (SE FUT). Verbe réfl. 3° p. f. du parf. comp. de PURPENSER. Eut réfléchi (*Se fuit propensatum*) : *Mais li quens Guenes* SE *fut ben* PURPENSET, 425.—Impér., 2° p. s., TE PURPENSES : *Dist l'Amiraill* : « *Carles*, *kar* TE PURPENSES, » 3589. — Part. passé, r. p. m. : PURPENSEZ : *Pur Deu vos pri, en seiez* PURPENSEZ, 1177.

PURPERNEZ. V. le suivant.

PURPRISES (UNT). Verbe actif, 3° p. p. du parf. comp. de *purprendre*, avec un r. p. f. Ont occupé (*Proprensas habent*) : *De la cuntrée* UNT PURPRISES *les parz*, 3332. = Le sens est à peu près le même dans le vers suivant, où ce vers nous est offert à la 2° p. p. de l'impératif : *Si* PURPERNEZ *les deserz e les tertres*, 805. *Purpernez* peut ici se traduire également par « occupez ».

PURQUEI. V. *Pur*.

PURRAI. Verbe actif et neutre, 1re p. s. du futur (*Potere-habeo*), 146, 581.

PURRAT. Même temps, à la 3° p. s. (*Potere-habet*), 34, 156, 334, 1744.

PURREIT. Cond. du même verbe, 3° p. s. (*Potere-habebat*), 534.

PURREZ. Futur du même verbe, 2° p. p. (*Potere-habetis*), 133.

PURRUM. Même temps, 1re p. p. (*Potere-habemus*), 1698.

PURRUNS. Autre forme du précédent, 252.

PURUM. Troisième forme du même, 1007. Pour les sept mots précédents, voy. *Puis*.

PUT. Adj. r. s. m. Mauvais, puant (*Putidum*) : *De* PUT *aire*, 763. V. *Aire*.

PUUM. Verbe actif et neutre, 1re p. p. de l'ind. prés. (bas latin *potemus*), 1238. V. *Puis*.

Q

QUAN. Conj. Lorsque (*Quando*), 601. V. *Quant*, qui est la forme correcte.

QUANQUE. Conj. « Autant que... » (*Quanque* ne vient pas de *quantumcunque*, comme l'ont pensé Chevallet et Génin, mais de *quantum quod*) : *Vait le ferir li Quens* QUANQUE *il pout*, 1198. QUANQU'*il poet s'esvertuet*, 2298. Et il s'unit, dans le même sens, à la prép. *à* : *Kar chevalchez à* QUANQUE *vos puez*, 1175. = QUANQUE est un véritable adjectif r. s. n. au v. 3202 : *Jo vos otri* QUANQUE *m'avez ci quis.*

QUANT. Conj. Lorsque (*Quando*) : QUANT *se redrecet, mult par out fier lu vis*, 142, 289, 324, etc. Cf. QUAN au v. 601.

QUANZ. Adj., r. p. m. Combien (*Quantos*. Ducange cite des exemples où *quantus* est employé pour *quot*) : *Cuntes e Dux i ad ben ne sai* QUANZ, 2650.

QUAR. Conj. « En effet... » (*Quare*) : *A tort vos curuciez;* QUAR *ço vos mandet Carles*, 469, 470. Cf. KAR, 390, 682, 742, etc., et CAR, 358. = Nous avons, notamment au premier de ces mots, exposé les différents sens de cette conjonction. QUAR, plus étymologique, était déjà abandonné.

QUARANTE. Nom de nombre (*Quadraginta*), 3936.

QUARREL. R. s. m. Carreau d'arbalète (*Quadrellum*) : *D'un arbaleste ne poet traire un* QUARREL, 2265.

QUARTE. Adject. numéral, s. s. f. Quatrième (*Quarta*), 3225. — R. s. f. : QUARTE, 3036.

QUARTERS. S. p. m. Quartiers de l'écu, divisions matérielles produites sans doute par les bandes de fer qui assujettissaient le cuir sur le bois ou qui consolidaient le fût (*Quartarios*) : *En lur cols pendent lur escuz de* QUARTERS, 3867. = Conformément aux lois de la phonétique, ce mot se trouve en assonance dans une laisse en *ier*, et la forme correcte est *quartiers*.

QUASSET. Verbe act., 3e p. s. de l'ind. prés. de *quasser*. Brise, rompt, casse (*Quassat*), 3448. — Parf. comp., 3e p. p., avec un r. p. m. : UNT QUASSET, 2078.

QUAT. R. s. m. : *Li païens chet cuntreval à un* QUAT, 1267 (QUAT, suivant W. Fœrster, est le substantif verbal du verbe bien connu *quatir*. Mais je persiste à croire que *quat* est pour *quas* et que le vers du *Roland* a exactement le même sens que ceux-ci de *Partenopex* : *Il abat lui et son cheval* — TOT A UN QUAS, TOT CONTREVAL, (v. 8113, 8114). Cf. la *Chronique des Ducs de Normandie*, v. 25156. Le mot serait ici le substantif verbal de *quasser*.

QUATRE. Nom de nombre (*Quatuor*), 185, 1686, etc.

QUE. Pron. relatif, r. s. m. (*Quem*) : *Dunez mei l'arc* QUE *vos tenez el' poign*, 767. — R. s. f. (*Quam*) : *Ma bone espée* QUE *ai ceint à l' costet*, 1066, etc. — R. p. m. (*Quos*) : *Li .XII. per* QUE *jo aveie laiset*, 2410. — R. p. f. (*Quas*) : *Cez paroles* QUE *vos avez ci dit*, 145. — Le r. n. latin, tant singulier que pluriel donne également QUE. = Dans la locution si usitée : *Jo fereie que fols*, 1035, (*Carles*) *fist* QUE *proz*, 1209, il faut considérer *que* comme un pronom neutre et traduire : « Je ferais ce que ferait un fou; Charles fit ce que ferait un preux », etc. etc.

QUE interrogatif (*Quod*). S. s. n. : *Deus!* QUE *purrat ço estre*, 334. — R. s. n. : QUE *fereient il el*, 1185. Et, sans interrogation directe : *Or ne sai-je* QUE *faço*, 1982. = De même que *quid*, pris adverbialement, signifie « pourquoi » dans la meilleure latinité, de même notre *que* a ce sens dans la langue du *Roland : E! reis amis,* QUE *vos ici nen estes*, 1697. *E! lasse!* QUE *nen ai un hume qui m' ociet*, 2723, etc. Cf. en latin *quid ni*.

QUE. Conjonction. 1° Venant de *quam*. *a.* Après un comparatif : PLUS *curt à pied* QUE *ne fait un cheval*, 890. (*Que* est remplacé par *de*, après un comparatif, devant un nom ou un pronom : *Meillor vassal n'out en la curt* DE *lui*, 775, etc. — *b.* Dans les locutions *puis* QUE, *einz* QUE, 1690, et *enceis* QUE, il faut admettre les étymologies *postquam* et *antequam*. = 2° Venant de *quod*, QUE a les sens les plus nombreux et les plus divers : *a.* Tous les sens de notre *que* actuel pour exprimer la relation entre deux actions, entre deux verbes: *Ne s'poet guarder* QUE *mals ne li ateignet*, 9. *Il est jugetz* QUE *nus les ocirum*, 884. *Dient alquanz* QUE *diables i meignent*, 983, etc. etc. — *b.* « Afin que... » : *El' camp estez* QUE *ne seiez vencuz*, 1046. — *c.* « Si bien que... De telle sorte que... » : *Carles se dort qu'il ne s'esveillet mie*, 721. *Empeint le bien... QUE mort l'abat*, 1273. — *d.* « Pour que... » *Cum fus si os* QUE *me saisis*, 2293. — *e.* « En ce que... » : *Carles fist que proz qu'il nus laisad as porz*, 1209. — Locutions diverses qui ne nous sont point restées, et où « *que* » vient également de *quod* : *Ne lerrai* QUE *ne l' mat*, 893. *Ne poet muer* QUE *des oilz ne plurt*, 773. *Se ne l'assaill, dunc ne faz jo* QUE *creire*, 987. = 3° QUE employé pour le relatif *qui...* ou pour « que il », « que elle » : *Piere n' i ad* QUE *tute ne seit neire*, 982. *N' unt guarnement* QUE *tut ne reflambeit*, 1003. = QUE se combine avec le pronom. C'est ainsi que *quels* est pour *quod illos* : *Or est le jur* QUEL'*s estuverat murir*, 1242. = Pour les expressions *Jo fereie que fols*, 1035 et (*Carles*) *fist* QUE *proz*, 1209. voy. ci-dessus l'article consacré à *que* pronom relatif. = Une dernière observation. Nos pères négligeaient ou supprimaient la conjonction *que* en beaucoup de cas où nous n'oserions point ne pas nous en servir : *Co sent Rollanz la veüe ad perdue*, 2297. *Ne lesserat bataille ne lur dunt*, 859. *Carles li magnes ne poet muer n'en plurt*, 841. Le subjonctif suffisait alors, et la phrase y gagnait en vivacité.

QUE QUE. « Quoi que, quelle que soit la chose que... » (*Quidquid*) : QUE QUE *Rollanz à Guenelun forsfesist*, 3827.

QUEI. Adj. s. p. m. Tranquilles, « qui se tiennent coi » (*Quieti*) : *Icels d'Alverne... se cuntiennent plus* QUEI, 3797.

QUEI. Quói (*Quid*) : *De* QUEI *avez pesance*, 832. = PUR QUEI a trois sens : 1° « C'est pourquoi » ; *Rollanz me forsfist...* POR QUE(I) *jo quis sa mort*, 3759. = 2° « Pourquoi » : POR QUEI *me portez ire*, 1722. = 3° « Afin que... » : *Baptisez la* PUR QUEI *Deus en ait l'anme*, 3981. Cf. 307. Dans ce dernier sens, PUR QUEI est au lieu de « PUR QUE ».

QUELS. Adj., s. s. m. (*Qualis*) : *Ço ne set* LI QUELS *veint ne* QUELS *nun*, 2567. Cet exemple montre très clairement qu'on employait *quels* tantôt avec et tantôt sans l'article *li*. — S. s. : *Oez, seignurs*, QUEL *pecchet nus encumbret*. 15. *Deus!* QUEL *doel de baron*, 1536. On peut dans ce dernier exemple voir un régime plutôt qu'un sujet. — R. s. f., QUEL: *Ne li chalt, sire, de* QUEL *mort nus muriuns*, 227. = On trouve deux fois QUELE. Au vers 927 (*Asez orrez* LA QUELE *irat desure*), on peut supposer une erreur du scribe; mais au vers 395 (*Par* QUELE *gent*), la mesure exige bien QUELE. C'est déjà de la décadence ; c'est la violation de cette belle règle antique qui pouvait ainsi se formuler : « Les adjectifs latins n'ayant qu'une terminaison pour le masculin et le féminin, ont donné naissance à des adjectifs français qui n'ont également qu'une seule forme pour les deux genres. » Pour mieux parler, nous assistons déjà au passage de la déclinaison des adjectifs latins en *is*, à celle des adjectifs en *us*, *a*, *um*.

QUENS. S. s. m. Comte (*Comes*), 194, 301, 625, etc. — Voc. s. m. : QUENS, 2045. — R. s. m. : CUNTE (*Comitem*).

QUER. R. s. Cœur (*Cor*) : *La mort... sur le* QUER *li descent*, 2356. R. p. : QUERS, 2965. Cf. au s. s. : COER, 2019 ; au r. s. : COER, 1107, et au r. p. : COERS, 3628.

QUERRE. Verbe act. Inf. prés. Chercher, demander, dans tous les sens actuels de ce mot au propre et au figuré (*Quærere*) : *Quant l'Empereres vait* QUERRE *sun nevold*, 2870. Cf. 1782 (avec le sens d'attaquer), et QUERE, 1700. — Parf. simple, QUIS : *Jo* QUIS *sa mort*, 3759. — Parf. comp., 2° p. p., avec un r. s. n., AVEZ QUIS : *Jo vos otri quanque m'* AVEZ CI QUIS, 3202. — Parf. antérieur, 3° p. s., avec un r. s. f., OUT QUIS : *Unc n' i* OUT QUIS *juinture*, 1333. — Cond., 3° p. p. : QUERREIENT, 404. — Part. prés., s. s. m. : QUERANT, 2661. S. p. m. : QUERANT, 1166. — Part. pass., r. n. : QUIS.

QUERS. V. QUER.

QUI. Pron. relatif, s. s. m. (*Qui*) : *N'i ad eschipre* QUI *s' cleimet se par lui nun*, 1522. — S. s. f. : *Jo nen ai ost qui bataille li dunne*, 18. — S. p. m. : *C. milie chevalers* — QUI *pur Rollant de Tierri unt pitiet*, 3870, 3871, etc. = *Qui*, dévié de son sens étymologique, s'emploie déjà avec une préposition, A UN AUTRE CAS

QU'AU CAS SUJET : *En* QUI *il se fiet*, 586. = Mais il est un grand nombre de cas où *qui* dérive évidemment du datif latin *cui*, et non du nominatif *qui*. C'est un fait qui n'a point été suffisamment mis en lumière. Tels sont les exemples suivants : QUI *qu' en peist u* QUI *nun*, 1279. *Mult ben espleitet* QUI *Damnes Deus aiuet*, 3657. *De ço* QUI *calt*, 1405, 1840, 1913, 3339. = Qui est également interrogatif, et l'on peut dire qu'en ce cas il dérive de *quis*: QUI *i purrum enveier*, 244, 252. *Quis*, d'ailleurs, s'était, dans l'usage vulgaire, confondu avec *qui*. = Une dernière remarque. Nous trouvons dans notre vieux texte la locution KI QUE, dans le sens de « quel que soit celui qui » : KI *que l' blasme ne* QUI *l' lot*, 1546. Cf. KI QUE'S *rapelt*, 1012, et KI QUEL' *cumpert*, 1592. = Qui, combiné avec SE, donne QUIS : *N' i ad eschipre* QUI *s' cleimt*, 1522. Cf., pour une autre combinaison, KI L' aux v. 833 et 2380. = La forme qui, dans le *Roland*, est de beaucoup la plus usitée, est *ki* (V. 617, 194, etc. etc.)

QUID. Verbe actif, 1re p. s. de l'ind. prés. de *quider*. Je pense (*Cogito*) : *Si 'n averez, ço* QUID, *de plus gentilz*, 150. 3e p. s. : QUIDET, avec la dentale conservée, 2733. QUIET, sans la dentale, 395. 3e p. p. : QUIDENT, 2121, 3004. — Parf. simpl., 2e p. s. : QUIAS, 764 ; 3e p. s. : QUIAD, 3506.

QUIEMENT. Adverbe. Tranquillement (*Quieta-mente*), 1644. Il faut corriger et adopter *queiement*.

QUINT. Adjectif numéral, s. s. m. Cinquième (*Quintus*), 1687. — S. s. f. : QUINTE, 3242. — R. s. f. : QUINTE, 3045.

QUINZE. Nom de nombre (*Quindecim*), 109.

QUIR. R. s. Cuir (*Corium*) : *Si 'n deit hom perdre e de l'* QUIR *e de l' peil*, 1012. — R. p., QUIRS : *En* QUIRS *de cerf les seignurs unt mis*, 2968.

QUIS. Verbe actif, 1re p. s. du parf. simpl. de *Querre*. Je recherchai, je poursuivis (*Quæsi*, « forme analogique ») : *Jo* QUIS *sa mort*, 3759.

QUIS (OUT). Verbe actif, 3e p. s. du parf. antérieur de *Querre*, avec un r. s. f. (*Habuit quæsum*), 1333.

QUIS (AVEZ). Verbe actif, 2e p. p. du parf. comp. de *Querre*, avec un r. n. Vous avez demandé (*Habetis quæsum*), 3202.

QUISINE. R. s. f. (Bas latin *Cocinam*), 1822.

QUISSE. R. s. f. Cuisse (*Coxam*), 1653. V. *Cuisse*.

QUITE. Adjectif, r. s. m. Acquitté, libre de toute servitude, quitte (« QUITE, dit W. Fœrster, ne peut pas dériver de *quietus*, *quitus*. Et, tout d'abord, il faut deux *t* : car un seul *t* tomberait entre deux voyelles. En second lieu, pour expliquer l'*e* muet final, qui ne peut être ici que comme l'appui d'une consonnance composée, je suppose encore un *i* après les deux *t* ; *quittium, quittidum*»).=*Clamer* QUITE quelque chose à quelqu'un, c'est la lui donner sans aucune réserve : QUITE *vus cleimet d'Espaigne le regnet*, 2787. C'est encore acquitter un accusé : *Que Guenelun* CLEIMT QUITE *ceste feiz*, 3800. — R. s. f. : QUITE, 2748. — S. p. m., QUITES : *Ben sunt asols e* QUITES *de lur pecchez*, 1140.

QUITEDET. R. s. f. Liberté, tranquillité (*Quittitatem*) : *Si nus remeindrat Espaigne en* QUITEDET, 907.

QUITES. Adjectif, s. p. m. (*Quiti*), 1140. V. *Quite*.

R

RABE. R. s. m. Nom d'un comte français (par erreur, pour *Rabel*), 3014. V. le suivant.

RABELS. S. s. m. Nom d'un comte français (?), 3348, 3352. — R. s. m. : RABE (au lieu de RABEL), 3014.

RACATET. Verbe actif. Ind. prés., 3e p. s. (*Re-accaptat*.) Le sens est celui de « corner. » : *D'un graisle cler,* RACATET *ses cumpaignz*, 3194. 3e p. p., RACATENT : *E luit* RACHATENT *encuntre l'olifant*, 1833. = V. sur le sens de ce vers une excellente Note de W. Fœrster, dans le *Zeitschrift* de Grœber, 1878, p. 178.

RAGE. S. s. f. (*Rabies*, ou, plutôt, *rabia*, par la consonnification de l'*i*), 747. — R. s. f. : RAGE, 2279.

RAIET. Verbe neutre, 3e p. s. de l'ind. prés. (*Radiat*) : *Li sancs tuz clers par mi le cors li* RAIET, 1980.

RAISUN. R. s. f. Discours, parole (*Rationem*) : *Li Empereres out sa* RAISUN *fenie*, 193 ; et RAISON : *Si li ad dit par mult fière* RAISON, 1231. = Remarquer les locutions : « finir sa raison, conter sa raison », etc.

RALIER. Verbe actif. Inf. prés. (*Realligare*) : *Sunet sun gresle pur les soens* RALIER, 1319. — Ind. prés., 3e p. p. : *Par tut le camp ses cumpaignes* RALIENT, 3525. Je pense qu'ici le sens est neutre, et que *ralient* signifie : « Se rallient... »

RANCUNE. R. s. f. (*Rancuriam*, *rancuniam*, fait sur *rancor*, *rancoris*) : *.X. colps i fiert par doel e par* RANCUNE, 2301.

RAPELT. Verbe actif, 3e p. s. du subj. prés. de *rapeler* (*Re-appellet*) : *Ki que's* RAPELT, *ja n' en returnerunt*, 1912.

RECEIF. Verbe actif, 1re p. s. de l'ind. prés. du verbe *receivere* (*Recipio*) : *De vos* RECEIF *le guant*, 2838, et, dans un sens plus spécial : *Vos* RECEIF-*jo frere*, 1376. V. *Receivere*.

RECEIF. Verbe actif. Impér., 2e p. s. de *receivere*.(*Recipe*) : RECEIF *la lei que Deus nos apresentet*, 3597. V. *Receivere*.

RECEIT. Verbe neutre, 3e p. s. de l'ind. prés. de *receivere* (*Recipit*), 464. V. *Receivre*.

RECEIVERE. Verbe actif. 1º CONJUGAISON. Inf. prés. : RECEIVERE, 1178.— Ind. prés., 1re p. s. : RECEIF, 1376 ; 3e p. s. : RECEIT, 464. — Parf. simpl., 3e p. s. : REÇUT, 770. — Parf. comp. avec un r. s. m. : AD REÇUT, 782. — Fut., 1re p. s. : RECEVERAI, 85 ; 3e p. s. : RECEVERAT, 189. 1re p. p. : RECEVERUMS, 1922 ; 2e p. p. : RECEVEREZ, 38.—Impér. 2e p. s. : RECEIF, 3597 ; 2e p. p. : RECEVEZ, 281. — Subj. prés., 2e p. p. : RECEVEZ, 431. — Part. pass., r. s. n. : REÇUT, 782. = 2º SENS. *a. Receivere* a tout d'abord le sens primitif de « recueillir, prendre dans ses mains » : *De vos* RECEIF *le guant*, 2838. — *b.* « Subir le martyre, recevoir des coups » : *De colps ferir, de* RECEIVERE *e duner*, 1178. *Ci* RECEVERUMS *martirie*, 1922.= *c.* Accueillir, accepter (dans le sens de notre expression « recevoir bachelier ») : *Ço dist Rollanz : (Or) vos* RECEIF *jo frere*, 1376. — *d.* « Recevoir la chrétienté, la foi chrétienne, » c'est se convertir à la foi catholique : *Si* RECEVEREZ *la lei de chrestiens*, 38. = Il est inutile d'ajouter que partout où l'*i* bref de *recipere* est tonique, nous avons la notation·*ei* : *receif*, etc. Cf. *amer* et *aimet*, *clamer* et *claimet*.

RECERCELET. Part. passé, r. s. du verbe *recerceler*. Des cheveux *recercelez* sont des cheveux qui font des boucles, qui « frisent » (*Recircillatum*. V. Ducange au mot *circillatus*): *Le chef* RECERCELET, 3161.

RECERCER. Verbe actif. Inf. prés. Fouiller, scruter (*Re-circare*) : *Le camp vait* RECERCER, 2200. L'assonance exige *recercier*.

RECET. R. s. Maison (*Receptum*) : *Nen ad* RECET *dunt li mur ne cravent*, 1430.

RECLAIMET. V. le suivant.

RECLEIMET. Verbe actif, 3e p. s. de l'ind. prés. de *reclamer* (*Reclamat*), 8, 2014 ; RECLAIMET, 2044 ; RECLEIMED, 2365. 3e p. p. : RECLEIMENT, 3998. — Impér. 2e p. p. : RECLAMEZ, 3517. = Le sens le plus naturel et le plus fréquent est celui d' « appeler à son aide », 2044, 3391, 3517 et 3998. = D'où le sens de « prier » : RECLEIMET *Deu e l'apostle de Rome*, 2998. Cf. 8. = Enfin « réclamer sa coulpe », c'est « dire son *mea culpa* », 2014.

RECOEVEREMENT. R. s. Action de recouvrer ce qu'on a perdu (*Recuperamentum*), 1607.

RECONOISABLE. Adj. s. p. m. Reconnaissables (La désinence *able*, appliquée aux adjectifs verbaux des trois dernières conjugaisons, est un fait d'origine romane, et non latine. C'est une des nombreuses conquêtes faites par notre première conjugaison sur les trois autres), 3124.

RECONUISANCE. R. s. f. Action de se faire reconnaître (*Recognoscantiam*) : *Munjoie escriet pur la* RECONUISANCE, 3619.

RECONOISTRE. Verbe actif. Inf. prés. (*Recognoscere*), 1993. *A mei venget pur* RECO[NO]ISTRE *sun feu*, 2680. — Parf. simple, 3e p. s. : RECUNUT, 1596. — Subj. prés., 3e p. s., RECONUISSET : *Josque li uns sun tort i* RECONUISSET, 3588. = Le sens le plus ordinaire est celui de « distinguer quelqu'un qu'on a déjà vu » (1596, 1993). Mais on remarquera les deux locutions « reconnaître son tort » et « reconnaître son fief ». La première nous est restée.

RECREANTISE. R. s. f. Lâcheté, faiblesse, impuissance (V. *Recreanz*): *Cist nostre Deu sunt en* RECREANTISE, — *En Rencesvals m(alvais)es vertuz firent*, 2714, 2715.

RECREANZ. Part. prés. de *Recreire*,

RECREIT — REFERIR

s. s. m. (*Recredantem*), 528, 543, etc. recreant, 556, 2063, etc. — R. s. m. : recreant, 2733. — R. s. f. : recreant, 393. — S. p. m. : recreanz, 2048. = Le premier sens, le plus ancien de *recreant*, est celui de *se recredentem*. C'est le champion qui, dans le duel, se déclare vaincu et se rend, *se recredit*, à son adversaire. Par le seul fait de cette humiliation, il est réputé avouer son crime. Et tel est le sens des vers suivants : *Josqu'il seit mort u tut vif* recreant, 2663. *Ki tute gent voelt faire* recreant, 393. Mais déjà le sens est singulièrement élargi. = Ce mot, d'ailleurs, n'a pas tardé à signifier lâche, misérable » : *Guenes est mort cume fel* recreant, 3973. = Il s'emploie, enfin, avec un verbe, dans le sens de « fatigué de... », et ce nouveau sens dérive encore du premier : Recreant *ert de sa guerre mener*, 906. Recreanz *d'osteier*, 528, 543.

RECREIT. 1º Conjugaison de ce verbe. Ind. prés., 3ᵉ p. s. : recreit, 3852. — Fut., 1ʳᵉ p. s. : recrerrai, 3908 ; recr[e]rai, 3848 ; 3ᵉ p. p. : recrerrunt, 871. — Impér. : te recreiz, 3892. = Au passif. Fut., 3ᵉ p. s., avec un s. s. m. : ert recreüt, 2088. — Part. prés., s. s. m. : recreanz, 528 ; recreant, 556. R. s. m. : recreant, 2733. R. s. f. : recreant, 393. S. p. m. : recreanz, 3048. — Part. passé, s. s. m. : recreüt, 2088. = 2º Sens. *a.* Le premier est celui de *se recredere*, se rendre, s'avouer vaincu : *Tierri, car* te recreiz, 3892. *N' en* recrerrai *pur nul hume mortel*, 3908. — *b.* De là au sens de « demander grâce quand on est fatigué », il n'y a pas loin : *Lasserat Carles, si* recrerrunt *si Franc*, 871. — *c.* Une signification plus difficile est celle que nous offrent les deux vers suivants : *Ço dist li Reis : « E jo l'en* recr[e]rai », 3848. *Li Emperere l'en* recreit *par hostage*, 3852. Le sens est ici celui de « S'en- « gager, en donnant caution, à « restituer telle ou telle chose », et, par exemple, comme le dit Ducange, *spondere, vade dato, se redditurum pignora*. Or, de quoi s'agit-il ? Charles a reçu trente otages de Pinabel : il s'engage à les lui rendre, si le duel se prononce en faveur de Ganelon. L'Empereur lui donne lui-même caution, et cette caution consiste également en otages : *Li Empereres l'en* recreit *par hostage...*

RECUILLIR. Verbe actif. Inf. prés. *a.* « Rassembler, mettre ensemble, recueillir » (*Recolligere* passé à la 4ᵉ conjugaison) : *Li Emperere ad fait... tuz les quers en paile* recuillir, 2965. = *b.* « Recevoir ». Parf. simple, 3ᵉ p. s. (*Recollegit*) : *Passet avant, le dun en* requeillit, 3210. On dit encore aujourd'hui : « Recueillir un héritage. »

RECUMENZ. Verbe neutre ou actif, 3ᵉ p. s. (*Re-cum-initio*) : *Ferez, Franceis, car je l' vos* récumenz, 1937. 3ᵉ p. p., recumencent : *Dunc* recumencent *e le hu e le cri*, 2064. = Parf. simple, 3ᵉ p. p. avec un r. s. n., unt recumencet : *A icest mot l'unt Francs* recumencet, 1677. et 1884. Dans le second vers seulement le neutre est probable.

RECUNUT. Verbe actif, 3ᵉ p. s. du parf. simple de *reconoistre* (*Recognovit*), 1596. V. *Reconoistre*.

REÇUT. Verbe actif, 3ᵉ p. s. du parf. simple de *recivere* (*Recepit*), 770, 2825. V. *Recivre*.

REÇUT (ad). Verbe actif, 3ᵉ p. s. du parf. comp. de *recivere*, avec un r. s. m., 782. V. *Recivre*.

RECUVERER. Verbe neutre ou actif. Inf. prés. (*Recuperare*), 344. — Fut., 1ʳᵉ p. p. : recuver[r]um, 3813. — Imparf. du subj., 3ᵉ p. s. : recuverast, 3441. = Passif. Futur, 3ᵉ p. s., avec un s. s. m. : ert recuveret, 3803. = Aux vers 344, 3803 et 3813, ce verbe est actif et a le sens de notre mot « recouvrer ». Mais, au vers 3441, il est neutre et offre le sens de « faire une seconde fois », *iterare, repetere*, que Ducange attribue aussi au latin *recuperare*. Il est question de Naimes, qui reçoit un très rude coup du païen Malprime ; et le poète ajoute : *Se li païens une feiz* recuverast, — *Sempres fust mort li nobilies vassal*.

RECUVERANCE. R. s. f. (Même sens que *recoevrement*. L'étymologie est *recuperantiam*) : *Mort l'abat senz nule* recuverance, 3649.

REDOTEZ. Part. passé employé adjectivement. Radotant (*Re*, et un mot d'origine germanique, *dote, doten*, qui a le sens de « radoter ») : *Carles li magnes est velz e* redotez, 905. Cf. *redoterie* dans le roman de *Rou*.

REDRECET (se). Verbe réfl., 3ᵉ p. s. de l'ind. prés. (*Se re-directiat*), 142. On disait : *Se redrecier en piez*, pour « se lever, quand on était assis. » *De l' faldestod* se redrecet *en piez*, 2804.

REFERIR. Verbe neutre. Inf. prés. Donner de nouveaux coups (*Re*, et *ferire*), 4868.

REFLAMBEIT. Verbe neutre, 3e p. s. du subj. prés. de *reflambier* : *N'unt guarnement que tut ne* REFLAMBEIT, 1003.

REFLAMBES. Verbe neutre, 2e p. s. de l'ind. prés. de *reflamber*. Reluis, brilles (*Re* et *flammare*) : *Cuntre soleill si luises e* REFLAMBES (dit Roland à Durendal), 2317. 3e p. p. : REFLAMBENT, 3616.

REFREIDER. Verbe neutre. Inf. prés. Se rafraîchir (*Re-frigidare*) : *Noz chevals sunt las... Par ces prez les laisez* REFREIDER, 2486. L'assonance exige *refreidier*.

REGNE. R. s. Royaume (*Regnum*), 812, 1961. — R. p. : REGNES, 3032.

REGNET. R. s. m. Royaume (*Regnatum*) : *De vos tendrat Espaigne le* REGNET, 697. — R. p. m., REGNEZ : *Mandet sa gent de .XL.* REGNEZ, 2623.

REGRETER. Verbe actif. Inf. prés. (??, d'après Bœhmer, *requiritare*) : *Tant dulcement à* REGRETER *le prist*, 2886. — Ind. prés., 3e p. p. : REGRETENT, 1469. — Verbe réfl. 1re p. s. de l'ind. prés., ME REGRETTE : *Tel as ocis dunt à l' coer* ME REGRETTE, 1566.

REGUARDET. Verbe actif et neutre (V. *Guarder*). 1o Actif. Ind. prés., 3e p. s., REGUARDET : *Rollanz* REGUARDET *Oliver à l' visage*, 1978. — Parf. comp., 3e p. s., avec un r. s. m. : AD REGUARDET, 1998. = 2o Neutre. Ind. prés., 3e p. s., REGUARDET : *Si* REGUARDET *amunt*, 2239. Cf. REGUARDED, 739.

REGUART. R. s. m. (V. *Guarder*) : *Baligant le* REGUART *en ad fier*, 2802.

REI. S. s. m., par erreur, au lieu de *reïs* (*Rex*), 106. — REIS, 280, etc. V. plus loin. — Voc. s. m. : REI, 1619. — R. s. m. : REI, 27, 81, etc. V. *Reis*.

REIALME. R. s. (*Regalimen*), 2914.

REÏNE. R. s. f. (*Reginam*), 2595. — R. s. f. : REÏNE, 634.

REINS. R. m. Nom de ville (*Remos*), 173, 264, etc.

REIS. S. s. m. Roi (*Rex*), 1, 7, 10, 56, 288, etc. — Voc. s. m. : REIS, 863, et REI, 1619. — R. s. m. : REI, 27, 81, etc., et, par erreur, REIS, 3996. — S. p. m. : REIS, 2649. — R. p. m. : REIS, 388. = Il convient de remarquer que le mot *reïs* est pris, dans notre texte, avec une acception plus large que de nos jours. Sous l'émir Baligant marche une foule de rois païens, et il en a jusqu'à DIX-SEPT autour de lui (2649).

REISNES. R. p. f. Rênes (*Retinas*, avec un *s* intercalaire), 1381. V. *Resnes*.

RELEVERENT. 1o Verbe neutre, 3e p. p. du parf. simple de *relever* (*Relevare*) : *Isnelement sur lor piez* RELEVERENT, 3574 (pr « se relevèrent »). — 2o Verbe actif, 3e p. s. du parf. comp., avec un r. s. f. : AD RELEVÉE. En parlant de la belle Aude qui vient de tomber roide morte, le poète dit que Charlemargne *prent la as mains, si l'en* AD RELEVÉE, 3726.

RELIQUES. R. p. f. (*Reliquias*.) Ce mot a le sens actuel. Roland, parlant de Durendal, s'écrie : *En l' oret punt asez i ad* RELIQUES, 2375.

RELUIST. Verbe neutre. 3e p. s. de l'ind. prés. de *reluire*. (*Relucet*. La notation du manuscrit correspond à *reluxit*) : *Tut li païs en* RELUIST *e esclairet* 2637. 3e p. p. : RELUISENT, 1808.

REMANEIR. Verbe neutre. Rester, demeurer (*Remanere*). 1o Conjugaison. Inf. prés. : REMANEIR, 3552. — Ind. prés., 2e p. s. : REMEINES (pour *remeins*), 2928. 3e p. s. : REMEINT, 1696 ; — Parf. simpl., 3e p. p. : REMESTRENT, 714. — Parf. comp., 3e p. s. : EST REMÉS, 5, 303 ; FUT REMÉS, 2275 ; AD REMÉS, 101 ; 3e p. p., avec un s. p. m. : SUNT REMÉS, 826 ; FURENT REMÉS, 2779. — Fut., 2e p. s. : REMENDRAS, 1985 ; 3e p. s. : REMEINDRAT, 907 ; 1re p. p. : REMEINDRUM, 1108. — Cond., 3e p. s. : REMEINDREIT, 600 ; 3e p. p. : REMEINDREIENT, 598. — Subj. prés. : 1re p. s. : REMAIGNE, 3719 ; 3e p. s. : REMAIGNE, 1848 ; 3e p. p. : REMAINENT, 3623. — Part. pass., s. ou r. s. m., et s. p. m. : REMÉS, etc. = 2o SENS. *a.* « Demeurer, rester » : *La sele en* REMEINT *guaste*, 3450. *Si nus* REMEINDRAT *Espaigne en quitedet*, 907. — *b.* Sans complement : « Rester en tel ou tel lieu... » Roland dit de Durendal : *En un bruill par sum les puis* REMESTRENT, 714, et, avec un sens plus étendu, 282, 965. — *c.* « Rester, résister » : *Nus* REMEINDRUM *en estal en la place*, 1108. — *d.* « En rester là » : *Ceste bataille ne poet* REMANEIR *unkes*, 3587. *Bien fait à* REMANEIR. — *Laisum le plait*, 3798, 3799. — *e.* « Subsister, » et, par extension, « survivre » : *Si est blecet, ne quit que anme i* REMAIGNE, 1848. Ce mot, dans ce sens, s'applique aux choses : *Mur ne cilet n' i* EST REMÉS *à fraindre*, 5. — *f.* REMANEIR EN ESTANT signifie « s'arrêter » : *Li soleilz* EST REMÉS EN ESTANT, 2459 ;

ou « rester debout » : *Tuit li altre sunt* REMÉS EN ESTANT, 2655.

REMBALT. R. s. m. Nom de celui qui commande, avec Hamon de Galice, la huitième *eschele* française (*Reginbaldum*, fait sur l'anc. haut allem. *Raginbald*), 3073.

REMEINDRAT. Verbe neutre, 3° p. s. du fut., de *remaneir* (*Remanerehabet*), 907, 3665.

REMEINDREIENT. Verbe neutre, 2° p. p. du cond. de *remaneir* (*Remanere-habebant*), 598.

REMEINDREIT. Verbe neutre, 3° p. s. du cond. de *remaneir* (*Remanerehabebat*), 600.

REMEINDRUM. Verbe neutre, 1re p. p. du fut. de *remaneir* (*Remanerehabemus*), 1108.

REMEÏNT. Verbe neutre, 3e p. s. de l'ind. prés. de *remaneir* (*Remanet*), 1696, 3450.

REMEINES. Verbe neutre, 2° p. s. de l'ind. prés. de *remaneir* (*Remanes*), 2928. La forme correcte est *remeins*. Pour les six mots précédents, voyez *remaneir*.

REMEMBRANCE. S. s. f. Mémoire, souvenance (*Rememorantia*), 3614.

REMEMBRER. Verbe neutre. Inf. prés. Se souvenir (*Rememorare*) : *De plusurs choses à* REMEMBRER *li prist*, 2377. — Ind. prés., 3e p. s. : REMEMBRET, 820. = Verbe réfl. Subj. prés., 1re p. s. : *Carles me mandet... que* ME REMEMBRE *de la dolur*, 489.

REMENDRAS. Verbe neutre, 2e p. s. du fut. de *remaneir* (*Remanerehabes*), 1985. Voy. *Remaneir*.

REMÉS. V. *Remaneir*.

REMUT. Verbe actif, 3e p. s. du subj. prés. du verbe *remuer*, qui vient de *remutare*. Il est dit, en parlant de Roland et de l'arrière-garde dont on veut lui donner le commandement : *N'avez baron ki jamais la* REMUT, 779. Le sens est : Il n'y a pas de baron qui l'échange contre lui. » Cf. le ms. de Cambridge : *Vous n'avez home si preux ne si vaillant — Qui desoubz lui en ose bailler le gant*, et surtout *Aspremont*, B. N., anc. ms. Lavallière, 123, fr. 25529, fº 65 : *De la peor ne remut son talent, — Nen i ot nul, tant orgueillox proisant.*

RENC. R. s. m. Rang (haut allem. *Hring*) : *Turpins de Reins en est levet de l'* RENC, 264. — RENG, 2192.

RENCESVALS. R. m. Roncevaux, 892, 901, etc. Cf. RENCESVAL, 2716, et RENCE-VAL, 2398. Cette dernière forme s'explique facilement. = L'étymologie latine est plus que douteuse. A côté de *Roscida vallis* (vallée humide), qui est l'origine la plus communément adoptée, il faut étudier *Runciævallis*, qui est la forme adaptée par la Chronique de Turpin. M. Hugo Meyer, l'ultra-scandinave, voit dans *Roncesvals* la « vallée des épines », dont il est question dans la mythologie du Nord. Mais, sans nous arrêter à ces derniers textes, ni au *Runcivallis* du *Roland* en vers latins, ni au *Rainchevaux* de la Chronique de Tournay, il faut remarquer que, dans les textes les plus autorisés, on trouve un *s* à l'intérieur de ce mot. Cet *s* éclate dans notre *Rencesvals*, dans le *Runtseval* de la *Keiser Karl Magnus's Kronike*, dans le *Runzival* de la *Karlamagnus Saga* (z = ts), dans le *Roncisvalle* des poëmes italiens, dans le *Roncesvalles* des romances espagnoles, et jusque dans le *Ronscevax* du Remaniement de Paris et le *Rainscevaus* de Philippe Mousket, etc. etc. — Mais personne, jusqu'à ce jour, n'a tenu compte de l'étymologie basque, et nous nous empressons de publier à ce sujet les lignes suivantes de notre ami, M. P. Raymond, ancien archiviste des Basses-Pyrénées. « Dans le pays basque, beaucoup de noms de lieu se terminent par le mot *çabal*, écrit aussi *zabal*. Il a pour signification : *plat, étendu, déployé*. C'est l'adjectif que l'on retrouve dans les noms de *Larceveau*, *Larzabal* (*Larre* ou *Lar*, lande ou pâturage); de *Çabaléta*, que je traduirais *village de la plaine*, et de *Çabalce*, qui a la même signification. Les exemples peuvent être très multipliés : car le mot *çabal* se place soit avant, soit après les noms. = *Cabal*, d'ailleurs, convient parfaitement à la localité qui porte le nom de Roncevaux. En effet, dès qu'on a descendu la montagne d'Ibagnéta, dès que la porte voûtée de l'abbaye est franchie, on trouve devant soi un assez large vallon. = Quant au mos *Ros* qui forme la première partie du nom, il est fréquent dans la région, sous la forme *arros*, parce qu'il n'y a pas en basque de mot commençant par *R*, et que l'on dit, par exemple, *Erroma* pour *Roma*; (Voy. Arros, section de Larceveau. — Arros, canton de Ney; — Arros, canton d'Oloron-Ouest.) = Le sens de ce dernier mot m'est inconnu et je le regrette; car j'aurais eu à cœur de compléter cette courte note sur *Roscabal*. Il ne me reste plus qu'à vous affirmer que toutes les formes du moyen âge : *Roscida-Vallis, Roncesvalles*, etc., sont des noms forgés : car, au courant du XIIᵉ siècle, on disait *Roscabal* pour *Roncevaux*, tout comme *Larçabal* pour *Larceveau*. Je ne saurais trop insister sur ce point.»

RENDRE. Verbe actif. (*Reddere*, avec l'addition d'une nasale, *rendere*.) 1º CONJUGAISON. Inf. prés. : RENDRE, 2733. — Ind. prés., 3º p. s. : RENT, 2198; 3º p. p. : RENDENT, 1397. — Parf. simpl., 3º p. s. : RENDIT, 1406. — Parf. comp., 3º p. s., avec un r. p. f. : AD RENDUT, 2849; AD RENDUES, 3655. — Fut., 1re p. s. : RENDRUNS, 2144. — Impér., 2º p. p. : RENDEZ. — Passif. Fut., 3º p. p., avec un s. p. m.: ERENT RENDUZ, 3950. Part. pass.: RENDUT, RENDUZ et aussi RENDUES, 3655. = 2º Sens. *a*. « Faire restitution d'un dépôt confié; restituer, remettre. » *Tant le guarde(re)nt que l' RENDENT à Carlun*, 1829. — *b*. « Quitter, laisser. » Ce sens dérive fort naturellement du précédent. Charlemagne, sur le point d'aller chercher le corps de son neveu à Roncevaux, AD RENDUT *ses armes* (2849), c'est-à-dire « s'est désarmé. » *S' espée* RENT *e sun helme*, 2572. — *c*. De là aussi les locutions « rendre une bataille », « rendre des coups », etc. : *Enc*ùi RENDRUNS *à païens cest asalt*, 2142. — *d*. « Rendre un service » : *Malvais servis(e) le jur li* RENDIT *Guenes*, 1406. — *e*. « Faire, faire devenir » : *La meie mort me* RENT *si anguissus*, 2198.

RENG. R. s. m. (Ancien haut allem. *hring*.) : *Si 's mist en* RENG, 2192, et RENG, 264.

RENGES. S. p. f. Les franges, les extrémités du gonfanon (V. Ducange aux mots *rinca, ringa, ringia*, auxquels il donne, pour sens unique, celui de « baudrier ») : *Les* RENGES (*d'or*) *li batent jusqu'as mains*, 1158.

RENIER. (*Reginharium*, anc. haut allem. *Reginheri*, Pott, 240; même rad. germ. que *Reinhart*), 2208.

RENT. Verbe actif, 3º p. s. de l'ind. prés. (*Reddit, rendit*), 2198. V. *Rendre*.

RENUMÉE. Adj. r. s. f. Célèbre, illustre, nommée souvent (*Re-nominatam*) : *Munjoie, l'enseigne* RENUMÉE, 3565.

RENUVELENT. Verbe actif, 3º p. p. de l'ind. prés. de *renuveler* (*Renovellant*) : *Mult haltement Munjoie* RENUVELENT, 3300.

REPAIRE. V. *Repaires*.

REPAIRER. Verbe neutre et quelquefois pronominal. Revenir en son pays, et, par extension, revenir (*Repatriare*) : *En France ad Ais s'EN deit ben* REPAIRER, 36. *En France ad Ais devez bien* REPAIRER, 135. Cf. 293. Ces deux exemples, que nous rapprochons à dessein, montrent qu'on employait fort indistinctement le verbe REPAIRER avec ou sans le pronom SE. — Ind. prés., 3º p. s. : REPAIRET, 2133. S'EN REPAIRET, 828; REPEIRET, 2149. 3º p. p. : REPAIRENT, 3807. — Parf. comp., 3º p. s., avec un s. s. m. : EST REPAIREZ, 2040; EST REPAIRET, 1869. 3º p. p. : SUNT REPAIRET, 3682. — Fut., 3º p. s. : REPAIRERAT, 573. — Impér., 2º p. p. : REPAIREZ, 2182. — Subj. prés., 1re p. s. : REPAIRE, 310. — Part. passé, s. s. m. : REPAIREZ, REPAIRET, etc. = Dans tous les exemples précédents, le sens est à peu près le même; mais, dans le vers suivant, ce mot prend une acception plus générale et digne d'attention : REPAIRET *loi vigur e remembrance*, 3614. = La vraie forme de ce mot est *repairier*, etc. : conformément aux lois de la phonétique, on ne le trouve en assonance que dans les laisses en *ier*.

REPAIRES. S. s. m. (Subst. verbal du précédent) : *Se vos volez, li* REPAIRES *ert grefs*, 2801. — R. s. m., REPAIRE : *Quant cascuns ert à sun meillor* REPAIRE, 51. = Le sens le plus ordinaire est celui de « pays » (54,661); mais *repaires* signifie aussi « retour au pays » et, d'une manière plus générale, « retour » (2801). Il est vrai que, dans ce dernier vers, on doit peut-être lire *repairiers*.

REPENTENT (SE). Verbe pronominal, 3º p. p. de l'ind. prés. (*Se re-pœnitent*) : *Si Arabiz de venir ne* SE REPENTENT, 3011. — Subj. prés., 2º p. s., TE REPENTES : *Si pren cunseill que vers mei* TE REPENTES, 3590.

REPOS. R. s. (Substantif verbal de *reposer = repausare*) : *Tere Major remeindreit en* REPOS, 600. = On remarquera que l'expression « rester en repos » est déjà en vigueur.

REPROCE. R. s. Reproche. (*Repropium*, subst. verbal de *repropiare*) : *Prist l'olifan que* REPROCE *n'en ait*, 2263. REPROECE, 1076. = Rem. la locution : *Aveir reproce*.

REPROECE. R. s. 1076. V. le précédent.

REPROVER. Substantif s. Reproche, honte (*Reprob + arium*) : *Vergoigne sereit e* REPROVER *à trestuz voz parenz*, 1705, 1706. La vraie forme est *reprovier*.

REPROVERUNT. Verbe actif, 3e p. p. du futur de *reprover* (*Reprobarehabent*), 768. Au passif, subj. prés., 3e p. s., avec un s. s. n. (*Sit reprobatum*) : *Mielz voeill murir qu'il me seit* REPROVET, 3909. = Ce vers est dans un couplet en *er*.

REQUEILLIT. Verbe actif. Parfait simple, 3e p. s. de *recuillir* (*Recollegit*), 3210. V. *Recuillir*, 2965.

REQUERT. Verbe actif, 3e p. s. de l'ind. prés. de *requerre*. Attaque (*Re et quærit*) : *Sun cors meïsme i asalt e* REQUERT, 2551. 3e p. p. : REQUERENT, 3528.

REREGUARDE. R. s. f. Arrièregarde (*Retro-wardiam*. V. *Guarder*), 574, 613.

REREGUARDER. Verbe actif. Inf. prés. Un général, par nécessité ou pour se faire honneur, se fait *rereguarder*, c'est-à-dire garder sur les derrières de son armée (*Retrowardare*. Voyez *Guarder*) : *Par grant honur se fist* REREGUARDER, 2774.

RESAILIT. Verbe neutre. 3e p. s. du parf. simpl. de *resailir* (*Re-salire*) : *Isnelement li ber* RESAILIT *sus*, 2085.

RESENBLET. Verbe neutre. 3e p. s. de l'ind. prés. Ressemble (*Re et simulat*) : *Ben* RESENBLET *marchis*, 3502, et mieux, RESEMBLET : *Li Amiralz ben* RESEMBLET *barun*, 3172. 2e p. p. : RESEMBLEZ, 1772. — Imparf du subj., dans le sens du conditionnel, 3e p. s. : RESEMBLAST, 3764.

RESNE. R. s. f. Rêne (? *Retinam* avec un *s* intercalaire) : *Laschet la* RESNE, 1290, 1574, 2996. — R. p. f., RESNES : *Tutes les* RESNES *lasquent*, 3777, et REISNES, 1381. On voit là les exemples PEUT-ÊTRE les plus anciens de ces deux locutions : « Lâcher les rênes » et « Prendre les rênes ». Cf. RESNES.

RESORTIE (EST). Verbe passif. Ind. prés., 3e p. s., avec un s. s. f. Rebondit (de *Re* et *sortire*) : *L'espée... cuntre le ciel amunt est* RESORTIE, 2341.

RESPUNDRE. Verbe actif et neutre. Inf. prés. (*Respondere*, ramené à la 3e conjugaison), 1756. — Ind. prés., 3e p. s. : RESPUNT, 156, 299, 312 ; RESPONT, 1062. 3e p. p. : RESPUNDENT, 946 ; RESPONDENT, 2112. — Parf. simple, 3e p. s. : RESPUNDIT, 632, et RESPUNDIET (en assonance, dans un couplet en *ier*), 2411. — Parf. comp., avec un r. s. n., 3e p. s. : AD RESPONDUD, 233. — Subj. prés., 3e p. s. : RESPUNDET, 3540. = Dans la plupart des exemples qui précèdent, *respundre* s'emploie absolument et sans régime. Il est, au contraire, très évidemment actif dans le vers suivant : *Guenes li quens ço vus* AD RESPONDUD, 233. = Le sens est presque partout le sens actuel. Néanmoins il faut noter les vers 1756 et 2112, où *respundre* signifie « faire écho » : *Sunent li munt e* RESPUNDENT *li val*, 2112.

RESPUNS. R. s. Réponse (*Responsum*) : *Loat sun Deu, ne fist altre* RESPUNS, 420.

RESURREXIS. Verbe actif. 3e p. s. du parf. simple (*Resurrexisti*) : *Seint Lazaron de mort* RESURREXIS, 2385.

RETENIR. Verbe actif. Inf. prés. (*Retinere* passé à la quatrième conjugaison) : *Munjoie escriet por le camp* RETENIR, 1260. *Des meillors voeill jo* RETENIR *treis*, 3283. — Ind. prés., 3e p. p. : RETIENENT, 2442. — Parf. comp., 1re p. s., avec un r. p. m. : AI RETENUZ, 3948. — Futur, 1re p. s. : RETENDRAI, 789. — Impér., 2e p. p. : RETENEZ, 786. — Part. passé, r. p. m. : RETENUZ, 3948. = Au réfl. Impér., 2e p. p., VOS RETENEZ : *Seignors barons, el' camp* VOS RETENEZ, 1176. = Le sens le plus usuel est celui de : « Garder près de soi, pour soi, » etc. (Vers 3283, cité plus haut, et aussi 789, 2442, 3948.) = Mais RETENIR signifie aussi « tenir fortement ». « Retenir le camp, » c'est « tenir bon sur le champ de bataille et en rester le maître » (vers 1260). SE RETENIR a un sens analogue, et, au vers 1176, *El' camp* VOS RETENEZ signifie : « tenez bon ».

RETRAITE (SEIT). Verbe passif. subj. prés., 3e p. s., avec un s. s. f. (*Sit retracta*) : *Mielz voeill murir que hunte nus seit* RETRAITE, 1701. = On disait « *retraire hunte* à quelqu'un » comme aujourd'hui nous disons « lui faire honte ».

RETURNER. Verbe neutre. Inf. prés. S'en retourner (*Re et tornare*) : *Si l'orrat Carles, ferat l'ost* RETURNER. 1060. — Futur, 3e p. s., RETURNERAT : *Si* RETURNERAT *l'ost*, 1052. 3e p. p., RETURNERUNT : *Ki que's rapelt, jà n'en* RETURNERUNT, 1912.

REVELERUNT. Verbe neutre, 3e p. p. du futur. Se révolteront (*Rebellarehabent. Rebellare* avait ce même sens dans la meilleure latinité) : *Encuntre mei* REVELERUNT *li Seisne*, 1911.

REVIENT. Verbe neutre. 3e p. s. de l'ind. prés. (*Re et venit*) : *Li quens Rollanz* REVIENT *de pasmeisuns*,

2233. — Parf. simpl., 3e p. s. : REVINT, 2881. — Subj. prés., 1re p. p., REVENGÛM : *Josque Deus vocil[l]e que en cost camp* REVENGUM, 2439. — Part. passé, s. ou r. s. m. : REVENUZ, 2036.

REVERRUNT. Verbe actif, 3° p. p. du futur de *revecir* ou *revedeir* (*Revidere-habent*), 1402. 2° p. p. : REVEREIZ, 3802 (en assonance dans un couplet en *ei*).

REVUNT. Verbe neutre, 3° p. p. de l'ind. prés. (*Re-vadunt*) : *De tutes parz les* REVUNT *envair*, 2065.

RIANT. Part. prés. employé adjectivement. R. s. m. (*Ridantem*) : *Cors ad mult gent, le vis cler è* RIANT, 1159. Avec EN, RIANT forme un véritable gérondif : *Cler,* EN RIANT, *l'ad dit à Guenelun*, 619.

RICHARD. S. s. m. Nom du « sire des Normans », Richard de Normandie (*Richardus*, nom d'origine germanique, ancien haut allem. *Rihhart, Reichardt*, Pott. *Die Personennamen*, p. 128), 3050.— R. s. m. : RICHARD, 3470. = Notre poète l'appelle « Richard le Vieux », 171, 3050, 3470.

RICHES. Adj. s. s. m. Puissant, plutôt que riche (anc. haut allem. *richi*): *Carles se dort, li empereres* RICHES, 718, etc. — R. s. m. : RICHE, 1531. — R. p. m. : RICHES, 527.

RIRE. Verbe neutre et quelquefois pronominal. Inf. prés. (*Ridere*. Le verbe latin a été ramené de la 2e à la 3e conjugaison), 323, 1638. — Ind. prés., 3° p. s. : S'EN RIT, 324. — Subj. prés., 3e p. s., RIET : *Ne poet muer ne* RIET, 959. *Ki qu'en plurt u ki 'n* RIET, 3364. — Part. prés., r. s. m. : RIANT, 1159. Et avec EN, véritable gérondif : EN RIANT, 619.

RIMUR. S. s. f. Bruit (*Rumorem. Rimur* est une erreur du scribe, et Mü. a restitué *rumur*) : *De XV liwes en ot hom la* RIMUR, 817.

RIVE. R. s. f. (*Ripam.*), 2799.

ROCHE. R. s. f. (*Rupeam, rupiam*, par la consonnification de l'*i*), 1579. — S. p. f. : ROCHES, 815. — R. p. f. : ROCHES, 3125.

ROET. Part. passé employé adjectivement, r. s. m. Se dit notamment d'une étoffe brochée, qui est ornée de rosaces, etc. (*Rotatum*) : *La guige en est d'un bon palie* ROET, 3151. — R. p. f., ROÉES : *Targes* ROÉES, 3569. (Ducange définit ce mot : *Figuris rotularum ornatus.*)

ROEVET. Verbe actif, 3° p. s. de l'ind. prés. Demande, désire, veut (?) (*Rogat*) : *Cil l'at traït ki vos en* ROEVET *feindre*, 1792.

ROLLANZ. S. s. m. (*Hruodlandus*, dans le texte célèbre d'Éginhard. Nom d'origine germanique. Anc. haut allem. *Ruodland*. V. Pott, *Die Personennamen*, p. 223), 194, etc., et ROLLANT, 175. — R. s. m., ROLLANT, 286, etc.

ROMAIN. S. p. m. (*Romani*) : ROMAIN, *Puillain e tuit cil de Palerne*, 2923.

ROMAIN (SEINT-). Nom de l'église de Blaye, où Charles fit enterrer les trois corps d'Olivier, de Turpin et de Roland (*Sanctum-Romanum*) : *A* SEINT-ROMAIN, *là gisent li baron*, 3693. = Cette église était célèbre. On y avait enterré, DIT-ON, le roi Caribert, mort en 567.

ROMAINE. R. s. f. La Romagne (*Romaniam*) : *Si l'en cunquis... Lumbardie e trestute* ROMAINE, 2326.

ROMAINE. R. s. f. (*Romanam*.) C'est le nom primitif de l'Oriflamme : *Gefreid d'Anjou portet l'orie flambe : — Seint Piere fut, si avoit num* ROMAINE, — *Mais de Munjoie iloec out pris eschange*, 3093-3095. V. notre commentaire du v. 3093.

ROME. R. s. f. (*Romam*), 2998. RUME, 639.

ROSNE. R. s. m. Le Rhône (De *Rhodanum*, par le changement méridional du *d* en *s*), 1583.

ROSSILLON. R. s. m. Roussillon, 797. V. *Russillun*.

RUBOSTL. Adj. r. s. (?) *Tere de France, mult estes dulz païs*, — *Oi desertet à tant* RUBOSTL *exill*, 1862.

RUES. R. p. f. (*Rugas*) : *Les* RUES *ù li burgeis estunt*, 2691.

RUME. R. s. f. Rome (*Romam*), 639, et ROME, 2998.

RUMPRE. Verbe actif. Inf. prés. (*Rumpere.*) *Quant de Franceis les escheles vit* RUMPRE, 3533. — Ind. prés., 3° p. s., RUMPT : *L'osberc li* RUMPT, 1265. 3° p. p. : RUMPENT, 3529. — Parf. comp., avec un r. p. m. : AD RUMPUT, 1300; 3° p. p., avec un r. s. m. : UNT RUMPUT, 2079. — Part. prés., s. s. (avec le sens du part. passé ?) : *De sun cervel le temple en est* RUMPANT, 1764: Cet emploi du participe présent est, d'ailleurs, assez fréquent dans notre ancienne langue, et se retrouve encore dans celle de nos jours. = Au passif. Ind. prés., 3° p. s., avec un s. s. m. : EST RUMPUT, 1786. — Part. passé : RUMPUT; etc.

RUNCIN. R. s. m. Cheval de charge (fait sur l'allem. *ross*), 758.

RUNERS. R. s. *Ki tint la marche de l' val de* RUNERS, 2209. Ce vers se trouve dans une laisse assonancée en *ier*; c'est donc à tort que Mü. en avait remplacé les derniers mots par ceux-ci : *De Gennes de sur mer*. Il faut *Runiers* ou, peut-être, *Riviers*. C'est cette dernière forme que j'ai adoptée. Cf. les exemples suivants : *Or vous dirai de l' marchis Berengier.— Ja fut-il nez enz el' val de* RIVIERS, Charroi de Nîmes, v. 342. *Amauris fu de la tor de* RIVIER, Huon de Bordeaux, éd. Guessard, p. 70. RIVIERS *li doins, s'il devant moi voz jure,— Ma grant cité desor l' ewe de Dunne*, Amis et Amiles, v. 1757. *Morans de* RIVIER, Ogier, 3312.

RUSÉE. S. s. f. Rosée (d'un substantif formé sur *ros*, *roris* : *rosata*) : *Pluie n'i chet*, RUSÉE *n'i adeiset*, 981.

RUSSILLUN. R. s. m. Roussillon. — Il ne s'agit pas ici du pays de Roussillon, au pied des Pyrénées, qui doit son nom à *Ruscino*, ville de la Narbonnaise; ni de cette petite ville du Dauphiné, qui correspond peut-être à la localité appelée *Figlinæ* ou à *Urseolis;* mais de Roussillon, château détruit près de Châtillon-sur-Seine, sur le mont Lassois. Ce mot ne s'applique, en effet, dans notre Chanson, qu'à Girart de Roussillon, lequel fut duc de Bourgogne, 1896.

S

S' pour SE. Pron. pers. *Ne s' poet guarder que mals ne li ateignet*, 9.

S' pour SA. Pronom ou adjectif possessif, s. f. *S'espée*, 346. V. *Sis*, *sa*.

SA. Pron. ou adj. possessif, s. s. f. (Ne peut venir de *sua*, qui a donné *sue*, mais de *sa* latin. On a fait observer avec raison qu'on trouve *sam* dans Plaute, pour *suam*. On a aussi proposé *sea* fait sur *mea*. En ce cas, le français aurait formé ses adjectifs possessifs sur celui de la 1re personne (*tea* et *sea* sur *mea*) : SA *custume est qu'il parolet à leisir*, 141. — R. s. f., SA : *Carles serat ad Ais, à* SA *capele*, 52. V. *Ses*.

SABELIN. Adj., r. s. m. De martre zibeline (du russe *sobol*, ou du polonais *sobal*, martre zibeline. V. Ducange, au mot *sabelum*, qui a le même sens et a donné l'adj. *sabelinus*. Cf. Diez, *Lex. Étym.*, au mot *zibellino*, I, p. 450) : *Afublez est d'un mantel* SABELIN, 462. — R. s. f., SABELINES : *Cez pels* SABELINES, 515.

SACENT. Verbe actif, 3e p. p. du subj. prés. de *saveir* (*Sapiant*, par la consonnification de l'*i*), 3136. V. *Saveir*.

SACEZ. Verbe actif, 2e p. p. de l'impér. de *saveir* (*Sapiatis*, consonnification de l'*i*). 520. V. *Saveir*.

SAFRÉE. Part. pass. employé adjectivement, r. s. f. Bordée ou brodée d'orfroi (de la même famille que « safran », qui vient de l'arabe *za'faran*; Diez, 1, 448, au mot *zafferano*) : *Trenchet (sa) bronie* SAFRÉE, 1372.

Le haubert des ducs, des comtes et des hauts barons était, en effet, brodé de fils d'archal insérés dans les mailles. — R. s. m. : SASFRET, 2499. — S. p. m. : SAFREZ, 1032. Cf. SASFRET, au vers 3141. — S. p. f. : SAFRÉES, 3307, et SASFRÉES, 1453.

SAGES. Adj. s. s. m. (*Sapius* par la consonnification de l'*i*), 3691, et SAGE, 648, 1093. — R. p. m., SAGES : *Laissum les fols, as* SAGES *nus tenuns*, 229. = Dans ce dernier vers, *sages* est employé substantivement. — Partout, comme on le voit, il est opposé à *proz* et a *fols*. C'est bien le sens actuel. Cf. SAIVES.

SAI. Verbe actif, 1re p. s. de l'ind. prés. de *saveir* (*Sapio*) : *Jo ne* SAI *quels en est sis curages*, 191. *Veir dites, jo l'* SAI *bien*, 760. *D'iço ne* SAI *jo blasme*, 1082. *Jo ne l'* SAI *cument quere*, 1700. *Jo* SAI *asez que Carles ne m'atent*, 2837. Cf. 291. = On voit que ce mot s'emploie soit avec des substantifs pour complément; soit avec *que* et *cument*. Il faut encore noter la locution suivante dans le sens de notre expression : « Je ne peux pas mieux te dire » : *Ço est Loewis,* MIELZ NE SAI A PARLER, 3715. V. *Saveir*.

SAILLENT. Verbe neutre, 3e p. p. de l'ind. prés. de *saillir* (*Salire*), 2469. V. *Salt*.

SAISIT. Verbe actif, 3e p. s. de l'ind. prés. (Anc. haut all. *sazjan*, et, en bas latin, *sacire*, comme l'établit Diez, *Lex. Étym.*, I, pp. 362, 363. C'est de *sacire* que vient immédiatement *saisir*), 2280. 2e p. s. : SAISIS,

2293. — Parf. comp., 3° p. s., avec un r. s. f. : AD SAISIE, 721. — Fut. ant., 1re p. p., avec un r. s. f. : AVERUM *saisie*, 972. = Passif. Parf., 3° p. s., avec un s. s. m. : FUT SAISIT, 3213. — Part. passé, SAISIT, SAISIE.

SAISNES. S. p. m. Les Saxons (*Saxones*), 3793, et SEISNE, 2921. — R. p. m. : SAISNES, 3700.

SAISONIE. R. s. f. La Saxe (*Saxoniam*), 2330.

SAIVES. Adj., s. s. m. Sage (*Sapius*). C'est le même mot que *sage*. Ce dernier a été formé par la consonnification de l'*i* latin, et *saive* s'explique, sans cette consonnification, par le passage de l'*i*), 248, 315. — R. s. m. : SAIVE. 279. — S. p. m. : SAIVE, 20. — R. p. m. : SAIV[E]S, 24. Cf. SAGES.

SALE. R. s. f. Salle (anc. haut allem. *Sala*) : *Muntet el palais, est venut en la* SALE, 3707.

SALOMON. R. s. m. Le fils de David (*Salomonem*. De l'hébreu *schalom*, paix), 1524.

SALSE. Part. pass. employé adjectivement. Salée (*Salsam*) : *La mer* SALSE, 372.

SALT. R. s. m. Saut (*Saltum*). Entre dans la composition de *Salt-perdut*, nom de cheval, 1554. — R. p. m., SALZ : *Les galops e les* SALZ, 731.

SALT. Verbe neutre, 3° p. s. de l'ind. prés. de *saillir*. Saute, jaillit (*Salit*) : *Par mi la buche en* SALT *fors li cler sancs*, 1763. 3° p. p., SAILLENT : *Puis, SAILLENT enz*, 2469.

SALT-PERDUT. R. s. m. Nom de cheval (V. *Salt* et *Perdre*), 1554.

SALUÈRENT. Verbe act., 3° p. p. du parf. simpl. de *saluer* (*Salutârunt*), 121. — Impér., r. p. p. : SALUEZ, 361.

SALUZ. R. s. (?) m. Salutation (*Salutem*) : *Malvais* SALUZ *li firent*, 2710.

SALVE. Adj., s. s. f. (*Salva*) : *En l'Arcevesque est ben la croce* SALVE, 1670. — R. s. f. : *Si receverat la nostre lei plus* SALVE, 189. = Dans le premier de ces vers, *salve* a le sens du mot latin et signifie : « sauvegardée. » Dans le second, le sens est actif, au lieu d'être passif. *Salve* ici signifie : « Qui sauve, » et non « qui est sauvé ».

SALVEMENT. S. s. Salut, sauvegarde (*Salvamentum*) : *Retenez les, co est vostre* SALVEMENT, 786.

SALVENT. Verbe act., 3° p. s. du subj. prés. de *salver* (*Salvent*) : *Cil Mahumet... Tervagan e Apollin... SALVENT le rei*, 2713. — Part. passé, s. s. m., SALVEZ : SALVEZ *seiez de Mahum*, 416, et SALVET : SALVET *seiez de Deu*, 123.

SALVETEZ. R. s. f. Salut (*Salvitatem*) : *La lei de* SALVETE(Z), 126 (Au lieu de SALVETET).

SALZ. R. p. m. Sauts (*Saltus*), 731 et 3342. V. *Salt*.

SAMUEL. R. s. m. (*Samuelem*, de l'hébreu *Schamah*, qui écoute, qui obéit, et *El*, Dieu), 3244.

SANCS. S. s. m. Sang (*Sanguis*), 1614, etc., et SANC, 3972. — R. s. m. : SANC, 950, etc.

SANCTE. Adj., r. s. f. Mauvaise lecture des éditeurs. Le manuscrit porte *sce*, par imitation inconsciente d'une abrévation latine ; mais, partout ailleurs, notre texte nous offre explicitement la forme *seint*. C'est donc *seinte* qu'il faut lire, et non pas *sancte*, aux vers 1634, 2303, 2938.

SANGLENT. Adj., s. s. m. (*Sanguilentus*), 1507, et SANGLANT, 1056. — S. s. f. : SANGLENTE, 1399. — R. s. m. : SANGLENT, 1079. — R. s. f. SANGLENTE, 1586. — R. p. m. : SANGLANZ, 1711.

SANSUN. S. s. m. Nom d'un duc français (*Samson* indéclinable, nom d'origine hébraïque), 105, 1275, 2408. On ne trouve jamais dans notre texte la forme SANSE. Mais rien n'est plus facile à expliquer. Le mot *Sansun*, dans notre texte, est formé sur le type INDÉCLINABLE *Samson*. C'est plus tard seulement qu'on a soumis ce vocable à la déclinaison en *o*, *onis*, et qu'on a dit en français *Sanse* pour le cas sujet, et *Sansun* pour le cas régime. — R. s. m. : SANSUN, 1531, etc.

SAPIDE. R. s. f. Erreur du scribe, au lieu de SAPEIE. Ce mot, en effet, entre comme assonance dans une laisse féminine en *ei* : *Vunt s'aduber desuz une* SAPIDE, 994. *Sapin* se dit en bas lat. (?) *sappus*, d'où *sapetum* et *sapeta*. C'est ce dernier mot qui est l'origine immédiate de *sapeie*.

SARAGUCE. R. s. f., 2818. V. *Sarraguce*.

SARCOU. R. s. m. (*Sarcogum*, de *sarco[fa]gum*), 2966. = R. p. m. : SARCOUS : *En blancs* SARCOUS *fait metre les seignurs*, 3692. Cf. le v. 2966.

SARDONIE. R. s. f. Sardoine, pierre précieuse (l'assonance exige *Sardenie* ou *Sardanie*, qui se prononçait

Sardainne, et dérive, par l'intermédiaire de *Sardanicha*, de *Sardonicha*, pour *Sardonyx*) : *Rollanz ferit el' perrun de* SARDONIE, 2312.

SARRAGUCE. S. s. f. (d'une corruption de *Cæsar-Augusta*), 6. — Voc. s. f. : SARRAGUCE, 2598. — R. s. f. : SARRAGUCE, 10, 292, SARAGUCE, 2818, etc.

SARRAGUZEIS. Adj., r. p. m. De Saragosse (V. le précédent, auquel on a ajouté la terminaison *ensis*), 996.

SARAZINEIS. Adj., r. p. m. De Sarrazins, fait au pays des Sarrazins (*Saracenenses*) : *Osbercs* SARAZINEIS, 994.

SARRAZINS. S. s. m. (*Saracenus*, de l'arabe *scharaka*, « s'est levé ». Les gens du pays où se lève le soleil), 147, 612, etc., et SARRAZIN, 1631. — R. s. m. : SARRAZIN, 253; SARAZIN, 269. — S. p. m. : SARRAZIN, 1625, et SARRAZINS, 410. — R. p. m. : SARRAZINS, 367. = Ce mot est presque partout employé substantivement ; mais il faut noter le vers 367, où il est véritablement adjectif : *Asemblet s'est as* SARRAZINS *messag(es)*.

SASFRET. Part. pass. employé adjectivement, r. s. m., 2499. — S. p. m. : SASFRET, 3141. — R. p. f. SASFRÉES, 1453. Il faut partout lire *safret* ou *saffret*. V. ce mot.

SATHANAS. S. s. m. (Du latin *Satanas*, qui est calqué sur l'hébreu, lequel signifie «ennemi») : *L'anme de lui emportet* SATHANAS, 1268.

SAVEIR. Verbe employé substantivement, s. s. Habileté (*Sapere*) : *Vostre* SAVEIR *est grant*, 3509. — R. s. : SAVEIR, 3279. — R. p., SAVEIRS : *Par voz* SAVEIRS *se m' puez acorder*, 74.

SAVEIR. Verbe act., inf. prés. Savoir (*Sapere* ramené à la 2º conjugaison) : *Poez* SAVEIR *que mult grant doel en out*, 1538. — Ind. prés., 1re p. s. : SAI, 191, 310, etc.; 3º p. s. : SET, 308, 427; 1re p. p. : SAVUM, 2503 ; 2º p. p. : SAVEZ, 363 ; 3º p. p. : SEVENT, 716. — Parf. simpl., 3º p. s. : SOUT, 1024. — Fut., 2º p. s. : SAVERAS, 1901. — Impér., 2º p. p. : SACEZ, 520. — Subj. prés., 3º p. p. : SACE[N]T, 3136. = Ce verbe est employé dans toutes ses acceptions actuelles. Rem. la locution « n'en savoir mot » : *Il n'en* SET MOT, *n'i ad culpe li bers*, 1174.

SCAZ. R. s. f. (Il est impossible d'admettre que ce soit Cadix, *Gades*) :
Cil tient la tere en tre(s)qu'à SCAZ *marine*, 956. ??.

SCEPTRE. R. s. (*Sceptrum*), 2585.

SCIENCE. R. s. f. Savoir (*Scientiam*). En parlant des Français qui montent à cheval pour la bataille, notre poète dit : *Puis, sunt muntez, e unt grant* SCIENCE, 3003 (? La forme savante de ce mot est faite pour inspirer quelque doute).

SE. Pronom personnel, régime. Il s'emploie : 1º au singulier : *Li reis Marsilie...* SE *culchet*, 12, etc. ; et 2º, au pluriel : *Einz que il moergent,* SE *vendrunt mult cher*, 1690, etc. = L'*e* de *se* est souvent supprimé, non seulement dans la prononciation, mais même dans l'écriture ; — non seulement devant une voyelle, mais devant une consonne : *Ne s' poet guarder que mals ne li ateignet*, 9, etc. etc.

SE. Conjonction, exprimant l'idée de conditionnalité, et venant toujours de la conjonction latine *si* (Dans presque tous les textes romans du moyen âge, *se* vient de *si*, et *si* vient de *sic*) : SE *Carles vient, de nus i averat perte; —* SE *Rollanz vit, nostre guerre novelet*, 2117, 2118. = SE reçoit, par une extension toute naturelle, le sens de « à moins que » : *N'en parlez mais,* SE *jo ne l' vos cumant*, 273. = Une locution très usitée est « SE NUN » dans le sens de notre « sinon ». Mais, dans le *Roland* comme dans les autres textes du moyen âge, SE est séparé de NUN par un ou plusieurs mots : *N'i ad eschipre qui s' cloimt* SE *par loi,* NUN, 1522. = « SE N'EST, SE NE FUST », équivaut à SE NUN : *Unc ne l' sunast* SE NE FUST *en cumbatant*, 1769. = Cf. SI que l'on trouve deux fois, par erreur, aux vers 475 et 928.

SEANT. Part. prés. s. m. de *sedeir* (*Sedantes*) : *As Innocenz vos en serez* SEANT, 1480. = Dresser quelqu'un *en seant* », c'est, quand il est couché, « le soutenir assis ». Marsile, apercevant Baligant, dit à ses Sarrazins : *Pernez m'as braz, si m' drecez* EN SEANT, 2829. — Au fig. R. s., SEANT : *Gent ad le cors e ben* SEANT, 3115. Voy., pour ce dernier sens, le mot *sedere*, dans Ducange. On y trouvera une citation curieuse d'un vieil *Ordo* romain : *Primicerius et Secundicerius componunt vestimenta (Pontificis) ut bene sedeant*. Ainsi, *bene sedere*, « se bien tenir, » et, par extension, « être en bon état, » a donné lieu à *sedere* tout court, dans le même sens. V. Sedeir.

SEBRE. R. s. m. L'Ebre, fleuve (*Iberum*) : *Par* SEBRE *amunt tut lur naviries turnent*, 2642. *L'ewe de* SEBRÉ, 2465. Il faut considérer l's initial du mot roman comme une corruption euphonique du mot latin.

SECLE. R. s. Siècle, dans le sens chrétien. La « fin du siècle », c'est « la fin du monde » (*Sæculum*) : *Dient plusor : Ço est li defnement, — La fin de l'* SECLE..., 1435.

SEDEIR. Verbe neut., inf. prés. S'asseoir, être assis (*Sedere*) : *Alez* SEDEIR *quant nuls ne vos sumunt*, 251. — Ind. prés., 3º p. s. : SET, 1379, et SIET, 116. C'est siet qui est la forme correcte, et ce mot ne se trouve, comme assonance, que dans une laisse en *ier*. 3º p. p. : SIEDENT, avec la dentale conservée comme dans *sedeir* et *sedeit*. Ce sont là les vestiges de cet ancien manuscrit que copiait notre scribe, 110. — Imparf., 3º p. s. : SEDEIT, 383. — Parf. simple, 3º p. s. : SIST, 1943. — Part. prés., s. p. m. : SEANT, 1840. Cf. EN SEANT, 2829, et l'adj. verb. SEANT, au r. s., 3115. V. *Seant*.

SEDME. Adj. numéral, s. s. f. Septième (*Septima*), 3228. — R. s. f. : SEDME, 3061.

SEGE. R. s. m. Siège (*Sedium*, par la consonnification de l'*i*) : *Meiez le* SÈGE *à tute vostre vie*, 212. Cf. les formes SIÈGE, aux v. 71, 435, et SIÈGES, aux v. 1135. Je préférerais cette dernière forme à cause des substantifs *siet* et de l'ind. prés. *siet* (*sedet*), qui sont employés comme assonance en des laisses en *ier*.

SEI. Pron. pers. Soi (*Sē*). 1º SEI s'emploie avec toutes les propositions : *Sa rere guarde lerrat derrere* SEI, 574. *Ses meillors humes enmeinet ensembl' od* SEI, 502. *Endreit* SEI, 2123, etc. = 2º Cependant SEI tient aussi la place d'un véritable complément direct, là où l'on pourrait tout aussi bien employer SE : *Met* SEI *en piez*, 2277. *Ki hume traïst* SEI *ocist e altroi*, 3959, etc. = 3º SEI est souvent usité avec MEÏSME, 1614. *Mult quiement le dit à* SEI MEÏSME, 1614. *A* SEI MEÏSME *la cumencet à pleindre*, 2315.

SEIELER. Verbe act., inf. prés. Sceller (*Sigillare*) : *Fist ses brefs* SEIELER, 2613.

SEIENT. Verbe *estre*, 3º p. p. du subj. prés., 811, 3913. V. *Estre*.

SEIET. Adj., s. p. m. Couvert de soies, comme les sangliers (*Setati*) : *Cil sunt* SEIET *ensement cum porc*, 3223.

SEIEZ. Verbe *estre*, 2º p. p. de l'impér., 416, 3016. V. *Estre*.

SEIGNAT. Verbe act., 3º p. s.. du part. simpl. Fit le signe de la croix (*Signavit*) : SEIGNAT *sun chef de la vertut poisant*, 3111. Il s'agit ici de Charlemagne, qui s'arme de ce signe au moment de la grande et décisive bataille contre Baligant. Mais partout ailleurs, dans notre poème, ce mot s'applique à la bénédiction qui accompagne l'absolution sacramentelle, lorsque le prêtre dit : *Ego te absolvo a peccatis tuis in nomine Patris* †, *et Filii*, † *et Spiritus sancti.* — Parf. comp., 3º p. s., avec un r. s. m. : AD SEIGNET, 340, et avec un r. p. m. : AD SEIGNEZ, 1140, 1141. 3º p. p. : UNT SEIGNEZ, 2957. — Part. pass., SEIGNET, SEIGNEZ.

SEIGNUR. S. s. m. (par erreur) Seigneur (*Seignur*, qui est essentiellement un cas régime, vient de *seniorem*. *Senior*, c'est l'aîné des enfants, auquel le droit féodal attribue tant d'avantages. Et ce n'est pas ici, comme on l'a cru, l'idée de la vieillesse qui a entraîné celle du commandement et de l'autorité) : *Le* SEIGNUR *d'els est apelet Oedun*, 3056. Le véritable sujet est SIRE, 297, 1521, etc., que l'on trouve également au voc. s. m., 227, 753, etc. — R. s. m. : SEIGNUR, 26, 364, etc. etc.; SEIGNOR, 1010, et SIRE, par erreur, 3470. — Voc. p. m. : SEIGNURS, 15, 70, etc., et SEIGNORS, 1854. — R. p. m. : SEIGNURS, 2432. = On disait un « seigneur lige » : *Plurent lur filz... e lur* LIGE[S] SEIGNURS, 2421, 2422.

SEIGNURILL. Adj., r. s. Seigneurial (*Seniorilem*) : *Quand vus serez el' palais* SEIGNURILL, 151.

SEINET (AD). Verbe neutre, 3º p. s. du parf. comp. A saigné (*Sanguinatum habet*) : *Tant* AD SEINET *li oil li sunt troblet*, 1991.

SEINTISME. Adj. superlatif, s. s. f. (*Sanctissima*) : *E! Durendal! cum es bele e* SEINTISME, 2344. V. le suivant.

SEINT. Adj., s. s. m. Saint (*Sanctus*), 921, 1479, etc. La forme correcte serait SEINZ. — Voc., s. f. : SEINTE, 2303. C'est ainsi, suivant nous, qu'il faut lire l'abréviation *sce*, et non pas SANCTE. — R. s. m. : SEINT, 53, 973, etc. — R. s. f. : SEINTE, 2245, 3642. Il faut lire SEINTE aux v. 1634, 2938, etc., et non pas SANCTE, qui est tout à fait contraire à la phonétique de notre manuscrit. — S. p. m. : SEINZ (au lieu de *seint*), 1134. — R. p. m.: SEINZ, 3718. Dans ce dernier vers : *Ne place Deu ne ses* SEINZ, ce mot est employé substantivement. — R. p. f. : SEINTES : *En* SEINTES *flurs il les facet gesir*, 1856. Cf. SENTES, au v. 2197. Les « saintes fleurs », c'est l'image par laquelle notre poète désigne le Paradis. — Au superlatif, s. s. f. : SEINTISME, 2344. V. le précédent.

SEINZ. R. p. m. : *De seint Michel de Paris josqu'as* SEINZ, 1428. Ce dernier mot est obscur. Il est probable qu'il dérive de *Sanctos*, et nous avons exposé ailleurs comment nous supposions qu'il s'agissait ici des reliques, des « Saints » de Cologne.

SEINZ. Prép. Sans (*Sine*. Le *z*, qui peut-être est appelé par la nasale, représente l's adverbiale que nous avons constaté dans *alques, sempres*, etc.) : *Là purparolent la traïsun* SEINZ *dreit*, 511. *Amburc ocist* SEINZ *nul recoeverement*, 1607, 1775. SEINZ *hume mort, (ceste bataille) ne poet estre achevée*, 3579. Cf. SENZ, aux v. 2939 et 3619.

SEIR. R. s. Soir (*Serum*) : *En Rencesvals furent mort l'altre* SEIR, 3412. ⸺ Rem. la loc. HER SEIR : *Fut ocis* HER SEIR, 2745.

SEISANTE. Nom de nombre indéclinable (*Sexaginta*), 1689, 1849. Et, avec un autre nombre qu'il multiplie : SEISANTE *milie*, 2111.

SEISNE. R. p. m. Saxons (*Saxones*), 2921, et SAISNES, 3793. — R. p. m. : SAISNES, 3700.

SEIT. Verbe *estre*, 3º p. s. du subj. prés., 102, 234, etc.

SEIUM. Verbe *estre*, 1º p. p. du subj. prés., 1046. — SEIUNS, 46.

SEIUNS. Verbe *estre*, 1ʳᵒ p. p. du subj. prés., 46, et SEIUM, 1046.

SELE. S. s. f. Selle de cheval (*Sella*), 3450. — R. s. f. : SELE, 1534. — S. p. f. : SELES, 91, 3881. — R. p. f. : SELLES, 1969.

SELVE. R. s. f. Forêt (*Silvam*) : *Nen at...* SELVE *ne bois, asconse n'i poet estre*, 3292, 3293.

SEMBLANT. R. s. « Quelque chose qui ressemble à quelqu'un : son visage, son air » (du participe présent de *simulare*) : *Jo irai a l' Sarrazin en Espaigne, — Si' n'vois vedeir alques de sun* SEMBLANT, 269, 270. ⸺ Le sens s'est notablement étendu dans le vers suivant : *L'Arcevesques lur dist de sun* SEMBLANT, 1471. SUN SEMBLANT ne peut ici mieux se traduire que par : *sa façon*. Ces deux mots : *façon* et *semblant*, ont eu à peu près la même histoire dans notre langue.

SEMBLET. Verbe neutre, ind. prés., 3º p. s. (*Simulat*. *Simulare* signifie « peindre, reproduire ». *Hoc mihi simulat*, pour *simulatur*, pourrait se traduire : « Cela se peint, se re- « produit à mes yeux, de telle ou « telle façon. » D'où le sens actuel de *sembler*) : *De noz Franceis m'i* SEMBLET *aveir mult poi*, 1050. Et, avec un sujet bien déterminé s. m. : *Cil Sarraz(ins) me* SEMBLET *mult herite*, 1645. — Cond., 3º p. s. (*Simulâsset*) : SEMBLAST, 1760.

SEMPRES. Adv. (*Semper*.) Ce mot a deux sens très distincts. 1º « De suite, sur-le-champ, soudain. » Ce sens est dérivé, par extension, du sens latin. *Semper* signifiait « sans discontinuer » : *L'ost des Franceis verrez* SEMPRES *defere*, 49. *Ad un carner* SEMPRES *les unt portet*, 2954. SEMPRES *caist, se Deus ne li aidast*, 3439. = 2º Toujours. C'est le sens primordial de *semper* : *Receif chrestientet, e pui(s) t'amerai* SEMPRES, 3598. Ce vers, d'ailleurs, peut s'entendre aussi bien dans l'un que dans l'autre sens, et il en est de même du vers suivant : SEMPRES *ferrai de Durendal granz colps*, 1255. ⸺ L's de SEMPRES n'a rien d'étymologique. M. Littré a établi que l's, dans les adverbes *certes, volontiers, primes*, représente le cas pluriel, régime des adjectifs latins *certas, voluntarios, primas.* D'où, par extension ou analogie, l's a été appliqué à des mots non déclinables, *sempre*, de *semper*, etc. V. *alques, primes, unches.*

SENEFIANCE. R. s. f. Signification ; d'un songe, par exemple (*Significantiam*), 2531.

SENEFIET. Verbe act., 3º p. s. de l'ind. prés. de *senefier* (*Significat*) : *Branches d'olives en voz mains porterez. — Ço* SENEFIET *pais e humilitet*, 73. ⸺ Cés deux mots : *Senefiance* et *Senefiet*, ont bien gardé leur sens primitif : ils expriment le signe, le symbole.

SENESTRE. R. s. m. Gauche (*Sinistrum*), 2830.

SENS. R. s. m. Raison, bon sens, dans toute la force de ce mot très français (*Sensum*) : *Kar vasselage par* SENS *nen est folie*, 1724. ⸺ « Perdre le sens » est déjà une locution usitée pour signifier « devenir fou » : *A ben petit que il ne pert le* SENS, 326.

SENS. Verbe act., 3º p. s. de l'ind. prés. (*Sentit*) : *Oliver* SENT *que à mort est ferut*, 1952.

SENTER. R. s. m. Petite route, sentier (*Semitarium*), 2399. = Ce mot se trouvant dans une laisse en *ier*, il faut lire : *Sentier.*

SENTES. Adj. r. p. f. Saintes (*Sanctas*). Erreur du scribe, pour *seintes*, 2197. V. *Seint.*

SENZ. Prép. Sans (*Sine*), 2839, 3619. La forme la plus usitée est SEINZ. V. ce mot.

SERAI. Verbe *estre*, 1ʳᵉ p. s. du fut. (*Essere-habeo*), 86, 1076, 2910, 2917, etc.

SERAT. Verbe *estre*, 3º p. s. du fut. (*Essere-habet*), 52, 625, etc.

SEREIT. Verbe *estre*, 3º p. s. du condit. (*Essere-habebat*), 1705.

SEREZ. Verbe *estre*, 2º p. p. du fut. (*Essere-habetis*), 39, 434, etc. Pour les quatre mots précédents, voyez *Estre.*

SERF. S. s. m. (*Servi*) : *A une estache l'unt atachet cil* SERF, 3737. Il faut observer que ces deux derniers mots ont été écrits par une main postérieure.

SERF. Verbe act., impér., 2º p. s. Sers, adore (*Servi*) : SERF *e crei le Rei omnipotente*, 3599.

SERJANZ. S. p. m. Sergents (*Servientes*), 161. — R. p. m. : SERJANZ, 3957. = Ce mot, dans les exemples précédents, désigne des personnes d'une condition très inférieure, des serfs attachés à la maison.

SERMUN. R. s. m. Discours, parole (*Sermonem*) : *Franceis apelet, un* SERMUN *lur ad dit*, 1126. *Dist Baligant* : « *Malvais* SERMUN *cumences,* » 3600. — R. p. m. : SERMUNS, 3979, et SERMONS, 2243. = Au pluriel, nous trouvons le sens moderne de « sermons ». On dit de Bramidonie, qui est instruite dans la foi chrétienne : *Tant ad oït e* SERMUNS *e essamples,* 3979. Et l'oraison funèbre de Turpin se résume en ces mots : *Par granz batailles e par mult bels* SERMUNS — *Cuntre paiens fut tuz tens campiuns*, 2243, 2244.

SERPENZ. S. p. m. (*Serpentes*), 2543.

SERT. Verbe act., 3º p. s. de l'ind. prés. (*Servit*) : *Mahumet* SERT, 8. *Ço est une gent ki Damne Deu ne* SERT, 3247. 2º p. p. : SERVEZ, 922. — Imparf., 1ʳᵉ p. s. : SERVEIE (*l'Empereür*) *par feid e par amur*, 3770. — Parf. comp., 1ʳᵉ p. s., avec un r. s. m. : AI SERVIT, 863. Et de même, avec un r. p. m., 3492. 2º p. p., avec un r. s. m. : AVEZ SERVIT, 1858. — Impér., 2º p. s., SERF, 3599. — Subj. prés., 3º p. s. : SERVET, 3272. SERVE, 2254. = Inf. passif, avec un s. s. f. Roland dit à son épée : *De chrestiens devez* ESTRE SERVIE, 2350. — Part. pass., s. s. f. : SERVIT, SERVIE. = Le mot *servir*, (comme on le voit par les exemples précédents que nous avons multipliés à dessein), s'entend surtout du culte que nous devons à Dieu; puis, du service que l'on rend au Roi. Tous les vers que nous avons cités se rapportent, sauf le v. 2350, à ces deux sens, à ces deux cultes.

SERUM. Verbe *estre*, 1ʳᵉ p. p. du futur (*Essere-habemus*), 1477.

SERUNT. Verbe *estre*, 3º p. p. du fut. (*Essere-habent*), 262.

SERVE. Verbe act., 3º p. s. du subj. prés. de *servir* (*Serviat*), 2254.

SERVEIE. Verbe act., 3º p. s. de l'imparf. de l'ind. de *servir* (*Serviebam*), 3770.

SERVET. Verbe act., 3º p. s. du subj. prés. de *servir* (*Serviat*), 3272, 3801.

SERVEZ. Verbe act., 2º p. p. de l'ind. prés. de *servir* (*Servitis*), 922. Pour les quatre mots précédents, voyez *Servir.*

SERVIE. Part. pass., s. s. f. de *servir* (*Servita*), 2350. — Inf. passif du même verbe, avec un s. s. f. : ESTRE SERVIE, 2350.

SERVISE. S. s. Service (*Servitium*) : *Vostre* SERVISE *l' en doüst bien guarir*, 3828. — R. s., SERVISE : *Carles comandet que face sun* SERVISE, 319, et SERVIS, 1406. — R. p. SERVISES, 29. = Le sens est à peu près celui du vocable actuel : c'est d'abord le « service de l'Empereur » dans la même acception où hier encore nous employions ces mots. *Cist ferunt mun* SERVISE, 3072. = Mais *servise* prend, dès le *Roland*, une acception plus élevée : « Service de Dieu », dans un sens liturgique. Lorsque Saragosse est pris, Charles transforme les mosquées en églises : « *Li Reis creit en Deu, faire voelt sun* SERVISE, — *E si evesque les eves beneïssent*, 3666, 3667. Et déjà ce même mot est employé dans le sens très général « de service rendu à quelqu'un » : *Malvais* SERVISE *le jur li rendit Guenes*, 1406. Au pluriel, cette acception est encore plus frappante :

Mandez Carlun [fe]deilz SERVISES *e mult granz amistez*, 29. Tous ces sens nous sont restés, et ils n'étaient aucunement dans le latin. Ils sont d'origine féodale. = Il en est de même de ces locutions : « Faire le service « de quelqu'un ; rendre service », etc.

SERVIT (AI). Verbe act., 1re p. s. du parf. comp. de *servir*, avec un r. s. m. (*Habeo servitum*), 863, et avec un r. p. m., 3492.

SERVIT (AVEZ). Verbe act., 2e p. p. du parf. de *servir*, avec un r. s. m. (*Habetis servitum*), 1858.

SERVIT. Part. pass., r. s. m. de *servir* (*Servitum*), 863, 1858, etc., et r. s. n., 3492.

SES. Pronom ou adj. possessif de la 3e personne (*Suus, sua*). On a proposé avec raison *seus, sea*, fait sur *meus, mea*). En voici toute la déclinaison : S. s. m. : SES, 39, 86, 384, etc.; SIS, 56, 191, 544, etc. Le scribe employait *ad libitum* tantôt l'une, tantôt l'autre de ces formes, et quelquefois l'une et l'autre, à un ou deux vers de distance (504 et 505, 544 et 546). SI, 324, et SUN, 348, 1160, etc. — S. s. f. : SA, 141, etc. — R. s. m. : SUN, 26, 51, etc., et SON, 2870. — R. s. n. (?) SUN, 138, etc. — R. s. f. : SA, 52, 140, etc. — S. p. m. : SI, 99, 285, etc. — R. p. m. : SES, 14, 39, 98, etc. — R. p. n. (?), SES, 1629. — R. p. f. : SES, 137, 190, etc.

SES. Pronom ou adj. possessif de la 3e personne, r. p. m. V. le précédent.

SES. Pron. ou adj. possessif de la 3e personne, r. p. f. Voyez plus haut *ses*.

SET. Verbe act., 3e p. s. de l'ind. prés. de *saveir*. Sait (*Sapit*), 308, 427, 530, 1035, etc. V. *Saveir*.

SET. Nom de nombre indéclinable (*Septem*), 2, 31, etc.

SEVENT. Verbe act., 3e p. p. de l'ind. prés. de *saveir* (*Sapiunt*), 716, 1436.

SEVERET (AD). Verbe act., 3e p. s. du parf. comp. de *severer*, avec un r. s. m. (*Habet separatum*) : *Le destre poign li* AD *de l' cors* SEVERET, 2781. — Avec un r. s. f. : AD SEVERÉE, 1371. — Part. pass. : SEVERET, SEVERÉE, 1371, 3313.

SEVERIN. R. s. m. Nom de saint (*Severinum*) : *De sur l'alter seint* SEVERIN *le baron — Met l'oliphan*, 3686. Il est ici fait allusion à l'église Saint-Séverin de Bordeaux.

SEZ. Adv. Assez (*Satis*) : *De lui venger jamais ne li ert* SEZ, (?) 1960.

SEZILLE. R. s. f. Il ne saurait être question de la Sicile (*Siciliam*) dans le passage de notre poème où se trouve ce mot. Il s'agit, en effet, de Roland, et il énumère, parmi ses conquêtes, *Balasguet e Tuele e* SEZILLE (v. 109). Est-ce Séville ? Topographiquement la chose est impossible ; mais la vérité est que notre poète, en son ignorance absolue de la géographie, plaçait Séville au nord de l'Espagne. En réalité, nos épiques ne connaissaient que le nord de l'Espagne, et ils y plaçaient toutes les villes espagnoles dont le nom était illustre. V. *Sibilie*.

SI. Adj. ou pron. possessif de la 3e personne, s. p. m. 99, 285, 636. V. *Ses*.

SI. Adv. (*Sic*.) 1o Le premier sens de *si* est celui de *sic*, en latin, « ainsi ». Dans ce sens, il précède un verbe. *E il* SI *firent*, 2155. SI *ferum*, 24. Cf. 281, etc. = 2o Avec *cum*, il signifie « de même que » : SI CUM *li cerfs s'en vait devant les chiens*, 1874. = 3o Devant un adjectif ou un autre adverbe, « tellement ». *a*. Devant un adjectif : *La meie mort me rent* SI ANGUISSUS, 2198. *Quant l' ot Rollanz, Deus!* SI GRANT *doel en out*, 1196. *b*. Devant un adverbe : SI LUNGEMENT *tuz tens m'avez servit*, 1858. *Cornent* SI HALT *sunent li munt*, 2111, 2122. En ces derniers vers, *que* est sous-entendu devant *sunent*. — 4o *Si*, avec *que*, signifie « De telle sorte que, assez pour... » : *Cum fus* SI OS QUE *me saisis*, 2292, 2293. = 5o *Si* en est venu de bonne heure, dans les textes romans, à n'être plus qu'une particule explétive, donnant plus de force à l'affirmation. En vers, c'est souvent une cheville : SI *me guarisez e de mort e de hunte*, 21. *Il est mes fils e* SI *tendrat mes marches*, 3716. Cf. 38, 1999. = *Si* se combine avec LE, et forme SI L' : *Enceis ne l'vit*, SI L' *recunut*, 1496. SI L' *verrez*, 953, 1294. Il se combine également avec LES, et nous avons SI'S, que l'on peut, comme le précédent, écrire en deux mots : SI'S *aquilit e tempeste c ored*, 689. SI' S *prist à caslier*, 1739, etc.

SI. Conjonction exprimant la conditionnalité (*Si*) : SI *ceste acorde ne volez otrier*, 475. *Francis murrunt*, SI *à nus s'abandunent*, 928. La forme correcte est SE. V. ce mot.

SIBILIE. R. s. f. Nom de ville (est-ce Séville ??) : *Curant i vint Margariz de* SIBILIE, 955.

SIED. R. s. Lieu où l'on séjourne ; plus

spécialement, lieu où séjourne le Roi. C'est à peu près la même idée qui nous fait dire aujourd'hui : « le siège de l'Empiré » (*Sĕdum*, subst. verbal de *sedere*) : *Vient à Aïs, à l' meillor* SIED *de France*, 3706. SIET : *Menez serez dreit à Aïs le* SIET, 478.

SIÈDENT. Verbe neutre, 3e p. p. de l'ind. prés. de *sedeir* (*Sedent*), 110.

SIÈGE. R. s. (*Sedium*, par la consonnification de l'*i*), 71, 435, et SEGE, 212. — R. p. : SIÉGES, 1135. = Trois sens bien distincts : 1o Siège, « où l'on s'asseoit » : SIÉGES *averez el' greignor Pareïs*, 1135. = 2o Siège de l'Empiré ; ne se dit que d'Aix-la-Chapelle : *A l'* SIÉGE *ad Ais en serez amenet*, 435. Voy. *siet*. = 3o Siège d'une ville : *Metez le* SEGE *à tute vostre vie*, 212.

SIET. R. s. Siège de l'Empiré, Aix (*Sedium*), 478. V. *Sied*. = Siége et *Sied* ou *Siet* viennent du même mot latin. Dans le premier a eu lieu la consonnification de l'*i* latin ; dans le second, elle ne s'est pas produite.

SIET. Verbe neutre, 3e p. s. de l'ind. prés. de *sedeir* (*Sedet*), 116, 1491, etc.

SIGLENT. Verbe neutre, 3e p. p. de l'ind. prés. de *sigler*. « Cinglent, se dirigent vers... », en parlant des vaisseaux (de *sigla*, voile, qui lui-même dérive de l'anc. haut allem. *sĕgelĕn*, et du nordique *sigla*. Diez, I, 383) : SIGLENT *à fort e nagent e guvernent*, 2631. — Plus-que-parf. du subj. : OÜSSENT SIGLET, 688.

SIGLOREL. R. s. m. Nom d'un enchanteur païen, « qui avait été dans l'enfer, sous la conduite de Jupiter » (?), 1390.

SIGNACLE. R. s. Bénédiction avec le signe de la croix (*Signaculum*) : *Sein[z] Gabriel, ki de part Deu le guarde, — Levet sa main, sur lui fait sun* SIGNACLE, 2848.

SILVESTRE. R. s. m. Nom de saint. (*Silvestrem*), 3746.

SINAGOGE. R. p. f. (Nom d'origine grecque, συναγωγή, qui était de bonne heure passé en latin) : *Les* SINAGOGES *e les mahumeries*, 3662. Je ne pense pas que notre poète se rendit exactement compte de ce mot, et il confond les synagogues et les mosquées.

SIRE. S. m. (*Senior*, = par le passage de l'*i*, *seinr-e* = *si[n]re*. M. Fœrster fait observer que *sendre* ne se trouve que dans les Serments de 842, et vient, par un développement tout différent, de *sen[io]r + e*, d'où *sendre*), 318, 1521, etc., et, par erreur, SEIGNUR. 3056. — Voc. s. m. : SIRE, 227, 283, 753, etc. etc. — R. s. m. : SEIGNUR, 26, 364 ; SEIGNOR, 1010 etc., et SIRE, par erreur, 3470. — Voc., p. m. : SEIGNURS, 15, 70, etc., et SEIGNORS, 1854. — R. p. m. : SEIGNURS, 2432. V. *Seignur*.

SIRIE. R. s. 2989. Grossière erreur du scribe au lieu de *Sizer*. V. ce mot.

SIS. Adj. ou pron. possessif de la 3e pers. (*Suus, seus*), 56, 191, 285, 291, 375, 463, 544, etc. = Se reporter au mot *ses*, où l'on trouvera la déclinaison complète de cet adjectif.

SIST. Verbe neutre, 3e p. s. du parf. simple de *sedeir*, 1943.

SISTE. Adj. numéral. S. s. f. Sixième (*Sexta*), 3227. — R. s. f. : SISTE, 3052.

SIUT. Verbe act., 3e p. s. de l'ind. prés. (*Sivre* vient de *sequere* = *severe*) : *Li Amiraill chevalchet : ses filz le* SIUT, 3215. — Fut., 1re p. s. : SIVRAI, 84. 3e p. s. : SIVRAT, 188 ; 2o p. p, : SIVREZ, 37. — Part. prés., s. s. m. : SIVANT, 1100. S. p. m. : SIWANT, 2649.

SIZER. R. s. Nom des défilés de la Navarre dont nous avons précisé la position et indiqué tous les noms dans notre commentaire du vers 706 et dans notre *Éclaircissement IV* sur la *Géographie*. Comme le prouvent les assonances, on prononçait *Sizre*. (V. Paul Raymond, *Revue de Gascogne*, no de septembre 1869.) *Sunjat qu'il eret al greignurs porz de* SIZER, 719. *Li Reis serat as meillors porz de* SIZER, 583. Ces deux vers sont tirés de deux couplets féminins en *ie, ire, ise*, etc.

SOEFRET. Verbe actif, 3e p. s. de l'ind. prés. de *suffrir* (bas latin *sufferit*) : *Ço est merveille que Deus le* SOEFRET *tant*, 1774. V. *Suffrir*.

SOELT. Verbe neutre, 3e p. s. de l'ind. prés. de *suleir* (*Solet*) : *Ais li un angle ki od lui* SOELT *parler*, 2452. — Imparf. 1re p. s., SULEIE : *Par vasselage* SULEIE *estre tun drut*, 2049. 3e p. s., SULEIT : *Sun filz ad mort qu'il tant* SULEIT *amer*, 2782. et SOLEIT : (*Mes*) *messages* SOLEIT *faire volonters*, 2672. — Parf. simpl., 3e p. s. : SOLT, 352.

SOENS. Adj. possessif, s. s. m. Sien. (*Suum + l's* du nominatif.) S'emploie toujours avec l'article : *Li* SOENS *orgoilz le devcreit ben cunfundre*, 389. *Estramariz i est, un* SOENS *cumpainz*, 941. — R. s. m.,

SOEN : *Par le* SOEN *Deu*, 82. *Pent à sun col un* SOEN *grant escut let*, 3149. *As li devant un* SOEN *drut*, 3495. Cf. 3952. — R. p. m., SOENS : *Que l'Empcrere nisun des* SOENS *n'i perdet*, 806. *Sunet sun gresle pur les* SOENS *ralier*, 1319. *Rollanz des* SOENS *i veit grant perte*, 1691.

SOER. Voc. s. f. Sœur (*Soror*) : SOER, *cher(e) amie, de hume mort me demandes*, 3713. — R. s. f., SORUR (*Sororem*) : *Se puis veeir ma gente* SORUR *Alde*, 1720. SOER : *Ensurquetut si ai jo vostre* SOER, 294. (?)

SOI. Verbe *estre*, 1re p. s. de l'ind. prés. (*Sum*), 1478.

SOIGN. R. s. m. Besoin. (Rad. germ. *syn*, nordique; *sunja*, gothique. V. *Bosuign*) : *Pur ço n'unt* SOIGN *de elme ne d'osberc*, 3250.

SOLDEIERS. R. p. m. « Soldats », hommes recevant une « solde, une soudée », *solidatam, soldatam* (Même étym. que le prov. *soldadiers : solidatarios*) : *Bien en purrat luer ses* SOLDEIERS, 34. Cf. 133.

SOLEILZ. S. s. m. Soleil (*Soliculus*) : *Bels fut li vespres e li* SOLEILZ *fut cler*, 157. Cf. 1002. *Li* SOLEILZ *est culchet*, 2481. *Li* SOLEILZ (*est*) *luisant*, 2458, 2646. Cf. 2459, 3345. SOLEILL : SOLEILL *n'i luist*, 980. — R. s. m., SOLEILL : *Turnet su[n] vis vers le* SOLEILL *levant*. Cf. 2990. SOLEIL : *Cuntre le* SOLEIL *reluisent cil adub*, 1808, et, par erreur, SOLEILZ, 2450. = Nous avons à dessein choisi ici, COMME PARTOUT, les exemples qui nous montrent en usage, dès le XIe siècle, des locutions encore vivantes aujourd'hui dans notre langue.

SOLEIT. Verbe neutre, 3e p. s. de l'imparf. de l'ind. de *suleir* (*Solebat*), 2672.

SOLT. Verbe neut., 3e p. s. du parf. simpl. de *suleir*, 352. Il s'agit ici du parfait et non du présent. Cf. *voelt* et *volt*.

SOLTERAS. R. p. m. Nom de peuple païen (?), 3242.

SOLUE. Part. passé employé adjectivement. Libre. C'est la belle épithète du mot « France » (*Solutam*) : *En France la* SOLUE, 2311.

SON. Adj. ou pronom possessif de la 3e pers. (*Suum*) : *Quant l'Empereres vait guerre* SON *nevold*, 2870. La vraie forme est *sun*. V. *Ses*.

SOR. Adj. Sauf (? du néerl. *soor*, sec. Le sens primitif serait « desséché », d'où l'on aurait tiré celui de « jaune, blond, couleur feuille morte ». Etymologie hypothétique. — On a proposé une autre origine que nous estimons encore moins probable : *exauro* = *saur* = *sor*??) : *Li (algalifes) sist sur un cheval* SOR, 1943. V. *Sorel*.

SOR. Prép. « Sur, au-dessus de... » (*Super*), 47. SOR *tuz les altres*, 3962.Voy. *Sur*, qui est la forme autorisée par la phonétique de notre manuscrit.

SORBRES. R. p. m. Nom d'un peuple païen (?), 3226.

SOREL. R. s. m. *Li quens Gerins set el ceval* SOREL, 1379. C'est ainsi que je lis ; Müller écrit *sorel*. Que ce soit là l'épithète ou le nom du cheval, l'étymologie est évidemment un diminutif de *Sor*. V. ce mot.

SORENCE. R. s. f. Nom de lieu (?). *Pinabel de* SORENCE, 3783.

SORUR. R. s. f. Sœur (*Sororem*), 1720. SOER, 312. ? — Au voc. s. f. : SOER, 3713. V. *Soer*.

SORZ. S. s. f. Sorcellerie, sort magique (*Sors, Sortem*) : *N' i remeindrat ne* SORZ *ne falserie*, 3665. Il s'agit du roi Charles, qui fait briser toutes les idoles dans les mosquées de Saragosse.

SORZ. R. s. p. Nom d'un peuple païen (?), 3226. V. *Sorbres*.

SOÜREMENT. Adv. En sûreté (*Secura-mente*) : *Passez les porz trestut* SOÜREMENT, 790.

SOÜRS. Adj. s. m. Tranquille, en sécurité, sans inquiétude (*Securus*): SoÜrs *est Carles que nul home ne crent*, 549. — R. s. m. : soÜrs (par erreur), 241.

SUATILIE. R. s. f. Nom d'un royaume païen (Est-ce un nom de fantaisie?), 90.

SUAVET. Adjectif employé adverbialement. Doucement. (Lat. *suav* + *ittum*. Le suffixe *et*, du suffixe *ittum*, est très fréquent en vieux français. V. Diez, *Gramm. allem.*, II, 373, et *Richars li biaus*, éd.W.Fœrster, Note de la p. 163. On peut citer *russet, muet, espesset, noiret, jeunet, freschet, larget, vermeillet, blanchet, gaiet, grellet*, à côté des simples : *rus* (roux), *mu, espois, noir, jeune, fresc, larc, vermeil, blanc, gai, graisle*, etc. De même *so-a-vet* à côté de *so-ef*, (*so-ave*) : *Mult* SUAVET *le chevaler desarment*, 3942. V. *Suef*.

SUCCURAS. Verbe act., 3e p. s. du futur de *succurre* (*Succurrere-habes*), 3996. 3e p. s. : SUCCURRAT, 1061, — Impér., 2e p. p. : SUCUREZ, 1794, et succurez, 3378. — Subj. prés., 2° p. p. : sucurez, 2786.

SUCURANCE. R. s. f. Secours, aide (*Succurrentiam*), 1405.

SUCURS. R. s. m. Secours (*Succursum*) : *Nostre parent devum estre à* sucurs, 2562.

SUDUIANT. S. p. m. Trompeur, *Suduiant* est un part. prés. employé comme part. passé. (De *subducentem*, *subducere* ayant donné *suduire*, tromper) : *Cil sunt felun traitur* suduiant, 942 (?).

SUE. S. s. f. Sienne (*Suc* vient de *sua* et s'emploie toujours avec l'article ; *sa* vient de l'anc. latin *sa*) : *La* sue *mort*, 1232. *Si est la cilet* sue, 917. — R. s. f., sue : *La* sue *feit plevit*, 403.

SUEF. Adj. r. s. m. Doux (*Suavem*) : *Seignurs barons*, soef *pas alez tenant*, 1165.

SUEF. Adj. employé adverbialement. Doucement (*Suave*) : *Si li demandet dulcement e* suef, 1999. Cf. *suavet*.

SUFFRAITE. R. s. f. Douleur (*Suffractam*) : *De bons vassals averat Carles* suffraite, 939. Sufraite, 2257. — S. p. f. : suffraites, 2925. — R. p. f. : suffraites, 60.

SUFFRIR. Verbe actif. Inf. prés. (Ne vient pas de *sufferre*, mais du bas latin *sufferire*.) = 1° Conjugaison. Inf. prés. : suffrir, 456, et susfrir, 1040, 1147, 1625. — Fut., p^re p. p. : suffrirum, 1615. — Subj. prés., 3° p. s. : soefret, 1174 = 2° Sens. *a.* « Supporter, subir, permettre, tolérer » : *Ceste bataille est mult fort à* suffrir, 3489. *Ço est merveille que Deus le* soefret *tant*, 1774. — *b.* « Souffrir une douleur » : *Pur sun seignor deit hom* susfrir *destreiz*, 1040.

SUI. Verbe *estre*, 1re p. s. de l'ind. prés. (*Sum*), 295, 297, 308, etc. = Il faut observer que *sui* remplace *ai* pour former le parfait composé de certains verbes. Exemple : *Cher me* sui vendut, 2053.

SUJURN. R. s. m. Séjour (Subst. verbal de *subdiurnare*, « passer le jour ». V. Ducange, au mot *Sejornum*, qui a été fait sur le vocable roman) : *Entresqu'à Ais ne volt prendre* sujurn, 3690. = La locution « prendre séjour » nous est restée.

SUL. Adj. s. s. m. Seul (*Solus*) : *Mielz est que* sul *moerge*, 359. — Cf. suls 448. — R. s. m., sul : *N'i ad païen ki un* sul *mot respundet*, 22. V. *Suls*.

SUL. Adverbe. Seulement (*Solum*). Ne s'emploie pas seul, mais concurremment avec *ne mais*, *ne mais que*, *fors*. Ne mais sul *la Reïne*, 3672. *Ne n' unt de blanc* ne mais qui sul *les denz*, 1934. Fors sul *Tierri*, 3806.

SUL' pour SUR LE, 1341. V. *Sur*.

SULEIE. Verbe neutre, 1re p. s. de l'imparf. de l'ind. de *suleir* (*Solebam*), 2094.

SULEIT. Verbe actif, 3° p. s. de l'imparf. de l'ind. de *suleir* (*Solebat*), 2782. V. *Soleit*, et, pour les deux mots qui précèdent, *Soelt*.

SULIANS. S. s. m. Syrien (*Syrianus*. Cf. *Juliane*, de *Juliana*, etc.) : *Si l' m'a nunciet mis més li* Sulians, 3191. Cf. 3131.

SULS. Adj. s. m. Seul (*Solus*) : *Rollanz s'en turnet, par le camp vait tut* suls, 2184. Sul, 359. — R. s. m., sul : *Suz ciel ne quid aveir ami un* sul, 2904. Cf. 22, etc.

SUM. Adj. neutre, employé avec *par* et *en*... « En haut de » (*In summo*, *per summum*). 1° En sum : *Laciet* en sum *un gunfanun tut blanc*, 1157. En sum *ces maz*, 2632. En sum *sa tur*, 3635. — 2° Par sum : *Josque* par sum *le ventre*, 3922. = Dans ces deux locutions adverbiales, sum est indéclinable.

SUMEIENT. Verbe neutre, 3° p. p. de l'ind. prés. de *sumier*, *sumeier* (*Sagmicare*, de *sagma*, fardeau). Portent une charge. Se dit des bêtes de somme : *IIII. mulez... quant il* sumeient, 978.

SUMER. R. s. m. Cheval de somme (*Sagmarium*, de *sagma*) : *N'i perdrat ne runcin, nc* sumer, 758. — R. p. m., sumers : *Franc desherbergent, funt lur* sumers *trusser*, 701. = Ce mot ne se trouvant, comme assonance, que dans les laisses en *ier*, c'est *sumier*, *sumiers* qu'il faut lire.

SUMET (EN). Loc. adverbiale, qui a été ajoutée, fort inutilement, par le scribe à la suite du vers 2359 : *Desuz lui met s'espée e l'olifan*. V. *Sum*.

SUMUNT. Verbe actif, 3° p. s. de l'ind. prés. du verbe *sumundre* ou *semundre*. Inviter, convoquer (de *submonet*, les composés étant traités comme les simples) : *Alez sedeir quant nuls ne vos* sumunt, 251. — Impér., 2° p. s., sumun : Sumun *les oz de tun emper[ie]*, 3994.

SUN. Adj. ou pron. possessif de la 3e p. s. R. s. m. (*Suum*), 26, 51, etc. ; son, 2870. On trouve par erreur sun au s. s. m., 348, 1160, 1495, 2024, et (?) *sun* au r. s. f.: *Sun ost*, 2760. Cf.? *demi mun host*, 785. = Sun est plusieurs fois employé là où il faudrait soen : *Un* sun *noble barun*, 421. *Gemalfin un* sun *drut*, 2814. V. *Ses*.

SUNER. Verbe tantôt actif, tantôt neutre (*Sonare*). 1º Conjugaison. Inf. prés. : suner, 700. — Ind. prés., 3º p. s. : sunet, 1319. 3º p. p. : sunent, 1004. — Parf. simpl., 3º p. p. : sunat, 2103. — Parf. comp., avec un r. s. m. : ad sunet, 2951. — Impér., 2º p. p. : sunez, 1051. — Cond., 3º p. s. : sunast, 1769. — Subj. prés., 2º p. s. : suns, 1027 ; 3º p. s. : sunt, 421. — Part. pass. : sunet. = 2º Sens. *a*. Le verbe *suner* est actif aux vers 1027, 4051, 1100, 1319, 1755, 1769, 2104, 2110, 2950, 2951, 3136. On dit : « Sonner le cor », etc. : *Trait l'olifan, fieblement le* sunat, 2104. Une locution qui nous est restée est la suivante : *Ne vocill que mot en* suns, 1027. Cf. 411. — *b*. Mais ce verbe est aussi employé au neûtre, dans le sens de « résonner, retentir » : *Granz sunt les oz ù cez buisines* sunent, 3263. Sunent *cil graisle*, 1832. Cf. 2112, 2116 et 3309.

SUNJAT. Verbe actif, 3º p. s. du parf. simpl. de *Sunjer* (*Somniavit* par la consonnification du premier *i*) : Sunjat *qu'il eret as greignurs porz de Sizer*, 719. *Après iceste, altre avisiun* sunjat, 725. = « Songer » s'employait, soit avec un complément direct, soit avec *que*.

SUNS. Verbe actif, 2º p. s. du subj. prés. de *suner* (*Sones*), 1027.

SUNT. Verbe actif, 2º p. s. du subj. prés. de *suner* (*Sonet*), 411.

SUNT. Verbe *estre*, 3º p. p. de l'ind. prés. (*Sunt*), 91, etc.

SUR. Prép. (*Super*.) 1º « Sur » : Sur *un perrun de marbre bloi se culchet*, 12. = 2º « Au-dessus de, pardessus... » : Sur *tute gent est la tue hardie*, 1617. = 3º « Contre » (comme dans notre expression : « Le sort est tombé sur lui ») : *La rere guarde est jugée* sur *lui*, 778. Cf. 282, 328. — Avec le, sur forme sul' : *Ki lui veïst l'un geter mort* sul' *altre*. V. *Desur*.

SURT. Verbe neutre, 3º p. s. de l'ind. prés. de *surdre*. Se dresse (*Surgit*) : *Li Reis Marsilie od sa grant ost lur* surt, 1448 ; 3º p. p. : surdent, 2975.

SURVESQUIET. Verbe neutre, 3º p. s. du parf. simpl. de *survivre*. A survécu... (Il y a plus que *supervicsit, superviskit*) : *Tut* survesquiet *e Virgilie e Omer*, 2616. = Pour ces parfaits en *iet*, voy. *Perdiet*, *Abatiet*, et surtout notre *Grammaire*, § 45.

SUS. Adv. En haut (*Susum*) : *Sunt muntez* sus *el' palais*, 2708. *Li ber resailit* sus, 2085. *Là* sus *amunt pargetent tel luiserne*, 2634. La sus est plus tard devenu un seul mot, *lassus*, qui a eu une assez heureuse fortune dans notre langue. = Ne pas confondre *sus*, « en haut, » qui vient de *susum*, avec *suz*, « dessous, » qui vient de *subtus*. D'après une des règles les plus générales fournies par notre manuscrit, *z* égale presque toujours *ts*, qui se trouve dans *subtus* et non dans *susum*.

SUSFRIR. Verbe actif, inf. prés. pour *suffrir* (bas lat. *Sufferire*), 117, 1010, 1625. V. *Suffrir*.

SUSPIRT. Verbe neutre, 3º p. s. du subj. prés. de *suspirer* (*Suspiret*) : *Ne poet muer ne plurt e ne* suspirt, 2380.

SUSTENIR. Verbe actif, inf. prés. Soutenir, défendre (*Sustinere* passé à la 4º conj.) : *Chrestientet aidez à* sustenir, 1129. Sustenir *vocill trestut mon parentet*, 3907. — Subj. prés., 3º p. s., sustienget : *N'en avrai jà ki* sustienget *m' onur*, 2903.

SUVENIR. Verbe neutre, inf. prés. Souvenir (*Subvenire*, sous-entendu *in mentem, in memoriam*) : *De grant dulor li poüst* suvenir, 3488.

SUVENT. Adv. (*Subinde*) : *Par mi cest host* suvent *e menu reguardet*, 739. — Le second hémistiche a été écrit par une main plus récente.

SUZ. Prép. « Sous, au-dessous de... » (*Subtus*) : *En un verger* suz *l'umbre*, 11. = Suz revêt un sens plus étendu au vers 1018 : *Guardet* suz *destre*. — V. *Desuz*, 209, 993. etc.

SUZCLINENT. Verbe actif, 3º p. s. de l'ind. prés. Inclinent, abaissent (*Subtus-clinant*) : *Païen, i bassent lur chefs e lur mentun(s)* ; — *Lor helmes clers i* suzclinent *en brunc*, 3273, 3274.

T

TABLES. R. p. f. (*Tabulas.*) Jeu de tric-trac. Aujourd'hui encore, on le joue sur un « TABLIER » de bois, et l'on appelle « TABLE » chacune des quatre divisions de ce tablier. Enfin ce jeu se nomme encore TABLAS *reales* en espagnol; en portugais, *jogo de* TABOLAS; en italien, TAVOLIERE, et, en allemand, *brets-piel* (jeu de tables) : *As* TABLES *juent pur els esbaneier*, 111.

TABURS. R. p. m. (Persan *tabir, tabur*) : *En Sarraguce fait suner ses* TABURS, 852. Cf. 3137.

TACHEBRUN. R. s. m. Nom du cheval de Ganelon (Ce mot se compose de deux éléments. *Brun* ne fait pas difficulté. *Tache* est douteux) : *En* TACHEBRUN, *sun destrer, est munted*, 346.

TAILLET. Verbe act., 3º p. s. de l'ind. prés. de *tailler* (*Taleat, taliat*. On trouve, observe Diez, les mots *taleas* et *intertaleare* (*rustica voce*) pour *exscindere ramos*, dans Nonius Marcellus) : *Tient Durendal ki ben trenchet e* TAILLET, 1339.

TAISENT (SE). Verbe neutre ou pronominal, 3º p. s. de l'ind. prés. (*Se tacent.*) 1º Pronomin. : *Franceis* SE TAISENT *ne mais que Guenelun*, 217. Cf. 263. — Impér., 2º p. p. : *vos* TAISEZ : *Respunt li Reis :* « *Ambdui vos en* TAISEZ, » 259. = 2º Neutre. Impér., 2º p. s., TAIS : TAIS, *Oliver, li quens Rollanz respunt*, 1026.

TALANT. V. le suivant.

TALENZ. S. s. Désir (V. dans Ducange *talentum, talentus*, qui, en bas latin, a le même sens que le mot français) : *Mis* TALENZ *en est graigne*, 1088. — R. s. : *L'Emperere ad tut à sun* TALENT, 400. *N'averat* TALENT *que jamais vus guerreit*, 579. *Franceis n'unt* TALENT *de fuir*, 1255. TALENT : *En* TALANT *ai que mult vos voeill amer*, 521. *Trop avez mal* TALANT, 327. — R. p., TALENZ : *Esclargiez vos* TALENZ, 3628. = Il faut remarquer les locutions « avoir talent », signifiant « désirer » et s'employant tantôt avec l'infinitif (1255), tantôt avec *que* et un subjonctif. (*N'unt* TALENT *qu'il li faillent*, 3133, etc.) = On dit également : « Avoir en talent que »... (521). = Enfin *talent*, combiné avec l'adjectif *mal*, forme le mot *maltalent*, qui a eu une heureuse fortune dans notre langue. V. *Maltalent*.

TANT. Adj., s. p. m. « Autant de, tant de... » (*Tanti*) : *Mielz est que sul moerge que* TANT *bon chevaler*, 359. — R. p. m. (*Tantos*), TANZ : *Tanz bons vassals veez gesir par tere*, 1694. — R. p. f., TANTES : *Par* TANTES *teres ad sun cors traveillet*, 540. = Ce mot est surtout employé au pluriel, et c'est la raison qui nous a décidé à donner d'abord des exemples du pluriel. Cependant, on le trouve aussi au singulier (r. m.) : *La veïsez* TANT *chevaler plorer*, 349. *La veissez...* TANT *hume mort e naffret e sanglent*, 1623.

TANT. Adv. (*Tantum.*) 1º « Autant, aussi longtemps » : *Co est merveille que Deus le soefret* TANT, 1774. *Dame, ne parlez* TANT, 2724. Cf. 2098. = 2º « Autant, tellement », devant un verbe : *Par quele gent quiet il espleiter* TANT, 395. *L'espée que ses cumpainz... li ad* TANT *demandée*, 1368. Cf. 286. = 3º « Tellement, si... » devant un adjectif : *Noz cumpaignuns que oümes* TANZ *chers*, 2178. (*Tanz* est une erreur pour TANT). = 4º « Tellement, si... » devant un adverbe : TANT *vertuusement*, 1601. *Ceste dolor ne demenez* TANT *fort*, 2946. = 5º Avec conj. *a.* « Aussi longtemps que... » : TANT CUM *durent li port*, 1802. Et *b.* « Autant que... » : *Teres e flez* TANT CUM *vos en vulderez*, 76. = 6º « Tellement que » : *Il l'aiment* TANT *ne li faldrunt nient*, 397. TANT *par fut bels tuit si per l'en esguardent*, 306. (*Que* est sous-entendu.) = Dans les deux exemples suivants, *tant* peut tout aussi bien être adjectif qu'adverbe : *Sunez voz grasles* TANT QUE *en cest ost ad*, 2110. TANT *en i ad que mesure n'en set*, 1635.

TARGE. R. s. f. Écu, bouclier. Dans notre texte, *targe* est synonyme d'*escut* (*Targam*), 3361. — R. p. m. : TARGES, 3569.

TARGER. Verbe neutre et pronomin., inf. prés. Tarder (*Tardicare*) : *Si priet Deu... que le soleil facet... arester, la nuit* TARGER, 2451. — Ind. prés., 1º p. s., TARGE : *Guenes respunt :* « *Mei est vis que trop*

TARGE », 659 ; 3° p. s., SE TARGET : Oliver de ferir ne SE TARGET, 1345 ; 3° p. p., SE TARGENT : Li .XII. Pers ne s'en TARGENT nient, 1415. — Impér., 2° p. p.. VOS TARGEZ : Baruns, ne VOS TARGEZ, 2805. Ce mot ne peut entrer que dans les laisses en *ier*.

TART. Adj. neutre, s. s. (*Tardum*) : En Rencesvals est TART de l' repairer, 2483.

TE (et devant une voyelle T'). Pron. pers. (*Te*.) 1° RÉGIME DIRECT : Hoi TE cumant à l' Glorius celeste, 2253, 2349. = 2° RÉGIME INDIRECT : Ne m' fesis mal ne jo ne l' TE forsfis, 2029. Jo T'en dur(r)ai mult esforcet eschange, 3714.

TEDBALD. R. s. m. Nom d'un comte français (*Theodebaldum ;* l'origine est germanique), 173, et TEDBALT, 2433. Il est appelé « T. de Reims », 173, 2433, 3058.

TEI. Pron. pers. Toi (*Tē*). 1° « A toi », avec un verbe : Se TEI plaist, 3108. TEI ne faudrat clartet, 2454... = 2° Avec des prépositions. a. « DE » : DE TEI ait Deus mercit, 2933. L'anme DE TEI seit mise en Pareïs, 2934. — b. « A » : Quias le guant me caïst... cume fist A TEI, 764, 765. — c. « Après » : Veiz Baligant ki APRÈS TEI chevalchet, 2979... = 3° Régime direct : Ki TEI ad mort France ad mis en exill, 2935.

TEINDRAI. Verbe actif, 1° p. s. du futur (*Tingere-habeo*), 985. — Part. passé, s. s. m., TEINT : TEINT fut e pers, desculuret e pales, 1999. = Ce dernier sens est très fréquent dans les textes du moyen âge, et *teindre*, au neutre, c'est « changer de couleur ».

TELS. Adj. s. s. m. Tel (*Talis*) : Carles n'est mie TELS, 529, et TEL, 1563. — S. s. f., TEL : Bataille averez : unches mais TEL ne fut, 1044. Cf. 3842, 3904. — R. s. m., TEL : De TEL barnage l'ad Deus enluminet, 535. TEL as ocis dunt a l' coer me regrette, 1566. — R. s. f. : TEL, 19. — S. p. m. : TELS, 1410. — R. p. m. : TELS, 1696.

TEMPESTE. S. s. f. Tempête (*Tempesta*) : Si 's acuillit e TEMPESTE e ored, 689. Une autre forme (qui est masculine) se lit au vers 2534 : Carles veit les merveillus TEMPEZ. Mais il faut lire : *tempiers*, à cause de l'assonance.

TEMPLE. R. s. Temple (*Templum*), 1524.

TEMPLES. S. s. m. Tempe (fait sur le pluriel *tempora*?) : De sun cervel rumput en est li TEMPLES, 1786. TEMPLE, 1764.

TEMPEZ. R. p. m., 2534. V. *Tempeste*.

TENCENDOR. S. s. m. Nom du cheval de Charlemagne (?), 3342. — R. s. m. : TENCENDUR, 2993.

TENCENT. Verbe neutre, 3° p. s. de l'ind. prés. « Disputent, adressent des injures » (*Tentiant*. Tencer, « disputer » vient de *tentiare*. Tenser, « défendre, garantir », de *tensare*) : Ad Apolin curent..., TENCENT à lui, laidement le despersunent, 2581.

TENDRE. Adj. r. s. (*Tenerum*) : Tro[p] avez TENDRE coer, 317.

TENDRE. Verbe act., inf. prés. (*Tendere*.) 1° CONJUGAISON. Inf. prés. : TENDRE, 159. — Ind. prés., 3° p. s. : TENT, 137 ; 3° p. p. : TENDENT, 2165. — Parf. simple, 3° p. s. : TENDIT, 2224. — Parf. comp., 3° p. s., avec un r. s. m. : AD TENDUT, 2373 ; 2° p. p., avec un r. s. m. : AVEZ TENDUT, 780. — Part. passé : TENDUT... = 2° SENS. *a*. Le sens primitif est celui « d'étendre » : El grant verger fait li Reis TENDRE un tref, 159. = *b*. « Diriger vers, élever... » : Sun destre guant en AD vers Deu TENDUT, 2373. = *c*. Au neutre et suivi d'un verbe, « avoir hâte de... » : Envers Espaigne TENDENT de l'espleiter, 2165.

TENDRUR. R. s. f. Émotion vive, douleur affectueuse (substantif formé sur *tendre*, de *tener*) : C. milie Francs pur lui unt grant TENDRUR, 842.

TENEBRES. R. p. f. (*Tenebras*) : Cuntre midi TENEBRES i ad granz, 1431. = Au lieu de : En Val TENEBRUS, 2461, qui rompt la mesure du vers, il faut restituer TENEBRES, d'après les manuscrits de Venise IV et de Versailles (En VAL TENEBRES).

TENEBRUS. Adj., s. p. m. (*Tenebrosi*) : Halt sunt li pui (e) li val TENEBROS, 814. TENEBROS : Turnez ses oilz, mult li sunt TENEBROS, 2896.

TENIR. Verbe actif, Inf. prés. (*Tenere*, ramené à la quatrième conjugaison.) 1° CONJUGAISON. Inf. prés. : TENIR, 687, 1238. — Ind. prés., 3° p. s. : TIENT, 7, 116, et TENT, 2353. De ces deux formes, c'est la première qui est la plus correcte, et ce mot ne se trouve en assonance que dans une laisse en *ier*. 1° p. p. : TENUM, 225. ; 2° p. p. : TENEZ, 649 ; 3° p. p. : TENENT, 2466. — Imparf. de l'ind. : TENEIT, 720. — Parf. simpl., 3° p. s. :

TINT, 139; 3° p. p.: TINDRENT, 2113.
— Parf. comp., 3° p. s., avec un r. s.
f. : AD TENUE, 2310; 3° p. p., avec
un r. s. m. : UNT TENUT, 2821. —
Futur, 1re p. s. : TENDRAI, 2914; 3°
p. s. : TENDRAT, 53; 1re p. p. : TEN-
DRUM, 3761. — Impér., 1re p. p. : NUS
TENUNS, 229; 2e p. p. : .TENEZ, 364. —
Subj. prés., 3° p. s. : TIENGET, 2294.
— Part. prés. : TENANT, 1165. Part.
passé : TENUT, TENUE... = 2° SENS
DIVERS. *a.* « Avoir ou prendre en
main » : *Li niés Marsilies* TIENT *le
guant en sun poign*, 874, et au réfléchi : *Li message par les mantels
se* TINDRENT, 2707. — *b.* « Garder,
maintenir dans telle ou telle position » : *Li Empereres en* TINT *sun
chef enclin*, 139. — *c.* « Ne pas lâcher, ne pas abandonner » : TENENT
l'enchalz, 2446. — *d.* « Posséder »,
comme un roi, par exemple, possède
son royaume : *Là siet li Reis ki dulce
France* TIENT, 116. — *e.* « Tenir »,
dans sens strictememt féodal : *De
mei* TENDRAT *ses marches*, 190. —
f. « Observer une loi, suivre une religion » : *Receverat la lei que nus
TENUM*, 225. TENIR *chrestientet*, 687.
— *g.* « Regarder comme... » : *Lui
aidez e pur seignur le* TENEZ, 364.
Ne l'orrat hume ne l'en TIENGET *por
fol*, 2294. D'où la locution « tenir
en... » : *Paien ne l'* TINDRENT *mie en
gab*, 2113. — *h.* « Tenir conseil » :
Respundent Franc : Ore en TEN-
DRUM *cunseill*, 3761. Et au figuré :
Respont Tierri : Ja n'en TENDRAI
cunseill, 3896. — *i.* « Tenir une con-
versation » : *Ne pois à vos* TENIR
lung parlement, 2836. — *j.* « Donner
une fête » : *A seint Michel* TENDRAT
mult halte feste, 53. — *k.* « Retenir » :
TENEZ *le pas*, 2857. *Suef pas alez*
TENANT, 1165. — *l.* « Soutenir » : *Ceste
bataille ben la purrum* TENIR, 1238.
« Se tenir contre quelqu'un, c'est lui
résister » : *N'averat vertut que s'
TIENGET cuntre nus*, 3183. — *m.* « Aider quelqu'un, le défendre (?). » : *Pur
prozdomes* TENIR *e cunseiller*, 2212.
— *n.* Sens spécial. « Tenir le plait »,
c'est-à-dire « avoir le droit d'en faire
partie » (?) : *Par anceisurs dei-jo tel
plait* TENIR, 3826. — *o.* « S'en tenir
à... « : *Laissum les fols, as sages
nus* TENUNS, 229. — *p.* Tenez en est
venu enfin à avoir un sens A PEU PRÈS
EXPLÉTIF : « TENEZ, *bel sire, dist Rollanz à sun uncle : — De trestuz reis
vos present les curuncs,* » 387.
TENS. S. s. (*Tempus*, dont le *p* est
tombé, et a été seulement rétabli à
la Renaissance) : TENS *est de l'herberger*, 2482. — R. s., TENS : *Morz
est li Quens, de sun* TENS *n'i ad
plus*, 1560. *Il est mult vielz, si ad
sun* TENS *uset*, 523. *Vo(e)illet o non,
tut i laisset sun* TENS. 1419. *N'i
poedent estre à* TENS, 1841. Cf. 1858.
= LUNGTENS : *Nurrit vos ai* LUNG
TENS, 3374. = On remarquera encore
les locutions suivantes : « Être à
temps ; » « user son temps ; » « il n'y
a plus de son temps ; » pour « mourir », etc. La première seule nous
est restée.
TENSER. Verbe actif, inf. prés. Défendre, soutenir (*Tensare*. V. ce
mot dans Ducange) : *Jo ne vos pois
TENSER ne guarantir*, 1864. *Cist
deit marches* TENSER, 3168. — Passif. Futur, 3° p. s., avec un s. s.
m., ERT TENSEZ : *Ki ço jugat... par
Charlemagne n'*ERT *guariz ne* TEN-
SEZ. 354.
TERCE. Adj. numéral, s. s. f. Troisième (*Tertia*), 3224. — R. s. f. :
TERCE, 3027. La vraie leçon est
TIERCE.
TERE. S. s. f. (*Terra*), 609, 1784. —
Voc., s. f., TERE : TERE *de France,
mult estes dulz pais*, 1861. Cf.
1616. — R. s. f. : TERE, 35, 199. —
R. p. f. : TERES, 76, 394. = Nulle
part, dans notre texte, ce mot ne
signifie « la Terre » en général ; mais
toujours « une terre », et il revêt
plusieurs fois le sens féodal : TERES
e fiez, 76. *Virent Guascuigne, la
TERE -lur seignur*, 819. = TERE
MAJOR, c'est la France. La preuve en
est dans ce vers : TERE MAJOR *mult
est loinz çà devant* (1784), qui s'applique aux Français retournant dans
leur pays, et dans cet autre vers, encore plus concluant, que notre poète
met sur les lèvres des Sarrazins :
TERE-MAJOR, *Mahumet te maldie*,
1616. Cf. 600.
TERE-MAJOR. S. s. f. La Grande
Terre, la France (*Terra-Major*),
600, 1784. — Voc. s. f., 1616. V. le
précédent.
TERREMOETE. R. s. f. Tremblement
de terre (*Terra-mŏvita*, qui donne
mŏv[i]ta, puis, plus tard : mŏta,
dont l'ŏ se diphtongue en *ue*, *oe*. Note
de W. Fœrster) : *E* TERREMOETE *ço
i ad veirement*, 1427.
TERMES. S. s. m. (*Terminus*) : *Vendrat li jurz, si passerat li* TERMES,
54.
TERT. Verbe act., 3° p. s. de l'ind.
prés. Essuie (*Tergit*) : TERT *lui le
vis od ses granz pels de martre*. 3940.

TERTRE. R. s. m. (?). *En sum un* TERTRE, 708. — R. p. m. : TERTRES, 805.

TESTE. R. s. f. Tête (*Testam.* V. un passage d'Ausone où l'on trouve *testa*) : *Se trois Rollant, n'enporterat la* TESTE, 935. *Desur le buc la* TESTE *perdre deit*, 3289. — R. p. f. : TESTES, 57, 2491. = Rem. le v. 3289, précédemment cité. Cette locution, « ôter la tête du bû, » est devenue populaire dans nos Chansons de geste.

TETCHES (pour TECHES). R. s. f. *Males teches* signifie « choses déshonorantes, vices, crimes ». (Étymologie très obscure. Scheler propose pour *tacher, tactare,* toucher, meurtrir (?) : TETCHES *ad males e mult granz felonies*, 1633.

TERVAGAN. R. s. m. Nom d'un des trois dieux des Sarrazins, d'après nos Chansons de geste. Le premier est Mahum ; le second, Apollin. (?) : 611, 2589, 2696, 3267.

TI. Adj. ou pron. possessif de la 2e p., s. p. m. (*Tui*, ou plutôt une forme populaire, *tei, ti*) : *De vasselage te conoisent* TI *per*, 3901.

TIEDEIS. R. p. m. Thiois, Allemand (de l'anc. anglo-saxon *theodisc.* L'all. moderne est *Deutsch*), 3796.

TIERRIS. S. s. m. (*Theodericus;* origin. germ.: *Dieterich.* V. Pott, 115.) = Il y a deux personnages de ce nom dans le *Roland* : 1º Thierry, duc d'Argone, dont il est question aux vers 3083 et 3534. 2º Thierri, frère de Geoffroi d'Anjou, et champion de Roland contre Pinabel (v. 3899, 3924, etc.) = Au s. s. m. : TIERRIS, 3083, et TIERRI, 3899. — Voc. s. m. : TIERRI, 3892. — R. s. m. : TIERRI, 3534.

TIGE. R. s. f. (*Tige* vient de *tibia*, par la consonnification du second *i*): *Vait s' apuier suz le pin à la* TIGE, 500.

TIMOINE. R. s. Encens (Mot de la famille de *thymiama*, lequel signifie l'encens liturgique, composé de plusieurs parfums, et notamment de myrrhe. *Thymiamonium, thymonium*) : TIMOINE *e mirre i firent alumer,* — *Gaillardement tuz les unt encensez*, 2958.

TIMOZEL. R. s. m. Nom d'un païen (?), 1382.

TINDRENT. Verbe act., 3e p. p. du parf. simple de *tenir* (*Tenuerunt* avec l'addition d'un *d* entre la nasale et la liquide), 2113, etc. V. *Tenir.*

TINEL. S. s. m. Massue (*Tignale,* de *tignum*, poutre. Prov. *tinal*) : *Tient sun espiet... La hanste (fut) grosse cume uns* TINEL, 3153.

TINT. Verbe act., 3e p s du parf. simple de *tenir* (*Tenuit*). 139. V. *Tenir.*

TINT. Verbe act., 3e p. s. du subjonctif présent de *tinter* (*Tinnitet*) : *N'i ad celoi ki mot sunt ne mot* TINT, 411.

TIRER. Verbe act., inf. prés., employé substantivement (Gothique, *tairan;* néerlandais *tëren*). Lorsqu'un païen s'approche de Roland mourant, et veut lui arracher son épée : *En cel* TIRER *li quens s'aperçut alques*, 2283 (Le Ms. porte *tirercs*). — Ind. prés., 3º p. s., TIRET : TIRET *sa barbe*, 2414.

TIS. Adj. ou pron. possessif de la 2e p. (*Tuus, teus*), 223, 308. — R. s. : TUN, 291. — S. p. m. : TI, 3901.

TOLT. Verbe act., 3e p. s. de l'ind. prés. de *toldre*, « enlever ». Le sens est partout le même (*Tollit*), 2284. 3e p. p. : TOLENT, 2464. — Parf. simpl., 3º p. s. : TOLIT, 1649. Cf. 2171, 3753. — Parf. comp., 2e p. p., avec un r. p. m. : AVEZ TOLUZ, 236 ; 3º p. p., avec un r. s. f., 2431, et avec un r. p. f. : UNT TOLEITES, 2490. — Fut., 1ro p. s. : TOLDRAI, 2684. 3º p. s. : TOLDRAT, 1490. — Impér., 2e p. p. : TOLEZ, 2485. — Part. pass. : TOLUD, TOLUZ, TOLEITES.

TOPAZES. R. p. (*Topazos*) : *Pierres i ad, ametistes e* TOPAZES, 1661.

TORLEUS. S. s. m. Nom d'un roi païen (?), 3216. — R. s. m. : TORLEU, 3354.

TORZ. S. s. m. Tort, injustice (*Tortus,* opposé à *directus*) : *Devers vos est li* TORZ, 1549. — R. s. : *Païen unt* TORT *e chrestiens unt* DREIT, 1015. *Josque li uns sun* TORT *i reconuisset*, 3588. = A TORT, loc. adverbiale : *Ne à dreit ne* A TORT, 2293. A TORT *vos curuciez*, 469. = Rem., au vers 3588, l'expression « reconnaître son tort » qui nous est restée.

TOST. Adv. Rapidement (*Tostum,* de *torrere*) : *Mult* TOST, 3217. *Pur le plus* TOST *aler*, 1184.

TRACE. R. s. f. Thrace (*Thraciam*), 3042. = Hoffmann propose *Traspe* (?).

TRAIRE. Verbe actif, inf. prés. Tirer (*Trahere*) : *Ne la poi* TRAIRE, dit Olivier, en parlant de son épée, 1365. *Et, en parlant des personnes : Li Empereres devant sei l' ad fait* TRAIRE, 3749 (Il s'agit ici de Ganelon). — Ind. prés., 3e p. s., TRAIT : TRAIT *l'olifan, fieblement le sunat*, 2104. TRAIT *ses chevels*, 2596. Et, au neutre, avec un sens spécial (Ressembler à...) : *Granz est e forz, e* TRAIT *as enceisurs*, 3177. — Parf. comp., 3º p. s., avec un r. p. f. : AD TRAIT, 1367. 3º p. p., avec un r. p. f. : UNT TRAITES, 3402. — Impér., 2º. p. p. (au réfléchi et dans le sens de « s'en venir, se retirer... ») : *Çà* VUS TRAIEZ, *ami*, 2131. = Passif. Subj. prés., 3º p., avec un s. p. f. : SEIENT TRAITES, 811. — Part. pass. : TRAIT, TRAITES. = On voit, en résumé, que *traire* a trois sens principaux dans notre poème : 1º A l'actif : « tirer ». 2º Au neutre : « ressembler ». 3º Au réfléchi : « se retirer, s'enfuir. »

TRAÏST. Verbe actif, 3º p. s. du parf. simple, *traïr* (*Traïr* vient de *tradire*, pour *tradere*) : *Ki hume* TRAÏST *sei ocit e altroi*, 3959. TRAÏT, 3829. — Parf. comp., 3º p. s., avec un r. p. m. : AD TRAÏT, 1192, et AT TRAÏT, 1792. — Part. pass. : TRAÏT.

TRAÏSUN. R. s₂ f. Trahison (*Traditionem*), 178, 605, etc.

TRAÎTRE. S. s. m. Traître (*Traditor*), 201, et, par erreur, TRAÏTUR (*Traditorem*), 1024. — S. p. m. : TRAÏTUR, 942.

TRAMIST. Verbe act., 3º p. s. du parf. simple. « Transmettre, donner », en parlant des choses; « envoyer », en parlant des personnes (*Transmisit*), 90, 967, 1664, 2393. 2º p. p. : TRAMESISTES : *Dous de voz cuntes à l'paīen* TRAMESISTES, 207. — Parf. comp., 3º p. s., avec un r. p. m. : AD TRAMIS, 181. — Fut., 2º p. p. : TRAMETREZ, 279. — Subj. prés., 3º p. s., TRAMETTE : *Deus tut mal te* TRAMETTE, 1565. — Part. pass., r. p. m. : TRAMIS, 181.

TRAVAILLENT. Verbe act., 3º p. p. de l'ind. prés. « Faire tort, faire du mal. » (*Trabs*, poutre, barre, a donné *trabare*, mettre des entraves, barrer ; d'où le diminutif *trabiculare*, ou *trabaculare*; d'où le substantif verbal *trabaculum*. Voy. Scheler) : *A lur seignur ki tel cunseill... dunent — Lui e altrui* TRAVAILLENT *e cunfundent*, 380. — Parf. comp., 3º p. s., avec un r. s. : AD TRAVEILLET : *Far tantes teres* AD SUN CORS TRAVEILLET, 540. — Part. pass., s. s. m., TRAVEILLET : *Karles se dort cume hume* TRAVEILLET, 2525. = Dans ces derniers vers, le sens, comme on le voit, s'est un peu étendu.

TRAVER(S) (EN). Loc. adverbiale (*In-trans-verso*) : *De Val-fuit sunt venuz* EN TRAVER(S), 3239.

TRAVERSENT. Verbe act., 3º p. p. de l'ind. prés. (Sur *transversus*, on a fait *transversare*, par un procédé fort usuel) : TRAVERSENT *.IIII. punz*, 2590.

TREF. R. s. m. Tente, pavillon (*Trabes*, au pluriel, a signifié, en bonne latinité, « maison, habitation; » mais il faut supposer une forme masculine) : *El' grant verger fait li Reis tendre un* TREF, 159.

TREIS. Nom de nombre indéclinable (*Tres*), 275, etc. — Sans substantif : *Tuit li plusur en sunt dublez en* TREIS, 995.

TRENCHANT. Part. prés. (?) : *Jo l' ocirai à mun espiet* TRENCHANT, 867. Cf. 1301.— S. p. f. : TRENCHANT, 949. — R. p. m. : TRENCHANZ, 554, 2539, et TRENCHANT, 3378. V. le suivant.

TRE[N]CHER. Verbe act., inf. prés. (étymologie inconnue. Peut-être *truncare*), 57. — Ind. prés., 3º p. s. : TRENCHET, 1200; 3º p. p.: TRENCHENT, 3568. — Parf. comp., 3º p. s. : TRENCHAT, 732. — Parf. comp., avec un r. s. m. : AD TRENCHET, 1871. Avec un r. s. f.: A TRENCHÉE, 1374.— Part. pass.: TRENCHET, 1903 ; TRENCHÉE, etc.

TRENTE. Nom de nombre indéclinable (*Triginta*), 1410, etc.

TRÈS. Adv. (*Trans*.) 1º Devant un autre adverbe, auquel il donne la force d'un superlatif : *Ferez, païen, car* TRÈS *ben les veintrum*, 1535. = 2º Le sens du latin est mieux conservé, mais ADVERBIALEMENT, dans le vers suivant: *Mort le tresturnet*, TRÈS *en mi un guaret*, 1385. = 3º TRÈS avec QUE, signifie « jusqu'à .. » a. Avec un substantif : TRESQU' *en la mer cunquist la tere altaigne*, 2. TRESQU' *en la mer*, 685. TRES *qu'à l' nasel*, 1602. = Les exemples précédents se rapportent à l'espace, aux lieux ; mais TRESQUE s'emploie aussi pour limiter le temps : *Dès l'ure que nez fui* TRESQU' *à cest jur*, 2371, 2372. = Il faut remarquer enfin que les deux éléments DE TRESQUE sont quelquefois séparés par un ou plusieurs mots : TRÈS *l'un costel* QU' *à l'altre*, 1667. — *b*. TRESQUE avec un verbe : *La noit demurent* TRESQUE *vint à l' jur cler*, 162.

TRESORER. R. s. m. Trésorier (*Thesaurarium*) : *Li Reis apelet Malduiz sun* TRESORER, 642. = Ce mot se trouvant dans une laisse en *ier*, c'est *tresorier* qu'il faut lire.

TRESORS. R. p. m. (*Thesauros*), 602.
TRESPASSÉES (AD). Verbe actif, parf. comp., 3º p. s., avec un r. p. f. A dépassé (*Trans* avec un verbe en *are* formé sur *passus*) : *Baligant* AD *ses cumpaignes* TRESPASSÉES, 3324. — Imparf. du subj., 3º p. s. Roland a juré qu'il ne mourrait pas *En estrange regnet, — Ne* TRESPASSAST *ses hume[s] e ses pers*, 2864, 2865.
TRESPRENT. Verbe act., 3º p. s. de l'ind. prés. Entreprend, saisit (*Trans* et *prehendit*) : *Ço sent Rollanz que la mort le* TRESPRENT, 2335.
TRESQUE. V. le 3º sens de *très*.
TRESTUT. Adjectif, r. s. m. Tout (*Totum* avec *trans*, qui lui donne plus de force) : *Ne l' amerai à* TRESTUT *mun vivant*, 284. Cf. 312. — R. s. f.: TRESTUTE, 371. — S. p. m.: TRESTUIT, 3970; TRESTUZ, 3679. — S. p. f.: TRESTUTES, 1085. — R. p. m.: TRESTUZ, 388.
TRESTUT. Adverbe (V. le précédent). : TRESTUT *soürement*, 790. TRESTUT *seit fiz, n'i averat altre dreit*, 3290.
TRESTURNET. Verbe actif, 3º p. s. de l'ind. prés. « Tourne, retourne » au sens actif (*Trans* et *tornare*) : *Pleine sa hanste cl' camp mort le* TRESTURNET, 1287. 3º p. p.: TRESTURNENT, 1385. — Parf. comp., 3º p. s., avec un r. s. m.: AD TRESTURNET, 2291.
TRESSALT. Verbe actif, 3º p. s. de l'ind. prés. (*Trans* et (?) *saltare*) : TRESSALT *un fosset*, 3166.
TRESSUET. Part. pass. employé adjectivement; r. s. (*Trans-sudatum*) : *Le cors ad* TRESSUET *e mult chalt*, 2100.
TRESVAIT. Verbe neutre, 3º p. s. de l'ind. prés. (*Trans* et *vadit*) : va au delà, s'en va) : TRESVAIT *la noit e apert la clere albe*, 737.
TREÜD. R. s. Tribut (*Tribulum*) : *Le* TREÜD *d'Espaigne la grant tere*, 666.
TRO, 299. V. *Trop*.
TROEVET. Verbe actif, 3º p. s. de l'ind. prés. de *truver*. Trouve (Diez, dans un long article de son *Lex. Etym.*, dernière édition, I, pp. 430, 431, propose *Turbare*, et Scheler fait remarquer que, « dans un petit poème dévot du XIIº siècle, publié par G. Paris, on rencontre *torverent* pr *trouverent*; ce qui confirme l'opinion de Diez. » G. Paris préfère *tropare* que nous discutons plus loin) 613, 2092, 2856. V. *Truver*.
TROEVENT. Verbe actif, 3º p. s. de l'ind. prés. de *truver*. Trouvent, 2025.
TROIS. Verbe actif, 1ʳᵉ p. s. de l'ind. prés. Je trouve, 914. = Pour les mots précédents, voyez *Truver*.
TROP. Adverbe (Diez, *Lex. Etym.*, I, 429, le rapporte soit au latin *troppus*, troupe, foule; soit à des vocables celtiques, ayant le même sens, tels que le gaëlique *drobh*? Origine douteuse) : *Mei est vis que* TROP *targe*, 659. *N'est gueres granz ne* TROP *nen est petiz*, 3822. Cf. 288.
TROSSER. Verbe actif, inf. prés. Charger (Des deux explications que l'on a données de ce mot, l'une, *tortiare*, est impossible; l'autre, par le celtique *trus*, bien qu'elle ne soit pas sûre, est au moins possible. Note de W. Fœrster) : *Franc desherbergent, funt lur sumers* TROSSER, 701. — Part. pass, s. s. m. : TRUSSET, 3154. — R. p. m. : TRUSSEZ, 130.
TROVENT. Verbe actif, 3º p. p. de l'ind. prés. de *truver*, 3004. V. *Truver*.
TROVER. Verbe actif, inf. prés., 624. V. *Truver*.
TRUBLET. Part. pass., s. p. m. Troublés (*Turbulati*) : *Li oil li sunt* TRUBLET, 1991.
TRUNCUN. R. s. m. Tronçon (*Truncionem*, sur *truncum*) : *Sa hanste est fraite, non ad que un* TRUNÇUN, 1352.
TRUSSET. Part. pass., s. s. m. Chargé (V. *Trosser*), 3154. — R. p. m. : TRUSSEZ, 130.
TRUVER. Verbe actif, inf. prés. Ce verbe a partout le sens du latin *invenire* (*Turbare*, suivant Diez et Scheler. Dans la *Romania*, t. VII, p. 418, M. G. Paris propose l'étymologie *tropare*, de *tropus*, trope liturgique ou mélodie. Étymologie très ingénieuse, mais d'autant plus douteuse que *tropare* et *tropator*, au sens liturgique et musical, sont plus que rares. V. mon Étude sur les tropes, série d'articles publiés dans le *Monde*, en 1873). TRUVER se lit aux vers 2735, 2859, et TROVER au vers 624. — Ind. prés., 1ʳᵉ p. s. : TRUIS, 893; TROIS, 914; 3º p. s.: TROEVET, 613; 3º p. p.: TROEVENT, 3025; TROVENT, 3004. — Parf. simpl., 3º p. s. : TRUVAT, 2186. — Parf. comp., 3º p. s., avec un r. s. m. : AD TRUVET, 2201. Avec un r. s. f. : AD

TRUVÉE, 2328; 2º p. p., avec un r. s. n. : AVEZ TRUVET, 2769; 3º p. p., avec un r. p. m. : UNT TRUVET, 2953, et avec un r. s. m. ou n. (par erreur) : UNT TRUVÉE, 3986. — Fut., 3º p. s. : TRUVERAT, 1930; 3º p. p. : TRUVERUNT, 1747. — Impér., 2º p. p. : TRUVEZ, 781. — Part. pass. : TRUVET, TRUVÉE.

TUCHET (AD). Verbe actif, 3º p. s. du parf. comp., avec un r. s. m. A touché (Diez, *Lex. Etym.*, I, 416, au mot *toccare*, dérive « toucher » de l'ancien haut allemand *zuchón*?) : *Deus le guarit, qu' el' cors ne l'* AD TUCHET, 1315. — Part. prés., s. s. m. (?), TUCHANT : *Li niés Marsilie il est venuz avant, — Sur un mulet od un bastun* TUCHANT, 861. — Part. pass. : TUCHET, 1315.

TUE. Adj. possessif, s. s. f. (*Tua*) : *Sur tute gent est la* TUE *hardie*, 1617. — R. p. f., TUES : *Vers les* TUES *vertuz*, 2369.

TUELE. R. s. f. Nom de ville. Tudela en Navarre (*Tutelam*), 200.

TUIT. Adj., s. p. m. Tous (*Toti*), 306, 636, etc.

TULETTE. R. s. f. Nom de ville en Espagne, Tolède (*Toletam*) : *Si l' ad ferut sur l'escut de* TULETTE, 1568.

TUN. Pron. ou adj. possessif de la 2º p. s. Ton (*Tuum*). On le trouve une fois par erreur au cas sujet : *Par vasselage sulcie estre* TUN *drut*, 2049. Mais partout ailleurs il est régime, 291, 1984, 3994. V. *Tis*.

TUNEIRE. R. s. Tonnerre (*Tonitru*) : *Orez i ad de* TUNEIRE *e de vent*, 1424. — R. p. m. TUNEIRES : *Veit les* TUNEIRES *e les venz e les giels*, 2533.

TUR. R. s. f. Tour (*Turrim*), 853, 3635. — R. p. f. : TURS, 98.

TURCS. R. p. m. (*Turcos*), 3240. Ils forment la seconde « échelle » du second corps d'armée de Baligant, et l'Émir les attache à la garde de sa personne, avec d'autres troupes d'élite.

TURGIS. S. s. m. Nom d'un païen (Orig. germanique, *Thurgisus*), 916. R. s. m. : TURGIS, 1292.

TURGIS. R. s. m. Nom d'un païen que tue Olivier, 1358 (V. le précédent). Ce païen n'est pas le même que « Turgis de Turteluse », puisque la mort de ce dernier est racontée aux vers 1281-1288. V. le précédent.

TURMENT. R. s. (*Tormentum*) : *En France en ad mult merveillus* TURMENT, 1422. *Veire Paterne..., esparignas Daniel de l' merveillus* TURMENT, 3100-3104. = Dans le premier de ces vers, *turment* a le sens de notre mot « tourmente »; dans le second, de « torture, supplice ».

TURNER (SE). V. le suivant.

TURNET. Verbe actif, 3º p. s. de l'ind. prés. (*Tornat*.) A. CONJUGAISON. 1º A l'actif. Ind. prés., 3º p. s. : TURNET, 1264; 3º p. p. : TURNENT, 2642. — Parf. simpl., 3º p. s. : TURNAT, 2360. — Parf. comp., 3º p. s., avec un r. s. m. : AD TURNET, 2376; avec un r. s. f. : AD TURNÉE, 3328; 2º p. p., avec un r. s. n. (?) : AVEZ TURNET, 328. — Cond. pass., 3º p. s., avec un r. s. m. ou n. : AVEREIT TURNET, 2866. — Subj. prés., 2º p. p. : TURNEZ, 650. — Part. prés., s. s. m. : TURNANT, 1156. = 2º Au passif. Ind. prés., 3º p. s., avec un s. s. m. : EST TURNET, 3969. Avec un s. s. f. (par erreur) : EST TURNET, 2890 ; 2º p. p., avec un s. p. m. : ESTES TURNET, 1296; 3º p. p., avec un s. p. m. : SUNT TURNET, 3960. — Part. pass., s. s. m., TURNET, TURNÉE, 3328. = 3º Au réfléchi. Inf. prés. : S'EN TURNER, 1745. — Ind. prés., 3º p. s. : SE TURNET, 3644; S'EN TURNET, 2184; 3º p. p. : S'EN TURNENT, 3623. — Parf. simpl., 3º p. p. : S'EN TURNERENT, 2471. — Parf. comp., 3º p. s., avec un s. s. m. : S'EN EST TURNET, 2839. = 4º Au neutre. Ind. prés., 3º p. s. : TURNET, 3560 ; 3º p. p. : TURNENT, 2011. = B. SENS DIVERS. 1º A l'actif. *a*. « Diriger, tourner vers... » : TURNET *sa teste vers la paiene gent*, 2360. — *b*. « Renverser, retourner » : *L'une meitiet (de l'escut) li* TURNET *cuntreval*, 1264. — *c*. « Détourner » : *Guardez de nos ne* TURNEZ *le curage*, 650. = 2º Au passif. *a*. « Être tourné à... » c'est « être sur la voie de..., être entraîné à... » : *Guenes* EST TURNET *à perditiun grant*, 3969. ESTES TURNET *à perdre*, 1296. Et, en parlant des choses : *La meie honor* EST TURNET *à declin*, 2890 (De même qu'aujourd'hui encore, nous disons au neutre : « Ma vie tourne au malheur. ») — *b*. « S'en aller, se retirer » : *Puis* SUNT TURNET *Baiver e Aleman*, 3960. = 3º Au réfléchi. *a*. « S'EN TURNER », signifie toujours : « S'en aller » : *Païen* S'EN TURNENT : *ne volt Deus qu'il i remaint*, 3623. On va jusqu'à dire des Sarrazins qui se noient dans les eaux de l'Èbre : *Envers les funz* S'EN TURNERENT *alquanz*, 2471. — *b*. « SE TURNER » n'a pas le même sens que « S'EN TURNER »; il signifie : « Tourner son visage vers... » *Quant l'ot Marsilie, vers sa pareit* SE TURNET, 3644. = 4° Au neutre. *a.* « S'incliner vers... » : *Li jurz* TURNET *à la vesprée*, 3560. — *b.* « Tourner » à peu près dans le sens de notre expression : « La tête me tourne » : *Ansdous les oils en la teste li* TURNENT, 2011. Cf. le vers 2896, où l'on trouve : « *Ses oilz* TURNEZ. » — *c.* « Tourner », comme quand nous disions : « Sa ceinture a tourné » : *Les alves* TURNENT, *les seles chéent à tere*, 3881.

TURPINS. S. s. m. Nom du fameux archevêque qui meurt à Roncevaux (*Tilpinus*, *Turpinus*), 264. TURPIN, 1124. — R. s. m. : TURPIN, 470, etc.

TUROLDUS. S. s. m. (Origine germanique, ancien haut allemand, *Thurold*, Pott, *Die Personennamen*, p. 233 ; en français Touroude, etc.) Le dernier vers de notre Chanson parle de ce personnage en ces termes : *Ci falt la geste que* TUROLDUS *declinet*, 4002.

TURS. R. p. f. Tours (*Turres*), 98. Cf. TUR, au r. s. f., 853.

TURTELUSE. R. s. f. Nom d'une ville païenne, probablement en Espagne ; Tortose sans doute (*Dertosam*), 916, 1282.

TUT. Adj., s. s. m. Tout (*Totus*. Cf. cependant un article de Fœrster dans le *Rhein. Museum*, 1878, p. 298, où le savant romaniste propose *tottus*) : TUT *li païs en reluist*, 2637. La vraie forme serait TUZ. On trouve bien deux fois : *Li sancs* TUZ *clers*, 1980 et 3925. Mais il semble (?) qu'il faille ici lire TUT, et que nous ayons affaire à un adverbe. — S. s. m. ou n., TUT : *N'unt guarnement que* TUT *ne reflambeit*, 1003. — S. s. n. : *Ço ad* TUT *fait Rollanz*, 283. — S. s. f. : TUTE, 982. — R. s. m. : TUT, 1565. — R. s. f. : TUTE, 212, 709, etc. — S. p. m. : TUIT, 306, 636, etc. — S. p. f. : TUTES, 1757. — R. p. m. : TUZ, 2, 823, 1000, etc. — R. p. f. : TUTES, 394, 1378, etc. = Rem. les expressions TUZ JURS, 1882, 2927 (Cf. TUTE JUR, 1780), et TUTE VEIE :·*Uns Sarrazins* TUTE VEIE *veie l'esguardet*, 2274.

TUT. Adj. employé substantivement, r. s. n. Tout (*Totum*) : TUT *lur ad* ACUNTET, 1038.

TUT. Adverbe (*Totum*). 1° Devant un adjectif : TUT *suls*, 2184. *Un gunfanun* TUT *blanc*, 1157. TUT *premereins*, 122. Cf. 307. = 2° Devant un autre adverbe : TUT *veirement*, 3101. *Lessez gesir les morz* TUT *issi cun il sunt*, 2456. = 3° Devant une préposition : TUT *entur lui*, 410. = On trouve, sans doute par erreur (?), TUZ pour TUT, aux v. 1980 et 3925 : *Li sancs* TUZ *clers*.

U

U. Adverbe de lieu. Où (*Ubi*). 1° Au sens affirmatif : *Là* U *cist furent, des altres i out bien*, 108. = 2° Interrogatif : U *est vostre espée*, 1363. U *estes vos, bels niés*, 2402. *Demanderunt* U *est li Quens cataignes*, 2912. = On trouve la forme ò à côté de U, qui est beaucoup plus conforme à l'étymologie comme à la phonétique de notre texte. Voy. ò, aux vers 2667, 2854, 3105, 3616, 3709.

U. Conjonction. Ou (*Aut*) : *Qui qu'en peist* U *qui nun*, 1279. *Voelent* U *nun*, 1626. U *pris* U *mort*, 1730. *Ki qu'en plurt* U *ki' n riet*, 3364. Cf. la forme o, aux vers 2401, 2733. Le scribe écrit dans le même vers : U *mort o recreant*, 2733.

UAN. Adverbe. En provençal, *ogan* ; en roman, *oan*, ou *ouan*. « Cette année », et, par extension, « maintenant » (*Hoc anno*) : *Vos n'irez pas* UAN *de mei si luign*, 250.

UBLI. R. s. m. Oubli (Subst. verbal d'oublier, *oblitare*, fait sur *oblitus*) : *Mais lui meïsme ne volt metre en* UBLI, 2384.

UBLIER. Verbe act., inf. prés. (*Oblitare*), 1179. — Parf. comp., 3° p. p., avec un r. s. f. : UNT UBLIÉES, 3563. — Subj. prés., 3° p. s., au réfléchi, S'UBLIT : *Ferez, Franceis : nul de vus ne s'*UBLIT, 1259.

ULTRAGE. R. s. m. Ce n'est pas tout à fait le sens actuel « d'outrage », mais celui de « chose qui dépasse la mesure », etc. (*Ultraticum*.) Comme on dit à Roland que l'Arrière-garde tout entière est condamnée à périr, il répond : *Ne dites tel* ULTRAGE, 1106.

ULTRE. Prép. (*Ultra*.) 1° Au delà, plus loin que..., en parlant de l'espace : ULTRE *mer*, 67. = 2° Au delà, en parlant du temps : ULTRE *cest jurn*, 1477. = ULTRE est encore em-

ployé sans régime, adverbialement :
Empeinst le bien, tut le fer li mist
ULTRE, 1286. = Enfin, il sert en quelque manière d'interjection, comme dans le vers suivant : ULTRE, *culvert, Carles n'est mie fol*, 1207.

ULTREMARIN. Adj., r. s. m. D'outre-mer (*Ultramarinum*) : *Si 'n apelat Jangleu l'*ULTREMARIN, 3507.

ULTREMER. Composé d'*ultre* et *mer* (*Ultra-mare*) : *Malbien d'*ULTREMER, 67.

UMBRE. R. s. f. Ombre (*Umbram*) : *Suz un olive est descenduz en l'*UMBRE, 2571.

UN. S. s. m. Par erreur, au lieu d'UNS (*Unus*), 627, 890, etc. La forme correcte est UNS, 369, 617, 940, etc. — S. s. f. : UNE. — R. s. m. : UN, 11, 295, etc., et UNS, par erreur, 728. — R. s. f. : UNE, 6, 203, etc. = LI UNS est opposé à L'ALTRE : LI UNS *ne volt l'*ALTRE *nient laisser*, 2069. — L'ALTRE, d'ailleurs, peut être sous-entendu : *A dous Franceis belement en avint; — Li Empereres en est l'*UNS, 3500, 3501. = PAR UNS E UNS, 2190, signifie « un à un ».

UNC. Adv. Jamais (Fait sur *unquam* : mais les autres formes sont plus étymologiques), 1040, 1333, 1769, etc. Cf. 1º UNCHES; 2º UNKES; 3º UNQUES. V. *Unkes*.

UNCHES. Adv. Jamais (*Unquam*, avec l's adverbiale), 629, 640, etc. 1º UNC; 2º UNKES; 3º UNQUES. V. *Unkes*.

UNCLES. S. s. m. Oncle (*Avunculus*), 1914, et, par erreur, UNCLE, 348. — R. s. m. : UNCLE, 66.

UNCORE. Adv. Encore, dans le sens actuel (*Hac-hora*. V. un article de Fœrster dans la *Revue de Bœhmer*, III, 178) : UNCORE *purrat guarir*, 156. *Ne mès Rollant ki* UNCORE *en averat hunte*, 382. Dans ce dernier vers, le sens est plus étendu.

UNE. Adj., s. et r. s. f. (*Una, Unam*). Au r. s. f., 6, 203, etc. V. *Un*, *Uns*.

UNKES. Adv. Jamais (*Unquam*, avec l's adverbiale), 1168, 1208, 1857, etc. Cf. 1º UNQUES, 2888; 2º UNC, 1040, etc.; 3º UNCHES, 629, 640, etc.

UNQUES. Adv. Jamais (*Unquam*, avec l's adverbiale), 2888. Cf. 1º UNKES; 2º UNC; 3º UNCHES; V. *Unkes*.

UNS. Adj., s, s. m. (*Unus*), 369, 617, etc., et UN, 627, etc. — S. s. f. : UNE. — R. s. m. : UN, 11, etc. etc., et UNS, par erreur, 728. — R. s. f. : UNE, 6, 203, etc. = LI UNS est opposé à L'ALTRE, 2069, et L'UN, de même, 209. = L'ALTRE est quelquefois sous-entendu : *Li Empereres est l'*UNS (*des dous*), 3501. = PAR UNS E UNS, 2190, signifie « un à un ».

UNT. Verbe act., 3º p. p. de l'ind. prés. d'*avoir* (*Habent*), 99, 161, 842. V. *Aveir*.

URE. R. s. f. Heure (*Horam*) : *Dès l'*URE *que nez fui*, 3371 : et ORE : *A itel* ORE, 3212. V. *Ore*.

URS. S. p. m. Ours (*Ursi*), 2582. — R. p. m. : URS, 30.

USET (AD). Verbe act., 3º p. s. du parf. comp. d'*user* (User est un verbe formé sur un type latin tiré du supin d'*uti : usum, usare*) : *Si ad sun tens* USET, 523. = « Avoir usé son temps », c'est « avoir fini sa vie, être voisin de la mort ».

UVERIR. Verbe act., inf. prés. Ouvrir (*Aperire, aprire, auprire, auvrir, ouvrir, ovrir*). En parlant des cadavres de Roland, d'Olivier et de Turpin, notre poète dit que Charlemagne : *(De)devant sei les ad fait tuz* UVERIR, 2964. — Parf. simpl., 3º p. s., UVERIT : UVERIT *les oilz*, 2285. — Part. pass., s. s. f., UVERTE : *De Pareïs li seit la porte* UVERTE, 2258.

V

VAILLANZ. Part. prés. employé adjectivement, s. s. m. (*Valentem*. Le z est venu après coup, et par extension ou analogie) : *Li altr'er fut ocis... Oliver li proz e li* VAILLANZ, 3186. VAILLANT : *Margariz est mult* VAILLANT *chevaler*, 1311. — S. s. f., VAILLANT : *Paien escrient : « Preciuse est* VAILLANT, » 3471. = Voc., s. m., VAILLANZ : VAILLANZ *hom*, *ù ies tu*, 2045. — R. s. m. : VAILLANT, 1504. — S. p. m. : VAILLANZ, 3515. — Voc. p. m. : VAILLANT, 2657. — R. p. m. : VAILLANZ, 789. = VAILLANZ est aussi employé substantivement : *XV milies de bachelers, de nos meillors* VAILLANZ, 3020. = Le sens le plus ordinaire est notre sens actuel, celui de « brave ». Mais *valere* signifiait, en latin, « avoir de la va-

VAILLET — VALT 579

leur, valoir tel ou tel prix ». Ce sens se retrouve dans notre *Roland*, au v. 1168. En parlant du butin que les Français se promettent, Roland leur dit : *Nuls reis de France n'out unkes si* VAILLANT. C'est ce sens, véritablement étymologique, que nous retrouvons dans le neutre VAILLANT, qui a là force d'un adverbe dans le vers suivant : VAILLANT *à un dener*, 1962.

VAILLET. Verbe neutre, 3º p. s. du subj. prés. de *valeir* (*Valeat, valiat*) : *Enprès sun colp ne quid que un dener* VAILLET, 1166. VAILLE : *Jamais n'ert hume ki encuntre lui* VAILLE, 376. V. *Valt*.

VAIRS. Adj. r. p. m. (*Varios*) : VAIRS *out les (oilz) e mult fier lu visage*, 304. = Le *vair* était une fourrure « COMPOSÉE » (blanche et grise). De là le nom de *varium*.

VAIT. Verbe neutre ou pronominal, 3º p. s. de l'ind. prés. Va (*Vadit*). 1º NEUTRE. *Par le camp* VAIT *Turpin li Arcevesque*, 1562. Cf. 293. Avec un inf. : VAIT *s'apuier suz le pin à la tige*, 500. Et, avec un participe présent : *Sun espiet* VAIT *li bers palmeiant*, 1155. Cf. 1780, VATZ. = *Vait* est encore employé au neutre, dans le sens de notre « cela va mal », mais avec un sujet sous-entendu et un adverbe : *Mult malement nus* VAIT, 2106. Cf. le v. 1780. = 3º p. p.: VUNT, 1169; VONT, 1166. Cf., à la 1re p. s. : VOIS, 270, qui est pour VAIS. — 2º PRONOMINAL, ind. prés., 3º p. s. : S'EN VAIT : *Si cum li cerfs* S'EN VAIT *devant les chiens*, 1874. 3º p. p. : S'EN VUNT, 1911.

VAL. R. s. m. (*Vallem*), 1018. — S. p. m. : VAL, 814. — R. p. m. : VALS, 856. = En composition dans AVAL (2235, etc.), CUNTREVAL (2472), VAL-FERRÉE (1370), VAL-FUIT (3239), VAL-FUNDE (23) et VAL-FRONDE (3260), VAL-MARCHIS (3208), VAL-METAS (1663), VAL-PENUSE (3256), VAL-SEVERÉE (3313), VAL-TENEBRUS (2461). Voyez chacun de ces mots. = On remarquera que, dans ces mots composés, *val* est surtout féminin.

VALDABRUNS. R. s. m. Nom du païen qui prit Jérusalem et massacra le patriarche (Étymologie inconnue), 617. VALDABRUN, 1519.

VALÉES. R. p. f. (*Vallatas*) : *Païen chevalchent par cez greignurs* VA-LÉES, 710. Ce mot a été placé en interligne au vers 3126 : *Cez* VALS *parfunz, cez destreiz anguisables*.

VALENT. Verbe neutre, 3º p. p. de l'ind. prés. (*Valent*) : *Eles* VALENT *mielz que tut l'aveir de Rume*, 639.

VALERI. R. s. Erreur évidente du scribe, pour Valence : *Ki tint* VA-LERI *e envers sur le Rosne*, 1583. Mü. a restitué excellemment, d'après Venise IV, Paris et Versailles : *Ki tint Valence e l'onur sur le Rosne*.

VALES. R. s. m. Le pays de Galles (Le pays des Gaëls, Wales) : *Jo l'en cunquis Escoce e* VALES ; *Islonde*, 2331. Je vois encore dans ce vers une preuve de l'origine anglo-normande du *Roland*.

VAL-FERRÉE. R. s. f. Nom de lieu (*Vallem-Ferratam*) : *Fiert un païen, Justin de* VAL-FERRÉE, 1370.

VALENTINEIS. Adj. r. p. m. De Valence (*Valentia* a donné *Valentinus*, sur lequel on a formé un second adjectif en *ensis*) : *Escuz unt genz, espiez* VALENTINEIS ; 998.

(VAL)-FRONDE. R. s. f. Nom d'un pays païen : *La disme est des barbez de* (VAL)-FRONDE, 3260. V. *Val-Funde.*

VAL-FUIT. R. s. Nom d'un pays païen (*Val et fuir*?) : *De* VAL-FUIT *sun(t) venuz en traver(s)*, 3239.

VAL-FUNDE. R. s. f. Nom d'un pays païen : *Fors Blancandrin de castel de* VAL-FUNDE, 23 (Y a-t-il là un composé de *val* avec *fundus* ou *funda*?). V. *Val-Fronde.* = F. Michel, à ce mot de son *Glossaire*, a cité plusieurs textes d'autres Chansons qui parlent d'une localité du même nom. C'est assez dire que ce nom est fantaisiste.

VAL-MARCHIS. R. s. (*Val* avec *marchis*) : *Dès Cheriant entresqu'en* VAL-MARCHIS, 3208.

VAL-METAS. R. s. (?) : *En* VAL-METAS *li dunat uns diables*, 1663.

VALOR. R. s. f. (*Valorem*), 534. Cf. *Valur*, au vers 1090.

VAL-PENUSE. R. s. f. Nom d'un pays païen (*Vallem-pœnosam*) : *La quinte (eschele) est de cels de* VAL-PENUSE, 3256.

VAL-SEVERÉE. R. s. f. Nom d'un pays païen (*Vallem-separatam*) : *Canabeus... tint la tere entresqu'en* VAL-SEVERÉE, 3313.

VALT. Verbe neutre, 3º p. s. de l'ind. prés. de *valeir* (*Valet*), 516, 921, etc. 3º p. p. : VALENT, 639. — Subj. prés., 3º p. s. : VAILLET, 1666, et VAILLE, 376. — Part. prés. : VAILLANZ (V. ce mot). =. VALT est employé souvent avec un comparatif : PLUS VALT *Mahum que scint Pere*, 921. = On le trouve souvent accompagné d'une négation explétive : *Sis bons escuz* UN DENER *ne li* VALT, 1262. = Enfin, il se joint à la négation NIENT : *Fuir s'en voel, mais ne li* VALT NIENT, 1600. Nous disons encore aujourd'hui : « Cela ne lui vaut rien. » Au moyen âge, on supprimait volontiers le sujet.

VAL-TENEBRUS. R. s. Lieu d'Espagne, près de l'Èbre et de Saragosse : *El'* VAL-TENEBRUS *là les vunt ateignant*, 2461. Mü. a eu raison de restituer VAL-TENEBRES, qui ne rompt pas la mesure du vers et se trouve dans les textes de Venise IV et de Versailles.

VALTERNE. R. s. f. Nom d'une ville en Espagne (*Valtierra;* mais *l'n* de *Valterne* n'est pas expliqué), 199.

VALUR. R. s. f. Prix (*Valorem*) : *Ne placet Deu... que jà pur mei perdet sa* VALUR *France*, 1090. VALOR, 534, 1362, 1877. = Au vers 1877, le sens de *valor* se rapproche, par une extension naturelle, de celui de « vaillance, bravoure, valeur » : *Itel* VALOR *deit aveir chevaler* — *Ki armes portet e en bon cheval set*, 1877, 1878.

VANTANCE. R. s. f. Vanterie (*Vanitantiam*) : *Devant Marsilie ad faite sa* VANTANCE, 911.

VANTERENT (SE). Verbe réfléchi ou neutre, 3º p. du parfait de l'ind. (*Se vanitarunt*, de *vanitare*, fait sur *vanitas*). 1º Réfléchi. *Si* SE VANTERENT *mi vaillant chevaler*, 2861. — Subj. prés., 3º p. s., S'EN VANT : *Ki traïst altre nen est dreiz qu'il s'*EN VANT, 3974. = 2º Neutre. Futur 2º p. s., avec EN, EN VANTERAS : *N'*EN VANTERAS *el' regne dunt tu fus*, 1961.

VASSALMENT. Adv. Courageusement (V. le suivant) : *Franceis sunt bon, si ferrunt* VASSALMENT, 1080.

VASSALS. Ce mot est tantôt substantif, tantôt adjectif. Il dérive de *vassalis*, fait sur *vassus*, lequel dérive lui-même du celtique *gwas*. Dès l'époque mérovingienne, certains individus nommés *vassi* se viennent recommander à d'autres plus puissants et plus riches, appelés *seniores*. L'engagement du *vassus* s'appelle *commendatio*. Dès le temps de Charlemagne, le *vassus* suit le *senior* à la guerre. Il lui doit fidélité et assistance, et, à partir de la révolution féodale, le service militaire régulièrement constitué, lequel est l'essence du fief. Tout individu qui est appelé à remplir ces devoirs est un « vassal ». S'il les remplit bien, c'est un « bon vassal », un « vrai vassal ». Et *vassal* en est venu, sans autre épithète, à signifier toutes les vertus de la vassalité, surtout le courage. Telle est l'histoire de ce mot, qui tient tant de place dans le *Roland* et dans toutes nos autres Chansons. 1º Substantif. S. s. m., VASSALS : VASSALS *est bons por ses armes defendre*, 3785. Cf. VASSAL, 3185. — R. s. m., VASSAL : *N'at te(l)* VASSAL *suz la cape de l' ciel*, 545. — S. p. m., VASSALS, 3335, et VASSAL : *En cele (eschele) sunt li* VASSAL *de Baviere*, 3028. — R. p. m., VASSALS : *Il est escrit en la geste Francor* — *Que* VASSALS *ad li nostre Empereür*, 1443, 1444. = 2º Adjectif, s. s. m., VASSALS : *Granz est e forz e* VASSALS *e isnels*, 3839. VASSAL, 3579.

VASSELAGE. R. s. m. Courage, qualités du bon vassal (*Vassalaticum*) : *Rollanz est proz e Oliver est sage;* — *Ambedui unt me(r)veillus* VASSELAGE, 1094. *N'avez baron de si grant* VASSELAGE, 744.

VEANT. D'un gérondif latin faisant office d'un véritable ablatif absolu (Vient d'un type tel que *vedando*) : *Fait sun eslais* VEANT *cent mil(ie) humes*, 2997. Cf. VEIANT : *Desfi les en, sire, vostre* VEIANT, 287. Mais ici *veiant* est devenu un véritable substantif. V. le suivant.

VEDEIR. Verbe actif, Inf. prés. Voir (*Videre*), 270, 1992, et, sans la dentale, VEEIR, 1004, 1720. — Ind. prés., 1º p. s. : VEI, 1021. 2º p. s. (peut-être est-ce l'impér. 2º p. s.) : VEIZ, 2979. 3º p. s. : VEIT, 324, 530, etc. 2º p. p. : VEEZ, 1131. 3º p. p. : VEIENT, 1467, 3687. — Imparf. de l'ind., 3º p. s. : VEEIT, 2558. — Parf. simple, 1ª p. s. : VI, 682. 3º p. s. : VIT, 443. 2º p. p. : VEÏSTES, 2475, 3º p. p. : VIRENT, 819. — Parf. comp., 1ª p. s., avec un r. s. m. : AI VEÜT, 1083. Avec un r. p. m. : AI VEÜZ, 1039. 1ª p. p., avec un r. s. m. : AVUM VEÜD, 3132. — Fut., 1ª p. s. : VERRAI, 298. 3º p. s. : VERRAT, 83. 1ª p. p. : VERRUM, 3179. 2º p. p. : VERREZ, 49, et, comme assonance dans deux couplets assonancés en *ei* : VERREIZ, 564 et 3754. — Impér., 2º p. p. : VEEZ, 925. — Subj. prés. 3º p. s. : VEIED, 2004. — Imparf. du subj. (dans le sens du conditionnel),

VEIAGE — VEISEZ

3e p. s.: VEÏST, 1431. 1re p. p.: VEÏSSUM, 1804. 2e p. p. : VEÏSSEZ, 1622; VEÏSEZ, 349. — Parf. du subj., 2e p. s., avec un r. s. f.: AIES VEÜD, 1960. — Part. présent, neutre, en ablatif absolu : VEANT, 2997, et devenu un vrai substantif neutre : VEIANT, 326. = Passif. Futur, 3o p. s., avec un s. s. m. : ERT VEÜD, 3812. — Part. passé, s. s. m. : VEÜD, VEÜT, VEÜZ. = Ce verbe a partout le sens actuel. Rem. seulement la locution *là veïssez*, si vive, et que nous avons à peu près perdue: *Là* VEÏSSEZ *si grant dulor*, 1622. *Là* VEÏSEZ *tant chevaler plurer*, 349, etc.

VEIAGE. R. s. m. Chemin (*Viaticum*) : *Guenes est muntet, entret en sun* VEIAGE, 660.

VEIANT. Part. pres., r. s. n., employé substantivement : *Desfi les en, sire, vostre* VEIANT, 326. V. VEANT.

VEIE. R. s. f. Voie, Chemin (*Viam*) : *En mi sa* VEIE *ad encuntret Rollant*, 1595. — R. p. f. : VEIES, 405, et, par erreur, VEIEZ, 2852. = Rem. la locution TUTE VEIE : *Uns Sarrazins* TUTE VEIE *l'esguardet*, 2274.

VEIED. Verbe actif, 3e p. s. du subj. prés. (*Videat*) : *Jo ne vos vei :* VEIED *vus Damne Deu*, 2004. Ainsi parle Olivier, qui, aveuglé par son propre sang, ne voit pas son ami Roland et le frappe d'un coup terrible, le prenant pour un païen. V. *Vedeir*.

VEIENT. Verbe act., 3e p. p. de l'ind. prés. de *vedeir* (*Vident*), 1467, 3687. V. *Vedeir*.

VEIER. R. s. m. Viguier (*Vicarium*) : *Li Reis cumandet un soen* VEIER *Basbrun*, 3952. C'est ce Basbrun qui est chargé de pendre les trente parents de Ganelon.

VEIES. R. p. f. (*Vias*), 405 et 2464.

VEIEZ. R. p. f. Le scribe a écrit, par erreur, VEIEZ, au lieu de VEIES, 2852. V. le précédent.

VEILL. Adj., r. s. m. Vieux (*Vetulum, vetlum, veclum*) : *Truvat Gerard le* VEILL *de Russillun*, 2189. — S. p. p., VEILL : *As escheces* [*juent*] *li plus saive e li* VEILL, 112. Ce mot s'emploie substantivement. = Il se trouve en assonance dans un couplet en *ier* : c'est donc *vieill* ou *vieil* que le scribe eût dû écrire. V. *Velz*, *Veillz*, *Veilz*, et surtout *Vielz*.

VEILLANTIF. R. s. m. Nom du cheval de Roland (Il faut supposer un type barbare tel que *Vigilantivus*, fait sur *vigilans*) : *Est passez Rollanz Sur* VEILLANTIF, *sun bun cheval curant*, 1153. Cf. 2032.

VEILLZ. S. s. m. Vieux, (*Vetulus, vetlus, veclus*) : *Vint... Anseïs, li* VEILLZ, 796. V. le suivant, *Veill*, *Veilz*, etc.

VEILZ. S. s. m. Vieux (*Veclus*) : *Ja estes vus* VIELZ *e fluriz e blancs*, 1771. Lire *vielz*, ce mot ne se trouvant que dans les couplets en *ier*.

VEINTRE. Verbe act., inf. prés. Vaincre (*Vincere*), 2211. — Ind. prés., 3o p. s. : VEINT, 2567. — Parf. comp., 1re p. s., avec un r. p. f., AI VENCUES : *Tanies batailles* AI VENCUES, 2306. 3e p. s., avec un r. s. f. : AD VENCUE, 3649. Et avec un r. p. m.: AD VENCUZ, 555. 2e p. p., avec un r. p. m. : AVEZ VENCUZ, 238. 3o p. p., avec un r. s. m. : UNT VENCUT, 2042. — Fut., 3o p. s. : VEINTRAT, 735. 1ro p. p. : VEINTRUM, 1233. = Au passif. Ind. prés., 1re p. s., avec un s. s. m. : SUI VENCUT, 2087. 3o p. s., avec un s. s. m. : EST VENCUT, 1394, 3930 (VENCUT EST *li esturs*), et EST VENCUD, 235. 3o p. p., avec un s. p. m. : SUNT VENCUZ, 3642. — Fut., 3o p. s., avec un s. s. m. : ERT VENCUZ, 2153. — Subj. prés., 3o p. s., avec un s. s. m. : SEIT VENCUT, 3609. 1re p. p., avec un s. p. m. : SEIUM VENCUZ, 1046. — Part pass. : VENCUT, VENCUD, VENCUZ, VENCUE, VENCUES. = Rien à remarquer sur ce verbe, sinon que l'on disait « vaincre une bataille », et « la bataille est vaincue... »

VEIR, VEIRE. Adj. (*Verus, vera.*) Voc., s. f., VEIRE : VEIRE *Paterne*, 2384, 3100. — R. s. f., VEIRE : *Chrestiene est par* VEIRE *conoisance*, 3987. — S. p. m., VEIR : *Baptiset sunt...* VEIR *chrestien*, 3662. = L'emploi le plus fréquent de ce mot est au neutre : *Sire, vos dites* VEIR, 2754, 3414. VEIR *dites*, 760. *Ne dient* VEIR, 1436. Dans ces trois exemples, VEIR dérive évidemment de *verum*. Il en est de même de la locution adverbiale : PAR VEIR, qui vient de *per verum*, 87, 520, 692.

VEIREMENT. Adv. Vraiment (*Veramente*), 615, 882, etc.

VEIRS. Adj. Vraiment (De *vere*, avec l's adverbiale en français : *Guenes respunt* : « *Jo ne sai* VEIRS *nul hume*, » 381.

VEISDIE. R. s. f. Trahison (? anc. haut allem. *bausi*) : *Guenes... par grant* VEISDIE *cumencet à parler*, 675.

VEÏSEZ. Verbe act., 2e p. p. de l'imp. du subj. de *vedeir*, employé comme conditionnel (*Vidissetis*), 349. Partout lire *Veissiez*.

VEÏSSEZ. Même mot que le précédent, 1622. V. *Vedeir*.

VEÏSSUM. Verbe actif, 1re p. p. de l'imp. du subj. de *vedeir* (*Vidissemus*) : Se VEÏSSUM *Rollant, einz qu'il fust mort*, 2804.

VEÏST. Verbe act., 3e p. s. de l'imp. du subj. de *vedeir*, employé comme conditionnel (*Vidisset*) : *Ki lui* VEÏST *Sarrazins desmembrer... — De bon vassal li poüst remembrer*, 1970, 1972.

VEÏSTES. Verbe actif, 2e p. p. du parf. simple de *vedeir* (*Vidistis*), 2475.

VEIT. Verbe act., 3e p. s. de l'ind. prés. de *vedeir* (*Videt*), 324, 530, etc.

VEIZ. Verbe act., 2e p. s. de l'ind. prés. de *vedeir* (*Vides*), 2979. Pour les sept mots qui précèdent, voyez *Vedeir*.

VELTRES. S. s. m. Chien de chasse (*Vertragus* dans Martial ; dans la loi salique, *Veltrum*, *Veltrem*, au r. s. Voy. Diez, dern. édit., I, 140) : *D'enz de (la) sale uns* VELTRES *avalat*, 730. — R. p. m. : VELTRES, 128.

VELZ. Adj., s. s. m. Vieux (*Vetulus*, *vetlus*, *veclus*), 905, 929, etc. Cf. 1o VIELZ, 523 ; 2o VIEIL (par erreur), 2615 ; 3o VEILE, 1771, et 4o VEILLZ, 796. — R. s. m. : 1o VIELL, 2048. 2o VEILL, 2189 ; 3o VIEILL, 2048 ; et, par erreur ; 4d VELZ, 171. — S. p. m. : VEILL, 112. Même observation qu'au mot VEILL, relativement aux assonances en *ier*.

VEN. Verbe neut., impér., 2e p. s. Viens (*Veni*), 3594.

VENDRAT. Verbe neut., 3e p. s. du fut. de *venir* (*Venire habet*) : VENDRAT *le jurz*, 54.

VENDRE. Verbe act. et réfléchi, inf. prés. (*Vendere*) : *Tel as-ocis que mult cher te quid* VENDRE, 1590. — Parf. comp. au réfléchi, 1re p. s., ME SUI VENDUT : *Sempres murrai, mais cher* ME SUI VENDUT, 2053. — Fut., 3e p. p., au réfl. : SE VENDRUNT : *Einz que il moergent*, SE VENDRUNT *mult cher*, 1690. — Subj. prés., 3e p. s., au réfl. : SE VENDE, 1924. — Rem. l'expression, « *Se vendre cher...* »

VENDRUNT. Verbe neut., 3e p. p. du fut. de *venir* (*Venire habent*) : *De plusurs regnes* VENDRUNT *li hume estrange*, 2911. V. *Venir*.

VENENT. Verbe neutre, 3e p. p. de l'ind. prés. de *venir* (*Veniunt*), 818. V. *Venir* et *Vienent*.

VENEZ. Verbe neutre, 2e p. p. de l'impér. de *venir* (*Venitis*), 953, 2844, etc. = Rem., à ce dernier vers, la locution : VENEZ *avant*, qui signifie « approchez ».

VENGER. Verbe act. et réfléchi, inf. prés. (*Vindicare*.) 1o ACTIF. Inf. prés. : VENGER, 1149. — Parf. comp., 1re p. s., avec un r. p. m. : AI VENGET, 1951. — Fut., 3e p. s. : VENGERAT, 2145. — Impér., 2e p. p. : VENGEZ, 213. = 2o PASSIF. Fut., 3e p. s., avec un s. s. m. : SERAT VENGET, 2808. — 3o RÉFLÉCHI. Inf. prés. : SE VENGER, 1873. — Parf. comp., 1re p. s. : M'EN SUI VENGET, 3778. = Le sens est le même partout. Notons seulement qu'on dit : 1o « Venger quelqu'un » : VENGEZ *voz fiz, voz freres e voz heirs*, 3411 ; *Li Emperere nos devreit ben* VENGER, 1149. — 2o « Venger quelque chose » : *Pur* VENGER *nostre hunte*, 3539, et 3o « Se venger de » : VENGER *te poez de la gent criminel*, 3426. = D'après les assonances, il faut lire *vengier*, etc.

VENIR. Verbe neutre, inf. prés. (*Venire*). 1019, 1021, etc. ; et au pronominal : S'EN VENIR, 2974 (Dans le sens de s'en aller : VENIR S'EN *volt li emperere Carles*). — Ind. prés., 3e p. s. : VIENT, 793 ; VENT, 2203. 3e p. p. : VIENENT, 2636, 3945 ; VENENT, 818. — Parf. simpl., 1re p. s. : VINC, 3774. 3e p. s. : VINT, 162 ; S'EN VINT, 2784. 1re p. p. : VENIMES, 197. 3e p. p. : VINDRENT, 94. — Parf. comp., 1re p. s. : SUI VENUT, 2675. 3e p. s. avec un s. s. m. : EST VENUZ, 17 ; EST VENUT, 3707, 3774 ; EST VENUD, 230 ; 774. Avec un s. s. f. : EST VENUE, 2699. 2e p. p., avec un s. p. m. : ESTES VENUD, 3397. 3e p. p., avec un s. p. m. : SUNT VENUT, 2826 ; et SUNT VENUZ, 1592. — Plus-que-parf., 3e p. p., avec un s. p. m. : ERENT VENUZ, 3949. — Fut., 3e p. s. : VENDRAT, 54 ; 3e p. p. : VENDRUNT, 2911. — Impér., 2e p. s. : VEN, 3594. 2e p. p. : VENEZ, 280, 953. — Subj. prés., 1re p. s. : VIENGE, 2939. 3e p. s. : VIENGE, 2746 ; VENGET, 1091 ; 3e p. p. : VENGENT, 1338. — Part. pass. : VENUZ, VENUT, VENUD, VENUE, VENUZ.

VENJANCE. R. s. f. (*Vindiciantiam*) : *Mult grant* VENJANCE *en prendrat l'Emperere*, 1459. *Quant li Emperere ad faite sa* VENJANCE, 3975. On disait donc « prendre » ou « faire sa vengeance ».

VENT. R. s. m. (*Ventum*) : *Orez i ad de tuneire e de* VENT, 1424. — R. p. m., VENZ : *Veit les tuneires e les* VENZ *e les giels*, 2533.

VENT. Verbe neut., 3e p. s. de l'ind. prés. de *venir* (*Venit*), 2203.

VENTAILLE. R. s. f. La partie du haubert qui s'attachait sur le menton, sous le souffle même où le vent de la respiration : *De sun osberc li desrumpt la* VENTAILLE, 3449.

VENTELET Verbe neut., 3º p. s. de l'ind. prés. Flotte (*Ventellat*, et non *ventilat*) : *Par la barbe ki à l' piz me* VENTELET, 48.

VER. R. s. m. Sanglier (*Verrem*) : *La destre oreille a l' premer* VER *trenchat*, 732. Mü. a restitué *urs*. — S. s. m. : VERS, 727 (Même restitution).

VERAI. R. s. Vrai (*Veracum*) : *Deus nus ad mis à l' plus* VERAI *juise*, 3368.

VERGE. R. s. f. Bâton (*Virgam*) : *Plus qu'on ne lancet une* VERGE *pelée*, 3323.

VERGER. R. s. m. (*Viridiarium*), 11, 103, etc. = Lire *vergier*.

VERGOIGNE. S. s. f. (*Verecundia*) : *Dist Oliver : « Vergoigne sereit grant*, » 1705.

VERMEILL. Adj., r. s. m. (De *vermiculum*) : *Jo vos plevis qu'en* VERMEILL *sanc (m' espée) ert mise*, 968. — R. s. f. : VERMEILLE, 386. — S. p. f. : VERMEILZ (*sic*, par erreur), 2872. — R. p. m. : VERMEILZ, 999. — R. p. f. : VERMEILLES, 950. = Il faut observer que cet adjectif s'emploie au neutre, sans substantif : *Tut li trenchat le* VERMEILL *e l'azur*, 1557. Il s'agit des émaux ou des couleurs de l'écu. D'ailleurs le substantif *vermeil* (venant de *vermiculus*, qui, dans saint Jérôme, signifie déjà « écarlate » à cause de la cochenille, de l'insecte qui donne cette teinture), ce substantif, disons-nous, a pu précéder l'adjectif.

VERNES. R. p. f. Vergues (de *gwern*, celtique, qui signifie aulne. Mais si l'on restitue *verges*, de *virgas*) : *En sum ces maz en cez haltes* VERNES, 2632.

VERRAI. Verbe act., 1º p. s. du fut. de *vedeir* (*Videre-habeo*), 298, 2199.

VERRAT. Verbe act., 3º p. s. du fut. de *vedeir* (*Videre-habet*), 83, 578.

VERREIZ. Verbe act., 2º p. p. du fut. de *vedeir* (en deux laisses en *ci*), 564, 3754.

VERREZ. Verbe act. Même temps, même personne que le précédent (*Videre-habetis*), 49, 953.

VERRUM. Verbe act., 1º p. p. du fut. de *vedeir* (*Videre-habemus*), 3179.

VERS. S. s. m. Sanglier (*Verres*), 727. — R. s. m. : VER, 752. Müller a, dans les deux cas, restitué URS.

VERS. Prép. 1º « Vers, du côté de, dans la direction de... » (*Versus*) : *Li Empereres tent ses mains* VERS *Deu*, 137. = 2º « Envers, en faveur de.. » *Cele ne l'veit* VERS *lui ne s'esclargisset*, 958. Ce sens est aisément dérivé du premier.

VERSERENT. Verbe neutre ou act., 3º p. p. du parf. simpl. (D'un verbe en *are*, formé sur *versus*, part. de *vertere*, retourner. *Versārunt*.) *Rumpent cez cengles, e cez seles* VERSERENT, 3573. Même en nous reportant au texte, il est bien difficile de préciser si nous avons ici affaire au neutre ou à l'actif.

VERTE. Adj., s. s. f. (*Viridis*), 3389. — R. s. f. : VERTE, 671, 1569, etc.

VERTUDABLE. Adj., s. s. m. Fort, vigoureux (d'un mot en *abilis*, formé sur *virtutem*) : *Vait le ferir cum hume* VERTUDABLE, 3424.

VERTUT. R. s. f. (*Virtutem*), 1045, 1246, etc. — R. p. f. : VERTUZ, 2096, 4258, etc. = Le sens varie. 1º C'est d'abord celui de « force, puissance physique » : *Par grant* VERTUT *si l'est alet ferir*, 1246. = 2º « Puissance, force morale » : *Seignurs franceis, de Deu aiez* VERTUT, 1045. Et, en parlant du signe de la croix : *Seignat sun chef de la* VERTUT *poisant*, 3111. = 3º Au pluriel, VERTUZ signifie « miracles » : *Li ber Gilie por qui Deus fait* VERTUZ, 2096. Cf. le v. 2458, où peut-être le scribe aurait dû employer le singulier. Par extension, les Païens disent de leurs dieux : *En Rencesvals (malvaises)* VERTUZ *firent*, 2716.

VERTUUS. Adj., s. s. m. Fort, courageux (*Virtuosus*) ; *Grandonie fut... * VERTUUS *e vassal cumbatant*, 1593, 1594.

VERTUUSEMENT. Adv. Fortement, vigoureusement (*Virtuosa-mente*) : *Li quens le fiert tant* VERTUUSEMENT — *Tresqu'à l' nasel tut le helme li fent*, 1601, 1602.

VESPERÉE. R. s. f. Soir (*Vesperatam*) : *Passet li jurz ; si turnet à la* VESPRÉE, 3560.

VESPERES. S. s. m. Soir (*Vesperus*, et non pas *vesper*, qui n'expliquerait point l's final) : *Bels fut li* VESPERES *e li soleilz fut cler*, 157. *Esclargiz est li* VESPERES, 1807. — R. s. m. : VESPERE 1736 et 3478 ; VESPERES, 2447.

VEST. Verbe act., 3º p. s. de l'ind. prés. (*Vestit*) : VEST *une bronie*, 3141. — Parf. simpl., 3º p. s. : VESTIT, 3532. — Parf. comp., 3º p. s., avec un r. s. m. : AD VESTUT, 2499. Avec un r. s. f. : AD VESTUE, 2988. Cf. OUT VESTUE, 384. = Au passif. Parf., 3º p. s., avec un s. s. m. : FUT VESTUT, 3213. — Part. pass. : VESTUT, VESTUE, VESTUZ, VESTUES.

VESTEMENT. R. s. (*Vestimentum*), 2348. — R. p : VESTEMENZ, 1613.

VEÜD (AVUM). Verbe act., 1ʳᵉ p. p. du parf. comp. de *vedeir*, avec un r. s. m., 3132.

VEÜD (AIES). Verbe act., 2ᵉ p. s. du parf. du subj. de *vedeir*, avec un r. s. f., 1960.

VEÜD (ERT). Verbe passif, 3º p. s, du fut. de *vedeir*, avec un s. s. m.. 3812.

VEÜE. R. s. f. La vue, le sens de la vue (sur un participe de seconde formation en *utus*, de *videre*) : *L'oïe pert e la* VEÜE *tute*, 2012.

VEÜT (AI). Verbe act., 1ʳᵉ p. s. du parf. comp. de *vedeir*, avec un r. s. m., 1083.

VEÜZ (AI). Verbe act., 1ʳᵉ p. s. du parf. comp. de *vedeir*, avec un r. p. m., 1039. Pour les six mots qui précèdent, voyez *Vedeir*.

VEZCUMTES. R. p. m. Vicomtes (*Vicecomites*) : *Cuntes,* VEZCUNTES *e dux e almacurs*, 849. Cette énumération se rapporte aux Sarrazins.

VI. Verbe act., 1ʳᵉ p. s. du parf. simpl. de *vedeir* (*Vidi*), 682.

VIANEIS. Adj., r. s. m. De Vienne (*Viennensem*) : *Ceignent espées de l'acer* VIANEIS, 997. Il ne faut pas se fier à ces attributions d'origine : elles sont trop souvent motivées par l'assonance.

VICTORIE. R. s. f. Victoire (*Victoriam*) : *Nos averum la* VICTORIE *de l' champ*, 3512.

VIE. S. s. f. (*Vita*) : *Deus ! dist le Reis, si penuse est ma* VIE, 4000. — R. s. f., VIE : *Metez le sege à tute vostre* VIE, 212. *Se de mun cors voeill aquiter la* VIE, 492 *Oliver n'enporterai la* VIE, 964. *Puis en perdit e sa* VIE *e ses membres*, 1408. — R. p. f. : VIES, 1926. = Autant de vers cités plus haut, autant de locutions à noter : « La vie de son corps... Emporter la vie... Acquitter la vie... Perdre la vie et les membres. » Il faut remarquer que cette dernière phrase se retrouve, depuis une très-haute antiquité, dans les formules liturgiques du Serment des évêques, comme dans les premiers hommages féodaux.

VIELZ. Adj., s. s. m. (La série phonétique est *vetulus, vetlus, veclus*) : *Il est mult* VIELZ, *si ad sun tens uset*, 523. 2º VIEIL : *Ço est l'Amiraill, le* VIEIL *d'antiquitet*, 2615 ; 3º VELZ, 905 ; 4º VEILZ, 1771 ; 5º VEILLZ, 796. R. s. m. 1ᵃ VIELL, 2048; 2º VEILL, 2189, 3470 ; 3º VIEILL, 2048; 4º VELZ, 171. — S. p. m. : VEILL, 112. = La forme correcte est *vielz*, etc., ce mot ne se trouvant comme assonance que dans les laisses en *ier*.

VIENENT. Verbe neutre, 3º p. p. de l'ind. prés. de *venir* (*Veniunt*), 2636.

VIENGE. Verbe neutre, 1ʳᵉ p. s. du subj. prés. de *venir* (*Veniam*, par la consonnification de l'*i*), 2939.

VIENGE. Même verbe, même temps, 3ᵉ p. s. (*Veniat*), 2746.

VIENT. Verbe neutre, 3ᵉ p. s. de l'ind. prés. de *venir* (*Venit*), 793.

VIES. R. p. f. (*Vitas*), 1926. V. *Vie*.

VIFS. Adj., s. s. f. Vivant (*Vivus*) : *Si li a dit :* |*Vos estes* VIFS *diables*, 746. VIF : *Se il fust* VIF, *jo l'oüsse amenet*, 691. — S. p. m., VIF : *Guardez, seignurs, que il n'en algent* VIF, 2061. — R. p. m. : VIFS, 3047. — S. s. f. : VIVE, 3719. — R. s. f. : *Par* VIVE *force*, 1627. — R. p. f., VIVES : *Entresque as chars* VIVES, 1613.

VIF. Verbe neut., 1ʳᵉ p. s. de l'ind. prés. de *vivre* (*Vivo*) : *Se jo* VIF *alques*, 3459. *Dulur est que jo* VIF, 2030.

VIGUR. S. s. f. (*Vigorem*), 3614. — R. s. f. : VIGUR, 1438. = Rem. les deux locutions suivantes : DE VIGUR, 1438, et PAR VIGUR, 3683, qui, toutes deux, signifient « vigoureusement ».

VIL. R. p. m. (*Viles*) : *Cels ki ci sunt devum aveir mult* VIL(s), 1240.

VILE. R. s. f. Ville (*Villam*), 3661.

VILTET. S. s. f. Humiliation, chose vile (*Vilitatem*) : *Mult grant* VILTET *me sembl*[*et*], 3595. — R. s. f., VILTET : *Là murrez vus à hunte e à* VILTET, 437. Cf. 1064, et VILTIET, 904. = Ce mot ne se trouve, comme assonance, que dans les laisses en *er*.

VIN. R. s. (*Vinum*.) En parlant des derniers honneurs que l'on rend aux corps d'Olivier, de Turpin et de Roland, le poète dit : *Ben sunt lavez de piment e de* VIN, 2969.

VINC. Verbe neutre, 1ʳᵉ p. s. du parf. simpl. de *venir* (*Veni*), 3774.

VINDRENT. Verbe neutre, 3ᵉ p. p. du parf. simpl. de *venir* (*Venerunt*), 94, 1058, etc. Pour les deux mots qui précèdent, voy. *Venir*.

VINT. Nom de nombre, indéclinable (*Viginti*) : VINT *milie*, 13.

VINT. Verbe neutre, 3º p. s. du parf.-simple de *venir* (*Venit*), 627. S'EN VINT, 2784. = Remarquer l'emploi de ce mot au vers suivant, où le sujet est un neutre sous-entendu, et où le verbe *venir* devient en quelque sorte un unipersonnel : *La noit dé-murent tresque* VINT *à l' jur cler*, 162.

VIOLAT. Verbe act., 3º p. s. du parf. simpl. (*Violavit*) : *Si* VIOLAT *le temple Salomon*, 1524. — Parf. comp., 3º p. s., avec un r. p. f., AD VIOLÉES : *Carles li magnes* AD... *les citez violées*, 704. Cf. 2757.

VIRENT. Verbe act., 3º p. p. du parf. simpl. de *vedeir* (*Viderunt*), 2616.

VIS. R. s. m. Visage (*Visum*) : *Cors ad mult gent e le* VIS *fier e cler*, 895. *A la tere sun* VIS, 3502. — R. p. m., VIS : *Es* VIS *e es mentuns*, 626.

VIS. S. s. n. Avis (*Visum*, du part. de *videre*) : *Mei est* VIS, 659. *Ço m'est* VIS, 3502.

VISAGE. R. s. m. (*Visaticum*), 304, 1597.

VIT. 3º p. s. du parf. simple de *vedeir* (*Vidit*), 443, 1040, etc.

VIVANT. Part. prés. de *vivre*, r. s., employé dans le sens d'un véritable substantif : *A trestut mun* VIVANT, 284, 791, etc.

VIVANT. Part. prés. de *vivre*, r. s. m. (*Vivantem*) : *Ne crent hume* VIVANT, 562. — S. p. m., VIVANT : *Ultre cest jurn ne serum plus* VIVANT, 1477.

VIVE. Adj., s. s. f. (*Viva*), 3719. — R. s. f. : VIVE, 1627. — R. p. f. : VIVES, 1613. V. *Vifs*.

VIVERE. Verbe neutre, inf. prés. (*Vivere*), 1923, 2936. — Ind. prés., 1re p. s. : VIF, 2030. 3º p. s. : VIT, 2118. — Fut., 3º p. s. : VIVERAT, 2108. — Subj. prés., 3º p. s. : VIVET, 497.

VIVIEN. R. s. m. (*Vivianum*. Origine latine. Est dans Tacite), 3996.

VODE. R. s. f. Désastre, perdition. « La locution *male vode*, dit M. Gaston Paris, vient sans doute du latin *mala vota*. Elle se retrouve plus tard sous la forme *male voe* (*Troie*, v. 745. — Cf. *Rois*, III, 8, 46, et Marie de France, éd. Roquefort, II, 244. » V. *Romania*, II, 100) : *De Chrestiens voelt faire male* VODE, 918.

VOEILL. Verbe act., ind. prés., 1re p. s. de *vuleir* (*Volo*), 330, 522, 651, etc. 2º VOEIL, 492; 3º VOELL, 2180 ; 4º VOEL, 3836. — 3º p. s. : 1º VOELT, 127, 167, 316, 868, etc.; 2º VOEL, 1600; 3º VOET, 147; 4º VOLT, 40, etc. (Le plus souvent VOLT vient de *voluit*.) 2º p. p. : 1º VULEZ, 433; 2º VOLEZ, 1672. 3º p. p. : VOELENT, 687. — Imparf. de l'ind., 3º p. s. : VULEIT, 2773. Le Ms. porte *vuolt*, par une erreur manifeste. — Parf. simpl., 3º p. s. : VOLT, 440, 1208, 3231, 3695, etc. — Fut., 3º p. s. : VULDRAT, 155. 3º p. p. : VULDEREZ, 76. — Cond., 1re p. s. : 1º VOLDREIE, 2936; 2º VULDEREIE, 2859. 3º p. p. : VULDEREIENT, 426. — Subj. prés., 3º p. s. : 1º VOEILLET, 1244; 2º VOEIL-E, 2439; 3º VOEILET, 2168; 4º VOILLET, 1419. 3º p. p. : VOELENT, 1626. — Imparf. du subj., dans le sens du conditionnel : VOLSIT, 332. = Ce verbe n'a pas, dans le *Roland*, de sens particulier qu'il soit utile de noter.

VOEIZ. R. s. f. Voix (*Vocem*), 3767. C'est une erreur manifeste du scribe. V. *Voiz*.

VOIDE. R. s. Vide, désert (*Vócitam*. Cf. le fascicule de la *Romania* de juillet 1875) : *En une* VOIDE *place*, 1668.

VOIS (au lieu de VAIS). Verbe neutre, ind. prés., 1re p. s. (*Vado*), 270.

VOIZ. S. s. f. Voix, son (*Vocem*). En parlant du cor de Roland, le poète dit : *Halt sunt li pui e la* VOIZ *est mult lunge*, 1755. — R. s. f., VOIZ : *A* VOIZ *escriet*, 1518. — S. p. f., VOIZ : *Sunent cez gresles, les* VOIZ *en sunt mult cleres*, 3309. = Remarquez la locution : *Escrier* A VOIZ.

VOLENT. Verbe neutre, 3º p. p. de l'ind. prés. de *voler* (*Volant*), 723. V. *Volet*.

VOLENTERS. Adj., s. s. m. Volontiers (*Volontarium* + *l's* adverbiale) : *Jamais n'ert hume plus* VOLENTERS *li serve*, 2254. = La forme correcte serait *volentiers*.

VOLET. Verbe neutre, ind. prés., 3º p. s. (*Volat*) : *Plus est isnels que n'est oisel ki volet*, 1573. Et, au figuré : *Cuntre le ciel* EN VOLET *li fous*, 3912. 3º p. p. : VOLENT, 723.

VOLEZ. Verbe act., 2º p. p. de l'ind. prés. de *vuleir*, 1672, 2801.

VOLSIST. Verbe act., 3º p. s. de l'imparf. du subj. de *vuleir*, employé dans le sens du conditionnel (*Voluisset*, avec une *s* intercalaire) : *Mais li quens Guenes iloec ne* VOLSIST *estre*, 332.

VOLT. Verbe actif, 3º p. s. de l'ind. prés. de *vuleir* (Bas lat. *Volit*), 40, etc. La vraie forme est *voelt*.

VOLT. Verbe actif, 3º p. s. du parf. simpl. de *vuleir* (*Voluit*), 440, 1208, 3231, 3695, etc.

VOLTICE. R. s. f. A voûte, voûtée (*Volutitiam*) : *En sa cambre* VOLTICE, 2593. Ce mot n'est appliqué qu'à *camera*, qui garde ainsi son sens antique.

VONT. Verbe neutre, 3º p. p. de l'ind. prés. (*Vadunt*), 1166. Cf. VUNT, 1169, et S'EN VUNT, 1911.

VOS. Pronom pl. de la 2º personne. 1º Venant de *vos*, au cas sujet : *Vos li durrez*, 30, etc. etc. — 2º Venant de *vos*, au cas régime : *Là vos sivrat*, 136. *Ne vos esmaiez*, 320. — 3º Venant ? de *vobis* : *Jo vos durrai or e argent*, 75. = Comme emploi spécial, on peut signaler la locution *as vos* : *As vos poignant Malprimes de Brigant*, 889. = Cf. VUS, qui est la forme correcte.

VOS au lieu de *voz* (*Vostros, vostras*), 1926. Erreur du scribe. V. le suivant.

VOSTRE. Adj. ou pr. possessif, s. s. m. (*Vester*, ou plutôt *voster*, formé sur *noster*) : *Canabeus; vostre frere, est ocis*, 3499. — S. s. f. : VOSTRE. — R. s. m., VOSTRE : *Perdut avez Malpramis* VOSTRE *filz*, 3498. — R. s. f., VOSTRE : *Pur venger* VOSTRE *hunte*, 3539. — R. p. m., voz : *A voz Franceis un cunseill en presistes*, 205. — R. p. f., voz : *Brånches d'olive en voz mains porterez*, 72. *Clamez voz culpes*, 1132, et *vos* (par erreur), 1926.

VOZ. V. le précédent.

VULDERAT. Verbe act., 3º p. s. du fut. de *vuleir* (*Volere habet*), 155.

VULDEREIE. Verbe act., 1re p. s. du cond. de *vuleir* (*Volere habebam*), 2859.

VULDEREIENT. Verbe act., 3º p. p. du cond. de *vuleir* (*Volere habebant*), 412.

VULDEREZ. Verbe act., 2º p. p. du fut. de *vuleir* (*Volere habetis*), 76.

VULEIT. V. *Vuolt*.

VULEZ. Verbe act., 2º p. p. de l'ind. prés. de *vuleir*, (*volitis*), 433.

VUNT. Verbe neutre, 3º p. p. de l'ind. prés. (*Vadunt*), 1169; VONT, 1166, et S'EN VUNT, 1911.

VUOLT. Verbe act., 3º p. s. de l'ind. prés. de *vuleir*, 2773. Mais il y a ici une erreur manifeste du scribe, et il faut *vuleit*.

VUS. Pron. pl. de la 2º p., 28, etc. etc. Cf. vos.

W

WIGRES. R. p. m. Dards, flèches ou javelots (?) : *Il lancent lor e lances e espiez*, — *E* WIGRES *e darz*, 2074, 2075. Cf. 2155.

WILLALME. S. s. m. Nom d'un baron français (*Wilhelmus;* mot d'origine germanique, *Will* et *helm.* V. Pott, *Die Personennamen*, p. 161) : *Geifrei d'Anjou e* WILLALME *de Blaive*, 3938.

Y

YDELES. R. p. Idoles (*Idola*) : *E tuz ses* YDELES *que il soelt adorer*, 2619. On prononçait YDLES, comme le prouve le vers suivant, où nous trouvons ce même mot au féminin : *Fruissent les ymagenes e trestutes les* YDELES, 3664.

YMAGENE. R. s. f. Image des faux dieux (*Imaginem*) : *E un(e)* YMAGENE *Apolin le felun*, 3268. — R. p. f. : YMAGENES. Baligant, dans la prière qu'il adresse à Apollin, Mahomet et Tervagan, leur dit : *Tutes voz* YMAGENES (*vos re)ferai d'or fin*, 3493. Et la première chose que fait Charles, à son entrée dans Saragosse, c'est d'y détruire les « images » des dieux païens : *Fruissent les* YMAGENES *e trestutes les ydeles*, 3664. On prononçait *Ymage*.

YVORIES. R. s. m. Nom d'un des douze Pairs (*Ivorie* est inséparable d'Ivon : tous deux combattent, tous deux meurent ensemble, et je pense qu'on a accouplé à dessein ces deux noms, en forgeant le second sur le premier, comme peut-être on l'a fait aussi pour *Gerer* et *Gerin*), 1895. V. *Ivorie*.

FIN

APPENDICE

Traduction interlinéaire à l'usage des débutants (fragment)[1].

I

Carles li reis, nostre emperere magnes,
Charles le roi, notre empereur grand,
Set anz tuz pleins ad estet en Espaigne :
Sept ans tout pleins a été en Espagne :
Tresqu'en la mer cunquist la tere altaigne.
Jusqu'à la mer conquit la terre haute.
N'i ad castel ki devant lui remaignet :
N'y a château qui devant lui demeure,
5 Murs ne citet n'i est remés à fraindre,
Mur ni cité n'y est resté à renverser,
Fors Sarraguce k' est en une muntaigne.
Hors Saragosse qui est sur une montagne.
Li reis Marsilies la tient, ki Deu nen aimet;
Le roi Marsile la tient, qui Dieu n'aime;
Mahummet sert e Apollin recleimet :
Mahomet sert et Apollon réclame.
Ne s' poet guarder que mals ne li ataignet. AOI.
Ne se peut garder que mal ne l'atteigne.

[1] Nous publions ici les cent premiers vers du *Roland*, avec une traduction interlinéaire semblable à celles que l'on a imaginées pour les classiques grecs et latins. Les professeurs se trouveront bien de commencer par là la série des exercices sur l'explication de notre vieux poème. Nous nous promettons de publier bientôt toute une traduction de ce genre.

II

10 Li reis Marsilies esteit en Sarraguce :
    Le roi Marsile était à Saragosse,
    Alez én est en un vergier suz l'umbre ;
    Allé en est en un verger sous l'ombre ;
    Sur un perrun de marbre bloi se culchet,
    Sur un perron de marbre bleu se couche ;
    Envirun lui *ad* plus de vint milie humes.
    Autour de lui *il y a* plus de vingt mille hommes.
    Il en apelet e ses dux e ses cuntes :
    Il en appelle et ses ducs et ses comtes :
15 « Oez, seignurs, quels pecchiez nus encumbret :
    « Oyez, seigneurs, quel péché nous encombre.
    « Li emperere Carles de France dulce
    « L'empereur Charles, de France douce,
    « En cest païs nus est venuz cunfundre.
    « En ce pays nous est venu confondre.
    « Jo nen ai ost ki bataille li dunget ;
    « Je n'ai *pas d*' armée qui bataille lui donne ;
    « Nen ai tel gent ki la sue derumpet.
    « *Je* n'ai *pas* telle gent qui la sienne mette en déroute.
20 « Cunseilliez mei, cume mi saive hume ;
    « Conseillez moi, comme mes sages hommes ;
    « Si m' guarisez e de mort e de hunte. »
    « *Et* me préservez et de mort et de honte. »
    N'i ad paien ki un sul mot respundet,
    N'y a païen qui un seul mot réponde,
    Fors Blancandrin de l' castel de Val-Funde.
    Hors Blancandrin du château de Val-Fonde.   Aor.

III

Blancandrins fut des plus saives paiens :
Blancandrin fut des plus sages païens :
25 De vasselage fut asez chevaliers,
Pour le courage fut très *bon* chevalier,
Produme i out pur sun seignur aidier,
Homme sage y eut pour son seigneur aider,
E dist à l'Rei : « Or ne vus esmaiez.
Et dit au Roi : « Or, ne vous mettez en émoi.
« Mandez Carlun, à l' orgoillus, à l' fier,
« Mandez à Charles, à l'orgueilleux, au fier,
« Fedeilz servises e mult granz amistiez :
« Fidèles services et très grandes amitiés :
30 « Vuz li durrez urs e leuns e chiens,
« Vous lui donnerez ours et lions et chiens,
« Set cenz cameilz e mil osturs muiers,
« Sept cents chameaux et mille autours mués,
« D'or e d'argent quatre cenz muls cargiez,
« D'or et d'argent quatre cents mulets chargés,
« Cinquante cares qu'en ferat carier :
« Cinquante chars qu'*il* en fera charroyer :
« Tant li durrez de fins besanz d'or mier,
« Tant lui donnerez de fins besans d'or pur,
35 « Bien en purrat luer ses soldeiers.
« Bien en pourra payer ses soldats.
« En ceste tere ad asez osteiet,
« En cette terre a très *longtemps* fait la guerre,
« En France ad Ais s'en deit bien repairier.
« En France à Aix s'en doit bien retourner.

« Vus le sivrez à feste seint Michiel :
« *Vous* le *suivrez* à *la* fête *de* saint Michel :
« Si recevrez la lei de chrestiens,
« *Vous* recevrez la loi *des* chrétiens,
40 « Serez sis hum par honur e par bien.
« Serez son homme par honneur et par bien.
« S'en voelt ostages, e vus l'en enveiez
« S'*il* en veut otages, et vous lui en envoyez
« O dis o vint pur lui afiancier.
« Ou dix ou vingt pour lui donner confiance.
« Enveiums i les filz de noz muilliers ;
« Envoyons y les fils de nos femmes.
« Par num d'ocire enveierai le mien.
« Pour le faire mourir j'enverrai le mien.
45 « Asez est mielz qu'il i perdent les chiefs
« Bien vaut mieux qu'ils y perdent les têtes
« Que nus perdium l'honur ne la deintiet,
« *Plutôt* que nous perdions la terre et la dignité
« Ne nus seium cunduit à mendeier. »
« *Et que* nous soyons réduits à mendier. »
Paien respundent : « Bien fait à otrier. »
Païens répondent : « *Cela est* bien fait pour être accordé. »

IV

Dist Blancandrins : « Par ceste meie destre
Dit Blancandrin : « Par cette mienne *main* droite,
50 « E par la barbe ki à l' piz me ventelet,
« Et par la barbe qui sur la poitrine me flotte au vent,
« L'ost des Franceis verrez sempres desfere :
« L'armée des Français verrez soudain défaire ;

« Franc s'en irunt en France la lur terre.
« Francs s'en iront en France, *dans* leur terre.
« Quant cascuns iert à sun meillur repaire,
« Quand chacun sera en son meilleur logis,
« Carles serat ad Ais, à sa capele,
« Charles sera à Aix, à sa chapelle,

55 « A seint Michiel tiendrat mult halte feste.
« *Au jour de* saint Michel tiendra très haute feste.
« Viendrat li jurz, si passerat li termes,
« Viendra le jour, et passera le terme,
« N'orrat de nus paroles ne nuveles.
« N'apprendra de nous paroles ni nouvelles.
« Li reis est fiers, e sis curages pesmes :
« Le roi est terrible, et son cœur est cruel.
« De noz ostages ferat trenchier les testes ;
« De nos otages fera trancher les têtes ;

60 « Asez est mielz que *les chiefs* il i perdent
« *Mais bien* vaut mieux que *les têtes* ils y perdent
« Que nus perdium clere Espaigne la bele,
« *Plutôt* que nous perdions claire Espagne la belle,
« Ne nus aium les mals ne les suffraites. »
« *Et que* nous ayons les maux et les douleurs. »
Dient paien : « Issi poet-il bien estre. »
Disent païens : « Ainsi peut-il bien être. » Aoi.

V

Li reis Marsilies out sun cunseill finet :
Le roi Marsile eut son conseil fini :
65 Si'n apelat Clarin de Balaguet,
Il en appela Clarin de Balaguer,

Estramarin e Eudropin sun per,
Estramarin et Eudropin son pair,
E Priamun e Guarlan le barbet,
Et Priamon et Garlan le barbu,
E Machiner e sun uncle Maheu,
Et Machiner et son oncle Matthieu,
E Joïmer e Malbien d'ultre-mer,
Et Joïmer et Maubien d'outre-mer,
70 E Blancandrin, pur la raisun *mustrer*.
Et Blancandrin, pour les raisons *démontrer*.
Des plus feluns dis en ad apelez :
Des plus félons dix en a appelé :
« Seignurs baruns, à Carlemagne irez ;
« Seigneurs barons, à Charlemagne irez ;
« Il est à l' siège à Cordres la citet.
« Il est au siège, à Cordoue la cité.
« Branches d'olive en voz mains porterez :
« Branches d'olive en vos mains porterez :
75 « Ço senefiet pais e humilitet.
« Ce *qui* signifie paix et humilité.
« Par voz saveirs se m' püez acorder,
« Par vos savoirs, si *vous* me pouvez accorder,
« Jo vus durrai or e argent asez,
« Je vous donnerai or et argent en quantité,
« Teres e fieus tant cum vus en vuldrez. »
« Terres et fiefs, tant comme vous en voudrez. »
Dient paien : « *Bien dit nostre avoez.* »
Disent païens : « *Bien parle notre seigneur.* »

VI

80 Li reis Marsilies out finet sun cunseill.
Le roi Marsile eut fini son conseil.

Dist à ses humes : « Seignurs, vus en ireiz ;
Dit à ses hommes : « Seigneurs, vous vous en irez.

« Branches d'olive en voz mains portereiz :
« Branches d'olive en vos mains porterez :

« Si me direz à Carlemagne, à l' rei,
« Vous me direz à Charlemagne, au roi,

« Pur le soen Deu qu'il ait mercit de mei.
« Pour le sien Dieu qu'il ait merci de moi.

85 « Einz ne verrat passer cest premier meis,
« Avant, ne verra passer ce premier mois,

« Que jo l' sivrai od mil de mes fedeilz.
« Que je le suivrai avec mille de mes fidèles.

« Si recevrai la chrestiene lei,
« Je recevrai la chrétienne loi,

« Serai sis hum par amur e par feid.
« Je serai son homme par amour et par foi.

« S'il voelt ostages, il en avrat par veir. »
« S'il veut otages, il en aura, pour vrai. »

90 Dist Blancandrins : « Mult bon plait en avreiz. »
Dit Blancandrin : « Très bon traité vous en aurez. » Aoi.

VII

Dis blanches mules fist amener Marsilies,
Dix blanches mules fit amener Marsile,
Que li tramist *icil reis de Sezilie*.
Que lui envoya le roi de Sicile.
Li frein sunt d'or, les seles d'argent mises.
Les freins sont d'or, les selles d'argent sont mises.
Cil sunt muntet ki le message firent;
Ceux-là sont montés qui le message firent;
95 Enz en lur mains portent branches d'olive.
Entre leurs mains portent branches d'olive.
Humilitet e pais ço senefiet.
Humilité et paix cela signifie.
Vindrent à Carle ki France ad en baillie :
Vinrent à Charles, qui France a en son pouvoir :
Ne s' poet guarder que alques ne l' enignent.
Il ne se peut garder qu'un peu ne le trompent. Aoi.

TABLES

I. — TABLE PAR ORDRE ALPHABÉTIQUE [1]

A

ACCENT TONIQUE. Son influence sur la formation de la langue française, 406. — Et comment il est un des principaux éléments de la versification rythmique, dans l'antiquité et au moyen âge, 441-443.

ACQUIN, Chanson de geste de la fin du XIIe siècle. Analyse, 365.

ADDITIONS au manuscrit d'Oxford, d'après les autres manuscrits. Le texte de ces additions, qui forment un total de plus de cinq cents vers, est imprimé en italiques, et les raisons de chacune d'elles sont exposées dans les *Notes* de notre 7e édition, 405 et suiv.

AIX-LA-CHAPELLE. Description du palais et de la chapelle d'Aix, d'après toutes nos Chansons de geste, 8, 9.

ALMACE, épée de Turpin, 198, 199.

AMBASSADEURS. Leur rôle dans les Chansons de geste, 46.

ANGLETERRE. La *Chanson de Roland* y a été composée par un Normand, XXI-XXII, 46, 401, etc. — Réponse à MM. G. Paris et W. Fœrster, qui supposent le *Roland* écrit en France, XXII-XXII.

ANGLO-NORMAND. Caractères de ce prétendu dialecte, L. — Le manuscrit d'Oxford est l'œuvre d'un scribe anglo-normand qui a maladroitement copié un texte normand, XXVIII, 401.

ANNALES longtemps attribuées à Eginhard, et qui sont l'œuvre d'Angilbert. — Texte important où l'historien raconte la déroute de Roncevaux, XIV.

ANSEÏS le vieux, un des douze Pairs, 14, 15.

ANSEIS DE CARTHAGE, Chanson de geste du XIIIe siècle. Analyse, 370, 371. Cf. 15.

AOI. Cette notation termine chacun des couplets du *Roland*. — Des différentes explications qui ont été successivement proposées, 4, 5.

ARMURES. 384-397, et fig. 4-16. V. *Costume de guerre*.

ASPREMONT, Chanson de geste du commencement du XIIIe siècle. Analyse, 359.

ASSONANCES ET RIMES. Théorie complète, XXVIII et ss. — De l'utilité des assonances pour l'établissement d'un texte critique, XLIX, 401.

ASTRONOME LIMOUSIN. Texte célèbre de cet historien, relatif à la défaite de Roncevaux, XIV.

AUDE, fiancée de Roland, 330.

AVRIL (baron d'). Son excellente traduction du *Roland* (1865, 1866, 1877), XLV.

B

BALIGANT, émir de Babylone. Résumé de son histoire poétique, 244, 245. — L'épisode de Baligant, dans le *Roland*, a-t-il fait réellement partie du texte primitif, 244.

BATAILLE. Description d'une bataille d'après nos Chansons de geste, 112, 113.

BATAILLE DE RONCEVAUX, petit livre néerlandais du XVe siècle, XXXIX.

BAYEUX (TAPISSERIE DE). Elle est à peu près de la même époque que

---

[1] Les chiffres romains se rapportent à l'*Introduction*, et les chiffres arabes au livre lui-même.

notre poème. Son importance dans l'histoire du costume de guerre, 395, 397. — Figure empruntée à cette tapisserie, et qui représente à peu près toutes les armes dont il est question dans le *Roland*, 395. Cf. 245, 392.
BERENGIER, un des douze Pairs, 78.
BERTE AUX GRANDS PIÉS, poème du xiiie siècle. Analyse, 357.
BIBLIOTHÈQUE BLEUE. Nos Chansons de geste y reçoivent leur dernière forme, xliv.
BŒHMER (Ed.). Un des derniers éditeurs du *Roland* (1872). Nous lui avons emprunté plusieurs corrections, xlv, xlvi.
BOUCLE, BOUCLIER, 54, 55; 393, 394. V. *Ecu.*
BUTENTROT, nom d'une vallée de Cappadoce, qui fut célèbre durant la première croisade, comme le lieu où se séparèrent Baudouin et Tancrède. Ce mot prouve-t-il que le *Roland* soit postérieur aux dernières années du xie siècle, 290.

C

C dans les langues romanes. Théorie de M. Joret. Voy. notre 7e édition, 411, 412; 467, 468.
CAMBRIDGE. Remaniement conservé au Trinity College, xxxv; 398, 401.
CANELIUS. Ce sont des *Chananœi*, 292.
CANTILÈNE DE SAINTE-EULALIE. Traduction nouvelle, précédée d'un commentaire, 408.
CANTILÈNES, chants populaires, moitié narratifs, moitié lyriques. — Comment, depuis le viiie siècle, un certain nombre de ces cantilènes ont été consacrées à Roland et à Roncevaux. — Et comme quoi ces chants ont précédé l'épopée. — Deux preuves à l'appui, tirées de la *Vie de saint Faron* (ixe siècle) et de la *Vie de saint Guillaume* (xiie siècle), xvi-xix.
CARCASSONNE. Récit légendaire de la prise de cette ville, 43.
CHANSON DE ROLAND. Des éléments historiques que renferme la *Chanson de Roland*: textes d'Éginhard, d'Angilbert et de l'Astronome Limousin, relatifs à la défaite de Roncevaux, xii-xv. — Des sept modifications principales que la Légende a apportées à l'Histoire, xv-xvi. — Comme quoi l'Épopée française a été précédée par des Chants populaires, dont un certain nombre étaient consacrés à Roncevaux, xvi-xix.— Une première *Chanson de Roland* a dû être composée vers la fin du xe siècle, vers le commencement du xie siècle. Argument tiré de deux personnages de notre poème, Geoffroi d'Anjou et Richard de Normandie, xvi. — Le texte que nous publions est la plus ancienne rédaction du *Roland* qui soit parvenue jusqu'à nous. Il est postérieur à la conquête de l'Angleterre par les Normands (1066), et antérieur à la première croisade (1096), xix-xxiv.—L'auteur du *Roland* est un Normand qui a vécu en Angleterre; mais rien ne prouve, d'une façon CERTAINE, que ce soit Turoldus ou Touroude, xxiv-xxvi.— Du manuscrit où est conservé le *Roland*, xxvi-xxvii. (Cf. le *fac-simile* à la p. 400.) — Histoire des différents textes où nous avons puisé nos leçons, 398-402. — De la langue du *Roland*, xxviii.— De sa versification, xxviii-xxx. — De son style, xxx-xxxiv.— De ses remaniements, et comme quoi ils ont eu pour origine la nécessité où l'on s'est trouvé un jour de changer en rimes les assonances primitives, xxxv-xxxviii.
— La *Chanson de Roland* a été célèbre dans tout le monde occidental. Sa popularité en Allemagne, xxxviii; — dans les pays néerlandais, xxxix, — et scandinaves, xxxix-xl; — en Angleterre, xl, — en Italie, xl, xli; — en Espagne, xli, xlii, — et surtout en France, xlii, xliii. — Comment, au moment de la Renaissance, le *Roland* a été soudain dédaigné et oublié; et qu'il faut descendre jusqu'au xixe siècle pour assister à sa seconde popularité, xliii, xliv.— Éditions et traductions de la *Chanson de Roland*; travaux dont elle a été l'objet, xliv - xlvii.— Caractères qui distinguent la présente édition; éléments qu'elle renferme; principes sur lesquels repose notre texte critique; plan détaillé de toute notre œuvre, xlvii - lii. Cf. 398-402. — *Introduction*, i et ss. — *Texte critique, Traduction et Commentaire*, p. 1 et ss. — *Éclaircissements* (sur l'Histoire poétique de Charlemagne et de Roland, sur le Costume de guerre, sur l'établissement du texte), 355 et ss. — *Phonétique, Grammaire, Rythmique*, 403 et ss. — *Glossaire*, 445 et ss. = V. *Illustration*, etc.
CHANSON DES SAISNES, poème

TABLE PAR ORDRE ALPHABÉTIQUE

de la fin du xii° siècle. Analyse, 371, 372.
CHANSONS DE GESTE. Ce que c'est qu'une Chanson de geste, i. — Un certain nombre de ces poèmes ont été perdus, 66.
CHARLEMAGNE. Son Histoire poétique d'après toutes nos Chansons de geste, 357 (*Éclaircissement I*). — Tableau, par ancienneté, des sources de cette Histoire poétique, 374-376. — Portrait de Charlemagne et description de sa cour d'après le *Roland* et nos autres poèmes, xxxiv, 16, 54. — Une journée de l'Empereur, d'après nos textes poétiques, 66, 67.
CHARLEMAGNE. Poème, ou plutôt ensemble de poèmes, de la fin du xii° siècle, qui nous ont été conservés dans un manuscrit de Venise, 358, 359.
CHARLEMAGNE. Compilation de Girart d'Amiens, au commencement du xiv° siècle. Analyse, 357, 358.
CHATEAUROUX. C'est à la bibliothèque de cette ville qu'est conservé le remaniement du *Roland* qui est connu sous le nom de « texte de Versailles », xxxv, 398-402.
CHEVAL. Son équipement, d'après les Chansons de geste, 126-128, 158, 395-397.
CHRISTIANISME. V. *Religion.*
CONJUGAISON ROMANE. Théorie complète, 431-435.
CHRONIQUE DE TURPIN. De l'âge exact de ce document. Les cinq premiers chapitres ont été composés vers le milieu du xi° siècle, et les autres entre les années 1109-1119. — Analyse complète de la *Chronique de Turpin*, 369, 370. — Énumération des œuvres poétiques du moyen âge qui se sont inspirées du faux Turpin, 370, 371. — On trouve dans le faux Turpin un état de la légende rolandienne plus ancien que dans notre poème, xvi.
COSTUME DE GUERRE. Traité complet, 384-397 (*Éclaircissement III*). I. De l'ARMURE OFFENSIVE. 1° L'épée, 384-386. Cf. 48, 49, 62, 220. — 2° La lance ou l'*espiet*, avec le gonfanon, 386-388. (Cf. 56, 57, etc.) = II. De l'ARMURE DÉFENSIVE. 1° Le heaume, 390, 391 (Cf. 62, 63, 122, 152, 306, 307). — 2° Le haubert, 391, 393 (Cf. 42, 69, 100, 101, 102, 119, 153). — 3° L'écu, 393, 394 (Cf. 54, 55, 118, 119, 278). = De l'équipement du cheval, 395-397 (Cf. 114, 153). = Le cor, 102, 103, 394. = Toute cette partie de notre travail est illustrée d'après les sceaux des xi°-xii° siècles, d'après la tapisserie de Bayeux et d'autres monuments figurés (figures 4-16).
COUPLET. Théorie du Couplet épique, 439-441. Cf. 70, 71. — Des « Couplets similaires ». Exposé des diverses théories auxquelles ils ont donné lieu. Conclusion, 9, 10.
COURONNEMENT LOOYS, Chanson de geste du xii° siècle. Analyse, 374.

D

DÉCASYLLABE dérive de l'iambique trimètre hypercatalectique, 443.
DÉCLINAISON ROMANE. Théorie complète, 428-430.
DENIER DE SAINT PIERRE, 40.
DESTRUCTION DE ROME, chanson de geste du xii° ou xiii° siècle, 366.
DIALECTES de la langue française, 444; — dialecte spécial du *Roland*, xxviii, 401.
DIEU. De l'idée de Dieu dans nos Chansons de geste, et en particulier dans le *Roland*, 16, 17.
DROIT. Le droit et la procédure, qui sont exposés dans le *Roland*, sont d'origine germanique, 330, 331.
DURENDAL, épée de Roland. Son histoire, 88-91; 218.

E

ÉCU, 393, 394. Cf. 54, 55, 118, 119, 278.
EGINHARD. Texte célèbre de la *Vita Karoli* (cap. ix). — C'est le plus ancien et le plus précieux de tous ceux qui nous ont conservé le récit de la déroute de Roncevaux, xiii, xvi.
ENFANCES OGIER, poème d'Adenès (xiii° siècle), 358, 359.
ENTRÉE EN ESPAGNE, Chanson de geste des xiii°-xiv° siècles. Analyse très détaillée, 366-367; 379-380.
ÉPÉE, 384-386. Cf. 48, 49, 62, 220.
ERRATA. V., à la fin du volume, 606.
ESPAGNE. De l'expédition de 778 en Espagne, d'après l'histoire et d'après la légende, 2. — Elle dure sept ans d'après le *Roland*, et vingt-sept d'après *Gui de Bourgogne*, 2, 3. — L'Espagne, au point de vue géogra-

phique, voy/ notre 7e édition, 398 et
suiv. — D'après les cartes des xie-
xiie siècles, elle n'a pas de profondeur, et nos poètes croyaient qu'elle
s'arrêtait à l'Ebre, 11.
ESPIET, 387.
EULALIE (Cantilène de sainte-), traduction nouvelle, précédée d'un commentaire, 408.

F

FAC-SIMILE du manuscrit d'Oxford, 400.
FIERABRAS, Chanson de geste du xiiie siècle. Analyse, 365, 366.
FŒRSTER (W.) Son « Tableau de filiation » des textes français du *Roland*, 398. — Nous lui devons une revision attentive de notre *Glossaire*. = Indépendamment de ses observations que nous avons citées *in extenso*, nous avons encore profité de ses remarques aux mots suivants : *Acraventet, adeiset, aire, bruill, caable, certes, ces, chalengement, chef, coillit, deintiet, dès, desmaillet, cinz, encoi, consoüt, cum, eslisent, esteiles, estoet, estreit, faldestoed, fieble, firie, graigne, guaredun, guerreier, heingre, holz, hosturs, iloec, issi, itant, malvais, marrenes, martre, men, monie, mot, mun, nevuld, nu, nuns, orie, palmeiant, percier, plusur, predet, primes, proz, quat, quite, recumenz, reprover, sire, soens, suavet, suduiant, suffraite, sumer, terremoete, tinel, trosset, uncore, vielz*.
FRANCE. Quel est le sens exact du mot « France » dans le *Roland*, 6. — Histoire des origines et de la formation de la langue française, 405-407. — Premiers monuments de la langue et de la poésie françaises, traduits et commentés, 407-414. — Caractère français de notre vieux poème, xliii.

G

GAIDON, Chanson de geste du xiiie siècle. Analyse, 370, 371.
GALIEN, Chanson de geste, 365.

GANELON, Son Histoire poétique, 23, 25. — C'est le type du traître plutôt qu'un personnage historique, xv. — Comment il fait son apparition dans la légende de Roland, xv. — Résumé et commentaire de son procès, 330, 331.
GÉNIN. Son édition du *Roland* en 1851, xlv.
GEOFFROI D'ANJOU dans l'histoire et dans la légende, 15.
GÉOGRAPHIE du *Roland*. Tout l'*Éclaircissement IV* lui est spécialement consacré dans notre 7e édition. — De la géographie fabuleuse des xie-xiie siècles, 94, 95, 291. — Énumération des peuples païens qui composent la grande armée de l'émir Baligant. Explication de chacun de leurs noms, 288, 289. — Commentaires sur les mots suivants : Argoilles, 293. — Aspre, 84. — Balaguet, 10, 11. — Bire (terre de), 350, 351. — Butentrot, 290. — Canelius, 292. — Cerdagne, 399-401. — Imphe, 350, 351. — Narbonne, 325, 326. — Noples, 24-26. — Pine (terre de), 25, 26. — Puillanie, 219. — Sebile, 26. — Sizre, 50, 59. — Tuele, 26. — Turteluse, 88. — Valterne, 199, 200.
GERIER ET GERIN, deux des douze Pairs, 15.
GESTE FRANCOR. Ce qu'il faut entendre par ces mots, 134, 135.
GILLES (saint). Son Histoire poétique, 199-201.
GIRARS DE VIANE, Chanson de geste des premières années du xiiie siècle. Analyse, 359, 360.
GIRART de fraite, 79.
GIRART de roussillon. Abrégé de son Histoire poétique, 78, 79.
GLOSSAIRE. Chaque mot y est accompagné de son étymologie, de l'indication de ses différents sens et d'un certain nombre d'exemples méthodiquement classés, 445 et suiv.
GONFANON, 15, 388, 389.
GRAAL (saint). Exposé sommaire de la légende, 236, 237.
GRAMMAIRE complète du *Roland*, 428-437. — Cette Grammaire est précédée d'une *Phonétique*, 405-427, et suivie d'une *Rythmique*, 438-443. Cf. sur la Déclinaison romane les pp. 428-430 : sur la conjugaison, les pp. 441-435, etc.
GUI DE BOURGOGNE, Chanson de geste du xiie siècle. Analyse, 368.
GUILLAUME de Gellone (saint). Il est, comme Roland, le centre de tout un cycle épique, xvii-xix. — La *Vita sancti Willelmi* appartient au commencement du xiie siècle, xviii.

TABLE PAR ORDRE ALPHABÉTIQUE

H

HAUTECLAIRE, épée d'Olivier, 124, 125.
HAUBERT, 391-393.
HEAUME, 390-391.
HOFFMANN (Conrad). Son édition critique du *Roland* n'a pas encore paru, mais les bonnes feuilles en circulent depuis longtemps. — Elle renferme d'excellentes restitutions, et le texte de Venise y est reproduit en regard de celui d'Oxford, xlvi. — Nous lui avons emprunté, pour cette édition ou pour les précédentes, les correction des vers 277, 473, 870. 1024, 1701, 1894, 2049, 2159, 2190, 2525, 2527, 2568, 2753, 2801, 2862, 2893, 3038, 3208, 3245, 3367, 3424, 3493, 3574, 3786, 3880.
HOMÉRIQUE (épithète), employée dans le *Roland*, et plus encore dans nos autres Chansons de geste, 5.
HUON DE BORDEAUX, Chanson de geste de la fin du xiie siècle. Analyse, 373, 374.
HYMNES. Leur influence sur la versification rythmique, 442.

I

IBAGNETA. C'est probablement près de la chapelle de ce nom qu'il faut placer le théâtre de la déroute de Roncevaux, 401.
ILLUSTRATION de la présente édition du *Roland*. Elle est toute scientifique, et empruntée soit aux sceaux (V. les fig. 4, 7, 10-14, qui sont l'œuvre de M. Demay); soit aux statues, vitraux, mosaïques, tapisseries et autres monuments figurés (V. les fig. 1 et 2, qui sont de M. J. Quicherat; la fig. 3, qui est de M. Fichot; les fig. 8, 9, 15 et 16, que nous devons à M. Robert de Lasteyrie; les fig. 20 et 21, qui sont dessinées par M. Hurel). = La fig. 17, qui est de M. Quicherat, représente le théâtre probable de la défaite de Roncevaux, et la fig. 17 est un *fac-simile* du manuscrit d'Oxford.
ISLAMISME, 4. V. *Mahométisme*.
ITALIE. La légende de Roland en Italie. Et comme quoi les trois éléments dont elle se compose sont : 1° L'*Entrée en Espagne*, de Nicolas de Padoue. 2° Notre poème. 3° Les remaniements du *Roland*, que l'on est convenu d'appeler *Roncevaux* (fin du ms. de Venise IV), xl, xli.
ITER JEROSOLIMITANUM. Légende latine racontant le prétendu voyage de Charlemagne en Orient, 364. Voir *Voyage à Jérusalem*.
IVORIE et IVON, deux des douze Pairs, 182, 183.

J

JEHAN DE LANSON, Chanson de geste du xiiie siècle. Analyse, 363, 364.
JÉRUSALEM. Les barbaries qu'y ont exercées les musulmans ont pu donner lieu à un passage célèbre du *Roland*, 146, 147.
JONGLEURS. Comment ils chantaient le *Roland*, et ce qu'on peut entendre par une « Séance épique », xi, xxviii, xxix, 70, 71. — Représentations de jongleurs d'après plusieurs manuscrits des xie-xve siècles, xi, 414-437, etc.
JOYEUSE, épée de Charlemagne, 234.

K

KARL. Poème allemand du Stricker, composé vers 1230, et qui est au *Ruolandes-Liet* du curé Conrad, ce que nos Remaniements sont au texte d'Oxford, xxxix.
KARLAMAGNUS SAGA. Vaste compilation islandaise du xiiie siècle, dont la huitième branche reproduit en partie notre vieille Chanson, xxxix.
KARL MEINET. Compilation allemande du xive siècle, xxxix.
KEISER KARL MAGNUS'S KRONIKE. Livre populaire danois du xve siècle, imité de l'islandais, xxxix.
KOLBING, éditeur du texte de Venise IV (1877), xlvi.

L

LACUNES du manuscrit d'Oxford comblées à l'aide des autres manuscrits. (Voy. *passim*, dans notre 7e édition, nos *Notes pour l'établissement du texte* et plus particulièrement, xliv, 401, 402.

TABLE PAR ORDRE ALPHABÉTIQUE

LANCE, 386-388. Cf. 56, 57.

LANGUE. Petite histoire de la langue française. Origine. Éléments. Formation. Caractère général. Limites. Premiers monuments traduits et commentés. Principaux dialectes, 405-414. — *Phonétique*, 415-426. *Grammaire*, 428-437. *Rythmique*, 438 et ss. — Comment le manuscrit d'Oxford est l'œuvre d'un scribe anglo-normand, copiant fort mal un modèle normand, xxviii.

LÉGER (saint). Il existe, sous ce titre, un poème du xe siècle, dont nous avons traduit plusieurs fragments, 410-411.

LITURGIES primitives. Leur accord avec un passage du *Roland*, 222, 223.

LONGNON (Auguste). Nous lui devons une série d'observations sur l'étymologie des noms propres d'hommes, 448 et ss.

LORRAIN. Fragment d'un remaniement du *Roland*, xxxv, 398-399.

LYON. Remaniement du *Roland* conservé dans la bibliothèque de cette ville, xxxv, 398, 399.

M

MACAIRE, Chanson de geste des dernières années du xiie siècle. Analyse, 372, 373.

MAHOMÉTISME. Les trouvères considèrent les mahométans comme des idolâtres, et Mahomet comme une idole, 4. — Les trois dieux des « païens » sont Mahom, Apollin, Tervagan, 4.

MAINET, Chanson de geste du xiie siècle, 358.

MANUSCRIT D'OXFORD. Sa description, xxvi, xxvii. — Dans nos *Notes pour l'établissement du texte* (7e édition), nous donnons exactement toutes les leçons du manuscrit d'Oxford, 405-448. — *Fac-simile* de ce manuscrit, 400. (Pour ce qui concerne les autres manuscrits, voy. Remaniements.)

MANUSCRITS du *Roland* et de ses remaniements. « Tableau de leur filiation » d'après W. Fœrster. 399. — Leur division en familles d'après Stengel et Rambeau, 399-402. — Histoire de ces différents textes, 401 (note).

MARSILE. Son histoire poétique d'après les Chansons de geste, 3, 4.

MÈTRE et Versification métrique. Leurs caractères opposés à ceux du Rythme et de la Versification rythmique, 441-443.

MEYER (Paul) a imprimé dans son *Recueil d'anciens textes* (pp. 209-236) un long fragment du *Roland* d'après les manuscrits d'Oxford, de Cambridge, de Paris et de Lyon, et enfin de Versailles. — Son opinion sur le sens exact de *Butentrot*, 290, et sur l'étymologie de *Canelius*, 292.

MICHEL (Francisque). Il publie en 1836-37 la première édition de la *Chanson de Roland*, d'après le texte de la Bodléienne. — Sa deuxième édition en 1869, xliv.

MONIN. C'est lui qui, en 1832, attire le premier l'attention du monde savant sur le « Roman de Roncevaux ». Il ne connaissait que le remaniement de Paris, xliv.

MONTJOIE. Sens exact et origine de ce mot, 279-281.

MONT SAINT-MICHEL. Place importante que ce pèlerinage occupe dans le *Roland*, et conclusion qu'on peut tirer de ce fait, trop peu remarqué, xxi-xxiii ; 7, etc.

MÜLLER (Théodor). Ses trois éditions de la *Chanson de Roland*, en 1851, en 1863 et en 1878. Valeur considérable de ce dernier travail, xlvi.

N

NAIMES. Son Histoire poétique, 28, 29.

NOPLES, 24, 29. V. *Géographie*.

NORMANDIE. Origine normande de la *Chanson de Roland*, xxi-xxiii. — Dialecte dans lequel notre poème a été écrit, xxviii. Cf. 401-402.

NOTES POUR L'ÉTABLISSEMENT DU TEXTE. Nous avons dû les retrancher de cette huitième édition. On les trouvera dans la septième, pp. 405-448.

O

OGIER DE DANEMARCHE, Chanson de geste du xiie siècle. Analyse, 362, 363.

OGIER LE DANOIS. Son histoire et sa légende, 20, 21 ; 358, 359 ; 362, 363.

OLIFANT, 102, 103.

OLIVIER, un des douze Pairs. Son

TABLE PAR ORDRE ALPHABÉTIQUE

Histoire poétique, d'après toutes les Chansons de geste, 13, 14.

ORIFLAMME. Son origine et son histoire, 278. — Sa plus ancienne représentation, d'après les mosaïques du triclinium de Saint-Jean-de-Latran, 278 et 389.

OTES, un des douze Pairs, 78.

OTINEL, Chanson de geste du XIII° siècle. Analyse, 365.

OXFORD (Manuscrit d'). Sa description; XXVI-XXVII. — Dans nos *Notes pour l'établissement du texte* (7° édition), nous donnons exactement toutes les leçons du manuscrit d'Oxford, 405-448. — *Fac-simile* de ce manuscrit, 400.

P

PAIRS. Leur origine. Listes diverses, etc., 30, 31.

PARCEVAL LE GALLOIS, roman de Chrétien de Troyes. Analyse, 236, 237.

PARIS. Le Remaniement du *Roland* qui est conservé dans le ms. 860 de la Bibl. nationale est le meilleur de tous les *rifacimenti*, et contient de nombreux fragments de l'antique version, XXXV. — Traduction d'un épisode de ce Remaniement, 323-325.

PARIS (Gaston). Son opinion sur l'origine du *Roland*, XXII. — Ses études sur les peuples païens qui composent l'armée de Baligant, 288, 289. — Nous avons largement profité de son beau travail sur la *Vie de saint Alexis*, comme de ses articles de la *Romania*, et lui devons plus d'une excellente restitution.

PARTICIPES présents : Théorie générale, 432, 433. Cf. le mot *curanz* au *Glossaire*. — Participes passés : Théorie générale, 433. Cf. le mot *cruisiedes* au *Glossaire*.

PASSION DE JÉSUS-CHRIST. Un des plus anciens monuments de la langue française (X° siècle). Traduction partielle, avec un court commentaire, 408-409.

PETIT DE JULLEVILLE. Son édition et sa traduction du *Roland* (1878), XLVI.

PHONÉTIQUE complète du *Roland*, 414 et ss.

POLITIQUE. De l'idée politique dans nos Chansons de geste. L'Empereur et son Conseil, 20.

PRISE DE PAMPELUNE. Chanson de geste du commencement du XIV° siècle. Analyse, 367 et 380-382.

PROCEDURE germanique dans le *Roland*. Exposé du plait de Ganelon 330, 331.

Q

QUATRE FILS AIMON (les). C'est le nom qu'on donne souvent à la Chanson de *Renaus de Montauban*. Analyse de ce poème du XIII° siècle, 360, 362.

R

RAMBEAU (A.). Son système sur la classification des familles du *Roland*, 398, 399.

RELIGION. L'idée religieuse dans le *Roland* et dans les autres Chansons de geste, XLII et suiv. — Nous avons particulièrement étudié l'idée de la vie future, 108, 109; les formes de la prière, 281; la confession au plus proche parent et la communion symbolique sous l'espèce de l'herbe. 190-193; et enfin la théorie de la conversion par force, 322, 323. — Roland considéré comme un Saint, XLII.

REMANIEMENTS de la *Chanson de Roland*. Leur origine, et comment ils sont tous nés de la nécessité où l'on s'est un jour trouvé de changer en rimes les assonances primitives, XXXV et suiv. — Énumération de ces Remaniements : Paris, Versailles, Venise VII, Lyon, Cambridge; fragments d'un manuscrit lorrain. Le plus ancien manuscrit de Venise peut lui-même, dans sa dernière partie, être considéré comme un véritable remaniement, XXXV. — Comment on peut diviser les remaniements en trois groupes : a. Paris, Lyon, Lorrain; b. Versailles, Venise VII; c. Cambridge, XXXV. — Pour donner une idée de nos Remaniements, nous avons cité *in extenso* plusieurs couplets des manuscrits de Versailles, d'Oxford et de Venise, XXXVII, 432, etc.; — nous avons traduit un long épisode du texte de Paris, 332-335; — et, enfin, nous avons longuement analysé la dernière partie de ces *rifacimenti*, qui diffèrent notablement du texte d'Oxford, 323-325. — Comme ils renferment un assez grand nombre de couplets et de vers antiques, nous leur avons emprunté une foule de variantes utiles; et avons pu, grâce à eux, combler les lacunes du manuscrit d'Oxford.

RENAISSANCE. Son influence sur la popularité de la légende. — Comment elle dédaigne et oublie le *Roland*, XLIII et suiv.

RENAUS DE MONTAUBAN. Chanson de geste du XIIIe siècle. Analyse, 360-362.

RENIER DE GENNES, père d'Olivier, 208, 209.

RÉPÉTITIONS ÉPIQUES, 9, 10, V. *Couplet*.

RICHARD DE NORMANDIE. Son Histoire poétique, 22.

RIME ET ASSONANCE. Théorie complète, XI, XII, XXVIII, et surtout XXIV-XXX, et 439-441.

ROLAND. C'est un personnage profondément historique. — *Hruodlandus, Britannici limitis præfectus*, figure au premier rang de ceux dont Eginhard nous raconte la défaite et la mort sur le champ de bataille de Roncevaux, XIII. — Comment la Légende a modifié l'Histoire, et des traits qu'elle a ajoutés à la physionomie de Roland, XV et suiv. — Roland a d'abord été chanté en des cantilènes populaires, et a été ensuite le héros d'une première épopée, dont on peut placer la composition vers la fin du Xe ou le commencement du XIe siècle, pp. XVI-XIX. — Du personnage de Roland, tel qu'il a été conçu par l'auteur de notre Chanson, XXXIII, etc. — Histoire poétique de Roland, d'après toutes les Chansons de geste, 379-383. — Popularité de Roland en Allemagne, XXXVIII, XXXIX; dans les pays néerlandais, XXXIX, et scandinaves, XXXIX, XL; en Angleterre, XL; en Italie, XL, XLI; en Espagne, XLI, XLII; surtout en France, XLII, XLIII, et dans l'Église, où il a été parfois considéré comme un Saint, XLII; 326, 327. — Roland, oublié à l'époque de la Renaissance, XLIII, XLIV, devient aujourd'hui une seconde fois populaire, XLIV et suiv.

ROLAND, Chanson de geste. V. *Chanson de Roland*.

ROLANDSSAÜLEN, statues de Roland que l'on voit principalement sur les places des villes de la Basse-Saxe, XXXIX.

RONCEVAUX. Étymologie de ce mot. (V. le Glossaire au mot *Rencesvals*.) — La défaite de Roncevaux est un fait profondément historique, attesté par Eginhard, Angilbert et l'Astronome Limousin. Citation *in extenso* de ces trois textes, dont l'importance est capitale, XIII, XIV. — Cette défaite célèbre a eu lieu le 15 août 778, XII. — Comment elle a été modifiée par la légende, XV-XVI. — Description de Roncevaux en 1875, 86, 87.

RONCEVAUX. C'est sous ce nom que l'on désigne communément les Remaniements du *Roland*. — Comment ils sont dérivés d'un prototype perdu, et comme on les peut diviser en trois groupes : *a*. Paris, Lyon, Lorrain; *b*. Venise VII, Versailles; *c*. Cambridge, XXXV, 401.

RUOLANDES-LIET, poème allemand du curé Conrad (XIIe siècle), qui reproduit un texte français analogue à celui d'Oxford, XXXVIII, XXXIX.

RYTHMIQUE du *Roland* : I. Du vers épique. II. De l'élision. III. Du couplet épique. IV. De l'origine et du principe de cette versification, 438 et suiv. — Histoire abrégée de la Versification rythmique chez les Romains et au moyen âge, 441-443.

S

SAINT-ALEXIS. Poème du milieu du XIe siècle. Traduction partielle et commentaire, 411-413.

SAINT-DENIS. Les chansons de geste où le siège de l'Empire est placé à Aix, sont antérieures à celles où il est question de Saint-Denis comme séjour de l'Empereur, 92, 93.

SAINTE-EULALIE. Cantilène du IXe ou Xe siècle. Traduction et commentaire, 408.

SAINT-FARON (monument de), 330.

SAINT-LÉGER. Poème du Xe siècle. Traduction et commentaire, 410-411.

SAINT-MICHEL DU PÉRIL, 6, 7. V. *Mont Saint-Michel*.

SAMSON. Un des douze Pairs, 14.

SEPET (MARIUS). Nous avons adopté en partie les conclusions de son travail sur *Montjoie et l'Oriflamme*, 278, 281. — Il a mis en lumière le rôle de Geoffroy d'Anjou et de Richard de Normandie, et a tiré de ces deux

noms une induction pour établir l'âge de la première *Chanson de Roland*, xvi, etc.
SÉPULTURE, d'après les Chansons de geste, 268, 269, 326, etc.
SONGES, machine épique, 82, 83.
SPAGNA. C'est le nom que l'on donne à des compilations italiennes en vers ou en prose des xive et xv^o siècles, xl, xli, 370, 371. — Il y a deux *Spagna* en vers : 1° la *Spagna* proprement dite, faussement attribuée à Sostegno di Zanobi (entre 1350 et 1480), et la *Rotta di Roscisvalle*, qui en est le remaniement. — Il y a trois *Spagna* en prose, postérieures à la *Spagna* « en rimes » : 1° Ms. de la bibl. Albani, découvert par M. Ranke; 2° Ms. de la bibl. Médicis, mis en lumière par M. Rajna; 3° Ms. de la bibl. de Pavie, publié par M. Ceruti. Celui-ci est du commencement du xvie siècle ; les deux autres sont du xve s., xl, xlvi, 370, 371.
STENGEL (E.). Sa classification des textes du *Roland*, 398, 399. — Son excellente édition paléographique et son *fac-simile* complet du ms. d'Oxford, 402, etc. = Nous lui devons d'avoir pu donner ici un *fac-simile* bien plus exact que celui de nos premières éditions, 400.
STRICKER. V. *Karl*.
STYLE du *Roland*, xxx-xxxiv.

T

TABLE RONDE (Cycle de la). Légende du Saint-Graal, 236, 237.
TAPISSERIE DE BAYEUX. Nous en ferons la base de notre illustration dans une édition prochaine du *Roland*, 395. Cf. 245 et 392.
TEXTE CRITIQUE. Exposé complet du système que nous avons suivi, 398-402, et aussi xlvii-l.
TOUROUDE, TUROLDUS est-il l'auteur de la *Chanson de Roland?* xxiv-xxvi ; 351.
TRADUCTION. Système adopté dans cette édition. On le compare à celui des autres traducteurs, xlv-xlvi. —

Fragment de traduction interlinéaire. (Nous publierons prochainement une édition complète sur ce modèle.)
TURPIN. Son Histoire poétique, 21, 22, 268. V. aussi *Chronique de Turpin*.

V

VALTERNE. C'est Valtierra, sur l'Ebre, 66.
VARIANTES. Nous les avons données dans nos *Notes pour l'établissement du texte*, 7e édition, 405-448.
VEILLANTIF, cheval de Roland, 202, 203.
VENISE. Étude sur le ms. fr. n° IV de la bibl. de Saint-Marc. Valeur de ce texte; son utilité pour un texte critique, xxvii, xlviii, xlix, 398-402. — Du remaniement contenu dans le ms. fr. VII de la même bibliothèque : xxxv, 398, 399; etc. — Pour les deux mss. de Venise, voy. *passim* nos *Notes pour l'établissement du texte* (7e édition).
VERBES. Théorie complète de la Conjugaison romane, 431, 435. — Pour les verbes irréguliers, v. au *Glossaire* les mots *cadeir*, etc.
VÉRONE. Statues de Roland et d'Olivier à la cathédrale de Vérone, 381.
VERSAILLES. C'est sous ce nom que l'on désigne encore, le plus souvent, le remaniement conservé aujourd'hui à la bibliothèque de Châteauroux, xxxv ; 398, 399. — On en a cité *in extenso* les premiers couplets, xxxvii.
VERSIFICATION du *Roland*. Traité complet : I. Du vers épique. II. De l'élision. III. Du couplet épique. IV. De l'origine et du principe de cette versification, xxviii-xxx, et surtout 438 et suiv. — Histoire de la Versification rythmique dans l'antiquité romaine et au moyen âge, 441-443.
VITA SANCTI WILLELMI, document latin du commencement du xiie siècle, d'après lequel on établit la préexistence des cantilènes, xviii.
VOYAGE DE CHARLEMAGNE A JÉRUSALEM, fabliau épique du commencement du xiie siècle. Analyse, 364. Cf. *Iter Jerosolimitanum*.

II. — TABLE PAR ORDRE DES MATIÈRES

Préface de la huitième édition. v
Conseils pratiques pour l'enseignement du Roland vii
Introduction. xi
Texte critique, Traduction et Commentaire. 1
Éclaircissements : I. *Légende de Charlemagne*. 357
                II. *Histoire poétique de Roland*. 377
                III. *Le Costume de guerre*. 384
                IV. *Sur l'établissement du texte* 398
Phonétique, Grammaire, Rythmique. 403
Glossaire 445
Appendice 587
Tables 595
Errata 605

ERRATA

I. Texte. — Vers 33. Vers difficile à entendre, et que je ne suis pas certain d'avoir bien compris. — 2006. *Mel* nous paraît bien douteux. — 2305. *Quant je mei pert de vus.* Bien douteux encore. *Meins* est téméraire, et je n'ose le défendre. Laisser *mais*, et modifier toute la traduction. — 2394. *Seint Raphael* douteux. — 2946. *Ne la demenez trop* (?), etc.

II. Traduction. — 2372. *Cunsoüt* n'a pas, selon Fœrster, le sens que nous lui avions donné. Il propose « Que je suis atteint ».

42038. — Tours, impr. Mame.